中国红十字

年鉴

2009/2010

2009年10月27日，中国国家主席、中国红十字会名誉会长胡锦涛为第42届南丁格尔奖章六位中国获得者颁奖。

2009年10月27–29日，中国红十字会第九次全国会员代表大会召开。

华建敏、王伟为四川省绵阳市地震灾后重建的博爱新村落成揭幕。

华建敏、王伟、郭长江、郝林娜在中华骨髓库数据中心视察。

中国红十字会八届理事会第五次会议暨全国社区红十字示范市（区）命名表彰会议上，全国有43个社区红十字服务示范市（区）受到命名表彰。

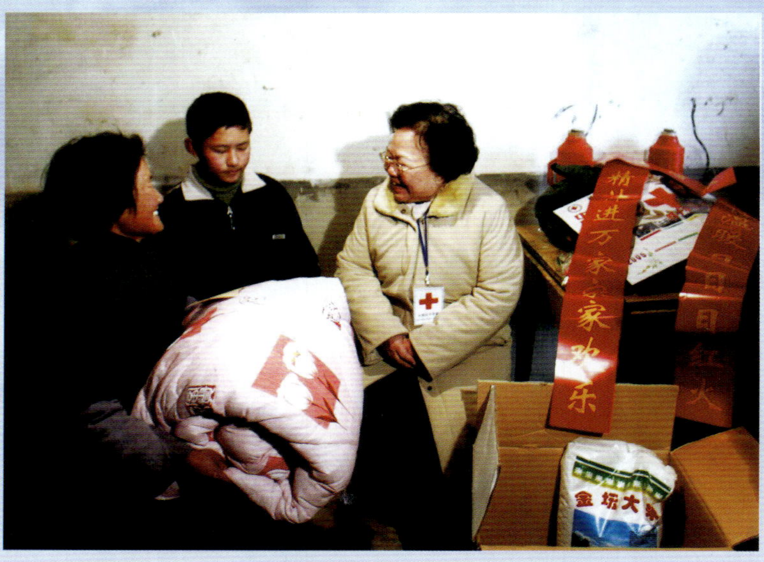

彭珮云两节期间在安徽省滁州市农村慰问困难农户。

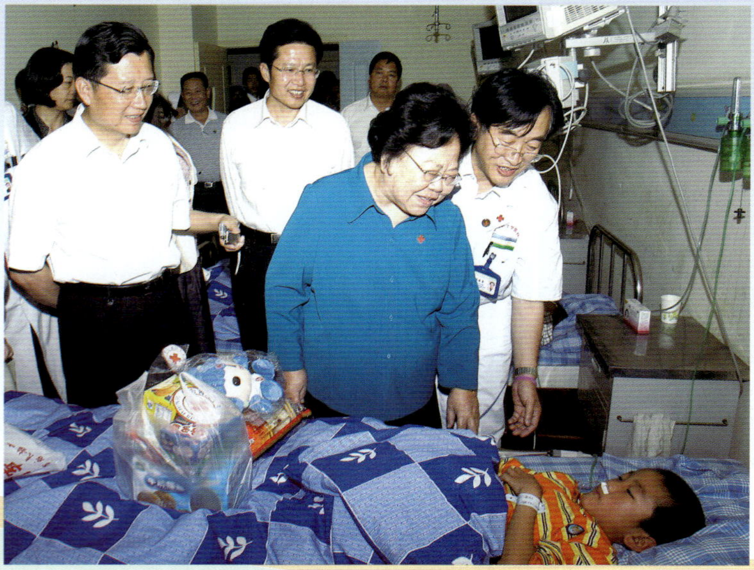

彭珮云在青海省看望“先心病”儿童。

12月1日，王伟、郝林娜参加在北京南站举行的世界艾滋病日宣传活动。

郭长江接受中国工笔画学会为甘肃、四川地震灾区的捐款100万元。

5月8日，江亦曼参加“2009年红十字博爱周”启动仪式。

郭长江与红十字会国际委员会东亚地区代表处主任蒂埃里·梅拉签署《中国红十字会与红十字国际委员会关于在中国开展探索人道法项目的合作协议》。

王海京作客搜狐网站谈红十字会人道救助工作。

红十字志愿者为老人提供服务。

红十字青少年夏令营营员慰问老人。

彭珮云、江亦曼参观中国红十字（博鳌）国际交流中心举办的“中国红十字会历史文化展”。

苏菊香陪同巴基斯坦红会代表团参观中国红十字会会史展览。

8月11日，中国国际人道法国家委员会第二次全体会议召开。

彭珮云与陈长文签署《海峡两岸红十字组织合作备忘录》。

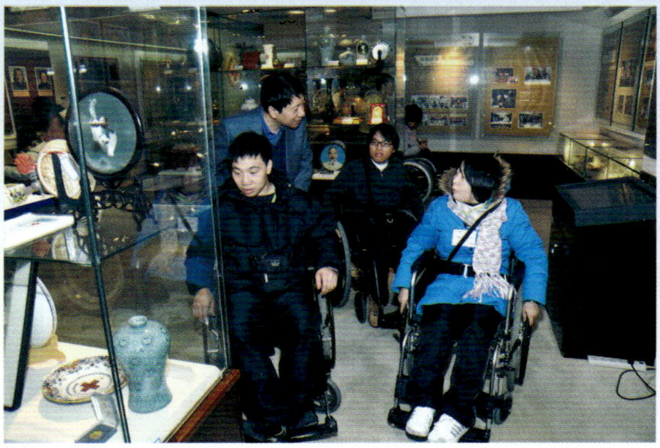

香港特别行政区残疾儿童参观中国红十字会会史展览。

澳门特别行政区红十字会举行加入中国红十字会十周年庆祝活动。

编委会人员名单

编辑部人员名单

编辑说明

一、中国红十字会总会决定编辑出版《中国红十字年鉴》以来，每年都发出《关于编辑出版〈中国红十字年鉴〉的通知》，各级红十字会都积极配合《中国红十字年鉴》选题、组稿、撰写、编辑、出版、发行工作，谨此表示衷心谢意。

二、为保持年鉴的系统性和延续性，《中国红十字年鉴·2009/2010 卷》其主要词条和篇目仍为近年来党和国家领导人关于红十字会工作的指示、讲话、题词、文章，国家法律和国家有关部门法规以及文件，中国红十字会 2009/2010 年的文献汇编、成果展示及大事记等，对促进红十字事业的发展具有重要意义和作用。

三、中国红十字年鉴编委会由中国红十字会领导、中国红十字会总会机关各部门及直属单位主要负责人、省级（含港澳）红十字会常务副会长或专职副会长、行业红十字会负责人组成。中国红十字年鉴编委会负责领导、组织协调和审稿工作。中国红十字年鉴编辑部设在中国红十字会总会报刊社，年鉴编辑部负责本年鉴的组稿、编辑、出版、发行工作。各省级（自治区、直辖市、铁路与商业、生产建设兵团、特别行政区，并省会城市、计划单列市、直辖市城区红十字会）红十字会指定专门人员担当撰稿任务。

四、中国红十字年鉴编辑部的编辑出版工作流程为：供稿单位或个人署名提供纸介质和电子版的原稿后，经年鉴编辑部登记初审并作稿笺，保存原稿，精编至二校后进入复审，划分章节，呈现版式，统筹页码，再做三校和大样。这时的大样，由年鉴编辑部确定章节和认定版式后复核送审，除了其中纯技术性原因年鉴编辑部予以增删和修改以外，供稿单位或个人对署名文稿的内容文责自负。年鉴编辑部将以上总目录和文稿提交编委会整体认定并终审，批准出版发行。

五、《中国红十字年鉴·2009/2010 卷》分为卷一卷二，共包括 7 大篇章，卷一为《文献篇》、《纪事篇》、《总会篇》、《研究篇》、《人名篇》；卷二为《分会篇》、《资讯篇》。其中，《总会篇》和《分会篇》中涉及年度工作所收主要词条与篇目的时间要求，一般起始于2009年1月1日，截止于2010年1月底；《资讯篇》中新增国际红十字与红新月运动等知识类专业性的词条与篇目，以丰富本年鉴的辞书功能。

六、《中国红十字年鉴2009/2010卷》中的《分会篇》及《总会篇》保留并修订各省、自治区、直辖市红十字会及总会直属单位的篇目和词条，其中，“历史沿革”、“组织机构”、“大型项目”、“主要特色”、“历届代表大会”等词条作为历史回顾，一般截止于2004年或2005年。此后有关内容，年鉴已列入各卷中省、自治区、直辖市红十字会及总会直属单位“年度工作”栏。

七、《中国红十字年鉴·2009/2010卷》涉及面广，年度工作词条时间跨度为一整年，编者的历史知识和专业水平有限，缺点和错误在所难免，欢迎各界读者和专家批评指正。对编辑工作中的意见和建议请按如下办法联系——

单位/部门：中国红十字年鉴编辑部
联 系 人：李兰颂　傅　虹　冯志国
电话/传真：010—65249584
地　　址：北京市东城区干面胡同43号004室
邮政编码：100010
电子信箱：zhnj2004@yahoo. com. cn

目　　录

卷　一

一　文　献　篇

中国红十字会第九次全国会员代表大会

法律、法规

年度主要文件

二 纪 事 篇

大 事 记

工 作 会 议

三　总　会　篇

四　研　究　篇

工作研究

经验借鉴

五 人 名 篇

中国红十字会历届领导人

人 物 志

人 名 录

造血干细胞捐献

卷 二

六 分 会 篇

省、自治区、直辖市红十字会

中国红十字会总会及省、自治区、直辖市、铁路、商业系统、生产建设兵团、特别行政区分会联络方式

一

文献篇

卷　一

中国红十字会第九次全国会员代表大会

中国红十字会第九次全国会员代表大会召开

人民日报评论员：实现中国特色红十字事业新跨越

——祝贺中国红十字会第九次全国会员代表大会召开

中国红十字会第九次全国会员代表大会今天在京隆重召开。这次代表大会是在我国改革发展进入关键阶段、新中国成立60周年庆典之后召开的一次大会，是中国红十字事业发展历程中的一件盛事。开好这次大会，对于凝聚人道力量，实现中国特色红十字事业新跨越具有重要意义。

新中国成立60年特别是改革开放30年来，中国红十字会在党和政府的支持下，动员社会各界参与，努力发挥自身作用，已成为我国重要的人道救助团体，成为政府人道领域不可或缺的助手。特别是中国红十字会第八次全国会员代表大会以来的5年，中国红十字会抓住前所未有的发展机遇，经历了前所未有的严峻挑战，取得了前所未有的突出成就，实现了又好又快的发展，在中国红十字会发展史上写下了浓墨重彩的一笔。

从印度洋海啸国际救援到四川汶川特大地震灾害救援和灾后恢复重建，从北京奥运会赛场救护到台湾“莫拉克”台风救助，都留下了中国红十字会奋斗的足迹。5年来，中国红十字会的社会知晓度和公信力空前提高，成为我国最具影响力的人道救援组织；灾害救援工作成绩显著，成为国家应急体系的重要组成部分；人道救助领域亮点凸显，成为改善民生、促进和谐的重要力量；国际交流与合作成绩斐然，成为我国民间外交的重要渠道。

党的十七大提出进一步贯彻落实科学发展观，建设社会主义和谐社会。社会和谐是中国特色社会主义的本质属性。中国红十字会是从事人道主义工作的社会救助团体，以保护人的生命和健康，发扬人道主义精神，促进人类和平进步为宗旨。和谐社会的理念不仅为中国红十字会提供了广阔的空间和舞台，而且也对今后的工作提出了更高的要求。今后5年是中国红十字事业的重要发展机遇期。中国红十字事业将在新的历史起点上阔步前行，全面深入贯彻落实科学发展观，围绕发展这个第一要义，协助政府发展社会救助事业，保持社会稳定，促进社会和谐。围绕以人为本这个核心，着眼于保护人的生命和健康，尤其要关注最易受损害的人群，深入持久地开展人道主义救助工作。按照全面、协调、可持续发展的基本要求和统筹兼顾的根本方法，积极创造条件，加强农村和贫困地区的红十字会工作，为促进城乡和区域协调发展贡献力量。

潮平两岸阔，风正一帆悬。在全面建设小康社会和促进人类和平进步的历史进程中，中国红十字会将高扬起红十字人道旗帜，凝聚海内外人道力量，沿着建设中国特色红十字事业道路，为实现中华民族的伟大复兴和谱写人民美好生活新篇章而努力奋斗！

在中国红十字会第九次会员代表大会上的祝词、讲话、报告、说明、贺信、感谢信

在中国红十字会第九次全国会员代表大会开幕式上的祝词

回良玉

（2009 年 10 月 27 日）

同志们、朋友们：

今天，中国红十字会第九次全国会员代表大会在此隆重召开。这是我国红十字事业发展的一件大事和盛事，对于促进中国特色红十字事业在新的历史起点上实现又好又快发展，充分发挥其在构建社会主义和谐社会中的积极作用，具有十分重要的意义。首先，我代表党中央、国务院，向大会的召开表示热烈祝贺！向全国广大红十字工作者、会员和志愿者，向香港特别行政区、澳门特别行政区红十字会和台湾红十字组织，向红十字国际委员会、红十字会与红新月会国际联合会等相关国际组织和友好人士，向长期支持中国红十字事业的各界人士，表示诚挚的问候和衷心的感谢！同时，向创造了不平凡业绩、作出了突出贡献的南丁格尔奖章获得者、全国红十字系统先进集体和先进工作者，表示崇高的敬意！

党中央、国务院对我国红十字事业发展和本次大会高度重视。今天，中共中央总书记、国家主席、中央军委主席、中国红十字会名誉会长胡锦涛等领导同志出席大会，并为南丁格尔奖章获得者及红十字会系统先进集体和先进工作者代表颁奖。这充分体现了党和政府对我国红十字事业的高度关心，对全国广大红十字工作者、会员和志愿者的真情关爱，对全国卫生护理界人士的由衷关切。

红十字会作为当今世界历史最悠久、范围最广泛、影响力最大的人道救助组织，在发扬人道主义精神、保护人的生命和健康、促进世界和平与发展方面发挥着积极作用。中国红十字会成立 105 年来，为祖国、为人民作了大量卓有成效的工作。特别是改革开放以来，我国红十字事业获得长足发展，在国家社会生活中发挥了重要作用。中国红十字会第八次全国会员代表大会以来的 5 年，全国红十字系统锐意进取、开拓创新，致力于服务党和国家工作大局，广泛动员各方面力量，积极拓展人道服务领域，管理体制更加健全，运作机制更加完善，办了很多大事、实事、好事，受到了社会各界的广泛好评。灾害救援作用得到前所未有发挥，在南方部分地区严重低温雨雪冰冻灾害、四川汶川特大地震等重大灾害斗争中有效组织人道救援，5 年募集款物价值 290 亿元人民币，受益人数达 1.2 亿人次。人道救助工作取得显著成绩，积极参与新型农村合作医疗、大病救助、社区服务、援建博爱卫生院（站）、博爱小学以及无偿献血、遗体捐献、

艾滋病预防等多项救助活动，形成“中华骨髓库”、“红十字博爱送万家”、“红十字天使计划”等一批具有广泛影响力的红十字品牌。对外人道援助迈出新的步伐，积极参与国际人道主义救援工作，特别是在印度洋海啸发生后，首次大规模募集社会款物开展国际紧急救援与灾后重建工作，展示了中国人民爱好和平、仁爱友善的良好形象。实践证明，中国红十字会已经成为党和政府在人道工作领域的得力助手，成为构建社会主义和谐社会的重要力量，成为我国民间外交的重要渠道。

当前，我国已进入全面建设小康社会、加快推进社会主义现代化的关键时期，经济体制在深刻变革，社会结构在深刻变动，利益格局在深刻调整，思想观念在深刻变化。大力发展红十字事业，有利于动员社会力量、汇集各方资源，帮助解决群众特殊生活困难，促进社会和谐稳定；有利于在全社会形成团结互助的良好风尚，营造平等友爱、融洽和谐的人际环境，促进社会主义精神文明建设；有利于我国在国际上展示人道主义良好形象，增强亲和力、吸引力和感染力，推动建设持久和平、共同繁荣的和谐世界。我们要立足我国国情，顺应世界潮流，把国际红十字运动的基本原则与中华民族扶危济困、敬老助残、救死扶伤、乐善好施的传统美德有机结合起来，与坚持以人为本、着力保障和改善民生的执政理念有机结合起来，与建设和谐文化、培育文明风尚的时代要求有机结合起来，着力提升救灾、救护、救助水平，不断开拓新的人道服务领域，推动中国特色红十字事业不断向前发展。

在新的历史时期，中国红十字会肩负着更加神圣的职责、更加光荣的使命，完全可以大有作为。衷心希望中国红十字会在新一届理事会的领导下，以邓小平理论和“三个代表”重要思想为指导，深入贯彻落实科学发展观，遵守国家宪法和法律，遵循国际红十字运动确立的基本原则，围绕中心、服务大局，当好党和政府人道工作领域的助手，保护人的生命和健康，改善最易受损害群体境况，推动我国红十字事业再上新的台阶。要大力弘扬“人道、博爱、奉献”的红十字精神，广泛宣传人道救助精神和“人人可慈善”理念，努力形成“慈善光荣、奉献可敬”的社会氛围，动员更多社会力量支持、参与红十字事业。要切实加强自身建设，建立充满生机活力、密切联系群众、符合自身特点的组织机构和运行机制，建设可持续的筹资机制和公开透明的监督机制，不断提高红十字会的救助实力、社会公信力和社会影响力。要继续按照国际红十字运动的基本原则，积极开展国际交流合作，为推动建设和谐世界贡献力量。

衷心希望全国广大红十字工作者进一步增强责任感和光荣感，秉持人道准则，胸怀博爱之心，播撒仁慈美德，传递友善关怀，切实做到对事业有热情、对工作有激情、对困难群体有真情，奋发有为，埋头苦干，甘于奉献，在平凡的岗位上创造不平凡的业绩，在促进中国特色红十字事业发展中实现人生价值。

衷心希望社会各界关心、支持我国红十字事业，自觉参与人道服务和各项慈善事业，为社会献一份爱、出一份力，共建共享和谐美好新生活。

各级党委和政府要进一步加强对红十字会工作的领导，认真落实红十字会法，切实帮助解决红十字会工作中遇到的困难和问题，充分发挥红十字会的积极作用，促进我国红十字事业又好又快发展。

同志们、朋友们，红十字事业是造福人类的崇高事业，是充满爱心的光荣事业。让我们更加紧密地团结在以胡锦涛同志为总书记的党中央周围，团结奋斗，开拓创新，为开创我国红十字事业新局面，为推动中国特色社会主义事业发展，为促进世界和平与发展，做出新的更大的贡献！

最后，预祝大会取得圆满成功！

讲 话

在中国红十字会第九届理事会第一次会议上的讲话

中国红十字会会长 华建敏

（2009年10月28日）

感谢各位理事选举我担任中国红十字会新一届会长。这是对我的信任，我深感荣幸，也深感责任重大。我也要向在座的各位祝贺，祝贺大家当选新一届的理事。我们都在红十字会的领导集体里工作，要共担重任，同舟共济。我和大家一样非常看重红十字会的工作，非常珍惜这个为最困难、最需要帮助的群众提供服务的岗位。在改革不断深化、经济高速发展的情况下，发扬人道主义精神，提倡“行善积德”，做好红十字会工作，促进社会和谐，是国家和人民的需要，是时代的要求。红十字事业对我来说是一个全新的工作领域，是一个新的挑战，做好这份工作很不容易。要认真地向彭珮云同志、向多年从事红十字会工作的各位老同志、向在地方工作的红十字会工作者、志愿者和广大会员学习。特别是城乡基层的红十字工作者，在困难的条件下，坚守岗位，把红十字会的工作做得很好。要学习大家的经验，更要学习大家的精神。他们对红十字事业非常投入、非常认真、非常执著，碰到困难不退缩，坚忍不拔，无私奉献。这里我想特别提一下，还要向港澳的红十字会工作者学习，因为港澳与内地的运作机制不一样，在内部管理、项目评估、资金运作方面有很多特点，值得我们学习和借鉴。

王伟同志刚才讲得很好，我都赞成。这次代表大会开得很好，江亦曼同志作了一个很好的报告，同志们在分组讨论中畅所欲言，谈了许多好的意见和建议。下面我谈两点想法，作为响应，请同志们指正。

一、做好红十字会的工作，关键在抓好落实

大家反映，大会的报告、未来五年的工作规划等文件都很好，对中国红十字事业未来的发展是一个有力的推动，现在的关键就是抓好落实。我以往在企业工作过，在党政机关也工作过。我感到，过去有一些重要的的决策和好的政策没有收到好的效果，主要原因就在于抓落实抓得不紧、抓得不力、抓得不实，所以好的政策在一片喊“抓落实”的口号声中，都落空了。任何工作都离不开落实，红十字会的各项工作都关系人民群众的切身利益，非常具体，非常实在，疏忽不得，更要强调落实。

第一，要抓组织落实。重点是理顺管理体制，创新工作机制，抓好队伍建设，调动干部积极性。抓组织落实有一定难度，更要坚定不移地抓下去。

第二，要抓工作落实。江亦曼同志在工

作报告中讲的“七项行动”都很重要，也都是可以很有作为的。既要集中和发挥我们的已有优势，落实这七项行动，还要积极创造新的优势，拓展红十字会的服务领域。要善于发现社会服务领域的空白，为了满足群众的需要，我们可以先做起来，逐渐变成我们的优势。在这里，我愿意举七项行动中的第一项——救援行动的例子，来说明红十字会工作的重要作用。比如，我在国务院工作时，从2004年1月开始，组织国务院各部门编了108个预案，后来又补充到112个。当时接触到很多历史案例。其中一个案例就是唐山大地震，死亡人数很多，也救出了很多人，救出人最重要的一条，是没有受伤或轻伤的人马上去抢救其他还埋在下面的人。从那时的情况看，如果都要等到中央接到报告，再组织力量赶赴现场救援，时间就晚了。所以，我们的群众在第一时间会不会自救互救，是最大限度减少人员伤亡和经济损失的关键因素。像这类自救互救知识的培训，我们红十字会完全可以大有作为。再举个例子，中央电视台2频道几年前播出一个电视节目，说一个深圳的小学生袁媛，上课时很专心地听请来授课的老师讲解如何防止煤气中毒，如果家里洗澡用的煤气热水器发生煤气泄漏，第一打电话，第二开窗户，第三关电源开关，小姑娘对这些程序记得很牢，结果有一天家里父母洗澡发生煤气中毒，袁媛就按照老师教的做了，很快救护车赶来，煤气中毒的父母得救了。这说明，培养群众的自救互救能力是救援工作中最重要的一环。这也是目前我们红十字会很有基础、很有优势的一项工作。我看可以进一步拓展培训领域，大力抓起来。做好这项工作需要各有关部门通力合作，要抓好协调落实。

第三，以“四项建设”为抓手，推动各项工作的落实，确保五年规划的完成。一是制度建设。包括：抓法制，推动对红十字会法开展执法检查，推进依法建会、依法治会、依法办会；抓体制，核心内容就是理顺管理体制，加强队伍建设；抓机制，要研究怎样吸引人、培养人、用好人，调动人的积极性，怎样筹来钱、用好钱，确保资金运转高效。二是能力建设。有了能力，有了品牌，红十字会的工作就有了地位，正所谓“有为才能有位“。三是文化建设。红十字事业需要建立自己独特的文化内涵。要把红十字精神和社会主义核心价值观结合起来。要鼓励企业家履行社会责任，也要鼓励每个居民乐于奉献。捐赠多固然好，但也不要忽视那些捐钱少的人，多多益善，少少可贵。同时还要培养受益者感恩社会、回报社会的情操。四是保障条件建设。有的地方反映，基层红十字会连办公电话费都没有，电话只能打进来，没钱打出去。没有基本的保障条件，怎么能开展工作？要注重保障条件建设，着力解决基层的基本工作条件。

二、红十字会的工作是一项事业，也是一门学问，要加强学习和研究

正如大家常说的，做红十字会的工作就是从事一项事业，一项造福人类、精神崇高的事业，一项扎根群众、规模宏大的事业。它也是中国特色社会主义事业不可缺少的一个组成部分。凡是从事红十字会工作、真正的红十字人身上都有一种忘我的献身精神，反映出一种很高的精神境界。我们做红十字会的工作，在把爱民主奉献给每个最需要帮助的人的同时，就把阳光和温暖传播给全社会的每一个人。红十字会的工作也是一门学问，涉及经济、政治、文化、社会各个领域，主要涉及社会学的领域。社会学是一门重要的学问，我们的彭珮云会长就毕业于清华大学社会学专业。回想 2003 年抗击非典的斗争，可谓惊心动魄、艰苦卓绝，我们最终取得了胜利。这件事给我们一个深刻的启示，就是中国的发展必须做到经济和社会“两条腿”协调发展。我们过去重视经济建设而忽视社会建设，“经济”一条腿长，“社会”一条腿短，怎能走得好、走得远呢？总结经验教训，特别是根据抗击非典的重要启示，中央提出了以人为本、全面协调可持续的科学发展观，强调要按照“五个统筹”的要求推进改革和发展。“五个统筹”中十分重要的一条就是，必须统筹经济社会发展。2006 年，中央召开十六届六中全会，通过了构建社会主义和谐社会的决定，提出要全面建设小康社会。何为“全面”？就是经济建设、政治建设、文化建设、社会建设、生态建设一起抓，五位一体。

红十字会是一个从事人道主义救助的社会团体，在促进社会和谐、全面建设小康社会的进程中大有可为。为此，我们红十字会首先要建设成为一个学习型团体。要认真学习贯彻科学发展观和构建社会主义和谐社会的理论，着力研究社会学，学习如何做好社会服务和社会管理。我相信政府部门也会把公共服务、社会管理提上重要议事日程，研究如何调动全社会的积极性，共同做好社会服务，促进社会进步。我所强调的“学习”，不是关起门来读书，应该是联系实际，学习如何做好红十字会的工作。过去有句话叫“在战争中学习战争”，就是提倡在实践中学习，结合实际学习，这句话到现在都有指导意义。我们也要结合国情省情市情来思考做好红十字会工作的客观规律，研究中国特色红十字事业的理论。中国红十字会的工作必须放眼全局，既要符合客观规律，又要适应时代的特点，既要立足中国的国情，还要借鉴国际的经验。要从实践中学习，调查研究是必不可少的。彭珮云会长在这方面也是我们的榜样，她年近八十，近年来，除了西藏以外，其他所有的省区市都去做过调查研究。调查研究是我们的传家宝，对各级党政机关而言，是一个基本的领导制度和工作方法，我们红十字会也应该把加强调查研究作为基本的工作方法，红十字会的工作人员应该把调查研究作为一项基本功。只有深入地调查研究，充分地掌握客观情况，我们的各项决策才能正确，各项工作才能收到实效。

总之，红十字事业面临巨大的发展机遇，同时也面临巨大的挑战。我们理事会的同志一定要尽心尽力，恪尽职守，共同承担起重任。建议我们以后要立个规矩，既是理事，就要理事和管事，既要管事就一定要参加理事会各项会议和活动，没有充分的理由不能缺席，这反映我们每位理事看待红十字会工作的态度。

各位理事，2004 年 10 月 27 日，胡锦涛同志在中国红十字会第八次全国会员代表大会上说，当前全党全国各族人民正在为全面建设小康社会、加快推进社会主义现代化建设而团结奋斗，中国红十字会作为重要的社会团体，在这个历史进程中是可以大有作为的。这是党和国家对我们的要求，也反映了人民对我们的期待。我们必须更加努力，勤勤恳恳地做好工作，在红十字会的工作岗位上，真正做到大有作为，在历届理事会已经建立的良好基础上，开创新局面，取得新成就。

在中国红十字会第九届理事会第一次会议上的讲话

中国红十字会常务副会长
王 伟

（2009 年 10 月 28 日）

各位理事，各位同仁：

九届一次理事会选举产生了中国红十字会第九届常务理事会和以华建敏同志为会长的领导机构，我很荣幸能成为这个领导机构的一员。首先借此机会对大家说声谢谢，感谢各位理事的信任和重托。华建敏会长一会儿还要代表常务理事会作重要讲话。在这里，我仅谈点个人的感受，并以此与大家共勉。

在很多红十字同仁面前，我是一名新兵。红十字事业在一任又一任红十字会领导和一代又一代红十字人手中传承，今天这副重担落到了我们大家的肩上，我感到任务艰巨，使命光荣！为不辱使命，我唯有全力以赴，履职尽责，努力做好以下几个方面的工作：

一是要认真学习领会回良玉同志代表党中央、国务院在“九大”开幕式上的重要讲话，特别是关于中国红十字会的三个功能，即“成为党和政府在人道工作领域的得力助手，成为构建社会主义和谐社会的重要力量，成为我国民间外交的重要渠道。”这既是中国红十字会在往届理事会领导下经过不懈努力所取得的重大成果和社会认可，更是中央给我们九届理事会明确的工作方向。

二是谦虚谨慎，向彭珮云同志等各位前辈和周边的同志们请教，特别是要向八届的领导同志、向基层的同志学习。要提高自身业务素质，不断充实自己，边学习，边实践，边改进，尽快熟悉国际国内红十字运动的历史和现状，研究问题，解决问题。

三是深入基层、深入实际。要以良好的状态和务实的作风投入红十字事业中，要注重调查研究，并在充分调研的基础上，和同志们一道创新思路和方法，推动工作。

四是用行动努力践行“人道、博爱、奉献”的红十字精神。自觉地把个人的命运同最易受损害群体的命运紧紧联系在一起，把个人的理想追求同发展中国特色红十字事业、推动和谐社会建设的伟大事业紧紧联系在一起，勤勤恳恳，兢兢业业，艰苦奋斗，不懈进取，在无私奉献中弘扬红十字精神。

五是团结班子全体同志一道工作。在华建敏同志的领导下，全面贯彻党的路线、方针、政策，践行科学发展观，围绕建设社会主义和谐社会的大局，贯彻落实民主集中制，凝聚集体的智慧，充分发挥班子整体的合力，齐心协力，推动中国特色红十字事业实现新跨越。

总之，我将尽自己的全力，把工作做好；同时，还要请各地和各相关部委的领导同志以及广大红十字同仁们一如既往地关心、支持红十字事业，让我们共同努力发展好中国特色红十字事业，不愧于党中央、国务院的重托，不愧于各位理事和广大会员、志愿者的信任！

谢谢大家！

在中国红十字会第九次全国会员代表大会闭幕式上的讲话

中国红十字会会长　华建敏

（2009 年 10 月 29 日）

各位代表、各位理事、各位同志：

中国红十字会第九次全国会员代表大会顺利完成各项议程，就要胜利闭幕了。大会开得很好，对于今后五年中国红十字事业的发展具有重要意义。胡锦涛、温家宝、李长春、习近平、李克强等党和国家领导人出席了开幕式，回良玉副总理代表党中央、国务院作了重要讲话，胡锦涛同志继续出任中国红十字会名誉会长，韩启德、桑国卫、黄孟复、张榕明、李金华同志出任或继续担任名誉副会长，充分体现了党中央、全国人大、国务院、全国政协对于中国红十字事业的支持，也体现了中国红十字事业在我国社会生活中的重要地位。

刚才，彭珮云同志发表了重要讲话，讲得很好，对她在红十字会十年的工作做了系统思考，包含很多真知灼见，充满了真情实意。没有十年来深入的调查，没有深刻的思考，没有对人民群众的热爱，没有做好红十字会工作的强烈责任感，是写不出、做不到的。我们要认真学习、深刻领会。十年来，彭珮云同志为中国红十字事业的发展倾注了大量心血，带领第七届、第八届理事会和全国红十字会工作者、会员、志愿者，求真务实，锐意开拓，积极推动各级红十字会做好救灾、救护、救助工作，不断拓展人道救助工作的新领域，把中国红十字事业推进到一个新阶段。让我们以热烈的掌声向彭珮云同志表示崇高的敬意和衷心的感谢！在这里，我们也要向第八届名誉副会长，向江亦曼等即将离任的中国红十字会执委会成员、地方红十字会的负责同志和各位理事表示敬意，对于你们卓有成效的工作和为中国红十字事业作出的贡献表示衷心感谢！我们希望并相信，你们将一如既往地关心和支持红十字会的工作。我们新一届理事会的成员一定不辜负你们的期望，为推进中国特色红十字事业又好又快的持续发展，做出不懈的努力。

感谢中央和同志们的信任，推荐和选举我担任中国红十字会会长。红十字会对我来说是一个新的工作岗位，能与红十字会的同仁们一起，投身这项造福人类的崇高事业，热忱为祖国、为人民、为社会服务，我感到十分荣幸，也深感责任重大。我将和理事会成员一道，忠实履行《中华人民共和国红十字会法》和《中国红十字会章程》授予的职责，弘扬“人道、博爱、奉献”的红十字精神，发扬中国红十字会为国分忧、为民解困、艰苦奋斗、乐于奉献的好传统，尽心尽力做好工作，努力开创红十字事业的新局面。

党的十七大指出，当今世界正在发生广泛而深刻的变化，当代中国正在发生广泛而深刻的变革。我们要高举中国特色社会主义伟大旗帜，更加注重科学发展，更加注重社会和谐，更加注重以人为本，围绕十七大提出的实现全面建设小康社会奋斗目标的新要求努力奋斗。这为我们的各项工作指明了前进方向，也明确了中国红十字会在中国特色社会主义事业中的定位和任务。中国红十字事业是中国特色社会主义事业中不可缺少的组成部分，我们也必须建设中国特色的红十字事业。我国是一个历史悠久的文明古国，有着优秀的文化传统。我国地域广阔，发展不平衡，自然灾害多发。农村至今还有4000万人口尚未脱离贫困，城镇还有2300万人口维持在最低生活水平，有很多困难群体需要关怀。在中国发展红十字事业必须立足于这些基本国情，把国际红十字运动基本原则同我国实际相结合，建设中国特色红十字事业。必须在党的领导下，当好政府的助手，围绕中心、服务大局，关注民生，开展人道救助工作。必须坚持以人为本。红十字会一切工作的出发点和落脚点就是全心全意为人民服务，为最需要关爱、渴望得到帮助的群众服务，千方百计满足易受损害群体的人道需求，改善他们的境况。必须将中国优秀的传统文化同红十字理念相结合，实现红十字精神的中国化，用中国老百姓喜闻乐见的形式来弘扬红十字精神。只有这样，才能推动红十字事业在中华大地上蓬勃发展。归根到底，必须深入贯彻落实科学发展观。科学发展观是指导中国红十字事业实现又好又快发展的重要理论。红十字会必须把发展作为第一要务，不断增强自身能力和实力，为做好各项人道救助工作创造条件。目前，红十字事业的发展还面临各种问题，特别是发展不平衡的问题，需要统筹兼顾，实现红十字事业的全面协调可持续发展，只有这样才是真正的发展。中国红十字事业的科学发展是以人为本与全面协调可持续发展的统一。

中国红十字会成立105年来，为国家发展、社会和谐、人民福祉做了大量卓有成效的工作。无论在战争年代，还是在和平时期，无论是自然灾害肆虐的地方，还是事故灾难现场，都发挥了独特和不可替代的作用。红十字会奉行国际红十字运动的宗旨和七项基本原则，弘扬“人道、博爱、奉献”的红十字精神，致力于“动员人道力量、改善最易受损害群体的境况”，以实际行动赢得了广大群众的尊敬和支持。中国红十字会还积极参与国际人道主义救援工作，得到国际社会的广泛赞誉。

当前和今后一个时期，我国经济社会发展的有利条件很多，同时也面临十分复杂和严峻的公共安全形势。中国红十字会作为党和政府在人道工作领域的助手，必须清醒地认识到新形势新任务对我们的工作提出了更高的要求。我国是世界上遭受自然灾害最严重的国家之一，各种重大自然灾害分布广、频度高。20世纪全球发生的破坏性地震中我国占三分之一，2008年又发生了汶川特大地震。近几年，每年因各类事故造成十多万人死亡。目前我国有多种严重威胁群众身体健康和生命安全的传染病尚未得到完全有效的控制，全球新发的30余种传染病已有半数在我国发现。我国正处于社会转型时期，各种利益关系错综复杂，社会矛盾多样，维持社会安全任务艰巨。特别是随着我国经济高速发展，工业化、城镇化迅速推进，产业设施、人口、财富等生产要素大量集中到城市，风险也高度集中。在这样的形势下，全社会各种人道需求必然增多，红十字会肩负的责任必然更加重要。我们要努力提高各级红十字组织的突发事件应急能力，更好地履行人道主义救助职责，切实保护人民群众的生命和健康。

从现在起到2020年，是我国继续全面建设小康社会、加快推进社会主义现代化的关键时期，也是中国特色红十字事业的重要发展机遇期。各级红十字组织要抓住机遇，迎接挑战，推动红十字事业又好又快发展。

要继续贯彻实施好红十字会法，坚持依法建会、依法治会，依法兴会。我国专门为社会团体立法的只有工会法和红十字会法，这体现了党和政府对红十字事业的重视。各级红十字会要深入持久地宣传红十字会法，不断提高全社会对红十字事业的认识，积极争取各方支持，解决红十字事业发展中的突出问题，为红十字会依法履行职责提供切实保障。

要按照红十字会法的要求，继续理顺市、县两级红十字会的管理体制，完善运行机制，加强红十字会组织建设和队伍建设，把中国红十字会建设成为充满生机与活力、密切联系群众、符合自身特点的社会救助团体。要贯彻党的十七届四中全会精神，加强各级红十字会内党组织的建设工作，充分发挥党组织的战斗堡垒作用、共产党员的先锋模范作用，提高凝聚力，增强战斗力。要激发广大红十字会工作者、会员和志愿者的责任感和光荣感，努力建设一支热爱红十字事业、乐于奉献、勇于开拓、精通业务、廉洁公正、会做群众工作的队伍。

要建立社会化、开放式的工作机制，广泛动员社会各界力量投身红十字事业。红十字事业的发展是为了人民，发展红十字事业也要依靠人民。要用真诚的服务和良好的公信力赢得全社会的信赖和支持，最大程度动员起巨大的人道力量，推动红十字事业发展。要大力倡导慈善光荣的理念，公众要有为社会奉献的精神，企业家要积极履行社会责任，受益人也要常怀感恩之心、回报社会，努力推动形成我为人人、人人为我，相互关爱、服务社会的社会风尚、和谐氛围。

各位代表、各位理事、各位同志，红十字事业是一项崇高而伟大的事业，崇高的事业呼唤崇高的精神，我们要坚持不懈地大力弘扬人道主义精神，解放思想，实事求是，开拓进取，勤奋工作，不断开创有中国特色红十字事业的新局面，为实现中华民族伟大复兴，促进人类和平进步事业做出新的更大贡献。

在中国红十字会第九次全国会员代表大会闭幕式上的讲话

彭珮云

（2009 年 10 月 29 日）

中国红十字会第九次全国会员代表大会今天就要胜利闭幕了。首先，我对这次大会取得圆满成功表示热烈的祝贺。

红十字事业是一项造福人类的崇高事业。我从 1999 年 10 月到中国红十字会工作，至今已经 10 年。作为一个老共产党员，这是我为人民服务的最后一个岗位。在这十年里，我与全国红十字工作者同心同德，艰苦奋斗，不懈追求，力争中国红十字事业又好又快地发展。在即将离任的时候，我衷心感谢各级党委、人大、政府、政协与社会各界对红十字事业的大力支持，衷心感谢全国红十字工作者的辛勤努力，衷心感谢第七、第八两届理事会对我的真诚帮助。借此机会，我想谈谈自己通过这些年的学习与实践对红十字会工作的一些认识，与大家交流。

一、我们的目标是建设中国特色红十字事业。国际红十字运动已经有 150 年的历史，中国红十字会建会已经 105 年。在当代中国，我们应当把国际红十字运动的基本原则同中国实际和时代特征结合起来，建设中国特色红十字事业，为建设富强民主文明和谐的社会主义现代化国家服务，为促进人类和平进步事业服务。这是时代的要求，是国家和人民的需要，是中国红十字会必须坚持的正确方向。

建设中国特色红十字事业必须遵守我国宪法和法律，以邓小平理论和“三个代表”重要思想为指导，深入贯彻落实科学发展观。要把发展作为第一要务，牢牢抓住并切实用好发展机遇期，推动中国特色红十字事业又好又快地发展。既要不断提高传统业务工作的水平，使各项工作进一步专业化、科学化、规范化；又要适应新形势和人民群众的新期待，积极拓展人道服务领域，精心策划和培育一批有特色、有影响力的品牌项目；在人道工作领域充分发挥政府的助手作用。

建设中国特色红十字事业，必须立足于我国的基本国情。我国仍处于并将长期处于社会主义初级阶段。党的十七大深刻分析了当前我国发展的阶段性特征和面临的新课题、新矛盾。要全面建成惠及十几亿人口的更高水平的小康社会，构建社会主义和谐社会，任重而道远。尽管我国人民生活总体上达到小康水平，但是城乡贫困人口和低收入人口还有相当大的比重。城乡、区域发展不平衡，自然灾害频发，需要救助的群众很多。中国红十字会必须服从、服务于国家的大局，根据人民的需求，认真履行自己的职责，发挥人道救助团体应有的作用，为政府分忧，为百姓解难。只有这样，才能在中国这块土地上真正有作为、有地位，得到党和政府及广大人民群众的认可和支持。

建设中国特色红十字事业，必须坚持以人为本。红十字运动的宗旨是保护人的生命和健康，发扬人道主义精神，促进和平进步事业。红十字会的一切工作应以最广大人民群众的根本利益为出发点和落脚点，真心实意地为人民服务，为最需要帮助的困难群众服务。要大力弘扬人道博爱奉献的红十字精神，继承和发扬中华民族的传统美德，培育团结互助、平等友爱、和睦相处、和衷共济的文明风尚。只有这样，红十字事业才能深深植根于人民群众之中，成为加强社会主义精神文明建设、构建和谐社会的重要力量。

建设中国特色红十字事业，必须具备宽广的世界眼光，放到世界的大局中来思考。红十字会是一个在人道工作领域具有特殊重要作用的国际性组织，也是我国开展民间外交、推动建设持久和平、共同繁荣的和谐世界的一个重要平台。中国红十字会必须遵循国际人道法和红十字运动的七项基本原则，积极参加国际红十字运动，充分发挥一个负责任大国红十字会应有的作用。要加强同国际红十字组织、各国红十字会及香港、澳门红十字会和台湾红十字组织的交往与合作，共同推动红十字运动深入发展，促进和平进步事业。既要努力争取国外、境外的资源，支持内地的人道救助工作，又要积极参加国外、境外的人道主义救援工作，支持发展中国家实施人道救助项目，注重学习国外、境外红十字会工作的有益经验，不断改进自己的工作。

二、为了建设中国特色红十字事业，完成时代和人民赋予我们的光荣使命，必须努力把红十字会建设成为一个有活力、有凝聚力、有实力、有公信力的从事人道工作的社会救助团体。这就要求我们：

坚决依照《中华人民共和国红十字会法》办会。继续理顺县以上各级红十字会的管理体制，使红十字会成为依法独立自主地开展工作的人道救助团体，充分发挥自身的特点和优势，在我国社会生活中发挥不可或缺的作用。

努力创新工作机制，建立和完善社会化、开放式的运行机制。主动争取各级党委、政府及有关部门的支持，认真完成并争取政府委托的公益项目。加强同社会各界、企事业单位、新闻媒体、知名人士及其他社会团体的联系与合作，积极整合社会资源，动员人道力量参与和支持红十字事业，使红十字会成为充满生机与活力的人道救助团体。

切实加强基层红十字组织建设。不断巩固和发展会员和志愿者队伍，把红十字会工作延伸到社区、乡村、贫困地区，通过优良的服务，广泛深入的宣传工作，增加公众对红十字会的了解与认同，吸引和凝聚更多的人参与红十字事业，夯实红十字会的群众基础。

拓宽筹资渠道，创新筹资方式，努力建立可持续发展的筹资机制，不断增强红十字会救灾、救助、救护的实力，为发展红十字事业提供强大的物质保障。

十分珍惜红十字会的声誉，坚持“公开、透明、公正、高效”的原则，严格执行有关法律法规的规定，进一步完善管理和监督制度，切实管好、用好募集的每一笔善款，及时向捐赠者反馈信息，自觉接受来自政府、公众和新闻媒体等的监督，不断提升红十字会的公信力，从而更好地开展人道救助工作。

十年来，中国红十字会一直按照上述要求努力加强自身建设，取得了显著的成绩和可喜的进步，坚定了前进的决心和信心。但是，由于历史和现实、客观和主观的种种原因，红十字会的组织建设、工作能力、救助实力等方面还不能很好地适应国家和人民的要求，前进中还面临着不少困难和问题，各地红十字会工作发展还不平衡。我衷心希望在新一届理事会的领导下，突出重点，兼顾一般，突破难点，实现新的跨越，推动中国红十字事业健康、快速、持续地向前发展，为全面建设小康社会、构建社会主义和谐社会做出新的更大的贡献。

三、为了建设中国特色红十字事业，必须建设一支热爱事业、乐于奉献、精通业务、勇于创新的红十字干部队伍。从事红十字工作的干部首先要热爱红十字事业，大力弘扬人道博爱奉献精神，甘于为这一崇高事业贡献自己的全部力量。随着形势的发展，我国红十字事业已进入前所未有的发展机遇期，同时也面临着严峻的挑战。我们必须认清形势，抓住机遇，迎接挑战。要自强不息，奋发有为，不怕困难，不等不靠，坚韧不拔，艰苦创业。既要解放思想，与时俱进，勇于改革创新，又要脚踏实地，埋头苦干，坚持求真务实。要密切联系群众，真情关爱群众，热心服务群众，会做社会工作，善于与人合作。勤于学习，善于学习，努力掌握和运用科学的新思想、新知识、新经验，认真探索中国特色红十字事业的发展规律，不断提高理论素养和实践能力，增强工作的原则性、系统性、预见性、创造性。始终保持高尚的精神追求，清正廉洁，一尘不染。有了这样一支德才兼备、朝气蓬勃的社会工作者队伍，并培养出一批优秀的社会活动家，就能把中国红十字会真正建成社会影响力、社会公信力最大的人道救助团体，把中国特色红十字事业不断推向前进。这次大会通过的新的五年发展规划提出要开展红十字强会行动，加强干部队伍建设，为红十字事业发展提供人才保障。我认为这是一个具有战略性的重大任务。我热切地希望新一届理事会带领全国各级红十字会通过坚持不懈的努力，在这方面做出实实在在的成绩。

同志们，朋友们！国庆60周年盛典令每一个中华儿女欢欣鼓舞。我们大家都为新中国60年的辉煌成就感到无比自豪，都对实现中华民族伟大复兴的光明前景充满信心。中国人民正处在意气风发、开创未来的伟大时代。我们完全有理由相信，在党中央、国务院的正确领导和亲切关怀下，在新的历史起点上，中国红十字会一定会阔步前进，迎来一个蓬勃发展的美好明天！

在中国红十字会第九次全国会员代表大会预备会上的讲话

江亦曼

（2009年10月26日）

各位代表、同志们：

中国红十字会第九次全国会员代表大会明天就要召开了，这次大会非常重要，规模是空前的，七百多名代表来自全国各个方面，大家精神饱满，意气风发，体现了红十字事业的生机与活力。为了开好这次有意义的大会，我代表第八届理事会，就“九大”的筹备情况及相关事项作以下通报。

一、关于大会的重要意义、主题和任务

依据《中华人民共和国红十字会法》（以下简称红十字会法）和《中国红十字会章程》的规定，全国会员代表大会每五年召开一次，每届理事会任期五年。第八次全国会员代表大会是2004年10月召开的，到今年10月任期届满。第九次全国会员代表大会是在新中国成立60周年之际召开的一次大会，也是我国进入改革开放新阶段召开的一次重要会议，是承前启后、继往开来的大会。开好“九大”，对于加强红十字会的组织建设和思想建设，对于动员全国各级红十字会干部和广大会员全力投入全面建设小康社会和构建社会主义和谐社会的伟大事业，对于新时期、新阶段建设中国特色红十字事业都具有十分重要的意义。

这次大会的主题是：以邓小平理论和“三个代表”重要思想为指导、深入贯彻落实科学发展观，认真贯彻《中华人民共和国红十字会法》，大力弘扬“人道、博爱、奉献”的红十字精神，广泛动员人道力量，积极参与以改善民生为重点的社会建设，解放思想、实事求是、开拓创新、锐意进取，努力实现中国特色红十字事业新跨越，为实现全面建设小康社会奋斗目标，为构建社会主义和谐社会做出更大贡献。

这次大会的主要任务是：一、听取、审议并通过第八届理事会的工作报告，审议并通过《中国红十字事业2010－2014年发展规划》（草案）、《中国红十字会章程修正案》（草案）、《中国红十字会会费管理办法》（草案）；二、选举产生新一届领导集体，即：第九届理事会、常务理事会和会长、常务副会长、副会长，根据章程规定由会长提名决定秘书长。并将召开九届理事会第一次会议。三、大会期间将表彰南丁格尔奖章获得者、与人力资源和社会保障部联合表彰全国红十字会系统先进集体和先进工作者。总会向全国红十字会工作者颁发荣誉证章。

二、关于文件的起草情况

八届常务理事会和执行委员会对筹备“九大”工作非常重视，在今年年初召开的中国红十字会第八届理事会第五次会议上，对筹备“九大”提出明确要求。今年3月初，执行委员会将筹备工作提到议事日程，成立筹备工作小组。4月初，总会向各省、自治区、直辖市红十字会，铁路、商业系统红十字会发出做好“九大”有关筹备工作的通知，同时成立文件组、组织组、秘书组、宣传组、后勤保障组，分别负责相应工作。4月中旬到6月中旬，会领导分赴数省进行调研。4月—8月分别召开5次省级、地市级红十字会领导和有关专家座谈会并书面征求各省级红十字会的意见。9月8日召开第八届常务理事会第六次会议，对会议文件等筹备方面的工作进行讨论并审议。今天又召开第八届理事会六次会议，对提交“九大”的主要文件进行审议。

工作报告、五年规划（草案）、章程修正案（草案）和会费管理办法四个主要文件的起草、修改是在彭会长的亲自领导下、执委会多次研究并广泛听取各方面意见的基础上完成的。文件的起草经过收集意见、实地调研、草拟提纲、召开座谈会、书面征求京内外单位和老干部意见等多个程序，最后形成发给各位代表和来宾的“九大”会议文件。

三、关于会务的筹备情况

党中央、国务院对这次会议非常重视。中共中央专门就中国红十字会换届工作及换届人事安排工作进行研究，回良玉副总理及中组部、中央办公厅、国务院办公厅有关负责同志就“九大”筹备工作等问题多次听取汇报、进行协调并作出指示。党中央、国务院已同意“九大”于2009年10月27日—29日在北京召开，会议正式代表717人。为扩大红十字会的社会影响，开幕式于10月27日在人民大会堂大礼堂举行，规模3000余人，其他各次会议在京西宾馆举行。目前，“九大”的各项筹备工作已经基本就绪。

四、关于会议代表的产生

总会对出席全国会员代表大会的代表人选，进行专题研究，下发文件对代表条件、产生办法和名额分配提出了要求。这次大会代表的产生主要从体现社会性、广泛性以及先进性的特点考虑。其中：

1. 中央国家机关及相关单位代表73人。

2. 地方红十字会代表（含行业红十字会及港、澳红十字会代表）：620人。主要是结合各地人口占全国人口的比例、每万人平均基层组织数、每万人平均会员数、每万人平均志愿者数、地市级理顺管理体制数、开展工作情况和限定上下限等综合因素进行权重比例分配，并考虑了中国红十字会第八次全国会员代表大会的名额分配适当进行调整。

3. 总会及直属单位代表：21人。

4. 特邀代表：3人。

出席大会的所有正式代表，都通过了“九大”代表资格审查委员会的审查。

五、关于大会主席团的组成

本次大会按照惯例，成立大会主席团。经第八届理事会第六次会议通过，大会主席团共计63人，由以下几部分人员组成：一是中国红十字会第八届会长、第九届会长候选人、第八届执委会成员及第九届常务理事候选人共27人；二是各省、自治区、直辖市，新疆生产建设兵团，铁路、商业系统红十字会负责人共34名；三、香港、澳门特别行政区红十字会负责人2人。大会设执行主席6名，秘书长1名。

六、关于换届的人事安排

根据红十字会法关于“中国红十字会设名誉会长和名誉副会长。名誉会长和名誉副会长由中国红十字会理事会聘请，理事会民主选举产生会长和副会长”的规定，中共中央已同意国家主席胡锦涛同志继续担任中国红十字会名誉会长。同意全国人大常委会副委员长韩启德、桑国卫和全国政协副主席黄孟复、张榕明、李金华5位同志任第九届中国红十字会名誉副会长。

中央编办已批准我会领导班子的设置为：会长1名（兼）、常务副会长1名、副会长3名及秘书长1名。彭珮云同志明确表示不再担任会长职务，第九届会长人选已由中央决定。经与有关单位协商，并经中央批准，外交部副部长何亚非、国家发展与改革委员会副主任朱之鑫、教育部副部长陈小娅、民政部副部长窦玉沛、财政部副部长王军、卫生部副部长马晓伟同志为第九届中国红十字会兼职副会长。中央也已批准拟任常务副会长、专职副会长候选人名单，已任命王伟同志为中国红十字会党组书记。会长、常务副会长、副会长将按《中国红十字会章程》规定提交“九大”选举产生，秘书长由会长提名产生。

七、关于第九届理事会和常务理事会的组成情况

1. 第九届理事会构成原则。为适应新形势、新任务的要求，有利于建设充满处理机与活力、密切联系群众、符合红十字会自身特点的社会团体，使新一届理事会充分体现群众性、广泛性、社会性的特点，第九届理事会组成方案注意了以下几点：为提高理事会工作效率，保证多数理事参会履职，拟增加系统内理事名额，并在现有理事名额的基础上略有增加，系统外理事名额基本保持不变，部委和媒体略有调整，企业和系统外人士则根据红十字事业的发展以及需要做了部分调整。

2. 第九届理事会构成。拟由194人构成。红十字系统拟定121人，占62.4%。其中，总会14人（总会领导5人，总会部门及直属单位9人）；各省、自治区、直辖市红十字会推荐98人；新疆生产建设兵团红十字会2人；铁路、商业系统红十字会2人；香港、澳门特别行政区红十字会5人。

系统外人士73人，占37.6%。其中，社会团体7人，有关部委、军队及单位29人，媒体4人，企业和其他人士33人。社会团体理事主要来自全国总工会、共青团中央、全国妇联等全国性社团；部委理事主要来自中宣部、民政部、财政部等；军队及单位理事主要来自总政治部、总后勤部等；媒体理事主要来自人民日报社、中央电视台等权威性媒体；企业和其他理事主要来自热心红十字公益事业，对红十字事业发展做出突出贡献的单位。

第九届理事会理事候选人分布于国家机关、军队、社会团体、企事业单位、新闻媒体等部门，具有较为广泛的社会性和代表性，推荐程序符合《中国红十字会理事会组织规程（暂行）》规定。

3. 第九届常务理事会的组成。

常务理事拟定24人，包括总会领导、有关部委、企业代表、社会知名人士。

八、大会的开法及要求

本次代表大会将召开三次全体会议，其他时间为分组会议。

明天上午是大会开幕式。胡锦涛等党和

国家领导人将出席开幕式。红十字国际委员会和红十字会与红新月会国际联合会代表将致贺词，中国文联常务副主席、党组书记胡振民同志将代表社会团体致贺词，表彰南丁格尔奖章获得者，与人事部联合表彰先进集体和先进个人。回良玉副总理代表党中央、国务院发表重要讲话。

开幕式之后，召开第一次全体会议，作八届理事会工作报告和五年发展规划（草案）的说明、章程修正案（草案）的说明。

第二次全体会议是选举产生第九届理事会。之后，九届理事会召开第一次会议选举新一届常务理事会和会长、常务副会长、副会长，根据会长提名通过秘书长人选。审议通过聘请名誉会长、名誉副会长的决议案，新任会长及常务副会长讲话。

第三次全体会议是大会闭幕式，主要宣布选举结果。即名誉会长、名誉副会长、会长、常务副会长、副会长和其他常务理事及根据会长提名通过的秘书长名单，宣读《中国红十字会关于颁发荣誉证章的决定》，通过工作报告、五年发展规划和章程修正案、会费管理办法四个决议案，彭珮云会长讲话，宣读致彭珮云会长感谢信，宣读致名誉副会长的感谢信，宣读致离任理事的感谢信，新任会长讲话，新任常务副会长做大会总结。

九、关于中央领导同志不再接见代表并合影留念一事

我们在筹备“九大”时，曾向中央请示，建议比照“八大”的开法，请国家主席胡锦涛等党和国家领导人接见与会代表并合影留念，经中央研究，明确提出：“中央已在进行会风改革，提倡勤俭节约，不建议安排接见与合影。”

总会调查了近年来工、青、妇及侨联的换届大会，都没有中央领导会前接见代表的内容。所以，请各省同志向代表们说明，我们要理解中央会风改革的举措。胡主席继续担任中国红十字会名誉会长，胡主席等党中央、国务院领导出席大会开幕式，这本身就表明党中央、国务院高度重视红十字会工作。

“九大”的筹备工作已经圆满完成，明天将要召开中国红十字会第九次全国会员代表大会。这次代表大会是继往开来、共商红十字会发展大计的大会，任务很艰巨。希望与会代表认真学习领会国家领导人讲话，听取、审议会议主要文件，积极参加大会和分组讨论，大家要集中精力，紧紧围绕会议主题，积极发言。各组召集人要主持好会议，还要注意归纳讨论情况，作好汇报。同时，要自觉遵守会议各项规定，服从大会统一指挥。

大会组织工作由郭长江、王海京同志全面负责，设有文件组、秘书组、组织组、宣传组、后勤保障组，有事请与他们联系。大会具体要求，特别是明天上午的安排，负责会务的同志还要作详细说明。

让我们大家共同努力，把“九大”开好。

彰显人道　促进和谐
实现中国特色红十字事业新跨越

——中国红十字会第九次全国会员代表大会工作报告

江亦曼

（2009 年 10 月 27 日）

各位代表：

中国红十字会第九次全国会员代表大会

是在新中国成立60周年之际召开的一次代表大会，也是在我国进入改革开放新阶段召开的一次重要会议，是一次承前启后、继往开来的大会。

大会的主题是：以邓小平理论和“三个代表”重要思想为指导，深入贯彻落实科学发展观，认真贯彻《中华人民共和国红十字会法》，大力弘扬“人道、博爱、奉献”的红十字精神，广泛动员人道力量，积极投身以改善民生为重点的社会建设，解放思想、实事求是、开拓创新、锐意进取，努力实现中国特色红十字事业新跨越，为实现全面建设小康社会奋斗目标，构建社会主义和谐社会做出更大贡献。

我代表中国红十字会第八届理事会，向大会作工作报告，请予审议。

过去五年工作回顾

过去的五年是我国改革开放和全面建设小康社会取得重大进展的五年，也是中国红十字事业实现又好又快发展的五年。在党和政府的高度重视，社会各界的大力支持下，各级红十字会锐意进取、开拓创新，依法履行职责，抓住前所未有的发展机遇、经历前所未有的严峻挑战、取得前所未有的突出成就，圆满完成《中国红十字事业2005—2009年发展规划》的主要任务，事业发展取得重大突破和进展。

——社会知晓率和公信力空前提高，中国红十字会成为我国最具影响力的人道救援组织。成功组织印度洋海啸、南方冰冻雪灾、汶川特大地震等重大灾害救援，出色完成服务北京奥运的工作任务，形成“中华骨髓库（中国造血干细胞捐献者资料库）”、“红十字博爱送万家”、“红十字天使计划”、北京“999”紧急救援中心、青岛“微尘”等一批具有较大影响力的红十字品牌。

——灾害救援工作成绩显著，中国红十字会成为国家应急体系的重要组成部分。广泛动员人道力量，五年募集人道救助款物价值约290亿元人民币，受益人数达1.2亿人次。其中汶川特大地震募集款物价值191亿元，超过60年募捐的总和。

——人道救助领域亮点凸显，中国红十字会成为改善民生、促进和谐的重要力量。积极参与公共服务、医疗救助、新型农村合作医疗、少儿住院互助金等工作。建设博爱卫生院（站）5300余个，博爱新村近700个，受益农户达10余万户，博爱学校1000余个，实施大病医疗救助近10万人次，中华骨髓库入库资料超过100万人份。

——理顺管理体制工作取得重大进展，中国红十字会成为组织体系完善、桥梁纽带作用充分发挥的社会团体。截至2009年6月底，90%以上的地市级、40%以上的县级红十字会理顺管理体制，比2004年分别增长210%和550%。

——国际交流与合作成绩斐然，中国红十字会成为我国民间外交的重要渠道。积极参与国际红十字运动，国际影响力显著提升。加强国际人道救援，对外援助达7亿元人民币。争取和引进国（境）外援助30亿元人民币。与多个国际组织和大多数国家红会广泛建立合作伙伴关系。

五年来，我们紧紧围绕党和政府的中心工作，认真贯彻《中国红十字事业2005—2009年发展规划》，着力加强了以下六个方面的工作：

一、大力加强应急体系建设，提升专业

化、科学化救助水平

突出第一时间应对，建立应急快速反应机制。各级红十字会按照中国红十字会“十一五”期间应急体系建设规划要求，着力完善应急机制，不断提高应急反应能力。在重大自然灾害和公共突发事件发生时，做到第一时间报告灾情、第一时间到达灾区、第一时间开展救助。汶川特大地震发生后，红十字会在灾后数小时内即向海内外发出紧急呼吁、派出工作组，第一时间调运救灾物资，迅速组织紧急救援队，开展持久、深入、高效的人道救援行动，配合党和政府夺取抗震救灾斗争的伟大胜利，受到党中央、国务院、中央军委的表彰。总会赈济部、北京红十字会“999”救援队和中国造血干细胞捐献者资料库辽宁管理中心王玉伟、云南省红十字会备灾救灾中心李琼芬被授予“全国抗震救灾英雄集体”、“全国抗震救灾模范”称号。有 395 个集体、887 名个人分别荣获省部级相关表彰。

不断拓宽救灾工作领域，努力实现灾害救援模式转变。各级红十字会在救灾工作中不断创新工作思路和工作方式，做到备灾与救灾、应急救援与灾后恢复重建、物质救助与医疗、心理救助，灾后救助与普及公众防灾避险知识、提高社区防灾减灾能力结合。加强备灾网络体系建设，成立总会备灾救灾中心、完善全国 6 个区域性备灾中心和总会援外物资供应站，已建设 371 个各级红十字会备灾中心（仓库）。积极参与灾后恢复重建，援建博爱新村、博爱卫生院（站）、博爱学校等项目。在救援工作中，及时开展医疗及心理救援，引入 ERU 技术，提升应急救灾工作专业化水平。汶川特大地震中，各级红十字会派出紧急救援队、心理救援队 144 支，为灾区群众提供相关服务 23 万人次。

全面构建应急救援体系，成为政府应急工作的得力助手。各级红十字会着力完善自然灾害等突发事件应急预案体系，制定灾害救助规则，出台相关管理规定，红十字应急救援体系已成为国家应急体系的重要组成部分。总会及 27 个省级红十字会应急预案被纳入政府总体应急预案体系，272 个地（市）级、604 个县级红十字会制定了应急预案，成为当地应急工作领导机构成员。各级红十字会应急队伍已近万人，组织应急演练近千次。

加强初级卫生救护培训，壮大应急救援队伍。积极开展卫生救护工作，开展高危行业重点人群救护培训，在青少年中普及自救互救知识，面向城市和农村社区群众开展应急救护培训，群众性初级应急救护网络正在形成。救护培训被纳入红十字会应急工作体系建设。五年来，培训救护师资约 16 万人次、红十字应急救护员近 1300 万人次，普及卫生防病知识约 6000 余万人次。

二、积极拓展人道服务领域，扩大服务社会、改善民生的覆盖面

中华骨髓库实现跨越式发展，成为世界最大的华人骨髓库。中华骨髓库着力加强规范化管理，积极招募造血干细胞捐献志愿者，不断提高服务水平。全国共建立省级分库 31 个，入库志愿者资料较 2004 年增加 80 万人份。提供检索配型服务 2 万多人次，1300 多人捐献了造血干细胞，其中向国（境）外提供造血干细胞 60 多例。

在完善城乡公共卫生服务体系建设中发挥作用。各级红十字会积极参与新农合及医疗救助工作，开展了以改善贫困农村地区医疗卫生条件及救助白血病、先天性心脏病等大病患者为主要内容的“红十字天使计划”、“扶贫救心行动”、“爱心工程”、“少儿大病医疗救助金”及贵州“‘氟砷麻’地方病综合防治”等救助项目。培训乡村医生5万余名，救助白血病患者7600多人、先心病患者1.3万余人，救治白内障患者近8万例。

不断拓展红十字人道关爱工作。广泛开展艾滋病预防知识宣传和对感染者及其家庭的关爱活动，推广实施青年同伴教育，在吸毒、同性恋、娱乐业从业人员等目标人群中开展同伴教育及外展服务工作，举办艾滋病预防知识培训班1.3万期，培训25万余人。联合相关部门表彰无偿献血先进单位近500个、先进个人7万余名。各地红十字会积极开展遗体（器官、角膜）捐献宣传动员工作，累计登记捐献遗体（器官、角膜）近9万人，实现捐献9000余例。受卫生部委托，在10个省、市开展人体器官捐献试点工作。

创新社区红十字服务工作，持续开展红十字博爱送万家活动。深入推动“红十字关爱进社区”和红十字示范市（区）的命名活动，建立红十字社区公益服务站点、博爱超市2万余个。五年来，有15个市、109个区被总会和民政部联合命名为全国社区红十字服务示范市（区）。广泛开展“红十字博爱送万家”活动，投入救助款物达6亿元，使300多万户群众受益。

三、创建大宣传格局及可持续筹资机制，增强社会影响力和救助实力

创建红十字大宣传格局，弘扬红十字精神。精心创办“五八博爱周”、“公益广告推广月”等宣传活动，集中主题、集中时间、集中力量，宣传红十字精神和红十字会工作。各级红十字会以“五八”博爱周、印度洋海啸救援、汶川地震救助等重大活动与重大节日为契机，上下联动、内外互动、形成合力，初步构建起以特色活动、媒体合作、公益广告为主要框架，以传播红十字精神为主要内容的大宣传格局。积极开展“五五”普法活动。中国红十字报、博爱杂志、红十字网站等宣传阵地发挥积极作用。五年来，各级各类媒体报道红十字会工作近35万条（次）。54个红十字品牌项目和人物获中华慈善奖和十大社会公益之星殊荣。

广泛传播国际人道法及红十字运动知识。推动成立“中国国际人道法国家委员会”。举办国际人道法传播骨干、探索人道法师资培训班32期，培训骨干、师资964人。配合人民解放军和红十字国际委员会在军队内开展国际人道法的培训传播工作。在社区、农村、企事业单位结合红十字人道救助、人道服务工作广泛传播红十字运动知识。联合教育、卫生、共青团等部门深化红十字青少年工作，配合学校德育和素质教育，成立红十字青少年志愿服务队，开展青少年夏令营和敬老助残、扶危济困等活动。百所学校被总会和教育部命名为红十字模范校。

探索项目化、基金式筹资方式，建立可持续的筹资机制。把红十字救灾、救护、救助工作设计成公益项目，以公益营销和社会化运作方式推广，打造红十字天使计划、李连杰壹基金计划、爱心企业联盟、博爱捐助港等筹资项目品牌；设立专项基金，实现红十字品牌和社会爱心资源有效整合。中国红十字基金会被国家评定为5A级基金会，各级红十字会已建立13个基金会，设立275个专项基金。各地不仅与一些大额捐赠者建立较稳固的合作关系，还积极探索面向民众募捐的有效途径，建立手机、网络、募捐箱等小额捐赠平台。仅在汶川特大地震救援中，社会各界通过总会捐款达200多万笔，有7000多万人次通过“10699993”手机短信捐款，总量突破2亿元。

四、深化国际合作及与台港澳交流，开创民间交往新局面

积极参与国际红十字运动。充分发挥我会是国际联合会领导委员会成员的作用，参与国际红十字运动事务。切实履行我会在第29届和第30届国际红十字大会上的承诺。协调红十字国际委员会在北京设立东亚地区代表团。五年来，有16名护士获南丁格尔奖章，国家主席、中国红十字会名誉会长胡锦涛亲自为获奖者颁奖。红十字系统共组织出访193批966人次，接待来访318批2174人次。与近20个国际组织和国家红会签署友好合作协议，多边或双边友好合作关系进入新的发展阶段。

积极开展对外援助。积极参与印度洋海啸国际救援工作，募集款物4.43亿多元人民币，向11个受灾国提供紧急救助，为印尼、斯里兰卡、马尔代夫、泰国和缅甸等受灾国援建友谊村9个，永久性住房1487套及多处学校、医院、诊所等公共设施；争取并接受商务部委托，举办国际研修班，帮助非洲及亚太地区国家红会加强能力建设。向非洲国家红会援助自行车7500辆，彰显中国人民的人道情怀。

主动引进资金和技术。汶川抗震救灾期间，美国、日本、加拿大、德国、英国、西班牙等40多个国家红十字会响应国际联合会的呼吁，援助灾区11亿多元人民币，提供专业化救援队伍、应急设备及相关技术支持。五年来，我会分别与国际联合会及挪威、荷兰、英国等10国红十字会合作，引进资金1.1亿多元人民币，开展社区备灾、农村改水改厕、健康教育及艾滋病预防、禽流感等援助项目，有效改善当地群众的生活状况及健康状况，培养项目管理人员和专业人员，有力地促进了国内工作。

加强与台港澳交流合作。五年来，香港、澳门红十字会和台湾红十字组织援助内地17.43亿元人民币，其中汶川地震捐赠款物就达到15.33亿元。香港红十字会援助德阳的康复项目受到胡锦涛主席的高度赞扬。香港红十字会在内地19个省区开展社区备灾、宣传推动无偿献血等项目，澳门红十字会支持内地12个省份开展灾后重建和贵州地方病综合防治工作。密切与台湾红十字组织的联系，实现两岸红十字组织高层交往。携手开展水上救生培训，联合举办海峡两岸红十字青少年夏令营和大学生志愿服务团活动，增进海峡两岸同胞的亲情和友情，为促进两岸和平发展做出贡献。依据“金门协议”，见证私渡人员双向遣返作业35批5079人次。今年8月台风“莫拉克”对海峡两岸部分地区造成严重损失。我会迅速反应，动员民众捐款1.8亿元人民币，其中1.2亿元用于支持台湾红十字组织的救援行动。

五、依法理顺红十字会管理体制，大力加强组织建设

坚定不移地推进理顺管理体制工作。各级红十字会积极争取党政支持，全力推动理顺管理体制工作。截至2009年6月底，310个地市级、1297个县级红十字会已理顺管理体制，为红十字事业发展提供了有力的组织保障。各级红十字会机构编制、人员队伍、资产实体逐年增多，截至今年6月底，各级红十字会编制总数达到9000名。

锲而不舍地加强红十字基层组织建设。加强街道、乡村、学校、医院、机关、企业和新兴社会组织中的红十字基层组织建设，扩大红十字会员队伍，清理整顿红十字（会）冠名医疗机构，开展“十佳百优千星”评选活动，涌现出一大批基层先进典型。坚持每年突出一个主题，指导基层开展应急工作、青少年、社区工作、农村工作、志愿服务、组织建设工作。全国共有红十字基层组织9万个，冠名红十字医疗机构2200个，红十字会会员2589万名，其中青少年会员1658万名，红十字基层组织进一步巩固发展。

着力创建具有红十字特色的志愿服务体系。各级红十字会相继成立红十字志愿服务工作委员会，重点在应急救援、卫生关怀、人道救助、推动捐献造血干细胞、宣传遗体捐献、宣传无偿献血、宣传预防艾滋病、传播红十字精神、筹资劝募、海外服务等10个领域组建志愿服务队。创建志愿服务基地，开展以人道救助为核心的特色活动，加强管理与服务。全国共组建红十字志愿服务队3735支，红十字志愿者达到170多万人。北京奥运会、残奥会期间，动员红十字志愿者8万名，为各赛事城市提供志愿服务5000万人次，充分展示红十字志愿者风采，实现红十字精神与奥林匹克精神完美融合。红十字志愿服务被纳入全国志愿服务体系，积极参与“迎国庆讲文明树新风”等志愿服务活动。红十字志愿服务长效机制正在形成。

全面加强各级干部队伍建设。实施人才强会战略，编印《中国红十字会干部培训手册》，举办各级各类干部业务培训。深入开展保持共产党员先进性教育、学习实践科学发展观、创建学习型组织等学习教育活动，各级红十字会干部理论指导实践的能力明显提高，一支爱岗敬业、精通业务、善于开拓、会做群众工作的干部队伍正在形成。

积极开展红十字理论研究。围绕公益事业发展和红十字会中心工作，连续举办博爱论坛、企业社会责任论坛、公益组织与构建和谐社会论坛等。与清华大学、北京大学等单位合作开展“中国红十字会战略发展”、“第一任会长”、理顺县级红十字会管理体制等课题研究和红十字事业“五年规划”中期评估工作。筹备建立中国红十字理论研究会，为开展红十字理论研究搭建平台。

六、积极争取党政支持和社会参与，不断优化红十字事业发展环境

近年来，红十字会的独特优势和作用越来越受到党和政府的高度重视。胡锦涛同志多次对红十字会工作作出重要批示，温家宝等党和国家领导人也先后多次作出批示，回良玉副总理专门视察总会工作，帮助解决红十字事业发展中的实际困难和问题。总会被国家减灾委员会、国务院防治艾滋病工作委员会、中央精神文明建设指导委员会、新农合联席会议吸收为成员单位。有672名红十字会专职干部担任各级人大代表或政协委员，为我国经济社会发展献计献策。

2004年国务院办公厅转发《关于进一步加强红十字会工作的意见》以来，各省（市、区）人民政府或办公厅先后出台相关文件。总会及省级红十字会争取党和政府及相关职能部门制定有利于红十字事业发展的政策文件280项。各省级人大、政协开展近百次红十字会法与相关法规的执法检查与考察调研活动。

新闻媒体更加关注红十字事业，与红十字会联手开展人道救助活动。各类公益慈善机构和社会组织积极资助或参与红十字项目。企事业单位、团体、机构和海内外爱心人士从财力、人力、物力上给予无偿援助。充分体现社会各界对红十字人道事业的关注和支持。

各位代表！回顾过去，我们心潮难平。过去的五年，是中国红十字会抓住机遇、迎接挑战、快速发展的五年，是各级红十字工作者、会员、志愿者携手人道、改善民生、促进和谐的五年，是中国红十字人值得骄傲的不平凡的五年！中国红十字事业的每一点成绩和每一步发展，离不开党和政府的高度重视、社会各界的大力支持，离不开我国改革开放的强大动力和综合国力的大幅提升，离不开全体红十字工作者、会员、志愿者奋力拼搏和扎实工作。我代表中国红十字会第八届理事会，并以本次大会的名义，向以胡锦涛同志为总书记的党中央表示崇高的敬意！向各级党委、人大、政府、政协以及关心红十字事业的社会各界表示衷心的感谢！向红十字国际委员会、红十字会与红新月会国际联合会和各兄弟国家红会表示深切的谢意！向香港特别行政区、澳门特别行政区红十字会以及台湾红十字组织致以诚挚的问候！向全国各级红十字会工作者和会员、志愿者致以亲切的慰问！

在总结成绩的同时，我们还要清醒地看到，红十字事业发展还存在一些问题和不足。主要是：各地工作发展不平衡，城乡之间、地区之间存在一定差异；救助实力不强，特别是基层红十字会的救助实力亟待加强，可持续筹资机制有待进一步完善；地、县级红十字会管理体制尚未完全理顺，行业红十字会和基层组织建设有待加强；中国红十字会的国际影响力有待进一步提高；干部队伍的整体素质和综合能力还不适应形势发展的要求；红十字理论研究工作及建立社会化、开放式运行机制有待加强。这些问题，应引起高度重视，在今后的工作中认真加以解决。

五年来的基本经验

中国红十字会成立 105 年以来，无数红十字同仁呕心沥血、矢志不渝，致力于弘扬人道精神、实施人道救助，得到祖国和人民的认可；新中国成立 60 年，特别是改革开放 30 年以来，中国红十字会抓住发展机遇，积极争取党政支持，动员社会各界参与，努力发挥自身作用，为改善民生、促进社会和谐做出积极贡献。历史大潮，浩浩荡荡，中国红十字会顺应历史潮流，不断发展壮大，已成为政府在人道领域不可或缺的助手。总结改革开放三十年来特别是“八大”以来的工作，我们深深体会到：

一、必须坚持建设中国特色红十字事业，为构建社会主义和谐社会做贡献

我国的红十字事业之所以发展进步，在国家经济社会发展中发挥积极作用，得到党和政府及人民群众的认可和支持，关键在于我们既遵循了国际红十字运动基本原则，又根据我国实际和时代特征赋予其鲜明的中国特色，坚持走中国特色红十字事业发展道路。建设中国特色红十字事业，符合我国社会主义初级阶段基本国情、符合国家和人民的需要，是中国红十字会必须始终坚持的发展方向。建设中国特色红十字事业，就是要立足我国基本国情，遵守国家宪法和法律，贯彻落实科学发展观，围绕中心、服务大局，自觉在“党政关心、社会支持、群众需要、能力所及”的结合点上设计和开展工作，充分发挥政府在人道领域的助手作用；就是要弘扬人道精神、动员人道力量，致力于改善最易受损害群体境况，竭诚为人民服务；把中国红十字事业建设成为造福中国人民、促进社会和谐、促进世界和平进步的崇高事业。

二、必须坚持以人为本的科学发展观，推动中国特色红十字事业又好又快发展

红十字运动的宗旨是保护人的生命和健康，保障人类尊严，促进人与人之间的相互了解、友谊与合作，促进人类持久和平。坚持以人为本，一切工作以最广大人民群众的根本利益为出发点和落脚点，真心实意地为最需要帮助的困难群众服务，是红十字运动的根本宗旨。坚持以人为本，就要大力弘扬“人道、博爱、奉献”精神，将红十字精神与我国救死扶伤、扶危济困、敬老助残、乐善好施等传统美德相结合、与社会主义精神文明建设相结合，大力倡导志愿服务，营造团结互助、平等友爱、融洽和谐的人际环境。坚持科学发展观，就要把发展作为第一要务，牢牢抓住并切实用好发展机遇期，用发展的思路和办法解决前进中的问题，实现红十字事业的科学发展。既要不断深化红十字会救灾、救护、救助等传统业务，又要适应新形势和人民群众的新期待，不断开拓新的工作领域。坚持全面协调可持续发展，就要着力提高救助实力，努力建立可持续发展的工作机制。既要争取政府的资助，又要广泛动员人道力量，向社会募集资金，切实管好用好募集的善款，做到“公开、透明、公正、高效”。要坚持统筹兼顾，加强战略谋划，做好基础工作，推动城乡之间、区域之间均衡发展，统筹国内国际两个大局，既为构建社会主义和谐社会服务，又为促进世界和平发展做贡献。

三、必须坚持发挥优势和特色，永葆红十字会生命力

中国红十字会是一个具有百年历史和良好声誉、从事人道主义工作的社会救助团体。它所积淀下来较高的公信力，有利于动员社会各界爱心人士，齐心协力改善易受损害群体境况。中国红十字会作为国际红十字运动的重要成员，与国际红十字组织和各国红十字会有良好的合作关系，有利于配合国家的整体外交，为推动建设持久和平、共同繁荣的和谐世界发挥应有的作用。红十字会具有中立性，倡导包容、尊重差异，有利于促进人与人之间的沟通、缓解矛盾，维护社会稳定，构建和谐社会。正是由于红十字会具有不同于其他社会团体的优势和特色，国家颁布了《中华人民共和国红十字会法》，赋予红十字会特殊的权利和职责，由国家主席担任名誉会长。我们必须充分发挥自身的优势和特色，凸显红十字会的性质和宗旨，焕发和永葆红十字会的生命力和感召力，在国家社会生活中发挥不可或缺的作用。

四、必须坚持解放思想和开拓创新，推动中国特色红十字事业不断前进

当今世界正在发生广泛而深刻的变化，面临着各种人道主义新挑战。当前我国已进入发展的关键期和改革的攻坚期，也是矛盾的凸显期，对红十字事业的发展既带来难得的机遇，也提出了严峻的挑战。由于历史和现实、客观和主观上的种种原因，红十字会在组织建设、工作能力、救助实力等方面还不能很好地适应国家和人民的需要，前进中还面临不少困难和问题。我们必须认清形势，抓住机遇，迎接挑战。坚持解放思想、实事求是、与时俱进，勇于克服困难，开拓前进。要努力克服“等靠要”、因循守旧的思想，用创新的思路、务实的措施解决前进中的问题，破解影响和制约事业发展的体制机制问题。创造性地开展人道救助工作，精心打造有特色的公益品牌或项目，不断扩大影响力，全面开创红十字会工作新局面。

五、必须坚持社会化、开放式的运行机制，广泛动员社会力量支持中国红十字事业

红十字会的工作领域涉及灾害救援、现场救护、社会救助、扶危济困等方方面面，离不开广大人民群众和社会各界的积极参与和支持。作为一个公益机构，必须按照社会团体的运作方式开展工作，力戒行政化倾向和官僚主义，成为充满生机与活力、密切联系群众、符合自身特点的人道救助团体。要采取开放的姿态、社会化的行动、公开透明的举措，用良好的服务和公信力赢得全社会的信赖和支持，最大程度地动员起巨大的人道力量，推动我国公益慈善事业发展，在公益组织林立的格局中引领潮流。要广泛深入地传播人道、博爱、奉献精神，大力推动志愿服务活动，积极整合社会资源，加强与社会各界及其他公益组织、文化公司、企业的合作，广泛借势、借力、借脑，形成大宣传、大筹资的工作格局，发展红十字事业。

六、必须坚持建设运转良好的红十字会，实现中国红十字事业可持续发展

依法建会、依法治会、依法兴会，是建设运转良好红十字会的重要保障。随着理顺管理体制工作和基层组织建设的推进，日益壮大的专兼职干部队伍为红十字会注入了新鲜血液，给红十字事业发展带来新的生机与活力，也给红十字会自身建设提出了更高的要求，只有切实加强思想建设、组织建设、作风建设、制度建设和反腐倡廉建设，努力建设一支热爱红十字事业、乐于奉献、勇于开拓、精通业务、廉洁公正、会做群众工作的干部队伍，才能做好各项工作，不断增强红十字会的活力、实力、公信力、凝聚力。要依照《中国红十字会章程》，完善红十字会的运行机制，充分发挥理事会及常务理事会的作用，调动广大专兼职干部的积极性、主动性和创造性，从根本上保证各级红十字会良好运转，确保红十字事业健康、快速、持续发展。

今后五年的工作建议

今后五年，是我国到2020年全面建成小康社会的关键时期，也是中国红十字事业的重要发展机遇期，更需要我们改革创新，奋发有为，埋头苦干，为实现中国特色红十字事业新跨越做出不懈努力。

今后五年工作的指导思想是：坚定不移地走中国特色红十字事业发展道路，遵守国家宪法和相关法律，遵循国际红十字运动基本原则，履行红十字会法赋予的职责，深入贯彻落实科学发展观，坚持解放思想、实事求是、与时俱进、开拓创新，坚持围绕中心、服务大局，做好党和政府在人道领域的助手，弘扬人道主义精神，保护人的生命和健康，改善最易受损害群体境况，将中国红十字会建设成为应急反应科学化、公益项目品牌化、宣传筹资长效化、组织建设规范化、志愿服务特色化、运行机制社会化的人道救助团体，为推动和谐社会建设、促进人类和平进步做出更大贡献。

今后五年的发展目标是：

——红十字精神广泛传播，红十字会知晓率和公信力进一步提高。争取社会普遍认同并支持红十字运动，形成有利于红十字事业发展的社会氛围。

——红十字人道救助体系不断完善，应急能力进一步提高，救助实力进一步增强。在不发生特大自然灾害的情况下，力争到2014年募集救灾、救助款物30亿元人民币，使3000万人（次）受益。

——红十字会组织建设进一步加强，事业发展的基础进一步夯实。努力建设运转良好的各级红十字会，继续理顺地市级红十字会管理体制，争取多数县级红十字会理顺管理体制。基层组织和会员队伍不断发展巩固，管理水平不断提高，干部素质明显增强。

——按专业、分领域的红十字志愿服务体系基本形成，红十字志愿服务水平进一步提高。志愿服务领域不断拓展，志愿服务管理更加科学，志愿者队伍更加壮大，志愿者人数到2014年达到300万，注册志愿者人数达到40万。

——中国红十字会在国际红十字运动中的影响和作用进一步增强。配合国家外交需要，继续开展对外紧急援助，支持发展中国家红十字（红新月）会实施发展项目。争取和引进境外资金和技术，为我会中心任务服务。

今后五年的重点任务是：

一、增强突发事件应急能力，开展“红十字救援行动”

加快突发事件应急体系建设，实现所有省、地级红十字会应急预案纳入同级政府整体应急预案体系。加快形成以总会备灾救灾中心、上海援外物资站、区域性备灾救灾中心为重点，省级备灾救灾中心为基础，灾害多发地、县级备灾中心（物资库）为补充的红十字应急物资储备转运网络体系。依托各种社会力量，加快组建红十字紧急救援队。加强灾害紧急救援和灾后恢复重建工作，着重援建红十字博爱新村（新居）、博爱卫生院（站）、博爱学校和社区防灾设施等红十字备灾救灾项目。加强灾后心理干预工作，成立红十字心理干预队伍，增强人们抵御各种灾难的心理能力。

二、致力挽救生命，开展“红十字救护行动”

深化应急救护培训，争取在全国各直辖市、省会城市和部分基础较好的城市达到每100—200人中有1名培训合格的红十字救护员，参加应急救护培训人数达到当地人口总数的1.5%以上。中华骨髓库有效库容量突破200万人份。宣传推动无偿献血和遗体、器官、组织捐献。

三、关注最易受损害群体，开展“红十字救助行动”

深化“红十字博爱送万家”活动，开展红十字关爱进社区、进乡村。积极开展敬老助残、济困助学和服务流动人口等工作。深入实施“红十字天使计划”和大病医疗救助工作，救助贫困白血病、先天性心脏病等患者。争取实现艾滋病预防和关爱项目覆盖全国。

四、弘扬红十字精神，开展“红十字传播行动”

积极传播国际人道法和红十字运动基本知识，推动国际人道法的实施，参与国际人道法事务的国际交流与合作。继续开展

“五八博爱周”系列宣传活动，巩固发展大宣传格局。建立自然灾害等突发公共事件应急宣传机制，完善新闻发言人制度。逐步组建红十字宣传工作委员会和红十字新闻宣传志愿服务队，借助社会资源拓展红十字宣传阵地。成立红十字理论研究会，推进红十字文化建设。

五、夯实事业基础，开展“红十字强会行动”

坚定不移依法理顺管理体制。继续理顺地级红十字会管理体制，重点抓好县级红十字会理顺管理体制工作。争取多数县级红十字会理顺管理体制。实现县级以上（含县级）红十字会机构由卫生部门代管改由党政领导联系，明确机构编制，配备领导班子和专（兼）职工作人员，有固定办公场所，有独立账户，能独立自主地开展工作。一时不具备理顺管理体制条件的，要努力做到有专职工作人员，能依照红十字会法和红十字会章程开展工作。努力建设运转良好的各级红十字会，完善组织机构和志愿者网络。大力加强基层组织建设，创建一批组织建设规范、活动特色鲜明、服务平台巩固、会员和志愿者作用发挥好的模范红十字会基层组织。争取基本实现地市级以上（含地市级）红十字会、有条件的县级红十字会至少有1所冠名医院。制定《中国红十字会会员管理办法》，进一步加强会费收缴工作。加强学校红十字会工作，建立健全各级各类学校红十字会，建设红十字青少年活动基地。

六、动员人道力量，开展“红十字志愿服务行动”

落实《中国红十字志愿服务管理办法》，提高志愿服务工作的科学化和专业化水平。建设红十字志愿服务网络体系，基本形成国家、省、市、县四级红十字志愿服务网络体系。积极争取把红十字志愿服务纳入当地精神文明建设整体规划，把开展红十字志愿服务情况纳入城市公共文明指数测评体系。发挥红十字志愿服务在突发公共事件救助和举办大型活动等重点工作中的积极作用，加强应急志愿服务队伍建设和管理，组织开展“红十字与世博同行”等志愿服务活动。

七、加强对外交往及台港澳工作，开展“红十字民间外交行动”

积极发挥我会在国际红十字运动中的作用，积极参加国际红十字运动法定会议和其他专业委员会工作。做好“中国国际人道法国家委员会”秘书处的工作，培养并选派优秀年轻干部到国际组织工作或去其它国家红十字（红新月）会参加短期培训。积极参与国际救援，支持发展中国家实施发展项目。配合国家外交需要，开展民间外交。继续通过争取和开展国际合作项目，因地制宜地开展“重建家庭联系”工作。加强与香港、澳门特别行政区红十字会的交流与合作。把握两岸关系和平发展的主题，深化与台湾红十字组织的交往与合作，增进两岸民众福祉。

为完成今后五年的重点任务，必须争取各方支持，为红十字事业发展提供良好的法律和政策环境；巩固深化社会化、开放式的运行机制，为红十字事业发展提供健全的体制保障；建立可持续的筹资机制，为红十字事业发展提供强大的物质保障；健全公开透明的监督机制，为红十字事业发展提供社会公信力保障；加强干部队伍建设，为红十字事业发展提供人才保障。

各位代表！展望未来，我们充满豪情。未来的五年，将是中国红十字事业在新的历史起点上阔步前行、为构建和谐社会做出更大贡献的五年，将是中国红十字人兢兢业业、踏踏实实、埋头苦干、拼搏奉献的五年！150年前，国际红十字运动的创始人亨利·杜南曾经向世人疾呼："我们必须衷心地向各个国家、各个阶层的人们发出呼吁，无论是伟人还是最穷困的劳动者，因为所有人都能在各自的领域、用不同的方式做些力所能及的事情，共同推动这项人道工作向前发展"。150年过去了，红十字运动已经从最初的伤兵救护团体，发展成为今天最大的国际人道主义救助组织。105年来，中国红十字运动也由小到大、由弱到强，成为我国最具影响的人道力量。今天，在全面建设小康社会和促进人类和平进步的历史进程中，让我们重温杜南先生的教诲，踏着历代红十字先贤的足迹，高扬起红十字旗帜，凝聚海内外人道力量，紧密团结在以胡锦涛同志为总书记的党中央周围，沿着建设中国特色红十字事业道路，为实现我们的宗旨和神圣使命、为实现中华民族的伟大复兴和谱写人民美好生活新篇章而努力奋斗！

在中国红十字会第九次全国会员代表大会闭幕式上的总结讲话

中国红十字会常务副会长　王　伟

（2009年10月29日）

各位理事、各位代表、同志们：

中国红十字会第九次全国会员代表大会，经过全体与会代表的共同努力，圆满完成了会议的各项议程，今天上午就要闭幕了。在此，我代表大会主席团和新选举出的第九届理事会，对全体与会代表及工作人员付出的辛勤劳动表示衷心的感谢！下面，我就大会的有关情况作一总结：

一、对大会的基本评价

（一）这次会议是在全党、全国各族人民喜庆中华人民共和国成立60周年和认真学习贯彻党的十七届四中全会精神的形势下召开的一次十分重要的会议。中共中央总书记、国家主席、中央军委主席、中国红十字会名誉会长胡锦涛，中共中央政治局常委、国务院总理温家宝，以及李长春、习近平、李克强、回良玉等领导同志出席了大会开幕式。胡锦涛等党和国家领导人为第42届南丁格尔奖章中国获奖者以及全国红十字会系统31个先进集体、10名先进工作者代表颁了奖。回良玉副总理代表党中央、国务院发表了重要讲话。红十字国际委员会和红十字会与红新月会国际联合会的代表出席会议，并对中国红十字会五年来所取得的成就给予了高度肯定。九届一次理事会一致拥护胡锦涛同志继续担任中国红十字会名誉会长，聘请韩启德、桑国卫、黄孟复、张榕明、李金华等五位领导同志担任第九届中国红十字会名誉副会长，选举华建敏同志担任第九届中国红十字会会长。全体与会代表感到无尚光荣、十分振奋。大家认为，这次会议召开的隆重、热烈，非常令人激动和鼓舞，充分体现了党和政府对红十字会工作的高度重视，是对广大红十字会专兼职干部、会员、志愿者的极大鼓舞和鞭策，更加激发了广大红十字会工作者的热情，更加坚定了大家做好红十字会工作的信心和决心，对于动员全国各级红十字会以崭新的姿态和精神风貌投入到建设中国特色红十字事业具有十分重要的意义。

（二）这次会议是一次承前启后、继往开来的大会。会议期间，代表们认真听取并审议通过了江亦曼同志代表第八届理事会所作的工作报告，审议并原则通过了《中国红十字事业2010—2014年发展规划》、审议并原则通过了修改后的《中国红十字会章程》以及《中国红十字会会费管理办法》。大家认为，工作报告以邓小平理论和“三个代表”重要思想为指导、深入贯彻落实科学发展观，紧紧围绕以改善民生为重点的社会建设，锐意进取，真抓实干，努力实现中国特色红十字事业新跨越这一时代特色，全面回顾了过去五年所取得的成绩，科学总结了五年来的基本经验，提出了今后五年的工作建议。报告回顾成绩客观、全面，内容充实，总结经验科学、准确，高度概括，工作建议思路清晰、重点突出，前瞻性强，符合红十字会工作发展的实际，适应时代的发展要求，体现了与时俱进的精神和科学发展观的要求，对于各级红十字会具有重要的指导意义，是指导建设中国特色红十字事业的重要文件。《中国红十字事业2010—2014年发展规划》，坚决贯彻落实科学发展观，坚持以人为本，科学创新，坚持围绕中心、服务大局，把握时代脉搏，规划出中国红十字事业未来五年发展的蓝图。规划指导思想明确，发展目标具体，重点任务突出，保障措施有力，体现了红十字事业在新时期的工作特色和工作优势，对于激励各级红十字会专兼职干部、会员、志愿者继续为中国特色红十字事业的发展拼搏奋斗具有重要指导意义。修改后的《中国红十字会章程》既保持了章程原有的基本内容，又与时俱进地对一些不适合时代发展要求的内容进行了修改。大家认为，新的章程更加符合红十字会发展的要求，对于进一步推动红十字组织的发展，推动红十字事业的不断前进，将起到重要的保障和指导作用。

刚才，彭珮云同志做了充满深情的讲话，她对红十字事业的深厚感情让我们十分感动，她对红十字事业的深刻思考给我们很大的启发，她对红十字事业的卓越贡献，赢得了红十字人的尊敬。大会充分肯定了第八届理事会在彭珮云会长的领导和江亦曼常务副会长带领的执委会的努力下，勇于进取，顽强拼搏所取得的显著成绩，表达了对所有担任第八届理事会理事的崇高敬意和诚挚谢意。代表们相信，第九届理事会和新一届领导集体一定会在第八届理事会工作的基础上，承前启后，继往开来，把中国特色红十字事业继续推向新的高度、新的水平。

（三）这次会议是一次解放思想、总结经验、共谋发展的大会。与会代表认真学习了党和国家领导人的重要讲话，以对红十字事业高度负责的态度，专心审议会议文件，积极参加讨论，踊跃发言，积极建言献策。大家围绕新时期党和国家的中心工作，结合红十字会工作的特点，联系国际红十字运动的变化和发展，并结合各自工作实际，探讨在新的形势下，如何进一步发展中国特色红十字事业。代表们在充分肯定五年来所取得的成绩的基础上，也中肯地提出了许多很好的意见和建议，这些意见和建议涉及到红十字会法的修订，市、县级红十字会管理体制理顺，红十字会运作机制，以及红十字会系统能力建设等问题。华会长及其他会领导对这些问题都十分重视，我们将认真加以研究。目前，各级红十字会发展还很不平衡，各地存在的问题也不尽相同，总会将在会后进行深入调研，并在充分调查研究的基础上，结合当地实际，探讨解决这些问题的思路和方法。

二、主要收获

这次大会主题鲜明、内容丰富、党中央、国务院高度重视，社会反响强烈。代表们反映，参加这次会议感受深，收获大，是一次取得丰硕成果的大会。

（一）大家深切感受到党和政府对我国红十字事业的关心，对全国广大红十字工作者、会员和志愿者的真情关爱。回良玉副总理在讲话中强调，红十字事业是造福人类的崇高事业，是充满爱心的光荣事业。我们要立足我国国情，顺应世界潮流，把国际红十字运动的基本原则与中华民族的传统美德有机结合起来，与坚持以人为本的执政理念有机结合起来，与建设和谐文化、培育文明风尚的时代要求有机结合起来，推动中国特色红十字事业不断向前发展。希望中国红十字会大力弘扬“人道、博爱、奉献”的红十字精神，不断提高红十字会的救助实力、社会公信力和社会影响力。希望我国广大红十字工作者秉持人道准则，胸怀博爱之心，播撒仁慈美德，传递友善关怀，在平凡的岗位上创造不平凡的业绩。希望社会各界关心、支持我国红十字事业，自觉参与人道服务和各项慈善事业，共建共享和谐美好新生活。回良玉副总理还要求各级党委和政府进一步加强对红十字会工作的领导，认真落实红十字会法，切实帮助解决红十字会工作中遇到的困难和问题，充分发挥红十字会的积极作用，促进我国红十字事业又好又快地发展。代表们说，党和国家领导人亲自出席大会开幕式，并发表重要讲话，对各级红十字会提出了殷切希望，对各级党委和政府提出了明确要求，我们一定要按照中央的指示精神，勤奋工作、勇于开拓、与时俱进，求真务实，以科学发展观为指导，为建设中国特色红十字事业而努力奋斗。

（二）只有坚持以科学发展观为指导，中国特色红十字事业才能不断发展，这一点已经成为代表大会的共识。讨论中，代表们说，红十字事业要发展，就必须以科学发展观为指导，坚持以人为本，树立全面协调可持续的科学发展观，解放思想，找出制约红十字事业发展的思想观念、体制、机制及工作方法等方面的问题，探索发展红十字事业的新思路。中国红十字会从保护人的生命和健康的宗旨出发开展的各项人道主义工作，是践行科学发展观的具体体现，是联系党和群众的纽带，是建设社会主义和谐社会的必然要求。各级红十字会要用科学发展观指导工作，解放思想、立足实际，开拓创新，不断推进红十字事业的发展。

刚才，华建敏会长做了重要讲话。他全面分析了我们当前面临的形势和任务，深刻阐述了新时期发展好、创新好、开拓好红十字事业的必要性和重要意义，从全局的高度对中国红十字会今后的工作提出了希望和要求。我们决不辜负党中央、国务院对我们的殷切期望，为推进中国特色红十字事业又好又快的持续发展，做出不懈的努力。

（三）回顾这些年来红十字事业发展的历程，代表们一致认为，红十字会法是发展红十字事业的根本保证，只有坚持依法建会、依法治会、依法兴会，我们的事业才能兴旺发达，我们才能更好地为全面建设小康社会多做贡献。近年来，各级红十字会不断加大理顺管理体制工作，不断夯实工作基础，为又好又快地发展红十字事业提供了良好的组织保障。代表们认为，我们要继续依靠地方党委政府的支持、指导，推进和巩固市、县红十字会理顺管理体制工作，依照红十字会法，克服困难、勇于创新，为当地经济、社会的和谐发展做出应有的贡献。

（四）明确了中国红十字会未来五年的工作目标和任务。这次会议审议并通过了《中国红十字事业2010—2014年发展规划》。今后五年，将是中国红十字会发展创新、不断开创工作新局面的关键时期。我们要继续坚持邓小平理论和“三个代表”重要思想，以科学发展观为指导，坚持以人为本，弘扬“人道、博爱、奉献”的红十字精神，服从和服务于党和国家的中心工作，发挥自身的优势和特点，在社会主义经济建设、政治建设、文化建设、社会建设以及生态文明建设中发挥积极的作用。

代表们一致认为，新中国成立60年来，特别是改革开放三十多年来，我国发生了翻天覆地的变化，社会、政治、经济、文化等各项事业全面发展，人民生活水平不断提高，党的十七大又提出了更高的要求。我们一定要在前进中不断努力，探索和建立充满生机和活力的红十字会运行机制，广泛吸纳社会各界热心人士积极参与红十字会工作，大力发展红十字志愿者队伍，增强和提高红十字应急反应能力，宣传和传播红十字“人道、博爱、奉献”的理念，不断拓宽红十字会服务的范围和领域，不断提高红十字干部队伍的素质，以适应新时期、新任务的需要。

同志们，我们面临的工作和任务还十分艰巨。第八届理事会所取得的优异成绩已经为我们打下了很好的基础，现在，历史的重任落到了我们的肩上，深感责任重大，我们一定要继续努力拼搏，勇于创新，以更加优异的成绩开创红十字事业新局面。昨天下午，中共中央组织部干部三局周新建局长就“九大”换届选举工作做了说明。他说，由于年龄和工作变动的原因，第八届理事会部分同志不再担任中国红十字会领导职务。中央高度评价了第八届理事会为中国红十字事业作出的艰苦努力和卓越成绩。我们希望老领导、老同志一定要继续关心红十字事业的发展，你们的丰富经验是中国红十字事业发展不可或缺的宝贵财富。

三、关于贯彻大会精神的要求

（一）要迅速传达、贯彻这次会议精神，切实抓好“九大”精神的学习、宣传工作。各地要认真研究和制定传达“九大”精神的方案，一是要尽快向当地党政领导以及有关部门领导汇报“九大”会议情况，认真传达回良玉副总理、华建敏会长和彭珮云同志的讲话精神，传达会议通过的主要文件和换届选举情况。继续争取当地党政领导对红十字事业的大力支持，解决当地红十字会工作中存在的困难和问题，充分发挥好红十字会的作用。二是各级红十字会要抓紧召开理事会，传达会议精神，组织红十字会专兼职干部集中学习“九大”主要文件，组织召开工作会议或举办专题培训班等形式，使各级红十字会干部学习好、领会好“九大”精神，把思想统一到“九大”会议精神上来，结合各地实际情况，提出贯彻落实“九大”精神的具体措施。三是要采取多种宣传形式和手段，开展宣传活动，要让社会各界充分了解会议精神，让社会各界人士更加理解、支持红十字会工作、并参与到红十字事业发展中来。

（二）要抓住机遇，切实把“九大”会议确定的各项工作任务落到实处。贯彻落实会议精神，重要的是落实会议确定的各项工作目标和任务。各地要紧紧抓住“九大”会议胜利召开的大好时机，狠抓会议确定的各项工作目标和任务的落实，开好头，起好步，为全面开展工作打下良好的基础。各级红十字会特别是省级红十字会要根据会议通过的《中国红十字事业2010—2014年发展规划》，制定本地区发展红十字事业的规划，明确本地区各项工作的具体目标，采取有力措施，保证《中国红十字事业2010—2014年发展规划》确定的各项目标任务顺利实现。会后，我们将尽快印发会议通过的几个重要文件。总会将组织专门力量，深入各地调查研究，督促检查“九大”精神的贯彻落实情况。

（三）要继续重视各级红十字会自身能力建设，加强基层组织建设，加大理顺管理体制力度，切实把我们的队伍建设好。各地要认真学习“九大”会议精神，按照华建敏会长的讲话要求，要把干部队伍建设好，尤其是要把各级红十字会领导班子建设好，使其成为政治坚定、求真务实、勇于开拓、勤政廉洁、团结协作的领导集体。要加强各级红十字会机关党的建设，充分发挥党的基层组织的战斗堡垒作用和党员的先锋模范作用。要充分发挥好理事、常务理事的作用，与他们保持密切联系，发挥他们的特长和优势，为红十字事业的发展积极建言献策。目前，我们的基层工作还很薄弱，要继续推进市、县级红十字会理顺管理体制工作，加强基层组织建设，加强制度建设和干部队伍建设，切实把红十字会工作落到实处、落到基层。

各位代表，隆重、热烈、务实的代表大会即将结束，光明、灿烂、美好的红十字事业前景就在我们面前，我们要继续努力奋斗去实现我们的宏伟目标和远大理想。让我们高举邓小平理论和“三个代表”重要思想，以科学发展观为指导，紧密团结在以胡锦涛同志为总书记的党中央周围，在第九届理事会和华建敏会长的领导下，以更加坚定的信心、更加饱满的热情、更加旺盛的斗志、更加有力的措施，全面贯彻落实《中华人民共和国红十字会法》和中国红十字会第九次全国会员代表大会精神，为建设中国特色红十字事业、为人类的和平与进步做出新的更大的贡献！

谢谢大家！

说 明

关于《中国红十字事业2010—2014年发展规划（草案）》的说明

郭长江

（2009年10月27日）

各位代表：

受中国红十字会第八届理事会的委托，我就提交会议审定的《中国红十字事业2010—2014年发展规划（草案）》（以下简称《规划》）做以下说明：

一、关于《规划》的形成过程

《规划》稿是在彭会长和中国红十字会第八届理事会执行委员会的直接领导下研究

制定的。执委会将制定好《规划》视为关系红十字事业健康持续发展的一件大事，作为2009年工作的一项重点工作来抓，总会从2009年初开始就着手《规划》稿的调研和起草工作。主要做了以下几个方面的工作：

一是认真学习和领会党的十七大报告精神，将红十字事业发展与改善民生、构建和谐为重点的社会建设紧密结合，努力使《规划》符合国家经济社会发展的总体要求。

二是将《规划》起草工作和履行我会在第30届红十字与红新月国际大会上作出的承诺以及参与国际联合会《2020战略》起草、修改工作相结合，努力使中国红十字事业发展符合国际红十字与红新月运动的发展趋势。同时，广泛借鉴了兄弟社团制定发展规划的具体做法和成功经验。经过反复推敲，结合我会实际，确定了《规划》的基本架构。

三是多次召开执委会对2010—2014年间红十字工作各个领域的新任务、新目标、新举措进行了认真的研讨。3月成立了《规划》起草小组，经过六易其稿，6月初完成了初稿。

四是多次召开了各省、自治区、直辖市、新疆生产建设兵团、铁路、商业系统红十字会以及基层红十字会主要负责同志参加的座谈会和专家学者座谈会等九大筹备专题会议，广泛听取红十字会干部和专家学者的意见，并以书面形式征求各省、自治区、直辖市、新疆生产建设兵团、铁路、商业系统红十字会及中国红十字会常务理事的意见。同时，组织对浙江、海南、广东、安徽、重庆、江西和福建等省（区、市）进行专题工作调研，征求各地对未来五年做好红十字会工作的意见和建议。《中国红十字事业2005—2009年发展规划》执行取得的成绩和经验也是制定《中国红十字事业2010—2014年发展规划》的一个重要依据。

五是先后召开八届六次常务理事会和八届六次理事会，并根据会议的决议，进一步充实完善了《规划》征求意见稿，十易其稿，形成了目前的《规划》草案。

总之，规划起草和形成的过程，是坚持实事求是，全面回顾总结过去五年工作，客观分析当前红十字事业发展面临的机遇与挑战的过程；更是贯彻落实科学发展观，认真研究红十字会如何进一步当好党和政府的助手，服务好国家经济社会发展大局的过程；同时还是坚持充分发扬民主，凝聚各方面的智慧的过程。应该说，《规划》是各位常务理事、理事和各级红十字会专兼职干部集体智慧和力量的结晶。

二、关于《规划》的指导思想和发展目标

红十字会是党和政府在人道工作领域的助手，中国红十字事业在2010—2014年期间的发展，必须围绕党和国家在这一时期的总体部署；中国红十字会是国际红十字与红新月运动的重要成员，中国红十字事业今后五年的发展，也必须紧扣当今世界和平与发展的主题。基于上述认识，《规划》提出的今后五年中国红十字事业发展的指导思想是：坚定不移地走中国特色红十字事业发展道路，遵守国家宪法和相关法律，遵循国际红十字与红新月运动基本原则，履行红十字会法赋予的职责。深入贯彻落实科学发展观，坚持解放思想、实事求是、与时俱进、开拓创新，坚持围绕中心、服务大局，做好党和政府在人道领域助手，弘扬人道主义精神，保护人的生命和健康，改善最易受损害群体境况，将中国红十字会建设成为应急反应科学化、公益项目品牌化、宣传筹资长效化、组织建设规范化、志愿服务特色化、运行机制社会化的人道救助团体，为推动和谐社会建设、促进人类和平进步事业作出更大贡献。

需要着重说明的是，坚持以科学发展观统领中国特色红十字事业发展全局工作，是未来五年《规划》最鲜明的特点。我们突出“以人为本”，强调关注民生、改善民生；突出“全面协调发展”，强调突出重点、分类指导；突出“可持续发展”，强调建立健全红十字事业发展长效机制。既立足当前红十字工作实际，又着眼红十字事业未来发展，既坚持国际红十字与红新月运动基本原则，又根据我国实际和时代特征赋予《规划》鲜明的中国特色，旨在推动中国特色红十字事业科学发展。

在综合分析各方面因素的基础上，《规划》提出的今后五年中国红十字事业发展的主要目标是：红十字精神广泛传播，红十字会知晓率和公信力进一步提高；红十字人道救助体系不断完善，应急能力进一步提高，救助实力进一步增强；红十字会组织建设进一步加强，事业发展的基础进一步夯实；按专业、分领域的红十字志愿服务体系基本形成，红十字志愿服务水平进一步提高；中国红十字会在国际红十字与红新月运动中的影响和作用进一步增强。

这里要对两个指标作一些解释：一是目标提出，在不发生特大自然灾害的情况下，力争到2014年募集救灾、救助款物30亿元人民币。这是在上一个五年规划提出5年筹集救灾救助款物15亿元的基础上翻一番的目标。这一指标，是综合考虑了我会日常募捐和发生类似2005年印度洋地区地震海啸灾害、2008年南方雨雪冰冻和汶川地震等特大自然灾害对募捐的影响而确定的。二是目标提出，志愿者人数到2014年达到300万，注册志愿者人数达到40万①。其中志愿者人数是在2008年底153万的基础上翻了一番。我们曾制定了《中国红十字志愿服务2007—2010年发展规划》，提出了到2010年注册志愿者达到20万的目标，新的《规划》在此基础上提出了注册志愿者人数的翻番目标。《规划》还提出救灾救助、理顺管理体制、对外援助等方面的具体目标，这里不再详述。

三、关于《规划》的重点任务

为了突出红十字特色，打造品牌项目，未来五年的重点任务概括为“七大行动”：

一是增强突发事件应急能力，开展“红十字救援行动”。加快突发事件应急体系建设，加强灾后恢复重建工作，开展灾后心理干预。

二是致力挽救生命，开展“红十字救护行动”。深化应急救护培训，做大做强中国造血干细胞捐献者资料库，宣传推动无偿献血和遗体、器官、组织捐献。

三是关注最易受损害群体，开展“红十字救助行动”。深化“红十字博爱送万家”活动，红十字关爱进社区、进乡村，深入开展红十字医疗救助项目，关爱艾滋病患者和感染者。

四是弘扬红十字精神，开展“红十字传播行动”。积极传播国际人道法和红十字运动基本知识，继续开展“五八博爱周”系列宣传活动，巩固大宣传格局，深化宣传内容，创新宣传方式，加强宣传队伍和阵地建设，深入开展理论研究。

五是夯实事业基础，开展“红十字强会行动”。坚定不移依法理顺管理体制，努力建设运转良好的各级红十字会，大力加强基层组织建设，提高会员服务和管理水平，面向未来，发展红十字青少年，推动信息化建设，提高工作效率。

六是动员人道力量，开展“红十字志愿服务行动”。统一管理，分类指导，提高志愿服务管理水平，建设红十字志愿服务网络体系，发挥红十字志愿服务在突发公共事件救助和举办大型活动等重点工作中的积极作用。

七是加强对外交往及港澳台工作，开展“红十字民间外交行动”。积极发挥我会在国际红十字运动中的作用，配合国家外交需要，开展民间外交，积极引进境外资金、理念和技术，促进国内工作，加强与港、澳、台合作交流，加强外事队伍建设。

这里还要对几个指标作一些解释：

一是在“红十字救护行动”中提出了争取在全国各直辖市、省会城市和部分基础较好的城市达到每100—200人中有1名培训合格的红十字救护员，参加应急救护培训人数达到当地人口总数的1.5%以上。这一任务指标是在上一个五年规划的基础上制定的，上一个五年规划提出，“参加初级卫生救护培训人数超过当地人口总数1%，直辖市和省会城市及部分行业达到每150—300人中有1名培训合格的红十字救护员”，新的《规划》提出的任务是在此基础上测算出的。

二是提出了继续扩大造血干细胞志愿捐献者队伍，有效库容率突破200万人份，其中新增80万人份高分辨数据。这一指标是在目前库容超过100万人份的基础上，综合考虑近年来造血干细胞捐献者资料库的发展节奏比较快、管理中心的能力建设水平比较高、国家彩票公益金的支持力度很强、总会将继续加大工作力度等各方面因素，咨询有关专家学者意见后制定的。

三是在“红十字救助行动”中提出了深入实施“红十字天使计划”等救助项目，资助建立1000个红十字博爱卫生院（站）和50个健康新村，培训2500名乡村医生，救助贫困白血病、先天性心脏病等重症患儿2万人次，使受益人口突破900万②。这是根据近年来“红十字天使计划”等救助项目的工作实际，适当前瞻，测算得出的。实施这些救助项目的资金主要来自各专项基金的募集和国家彩票公益金的资助，今年国家彩票公益金专门安排了5000万用于救助重症患儿，考虑到今后我们仍将在加大筹资力度的同时积极争取彩票公益金的支持，这些救助任务的设定是适当的。

还有两个要特别说明的指标是基层组织和会员数。上一个五年规划制定了“到2009年，会员队伍发展到5000万人以上；基层组织发展到36万个以上，其中学校红十字会争取达到25万个”的目标，但由于原先的统计手段比较落后，导致制定规划时的基数不准确，加之后来制定了科学的统计制度，根据最新的统计口径，目前共有基层组织9万个，会员2589万。鉴于此，我们一方面要进一步严格执行统计制度，另一方面要在未来五年着重在发展巩固基层组织和会员、提升管理水平、提高会员参与度和基层积极性等方面下功夫。所以，我们在“红十字强会行动”中明确提出要加强基层组织建设，并加强对会员的组织管理和培训，没有对基层组织和会员发展提出明确的数量指标。

四、关于《规划》的保障措施

为了保障各项目标和重点任务的贯彻落实，《规划》提出了五个方面的保障措施：一是争取各方面支持，为红十字事业发展提供良好的法律和政策环境；二是巩固深化社会化、开放式的运行机制，为红十字事业发展提供健全的体制保障；三是建立可持续的筹资机制，为红十字事业发展提供强大的物质保障；四是健全公开透明的监督机制，为红十字事业发展提供社会公信力保障；五是加强红十字干部队伍建设，为红十字事业发展提供人才保障。

从现在到2020年，是我国继续全面建设小康社会、加快推进社会主义现代化的关键时期，也是中国特色红十字事业的重要发展机遇期。我们提出的发展目标和重点任务具有一定的前瞻性，但近几年我国红十字事业发展速度明显增快，中国红十字会的实力在不断壮大，各级红十字会还有很大潜力，我们相信，经过大家共同努力，《规划》提出的各项目标任务是可以完成的。当然，我们不能满足于完成这些任务，还要争取提前或超额完成任务。《规划》一经通过，各省级分会要根据各省（自治区、直辖市、新疆生产建设兵团）的情况着手制定落实《规划》的目标和任务。我们将在《规划》实施过程中，组织一次中期评估，对《规划》进行必要的补充或修订。

以上说明，请各位代表审议。

谢谢！

①根据《中国红十字志愿服务管理办法》相关规定，在红十字志愿服务组织登记注册，参加红十字志愿服务活动，不以获得报酬为目的，以自己的时间、知识、技能、体能和资源，自愿为社会和他人提供人道服务或者协助红十字会工作的中国公民和海外人士，统称为红十字志愿者；志愿服务时间每年累计达到20小时的志愿者，经申请即成为注册红十字志愿者。

②这里所谓的受益人口是指：红十字博爱卫生院（站）、博爱新村（每个新村包括1个博爱卫生站、1个博爱学校以及改水改厕和节能灶等项目）和乡村医生的服务覆盖范围内的人口，以及贫困患儿的家庭成员。其中，每个红十字博爱卫生院惠及3万人，每个博爱卫生站惠及1500人，1000个博爱卫生院（站）惠及500万人（120个博爱卫生院惠及360万人，880个博爱卫生站惠及132万人）；每个博爱新村惠及3000人，50个博爱新村惠及15万人；每培训1名乡村医生惠及1500人，2500名乡村医生惠及375万人；每救助1人次重症患儿惠及4人，救助2万人次重症患儿惠及8万人。加之其他的救助项目，受益人口将突破900万。

关于《中国红十字会章程》（修正案）的说明

苏菊香

（2009年10月27日）

各位代表：

我受第八届理事会的委托，向大会作关于《中国红十字会章程》（修正案）的说明。

一、修改章程的必要性

现行的《中国红十字会章程》是2004年10月第八次全国会员代表大会通过的。实践证明，现行章程对我国红十字事业的发展起到了积极的指导和规范作用。五年来，我国的政治经济、社会生活发生了深刻变化，红十字事业也取得了前所未有的发展成就。党的十七大提出了深入贯彻落实科学发展观的根本要求，对我国社会主义经济建设、政治建设、文化建设、社会建设和党的建设作出了全面部署。红十字会作为党和政府在人道工作领域的助手，要服从、服务于国家大局，围绕党和政府的中心工作发挥积极作用。现行章程的部分条文已不适应新形势、新任务的要求，进行修改是必要的。

二、修改章程的指导思想和依据

坚持以邓小平理论和“三个代表”重要思想为指导，认真贯彻落实党的十七大精神，坚持以人为本的科学发展观，依据《中华人民共和国宪法》、《中华人民共和国红十字会法》、《中华人民共和国红十字标志使用办法》以及国际红十字运动七项基本原则，反映八大以来各级红十字会工作实践的新成果，总结红十字会工作的新经验，推进红十字会履行职能的制度化、规范化，力求使修改后的章程更适应新形势下建设中国特色红十字事业的需要，把各级红十字会建设成为充满生机与活力的、密切联系群众、符合自身特点的从事人道主义工作的社会救助团体。

三、修改章程的原则

保持章程总体稳定，部分修改。即在保持章程稳定性和权威性的前提下，对那些不适应新形势要求的、非改不可的内容，进行必要的修改和补充；凡可改可不改的章节，暂不作修改。

四、修改章程的主要过程

今年4月，章程修改工作小组在征求各地红十字会对章程修改意见的基础上认真研究，提出了章程修改的原则、思路和框架，经执委会讨论后形成初稿。7月，将章程修改征求意见稿下发各地红十字会征求意见，并于7月26日、8月6日先后召开两次分别由省级红十字会，市（地）、县级红十字会参加的征求意见座谈会。经8月14日执委会讨论后形成章程修正案，9月8日八届六次常务理事会讨论通过，10月26日八届六次理事会讨论，同意提交第九次全国会员代表大会审议。

五、章程修改的主要内容

目前，章程修正案共十章五十七条，比现行章程增加了一章，一条。将现行章程“会员与志愿工作者”一章扩展为两章。共修改了63处。在各章间调整了1条，删除1条。合并了6条，增加6条。增加3款，删除1款。

1. 总则部分

增写了中国红十字会总会“对外代表中国红十字会，对内指导全国红十字会的工作，会址设在北京”等内容。将原章程第四条调整合并至第六章第三十七条。

2. 部分条文的修改

（1）修订了红十字会在和平时期的职责内容。根据近几年各级红十字会工作实践经验，加入了红十字会“参与灾后重建”、“开展红十字志愿服务活动”等内容；对社会救助及相关服务工作作出了细化规定；增加了“总会承担中国国际人道法国家委员会秘书处的日常工作”。

（2）第三章“会员”和第四章“红十

字志愿者”进一步规范红十字会员和志愿者的管理。将退会自由列入会员的权利。新增的第四章规定了加入红十字志愿者的条件、志愿者的分类、管辖管理及权利和义务。

（3）补充了理事会增补、更换或罢免常务理事，常务理事会向理事会提出更换、增补及罢免常务理事的议案以及批准撤销全国性行业红十字会的职责内容。

（4）为便于地方红十字会开展工作，在“地方、行业和基层组织机构”一章作了部分修改。明确了省、市（地）、县级红十字会名誉会长由同级理事会聘请当地主要领导担任，会长一般应推选当地同级现职领导担任的规定；增加了“常务副会长为本级红十字会机关法定代表人，主持日常工作”的规定，对县级以上红十字会开展工作的条件提出了新的要求。

（5）“经费和财产”一章明确“中国红十字会总会是中国红十字基金会的业务主管单位。省级红十字会可依法建立基金会，地方红十字会可设立专项基金”。

（6）对附则的修改。删除了原章程第五十六条关于地方及行业红十字会依据章程制定实施办法的规定。

3. 对章程的结构和部分文字进行了调整、修改。

以上情况，特此说明。

关于《中国红十字会会费管理办法（修正案)》的说明

苏菊香

（2009 年 10 月 27 日）

各位理事：

我受八届六次常务理事会的委托，向本次理事会作关于《中国红十字会会费管理办法（修正案)》的说明。

一、修改会费管理办法的必要性

现行的《中国红十字会会费管理办法》是中国红十字会第七届常务理事会第二次会议通过，并于 2001 年 5 月 1 日颁布施行的。会费管理办法的施行对规范全国各级红十字会会费的收缴、使用和管理起到了积极的作用。

近年来，随着红十字事业的发展，红十字会的会员队伍日益扩大，现行的《中国红十字会会费管理办法》中的一些内容已不能适应新形势的变化，主要体现在会费的收缴标准需要进一步提高，会费的使用需要进一步公开、透明，会费的管理需要进一步规范。此外，制订会费标准的法规也发生了变化，按照民政部、财政部联合下发的《关于调整社会团体会费政策等有关问题的通知》（民发［2003］95 号）规定，民政部不再制订社团会费标准，可由社团自行合理制定，经会员代表大会表决通过。因此，有必要通过修订现行《中国红十字会会费管理办法》，进一步规范和细化会费的收缴、使用和管理，以适应形势发展的需要。

二、修改的指导思想和依据

坚持以科学发展观为指导，以促进红十字事业的发展为出发点，依据《中华人民共和国红十字会法》和《中国红十字会章程》，适当增加条文数量，增强可操作性，进一步规范会费管理，鼓励会员积极缴纳会费，使修订后的会费管理办法适应新形势的需要。

三、修改的过程

今年 5 月，经执委会研究，决定对《会费管理办法》进行修改，修改工作小组在认真研究现行管理办法和会费收缴、使用、管理的实际情况基础上，提出了管理办法修订的思路和框架，并形成了初稿，8 月份经执委会讨论后形成了征求意见稿，并予 8 月份将征求意见稿下发各地征求意见，形成了审议稿。9 月经八届六次常务理事会讨论后形成了修正案。

四、修改内容

对现行《中国红十字会会费管理办法》细分了章节，修改后的《中国红十字会会费管理办法》共分四章二十四条，分别是第一章总则、第二章会费的收缴标准及程序、第三章会费的管理和使用、第四章附则。共修改了 28 处，调整了 5 条，删除 3 条，修改 11 条，新增 9 条。

（一）第一章　总则部分

对会费收缴、使用和管理的原则修改为“统筹安排、量入为出、收支平衡、略有结余”。明确了会员缴纳会费实行分级管理。

（二）第二章　会费的收缴标准及程序部分

对会费缴纳的标准和程序进行了细化。对各级红十字会收缴会费的截止时间作了规定，对个人会员、团体会员交纳会费的标准作了修改，其中个人会员“年度会费不少于 10 元”，团体会员“年度会费不少于 1000 元”。对缴纳会费困难的会员少缴或免缴的情况进行了规定，明确了青少年会员会费数额不限、自愿交纳的原则。同时对会费分级情况作了明确规定。有利于在实际工作中，针对会员的各种情况分类对待。

（三）第三章　会费的管理和使用部分

进一步规范了会费的管理和使用，明确了会费的管理部门，要求基层红十字会使用会费时要“制定使用预算，报上级红十字会批准后实施”。增强了会费收缴、使用和管理的公开、透明，要求基层红十字会“要张榜公告会费收缴、使用和管理情况”，“县级以上红十字会每年要将会费收支情况向理事会报告”。

（四）第四章　附则部分

增加了“各省、自治区、直辖市红十字会，新疆生产建设兵团红十字会，各行业红十字会可根据本规定结合本地区、本系统的实际情况，制订实施细则”的条款，增强了管理办法的指导性。

以上情况，特此说明。

贺信、贺词

在中国红十字会第九次全国会员代表大会开幕式上的贺词

中国文联党组书记、副主席　胡振民

（2009 年 10 月 27 日）

各位领导，各位代表，同志们，朋友们：

在中国红十字会第九次全国会员代表大会开幕之际，我谨代表中华全国总工会、中国共产主义青年团中央委员会、中华全国妇女联合会、中国文学艺术界联合会、中国作家协会、中国科学技术协会、中华全国归国华侨联合会、中国法学会、中国人民对外友好协会、中华全国新闻工作者协会、中华全国台湾同胞联谊会、中国国际贸易促进委员会、中国残疾人联合会、中国人民外交学会、中国宋庆龄基金会、黄埔军校同学会、欧美同学会、中国职工思想政治工作研究会、中华职业教育社、中国计划生育协会等20个群众团体，向大会召开表示热烈祝贺！向开拓进取、无私奉献的中国红十字会工作人员、会员和志愿者致以崇高的敬意和良好的祝愿！

红十字事业是一项造福人类的崇高事业，在保护人的生命与健康、促进人类和平与进步等方面发挥着重要作用。中国红十字会成立100多年来，始终秉承人道、博爱、奉献的红十字精神，积极致力于人道救助工作。特别是第八次全国会员代表大会以来，中国红十字会高举中国特色社会主义伟大旗帜，坚持以邓小平理论和“三个代表”重要思想为指导，深入贯彻落实科学发展观，认真履行《中华人民共和国红十字会法》所赋予的职责，在人道救助领域发挥了重要作用，在应对四川汶川特大地震、服务北京奥运会和残奥会等工作中做出了突出成绩，赢得了党和政府的高度评价和社会各界的广泛赞誉。中国红十字会已经成为改善民生、促进和谐的一支重要力量，成为我国开展国际交流与合作的一个重要平台。

我们相信，在新形势下，中国红十字会一定能够进一步发扬优良传统和作风，充分发挥自身优势和特点，不断取得新的更大成绩。

各位代表，同志们：夺取全国建设小康社会新胜利、谱写各族人民美好生活的新篇章，需要我们共同努力。让我们更加紧密地团结在以胡锦涛同志为总书记的党中央周围，同心同德，开拓进取，为完成时代赋予我们的崇高使命而不懈奋斗！

祝中国红十字会第九次全国会员代表大会圆满成功！

红十字国际委员会主席
雅各布·克伦贝格尔的贺信

尊敬的胡锦涛主席、红十字会的同事们，女士们，先生们：

欣闻中国红十字会第九次全国会员代表大会将于10月下旬召开，谨在此预祝大会取得圆满成功。

这些年来，红十字国际委员会见证了中国红十字会逐步发展成为一个高效、不可替代的人道救助组织，中国红十字会的工作人员和志愿者兢兢业业服务于本国的弱势群体，特别是在自然灾害发生的情况下表现更为突出。

我要着重强调，在2008年5月中国四川汶川特大地震发生后，中国红十字会为抗震救灾做出了巨大贡献；在2008年北京奥运会、残奥运期间，中国红十字会的工作人员和志愿者为服务奥运表现出无私的奉献精神。中国红十字会在第30届红十字会与红新月会国际大会上承诺落实《重建家庭联系10年战略》，并努力开展了各项相关活动，我对此深表赞赏。

在此，请允许我对你们以及那些曾经为中国红十字会做出过贡献而即将离任的同事表达我最诚挚的谢意。感谢你们无私的奉献和孜孜不倦的工作，使中国红十字会成为一个强大有力、能够从容应对当今各种挑战的国家红十字会。

对于那些还继续留任的同事，我感谢他们持之以恒的努力，这确保了红十字运动在组织和活动方面的不断进步与完善。

热烈欢迎即将当选的新一届中国红十字会领导成员。他们的努力工作和见解将推动中国红十字会成为一个重要、公正、高效的人道救助组织，并将在今后继续服务于中国人民。

请允许我和红十字国际委员会全体工作人员表达我们最美好的祝愿，预祝会议取得圆满成功，祝愿中国红十字会在今后的人道主义活动中取得新的成就！

谨上

红十字国际委员会主席

雅各布·克伦贝格尔博士

2009 年 10 月 13 日于日内瓦

红十字会与红新月会国际联合会东亚地区代表处主任卡尔·诺克勒的贺词

尊敬的胡锦涛主席，红十字会的同事们，女士们，先生们：

首先我想感谢中国红十字会给我机会在这样一个庄重的场合——中国红十字会第九次全国会员代表大会上致贺词。

中国正处于一个充满生机、蓬勃发展的新时代，同样，中国红十字会也处于其成长和发展的关键时期。

在过去的 15 年里，中国红十字会的职责有了新的定位，远超出了她所曾经局限于的卫生领域。

去年发生的四川汶川特大地震波及了中国西部的许多地区，使千百万人民的生活受到影响。中国红十字会积极投身于抗震救灾以及灾后重建工作的第一线。在善良的中国民众以及各国红十字会与红新月会的支持下，中国红十字会筹集到了空前规模的捐款，为灾民提供了援助和慰藉。

根据不同时期的需要，中国红十字会致力于改善艾滋病感染者人群的生活，向公众宣传禽流感以及甲型 H1N1 流感等新型疾病的预防知识。

在红十字会与红新月会国际联合会以及其他伙伴的支持下，中国红十字会在全国各地的社区中开展了备灾活动，使居民面对潜在的危险做好充分的准备，而不是等到灾害发生后才做出应对。

展望未来，随着中国的日益开放和经济实力的不断增加，中国红十字会显然已准备好去承担越来越重要的国际职责。

近年来，中国红十字会不断加大对其他国家和地区红十字会与红新月会的援助，并积极同世界其他国家和地区的红十字与红新月志愿者和工作人员和志愿者分享你们的知识以及经验。

这些重要的改革在下一个五年战略计划中都有详尽的阐述。

中国红十字会所有成绩的取得都是与胡锦涛名誉会长和彭珮云会长、江亦曼常务副会长等领导的智慧和远见分不开的。在他们的无私奉献和脚踏实地的领导下，中国红十字会在中国社会的发展中产生了空前巨大的影响、扮演了空前重要的角色。我们在此对他们表示感谢！

与此同时，我们相信本次大会产生的中国红十字会新一届领导成员将在已有的非凡成绩的基础之上，引领中国红十字会进入其发展的国际化新纪元。

红十字会与红新月会国际联合会代表其全球186个成员国红十字会，与中国红十字会并肩经历这个激动人心的发展阶段，我们愿意在能力范围内以各种方式对你们提供全力支持，我们也期待中国红十字会在国际上扮演更加重要的角色，展现出中国更加国际化的视野和日益强大的影响。

我谨代表红十字会与红新月会国际联合会，祝愿大会取得丰硕成果，祝大会取得圆满成功！

谢谢。

感谢信

中国红十字会第九次全国会员代表大会致彭珮云同志的感谢信

敬爱的彭珮云同志：

经中国红十字会第七、第八次全国会员代表大会选举并报中共中央批准，您于1999年至2009年担任中国红十字会会长。十年来，在您的领导下，中国红十字会认真贯彻落实党中央、国务院的方针政策，发奋图强、锐意进取，圆满完成了七、八两次全国会员代表大会提出的奋斗目标和工作任务，各项工作取得了显著成绩，为彰显人道、改善民生、促进和谐发挥了重要的作用。值此中国红十字会第九次全国会员代表大会召开之际，我们向您——为中国红十字事业的发展呕心沥血，殚精竭虑的老会长致以崇高的敬意和衷心的感谢！

十年来，您积极探索，勇于实践，对怎样建设中国特色红十字事业，如何发挥红十字会自身的特点和优势，如何加强自身建设，充分发挥红十字会在我国社会生活中不可或缺的作用等问题进行了深刻的思考，提出了许多重要思想。在上世纪末本世纪初，您指出，中国红十字会虽然走过了一百年风雨历程，但由于种种原因，还处于开创时期，号召红十字工作者正视困难，克服困难，艰苦创业，积极作为。2006年以后，您审时度势，提出中国红十字事业出现了前所未有的大好形势，迎来了前所未有的发展机遇期，鼓励大家牢牢把握机遇，认真应对挑战，以满腔的热情和坚强的毅力，推动我国红十字事业不断向前发展。这两个重要判断和您贯彻落实科学发展观，做好红十字会工作的许多思想对推动中国特色红十字事业又好又快的发展起了重要的指导作用。

十年间，您身体力行，亲力亲为，带领七届、八届理事会认真贯彻《中国人民共和国红十字会法》，为理顺县以上各级红十字会的管理体制，建立中国红十字会完善的组织机构和网络体系不辞辛苦，奔走呼吁，进行了坚持不懈的努力。您注重深入基层调查研究，坚持一切从实际出发，不断研究新情况、解决新问题，总结新经验，足迹遍及全国除西藏外的所有省、市、自治区。您坚持红十字会的一切工作要以最广大人民群众的根本利益为出发点和落脚点，关心群众疾苦，倾听群众呼声，精心指导红十字会做好救灾、救护、救助工作，积极拓展人道服务领域。您主张中国红十字会必须遵循国际人道法和红十字运动的七项基本原则，积极参加国际红十字运动，充分发挥一个负责任大国红十字会应有的作用；重视加强同国际红十字组织、各国红十字会及港澳台红十字组织的交流与合作，认真学习国外境外红十字会工作的有益经验。

在历届理事会工作的基础上，您带领七、八两届理事会对建设中国特色红十字事业进行了积极的探索，积累了丰富的经验，为红十字事业健康、快速、持续发展做出了突出的贡献。

十年来，您甘于为红十字事业贡献自己的全部热情和心血的崇高境界；您真情实意为人民服务、为最需要帮助的困难群众服务的博大情怀；您求真务实、埋头苦干的工作作风；您坚忍不拔、艰苦创业的精神品质，使广大红十字工作者深受感动，深受鼓舞，成为大家学习的楷模。在您即将离任之际，让我们由衷地向您道一声：辛苦了，彭会长！谢谢您为推动中国红十字事业的发展所做的一切！希望您离任后一如既往地关心和支持红十字事业。

回顾中国红十字会波澜壮阔的奋斗历程，我们豪情满怀；展望中国红十字事业的发展远景，任重而道远！我们将在党中央、国务院的正确领导下，在新一届理事会的带领下，励精图治，开拓创新，为将中国特色红十字事业不断推向前进而努力奋斗！

二OO九年十月二十九日

致中国红十字会离任名誉副会长的感谢信

尊敬的司马义·艾买提同志、何鲁丽同志、张怀西同志：

值此中国红十字会第九次全国会员代表大会举行之际，我们谨以大会的名义，向你们致以亲切的慰问和崇高的敬意！

我们非常感谢你们多年来重视、关心、支持红十字事业的发展。特别是你们担任中国红十字会名誉副会长以来，关心红十字事业的发展，出席红十字会的重大活动，积极推动红十字会理顺管理体制工作，为红十字会各项工作的开展进行协调、呼吁，为建设中国特色红十字事业做出了重大的贡献。中国红十字事业凝结着你们的心血，历史将永远铭记你们的功绩。

我们相信，今后你们一定会一如既往地关心和支持红十字事业的发展。我们一定不辜负你们的期望，继续努力贯彻落实《中华人民共和国红十字会法》，坚持依法建会、依法治会、依法兴会，依法履行人道主义救助和服务的各项职责，深入贯彻落实科学发展观，为构建社会主义和谐社会、夺取全面建设小康社会新胜利、谱写人民美好生活新篇章，实现中华民族的伟大复兴，推动人类和平进步事业做出新的更大的贡献！

祝你们

工作顺利，身体健康！

中国红十字会第九次全国会员代表大会

二〇〇九年十月二十九日

致中国红十字会第八届理事会离任理事的感谢信

尊敬的第八届理事会离任理事：

值此中国红十字会第九次全国会员代表大会召开之际，我们谨以大会的名义，向你们致以亲切的慰问和诚挚的敬意！

过去的五年是我国改革开放和全面建设小康社会取得重大进展的五年，也是中国红十字事业实现又好又快发展的五年。在党和政府的高度重视，社会各界的大力支持下，各级红十字会在第八届理事会和彭珮云会长的领导下，以科学发展观为指导，始终坚持服从、服务于国家大局，围绕党和政府的中心工作发挥应有的作用，团结一致、开拓创新，依法履行职责，抓住前所未有的发展机遇、经历了前所未有的严峻挑战、取得了前所未有的巨大成就，圆满完成《中国红十字事业2005—2009年发展规划》的主要任务，红十字事业取得重大突破和进展。

五年来，我们成功应对印度洋海啸救援、南方冰冻灾害、汶川地震救援和参与服务北京奥运等严峻考验，取得重大胜利，形成了“微尘”、“中华骨髓库”、“红十字天使计划”等一批具有较高影响力的红十字品牌项目，得到党和政府的充分肯定、赢得社会各界的普遍赞誉。中国红十字会已经成为组织体系完善、桥梁纽带作用充分发挥的社会团体，成为国家应急体系的重要组成部分，成为我国民间外交的重要渠道，是改善民生、促进和谐的重要力量。五年的发展，为中国红十字会的建设积累了宝贵的经验，为中国红十字事业在新时期的发展奠定了坚实的基础。

你们在担任中国红十字会第八届理事会理事期间，积极参与红十字会的工作决策，参加红十字会的各项活动，带领广大红十字工作者和会员，认真学习、宣传、贯彻落实红十字会法和中国红十字会章程，传播国际红十字运动基本知识，弘扬“人道、博爱、奉献”的红十字精神，为发展中国特色红十字事业做出了突出贡献。中国红十字事业的发展史上铭记你们的功绩。

我们相信，各位离任理事一定会一如既往地关心和支持曾为之付出过心血的红十字事业，运用你们的威望、智慧和经验为红十字会的发展多提宝贵意见和建议，帮助我们把工作做得更好。让我们共同努力，以科学发展观为指导，为推动中国特色红十字事业的新发展，为构建社会主义和谐社会、夺取全面建设小康社会新胜利、谱写人民美好生活新篇章，实现中华民族的伟大复兴，推动人类和平进步事业做出新的更大的贡献！

祝各位离任理事

工作顺利，身体健康！

中国红十字会第九次全国会员代表大会

二〇〇九年十月二十九日

中国红十字会第九次会员代表大会名单

大会主席团成员、执行主席、秘书长名单

主席团成员（63人）：（以下按姓氏笔

画为序）

丁向阳、马俊清、马顺清（回族）、马晓伟、马蔚华、王伟、王军、王征、王昕（女）、王中信、王昕伟、王海京、王随莲（女）、田玉萍（女）、刘树新、刘晓凯（苗族）、华建敏、孙莲（女）、孙士彬（女，满族）、朱之鑫、江亦曼（女）、何亚非、吴瑞林、宋建业、宋璇涛、张岱梨（女）、张俊芳（女）、李康（女，壮族）、杨澜（女）、杨鹂（女）、杨铁梁、汪毅夫、沈晓明、苏菊香（女）、陆俊华、陈桦（女）、陈小娅（女）、陈文华、陈光标、陈招娣（女）、陈勋儒、宝音德力格尔（蒙古族）、林方略、郑小明、咸辉（女回族）、姚爱兴、郝林娜（女蒙古族）、郭开朗、郭长江、铁力瓦尔迪·阿不都热西提（哈萨克族）、康慧（女）、黄如楷、彭珮云（女）、程幼东、谢茹（女）、谢小军、谢广祥、韩树荣（女）、鲁松庭、窦玉沛、雷于蓝（女）、德吉（女，藏族）、滕卫平

大会执行主席：

彭珮云（女）、华建敏、江亦曼（女）、王伟、苏菊香（女）、郭长江

大会秘书长：

王海京

中国红十字会第九届理事会理事名单

（按姓氏笔画排序）

丁书苗（女）、丁向阳、于威（女）、马强、马顺清（回族）、马俊清、马晓伟、马蔚华、王平、王伟、王名、王军、王昕（女）、王征、王玲（女）、王绚（女）、王琳、王强、王小华、王义杰、王中信、王世涛、王冬梅（女）、王汝鹏、王昕伟、王国建、王法顺、王建共、王修林、王振川、王海京、王继辉、王随莲（女）、毛武、毛三元、方娅（女）、方南亭、文玉兰（女）、文家碧（女）、田玉萍（女）、付海波、冯晋生、尼玛（女　藏族）、皮卫平（女）、邢喜成、成岳冲、朱华（女）、朱卫杰、朱之鑫、朱文奇、朱程清（女）、华建敏、刘东（女）、刘静（女）、刘霞（女）、刘树新、刘顺妮（女）、刘晓凯（苗族）、刘琳娜（女）、刘智力、江丹（女）、闫志壮、许建强、许海星、许淑清（女）、孙莲（女）、孙士彬（女　满族）、孙月英（女）、孙瑞标、杜红（女）、杜飞进、杜克琳（女　白族）、李刚、李康（女　壮族）、李玉堂、李冬梅（女）、李秀山、李宗达、李洪山、李秋实（女）、李晓庆、李晓林、李晓明、李清杰、李维一、杨澜（女）、杨鹂（女）、杨泓涛（女　白族）、杨铁梁、杨绵绵（女）、杨增权、肖冬（女）、肖莺子（女　壮族）、时立强、吴苾雯（女）、吴瑞林、何亚非、何传军、何寄华、余应福、余维祥、邹世平、邹立宪、辛宝山、汪毅夫、沈如林、沈晓明、宋建业、宋璇涛、张政、张中林、张岱梨（女）、张宝安、张建华、张妹芝（女）、张显友、张俊芳（女）、张恩迪、张高奎、张淑琴（女）、张黎明（女）、张德霖、陆应江、陆俊华、陈桦（女）、陈桦（女）、陈小平、陈小娅（女）、陈文华、陈光标、陈伟清（女）、陈招娣（女）、陈勋儒、陈瑞峰、林方略、林胡秀霞（女）、罗治雄、罗荣生、罗慧芬（女）、周雪静（女）、周清梅（女）、郑小

明、郑文芝（女）、郑新建、单加海、宝音德力格尔（蒙古族）、赵丽珍（女）、赵国卫、赵忠铭、郝林娜（女　蒙古族）、查慧勤（女）、咸辉（女　回族）、洪俊岭（回族）、姚爱兴、袁民、耿雁生、格列（藏族）、铁力瓦尔迪·阿不都热西提（哈萨克族）、徐火周、徐志彪、郭开朗、郭长江、高歌、高志新、高崇华、黄双全、黄如楷、黄毅敏、曹怀杰、曹国希、曹跃进、崔济哲、康慧（女）、梁积裕、蒋洁敏、韩陆（女）、韩美（女）、韩丽娟（女）、韩树荣（女）、程幼东、傅勇林、鲁松庭、童兆玲（女）、曾凡国、谢茹（女）、谢小军、谢广祥、雷于蓝（女）、雷永胜、照诚、窦玉沛、德吉（女　藏族）、滕卫平、潘海民

中国红十字会名誉会长、名誉副会长、会长、常务副会长、副会长、秘书长、常务理事名单

中国红十字会名誉会长：胡锦涛

中国红十字会名誉副会长：韩启德、桑国卫、黄孟复、张榕明（女）、李金华

中国红十字会会长：华建敏

中国红十字会常务副会长：王伟

中国红十字会副会长：马晓伟、王军、陈小娅（女）、朱之鑫、何亚非、窦玉沛、郭长江（专职）、郝林娜（女　蒙古族　专职）、王海京（专职）

中国红十字会秘书长：王海京（兼）

中国红十字会常务理事（按姓氏笔画排序）：马晓伟、马蔚华、王伟、王军、王征、王中信、王昕伟、王海京、田玉萍（女）、刘树新、华建敏、朱之鑫、何亚非、杨澜（女）、杨鹂（女）、汪毅夫、陆俊华、陈小娅（女）、陈光标、陈招娣（女）、郝林娜（女蒙古族）、郭长江、康慧（女）、窦玉沛

中国红十字会第九次会员代表大会有关文件

《中国红十字事业2010—2014年发展规划》

（2009年10月29日中国红十字会第九次全国会员代表大会通过）

当今世界正在发生广泛而深刻的变化，当代中国正在发生广泛而深刻的变革。机遇前所未有，挑战也前所未有，机遇大于挑战1。从现在到2020年，是我国继续全面建设小康社会、加快推进社会主义现代化的关键时期，也是中国特色红十字事业的重要发展机遇期。中国红十字会是从事人道主义工作的社会救助团体，是党和政府在人道工作领域的助手，要抓住机遇，迎接挑战，发展中国特色红十字事业，推动和谐社会建设，促进人类和平进步。依据《中华人民共和国红十字会法》（以下简称“红十字会法”）以及《红十字会与红新月会国际联合会2020战略》，制定《中国红十字事业2010—2014年发展规划》。

一、指导思想和发展目标

（一）指导思想

坚定不移地走中国特色红十字事业发展道路，遵守国家宪法和相关法律，遵循国际

红十字与红新月运动基本原则，履行红十字会法赋予的职责。深入贯彻落实科学发展观，坚持解放思想、实事求是、与时俱进、开拓创新，坚持围绕中心、服务大局，做好党和政府在人道工作领域的助手，弘扬人道主义精神，保护人的生命和健康，改善最易受损害群体境况，将中国红十字会建设成为应急反应科学化、公益项目品牌化、宣传筹资长效化、组织建设规范化、志愿服务特色化、运行机制社会化的人道救助团体，为推动和谐社会建设、促进人类和平进步事业做出更大贡献。

（二）发展目标

——红十字精神广泛传播，红十字会知晓率和公信力进一步提高。争取社会普遍认同并支持红十字运动，形成有利于红十字事业发展的社会氛围。

——红十字人道救助体系不断完善，应急能力进一步提高，救助实力进一步增强。在不发生特大自然灾害的情况下，力争到2014 年募集救灾、救助款物 30 亿元人民币，使3000 万人（次）受益。

——红十字会组织建设进一步加强，事业发展的基础进一步夯实。努力建设运转良好的各级红十字会，继续理顺地（市、州、盟）级红十字会管理体制，争取多数县（市、区、旗）级红十字会理顺管理体制。基层组织和会员队伍不断发展巩固，管理水平不断提高，干部素质明显增强。

——按专业、分领域的红十字志愿服务体系基本形成，红十字志愿服务水平进一步提高。志愿服务领域不断拓展，志愿服务管理更加科学，志愿者队伍更加壮大，志愿者人数到 2014 年达到 300 万，注册志愿者人数达到 40 万。

——中国红十字会在国际红十字与红新月运动中的影响和作用进一步增强。配合国家外交需要，继续开展对外紧急援助，支持发展中国家红十字（红新月）会实施发展项目。争取和引进境外资金和技术，为我会中心任务服务。

二、重点任务

（一）增强突发事件应急能力，开展“红十字救援行动”

加快突发事件应急体系建设。完善快速高效的突发事件应急机制，落实《中国红十字会总会自然灾害等突发公共事件应急预案》。实现所有省、地级红十字会应急预案纳入同级政府整体应急预案体系。加强红十字会备灾救灾网络建设。加快形成以总会备灾救灾中心、上海援外物资供应站、区域性备灾救灾中心为重点，省级备灾救灾中心为基础，灾害多发地（市、州、盟）、县（市、区、旗）备灾救灾中心（物资库）为补充的红十字应急物资储备体系。实现备灾救灾信息网络化管理，加强与政府等相关应急机构的信息沟通和合作。加强红十字应急能力建设，依托各种社会力量，加快组建红十字紧急救援队。每个省级红十字会至少建立 2 支红十字紧急救援队，省会城市和部分基础较好的其它城市建立 1 支红十字紧急救援队，在全国范围内形成红十字紧急救援队伍体系。

加强灾害紧急救援和灾后恢复重建工作。在重大灾害发生期间，各级红十字会在开展灾害紧急救援的同时，要加强灾后恢复重建工作，着重援建红十字博爱新村（新居）、红十字博爱卫生院（站）、红十字博爱学校和社区防灾设施等红十字备灾救灾项目。灾后恢复重建要与防灾减灾工作相结合，与新农村建设相结合，与传播红十字精神相结合，与发展红十字基层组织相结合。各级红十字会要建立健全灾后恢复重建项目管理制度和资金监管机制。

开展灾后心理干预。加强灾后心理干预工作，整合社会资源，依托专业机构和志愿者队伍，加快建立规范、专业的心理救援网络。成立红十字灾后心理干预队伍，把心理救援与灾害紧急救援、灾后恢复重建等工作相结合，增强人们抵御各种灾难的心理能力。

（二）致力挽救生命，开展“红十字救护行动”

深化应急救护培训。将应急救护培训纳入突发事件应急体系建设整体规划，成立全国红十字救护培训工作指导中心，逐步在有条件的省（区、市）设立分中心，落实统一标准、统一教材、统一考核、统一发证等工作，建立救护培训工作长效运行机制，打造红十字救护培训品牌。争取在全国各直辖市、省会城市和部分基础较好的城市达到每100—200人中有1名培训合格的红十字救护员，参加应急救护培训人数达到当地人口总数的1.5%以上。有条件的红十字会要积极拓展水上救护培训等新的工作领域。

做大做强中国造血干细胞捐献者资料库（以下称“中华骨髓库”）。继续扩大造血干细胞志愿捐献者队伍，有效库容率突破200万人份，其中新增80万人份高分辨数据，不断提高库容使用率和移植成功率。建立健全各项规章制度，使分库工作更加制度化、规范化、程序化。进一步完善中华骨髓库工作体系、网络传输系统和样品库建设，推动捐献造血干细胞事业更加广泛深入开展。

宣传推动无偿献血和遗体、器官、组织捐献。继续配合有关部门开展无偿献血宣传和表彰，参与、推动无偿献血工作，加强对红十字无偿献血志愿服务队的指导。争取政府支持和委托，推动开展遗体、器官、组织捐献工作，组织开展人体器官、组织捐献试点工作。

（三）关注最易受损害群体，开展“红十字救助行动”

深化“红十字博爱送万家”活动。各级红十字会要继续积极筹措资金，把“红十字博爱送万家”活动继续深入持久地开展下去。努力做到组织到位、宣传到位、落实到位，把红十字会的关爱和温暖送到困难群众家中。

红十字关爱进社区、进乡村。以“红十字服务站”为依托，积极开展以募捐救助、应急救护、健康教育、宣传和传播、红十字青少年、志愿服务为主要内容的社区（乡村）红十字服务工作，逐步实现服务工作规范化和管理系统化，争取将红十字会工作列入政府社区建设规划。积极开展敬老助残、济困助学和服务流动人口等工作。

深入开展红十字医疗救助项目。各级红十字会积极开展以救助贫病农民与儿童、培训乡村医生等为主要内容的医疗救助项目。深入实施“红十字天使计划”等救助项目，资助建立1000个红十字博爱卫生院（站）和50个健康新村，培训2500名乡村医生，救助贫困白血病、先天性心脏病等重症患儿2万人次，使受益人口突破900万。

关爱艾滋病患者和感染者。继续参与政府多部门艾滋病防治合作项目，加强国际合作，争取更多支持，做好艾滋病高危人群行为干预、社区宣传、反歧视和对艾滋病病毒感染者及其家庭的关爱等各类艾滋病预防和关爱项目，壮大同伴教育师资队伍，完善督导评估体系，推广成功经验和模式。争取实现艾滋病预防和关爱项目覆盖全国。

（四）弘扬红十字精神，开展“红十字传播行动”

积极传播国际人道法和红十字运动基本知识。不断完善全国红十字系统的国际人道法和红十字基本知识的传播网络。充分利用各级红十字会主办的宣传舆论阵地，加强与报纸、网络、电视、电台等各种媒体的合作，创新传播手段，拓宽传播领域，扩大传播受众人群，广泛开展红十字运动基本知识进学校、进机关、进军营活动，在全社会加强传播力度。协调组织好国内传播国际人道法的活动，推动国际人道法的实施，参与国际人道法事务的国际交流与合作。

继续开展“五八博爱周”系列宣传活动，巩固发展大宣传格局。围绕世界红十字日开展好“五八博爱周”、“公益广告宣传月”等系列宣传活动，抓住上海世博会等重大活动及节日的契机，开展重点宣传。充分借助合作伙伴的宣传优势，探索和运用市场化运作方式，拓宽宣传渠道，以新颖有效的形式吸引广大群众参与红十字活动，使宣传工作更具影响力，提高红十字会的知名度。

深化宣传内容，创新宣传方式。结合救灾、救护、救助等业务工作，继续深化对红十字精神的宣传。把弘扬红十字精神、传播红十字运动基本知识与社会主义精神文明建设紧密结合，将红十字会工作纳入精神文明建设规划。加强新闻舆论宣传，争取媒体、广告宣传的优惠政策。不断创新宣传方式，在发挥好电视、报纸、广播、杂志、网络等传统媒体作用的同时，积极探索和创新如手机短信、楼宇广告、车载视频、户外媒体等多种宣传途径，开发制作知识性强、趣味性高、适应性广、具有鲜明红十字特点的宣传品，多渠道、全方位开展宣传工作。《中国红十字报》和《博爱》杂志要逐步由单一的平面媒体向数字化、多媒体发展。总会和各省级红十字会建立自然灾害等突发公共事件应急宣传机制，完善新闻发言人制度，提高应对突发公共事件的舆论引导能力，维护红十字会的社会形象和声誉。

加强宣传队伍和阵地建设。通过开展工作研讨和经验交流，培训骨干，加强全国红十字会系统宣传队伍的能力建设，提升宣传工作的水平。发挥红十字报刊及网站等媒体的阵地作用，使之成为广大会员、志愿者以及社会各界了解红十字信息的重要窗口。各省级红十字会和有条件的地（市、州、盟）、县（市、区、旗）红十字会都要组建红十字宣传工作委员会和红十字新闻宣传志愿服务队，借助社会资源拓展红十字宣传阵地。各级红十字组织要有专人负责宣传工作，保障宣传经费并配有必要的宣传设备。

深入开展理论研究。加强红十字工作调研，成立红十字理论研究会，认真研究和总结国际红十字与红新月运动在中国的发展规律，研讨中国特色红十字核心价值和红十字文化，坚持用理论指导实践，推进红十字会各项工作。

（五）夯实事业基础，开展“红十字强会行动”

坚定不移依法理顺管理体制。继续理顺地（市、州、盟）级红十字会管理体制，重点抓好县（市、区、旗）级红十字会理顺管理体制工作。通过争取党政支持、上级协调指导、自身努力有为、典型经验引路等措施，争取多数县（市、区、旗）级红十字会理顺管理体制。实现县级以上（含县级）红十字会机构由卫生部门代管改由党政领导联系，明确机构编制，配备领导班子和专（兼）职工作人员，有固定办公场所，有独立账户，能独立自主地开展工作。一时不具备理顺管理体制条件的，要努力做到有专职工作人员，能依照红十字会法和红十字会章程开展工作。

努力建设运转良好的各级红十字会。各级红十字会要建立健全体制机制，明确职责，通过完善组织机构和志愿者网络，筹募资金，为最易受损害群体提供有效服务。加强理事队伍建设，完善理事联系制度，充分发挥理事会、执委会和专业委员会作用，健全科学民主的决策机制。扩大民主，吸收会员和志愿者参与磋商和决策。加强地方红十字会之间的合作交流，推动发达地区与欠发达地区的红十字会建立互助合作关系，实现各级红十字会之间信息共享、资源共享、优势互补。

大力加强基层组织建设。在城市社区（街道）、农村乡镇（村）、企事业单位、医疗机构、学校和其他社会组织中广泛建立基层组织，加强行业红十字会建设。基本实现基层组织有热心红十字事业的带头人、有稳定的会员或志愿者队伍、有规范的管理制度、有稳固的服务平台、有红十字特色活动的目标。创建一批组织建设规范、活动特色鲜明、服务平台巩固、会员和志愿者作用发挥好的模范红十字会基层组织。在医疗机构中普遍建立红十字会，争取基本实现地市级以上（含地市级）红十字会、有条件的县级红十字会至少有1所冠名医院。以红十字模范单位评选工作为抓手，带动基层组织各项工作。

提高会员服务和管理水平。完善会员管理制度，制定《中国红十字会会员管理办法》，对会员进行分类管理，进一步明确会员的权利、义务，规范入会程序，加强对会员的组织管理和培训，寓管理于服务之中，发挥会员的作用。进一步加强会费收缴工作，完善会费收缴办法，提高会费收缴率，为各级红十字会开展工作提供支持。

面向未来，发展红十字青少年。加强学校红十字会的工作，建立健全各级各类学校红十字会，不断完善以各级学校红十字工作委员会为主导、学校红十字会为基础的红十字青少年组织网络体系。组织开展符合红十字会宗旨、有利于青少年身心健康的活动，建设红十字青少年活动基地，打造红十字青少年活动品牌。扩大国际与地区间红十字青少年的交流与合作，探索建立红十字青少年项目工作机制。

推动信息化建设，提高工作效率。坚持“统筹规划、统一标准、突出重点、分步实施、联合建设、共同维护、互联互通、资源共享”的原则，紧紧围绕红十字会中心工作，建设网络筹资、志愿服务等管理信息系统，完善中国红十字会协同办公、备灾救灾、财务和组织建设等管理系统，建设好总会网站和信息资源库，改进办公方式，提高工作效率。

（六）动员人道力量，开展“红十字志愿服务行动”

统一管理，分类指导，提高志愿服务管理水平。落实《中国红十字志愿服务管理办法》，做好志愿者登记注册管理，抓好志愿者招募、培训、管理、激励和保障等环节，实现志愿服务标识、证件、服饰、培训教材和奖励标准的统一。建立健全各类志愿服务队伍及志愿服务活动的组织规程、工作制度和培训手册，开发建设红十字志愿服务信息管理系统，逐步建立具有资料收集、信息发布、人员招募、活动交流等功能的网络信息平台，提高志愿服务工作的科学化和专业化管理水平。

建设红十字志愿服务网络体系。在学校、社区、乡村、企事业单位等领域发展红十字志愿者队伍，组建应急救援、卫生关怀、人道救助、捐献造血干细胞、遗体捐献、宣传无偿献血、宣传预防艾滋病、红十字精神传播、筹资劝募、海外服务等方面的红十字志愿服务组织，形成按专业、分领域的红十字志愿服务体系。广泛开展红十字志愿服务活动，做到志愿服务与红十字基层组织建设结合，与社区服务结合，与红十字会自身建设结合。县级以上（含县级）红十字会基本实现有稳定的志愿服务队伍、有规范的管理制度、有特色的志愿服务品牌、有固定的志愿服务基地的目标，基本形成国家、省、市、县四级红十字志愿服务网络体系。各地积极争取把红十字志愿服务纳入当地精神文明建设整体规划中，把开展红十字志愿服务情况纳入城市公共文明指数测评体系。

发挥红十字志愿服务在突发公共事件救助和举办大型活动等重点工作中的积极作用。总结红十字汶川地震救援行动等经验，加强应急志愿服务队伍建设和管理，开展“应急救援中的红十字志愿者”志愿服务主题活动。推广红十字会参与奥运志愿服务的经验，配合上海世博会等大型活动，组织开展“红十字与世博同行”等志愿服务活动。在活动涉及的城市和其他有条件的城市，设立红十字志愿服务站，开展以应急救援、社区服务、红十字青少年、普及文明礼仪、维护公共环境等为主要内容的志愿服务工作。

（七）加强对外交往及港澳台工作，开展“红十字民间外交行动”

积极发挥我会在国际红十字运动中的作用。积极参加国际红十字运动法定会议和其他专业委员会的工作，参与国际红十字运动重大问题的讨论和决策。认真履行国际承诺，提升和扩大我会在国际红十字运动中的影响和作用。做好“中国国际人道法国家委员会”秘书处的工作。培养并选派优秀年轻干部到国际组织工作或去其他国家红十字（红新月）会参加短期培训。与国际联合会和国际委员会设在北京的地区办事处保持更加紧密联系与合作。

配合国家外交需要，开展民间外交。根据国家整体外交工作需要，完成政府委托的人道事务和工作。在国家外交工作方针和政策的指导下，创新机制，拓宽渠道，积极开展有红十字特色的多边和双边的民间外交活动和对外援助工作。争取政府的支持，积极参与国际救援，开展对外援助，认真实施好商务部委托的援助项目，支持发展中国家红十字（红新月）会实施发展项目。支持、协调、服务地方分会对外交流合作。通过选派人员赴境外实施救援和发展项目，锻炼队伍，积累经验。

积极引进境外资金、理念和技术，促进国内工作。坚持国际交流合作与国内中心工作相结合，为国内工作服务。继续通过争取和开展国际合作项目促进国内救灾备灾、组织能力建设、筹资、艾滋病预防等工作的开展，在国际交往与合作过程中，学习和引进国外先进理念、技术和经验。认真落实

《国际红十字与红新月运动重建家庭联系战略及实施计划（2008—2018）》，结合各地实际情况，因地制宜的开展“重建家庭联系”工作。

加强与港、澳、台合作交流。坚持红十字运动基本原则、《中华人民共和国香港特别行政区基本法》、《中华人民共和国澳门特别行政区基本法》和“一国两制”方针，加强与香港、澳门特别行政区红十字会的交流与合作。牢牢把握两岸关系和平发展的主题，继续加强并扩大与台湾红十字组织的交往与合作，巩固合作成果，增进相互理解。抓住建设海峡西岸经济区的有利契机，把“海西”区建设成为两岸红十字交流的重要基地，为实现两岸民众的福祉发挥积极作用。

加强外事队伍建设。培养和建立起一支热爱祖国、懂得外事工作方针政策、具有较强的对外交往能力并掌握外事工作知识和技巧的专业化干部队伍。

三、保障措施

（一）争取各方支持，为红十字事业发展提供良好的法律和政策环境

争取党委、政府的大力支持。各级红十字会要通过各种方式积极在党政领导层中宣传红十字会法、人道理念和红十字会工作，让党委、政府领导加深对红十字会的了解，理解和认同红十字会的积极作用，争取各级政府切实加强对红十字会工作的领导和支持，帮助解决红十字会工作中面临的困难和问题。

争取人大、政协加大执法检查和视察力度。各级红十字会要继续争取人大、政协开展执法检查或专题视察活动，推动加强红十字会法的宣传和落实，通过代表、委员向政府提出有利于红十字事业发展的建议和提案，推动理顺县级红十字会管理体制，为红十字会工作营造良好法制环境。

积极协调各有关部门支持红十字会工作。各级红十字会要加强与宣传、精神文明、机构编制、发展改革、财政、民政、应急、海关、旅游、安监、交通、教育、卫生、公安等相关部门的联系、沟通和协调，努力争取政策、编制、经费和物资等支持，推动形成各部门关心、支持红十字会工作的良好氛围。

（二）巩固深化社会化、开放式的运行机制，为红十字事业发展提供健全的体制保障

动员社会力量，整合社会资源。积极主动与企业、媒体、名人和其他社团组织等建立长期友好合作关系，实现优势互补、资源共享、合作共赢，使红十字事业可持续发展。

增强服务意识，拓展工作领域。解放思想，与时俱进，在做好各项传统业务的同时，各级红十字会要从本地实际出发，围绕中心工作，不断增强服务意识，研究新形势下服务对象的新需求，探索建立新的服务平台，开拓新的工作领域，充分发挥政府人道领域助手的作用。

提升品牌形象，培育品牌优势。要向国内外各类公益慈善机构和爱心企业学习，制定品牌战略，精心策划和培育能吸引社会力量参与、具有竞争力、可持续发展的红十字品牌项目，努力打造社会影响力大的精品项目。要善用和保护红十字品牌，凝聚社会公众爱心，争取更多社会力量支持。

（三）建立可持续的筹资机制，为红十字事业发展提供强大的物质保障

更新观念，树立全员筹资、主动筹资和服务筹资的意识。筹资是一项需要相关部门密切合作、相互配合的劝募过程。宣传部门要传播推广公益项目，执行部门要严格按照捐赠者意愿实施捐赠，及时反馈款物使用情况，财务部门要严格按照法律法规开具捐赠收据，及时、准确地提供财务数据，保证财务信息的公开、透明。要重视与捐赠者、合作伙伴的沟通与联络，理解、服务捐赠者和合作伙伴。及时对有突出贡献的捐赠者授予相应荣誉，为那些关心支持红十字事业的企业和爱心人士树立良好的社会形象，与他们保持密切友好的关系。

探索创新筹资方式，拓宽筹资途径，建立可持续筹资机制。整合红十字会内外资源，加强内部各个环节的协调、沟通、协作，形成上下联动的筹资局面，发挥整体优势，提高筹资效率。积极争取并认真执行好政府委托的彩票公益金等资金和项目。积极研究、探索市场经济条件下的筹资途径，形成以项目化、基金式运作为主，方式多元化、捐赠者队伍相对稳定、合作伙伴较为固定的可持续筹资机制。支持中国红十字基金会健康发展，鼓励省级红十字基金会和各专项基金的发展。

（四）健全公开透明的监督机制，为红十字事业发展提供社会公信力保障

完善内部监督机制。不断改进管理，完善纵横交叉的内部控制制度，健全自律机制和规章制度，强化自身能力建设，培养专业专职人员，规范组织行为。加强对款物筹募和使用情况的检查监督，健全监督责任追究制度，及时纠正、严肃处理违规违纪行为。

及时向捐赠者反馈信息。及时向捐赠者反馈捐赠款物的流向和援助项目的实施进度。已结束的项目，要提供准确详实的项目报告（审计报告），积极配合捐赠者委托的审计机构对捐赠款物进行独立审计。有条件的项目要主动邀请捐赠者参与项目的实施和监督。

自觉接受外部监督。完善信息公开制度，定期通报和发布救灾救助救护工作信息，及时向社会公布募捐款物收支及使用情况。主动接受来自于政府、公众、新闻媒体等的监督，配合外部审计，有条件的公益项目还可邀请社会监督员，进行跟踪监督，确保项目管理规范、公开透明，增强社会公信力。

（五）加强干部队伍建设，为红十字事业发展提供人才保障

加强干部培训。成立全国红十字干部培训工作指导中心，建立各级红十字会干部培训基地。创新学习内容和培训方式，实现自学与培训相结合，理论培训与实践锻炼相结合，境内培训与出国培训相结合，普及培训和重点培训相结合，分层、分类、逐级培训和领导干部跨级直训相结合，实施“市县会长轮训项目”，五年内，对已理顺管理体制的地（市、州、盟）、县（市、区、旗）两级红十字会的常务会领导完成一次轮训，切实提高领导干部从事红十字会工作的专业化水平和综合能力，努力建设学习型的红十字会。

加强作风建设。总会要落实《进一步加强领导班子思想政治建设的意见》，各级红十字会也要以实际行动，把思想政治建设工作常抓不懈，营造团结一致干事业、一心一意谋发展的氛围，形成团结进取、高效务实、开拓创新、敢为人先的良好风貌，培养一支热爱事业、精通业务、乐于奉献、善于

开展群众工作的红十字干部队伍。

中国红十字会章程

（2009年10月29日中国红十字会第九次全国会员代表大会通过）

第一章　总则

第一条　为发展中国特色红十字事业，依照《中华人民共和国红十字会法》，制定本章程。

第二条　中国红十字会是中华人民共和国统一的红十字组织，是从事人道主义工作的社会救助团体，是国际红十字运动的成员。

第三条　中国红十字会以发扬人道、博爱、奉献精神，保护人的生命和健康，促进人类和平进步事业为宗旨。

第四条　中国红十字会遵守国家宪法和法律，遵循国际红十字运动基本原则（人道、公正、中立、独立、志愿服务、统一、普遍），依照日内瓦公约及其附加议定书、《中华人民共和国红十字会法》和本章程，独立自主地开展工作。

第五条　中国红十字会根据独立、平等、互相尊重的原则参加国际红十字运动，发展同有关国际组织和各国红十字会或红新月会的友好合作关系。

第六条　中国红十字会总会（简称总会）具有社会团体法人资格，对外代表中国红十字会，对内指导全国红十字会的工作，会址设在北京。地方各级红十字会、行业红十字会依法取得社会团体法人资格，各级红十字会会址设在同级政府所在地。

地方各级红十字会和全国性行业红十字会是中国红十字会的分会。上级红十字会指导下级红十字会的工作，下级红十字会向上级红十字会报告重要事项。

第七条　县级以上〔含县级（下同）〕红十字会机关工作人员参照《中华人民共和国公务员法》管理。

第八条　各级红十字会依法开展与自己职责有关的活动，接受人民政府的支持、资助和监督。

第九条　县级以上红十字会对为红十字事业做出显著贡献的集体、红十字会工作人员、会员、志愿者、捐赠者以及社会各界人士给予表彰奖励；对为红十字事业做出重大贡献者，按有关规定授予荣誉称号。

第二章　职责与权利

第十条　红十字会在和平时期履行下列职责：

（一）宣传和执行《中华人民共和国红十字会法》和《中华人民共和国红十字标志使用办法》；

（二）开展备灾救灾工作。制定应急预案，建立应急救援队伍；储备救灾物资，建设和管理备灾救灾设施；在自然灾害和突发事件中，开展救护和救助工作；根据自然灾害和突发事件的具体情况，由总会向国内外发出呼吁，依法接受国内外组织和个人的捐赠；地方各级红十字会在辖区内发出呼吁，依法接受国内外组织和个人的捐赠；及时向灾区群众和受难者提供急需的人道援助，参与灾后重建。

（三）开展应急救护和防病知识的宣传、普及、培训；在机关、企事业单位、社区、农村、学校和易发生意外伤害的行业和人群中开展初级卫生救护培训，组织群众参加意外伤害和自然灾害的现场救护；提高应急条件下的应急救助能力和水平；

（四）建设和管理中国造血干细胞捐献者资料库；开展捐献造血干细胞的宣传动员、组织工作；

（五）开展无偿献血的宣传推动工作，与各级人民政府共同对先进单位和个人进行表彰奖励；

（六）开展社会救助及相关服务工作。对易受损人群进行救助，为困难群众提供服务；在社区、农村中建立红十字服务站，开展服务群众、宣传培训、募捐救助等活动；开展帮助寻找失散亲人、重建家庭联系等其他人道服务工作；

（七）依法开展和推动遗体、器官（组织）捐献工作；开展艾滋病预防控制宣传和教育、关心爱护艾滋病病毒感染者、患者及其他人道救助工作；

（八）开展有益于青少年身心健康的红十字青少年活动；

（九）开展红十字志愿服务活动；

（十）宣传国际人道法、红十字运动基本原则，总会承担中国国际人道法国家委员会秘书处的日常工作；

（十一）依法开展募捐活动；在公共场所设置红十字募捐箱并进行管理；依照法律法规自主处分募捐款物；

（十二）兴办符合红十字会宗旨的社会福利事业；

（十三）参加国际人道救援工作；开展与国际红十字组织和各国红十字会或红新月会及其他国际组织的交流与合作；

（十四）完成人民政府委托事宜。

第十一条 依据日内瓦公约及其附加议定书，红十字会在战时和武装冲突时期履行下列职责：

（一）组织红十字救护队，参与战场救护；

（二）在武装部队中依法协助开展传染病的防治工作；

（三）对战区平民进行救助；

（四）协助战俘、被监禁者及难民与家人取得联系，转交钱物，并为此建立必要的通信渠道；

（五）参与探视和见证交换战俘。

第十二条 执行人道主义救助任务的红十字会工作人员，在战争和武装冲突中受日内瓦公约及其附加议定书的保护，在自然灾害和突发事件中受国家有关法律法规的保护。

第十三条 在自然灾害和突发事件中，佩戴红十字标志的人员和标有红十字标志的物资、交通工具优先通行。

第十四条 在自然灾害和突发事件中，为执行救助任务的需要，红十字会救援人员优先使用交通、通信等资源。

第十五条 红十字会兴办的社会福利事业按照国家有关规定，享受税收减免政策。

第十六条 红十字会接受的国（境）外组织和个人捐赠的救灾物资，享受国家有关减税、免税政策。有关部门优先安排运输和办理有关放行手续。

第十七条 红十字会开展活动和宣传工作，广播、电视、报刊、网络等新闻媒体应积极支持。

第三章 会员

第十八条 中华人民共和国公民，不分民族、种族、性别、职业、宗教、信仰、教育程度，遵守《中华人民共和国红十字会法》，承认本章程，交纳会费的，可以申请加入红十字会。

第十九条 红十字会会员分为个人会员和团体会员。

公民以个人身份加入红十字会的为个人会员，在校学生加入红十字会的为红十字青少年会员；机关、企业事业单位及有关团体加入红十字会的为团体会员。

第二十条 个人入会由本人自愿申请，经所在地基层红十字组织批准，报县级以上红十字会备案，发给会员证，成为红十字会会员；对红十字事业做出较大贡献的单位和个人，县级以上红十字会可以直接吸收为会员。机关、企业事业单位及有关团体加入红十字会，须提出书面申请，由县级以上红十字会批准，发给证书和标牌，成为红十字会团体会员；团体会员单位应有专人负责红十字会工作。

第二十一条 对中国红十字事业做出贡献的中外人士，可由县级以上红十字会批准，授予同级红十字会荣誉会员称号。

第二十二条 会员的权利：

（一）参加红十字会的有关活动、会议及专业培训；

（二）有选举权、被选举权和表决权；

（三）对红十字会工作提出建议和批评；

（四）佩戴红十字标志；

（五）有退会的自由。

团体会员的权利由该单位法定代表人行使。

第二十三条 会员的义务：

（一）学习、宣传和贯彻《中华人民共和国红十字会法》、《中华人民共和国红十字标志使用办法》；传播国际人道法和红十字运动的基本知识；

（二）遵守《中国红十字会章程》；

（三）按期交纳会费；

（四）完成红十字会交办的任务；

（五）维护红十字会的合法权益。

第二十四条 会员退会，经原批准机关审核，收回会员证及标牌；个人会员退会的，需报原备案机关备案。

会员有下列情况之一视为自动退会：

（一）连续两年不参加红十字会活动；

（二）连续两年不交纳会费；

（三）团体会员法人撤销、合并、解散。

第四章 红十字志愿者

第二十五条 中外人士，不分职业、种族、宗教，遵守中国法律、法规，不计报酬，均可参加红十字志愿服务，经过申请，成为红十字志愿者。

第二十六条 红十字志愿者分为登记志愿者和注册志愿者。

第二十七条 县级以上红十字会为红十字志愿者注册审批机构；基层红十字志愿服务组织经县级以上红十字会授权，在其职责范围内开展志愿者登记、注册工作。

第二十八条 县级以上红十字会应积极

发展红十字志愿者，建立不同专业、领域的志愿服务队伍，开展富有红十字特色的志愿服务活动。

第二十九条 红十字志愿者的权利

（一）获得红十字志愿服务的相关信息；

（二）获得红十字志愿服务必要的条件和保障；

（三）获得红十字志愿服务活动所需的教育和培训；

（四）对红十字志愿服务工作提出意见和建议；

（五）有退出红十字志愿服务组织的自由；

（六）相关法律法规及有关规定赋予的其它权利。

第三十条 红十字志愿者义务

（一）遵守中国的法律法规，志愿提供人道服务；

（二）遵循红十字运动宗旨，积极参与红十字志愿服务活动；

（三）履行志愿服务承诺，自觉维护志愿服务组织和志愿者的形象；

（四）保护在志愿服务活动过程中获悉的他人隐私及其它依法保护的信息，自觉维护服务对象的合法权益；

（五）正确使用红十字志愿者标识，妥善保管志愿者证；

（六）不得以志愿者身份从事营利或其它违背红十字会宗旨和社会公德的行为。

第三十一条 县级以上红十字会设立红十字志愿服务工作委员会，保持与其他部门志愿服务机构的联系，组织、指导红十字志愿者及志愿服务组织开展活动，维护红十字志愿者及其服务组织的合法权益，定期对红十字志愿服务工作进行考核、评估和表彰。

第五章 全国组织机构

第三十二条 全国会员代表大会

中国红十字会的最高权力机关是全国会员代表大会。全国会员代表大会每五年召开一次，由中国红十字会理事会召集，如遇特殊情况可提前或延期召开。

全国会员代表大会的代表由总会和地方红十字会推选的会员代表以及与有关部门协商产生的代表和特邀代表组成。代表比例由常务理事会根据会员人数和红十字事业发展需要决定。

全国会员代表大会的职权是：

（一）选举中国红十字会理事；

（二）修改《中国红十字会章程》；

（三）审议批准理事会的工作报告；

（四）审议批准理事会提交的工作规划；

（五）决定中国红十字会的重大事项。

第三十三条 中国红十字会设名誉会长、名誉副会长和名誉理事，根据工作需要，可以设顾问。名誉会长由理事会聘请国家主席担任。

第三十四条 理事会

理事会在全国会员代表大会闭会期间执行其决议。理事会任期五年，下一次全国会员代表大会召开时换届。理事构成及比例由常务理事会根据需要决定。

会员代表大会期间，理事会会议由大会主席团召集；闭会期间，理事会会议由常务理事会召集，每年召开一次。其职责是：

（一）聘请名誉会长、名誉副会长；

（二）选举常务理事；

（三）选举会长、常务副会长、副会长；

（四）根据会长提名，决定秘书长；

（五）增补、更换或罢免理事、常务理事；

（六）审查批准常务理事会的工作报告并向全国会员代表大会报告工作；

（七）制定发展红十字事业的大政方针、长远规划和年度工作计划；

（八）决定其他重大事项。

第三十五条 常务理事会

常务理事会对理事会负责并接受其监督。常务理事会由理事会选举产生的常务理事组成。常务理事会会议每年召开两次，由会长或常务副会长召集并主持。其职责是：

（一）依照《中华人民共和国红十字会法》和本章程的规定，向理事会推荐名誉副会长的人选；

（二）提出修改章程的议案；

（三）审议年度工作报告、计划；

（四）审议总会接受捐赠款物的使用情况；

（五）向理事会提出更换、增补及罢免理事、常务理事的议案；

（六）批准成立、撤销全国性行业红十字会；

（七）聘请名誉理事；

（八）决定其他重要事项。

第三十六条 执行委员会

执行委员会对常务理事会负责。执行委员会由驻总会的专职常务理事组成。常务副会长任执行委员会主任并担任中国红十字会总会法定代表人。执行委员会的职责是：

（一）执行会员代表大会、理事会和常务理事会的决议，主持总会日常工作；

（二）负责编制经费预算，审核年度经费财务决算；

（三）指导全国红十字会的工作；

（四）管理总会的动产和不动产；

（五）承担总会的民事、法律责任；

（六）负责对外交流与合作；

（七）聘请顾问；授予荣誉会员；

（八）批准成立专门委员会；

（九）完成理事会和常务理事会交办的其他事宜。

第六章 地方、行业和基层组织机构

第三十七条 地方红十字会

（一）各级地方红十字会的权力机关是同级会员代表大会。各级地方红十字会会员代表大会每五年召开一次，由同级红十字会理事会召集，如遇特殊情况可提前或延期召开，时间不得超过一年。

（二）各级地方红十字会建立理事会和常务理事会，任期五年。有3名以上（含3名）专职常务理事的红十字会，需设执行委员会，主持日常工作。

省、市（地）、县级红十字会名誉会长由同级理事会聘请当地主要领导担任。

（三）省、市（地）、县级红十字会会长一般应推选当地同级现职领导担任，其工作变动时应及时改选。

常务副会长、副会长和秘书长应保持相对稳定。常务副会长为本级红十字会机关法定代表人，主持日常工作。

（四）县级以上红十字会应根据工作需

要配备专职工作人员，并具备能够独立自主开展工作的条件。

第三十八条 行业红十字会

全国性行业成立的红十字会为中国红十字会的行业红十字会，由中国红十字会常务理事会批准。其工作机构设置和人员配备，由行业红十字会常务理事会根据工作需要决定。

行业红十字会按照红十字运动基本原则，依照《中华人民共和国红十字会法》，遵循本章程，结合本行业特点开展工作。

第三十九条 基层组织

城市街道（社区）、农村乡镇（村、组）、企业和事业单位、学校、医疗机构和其他组织中建立的红十字会为基层组织。红十字会基层组织的主要职责是：宣传普及红十字知识，开展人道主义的救助活动，举办初级救护培训、群众性健康知识普及及其他符合红十字宗旨的活动。

第七章 特别行政区组织机构

第四十条 特别行政区红十字会为中国红十字会高度自治的地方分会。

第四十一条 特别行政区分会依照红十字运动基本原则，结合特别行政区实际独立自主地开展工作。

第四十二条 特别行政区分会可参照本章程，依据特别行政区法律法规制定组织规程或组织条例，并报总会备案。

第八章 经费和财产

第四十三条 红十字会经费的主要来源：

（一）红十字会会员交纳的会费；

（二）接受境内外组织和个人捐赠的款物；

（三）动产和不动产的收入；

（四）人民政府的拨款；

（五）其他合法收入。

第四十四条 各级红十字会建立经费审查监督制度；接受审计部门审计和相关部门监督。

对会费的使用和管理，按《中国红十字会会费管理办法》的规定执行。

对接受境内外组织和个人捐赠款物的使用和管理，按《中国红十字会募捐和接受捐赠工作管理办法》的规定执行。

第四十五条 红十字会的经费和财产受法律保护，任何组织和个人不得侵占和挪用。

第四十六条 中国红十字会总会是中国红十字基金会的业务主管单位。省级红十字会可依法建立基金会，地方红十字会可设立专项基金。

第九章 标志 会徽 会旗

第四十七条 中国红十字会使用白底红十字标志。其使用方法依照《中华人民共和国红十字标志使用办法》和《中国红十字会红十字标志标明性使用规定》的规定执行。

第四十八条 中国红十字会的会徽为金黄色橄榄枝环绕的白底红十字。

第四十九条 中国红十字会的会旗为白色旗帜正中央印制中国红十字会会徽。

第五十条 全国各级红十字会统一使用白底红十字标志和会徽、会旗。

红十字标志、红十字旗、中国红十字会会徽和会旗（样式附后）以及会员证、团体会员标牌、荣誉证书等需用红十字标志的，应按照中国红十字会的有关规定执行。

第十章 附则

第五十一条 本章程所称“日内瓦公约”，是指中国加入的于1949年8月12日缔结的日内瓦四公约，即：《改善战地武装部队伤者病者境遇之日内瓦公约》、《改善海上武装部队伤者病者及遇船难者境遇之日内瓦公约》、《关于战俘待遇之日内瓦公约》和《关于战时保护平民之日内瓦公约》。

本章程所称日内瓦公约“附加协议书”，是指中国加入的于1977年6月8缔结的《1949年8月12日日内瓦四公约关于保护国际性武装冲突受难者的附加议定书》和《1949年8月12日日内瓦四公约关于保护非国际性武装冲突受难者的附加议定书》。

本章程所称国际人道法，是指在战争或武装冲突中，依据条例和惯例，以保护不直接参与军事行动（如平民百姓）或不再参加军事行动（如军队的伤、病员和俘虏）的人员为目的、规定各交战国或武装冲突各方之间交战行为的原则、规则和制度的总体，日内瓦公约及其附加议定书是其主要组成部分。

第五十二条 中国红十字会英文译名为：“Red Cross Society of China”。

第五十三条 地方和行业红十字会的名称为：在行政区域名称或行业名称后加“红十字会”；对外交往中的称谓为：在行政区域名称或行业名称前加“中国红十字会”，在行政区域名称或行业名称后加“分会”，英文译名为：“Red Cross Society of China * * * Branch”。

第五十四条 基层组织的名称为：城市街道（社区）、农村乡镇（村、组）、企业和事业单位、学校、医疗机构和其他组织名称后加“红十字会”。

第五十五条 特别行政区红十字会的名称为：“中国 * * 特别行政区红十字会”［英文译名：The Red Cross of the * * Special Administrative Region of the People's Republic of China］简称：“* * 红十字会（中国红十字会分会）”［英文译名：* * Red Cross (Branch of the Red Cross Society of China)］。

第五十六条 本章程的修改权属中国红十字会全国会员代表大会，解释权属中国红十字会总会。

第五十七条 本章程自通过之日起生效，并报国务院备案。

附（略）：

1. 中国红十字会会徽式样
2. 中国红十字会会旗式样
3. 白底红十字标志式样
4. 红十字旗式样

说明：1、底：白色；2、十字：正红色；3、橄榄枝：金黄色。

关于印发《中国红十字会会费管理办法》的通知

（红总字〔2009〕89号
2009年11月16日）

各省、自治区、直辖市红十字会，新疆生产建设兵团红十字会，铁路、商业系统红十字会：

《中国红十字会会费管理办法》于2009年10月29日经中国红十字会第九次全国会员代表大会审议通过，现印发你们，请认真贯彻落实。

中国红十字会会费管理办法

（2009年10月29日中国红十字会第九次全国会员代表大会通过）

第一章　总则

第一条　为加强中国红十字会会费的收缴、使用、管理工作，根据《中华人民共和国红十字会法》、《中国红十字会章程》及国家有关规定，制定本办法。

第二条　按期交纳会费是会员应尽的义务；会费是红十字会经费的主要来源之一。

第三条　会费的收缴、使用与管理应坚持统筹安排、量入为出、收支平衡、略有结余的原则。

第四条　会费分为个人会员会费和团体会员会费。

第五条　会员交纳会费依据《中国红十字会会员管理办法》相关规定实行分级管理。

第二章　会费的收缴标准及程序

第六条　会员按年度交纳会费，基层红十字会应在当年6月底前向上一级红十字会上交会费，县级红十字会应在当年7月底前向上一级红十字会上交会费，地（市）级红十字会应在当年8月底前向上一级红十字会上交会费，省级红十字会和行业红十字会应在当年9月底前向总会上交会费。

第七条　个人会员会费，由所在红十字会收缴；团体会员会费，由审批发放团体会员证书的红十字会收缴。

第八条　按照《中国红十字会会员管理办法》规定，会员按照履行义务和交纳会费的多少分为普通会员、特别会员、永久会员。

个人普通会员的年度会费不低于10元；个人特别会员需一次性交纳会费1000元以上或连续交纳会费达10年，并能履行会员义务；个人永久会员需一次性交纳会费10000元以上或连续交纳会费达20年，并能履行会员义务。

团体普通会员年度会费不低于1000元；团体特别会员需一次性交纳会费10000元以上，并能履行会员义务；团体永久会员需一次性交纳会费100000元以上，并能履行会员义务。

第九条　下岗失业、依靠抚恤或救济生活、领取当地最低生活保障金的会员和其他交纳会费确有困难的会员，经所在红十字会研究，报县级以上（含县级，下同）红十字会批准后，可以减免会费。

第十条 在校学生加入红十字会的是青少年会员，青少年会员是特殊的个人会员，其会费数额不限，按自愿原则交纳，由学校红十字会收缴。

第十一条 会员交纳会费，由会员直接向所属红十字会交纳，也可由红十字会组织专职人员或受红十字会委托的志愿者上门收取，收缴会费的红十字会要及时予以登记。

鼓励各级红十字会探索和采取科学有效的会费收缴手段，为会员提供便捷安全的会费收缴服务方式。

第三章 会费的管理与使用

第十二条 会费由红十字会的组织部门统一管理。

第十三条 会费必须应用于为会员提供服务以及开展与红十字会宗旨相一致的各项活动，不得挪作他用。

第十四条 会费使用须经各级红十字会执行委员会或办事机构领导集体研究决定。

第十五条 各级红十字会应建立会费收缴、使用与管理制度。会费的具体财务工作由各级红十字会指定专人负责，建立收支明细账目，实行会计、出纳分设。每年将会费收支情况向理事会报告。

第十六条 基层红十字会应将收缴的会费上交上一级红十字会，其中的80%用于基层红十字会，使用时由基层红十字会制定使用预算，报上级红十字会批准后实施。县、地（市）、省级红十字会应将收缴会费的30%逐级上交上一级红十字会，70%留本级红十字会。全国性行业红十字会比照省级红十字会的比例和做法，向总会上交会费。

第十七条 基层红十字会要将个人会员的会费交纳情况张榜公告，县级以上红十字会有个人会员的应将个人会员会费交纳情况张榜公告。县级以上红十字会要向会员和下级红十字会开具会费的合法收据。

第十八条 会费收缴、使用和管理的情况要做到公开透明。基层红十字会每年要张榜公告会费收缴、使用和管理情况。

第十九条 各级红十字会每年向上级红十字会报告会费收缴、使用和管理情况。

第二十条 地方各级红十字会要接受上一级红十字会对会费收缴、使用与管理工作的监督和检查。

第四章 附则

第二十一条 会员连续两年不按期交纳会费的，视为自动退会，应予以注销。

第二十二条 本办法修改、变更、解释权属于中国红十字会总会。

第二十三条 各省、自治区、直辖市红十字会，新疆生产建设兵团红十字会，各行业红十字会可根据本规定结合本地区、本系统的实际情况，制订实施细则。

第二十四条 本办法自公布之日起施行。2001年5月1日制定的《中国红十字会会费管理办法》同时废止。

人力资源和社会保障部
中国红十字会总会
关于表彰全国红十字会系统先进集体和先进工作者的决定

（人社部发〔2009〕120 号
2009 年 10 月 15 日）

各省、自治区、直辖市人力资源社会保障（人事、劳动保障）厅（局）、红十字会，新疆生产建设兵团人事局、劳动保障局、红十字会：

近年来，在党中央、国务院的正确领导下，全国红十字会系统广大干部职工以邓小平理论和“三个代表”重要思想为指导，深入贯彻落实科学发展观，认真履行《中华人民共和国红十字会法》赋予的职责，改革创新，锐意进取，扎实工作，为推动红十字事业快速发展做出了突出贡献，涌现出一大批先进集体和先进个人。

为表彰先进，弘扬“人道、博爱、奉献”的红十字精神，进一步调动全国红十字会系统广大干部职工的积极性和创造性，人力资源社会保障部、红十字总会决定，授予北京市红十字会紧急救援中心等 31 个单位“全国红十字会系统先进集体”荣誉称号；授予内蒙古自治区锡林郭勒盟红十字会阿穆古朗等 10 名同志“全国红十字会系统先进工作者”荣誉称号，享受省部级劳动模范和先进工作者待遇。希望受到表彰的先进集体和先进个人珍惜荣誉，再接再厉，为红十字事业的发展再立新功。

全国红十字会系统广大干部职工要以受表彰的先进集体和先进个人为榜样，更加紧密地团结在以胡锦涛同志为总书记的党中央周围，高举中国特色社会主义伟大旗帜，以邓小平理论和“三个代表”重要思想为指导，深入贯彻落实科学发展观，扎实工作，锐意进取，为构建社会主义和谐社会，开创中国特色社会主义事业新局面而努力奋斗。

附件：1. 全国红十字会系统先进集体名单

2. 全国红十字会系统先进工作者名单

附件 1：

全国红十字会系统先进集体名单

（31 个）

北京市红十字会紧急救援中心
天津市北辰区红十字会
河北省红十字会
山西省太原市红十字会
内蒙古自治区呼伦贝尔市红十字会
辽宁省大连市红十字会
吉林省红十字会
黑龙江省佳木斯市郊区红十字会
上海市徐汇区红十字会
江苏省南京市红十字会
浙江省舟山市红十字会
安徽省红十字会
福建省福州市红十字会
江西省红十字会
山东省滨州市红十字会
河南省郑州市红十字会
湖北省红十字会
湖南省娄底市红十字会
广东省红十字会
广西壮族自治区南宁市红十字会

海南省文昌市红十字会

重庆市垫江县红十字会

四川省内江市红十字会

贵州省红十字会救护培训指导中心

云南省德宏傣族景颇族自治州红十字会

陕西省安康市石泉县红十字会

甘肃省红十字会

青海省红十字会备灾救灾中心

宁夏回族自治区石嘴山市红十字会

新疆维吾尔自治区阿勒泰地区红十字会

新疆生产建设兵团农三师图木舒克市红十字会

附件2：

全国红十字会系统先进工作者名单

（10名）

阿穆古朗（蒙古族）内蒙古自治区锡林郭勒盟红十字会常务副会长兼秘书长

杨　笑　辽宁省红十字会秘书长

丁超英（女）　上海市南汇区红十字会常务副会长

钱俊友　浙江省瑞安市红十字会副会长

李明珠（女）　福建省厦门市红十字会副会长兼秘书长

季庆林　山东省济宁市红十字会党组书记、常务副会长

张丽岩（女）　湖南省株州市红十字会党组书记、常务副会长

李远珍（女）　重庆市开县红十字会专职副会长兼秘书长

郝正荣　四川省雅安市红十字会常务副会长

古丽斯坦·艾地格尔（女，维吾尔族）新疆维吾尔自治区喀什市红十字会

常务副会长

中国红十字会会员管理办法

（2009年10月26日　中国红十字会第八届理事会第六次会议通过）

第一章　总则

第一条　为加强红十字会会员管理，维护会员权利，充分发挥红十字会会员作用，根据《中华人民共和国红十字会法》、《中国红十字会章程》有关规定，制定本办法。

第二条　红十字会会员入会的基本条件，会员的基本权利、义务等，依据《中国红十字会章程》的相关规定执行。

第三条　红十字会会员发展和管理工作由会员所在地红十字会具体负责。

第二章　会员的权利和义务

第四条　中华人民共和国公民，不分民族、种族、性别、职业、宗教、信仰、教育程度，遵守《中华人民共和国红十字会法》、承认《中国红十字会章程》的，可以申请加入红十字会，经红十字会批准即为红十字会会员。

第五条　红十字会会员分为个人会员和

团体会员。

公民以个人身份加入红十字会的为个人会员，机关、企业、事业单位、团体以及其他社会组织以单位身份加入红十字会的为团体会员。

会员按照履行义务和交纳会费的多少分为普通会员、特别会员、永久会员。

会员的权利：

（一）参加红十字会的有关活动、会议及专业培训；

（二）有选举权、被选举权和表决权；

（三）对红十字会工作提出建议和批评；

（四）佩戴红十字标志；

（五）有退会的自由。

团体会员的权利由该单位法定代表人行使。

第七条 会员的义务：

（一）学习、宣传和贯彻《中华人民共和国红十字会法》、《中华人民共和国红十字标志使用办法》；传播国际人道法和红十字运动的基本知识；

（二）遵守《中国红十字会章程》；

（三）按期交纳会费；

（四）完成红十字会交办的任务；

（五）维护红十字会的合法权益。

第三章 会员的入会程序

第八条 会员原则上实行属地管理，个人入会由所在地基层红十字会批准，单位入会由所在地县级以上（含县级，下同）红十字会批准。县级以上红十字会可直接批准申请人为本级红十字会会员。

申请加入红十字会的个人，可到所在地（乡镇、街道、企业、事业单位和学校）基层红十字会领取并填写《中国红十字会个人会员入会申请登记表》，附个人身份证复印件报所在地基层红十字会审批。

申请加入红十字会的学校、医院、机关、企业、事业、社会团体和其他社会组织等单位，可到单位所在地县级以上红十字会领取并填写《中国红十字会团体会员入会申请登记表》，附经过年检的企业法人营业执照或事业单位法人证书或社团法人登记证书副本的复印件（加盖本单位公章）等材料报单位所在地县级以上红十字会审批。

第九条 基层红十字会对个人的申请资料进行审查，确定接纳申请人为红十字会会员的，发给红十字会会员证和会员徽章，报县级以上红十字会备案。县级以上红十字会对机关、企业事业单位及有关团体的申请资料进行审查，确定接纳申请单位为红十字会团体会员的，发给红十字会团体会员证书和标牌。红十字会会员证和会员徽章由中国红十字会总会统一制作。团体会员证书和标牌由批准单位按中国红十字会总会统一样式制作。

第十条 对红十字事业做出突出贡献的中外人士（或单位），可以授予荣誉会员称号。荣誉会员由县级以上红十字会认定和批准，并授予同级红十字会荣誉会员称号，颁发中国红十字会统一制作的奖章（奖牌）和证书。

第四章 会员的会费交纳

第十一条 申请人（单位）自获得入

会批准之日起，即获得红十字会会员资格，享有会员权利，履行会员义务，并按照《中国红十字会会费管理办法》，按期交纳会费。

第十二条　会费按年度进行交纳，入会时间不足1年的，按1年交纳。

个人普通会员的年度会费不低于10元；个人特别会员需一次性交纳会费1000元以上或连续交纳会费达10年，并能履行会员义务；个人永久会员需一次性交纳会费10000元以上或连续交纳会费达20年，并能履行会员义务。

团体普通会员年度会费不低于1000元；团体特别会员需一次性交纳会费10000元以上，并能履行会员义务；团体永久会员需一次性交纳会费100000元以上，并能履行会员义务。

第十三条　新入会的会员应在获得入会批准后的30个工作日内交纳当年会费。

第十四条　会员会费由批准加入的红十字会组织收缴，会员会费收缴应开具合法收据。会费的使用及管理按照《中国红十字会会费管理办法》执行。

第五章　会员的管理

第十五条　基层红十字会为红十字会个人会员登记管理机构，负责辖区内红十字会的会员发展、管理工作；县级以上红十字会具体负责所辖红十字会团体会员单位的管理工作。

第十六条　各级红十字会要按照管理科学化、制度化、规范化的要求，建立红十字会会员登记档案，实行科学、动态、规范管理。

第十七条　会员实行年度注册管理制度，每年交纳会费的同时进行注册；各级红十字会每年向上级红十字会报告红十字会员登记及管理情况。

第十八条　会员的转会

（一）会员的转会是指红十字会员从一个红十字会转入另一个红十字会；

（二）会员的转会应由转出红十字会出具转会证明，凭该证明在转入红十字会办理转入手续。转会后，交纳会费记录等信息由转入红十字会负责登记、统计；

（三）会员所在红十字会发生合并、分立的，会员应由新成立的红十字会给予登记注册。

第十九条　会员有退会的自由。

会员有下列情况之一可以视为自动退会：

（一）连续两年不交纳会费；

（二）团体会员法人撤销、合并、解散。

第二十条　会员退会，由其所在红十字会收回会员证（标牌），注销其会员资格，并备案。

第六章　会员的奖励

第二十一条　中国红十字会每五年开展一次优秀会员评选活动，对优秀会员进行表彰。省级以下（含省级）红十字会可根据实际情况，对优秀会员进行表彰。

第二十二条　对特别会员可授予红十字银质奖章（牌）；对永久会员可授予红十字金质奖章（牌）。

第二十三条 银质奖章（牌）由省级红十字会负责颁发，金质奖章（牌）由中国红十字会总会颁发。

红十字会员奖章（牌）由中国红十字会总会统一设计、制作。

第七章 附则

第二十四条 本办法的修改、变更、解释权属于中国红十字会总会。

第二十五条 各级红十字会可根据本办法，结合本地实际，制定具体实施细则。

第二十六条 本办法自公布之日起施行。

中国红十字会募捐和接受捐赠工作管理办法

第一章 总则

第一条 为规范中国红十字会募捐和接受捐赠工作，依照《中华人民共和国公益事业捐赠法》、《中华人民共和国红十字会法》等相关法律法规，参照国际红十字与红新月运动有关文件，根据《中国红十字会章程》规定和红十字事业发展的需要，制定本办法。

第二条 各级红十字会开展募捐和接受捐赠工作，适用本办法。各级红十字基金会根据《基金会管理条例》的规定执行，并参照本办法的相关条款开展募捐和接受捐赠工作。

募捐是指各级红十字会根据宗旨依法募集资金、物资、财产权利的过程。一切具有财产价值的动产、不动产和权利均属于本办法所指的捐赠财产，包括资金、有价证券、实物、知识产权、服务、使用权等。

第三条 红十字会基层组织可根据所属上级红十字会授权开展募捐和接受捐赠工作。

各级红十字会以外的任何单位和个人未经合法的书面授权均不得以红十字的名义募捐和接受捐赠。

第四条 各级红十字会在募捐和接受捐赠工作中，应当遵守国家法律、法规的规定，不得违背社会公德，不得损害国家利益、公共利益和他人的合法权益，不得以募捐和捐赠为名从事营利活动。

第五条 中国红十字会总会（以下简称“总会”）指导地方红十字会和行业红十字会的募捐和接受捐赠工作，制定相关规范性文件。各级红十字会应当加强

对募捐和接受捐赠工作的管理，规范募捐和接受捐赠行为。

第六条 募捐和接受捐赠工作应当严格遵守国际公约、《中华人民共和国红十字会法》和《中华人民共和国红十字标志使用办法》等法律法规关于红十字标志使用的规定。

第七条 各级红十字会应当制定表彰奖励办法，对捐赠人给予相应的荣誉和表彰。

第八条 通过各级红十字会向红十字事业捐赠的捐赠人，根据国家法律法规规定享受相应的税收优惠政策。

第二章 组织募捐

第九条 各级红十字会依法在本辖区或本行业内开展募捐工作。总会根据重大自然灾害等突发公共事件的情况，决定是否发出全国募捐呼吁，或通过红十字会与红新月会国际联合会发出国际募捐呼吁。地方各级红十字会未经上级红十字会批准，不得直接向辖区外发出募捐呼吁；行业红十字会未经总会批准，不得直接向行业外发出募捐呼吁；未经总会批准，地方红十字会和行业红十字会不得向国际红十字组织、其他国家红会以及香港、澳门特别行政区红十字会及台湾红十字组织发出募捐呼吁。

第十条 各级红十字会应积极拓展现场、邮局、银行、互联网、手机等捐款渠道，通过网站、媒体等方式向社会公众公布捐赠信息，可在机场、车站、宾馆、商场、银行、医院、旅游景点等公共场所设置红十字募捐箱。

第十一条 各级红十字会可开展义演、义卖、义赛等活动募捐，也可利用公益项目和专项基金的形式募捐。募捐行为应符合法律、法规的规定，不得违背红十字运动的基本原则，不得损害红十字会名誉。

第三章 接受捐赠

第十二条 各级红十字会根据救灾、救助和红十字事业发展的需要依法接受捐赠。捐赠人捐赠的财产应当是合法的、有处分权的财产，应按照法律规定或约定及时办理所有权移交手续。

第十三条 接受捐赠必须开设专户，建立专账。对于接受的捐赠财产，按照国家有关规定及时登记入账。

第十四条 各级红十字会可以接受辖区外和国（境）外企业、团体和个人主动捐赠的、无不正当附加条件的财产。

第十五条 接受捐赠的财产，捐赠人可以出具捐赠函说明捐赠意愿。必要时，可以签署捐赠协议，约定捐赠财产的种类、数量、质量、用途以及协议履行方式、履行期限等。捐赠函和捐赠协议应当符合法律法规的规定。捐赠函或捐赠协议确认后，各级红十字会应尊重捐赠人的意愿，严格履行捐赠函或捐赠协议的内容。

第十六条 通过总会接受的境外捐赠物资，其运抵口岸后的运输等费用由受援地区负担；接受的境内捐赠物资，其运费由捐赠方承担或按照捐赠协议执行。

接受境外捐赠物资的检验、检疫、免税和入境，由总会或省级分会按照国家有关规定统一办理。

第十七条 接受捐赠的食品、药品、生物化学制品，应符合国家食品药品监督管理和卫生行政等政府部门的规定，其有效期应当在可执行的合理期限之内。

第四章 募捐和接受捐赠财产的管理与使用

第十八条 各级红十字会接受捐赠后，应及时向捐赠人出具合法、有效的捐赠票据，将受赠财产登记造册，依法妥善保管和使用。接受捐赠的非货币性资产，应当以其公允价值计算，由捐赠方提供注明捐赠非货币性资产公允价值的证明，否则不得开具公益性捐赠票据。

各级红十字会接受捐赠的财产具有社会公共财产的性质，由接受捐赠的红十字会按照《中华人民共和国红十字会法》和《中国红十字会章程》独立自主地管理处分，并接受政府有关部门的监督检查。

各级红十字会接受捐赠的固定资产，应按照有关规定及时进行财产登记，不得挪作他用，不得用于任何违背红十字宗旨的商业行为或无偿提供给商业机构使用。

第十九条 各级红十字会接受捐赠的财产，以尊重捐赠人的意愿为原则，必须用于符合红十字会宗旨的救助工作。

与捐赠人达成一致捐赠意愿的，应按捐赠意愿使用捐赠财产，不得擅自改变捐赠财产的用途。如果确需改变用途的，应当征得捐赠人的书面同意。对于没有具体捐赠意向的捐赠财产，可以根据红十字事业和社会救助需要使用。

第二十条 对于接受捐赠财产的使用，一般应由各级红十字会实施，也可根据工作需要委托其他公益性民间组织实施，或与具有较强执行能力和较好影响力的企业等社会力量合作实施，但应当加强监督管理。

第二十一条 使用捐赠资金采购物资、工程和服务等行为，应遵循国家相关法律法规，捐赠人对采购的具体条件另有约定的可按其约定采购，但不能损害国家利益和社会公共利益。

因严重自然灾害和其他不可抗力所实施的物资、工程和服务的紧急采购，由采购单位按照国家有关紧急采购的规定办理。紧急采购工作完成后，其采购项目的品种、数量、单价等信息应向社会公告，接受社会监督。

第二十二条 救助工作结束后收到或剩余的捐赠资金，能够联系到具体捐赠人的，在征得捐赠人书面同意后，可转用于红十字会备灾或其他人道救助工作，也可转入红十字会基金。

接受的不适用于救助工作的非货币性财产，在征得捐赠人书面同意后，可用于红十字会备灾或其他人道救助工作，也可将捐赠财产义卖，义卖后所得款项继续用于救助工作或转入红十字会基金。

第二十三条 依照国际红十字运动惯例，各级红十字会用于项目的支持费用不得超过本级接受捐款的6.5%；各级红十字会为辖区以外的公益项目接受捐款，应与公益项目执行地红十字会协商项目支持费的支出比例，支出总额不得超过捐款总额的6.5%。项目支持费不得重复列支。捐赠人对项目支持费有明确要求的，在合理合法的前提下按双方约定办理。

项目支持费是指各级红十字会在管理和执行项目工作中的必要支出，包括项目聘用人员的工资或志愿者补助费、办公用品与设备费、资料费、通讯费、差旅费、评估检查督导费、交通费、宣传费等。

特别重大灾害等突发公共事件救助捐款和国家另有规定的除外。

第二十四条 各级红十字会接受的捐赠财产，包括从捐款中支出的用于支持红十字事业发展的资金和项目支持费的使用、管理情况，应每年向理事会报告并定期向社会公告，接受国家审计部门、审计机构的审计。

第二十五条 各级红十字会应当严格遵守国家的有关规定，按照合法、安全、有效的原则，积极实现捐赠财产的保值增值；建立健全财务会计制度和受赠财产的管理使用制度。

第二十六条 各级红十字会应当认真对待捐赠人查询捐赠财产使用、管理情况的要求，并听取捐赠人的意见和建议。

各级红十字会应当建立、健全捐赠财产使用、管理信息的反馈制度，及时向捐赠人反馈捐赠财产的去向和使用情况。捐赠函或捐赠协议对于捐赠财产使用、管理有特殊要求的，应当按照约定向捐赠人如实反馈相关信息。

第五章 附则

第二十七条 截留、挪用、侵占或者贪污捐赠财产的；滥用职权，玩忽职守，徇私舞弊，致使捐赠财产造成重大损失，构成犯罪的，依法移送司法机关追究刑事责任。依法追回的捐赠财产，应当用于原捐赠目的和用途。

第二十八条 本办法的修改权属中国红十字会理事会，解释权属总会。

第二十九条 本办法自中国红十字会第八届理事会第六次会议通过之日起生效。中国红十字会第六届理事会第四次会议通过的《中国红十字会募捐和接受捐赠工作条例》同时废止。

中国红十字会总会关于颁发中国红十字会工作者荣誉证章的决定

（红总字〔2009〕88号
2009年10月26日）

各省、自治区、直辖市红十字会，新疆生产建设兵团，商业、铁路系统红十字会：

伴随着新中国60年的光辉历程，伴随着红十字事业蓬勃发展的进程，全国广大红十字工作者以昂扬的精神状态，团结拼搏、开拓进取，在各自的岗位上不辞辛苦，辛勤工作，为红十字事业的发展作出了积极的贡献。他们身上所体现的使命感、责任感和无私奉献的精神，是红十字事业不断发展的力量源泉。为表彰长期以来为红十字事业发展倾注心血和汗水的广大红十字工作者，进一步激励红十字会工作者立足本职，爱岗敬业，甘于奉献、勇于创新的精神，根据中国红十字会第八届理事会第六次会议《关于中国红十字会工作者荣誉证章颁发办法的决议》，总会决定：向从事红十字会工作满5年的韩陆等2208位同志颁发铜质荣誉证章；向从事红十字会工作满10年的丁克智等1791位同志颁发银质荣誉证章；向从事红十字会工作满20年的孙敬敏等394位同志颁发金质荣誉证章。

希望广大红十字会工作者认真履行《中华人民共和国红十字法》赋予的职责，热爱本职工作，锐意开拓创新，为实现中国特色红十字事业新跨越做出更大的贡献。让我们紧密地团结在以胡锦涛同志为总书记的党中央周围，以邓小平理论和“三个代表”重要思想为指导，深入贯彻落实科学发展观，彰显人道，促进和谐，为全面建设小康社会、实现中华民族伟大复兴而努力奋斗！

附：获中国红十字会工作者荣誉证章名单（略）

中国红十字会工作者荣誉证章颁发办法

（2009 年 10 月 26 日中国红十字会第八届理事会第六次会议通过）

第一条 为增强中国红十字会的凝聚力和工作人员的荣誉感，激励广大红十字会工作者发扬“人道、博爱、奉献”的红十字精神，热爱本职工作，认真履行职责，根据《中国红十字会章程》的相关规定，制定本办法。

第二条 全国县级以上红十字会机关、直属单位在编的专职工作人员，从事红十字会工作年限满 5 年的，可颁发铜质荣誉证章；从事红十字会工作年限满 10 年的，可颁发银质荣誉证章；从事红十字会工作年限满 20 年的，可颁发金质荣誉证章。

第三条 受过党内严重警告、行政记大过以上处分的，刑事犯罪的，不颁发荣誉证章；发现弄虚作假者，收回其荣誉证章；本办法下发前已故人员不追授；调离红十字会的不颁发。

第四条 从事专职红十字会工作的年限，以本年 6 月 30 日为统计时点，按累计周年计算。

第五条 从红十字会调离后又回到红十字会工作的，其红十字会工作年限累计算。由红十字会批准脱产进修学习，学业完成后回到红十字会工作的，其学习时间计入红十字会工作年限。除因公致病、致伤者外，全休时间在 1 年内的，可连续计算红十字会工作年限；超过 1 年的，应从红十字会工作年限中扣除。年度考核为“不称职”的，延缓一年颁发。

第六条 在红十字会离退休的人员参照本办法执行。

第七条 荣誉证章每 2－3 年颁发一次。由中国红十字会总会统一制作，以中国红十字会名义颁发。金质、银质证章由总会颁发，铜制证章由省级红十字会代发。获得金质奖章后不再重复颁发。

第八条 各级红十字会填写《中国红十字会工作者荣誉证章呈报审批表》一式三份，逐级审核上报。由省级红十字会审批汇总并统一报送中国红十字会总会备案。每年备案截止日期为 7 月 31 日。

第九条 《中国红十字会工作者荣誉证章呈报审批表》由总会、省级红十字会和填报单位各存档一份。

第十条 本办法自中国红十字会第八届理事会第六次会议通过之日起施行。本办法由中国红十字会总会负责解释。

附：中国红十字会工作者荣誉证章呈报审批表（略）

法律、法规

中华人民共和国 红十字会法

（1993年10月31日第八届全国人民代表大会常委会第四次会议通过1993年10月31日中华人民共和国主席令第14号公布自公布之日起施行）

第一章 总则

第一条 为了保护人的生命和健康，发扬人道主义精神，促进和平进步事业，保障红十字会依法履行职责，制定本法。

第二条 中国红十字会是中华人民共和国统一的红十字组织，是从事人道主义工作的社会救助团体。

第三条 中华人民共和国公民，不分民族、种族、性别、职业、宗教信仰、教育程度，承认中国红十字会章程并缴纳会费的，可以自愿参加红十字会。

第四条 中国红十字会遵守宪法和法律，遵循国际红十字和红新月运动确立的基本原则，依照中国参加的日内瓦公约及其附加议定书和中国红十字会章程，独立自主地开展工作。

第五条 人民政府对红十字会给予支持和资助，保障红十字会依法履行职责，并对其活动进行监督；红十字会协助人民政府开展与其职责有关的活动。

第六条 中国红十字会根据独立、平等、互相尊重的原则，发展同各国红十字会和红新月会的友好合作关系。

第七条 中国红十字会使用白底红十字标志。

第二章 组织

第八条 县级以上按行政区域建立地方各级红十字会，根据实际工作需要配备专职工作人员。

全国性行业根据需要可以建立行业红十字会。

全国建立中国红十字会总会。

第九条 各级红十字会理事会由会员代表大会民主选举产生。理事会民主选举产生会长和副会长。

各级红十字会会员代表大会闭会期间，由理事会执行会员代表大会的决议。

理事会向会员代表大会负责并报告工作，接受其监督。

上级红十字会指导下级红十字会工作。

第十条 中国红十字会总会设名誉会长和名誉副会长。名誉会长和名誉副会长由中国红十字会总会理事会聘请。

第十一条 中国红十字会总会具有社会

团体法人资格；地方各级红十字会、行业红十字会依法取得社会团体法人资格。

第三章　职责

第十二条　红十字会履行下列职责：

（一）开展救灾的准备工作；在自然灾害和突发事件中，对伤病人员和其他受害者进行救助；

（二）普及卫生救护和防病知识，进行初级卫生救护培训，组织群众参加现场救护；参与输血献血工作，推动无偿献血；开展其他人道主义服务活动；

（三）开展红十字青少年活动；

（四）参加国际人道主义救援工作；

（五）宣传国际红十字和红新月运动的基本原则和日内瓦公约及其附加议定书；

（六）依照国际红十字和红新月运动的基本原则，完成人民政府委托事宜；

（七）依照日内瓦公约及其附加议定书的有关规定开展工作。

第十三条　红十字会有权处分其接受的救助物资；在处分捐赠款物时，应当尊重捐赠者的意愿。

第十四条　在自然灾害和突发事件中，执行救助任务并标有红十字标志的人员、物资和交通工具有优先通行的权利。

第十五条　任何组织和个人不得拒绝、阻碍红十字会工作人员依法履行职责。

在自然灾害和突发事件中，以暴力、威胁方法阻碍红十字会工作人员依法履行职责的，比照刑法第一百五十七条的规定追究刑事责任；阻碍红十字会工作人员依法履行职责未使用暴力、威胁方法的，比照治安管理处罚条例第十九条的规定处罚。

第四章　标志

第十六条　红十字标志具有保护作用和标明作用。

红十字标志的保护使用，是标示在武装冲突中必须受到尊重和保护的人员和设备。其使用办法，依照日内瓦公约及其附加议定书的有关规定执行。

红十字标志的标明使用，是标示与红十字活动有关的人或者物。其使用办法，由国务院规定。

第十七条　因宗教信仰使用红新月标志的，其使用办法适用红十字标志的使用规定。

第十八条　军队使用红十字标志，依照日内瓦公约及其附加议定书的有关规定执行。

第十九条　禁止滥用红十字标志。

对于滥用红十字标志的，红十字会有权要求其停止使用；拒绝停止使用的，红十字会可以提请人民政府按照有关法律、法规的规定予以处理。

第五章　经费与财产

第二十条　红十字会经费的主要来源：

（一）红十字会会员缴纳的会费；

（二）接受国内外组织和个人捐赠的款物；

（三）动产和不动产的收入；

（四）人民政府的拨款。

第二十一条 国家对红十字会兴办的与其宗旨相符的社会福利事业给予扶持。

第二十二条 红十字会为开展救助工作，可以进行募捐活动。

第二十三条 红十字会接受用于救助和公益事业的捐赠物资，按照国家有关规定享受减税、免税的优惠待遇。

第二十四条 红十字会建立经费审查监督制度。

红十字会的经费使用应当与其宗旨相一致。

红十字会对接受的境外捐赠款物，应当建立专项审查监督制度。

红十字会经费的来源和使用情况每年向红十字会理事会报告。

第二十五条 红十字会的经费使用情况依照国家有关法律、法规的规定，接受人民政府的检查监督。

第二十六条 任何组织和个人不得侵占和挪用红十字会的经费和财产。

第六章 附则

第二十七条 本法所称“国际红十字和红新月运动确立的基本原则”，是指1986年10月日内瓦国际红十字大会第二十五次会议通过的“国际红十字和红新月运动章程”中确立的人道性、公正性、中立性、独立性、志愿服务、统一性和普遍性七项基本原则。

本法所称“日内瓦公约”，是指中国加入的于1949年8月12日缔结的日内瓦四公约，即：《改善战地武装部队伤者病者境遇之日内瓦公约》、《改善海上武装部队伤者病者及遇船难者境遇之日内瓦公约》、《关于战俘待遇之日内瓦公约》和《关于战时保护平民之日内瓦公约》。

本法所称日内瓦公约“附加议定书”，是指中国加入的于1977年6月8日缔结的《1949年8月12日日内瓦四公约关于保护国际性武装冲突受难者的附加议定书》和《1949年8月12日日内瓦四公约关于保护非国际性武装冲突受难者的附加议定书》。

第二十八条 本法自公布之日起施行。

中华人民共和国
红十字标志使用办法

（1996年1月29日中华人民共和国国务院、中华人民共和国中央军事委会员令第194号发布自发布之日起施行）

第一章 总则

第一条 为了维护红十字标志的严肃性，正确使用红十字标志，依照红十字会法的有关规定，制定本办法。

第二条 红十字标志是白底红十字。

第三条 红十字标志是国际人道主义保护标志，是武装力量医疗机构的特定标志，是红十字会的专用标志。

除本办法规定的外，禁止任何组织或者个人使用红十字标志。

第四条 红十字标志具有保护作用和标明作用，二者不得混淆使用。

第五条 地方各级人民政府依照本办法对本行政区域内红十字标志的使用实施监督

管理。

地方各级红十字会应当协助本级人民政府对红十字标志的使用实施监督管理。

第二章 红十字标志的保护性使用

第六条 红十字标志的保护性使用，是指在武装冲突中，冲突各方对依照本办法的规定佩带红十字标志的人员和标有红十字标志的处所及其物品、医务运输工具，必须予以保护和尊重。

第七条 红十字作为保护性标志使用时，不得在标志上添加任何内容。

红十字作为保护性标志使用时，用在旗帜上的，红十字不得触及旗帜的边缘；用在臂章上的，红十字应当置于臂章的中间部位；用在建筑物上的，红十字应当置于建筑物顶部的明显部位。

红十字作为保护性标志使用时，应当在尽可能远的地方或者不同的方向得以辨认；在夜间或者能见度低时，应当以灯光照明或者用发光物装饰。

第八条 在武装冲突中，下列人员可以使用保护性红十字标志：

（一）武装力量医疗机构的医务人员和工作人员；

（二）红十字会的工作人员和医务人员；

（三）经国务院或者中央军事委员会批准的国际红十字组织和外国红十字组织的工作人员和医务人员；

（四）军用的和民用的医务运输工具上的医务人员和工作人员；

（五）经国务院或者中央军事委员会批准的国内外的志愿救助团体人员和民用医疗机构的医务人员。

第九条 在武装冲突中，下列机构或者组织及其处所、物品、医务运输工具可以使用保护性红十字标志：

（一）武装力量的医疗机构；

（二）参加救助活动的红十字会；

（三）经国务院或者中央军事委员会批准的国内外的志愿救助团体和医疗机构；

（四）经国务院或者中央军事委员会批准的国际组织。

第十条 使用保护性红十字标志的人员，必须随身携带由国务院或者中央军事委员会授权的部门签发的身份证明。

第十一条 武装力量医疗机构的人员、处所及其物品、医务运输工具，和平时期可以使用保护性红十字标志作为标记。

第三章 红十字标志的标明性使用

第十二条 红十字标志的标明性使用，是指对与红十字活动有关的人或者物的标示。

第十三条 红十字作为标明性标志使用时，在红十字下方必须伴以红十字会的名称或者名称缩写，并不得将红十字置于建筑物顶部。

红十字会的工作人员、会员和其他有关人员履行职责时，应当佩带标有红十字的小尺寸臂章；不履行职责时，可以佩带标有红十字的小尺寸胸针或者胸章。

第十四条 下列人员可以使用标明性红

十字标志：

（一）红十字会工作人员；

（二）红十字会会员；

（三）红十字青少年会员。

第十五条 下列场所可以使用标明性红十字标志：

（一）红十字会使用的建筑物；

（二）红十字会所属的医疗机构；

（三）红十字会开展符合其宗旨的活动场所。

第十六条 下列物品、运输工具可以使用标明性红十字标志：

（一）红十字会的徽章、奖章、证章；

（二）红十字会的印刷品、宣传品；

（三）红十字会的救灾、救护物资及运输工具。

第十七条 在本办法规定的范围以外需要使用标明性红十字标志的，由红十字会总会批准。

第四章 红十字标志的禁止使用

第十八条 红十字标志不得用于：

（一）商标或者商业性广告；

（二）非红十字会或者非武装力量的医疗机构；

（三）药店、兽医站；

（四）商品的包装；

（五）公司的标志；

（六）工程设计、产品设计；

（七）本办法规定可以使用红十字标志以外的其他情形。

第五章 罚则

第十九条 对违反本办法的规定，有下列情形之一的，红十字会有权予以劝阻，并要求其停止使用；拒绝停止使用的，红十字会可以提请人民政府责令停止使用：

（一）红十字会的工作人员、会员、红十字青少年会员以外的人员使用标明性红十字标志的；

（二）非红十字会使用的建筑物及其他场所使用标明性红十字标志的；

（三）非红十字会的医疗机构使用标明性红十字标志的；

（四）不属于红十字会的物品、运输工具等使用标明性红十字标志的；

（五）有违反本办法规定使用红十字标志的其他情形的。

第二十条 违反本办法第十八条的规定，擅自使用红十字标志的，由县级以上人民政府责令停止使用，没收非法所得，并处1万元以下的罚款。

第二十一条 阻碍红十字会工作人员依法履行职责的，依法给予治安管理处罚或者追究刑事责任。

第二十二条 武装力量中的组织和人员有违反本办法规定行为的，由军队有关部门处理。

第六章 附则

第二十三条 本办法有关红十字标志保护性使用的规定未尽事宜，依照日内瓦公约及其附加议定书的有关规定执行。

前款日内瓦公约及其附加议定书是指《中华人民共和国红十字会法》第二十七条规定的公约和议定书。

第二十四条 本办法自发布之日起施行。

中华人民共和国公务员法

（2005 年 4 月 27 日第十届全国人民代表大会常务委员会第十五次会议通过）

目　录

第一章　总　　则

第一条 为了规范公务员的管理，保障公务员的合法权益，加强对公务员的监督，建设高素质的公务员队伍，促进勤政廉政，提高工作效能，根据宪法，制定本法。

第二条 本法所称公务员，是指依法履行公职、纳入国家行政编制、由国家财政负担工资福利的工作人员。

第三条 公务员的义务、权利和管理，适用本法。

法律对公务员中的领导成员的产生、任免、监督以及法官、检察官等的义务、权利和管理另有规定的，从其规定。

第四条 公务员制度坚持以马克思列宁主义、毛泽东思想、邓小平理论和“三个代表”重要思想为指导，贯彻社会主义初级阶段的基本路线，贯彻中国共产党的干部路线和方针，坚持党管干部原则。

第五条 公务员的管理，坚持公开、平等、竞争、择优的原则，依照法定的权限、条件、标准和程序进行。

第六条 公务员的管理，坚持监督约束与激励保障并重的原则。

第七条 公务员的任用，坚持任人唯贤、德才兼备的原则，注重工作实绩。

第八条 国家对公务员实行分类管理，提高管理效能和科学化水平。

第九条 公务员依法履行职务的行为，受法律保护。

第十条 中央公务员主管部门负责全国公务员的综合管理工作。县级以上地方各级公务员主管部门负责本辖区内公务员的综合管理工作。上级公务员主管部门指导下级公务员主管部门的公务员管理工作。各级公务员主管部门指导同级各机关的公务员管理工作。

第二章　公务员的条件、义务与权利

第十一条　公务员应当具备下列条件：

（一）具有中华人民共和国国籍；

（二）年满十八周岁；

（三）拥护中华人民共和国宪法；

（四）具有良好的品行；

（五）具有正常履行职责的身体条件；

（六）具有符合职位要求的文化程度和工作能力；

（七）法律规定的其他条件。

第十二条　公务员应当履行下列义务：

（一）模范遵守宪法和法律；

（二）按照规定的权限和程序认真履行职责，努力提高工作效率；

（三）全心全意为人民服务，接受人民监督；

（四）维护国家的安全、荣誉和利益；

（五）忠于职守，勤勉尽责，服从和执行上级依法作出的决定和命令；

（六）保守国家秘密和工作秘密；

（七）遵守纪律，恪守职业道德，模范遵守社会公德；

（八）清正廉洁，公道正派；

（九）法律规定的其他义务。

第十三条　公务员享有下列权利：

（一）获得履行职责应当具有的工作条件；

（二）非因法定事由、非经法定程序，不被免职、降职、辞退或者处分；

（三）获得工资报酬，享受福利、保险待遇；

（四）参加培训；

（五）对机关工作和领导人员提出批评和建议；

（六）提出申诉和控告；

（七）申请辞职；

（八）法律规定的其他权利。

第三章　职务与级别

第十四条　国家实行公务员职位分类制度。

公务员职位类别按照公务员职位的性质、特点和管理需要，划分为综合管理类、专业技术类和行政执法类等类别。国务院根据本法，对于具有职位特殊性，需要单独管理的，可以增设其他职位类别。各职位类别的适用范围由国家另行规定。

第十五条　国家根据公务员职位类别设置公务员职务序列。

第十六条　公务员职务分为领导职务和非领导职务。

领导职务层次分为：国家级正职、国家级副职、省部级正职、省部级副职、厅局级正职、厅局级副职、县处级正职、县处级副职、乡科级正职、乡科级副职。

非领导职务层次在厅局级以下设置。

第十七条　综合管理类的领导职务根据宪法、有关法律、职务层次和机构规格设置确定。

综合管理类的非领导职务分为：巡视

员、副巡视员、调研员、副调研员、主任科员、副主任科员、科员、办事员。

综合管理类以外其他职位类别公务员的职务序列，根据本法由国家另行规定。

第十八条 各机关依照确定的职能、规格、编制限额、职数以及结构比例，设置本机关公务员的具体职位，并确定各职位的工作职责和任职资格条件。

第十九条 公务员的职务应当对应相应的级别。公务员职务与级别的对应关系，由国务院规定。

公务员的职务与级别是确定公务员工资及其他待遇的依据。

公务员的级别根据所任职务及其德才表现、工作实绩和资历确定。公务员在同一职务上，可以按照国家规定晋升级别。

第二十条 国家根据人民警察以及海关、驻外外交机构公务员的工作特点，设置与其职务相对应的衔级。

第四章 录　　用

第二十一条 录用担任主任科员以下及其他相当职务层次的非领导职务公务员，采取公开考试、严格考察、平等竞争、择优录取的办法。

民族自治地方依照前款规定录用公务员时，依照法律和有关规定对少数民族报考者予以适当照顾。

第二十二条 中央机关及其直属机构公务员的录用，由中央公务员主管部门负责组织。地方各级机关公务员的录用，由省级公务员主管部门负责组织，必要时省级公务员主管部门可以授权设区的市级公务员主管部门组织。

第二十三条 报考公务员，除应当具备本法第十一条规定的条件外，还应当具备省级以上公务员主管部门规定的拟任职位所要求的资格条件。

第二十四条 下列人员不得录用为公务员：

（一）曾因犯罪受过刑事处罚的；

（二）曾被开除公职的；

（三）有法律规定不得录用为公务员的其他情形的。

第二十五条 录用公务员，必须在规定的编制限额内，并有相应的职位空缺。

第二十六条 录用公务员，应当发布招考公告。招考公告应当载明招考的职位、名额、报考资格条件、报考需要提交的申请材料以及其他报考须知事项。

招录机关应当采取措施，便利公民报考。

第二十七条 招录机关根据报考资格条件对报考申请进行审查。报考者提交的申请材料应当真实、准确。

第二十八条 公务员录用考试采取笔试和面试的方式进行，考试内容根据公务员应当具备的基本能力和不同职位类别分别设置。

第二十九条 招录机关根据考试成绩确定考察人选，并对其进行报考资格复审、考察和体检。

体检的项目和标准根据职位要求确定。具体办法由中央公务员主管部门会同国务院卫生行政部门规定。

第三十条 招录机关根据考试成绩、考察情况和体检结果，提出拟录用人员名单，并予以公示。

公示期满，中央一级招录机关将拟录用人员名单报中央公务员主管部门备案；地方各级招录机关将拟录用人员名单报省级或者设区的市级公务员主管部门审批。

第三十一条 录用特殊职位的公务员，经省级以上公务员主管部门批准，可以简化程序或者采用其他测评办法。

第三十二条 新录用的公务员试用期为一年。试用期满合格的，予以任职；不合格的，取消录用。

第五章 考 核

第三十三条 对公务员的考核，按照管理权限，全面考核公务员的德、能、勤、绩、廉，重点考核工作实绩。

第三十四条 公务员的考核分为平时考核和定期考核。定期考核以平时考核为基础。

第三十五条 对非领导成员公务员的定期考核采取年度考核的方式，先由个人按照职位职责和有关要求进行总结，主管领导在听取群众意见后，提出考核等次建议，由本机关负责人或者授权的考核委员会确定考核等次。

对领导成员的定期考核，由主管机关按照有关规定办理。

第三十六条 定期考核的结果分为优秀、称职、基本称职和不称职四个等次。

定期考核的结果应当以书面形式通知公务员本人。

第三十七条 定期考核的结果作为调整公务员职务、级别、工资以及公务员奖励、培训、辞退的依据。

第六章 职务任免

第三十八条 公务员职务实行选任制和委任制。

领导成员职务按照国家规定实行任期制。

第三十九条 选任制公务员在选举结果生效时即任当选职务；任期届满不再连任，或者任期内辞职、被罢免、被撤职的，其所任职务即终止。

第四十条 委任制公务员遇有试用期满考核合格、职务发生变化、不再担任公务员职务以及其他情形需要任免职务的，应当按照管理权限和规定的程序任免其职务。

第四十一条 公务员任职必须在规定的编制限额和职数内进行，并有相应的职位空缺。

第四十二条 公务员因工作需要在机关外兼职，应当经有关机关批准，并不得领取兼职报酬。

第七章 职务升降

第四十三条 公务员晋升职务，应当具备拟任职务所要求的思想政治素质、工作能力、文化程度和任职经历等方面的条件和资格。

公务员晋升职务，应当逐级晋升。特别优秀的或者工作特殊需要的，可以按照规定破格或者越一级晋升职务。

第四十四条 公务员晋升领导职务，按照下列程序办理：

（一）民主推荐，确定考察对象；

（二）组织考察，研究提出任职建议方案，并根据需要在一定范围内进行酝酿；

（三）按照管理权限讨论决定；

（四）按照规定履行任职手续。

公务员晋升非领导职务，参照前款规定的程序办理。

第四十五条 机关内设机构厅局级正职以下领导职务出现空缺时，可以在本机关或者本系统内通过竞争上岗的方式，产生任职人选。

厅局级正职以下领导职务或者副调研员以上及其他相当职务层次的非领导职务出现空缺，可以面向社会公开选拔，产生任职人选。

确定初任法官、初任检察官的任职人选，可以面向社会，从通过国家统一司法考试取得资格的人员中公开选拔。

第四十六条 公务员晋升领导职务的，应当按照有关规定实行任职前公示制度和任职试用期制度。

第四十七条 公务员在定期考核中被确定为不称职的，按照规定程序降低一个职务层次任职。

第八章 奖 励

第四十八条 对工作表现突出，有显著成绩和贡献，或者有其他突出事迹的公务员或者公务员集体，给予奖励。奖励坚持精神奖励与物质奖励相结合、以精神奖励为主的原则。

公务员集体的奖励适用于按照编制序列设置的机构或者为完成专项任务组成的工作集体。

第四十九条 公务员或者公务员集体有下列情形之一的，给予奖励：

（一）忠于职守，积极工作，成绩显著的；

（二）遵守纪律，廉洁奉公，作风正派，办事公道，模范作用突出的；

（三）在工作中有发明创造或者提出合理化建议，取得显著经济效益或者社会效益的；

（四）为增进民族团结、维护社会稳定做出突出贡献的；

（五）爱护公共财产，节约国家资财有突出成绩的；

（六）防止或者消除事故有功，使国家和人民群众利益免受或者减少损失的；

（七）在抢险、救灾等特定环境中奋不顾身，做出贡献的；

（八）同违法违纪行为作斗争有功绩的；

（九）在对外交往中为国家争得荣誉和利益的；

（十）有其他突出功绩的。

第五十条 奖励分为：嘉奖、记三等功、记二等功、记一等功、授予荣誉称号。

对受奖励的公务员或者公务员集体予以表彰，并给予一次性奖金或者其他待遇。

第五十一条 给予公务员或者公务员集体奖励，按照规定的权限和程序决定或者审批。

第五十二条 公务员或者公务员集体有下列情形之一的，撤销奖励：

（一）弄虚作假，骗取奖励的；

（二）申报奖励时隐瞒严重错误或者严重违反规定程序的；

（三）有法律、法规规定应当撤销奖励的其他情形的。

第九章　惩　　戒

第五十三条　公务员必须遵守纪律，不得有下列行为：

（一）散布有损国家声誉的言论，组织或者参加旨在反对国家的集会、游行、示威等活动；

（二）组织或者参加非法组织，组织或者参加罢工；

（三）玩忽职守，贻误工作；

（四）拒绝执行上级依法作出的决定和命令；

（五）压制批评，打击报复；

（六）弄虚作假，误导、欺骗领导和公众；

（七）贪污、行贿、受贿，利用职务之便为自己或者他人谋取私利；

（八）违反财经纪律，浪费国家资财；

（九）滥用职权，侵害公民、法人或者其他组织的合法权益；

（十）泄露国家秘密或者工作秘密；

（十一）在对外交往中损害国家荣誉和利益；

（十二）参与或者支持色情、吸毒、赌博、迷信等活动；

（十三）违反职业道德、社会公德；

（十四）从事或者参与营利性活动，在企业或者其他营利性组织中兼任职务；

（十五）旷工或者因公外出、请假期满无正当理由逾期不归；

（十六）违反纪律的其他行为。

第五十四条　公务员执行公务时，认为上级的决定或者命令有错误的，可以向上级提出改正或者撤销该决定或者命令的意见；上级不改变该决定或者命令，或者要求立即执行的，公务员应当执行该决定或者命令，执行的后果由上级负责，公务员不承担责任；但是，公务员执行明显违法的决定或者命令的，应当依法承担相应的责任。

第五十五条　公务员因违法违纪应当承担纪律责任的，依照本法给予处分；违纪行为情节轻微，经批评教育后改正的，可以免予处分。

第五十六条　处分分为：警告、记过、记大过、降级、撤职、开除。

第五十七条　对公务员的处分，应当事实清楚、证据确凿、定性准确、处理恰当、程序合法、手续完备。

公务员违纪的，应当由处分决定机关决定对公务员违纪的情况进行调查，并将调查认定的事实及拟给予处分的依据告知公务员本人。公务员有权进行陈述和申辩。

处分决定机关认为对公务员应当给予处分的，应当在规定的期限内，按照管理权限和规定的程序作出处分决定。处分决定应当以书面形式通知公务员本人。

第五十八条　公务员在受处分期间不得晋升职务和级别，其中受记过、记大过、降级、撤职处分的，不得晋升工资档次。

受处分的期间为：警告，六个月；记过，十二个月；记大过，十八个月；降级、撤职，二十四个月。

受撤职处分的，按照规定降低级别。

第五十九条　公务员受开除以外的处分，在受处分期间有悔改表现，并且没有再发生违纪行为的，处分期满后，由处分决定机关解除处分并以书面形式通知本人。

解除处分后，晋升工资档次、级别和职务不再受原处分的影响。但是，解除降级、撤职处分的，不视为恢复原级别、原职务。

第十章 培 训

第六十条 机关根据公务员工作职责的要求和提高公务员素质的需要，对公务员进行分级分类培训。

国家建立专门的公务员培训机构。机关根据需要也可以委托其他培训机构承担公务员培训任务。

第六十一条 机关对新录用人员应当在试用期内进行初任培训；对晋升领导职务的公务员应当在任职前或者任职后一年内进行任职培训；对从事专项工作的公务员应当进行专门业务培训；对全体公务员应当进行更新知识、提高工作能力的在职培训，其中对担任专业技术职务的公务员，应当按照专业技术人员继续教育的要求，进行专业技术培训。

国家有计划地加强对后备领导人员的培训。

第六十二条 公务员的培训实行登记管理。

公务员参加培训的时间由公务员主管部门按照本法第六十一条规定的培训要求予以确定。

公务员培训情况、学习成绩作为公务员考核的内容和任职、晋升的依据之一。

第十一章 交流与回避

第六十三条 国家实行公务员交流制度。

公务员可以在公务员队伍内部交流，也可以与国有企业事业单位、人民团体和群众团体中从事公务的人员交流。

交流的方式包括调任、转任和挂职锻炼。

第六十四条 国有企业事业单位、人民团体和群众团体中从事公务的人员可以调入机关担任领导职务或者副调研员以上及其他相当职务层次的非领导职务。调任人选应当具备本法第十一条规定的条件和拟任职位所要求的资格条件，并不得有本法第二十四条规定的情形。调任机关应当根据上述规定，对调任人选进行严格考察，并按照管理权限审批，必要时可以对调任人选进行考试。

第六十五条 公务员在不同职位之间转任应当具备拟任职位所要求的资格条件，在规定的编制限额和职数内进行。

对省部级正职以下的领导成员应当有计划、有重点地实行跨地区、跨部门转任。

对担任机关内设机构领导职务和工作性质特殊的非领导职务的公务员，应当有计划地在本机关内转任。

第六十六条 根据培养锻炼公务员的需要，可以选派公务员到下级机关或者上级机关、其他地区机关以及国有企业事业单位挂职锻炼。

公务员在挂职锻炼期间，不改变与原机关的人事关系。

第六十七条 公务员应当服从机关的交

流决定。

公务员本人申请交流的，按照管理权限审批。

第六十八条 公务员之间有夫妻关系、直系血亲关系、三代以内旁系血亲关系以及近姻亲关系的，不得在同一机关担任双方直接隶属于同一领导人员的职务或者有直接上下级领导关系的职务，也不得在其中一方担任领导职务的机关从事组织、人事、纪检、监察、审计和财务工作。

因地域或者工作性质特殊，需要变通执行任职回避的，由省级以上公务员主管部门规定。

第六十九条 公务员担任乡级机关、县级机关及其有关部门主要领导职务的，应当实行地域回避，法律另有规定的除外。

第七十条 公务员执行公务时，有下列情形之一的，应当回避：

（一）涉及本人利害关系的；

（二）涉及与本人有本法第六十八条第一款所列亲属关系人员的利害关系的；

（三）其他可能影响公正执行公务的。

第七十一条 公务员有应当回避情形的，本人应当申请回避；利害关系人有权申请公务员回避。其他人员可以向机关提供公务员需要回避的情况。

机关根据公务员本人或者利害关系人的申请，经审查后作出是否回避的决定，也可以不经申请直接作出回避决定。

第七十二条 法律对公务员回避另有规定的，从其规定。

第十二章　工资福利保险

第七十三条 公务员实行国家统一的职务与级别相结合的工资制度。

公务员工资制度贯彻按劳分配的原则，体现工作职责、工作能力、工作实绩、资历等因素，保持不同职务、级别之间的合理工资差距。

国家建立公务员工资的正常增长机制。

第七十四条 公务员工资包括基本工资、津贴、补贴和奖金。

公务员按照国家规定享受地区附加津贴、艰苦边远地区津贴、岗位津贴等津贴。

公务员按照国家规定享受住房、医疗等补贴、补助。

公务员在定期考核中被确定为优秀、称职的，按照国家规定享受年终奖金。

公务员工资应当按时足额发放。

第七十五条 公务员的工资水平应当与国民经济发展相协调、与社会进步相适应。

国家实行工资调查制度，定期进行公务员和企业相当人员工资水平的调查比较，并将工资调查比较结果作为调整公务员工资水平的依据。

第七十六条 公务员按照国家规定享受福利待遇。国家根据经济社会发展水平提高公务员的福利待遇。

公务员实行国家规定的工时制度，按照国家规定享受休假。公务员在法定工作日之外加班的，应当给予相应的补休。

第七十七条 国家建立公务员保险制度，保障公务员在退休、患病、工伤、生育、失业等情况下获得帮助和补偿。

公务员因公致残的，享受国家规定的伤残待遇。公务员因公牺牲、因公死亡或者病故的，其亲属享受国家规定的抚恤和优待。

第七十八条 任何机关不得违反国家规定自行更改公务员工资、福利、保险政策，擅自提高或者降低公务员的工资、福利、保险待遇。任何机关不得扣减或者拖欠公务员的工资。

第七十九条 公务员工资、福利、保险、退休金以及录用、培训、奖励、辞退等所需经费，应当列入财政预算，予以保障。

第十三章 辞职辞退

第八十条 公务员辞去公职，应当向任免机关提出书面申请。任免机关应当自接到申请之日起三十日内予以审批，其中对领导成员辞去公职的申请，应当自接到申请之日起九十日内予以审批。

第八十一条 公务员有下列情形之一的，不得辞去公职：

（一）未满国家规定的最低服务年限的；

（二）在涉及国家秘密等特殊职位任职或者离开上述职位不满国家规定的脱密期限的；

（三）重要公务尚未处理完毕，且须由本人继续处理的；

（四）正在接受审计、纪律审查，或者涉嫌犯罪，司法程序尚未终结的；

（五）法律、行政法规规定的其他不得辞去公职的情形。

第八十二条 担任领导职务的公务员，因工作变动依照法律规定需要辞去现任职务的，应当履行辞职手续。

担任领导职务的公务员，因个人或者其他原因，可以自愿提出辞去领导职务。

领导成员因工作严重失误、失职造成重大损失或者恶劣社会影响的，或者对重大事故负有领导责任的，应当引咎辞去领导职务。

领导成员应当引咎辞职或者因其他原因不再适合担任现任领导职务，本人不提出辞职的，应当责令其辞去领导职务。

第八十三条 公务员有下列情形之一的，予以辞退：

（一）在年度考核中，连续两年被确定为不称职的；

（二）不胜任现职工作，又不接受其他安排的；

（三）因所在机关调整、撤销、合并或者缩减编制员额需要调整工作，本人拒绝合理安排的；

（四）不履行公务员义务，不遵守公务员纪律，经教育仍无转变，不适合继续在机关工作，又不宜给予开除处分的；

（五）旷工或者因公外出、请假期满无正当理由逾期不归连续超过十五天，或者一年内累计超过三十天的。

第八十四条 对有下列情形之一的公务员，不得辞退：

（一）因公致残，被确认丧失或者部分丧失工作能力的；

（二）患病或者负伤，在规定的医疗期内的；

（三）女性公务员在孕期、产假、哺乳期内的；

（四）法律、行政法规规定的其他不得辞退的情形。

第八十五条 辞退公务员，按照管理权限决定。辞退决定应当以书面形式通知被辞退的公务员。

被辞退的公务员，可以领取辞退费或者根据国家有关规定享受失业保险。

第八十六条 公务员辞职或者被辞退，离职前应当办理公务交接手续，必要时按照规定接受审计。

第十四章 退 休

第八十七条 公务员达到国家规定的退休年龄或者完全丧失工作能力的，应当退休。

第八十八条 公务员符合下列条件之一的，本人自愿提出申请，经任免机关批准，可以提前退休：

（一）工作年限满三十年的；

（二）距国家规定的退休年龄不足五年，且工作年限满二十年的；

（三）符合国家规定的可以提前退休的其他情形的。

第八十九条 公务员退休后，享受国家规定的退休金和其他待遇，国家为其生活和健康提供必要的服务和帮助，鼓励发挥个人专长，参与社会发展。

第十五章 申诉控告

第九十条 公务员对涉及本人的下列人事处理不服的，可以自知道该人事处理之日起三十日内向原处理机关申请复核；对复核结果不服的，可以自接到复核决定之日起十五日内，按照规定向同级公务员主管部门或者作出该人事处理的机关的上一级机关提出申诉；也可以不经复核，自知道该人事处理之日起三十日内直接提出申诉：

（一）处分；

（二）辞退或者取消录用；

（三）降职；

（四）定期考核定为不称职；

（五）免职；

（六）申请辞职、提前退休未予批准；

（七）未按规定确定或者扣减工资、福利、保险待遇；

（八）法律、法规规定可以申诉的其他情形。

对省级以下机关作出的申诉处理决定不服的，可以向作出处理决定的上一级机关提出再申诉。

行政机关公务员对处分不服向行政监察机关申诉的，按照《中华人民共和国行政监察法》的规定办理。

第九十一条 原处理机关应当自接到复核申请书后的三十日内作出复核决定。受理公务员申诉的机关应当自受理之日起六十日内作出处理决定；案情复杂的，可以适当延长，但是延长时间不得超过三十日。

复核、申诉期间不停止人事处理的执行。

第九十二条 公务员申诉的受理机关审查认定人事处理有错误的，原处理机关应当及时予以纠正。

第九十三条 公务员认为机关及其领导人员侵犯其合法权益的，可以依法向上级机关或者有关的专门机关提出控告。受理控告的机关应当按照规定及时处理。

第九十四条 公务员提出申诉、控告，不得捏造事实，诬告、陷害他人。

第十六章　职位聘任

第九十五条　机关根据工作需要，经省级以上公务员主管部门批准，可以对专业性较强的职位和辅助性职位实行聘任制。

前款所列职位涉及国家秘密的，不实行聘任制。

第九十六条　机关聘任公务员可以参照公务员考试录用的程序进行公开招聘，也可以从符合条件的人员中直接选聘。

机关聘任公务员应当在规定的编制限额和工资经费限额内进行。

第九十七条　机关聘任公务员，应当按照平等自愿、协商一致的原则，签订书面的聘任合同，确定机关与所聘公务员双方的权利、义务。聘任合同经双方协商一致可以变更或者解除。

聘任合同的签订、变更或者解除，应当报同级公务员主管部门备案。

第九十八条　聘任合同应当具备合同期限，职位及其职责要求，工资、福利、保险待遇，违约责任等条款。

聘任合同期限为一年至五年。聘任合同可以约定试用期，试用期为一个月至六个月。

聘任制公务员按照国家规定实行协议工资制，具体办法由中央公务员主管部门规定。

第九十九条　机关依据本法和聘任合同对所聘公务员进行管理。

第一百条　国家建立人事争议仲裁制度。

人事争议仲裁应当根据合法、公正、及时处理的原则，依法维护争议双方的合法权益。

人事争议仲裁委员会根据需要设立。人事争议仲裁委员会由公务员主管部门的代表、聘用机关的代表、聘任制公务员的代表以及法律专家组成。

聘任制公务员与所在机关之间因履行聘任合同发生争议的，可以自争议发生之日起六十日内向人事争议仲裁委员会申请仲裁。当事人对仲裁裁决不服的，可以自接到仲裁裁决书之日起十五日内向人民法院提起诉讼。仲裁裁决生效后，一方当事人不履行的，另一方当事人可以申请人民法院执行。

第十七章　法律责任

第一百零一条　对有下列违反本法规定情形的，由县级以上领导机关或者公务员主管部门按照管理权限，区别不同情况，分别予以责令纠正或者宣布无效；对负有责任的领导人员和直接责任人员，根据情节轻重，给予批评教育或者处分；构成犯罪的，依法追究刑事责任：

（一）不按编制限额、职数或者任职资格条件进行公务员录用、调任、转任、聘任和晋升的；

（二）不按规定条件进行公务员奖惩、回避和办理退休的；

（三）不按规定程序进行公务员录用、调任、转任、聘任、晋升、竞争上岗、公开选拔以及考核、奖惩的；

（四）违反国家规定，更改公务员工资、福利、保险待遇标准的；

（五）在录用、竞争上岗、公开选拔中发生泄露试题、违反考场纪律以及其他严重影响公开、公正的；

（六）不按规定受理和处理公务员申诉、控告的；

（七）违反本法规定的其他情形的。

第一百零二条 公务员辞去公职或者退休的，原系领导成员的公务员在离职三年内，其他公务员在离职两年内，不得到与原工作业务直接相关的企业或者其他营利性组织任职，不得从事与原工作业务直接相关的营利性活动。

公务员辞去公职或者退休后有违反前款规定行为的，由其原所在机关的同级公务员主管部门责令限期改正；逾期不改正的，由县级以上工商行政管理部门没收该人员从业期间的违法所得，责令接收单位将该人员予以清退，并根据情节轻重，对接收单位处以被处罚人员违法所得一倍以上五倍以下的罚款。

第一百零三条 机关因错误的具体人事处理对公务员造成名誉损害的，应当赔礼道歉、恢复名誉、消除影响；造成经济损失的，应当依法给予赔偿。

第一百零四条 公务员主管部门的工作人员，违反本法规定，滥用职权、玩忽职守、徇私舞弊，构成犯罪的，依法追究刑事责任；尚不构成犯罪的，给予处分。

第十八章　附　　则

第一百零五条 本法所称领导成员，是指机关的领导人员，不包括机关内设机构担任领导职务的人员。

第一百零六条 法律、法规授权的具有公共事务管理职能的事业单位中除工勤人员以外的工作人员，经批准参照本法进行管理。

第一百零七条 本法自2006年1月1日起施行。全国人民代表大会常务委员会1957年10月23日批准、国务院1957年10月26日公布的《国务院关于国家行政机关工作人员的奖惩暂行规定》、1993年8月14日国务院公布的《国家公务员暂行条例》同时废止。

中华人民共和国献血法

（1997年12月29日第八届全国人民代表大会常务委员会第二十九次会议通过　1997年12月29日中华人民共和国主席令第93号公布自1998年10月1日起施行）

第一条 为保证医疗临床用血需要和安全，保障献血者和用血者身体健康，发扬人道主义精神，促进社会主义物质文明和精神文明建设，制定本法。

第二条 国家实行无偿献血制度。

国家提倡18周岁至55周岁的健康公民自愿献血。

第三条 地方各级人民政府领导本行政区域内的献血工作，统一规划并负责组织、协调有关部门共同做好献血工作。

第四条 县级以上各级人民政府卫生行政部门监督管理献血工作。

各级红十字会依法参与、推动献血工作。

第五条 各级人民政府采取措施广泛宣

传献血的意义，普及献血的科学知识，开展预防和控制经血液途径传播的疾病的教育。

新闻媒介应当开展献血的社会公益性宣传。

第六条 国家机关、军队、社会团体、企业事业组织、居民委员会、村民委员会，应当动员和组织本单位或者本居住区的适龄公民参加献血。

现役军人献血的动员和组织办法，由中国人民解放军卫生主管部门制定。

对献血者，发给国务院卫生行政部门制作的无偿献血证书，有关单位可以给予适当补贴。

第七条 国家鼓励国家工作人员、现役军人和高等学校在校学生率先献血，为树立社会新风尚作表率。

第八条 血站是采集、提供临床用血的机构，是不以营利为目的的公益性组织。设立血站向公民采集血液，必须经国务院卫生行政部 1 刁或者省、自治区、直辖市人民政府卫生行政部门批准。血站应当为献血者提供各种安全、卫生、便利的条件。血站的设立条件和管理办法由国务院卫生行政部门制定。

第九条 血站对献血者必须免费进行必要的健康检查；身体状况不符合献血条件的，血站应当向其说明情况，不得采集血液。献血者的身体健康条件由国务院卫生行政部门规定。

血站对献血者每次采集血液量一般为 200 毫升，最多不得超过 400 毫升，两次采集间隔期不少于 6 个月。

严格禁止血站违反前款规定对献血者超量、频繁采集血液。

第十条 血站采集血液必须严格遵守有关操作规程和制度，采血必须由具有采血资格的医务人员进行，一次性采血器材用后必须销毁，确保献血者的身体健康。

血站应当根据国务院卫生行政部门制定的标准，保证血液质量。

血站对采集的血液必须进行检测；未经检测或者检测不合格的血液，不得向医疗机构提供。

第十一条 无偿献血的血液必须用于临床，不得买卖。血站、医疗机构不得将无偿献血的血液出售给单采血浆站或者血液制品生产单位。

第十二条 临床用血的包装、储存、运输，必须符合国家规定的卫生标准和要求。

第十三条 医疗机构对临床用血必须进行核查，不得将不符合国家规定标准的血液用于临床。

第十四条 公民临床用血时只交付用于血液的采集、储存、分离、检验等费用；具体收费标准由国务院卫生行政部门会同国务院价格主管部门制定。

无偿献血者临床需要用血时，免交前款规定的费用；无偿献血者的配偶和直系亲属临床需要用血时，可以按照省、自治区、直辖市人民政府的规定免交或者减交前款规定的费用。

第十五条 为保障公民临床急救用血的需要，国家提倡并指导择期手术的患者自身储血，动员家庭、亲友、所在单位以及社会互助献血。

为保证应急用血，医疗机构可以临时采集血液，但应当依照本法规定，确保采血用血安全。

第十六条 医疗机构临床用血应当制定用血计划，遵循合理、科学的原则，不得浪费和滥用血液。

医疗机构应当积极推行按血液成份针对医疗实际需要输血，具体管理办法由国务院卫生行政部门制定。

国家鼓励临床用血新技术的研究和推广。

第十七条 各级人民政府和红十字会对积极参加献血和在献血工作中做出显著成绩的单位和个人，给予奖励。

第十八条 有下列行为之一的，由县级以上地方人民政府卫生行政部门予以取缔，没收违法所得，可以并处10万元以下的罚款；构成犯罪的，依法追究刑事责任：

（一）非法采集血液的；

（二）血站、医疗机构出售无偿献血的血液的；

（三）非法组织他人出卖血液的。

第十九条 血站违反有关操作规程和制度采集血液，由县级以上地方人民政府卫生行政部门责令改正；给献血者健康造成损害的，应当依法赔偿，对直接负责的主管人员和其他直接责任人员，依法给予行政处分；构成犯罪的，依法追究刑事责任。

第二十条 临床用血的包装、储存、运输，不符合国家规定的卫生标准和要求的，由县级以上地方人民政府卫生行政部门责令改正，给予警告，可以并处1万元以下的罚款。

第二十一条 血站违反本法的规定，向医疗机构提供不符合国家规定标准的血液的，由县级以上人民政府卫生行政部门责令改正；情节严重，造成经血液途径传播的疾病传播或者有传播严重危险的，限期整顿，对直接负责的主管人员和其他直接责任人员，依法给予行政处分；构成犯罪的，依法追究刑事责任。

第二十二条 医疗机构的医务人员违反本法规定，将不符合国家规定标准的血液用于患者的，由县级以上地方人民政府卫生行政部门责令改正；给患者健康造成损害的，应当依法赔偿，对直接负责的主管人员和其他直接责任人员，依法给予行政处分；构成犯罪的，依法追究刑事责任。

第二十三条 卫生行政部门及其工作人员在献血、用血的监督管理工作中，玩忽职守，造成严重后果，构成犯罪的，依法追究刑事责任；尚不构成犯罪的，依法给予行政处分。

第二十四条 本法自1998年10月1日起施行。

中华人民共和国
公益事业捐赠法

（1999年6月28日第九届全国人民代表大会常务委员会第十次会议通过）

目　　录

第一章　总　　则

第一条　为了鼓励捐赠，规范捐赠和受赠行为，保护捐赠人、受赠人和受益人的合法权益，促进公益事业的发展，制定本法。

第二条　自然人、法人或者其他组织自愿无偿向依法成立的公益性社会团体和公益性非营利的事业单位捐赠财产，用于公益事业的，适用本法。

第三条　本法所称公益事业是指非营利的下列事项：

（一）救助灾害、救济贫困、扶助残疾人等困难的社会群体和个人的活动；

（二）教育、科学、文化、卫生、体育事业；

（三）环境保护、社会公共设施建设；

（四）促进社会发展和进步的其他社会公共和福利事业。

第四条　捐赠应当是自愿和无偿的，禁止强行摊派或者变相摊派，不得以捐赠为名从事营利活动。

第五条　捐赠财产的使用应当尊重捐赠人的意愿，符合公益目的，不得将捐赠财产挪作他用。

严格禁止血站违反前款规定对献血者超量、频繁采集血液。

第六条　捐赠应当遵守法律、法规，不得违背社会公德，不得损害公共利益和其他公民的合法权益。

第七条　公益性社会团体受赠的财产及其增值为社会公共财产，受国家法律保护，任何单位和个人不得侵占、挪用和损毁。

第八条　国家鼓励公益事业的发展，对公益性社会团体和公益性非营利的事业单位给予扶持和优待。

国家鼓励自然人、法人或者其他组织对公益事业进行捐赠。

对公益事业捐赠有突出贡献的自然人、法人或者其他组织，由人民政府或者有关部门予以表彰。对捐赠人进行公开表彰，应当事先征求捐赠人的意见。

第二章　捐赠和受赠

第九条　自然人、法人或者其他组织可以选择符合其捐赠意愿的公益性社会团体和公益性非营利的事业单位进行捐赠。捐赠的财产应当是其有权处分的合法财产。

第十条　公益性社会团体和公益性非营利的事业单位可以依照本法接受捐赠。

本法所称公益性社会团体是指依法成立的，以发展公益事业为宗旨的基金会、慈善组织等社会团体。

本法所称公益性非营利的事业单位是指依法成立的，从事公益事业的不以营利为目的的教育机构、科学研究机构、医疗卫生机构、社会公共文化机构、社会公共体育机构和社会福利机构等。

第十一条　在发生自然灾害时或者境外捐赠人要求县级以上人民政府及其部门作为受赠人时，县级以上人民政府及其部门可以接受捐赠，并依照本法的有关规定对捐赠财产进行管理。

县级以上人民政府及其部门可以将受赠财产转交公益性社会团体或者公益性非营利的事业单位；也可以按照捐赠人的意愿分发或者兴办公益事业，但是不得以本机关为受益对象。

第十二条　捐赠人可以与受赠人就捐赠财产的种类、质量、数量和用途等内容订立捐赠协议。捐赠人有权决定捐赠的数量、用途和方式。

捐赠人应当依法履行捐赠协议，按照捐赠协议约定的期限和方式将捐赠财产转移给受赠人。

第十三条　捐赠人捐赠财产兴建公益事业工程项月，应当与受赠人订立捐赠协议，对工程项目的资金、建设、管理和使用作出约定。

捐赠的公益事业工程项目由受赠单位按照国家有关规定办理项目审批手续，并组织施工或者由受赠人和捐赠人共同组织施工。工程质量应当符合国家质量标准。

捐赠的公益事业工程项目竣工后，受赠单位应当将工程建设、建设资金的使用和工程质量验收情况向捐赠人通报。

第十四条　捐赠人对于捐赠的公益事业工程项目可以留名纪念；捐赠人单独捐赠的工程项目或者主要由捐赠人出资兴建的工程项目，可以由捐赠人提出工程项目的名称，报县级以上人民政府批准。

第十五条　境外捐赠人捐赠的财产；由受赠人按照国家有关规定办理入境手续；捐赠实行许可证管理的物品，由受赠人按照国家有关规定办理许可证申领手续，海关凭许可证验放、监管。

华侨向境内捐赠的，县级以上人民政府侨务部门可以协助办理有关入境手续，为捐赠人实施捐赠项目提供帮助。

第三章　捐赠财产的使用和管理

第十六条　受赠人接受捐赠后，应当向捐赠人出具合法、有效的收据，将受赠财产登记造册，妥善保管。

第十七条　公益性社会团体应当将受赠财产用于资助符合其宗旨的活动和事业。对于接受的救助灾害的捐赠财产，应当及时用于救助活动。基金会每年用于资助公益事业的资金数额，不得低于国家规定的比例。

公益性社会团体应当严格遵守国家的有关规定，按照合法、安全、有效的原则，积极实现捐赠财产的保值增值。

公益性非营利的事业单位应当将受赠财产用于发展本单位的公益事业，不得挪作他用。

对于不易储存、运输和超过实际需要的受赠财产，受赠人可以变卖，所取得的全部收入，应当用于捐赠目的。

第十八条　受赠人与捐赠人订立了捐赠协议的，应当按照协议约定的用途使用捐赠财产，不得擅自改变捐赠财产的用途。如果确需改变用途的，应当征得捐赠人的同意。

第十九条　受赠人应当依照国家有关规定，建立健全财务会计制度和受赠财产的使用制度，加强对受赠财产的管理。

第二十条　受赠人每年度应当向政府有关部门报告受赠财产的使用、管理情况，接受监督。必要时，政府有关部门可以对其财务进行审计。

海关对减免关税的捐赠物品依法实施监督和管理。

县级以上人民政府侨务部门可以参与对

华侨向境内捐赠财产使用与管理的监督。

第二十一条 捐赠人有权向受赠人查询捐赠财产的使用、管理情况，并提出意见和建议。对于捐赠人的查询，受赠人应当如实答复。

第二十二条 受赠人应当公开接受捐赠的情况和受赠财产的使用、管理情况，接受社会监督。

第二十三条 公益性社会团体应当厉行节约，降低管理成本；工作人员的工资和办公费用从利息等收入中按照国家规定的标准开支。

第四章 优惠措施

第二十四条 公司和其他企业依照本法的规定捐赠财产用于公益事业，依照法律、行政法规的规定享受企业所得税方面的优惠。

第二十五条 自然人和个体工商户依照本法的规定捐赠财产用于公益事业，依照法律、行政法规的规定享受个人所得税方面的优惠。

第二十六条 境外向公益性社会团体和公益性非营利的事业单位捐赠的用于公益事业的物资，依照法律、行政法规的规定减征或者免征进口关税和进口环节、的增值税。

第二十七条 对于捐赠的工程项目，当地人民政府应当给予支持和优惠。

第五章 法律责任

第二十八条 受赠人未征得捐赠人的许可，擅自改变捐赠财产的性质、用途的，由县级以上人民政府有关部门责令改正，给予警告。拒不改正的，经征求捐赠人的意见，由县级以上人民政府将捐赠财产交由与其宗旨相同或者相似的公益性社会团体或者公益性非营利的事业单位管理。

第二十九条 挪用、侵占或者贪污捐赠款物的，由县级以上人民政府有关部门责令退还所用、所得款物，并处以罚款；对直接责任人员，由所在单位依照有关规定予以处理；构成犯罪的，依法追究刑事责任。

依照前款追回、追缴的捐赠款物，应当用于原捐赠目的和用途。

第三十条 在捐赠活动中，有下列行为之一的，依照法律、法规的有关规定予以处罚；构成犯罪的，依法追究刑事责任：

（一）逃汇、骗购外汇的；

（二）偷税、逃税的；

（三）进行走私活动的；

（四）未经海关许可并且未补缴应缴税额，擅自将减税、免税进口的捐赠物资在境内销售、转让或者移作他用的。

第三十一条 受赠单位的工作人员，滥用职权，玩忽职守，徇私舞弊，致使捐赠财产造成重大损失的，由所在单位依照有关规定予以处理；构成犯罪的，依法追究刑事责任。

第六章 附 则

第三十二条 本法自1999年9月1日起施行。

破坏性地震应急条例

（1995年2月11日中华人民共和国国务院令第172号公布　自1995年4月1日起施行）

目　　录

第一章　总　　则

第一条　为了加强对破坏性地震应急活动的管理，减轻地震灾害损失，保障国家财产和公民人身、财产安全，维护社会秩序，制定本条例。

第二条　在中华人民共和国境内从事破坏性地震应急活动，必须遵守本条例。

第三条　地震应急工作实行政府领导、统一管理和分级、分部门负责的原则。

第四条　各级人民政府应当加强地震应急的宣传、教育工作，提高社会防震减灾意识。

第五条　任何组织和个人都有参加地震应急活动的义务。

中国人民解放军和中国人民武装警察部队是地震应急工作的重要力量。

第二章　应急机构

第六条　国务院防震减灾工作主管部门指导和监督全国地震应急工作。国务院有关部门按照各自的职责，具体负责本部门的地震应急工作。

第七条　造成特大损失的严重破坏性地震发生后，国务院设立抗震救灾指挥部，国务院防震减灾工作主管部门为其办事机构；国务院有关部门设立本部门的地震应急机构。

第八条　县级以上地方人民政府防震减灾工作主管部门指导和监督本行政区域内的地震应急工作。

破坏性地震发生后，有关县级以上地方人民政府应当设立抗震救灾指挥部，对本行政区域内的地震应急工作实行集中领导，其办事机构设在本级人民政府防震减灾工作主管部门或者本级人民政府指定的其他部门；国务院另有规定的，从其规定。

第三章　应急预案

第九条　国家的破坏性地震应急预案，由国务院防震减灾工作主管部门会同国务院有关部门制定，报国务院批准。

第十条　国务院有关部门应当根据国家的破坏性地震应急预案，制定本部门的破坏性地震应急预案，并报国务院防震减灾工作主管部门备案。

第十一条　根据地震灾害预测，可能发生破坏性地震地区的县级以上地方人民政府防震减灾工作主管部门应当会同同级有关部门以及有关单位，参照国家的破坏性地震应急预案，制定本行政区域内的破坏性地震应急预案，报本级人民政府批准；省、自治区和人口在 100 万以上的城市的破坏性地震应急预案，还应当报国务院防震减灾工作主管部门备案。

第十二条 部门和地方制定破坏性地震应急预案，应当从本部门或者本地区的实际情况出发，做到切实可行。

第十三条 破坏性地震应急预案应当包括下列主要内容：

（一）应急机构的组成和职责；

（二）应急通信保障；

（三）抢险救援的人员、资金、物资准备；

（四）灾害评估准备；

（五）应急行动方案。

第十四条 制定破坏性地震应急预案的部门和地方，应当根据震情的变化以及实施中发现的问题，及时对其制定的破坏性地震应急预案进行修订、补充；涉及重大事项调整的，应当报经原批准机关同意。

第四章 临震应急

第十五条 地震临震预报，由省、自治区、直辖市人民政府依照国务院有关发布地震预报的规定统一发布，其他任何组织或者个人不得发布地震预报。

任何组织或者个人都不得传播有关地震的谣言。发生地震谣传时，防震减灾工作主管部门应当协助人民政府迅速予以平息和澄清。

第十六条 破坏性地震临震预报发布后，有关省、自治区、直辖市人民政府可以宣布预报区进入临震应急期，并指明临震应急期的起止时间。

临震应急期一般为 10 日；必要时，可以延长 10 日。

第十七条 在临震应急期，有关地方人民政府应当根据震情，统一部署破坏性地震应急预案的实施工作，并对临震应急活动中发生的争议采取紧急处理措施。

第十八条 在临震应急期，各级防震减灾工作主管部门应当协助本级人民政府对实施破坏性地震应急预案工作进行检查。

第十九条 在临震应急期，有关地方人民政府应当根据实际情况，向预报区的居民以及其他人员提出避震撤离的劝告；情况紧急时，应当有组织地进行避震疏散。

第二十条 在临震应急期，有关地方人民政府有权在本行政区域内紧急调用物资、设备、人员和占用场地，任何组织或者个人都不得阻拦；调用物资、设备或者占用场地的，事后应当及时归还或者给予补偿。

第二十一条 在临震应急期，有关部门应当对生命线工程和次生灾害源采取紧急防护措施。

第五章 震后应急

第二十二条 破坏性地震发生后，有关的省、自治区、直辖市人民政府应当宣布灾区进入震后应急期，并指明震后应急期的起止时间。

震后应急期一般为 10 日；必要时，可以延长 20 日。

第二十三条 破坏性地震发生后，抗震救灾指挥部应当及时组织实施破坏性地震应急预案，及时将震情、灾情及其发展趋势等信息报告上一级人民政府。

第二十四条 防震减灾工作主管部门应当加强现场地震监测预报工作，并及时会同有关部门评估地震灾害损失；灾情调查结果，应当及时报告本级人民政府抗震救灾指挥部和上一级防震减灾工作主管部门。

第二十五条 交通、铁路、民航等部门应当尽快恢复被损毁的道路、铁路、水港、空港和有关设施，并优先保证抢险救援人员、物资的运输和灾民的疏散。其他部门有交通运输工具的，应当无条件服从抗震救灾指挥部的征用或者调用。

第二十六条 通信部门应当尽快恢复被破坏的通信设施，保证抗震救灾通信畅通。其他部门有通信设施的，应当优先为破坏性地震应急工作服务。

第二十七条 供水、供电部门应当尽快恢复被破坏的供水、供电设施，保证灾区用水、用电。

第二十八条 卫生部门应当立即组织急救队伍，利用各种医疗设施或者建立临时治疗点，抢救伤员，及时检查、监测灾区的饮用水源、食品等，采取有效措施防止和控制传染病的暴发流行，并向受灾人员提供精神、心理卫生方面的帮助。医药部门应当及时提供救灾所需药品。其他部门应当配合卫生、医药部门，做好卫生防疫以及伤亡人员的抢救、处理工作。

第二十九条 民政部门应当迅速设置避难场所和救济物资供应点，提供救济物品等，保障灾民的基本生活，做好灾民的转移和安置工作。其他部门应当支持、配合民政部门妥善安置灾民。

第三十条 公安部门应当加强灾区的治安管理和安全保卫工作，预防和制止各种破坏活动，维护社会治安，保证抢险救灾工作顺利进行，尽快恢复社会秩序。

第三十一条 石油、化工、水利、电力、建设等部门和单位以及危险品生产、储运等单位，应当按照各自的职责，对可能发生或者已经发生次生灾害的地点和设施采取紧急处置措施，并加强监视、控制，防止灾害扩展。

公安消防机构应当严密监视灾区火灾的发生；出现火灾时，应当组织力量抢救人员和物资，并采取有效防范措施，防止火势扩大、蔓延。

第三十二条 广播电台、电视台等新闻单位应当根据抗震救灾指挥部提供的情况，按照规定及时向公众发布震情、灾情等有关信息，并做好宣传、报道工作。

第三十三条 抗震救灾指挥部可以请求非灾区的人民政府接受并妥善安置灾民和提供其他救援。

第三十四条 破坏性地震发生后，国内非灾区提供的紧急救援，由抗震救灾指挥部负责接受和安排；国际社会提供的紧急救援，由国务院民政部门负责接受和安排；国外红十字会和国际社会通过中国红十字会提供的紧急救援，由中国红十字会负责接受和安排。

第三十五条 因严重破坏性地震应急的需要，可以在灾区实行特别管制措施。省、自治区、直辖市行政区域内的特别管制措施，由省、自治区、直辖市人民政府决定；跨省、自治区、直辖市的特别管制措施，由有关省、自治区、直辖市人民政府共同决定或者由国务院决定；中断干线交通或者封锁国境的特别管制措施，由国务院决定。

特别管制措施的解除，由原决定机关宣布。

第六章　奖励和处罚

第三十六条　在破坏性地震应急活动中有下列事迹之一的，由其所在单位、上级机关或者防震减灾工作主管部门给予表彰或者奖励：

（一）出色完成破坏性地震应急任务的；

（二）保护国家、集体和公民的财产或者抢救人员有功的；

（三）及时排除险情，防止灾害扩大，成绩显著的；

（四）对地震应急工作提出重大建议，实施效果显著的；

（五）因震情、灾情测报准确和信息传递及时而减轻灾害损失的；

（六）及时供应用于应急救灾的物资和工具或者节约经费开支，成绩显著的；

（七）有其他特殊贡献的。

第三十七条　有下列行为之一的，对负有直接责任的主管人员和其他直接责任人员依法给予行政处分；属于违反治安管理行为的，依照治安管理处罚条例的规定给予处罚；构成犯罪的，依法追究刑事责任：

（一）不按照本条例规定制定破坏性地震应急预案的；

（二）不按照破坏性地震应急预案的规定和抗震救灾指挥部的要求实施破坏性地震应急预案的；

（三）违抗抗震救灾指挥部命令，拒不承担地震应急任务的；

（四）阻挠抗震救灾指挥部紧急调用物资、人员或者占用场地的；

（五）贪污、挪用、盗窃地震应急工作经费或者物资的；

（六）有特定责任的国家工作人员在临震应急期或者震后应急期不坚守岗位，不及时掌握震情、灾情，临阵脱逃或者玩忽职守的；

（七）在临震应急期或者震后应急期哄抢国家、集体或者公民的财产的；

（八）阻碍抗震救灾人员执行职务或者进行破坏活动的；

（九）不按照规定和实际情况报告灾情的；

（十）散布谣言，扰乱社会秩序，影响破坏性地震应急工作的；

（十一）有对破坏性地震应急工作造成危害的其他行为的。

第七章　附　　则

第三十八条　本条例下列用语的含义：

（一）“地震应急”，是指为了减轻地震灾害而采取的不同于正常工作程序的紧急防灾和抢险行动；

（二）“破坏性地震”，是指造成一定数量的人员伤亡和经济损失的地震事件；

（三）“严重破坏性地震”，是指造成严重的人员伤亡和经济损失，使灾区丧失或者部分丧失自我恢复能力，需要国家采取对抗行动的地震事件；

（四）“生命线工程”，是指对社会生

活、生产有重大影响的交通、通信、供水、排水、供电、供气、输油等工程系统；

（五）“次生灾害源”，是指因地震而可能引发水灾、火灾、爆炸等灾害的易燃易爆物品、有毒物质贮存设施、水坝、堤岸等。

第三十九条 本条例自1995年4月1日起施行。

社会团体登记管理条例

（1998年10月25日国务院令第250号发布）

第一章 总 则

第一条 为了保障公民的结社自由，维护社会团体的合法权益，加强对社会团体的登记管理，促进社会主义物质文明、精神文明建设，制定本条例。

第二条 本条例所称社会团体，是指中国公民自愿组成，为实现会员共同意愿，按照其章程开展活动的非营利性社会组织。

国家机关以外的组织可以作为单位会员加入社会团体。

第三条 成立社会团体，应当经其业务主管单位审查同意，并依照本条例的规定进行登记。社会团体应当具备法人条件。

下列团体不属于本条例规定登记的范围：

（一）参加中国人民政治协商会议的人民团体；

（二）由国务院机构编制管理机关核定，并经国务院批准免于登记的团体；

（三）机关、团体、企业事业单位内部经本单位批准成立、在本单位内部活动的团体。

第四条 社会团体必须遵守宪法、法律、法规和国家政策，不得反对宪法确定的基本原则，不得危害国家的统一、安全和民族的团结，不得损害国家利益、社会公共利益以及其他组织和公民的合法权益，不得违背社会道德风尚。

社会团体不得从事营利性经营活动。第五条国家保护社会团体依照法律、法规及其章程开展活动，任何组织和个人不得非法干涉。

第六条 国务院民政部门和县级以上地方各级人民政府民政部门是本级人民政府的社会团体登记管理机关（以下简称登记管理机关）。

国务院有关部门和县级以上地方各级人民政府有关部门、国务院或者县级以上地方各级人民政府授权的组织，是有关行业、学科或者业务范围内社会团体的业务主管单位（以下简称业务主管单位）。

法律、行政法规对社会团体的监督管理另有规定的，依照有关法律、行政法规的规定执行。

第二章 管 辖

第七条 全国性的社会团体，由国务院的登记管理机关负责登记管理；地方性的社会团体，由所在地人民政府的登记管理机关负责登记管理；跨行政区域的社会团体，由所跨行政区域的共同上一级人民政府的登记管理机关负责登记管理。

第八条 登记管理机关、业务主管单位与其管辖的社会团体的住所不在一地的，可以委托社会团体住所地的登记管理机关、业务主管单位负责委托范围内的监督管理工作。

第三章　成立登记

第九条　申请成立社会团体，应当经其业务主管单位审查同意，由发起人向登记管理机关申请筹备。

第十条　成立社会团体，应当具备下列条件：

（一）有50个以上的个人会员或者30个以上的单位会员；个人会员、单位会员混合组成的，会员总数不得少于50个；

（二）有规范的名称和相应的组织机构；

（三）有固定的住所；

（四）有与其业务活动相适应的专职工作人员；

（五）有合法的资产和经费来源，全国性的社会团体有10万元以上活动资金，地方性的社会团体和跨行政区域的社会团体有3万元以上活动资金；

（六）有独立承担民事责任的能力。社会团体的名称应当符合法律、法规的规定，不得违背社会道德风尚。社会团体的名称应当与其业务范围、成员分布、活动地域相一致，准确反映其特征。全国性的社会团体的名称冠以“中国”、“全国”、“中华”等字样的，应当按照国家有关规定经过批准，地方性的社会团体的名称不得冠以“中国”、“全国”、“中华”等字样。

第十一条　申请筹备成立社会团体，发起人应当向登记管理机关提交下列文件：

（一）筹备申请书；

（二）业务主管单位的批准文件；

（三）验资报告、场所使用权证明；

（四）发起人和拟任负责人的基本情况、身份证明；

（五）章程草案。

第十二条　登记管理机关应当自收到本条例第十一条所列全部有效文件之日起60日内，作出批准或者不批准筹备的决定；不批准的，应当向发起人说明理由。

第十三条　有下列情形之一的，登记管理机关不予批准筹备：

（一）有根据证明申请筹备的社会团体的宗旨、业务范围不符合本条例第四条的规定的；

（二）在同一行政区域内已有业务范围相同或者相似的社会团体，没有必要成立的；

（三）发起人、拟任负责人正在或者曾经受到剥夺政治权利的刑事处罚，或者不具有完全民事行为能力的；

（四）在申请筹备时弄虚作假的；

（五）有法律、行政法规禁止的其他情形的。

第十四条　筹备成立的社会团体，应当自登记管理机关批准筹备之日起6个月内召开会员大会或者会员代表大会，通过章程，产生执行机构、负责人和法定代表人，并向登记管理机关申请成立登记。筹备期间不得开展筹备以外的活动。

社会团体的法定代表人，不得同时担任其他社会团体的法定代表人。

第十五条　社会团体的章程应当包括下列事项：

（一）名称、住所；

（二）宗旨、业务范围和活动地域；

（三）会员资格及其权利、义务；

（四）民主的组织管理制度，执行机构的产生程序；

（五）负责人的条件和产生、罢免的程序；

（六）资产管理和使用的原则；

（七）章程的修改程序；

（八）终止程序和终止后资产的处理；

（九）应当由章程规定的其他事项。第十六条登记管理机关应当自收到完成筹备工作的社会团体的登记申请书及有关文件之日起30日内完成审查工作。对没有本条例第十三条所列情形，且筹备工作符合要求、章程内容完备的社会团体，准予登记，发给《社会团体法人登记证书》。登记事项包括：

（一）名称；

（二）住所；

（三）宗旨、业务范围和活动地域；

（四）法定代表人；

（五）活动资金；

（六）业务主管单位。对不予登记的，应当将不予登记的决定通知申请人。

第十七条 依照法律规定，自批准成立之日起即具有法人资格的社会团体，应当自批准成立之日起60日内向登记管理机关备案。登记管理机关自收到备案文件之日起30日内发给《社会团体法人登记证书》。社会团体备案事项，除本条例第十六条所列事项外，还应当包括业务主管单位依法出具的批准文件。

第十八条 社会团体凭《社会团体法人登记证书》申请刻制印章，开立银行帐户。社会团体应当将印章式样和银行帐号报登记管理机关备案。

第十九条 社会团体成立后拟设立分支机构、代表机构的，应当经业务主管单位审查同意，向登记管理机关提交有关分支机构、代表机构的名称、业务范围、场所和主要负责人等情况的文件，申请登记。

社会团体的分支机构、代表机构是社会团体的组成部分，不具有法人资格，应当按照其所属于的社会团体的章程所规定的宗旨和业务范围，在该社会团体授权的范围内开展活动、发展会员。社会团体的分支机构不得再设立分支机构。社会团体不得设立地域性的分支机构。

第四章 变更登记、注销登记

第二十条 社会团体的登记事项、备案事项需要变更的，应当自业务主管单位审查同意之日起30日内，向登记管理机关申请变更登记、变更备案（以下统称变更登记）。社会团体修改章程，应当自业务主管单位审查同意之日起30日内，报登记管理机关核准。

第二十一条 社会团体有下列情形之一的，应当在业务主管单位审查同意后，向登记管理机关申请注销登记、注销备案（以下统称注销登记）：

（一）完成社会团体章程规定的宗旨的；

（二）自行解散的；

（三）分立、合并的；

（四）由于其他原因终止的。

第二十二条 社会团体在办理注销登记前，应当在业务主管单位及其他有关机关的指导下，成立清算组织，完成清算工作。清算期间，社会团体不得开展清算以外的活动。

第二十三条 社会团体应当自清算结束之日起 15 日内向登记管理机关办理注销登记。办理注销登记，应当提交法定代表人签署的注销登记申请书、业务主管单位的审查文件和清算报告书。登记管理机关准予注销登记的，发给注销证明文件，收缴该社会团体的登记证书、印章和财务凭证。

第二十四条 社会团体撤销其所属分支机构、代表机构的，经业务主管单位审查同意后，办理注销手续。社会团体注销的，其所属分支机构、代表机构同时注销。

第二十五条 社会团体处分注销后的剩余财产，按照国家有关规定办理。

第二十六条 社会团体成立、注销或者变更名称、住所、法定代表人，由登记管理机关予以公告。

第五章 监督管理

第二十七条 登记管理机关履行下列监督管理职责：

（一）负责社会团体的成立、变更、注销的登记或者备案；

（二）对社会团体实施年度检查；

（三）对社会团体违反本条例的问题进行监督检查，对社会团体违反本条例的行为给予行政处罚。

第二十八条 业务主管单位履行下列监督管理职责：

（一）负责社会团体筹备申请、成立登记、变更登记、注销登记前的审查；

（二）监督、指导社会团体遵守宪法、法律、法规和国家政策，依据其章程开展活动；

（三）负责社会团体年度检查的初审；

（四）协助登记管理机关和其他有关部门查处社会团体的违法行为；

（五）会同有关机关指导社会团体的清算事宜。

业务主管单位履行前款规定的职责，不得向社会团体收取费用。

第二十九条 社会团体的资产来源必须合法，任何单位和个人不得侵占、私分或者挪用社会团体的资产。

社会团体的经费，以及开展章程规定的活动按照国家有关规定所取得的合法收入，必须用于章程规定的业务活动，不得在会员中分配。

社会团体接受捐赠、资助，必须符合章程规定的宗旨和业务范围，必须根据与捐赠人、资助人约定的期限、方式和合法用途使用。社会团体应当向业务主管单位报告接受、使用捐赠、资助的有关情况，并应当将有关情况以适当方式向社会公布。

社会团体专职工作人员的工资和保险福利待遇，参照国家对事业单位的有关规定执行。

第三十条 社会团体必须执行国家规定的财务管理制度，接受财政部门的监督；资产来源属于国家拨款或者社会捐赠、资助的，还应当接受审计机关的监督。

社会团体在换届或者更换法定代表人之前，登记管理机关、业务主管单位应当组织对其进行财务审计。

第三十一条 社会团体应当于每年 3 月 31 日前向业务主管单位报送上一年度的工

作报告，经业务主管单位初审同意后，于5月31日前报送登记管理机关，接受年度检查。工作报告的内容包括：本社会团体遵守法律法规和国家政策的情况、依照本条例履行登记手续的情况、按照章程开展活动的情况、人员和机构变动的情况以及财务管理的情况。

对于依照本条例第十七条的规定发给《社会团体法人登记证书》的社会团体，登记管理机关对其应当简化年度检查的内容。

第六章 罚 则

第三十二条 社会团体在申请登记时弄虚作假，骗取登记的，或者自取得《社会团体法人登记证书》之日起1年未开展活动的，由登记管理机关予以撤销登记。

第三十三条 社会团体有下列情形之一的，由登记管理机关给予警告，责令改正，可以限期停止活动，并可以责令撤换直接负责的主管人员；情节严重的，予以撤销登记；构成犯罪的，依法追究刑事责任：

（一）涂改、出租、出借《社会团体法人登记证书》，或者出租、出借社会团体印章的；

（二）超出章程规定的宗旨和业务范围进行活动的；

（三）拒不接受或者不按照规定接受监督检查的；

（四）不按照规定办理变更登记的；

（五）擅自设立分支机构、代表机构，或者对分支机构、代表机构疏于管理，造成严重后果的；

（六）从事营利性的经营活动的；

（七）侵占、私分、挪用社会团体资产或者所接受的捐赠、资助的；

（八）违反国家有关规定收取费用、筹集资金或者接受、使用捐赠、资助的。

前款规定的行为有违法经营额或者违法所得的，予以没收，可以并处违法经营额1倍以上3倍以下或者违法所得3倍以上5倍以下的罚款。

第三十四条 社会团体的活动违反其他法律、法规的，由有关国家机关依法处理；有关国家机关认为应当撤销登记的，由登记管理机关撤销登记。

第三十五条 未经批准，擅自开展社会团体筹备活动，或者未经登记，擅自以社会团体名义进行活动，以及被撤销登记的社会团体继续以社会团体名义进行活动的，由登记管理机关予以取缔，没收非法财产；构成犯罪的，依法追究刑事责任；尚不构成犯罪的，依法给予治安管理处罚。

第三十六条 社会团体被责令限期停止活动的，由登记管理机关封存《社会团体法人登记证书》、印章和财务凭证。社会团体被撤销登记的，由登记管理机关收缴《社会团体法人登记证书》和印章。

第三十七条 登记管理机关、业务主管单位的工作人员滥用职权、徇私舞弊、玩忽职守构成犯罪的，依法追究刑事责任；尚不构成犯罪的，依法给予行政处分。

第七章 附 则

第三十八条 《社会团体法人登记证书》的式样由国务院民政部门制定。

对社会团体进行年度检查不得收取

费用。

第三十九条 本条例施行前已经成立的社会团体，应当自本条例施行之日起1年内依照本条例有关规定申请重新登记。

第四十条 本条例自发布之日起施行。1989年10月25日国务院发布的《社会团体登记管理条例》同时废止。

基金会管理条例

（2004年2月11日国务院第39次常务会议通过2004年3月8日中华人民共和国国务院令第400号公布自2004年6月1日起施行）

第一章 总 则

第一条 为了规范基金会的组织和活动，维护基金会、捐赠人和受益人的合法权益，促进社会力量参与公益事业，制定本条例。

第二条 本条例所称基金会，是指利用自然人、法人或者其他组织捐赠的财产，以从事公益事业为目的，按照本条例的规定成立的非营利性法人。

第三条 基金会分为面向公众募捐的基金会（以下简称公募基金会）和不得面向公众募捐的基金会（以下简称非公募基金会）。公募基金会按照募捐的地域范围，分为全国性公募基金会和地方性公募基金会。

第四条 基金会必须遵守宪法、法律、法规、规章和国家政策，不得危害国家安全、统一和民族团结，不得违背社会公德。

第五条 基金会依照章程从事公益活动，应当遵循公开、透明的原则。

第六条 国务院民政部门和省、自治区、直辖市人民政府民政部门是基金会的登记管理机关。

国务院民政部门负责下列基金会、基金会代表机构的登记管理工作：

（一）全国性公募基金会；

（二）拟由非内地居民担任法定代表人的基金会；

（三）原始基金超过2000万元，发起人向国务院民政部门提出设立申请的非公募基金会；

（四）境外基金会在中国内地设立的代表机构。

省、自治区、直辖市人民政府民政部门负责本行政区域内地方性公募基金会和不属于前款规定情况的非公募基金会的登记管理工作。

第七条 国务院有关部门或者国务院授权的组织，是国务院民政部门登记的基金会、境外基金会代表机构的业务主管单位。

省、自治区、直辖市人民政府有关部门或者省、自治区、直辖市人民政府授权的组织，是省、自治区、直辖市人民政府民政部门登记的基金会的业务主管单位。

第二章 设立、变更和注销

第八条 设立基金会，应当具备下列条件：

（一）为特定的公益目的而设立；

（二）全国性公募基金会的原始基金不低于800万元人民币，地方性公募基金会的原始基金不低于400万元人民币，非公募基金会的原始基金不低于200万元人民币；原始基金必须为到账货币资金；

（三）有规范的名称、章程、组织机构以及与其开展活动相适应的专职工作人员；

（四）有固定的住所；

（五）能够独立承担民事责任。

第九条　申请设立基金会，申请人应当向登记管理机关提交下列文件：

（一）申请书；

（二）章程草案；

（三）验资证明和住所证明；

（四）理事名单、身份证明以及拟任理事长、副理事长、秘书长简历；

（五）业务主管单位同意设立的文件。

第十条　基金会章程必须明确基金会的公益性质，不得规定使特定自然人、法人或者其他组织受益的内容。

基金会章程应当载明下列事项：

（一）名称及住所；

（二）设立宗旨和公益活动的业务范围；

（三）原始基金数额；

（四）理事会的组成、职权和议事规则，理事的资格、产生程序和任期；

（五）法定代表人的职责；

（六）监事的职责、资格、产生程序和任期；

（七）财务会计报告的编制、审定制度；

（八）财产的管理、使用制度；

（九）基金会的终止条件、程序和终止后财产的处理。

第十一条　登记管理机关应当自收到本条例第九条所列全部有效文件之日起60日内，作出准予或者不予登记的决定。准予登记的，发给《基金会法人登记证书》；不予登记的，应当书面说明理由。

基金会设立登记的事项包括：名称、住所、类型、宗旨、公益活动的业务范围、原始基金数额和法定代表人。

第十二条　基金会拟设立分支机构、代表机构的，应当向原登记管理机关提出登记申请，并提交拟设机构的名称、住所和负责人等情况的文件。

登记管理机关应当自收到前款所列全部有效文件之日起60日内作出准予或者不予登记的决定。准予登记的，发给《基金会分支（代表）机构登记证书》；不予登记的，应当书面说明理由。

基金会分支机构、基金会代表机构设立登记的事项包括：名称、住所、公益活动的业务范围和负责人。

基金会分支机构、基金会代表机构依据基金会的授权开展活动，不具有法人资格。

第十三条　境外基金会在中国内地设立代表机构，应当经有关业务主管单位同意后，向登记管理机关提交下列文件：

（一）申请书；

（二）基金会在境外依法登记成立的证明和基金会章程；

（三）拟设代表机构负责人身份证明及简历；

（四）住所证明；

（五）业务主管单位同意在中国内地设立代表机构的文件。

登记管理机关应当自收到前款所列全部有效文件之日起60日内，作出准予或者不予登记的决定。准予登记的，发给《境外基金会代表机构登记证书》；不予登记的，应当书面说明理由。

境外基金会代表机构设立登记的事项包括：名称、住所、公益活动的业务范围和负责人。

境外基金会代表机构应当从事符合中国公益事业性质的公益活动。境外基金会对其在中国内地代表机构的民事行为，依照中国法律承担民事责任。

第十四条 基金会、境外基金会代表机构依照本条例登记后，应当依法办理税务登记。

基金会、境外基金会代表机构，凭登记证书依法申请组织机构代码、刻制印章、开立银行账户。

基金会、境外基金会代表机构应当将组织机构代码、印章式样、银行账号以及税务登记证件复印件报登记管理机关备案。

第十五条 基金会、基金会分支机构、基金会代表机构和境外基金会代表机构的登记事项需要变更的，应当向登记管理机关申请变更登记。

基金会修改章程，应当征得其业务主管单位的同意，并报登记管理机关核准。

第十六条 基金会、境外基金会代表机构有下列情形之一的，应当向登记管理机关申请注销登记：

（一）按照章程规定终止的；

（二）无法按照章程规定的宗旨继续从事公益活动的；

（三）由于其他原因终止的。

第十七条 基金会撤销其分支机构、代表机构的，应当向登记管理机关办理分支机构、代表机构的注销登记。

基金会注销的，其分支机构、代表机构同时注销。

第十八条 基金会在办理注销登记前，应当在登记管理机关、业务主管单位的指导下成立清算组织，完成清算工作。

基金会应当自清算结束之日起15日内向登记管理机关办理注销登记；在清算期间不得开展清算以外的活动。

第十九条 基金会、基金会分支机构、基金会代表机构以及境外基金会代表机构的设立、变更、注销登记，由登记管理机关向社会公告。

第三章　组织机构

第二十条 基金会设理事会，理事为5人至25人，理事任期由章程规定，但每届任期不得超过5年。理事任期届满，连选可以连任。

用私人财产设立的非公募基金会，相互间有近亲属关系的基金会理事，总数不得超过理事总人数的三分之一；其他基金会，具有近亲属关系的不得同时在理事会任职。

在基金会领取报酬的理事不得超过理事总人数的三分之一。

理事会设理事长、副理事长和秘书长，从理事中选举产生，理事长是基金会的法定代表人。

第二十一条 理事会是基金会的决策机构，依法行使章程规定的职权。

理事会每年至少召开2次会议。理事会会议须有三分之二以上理事出席方能召开；理事会决议须经出席理事过半数通过方为有效。

下列重要事项的决议，须经出席理事表决，三分之二以上通过方为有效：

（一）章程的修改；

（二）选举或者罢免理事长、副理事长、秘书长；

（三）章程规定的重大募捐、投资活动；

（四）基金会的分立、合并。

理事会会议应当制作会议记录，并由出席理事审阅、签名。

第二十二条 基金会设监事。监事任期与理事任期相同。理事、理事的近亲属和基金会财会人员不得兼任监事。

监事依照章程规定的程序检查基金会财务和会计资料，监督理事会遵守法律和章程的情况。

监事列席理事会会议，有权向理事会提出质询和建议，并应当向登记管理机关、业务主管单位以及税务、会计主管部门反映情况。

第二十三条 基金会理事长、副理事长和秘书长不得由现职国家工作人员兼任。基金会的法定代表人，不得同时担任其他组织的法定代表人。公募基金会和原始基金来自中国内地的非公募基金会的法定代表人，应当由内地居民担任。

因犯罪被判处管制、拘役或者有期徒刑，刑期执行完毕之日起未逾5年的，因犯罪被判处剥夺政治权利正在执行期间或者曾经被判处剥夺政治权利的，以及曾在因违法被撤销登记的基金会担任理事长、副理事长或者秘书长，且对该基金会的违法行为负有个人责任，自该基金会被撤销之日起未逾5年的，不得担任基金会的理事长、副理事长或者秘书长。

基金会理事遇有个人利益与基金会利益关联时，不得参与相关事宜的决策；基金会理事、监事及其近亲属不得与其所在的基金会有任何交易行为。

监事和未在基金会担任专职工作的理事不得从基金会获取报酬。

第二十四条 担任基金会理事长、副理事长或者秘书长的香港居民、澳门居民、台湾居民、外国人以及境外基金会代表机构的负责人，每年在中国内地居留时间不得少于3个月。

第四章 财产的管理和使用

第二十五条 基金会组织募捐、接受捐赠，应当符合章程规定的宗旨和公益活动的业务范围。境外基金会代表机构不得在中国境内组织募捐、接受捐赠。

公募基金会组织募捐，应当向社会公布募得资金后拟开展的公益活动和资金的详细使用计划。

第二十六条 基金会及其捐赠人、受益人依照法律、行政法规的规定享受税收优惠。

第二十七条 基金会的财产及其他收入受法律保护，任何单位和个人不得私分、侵占、挪用。

基金会应当根据章程规定的宗旨和公益活动的业务范围使用其财产；捐赠协议明确了具体使用方式的捐赠，根据捐赠协议的约定使用。

接受捐赠的物资无法用于符合其宗旨的用途时，基金会可以依法拍卖或者变卖，所得收入用于捐赠目的。

第二十八条 基金会应当按照合法、安全、有效的原则实现基金的保值、增值。

第二十九条 公募基金会每年用于从事章程规定的公益事业支出，不得低于上一年总收入的70%；非公募基金会每年用于从事章程规定的公益事业支出，不得低于上一年基金余额的8%。

基金会工作人员工资福利和行政办公支出不得超过当年总支出的10%。

第三十条 基金会开展公益资助项目，应当向社会公布所开展的公益资助项目种类以及申请、评审程序。

第三十一条 基金会可以与受助人签订协议，约定资助方式、资助数额以及资金用途和使用方式。

基金会有权对资助的使用情况进行监督。受助人未按协议约定使用资助或者有其他违反协议情形的，基金会有权解除资助协议。

第三十二条 基金会应当执行国家统一的会计制度，依法进行会计核算、建立健全内部会计监督制度。

第三十三条 基金会注销后的剩余财产应当按照章程的规定用于公益目的；无法按照章程规定处理的，由登记管理机关组织捐赠给与该基金会性质、宗旨相同的社会公益组织，并向社会公告。

第五章 监督管理

第三十四条 基金会登记管理机关履行下列监督管理职责：

（一）对基金会、境外基金会代表机构实施年度检查；

（二）对基金会、境外基金会代表机构依照本条例及其章程开展活动的情况进行日常监督管理；

（三）对基金会、境外基金会代表机构违反本条例的行为依法进行处罚。

第三十五条 基金会业务主管单位履行下列监督管理职责：

（一）指导、监督基金会、境外基金会代表机构依据法律和章程开展公益活动；

（二）负责基金会、境外基金会代表机构年度检查的初审；

（三）配合登记管理机关、其他执法部门查处基金会、境外基金会代表机构的违法行为。

第三十六条 基金会、境外基金会代表机构应当于每年3月31日前向登记管理机关报送上一年度工作报告，接受年度检查。年度工作报告在报送登记管理机关前应当经业务主管单位审查同意。

年度工作报告应当包括：财务会计报告、注册会计师审计报告，开展募捐、接受捐赠、提供资助等活动的情况以及人员和机构的变动情况等。

第三十七条 基金会应当接受税务、会计主管部门依法实施的税务监督和会计监督。

基金会在换届和更换法定代表人之前，应当进行财务审计。

第三十八条 基金会、境外基金会代表机构应当在通过登记管理机关的年度检查后，将年度工作报告在登记管理机关指定的媒体上公布，接受社会公众的查询、监督。

第三十九条 捐赠人有权向基金会查询捐赠财产的使用、管理情况，并提出意见和建议。对于捐赠人的查询，基金会应当及时如实答复。

基金会违反捐赠协议使用捐赠财产的，

捐赠人有权要求基金会遵守捐赠协议或者向人民法院申请撤销捐赠行为、解除捐赠协议。

第六章　法律责任

第四十条　未经登记或者被撤销登记后以基金会、基金会分支机构、基金会代表机构或者境外基金会代表机构名义开展活动的，由登记管理机关予以取缔，没收非法财产并向社会公告。

第四十一条　基金会、基金会分支机构、基金会代表机构或者境外基金会代表机构有下列情形之一的，登记管理机关应当撤销登记：

（一）在申请登记时弄虚作假骗取登记的，或者自取得登记证书之日起 12 个月内未按章程规定开展活动的；

（二）符合注销条件，不按照本条例的规定办理注销登记仍继续开展活动的。

第四十二条　基金会、基金会分支机构、基金会代表机构或者境外基金会代表机构有下列情形之一的，由登记管理机关给予警告、责令停止活动；情节严重的，可以撤销登记：

（一）未按照章程规定的宗旨和公益活动的业务范围进行活动的；

（二）在填制会计凭证、登记会计账簿、编制财务会计报告中弄虚作假的；

（三）不按照规定办理变更登记的；

（四）未按照本条例的规定完成公益事业支出额度的；

（五）未按照本条例的规定接受年度检查，或者年度检查不合格的；

（六）不履行信息公布义务或者公布虚假信息的。

基金会、境外基金会代表机构有前款所列行为的，登记管理机关应当提请税务机关责令补交违法行为存续期间所享受的税收减免。

第四十三条　基金会理事会违反本条例和章程规定决策不当，致使基金会遭受财产损失的，参与决策的理事应当承担相应的赔偿责任。

基金会理事、监事以及专职工作人员私分、侵占、挪用基金会财产的，应当退还非法占用的财产；构成犯罪的，依法追究刑事责任。

第四十四条　基金会、境外基金会代表机构被责令停止活动的，由登记管理机关封存其登记证书、印章和财务凭证。

第四十五条　登记管理机关、业务主管单位工作人员滥用职权、玩忽职守、徇私舞弊，构成犯罪的，依法追究刑事责任；尚不构成犯罪的，依法给予行政处分或者纪律处分。

第七章　附　　则

第四十六条　本条例所称境外基金会，是指在外国以及中华人民共和国香港特别行政区、澳门特别行政区和台湾地区合法成立的基金会。

第四十七条　基金会设立申请书、基金会年度工作报告的格式以及基金会章程范本，由国务院民政部门制订。

第四十八条　本条例自 2004 年 6 月 1 日起施行，1988 年 9 月 27 日国务院发布的

《基金会管理办法》同时废止。

本条例施行前已经设立的基金会、境外基金会代表机构，应当自本条例施行之日起6个月内，按照本条例的规定申请换发登记证书。

年度主要文件

关于下发《中国红十字会总会关于推动人体器官捐献及试点工作的意见》的通知

（红总字〔2009〕3号
2009年1月15日）

各省、自治区、直辖市红十字会，新疆生产建设兵团红十字会：

为贯彻国务院2007年颁布的《人体器官移植条例》，落实《条例》有关规定，我会制定了《中国红十字会总会关于推动人体器官捐献及试点工作的意见》，现印发给你们，请遵照执行。

中国红十字会总会关于推动人体器官捐献及试点工作的意见

为了更好地推动人体器官捐献工作，保障人的生命和健康，根据《人体器官移植条例》相关规定及全国红十字系统参与遗体捐献工作的实际情况，特制订本意见。

一、本意见所指人体器官捐献是：人体器官捐献志愿者通过书面自愿申请进行登记，而且没有撤销该登记，待其身故后进行的非活体器官（包括组织）捐献。

二、各级红十字会要按照《中华人民共和国红十字会法》、《人体器官移植条例》的有关规定，积极做好人体器官捐献的宣传动员、接受登记、捐献见证、参与分配、缅怀纪念等工作，造福于广大人民群众。

三、广泛开展宣传动员。全国各级红十字会要结合当地实际开展形式多样的宣传动员活动，充分利用当地电视、电台、网络、报纸等新闻媒体，制作宣传片、公益广告，向社会开展宣传动员，提高人们对器官捐献工作科学性、重要性的认识，宣传普及器官移植知识及相关政策等。中国红十字会总会将择机联合中宣部、中央文明办、全国人大教科文委员会、最高人民法院、国务院法制办、司法部、公安部、交通部、民政部、卫生部、中华全国总工会、共青团中央、中华全国妇女联合会、中央电视台、新华社等相关部门，发布关于推动开展人体器官捐献和移植工作的联合通知，以及自愿无偿捐献人体器官的联合倡议书，并根据宣传工作的需要适时召开新闻发布会。

四、积极争取潜在捐献资源。根据公安部统计数据：2007年，全国共发生道路交通事故32.7万余起，造成8万余人死亡，是一个很大的潜在捐献资源。中国红十字会已联合交通部、公安部等相关部门，在机动车驾驶员、煤矿工人等高危行业的工作人员中进行卫生救护培训。可在此基础上开展人体器官捐献移植的科普知识宣传，学习、推广福建省、深圳市等红十字会开展人体器官捐献工作的经验，扩大捐献者队伍。

五、适时建立中国红十字会人体器官捐献网。该网将具备以下内容：捐献者申请，对于实现捐献的捐献者的网上纪念，人体器官捐献移植相关法律法规、人体器官捐献移植相关科学知识、人体器官捐献的国际情况，人体器官捐献登记站查询，卫生部批准的有资质的移植医院名称及联系方式等。该网站由中国红十字会总会负责管理和维护。

六、做好申请登记等工作

（一）申请

1、捐献行为规范

人体器官捐献者要符合《人体器官移植条例》第二章第七条、第八条以及其他各章相关条款的规定：

第七条 人体器官捐献应当遵循自愿、无偿的原则。

公民享有捐献或者不捐献其人体器官的权利；任何组织或者个人不得强迫、欺骗或者利诱他人捐献人体器官。

第八条 捐献人体器官的公民应当具有完全民事行为能力。公民捐献其人体器官应当有书面形式的捐献意愿，对已经表示捐献其人体器官的意愿，有权予以撤销。

公民生前表示不同意捐献其人体器官的，任何组织或者个人不得捐献、摘取该公民的人体器官；公民生前未表示不同意捐献其人体器官的，该公民死亡后，其配偶、成年子女、父母可以以书面形式共同表示同意捐献该公民人体器官的意愿。

2、接受申请机构

各级红十字会要在目前已设立的遗体器官捐献者登记站的基础上，逐步完善管理、加强基础设施建设、提高服务水平，同时要积极稳妥地根据当地实际增设新的适应人体器官捐献工作需要的人体器官捐献志愿者登记站。

3、申请登记方式

捐献者应当向人体器官捐献者登记站提出申请。对于捐献者的申请，一律采取书面申请的方式，并可以随时以书面形式撤销申请。全国人体器官捐献志愿者申请登记一律采用由中国红十字会总会制定的统一的人体器官捐献志愿者申请登记表（附后）。

（二）审查

本着人道主义精神和公正、公平、公开的原则，各级红十字会人体器官捐献志愿者登记站依据《中华人民共和国红十字会法》、《人体器官移植条例》等相关法律法规，对人体器官捐献志愿者申请登记的信息进行审查。

（三）登记

登记站对审查符合条件者予以登记，并妥善保管登记资料，不得外泄和遗失。中国红十字会人体器官捐献资料库未成立前可将有关信息传输到深圳市红十字会中国器官捐献网站（www. organdonation. org. cn）。

（四）见证

中国红十字会总会负责指导全国人体器官捐献工作的开展，地方各级红十字会要对整个捐献工作进行具体指导和见证，以对捐献者负责。

（五）参与分配

根据卫生部意见，依照公正、公平的原则，红十字会参与人体器官的分配工作。

（六）缅怀纪念

已经开展遗体器官捐献工作的各省要继续利用现有资源和条件开展好对于器官捐献者的缅怀纪念工作，采取多种形式，为其家属提供缅怀亲人的场所和渠道。

七、积极争取政府支持。中国红十字会

开展人体器官捐献工作将与政府卫生等部门保持密切合作，积极争取政府卫生、财政等部门在人、财、物等方面的支持和保障，适当时机申请成立中国红十字会人体器官捐献资料库管理中心。要与政府卫生部门合作共同完善各项相关制度，有效地推动遗体器官捐献工作的开展。

八、时机成熟时建立红十字人体器官捐献基金。争取政府出资设立红十字人体器官捐献基金，红十字会可通过开展募捐向社会筹集资金。该基金用于开展人体器官捐献的宣传动员、纪念表彰等相关工作。具体内容是：支持人体器官捐献资料库管理中心开展宣传动员、资料管理等各项工作；对于无偿捐献者，除特殊情况给予必要的经济补偿外，都应给予精神奖励，以弘扬他们无私奉献的人道主义精神；规划建立纪念碑、纪念馆、纪念林和纪念网站，缅怀纪念遗体器官捐献者，并为捐献者家属提供缅怀亲人的场所；对有突出贡献的组织和个人予以表彰。

九、做好捐献试点工作

总会在全国已经开展遗体捐献工作的24个省中选择了山东省、广东省红十字会，南京市、厦门市红十字会为首批试点单位。待取得经验后再逐步推开。试点省市红十字会要成立器官捐献工作小组，指定1名会领导负责实施试点工作，并配备专兼职人员负责。根据《工作意见》制定具体实施方案和工作计划，于今年2月底前上报总会赈济救护部。

附件：中国红十字会人体器官捐献志愿者申请登记表（略）

关于进一步加强合作深入开展艾滋病防治工作的通知

（红总字〔2009〕4号
2009年1月20日）

各省、自治区、直辖市和新疆生产建设兵团红十字会、防治艾滋病工作委员会办公室：

为落实《艾滋病防治条例》关于“国家鼓励和支持工会、共产主义青年团、妇女联合会、红十字等团体协助各级人民政府开展艾滋病防治工作”的规定，进一步加强合作，鼓励和支持红十字会深入开展艾滋病防治工作，促进和谐社会建设，现就有关事宜通知如下：

一、进一步提高对多部门合作开展艾滋病防治工作重要性的认识

艾滋病防治工作是一项社会系统工程，需要政府组织领导、部门各负其责、全社会共同参与。近年来，中国红十字会认真履行职责，充分利用自身优势，拥有了一批社区艾滋病防治志愿者，在艾滋病预防宣传及对艾滋病病毒感染者的关爱方面做了大量工作，受到了社区群众、感染者及其家人的欢迎，逐步成为政府在艾滋病防治工作方面的得力助手。加强各级防治艾滋病工作协调机构与红十字会的合作，充分发挥红十字会的优势，对做好艾滋病预防宣传及对艾滋病病毒感染者的关爱有着十分重要的作用，对完善多部门合作机制也是一项有益的实践。要进一步提高认识，结合防治工作需要，加强信息沟通和工作配合，共同做好艾滋病防治工作。

二、进一步明确各级红十字会履行艾滋病防治工作职责

中国红十字会总会作为国务院防治艾滋病工作委员会成员单位，在全国艾滋病防治工作中承担以下职责：配合卫生部门做好无偿献血的宣传动员工作；协助政府有关部门对生活困难的艾滋病病毒感染者、患者及家属开展关怀救助工作；协助政府有关部门在多种目标人群中开展艾滋病预防工作；动员红十字会会员、红十字青少年和红十字会志愿者积极参与预防和控制艾滋病宣传教育工作。

各级艾滋病防治协调领导机构要参照中国红十字会总会职责，结合本地艾滋病防治工作实际，明确本级红十字会艾滋病防治工作职责。各级红十字会要主动与各级艾滋病防治协调领导机构沟通，按照自身工作职责，协商制定参与艾滋病防治宣传与关爱活动的工作计划，积极争取有关政策、资金和技术的支持，从实际出发，做出自己的应有贡献。

三、进一步加强对红十字会参与艾滋病防治工作的鼓励和支持

各级艾滋病防治协调领导机构要鼓励和支持各级红十字会制定本地红十字会参与宣传及关爱工作的发展规划和年度具体工作计划，在政策、经费等方面予以支持。本地开展的重要活动和项目，要积极协调红十字会参与。要将各级红十字会艾滋病防治工作人员的能力建设纳入本地艾滋病防治工作的培训和交流计划。

在政府部门开展工作有困难的一些具体艾滋病防治领域，如：男男性行为者、娱乐场所从业女性、吸毒人员等高危人群中的宣传、培训和干预工作，要重视发挥各级红十字会及广大志愿者的独特作用，逐步形成红十字会面向高危人群宣传、培训、干预的志愿者队伍。对各级红十字会关爱艾滋病感染者的工作要积极给予指导和必要的支持。在条件成熟的地区，可鼓励和支持红十字会在其冠名医院开设美沙酮社区维持治疗门诊。

四、各级红十字会参与艾滋病防治工作情况每年要向本级艾滋病防治领导协调机构和上级红十字会报告。各级艾滋病防治领导协调机构，也要将本地鼓励和支持红十字会开展工作的情况作为年度艾滋病防治工作总结的一项重要内容，每年底逐级上报。

关于认真做好《汶川特大地震抗震救灾志》编纂工作的通知

（红总字〔2009〕10号
2009年2月5日）

各省、自治区、直辖市红十字会，新疆生产建设兵团红十字会，铁路、商业系统红十字会：

由国家主持的《汶川特大地震抗震救灾志》编纂工作已全面启动，中国红十字会为承编单位之一。现将国务院批准的《〈汶川特大地震抗震救灾志〉编纂工作实施方案》转发你们，请按方案要求认真做好工作。有关事项通知如下：

一、加强领导，落实责任。《汶川特大地震抗震救灾志》是新中国成立以来第一部由国家层面组织、针对特大自然灾害而编纂的志书，将全面、客观、系统地记述这场特大地震灾害和抗震救灾工作，是贯彻落实科学发展观、增强抵御自然灾害能力、推动人类文明进步的需要，是弘扬抗震救灾精神、增强民族凝聚力的需要。

志书编纂工作涉及各级红十字会、专业性强、工作量大，是一项规模宏大的系统工程。各省级红十字会要高度重视，按照《〈汶川特大地震抗震救灾志〉编纂工作实施方案》要求，积极参加编纂工作。要抓紧着手开展资料征集与资料长编工作，落实责任，搞好协调，及时解决工作中的困难和问题，确保编纂工作按期完成。

二、认真做好资料征集工作。《汶川特大地震抗震救灾志》分为《总述》、《大事记》、《图志》、《地震灾害志》、《抢险救灾志》、《灾区生活志》、《灾区医疗防疫志》、《社会赈灾志》、《灾后重建志》、《英模人物》、《附录》等11个分卷。除《地震灾害志》外，都与红十字会有关。

征集资料要全面系统，将各级红十字会参加汶川特大地震抗震救灾各类资料搜集齐全。资料来源包括报纸、期刊、档案、文件、工作总结、技术资料、会议纪要、图书、图片集、文物、口碑、音像、调查报告、实地调查等。入志资料要真实、准确，经过鉴别、核实，时间、地点、人物（单位）、事实、数据等信息准确。不可或缺但有歧义的资料，可以多说并存。

三、认真做好资料长编工作。按照志书编纂要求，各分卷在编纂初稿之前，必须编辑资料长编。资料长编一事一条，主要包括时间、地点、人物、过程、原因五要素。按篇目归类，各事条按时间先后顺序编排。每条资料长编主要为节录的资料内容；每条的“说明”包括资料事件发生时间、资料来源，如报纸“说明”有名称、第几版、文章标题、作者姓名等，档案交代馆藏、文档号，文件交代发文单位、文号。每一资料长编的摘录者须署名以示负责。

按照规定格式文本的要求，做到“一事一条”（见附件2—4），“一事一条”可能抄录不下“一事”，可印制续页，即在前图示基础上保留卡名，将右上角“第页，共页”改为“续页，共页”，同时删掉表头5行内容以及表下方“说明”内容即可。

图表分以文为主和以图表为主两种，均须文图相符，传输方法同前；音像、文物等可与编纂工作办公室（编辑部）另商征集、复制或传输方法。

四、确保按时完成资料征集和编写长编工作。各省级红十字会务于2009年3月15日前，将征集的资料和编辑的资料长编（纸质文本和电子文本）直接报送总会。总会将在此基础上，于今年4月向各分卷编纂室报送资料篇目，开始编辑资料长编，9月完成初审稿。

五、总会成立《汶川特大地震抗震救灾志》编纂工作办公室（编辑部），具体负责编纂事宜。

工作人员：李兰颂　傅　虹　冯志国　王　丹

电话/传真：010—65249584

地址/邮编：北京市东城区干面胡同43号104室/100010

电子信箱：hhdzz@ yahoo. cn

附件：1.《汶川特大地震抗震救灾志》编纂工作实施方案；

2.《汶川特大地震抗震救灾志》资料摘录卡；

3.《汶川特大地震抗震救灾志》口碑资料采访记录单；

4.《汶川特大地震抗震救灾志》电子文本资料下载卡。

附件 1

《汶川特大地震抗震救灾志》编纂工作实施方案

汶川特大地震抗震救灾志编纂委员会

二〇〇八年十月

为全面、客观、系统地记述汶川特大地震灾害和抗震救灾工作，科学总结经验，充分展示中国共产党和人民政府的坚强领导与社会主义制度的优越性，保证《汶川特大地震抗震救灾志》的编纂质量，根据国务院领导同志批准的“《汶川特大地震抗震救灾志》编纂工作方案”，结合编纂工作实际，制定本实施方案。

一、编纂指导思想与基本原则

以马克思列宁主义、毛泽东思想、邓小平理论和“三个代表”重要思想为指导，全面贯彻落实科学发展观，坚持辩证唯物主义和历史唯物主义的立场、观点和方法，严格依照国务院《地方志工作条例》的规定，全面真实地记述地震灾害、抗震救灾和灾后恢复重建工作。

二、编纂目的意义

2008 年 5 月 12 日发生的汶川特大地震，是新中国成立以来破坏性最强、波及范围最广、救灾难度最大的一次地震，造成了巨大的生命财产损失。而随即展开的我国历史上救援速度最快、动员范围最广、投入力量最大的抗震救灾斗争，所表现出来的万众一心、众志成城，不畏艰险、百折不挠，以人为本、尊重科学的伟大抗震救灾精神，是党和人民极为宝贵的精神财富，值得永载史册。编纂《汶川特大地震抗震救灾志》，全面、客观地记述地震灾害、抗震救灾和灾后重建的全过程，对于系统总结抗震救灾经验，加强应急管理能力建设，提高防灾减灾工作水平，服务于当前和今后的防震、抗震、救灾、重建工作；对于全面展示社会主义制度的优越性、中华民族的优秀品质、人民军队的政治本色、中国共产党的坚强领导，进一步弘扬伟大抗震救灾精神，激发全国各族人民在党和政府的领导下战胜一切艰难险阻的信心和决心；对于为全世界提供应对突发事件、抗击特大自然灾害的宝贵经验，促使人类更加自觉地去认识和把握自然规律、增强抵御自然灾害能力，进而推动人类文明进步，都具有重大的现实意义和深远的历史意义。

三、编纂任务与总体设计

（一）编纂任务。

《汶川特大地震抗震救灾志》共设 11 个分卷，即《汶川特大地震抗震救灾志·总述》、《汶川特大地震抗震救灾志·大事记》、《汶川特大地震抗震救灾志·图志》、《汶川特大地震抗震救灾志·地震灾害志》、《汶川特大地震抗震救灾志·抢险救灾志》、《汶川特大地震抗震救灾志·灾区生活志》、《汶川特大地震抗震救灾志·灾区医疗防疫志》、《汶川特大地震抗震救灾志·社会赈灾志》、《汶川特大地震抗震救灾志·灾后重建志》、《汶川特大地震抗震救灾志·英模人物》、《汶川特大地震抗震救灾志·附录》。全志约 1100 万字。各卷篇幅视内容多寡而定，篇幅大的分卷可分册出版。

（二）总体设计。

1.《汶川特大地震抗震救灾志》记述时间断限。

全志原则上记述时限为2008年5月12日至2010年12月31日，即地震爆发到灾后重建工作基本完成。各分卷视有关工作的完成情况而定：

《汶川特大地震抗震救灾志·总述》、《汶川特大地震抗震救灾志·大事记》、《汶川特大地震抗震救灾志·图志》、《汶川特大地震抗震救灾志·灾后重建志》、《汶川特大地震抗震救灾志·附录》各卷记述时限为2008年5月12日至2010年12月31日。

《汶川特大地震抗震救灾志·地震灾害志》、《汶川特大地震抗震救灾志·抢险救灾志》、《汶川特大地震抗震救灾志·灾区生活志》、《汶川特大地震抗震救灾志·灾区医疗防疫志》、《汶川特大地震抗震救灾志·社会赈灾志》、《汶川特大地震抗震救灾志·英模人物》各卷记述时限为2008年5月12日至2008年10月14日。

2.《汶川特大地震抗震救灾志》记述地域。

记述主要地域是汶川特大地震受灾地区（以国家地震局界定的范围为准），大致包括四川、重庆、甘肃、陕西、云南等地；组织抗灾、救灾、赈灾等工作和活动可以记述灾区以外相关地区（含国际社会）。

3.《汶川特大地震抗震救灾志》总体内容。

卷一：《汶川特大地震抗震救灾志·总述》。从总体、全局角度，钩玄提要，对汶川特大地震灾害、抗震救灾和灾后重建进行总括式的记述，包括汶川特大地震地区震前的自然概貌（气候条件、区域地质构造、活动断裂带、历史上地震情况、地貌、自然资源）、人口、经济与社会总情况；地震爆发与严重灾情；党和政府领导抗震救灾的坚强领导、周密组织、科学调度以及党和国家领导人深入灾区组织抢险；灾民自救与组织救援（人民解放军、武警部队、民兵预备役人员、公安民警和医疗卫生人员、新闻工作者、科技工作者、农业工作者等以及各省市区的紧急救援）；防治次生灾害；监测预警；灾民安置与安排灾区生活物资供应；医疗防疫；灾后农业生产恢复；抢修恢复基础设施；恢复学校教育；全国捐款赈灾；国际救援；在抗震救灾重建中涌现的英雄模范和产生的伟大抗灾精神；国际社会对我国此次抗灾行动的高度评价等。

卷二：《汶川特大地震抗震救灾志·大事记》。采用编年体（适当结合纪事本末体），分月、日记述。按时间顺序，一事一条，记载汶川特大地震抗震救灾工作中的大事、要事。

卷三：《汶川特大地震抗震救灾志·图志》。采用图照与文字叙述、文字介绍相结合的形式，直观再现汶川特大地震的巨大破坏和震撼人心的抗震救灾现场，反映党和国家对抗震救灾工作的领导、指挥、部署，再现伟大的抗震救灾精神、英雄不屈的人民、典型感人的事迹，体现社会主义制度的优越性。前置长篇导言，再按专题分类。专题内容大体包括汶川特大地震震前灾区的壮丽河山、人民和谐的生活、主要基础设施、工厂学校、商业集市等（以体现大地震前后的巨大反差和破坏的强烈程度）；震区分布图、震区地震断裂带等相关地质构造图、航空遥感地震灾害监测图像；历史文献记载的该地区地震情况的图照；震灾爆发及巨大破坏；党和国家领导人抗灾决策及深入灾区组织抢险救援（包括抗震救灾指挥部领导工作或会议现场、党和国家领导人与灾区群众在一起）；党和政府发布的重要抗灾救灾命令；人民解放军、武警部队紧急救援、灾民安置和支援地方恢复重建；国家各有关部委配合抢险救灾；抢修基础设施；处置次生灾害及监测预警（堰塞湖、泥石流、滑坡、高温、雷电、暴雨等）；转移安置灾民稳定社会；灾区疫病防治；学校复课（包括推迟高考）；各省市区赈灾和援助；国际社会援助；有关抗震救灾的书画照片等。

卷四：《汶川特大地震抗震救灾志·地震灾害志》。文字记述，配以随文照片。首设概述，然后横排事类。集中记述震区的地质地貌，本次大地震的成因；大地震造成的巨大破坏，包括人员伤亡、自然环境破坏、生活设施毁坏、基础设施毁坏、生产设施毁坏（农田、工厂、商业街区）、文化设施毁坏、村落城镇毁坏、旅游景观毁坏甚至消亡；次生地质灾害（崩塌、滑坡、泥石流）；次生灾害调查与防范；监测预警；科技工作者为防震减灾所作的努力及所取得的科研成果（如航空遥感技术在地震及次生地质灾害救灾中的应用情况与监测内容）等。

卷五：《汶川特大地震抗震救灾志·抢险救灾志》。文字记述，配以随文照片。首设概述，然后横排事类。主要反映广大军民面对极其惨烈的灾难，面对极其严重的困难，临危不惧、奋不顾身、舍生忘死的超人勇气和大无畏精神。包括抗震救灾指挥部及有关应急组织、领导层决策部署，组织救援、救援人员进入灾区（陆路、航空、水路进入，空投救援人员和物资）、进村入户搜救被困群众和游客、疏散转移群众、调集抢修救援装备、启用储备物资与医药调度、抢险应急物资运输供应、灾害监测预警（地震监测、气象监测预警、河湖水质监测、危险化学品等污染物防控等）、次生灾害防治（调查评估及排查与治理、灾区水库安全保卫、堰塞湖疏通、变形河道治理、余震防御、泥石流防范、气象灾害防治）、基础设施抢修、灾区现场清理、安全保卫（包括重要场所警戒）稳定社会。

卷六：《汶川特大地震抗震救灾志·灾区生活志》。文字记述，配以随文照片。首设概述，然后横排事类。主要反映灾区群众的安置工作。包括制定实施受灾群众救助工作方案及相应的资金物质保障措施、配套基础设施保障（如供水、供电）、灾区生活救助供应领导组织机构与系统、灾区群众生存艰难，对受灾群众救助、生活必需品供应、倒房群众安置、灾区市场供应、资金物资保障与管理、社会治安、交通秩序维护等。

卷七：《汶川特大地震抗震救灾志·卫生防疫志》。文字记述，配以随文照片。首设概述，然后横排事类。主要反映灾区医疗救援、卫生防疫、伤员康复、对口支援、医疗卫生机构恢复重建等工作。包括灾区卫生防疫领导组织管理系统，医疗卫生救援队伍工作情况，医疗防疫器械、药品调集及配送，伤员救治和转运（包括转移至外省、自治区、直辖市、军队后方医院治疗），传染病和突发公共卫生事件防控、实现大灾之后无大疫的工作（传染病疫情和突发公共卫生事件监测、报告和防控，免疫接种，食品和饮用水的卫生监督监测，环境消毒，人和动物尸体的处理及消毒，健康教育），心理危机干预，伤员康复，全国卫生系统对口支援，灾区医疗卫生机构恢复重建等。

卷八：《汶川特大地震抗震救灾志·社会赈灾志》。文字记述，配以随文照片。首设概述，然后横排事类。主要反映一方有难、八方支援，举国上下患难与共，前方后方同心协力，海内海外和衷共济等守望相助、倾力支持的情况。包括救灾捐赠领导组织管理系统、中央部委赈灾与捐赠、各省市区赈灾与捐赠、解放军与武警部队赈灾与捐赠、企业赈灾与捐赠、社会民众赈灾与捐赠、港澳台赈灾与捐赠、海外侨胞赈灾与捐赠、国际社会赈灾与捐赠（如灾区少年儿童受邀到国外疗养），以及相关省市、企业对口支援灾区抢险救灾、恢复重建和安置等。

卷九：《汶川特大地震抗震救灾志·灾后重建志》。文字记述，配以随文照片。首设概述，然后横排事类。主要反映恢复生产、重建家园（物质的和精神的）等工作。包括党和国家关于灾后恢复重建的方针政策和工作部署、灾后重建领导组织管理系统、土地利用专项规划、国土资源政策支持、地质安全评估，城乡居民倒塌毁损住房、公共服务设施（教育、卫生、基层政权等）、基础设施抢修与重建（铁路、公路、桥梁、隧道等交通设施，供电、供水、供气、通邮、通信等设施）、气象设施重建和气象保障服务等，组织自救互救（生产自救、核查农工矿商贸损毁情况、指导制定恢复生产的政策措施、落实扶持资金物资、开展恢复生产工作）、军队支援地方恢复重建、劳务输出，重建规划、工商企业恢复生产和重建、农业和林业恢复生产和重建、学校恢复重建、村庄城镇重建、其他基础设施恢复重建等。

卷十：《汶川特大地震抗震救灾志·英模人物》。文字记述，每一人物配一张1寸半身照片。主要记述抗震救灾英雄集体和主要抗震救灾模范。首设概述，概括介绍汶川特大地震抗震救灾英模人物的类型、特点，反映大难面前精神不倒、奋斗不息的自强精神，迎难而上、百折不挠的精神，万众一心、众志成城的精神，一方有难、八方支援的社会主义大协作精神等。概述后以具体人物为记述对象，记录汶川特大地震抗震救灾工作中涌现的英模群体和先进人物的杰出代表（如舍身救人的英雄，在救灾抢险中牺牲的英烈等），表彰他们的先进思想和模范事迹。体裁包括人物传、人物简介和人物表，内容以2008年10月8日中共中央、国务院和中央军委在人民大会堂召开的全国抗震救灾总结表彰大会所表彰的汶川特大地震抗震救灾英雄集体和抗震救灾模范为基础。

卷十一：《汶川特大地震抗震救灾志·附录》。文字记述，可适当配以图照。主要收录与汶川特大地震抗震救灾有关的，有重大社会、文献价值的法规、文件、报道、艺文等原始文献。如党和国家领导人的重要批示、讲话，党和政府颁布的法规、决定，新闻部门发布的重大新闻信息、重要通报和社论，抢险中重要保障措施，国务院批准的重建方案，重要报刊发表的人民群众和国际社会对抗灾救灾的评价等。

除《汶川特大地震抗震救灾志·大事记》、《汶川特大地震抗震救灾志·图志》、《汶川特大地震抗震救灾志·英模人物》、《汶川特大地震抗震救灾志·附录》等卷外，其余各卷一律按篇、章、节、目分级编次。各分卷的结构层次根据具体情况安排。

凡例、编纂说明、编后记。

总凡例：统领全志，各分卷卷首放总凡例，同时放分卷的编纂说明。总凡例包括编纂志书的指导思想、编纂原则、时空范围、体例、人物收录标准、资料来源、数据使用、行文规范等，规定明确。

分卷的编纂说明：重点说明总凡例中没有涉及，但需要交待清楚的内容以及对特殊问题的处理原则等。

编后记：重点记述编纂始末。各分卷的编后记置于本卷之末，全志的总编后记置于卷十一《汶川特大地震抗震救灾志·附录》之末。

四、组织领导

为确保《汶川特大地震抗震救灾志》的编纂质量，高效率、高水平完成编纂工作，成立《汶川特大地震抗震救灾志》编纂委员会及其他编纂工作机构。

（一）“《汶川特大地震抗震救灾志》编纂委员会”的组成及职能

为便于开展工作，根据国务院领导同志批准的“《汶川特大地震抗震救灾志》编纂工作方案”，成立“《汶川特大地震抗震救灾志》编纂委员会”（简称“全志编委会”），领导《汶川特大地震抗震救灾志》的编纂工作。全志编委会的职责主要是统筹规划，组织协调《汶川特大地震抗震救灾志》编纂工作，研究解决编纂和出版工作中的重大事项。

全国政协副主席、社科院院长、中国地方志指导小组组长陈奎元担任全志编委会主任，成员单位由原国务院抗震救灾总指挥部各工作组成员单位、中国地方志指导小组部分成员单位组成，具体包括：中央宣传部、国务院办公厅、外交部、发展改革委、教育部、科技部、工业和信息化部、公安部、民政部、司法部、财政部、人力资源社会保障部、国土资源部、环境保护部、住房城乡建设部、交通运输部、铁道部、水利部、农业部、商务部、卫生部、人民银行、国资委、质检总局、广电总局、安全监管总局、旅游局、港澳办、地震局、气象局、银监会、证监会、保监会、电监会、台办、新闻办、信访局、国防科工局、测绘局、民航局、邮政局、食品药品监管局、国家电网公司、红十字会、总参谋部、总后勤部、武警部队、成都军区，国家民委、文化部、新闻出版总署、宗教局、法制办、社科院、档案局、军事科学院、社科院历史研究所、社科院近代史研究所、社科院考古研究所、社科院边疆史地研究中心、社科院经济研究所、社科院社会学研究所、当代中国研究所、北京大学、复旦大学、中国地方志指导小组办公室，以及四川省、甘肃省、陕西省。其中，中央宣传部、国务院办公厅、发展改革委、民政部、人力资源社会保障部、卫生部、社科院、地震局、新闻办、总参谋部、四川省、甘肃省、陕西省等部门和地方为副主任成员单位。编纂工作中的重大问题由主任、副主任签署意见后执行。各成员单位分别指定一名省部级领导干部担任编委会委员，指定一名司（局）级领导干部担任协调员。中国地方志指导小组及其办公室承担全志编委会具体工作。

《汶川特大地震抗震救灾志》设全志主编、总纂各一名，副主编、副总纂若干名，具体负责全志的编纂工作，人选由全志编委会研究决定。

（二）“《汶川特大地震抗震救灾志》编

纂委员会办公室”职能

全志编委会下设《汶川特大地震抗震救灾志》编纂委员会办公室。办公室是全志编委会的办事机构，主要职能是：负责统筹规划、组织协调、督促指导、审核把关，以及调研、培训、组织出版等工作。办公室设在中国地方志指导小组，办公室主任由中国地方志指导小组秘书长田嘉兼任。

（三）“汶川特大地震抗震救灾志》审查验收工作小组”职能

全志编委会内设审查验收工作小组，主要职责是：负责各分卷体例、内容尤其是各分卷提出的关于政策、保密等重大问题的审查，负责各分卷的终审工作。

其组成方式、具体人选及审查验收办法，由全志编委会研究决定。

（四）“《汶川特大地震抗震救灾志》分卷编纂委员会”及分卷编纂室的职能

1. “《汶川特大地震抗震救灾志》分卷编纂委员会”的组成与职能。

在综合考虑各分卷内容和部门职责的基础上，确定各分卷的承编牵头单位。各承编牵头单位负责组建分卷编纂委员会，如“《汶川特大地震抗震救灾志·抢险救灾志》编纂委员会”。各分卷编纂委员会原则上由各分卷的承编牵头单位和承编单位联合组成。承编牵头单位的主要领导担任分卷编纂委员会的主任，承编单位主要领导分别担任副王任或委员。具体人选由承编牵头单位与承编单位协商确定。分卷编纂委员会组成人员名单报全志编委会备案。

分卷编纂委员会的职能是：领导本分卷的编纂工作，负责组织调动编纂人员、成立分卷编纂室，协调解决编纂用房和编纂经费，组织拟定篇目，布置资料征集工作，根据全志编委会的规划安排本卷的编纂进度，审查初稿，严把史实、政策、保密关。

各分卷设主编、总纂各一名，副主编、副总纂若干名，具体负责本分卷的编纂工作，人选由分卷编委会研究决定，报全志编委会备案。各分卷实行主编负责制，主编、副主编由分卷编委会主任、副主任担任。主编负责各分卷的编纂业务，副主编协助主编解决编纂中的重要问题（尤其是本承编单位的编纂业务），包括篇目拟定、资料组织、分卷审稿等。总纂、副总纂具体负责分卷的篇目起草、拟订分卷的编纂方案、资料征集方案，指导各承编单位编纂人员进行资料长编的编辑、初稿编纂等工作，并对分卷稿进行分纂、总纂，完成文字通稿等工作。

2. “《汶川特大地震抗震救灾志》分卷编纂室”的工作。

由承编牵头单位和各承编单位选派对汶川特大地震抗震救灾工作情况熟、政策水平高、协调能力强、文字功力好的同志组成分卷编纂室。编纂室主任由牵头单位的同志担任，另设副主任和编纂人员若干名。分卷编纂室设在承编牵头单位内。各承编单位安排资料征集、撰稿人员若干名。分卷编纂室具体负责组织资料征集、编辑资料长编和初稿编纂工作，对各承编单位的来稿进行加工、修订、统稿，处理交叉重复等问题，然后报分卷编委会审稿。专业性强的分卷要吸收有关专家、学者参加撰稿、审稿工作。

分卷编纂室主任同时担任分卷总纂、副主任担任副总纂（可视具体工作情况增设）。

（五）编纂业务培训。

由全志编委会办公室和分卷编纂室组织编纂人员培训工作。培训分两个层面。第一个层面由全志编委会办公室组织对分卷总纂、副总纂以及分卷编纂室编纂人员进行培训；第二个层面由分卷编纂室组织对本卷各承编单位的编纂人员进行培训。培训内容包括掌握抗震救灾工作的全面情况，学习地方志基本知识和编纂方法，学习与编纂工作有关的各项规定等。

五、卷目和编纂分工

《汶川特大地震抗震救灾志》共设 11 个分卷，各分卷的承编牵头单位、承编单位及参与单位以 2008 年 5 月 18 日国务院颁发的《关于国务院抗震救灾总指挥部工作组组成的通知》（国阅〔2008〕47 号）中确定的各组牵头单位和成员单位为基础。承编牵头单位分别为发展改革委、民政部、人力资源社会保障部、卫生部、地震局、新闻办、总参谋部、中国地方志指导小组及其办公室。承编牵头单位负责组织、协调相关承编单位及参与单位，共同完成《汶川特大地震抗震救灾志》各分卷的编纂任务。

各分卷卷目及大致分工情况见下列《＜汶川特大地震抗震救灾志＞卷目及分工表》：

序号　卷名　承编牵头　单位

1　《汶川特大地震抗震救灾志·总述》　全志编委会办公室

2　《汶川特大地震抗震救灾志·大事记》　全忘编委会办公室

3　《汶川特大地震抗震救灾志·图志》　新闻办

4　《汶川特大地震抗震救灾志·地震灾害志》　地震局

5　《汶川特大地震抗震救灾志·抢险救灾志》　总参谋部

6　《汶川特大地震抗震救灾志·灾区生活志》　民政部

7　《汶川特大地震抗震救灾志·灾区医疗防疫志》　卫生部

8　《汶川特大地震抗震救灾志·社会赈灾志》　民政部

9　《汶川特大地震抗震救灾志·灾后重建志》　发展改革委

10　《汶川特大地震抗震救灾志·英模人物》　人力资源社会保障部

11　《汶川特大地震抗震救灾志·附录》　全志编委会办公室

六、工作要求与进度安排

（一）工作要求。

1. 健全工作体制。

在国务院领导下，国务院办公厅负责协调、指导，全志编委会、分卷编委会组织全志和分卷编纂工作的实施，各承编单位分工合作、密切配合。工作中的重大问题及时向全志编委会及其办公室汇报请示，需要向国务院汇报请示的，由全志编委会及其办公室归口上报。

2. 充分发挥承编牵头单位的作用。

分卷承编牵头单位责任重大，在全志编纂工作中发挥着承上启下、确保一方的作用，在分卷编纂中不仅要完成本单位承担的编纂任务，还要发挥好组织协调作用，保证其他承编单位的编纂工作同步进行。各承编单位要配合、支持牵头单位的工作，不拖后腿，不拉进度，确保按时、保质完成编纂任务。

3. 做好保障工作。

各分卷承编牵头单位、承编单位必须认真组织实施，把本志编纂工作纳入本单位工作目标的管理中，做到领导到位、人员到位、经费到位、办公条件到位。业务部门要加大抗震救灾文件、资料的收集整理力度，档案部门要保障抗震救灾档案的有效利用。

4. 执行保密规定。

《汶川特大地震抗震救灾志》属国家级权威史料，资料收集、使用、保管工作非常重要。各承编单位保密委员会要对提供的资料进行审查，分卷编纂委员会、《汶川特大地震抗震救灾志》编纂委员会要重点对志稿的保密问题进行审核。要妥善保存在编纂过程中收集形成的材料，并遵守调阅制度。

5. 发扬良好工作作风。

全体编纂人员要发扬实事求是、艰苦奋斗、通力合作的工作作风，确保志书质量。

（二）工作进度。

全志编纂工作，大致经过成立编纂组织、培训编纂人员、拟定分卷篇目、收集资料和编辑资料长编、志稿撰写和分卷总纂、志稿审查、修订出版等工作阶段。2008 年 9 月下旬启动有关筹备工作，2010 年底基本完成编纂工作，2011 年各分卷全部出版。

编纂工作流程及总体进度安排如下：

1. 2008 年 10 月，报请国务院批准成立“《汶川特大地震抗震救灾志》编纂委员会”及其办公室；商各成员单位有关全志编委会委员和协调员人选名单，落实各分卷承编牵头单位和承编单位，征求各成员单位对“《汶川特大地震抗震救灾志》编纂工作实施方案”的修改意见。

2. 2008 年 11 月初，召开全志编委会成立大会暨第一次全体会议，明确编纂任务，正式启动《汶川特大地震抗震救灾志》的编纂工作。

3. 2008 年 12 月 10 日之前，成立各分卷编纂委员会、确定各分卷承编单位，并报全志编委会备案；适时举办各分卷总纂、副总纂及编纂人员培训班，学习相关文件精神和修志业务知识。

4. 2009 年 1 月，各分卷编纂委员会向全志编委会报送分卷篇目，经全志编委会审定后实施。

5. 2009 年 4 月，各分卷编纂室基本完成各分卷的资料收集工作，编辑资料长编。

6. 2009 年 7 月，各分卷编纂室完成分卷总纂工作；9 月，完成初审稿，交由各分卷编委会审定。

7. 2009 年 11 月，根据分卷编委会的修改意见，完成对初审稿的修改工作，形成送审稿，报全志编委会审定。

8. 2010 年 2 月，根据全志编委会的审核意见，各分卷编纂室完成再次修改工作，报送全志编委会准备出版。具体的报送要求另行规定。

凡实际工作基本完成、编写内容完整的分卷，可以先期完成编纂出版工作。工作尚在进行之中的分卷，如卷九《汶川特大地震抗震救灾志·灾后重建志》，2011 年完成出版工作。

为保证编纂进度和出版质量，出版工作与总纂后期工作同步进行，由专业志书出版社——方志出版社负责出版工作，并提前派编辑介入审校工作。

七、质量要求

全志质量总体要求是，观点正确，体例严谨，内容全面，特色鲜明，记述准确，资料翔实，表达通顺、文风端正，印制规范。

（一）入志资料具有全面性、系统性、权威性。

入志资料丰富、真实、准确，全面、系统，能够反映事物发生、发展、演变的过程。人、事、物，时间、地点、事件经过等要素齐全。资料准确。注重选用第一手资料和原始资料。资料不涉及国家秘密、商业秘密和个人隐私。

（二）体例科学、规范，适合内容记述的要求。

述、记、志、传、图、表、录等体裁运用得当，以志为主。

1. 述。

全志总述、分卷概述能够概述事物发展的全貌和特点。

2. 记。

大事记选录大事得当，重要事项不漏，时间、地点、人物（单位）、结果等要素齐备。

专记设置因事制宜，选题严格，数量适度。

编后记重点反映修志始末。

3. 志。

门类设置合理，纵述史实把握事物的发端、变化和现状，不缺失主要事物、事物的主要方面和事物发展的重要阶段。

4. 传。

立传、简介、英模表收入的人物为在汶川特大地震中有重大影响者，包括牺牲的英烈和健在的英模（专指“英模人物”卷）。

5. 图、照。

图、照注重典型性、资料性，从不同角度反映汶川特大地震灾害和抗震救灾工作情况。

地图采用国家测绘部门和有关部门绘制或审定的地图。重要地理信息数据采用测绘部门公布的法定数据。

照片无广告色彩。

6. 表。

设计合理，要素齐全，内容准确，不与正文简单重复。

7. 录。

附录卷收录有重要存史价值和社会价值的原始文献。

（三）篇目设置科学合理。

1. 篇目设置符合“事以类聚”、“类为一志”的基本要求。

科学分类与现实社会分工（如应急管理体制）、全志的整体性与分卷相对独立性的关系处理妥当。

2. 整体布局合理，结构严谨，归属得当，层次分明，排列有序。

没有层次分割过多过细、缺乏整体性和影响深度等弊病。突出特点，类目的升格或降格使用适度。

标题简明准确，题文相符，同一门类各级标题不重复。

（四）记述方法得体。

1. 区域界限明确。

以汶川特大地震受灾地区为记述范围，越境不书。交待背景，反映围绕大地震和抗震救灾的决策、援助、赈灾捐赠、接受转移受灾群众等内容，不视为越境而书。

2. 时间界限明确。

全志的时间断限原则上为2008年5月12日至2010年12月31日，不随意突破志书的上限和下限。反映震前的背景可以适当上溯。

3. 述而不论。

记述事物、事件和人物，寓观点于记述之中。述体（总述、概述）中的必要议论适度，不空泛。

4. 名称、事实一致。

志书中同一名称、事实、数据、时间、度量衡、术语的表述，前后一致。

5. 内容记述不机械重复。

交叉的事物，从不同角度记述，或此详彼略，或用互见法。

6. 人物记述准确、客观、公允。

英模人物传记述传主的生卒年月、籍贯（出生地）、主要经历、大地震中的典型事迹、个性特征、社会评价等。人物简介比人物传简约。人物表要素不缺。其他各卷记述人物以事系人，人随事出。

7. 图照规范。

图的制作规范，要素齐全，包括必要的图题、图例和注记，合理使用地形图、震区分布图、地震断裂构造图、水文图、位置图、交通图等。

照片主题明确，图像清晰，注明时间、地点、事物、需要说明的人物位置及时任职务。

8. 数据准确。

引用的数据全面、客观、准确，尽可能使用权威部门提供的数据。

9. 行文规范。

行文要求按照全志编委会制定的《 < 汶川特大地震抗震救灾志 > 行文规范》执行。

八、资料征集与资料长编

（一）资料收（征）集。

编纂《汶川特大地震抗震救灾志》，资料收（征）集工作按照国务院《地方志工作条例》第十一条之规定执行：“县级以上地方人民政府负责地方志工作的机构可以向机关、社会团体、企业事业单位、其他组织以及个人征集有关地方志资料，有关单位和个人应当提供支持。负责地方志工作的机构可以对有关资料进行查阅、摘抄、复制，但涉及国家秘密、商业秘密和个人隐私以及不符合档案开放条件的除外。”有关单位和个人，尤其是收藏有汶川特大地震和抗震救灾资料的各级档案馆、图书馆、新闻媒体及其他单位，必须根据《地方志工作条例》的要求，提供资料支持。

资料收（征）集要全面系统，资料来源包括报纸、期刊、档案、文件、工作总结、技术资料、会议纪要、图书、图片集、文物、口碑、音像、调查报告、实地调查等。

入志资料要真实、准确，经过鉴别、核实，时间、地点、人物（单位）、事实、数据等信息准确。不可或缺但有歧义的资料，多说并存。

（二）资料长编。

为给编纂《汶川特大地震抗震救灾志》打好坚实的资料基础，便于初审、终审时参考，各分卷在编纂初稿之前，必须编辑资料长编。资料长编一事一条，按篇目归类，各事条按时间先后顺序编排。每条资料长编主要为节录的资料内容；每条的“说明”包括资料事件发生时间、资料来源，如报纸“说明”有名称、第几版、文章标题、作者姓名等，档案交代馆藏、文档号，文件交代发文单位、文号。每一资料长编的摘录者须署名以示责任。

分卷编纂委员会向全志编委会报送分卷送审稿纸质文本和电子文本的同时，报送分卷资料长编的纸质文本和电子文本。

九、经费保障

《汶川特大地震抗震救灾志》编纂委员会及其办公室所涉及的日常办公、调研、聘请专家、培训修志人员、编辑资料长编、志书出版等方面经费，由国务院应急管理办公室和中国地方志指导小组办公室商财政部解决，列为中国地方志指导小组办公室专项经费，专款专用。

各分卷编纂所涉及的各项经费由各承编牵头单位、承编单位按原财政渠道解决。

关于依托冠名红十字（会）医院组建紧急救援队的通知

（红总字〔2009〕16 号
2009 年 2 月 11 日）

各省、自治区、直辖市红十字会，新疆生产建设兵团红十字会：

为贯彻落实全国冠名红十字（会）医疗机构工作会议精神，加强各级红十字会应急反应能力，总会要求各省（市、区）红十字会依托本地有条件的冠名红十字（会）医院组建紧急救援队（以下简称“救援队”），具体要求如下：

一、省级红十字会依托冠名医院至少组建 1 支救援队，地方红十字会根据实际情况组建救援队。

二、所依托医院应是红十字会冠名医院，且具备一定实力，有较高医疗技术水平和良好社会声誉，参与过以往突发事件医疗救护工作的单位优先。

三、本着稳妥、务实的原则，选择冠名医院成立救援队，务求实效。

四、成立紧急救援队的步骤和做法：

（一）通过考察，选择、确定组建救援队所依托的医院。

（二）与冠名医院签署成立救援队的合作协议，明确双方权利和义务，并报总会赈济救护部备案。

（三）举行授旗、挂牌等仪式，并通过地方媒体进行宣传报道。

五、救援队的管理

（一）明确救援队在会内的归口部门和负责人，把救援队管理纳入工作计划，并争取给予必要的支持。

（二）红十字会要对救援队工作进行指导，使救援队全体成员确实理解红十字人道救助和志愿服务理念，秉承“人道、博爱、奉献”的红十字精神，执行突发事件中的应急救援救护行动。

（三）制定救援队管理办法，规范日常管理，对执行任务时的规程和行为规范分别作出具体要求。

（四）救援队的名称统一为冠名医院全名加“紧急救援队”字样，如“安徽省红十字铜陵医院紧急救援队”。

（五）制定培训和演练计划，定期进行演练，积极参与当地应急救援救护行动，时刻保持待命状态，随时准备接受总会委托的应急救援救护任务。

（六）救援队应统一着装，并配备必要的应急救援救护装备。

六、请于 5 月 1 日前，将你省（自治区、直辖市）救援队成立情况及管理办法上报总会赈济救护部。

特此通知

关于开展“2009红十字博爱周”活动的预备通知

（红总字〔2009〕15号
2009年2月16日）

各省、自治区、直辖市红十字会，新疆生产建设兵团红十字会，铁路、商业系统红十字会：

为纪念第62个世界红十字日，凝聚更多的社会力量参与红十字事业，进一步构建中国红十字会“全方位、多层次、立体化”的大宣传格局，拟于2009年“五八世界红十字日”期间在全国继续开展“红十字博爱周”活动。现将有关事宜通知如下：

一、活动时间

2009年5月7日—14日

二、活动主题

凝聚人道力量，重建美好家园

三、活动内容

1. 纪念汶川地震1周年

2. 纪念5月12日国家首个“防灾减灾日”

3. 纪念索尔弗利诺战役150周年

4. 纪念红十字会与红新月会国际联合会成立90周年

5. 纪念中国红十字会成立105周年

6. 纪念国际人道法颁布60周年

四、具体要求

（一）各省级红十字会根据总会安排，按照统一主题、上下联动、形成合力的要求，精心组织，周密部署，切实加强组织领导，确保“2009红十字博爱周”在全国范围内产生较大影响，筹备工作取得明显效果。

（二）总会将对开展“2009红十字博爱周”活动组织得力、形式创新、效果突出、影响广泛的省级红十字会和相关单位予以表彰。

（三）请各省级红十字会根据本次活动主题和重点，制定相应的活动方案，并重点推荐1—2项特色活动纳入总会“2009红十字博爱周”活动的整体方案，于3月20日前将有关活动方案报送总会事业发展部宣传处。

（四）总会将于4月正式下发开展“2009红十字博爱周”活动的通知。

关于成立中国红十字会总会汶川地震灾后恢复重建工作办公室的通知

（红总字〔2009〕17号
2009年2月20日）

四川、陕西、甘肃省红十字会：

为加强总会汶川地震灾后恢复重建工作，经执委会研究决定成立“中国红十字会总会汶川地震灾后恢复重建工作办公室”。

特此通知

关于报送汶川地震募捐款物管理使用情况的紧急通知

（红总字〔2009〕28号
2009年4月2日）

各省、自治区、直辖市红十字会，新疆生产建设兵团红十字会：

总会定于4月中旬召开“中国红十字会汶川地震灾后恢复重建工作会议”。为进一步了解各地红十字会对汶川地震救灾资金和物资的使用情况，指导下一步灾后恢复重建工作，现要求向总会报送如下材料：

一、捐赠款物使用情况的总结报告。内容包括：此次汶川地震募捐情况；募捐款物使用情况；募集款物的管理情况、救助范围；参与灾后恢复重建的方式；开展灾后恢复重建工作中存在的问题和建议；下一步工作计划等。有对口支援任务的省份要特别说明红十字会的捐赠资金是如何与政府的援建计划相衔接的，项目如何确定，资金如何管理和使用等。

二、填报统计表格。认真填写、上报“援助汶川地震款物使用情况统计表”和“援助汶川地震灾区灾后恢复重建项目一览表”（附后）。表格统计范围为全省（直辖市、自治区）各级红十字会的整体情况，避免重复统计。在“援助四川汶川地震情况统计表”中，已使用款项小计金额加余额计划使用款项金额应等于募捐到帐金额，数据截止日期为2009年3月31日。

报表必须由主管会领导签字并加盖省红十字会公章，务必于4月7日前与总结报告一并报总会赈济救护部。

附件：1. 援助汶川地震款物使用情况统计表（略）

2. 援助汶川地震灾区灾后恢复重建项目一览表（略）

关于开展“2009红十字博爱周”活动的通知

（红总字〔2009〕29号
2009年4月15日）

各省、自治区、直辖市红十字会，新疆生产建设兵团红十字会，铁路、商业系统红十字会：

为纪念第62个世界红十字日，弘扬红十字精神，提升中国红十字会的公信力，凝聚更多的社会力量参与和支持红十字事业，进一步构建中国红十字大宣传格局，展现中国红十字会在支援地震灾区重建家园中做出的努力，总会决定于2009年五八世界红十字日期间，在全国范围开展“2009红十字博爱周”活动。为了配合此次“博爱周”活动，扩大活动的宣传影响和规模，总会将在“博爱周”期间在全国范围同时开展第三届“红十字公益广告推广月”等活动。希望各级红十字会以“博爱周”为契机，进一步创新宣传形式，提升宣传效果和红十字品牌形象，为构建和谐社会做出积极贡献。现将有关事宜通知如下：

一、活动时间

2009年5月7日—14日

二、活动主题

凝聚人道力量，重建美好家园

三、活动内容

1、纪念汶川地震1周年

2、纪念5月12日国家首个“防灾减灾日”

3、纪念索尔弗利诺战役150周年

4、纪念红十字会与红新月会国际联合会成立90周年

5、纪念中国红十字会成立105周年

6、纪念日内瓦四公约签订60周年

主要活动见附件1。

四、具体要求

（一）各省级红十字会要根据总会安排，按照统一主题、上下联动、形成合力的要求，精心组织，周密部署，切实加强组织领导，确保“2009红十字博爱周”在全国范围内产生较大影响，取得较好宣传和筹资效果。

（二）总会统一设计的“凝聚人道力量，重建美好家园”公益海报和光盘已分发给各省级红十字会，请各省自行制作并在当地报刊、网站和繁华地带刊登和张贴。

（三）总会将对开展“2009红十字博爱周”活动组织得力、形式创新、效果突出、影响广泛的省级红十字会和相关单位予以表彰。

（四）活动期间，请及时向总会通报有关情况。活动结束后，请认真总结，于5月25日前将“2009红十字博爱周”活动举办情况汇总表（见附件2）、宣传筹资情况汇总表（见附件3）报送总会组织宣传部宣传处。

附件：1. 中国红十字会总会和各省级红十字会“2009红十字博爱周”主要活动一览表

2. “2009红十字博爱周”活动举办情况汇总表（略）

3. “2009红十字博爱周”宣传筹资情况汇总表（略）

附件1

中国红十字会总会和各省级红十字会“2009红十字博爱周”主要活动一览表

一、总会活动

1. 5月7日：“2009红十字博爱周”系列活动新闻通报会

2. 5月7日：全国各省级红十字会开通12114短信宣传平台

3. 5月7日：搜狐（SOHU）开通中国红十字会专栏

4. 5月8日：从索尔弗利诺到关塔那摩150年珍藏图片展网上开通

5. 5月10日：重返汶川让爱持续——纪念5·12四川地震大型户外活动

6. 5月10日：举办纪念5·12汶川地震一周年全国红十字青少年防灾避险知识竞赛颁奖活动

7. 5月11日：“中华骨髓库样品库”挂牌剪彩仪式

8. 5月12日：防灾减灾科普宣教活动

9. 5月12日：与重庆卫视联合举办“大爱记忆”5·12周年纪念特别活动

10. 5月12日：日本红十字会在青川中学举行奠基仪式

11. 5月14—16日：召开中国红十字会心理救援研讨会暨培训班

12. 5月上旬：开展百年红十字重大历

史事件评选活动

13. 5月上旬："地震灾区博爱行"活动特刊发行

14. 5月上旬：《爱的丰碑——重建项目捐赠企业名录》印刷完成

15. 5月上旬：中国红十字会999紧急救援队授旗仪式

16. 5月上旬：《人民日报》海外版专版报道中国红十字会汶川地震救援情况

17. 5月中旬：中央电视台播出《人道力量》抗震救灾纪录片

18. 5月中旬：社区"防灾减灾日"综合演练活动

19、5月全月：第三届公益广告宣传月活动

二、各省（市、区）红十字会活动

20. 召开"博爱在京城"新闻发布会（北京市红十字会）

21. 防灾减灾科普宣教活动（北京市红十字会）

22. 开展纪念国际人道法签订60周年知识竞赛（天津市红十字会）

23. 举办"凝聚人道力量，重建美好家园"主题讲座暨抗震避险救护知识培训（天津市红十字会）

24. 开展红十字志愿者街头宣传募捐活动（河北省红十字会）

25. 开展红十字会员单位义诊活动（河北省红十字会）

26. 开展"博爱一日捐"大型募捐宣传活动（山西省红十字会）

27. 举办"博爱在三晋·2009红十字之春"公益义演晚会（山西省红十字会）

28. 举办"博爱一日捐"宣传募捐活动（内蒙古自治区红十字会）

29. 在受灾群众、家庭经济困难群众、重大疾病患者家庭等困难群体中开展救助活动（内蒙古自治区红十字会）

30. 开展纪念汶川地震1周年救护演练活动（辽宁省红十字会）

31. 举办人道理念志愿者传播活动（辽宁省红十字会）

32. 开展募捐、无偿献血、捐献造血干细胞、卫生救护知识普及、国际红十字运动知识宣传活动（吉林省红十字会）

33. 对白血病患者、艾滋病患者和特困户等开展救助活动（吉林省红十字会）

34. 在大学校园开展"初级卫生救护知识"大型讲座（黑龙江省红十字会）

35. 组织大学生志愿者和MSM人群志愿者在街头进行宣传红十字精神及发放预防艾滋病宣传手册（黑龙江省红十字会）

36. 举办"纪念索尔弗利诺战役150周年"大型图片展（上海市红十字会）

37. 举行纪念五八世界红十字日暨"博爱"牌匾揭幕、亨利·杜南雕塑铜像奠基仪式（上海市红十字会）

38. 举办春暖博爱救助计划（江苏省红十字会）

39. 举办广场义诊咨询、宣传捐赠造血干细胞等健康科普知识活动（江苏省红十字会）

40. 举办大学生救护技能竞赛（浙江省红十字会）

41. 开展医疗服务队赴渔村和农村送医送药义诊活动（浙江省红十字会）

42. 开展"博爱在江淮先心病救助活动"（安徽省红十字会）

43. 召开安徽省慈善大会，对2008年积极参与抗雪救灾、抗震救灾的先进集体和个人

颁发“安徽慈善奖”（安徽省红十字会）

44. 举办五八世界红十字日暨人道救助事业表彰颁奖晚会（福建省红十字会）

45. 开展“红十字救护技能进校园”活动（福建省红十字会）

46. 举办第二届红十字新闻奖评选表彰活动（江西省红十字会）

47. 举办抗冰雪、抗震救灾事迹座谈会或报告会（江西省红十字会）

48. 开展“博爱在齐鲁”大型群星公益演出（山东省红十字会）

49. 举办“媒体、企业与公益事业”大型论坛（山东省红十字会）

50. 组织专家医疗队到革命老区对白内障患者实行复明手术（河南省红十字会）

51. 开展红十字青少年防灾避险知识竞赛（河南省红十字会）

52. 开展为期三个月的“慈善餐助”活动（湖北省红十字会）

53. 组建新闻记者志愿服务队并召开新闻媒体座谈会（湖北省红十字会）

54、开展关爱灾区学子大型公益活动（湖南省红十字会）

55. 开展纪念索尔弗利诺战役150周年、红十字会与红新月会国际联合会成立90周年及红十字运动基本知识等宣传活动（湖南省红十字会）

56. 开展贫困先心病儿童救治活动及定点医院挂牌仪式（广东省红十字会）

57. 开展贫困白内障患者复明手术救助活动（广东省红十字会）

58. 开展爱心企业捐赠“母婴安全车”及药品的活动（广西壮族自治区红十字会）

59. 开展心理关爱活动，关注农村留守儿童（广西壮族自治区红十字会）

60. 举办“我爱海南”纪念五八世界红十字日大型公益演出（海南省红十字会）

61. 举办“少儿爱心储蓄罐”发放仪式及关爱贫困少儿系列活动（海南省红十字会）

62. 举办赴汶川地震灾区抢险志愿者座谈会（重庆市红十字会）

63. 举办红十字青少年国际红十字运动知识和《日内瓦公约》讨论会（重庆市红十字会）

64. 开展红十字在行动——媒体志愿者灾区行活动（四川省红十字会）

65. 开展“燃烧自我·照亮他人”——省红十字会眼库志愿者大型劝募活动（四川省红十字会）

66. 开展“红十字服务进社区”活动（贵州省红十字会）

67. 开展“纪念汶川地震一周年——中国防灾减灾日”活动（贵州省红十字会）

68. 举办纪念“世界红十字日”暨“云南博爱捐助港”推介大会（云南省红十字会）

69. 开展“彩云之南红十字”电视宣传活动（云南省红十字会）

70. 开展“五八博爱周”大学生卫生救护培训（西藏自治区红十字会）

71. 举办学生预防常见病及有关防震知识讲座（西藏自治区红十字会）

72. 举办灾后重建学校教学楼主体竣工暨陕西2009年红十字博爱周活动启动仪式（陕西省红十字会）

73. 举办国家首个“防灾减灾日”座谈会（陕西省红十字会）

74. 举办大型广场宣传活动（甘肃省红十字会）

75. 组织志愿者深入灾后重建竣工现场向收益单位和群众宣传红十字精神（甘肃省红十字会）

76. 开展“红十字在行动——关注留守儿童活动”（青海省红十字会）

77. 开展“红十字在行动——人道法传播进院校活动”（青海省红十字会）

78. 举行宁夏遭受5·12地震影响的受灾地区灾后重建项目启动仪式（宁夏回族自治区红十字会）

79. 开展出租车、公交车“黄丝带爱心接力”募捐与防灾避险宣传活动（宁夏回族自治区红十字会）

80. 开展防灾减灾知识的宣传教育活动（新疆维吾尔自治区红十字会）

81. 开展板报比赛、文艺表演、志愿服务等形式的宣传活动（新疆维吾尔自治区红十字会）

82. 开展“珍爱生命、共享平安”红十字青少年防灾避险知识宣传周活动（新疆生产建设兵团红十字会）

83. 开展红十字运动基本知识与国际人道法传播、卫生救护培训、无偿献血、预防艾滋病和卫生健康知识宣传活动（新疆生产建设兵团红十字会）

关于成立“中国红十字999紧急救援队”的决定

（红总字〔2009〕31号
2009年4月20日）

北京市红十字会：

为完善中国红十字会人道救援和灾害应急体系，提高参与重大自然灾害等突发公共事件的救助能力，切实履行中国红十字会的职责，依据《中华人民共和国红十字会法》及《中华人民共和国突发事件应对法》等有关规定，经中国红十字会第八届执行委员会研究决定，依托你会999紧急救援中心成立“中国红十字999紧急救援队”，开展重大灾害人道救援，为构建和谐社会做出积极的贡献。

关于印发《关于加强红十字会基层组织建设工作的指导意见》的通知

（红总字〔2009〕33号
2009年4月28日）

各省、自治区、直辖市红十字会，新疆生产建设兵团红十字会，铁路、商业系统红十字会：

现将《关于加强红十字会基层组织建设工作的指导意见》印发给你们，请结合实际，认真制定具体实施办法，做好基层组织建设工作。

关于加强红十字会基层组织建设工作的指导意见

红十字会基层组织是指在城市社区（街道）、农村乡镇（村）、企业和事业单位、学校、医疗机构和其他组织中建立的红十字会组织。红十字会基层组织是依靠广大红十字会员和志愿者传播红十字精神、开展人道主义救助工作的具体组织者和实施者，担负着凝聚人道力量，为困难群体提供帮助和服务的重要职责。

加强红十字会基层组织建设，是增强红十字会的吸引力、凝聚力和影响力，不断巩固和扩大红十字会的社会基础，推进新时期各级红十字会自身建设的需要，对于夯实红十字事业基础，把红十字会工作落到实处具有重要意义。

为切实加强红十字会基层组织建设，根据《中华人民共和国红十字法》和《中国红十字会章程》的有关规定，特提出如下指导意见。

一、指导思想、基本原则和目标任务

1. 指导思想：以马克思列宁主义、毛泽东思想、邓小平理论和“三个代表”重要思想为指导，贯彻落实科学发展观，弘扬人道、博爱、奉献的红十字精神，以改善最易受损害群体生活境况为目标，积极推进基层组织建设，扩大基层组织覆盖面，增强基层组织活力，为实现红十字事业又好又快发展，提供坚强的组织保证。

2. 基本原则：主动围绕党和政府的中心工作，开展以保护人的生命和健康、实施人道救助为主要特色的各项活动；坚持红十字运动基本原则，服务于红十字事业发展大局；坚持以提高能力为重点，不断巩固和扩大红十字事业的群众基础；坚持因地制宜、分类指导的原则，加强组织制度建设。

3. 目标任务：大力发展基层组织。争取到2014年，在各行各业大力推动建立红十字会基层组织，基本实现基层组织“五有”目标，即：有热心红十字事业的带头人，有稳定的会员或志愿者队伍，有规范的管理制度，有稳固的服务平台，有红十字特色的活动。创建一批组织建设规范、活动特色鲜明、服务平台巩固、会员和志愿者作用发挥好的模范红十字会基层组织。

红十字会基层组织要积极开展具有红十字特色的活动，大力弘扬人道、博爱、奉献的红十字精神，不断扩大和提高红十字会的社会影响力和吸引力，为红十字事业的可持续发展，奠定良好的社会基础。

二、扎实推进基层组织工作，提高整体建设水平

4. 城市社区（街道）组织建设。以红十字服务进社区和评选红十字服务示范社区为契机，结合社区（街道）工作特点，大力发展、巩固和扩大社区（街道）红十字服务的载体和服务平台，通过提升服务提高效能；力争把社区（街道）的红十字会基层组织建设，纳入社区（街道）建设的总体规划，形成红十字服务在社区（街道）的长效工作机制。

5. 农村乡镇（村）组织建设。以参与新农村建设为契机，以体现红十字特色的活动为依托，以红十字会员和志愿者为骨干，重点培养一批起示范作用的典型，积极开展防灾避险、初级卫生救护培训和普及健康知识等工作，宣传人道、博爱、奉献的红十字精神，提倡互尊互帮、扶危济困的良好风尚，拓宽红十字会在农村乡镇（村）工作领域，促进精神文明建设。

6. 企业和事业单位组织建设。重点在与红十字会开展活动密切的企业和事业单位建立和发展红十字会基层组织。以传播人道主义精神为前提，以安全教育和初级卫生救护培训等为主要内容，积极开展有红十字特色的活动，增强广大干部、职工对红十字事业的认同感。

7. 学校组织建设。以评选红十字模范

校为契机，在各级各类学校中普遍建立红十字会；把倡导红十字理念与未成年人思想道德建设和大学生思想政治教育相结合；把开展学校红十字会工作与全面贯彻党和国家教育方针，推进素质教育相结合；创新活动形式和内容，增强红十字会在青少年中的吸引力和感召力，扩大红十字会在学校的覆盖面。

8. 医疗机构组织建设。要在医疗机构中普遍建立红十字会，组建救护队伍，认真履行红十字会救灾、救护和救助职责，充分发挥医疗机构在自然灾害发生时开展医疗救援、防疫防病工作以及承担救护培训师资、开展救护培训工作和实施现场救护、开展医疗救助，为困难群体提供医疗卫生服务等方面的作用。

要充分发挥冠名红十字（会）医疗机构传播红十字精神、宣传红十字会的窗口作用，强化参与红十字会自然灾害救助、救护师资培训基地和组建专业应急救援队的功能；弘扬南丁格尔精神，不断提高医疗质量、服务质量，加强行风建设和职业道德建设。要争取在 5 年内基本实现省、市各有一所冠名红十字（会）医院，有条件的县也要有一所冠名红十字（会）医院。

9. 其他社会组织的组织建设。要解放思想、开拓创新，积极探索在其他社会组织中建立自我运转能力较强、社会参与程度广泛、更加富有效能和吸引力的红十字会基层组织；提倡在其他社会组织中的组织形式、组织制度、运行机制和工作方式的创新，把红十字会基层组织建设工作提高到一个新水平。

10. 会员和志愿者队伍建设。各级红十字会要加强基层组织中的会员和志愿者制度建设，要大力发展团体会员，团体会员要按时交纳会费，认真履行职责；积极探索个人会员分类管理的有效途径，做好会费收缴工作，争取社会各界人士参与和支持红十字会工作。要加强志愿者队伍建设，强化服务意识，规范管理制度，加强志愿者骨干的培训，建立激励机制。

要建立会员和志愿者注册制度，规范对会员和志愿者的服务、管理、组织、培训和使用，在提高服务质量和发挥作用上下功夫，努力使会员和志愿者队伍形成合力。

11. 理事队伍建设。要积极帮助和指导基层组织形成结构合理、充满活力的的理事队伍。要积极引导基层组织注重吸收热心红十字事业的人士担任理事；加强对基层组织中理事的服务意识，完善联系理事的制度，充分发挥理事在红十字事业发展中的积极作用。

三、加强制度建设，建立基层组织工作长效机制

12. 完善活动制度。红十字会基层组织要坚持经常开展具有红十字特色的各项服务活动。鼓励以 5·8 世界红十字日和一些重要纪念日为契机，集中组织开展红十字主题活动。红十字会基层组织举行各种活动、集会和工作会议，应使用红十字会徽、会旗和标志；会员和志愿者要佩戴会徽和志愿者标识。

13. 健全运行机制。一是健全组织体系，促进理事会成员结构合理化；二是明确理事会在制定工作目标、落实重要任务、研究财务预算等重大问题的决策作用；三是定期召开有志愿者、捐赠者、受益人参加的联系会议和会员代表会议或会员代表大会，实行民主管理制度；四是建立信息公开制度，定期把红十字会组织的重点工作、活动开展情况、筹资和资助情况、会费收缴和使用等信息向会员和志愿者公布，把会员和志愿者对红十字会工作和事务的知情权、参与权、监督权落到实处。

14. 加强服务平台建设。服务平台是红十字会基层组织工作的重要依托，要积极争取党委、政府和社会各界的支持，努力推动将红十字会基层组织建设纳入本地区经济社会发展规划或本单位精神文明建设规划中。积极建设红十字（志愿）服务站、红十字之家、博爱超市、博爱卫生院（站）等服务平台，鼓励探索建立形式多样化、覆盖面广的活动载体和服务平台。

15. 建立激励机制。各级红十字会要建立和完善基层组织建设相关的规章制度，积极探索科学有效的工作绩效评估体系，定期对红十字会基层组织进行表彰。中国红十字会总会将继续与民政、教育、卫生等部门合作，定期做好红十字服务示范社区、红十字工作示范村、红十字模范校、优秀冠名红十字会医疗机构的评选和优秀会员、志愿者表彰等工作。

16. 强化干部培训制度。各级红十字会要针对红十字会基层组织的特点，制定切实可行的培训计划。采取短期培训班、以会代训、专题学习等形式，有针对性地对基层组织骨干进行红十字运动基本知识和业务知识的培训。

中国红十字会总会将制定中国红十字会基层组织干部培训计划，推动培训工作深入开展。

四、加强指导和服务意识，确保工作落到实处

17. 落实领导责任制。各级红十字会要牢固树立基层第一的观念和为基层服务的思想，建立领导责任制。要坚持因地制宜、分类指导的原则，深入调查研究，把基层组织建设工作列入重要日程常抓不懈，努力形成推动基层组织有效开展工作的长效机制。

18. 明确工作职责。要进一步明确职责，逐级分解任务，层层抓落实。省级红十字会要对基层建设工作进行专题研究，制定红十字会基层组织建设工作的实施细则，加强对基层组织建设工作的宏观协调和督促检查。市、县两级红十字会要制定加强基层组织建设的具体工作计划，明确年度工作目标、工作重点和推进措施，把红十字会基层组织建设各项任务落到实处。

19. 抓好试点工作。各级红十字会要分别对所属街道、社区、乡镇村组、学校、医院、企业和事业单位的基层组织进行调查研究，培养典型、具体指导。要选择不同类型的基层组织，开展试点工作，加大工作指导力度，通过现场观摩会、座谈会等形式，总结推广基层好的作法和经验，发挥其示范引导作用。中国红十字会总会将组织编写《中国红十字会基层组织工作手册》，规范基层组织的工作任务、制度建设、会员和志愿者工作、会费收缴等内容。红十字会基层组织可依据工作手册要求，定期记载开展各类服务活动内容、基层组织建设情况。

20. 加强指导和服务。各级红十字会要真正把服务基层思想贯穿基层组织建设工作始终，不断改进工作作风和工作方式，经常深入基层，听取红十字会基层组织的意见，要制定本地区红十字会基层组织建设总体规划和分步推进的工作计划。加强对基层组织建设的支持与指导，帮助解决基层组织工作中的实际困难，切实为基层做实事，提高红十字会基层组织的活力，推动基层组织建设工作上水平。

中国红十字会总会关于做好2009年自然灾害救助工作的通知

（红总字〔2009〕36号
2009年5月11日）

各省、自治区、直辖市红十字会，新疆生产建设兵团红十字会，铁路、商业系统红十字会：

根据国家减灾委2009年度我国重大自然灾害趋势预测，全国大部分地区气温较常年同期偏高，高温热浪和热带气旋灾害影响偏重，今年夏季全国少雨范围较去年同期偏大，干旱的影响较重。我国主要多雨区位于华北南部至江淮地区北部，江南南部、华南、西南南部和西部、青藏高原东部降水也偏多，上述地区可能发生洪涝灾害。目前，部分地区已进入汛期，为积极应对今年的自然灾害，充分发挥红十字会作为政府人道救助领域助手的作用，现就做好2009年自然灾害救助工作通知如下：

一、认真落实《中国红十字会总会自然灾害等突发公共事件应急预案》、《中国红十字会灾害救助规则》以及本省（区、市）的应急预案。各省（区、市）红十字会的主要领导要亲自抓备灾救灾工作，周密部署，精心安排，做到认识到位、组织到位、措施到位，切实把备灾救灾工作落到实处。

二、加强灾情监测工作。各地要密切关注本地区灾情，特别要注意保持与当地政府部门（民政、防汛、气象等）的密切联系，及时了解当地灾害趋势，认真做好备灾工作，出现重大灾情时，应根据《中国红十字会灾害救助规则》及时报告总会。

三、加强救灾管理工作。

（一）受灾省份红十字会要及时组织灾情考察和救助，做到在第一时间到达灾区，及时将救灾物资发放到受灾群众手中。受灾严重的省份要实行24小时值班制度。要充分动员社会资源，发挥会员和志愿工作者的作用，不断加大对受灾群众的救助力度。

（二）加强对备灾救灾中心（仓库）的管理，要尽快组织备灾救灾中心（仓库）对救灾物资进行一次全面的清点核查，确保物资完好，调拨快速高效。

（三）严格遵守灾害救助工作规则和纪律。要按照“快速、高效、公平、透明”的原则，做好救灾物资的发放工作，发放工作要经得起检查和审计。严禁擅自截留或挪用救灾款物，总会下拨的救灾物资必须及时足额发放到位，不得留存。

四、要切实做好救灾资料收集、档案整理和数据统计工作，做好备灾救灾系统的推广应用。

（一）与救灾相关的文件、报表应分类整理和存档；要全面掌握所辖各级红十字会在救灾工作中投入物资的价值、受益人数等各项数据，并及时将实施救助情况通过备灾救灾信息管理系统上报。

（二）继续加强对本省（区、市）救灾专职干部的培训工作，切实做好备灾救灾信息管理系统的推广应用。所有的报灾、救灾工作（重建、备灾项目除外）全部实行网络、传真双轨操作，总会将在收到网络、传真两份灾情报表后对灾情进行处理。

五、要加强对救灾工作的宣传。受灾省（区、市）红十字会应主动与相关媒体联系，提供有关信息，凸显红十字会在灾害救助工作中的作用，并带动全社会参与到红十字会的救灾工作中来。对于国家彩票公益金资助的救灾物资，在宣传时应着重予以强调或单独宣传，以更好地体现国家彩票公益金“取之于民，用之于民”的理念。

六、做好救灾工作的统筹协调。2009年大部分省（区、市）红十字会承担了汶川地震灾后恢复重建的对口支援工作，各地区红十字会及受援助红十字会要统筹安排，切实加强赈济救灾业务部门力量，既要做到汶川地震灾后恢复重建工作的规范有序，又要保证其他灾害救助的快速反应。

七、要加大救灾款物的募集力度。各级红十字会要发挥主观能动性，扩大筹资渠道，募集救灾款物，不断充实本级红十字会的救灾物资储备。总会提倡非受灾省（区、市）红十字会主动支援帮助受灾省份红十字会开展救灾工作，但未经总会许可任何受灾省份不得擅自向其他省（区、市）红十字会特别是港澳红十字会、台湾红十字组织发出救助呼吁。

八、提高安全防护意识。在救灾工作中要加强对救灾车辆、设备的检修和维护，强化人员的安全意识，避免出现意外伤亡事故，确保参加救灾人员的人身安全。

中国红十字会总会关于印发《中国红十字会关于加强汶川地震灾区灾后恢复重建工作的意见》的通知

（红总字〔2009〕37号
2009年5月13日）

各省、自治区、直辖市红十字会，新疆生产建设兵团红十字会、中国红十字基金会：

为切实保证红十字系统援建汶川地震灾区灾后恢复重建项目顺利进行，现将《中国红十字会关于加强汶川地震灾区灾后恢复重建工作的意见》印发给你们，请遵照执行。

附件：《中国红十字会关于加强汶川地震灾区灾后恢复重建工作的意见》

中国红十字会关于加强汶川地震灾区灾后恢复重建工作的意见

当前，汶川地震灾区灾后恢复重建工作正在全面展开，中国红十字会援助的灾后恢复重建项目绝大部分已在川、甘、陕等地震灾区启动实施。为切实保证灾后恢复重建项目的顺利进行，现就加强汶川地震灾区灾后恢复重建工作提出以下意见：

一、统一思想、提高认识，增强做好灾后恢复重建工作的紧迫感和责任感。

灾后恢复重建工作是一项重大而紧迫的民心工程。各级红十字会要进一步增强政治意识、大局意识、责任意识、质量意识，全面做好和按时完成各项灾后恢复重建任务。要充分认识做好灾后恢复重建工作是全面贯彻落实科学发展观的重要实践，是红十字会全面落实党中央、国务院对灾后恢复重建工作部署的具体行动，是地震灾区人民的迫切需要，是实现社会各界对地震灾区爱心奉献的重要途径，是传播人道、博爱、奉献红十字精神的良好平台，是履行红十字会法的必然要求。要本着对社会负责、对灾区人民负责、对捐赠者负责的态度认真做好灾后恢复重建工作。

二、强化领导，狠抓落实，务求各项工作扎实开展

灾后恢复重建工作涉及面广、工作量大、困难多。红十字会各级组织要坚持以科学发展观为指导，把握关键环节和重点，加强组织领导、狠抓工作落实，扎实推进灾后恢复重建工作进程。

（一）加强组织领导，落实工作责任。各级红十字会要加强对灾后恢复重建工作的领导，关键要做到责任到位，明确具体任务、责任主体和完成时限。已经纳入总会灾后恢复重建工作总体安排的项目，各级红十字会要狠抓落实，切实按照所签署的协议确保项目顺利实施，按期完成；各级红十字会自行开展的灾后恢复重建项目，要尽快予以实施，并定期向总会上报项目进展情况；纳入当地政府统一安排的灾后恢复重建项目，各级红十字会要积极主动与当地政府联系，迅速落实到具体援建项目，并定期向总会及时上报项目进展情况。受援方省级红十字会要全面了解和掌握所有受援项目，为援助方各级红十字会在开展工作方面提供便利，以利灾后恢复重建项目的顺利实施和完成。各级红十字会要建立灾后恢复重建目标考核体系，确保各责任主体在规定时限保质保量完成各项任务。

（二）加强统筹协调，促进项目开展。各级红十字会要根据灾区实际需求，合理安排援助项目，加强统筹协调，确保项目的顺利开展。各级援助方红十字会要加强与受援方红十字会的密切联系，受援方红十字会要积极主动与当地有关部门联系，了解当地灾后恢复重建规划，确保红十字会援助的项目纳入当地政府规划范围之内。凡统一纳入政府对口支援规划的，各级红十字会要按照总会提出的项目运作要求独立自主地开展工作；不能独立自主开展项目的，红十字会要主动与政府沟通，在项目的冠名、标识等方面提出具体要求，以符合红十字会项目管理的有关要求。

（三）建立项目监督、检查、上报机制。各级红十字会要按照中国红十字会总会汶川地震灾后恢复重建项目的有关要求，建立灾后恢复重建项目的监督、检查、上报制度。要根据项目进展情况定期到项目施工现场督导检查，监督项目实施进度，检查项目质量，检查红十字冠名及标识，发现问题及时予以纠正。受援方各级红十字会要定期向上级红十字会以及援助方红十字会上报项目进展情况，发现问题，及时、如实向上级红十字会和援助方红十字会反映和沟通，及时解决问题。项目实施中出现的特别重大问题，双方红十字会主要领导要亲自处理，以确保项目如期顺利完成。

（四）强化目标考核。各级红十字会要把参与汶川地震灾后恢复重建项目工作纳入年度工作目标考核中，作为领导班子年终考核的重要内容。上一级红十字会要对下一级红十字会的灾后恢复重建项目进行目标考核，本级红十字会内部也要开展项目目标考核。各级红十字会要按照中央提出的要求，

争取在2009年入冬前基本完成农村住房重建，年底前全部完成；2009年秋季开学前完成大部分学校重建工作；2010年年底前基本完成所有灾后恢复重建项目。

三、强化项目管理，提高项目管理水平。各级红十字会要加强项目在资金、物资、资料等方面的管理。要根据总会灾后恢复重建物资资金管理方面的要求，严格项目资金使用和监管，设立专门帐户或科目，做到专款专用，确保项目资金在监控范围内运行，保证项目资金及时拨付和结算，杜绝挪用、截留资金的现象，管好、用好项目资金。灾后恢复重建的物资要及时用于灾后恢复重建项目中。要定期及时收集整理项目相关资料、文件、图片等。各级红十字会要加强项目人员的培训工作，不断提高实施项目的能力。

四、主动接受社会监督。各级红十字会要强化社会监督意识，建立项目公示、捐赠款物使用反馈机制等。定期向社会公示款物使用情况，做到各类项目公开、透明、公正。要认真做好捐赠资金与项目的对应工作，组织捐赠者参与项目监督、竣工等工作。

五、认真总结灾后恢复重建项目工作。在项目实施的不同阶段，各级红十字会都要认真总结项目实施中的经验和教训。要分阶段、分项目总结经验和教训，总结材料要及时上报上级红十字会，要通过不断的总结，提高开展项目的水平，确保灾后恢复重建工作顺利开展，为灾区人民早日恢复生产、重建家园做出应有贡献。

关于刘淑媛等六人荣获第42届南丁格尔奖的通知

（红总字〔2009〕41号
2009年6月1日）

各省、自治区、直辖市红十字会，新疆建设兵团红十字会，铁路、商业系统红十字会：

经中国红十字会推荐，红十字会国际委员会批准，我国有以下6名护理工作者荣获第42届南丁格尔奖，他们是：

刘淑媛　北京市安贞医院

张桂英　吉林省神经精神病医院

潘美儿　浙江省皮肤病防治研究所

杨　秋　四川省都江堰向峨乡公立卫生院

鲜继淑　第三军医大学第一附属医院

王文珍　海军总医院

总会将择时举行颁奖大会，时间另行通知。对本届获奖者的宣传工作由总会统筹安排。

中国红十字会总会关于做好灾后恢复重建项目有关工作的通知

（红总字〔2009〕46号
2009年6月19日）

各省、自治区、直辖市红十字会，新疆生产建设兵团红十字会，铁路、商业系统红十字会：

为进一步了解和掌握各地红十字会对汶川地震募集救灾资金和物资的使用情况，加强募捐款物使用的监督和管理，及时向社会反馈红十字系统筹集款物使用和灾后恢复重建项目进展情况；使各级红十字会接受捐赠更加公开、透明，根据国务院关于汶川地震救助工作的有关规定和中国红十字会汶川地震灾后恢复重建工作会议精神，现将灾后恢复重建项目的有关工作通知如下：

一、依照总会《关于汶川地震灾后恢复重建项目标识的通知》（红总字［2008］85号）规定，认真做好捐赠人冠名、刻碑工作，灾后恢复重建项目完成后建立永久性纪念牌。

二、总会已将《爱的丰碑－汶川地震灾后恢复重建捐赠项目名录》（简称名录）发至各省红十字会以及川、陕、甘灾区地州红十字会。如捐赠人根据《名录》对应项目电话咨询有关信息，请各地红十字会耐心给予解答，向捐赠人介绍项目援建进展情况。

三、对总会援建的项目，各项目所在地红十字会在项目竣工前30天向总会筹财部上报有关信息。信息包括：重建 项目竣工日期、项目建设照片等。筹财部信息反馈邮箱：rcsc503@163.com。

四、按时填报《中国红十字会汶川地震捐赠款物收支情况统计表》和《中国红十字会汶川地震灾后恢复重建项目一览表》，统计范围为相应省（自治区、直辖市）所辖各级红十字会的整体情况。

各省级红十字会要按照填表说明认真汇总填报，并务于每月10日前将表格的纸版和电子版上报至总会赈济救护部。纸版须会领导审核签字和单位盖章，传真至010－64024577；电子版发至赈济救护部邮箱64024577@163.com。数据填报的截止日期为上月底。

附件：表1、中国红十字会汶川地震捐赠款物收支情况统计表（略）

表2、中国红十字会汶川地震灾后恢复重建项目一览表（略）

关于广泛开展“迎国庆讲文明树新风”红十字志愿服务活动的通知

（红总字〔2009〕47号
2009年6月23日）

各省、自治区、直辖市和新疆生产建设兵团红十字会、文明办：

为认真贯彻落实中央文明委《关于深入开展“迎国庆讲文明树新风”活动的通知》和“迎国庆讲文明树新风”志愿服务活动视频会议精神，大力推进红十字志愿服务活动，中国红十字会总会、中央文明办决定，联合组织开展“迎国庆讲文明树新风”红十字志愿服务活动。现将有关事宜通知如下：

一、活动主题

以邓小平理论和“三个代表”重要思想为指导，深入贯彻落实科学发展观，贯彻落实党的十七大和十七届三中全会精神，贯彻《关于中华人民共和国成立60周年庆祝活动的安排意见》（中发［2008］17号）和中央办公厅转发的《中央宣传部关于围绕庆祝新中国成立60周年深入开展群众性爱国主义教育活动的意见》（中办发［2009］15号），按照“迎国庆讲文明树新风”活动总的要求，以建设社会主义核心价值体系为根本，以应急救援、自救互救、社区服务、红十字青少年为主要内容，广泛开展“迎国庆讲文明树新风”红十字志愿服务活动，普及志愿理念、弘扬志愿精神，为庆祝新中国成立60周年营造热烈喜庆、文明和谐的社会环境。

二、活动内容

1. 广泛开展红十字应急救护知识宣传普及志愿服务活动。组织有关专家集中培训一批红十字志愿者，力争到今年年底前，省会及副省级城市参加初级救护培训的人数超过当地人口总数的1%，每150至300人中要有一名培训合格的红十字救护员。组织红十字志愿者深入城乡基层，大力普及防灾避险、疏散安置、急救技能等方面的知识，积极开展红十字应急救护演练活动，增强人们自救互助意识和应急处置能力。发动红十字志愿者编写一批手机短信，发送到网络和手机上，在全社会大力普及应急救护知识。

2. 广泛开展红十字应急救援志愿服务活动。国庆期间，各地省会城市、副省级城市和其他主要城市，要在人员流动频繁的公共场所设立红十字志愿服务站，组织红十字志愿者为遇到紧急情况的群众提供急救用品和及时有效的救助。依托社区、学校、冠名红十字医疗机构和企事业单位组建红十字志愿服务队，每个省级红十字会至少组建一支红十字志愿紧急救援队，每个省级以下城市红十字会要至少组建一支红十字志愿救护队，推动国家、省、市、县四级红十字志愿服务网络建设。

3. 广泛开展红十字社区志愿服务活动。以“救死扶伤、扶危济困、敬老助残、助人为乐”为主题，以红十字博爱新村、博爱卫生院（站）、社区红十字服务站等为阵地，组织红十字志愿者深入城乡基层，积极开展卫生关怀、人道救助、无偿献血、预防艾滋病等志愿服务活动，弘扬人道主义精神。大力普及预防甲型H1N1流感的基本知识，帮助人们了解甲型H1N1流感的临床症状、传染渠道和应对措施，自觉保持勤洗手、多喝水、多锻炼身体、咳嗽或打喷嚏掩口鼻等良好的卫生健康习惯，学会用科学的方法照料出现流感症状的人，增强人们的自我防范意识和能力。

4. 广泛开展红十字青少年志愿服务活动。鼓励和组织广大青少年成立红十字青少年志愿服务队，立足校园、走向社会，以红十字志愿服务基地为平台，广泛开展敬老助残、互助互爱、自救互救志愿服务活动，义务宣传预防艾滋病、捐献造血干细胞、远离烟草和毒品等知识，特别是要宣传预防甲型H1N1流感的措施和办法，推动红十字青少年志愿服务活动深入开展。

三、活动要求

各地红十字会、文明办要把开展“迎国庆讲文明树新风”红十字志愿服务活动作为庆祝新中国成立60周年的一项重要工作，在当地文明委的统一领导下，加强组织领导，加大工作力度，采取有力措施，切实抓紧抓好。要突出思想内涵，把爱国主义教育贯穿“迎国庆讲文明树新风”红十字志愿服务活动的始终，引导人们在做好事、献爱心的过程中增进爱国情感、树立报国之志。要坚持贴近实际、贴近生活、贴近群众，按照群众急需、红十字会所能的原则，从办得到的事情做起，多提供人性化、个性化和专业化的服务，大力弘扬人道、博爱、奉献的红十字精神。各地要把开展“迎国庆讲文明树新风”红十字志愿服务活动纳入精神文明建设整体安排，推动各项任务落实，迎接新中国成立60周年。

关于推举中国红十字会第九次全国会员代表大会代表人选的通知

（红总字〔2009〕51号
2009年7月17日）

各省、自治区、直辖市红十字会，新疆生产建设兵团红十字会，铁路、商业系统红十字会：

根据《中华人民共和国红十字会法》和《中国红十字会章程》的有关规定，经国务院批准，中国红十字会第九次全国会员代表大会将于10月在北京召开。现将各地推举代表人选的有关要求通知如下：

一、代表条件

（一）拥护党和国家的各项方针政策；

（二）积极宣传、贯彻落实《中华人民共和国红十字会法》和《中国红十字会章程》；

（三）热爱红十字事业，积极履行各项职责，有参与意识和议事能力；

（四）在履行人道宗旨开展各项工作中做出突出贡献的基层专兼职干部、会员或志愿者；

（五）中国红十字会第九届理事候选人为当然代表。

二、代表产生办法

（一）会员代表大会的代表产生，要充分体现出红十字会的社会性和广泛性；

（二）代表候选人由各省级红十字会推荐，经代表大会资格审查委员会审定后产生。

三、地方及行业红十字会代表名额分配

地方及行业红十字会代表名额表

单位	名额	单位	名额	单位	名额
北京	20	福建	18	云南	18
天津	18	江西	18	西藏	10
河北	19	山东	25	陕西	15
山西	19	河南	23	甘肃	15
内蒙古	20	湖北	23	青海	12
辽宁	22	湖南	23	宁夏	12
吉林	18	广东	21	新疆	16
黑龙江	20	广西	17	铁路	2
上海	20	海南	12	商业	2
江苏	26	重庆	18	建设兵团	10
浙江	21	四川	22	共计	591
安徽	18	贵州	18		

注：1. 各省、自治区、直辖市代表数按照当地人口数、红十字基层组织数、会员数、志愿者数占全国相应总数的比例，开展工作情况等综合因素进行权重比例分配，并参考中国红十字会第八次全国会员代表大会的名额分配适当进行调整；

2. 分配名额中含各省、自治区、直辖市红十字会理事候选人各3人；省会城市及计划单列市红十字会主要领导各1人；行业系统红十字会理事候选人各1人；新疆生产建设兵团红十字会理事候选人2人；

3. 各省、自治区、直辖市红十字会基

层组织、会员、青少年会员、团体会员、志愿者和企业代表至少各1人；

4. 各省、自治区、直辖市，新疆生产建设兵团的代表数中含先进集体代表和先进个人代表。

请各地按照以上各项要求推举代表人选，并将填写的中国红十字会第九次全国会员代表大会代表登记表（见附件）于8月20日前报总会组织宣传部。

附件：中国红十字会第九次全国会员代表大会代表登记表（略）

关于为台湾“莫拉克”台风灾害捐款事宜的紧急通知

（红总字〔2009〕64号
2009年8月12日）

各省、自治区、直辖市红十字会，新疆生产建设兵团红十字会，铁路和商业系统红十字会：

近日台风“莫拉克”重创台湾，给台湾同胞的生命和财产造成了重大损失。灾情牵动着全国人民的心，社会各界纷纷伸出援手，进行捐助。

总会已于8月11日发出关于接受社会各界对“莫拉克”台风灾害捐赠的公告，为统筹做好“莫拉克”台风灾害的救助工作，以体现中国红十字会的整体救助实力，按照红十字会统一性原则，请各省（区、市）红十字会将接受的用于救助台湾“莫拉克”台风灾害的捐款，统一汇入中国红十字会总会捐款账户，由总会转赠给台湾红十字组织，并在给台湾红十字组织的捐赠函中注明各省、自治区、直辖市的捐款数额。

总会的捐款账号为：0200001009014413252

开户行：工商银行北京分行东四南支行

单位：中国红十字会总会

关于加强备灾救灾中心（物资库）安全管理的通知

（红总字〔2009〕65号
2009年8月14日）

各省（自治区、直辖市）红十字会、新疆生产建设兵团红十字会，各备灾救灾中心（物资库）：

2009年7月28日，中国红十字会成都备灾救灾中心存放的饮用水消毒片发生意外自燃。总会高度重视，已协调生产厂家就此事进行实地调查。为进一步加强备灾救灾物资安全管理，避免此类事件再度发生，现就有关要求通知如下：

一、各级红十字会要高度重视备灾救灾物资的安全管理工作，将备灾救灾中心（物资库）的安全管理工作纳入内部检查、考核、评比范围，督促所属备灾救灾中心（物资库）健全并落实安全管理制度。

二、各备灾救灾中心（物资库）要提高工作人员的安全意识，对相关人员进行基本安全知识和应急处理常识培训，并派专人对仓库进行日常安全巡查。要尽快对储备物资特别是消毒剂，进行一次全面检查，排除安全隐患。

三、各备灾救灾中心（物资库）要制定事故应急救援预案。一旦发生事故，应立即启动预案，采取应急措施，降低或控制事故的危害。

四、重点做好消毒剂等存在自燃隐患的化学物资的安全管理。库房内要按要求摆放物资，室内要保持阴凉、干燥、通风良好，注意防潮、防水、防火。

五、要严格按照消毒剂的存放要求进行储存。严禁在不具备此类物资存储条件的库房中存放此类物资，各备灾救灾中心（物资库）应根据物资种类及危险性设置专门库房。

特此通知。

中国红十字会总会关于印发《“红十字与世博同行”志愿服务活动方案》的通知

（红总字〔2009〕68号
2009年8月20日）

各省、自治区、直辖市红十字会，新疆生产建设兵团红十字会：

日前，总会与中共中央宣传部、中央文明办、教育部、民政部、上海世博会组委会、全国总工会、共青团中央、全国妇联、全国老龄办等单位联合印发了《关于广泛开展“迎世博讲文明树新风”志愿服务活动的通知》（文明办〔2009〕13号）。中国红十字会承办的上海世博会国际红十字与红新月馆建设工作即将启动，红十字会参与2010年上海世博会工作将进入实质性阶段，各项工作需要尽快抓紧落实。为了加强指导、统一行动，现将《“红十字与世博同行”志愿服务活动方案》印发给你们，请有世博任务的各省级红十字会认真贯彻实施，并结合本地实际制定具体实施方案（报总会备案），协助政府开展相关工作，无直接任务的省级红十字会要通过本方案了解总会有关世博志愿服务活动的安排，并以此次活动为契机，进一步推动红十字志愿服务工作的发展。全国各级红十字会要更好地发挥红十字会的优势，突出红十字会的特色，为举办一届“成功、精彩、难忘”的世博会作出积极贡献。

“红十字与世博同行”志愿服务活动方案

参与世博、服务世博是红十字会服务党和国家工作大局的具体举措，也是传播红十字运动基本知识、弘扬人道主义精神、推动红十字志愿服务工作发展的历史机遇和重要平台。为了进一步提升红十字公益品牌形象，提高红十字会的知晓率和影响力，推动红十字志愿服务融入精神文明建设和构建和谐社会大局，将世博会期间红十字志愿服务的各项工作做深、做细、做实，彰显红十字会的人道力量，特制定《“红十字与世博同行”志愿服务活动方案》。

一、指导思想

履行《中华人民共和国红十字会法》赋予的职责，深入贯彻落实科学发展观，遵循国际红十字与红新月运动基本原则，大力弘扬“人道、博爱、奉献”的红十字精神和“奉献、友爱、互助、进步”的志愿精神，围绕办好世博会的工作中心，服务建设社会主义核心价值体系的工作大局，广泛开展形式多样的红十字志愿服务活动，将红十字精神与“进步、创新和交流”的世博会主旨有机结合，努力实现红十字运动与世博会的共同目标——促进人类文明和平进步。

二、工作目标

各级红十字会要积极行动起来，以“红十字与世博同行”为主题，把参与世博、服务世博工作作为当前和明年全会的一项重要工作来抓，发挥红十字会优势，突出红十字特色，开展形式多样、内容丰富的红十字志愿服务活动，为举办一届“成功、精彩、难忘”的世博会多作贡献，展现广大红十字志愿者的时代风采，提升红十字志愿服务品牌形象，提高红十字志愿服务的知晓率和影响力。进一步探索大型活动中红十字志愿服务模式，培养锻炼一批红十字志愿者骨干，将世博会期间优秀志愿服务项目和成功的志愿服务经验进行推广，形成长效机制，以推动公民文明素质和社会文明程度的进一步提高。

三、主要任务

（一）开展具有红十字特色的志愿服务活动

1. 设置红十字志愿服务站，开展红十字应急救护工作。在上海及有世博任务的城市人口密集的公共场所（公园景点、繁华街道、交通枢纽）设立志愿服务站（或急救站）、设置红十字急救包，为遇到紧急情况的中外游客和群众提供急救用品和及时有效的救助。

在世博园区内设置红十字服务站，配备轮椅、担架、拐杖、急救箱和宣传资料等，为世博会提供应急志愿服务。

2. 组建红十字应急志愿服务队和红十字救护志愿服务队，巩固和发展“迎国庆、讲文明、树新风”红十字志愿服务活动成果。组织各地的红十字志愿者参与与世博相关活动的志愿服务，以优质的红十字志愿服务提升红十字公益品牌形象，推动红十字精神的传播，并进一步推动各地红十字会参与世博志愿服务的热情，通过世博会培养锻炼红十字志愿者的骨干力量。

（二）围绕世博会开展相关培训工作

1. 根据世博会工作人员和志愿者培训的要求，制定对世博会工作人员和志愿者进行突发事件应对及应急救护培训的计划，编写世博会志愿者应急救护培训教材，并纳入世博会工作人员和志愿者培训整体规划。

2. 配合世博会志愿者招募进度，对世博会园区志愿者、城市志愿者和部分工作人员进行应急救护培训。

3. 在上海和其他有世博任务的城市，在做好红十字救护员培训工作的基础上，重点开展群众性自救互救、灾难逃生、突发事件应对等知识和技能的普及培训工作，特别要针对世博场馆及旅游景点周围地区群众（包括公园景区的管理人员和职工）开展培训。

（三）组织开展以人道救助为主要内容的相关志愿服务活动

进一步加强无偿献血和预防艾滋病等知识的宣传和志愿者的动员工作，配合政府有关部门做好紧急情况下组织群众无偿献血准备工作。

四、实施步骤

开展“红十字与世博同行”志愿服务活动，要统一部署、精心组织、整体推进。整个活动从2009年8月开始，到2010年12月结束。

第一阶段，2009年8月至2009年10月，围绕迎接和庆祝新中国成立60周年，广泛开展“迎国庆迎世博讲文明树新风”志愿服务活动，进一步加强对世博知识和志愿服务的宣传推广，推动形成良好社会秩序、环境面貌和道德风尚。启动“红十字与世博同行”志愿服务活动。各级红十字会明确世博志愿服务活动的相关负责部门和负责人，向总会报送各地红十字会参与世博志愿服务项目。

第二阶段，2009年11月至2010年4月，各级红十字会着手落实实施既定的志愿服务项目，使各项活动深入基层，形成志愿服务的浓厚氛围。总会将对各地志愿服务项目落实情况进行督查。

第三阶段，2010年5月至10月，在上海世博会举办期间，按照既定计划认真落实各项志愿服务项目，组织动员红十字志愿者积极参与、支持和奉献世博会，把各项志愿服务活动推向高潮，营造欢乐相聚、交流发展、合作提高、共同参与的世博氛围。

第四阶段，2010年11月至12月，认真总结表彰世博会期间开展的各项红十字志愿服务活动的有效做法和成功经验，探索特大型活动中红十字志愿服务模式，努力形成红十字志愿服务活动的长效机制，推动红十字志愿服务的持续健康发展。

五、工作要求

（一）高度重视，加强领导。大力推进“红十字与世博同行”志愿服务活动是红十字会增强凝聚力和影响力的难得契机，也是对各级红十字志愿服务工作的综合检验。各级红十字会领导干部要充分认识参与世博、服务世博工作的重要意义，高度重视“红十字与世博同行”志愿服务工作的开展，切实增强紧迫感和责任感，身体力行，带头行动，切实发挥榜样示范作用。各级红十字会要紧紧围绕总会整体部署，密切联系各自工作实际，切实加强组织领导，认真研究部署，明确任务，责任到人，推动工作的有效落实。

（二）积极创新，着眼长远。各级红十字会要结合实际努力创新志愿服务活动的内容形式，精心设计群众乐于参与、便于参与的志愿服务项目，吸引更多的群众参与到“红十字与世博同行”的志愿服务活动中来，形成“人人都是东道主、人人服务世博会”的生动局面。对世博会期间志愿服务活动的一些好的形式，好的项目要认真加以总结，以求形成长效机制。

（三）强化宣传，营造氛围。各级红十字会要充分发挥红十字报刊及网站等载体的宣传阵地作用，并借助电视、报纸、广播、网络等各类媒体，大力宣传“红十字与世博同行”志愿服务活动中涌现出来的先进典型、先进事迹和有效作法，充分展示红十字志愿者投身世博的良好精神风貌，营造全体红十字干部和志愿者人人参与世博、人人奉献世博的良好氛围。

（四）全会联动，形成合力。各级红十字会要在前一段工作的基础上，心往一处想，劲往一处使，举全会之力，集全体智慧，高标准、高质量、高效率地做好各项筹办工作，展示统一形象，形成强大声势，扩大社会影响，充分体现红十字会参与世博、服务世博的整体作为。要切实加强与各级党委和政府、各相关部门和单位的协调配合，增强全局意识，促进资源整合，形成规模效应。要加强时间节点管理，体现阶段工作成效，及时反映工作动态，通过全国各级红十字会坚定信心，发挥优势，抓住机遇，迎接挑战，真抓实干，务求实效，互相支持，共同努力，确保“红十字与世博同行”活动取得预期效果。

附件：1. 各地开展“红十字与世博同行”志愿服务活动情况汇总表

2. 关于收集“红十字与世博同行”志愿服务活动影像资料的相关要求

附件1

各地开展“红十字与世博同行”志愿服务活动情况汇总表

填报单位（公章）：

联系人及职务　联系电话

红十字志愿者人数　注册红十字

志愿者人数　是否与文明办联合成立领导小组　是/否

世博期间红十字志愿服务站设立数量专业志愿

服务队数量　参与本次活动红十字志愿者总人数

世博期间红十字志愿服务站设立城市数量　辅助志愿

服务队数量　参与本次活动红十字志愿者累计志愿服务总时间

本次活动期间开展初级卫生救护培训人数　本次活动期间救护培训救护员人数　参与本次活动红十字志愿者总人次

本次活动期间成立的志愿服

务队成立情况　志愿服务队

名称所属机构　国庆期间

开展活动次数　接受服务人次　累计志愿服务活动时间

宣传工作　序号　媒体名称　级别　报道形式　发稿数量

注：1. 本表格篇幅所限，如需增加其他内容请另附A4纸打印。

2. 各地可推荐在1—2支“红十字与世博同行”志愿服务活动中表现突出的志愿服务队先进事迹（附事迹简介，2000字以内），在相关通报表彰中将予以适当考虑。

附件2

关于收集“红十字与世博同行”志愿服务活动音像资料的相关要求

为了将中国红十字会参与世博志愿服务工作的真实画面载入红十字运动史册，总会拟印制邮票、画册，并制作专题宣传片，请各有世博任务的城市红十字会注意收集相关影像、照片等音像资料，并随时传送至总会。

一、收集资料所涉及工作内容

（一）世博志愿者及群众培训、演练；

（二）参与志愿服务（园区志愿服务、城市志愿服务、社会志愿服务）；

（三）国际红十字与红新月馆展览工作；

（四）艾滋病预防知识宣传；

（五）其他相关工作。

二、资料要求

（一）突出红十字志愿服务（装备、设施、志愿者、服务对象、服务内容）；

（二）彰显红十字志愿服务的作用（红十字标志及服务地点位置显著）；

（三）红十字标志或者与世博组合标志鲜明醒目；

（四）呼应本地世博任务主题；

（五）具有本地志愿服务特色；

（六）效果真实感人；

（七）音像资料附注说明。

请将收集整理的首批音像资料，于2010年5月20日前通过邮件发送到总会组织宣传部青少年与志愿服务处。后续收集到的资料随时发送。

电子邮件：zuqingchu@126.com

联系电话：010－84025890转5023或5021

联系传真：010－64025680

联系人：周小杭　张灏

关于河南省红十字会备灾救灾中心作为中国红十字会河南备灾救灾中心的批复

（红总字〔2009〕69号
2009年8月25日）

河南省红十字会：

你会《关于将河南省红十字会备灾救灾中心作为中国红十字会中部备灾救灾中心的请示》（豫〔2009〕37号）收悉。经总会研究，同意你会备灾救灾中心作为中国红十字会河南备灾救灾中心规划建设，并决定给予资金和物资支持。

请你会严格按照总会有关要求加快备灾救灾中心建设，切实发挥区域备灾救灾中心作用。

特此批复。

关于继续做好“莫拉克”台风灾害救助募捐工作的通知

（红总字〔2009〕72号
2009年9月1日）

各省、自治区、直辖市红十字会，新疆生产建设兵团红十字会，铁路和商业系统红十字会：

总会于8月12日下发《关于为台湾“莫拉克”台风灾害捐款事宜的紧急通知》（红总字〔2009〕64号）后，各级红十字会积极行动，组织了不同形式的募捐活动，截至8月27日总会已接收到3500万元人民币捐款，其中1800万元来自江苏、浙江、山西、青海、安徽、天津、上海、内蒙、云南、宁夏、广东、广西、湖南、甘肃、湖北、杭州、大连、青岛等红十字会接收的捐款。请各地红十字会尽快将目前接收到的捐款汇入总会账户，并继续做好募捐工作，为台湾灾区重建家园和公共设施给予更大的援助。总会在给台湾红十字组织的捐赠函中将注明各省、自治区、直辖市的捐款数额。

在为“莫拉克”台风灾害救助开展募捐工作的过程中，各地红十字会要严格控制支出费用的数额，一律不得从捐款中支出与本次募捐活动无关的费用，不得逐级重复支出。除必要的费用支出外，所有捐款都应统一汇入总会捐款账户。

请将“莫拉克”台风灾害救助的收支情况填写收支明细表，分别于9月5日、9月15日和10月10日前各上报总会一次。

附件：“莫拉克”台风救助收支明细表

（略）

关于成立中国红十字会总会抗震救灾志编纂办公室的通知

（红总字〔2009〕83 号
2009 年 9 月 25 日）

总会报刊社：

根据国家汶川特大地震抗震救灾志编纂委员会办公室拟订的工作方案和我会作为承编单位开展此项工作的实际需求，经研究，同意在中国红十字年鉴编辑部基础上成立“中国红十字会总会汶川特大地震抗震救灾志编纂办公室”，承担相关工作。

特此通知。

关于通报表扬 2009 红十字博爱周活动先进集体的通知

（红总字〔2009〕77 号
2009 年 9 月 27 日）

各省、自治区、直辖市红十字会，新疆生产建设兵团红十字会，铁路、商业系统红十字会：

根据总会《关于开展“2009 红十字博爱周”活动的通知》（以下简称《通知》）精神，全国各省级红十字会认真策划、精心部署，在全国范围内开展了红十字“博爱周”活动。

2009 年“博爱周”活动呈现出内容丰富、紧扣主题、形式新颖、因地制宜等特点，除举办公益晚会、开展募捐、举行义诊、组织献血、召开研讨会等传统方式的活动外，还紧密结合“凝聚人道力量，重建美好家园”主题，创新性地开展了一些活动，例如举办烛光祭奠晚会、诗歌静思会、灾区爱心回访、爱心车队接力赛等特色性活动。据不完全统计，今年“博爱周”期间，全国各地红十字会共开展了 1280 多项宣传活动。在各级各类媒体播发红十字会新闻报道 9500 多篇，投放红十字公益广告 244432 次（幅/条），发放宣传手册、条幅、展板、张贴画等宣传材料 89 万份，通过手机发送宣传信息 750 多万条。这些活动及宣传报道弘扬了红十字精神，拓宽了筹资渠道，集中展示和提升了红十字的整体品牌形象。

为更好地构建大宣传格局，促进“博爱周”活动的普遍开展，综合各地开展情况，经总会研究决定，对以下先进集体给予通报表扬：

优秀组织奖：山西省红十字会、内蒙古自治区红十字会、安徽省红十字会、山东省红十字会、河南省红十字会、广东省红十字会、重庆市红十字会、宁夏回族自治区红十字会。

特殊贡献奖：北京市红十字会、上海市红十字会、四川省红十字会，铁路系统红十字会、红十字国际委员会东亚地区代表处、德高中国、海南白马广告媒体投资有限公司北京广告分公司、人民日报海外版、中央电视台广告部、工业和信息化部电信研究院信息名址服务管理中心、搜狐公益频道。

创新奖：天津市红十字会、江苏省红十字会、浙江省红十字会、福建省红十字会、江西省红十字会、云南省红十字会、陕西省红十字会。

组织奖：河北省红十字会、辽宁省红十

字会、吉林省红十字会、黑龙江省红十字会、湖北省红十字会、湖南省红十字会、广西壮族自治区红十字会、海南省红十字会、贵州省红十字会、西藏自治区红十字会、甘肃省红十字会、青海省红十字会、新疆维吾尔自治区红十字会、新疆生产建设兵团红十字会、商业系统红十字会。

支持奖：中国红十字会总会报刊社、中国红十字基金会、中国造血干细胞捐献者资料库管理中心、中国红十字会李连杰壹基金计划、中国红十字会心灵阳光工程、中国红十字爱心企业联盟秘书处、中国红十字巴蜀力量基金。

希望受到表扬的先进集体把荣誉作为新的起点，认真总结经验，不断进取，争取更大的成绩，为构建全方位、多层次、立体化的红十字大宣传格局，推动中国红十字事业的发展做出更大的贡献。

关于印发《中国红十字会会员管理办法》的通知

（红总字〔2009〕90号
2009年11月16日）

各省、自治区、直辖市红十字会，新疆生产建设兵团红十字会，铁路、商业系统红十字会：

《中国红十字会会员管理办法》于2009年10月26日经中国红十字会第八届理事会第六次会议审议通过，现印发你们，请认真贯彻落实。(《中国红十字会会员管理办法》见文献篇)

关于印发回良玉副总理、华建敏会长在中国红十字会第九次全国会员代表大会上讲话的通知

（红总字〔2009〕95号
2009年11月30日）

各省、自治区、直辖市红十字会，新疆生产建设兵团红十字会，铁路、商业系统红十字会：

现将中共中央政治局委员、国务院副总理回良玉，全国人大常委会副委员长、中国红十字会会长华建敏在中国红十字会第九次全国会员代表大会上的讲话印发你们，请认真组织传达学习，抓好“九大”会议精神的贯彻落实。

附件（略）

1. 回良玉在中国红十字会第九次全国会员代表大会开幕式上的祝词（见纪事篇）

2. 华建敏在中国红十字会第九届理事会第一次会议上的讲话（见纪事篇）

3. 华建敏在中国红十字会第九次全国会员代表大会上的讲话（见纪事篇）

关于印发《中国红十字会章程》的通知

（红总字〔2009〕96号
2009年11月30日）

各省、自治区、直辖市红十字会，新疆

生产建设兵团红十字会，铁路、商业系统红十字会：

《中国红十字会章程》已于2009年10月29日经中国红十字会第九次全国会员代表大会审议通过，现印发你们，请认真贯彻落实。(《中国红十字会章程》见文献篇)

关于开展2010年“红十字博爱送万家”活动的通知

(红总字〔2009〕98号
2009年12月15日)

各省、自治区、直辖市红十字会，新疆生产建设兵团红十字会：

为弘扬“人道、博爱、奉献”的红十字精神，总会决定在2010年元旦、春节期间，继续在全国开展“红十字博爱送万家”(以下简称“送温暖”)活动。现就有关事宜通知如下。

一、各级红十字会要加强组织领导。以“九大”会议精神为指导，精心策划活动方案，大力组织募捐，积极争取政府和企业的支持。

二、要严密组织。要体现公开、公正、公平的原则，慰问物资要符合贫困家庭生活需求，完善慰问物资出入库及发放登记签收手续，公布受益对象名单，以备审计部门核查。

三、要充分发挥媒体的宣传作用。要加大对红十字精神及本次活动的宣传力度，切实依靠社区和农村基层组织的红十字志愿者开展工作，扩大红十字会的社会影响，真正把党和政府的关怀、红十字会的关爱送到困难群众手中。

四、总会今年送温暖活动的重点主要是针对以下三类困难人群，即，遭受汶川特大地震影响的受灾地区困难群众；今年雪灾严重地区的困难群众和部分贫困省份的困难群众。

五、请各省级红十字会将本地“送温暖”活动方案和“送温暖”活动总结分别于2009年1月10日前和2010年3月10日前报总会赈济救护部。

六、总会将派出慰问组赴部分省份开展“送温暖”活动，具体事宜另行通知。

附件：2010年“送温暖”活动情况统计表(略)

二

纪事篇

大 事 记

2009 年大事记

1 月

1 月 6 日，“人道力量——中国红十字汶川地震救援纪实”大型图片展开幕式暨画册首发式在四川省科技馆开幕。常务副会长江亦曼，副会长苏菊香、郭长江，秘书长王海京出席。

1 月 7—8 日，中国红十字会第八届理事会第五次会议暨全国社区红十字服务示范市（区）表彰会议在四川成都召开。会长彭珮云，常务副会长江亦曼，卫生部副部长、副会长马晓伟，副会长苏菊香、郭长江，秘书长王海京和第八届理事会理事等 200 余人参加了会议，彭珮云在会议上发表重要讲话。会议审议并通过了中国红十字会总会 2008 年工作报告和 2009 年工作要点的决议以及 2008 年财务收支情况报告，通过了第八届理事会更换和增补理事、常务理事候选人的决议。总会和民政部联合授予江苏省南京市等 3 个市、40 个区（市）全国社区红十字服务示范市（区）称号。

1 月 9 日，基金会第四届企业社会责任论坛在钓鱼台国宾馆举行，常务副会长江亦曼出席会议并致辞。

1 月 9 日，秘书长王海京赴重庆参加“博爱送万家”暨红十字募捐箱、“9993 短信募捐”救助捐款发放活动。

1 月 16 日，秘书长王海京出席在海南举行的中国红十字会博鳌国际交流中心筹委会第一次会议。

1 月 17 日，中国红十字基金会第二届理事会第六次全体会议在北京召开，会长彭珮云、常务副会长江亦曼出席会议，副会长郭长江当选红基会理事长。

1 月 17—20 日，副会长郭长江赴吉林、辽宁参加“红十字博爱送万家”活动。

1 月 17—20 日，秘书长王海京赴新疆参加新疆红十字会和兵团红十字会的“红十字博爱送万家”活动。

1 月 18—20 日，副会长苏菊香赴青海参加“红十字博爱送万家”活动。

1 月 19 日，常务副会长江亦曼赴河北邯郸出席“红十字博爱送万家”活动。

1 月 20 日上午，中央文明委文明城市表彰大会在京西宾馆召开，常务副会长江亦曼参加大会。

1 月 23 日，由中国红十字基金会策划出品的中国第一部爱心音乐童话剧《月亮姐姐和嘟噜嘀嘟农场》在北京保利剧院上演，副会长郭长江观看了演出。

2 月

2 月 3 日下午 17 时 30 分，台湾红十字组织原负责人徐亨因病在台湾逝世，享年98岁。会长彭珮云发出唁电。

2月9日，秘书长王海京出席2009年中山慈善万人行巡游暨答谢典礼活动。

2月11—17日，我会开展科学发展观“回头看”活动。

2月11日，总会开展竞聘上岗，王平任赈济救护部部长、李立东任赈济救护部副部长，查慧勤任筹资财务部部长、王舒依任筹资财务部副部长，沈南冰任组织宣传部副部长，任浩任联络部副部长，试用期一年。

2月13日，国务院台湾事务办公室公布，自1990年“金门协议”签署至2009年1月，两岸红十字组织共同实施双向遣返作业212批，双向遣返38936人，其中接回私渡人员38570人。大陆向台方遣返非法入境人员、刑事犯、刑事嫌疑人91批366人，完成接受大陆劫机犯罪嫌疑人5批18人，向台湾遣返劫机犯罪嫌疑人1批1人。

2月16日，国际联合会秘书长贝克莱·格雷塔一行访问总会并演讲。常务副会长江亦曼，副会长苏菊香、郭长江，秘书长王海京出席活动。

2月18—21日，常务副会长江亦曼陪同联合会秘书长比开利先生赴四川地震灾区视察并对灾后重建项目督导。

2月18日，总会召开《汶川特大地震抗震救灾志》编纂工作启动暨培训会，秘书长王海京出席会议并讲话。总会办公室主任高崇华主持会议。

2月20日，中国红十字会援助四川“5·12”地震灾后重建项目签字仪式在成都举行。总会与四川省、市、县红十字会签署了灾后重建项目四方协议。常务副会长江亦曼出席会议并讲话。

2月23日，常务副会长江亦曼、副会长苏菊香、副会长郭长江、秘书长王海京在中央新闻纪录电影制片审看我会制作的《人道力量》抗震救灾纪录片。

2月24日，由中国红十字基金会资助、中国红十字会总会训练中心实施的“守护生命——灾区师生紧急避险和救护培训项目”在北京启动，100名四川灾区教师将在京接受为期一周的紧急避险和救护师资培训，秘书长王海京出席仪式。

2月24—25日，中国红十字会总会召开贯彻落实科学发展观整改落实方案暨中国红十字事业未来五年发展思路座谈会，会长彭珮云，常务副会长江亦曼，副会长苏菊香、郭长江，秘书长王海京，总会机关各部门、直属单位领导及11个省（区、市）红十字会常务副会长或秘书长参加会议。

2月26日，秘书长王海京出席在四川成都举办的“四川依然美丽”公益广告行动启动仪式。

2月28日至3月4日，加拿大红十字会秘书长康拉德?塞弗先生访问我会。常务副会长江亦曼于3月2日与塞弗先生会谈并签署两会合作备忘录。

3月

3月2日，中国红十字会总会召开深入学习实践科学发展观活动总结大会。中央学习实践科学发展观活动第九指导检查组组长柴松岳、副组长陈希明及指导检查组成员出席。常务副会长江亦曼、副会长郭长江、秘书长王海京、总会机关及直属单位党员、干部、离退休干部共100余人参加会议。

3月3日和5日，全国政协十一届二次

会议和第十一届全国人民代表大会第二次会议在北京举行，常务副会长江亦曼、副会长郭长江出席“两会”。

3月6—7日，中国红十字会总会在北京召开中国红十字会灾害应急工作委员会会议，副会长苏菊香出席并讲话。

3月10—12日，副会长苏菊香出席在海南省陵水县举办的第五轮中国红十字会全球基金疟疾项目一期总结暨二期启动培训会。

3月13日，常务副会长江亦曼在总会接受搜狐论坛的专访，介绍作为全国人大代表，在遗体器官捐献、应急救援队等方面的工作思考。

3月16日，朝鲜红十字会新任副会长金进范率团访问我会。常务副会长江亦曼，副会长苏菊香、郭长江，秘书长王海京会见代表团。

3月17日，中国红十字会与民政部举行工作座谈会。双方就支持民间备灾救灾体系建设、城市社区和农村红十字服务、省级以下红十字会免于登记、红十字会作为相关社会团体业务主管单位等事宜进行了交流和讨论。会长彭珮云，常务副会长江亦曼，副会长苏菊香、郭长江，秘书长王海京，民政部部长李学举、副部长姜力等出席会议。

3月17日，总会召开学习贯彻“两会”精神辅导报告会。会上，十一届全国人大代表、中国红十字会常务副会长江亦曼传达了十一届全国人大二次会议精神；十一届全国政协委员、中国红十字会副会长郭长江传达了全国政协十一届二次会议情况。副会长苏菊香出席报告会。总会机关、直属单位党员及部分离退休党员干部100多人参加了会议。会议由秘书长王海京主持。

3月22—28日，常务副会长江亦曼率团访问美国，答谢汶川地震美国主要捐赠人并与美国红十字会签署合作备忘录。

3月23日，经中央编办批复，中国红十字会总会内设机构调整为办公室、赈济救护部、筹资财务部、组织宣传部、联络部、机关党委。

3月24日，中国红十字会总会备灾救灾物资库在北京市顺义区牛栏山镇开工。副会长苏菊香、郭长江出席开工仪式。

3月26日，副会长苏菊香出席国际联合会在京举办的《2020战略》研讨会。

3月29日至4月4日，会长彭珮云率中国红十字会访问团对台湾红十字组织进行了工作访问，两岸红十字组织签署了“海峡两岸红十字组织合作备忘录”。副会长郭长江陪同访问。

4月

4月1日，副会长苏菊香在京会见国际委员会东亚地区代表处副主任安东·卡门和新任合作代表布丽吉塔·孔茨。

4月3日，由世界卫生组织、中国卫生部、英国国际发展部联合主办的自然灾害医学救援国际研讨会在四川成都召开。卫生部部长陈竺、世界卫生组织总干事陈冯富珍、四川省人民政府副省长陈文华出席会议并致辞。副会长苏菊香出席会议并作演讲。

4月8日，常务副会长江亦曼在总会会见到访的塞浦路斯红十字会会长帕帕佐普洛斯夫人一行。

4月9—10日，红十字运动与慈善国际研讨会暨国际委员会珍藏图片展在苏州举行，常务副会长江亦曼出席开幕式并致辞。

4月10日，中国红十字会援助甘肃省地震灾后恢复重建项目第二期签字仪式在北京举行。第二期援助甘肃省项目总金额为2.5亿元人民币。副会长苏菊香、甘肃省红十字会专职副会长李玉堂出席了签字仪式。

4月10日，训练中心2009年第三期干部培训班在北京举办，来自20个省市、自治区、直辖市的122名学员参加了培训，秘书长王海京出席培训开班仪式。

4月11—14日，常务副会长江亦曼就“九大”筹备工作进行调研。

4月15日，副会长苏菊香在总会会见了澳门社会工作局组织的访问团，介绍了我会与澳门红十字会的交往合作及汶川大地震抗震救灾的有关情况。

4月16日，中宣部、中央文明办、教育部、民政部、全国总工会、共青团中央、全国妇联、中国红十字会总会、全国老龄办联合召开“迎国庆讲文明树新风”志愿服务活动视频会议。常务副会长江亦曼出席会议并讲话。

4月17日，常务副会长江亦曼在总会接受新华社记者关于汶川地震一周年救助情况的专访。

4月20日，常务副会长江亦曼在北京出席全国人大常务会第八次会议。

4月21日，常务副会长江亦曼在总会会见了到访的联合国主管人道主义事务的副秘书长霍尔姆斯一行。

4月21日，常务副会长江亦曼接受《三联生活周刊》专访，介绍中国红十字会参与国际事务有关事宜。

4月21日，总会在机关105会议室召开救护系列图书审稿会，常务副会长江亦曼、副会长苏菊香、副会长郭长江、秘书长王海京出席会议。

4月22日，我会成立“中国红十字传播基金”，旨在加强红十字宣传工作，提升红十字整体品牌形象，在全社会传播和普及“人道、博爱、奉献”的红十字精神。

4月22日，第三届中国突发事件防范与快速处置大会在北京国际中心开幕。第十届全国政协常委、中国灾害防御协会常务副会长宋瑞祥出席开幕式并致辞。中国红十字会副会长、中国灾害防御协会副会长苏菊香受邀出席本届会议，并做主题发言。

4月23日，中国红十字（博鳌）国际交流中心落成典礼会在海南省琼海市博鳌镇举行。会长彭珮云，常务副会长江亦曼，副会长苏菊香、郭长江，秘书长王海京，红十字会与红新月会国际联合会驻东亚地区代表处主任卡尔及各省、自治区、直辖市红十字会领导和中外嘉宾共100余人出席。

4月23日，应中国红十字会总会邀请，由红十字会与红新月会国际联合会东亚地区代表处主办的东亚地区合作会议在中国红十字（博鳌）国际交流中心举行。来自国际委员会东亚地区办事处及中国、日本、韩国、朝鲜、蒙古等5国红十字会和有捐助行动的10余个友好国家红十字会的40余名代表，讨论了东亚地区的人道主义事务、汶川地震重建项目和艾滋病预防、社区备灾、红十字能力建设等问题。常务副会长江亦曼、副会长苏菊香出席了会议。

4月25日，“从索尔弗利诺到关塔那摩”——红十字国际委员会珍藏图片世界巡展在上海大剧院画廊开展，副会长郭长江出席开幕式并参观展览。

4月29日，常务副会长江亦曼、副会长郭长江在总会会见中央文明办主任王世民，就加强红十字志愿服务工作和发挥红十字会在精神文明建设中的作用两方面进行会谈。

4 月 29 日，秘书长王海京在总会接受凤凰卫视的采访，介绍我会在参与抗震救灾及灾后重建工作的情况。

5 月

5 月 1—7 日，常务副会长江亦曼等一行 3 人赴法国巴黎参加红十字会与红新月会国际联合会成立 90 周年庆典和国际联合会领导委员会第 19 次会议。

5 月 5 日，副会长郭长江在总会接受中国青年报的采访，介绍我会参与抗震救灾及灾后重建工作、捐款使用等情况。

5 月 8 日，中国红十字会召开新闻发布会，发布《爱的丰碑——中国红十字会总会汶川地震灾后恢复重建项目名录（第一期）》以及新闻特刊，常务副会长江亦曼、副会长苏菊香、郭长江和秘书长王海京出席。

5 月 8 日，常务副会长江亦曼、副会长苏菊香、郭长江和秘书长王海京出席在北京新闻大厦举办的“2009 红十字博爱周”系列活动新闻通报会。

5 月 9 日，一场以“凝聚人道的力量”为主题的“红十字应急救护宣传活动”在北京地坛公园方泽坛举行。会长彭珮云、常务副会长江亦曼、副会长苏菊香出席，国务院应急办、民政部、教育部及北京市的有关领导也应邀参加了宣传活动。彭珮云会长亲自为中国红十字 999 紧急救援队授旗。

5 月 10 日，中国红十字会李连杰壹基金计划、阿坝州州委、阿坝州人民政府及中国青年志愿者协会共同主办的“壹家人壹起走纪念 5.12 同行汶川路”活动在汶川县映秀镇举行。副会长郭长江和李连杰等参加了行走活动。

5 月 10 日，中央电视台 12 频道播出“中国红十字会爱心工程”专辑，副会长苏菊香接受采访。

5 月 11 日，副会长郭长江出席在成都市温江区举行的中国红十字会援建四川汶川地震灾区的首个学校项目——柳林瑞华红十字博爱实验学校落成典礼。

5 月 11 日，中华骨髓库在北京中关村生命科学园区举行样品库揭牌仪式。会长彭珮云、副会长苏菊香出席揭牌仪式。

5 月 11 日，秘书长王海京在搜狐网演播室接受搜狐网的采访，介绍我会参与汶川地震救援及灾后重建工作的情况。

5 月 12 日，常务副会长江亦曼赴四川地震灾区参加国家汶川地震一周年纪念活动。

5 月 12 日，由中国红基会、卫生部中国乡村医生培训中心主办，四川省红十字会协办的“地震灾区乡村医生培训班”在成都开班，副会长郭长江出席了开班仪式。

5 月 13 日，副会长苏菊香在总会亲切接见了挪威红十字会亚洲项目官员戈登·泰斯潘先生。

5 月 14 日—16 日，中国红十字会在北京举办了“2009 年灾害心理救援工作研讨及培训会”。会长彭珮云、常务副会长江亦曼、秘书长王海京、红十字会与红新月会国际联合会东亚地区代表出席。

5 月 15 日，中国红十字基金会在北京启动“天使阳光基金——爱心接力中国行”活动，面向全国开展贫困先天性心脏病患儿的巡回筛查，并将为其募集资金予以资助，活动将在河南、安徽、陕西三省先期开展。秘书长王海京出席仪式。

5 月 18 日，总会赈济救护部社区服务处处长白藟调机关服务中心任副主任。

5 月 18 日，秘书长王海京出席安徽省红十字会志愿工作服务大会。

5 月 19—21 日，中华骨髓库在北京召开第二届年会。会长彭珮云、名誉副会长何鲁丽、常务副会长江亦曼，卫生部副部长、副会长马晓伟，副会长苏菊香、顾问孙爱明、中华医学会副会长兼秘书长吴明江、中华骨髓库第五届专家委员会主任委员陆道培、中华骨髓库管理中心洪俊岭主任等出席。

5 月 19 日，副会长苏菊香在总会会见了挪威红十字会国际部部长李娜女士和国际部官员托本先生。

5 月 20—23 日，由中国红十会总会及总会报刊社、红十字国际委员会东亚地区代表处联合举办的新闻传播业务培训班暨应急宣传工作座谈会在云南丽江举办。来自全国各地的 130 多名宣传干部、特约记者、通讯员参加了培训及会议。副会长郭长江出席并讲话。

5 月 22—24 日，地震重建会在甘肃天水市召开，常务副会长江亦曼、副会长苏菊香出席会议。甘肃省副省长、省红十字会会长咸辉代表受援灾区致辞。江亦曼发表重要讲话。会议主要议题是，总结汶川地震灾后恢复重建工作经验，分析灾后重建面临的形势和任务，研究解决灾后恢复重建存在的问题，进一步加强组织领导和强化工作措施，推动灾后恢复重建工作又好又快地进行。会议期间，江亦曼、苏菊香、咸辉等察看了中国红十字基金会援建康县灾后恢复重建项目进展情况。

5 月 26 日，副会长苏菊香在福建出席了两岸红十字组织见证 2009 年第二批双向遣返作业活动。

5 月 26 日，郭长江副会长与红十字国际委员会东亚地区办事处主任梅拉商谈 2010 年上海世博会有关事宜。

5 月 27 日，秘书长王海京在总会会见了到访的西班牙红十字会总事务长安东尼一行。

5 月 31 日，由中国红十字会、海军总医院联合举办的“爱心蓝飘带，挽起新生命”公益活动在海军总医院举行，副会长苏菊香出席活动。

6 月

6 月 1—3 日，会长彭珮云、常务副会长江亦曼、卫生部副部长黄洁夫在江西省调研医用组织库工作。

6 月 3 日，副会长苏菊香接见了美国心脏协会副总裁麦克比尔一行及挪度公司亚太及中国区代表。

6 月 8 日，北京市红十字会召开第九次会员代表大会，会长彭珮云会长出席会议并讲话。

6 月 9 日，会长彭珮云在总会会见台湾慈济慈善事业基金会副总执行长林碧玉一行，就遗体、器官捐献方面的工作进行了交流。副会长苏菊香参加会谈。

6 月 9 日，常务副会长江亦曼接受建国 60 周年献礼片《中国和平发展之路》专访，介绍中国红十字会 60 年来在和平事业中的贡献。

6月10日，常务副会长江亦曼、副会长苏菊香在总会会见巴基斯坦驻华大使马苏德·汗先生。

6月12日，副会长苏菊香出席在深圳举行的中国红十字无偿献血志愿服务总队成立仪式。

6月12日，副会长郭长江在总会与国际联合会东亚地区代表处主任卡尔会谈2010年上海世博会筹备情况。

6月12日，副会长郭长江出席在北京重庆饭店举行的中国红十字会巴蜀力量基金重庆彭水县奖学金项目签约仪式。

6月16日，由倪萍、唐国强、夏雨等45位青岛籍演员联袂出演的电影《寻找微尘》在北京京西宾馆礼堂首映，常务副会长江亦曼，副会长苏菊香、郭长江，秘书长王海京出席首映式。

6月16日，常务副会长江亦曼在总会会见来访的斯里兰卡红十字会会长杰加斯·阿贝辛赫一行。

6月16日，副会长郭长江在总会会见泰国教育部代表团一行，向其介绍我会青少年工作，并听取了对方的工作介绍。

6月16日，中国红十字基金会在京召开专项基金管理工作会议，总结交流、研究探讨红基会专项基金管理和运作的经验，查找问题和不足，以提高专项基金管理和运作的水平。副会长郭长江出席会议并讲话。

6月16日，秘书长王海京在总会参加凤凰卫视拍摄《金门协议》20周年专访策划会，原副会长曲折等参加。

6月17日，中国红十字会援助汶川地震重庆、宁夏、云南灾区灾后恢复重建项目签字仪式在北京举行。常务副会长江亦曼，副会长苏菊香、郭长江，秘书长王海京出席仪式。

6月19日，经党组研究决定成立备灾救灾中心筹建办临时党支部（红机党发《关于成立备灾仓库筹建办临时党支部的决定》红机党发［2009］2号），张淑爱同志担任支部书记。

6月19日，吉林省红十字会第六次会员代表大会在长春市开幕，常务副会长江亦曼出席大会并讲话。

6月19日，中国工笔画学会捐助甘肃省陇南市西和县北川中学灾后重建仪式在中国红十字会总会举行。仪式上，中国工笔画学会会长林凡将100万元善款捐赠给我会。副会长郭长江出席捐赠仪式，并向代表颁发了奖章及感谢状。

6月19—23日，训练中心2009年第四期干部培训班在四川成都举办，来自25个省、自治区、直辖市的140名学员参加了培训。秘书长王海京出席开班仪式并讲话。

6月22日，由红十字国际委员会、北京市红十字会、瑞士驻华大使馆共同举办的“战争中的世界”大型图片展在北京开幕，常务副会长江亦曼出席开幕式。

6月23日，会长彭珮云在总会会见来访的罗马尼亚红十字会会长米哈埃拉·杰瓦讷女士。

6月23日，副会长苏菊香在总会会见来访的利比里亚红十字会会长谢尔曼女士。

6月24日，常务副会长江亦曼，副会长苏菊香、郭长江对在建的中国红十字会总会备灾救灾物资库项目进行了实地考察，并听取了相关单位工作汇报及下一阶段工作安排。

6月24日，由总会主办、新疆自治区红十字会协办的全国艾滋病预防与关爱工作会议在新疆乌鲁木齐召开。秘书长王海京出席会议并讲话。

6月25日，副会长郭长江在人民大会堂出席由河南电视台举办的《收藏中国》公益慈善活动的新闻发布会。

7月

7月1日，副会长郭长江、秘书长王海京会见湖南省政协副主席谭仲池，并与湖南省红十字会、北大星光集团等单位负责同志共同商讨《红十字情缘》拍摄事宜。

7月1日，受商务部委托、由训练中心承办的“红十字社区项目研修班”开班仪式在总会407会议室召开。来自15个国家的28名外籍学员参加了此次培训，秘书长王海京主持会议并讲话。

7月2日，中国红十字基金会社会监督委员会在北京成立。会长彭珮云、常务副会长江亦曼接见了出席会议的监督委全体委员和公开招聘的监督巡视员，并向他们颁发了聘书。

7月3日，训练中心出资的下属企业“海南中红会展有限公司”注册成立。

7月4日，中国红十字基金会“崔永元公益基金”第三期乡村教师培训班在北京结束。来自湖南、广西、山西、贵州等6省区的100名一线教师获得了结业证书。

7月6日，中央单位“小金库”治理检查组进驻我会，进行检查。

7月8日，常务副会长江亦曼在总会就新疆局势和2010年工作计划与预算等事宜与红十字国际委员会东亚地区代表处主任梅拉进行会谈。

7月9日，云南省楚雄彝族自治州姚安县发生6.0级地震。总会紧急从云南省红十字会备灾救灾中心调拨单帐篷100顶，棉被2000床，环境消毒剂250箱，共计价值28.5万元的救灾物资，并下拨5万元紧急救灾备用金用于采购粮食，支持云南省红十字会开展地震救援工作。

7月10日，常务副会长江亦曼在总会接受《社会保障杂志》的采访，介绍建国60周年来中国红十字会在参与建立社会保障方面所做的工作。

7月10日，国家机关工委副书记、纪委书记杜学芳、纪委副书记文建国等一行5人到我会调研巡视党建纪检工作。常务副会长、党组书记江亦曼在座谈会上介绍了我会的工作情况，特别是我会在汶川特大地震中所做的工作，以及正在进行的灾后重建情况。副会长、机关党委书记郭长江主持会议。

7月10日，总会向中非红十字会捐款3万美元援助其洪灾救助工作。

7月12日，四川震区重组家庭集体婚礼暨中国红基会和谐家庭公益基金启动仪式在京举行。会长彭珮云、常务副会长江亦曼、副会长郭长江、民政部副部长窦玉沛、全国妇联书记处书记赵东花等共同担任证婚人。

7月12—22日，副会长苏菊香率团赴德国、丹麦进行应急考察。

7月13日，副会长郭长江出席在天津举办的“中国红十字青少年夏令营”开营仪式并讲话。

7月13日，总会向新疆自治区红十字会紧急拨款100万元，用于在新疆乌鲁木齐“7·5”事件中无辜受伤的各族群众的救治、帮扶、慰问等人道救助活动。

7月14日，上海市红十字会第八次会员代表大会在上海科学会堂举行。中共中央政治局委员、上海市委书记俞正声，会长彭珮云，上海市市委副书记、市长、市红十字会名誉会长韩正，市人大常委会主任刘云耕，市政协主席冯国勤，市委副书记殷一璀，副市长沈晓明等领导出席开幕式。市红十字会会长谢丽娟主持会议。

7月14日，常务副会长江亦曼在京出席全国侨联第八次代表大会开幕式。

7月14日，秘书长王海京在京出席国家红十字会/红新月会社区服务研修班闭幕式。

7月14—16日，常务副会长江亦曼出席在成都举办的“2009年中国成都国际灾害风险大会”并在大会上做了主题为“中国红十字会汶川地震救灾应对及思考”的发言，并在四川雅安督导地震重建项目。

7月15日，由总会主办、报刊社承办的“全国红十字青少年防灾避险知识竞赛”结果揭晓，副会长郭长江、秘书长王海京出席了抽奖仪式，并为答题者抽奖。

7月20日，副会长郭长江在京出席“海峡两岸红十字青少年夏令营”开幕式。

7月21日，副会长郭长江在总会与河北省红十字会研究合作拍摄电影《哈励逊在中国》事宜。

7月23日，中编办批复《关于成立中国红十字会备灾救灾中心的批复》（中央编办复字［2009〗109号），同意设立中国红十字会总会备灾救灾中心，核定财政补助事业编制12名。

7月24日下午，修正药业集团向新疆7·5事件受伤群众捐赠价值110万元药品的捐献仪式在总会举行，常务副会长江亦曼、秘书长王海京出席。

7月25日，由中国红基会、中国足协主办的“温暖中国·古井贡杯中超足球慈善义赛”在合肥举行。中国红十字会副会长、中国红基会理事长郭长江观看了比赛。

7月26日，总会在京召开部分省级红十字会领导参加的“九大”主要文件征求意见座谈会。常务副会长江亦曼，副会长苏菊香、郭长江，秘书长王海京和总会机关各部门、各直属单位负责人参加了会议。

7月27—31日，中国红十字会国际暨台港澳工作会议在内蒙古满洲里市召开，常务副会长江亦曼、副会长郭长江、秘书长王海京以及32个省级红十字会的代表参加了会议。

中华骨髓库7月份捐献人数达41例（包括涉外3例），其中，总库40例、分库1例。创下中华骨髓库建库以来单月捐献人数的最高纪录。

8月

8月4日，总会将价值182900元的国家彩票公益金项目救灾物资从四川备灾中心紧急运抵重庆市，救助该市遭受暴雨侵袭的奉节县、城口县、武隆县、开县等地受灾群众。

8月5—9日，会长彭珮云赴青海省调研红十字会工作，并于8日出席青海省红十字会工作汇报会。

8月5日，常务副会长江亦曼在总会会见了四川省绵阳市市委副书记、市长曾万明，并听取该市灾后恢复重建等情况汇报。

8月7—11日，副会长郭长江率中国红十字会代表团出席在日本东京举行的中国死难劳工祭奠活动。中国红十字会在上世纪50年代作为对外窗口，开始负责接受、办理中国死难劳工遗骨的相关事务。此次祭奠活动，进一步增进了我会与日本友好团体以及旅日华侨的友好合作。

8月8日，常务副会长江亦曼出席在天安门广场举办的“2009奇瑞汽车‘中国爱心城市发现之旅’大型公益采访活动启动仪式并致辞。中央统战部副部长、宋庆龄基金会党组书记、副主席黄跃金，民政部社会福利和慈善事业促进司司长王振耀等出席本次活动。

8月8日，副会长苏菊香在南京出席中国红十字会“爱心工程”项目江苏站启动仪式并讲话。

8月11日，中国国际人道法国家委员会第二次全体会议在我会召开。中国红十字会会长、中国国际人道法国家委员会主席彭珮云出席会议并讲话。常务副会长、中国国际人道法国家委员会常务副主席江亦曼主持会议并作国家委员会年度工作报告。副会长苏菊香、郭长江，秘书长王海京及外交部、司法部、教育部、国家文物局等部门领导以及军队的有关领导出席会议。

8月12日，纪念1949年《日内瓦公约》通过60周年研讨会在京伦饭店举行。研讨会由中国国际人道法国家委员会、红十字国际委员会联合举办。常务副会长、中国国际人道法国家委员会常务副主席江亦曼在开幕式上致辞。副会长苏菊香、郭长江以及来自国家委员会成员单位、学术界的有关代表、专家、学者40余人出席了研讨会。

8月12日，中国红十字会为遭受“莫拉克”台风侵袭的台湾受灾地区捐款1500万元，并开通捐赠热线，公布了捐赠账号，呼吁社会各界为受灾同胞奉献爱心。常务副会长江亦曼向台湾红十字组织负责人陈长文发去慰问信，转达对受灾同胞的诚挚慰问。

8月12日，荣丰控股集团股份有限公司向中国红十字会捐赠100万元人民币，用于帮助受“莫拉克”台风影响的台湾受灾同胞早日恢复正常生活。常务副会长江亦曼，副会长苏菊香、郭长江，秘书长王海京等会领导出席捐赠仪式并向全国政协委员、中国红十字会理事、荣丰控股集团股份有限公司董事长王征颁发红十字博爱奖章和牌匾。

8月12日，江苏黄埔再生资源利用有限公司在第一时间向中国红十字会捐赠100万元人民币，用于帮助受“莫拉克”台风影响的台湾受灾同胞早日恢复正常生活。中国红十字会常务副会长江亦曼，副会长苏菊香、郭长江，秘书长王海京等会领导出席捐赠仪式并向该公司代表颁发红十字博爱奖章和牌匾。

8月14—21日，应台湾红十字组织的邀请，我会组织大学生团于8月14至21日经香港，赴台湾参加海峡两岸红十字大学生夏令营活动。参加此次夏令营活动的营员由北京、天津、山东、广东、福建和宁夏回族自治区的14名红十字大学生代表及总会的4名工作人员组成。此次夏令营在香港参加由香港红十字会主办的“两岸四地大学生与人道工作交流坊”活动；之后，大陆学生赴台参加两岸红十字大学生夏令营活动。

8月15—20日，常务副会长江亦曼赴青海省就中国红十字会第九次全国会员代表大会工作报告以及发展中国特色红十字事业的意见和建议进行了专题调研，听取了青海省红十字会的工作汇报。

8月15日，中国红基会二届七次理事会在京召开。副会长、中国红基会理事长郭长江主持会议并作会议总结。会议同意汤声闻辞去常务副理事长职务的请求，表决通过王汝鹏为常务副理事长兼秘书长。

8月18—22日，中国红十字会第六期灾害应急能力建设培训班在成都举办。来自全国31个省区市及香港红十字会的80多名代表参与了此次培训班，共同探讨如何提升中国红十字会灾害应急能力的议题。秘书长王海京出席开班仪式并讲话。

8月19日，中国红十字会援建四川地震灾区第二期重建项目签字仪式在成都举行。第二期项目金额达4.9亿元，涉及12个市州81个县区，秘书长王海京出席仪式。

8月20日，秘书长王海京出席国台办在京组织召开的救助台湾“莫拉克”台风灾害筹款会。

8月20日，经党组研究决定聘任张淑爱同志为总会备灾救灾中心主任，冯瑞珍为总会备灾救灾中心副主任，聘期三年。

8月22日，副会长苏菊香出席红十字国际委员会在北京798艺术区举办的战争中的世界新闻摄影工艺展开幕式。

8月22日，受总会委托，训练中心组织红十字会系统内高级人员共15人赴比利时进行为期21天的应急培训。出发前，训练中心组织预培训，秘书长王海京出席培训会。

8月25—27日，卫生部、中国红十字会总会联合在上海召开全国人体器官捐献试点工作会议。会长彭珮云、常务副会长江亦曼、卫生部副部长黄洁夫等领导同志出席会议并讲话。会议讨论了中国人体器官捐献体系组织框架和试点工作方案等内容。

8月26—28日，中国红十字会总会报刊宣传工作会议在内蒙古自治区呼和浩特市召开，会议明确明年的工作目标是，确保编采质量，发行稳中有升。副会长郭长江出席会议并讲话。

8月28日，副会长郭长江出席在人民大会堂举办的“中国红十字传播基金”启动仪式并致辞。

8月28日，秘书长王海京在我会会见到访的香港耆英团一行。

8月31日，中国红基会联合美国体育公司发起并举办篮球球星携手中国红基会“温暖中国行动公益之旅”。秘书长王海京，原国家女排主教练郎平，美国体育公司代表，特雷西？麦克格雷迪（休斯顿火箭队，昵称麦蒂）等7位NBA篮球明星共同参加了新闻发布会。

9月

9月1日，副会长郭长江出席在新闻大厦举行的电影《妙濛的日子》开机仪式。

9月4日，中编办批准我会增加1名副会长职数。

9月5日，中国红十字巴蜀力量基金2009年度理事会议在河北省廊坊市召开。会议总结了基金成立一年来的工作，确定了未来工作的重点，表彰了对基金发展做出突出贡献的团体及人员。常务副会长、巴蜀力量基金副理事长江亦曼，副会长、巴蜀力量基金常务副主任郭长江等领导出席了会议。江亦曼做基金财务及其他资金情况报告，郭长江作基金管理办法修订说明。

9月6日，第四届“全国十大社会公益之星”暨“全国优秀公益人物”表彰大会在北京召开，会长彭珮云，政协副主席邓朴方，民政部副部长李立国，副会长郭长江出席会议并为获奖者颁奖。

9 月 7 日，中国红基会北京拔萃双语学校 2009—2010 学年开学典礼举行。副会长苏菊香，国家总督学柳斌等出席，红基会副理事长江丹主持典礼。

9 月 8 日，中国红十字会第八届常务理事会第六次会议在北京召开，会长彭珮云，常务副会长江亦曼，副会长苏菊香、郭长江，秘书长王海京及第八届理事会常务理事参加了会议。会议听取了第八届理事会执行委员会关于中国红十字会第八届六次理事会和中国红十字会第九次全国会员代表大会筹备情况的说明。会议审议了中国红十字会第八届理事会的工作报告（草案）、《中国红十字事业 2010—2014 年发展规划（草案）》、《中国红十字会章程（修正案）》、《中国红十字会会员管理办法（审议稿）》、《中国红十字会募捐和接受捐赠工作管理办法（审议稿）》、《中国红十字会工作者荣誉证章颁发办法（审议稿）》。常务理事会同意将以上文件修改后提交八届六次理事会审议。确定中国红十字会第九次全国会员代表大会于 10 月下旬在北京召开。

9 月 9 日，中国红十字会灾害救援研讨会在上海召开。副会长苏菊香、上海红十字会党组副书记熊仿杰等出席了开幕式。

9 月 10 日 –14 日，常务副会长江亦曼率团赴台对台湾莫拉克台风灾情进行实地考察并与台湾红十字组织商谈重建等相关事宜。

9 月 10 日，中国红十字会灾害应急演练在中国红十字会华山医院举行。副会长苏菊香及总会赈济救护部部长王平、德国红十字会代表艾妮特和参与四川地震救援的中国红十字会 6 支救援队代表等现场观摩了这次演练。

9 月 11 日，副会长郭长江出席在首钢体育场举办的中央国家机关干部职工庆祝新中国成立 60 周年大型歌会，我会职工共 20 人参与演出。

9 月 14 日，中央正式任命北京市政协原副主席王伟同志为中国红十字会党组书记，江亦曼同志不再担任中国红十字会党组书记。

9 月 14 –23 日，会长彭珮云先后赴四川、湖北、湖南考察红十字会工作。

9 月 15 日，国家电网公司携手中国红十字会援建汶川地震灾区的重建项目在新落成的绵阳安县黄土镇柴育博爱新村举行竣工仪式。会长彭珮云、四川省人大常委会副秘书长夏光华、国家电网公司总经理助理马治中等有关领导出席仪式。

9 月 15 日，由总会主办、中华骨髓库承办、强生公司协办的“中国红十字会中华骨髓库百万志愿者数据入库新闻通报会暨博爱基金启动仪式”隆重召开。名誉副会长张怀西，常务副会长江亦曼，副会长苏菊香、郭长江，秘书长王海京，相关部委领导及爱心大使出席会议。

9 月 17 日，红基会“众基金”在北京正式启动。常务副会长江亦曼、副会长郭长江，红基会常务副理事长兼秘书长王汝鹏，以及“众基金”发起人鲁健、陈捷和孟庆如等出席仪式。

9 月 18 日，红基会“天使阳光——爱心接力中国行”湖北站启动暨广州军区武汉总医院“天使阳光基金”定点医院挂牌仪式在武汉举行，会长彭珮云等出席仪式。

9 月 21—25 日，中国红十字会传播工作研讨会在杭州市召开。副会长郭长江出席闭幕式并讲话。

9 月 22 日，副会长苏菊香在总会会见丹麦红十字会副会长薇薇女士一行。?

9 月 22—25 日，副会长苏菊香一行赴澳门参加庆祝澳门红十字会回归中国红十字会 10 周年庆祝活动并出席两岸四地红十字急救培训及灾后重建研讨会。

9 月 22 日，2010 年上海世博会国际红十字与红新月馆交馆暨“红十字与世博同行”志愿服务活动启动仪式在上海举行。这是 2010 年上海世博会第一个交馆的国际组织馆。副会长、上海世博会国际红十字与红新月馆总代表郭长江出席仪式并致辞。

9 月 23 日，常务副会长江亦曼在总会会见加拿大红十字会国际部长苏珊·约翰逊女士一行。

9 月 23—24 日，副会长郭长江出席在上海召开的 2010 年上海世博会组委会参展方会议。

9 月 25—28 日，副会长苏菊香出席在云南举行的“红十字博爱送万家”活动。

9 月 26—27 日，常务副会长江亦曼一行出席红十字会与红新月会联合会在约旦安曼举办的“捐款国论坛”。

9 月 27 日，总会党组书记王伟在国庆和中秋节来临之际，走访在京直属单位，了解工作情况，看望干部职工并致节日问候。秘书长王海京及办公室、机关党委相关同志陪同参加。

9 月 28 日，总会举办迎国庆知识竞赛，党组书记王伟出席竞赛并讲话。副会长郭长江、秘书长王海京以及机关、直属单位负责人出席活动。

9 月 30 日至 10 月 2 日，常务副会长江亦曼一行出席在瑞士日内瓦召开的红十字会与红新月会国际联合会领导委员会第 20 次会议。

10 月

10 月 12 日，中国红十字会总会、红十字国际委员会东亚代表处和北京大学公共卫生学院在北京联合举办“密集人群及卫生应急”（HELP）培训班，副会长苏菊香出席开班仪式并讲话。来自 11 个省红十字会紧急救援队的负责人和卫生部、总后卫生部等有关部门的同志 20 多人参加了培训。

10 月 16 日，“中国红十字会援助四川地震灾区第三期灾后恢复重建项目签字仪式”在成都举行，常务副会长江亦曼出席签字仪式。

10 月 16 日，都江堰市玉堂 LG 博爱中学竣工仪式在都江堰地震灾区玉堂中学原址隆重举行。常务副会长江亦曼、副会长苏菊香、韩国驻华大使辛正承、LG 电子社长兼中国韩国商会会长禹南均等出席了竣工仪式。

10 月 16 日，天津塘沽中海油培训中心举办中国红十字会总会训练中心中海油分中心挂牌仪式。秘书长王海京、训练中心主任辛宝山、中海油人力资源总经理菊成科等出席挂牌仪式。

10 月 19 日，副会长苏菊香在总会会见了美国红十字会项目代表袁明熙先生一行，双方就中美红十字会之间的合作、新合作项目进行了交流。

10 月 25 日，中国癌症基金会成立 25 周年庆祝活动在北京广西大厦召开。常务副会长江亦曼出席会议并讲话。

10月26日下午，中国红十字会八届六次理事会在北京京西宾馆召开。会长彭珮云、常务副会长江亦曼、党组书记王伟、副会长苏菊香、郭长江，秘书长王海京及160余名理事参加了会议。会议由王海京主持。会议听取并审议通过了中国红十字会第九次全国会员代表大会筹备情况的说明。江亦曼代表第八届常务理事会作了关于《筹备召开第九次全国会员代表大会有关情况》的说明，《中国红十字会第八届理事会工作报告》的说明；郭长江作了关于《中国红十字事业2010—2014年发展规划》的说明、关于《中国红十字会会员管理办法》的说明、关于“九大”主席团组成人员的说明；苏菊香作了关于修改《中国红十字会章程》和《中国红十字会会费管理办法》的说明、关于“九大”代表及九届理事会理事候选人资格审查委员会人员组成的说明；王海京作了关于《中国红十字会募捐和接受捐赠工作管理办法》和《中国红十字会工作者荣誉证章颁发办法》的说明。

会议审议并通过了《关于同意召开第九次全国会员代表大会的决议》、《关于将“工作报告”等相关文件提交“九大”审议的决议》、《关于通过“会员管理办法”等相关文件的决议》、《关于“九大”代表及九届理事会理事候选人资格审查委员会组成人员名单的决议》。

10月26日下午，中国红十字会第九次全国会员代表大会主席团会议在北京京西宾馆召开。全国人大常委会副委员长华建敏、会长彭珮云、常务副会长江亦曼、党组书记王伟、副会长苏菊香、郭长江，秘书长王海京等出席了会议。会议由江亦曼主持。会议审议通过了《关于“九大”主席团组成人员及大会执行主席、秘书长人选的决议》、《“九大”代表和九届理事会理事候选人资格审查的报告》。第九次全国会员代表大会代表共计717名。

10月26日晚，中国红十字会第九届全国会员代表大会预备会议在北京京西宾馆召开。常务副会长江亦曼、党组书记王伟、副会长苏菊香、郭长江及各省、自治区、直辖市红十字会常务副会长，香港、澳门特别行政区红十字会秘书长，总会机关各部室及直属单位负责人参加了会议。会议由苏菊香主持。江亦曼就“九大”筹备工作做了讲话，郭长江宣读了大会主席团名单，苏菊香通报了大会日程安排和有关会务工作及要求。

10月27日，中国红十字会第九次全国会员代表大会在北京人民大会堂开幕。中共中央总书记、国家主席、中央军委主席、中国红十字会名誉会长胡锦涛出席开幕式，并为第42届南丁格尔奖章中国获奖者颁奖，代表党中央、国务院，向大会的召开表示热烈祝贺，向全国广大护理工作者、红十字会工作者和志愿者致以亲切的问候。开幕式由会长彭珮云主持。

中共中央政治局常委、国务院总理温家宝，中共中央政治局常委李长春，中共中央政治局常委、中央书记处书记、国家副主席习近平，中共中央政治局常委、国务院副总理李克强出席开幕式。胡锦涛等领导同志还为受到表彰的全国红十字会系统31个先进集体、10名先进工作者代表颁奖。中央政治局委员、国务院副总理回良玉代表党中央、国务院在开幕式上致辞。红十字国际委员会代表宣读了该组织主席雅各布·克伦贝格尔的贺信，红十字会与红新月会国际联合会代表致贺词。中国文联党组书记、副主席胡振民代表人民团体致贺词。出席开幕式的领导同志还有：刘云山、李源潮、郭伯雄、令计划、华建敏、马凯、戴秉国、张榕明、李金华、何鲁丽、张怀西、李继耐、廖锡龙。

10月28日，中国红十字会第九次全国会员代表大会在北京京西宾馆召开第二次全体会议。会议选举产生由194名理事构成的第九届理事会。在随后召开的九届一次理事会上，审议通过了《关于聘请中国红十字会名誉会长、名誉副会长的决议》，与会理事一致拥护国家主席胡锦涛同志继续担任中国红十字会名誉会长，聘请全国人大常委会副委员长韩启德、桑国卫，全国政协副主席黄孟复、张榕明、李金华担任中国红十字会名誉副会长。审议通过《关于第九届理事会第一次会议选举办法的决议》，经过全体理事投票，选举全国人大常委会副委员长华建敏为中国红十字会会长；王伟当选为常务副会长；何亚非、朱之鑫、陈小娅、窦玉沛、王军、马晓伟、郭长江、郝林娜、王海京当选为副会长。

10月29日，中国红十字会、卫生部、总后卫生部、中华护理学会在京西宾馆举办首届中国南丁格尔论坛。原常务副会长江亦曼、卫生部副部长马晓伟、总后卫生部副部长陈新年、中华护理学会理事长李秀华等领导出席论坛开幕式并讲话，论坛由原副会长苏菊香主持。

11 月

11月5日，全国人大常委会副委员长、中国红十字会会长华建敏在中国红十字会常务副会长王伟、副会长郭长江、郝林娜及办公室、机关党委相关同志陪同下到报刊社、基金会、管理中心、训练中心检查指导工作。

11月5—10日，应日本红十字会邀请，副会长王海京率中国红十字会代表团对日本红十字会进行了工作访问。代表团先后访问了日本红十字会总会、兵库县分会，重点考察了日本红十字会在会费收缴和资金募集方面的宣传和志愿活动以及与企业的合作关系。日本红十字会会长近卫忠辉会见了代表团一行。

11月7日，中国红基会曜阳国际老年公寓在扬州落成。全国政协原副主席张怀西，常务副会长王伟，副会长、中国红基会理事长郭长江，中国红基会副理事长江丹，常务副理事长兼秘书长王汝鹏等有关领导出席了落成典礼。

11月9日，常务副会长王伟在总会会见了挪威红十字会秘书长博格·布兰德先生一行，副会长郝林娜参加了会见。

11月9日，“中国、越南、挪威减灾研讨暨工作会”在京召开，来自国际委员会和国际联合会、中越挪三国红十字会及政府部门的40余名代表参加了会议。副会长郝林娜出席会议并致辞。

11月10—13日，首届中国红十字会探索人道法项目工作会议在天津召开，副会长郭长江出席会议并讲话。

11月11—12日，总会在北京召开主题为“团结奋斗、锐意进取、以改革创新的精神，推进中国特色红十字事业科学发展”的工作务虚会，就中国红十字会的定位、五年规划的落实、加强红十字会能力建设以及提高红十字会的社会公信力等问题进行了深入探讨。常务副会长王伟、副会长郭长江、郝林娜，副会长兼秘书长王海京及总会机关各部室、各直属单位负责人参加了此次会议。会议由常务副会长王伟主持。

11月12日，中央任命副会长郭长江为中国红十字会党组副书记，副会长郝林娜，副会长兼秘书长王海京为中国红十字会党组成员。

11月12日，由中国红十字会等39个单位共同主办的第21届中国国际科学与和平周开幕式暨纪念联合国国际科学与和平周21周年纪念活动在北京大会堂举行。国际科学与和平周中国组委会主任江亦曼出席会议并讲话。

11月13日，中国红十字会在北京大会堂举行“关爱生命、共抗甲流”爱心活动启动仪式。副会长郝林娜出席仪式。

11月13日，副会长郝林娜在总会会见了蒙古红十字会会长卢维桑、秘书长桑丹一行。

11月18—21日，“中国红十字会筹资与财务培训班”在广西举办，副会长兼秘书长王海京出席开幕式并讲话。此次培训班，是总会筹资与财务部成立以来第一次举办的全国性专业培训班。

11月19日，贝因美集团向中国红基会捐赠暨“幸福天使基金”启动仪式在人民大会堂举行。全国人大常委会副委员长、中国红十字会会长华建敏，副会长、中国红基会理事长郭长江，中国红基会常务副理事长兼秘书长王汝鹏等出席了启动仪式。

11月27日至12月1日中国红十字会灾害应急能力建设培训班在云南省昆明市举行，副会长兼秘书长王海京出席开班仪式。

11月28日，总会与卫生部在北京召开人体器官捐献试点工作研讨会。常务副会长王伟，原常务副会长江亦曼，副会长郭长江、郝林娜，原副会长苏菊香出席会议。会议专题讨论了《中国人体器官捐献试点工作方案》和《人体器官捐赠试点工作协议》。

12月

12月1日，总会与铁道部联合组织开展全国省会城市火车站和旅客列车“世界爱滋病日”宣传活动。常务副会长王伟出席启动仪式并讲话，副会长郝林娜出席启动仪式。

12月3日，全国人大常委会副委员长、中国红十字会会长华建敏对北京市红十字会工作进行调研。他希望北京市红十字会要不断开拓创新，力争使各项工作走在全国前列。常务副会长王伟，副会长郭长江、郝林娜参加调研。北京市委常委、常务副市长吉林，市人大常委会副主任吴世雄、刘新成陪同调研。

12月5—8日，全国人大常务会副委员长、中国红十字会会长华建敏赴四川考察灾后重建总会援建项目建设情况，常务副会长王伟、副会长兼秘书长王海京陪同考察。

12月8日，四川省红十字会第七次全省会员代表大会在成都召开。全国人大常委会副委员长、中国红十字会会长华建敏出席会议并讲话。常务副会长王伟、副会长兼秘书长王海京出席会议。

12月10日，山西省太行药业股份有限公司向中国红十字会捐赠了总价值59.4万元的防治流感药物，副会长郝林娜出席捐赠仪式。

12 月 18 日，“嫣然天使基金 2009 年度慈善晚宴”在北京银泰中心举行。中国红基会名誉会长司马义·艾买提，中国红十字会常务副会长王伟、副会长郭长江、郝林娜，副会长兼秘书长王海京等领导出席，晚宴共筹得款物 7956 万元。

12 月 18 日，第二届奥林匹克公园冰雪嘉年华暨中国红十字会爱心活动在奥林匹克公园举行。主办方北京东方赞美国际传媒广告有限公司向我会捐赠了价值 200 万元的款物，用于支持红十字会宣传工作。常务副会长王伟出席仪式并代表我会向捐赠方颁发了红十字博爱奖章及牌匾，副会长郭长江致辞。

12 月 18—20 日，中华骨髓库 2009 年专家委员会会议在北京广西大厦召开。副会长郝林娜出席会议并讲话。会议就 2010 年科研课题、2010 年高分数据入库比例、如何提高库容使用率等问题进行了深入研讨。出席该会议的还有原副会长苏菊香。

12 月 18 日，副会长郝林娜在北京出席联合国人口基金纪念会。

12 月 21 日，副会长郝林娜在北京出席人权常务理事会会议。

12 月 30 日，中国红十字会第九届执委会研究决定，聘请彭珮云为中国红十字会特别顾问，聘请江亦曼、苏菊香为中国红十字会顾问，聘期 5 年。

工 作 会 议

在中国红十字会第八届理事会第五次会议暨全国社区红十字服务示范市（区）命名表彰会议上的讲话

中国红十字会会长　彭珮云

2009年1月7日

各位理事、各位代表：

刚才，江亦曼同志代表八届理事会做了2008年的工作报告，我完全同意。今天我想讲两个问题。

一、改革开放30年中国红十字事业的成就和经验

胡锦涛同志在纪念党的十一届三中全会召开30周年大会上发表的重要讲话，回顾了改革开放的伟大历程和辉煌成就，系统总结了改革开放的宝贵经验，明确指出继续推进改革开放伟大事业的前进方向。我们要认真学习，深刻领会，将这一重要讲话精神贯彻到工作中。

30年来，伴随着改革开放的伟大历程，在党和政府的重视、关怀下，在社会各界的参与、支持下，在历届理事会的共同努力下，中国红十字事业有了长足的发展。回顾改革开放以来红十字事业的发展历程，总结红十字会的工作成就和基本经验，对于把中国特色红十字事业继续推向前进具有十分重要的意义。

在改革开放的春风中迎来新生。文革期间，红十字会的国内工作被迫停顿。1978年4月，国务院批转了《关于恢复红十字会国内工作的报告》，明确红十字会的具体任务是协助卫生部门进行爱国卫生运动、输血和救护训练，提出第一批先恢复北京、上海、天津等城市红十字会的国内工作。从1979年中国红十字会召开第三次全国会员代表大会到1990年召开“五大”，30个省、区、市陆续恢复了红十字会。地市级红十字会陆续建立起来，基层红十字组织也有了发展，开展了许多有利于社会和人民的工作。

红十字会法的颁布实施是中国红十字事业发展史上的重要里程碑。红十字事业的发展迫切需要法律的保障。中国红十字会第四届理事会在五年规划中提出，要为起草红十字会法做好准备。第五届理事会把立法工作摆上重要议事日程。1993年10月31日，第八届全国人大常委会第四次全体会议审议通过了《中华人民共和国红十字法》，明确中国红十字会是从事人道主义工作的社会救助团体，其宗旨是保护人的生命和健康，发扬人道主义精神，促进和平进步事业；政府对红十字会给予支持、资助、保障和监督，红十字会依法独立自主地开展工作，协助政府开展与其职责有关的活动；县级以上按行政区域建立地方各级红十字会，根据实际工作需要配备专职工作人员；对红十字会的职责、组织、标志、经费与财产都做了明确的规定，为红十字事业的发展提供了强有力的法律保障。

党和政府关心、重视和支持红十字事业。改革开放以来，在历次全国会员代表大会上，党和国家领导人都亲切会见与会代表，发表重要讲话，发来贺信，充分肯定红十字会的工作成绩和重要作用，同时提出殷切的希望和要求。从“六大”开始到“七大”，江泽民主席担任中国红十字会的名誉会长，这是新中国成立以来我国国家元首首次出任社会团体名誉职务。2004 年，在建会一百周年之际召开的“八大”，是中国红十字事业发展进程中的一次重要会议。胡锦涛主席担任中国红十字会的名誉会长，在接见“八大”代表时发表了重要讲话，充分肯定中国红十字会成立 100 年来为祖国为人民做了大量卓有成效的工作，特别是改革开放以来，为社会主义物质文明、政治文明、精神文明建设做出了重要贡献。指出红十字事业是一项造福人类的崇高事业。在全面建设小康社会、加快推进社会主义现代化的历史进程中，红十字会是可以大有作为的。同年底，国务院办公厅转发了《中国红十字会关于进一步加强红十字会工作意见的通知》，26 个省、自治区、直辖市政府陆续下发关于加强红十字工作的意见，采取了切实有效的措施。党和政府的高度重视和支持，对我国红十字事业的发展产生了重大影响。

理顺红十字会管理体制工作取得突破性进展。依法理顺红十字会的管理体制，使红十字会真正成为依法独立自主地开展工作的社会团体，是发展红十字事业的组织保证和必要条件，也完全符合政府机构改革和职能转变的要求。几届理事会为此做了坚持不懈的艰苦努力。1999 年底，中编办下发《关于理顺中国红十字会管理体制的通知》，明确中国红十字会由卫生部代管改为由国务院领导联系。到 2004 年底，全国 31 个省级红十字会都理顺了管理体制。截至 2008 年 9 月底，全国已有 88% 的地市级、36% 的县级红十字理顺了管理体制。实践表明，依法理顺红十字会管理体制有利于红十字会建立符合自身特点的组织机构和运行机制，独立自主地开展工作；有利于政府加强对红十字会工作的指导，红十字会与各有关部门、团体的协调；有利于开展国际交往与合作。理顺管理体制以后，广大红十字工作人员的积极性空前高涨，各项工作都有了新的发展。红十字系统专兼职干部队伍扩大，基层红十字组织建设进一步加强，会员队伍和志愿者队伍不断发展壮大，初步建立了红十字志愿服务体系，为红十字事业的发展奠定了组织基础与群众基础。

救灾、救助、救护工作取得了显著的成绩。在 1987 年大兴安岭火灾，1998 年张北地震、长江、松花江、嫩江流域特大洪水灾害，2003 年非典疫情，2004 年底印度洋海啸灾难以及 2008 年初部分地区发生雨雪冰冻灾害和 5·12 四川汶川特大地震灾害中，各级红十字会都积极开展募集救灾善款、发放救灾物资、医疗救护、参与灾后重建等工作，发挥了重要的作用，受到国内外的赞誉。红十字会应对自然灾害等突发事件的能力也得到锻炼和提高，初步建成了应急工作体系，逐步实现从单纯的紧急救助转为紧急救助与参与灾后重建相结合，从单纯的生活救助转为生活救助与专业救援、心理救援相结合。各级红十字会在人道救助领域做了大量卓有成效的工作。从 1999 年起，红十字会连续10年开展“红十字博爱送万家”活动，共投入款物3.25亿元，为800余万困难群众送去党和政府的温暖和红十字会的关爱。红十字会系统积极开拓城市社区和农村红十字会工作，广泛开展救死扶伤、扶贫济困、敬老助残、助医助学、预防艾滋病、关爱困难群众的活动，积极推动无偿献血，倡导遗体捐献，收到了良好的成效。普及卫生救护和防灾避险知识，开展救护培训有了较大的发展。在国家彩票公益金和社会各界的支持下，中国造血干细胞捐献者资料库建设取得优异成绩，目前总库容量已达到93万多人份，成为世界上最大的华人造血干细胞资料库，已有1000多位志愿者成功捐献造血干细胞，50多位志愿者向国（境）外患者捐献了造血干细胞。

加强与香港、澳门红十字会和台湾红十字组织的交往与合作。1997年和1999年，随着香港、澳门回归祖国的怀抱，按照国际红十字运动七项基本原则中的“统一性”原则，中国红十字会接纳香港特别行政区红十字会和澳门特别行政区红十字会为享有高度自治的分会。我会圆满地完成这一重大历史任务，被国际红十字组织誉为对国际红十字运动的一个创造性贡献。中国红十字会认真贯彻“一国两制”的方针，与港、澳分会建立了良好的关系，邀请他们作为中国红十字会代表团的成员出席红十字与红新月国际大会等会议。港、澳分会与内地红十字会互相交流频繁，合作富有成效。每逢内地发生大的自然灾害，港、澳分会都及时伸出援手，鼎力相助。

改革开放以来，中国红十字会遵循国际红十字运动的七项基本原则，秉承人道宗旨，通过查人转信、处理空难、海难事故等工作，在沟通两岸关系上发挥了其他组织不可替代的作用。两岸红十字组织在金门签署有关海上遣返的协议，于1990年9月19日由两岸新闻媒体向世界公布，实现了40年来两岸关系的历史性突破。截至2008年底，我会共参与见证、遣返作业211批（次），接回非法进入台湾的大陆人员38516人，遣送非法进入大陆地区的台湾人员90批（次）348人。多年来，海峡两岸红十字会建立了良好的关系，在发生灾害时互相支援，在无偿献血、卫生救护、青少年工作等方面开展了业务交流。

在国际红十字运动中发挥积极作用。中国红十字会是红十字会与红新月会国际联合会（以下简称国际联合会）的成员。从1985年开始，中国红十字会连续12年当选为国际联合会执行理事会成员。1989年至1993年期间被推选为国际联合会副主席。2001年以来连续当选为领导委员会成员。我会认真履行国际联合会领导委员会成员的职责，参与重大问题的决策；推动国际联合会和红十字国际委员会（以下简称国际委员会）在北京分别设立驻东亚地区代表处；积极推进国际与地区间的交流与合作，逐步加强对非洲和其他发展中国家红十字会的援助；多次向遭受自然灾害的国家红十字会提供国际人道援助，特别是积极参与印度洋海啸灾难的紧急救援和灾后重建，赢得了国际社会和受灾国的赞誉。多年来，国际联合会一直与我会保持着良好关系，多次向国际社会发出呼吁，无偿地为我会的救灾工作提供援助。特别是四川汶川特大地震灾害发生后，国际联合会和一些国家红十字会提供的援助是历史上前所未有的。国际联合会、国际委员会和一些国家红十字会还与我会开展了许多合作项目；使我们学习到国际红十字组织的有益经验和先进技术。

在2008年的抗震救灾和服务奥运中做出重要贡献。2008年，中国红十字会经历了两件大事。一件是四川汶川特大地震，全国红十字会系统众志成城，全力以赴抗震救灾，从国内外共募集款物190多亿元，在紧急救援阶段和灾后重建工作中，都发挥了重要的作用，受到党和政府以及社会各界的赞誉。另一件是服务奥运。中国红十字会总会和有赛事城市的红十字会抓住机遇，主动请缨，动员了8万志愿者服务奥运，为保证奥运会、残奥会的顺利召开做出了贡献，得到北京奥组委、社会各界以及国际奥委会、红十字会与红新月会国际联合会的认可与好评。红十字会系统在这两件大事中经受了极大的锻炼，积累了丰富的经验，工作跃上了一个新的台阶。

改革开放30年来，中国红十字会不断发展壮大，形成了覆盖全国、遍布城乡的组织网络，建立了一支有奉献精神、能吃苦、能战斗的队伍，拥有2500万红十字会会员，150多万红十字志愿者，在应急救援、人道救助、民间外交等方面发挥了积极的作用，已经成为构建和谐社会一支不可或缺的重要力量。去年11月17日，国务院分工联系红十字会的回良玉副总理亲临中国红十字会总会视察时，发表了热情洋溢的讲话，充分肯定了红十字会的工作成绩，称赞红十字会工作积极主动，近年来工作成效越来越突出，社会影响力越来越大，得到了党和政府、广大群众和国际社会的认可。

改革开放30年来红十字事业取得的辉煌成就，是历届红十字会理事会、广大专兼职干部、会员和志愿者戮力同心、艰苦奋斗的结果，是国内外、境内外所有关心中国红十字事业的同志们、朋友们大力支持的结果。在此，我谨向大家表示衷心的感谢并致以崇高的敬意。

回顾中国红十字会走过的波澜壮阔的30年，我们感到无比自豪。为什么中国特色红十字事业能得到长足的发展？我想，这是国家的需要，人民的需要。首先，我国仍处于并将长期处于社会主义初级阶段。尽管我国人民生活总体上达到小康水平，但是城乡贫困人口和低收入人口还有相当大的数量，城乡、区域发展不平衡，自然灾害频发，需要救助的受灾群众很多。要建成惠及十几亿人口的更高水平的小康社会，构建社会主义和谐社会，必须着力发展社会事业，保障和改善民生，促进社会公平。这就要求红十字会有一个大的发展，在人道工作领域很好地发挥政府的助手作用。

第二，建设中国特色社会主义，要求把发展社会生产力同提高全民族文明素质结合起来，推动物质文明同精神文明协调发展，为改革开放和社会主义现代化建设提供强大的精神动力和智力支持，营造良好的舆论环境。红十字会倡导的人道、博爱、奉献精神和志愿服务活动，同社会主义精神文明建设的要求是一致的。红十字精神作为社会主义精神文明建设的重要内容，得到了广泛传播。

第三，党的十六大以来，提出构建社会主义和谐社会的战略任务，更加注重推进以改进民生为重点的社会建设，要求加快完善社会保障体系，健全党委领导、政府负责、社会协同、公众参与的社会管理格局，拓展了红十字会的发展空间。

第四，红十字会以保护人的生命和健

康，发扬人道主义精神，促进和平进步事业为宗旨。中华人民共和国公民不分民族、性别、职业、宗教信仰、政治见解、教育程度，都可以自愿参加红十字会，可以成为红十字志愿者。红十字会有着广泛的群众性和包容性。随着社会文明程度的提高，愈来愈多的人关心、支持和参与红十字事业，是红十字事业发展的群众基础。

第五，红十字会是一个历史悠久，具有良好声誉的国际性人道组织，全世界有186个国家建立了红十字会或红新月会。30年来，我国不断扩大对外开放，实现了从封闭半封闭到全方位开放的伟大历史转折。这既对红十字会加快对外交流与合作提出了新的要求，也为此创造了良好的条件。作为民间外交的一支重要力量，红十字会配合国家总体外交，在人道工作领域发挥了积极的作用。

综上所述，改革开放确实为红十字事业的发展创造了空前有利的条件，而红十字会要取得长足的发展，必须依靠自身的不懈奋斗。在30年的实践中，我们取得了以下几条基本经验：

一、必须高举中国特色社会主义伟大旗帜，遵循我国的宪法和法律，围绕党和国家的中心工作，自觉融入经济社会发展大局，使红十字会工作始终沿着正确的方向前进，为建设中国特色社会主义发挥积极作用。

作为一个国际性组织，必须具备宽广的世界眼光。既要遵循国际红十字运动的基本原则，积极参与国际红十字运动，发挥作为一个负责任的大国红十字会应起的作用；又要把国际红十字运动的理念和发展战略同当代中国实践结合起来，建设中国特色红十字事业。只有这样，才能在中国这块土地上真正有作为、有地位。

二、必须以解放思想为先导，以改革创新为动力，用发展的理念和勇于改革创新的精神破解发展中的难题，推动红十字事业的发展。

必须坚定不移地依法理顺红十字会管理体制，使红十字会成为充满生机与活力、密切联系群众、符合自身特点的社会团体，能依法独立自主地开展工作，建立社会化、开放式的工作机制，为红十字事业的发展提供有力的体制机制保障。

必须积极争取党和政府的支持和资助，又充分发挥自身的积极性主动性，勇于克服困难，开拓进取，抢抓机遇，奋发有为。因循守旧、等靠要，是没有出路的。

三、必须坚持以人为本，一切工作以最广大人民群众的根本利益为出发点和落脚点，真心实意地为最需要帮助的困难群众服务。红十字会作为一个从事人道救助工作的社会团体，必须深深植根于社会，依靠广大人民群众的支持发展红十字事业。要广泛深入地传播人道博爱奉献的红十字精神，动员社会上的人道力量参与公益慈善事业和红十字志愿服务活动，引导人们在做好事、献爱心的过程中提高思想道德素质。

四、必须全面加强红十字会的自身建设，着力建设一支热爱红十字事业、精通业务、精干高效的干部队伍。要有崇高的使命感和责任感，真情关爱群众，热心服务群众，求真务实，公正清廉，会做社会工作，善于与人合作。为此，各级红十字会要切实加强思想建设、组织建设、作风建设、制度建设和反腐倡廉建设，不断提高干部的综合素质和工作能力。

最近，胡锦涛同志指出，要广泛运用改

革开放30年的生动事实、伟大成就、宝贵经验，深入持久地进行改革开放宣传教育，坚定不移地推进改革开放，继往开来地把中国特色社会主义伟大事业推向前进。各级红十字会要结合本系统的实际进行改革开放宣传教育，增强坚持改革开放的自觉性和坚定性，把中国特色红十字事业推向前进。

二、深入学习贯彻科学发展观，推动红十字事业又好又快地发展

现在，从全国来看，中国红十字事业出现了前所未有的大好形势。站在新的历史起点上，我们要深入学习贯彻科学发展观，推动红十字事业又好又快地发展，为夺取全面建设小康社会新胜利，开创中国特色社会主义事业新局面，实现中华民族伟大复兴贡献自己最大的力量。今年，我们要全面完成"八大"提出的各项任务，以优异的成绩迎接第九次全国会员代表大会的召开。要认真总结改革开放以来，特别是"八大"以来的工作经验，深刻把握中国红十字事业发展的趋势和规律，进一步解放思想，改革创新，努力转变影响和制约科学发展的思想观念、体制机制、工作方式方法，根据新形势新任务的要求和人民群众的新期待，制定中国红十字事业未来五年的发展规划。下面，我想就如何以科学发展观为指导，推动红十字事业又好又快地发展，讲一点自己学习的体会。

科学发展观的核心是以人为本，就是以最广大人民的根本利益为本，体现了马克思主义历史唯物论的基本原理，体现了我们党全心全意为人民服务的根本宗旨和我们推动经济社会发展的根本目的。我们党主张人的生命是最宝贵的；强调人民是社会历史的主体，是社会主义国家的主人；要尊重人民主体地位，发挥人民首创精神，保障人民各项权益；坚持发展为了人民，发展依靠人民，发展成果由人民共享；把促进经济社会发展与促进人的全面发展统一起来。这是我们党立足中国国情和时代特征，既继承中华文明的精华，又用马克思主义世界观加以改造，体现了时代发展的进步精神。我们要深刻理解我们党提出的以人为本的科学内涵和精神实质。贯彻落实以人为本的科学发展观，要求发扬人道、博爱、奉献精神，因为这是社会主义道德的重要内容，对于提高全民思想道德素质有重要的作用。我们要大力加强对红十字文化、红十字精神的研究和传播，把它作为推动红十字事业的强大动力。

科学发展观的第一要义是发展。我们要紧紧抓住并切实用好红十字事业的发展机遇期，不断发展壮大自己，推动红十字事业向前发展。当前，红十字事业在前进的过程中，还面临着不少困难与问题，不能很好地适应国家和人民对我们的要求，与国外一些国家的红十字会相比，还有不小的差距。而要解决所有问题的关键是靠自身的发展。我们必须充分发挥自身的特点和优势，坚持以发展为主题，用发展的眼光、发展的思路、发展的办法解决前进中的问题，实现红十字事业的科学发展。

科学发展应该是又好又快地发展。"好"与"快"互为条件，既互相促进又互相制约。红十字会要紧紧围绕党和政府的中心工作，服务大局，更加广泛深入地开展救灾、救助、救护等工作，不断增强实力，提高能力。要适应新形势新任务和群众的新需求，提高传统业务工作的质量和水平，拓宽人道救助工作的领域。各项工作都要努力实现专业化、规范化、现代化，发挥更大的效益。

科学发展应该是全面、协调、可持续发展。红十字会既要十分重视增强硬实力，又要十分重视提高软实力，积极传播红十字文化，大力弘扬人道、博爱、奉献的红十字精神。要看到，在全社会营造扶危济困、乐善好施、互助友爱、志愿服务的良好社会氛围，对于构建和谐社会具有重要、深远的意义。当前，我国红十字会工作的发展还很不平衡。要努力实现城乡、区域的均衡发展，使红十字会工作延伸到农村，到欠发达地区，更好地为困难群众服务。在做好国内工作的同时，还要积极参与国际红十字运动，在国际红十字运动中发挥应有的作用。红十字事业不仅当前要积极发展，而且要保证长期、持续发展。各项工作都要注重建立长效机制。筹集人道救助资金是红十字会开展人道救助工作的物质条件。现在，发生自然灾害等突发事件时比较容易募捐，平时筹资则比较困难。必须开阔思路，拓宽筹资渠道，创新筹资方式，改进工作方法，切实管好用好善款，努力建立可持续发展的筹资工作机制。

贯彻落实科学发展观，推动科学发展，必须有科学的体制机制作保障。对于红十字会来说，首先要巩固和发展理顺管理体制的成果。现在全国还有少数地市级和多数县级红十字会没有理顺管理体制。要通过反复的、耐心细致的宣传解释，使各级党政领导、卫生行政部门和红十字会干部认识到理顺管理体制的必要性和重要性，尽快帮助红十字会解决这个影响和制约科学发展的问题。要从推动科学发展的实际需要出发，着力创新管理体制和工作机制，完善各项工作制度，转变工作作风，克服和防止机关化、行政化的倾向，使红十字会真正成为充满活力、富有效率、更加开放的社会救助团体。要争取进一步优化法律政策环境，为红十字事业科学发展提供更加有力的保障。

红十字事业服务的对象在基层，依靠的力量也在基层，红十字事业的深入发展，要求加强基层红十字组织建设。要通过广泛传播红十字精神，积极开展人道救助、人道服务活动，使基层、群众受益来推动基层红十字组织建设。要扩大基层红十字组织的覆盖面，积极发展个人会员、团体会员和志愿者，处理好数量与质量的关系，不搞形式主义。要热心为基层组织、会员、志愿者服务，寓管理于服务之中，充分调动他们的积极性和创造性，指导和帮助他们发挥应有的作用。要依照红十字会章程尊重他们的权利，同时要求他们履行义务，共同努力把红十字会建成群众基础牢固、充满活力的社会救助团体。

我们即将制订一个新的五年发展规划。要根据客观实际的可能性和必要性，最大限度发挥主观的能动性，制定一个奋斗目标。各地红十字会都要结合本地经济社会发展规划的要求和自身的实际情况制定新的目标与计划，全面推进，重点突破。要整合红十字会系统内部的资源，积极争取外部资源，着力打造红十字品牌，发挥更大的社会效益。要切实加强各方面的基础建设，夯实工作基础，不断增强红十字会的活力、实力、公信力、凝聚力。

许多同志呼吁要加强对红十字运动重大理论和实践问题的研究，一些同志倡议成立红十字运动研究会。执委会已将此列入学习实践科学发展观的整改内容，我也愿意与同志们一道促成这件事。

深入贯彻落实以人为本的科学发展观，有许多问题还有待于我们积极探索。我们要继续解放思想、改革创新，脚踏实地、坚韧不拔，为开创中国红十字事业新局面而奋斗！

最后祝同志们、朋友们新春快乐，身体健康，以饱满的工作热情迎接新的一年的光荣任务。

在中国红十字会第八届理事会第五次会议暨全国社区红十字服务示范市（区）命名表彰会议上的工作报告

中国红十字会常务副会长 江亦曼

2009 年 1 月 7 日

2008 年工作回顾

2008 年在我国社会发展进程中是很不寻常、很不平凡的一年。这一年，我们经历了一些难以预料、历史罕见的重大挑战和考验，南方部分地区发生五十年一遇的严重低温雨雪冰冻灾害、四川汶川发生自唐山大地震以来最严重的地震灾害、北京奥运会的成功举办实现了中华民族的百年梦想。这一切，既给我们带来前所未有的严峻挑战，也为我们提供了前所未有的重大机遇。全国各级红十字会精诚团结、顽强拼搏、勇于承担、甘于奉献，全力抗击严重低温雨雪冰冻灾害和汶川特大地震灾害、全力参与、服务北京奥运会，为夺取抗击冰雪灾害及抗震救灾伟大胜利、为北京奥运会成功举办，做出了应有的贡献，赢得党和政府的充分肯定，以及社会各界和国际舆论的广泛赞誉。

一、在伟大的抗震救灾斗争中，彰显人道情怀，显示人道力量

“5·12”汶川特大地震发生后，各级红十字会满怀对灾区人民的无限深情，以弘扬人道精神为己任，投入伟大的抗震救灾斗争，为减轻灾区人民痛苦辛勤工作，不分昼夜接待捐赠单位和群众，向灾区紧急运送物资，派出救援队和救护队，全力以赴投入灾后重建工作，展现了一切为了灾区、全力支援灾区的人道救助场景。在这场史无前例的抗震救灾工作中，经受住了严峻考验，积累了许多宝贵经验。

争分夺秒，突出我会救灾工作“快”的特色，在第一时间采取行动，指挥前移，及时有效救助受灾群众，为开展大规模救援行动赢得宝贵时间。汶川特大地震发生后，中国红十字会立刻启动应急预案一级响应。当日下午，总会紧急调拨帐篷及棉被等物资，由四川省红十字会连夜送抵重灾区。当夜，总会通过媒体向社会发出紧急呼吁，并向各级红十字会发出开展募捐的紧急通知。次日，总会迅即派出救灾工作组，紧急派遣华山医院、武警总医院和北京、河北、安徽、湖南等省红十字医疗救援队赶赴灾区。灾后第三天，成立“总会抗震救灾驻川前线指挥部”，及时组织长驻成都、德阳、阿坝、绵阳、广元、雅安 6 市救灾工作组，协助当地红十字会开展工作。先后从总会及地方分会抽调工作人员 8 批 89 人次赴灾区工作。指挥的前移，实现了紧急救援快速有效、前后方信息畅通无阻、救援物资接收与发放严格管理、灾后重建项目准确审核。四川省红十字会在第一时间组建 75 支红十字应急救援队，总会紧急协调 4 支国际医疗队及台湾红十字搜救队、医疗队赶赴灾区。这一切充分凸现了红十字会快速反应的能力。

全力整合国内外、海内外以及红十字系统内外的资源和力量，开展自我会成立以来最大规模的募捐及救助活动。截至 2008 年 11 月底，共为抗震救灾募集款物价值 190.52 亿元（其中各级红十字会接受捐赠款物 164.42 亿元、港澳红十字会、台湾红十字组织及国际联合会、有关国家红十字会捐赠款物 26.1 亿元），占汶川地震捐赠款物总额的 1/4 强，创造了中国红十字会历史最高数额。据统计，总会本级募集款物 52.9 亿元，中国红十字基金会、上海、江苏、浙江、广东、四川等省（市）红十字会募集款物均超过 10 亿元，北京、福建、山东等省（市）红十字会均超过 5 亿元。内蒙、广西、云南、青海、宁夏、新疆等经济相对落后的省（区）人均捐款额均超过 5 元。港澳台同胞也纷纷捐款捐物，香港、澳门特别行政区红十字会和台湾红十字组织分别募集相当于人民币 11 亿、7000 万、3.8 亿的善款。我会通过红十字会与红新月会国际联合会向国际社会发出呼吁，总呼吁额达到 1.67 亿瑞士法郎（相当于人民币 10.6 亿元）。此外，还争取美国、日本、加拿大等国红十字会开展双边援助。是我会争取国际及境外援助规模最大的一次。港澳台和国际联合会不仅为灾区提供 10 余万顶帐篷及大量物资，德国、西班牙、丹麦、英国、奥地利等国家红十字会及时为灾区提供野战医院、饮用水、厕所、后勤营地等灾害应急设备和相关技术支持，积极提供心理支持和为残疾人士提供假肢支具及康复训练等，而且将灾后重建工作纳入我会灾后重建整体计划，进行统筹规划。

在抗震救灾工作中，各级红十字会充分调动各种人力资源，大力发挥志愿者的作用。无论是在抢救现场，还是转运物资，无论是在募捐现场，还是在灾区安置点、医疗救助点，到处都能看到红十字志愿者的身影。据不完全统计，仅四川省灾区就有来自全国各地参与抗震救灾工作的红十字志愿者近 18 万人。红十字志愿者成为“5.12”抗震救灾斗争中突出的亮点。

应急救援工作实现生活保障、医疗救助、心理救援的有效结合，提高灾害救助的技术含量，人道救助领域得到前所未有的拓展。作为国务院抗震救灾指挥部群众生活保障组的成员，我们始终把为灾区群众提供生活保障放在重要位置。在紧急救援阶段，总会向灾区紧急调拨和采购帐篷 13 余万顶、棉被 12 余万床、衣物 35 万多件、蚊帐 170 万顶和粮食近 6480 吨。投入 5 亿多元人民币为过渡性住房配套兴建学校和诊所。为帮助灾区群众顺利过冬，总会又整合力量，及时为灾区送去棉被 67 万余床，棉衣 34 万余件。同时，我们还组织开展了大规模的医疗救助和心理救援工作。据不完全统计，总会和各级红十字会派出 107 批紧急救援队，37 批心理救援队，为灾区近 23 万群众提供服务。总会还从江西、湖北、湖南、广西、四川、云南等省红十字会以及华山医院抽调专人去灾区学习 ERU 技术，培养专业人才。

开展红十字会最大规模的灾后重建工作，有效加强对捐赠款物使用的规范管理。根据国务院总体部署和地震灾区实际需求，总会确定了灾后重建的原则和重点，重点援建灾区全部倒塌或严重毁损需要整村重建或相对集中重建的农户住房、乡村两级卫生院（站）和乡村两级学校及社会福利、社区防灾减灾设施等灾后重建项目。同时，充分考虑和兼顾没有得到对口支援的地震灾区的需求。目前，总会已分别与四川、甘肃、陕西省红十字会签署援助额度为25亿、5亿、4亿的重建协议，将帮助近4万户受灾家庭兴建永久性住房，援建300多所乡、村学校，1100多所乡、村卫生院（站）。还与中残联和国家人口计生委签订《红十字博爱康复援助项目》和《红十字博爱家庭关爱行动项目》。各级红十字会也按照总会确定的援建重点，分别通过对口支援，定点捐建、认建等方式，积极援助受灾地区开展灾后重建工作。截至目前，全国各级红十字会投入灾后重建资金超过60亿元。香港、澳门红十字会、台湾红十字组织以及国际联合会援助的灾后重建项目也已基本得到落实。为及时指导各级红十字会按照法定职责开展工作，加强对救灾款物的监管，总会先后就开展对口支援工作、加强捐赠款物管理使用、加强灾后重建资金使用管理等问题下发20多个文件，为用好捐赠款物，开展灾后重建提供制度保障。并向社会及时公布捐赠款物使用情况。目前，总会把抓紧灾后重建工作作为学习实践科学发展观的重要内容，正在全力推进。“抗震救灾驻川前线指挥部”及地区工作组仍坚守在救灾一线，加强对灾后重建项目的协调、检查和落实等工作。

全力做好应急宣传工作，积累应对危机公关经验。汶川地震发生后，我会在全国20余座城市的户外、地铁、公交车上发布3000余块“地震救灾呼吁”公益广告，在48家报刊媒体上免费刊登救灾呼吁广告。抗震救灾期间，全国各类媒体报道有关红十字会的新闻达1万余次。总会连续四次组织中央新闻媒体深入灾区一线进行报道，第一次受邀参加国务院新闻发布会、第一时间派红十字报刊社记者赴灾区采集现场新闻。开展“人道力量”系列宣传活动，拍摄和制作抗震救灾记录片、画册、图片展览，在中央电视台录制和播放“人道力量”公益晚会等，全方位、多角度展示红十字会的救灾工作。针对一些媒体对我会的不实报道和信息，我们及时通过与网民对话、发表声明、召开新闻发布会等方式沉着应对，予以澄清，学会了在质疑声中成长，较好地维护了我会的公信力。从中我们深刻地领悟到，提升我会应急工作的能力，不仅包括备灾救灾能力，也包括应急宣传、应对危机公关能力。

我会抗震救灾工作得到党和政府的高度肯定。总会赈济救护部、北京市红十字会“999”救援队被中共中央、国务院、中央军委授予“抗震救灾英雄集体”荣誉称号，中国造血干细胞捐献者资料库辽宁管理中心王玉伟、云南省红十字会备灾救灾中心李琼芬被授予“抗震救灾模范”荣誉称号。总会和人事部联合授予四川省红十字会、北京市红十字会999紧急救援队、中国红十字会华山医院紧急救援队、河北省红十字会唐山紧急救援队“红十字系统抗震救灾英雄集体”荣誉称号，授予周百年、唐建华同志“红十字系统抗震救灾英雄”荣誉称号。总会授予四川省、北京市等21个省（区、市）红十字会和中国红十字基金会“抗震救灾最佳组织奖”。山西、吉林、浙江、安徽、广东、甘肃、青海、宁夏等省（区）红十字会也受到省委省政府的表彰。去年年底，经总会和省级相关部门及红十字会推荐，有6位省级红十字会会长、12位红十字会专职干部、1位红十字志愿者、3个爱心企业、3个红十字品牌项目获中华慈善奖相关奖项。

与此同时，为救助南方部分地区低温雨雪冰冻灾害受灾群众，我会积极开展募捐救助工作，各级红十字会累计接收捐赠款物 2.49 亿元，共组织 12 个救灾工作组分赴湖南、广西等省慰问灾民、发放救灾物资，开展因灾损毁民房、卫生院（站）及备灾设施的重建工作。截至目前，总会及港澳红十字会已投入重建项目资金 9298 万元。

二、在举世瞩目的奥运会、残奥会中，展示红十字会风采，发挥独特作用

红十字参与服务奥运是国际惯例，特别是 2003 年国际联合会与国际奥委会签署备忘录后，红十字与奥林匹克的情结愈加浓重。我们敏锐抓住举办北京奥运会这一难得机遇，早谋划、早行动，于 2007 年与北京奥组委签订《合作备忘录》。以红十字志愿者为主体，以运动员、观众和游客为服务对象，以应急救护、健康宣传、信息咨询为主要服务内容，全力做好服务奥运的准备工作和运动场馆、城市应急、社会志愿服务工作。通过积极参与和服务北京奥运会、残奥会，充分展示中国红十字会的风采，实现红十字精神和奥林匹克精神的完美融合。

对奥运志愿者、社区群众开展自救互救技能培训。总会指定香港红十字会与北京市红十字会编写的《急救手册》为参与奥运统一培训教材，聘请 5000 余名专家师资，对奥运志愿者及服务奥运的民航、交通、旅游、安保、服务等行业 15 余万职工以及 170 万社区群众进行救护知识普及培训，近 30 万人取得红十字救护员证。北京市红十字会完成 129 万人的救护普及培训，28 万人取得了红十字救护员证书，达到北京市民总数的 1/60。总会、省、市三级红十字会分别组织救护技术实战演练 10 余次，为奥运会的成功举办提供保障。

积极做好标志使用、无偿献血等服务奥运工作。我会提出“红十字标志与北京奥运会会徽、残奥会会徽组合使用”方案得到北京奥组委批准，受北京奥组委委托设计制作了医疗服务站标志和服务人员佩戴标志，供 57 个场馆 175 个医疗站和急救点及 4000 名医疗服务人员使用。举办预防艾滋病知识培训班，培训奥运志愿者，发放宣传手册，并将《防艾知识手册》发往各赛事城市红十字会。积极动员组织 17 万余人次参加无偿献血，保障奥运会期间用血需求。奥运期间，我会和国际联合会共同发起颁发“生命奖牌”活动。在我国发放 1.54 万块“生命奖牌”和 15.6 万枚“生命奖章”，为其他国家和地区提供 8200 块“生命奖牌”。

全力做好奥运期间的红十字志愿服务工作。我会精心组织 2200 多名经过培训并掌握应急救护技能的志愿者，在北京市 550 个城市志愿服务站中提供应急救护服务。各参赛城市共组织 200 多支红十字紧急救援队和志愿服务队，为奥运会提供近 3 万人次应急服务，招募国内外红十字志愿者 8 万人，提供语言、咨询、信息、应急等服务，受益者近 5000 万人次。

以参与服务奥运为契机，推动救护培训工作。2008 年，我会共举办师资培训班、复训班、提高班 150 多期，培训救护师资 7000 余人次、救护员 180 万人次。河北、山西、上海、江苏、安徽、福建、江西、山东、河南、重庆、贵州等 11 个省（市），累计培训救护员均已超过 50 万人次。铁路红十字会救护培训工作有明显进步，总会与铁道部联合发文对铁路系统红十字卫生救护工作先进集体、先进个人进行了表彰。

红十字服务奥运工作得到国际奥委会和国际联合会的好评，得到党和政府的肯定。北京市红十字会等赛事城市分别受到当地市委、市政府的表彰，中共中央、国务院授予总会奥运工作办公室“北京奥运会残奥会先进集体”荣誉称号，授予北京市红十字会志愿者叶如陵“北京奥运会残奥会先进个人”荣誉称号。

三、在大力推动基层组织建设中，加强红十字会能力建设，增强可持续发展后劲

2008年是中国红十字会的“基层组织建设年”。各级红十字会在全力投入抗震救灾工作的同时，深入开展组织建设工作调研和争先创优活动，通过抗震救灾促进和加强组织建设，在理顺红十字会管理体制、建立健全基层组织、加强自身能力建设等方面取得可喜成绩。

理顺地市级、县级红十字会管理体制取得明显进步，为事业发展提供可靠的组织保障。继续全力推进理顺红十字会管理体制工作。截至2008年9月底，已理顺体制的地市级红十字会由2007年的273个增加到2008年294个，理顺率达到88%。已全部理顺本辖区地市级红十字会管理体制的省（区）达到16个；已理顺体制的县级红十字会由2007年的746个增加到2008年1006个，理顺率达到36%。县级理顺率高于全国平均数的省（区、市）已达到15个。四川、云南、甘肃、陕西三省红十字会抓住灾害救助、灾后重建等机遇，在推进理顺红十字会管理体制方面成绩突出，地市级和县级红十字会理顺率都有明显提高。吉林、黑龙江、浙江、福建、河南、湖北、贵州等省县级红十字会管理体制比例也有大幅提高。

基层组织稳步发展，人道救助工作不断向基层延伸。2008年11月，总会召开了中国红十字会组织建设工作会议，在全国范围内开展了十佳百优千星评选表彰活动。截至2008年9月底，红十字基层组织已达到8.6万个，红十字会会员达到2522万，红十字志愿者达到153万。总会继成立专业应急救援队、医疗救护队后，又成立了捐献造血干细胞志愿服务总队、新闻志愿者服务队、青少年志愿服务总队三支专业志愿者队伍。为加强冠名红十字（会）医疗机构工作，总会要求各地对辖区内冠名红十字（会）医疗机构进行清理整顿，目前，冠名红十字医疗机构达2178家。继续开展第三批全国社区红十字服务示范市（区）命名表彰活动，刚才，总会与民政部联合表彰3个示范市、40个示范区。经过三届评选，已有15个市、109个区成为我会与民政部联合表彰的全国社区红十字服务示范市（区）。

以深入学习实践科学发展观为契机，大力加强自身建设，为红十字事业科学发展提供理论指导和改革动力。2008年，党中央做出在全国深入开展学习实践科学发展观活动的重要决策。作为第一批参与学习实践活动的单位，总会和各省红十字会通过认真学习实践科学发展观，深刻总结改革开放三十年的宝贵经验，增强对科学发展观和改革开放的认识和理解，开展解放思想大讨论，认真查找制约事业发展的重要问题。同时，注意加强干部培训和能力建设，红十字会工作人员的素质和工作能力有所提高。

各级党委政府及相关部门加大支持红十字会工作力度。经国家主席胡锦涛同志批准，今年5月8日，中国国际人道法国家委员会正式成立，我会作为牵头单位，承担秘书处工作。为支持红十字会工作，中编办批准总会增加一个内设机构，增加 10 名行政编制；批准中国造血干细胞捐献者资料库管理中心 10 个自收自支编制转为全额拨款事业编制；总会备灾救灾中心的机构和编制即将获得批准；商务部同意我会每年申请650 万元非紧急发展援助资金，用于支持发展中国家红十字会开展发展项目。河南、四川、云南、陕西等地政府也为红十字会增加了编制。

国务院确定由回良玉副总理联系我会工作。11 月 17 日，回副总理视察总会机关，在听取我会工作汇报后作重要讲话，充分体现党中央、国务院对红十字会工作的高度重视。

在汶川地震救援和参与服务奥运工作中，我们得到中宣部、中央精神文明委、外交部、民政部、铁道部、交通部、卫生部、海关总署、北京奥组委等部门的大力支持和帮助，建立了良好的合作关系。

四、其他各项业务工作稳步推进，取得显著进展

继续完善大宣传格局，探索可持续发展的筹资机制。继续在全国范围内开展“五八博爱周”、“公益广告宣传月”活动。全年全国各类媒体播报红十字会新闻 3 万余篇（次），发放宣传材料 80 余万份。中央电视台及全国 100 多家报刊媒体免费刊播我会公益广告 1 万余次。总会加强了全国宣传干部和传播师资的能力建设，举办 5 期传播师资培训班。中国红十字报、博爱杂志和网络中心配合我会中心工作发挥了积极作用。

项目化筹资方式更加成熟。李连杰壹基金计划、招商证券、中恒博爱、火炬手、巴蜀力量基金等基金，筹集款物价值超过 2 亿元。与中央电视台联合主办《赛宝·博爱·中国年》春节特别节目，为新农合、农民医疗救助募集资金。开通“10699993”公益短信捐助，全年募捐总量超过 2 亿元。“红十字天使计划”接受捐赠款物过亿元，援建博爱新村、博爱小学、博爱卫生院（站）近 400 所，培训乡村医生 500 余名，资助重症儿童和农民千余名，捐建“红十字书库”173 个。“中国红行动”项目荣获 2008 年“中华慈善奖”最具影响力慈善项目奖。中国红十字基金会在国家基金会等级评定中被评为 5A 级基金会。海南宝莲城（博鳌）实业有限公司向我会捐赠 2000 多平方米的楼房主体已经完工。

积极参与新农合及医疗救助工作，继续开展“红十字博爱送万家”活动。经过三年努力，总会开展的参与新农合试点县已达 118 个。各级红十字会通过援建卫生院（站）、予以款物支持、开展医疗救助、建设健康新村等方式支持试点县参与新农合及医疗救助工作，取得显著成效。我会与武警总医院、胡大一爱心志愿服务队联合开展“扶贫救心”和“爱心工程”活动，累计救治 7000 多例先天性心脏病患者。继续深入开展“红十字博爱送万家”活动，年初与中国残疾人联合会慰问 9 省（区）因患麻风病致残的贫困农民。

造血干细胞、无偿献血和遗体捐献工作取得可喜成绩。截至 2008 年 11 月底，中华骨髓库全年新增入库数据 16 万人份，总库容量达到 93 万多人份。全年为患者和移植医院提供检索服务 3741 人次，移植 254 例。为贯彻落实《人体器官移植条例》，推动人体器官捐献宣传动员工作，总会在深圳召开研讨会，总结开展遗体（器官、组织）捐

献工作的经验，就深入开展遗体（器官、组织）捐献宣传工作进行探讨。截至目前，全国各级红十字会累计登记捐献遗体（器官、组织）7万余例，实现捐献8000余例。

对外交流与合作进一步密切。全力做好为国际联合会、港澳台开展汶川地震紧急救援和灾后重建的协调服务工作，先后召开二次灾后重建国际会议和一次港澳台灾后重建合作会议。受商务部委托，继续承办两期发展中国家红会高层官员培训班。总会及各省级红十字会全年共引进外资3000余万元人民币。分别与国际联合会、荷兰等国家红十字会、联合国人口基金等合作，在26个省开展组织发展、艾滋病预防与关爱、白内障复明、禽流感预防、改水改厕、基础卫生保健、志愿者能力建设等项目。历时3年多的印度洋海啸援助工作全面完成。

2008年，我们有太多的震撼与感动，有太多的压力与付出，作为红十字人，我们在巨灾面前选择了迎难而上，经受住了严峻的考验，大大提升了红十字会的社会知名度。我们抓住北京举办奥运的难得机遇，锐意进取，圆满完成了参与服务奥运的任务，大大提升了中国红十字会的国际地位。实践证明，我们无愧于人道主义宗旨、无愧于“人道、博爱、奉献”精神、无愧于党和政府的期望。在此我谨代表常务理事会向各级党委政府及有关部门，向各级红十字会，向各位理事，向广大专职兼职干部、会员、志愿者表示诚挚的谢意，向香港、澳门红十字会、台湾红十字组织，向国际联合会及各国红十字会，向所有支持红十字事业的单位和个人致以衷心的感谢！

总结一年的工作，我们深深体会到：

——只有抓住机遇，乘势而上，才能做到有为有位。作为政府人道领域的助手，红十字会必须紧紧围绕中心，服务大局，敏锐抓住各种机遇，乘势而上，上下联动，形成合力，才能做好各项工作，得到党和政府的肯定和支持。

——只有广泛动员人道力量，与社会各界团结协作，依靠广大志愿者，才能完成各项任务，推进红十字事业。我们致力于动员人道力量，改善最易受损害群体境况，必须加强与社会各界的团结协作，动员并依靠广大红十字志愿者，共同推进红十字事业。

——只有不断提升应急能力，才能沉着应对各种突发事件。我国是自然灾害频发国家，随着国内外形势的复杂多变，各种不可测因素增多。只有不断提升应急能力，才能做到未雨绸缪，沉着应对可能出现的各种自然灾害和突发事件。

——只有加强组织建设，才能完成历史赋予我们的使命。加强各级红十字会能力建设，建设一支特别能吃苦、特别能奉献、特别能战斗的红十字会干部队伍，大力推动基层组织发展，才能更好地发挥政府的助手作用，不辱使命，再创辉煌。

各位理事、同志们：

虽然我们取得很大的成绩，红十字事业取得很大的发展，但是通过汶川特大地震的考验，也使我们认识到：我们应对巨灾的经验还不足，应急预案、应急宣传、后勤保障、接受捐赠系统还不健全，严重制约灾害救援功能的发挥；我会备灾救灾体系专业化、科学化程度还不高，与国际先进水平相比存在相当大的差距；基层组织发展及建设还很薄弱，队伍素质有待进一步提高。作为专业的人道救助组织，我们必须采取切实措施，着力完善和解决这些问题。

在中国红十字会第八届理事会第五次会议闭幕式上的讲话

——中国红十字会副会长　苏菊香

2008 年 1 月 8 日

各位理事、各位代表：

中国红十字会第八届理事会第五次会议暨全国社区红十字服务示范市（区）命名表彰会议，经过与会各位理事、各位代表的紧张工作和共同努力，会议各项议程和任务已圆满完成，会议达到了预期目的。现在，我代表执行委员会作会议总结。

一、会议的基本情况

这次会议是在我国改革开放 30 周年，全党深入开展学习实践科学发展观的大好形势下召开的，是我会对 2008 年工作和改革开放三十年回顾总结的一次会议；是为全面完成《中国红十字事业 2005—2009 年发展规划》部署新一年工作的再动员会议；是一次解放思想、总结经验、共谋发展的大会。

两天来，各位理事、各位代表认真履行职责，审议通过了中国红十字会常务副会长江亦曼同志所作的工作报告，《更换理事、常务理事的决议案》，《中国红十字会 2009 年工作要点》，理事会授权执行委员会根据理事和代表们提出的意见和建议，对 2008 年工作要点修改后印发执行。

会上，中国红十字会会长彭珮云同志发表了重要讲话。彭会长回顾了改革开放 30 年来，中国红十字会伴随着改革开放的伟大历程，在党和政府的重视、关怀下，在社会各界的参与支持下，在历届理事会的领导和努力下，红十字事业发生的重大变化、工作的进展和取得的成就，深入分析了中国特色红十字事业之所以能够得到长足发展的五个方面的优势，高度概括了 30 年来我们发展红十字事业的四条基本经验，并对深入学习实践科学发展观，推动红十字事业又好又快地发展进行了深入浅出地论述。大家认为，彭会长的讲话对我会改革开放 30 年来取得的成就、优势和基本经验把握准确，对目前形势的判断和对今后工作任务的要求非常明确。彭会长的讲话是发展中国特色红十字事业的重要理论依据，对我们站在新的历史起点上，继续推动中国特色红十字事业又好又快发展，具有十分重要深远的意义。

江亦曼常务副会长的工作报告，不仅全面回顾了 2008 年全国各级红十字会依法履行职责、各项工作取得的新进展，特别是对全面投入伟大的抗震救灾、参与服务奥运会、残奥会工作取得的突出成绩，都进行了全面的总结，客观地分析了我们在工作中存在的问题，同时对 2009 年的工作进行了全面地部署。大家一致认为工作报告实事求是，总结的成绩使人振奋、找出的问题使人警醒，今后的任务更加艰巨而又光荣。

会议听取并审议通过了《中国红十字会总会 2008 年度财务收支情况报告》。大家认为财务报告数字详实，资金使用规范，刚才理事会已经予以表决通过。

会议期间，总会和民政部第三次联合命名、表彰了社区红十字服务示范市（区）。受表彰的示范市（区）是社区红十字服务示范市（区）创建活动中的优秀典型，希望受表彰的单位把荣誉作为新的起点，不断努力，再创佳绩。也希望各级红十字会向先进单位学习，提高对此项活动的认识，继续深入地开展社区红十字服务示范市（区）创建活动，使社区红十字服务工作在国家社区建设和构建社会主义和谐社会中能够发挥更大的作用。

刚才，四川省红十字会介绍了全力投入抗震救灾工作的经验，北京市红十字会介绍了参与奥运服务的经验，福建省红十字会介绍了以科学发展观指导工作的经验，陕西省红十字会介绍了在抗震救灾中理顺县级红十字会管理体制的经验，湖北省武汉市武昌区红十字会介绍了创建社区红十字服务示范市（区）活动的经验。这5个分会的经验介绍，扩展和丰富了工作报告的内容。反映了各级红十字会学习实践科学发展观，促进红十字事业发展取得的成绩以及红十字会特别能吃苦、特别能战斗、特别能奉献的精神面貌。红十字会以实际行动保护了人的生命和健康，履行了崇高的人道救助、救护、救援的职责，弘扬了红十字“人道、博爱、奉献”精神，提高了红十字会的社会影响力。这些经验对我们各级红十字会更新观念，开拓思路，创造性地开展工作，会发挥重要的启迪和借鉴作用。会后，我们将把大会发言材料编入理事会文件汇编，供各地学习使用。

会议还组织参观了总会和基金会在成都市彭州的重建项目，参观考查了彭州市丹景山九年制学校、小鱼洞镇江桥红十字博爱新村和都江堰城市立体废墟。看了小鱼洞大桥遗址和都江堰城市立体废墟，使大家又一次受到深深的震撼。大家说虽然地震已经过去七个多月了，但地震带来的破坏还触目惊心，影响深远，更进一步引起大家对支援灾后重建工作的责任感和紧迫感。大家从总会援建的小鱼洞镇江桥红十字博爱新村竣工及发钥匙仪式上看到，通过红十字会的艰辛和努力工作，为灾民提供了可以挡风御寒的永久性的崭新的楼房，感受到广大灾区群众对我们红十字会工作的满意和对当地政府的感激之情，更加激发和坚定了我们努力作好灾后重建工作的决心和信心。

会议期间，彭会长主持召开了各省红十字会会长座谈会。来自12个省的红十字会会长参加了会议。各位会长在充分肯定工作报告和彭会长讲话的基础上，结合本省红十字会的工作实际，对全国红十字事业的发展提出了许多很有见地的意见和建议，执行委员会将认真研究总结，用于指导今后的工作。

在分组讨论中，各位理事和代表在充分肯定了过去一年工作中取得成绩的基础上，也提出了如何用科学发展观来指导红十字事业的发展，特别是在理顺管理体制、加强理论研究、加强可持续的筹资能力、加强宣传、加强备灾能力、完善应急机制体制、创建红十字会的品牌等工作方面都提出了很好的意见和建议，大家在讨论中也都谈到，我们红会系统在这次大灾面前都经受了严峻考验，确实需要很好地总结，我们的应急预案还需要作哪些方面的修改和补充，我们的应急工作的体系和能力建设如何进一步加强，我们的会员、我们的志愿者队伍如何更加科学规范地组织动员，我们如何主动的引导媒体来宣传我们的工作，如何建立我们的危机公关机制和应对措施，灾后重建项目的编制，我们还应该注意哪些方面的问题等等，大家都提了一些非常好的意见和建议，执委会将认真加以梳理和研究，努力改进今后的工作。

关于2009年的工作重点，大家形成了共识。一是今年大事多、喜事多。今年是新中国成立60周年，也是中国红十字会的换届之年。是红十字运动创始人亨利·杜南先生进行索尔弗利诺战场救护150周年，还是红十字会与红新月会国际联合会成立90周年。今年，联合会将要出台《2010—2020战略》，作为国际联合会领导委员会的成员，全球红十字会员人数最多的国家红会，我们倍感荣幸，也倍感责任重大。二是形势逼人。今年也是贯彻落实《中国红十字事业2005—2009年发展规划》的最后一年，今年还受国际金融危机的影响，社会的人道需求也将增加，现在许多企业不景气，给我们的工作带来很大的挑战，增加了工作中的难度，新的形势和任务要求中国红十字会高举中国特色社会主义伟大旗帜，以邓小平理论和“三个代表”重要思想为指导，深入贯彻落实科学发展观，紧紧围绕全面建设小康社会和构建社会主义和谐社会的伟大目标，贯彻落实红十字会法，努力加强体制机制建设，充分动员人道力量，发挥好政府人道领域助手的作用，全面完成“八大”提出的各项任务。大家一致表示要有紧迫感和责任感，努力工作，要以优异的成绩迎接第九次全国会员代表大会的胜利召开。

二、关于会议精神的传达贯彻

一是要汇报好。各级分会回去之后要将会议情况向当地党委、政府做出专题汇报，进一步争取党委、政府对红十字会工作的重视和支持。

二是要传达好。要组织全体红十字会专兼职干部认真学习和领会回良玉副总理的讲话，用彭珮云会长讲话、江亦曼常务副会长的工作报告精神统一思想，明确任务，振奋精神。

三是要谋划好。要以本次理事会精神为指导，结合学习实践科学发展观活动和解放思想大讨论及本地实际，找出制约本地红十字事业发展的主要问题，认真谋划，形成今年和今后一个时期发展红十字事业的工作的新思路，切实推动红十字事业的科学发展。

四是要落实好。2009年要做的工作很多，首要任务是做好全面完成《中国红十字会2005—2009年红十字事业发展规划》和筹备好第九次全国会员代表大会的工作。同时，还要做好汶川地震灾后重建工作，工作量非常大，任务非常艰巨，各位理事要以更加求真务实的作风，创造性地开展工作，抓好理事会精神的贯彻落实，使我们的工作在新的一年里有更大的发展。

三、讲几点具体工作的要求和注意事项

（一）关于贯彻落实科学发展观。各级红十字会都要认真开展学习实践科学发展观活动，组织广大党员干部开展解放思想大讨论，找出制约红十字事业发展的思想观念、体制机制、工作方法等方面的问题，提出发展红十字事业的新思路和工作重点，把红十字事业推向新的高度。今年是我会换届之年，各级红十字会都要用科学发展观系统总结八大以来红十字事业发展的主要成绩和经验，用科学发展观指导红十字事业未来的发展。要注重总结实践经验，要注重结合工作进行理论研究，要结合中国国情加强红十字运动的前瞻性研究，集中全国各级红十字会的智慧制定下一个五年发展规划、修订完善章程，为九大的顺利召开提供充分的实践和理论基础。在小组讨论中，大家提出了很多很好的建议，特别是结合学习实践科学发展观，认真总结八大以来的工作，总结改革开放以来的经验，谋划我们未来事业的发展。回去后，我们执委会要认真研究，提出一个系统的方案，召开一些不同层次、不同专题的研讨会，更好的落实科学发展观，总结工作、谋划发展。

（二）认真做好灾后重建工作。一是要认真贯彻党中央、国务院及总会对抗震救灾捐赠资金物资管理使用的要求，切实加强监管工作，特别是要加强对红十字会参与的灾后恢复重建项目的督导工作。具有灾后重建任务的各省（区、市）红十字会要切实做好对重建项目的督导工作，要及时组建由相关专业人员及监察、审计等相关人员组成的检查督导组，深入重建现场第一线开展巡查督导，这方面北京市红十字会做得非常好。二是要加强对招标程序、资金拨付、工程进度、建筑质量、标志标识等方面的检查督导，保证资金使用安全有效，保证建筑质量符合抗震标准，保证重建项目如期完工，保证人道精神得到广泛传播。三是要加强抗震救灾资金物资规范管理、高效使用。各省（区、市）要高度重视做好今年所接受的汶川地震捐赠款物使用情况的统计和上报工作。对于全国红十字系统捐赠款物的使用情况，总会需要通盘掌握并将择时向社会公布，接受社会监督。总会对此已专门下发文件，要求各省（区、市）红十字会及时把所接受捐赠款物的具体使用情况上报总会，包括紧急阶段、过渡安置阶段以及灾后恢复重建阶段。特别是在灾后重建阶段，要动态掌握重建资金的使用方式、使用去向、落实情况等，并随着灾后重建工作的不断推进，及时定期地向总会报告有关情况。对于纳入政府统筹安排的重建资金，也要积极参与项目的运作和监管，做到对资金使用、项目实施心中有数，及时向社会公布捐赠款项的使用情况和灾后重建项目的进度。四是总会将陆续派出督导组对总会援建的四川、甘肃、陕西三省的灾后重建项目进行检查督导，及时发现问题、解决问题。五是各级红十字会要及时通过各种途径向社会通报红十字会重建项目的进度。红十字会系统募集抗震救灾款物价值190多个亿，占整个民间捐赠的四分之一强，随着灾后重建的逐步深入，广大社会公众及媒体会越来越关注这些捐赠款物的使用情况、项目进展等情况，必须给大家一个满意的交待。其中，总会募集的款物以及接受国（境）外捐赠的款物，有严格的监督管理使用制度，可以清清楚楚地向社会公布，给大家一个明明白白的交代。目前，各省募集的110多亿元的使用有三种情况：一是红十字会独立考察项目，并运作使用，这种情况问题不大；二是有对口支援任务的省份红十字会，其募集的款物被纳入政府统筹规划中，省政府给出了具体的援建任务，比如多少个乡镇，多少个学校、医院等，这也可以按照我们的援建重点及原则开展工作，也能够向社会交待；第三种情况就是把红十字会募集的款物全部纳入政府财政，之后如何使用、用到何处、有无红十字标识，我们毫不知情，这如何向捐赠者交待呢？如果不能给社会一个交待，势必会影响我们的社会公信力，影响我们今后的募捐工作，希望引起大家高度的重视，如果有什么困难，可以向上反映，也可以向总会反映，我们一起想办法推动红十字会参与灾后重建工作依法进行。

总之我们要怀着对捐赠人负责、对灾区人民负责的精神，尽最大努力做好灾后重建工作，为灾后恢复重建做出新的贡献，向党和人民交上一份满意的答卷。

（三）开展理论研究要注意的问题。去年理事会上彭会长指出："自1993年国家颁布红十字会法以来，经过几届理事会不懈的努力，现在可以说，坚冰已被打破，航道已经开通，红十字事业迎来了新的发展机遇期。"本届理事会以来，总会和一些地方分会在红十字会理论研究方面进行了一些探索，这种积极探索的精神是值得充分肯定和支持的。彭会长在这次会议的开幕式上也希望各地结合这次开展的学习实践科学发展观活动，联系实际开展解放思想大讨论，发现制约红十字事业发展的观念、体制和机制方面的问题，积极探索新形势下我国红十字事业发展的新路子，为我会在新的起点上实现又好又快发展提供理论支撑。但我们探索研究理论问题，一定要用马克思主义的立场、观点和方法，用历史唯物主义的观点观察和思考问题，我们是从过去的历史中走过来的，我们要尊重历史。我们热心于研究红十字运动理论，要研究红十字会在国家社会生活中的地位作用、特点优势以及发展红十字事业的成功经验；研究红十字运动的七项基本原则如何与中国的实际相结合，形成具有中国特色的红十字理论体系和红十字文化；研究人道主义和红十字会的核心价值，它们与党中央提出加强社会主义文化建设、加强精神文明建设有什么样的内在关系；开展公民社会、公益慈善事业、企业社会责任、公益营销等方面的高端理论研究，不断丰富和完善中国特色红十字事业的理论基础，指导推动红十字会工作。

（四）积极对待并认真处理媒体的质疑。任何事情都是一分为二的，媒体能够成就我们的事业，但处理不好，也可以使我们陷入被动的境地。这次汶川地震，我们深有感触。媒体反映我们工作中的一些问题，值得我们注意。我们的各级领导干部一定要特别注意媒体集成器和放大器的效应，对我们的各级工作人员应提出严格要求：一是我们所有工作人员要牢记"人道、博爱、奉献"的精神，特别是各级机关、培训中心、备灾中心等窗口行业的工作人员在接待群众的过程中，说话办事态度要诚恳，要耐心地解答有关问题，注意维护红十字会的形象；二是要态度坦诚，勇于承担责任并能改进不足；三是一旦发现我们工作中的疏忽和漏洞在媒体上传播，要及时迅速作出反映，分析原因，改进工作，做出对策，以求在最短的时间内给予正面应对；四是在应对的过程中，设法将负面影响转为正面传播，通过正确地应对提升红十字会的形象。

各位理事，各位代表，当今世界正在发生广泛而深刻的变化，当代中国正在发生广泛而深刻的变革。机遇前所未有，挑战也前所未有，机遇大于挑战。红十字事业的发展离不开改革开放、需要改革开放，只有继续坚持改革开放，我国的红十字事业才能够获得更好更快的发展。让我们紧密地团结在以胡锦涛同志为总书记的党中央周围，高举中国特色社会主义伟大旗帜，贯彻落实科学发展观，继续解放思想、实事求是、与时俱进、开拓创新，以更加开放的姿态，创造我国红十字事业更加光辉灿烂的未来。

为保障会议的顺利进行，四川省委、省政府给予了多方面的关心和支持，四川省红十字会和成都市红十字会为本次理事会作了很多会务筹备等方面的工作，做出了很大的努力，金牛宾馆也为会议提供了优质的服务。为此，我代表理事会向所有为会议服务的同志们表示衷心的感谢!

新春佳节将至，在此祝大家新的一年工作顺利，身体健康，万事如意。

中国红十字会总会 2008 年财务收支情况报告

中国红十字会秘书长　王海京

2009 年 1 月 7 日

各位理事、各位代表:

我受中国红十字会执行委员会的委托，向大会报告中国红十字会总会（以下简称总会）2008 年财务收支情况。请各位理事、各位代表提出意见。

一、2008 年中国红十字会总会财务收支情况

2008 年中国红十字会经历了国内重大自然灾害带来的严峻挑战，开展了大量的、卓有成效的人道救助工作，全年财务收支均创历史新高。总会全年实现财务收入 61.59 亿元，本年投入人道救助的资金和物资 28.28 亿元。本年总支出占总收入的 46%。八大以来，总会已累计筹措救灾救助款物 74 亿元，为红十字事业的快速发展提供了经费保障。

（一）收入情况

2008 年总会及直属单位总收入为 61.59 亿元，其中会员会费收入 4 万元，接受国内外组织和个人的捐赠 58.82 亿元，政府拨款 2.33 亿元，动产和不动产及其他收入 4380 万元。本年收入比上年增加 55.22 亿元，这是总会有始以来实现财务收入最多的一年。

1. 会员会费收入

2008 年收缴会员会费 4 万元，均为地方分会上缴。会费交纳收入比 2007 年减少 44 万元，同期相比减少 92%。有关单位会费在催缴中。

2. 接受国内外组织和个人的捐赠收入

2008 年总会及直属单位接受国内外组织和个人的捐赠

折合人民币 58.82 亿元，其中总会本级 42.99 亿元，基金会 15.77 亿元，中华骨髓库 233 万元，红十字扶贫中心 397 万元。捐赠收入占总收入的 96%。其中捐赠资金收入 52.06 亿元（红十字事业捐款 6043 万元、救灾捐款 49.37 亿元、救助捐款 2.08 亿元），捐赠资金收入占总捐赠收入的 88%；捐赠物资及服务收入 6.77 亿元，（救灾物资价值 6.18 亿元、宣传及服务收入 5864 万元），捐赠物资及服务收入占总捐赠收入的 12%。本年捐赠收入比上年增加 55.64 亿元，为上年捐赠收入的 18 倍。

3. 政府拨款收入

2008 年总会政府拨款 2.33 亿元（含上年结余款项 4088 万元），其中部门经费预算 4016 万元，比上年增加 663 万元；中国红十字会彩票公益金（以下简称彩票公益金）项目预算 1.93 亿元，比上年预算减少 6673 万元。本年政府拨款收入占总收入的 4%，政府拨款收入比 2007 年减少 6010 万元，同期相比减少 20%。

2008 年财政部批复总会彩票公益金项目预算 1.63 亿元，其中总会本级预算 1.55 亿元，包括人道救助项目 4624 万元、救护师资培训项目 2247 万元、中国造血干细胞资料库建设项目 8619 万元；地方分会预算 840 万元，全部用于救护师资培训项目。

4. 动产和不动产及其他收入

2008年总会及直属单位动产和不动产及其他收入4380万元，其中总会本级1571万元、直属单位2809万元。动产和不动产及其他收入占总收入的1%。本年动产和不动产及其他收入比上年增加1869万元，同期相比增长74%。

（二）支出情况

2008年总会及直属单位总支出为28.28亿元，比上年增加22.02亿元。

1. 会员会费支出

2008年会员会费支出为8万元，用于印制志愿服务工作文件汇编及《中国红十字会领导讲话汇编》。

2. 接受国内外组织和个人的捐赠支出

2008年总会及直属单位接受国内外组织和个人的捐赠支出折合人民币26亿元，捐赠支出占总支出的92%，本年捐赠支出占捐赠收入的44%。本年捐赠支出比上年增加22.84亿元，为上年支出的8倍。

——本年总会本级投入救灾救助款物19.86亿元。其中开展救灾和灾后重建项目支出19.15亿元，包括冰冻雪灾捐赠款物支出1.3亿元、汶川地震捐赠款物支出17.2亿元、其他救灾款项支出6497万元。年内总会先后拨付四川、甘肃、陕西、云南、重庆、贵州、湖南、湖北等受灾严重省区救灾款物8.74亿元，为遭受冰冻、地震、洪涝等灾害的群众送去粮食、帐篷、衣物、棉被、蚊帐等物品；为四川地震灾区搭建活动板房提供5亿元建设资金；已先期投入灾后恢复重建项目资金5.42亿元，为4万余户受灾家庭重建住房，建设1392所农村卫生院（站）、348个博爱学校，实施17个农村引水工程。开展救助项目支出7026万元，包括防治艾滋病工作1010万元、健康教育与组织发展项目331万元、实施全球基金疟疾项目316万元、“新农合”救助活动153万元、防治禽流感项目107万元、西部农村健康工程项目107万元、其他救助项目支出2492万元、用于宣传、广告服务支出2510万元。

——本年中国红十字基金会捐赠支出6.09亿元，其中抗击冰冻雪灾支出1119万元，汶川地震捐赠款物支出4.97亿元，红十字天使计划等项目支出1.01亿元。中国红十字基金会先后向四川、甘肃、陕西、湖南、湖北、贵州、广西、云南等重灾省区提供紧急援助，帮助受灾严重的地区立项援建153个博爱新村、615所博爱卫生院（站）、96个博爱学校，拨付5·12灾后重建中央企业援助基金专款2.36亿元，培训乡村医生520名，资助重症儿童和农民1431名。

——本年中华骨髓库专项捐赠支出70万元，其中捐献者保险费用35万元，“强生杯”知识竞赛活动及捐献者事迹报告会支出35万元。

——本年红十字扶贫开发中心捐赠支出446万元，其中捐赠救护车17万元，建设学校、卫生院30万元，开展其他救灾救助活动支出144万元，向贵州、云南两省捐助图书、心电分析设备等救助物资价值255万元。

3. 政府拨款支出

2008年总会政府拨款累计收入2.33亿元（含上年结余款项），本年预算执行数2.02亿元，其中部门经费预算执行数为3846万元，彩票公益金项目支出1.64亿元。政府拨款支出完成本年预算总额的87%，占总支出的9%。

2008年总会本级彩票公益金预算执行

数为1.37亿元，执行上年项目结余2662万元，其中：

——用于人道救助支出5104万元。其中实施紧急人道救助物资采购4480万元，开展“红十字博爱送万家”活动500万元，项目配套支出124万元。

——用于救护师资培训项目支出2664万元，其中举办155期师资培训班支出420万元，培训师资7090人次，用于采购教具设备2176万元，召开教学研讨会、项目管理培训26万元，开展救护演练22万元，项目配套费支出20万元。

——用于中国造血干细胞资料库建设项目支出8619万元，完成HLA分型数据入库16万份，使库容量达到94万人份，为患者和移植医院提供检索服务3741人次，254位志愿者为患者捐献了造血干细胞，向国(境)外提供造血干细胞17例。

4. 动产和不动产及其他收入支出

2008总会动产和不动产及其他收入支出为2530万元。其中总会本级支出1万元，直属单位支出2529万元。动产和不动产及其他收入支出占总支出的1%。本年动产和不动产及其他收入支出比上年增加1158万元，同期相比增加84%。

二、2008年接受外部专项检查及审计情况

(一) 接受汶川地震捐赠收支阶段性审计情况

截止2008年11月30日，总会接受汶川地震捐赠款物入账累计达到53亿元，包括捐赠资金47亿元，捐赠物资6亿元。其中总会本级39亿元，中国红十字基金会14亿元。已投入赈灾和重建项目的款物达到26亿元，包括捐赠资金20亿元，捐赠物资6亿元，其中总会本级20亿元，中国红十字基金会6亿元。捐赠款物支出占捐赠收入的49%。

为提高红十字会的社会公信力，及时向社会反馈总会接受捐赠款物的收支情况，总会委托中审会计师事务所有限责任公司和中维会计师事务所有限责任公司对总会本级、中国红十字基金会接收汶川地震捐赠款物的收支情况进行了阶段性审计。

中审会计师事务所有限责任公司的审计结果是：中国红十字总会本级“5·12汶川地震”捐赠款物财务收支情况表已经按照《中华人民共和国红十字会法》、《中国红十字会章程》、《中华人民共和国公益事业捐赠法》及国务院办公厅《关于加强汶川地震抗震救灾捐款物管理使用通知》和《事业单位会计制度》的规定编制，在所有重大方面公允反映了中国红十字总会本级2008年5月12日至2008年11月30日“5·12汶川地震”捐赠款物财务收支情况。

中维会计师事务所有限责任公司的审计结果是：中国红十字基金会在接受及拨付抗震救灾捐赠资金和物资的过程中遵守了《中华人民共和国公益事业捐赠法》、国务院《基金会管理条例》及国务院办公厅《关于加强汶川地震抗震救灾捐赠款物管理使用通知》等有关法规，财务核算上符合财政部《民间非营利组织会计制度》的相关规定。没有发现中国红十字基金会不规范使用救灾捐款和物资的行为。

此外，2008年中国红十字会援助印度洋海啸工作全面完成，目前印度洋海啸接受捐赠收支情况审计正在进行中。审计结果将在审计工作结束后，向社会公告。

(二) 彩票公益金“十一五”计划

2006—2007 年度项目绩效考评情况

根据财政部、中国红十字会总会联合制定《中国红十字会彩票公益金管理办法》的规定，2008 年总会委托北京宏元嘉华管理咨询有限责任公司对彩票公益金“十一五”计划 2006—2007 年度项目执行情况进行了绩效考评。考评结果显示：彩票公益金项目总体完成情况较好，人道救助项目和造血干细胞项目基本按照原定计划进度完成了任务工作量，但救护师资培训项目中部分教具采购任务进度后延；实施过程中进一步健全了规章制度，组织管理水平有所提升；采购工作严格按照总会有关文件规定和政府采购的程序开展，招投标文件齐全、手续规范；项目物资分发符合计划要求；项目资金到位较及时，到位率为 100%，资金支出合规，财务制度建设和执行情况较好。但救护师资培训项目中教具采购任务存在与需求方沟通不足而造成采购周期延长的问题。彩票公益金项目的实施取得了较好的效益，社会影响广泛。

在全国人体器官捐献工作会议上的讲话

中国红十字会会长　彭珮云

2009 年 8 月 26 日

同志们：

两天来，大家听取了黄洁夫、江亦曼同志的讲话，沟通了信息，交流了经验，认真探讨了如何建立中国人体器官捐献体系和启动试点工作的问题，取得了许多共识，也提出了一些需要深入探讨研究的问题。会议开的很好，标志着我国人体器官移植工作进入了一个新的阶段，建立人体器官捐献体系有了一个好的开端。下面，我想谈几点意见：

第一，充分认识人体器官捐献工作的重要性，把这项工作又好又快地推向前进

人体器官移植是 20 世纪医学进步的最主要成果之一，对于终末期器官功能衰竭的患者来说，是挽救生命提高生活质量的最有效手段之一。21 世纪以来，我国人体器官移植事业迅速发展，同时工作中也存在着不少问题。器官供需矛盾十分突出，我国尚未形成健全的人体器官捐献、分配和管理体系，出现了违法的人体器官买卖活动和不规范行为，造成了不良的国际影响，严重制约了人体器官移植事业的健康发展。我国高层领导对此高度重视，要求积极推动有关法规制度的建设，使这项高端技术造福我国人民，又能符合国际公认的医学伦理准则。从发达国家和地区的经验看，在全社会倡导人体器官捐献，是器官移植事业能否健康发展的关键。中国红十字会是从事人道工作的社会救助团体，以弘扬“人道、博爱、奉献”的红十字精神，保护人的生命和健康为宗旨。积极协助政府建立人体器官捐献体系，是红十字会的重要责任和光荣使命。今天与会的有卫生行政部门的领导、红十字会的领导、人体器官移植的专家和定点医院，我们大家都要站在对国家、对人民、对事业负责的高度，充分认识人体器官捐献工作的重要性和紧迫性，齐心协力把我国的人体器官捐献体系建立起来，把这项利国利民的崇高事业做大做好。

由于人体器官捐献工作关乎人的生命，敏感度高，涉及法律、政策、医学、伦理、心理诸多方面，涉及许多有关部门，与多年

来中国红十字会开展的无偿献血、遗体捐献、造血干细胞捐献等工作相比，是一项更为复杂更为困难的工作，目前还处在探索阶段，缺少经验，因此必须选择一些省、市先试先行，通过试点，取得经验，再逐步在全国推进。试点的目的是为建立我国人体器官捐献体系，进一步规范人体器官移植，努力扩大人体器官供给来源，确保器官分配科学、公平、公正，更好地保护公民的健康，探索和积累经验，促进我国人体器官移植事业健康发展。我们一定以奋发有为的精神状态和求真务实、勇于创新的精神，积极稳妥地搞好试点，把这项工作又好又快地推向前进。

第二，认真学习贯彻《人体器官移植条例》，严格依法办事

2007年3月21日国务院通过的《人体器官移植条例》已于当年5月1日起施行，为我国人体器官移植事业走上法制化轨道奠定了基础。《条例》对人体器官的捐献、移植作出了明确的规定，我们必须认真学习和贯彻执行。

《条例》第七条规定："人体器官捐献应当遵循自愿、无偿的原则"。在我国，传统的伦理观念至今仍在很大程度上影响着器官捐献工作的开展。因此，必须采取多种形式，通过多种途径大力宣传器官捐献的重要意义，使人们认识到自愿捐献器官可以挽救他人的生命，造福人民，是人道、博爱、奉献精神的体现，是崇尚科学、移风易俗的文明行为，对弘扬团结友爱的社会风尚，促进社会主义精神文明及和谐社会的建设具有重要的意义。要在全社会逐步形成一种新的风气，把自愿捐献器官视为值得尊敬、值得表扬的行为，鼓励更多的人在死后捐出器官。捐献者应以书面形式表达其捐献意愿，并让家属知悉其意愿，以便在死后实现其意愿。在宣传器官捐献重要意义的同时，还要普及器官移植的科学知识和相关的政策，宣传捐献器官的程序和途径。正因为器官捐献是纯粹自愿的助人行为，是人类团结友爱的体现，所以《条例》第三条明确规定："任何组织或者个人不得以任何形式买卖人体器官，不得从事与买卖人体器官有关的活动"。只有严格执行这条规定，坚决反对商业化倾向，严厉惩罚违法行为，才能保障人体器官移植事业健康发展。

《条例》第二十二条规定："申请人体器官移植手术患者的排序，应当符合医疗需要，遵循公平、公正和公开的原则"。这是一条十分重要的原则，因为人体器官供给来源无法满足众多等待移植患者的需求，所以如何公平合理分配十分有限的器官资源尤为重要。这就要参照WHO和其他国家的先进经验制定科学合理的排序原则和公平公正的器官分配原则，并接受社会监督，在人体器官捐献办公室与人体器官获取组织间建立运转良好的工作机制，实现信息资源互联，保证器官分配的公正性、合理性和及时性。这项工作做好了，才能取得公众的信任和捐献者的支持，才会有更多的人自愿加入器官捐献的行列。

《条例》第二十条规定，"从事人体器官移植的医疗机构及其医务人员应当尊重死者的尊严；对摘取器官完毕的尸体，应当进行符合伦理原则的医学处理，除用于移植的器官以外，应当恢复尸体原貌"。这提示我们，只有在器官捐献、移植的全过程中处处体现对捐献者及其家属的尊重，体现真诚的人道主义关怀，才会促使更多的人自愿参与

这项救人善举。

过去各地红十字会在开展无偿献血、造血干细胞捐献、遗体捐献工作中，都很重视宣传动员、荣誉表彰、缅怀纪念工作，开展了多种形式的宣传动员、荣誉表彰、缅怀纪念活动，取得了很好的效果。在器官捐献工作中应当推广这方面的成功经验并创造出更多更好的经验。

第三，相关部门要各司其职，密切合作，共同完成这项光荣艰巨的任务

黄部长刚才着重地讲了这一点，他讲的很好，很诚恳。在我国建立完善的人体器官移植工作体系是一项重要而艰巨的任务，是一项复杂的系统工程，只有在党和政府的坚强领导下，各有关部门各司其职、密切合作才能完成。建立人体器官捐献体系是其中的重要组成部分，急待重点突破。这项工作符合红十字会的宗旨，也有利于拓展红十字会的人道救助工作领域，提升红十字会的声誉，红十字会理应积极参与，作出应有的贡献。由于这项工作比较复杂，困难很多，希望参加试点工作的各省、市红十字会的同仁一定要增强使命感和紧迫感，尽职尽责，尽心尽力，克服困难，做好工作，同时，希望政府从各方面鼎力支持，卫生行政部门加强指导和帮助。为了适应这项新任务的需要，红十字会要抓紧建设一支从事器官捐献工作的专业化队伍，并努力动员社会力量，建设一支志愿者队伍，积极参与器官捐献工作。其他省、区、市红十字会要在做好已经开展的遗体（组织）捐献工作的同时，创造条件，为今后开展器官捐献工作做好准备。

希望卫生部、中国红十字会总会、中华医学会、各试点省市卫生行政部门、红十字会以及定点移植医院都从大局出发，密切合作，共同把试点工作做好。通过试点，在组织机构、工作机制、具体流程、工作规范、技术标准、队伍建设、信息平台建设、保障措施、监督机制等方面总结出一套比较完整的经验，形成科学、公正、高效的人体器官捐献体系，并逐步向全国推广。在工作中，各部门之间要加强沟通，互相支持，有不同意见要充分协商，努力做到民主决策、科学决策。要注重学习国外、境外人体器官移植工作的先进经验，密切结合中国的国情，积极探索建立既符合我国国情又能被国际社会认可的人体器官移植工作体系。

在这次会议上，大家对提交会议讨论的“中国人体器官捐献试点工作方案”原则上都表示赞成，也提出了许多好的意见和建议。刚才黄部长已经说了卫生部、中国红十字会总会在这次会后即将把方案修改得更加完善，并正式行文部署各试点省、市启动试点工作。各试点省、市可以结合本地实际情况，在总的目标、原则一致的基础上，以开拓创新的精神探索各方面的具体工作经验。医院尤其是定点移植医院在器官捐献和移植工作中担负着重要的任务，要认真研究和总结如何很好地发挥他们的作用。医院绝大多数都是红十字会的团体会员，或者建立了红十字基层组织，要很好地发挥医院红十字会的作用。在整个试点过程中，卫生部、中国红十字会总会要加强对各地的指导，及时总结交流经验，解决工作中的问题与困难。

最后，请各地同志回去以后向政府分管领导汇报这次会议的情况，要求政府加强对器官捐献、移植工作的领导和支持。在适当时候还要向宣传、法律、司法、公安、交通、民政、财政等有关部门和新闻媒体通报有关情况，争取他们的重视、配合与支持。

我坚信，只要我们大家下定决心，团结一致，扎实工作，不懈努力，就一定能够完成这项利国利民的光荣艰巨的任务！

谢谢大家。

在全国人体器官捐献工作会议上的讲话

中国红十字会常务副会长　江亦曼

2009年8月25日

今天，中国红十字会与卫生部在这里联合召开全国人体器官捐献工作会议，在交流各地红十字会开展遗体（组织）捐献工作经验的基础上，研究探讨如何开展和做好人体器官捐献工作。卫生部做为负责人体器官移植工作的政府主管部门，对此项工作十分重视，会前与我会联合进行实地调研，多次协商沟通，在人体器官捐献体系建设的许多重要环节上达成了共识。彭珮云会长也十分重视这项工作，亲自到江西进行调查研究，亲自参与拟定试点方案，亲自担任人体器官捐献委员会主任委员，这次又亲自参加会议。卫生部黄洁夫副部长、中华医学会器官移植学分会领导及各省卫生厅、红十字会、器官移植定点医院都派员参加会议，说明这次会议十分重要。会议还专门邀请有关专家到会指导，帮助大家了解国际、国内人体器官捐献工作的现状和发展趋势，对于我们提高对人体器官捐献工作重要意义的认识，进一步做好人体器官捐献工作具有十分重要的借鉴意义。我代表中国红十字会总会对各位领导、专家、同志的到来表示热烈欢迎和衷心感谢！

中国红十字会作为从事人道主义工作的社会救助团体，保护人的生命和健康是我们一切工作的出发点。长期以来，中国红十字会总会及各级红十字会根据红十字会的人道宗旨和《中华人民共和国红十字会法》赋予的职责，主动开展了遗体（组织）捐献的宣传动员、接收登记、捐献见证、缅怀纪念等工作，提高了广大民众的文明素质，起到崇尚科学、移风易俗、树立良好社会风尚的作用，为社会主义精神文明建设和医疗科研教学的发展做出积极贡献，也为下一步参与开展人体器官捐献工作奠定了良好的基础。

目前，中国红十字会在全国28个省（区、市）中开展了遗体（组织）捐献工作，在社区、医院设立近千个登记站，承担遗体（组织）捐献的登记、接收等日常工作。截至2009年6月底，各地红十字会登记捐献遗体累计为67776人，其中实现捐献意愿8389人，登记捐献眼角膜累计为25126人，实现角膜捐献意愿906人。在政府有关部门的支持下，我会成立的中国造血干细胞捐献者资料库管理中心，自开展工作以来，已累积登记造血干细胞捐献志愿者资料入库98万多人份，平均每个月提供检索服务200多例。截止到2009年7月底，共实现捐献移植1300多例。

各地红十字会在开展遗体（组织）捐献工作的同时，还积极推动地方立法工作。目前，已经有上海、山东、福建、重庆4个省（市）和宁波、武汉、深圳、贵阳等4个计划单列市和省会城市的人大出台了地方法规，北京、海南、甘肃3个省（市）和承德、唐山、邯郸、沧州、呼和浩特、锦州、南京、连云港、扬州、常州、苏州、九江、广州等13个市在政府支持下，制定了遗体（组织）捐献规定或管理办法等政府规章或规范性文件，支持红十字会开展此项工作。

为推动此项工作的开展，各级红十字会积极组建遗体（组织）捐献志愿者队伍，成立志愿者组织，利用媒体的力量广泛宣传遗体（组织）和造血干细胞捐献者的先进事迹。同时通过建立纪念碑、纪念林、纪念馆或者纪念网站等方式，宣传缅怀那些无私的捐献者，开展崇尚科学、移风易俗的宣传，得到捐献者家属和社会各界的肯定和认可。红十字会在推动遗体（组织）捐献工作中也积累了有益的经验。

虽然红十字会开展遗体捐献工作取得一定的成绩，但是我们应该清醒地认识到，这项工作还存在一定的局限性和很大的工作空间。大家知道，一个人身故之后，志愿捐献的遗体主要可以有四个方面的用途，分别是医学教学、医学科研、器官移植、组织移植。从挽救人的生命和保护人的健康的角度看，器官移植和组织移植具有更直接的医学意义。目前红十字会开展的遗体捐献工作，主要还是用在医学教学和科研两个方面，而用于器官移植、组织移植这两个方面的还比较少。从捐献者的构成来看，还是以老年人群居多，动员潜在的捐献资源不多。从开展遗体捐献工作的地域来看，各地发展还不够平衡，有的地方还没有很好地开展这项工作。由于我国还没有建立起人体器官捐献工作体系，使人体器官移植工作面临很大困难，不仅不能更好地挽救和保护急需器官移植的患者生命和健康，还带来很多令人担忧的社会问题，给我国的国际形象带来一些负面的影响。这次卫生部决定委托红十字会开展人体器官捐献工作，作为政府在人道领域的助手，我们应抓住这个机遇，将传统的仅用于科研、教学解剖的遗体捐献工作，进一步提升、延伸到器官捐献和组织捐献这两个更高一级的层面，充分彰显捐献者的爱心，扩大服务领域，更好地为临床服务，为患者服务。

人体器官捐献工作是国家人体器官移植工作体系的基石，是关系我国人体器官移植事业能否良性发展的关键。国家为建立和规范我国人体器官移植工作，于2007年5月颁布实施了国务院行政法规《人体器官移植条例》。这对于规范人体器官的捐献、分配、移植工作，加强管理，维护器官捐献者和接受移植者的合法权益具有重要意义。《条例》第四条、第六条明确规定："各级红十字会依法参与人体器官捐献的宣传等工作"，"国家通过建立人体器官移植工作体系，开展人体器官捐献的宣传、推动工作"，并设专章规定了人体器官的捐献工作。

我们认为，红十字会接受政府委托，开展人体器官捐献工作，既符合红十字会的宗旨和人道精神，也满足人民群众的医药卫生需求，体现国家医药卫生体制改革的要求，填补我国没有人体器官捐献工作体系的空白。我想，如果红十字会在动员广大民众实现无偿献血、捐献遗体和捐献造血干细胞的基础上，再把人体器官捐献乃至组织捐献工作开展起来，将会大大丰富红十字会人道救助的内涵，是做了一件功德无量的大好事。因此，经执委会研究决定，正式接受卫生部的委托，与卫生部密切合作，共同建立"中国器官捐献工作体系（CODS）"。会上将印发人体器官捐献试点工作方案。希望大家认真讨论，修改完善，以便尽快下发。一会儿，卫生部黄洁夫副部长还要作重要讲话。这里，我想特别强调几点。

一是各级红十字会一定要充分认识开展人体器官捐献工作的重要意义，认真学习贯彻《人体器官移植条例》，严格依法办事，增强法制观念。我要特别指出的是，中国红十字会参与的人体器官捐献工作仅限于非活体、非血缘关系的人体器官捐献。我们要在开展遗体捐献的基础上，更多地争取潜在捐献资源，努力提高器官的捐献率。二是要积极稳妥开展这项工作。由于这项工作具有特殊性，所以要采取先行试点，取得经验后，再逐步推开。这次我们选择了有一定工作基础，与卫生行政部门和移植医院有良好合作关系的天津、辽宁、上海、浙江、江西、山东、广东、福建（厦门）、江苏（南京）、湖北（武汉）等10个省、市先行试点。各试点省、市要根据试点工作方案和红十字会实施细则，认真做好试点工作。要求试点省、市红十字会要明确一位会领导专门分管此项工作，和当地卫生行政部门、移植医院及政府有关部门共同研究拟定切实可行的、更加具体的试点实施方案和工作计划，建立有效的管理制度，明确各自职责。要在中国人体器官捐献委员会（CODC）、中国人体器官捐献办公室（CODO）、中国人体器官获取组织（COPO）、中国人体器官捐献专家委员会和省级人体器官捐献委员会（PODC）、省级人体器官捐献办公室（PODO）、省级人体器官捐献获取组织（POPO）这些新的工作平台上，积极探索建立与卫生厅（局）工作互补、互联、互动的协调工作新机制，不断地积累经验。我们也鼓励非试点省（市、区）根据本省实际情况，因地制宜开展这项工作。要积极与试点省（市）交流试点工作情况，学习有益经验，为下一步在全国范围内开展器官捐献工作做好充分的准备。三是由于目前人体器官捐献工作严重滞后，已成为我国人体器官移植发展的制约因素，我们认为，各试点省、市应把如何建立器官捐献工作体系作为工作的重点，加大宣传力度，扩大器官捐献者队伍。当然，由于人体器官捐献工作与我们开展的遗体捐献、眼角膜捐献和医用人体组织捐献工作属于同类工作性质，中国红十字会开展遗体捐献、眼角膜捐献、造血干细胞捐献等工作已有数年，各级红十字会在做好器官捐献工作的同时，也可以探索在遗体、器官、组织三个方面开展捐献工作，即可保证国家委托我会的工作顺利开展，又可使我会已开展的工作得以延续，三者相得益彰，相互促进，同步提高，造福患者。

各地还应进一步规划建立纪念碑、纪念林、纪念馆或纪念网站等，缅怀和纪念器官捐献者，并为捐献者家属提供缅怀亲人的场所。

中国红十字会还将带头建立、管理“中国器官捐献公益基金”，通过多种渠道募集资金，主要用于开展人体器官捐献的宣传动员、纪念表彰，并在红十字精神的指引下，对捐献者进行人道抚恤，特别是对捐献者的困难家庭予以人道救助。这也是捐献工作中一项新的、十分有意义的工作。

同志们，我国人体器官捐献工作任重道远，红十字会大有可为。器官捐献工作是一项复杂的系统工程，需要得到方方面面的支持，特别是离不开卫生部门的支持和帮助。我希望大家能够本着对国家、对人民、对事业高度负责的态度，认真听取会议报告、专家讲座和各地的先进经验；在研讨中，希望大家能够解放思想、实事求是，畅所欲言，为器官捐献工作献计献策，统一思想，坚定信心，切实为中国器官捐献体系的早日建成贡献我们一分应有的力量！

在中国红十字会汶川地震灾区灾后恢复重建工作会议上的讲话

中国红十字会常务副会长　江亦曼

（2009年5月22日）

尊敬的甘肃省副省长、省红十字会会长咸辉同志，天水市张景辉书记，李文卿市长：

同志们：

上午好！

今天我们在这里举行中国红十字会汶川地震灾后恢复重建工作会议，目的是总结灾后恢复重建工作经验，分析当前灾后恢复重建面临的形势和任务，着力研究解决灾后恢复重建存在的问题，进一步加强组织领导和强化工作措施，推动灾后恢复重建工作又好又快地进行。在纪念汶川特大地震一周年和纪念世界“五八”红十字日活动之后，我们召开这次会议，具有特别的重要意义。胡锦涛总书记在纪念四川汶川特大地震一周年活动的讲话中强调指出，要“继续扎扎实实推进灾后恢复重建工作，加大力度，加快速度，攻坚克难，力争用两年时间基本完成原定三年的目标任务。”这是党中央、国务院对做好灾后恢复重建工作提出的新的更高的要求。中国红十字会是政府在人道救助领域的得力助手，我们必须不折不扣地坚决贯彻执行。今年“五八”红十字博爱周的主题也是“凝聚人道力量，重建美好家园”，因此，全力做好灾后恢复重建工作也是我们践行红十字人道宗旨的具体体现。党中央、国务院的重要指示、红十字会的人道使命、灾区人民的期盼以及捐赠人的重托，都要求我们必须加快推进灾后恢复重建工作，保质保量，帮助灾区群众早日走出灾难，创造美好生活！

去年汶川特大地震发生后，中国红十字会不仅第一时间向社会发出紧急呼吁，开展大规模的募捐活动，迅速开展紧急救援行动，而且全力投入到灾后恢复重建工作中。根据国务院的总体部署和地震灾区的实际需求，中国红十字会总会及时制定了灾后恢复重建的规划及相关政策文件，明确了红十字系统参与重建的重点是支持地震灾区全部倒塌或严重毁损需要整村重建或相对集中重建的农户住房建设，支持重建村兴建村卫生站和村民活动室，援建乡镇卫生院、乡镇学校，及社区防灾减灾设施等。为了更好地开展灾后恢复重建工作，我们整合资源，协调统筹中国红十字会总会、红十字基金会、有关省（区、市）红十字会、香港、澳门特别行政区红十字会、台湾红十字组织以及国际联合会和部分国家红十字会接收的地震救灾捐款直接开展灾后恢复重建项目。我们多次深入灾区、考察灾情、确定重建项目，组织技术人员和捐赠方对重建项目进行督查。同时，指导各对口支援省红十字会参与对灾区的对口援建工作。

经过各级红十字会艰苦工作，目前，我会灾后恢复重建工作已经取得阶段性成果，灾后恢复重建工作正在有序推进。截至今年4月底，红十字会系统（包括港、澳、台红十字组织、国际联合会及有关国家红十字会）共募集款物达191亿元人民币，其中总会和地方各级红十字会募集款物165亿元人民币，国外及港澳台红十字会募集款物26亿元人民币。已向汶川地震灾区拨付款物及立项安排资金144亿元人民币。其中，在紧急及过渡安置阶段，拨付款物56亿元人民币；在灾后恢复重建阶段，拨付及立项安排资金88亿元人民币。目前，总会和通过总会协调的红十字会（包括部分省级红十字会和境外红十字组织）在四川、甘肃、陕西三省和重庆、云南、宁夏部分灾区已确定首批灾后恢复重建项目资金39.8亿元人民币，确定重点援建项目包括59674户民房（不包括联合会及总会援建绵竹民房数量）、555个学校、606个乡镇卫生院、1906个村级卫生站及部分康复中心、敬老院、福利院、村民活动室、集镇饮水工程、备灾救灾仓库等。这些项目在当地政府有关部门的支持和红十字会的努力下已陆续开工建设，部分项目已经竣工。截至3月底，总会（含基金会）援建的项目中，已有15215户民房和408个村级卫生站竣工。港澳台红十字组织和国际联合会通过多边或双边援建的项目大部分也已经签署了协议。另外，总会还与中残联和国家人口计生委签订《红十字博爱康复援助项目》和《红十字博爱家庭关爱行动项目》。李连杰壹基金、巴蜀力量基金、红十字奔跑天使基金、香港红十字会等还开展了一些生计项目及残疾人康复项目等。各对口支援省红十字会也将援建计划纳入本省对口支援的总体方案中，按照总会确定的援建重点和范围，分别通过对口支援，定点捐建、认建或参与总会实施的援建项目等方式，积极援助受灾地区开展灾后恢复重建工作。很多省红十字会与省重建办协调，确定了援建项目，组织督导组多次深入灾区。据初步统计，地方各级红十字会已投入47.5亿元资金参与汶川地震灾区灾后恢复重建工作，确定项目17172户民房、207所学校、372所乡镇卫生院、193所中心卫生站、9个村民活动室、3个饮水工程和9个备灾仓库等。

回顾一年来的工作，正是由于各级红十字会特别是灾区的红十字会广大专兼职干部、会员和志愿者，发扬了特别能战斗、特别能吃苦、特别能奉献的精神，正是由于各级红十字会坚持依法履行职责，严格资金监管、坚持公平、透明，使我们的工作不仅得到党中央、国务院的高度肯定，得到灾区人民的认可和社会各界的广泛好评，也得到国际社会的赞誉。我代表中国红十字会向奋战在抗震救灾一线的红十字会工作人员表示崇高的敬意和亲切的慰问。向支持红十字会工作的各级党政领导和相关部门、新闻媒体的朋友们表示衷心的感谢！

同志们，参与如此大规模、如此巨额资金、如此繁重的重建任务，对于红十字系统而言，都是第一次。我们为此付出了艰苦的努力，取得了很好的成绩，积累了很多有益的经验。但是灾后恢复重建任务仍十分繁重，我们还面临着很大的挑战。目前，灾后恢复重建工作在资金使用与监管、工程质量与进度、运作的公平与透明等方面还存在一些不可忽视的问题，主要是：一是一些地方红十字会对捐赠资金的使用与监管不够得力，有的项目资金管理不够规范，拨付不及时；有的不能依法独立管理捐赠资金；有的缺乏有效的资金监管；据统计，河北、辽宁、吉林、安徽、山东、广西、宁夏、新疆等省红十字会和新疆生产建设兵团红十字会对于已纳入政府统筹使用的重建资金，具体落实到了哪些具体项目上还没有及时上报总会。

二是重建项目规范化管理不够。部分重建项目多头、重复申报；一些项目由于各种原因还无法落实；部分重建项目工程质量存在隐患，抗震设防标准不达标；受援地区红十字会对援建工程缺乏有效的督导。

三是一些红十字会指导灾后恢复重建工作的能力不强。受援市、县两级红十字会有的由于理顺管理体制的时间不长，有的尚未理顺管理体制，工作能力有待加强；援助省、市红十字会在实行对口支援的情况下，如何有效整合资源、既能主动纳入对口支援整体规划，又能相对独立介入灾后重建工作做得还不够。

四是宣传工作有待改进。宣传力度不够，特别是及时向社会、向受益人、向捐赠人反馈资金使用和项目运行情况不够；信息收集和档案整理尚不及时、不规范。

下面，我就如何进一步开展灾后恢复重建工作提出以下几点要求：

一要进一步提高对灾后恢复重建工作重要性的认识。要进一步增强做好恢复重建工作的紧迫感和责任感。我们要认识到做好灾区恢复重建工作，关系灾区群众的根本利益和灾区的长远发展。各级红十字会要进一步增强政治意识、大局意识、责任意识、质量意识，认真贯彻胡锦涛总书记的重要指示精神，毫不松懈地抓好灾后重建工作。要把恢复重建工作摆在更加突出的位置，作为贯彻落实科学发展观的重要实践，精心组织，强化责任，集中人力、物力和财力，在保证质量的前提下，加快项目建设进度，有力、有序、有效地抓好落实。今年年初，在八届五次理事会上通过的2009年工作要点，把全力做好汶川地震灾后恢复重建工作，大力加强灾害应急体系建设作为全年的重点工作。总会将积极推进后续援建项目的申报和审核工作，并对已确定的项目进行进度跟踪和质量监督。总会驻川灾后恢复重建办公室及地区工作组一年来始终坚守在灾区第一线，我们会继续坚持下去并不断加强力量，确保重建计划的顺利完成。

二要严把工程质量关，确保把红十字会的重建项目建设成为优质工程和放心工程。要进一步强化重建质量意识和防震意识，要确保灾后恢复重建工程质量和安全，不能以任何理由忽视质量和降低标准，要做到红十字会的灾后恢复重建不留隐患、不留遗憾。受援地各级红十字会要组织专业人员、群众监督员及有关部门经常地、不定期地对重建项目的工程进行质量跟踪监督，发现问题及时与相关单位和人员沟通并责成其整改。

三要严把资金管理关，确保把红十字会的重建项目建设成为阳光工程和廉政工程。恢复重建资金必须做到专户管理、专账核算、专款专用、严禁挪用或截留恢复重建资金。受援地各级红十字会要随机对重建项目资金使用情况进行督查，防止违法乱纪行为发生，并主动接受有关部门和社会各界的监督检查。灾后恢复重建项目资金要根据工程进度及时拨付。对于被纳入政府统筹使用的资金，相关地区红十字会要积极向政府有关部门说明并坚持红十字会募集社会捐赠款物的使用原则，了解资金的投向和使用情况并向社会公示。在这方面，中央的态度是非常明确的。我们要多向政府有关部门宣传，表明这样做符合法律规定、符合中央精神、符合红十字会的宗旨；对于尚未制定具体重建计划的社会捐赠资金，各省红十字会要尽快做出合理安排并抓紧实施；对于已经接收但由于种种原因尚未发放完毕的物资，有关地区红十字会要在近期尽快发放给地震受灾地区。

四要切实加快新增灾后恢复重建项目申报审核和已确定项目实施推进工作。一方面已经确定的项目，要进一步加大监管和实施力度；另一方面，第二期的项目或者新增的项目要做好审核和签约工作。四川、甘肃、陕西三省恢复重建的缺口很大，面临的重建任务很重。各级红十字会要充分认识加快灾后恢复重建的紧迫性和重要性，各省红十字会要加强对省内资金的统筹和协调，对于余留的资金，要尽快根据灾区需求做出规划。

为了更好地做好灾后恢复重建工作，总会在这次会上下发了《中国红十字会关于加强汶川地震灾区灾后恢复重建工作的意见》，请各级红十字会严格遵照执行。为了统一统计口径，我们设计了月报表制度，各级红十字会要本着红十字会统一性原则，及时、准确填报表格，便于总会及时汇总，上报有关部门。

五要进一步加强受援市县红十字会能力建设。灾后恢复重建工作涉及面广、工作量大、困难多，对各级红十字会特别是受援红十字会的能力提出了更高的要求。受援省红十字会要加强对受援市县红十字会工作人员的培训，特别是重建项目管理方面的培训，以确保重建项目的顺利实施。四川、甘肃、陕西三省红十字会有责任协助政府加快重建步伐，处理好当地发展与稳定的关系。要利用灾后恢复重建的有利时机，全力推进理顺管理体制、配备得力干部、加大培训力度，建立基层红十字组织和会员、志愿者队伍，使红十字会基层组织能够像援建的永久性建筑一样，永远留在当地发挥作用，成为不走的工作队。援助省红十字会也要利用灾后重建的难得机遇，总结和积累经验，大力加强应急体系建设，提高应急工作能力。也希望各对口支援省红十字会与对口支援的地市红十字会建立起长期的对口支援及工作指导的关系。

六要进一步加强与捐赠者的沟通和协调。各级红十字会在推进灾后恢复重建项目的同时，要做好援建资金与项目的对应工作，及时向社会公示捐赠款物的使用情况，组织和引导捐赠者参与项目监督、竣工等工作。为了使捐赠者和社会各界及时了解总会灾后重建工作的落实情况，总会在汶川地震一周年前夕，组织部分捐赠企业和媒体开展“灾区博爱行”活动，收到了很好的成效。我们还印发了总会第一批援建项目的名录，公布了总会第一批援建项目和捐赠企业的对应情况，向社会表明了红十字会重建工作的公开、透明，同时也对捐赠者有一个及时的反馈，也便于我们对援建项目刻碑纪念。各级红十字会已经在不同程度地通过不同方式公示援建项目情况，希望各省红十字会要进一步强化接受社会监督的意识，加强对捐赠企业的信息反馈，做好援建项目的公示工作。

同志们，在汶川地震过去一周年之际，我们再次召开全国的灾后恢复重建工作会议，是希望进一步统筹协调全国红十字系统的灾后恢复重建工作，形成红十字系统的合力和整体效应，也希望通过灾后恢复重建工作，进一步传播人道主义精神。灾后恢复重建时间紧、任务重、要求高。能不能完成三年任务两年完成的目标，今年是十分关键的一年。今年我们要把项目全部落到实处并顺利推进，这对于提前完成灾后重建工作至关重要。各级红十字会要发挥好政府助手作用，把红十字会的灾后重建工作纳入当地政府的灾后重建工作整体规划中，要按照党中央、国务院和总会灾后恢复重建工作的总体部署和要求，认真落实总会下发的《关于加强汶川地震灾区灾后恢复重建工作的意见》，以对党、对人民、对捐赠者高度负责的态度，坚定信念，苦干实干，扎实有效地推进各项重建工作顺利进行，为夺取红十字系统灾后恢复重建工作的全面胜利而努力奋斗！

谢谢大家！

在中国红十字会汶川地震灾区灾后恢复重建工作会议闭幕式上的讲话

中国红十字会副会长　苏菊香

（2009年5月24日）

各位领导、同志们：

大家上午好！

在与会代表的共同努力下，中国红十字会汶川地震灾区灾后恢复重建工作会议已完成了各项议程，今天就要闭幕了。现在我受江亦曼常务副会长委托，对会议做一简要总结。

一、会议基本情况

这次会议是在党中央提出灾后恢复重建任务力争用两年时间基本完成原定三年目标任务，是在汶川地震灾区灾后恢复重建工作取得阶段性胜利的形势下召开的，是中国红十字会进一步部署加强灾后恢复重建工作的一次重要会议。来自全国31个省、自治区、直辖市红十字会、新疆生产建设兵团红十字会、有灾后恢复重建项目的地市（州）级红十字会的代表参加了会议。甘肃省政府、省发改委、天水市委、市政府的领导出席了开幕式。中国红十字会常务副会长江亦曼做了重要讲话。江会长充分肯定了红十字系统灾后恢复重建工作取得的成绩，指出了当前灾后恢复重建工作中存在的问题，并就如何进一步开展灾后恢复重建工作提出了明确的要求。甘肃省副省长、省红十字会会长咸辉在百忙中出席会议开幕式并致辞。

会议期间，总会有关部门、中国红十字基金会介绍了开展灾后恢复重建工作的相关情况；四川省红十字会、甘肃省红十字会、陕西省红十字会、北京市红十字会、绵阳市红十字会作为受援省红十字会、对口援助省（区、市）红十字会就开展灾后恢复重建工作主要做法在大会上做了介绍，与大家分享了经验，交流了工作，使大家拓宽了思路，开阔了视野。与会代表还实地考察了甘肃省天水市秦州区太京镇郑家磨马家尧红十字博爱新村、太京镇窝驼红十字博爱学校、玉泉镇赵家嘴红十字博爱新村和麦积区中滩红十字卫生院等地震灾区灾后恢复重建项目，大家都认为这些项目点选的好，他们的工作包括宣传工作都值得大家学习。会议还围绕江亦曼常务副会长的讲话，就如何贯彻落实《中国红十字会关于汶川地震灾区灾后恢复重建工作的意见》及工作中的有关的问题进行了讨论研究。三个组反馈了讨论意见，又以大会的形式进行了沟通讨论。刚才李兰颂同志对编纂救灾志工作做了介绍并提出要求。大家普遍反映这次会议非常重要、非常及时、也非常必要。通过经验交流和现场考察，大家学到了许多好的经验和做法。这次会议对于指导各级红十字会按照党中央的统一部署以及总会的要求开展灾后恢复重建工作具有十分重要的意义，为进一步做好灾后恢复重建工作指明了方向，会议取得了预期效果。

二、这次会议的主要特点和收获

这次会议是在汶川地震刚过一周年，全国红十字会系统积极开展灾后恢复重建工作的关键时期召开的。大家都说，这不仅是一次工作部署会议，也是一次经验交流会，更是一次业务培训会。会议主要有以下收获：

第一，使大家进一步提高了对做好灾后恢复重建工作重要性的认识。今年是汶川地震灾区灾后恢复重建项目实施的关键的一年。做好灾后恢复重建工作，关系灾区群众切身利益，关系灾区长远发展，也关系红十字会的良好声誉。当前灾后恢复重建工作已进入关键阶段，任务十分繁重。通过会议，与会代表更深感肩负使命的艰巨，表示要把灾后恢复重建工作放在重要位置去组织、去部署、去实施。

第二，使大家进一步增强了做好灾后恢复重建工作的紧迫感。汶川特大地震发生已过一年。一年来，红十字系统的抗震救灾和灾后恢复重建得到了社会各界的大力支持和广泛关注。党中央提出要用两年时间力争完成原定三年的目标任务。面对如此巨大的捐款和重建任务，大家深感责任重大，表示一定要按照党中央和总会的要求狠抓落实，争取又好又快地做好灾后恢复重建工作。

第三，使大家进一步理清了工作思路，增强了做好灾后恢复重建工作的信心。目前红十字会系统援助灾后恢复重建工作已在灾区全面实施。一些省市红十字会在项目实施中创新了一些好的经验，探索了一些好的实施模式，传播了红十字理念，扩大了红十字会的影响。大会介绍的经验做法及现场考察，为大家进一步做好灾后恢复重建工作提供了很好的经验。甘肃省红十字会争取政府部门的支持的做法值得各地学习，他们与发改委、重建办联合发文确定项目的方式，确保了红十字会援助的灾后恢复重建项目纳入当地政府总体规划，得到项目所在地政府的重视和支持，使红十字会的重建氛围很好；陕西省红十字会通过项目的实施，理顺了全部项目所在地市县红十字会管理体制，值得各地学习和借鉴；北京市红十字会经过努力向政府争取了将红十字会援助灾区灾后恢复重建项目纳入对口援助整体规划，并由红十字会具体实施，使项目资金取得最大效益化，这为对口援助省红十字会开展灾后恢复重建工作提供了非常好的经验；绵阳市红十字会作为实施项目所在的市级红十字会，在项目实施中，积极探索，勇于实践，从制定政策、规范管理、廉洁重建等方面创造出了“绵阳模式”，我们要很好地总结。项目实施地所在的市级红十字会要认真学习和借鉴这种做法。通过会议，大家进一步理清了工作思路和方法。与会代表表示要进一步加强组织领导和强化工作措施，本着对国家、对人民、对事业、对捐赠者负责的态度，严格按照党中央的部署和总会对灾后重建规划的要求，结合实际，扎实推进灾后恢复重建工作。

三、对下一步工作的几点要求

一要认真贯彻落实会议精神。今年是汶川地震灾区灾后恢复重建项目实施的关键一年。各位代表要及时向政府主要领导及会领导汇报这次会议的情况，让主要领导了解这次会议的精神；要及时向本省（区、市）红十字会，特别是有重建项目任务的各级红十字会传达会议精神，确保全国红十字会系统充分认识灾后恢复重建工作的重要性，增强紧迫感、责任感和使命感。各级红十字会要认真学习会议有关文件，特别是江亦曼常务副会长的讲话和总会下发的《中国红十字会关于加强汶川地震灾区灾后恢复重建工作的意见》，并结合本地实际，理清思路，明确目标，把所接收的社会各界的善款，尽快落实到具体重建项目中。汶川地震以来，总会就联合会项目已经召开了三次国际会议；也召开了一次全国会议。会后将召开港澳台红十字组织会议协调有关工作。

二要进一步加大力度、加快速度、全面开展灾后恢复重建工作。总会将在今年8月底前确定完所有的灾后恢复重建资金的使用计划，同时要加大对项目监督检查的力度。总会要求提供援助的各级红十字会也要尽快清理所有接收款物的情况，尽快确定援建项目，也要在8月底前确定完毕所有灾后恢复重建资金使用计划。各对口支援省级红十字会要向北京市红十字会学习，积极争取政府支持，派人参加全程督导，通过认建等方式开展灾后恢复重建项目。援助方红十字会及受援方红十字会都要进一步加强灾后恢复重建项目管理和资金监管，在保证质量的前提下加快推进项目实施进度。受援方红十字会要加强对项目工程质量的跟踪监督，加快项目资金的拨付。这里我还要强调，这次接收的款物是历史上最多的一次，我们要把所有的款物投入到地震救助中，不得截留挪用。各地要认真研究灾后恢复重建项目中出现的问题，及时与政府重建办等有关部门沟通协调，解决项目实施中出现的问题。那个省出现问题那个省负责，并要严肃处理。总会强调要严格依照协议履行相关义务，对于项目实施中出现的项目地点和资金变更等事项必须及时上报援助方红十字会，未经同意不得随意变更项目协议有关内容。在小组讨论中，许多有援建任务的省（区、市）红十字会提出希望总会向有援建任务的省区、市）重建办下文，提些意见。会后我们将认真研究。

三要进一步加大对红十字援助灾后恢复重建项目的宣传力度。要增强通过红十字会援建项目弘扬“人道、博爱、奉献”红十字精神的意识，要传播红十字理念。同时，要认真做好重建项目资金的对应工作，在标牌和碑记中体现捐赠方的信息，及时向捐赠方反馈相关情况。

四要进一步做好项目资料的收集、整理工作。各项目地红十字会要做好项目资料管理，要把项目资料的收集、整理归档贯穿项目实施的整个过程。严格按照总会要求及时上报资金使用、项目进度等统计报表。汶川地震灾后恢复重建工作结束后，总会将对红十字会系统开展汶川地震灾后恢复重建工作进行全面评估和总结，对表现突出的单位和个人进行表彰。会后，我们将这次会议的情况以书面的形式报告国务院。希望各省级红十字会也把所做的工作及时向当地政府汇报。

在这里我还要强调一下红十字会关于开展汶川地震救灾志的编纂工作。刚才李兰颂同志介绍了汶川地震救灾志的编撰工作的有关要求，希望大家要充分认识做好这项工作的重要性，积极做好抗震救灾志的编纂工作，确保编纂工作的按期完成。

同志们，汶川地震灾区灾后恢复重建工作已进入攻坚阶段，任务重、时间紧，我们肩负的责任重大。我们一定要发扬特别能吃苦、特别能奉献、特别能战斗的精神，脚踏实地，加大力度，加快进度，攻坚克难，争取以优异的成绩向建国60周年献礼，向中国红十字会第九次全国会员代表大会献礼，为汶川地震灾区灾后恢复重建工作贡献我们红十字人的力量。

为开好这次会议，甘肃省委、省政府、天水市委、市政府和甘肃省红十字会、天水市红十字会给予了大力支持和周密安排。天水宾馆提供了良好服务。在此，我提议对他们的辛勤工作表示衷心感谢！

最后，祝各位代表返程愉快、工作顺利！

谢谢大家！

在中国红十字会外事工作会议开幕式上的工作报告

中国红十字会常务副会长　江亦曼

2009年7月28日

各位领导、各位来宾、同志们：

今天，中国红十字会外事工作会议在美丽的边境城市满洲里隆重召开。我代表执委会向出席会议的各省（区、市）红十字会的代表表示热烈欢迎，向百忙中专程来参加和指导会议的外交部、中联部、国台办等相关部门领导、专家以及内蒙古自治区、呼伦贝尔盟和满洲里市各级政府和红十字会的领导表示热烈欢迎和衷心感谢。

这次会议是自2000年后总会首次召开的全国性国际暨台港澳工作会议。会议的主要任务是，进一步深入学习党的十七大和中央外事工作会议有关精神，听取中央主管部门领导的报告和情况介绍，了解当前国际形势、台海局势以及中央的大政方针。结合我会实际，交流国际暨台港澳工作经验和体会，研究和探讨新形势下我会外事工作面临的机遇、挑战以及发展方向。并就重新修订两个外事工作文件征求同志们的意见。

一、八大以来我会外事工作的回顾和主要体会

中国红十字会的对外联络工作是我国民间外交工作的重要组成部分，是《中华人民共和国红十字会法》明确赋予我会的重要职责，是我会整体工作中不可或缺的组成部分。改革开放特别是1993年全国人大常委会通过并颁布《中华人民共和国红十字会法》以来，中国红十字会国际和台港澳工作有了长足的进步。八大会以来，我会外事工作又有创新和新发展。

1. 积极参与运动的国际事务，注重发挥作用，成为国际红十字运动的重要成员。自2000年起，我会连续两届担任国际联合会领导委员会成员，并先后担任运动战略、人力资源、宣传工作、仲裁等专门委员会和工作组的成员。积极参与国际联合会的决策工作，支持联合会改革。努力协调、推动国际联合会和国际委员会在北京设立东亚地区代表团。认真履行我会在第29、30届红十字与红新月国际大会做出的承诺。2008年，经国家主席胡锦涛批准，成立中国国际人道法国家委员会，由总会承担秘书处工作。“八大”以来，我国又有16名优秀护理人员获南丁格尔奖章，国家主席胡锦涛亲自为获奖者颁奖。我会与近20个国家红会及国际红十字组织合作与交往日益活跃，范围不断扩大。五年来，我们成功开展印度洋海啸救援、自然灾害救助、参与服务奥运，不仅与红十字运动保持密切合作，而且与世界卫生组织、联合国艾滋病规划署、国际奥委会等建立良好合作关系，我会的国际影响力得到进一步提升。

2. 在国内外重大活动和灾害救援中，发挥独特作用，做出重要贡献。

2004年年末印度洋发生强烈地震和海啸后，我会迅即在全国范围内发动大规模募捐行动，筹集款物4.43亿元人民币，全力参与紧急救助和灾后重建工作。历时3年，我会援建的友谊村9个，永久性安置房1,487套以及医院、学校等项目全部完成，并已交付灾民居住和使用。我会援助项目的完成时效、工程质量与其他援建国家和组织相比均名列前茅，得到受援国政府、红会和受益人的好评和赞扬。是迄今为止我会开展的规模最大、效果最好的国际救援行动，积累了有益的国际经验。

2008年汶川特大地震发生后，我会在开展空前规模救助行动的同时，积极争取国际社会支持与援助。国际联合会先后三次发出国际紧急呼吁。紧急调集和采购10万顶帐篷运运抵川、陕、甘灾区，成为国际联合会历史上最大规模的一次紧急调运帐篷行动。国际委员会帮助我会开展灾后寻人服务工作，国际联合会派出4支ERU紧急专业工作组，为灾区提供医疗、供水、卫生防疫、后勤等服务，并在撤离时将全部设备捐赠我会。德国红会援建的中德红十字野战医院在救治伤病员的工作中发挥重要作用。抗震救灾工作转入恢复重建阶段后，总会与国际联合会三次召开重建合作国际会议，规划和调整多边、双边援助项目。帮助川、甘、陕三省重灾区农村灾民修建永久性住房，乡镇（村）学校，乡镇（村）卫生院（站），开展社区备灾和能力建设项目，总援助金额预计超过10亿元人民币。加之香港、澳门红十字会、台湾红十字组织的捐助，我会共接受国（境）外和台港澳地区捐赠款物26亿元人民币。目前，所有灾后恢复重建项目均已启动，将于今明两年完成。这是我会有史以来接受境外援助最多的一次，在国内外产生了巨大的反响。

我会抓住2008年北京举办奥运会和残奥会的契机，主动与国际奥委会和北京奥组委联系合作，参与服务奥运工作，组织和培训各类志愿者8万余名，提供语言、咨询、信息、应急等服务工作，受益者近5000万人次。受到国际联合会托罗主席和国际奥委会罗格主席的高度评价。

3. 引进资金和技术，用国际合作成果促进国内各项业务工作。近年来，我会配合国家开发西部和振兴东北老工业基地的重要决策，积极引导和利用境外援助在中、西部和东北地区开展合作项目。总会先后与国际委员会、国际联合会、挪威、荷兰、英国、加拿大等10国红十字会、以及全球基金和盖茨基金等组织合作，引进援助资金1.1亿元人民币，在27个省（区）开展传播人道法、农村改水改厕及健康教育、禽流感预防与宣传、艾滋病预防与关爱、疟疾预防、乡村医生培训、能力建设、组织发展、白内障复明、推动与宣传无偿献血、基础卫生保健和煤矿救护培训等项目。联合会还与我会开展艾滋病全球同盟，加强型能力建设等试点项目。这些合作项目大多集中在经济不发达的偏远地区，服务贫困弱势人群，有力地配合和服务国内工作发展的需要，支持并促进实现建设中国特色红十字事业的总目标。通过开展合作项目，我们把国际的有益经验成功嫁接到国内业务工作中，推动各项业务工作上水平。同时，提高了红会工作人员综合素质及项目管理水平，加强了自身能力建设。特别是汶川特大地震的国际援助，对提升我会应急工作专业化水平和技术能力发挥了重要作用。

4. 配合国家总体外交，履行国际人道义务，展现负责任大国红会形象。近年来，我会密切配合党和政府提出的促进世界和平发展、推动建设和谐世界的外交政策，自行或受政府委托，积极开展民间外交工作，增进与各国人民的相互了解和友谊。我会每年利用国家划拨的援外资金向20多个遭受战乱和灾害的发展中国家红会提供紧急捐款，取得较好效果。为配合中央关于加强对非洲国家工作的方针，我会通过“爱心企业联盟”募捐7，500辆自行车，支持8个非洲国家红会开展工作。经过争取，商务部已同意每年拨出650万元用于支持发展中国家红会开展非紧急阶段发展项目。我会受商务部委托先后承办四期以发展中国家红会高层官员为对象的国际培训班。来自亚太、非洲和拉美地区近30个国家红会和政府的80多名学员到中国进行社区服务、灾害管理、能力建设等专题学习和考察活动。据不完全统计，5年来我会对外援助款物约5亿元人民币。中国红十字会的对外援助，无论从内容到形式，都得到极大的扩展和丰富。既展现中国人民对受援国人民的关心与支持，宣传了中国红十字会，也从民间的角度，配合中国政府开展外交工作。

5. 抓住机遇，推动台港澳工作深化务实发展。多年来，香港、澳门特别行政区红十字会全力支持、关心内地红十字事业发展。5年来，共向内地援助资金物资14.43亿元人民币。香港红会在19个省份开展灾害救助、社区备灾、改水改厕、无偿献血等工作。汶川特大地震发生后，募捐11.47亿元人民币，全力投入抗震救灾和灾后重建工作。特别是在德阳开展的残疾人康复项目受到国家主席胡锦涛同志的高度赞扬。澳门红会也积极支持内地12个省份开展灾害救助和贵州省“氟砷麻”地方病防治工作，并为25个省份援建博爱小学33所。澳门红十字会为汶川地震募集了8，597万元人民币的捐款。在对台工作中，我会早在上世纪80年代就以协助海峡两岸失散亲人寻亲为契机，逐步扩大与台湾红十字组织的联系和交往，特别是青少年的交往，增进两岸人民的相互了解和骨肉亲情。与台湾红十字组织签署“金门协议”至今已近20年，见证遣返3.9万名私渡人员和刑事嫌疑犯。与台湾红十字组织的业务交流日益频繁，从青少年夏令营拓展到志愿者服务团，从两岸互访拓展到水上救护联合演练。在汶川特大地震中，台湾红十字组织在岛内募集了3亿元人民币的捐款，全力支援我会的救援工作。台湾红十字组织及时派出搜救队和医疗队，精心实施灾后恢复重建项目，凸显了血浓于水的深情厚谊，给我们留下深刻的印象。特别是彭会长2009年访问台湾，实现高层互访，签署新的合作备忘录，从内容到形式都提升了层次，意义十分重大。

此外，我会还接受和完成政府委托的多项人道主义工作。主要包括慰问日本遗留孤儿和其中国养父母、“花冈和平友好基金”管理、照顾前美军战俘及其家属，以及查人转信工作。

6. 积极支持、指导和服务地方分会开展对外交流工作。2005 年，经国务院批准，外交部正式授予中国红十字会外事审批权，为我会的开展外事工作创建了更加广阔的活动空间。我会努力用好外事审批权，多渠道协助并组织业务部门和地方分会人员出国出境交流学习，取得较好效果。总会重新编印并再版《国际红十字与红新月运动基本文件汇编》，为总会机关和地方分会了解、借鉴红十字运动原则、宗旨和工作程序等提供方便和依据。5 年间，总会三次举办外事工作培训班和座谈会，邀请领导部门和有关专家介绍国际形势、外事政策和规定，组织各地分会交流经验和体会。总会并与国际委员会合作共举办了 32 期国际人道法培训班，近千名地方分会师资和骨干人员接受培训。总会组织 42 人次赴日内瓦进行高官培训。总会下发有关规范对外交往活动的要求和文件，加强对地方分会外事工作的指导。据不完全统计，总会从 2005 年到 2009 年上半年，共组织出访团组 193 批 966 人次，接待来访团组 318 批 2174 人次。北京、上海、云南、福建等省红会充分发挥主观能动性，自主开展对外交流合作，取得显著成绩。总会直属单位也不断扩大对外合作领域。总会训练中心通过外专局成功取得组团进行境外培训的资格，拓宽了对外交流渠道。

我要强调的是，我会的外事工作，不论是总会，还是分会的外事工作，都是一个统一的整体。是互相补充，互相支持、缺一不可，相辅相成的合作关系。我们在国际与台港澳工作中之所以能取得上述成绩，是与各地分会的大力支持和帮助分不开的，在此一并致谢！

总结回顾 5 年来的外事工作，我们深刻地体会到：

必须坚持用科学发展观指导外事工作，推动外事工作科学发展。坚持以人为本，动员人道力量，改善最易受损人群境况，是红十字会必须始终坚持的宗旨。红十字会是国际性的组织，是政府在人道领域的助手。统筹处理好国内发展与对外开放的关系，统筹处理好国内和国际两个大局，树立国际眼光，善于从国际形势发展变化中把握发展机遇，既要为构建社会主义和谐社会服务，又要为促进世界和平发展做贡献。这是贯彻落实科学发展观对红十字事业发展提出的客观要求。

必须坚持红会外事工作服从服务于国家总体外交，发挥民间外交的特殊作用。我会开展的国际与台港澳工作是配合国家总体外交大局，是开展民间外交的重要组成部分。红十字外事工作必须把出发点和着力点放在促进党和国家工作全局上，放在实现好、维护好、发展好最广大人民的根本利益上，放在为总体外交服务上，放在扩大我国国际影响，提高我国国际地位上。这是做好外事工作的根本目的，也是衡量外事工作成效的根本标准。同时，要积极推进“一国两制”实践，促进祖国和平统一大业。

必须坚持以外事促进国内工作发展，统筹做好国内国际工作。多年的工作实践证明，结合我国实际，坚持国际红十字运动基本原则，通过对外交流与合作，加强相互了解和学习，增进理解，吸收借鉴人类社会共有的文明成果。实行内外结合，为我所用，以外促内的方针，是使国内红十字事业得以不断向前发展的重要经验。要以服务国内中心工作为最终目的，在统筹国内国际两个大局中推进外事工作。

必须坚持加强外事干部队伍建设，不断提高政治和业务素质。

为适应新形势新任务，必须建设一支政治素质高、外事工作能力强、熟悉红十字业务、有敬业精神、经得起考验的外事干部队伍。要认真学习党的外交方针政策，深入研究红十字运动的发展趋势、政策和规则，善于把国际上的成功经验运用到中国特色的红十字事业的实践中去，善于向世界介绍中国，宣传中国，才能更好地做好外事工作。

在总结成绩的同时，也要清醒看到工作中存在的问题和不足。一是外事工作的视野还不够宽，对国际形势的发展趋势、特点以及国家外交政策，对红十字运动规则、惯例研究不够，在如何将国际有益经验与我国实际结合，发展中国特色红十字事业方面，理论研究明显滞后。二是外事工作还不能完全满足国内工作发展的需要和各地分会希望更多参与对外交往的要求，交流渠道不多，合作针对性不够强。三是外事干部队伍不够壮大，工作水平和综合素质还不能完全适应工作发展的要求。

二、我会外事工作面临的机遇和挑战

同志们，党中央、国务院始终对外事工作给予高度重视。2006 年专门召开中央外事工作会议。全面分析当前国际形势发展变化的新趋势新特点，深刻阐述新世纪新阶段做好外事工作的重要性和紧迫性，进一步明确外事工作的指导思想、基本原则、总体要求和主要任务，对加强和改进党对外事工作的领导提出具体要求。党和政府也十分重视和发挥民间外交作用，通过发挥红会特有的优势，展示了中国积极参与人道领域工作的良好形象。当前，我国社会团体和非政府组织开展民间外交面临着十分难得的机遇。本世纪头 20 年，是我国经济社会发展的重要战略机遇期。我国将全面建设小康社会，对外开放水平进一步提高，国际活动空间进一步扩大，非政府组织开展民间外交是可以大显身手并大有作为的。从全国来看，红十字事业也正在出现前所未有的大好形势，步入新的发展机遇期。我们应该抓住机遇，开创红十字国际与台港澳工作新局面。

同时，我们也面临许多新问题和新挑战。随着我国综合实力的提高和国际媒体对中国经济发展进行不恰当的渲染，我会在争取外援和开展合作项目方面，面临越来越困难的境地。特别是目前波及全球范围的经济危机使原本已经困难的局面更加雪上加霜。这个现实要求我们更多依靠自身力量来解决自己的问题。而改革开放，继续争取和利用境外资金和技术为国内需求和发展服务又是我国也是我会的一项长期战略决策。如何更好地解决这一问题是我们面临的挑战。

现在，欧盟和一些发达国家红会在逐步减少对我会援助的同时，越来越多希望我会增加对外援助，并有意将我会纳入提供捐款国红会行列。许多发展中国家红会也对我会寄予很高的希望。与此同时，两个红十字国际组织也希望我会能够发挥更大的影响和作用。如何保持清醒的头脑，提高驾驭国内和国外两个大局的能力，平衡好“韬光养晦”和“有所作为”两者之间的辨证关系，紧紧围绕国家整体外交需要和我会实际情况，既要履行应尽的国际人道主义义务，又要避免做超出我们实际能力的事情，真正做到有所为，有所不为，是我们必须面对和解决的问题。

目前，我会的对外交流还不够平衡，许多交流合作的对象过于集中在欧美和大洋洲的发达国家，出访考察尤其如此。近年来，总会有意识地安排与非洲国家的交流往来，力图改变这种状况，但力度和效果还不尽如人意。如何按照“大国是关键，周边是首要，发展中国家是基础”这一外交工作总体布局，使我会民间友好往来的基本面，以大国、邻国和与我利害关系较大的发展中国家为重点，也是今后需着力研究的问题。

香港、澳门回归祖国十年以来，与内地的联系更加紧密。港、澳红十字会更加关心支持内地红会工作，港、澳同胞更加热心公益慈善事业。我们应该更加重视和珍惜这种局面，加强交流与合作。推进“一国两制”实践。去年以来，台海局势发生很大的变化，海峡两岸关系有了重大突破和改善。随着海协会和海基会恢复正常联系和交往，两岸官方往来的渠道会逐渐增多和加强。我会过去多年时间在两岸民间交往中所特有和独有的联系作用可能会有所转变。如何及时调整对台工作，以务实态度寻找新的工作领域，应该认真加以研究。

近年来，为保证出境出国参加公务活动能够健康有序地进行，打击和制止公费出国境旅游的不正之风，中央多次提出要求和相应的规定，中办和国办在去年和今年初又先后印发9号和12号文件，对出国境参加公务活动提出一系列严格而具体的规定。今后几年，国家对出国境参加公务活动的总体要求是，在保证重要出访和出席重要法定国际会议的前提下，压缩出访团组的次数、人员和经费。各地外办也提出了同样的要求。这次会议我们特别邀请外交部外管司的领导向大家具体讲解这两个文件的主要精神和要求。如何正面理解中央精神，在贯彻执行中央规定的前提下，积极开动脑筋，想办法，以更加务实创新的态度努力加强对外交流合作工作，也需要红会系统认真应对。

三、新时期我会外事工作的主要任务

在去年召开的外事工作座谈会上，我曾提出，新时期的红十字会外事工作有四项主要任务：一是配合国家外交需要，积极参与多边和双边合作，认真履行国际承诺，提升和扩大我会在红十字运动中的影响和作用；二是积极做好境外资金和先进理念和技术的引进工作，为国内工作服务；三是完成好政府委托和交办的人道事务工作；四是加强外事队伍建设。我认为这些工作基本涵盖当前和今后一个时期内我会外事工作的主要方向和内容。

今年10月，我们将召开第9次全国会员代表大会。目前，总会正在酝酿和起草“中国红十字事业2010—2014发展规划”。“规划”拟以开展七大行动作为今后的工作重点。“加强对外交往及台港澳工作，开展红十字民间外交行动”是其中的一项重要行动。拟开展的红十字民间外交行动就是在党和政府的领导下，更加全面促进和提升国际交流合作，更加切实推进台港澳工作，更加积极主动配合国家整体外交需要，更加显著发挥我会在国际红十字运动中的作用，更加务实地服务国内中心工作，更有效地履行“动员人道力量，保护人的生命和尊严，改善易受损人群的生活”这一终极责任和目标。

今年11月，国际联合会将召开每4年一届的国际联合会大会，通过指导联合会今后10年工作的纲领性文件“2020战略”。“战略”将根据变化的全球局势和外部环境以及各国红会的实际情况，分析红十字运动面临的挑战，制定包括改进工作方式，提高工作效率；增强社区安全，减低灾害风险；提高社会包容性，推进人道外交等为主要内容的新战略目标。“人道外交”是国际联合会近年来提出的一个新概念。其定义是“敦促决策者和不同意见代表者在任何情况下都将优先考虑易受损人群的利益，尊重最基本的人道主义原则”。这里说的外交并不是通常指的国际关系，而是一种涵盖更广泛意义的合作和宣传倡导行为。旨在提升红十字会影响，扩大合作范围，获得更多的资源来实践其宗旨。我会积极参与了“2020战略”的起草和制定过程，并在制定我会5年规划时予以吸收和借鉴。

关于今后的外事工作，我就不多讲了，这里想再强调以下几点：

1. 全力以赴做好国际及境外援助开展的汶川特大地震灾后恢复重建工作和已开展的多边、双边项目。灾后恢复重建工作是我会今明两年的重要工作。根据中央关于恢复重建工作3年计划2年完成的要求，总会已要求2010年底前全面完成四川、甘肃、陕西和重庆、云南、宁夏等灾区的灾后恢复重建工作。这里指的全面完成，既包括总会直接开展的项目，也包括各省对口援建的项目，还包括国际和境外援建的项目。其中国际和境外援助的项目包括永久性民房、学校、乡镇卫生院、村卫生室、备灾仓库等硬件建设和社区备灾、改水改厕、卫生培训、能力建设、生计支持等辅助或软件项目。到明年年底，只有1年半的时间，要消化并用好这么大一笔境外援助资金，任务十分艰巨。我们要求所有外援项目都要做到高质高效、公正透明，使捐款方和受益人都满意。对于已争取到的外援项目，我们一定要十分珍惜，以兢兢业业负责任的态度执行好，落实好。特别是川甘陕等灾区省红会要确保已签署了的合作协议书、备忘录落到实处，顺利实施。要向当地政府宣传国际援助的原则和意义，不得随意单方面违背或改变协议，一定要信守承诺，维护信誉，严格按照协议规定执行项目。

对各地已签署或正在实施的多边、双边项目，一定要精心组织实施好。千万不能以项目金额多少、有没有物资设备支持，或以操作程序过于烦琐，敷衍了事。

2. 认真办好2010世博会红十字展馆及相关活动。明年5月在上海举办的世博会是继北京奥运会后在我国举办的又一盛大国际活动。受国际红十字运动的委托，我会将代表红十字运动在上海世博会设立独立的红十字展区，同时在世博会期间，举办“5.8”博爱周等有关活动。经与上海世博会协调局商议，双方已签署了参展合同以及援助协议，并争取到500平方米的免费独立展馆以及30万美元的援助资金，完成展馆初步设计方案。目前展馆建设已经动工。为做好红十字馆的设计和装饰工作，我会组织相关人员先后赴日本和日内瓦了解日本红会爱在上届世博会的参展情况并收集展览用资料，协调上海市红十字会参与世博会园区10万志愿者的急救培训工作。这是一次向国际国内展示红十字工作的难得机会，我们要像参与奥运会那样，精心组织，全力办好这个重要活动。

3. 多形式多渠道积极主动参与运动事务。积极参与国际联合会的决策工作一直是我会外事工作的主要目标之一。从 1985 年我会被选入联合会执行理事会（后改名为领导委员会）这一最高决策机构后，除 1993—1997 年间根据联合会章程规定被轮空外，我会一直是领委会的成员，并在其中发挥重要作用。今年 11 月联合会大会将选举新一届领委会，我会因已任满两届而不能参加竞选，面临又一次轮空。面对这一现实，我们如何通过其他渠道和途径更广泛地参与联合会的工作？国际联合会主席、秘书长和许多有影响的国家红会领导人在内的有识之士都认识到，到今天，中国和中国红十字会的发展，已经使国际社会和红十字运动认识和感觉到不能没有中国的参与和声音了。他们希望我会能够做出积极努力。

长期以来，由于缺少资金，我会对外援助基本局限在境外发生战乱、饥荒、疫病和自然灾害时提供少量紧急捐款的单一形式，面对许多发展中国家红会希望我会提供非紧急发展项目援助的要求无能为力。最近，商务部已原则同意我会每年申请 650 万元人民币有选择地支持一些发展中国家红会的发展项目。今年对亚州和非洲 4 国红会的援助项目即将启动。我们要抓住这个有利时机，使之成为我会开展国际援助的有效渠道，形成长效工作机制。同时，着手培养我会能较好从事外援项目，开展对外合作的项目管理人才和技术人才。

4. 加强外事工作领导，着力培养锻炼干部，指导各地创造性开展工作。中央外事工作会议强调，做好新形势下的外事工作，党的领导是关键。在总我会的外事工作由党组书记直接负责，重大事项，党组成员集体研究决定。涉及重要外事或台港澳工作，我会都及时向外交部或国台办、港澳办请示、汇报。各级红十字会的外事工作由当地政府外办负责，具体业务工作接受总会指导。目前，地方分会参与和主动开展对外交往合作的积极性普遍十分高涨，取得了不少成功经验，也锻炼培养了一批外事干部。希望各省级红十字会主要领导要亲自抓外事工作，要指定专人负责外事工作。要把国际合作的成功经验、知识技术移植到国内工作中，促进国内工作，并有计划地建立起一支会做项目工作的志愿者队伍。总会要进一步关心、支持地方分会开展对外交流合作，认真总结各地的好经验，要积极支持并尽力为基层提供协助和便利。今后，总会将有针对性地加强外事工作培训，使分会及时了解掌握国家的对外方针政策，掌握外事工作的知识和技巧，突出红会外事工作的鲜明特点、交往渠道和合作形式。最近，总会正在积极争取国际联合会支持，通过选派干部到日内瓦秘书处及地区办公室工作或到姐妹国家红会工作的形式，锻炼培养年轻干部。我们希望经过几年努力，能够建设一支热爱祖国，政策水平高，有对外交往能力和掌握对外交往技巧的专业化干部队伍。

同志们，党的十七大提出高举中国特色社会主义伟大旗帜，以邓小平理论和“三个代表”重要思想为指导，深入贯彻落实科学发展观，继续解放思想，坚持改革开放，推动科学发展，促进社会和谐，为夺取全面建设小康社会新胜利而奋斗的目标。我国长期处于社会主义初级阶段，是一个发展中国家，也是一个灾害多发的国家，各级红十字会担负着保护人的生命和健康，促进和平进步事业，动员人道力量，关注和改善最易受损群体的生活境遇的神圣使命。我们召开这次外事工作会议的一个主要目的就是为大家提供相互学习、交流经验的机会。使我们进一步统一思想，开拓创新，改进工作，将我会外事工作全面提高到一个新的台阶。

再过三个月，中国红十字会第九次全国会员代表大会就要召开了。这次会议是“九大”召开前总会召集的最后一个全国性工作会议，实际上也是一次为“九大”做准备、打基础的会议，具有特别的重要意义。希望大家充分利用参加会议的难得机会，认真学习领会中央精神，积极参加交流讨论，为新时期外事工作献计献策。

最后，衷心祝愿会议取得圆满成功！谢谢大家！

在中国红十字会国际暨台港澳工作会议上的总结讲话

中国红十字会副会长　郭长江

（2009 年 7 月 31 日）

同志们：

在大家的积极参与和共同努力下，中国红十字会国际暨台港澳工作会议马上就要结束了。我代表总会领导对会议的基本情况做一个简要总结。

我们这次工作会议是一次进一步学习和贯彻十七大精神和中央外事工作会议精神，努力开创中国红十字会民间外交工作新局面的学习会和动员会，也是响应党中央号召，落实学习和实践科学发展观的具体行动。会议期间，通过听取江会长的工作报告和外交部、中联部、国台办等部门相关负责同志有关国际和台海形势、国家相关对外方针政策的报告和介绍，部分省、区红会的经验介绍，与会者的认真讨论和相互交流，大家从不同的角度和全局、战略的高度，全面分析了当前红会外事工作所面临的机遇、挑战和今后的发展方向，充分肯定了这些年红十字会外事工作的成果，提高了对我会民间外交工作的重要性和紧迫性的理解和认识，明确了红会民间外交工作的发展方向、指导思想、总体要求和主要任务，同时讨论并找出了我们工作中的不足和缺点，并对今后继续加强和改进红会外事工作提出很多有益的建议和设想。大家感到参加此次会议，收获很大。特别是来自外交部、中联部和国台办的相关负责同志为我们做的指导性很强的报告，也可以说是授课了，开阔了我们的思路和视野，对我们很有启发意义。

在讨论中，大家认为，江亦曼同志的工作报告实事求事地总结了中国红十字会这些年在民间外交方面的所进行的探索，高度评价了中国红十字会多年来在国际红十字运动中所发挥的积极作用，特别是作为领导委员会成员在红十字运动中的卓有成效的工作，为我红十字会的国内工作创造了良好的国际氛围，从境外引进了大量的资金和技术，有力地促进了红会的国内工作。特别是这些年的外事工作为我们国内的救灾救护救助工作引进了先进的理念，这对于中国红十字会的国内工作上水平起着非常重要的支撑作用。讨论中，大家还谈到，这次国际暨台港澳工作会议开得是非常及时的，我们马上就要召开第九次全国会员代表大会，在大会之前好好总结我们的外事工作经验，是很有必要的。大家一致感谢内蒙古红十字会、呼伦贝尔红十字会特别是满洲里市红十字会，他们为本次会议做了大量细致的准备工作，才能保证了这次会议的顺利进行。大家讨论了《关于加强地方红十字会与国际及台港澳地区开展交流工作的指导意见》。另外，与会同志也对总会《因公出国（境）管理工作细则》提出很好的修改意见。

下面，我就会次工作会议精神的贯彻落实，讲几点意见。

新时期红会民间外交工作要在充分认清国际国内形势，认真分析红会民间外交工作特点的基础上，紧密围绕建设和谐社会服务国内工作这一总体目标，充分发挥其独特的作用。在思想上牢固树立统筹国内国际两个大局的观念，切实抓住机遇，积极应对挑战，着力提高我会外事工作的整体水平和能力，为促进和谐社会建设，实现建设有中国特色的红十字事业，推进国际红十字运动的发展和建设和谐世界贡献力量。

总的来说，面对红十字会国际暨台港澳工作多年来取得的令人瞩目的成绩，面对不断变化着的国内国际的新形势，中国红十字会的外事工作还是要进一步解放思想、与时俱进、实事求是、开拓创新。（这是不能变的原则。）

一是要提高认识，加强领导。当前，全党全国人民正在为全面建设小康社会、构建社会主义和谐社会而团结奋斗。为了实现这一宏伟目标，不仅需要切实做好国内改革发展稳定的各项工作，也需要切实做好国际和涉台、港、澳的各项工作，不仅需要保持国内安定团结的环境，也需要继续争取良好的国际环境。胡锦涛同志在中央外事工作会议的讲话中指出，外事工作必须把出发点和着力点放在促进党和国家工作全局上，放在实现好、维护好、发展好最广大人民的根本利益上。这也是民间外交工作的根本目的，也是衡量外事工作成效的根本标准。我们常说，红十字会是政府的助手，红会的外事工作是国家整体外交的一个重要组成部分，这就要求我们各级领导，特别是负责外事工作的领导干部要从全局和战略的高度提高对红十字民间外交工作重要性的认识，正确理解和把握我会作为政府在人道事务领域的助手地位和作用，以服务国内中心工作为最终目的，在统筹国内国际两个大局中推进外事工作。在这个过程中，加强党的领导是关键，各级红会的党的组织必须以科学发展观为统领，立足基本国情，树立世界眼光，加强战略思维，注重全局谋划，切实做好并改进红会外事工作。

二是要创新机制，加强管理。红会外事工作涉及政治、经济、文化、社会等诸多领域，我会对外交流合作也涵盖我会的各项业务工作。红十字会的性质要求我们的外事工作应该有自己鲜明的特点和多样化的渠道和形式，这就需要我们不断地结合我会工作目标和需要，有目的有计划地调整和开展对外交往与合作，做到内外兼顾，趋利避害，把握主动。加强科学管理是提高工作质量的重要保障。要创新工作机制，加大组织领导力度，建立高效顺畅的工作机制，形成做好外事工作的整体合力。中国红十字会的外事工作，不仅仅是总会的外事工作，而是全会的外事工作。这一点，我们全会上下要有一个统一的认识。

总会要加强宏观管理和协调；各级地方红会要坚持统一领导、归口管理、分级负责、协调配合的原则，进一步提高我会外事工作的制度化、科学化管理水平。

三是要充分发挥各级红会组织的作用。

各级地方分会要围绕国家的中心任务，结合本地方工作特点，配合国内工作的需求开展具有本地特色的对外交流活动，为配合国家总体外交发挥积极作用。在过去的工作中，不少地方红会在当地政府的支持下，利用各种渠道，走出去，请进来，开阔眼界、转变观念，促进合作与交流，引进资源和项目，取得实效，受到当地党政领导的充分肯定，为地方社会经济发展和精神文明建设做出了贡献。由于会议时间所限，只安排了北京、内蒙、陕西和福建四个省区红十字会在会议上做了重点经验介绍，大家可以从他们的发言中了解到如何结合本地的特点和利用自身的优势开展多种形式的对外交流与合作工作。他们的经验对我们都有启发。在今后的工作中，我们要认真总结、大力推广这些好的经验和做法，推动外事工作迈上一个新的台阶。

四是要加强红会民间外交工作的理论研究和调研工作。结合红会工作的特点，深入学习和理解中央的整体外交方针与策略，总结和分析我们以往的工作实践，开展红会民间外交工作的理论研究。从现实需求出发，进一步探索和把握我会外事工作的规律，提高外事工作的理论水平。

五是要培养一支高素质的红会外事干部队伍。

新形势新任务对外事工作干部队伍的政治觉悟、理论素养、知识水平和业务能力，提出了新的更高要求。要切实加强外事干部队伍建设，积极探索新形势下外事干部的成长规律和培养途径、方式方法，形成有利于优秀人才脱颖而出的机制，努力造就一支政治强、业务精、纪律严、作风好的外事干部队伍。现在不少省会已经认识到培养外事干部的重要性，在配置工作人员时有意识有计划地吸收这方面的人才，已经取得成效。总会也有计划进一步采取多种方式帮助分会人员培养和锻炼外事干部。

在外事工作管理方面，中央外事工作会议强调，做好新形势下的外事工作，党的领导是关键。在总会的外事工作中，总会党组书记直接负责外事工作，重大外事工作，执行委员会进行集体研究决定。涉及重要的外事工作，我会一直保持着向外交部进行请示和汇报的传统做法。对各级红十字会，总会积极进行外事业务指导，并要求重要外事必须报请当地政府外办。针对最近中央要求打击公费出境旅游，控制压缩一般性出访和考察，加强对境外非政府组织在华活动管理，总会及时调查研究，并制定了相应的规章制度。我们要提高驾驭国内国际两个大局的能力，正确处理外事工作指导、协调和服务的关系，牢固树立外事工作为国内工作服务的意识；要严格执行中央有关外事工作的各项政策和规定，坚持勤俭办外事，严格审批，严格管理；同时要树立以人为本的意识，加强外事干部队伍的培养和建设。

江会长在开幕式的工作报告的题目是“继往开来，务实发展，开创中国红十字民间外交的新局面”，并在报告中展望了我会外事工作今后的发展重点和主要工作。今年10月下旬，中国红十字会第九次全国会员代表大会将隆重召开，开启中国红十字会发展历史新的篇章。回顾“八大”以来的成就，我们豪情满怀，展望“九大”和未来的发展，我们心潮澎湃。中国红十字事业前程光明，任重道远，需要我们一代又一代红十字人坚忍不拔的努力和贡献。在这里，我代表总会向大家和各地分会长期以来积极支持总会的外事工作表示衷心的感谢，并希望大家团结一心，再接再厉，真正开创红十字民间外交工作的新局面。

为了举办这次工作会议，我们得到了内蒙古自治区和呼伦贝尔盟以及满洲里市领导和红十字会的大力支持，同时，还得到外交部、中联部、国台办等领导机关的大力支持，在此，我代表中国红十字会向他们表示感谢。最后，祝同志们回程平安，工作进步，生活幸福。

谢谢大家。

中国国际人道法国家委员会工作报告

国家委员会常务副主席　江亦曼

2009年8月11日

尊敬的主席、各位委员及工作组成员：

中国国际人道法国家委员会自2008年成立以来，按照章程办事，认真执行工作计划。现在，我代表国家委员会向大会做工作报告，请予审议。

一、工作回顾

2008年是极其不平凡的一年，全国各族人民在党的领导下经受住了各种严峻考验，中国国际人道法国家委员会各成员单位共同努力、相互协作、抓住机遇、克服困难，为推动相关工作领域实施国际人道法，提高我国对国际人道法的研究和运用水平发挥了重要、积极的作用。

（一）国际人道法的实施与传播

根据国家总体外交需要，外交部与总参谋部共同制定了人道主义扫雷援助方案，向埃及、秘鲁、厄瓜多尔、埃塞俄比亚等国家提供扫雷援助，并由总参谋部协调军队有关单位举办了人道主义扫雷技术培训班，对苏丹北、南方学员进行扫雷技术培训。军队有关单位还举办了各种武装冲突法讲座，在国防大学举办地雷履约知识讲座。中国红十字会举办了地区性培训班在红十字系统内开展传播国际人道法活动，并开发了传播工具；依据日内瓦公约，在汶川地震灾区开展了“重建家庭联系”工作。为推动在高校的传播，中国红十字会与红十字国际委员会联合举办了国内高校国际人道法模拟法庭。司法部与红十字国际委员会合作举办了监狱卫生与疾病防治研讨会，关注在押人员的健康。国家文物局编辑出版了《国际文化遗产保护文件选编》，填补了国内关于国际文化财产保护文件翻译、出版的空白。教育部指导地方教育部门根据教育规律和学生身心发育的特点，采用各种形式在青少年中推广国际人道法。结合中小学《品德与社会》等课程传播国际人道法的精神与理念，并通过课外教育活动向学生介绍国际人道法规则。为在青少年中传播国际人道法，教育部与中国红十字会合作，在上海、四川、天津、江西四省市继续开展探索人道法项目，将国际人道法内容纳入学校拓展课程试点。

（二）对外联络与交流

国家委员会各成员单位积极参加国内外国际人道法相关研讨会及论坛，开展学术交流。各成员单位相互协作，举办了“当代武装冲突中面临的人道问题”研讨会、“国际人道法圆桌会议”、“当代国际人道法的发展、挑战和应对”学术研讨会等。

国家委员会成员单位还加强了与红十字国际委员会的合作。外交部派人参加了瑞士政府与红十字国际委员会召开的私营军事保安公司与国际人道法专家会，深入研究私营军事保安公司问题。中国红十字会与红十字国际委员会、国际红十字与红新月博物馆在上海、苏州和青岛等地联合举办了《从索尔费里诺到关塔那摩》图片展，并在网站上开办图片展，向人们展示了战争带给人类的灾难，突出了人道救援及国际人道法的重要性及必要性。为加强与红十字国际委员会的合作，总参谋部协调各军方成员单位召开了内部研讨会，研究如何在国际人道法领域与其合作，并对目前双方合作进行了评估，提出了今后开展合作的原则意见；中国红十字会派人参加了在菲律宾举办的红十字会地区国际人道法论坛，介绍了我国国家委员会的情况及人道法传播工作。总参谋部于2008年10月安排红十字国际委员会人员与国防大学“国际问题研讨班”中外学员就国际人道法问题开展座谈交流。总政治部于去年11月应红十字国际委员会邀请，赴瑞士参加了“规范军事行为高级研讨班”。外交部向联合国秘书长提交了《中国近年为传播和实施国际人道法采取的措施》的报告，汇报了我国近年来在传播和实施国际人道法方面所做的努力及取得的成效。

（三）对国际人道法相关问题的研究

外交部、总参谋部等单位组团参加了《特定常规武器公约》缔约国年会及第二、五号议定书缔约国会议，并参加了公约集束弹药问题政府专家组会议，宣传我国进一步推动公约和相关议定书普遍性，通过公约和相关议定书解决人道主义关切的立场。同时，外交部还与有关单位共同推进批准公约所附《战争遗留爆炸物议定书》的准备工作。总参谋部组织协调军内有关单位，撰写了《特定常规武器公约》国家履约报告。

中央军委法制局组织翻译并研究了《俄罗斯国际人道法条令》。国家委员会相关成员单位对《空战与导弹战国际人道法手册（草案）》及关于私营军事保安公司问题的“蒙特勒文件（草案）”进行了研究，并参与相关的国际研讨和磋商，使我方的主张在这些文件中得以体现。总参谋部还组织翻译了“国际人道主义扫雷标准”并在部队中推广介绍。

国家文物局与中国人民大学合作开展《二战期间被掠文物返回问题研究》项目，参加联合国教科文组织促进文化财产返还政府间委员会的相关工作，积极推动我国加入《武装冲突情况下保护文化财产公约》。

（四）参与处理人大代表有关国际人道法的议案

今年全国人民代表大会期间，江亦曼等人大代表就我国加入若干国际人道法条约提出了0249号议案，相关成员单位结合本单位工作职能和范围认真研究，向全国人大外事委员会提出了建设性的意见和建议。

（五）国家委员会秘书处工作

秘书处与各成员单位保持了经常性的联系与沟通，按照章程及会议决议，组织和筹备了工作组会议。今年5月22日，召开了09年第一次工作组会议。会上，各成员单位介绍了本单位上半年的工作并对下半年的工作计划进行了讨论。工作组建议于8月12日举办专题研讨会，纪念1949年日内瓦四公约通过60周年，扩大对国际人道法的宣传力度，体现我国政府对国际人道法传播的重视。另外，为加强对国际人道法基本知识的宣传工作，秘书处还与红十字国际委员会合作出版了《索尔费里诺回忆录》一书，并将逐步向红十字系统及公众发放。此外，秘书处一年来与国内一些院校和学术机构建立了联系，为今后开展学术交流与合作奠定了基础。

二、下一步工作打算

国家委员会自2008年以来，短短一年内，在传播和执行国际人道法方面取得的成绩，是各成员单位共同努力的成果。为进一步推动国家委员会工作的发展，落实国家委员会章程确定的“传播和执行国际人道法”的宗旨，委员会在2009至2010年度拟定以下工作重点：

（一）创办《国际人道法年刊》

在世界各国已经成立的国际人道法国家委员会中，一些国家委员会创办了刊物，起到了很好的宣传效果。借鉴这一做法，委员会拟与学术界合作创办《国际人道法年刊》，向成员单位及公众传播国际人道法及红十字国际运动发展动态及相关知识，宣传国家委员会的工作。年刊不仅将是传播国际人道法、宣传国家委员会工作的重要媒介，也将扩大我国国家委员会与其他国家国际人道法国家委员会和学术团体的交流与合作，提升我国政府和人民尊重和遵循国际人道法的形象。

（二）进一步推广国际人道法的教育

国家委员会将鼓励、支持各成员单位在军队、院校、政府部门和广大公众中传播国际人道法。

青年是国家的未来。国家委员会将进一步重视对青年的国际人道法教育。为此，国家委员会拟加强与各高校的合作，促使并协助开设国际人道法课程以及对国际人道法的学术研究。国家委员会还将继续支持国际人道法模拟法庭比赛，并与有关国际组织合作，协助高校培养国际人道法师资力量。

国家委员会还将积极参与国际交流，宣传我国在传播和实施国际人道法方面的工作，并借鉴有益的国际经验。

最后，根据工作组的建议，国家委员会还将考虑吸纳新成员（如公安部、卫生部）参加国家委员会的工作，逐步完善国家委员会的成员构成，使国家委员会在国际人道法传播和实施方面发挥更加积极的作用。

展望2010年，我们对国家委员会的工作和发展充满信心，相信在各成员单位的支持下，我们一定能够完成既定的工作目标。

在新闻传播业务培训班暨应急宣传座谈会上的讲话

中国红十字会副会长　郭长江

2009年5月20日

同志们：

2009年新闻传播业务培训班暨应急宣传座谈会今天举行。在这里，我代表中国红十字会感谢红十字国际委员会东亚地区代表团对这个培训计划有力的支持、悉心的指导；欢迎并感谢来自全国各级红十字会的新闻传播工作骨干的积极参与。还要感谢为举办这次培训班做了大量工作的云南省红十字会，正是在他们的辛勤努力和积极帮助下，培训班才能如此顺利地如期举行，并将顺利完成各项培训计划。

这次新闻业务培训班，是中国红十字会一次规模较大、师资力量较强、内容较丰富的新闻业务培训。它对进一步提高基层红十字会宣传干部的新闻业务素质和新闻写作能力将起到重要的推动作用。我相信，我们持之以恒地将这样的培训进行下去，我们通讯员队伍的整体素质将会发生明显的提高，这支队伍将具有更高的新闻业务素质和更强的新闻采访写作能力，这对于宣传和推动红十字事业将会起到积极的作用。同时我们应急宣传座谈会与新闻传播业务培训班一起进行，是想通过更多的来自宣传战线同志们的共同参与，一起探讨红十字应急宣传的问题，以在更大的范围内引起同志们对这一问题的关注和重视。

利用这个机会，我想以和大家谈心的方式讲几个问题。

一、改革开放带给中国人道公益慈善事业的启示

今天的中国，人道公益慈善已经成为时尚。三年内两届中华慈善大会的召开，表明了政府在人道公益慈善领域的主导作用。前不久举行的第二届中华慈善大会对众多公益慈善人物、公益慈善项目、公益慈善机构的表彰，表明公益慈善事业在中华大地已经具备相当的规模。特别是面对汶川地震这一灾难中华大地上出现的前所未有的慷慨救援的热潮，则彰显了蕴藏在中国人民中间的春道公益慈善的巨大力量。公益慈善之所以能够成为一种潮流，一种气候，一种氛围，一种理念，得益于三十年前的一项国策：改革开放。

改革开放政策改变了中国的命运，也改变了中国人道公益慈善事业的命运。改革开放政策使我们国家逐步走上了经济发展、民主健全、文化繁荣、社会和谐、人民生活殷实的道路，也使中国公益组织和慈善机构更加完善，扶贫帮困、救灾救助工作更加有力。可以说，改革开放为中国公益慈善组织及公益慈善事业的发展提供了重要的历史机遇，没有改革开放，就没有中国人道公益慈善事业的健康快速发展。

改革开放以来，解放思想、实事求是的思想路线使人道公益益慈善深入人心，“人人可慈善”成为全社会的共识。我国自古就有互助互济、扶弱济困的优良传统，公益慈善理念和公益慈善实践源远流长。但也长期存在一些错误的认识，认为公益和慈善是有钱人的事，不是谁都可以做的；甚至有相当多的人想行公益慈善之举却怕露富。这样的认识和担忧，制约了公益慈善事业的发展。当人们的思想随着改革开放而解放的时候，全社会对于公益慈善的认识更加公正、客观、合理，“人人可慈善”的理念深入人心，慈善意识普遍提高，参与慈善事业的热情逐步高涨。正是这种思想观念上的重要转变，有力地推动了人道公益慈善事业的发展。

改革开放给我国经济、政治、文化、社会带来的全面协调发展是中国人道公益慈善事业发展的重要前提。三十年来，我国经济建设、政治建设、文化建设、社会建设取得举世瞩目的成就，综合国力大幅度提升，为我国公益慈善事业的发展提供了良好的社会环境，也为我国大力发展人道公益慈善事业和全社会积极参与公益慈善事业提供了坚实的物质和思想文化基础，同时，各级各类非政府组织的能力、实力得到稳步提升。在党和政府的关心、支持下，公益慈善组织充分利用良好的社会环境和坚实的物质及思想文化基础，大力加强自身能力建设，有效地促进了人道公益慈善事业的发展。

改革开放以来，国家颁布实施了一系列的政策、法规，为公益慈善事业的发展提供了有力保障。改革开放以来，我们国家走上了依法治国的轨道，与公益慈善事业相关的政策、法律、法规等从空白、不健全逐步向丰富、完善的方向发展。先后出台的《中国红十字会法》、《公益事业捐赠法》、《社会团体登记管理条例》、《民办非企业单位登记管理暂行条例》、《基金会管理条例》等涉及慈善公益事业方面的法律法规，对规范和推动公益慈善事业健康快速发展起到了保障作用。有报道说，《慈善法》正在拟定中。对公益慈善事业来说，这无疑是利好的消息。

改革开放使中国公益组织和慈善机构从国外同行那里引进了先进的理念、经验、资金，有力地支持了我国公益慈善事业的发展。因为改革开放，国外很多有实力的专门从事公益慈善事业的非政府组织和机构得以进入中国大门，这给中国的公益慈善事业带来了一股清新的空气。我们可以在扶贫帮困、医疗救助、兴办学校、奖励学子等诸多领域感受到它们的气息。它们的理念、经验和资金是对中国公益慈善事业的重要补充，增强了中国公益慈善的实力。

中国公益慈善事业能有今天，真的要感谢三十年前的改革开放。换句话说，中国红十字事业能有今天，同样要感谢三十年前开始的改革开放。

可以说，中国红十字会已经走在公益慈善事业的春天里。

二、结合我自己学习实践科学发展观的体会，谈谈中国红十字事业的科学发展。

学习实践科学发展观重在联系实际。只有和具体工作实际相结合，学习实践活动才有真正的价值和意义。紧密联系红十字工作的实际，研究怎样解决红十字事业科学发展的方法和途径，是我们红十字工作者学习实践科学发展观时应该重点研究的问题。

通过对红十字会多年来实践的探究，我认为，红十字事业科学发展，首先要解决的是对红十字事业的认识问题。红十字事业要想实现科学发展，必须要树立正确的事业观、工作观、筹资观和政绩观。这是学习实践科学发展观活动给予我们的启示。

坚持正确的事业观，是红十字事业科学发展的前提。所谓正确的事业观，就是用发展的宏观的眼光看红十字事业。红十字事业是中国特色社会主义和谐社会建设的重要组成部分，只有把红十字事业放在国家经济社会发展的大背景下，客观地找准自身在国家经济社会发展中的位置，找准自身工作在经济社会建设中的切入点，跳出红十字会这个圈子看问题想方法谋发展，并以开放的心态和社会化的工作方式来推进，才能保证红十字事业不偏离科学发展的轨道。同时，中国红十字事业是国际红十字运动的重要组成部分，因此，对中国红十字事业的准确定位不能脱离这个重要的国际背景，不能脱离国际红十字运动的实际。

那种因为拥有百年历史便妄自尊大、自以为是的观点，那种小家子气地关起门来“自得其乐”的做法，都不是科学的发展观。同时，那种因为能力和实力暂时都不很强或者暂不如别人便妄自菲薄、自觉低人一等的想法也不符合科学发展观的要求。

坚持正确的工作观，是红十字事业科学发展的关键。所谓正确的工作观，就是科学、合理地谋划红十字事业的具体工作，解决红十字会做什么的问题。红十字会是从事人道主义工作的社会救助团体，这是中华人民共和国红十字会法和中国红十字会章程所规定的。红十字会不是政府，也不是游离于政府之外的草根组织，而是政府在人道领域的助手。这就要求我们要根据红十字会的性质和宗旨，结合政府工作的布局，找准工作方向，确定工作重点，同时也要根据自身的优势和不足，量力而行，有所为有所不为。从作为政府人道领域助手的角度来说，政府做得好的，我们不必去做；政府做得不足需要我们参与的，我们补充去做；政府暂时顾及不到的同时希望我们做的，我们努力去做。从作为一个社会团体的角度来说，别人做得很好的，我们不必做；别人做得不够好的，我们争取做强；别人没有做的，同时社会很需要的，我们努力争取做。这是符合科学发展观的红十字工作观。

谋划红十字事业，既要考虑国际大环境，又要考虑我国的国情；既要考虑红十字会的历史，更要结合红十字会的现状。要比较全面地认识红十字事业的优势是什么、短处是哪些，了解红十字事业的生命力在何处、死穴在哪里，探索红十字事业的增长点在哪里，才有可能实现红十字事业的科学发展。那种以为自己什么都可以做，什么都可以做好的包打天下的想法是十分幼稚的，那种什么都参与的四面出击的做法是十分盲目的，那种缺乏规划、缺少目的性的“打一枪换一个地方”的做法不是一个成熟的组织的表现。这些都不符合科学发展观的要求。要想让我们的组织拥有强大的生命力，保持特色是非常重要的。失去特色跟在别人后面跑，亦步亦趋，肯定会被众多的团体所淹没而不知去向。

坚持正确的筹资观，是红十字事业科学发展的保证。所谓正确的筹资观，就是用前瞻性的眼光、战略性的眼光、长期合作的眼光来开展可持续的筹资活动。中国红十字事业救助能力的提高，除了政府的支持外，离不开社会各界的支持和捐助。没有社会各界人士的慷慨捐助，中国红十字会就无法更大规模地开展救灾、救护和救助工作，就无法帮助更多的困难群众改善生活境况。可以说，争取社会各界的支持，筹措款物，是中国红十字会最为重要的工作之一。要保证我们的筹资工作可持续地开展下去，就要求我们在接受捐款的时候，不论捐赠者是企业还是个人，不论捐款者是企业家还是普通劳动者，也不论所捐款额是多还是少，我们都要一视同仁，给予同样的敬重；对于捐款者提出的合理要求和需要，我们都要尽最大努力给予满足；对于所捐款项的使用情况，我们要做好向捐款者反馈信息的服务。在与企业具体项目的合作中，我们要争取双赢或多赢；对于愿意与我们建立长期战略合作伙伴关系的企业，我们要与之共同研究符合双方利益的合作方式。这是符合科学发展观要求的正确的筹资观。

今天的中国，政府在公益慈善领域起了积极的主导作用，公益慈善事业在中华大地已经具备相当的规模。特别是在我们刚刚经历过的汶川地震这一中华民族的灾难面前，中华大地上出现的前所未有的慷慨救援的热潮，向全世界彰显了蕴藏在中国人民中间的公益慈善的巨大力量。公益慈善已经成为一种理念，一种潮流，一种时尚。作为人道的公益的慈善的社会团体，我们只有服务这一理念，顺应这一潮流，加入这一时尚，才能把他们变成红十字自身的力量。

那种不是“衙门”胜似“衙门”的态度、那种自以为是的“店大欺客”的做法、那种只看重捐款数额的“看人下菜碟”的做法、那种一次性的掠夺性开发资源的做法、那种不计后果的“杀鸡取卵”的做法乃至“用人朝前不用人朝后”的做法都不是科学发展观。这样的做法对红十字会这样的组织来说是致命的，我们不仅会失去众多的捐款者，也会失去合作者。

坚持正确的政绩观，是红十字事业科学发展的原则。所谓正确的政绩观，就是不带任何功利心、不存任何私欲地布局工作，有一说一、有二说二地总结工作，客观如实地看待成绩。也就是在谋划和开展工作的时候，不图虚名，不摆花架子，一步一个脚印，崇尚扎扎实实的工作作风。在总结工作考量业绩的时候，看重实绩，不唯数字论英雄，不唯形象论英雄，以平和的心态的看待成绩，坚持实事求是的原则。这是符合科学发展观的政绩观。

那种急功近利、好大喜功、专搞形象工程的工作方式，以及虚报浮夸的工作作风是不符合科学发展观要求的。我们所开展工作的出发点和落脚点，就是让更多的目前暂时困难的群众改善他们的生活境况。与此相悖的观点和作法，都是我们所应该唾弃的。

同时，以正确态度面对社会舆论和媒体，是红十字事业科学发展不可忽视的重要问题。所谓正确的态度，就是在积极宣传红十字事业的同时，坦诚面对社会各界和媒体，正视红十字工作中存在的困难、问题和不足，配合主流媒体，自觉接受舆论和媒体的监督。那种“报喜不报忧”的做法，那种回避问题、讳疾忌医的做法不是科学发展观，无益于中国红十字事业的健康发展。

在科学发展观的指导下，中国红十字事业在过去的几年里取得了长足的发展。通过学习实践科学发展观活动，我们在认识上又得以提高和深化。以上几点体会，说不上深刻，却是我在学习中的真切感受。我们真诚地希望，在科学发展观的统领下，中国红十字事业继续获得又好又快的发展。

三、关于新闻传播业务

这部分我要讲四个问题。

（一）深刻认识红十字新闻传播工作的重要性，把握红十字新闻传播工作与红十字事业的关系，努力为红十字事业的发展提供舆论支持。

什么是红十字新闻宣传工作？我这里讲的是广义的红十字宣传工作。凡是以红十字运动、红十字精神和红十字所开展的工作为内容的宣传都是红十字的宣传工作。这是从广义上来讲。从狭义上讲呢，就是我们红十字会系统内部所开展的对我们自身工作的宣传。我们系统内部从事宣传工作的同志是红十字专职宣传工作者，而系统外的对我们的工作积极予以宣传的人士可以说是红十字的志愿宣传工作者。我们的新闻宣传业务培训班是针对我们专职宣传工作者而进行的。

红十字宣传工作对加快红十字事业持续健康发展具有十分重要的意义。红十字事业是一项需要社会广泛参与的事业，它的发展离不开媒体的宣传和舆论的支持，而红十字的宣传工作也离不开红十字事业这块神圣的土地。我们要将新闻报道工作和红十字事业有机地结合起来，为使红十字事业获得全社会理解、信任、支持和参与，扩大国际影响，加强合作与交流营造良好的舆论环境，同时也为红十字的宣传工作提供丰富的素材和营养。我们要准确把握红十字事业和红十字宣传工作的定位和两者之间的关系。

红十字事业需要借助舆论宣传的力量，让更多的人关注并参与进来，共同推动这项事业的长足发展。多年的实践经验告诉我们，新闻舆论宣传是发动社会力量、动员人民群众、组织各界人士的最快捷、最有效的好办法。广泛、深入、及时、持久的宣传，有助于在全社会弘扬人道、博爱、奉献的红十字精神，有助于在全社会发扬光大中华民族扶危济困的传统美德，有助于在全社会形成关注弱势群体、帮助困难群众的氛围，有助于从容主动地面对突如其来的各种自然灾害，有效地对受灾群众进行及时的救助，有助于建立动员民众义务献血、捐献造血干细胞的长效机制。

红十字宣传工作需要以红十字事业的发展作为其发展的重要基础。没有红十字事业，就没有红十字宣传工作，没有红十字事业的长足的发展，就谈不上红十字宣传工作的发展。二者是相互并存、相互依存的关系。红十字事业的辉煌必然促进红十字宣传工作的辉煌，红十字宣传工作的辉煌必然带动红十字事业的辉煌。

让我们仍记忆犹新的红十字参与抗震救灾工作就是一个很好的证明。它的成功正是红十字工作与红十字宣传工作相得益彰的结果，也正是各级红十字会工作者与新闻宣传工作者联手协作的结果。这种联手协作不但及时地传播了我们的声音、我们的主张、我们的精神，而且形成了强大的宣传声势和舆论氛围，对广泛发动社会力量、动员人民群众、组织各界人士参与救援行动起到了非常重要的作用，从而使我们的工作影响在全社会几乎达到了颠峰。各种平面的、立体的、空间的、网络的、有声的、有形的宣传，铺天盖地而来，最大限度地传播了我们的主张和所做的工作，彰显我们在人道救援领域政府助手的地位，而几乎所有的宣传媒体，都因为我们的有声势有影响的工作而达到了提高其在新闻受众中的影响力，也证明了其存在的价值。

参加这次培训的同志大都来自基层红十字会，是在红十字事业的一线从事宣传工作的同志。你们是红十字精神的传播者，是红十字事业的宣传者，也是与地方各新闻媒体联系的桥梁与纽带。大家的工作成效直接关系到红十字事业的社会影响力。所以大家要充分认识新闻报道工作的重要性，充分发挥媒体的宣传引导作用，努力为我们共同的事业呐喊添彩。

（二）关于努力构建红十字事业大宣传格局。

改革开放以来，中国红十字宣传工作取得了很大成绩，活力不断增强，形式有所创新。但与蓬勃发展的中国红十字事业想比，与国家对红十字事业的发展要求以及我们国家红十字运动在国际红十字运动中的地位相比，还存在一定差距。要想赶上这个差距，我们就必须加强和改进红十字系统的宣传工作，努力构建红十字事业的大宣传格局。

大宣传格局的形成，要靠全社会的力量。经验告诉我们，红十字事业的发展仅仅靠红十字工作者是不够的，我们要紧紧抓住红十字品牌这个无形资产，积极主动地吸引媒体力量，借助外力，借用外脑，扩大红十字宣传工作的领域和覆盖范围。以重大活动、品牌宣传、名人效应、突发公共事件救助等宣传为重点，联合社会力量，构建全方位、多层次、多种类、立体化的大宣传格局，提高红十字会的影响力和美誉度，吸引人民群众积极加入到红十字会的各项活动中来，提升红十字事业的凝聚力。

大宣传格局的形成，红十字系统内部责

无旁贷。大宣传格局，不单单是针对系统外，红十字系统内部也要形成大宣传氛围。将宣传工作贯穿于我们的备灾救灾、卫生救护、社区红十字服务、青少年工作等各项工作的全过程。让各级红十字会、红十字会的各个部门甚至每位从事红十字事业的工作者都成为红十字宣传员，时时、刻刻、处处传播我们的主张和声音。将多年来逐步形成的一些适合我们自身特点的宣传方式、宝贵经验，加以总结，交流推广。将已初步形成的大宣传意识尽快转化为宣传行动，多搞有影响力特别是具有震撼力的精品项目，增加宣传工作的感染力和实效性。只有这样才能真正形成红十字的大宣传格局，增强红十字事业的知名度和竞争力。

（三）充分发挥“一报一刊”的重要宣传舆论阵地作用，充分重视和利用好自己的一报一刊，以宣传和推动我们的各项工作，不断扩大社会影响力。

中国红十字会报是中国红十字会的机关报，《博爱》杂志是中国红十字会唯一的综合性月刊，具有九十多年的历史。一报一刊是中国红十字事业的重要组成部分，也是党的新闻出版事业的重要组成部分。是我们开展各项工作的宣传阵地和舆论阵地，是我们传播人道、博爱、奉献精神的重要渠道，是红十字组织联系社会各界群众的纽带和桥梁，门户和平台，是中国红十字会系统交流学习的重要手段，也是世界各国红十字会了解中国红十字会的窗口。做好一报一刊的工作，事关红十字发展的大局，意义深远。

第一，一报一刊是党和人民的喉舌，是红十字最重要的宣传舆论阵地，在发展红十字事业中始终具有不可替代的作用。它传达着党和政府对最易受损人群的关怀，传达着中国红十字会的主张，引导着红十字事业的发展方向。做好一报一刊的编辑发行工作，扩大它们的覆盖面，就能够不断巩固和扩大红十字的思想舆论阵地，在引导社会舆论、形成红十字的主流声音中发挥重要的作用。

第二，一报一刊展示着红十字的形象，它反映红十字的精神面貌、时代风采和工作成绩，是社会弱势群体以至全社会了解红十字事业的一个重要窗口。从一定意义上说，一报一刊宣传的形象就是红十字组织的形象。做好一报一刊的工作，就能更好地在全社会扩大红十字的社会影响力，为推动红十字事业的新发展营造有利的氛围。

第三，一报一刊是红十字服务最易受损人群的重要载体。通过一报一刊服务弱势群体，是红十字组织服务弱势群体的重要手段。做好一报一刊的编辑发行工作，就能更好地让红十字更好地贴近最易受损人群，把红十字服务最易受损人群的工作提高到新的水平。

第四，一报一刊是中国红十字会指导全国红十字工作的重要手段。在现代信息社会，通过媒体传达工作信息可以减少中间环节，直达基层，提高工作效率。做好一报一刊的工作，扩大覆盖面，将加大中国红十字会总会对基层红十字组织指导和服务的力度。

这几年，《中国红十字报》和《博爱》杂志经过重新定位和全面改版，一报一刊的面貌发生了较大的变化，报纸已从过去“简报+黑板报”的办报模式中走出来。

《博爱》杂志从改变了过去定位模糊，与市场脱节的突出问题，根据市场需求，重新明确了定位，并对杂志进行了全面改版和包装。改版后的《博爱》以“关注民生，记录情感，在亲情、友情、爱情、人际之情的讲述中凸显世道人心”为杂志的定位，以讲述真实、感人的亲情故事、友情故事、爱情故事以及邻里之间的故事、同事之间的故事、师生之间的故事为主要内容。并以其以雅俗共赏的内容和风格逐步为读者所认可。

这些变化是可喜的。但是实事求是地讲，还很不够。它还有很大的发展空间。它距离“立足红十字事业，面向社会，走向市场”的要求还有一定的差距。希望报刊社的同志齐心协力继续努力，为实现“打造全新形象创立报刊品牌”的奋斗目标迈出更快、更大的步伐。我们要善于向身边做得很好的刊物学习，学习人家的办刊经验，学习人家的办刊思路，特别是要学习人家通过举办各种各样的活动在市场占有一席之地、不断扩大影响的好的作法。特别是《博爱》杂志，从长远的发展看，走向市场必然的趋势。总会党组非常重视一报一刊这个宣传阵地，总会希望报刊社要增强改革意识，大胆探索，勇于创新，真正加快博爱杂志走向市场的步伐。作为分管领导，我坚决支持报刊社的改革和探索。

各级红十字组织要充分认识报刊宣传的重要性，要认识到，我们的新闻宣传工作做好了，社会影响力大了，就会有更多的人关注、支持我们的事业，就会有更多的人加入到我们的行列，就会有更多的人希望通过我们的组织为国家和社会奉献自己的力量。所以一报一刊的发行工作，不是我们的份外事，而是我们每一个人的份内事，各级红十字会领导，要从事业发展的高度，重视和关心一报一刊的订阅发行，要将报刊发行工作做到社区，做到学校，做到医院，做到志愿者中去，让总会的声音及时传达到基层。在充分发挥好利用好“一报一刊”的同时，各级红十字组织要努力构建多重宣传模式和平台，主动与国内外知名媒体合作交流，以平面媒体和广播电视等多种形式更有效地扩大中国红十字会在国际社会和国内的感召力，真正形成“横竖”交错的大宣传格局。

（四）要加强对新闻报道工作者的职业精神和职业道德教育，以培养一支高水平的新闻工作者队伍。

新闻工作是一个特殊的岗位，对从事这项工作的人员有很高的要求。我想利用这次培训的机会对广大的红十字新闻工作者提出几点要求：

1．要培养强烈的责任心。新闻工作责任重大。做一名合格的新闻工作者，即使是业余的，都必须要有高度的责任感。要站在红十字事业的高度来增强责任感和使命感，对人道事业负责，对最易受损人群负责，对新闻出版事业负责，把个人的成长进步融入到事业的发展之中，把为事业发展尽职尽责作为自己基本的价值追求。有了这样的责任心，我们的工作就可以少走弯路，可以避免很多差错，我们个人也可以在事业的发展中得到成长。

2．要树立正确的名利观。如何对待名利，是对人的一个重大考验。对从事红十字新闻宣传的人来说，特别是对年轻的红十字新闻工作者来说，树立正确的名利观特别重要。我们都希望写很多的新闻报道，发很多的稿子。写报道，发稿子，就有一个出名的问题，同时也有利益的问题。要正确处理事业和个人的关系，正确处理事业和成名的关系，正确处理事业和利益的关系，正确处理一时和一世的关系。一味的追求名和利是很危险的。我们赞成的是在推动事业发展的前提下而得到的名和利，赞成的是把个人发展融入事业发展中的名和利。

3. 要打牢功底。新闻写作，是一个专业化程度很高的业务。有自身的特点和规范。把具有良好的新闻职业精神职业道德和扎实的专业功底联系在一起，才能成为优秀的新闻工作者。所谓打牢功底，一是要打牢政治功底，树立政治意识，培养世界眼光，树立大局意识和责任意识，坚持正确的舆论导向，增强政治敏税性和政治鉴别力。二是要打牢业务功底，只有掌握新闻写作的基本知、基本规范、基本程序、基本手段，才能出色地完成报道写作任务。

4. 要开拓进取。我们的红十字报刊面临的竞争是很激烈的。要想让我们的报纸和刊物在激烈的竞争中处于不败，最理想的是不仅不败，而且还能做大做强，光靠报刊社的工作人员是远远不够的。在座的各位是决定这张报纸和这本刊物是否具有核心竞争力的关键。所以，我们的通讯员要有开拓进取的精神，不能只满足于登了多少篇稿子，要下功夫理性地挖掘更深层次的东西，要争取写出有影响的文章来。每个通讯员都拿出精制的菜，编辑部才有可能摆出象样的宴席。有影响的文章可以使报纸和刊物产生更大的影响，反过来，有影响的报纸刊物可以使你的作品更有影响。

目前，我们从事宣传工作的同志大都没有进行过专门、系统的新闻业务培训，这在一定程度上已影响和制约了我们的新闻报道工作。在有些地方，一些好的工作经验，一些能感动人、影响人的人物典型和事件得不到及时的报道；一些已经开展的本可以产生社会影响的好的活动得不到及时的反应；一些好的主张，好的做法得不到及时的传播。甚至在有的地方，新闻宣传的滞后已经成为工作的软肋。所以，总会党组非常重视这次培训工作，希望通过培训能尽快建立起一支具有一定专业素质，掌握一定专业技能的通讯报道队伍，以此推动我们的新闻宣传报道工作。

四、关于红十字应急宣传工作

2008 年是不平凡的一年，发生了雪灾、地震等突发事件，总会和全国各级红十字会共同经历了一场不同寻常的洗礼。特别是在汶川地震紧急救援阶段，红十字会瞬间成为全社会爱心汇集的中心，成为公众瞩目的焦点，也成了舆论旋涡的交汇点。从总体来说，在这次抗震救灾过程中，总会和全国各级红十字会的宣传工作都发挥了积极的舆论引导作用，为我们取得空前的募捐额度和保证救灾秩序的顺利进行起到了积极的配合作用。

最近几年，突发事件比较多，为适应信息社会发展的新形势，规范突发公共事件新闻报道工作，中办、国办于 2008 年 10 月 16 日出台了《突发公共事件新闻报道应急办法》，该办法对突发事件新闻报道的组织协调、新闻发布程序、应急报道的保障等有关方面都做了明确规定，该办法要求各部门要高度重视突发公共事件的新闻报道，深刻认识做好有关舆论引导工作对于妥善处理突发事件的重要意义和积极作用。

红十字会的首要法定职责是备灾救灾，与突发事件打交道是我们工作的重中之重，因此做好对突发事件的应急宣传同样是非常重要的。尤其是通过汶川地震，我们深切感受到在突发灾害的紧急救助中，应急宣传是很重要的一环，我们不仅要善于和媒体及时沟通，热情提供采访便利，努力与媒体建立和谐互动的良性关系，还要把握及时性原则，在灾害发生的第一时间发出我们的声音，赢得引导舆论的先机，成为新闻的“第一提供者”，不给谣言和小道消息留下空间。

今年，宣传工作的一项重要内容就是探索建立符合我会特点的应急宣传机制。根据目前信息社会发展的新形势，要不断规范突发公共事件的应急宣传报道工作，把应急宣传机制纳入各级红十字会突发事件应急预案的总体框架，放在紧急救助中，明确工作责任，提供基础保障，协调好各方面关系，积极主动地做好信息公开和舆论引导工作，为保证救灾秩序的有序进行发挥积极的作用。

今天，召开此次“2009 年度新闻传播业务培训班暨应急宣传座谈会”是非常及时和必要的。汶川地震过去整整一年了，它给我们提出哪些反思？又给我们带来哪些启示？在座的各位都是各省市负责宣传工作的同志，在宣传方面都有比较丰富的经验，希望大家能够从雪灾和地震的救助工作中及时查找问题，深刻反思，不断总结经验，完善我们的应急机制。下午召开的应急宣传工作座谈会的一项重要内容就是对总会初拟的《中国红十字会突发公共事件应急宣传暂行办法（讨论稿）》进行讨论，希望大家能够多提宝贵意见，充实和完善此《办法》。会后，希望各省市也能与总会一道，尽快出台并逐步完善各省市的《突发公共事件应急宣传办法》，真正实现全国红十字系统大宣传一盘棋的格局。

在中国红十字会艾滋病预防与关爱工作会议开幕式上的讲话

中国红十字会秘书长　王海京

2009 年 6 月 24 日

首先对参加“中国红十字会艾滋病预防与关爱工作会议”各地红会的代表表示诚挚的欢迎！

中国红十字会作为国际红十字运动的成员之一，作为中国政府人道救助领域的助手，多年来一直积极参与艾滋病防治工作。在国务院艾滋病防治工作委员会办公室的大力支持下，在总会执委会的关心和领导下，在全国各级红十会的积极配合下，中国红十字会的艾滋病预防和关爱工作在 2008 年进行得很精彩，我们有几个突出的亮点：

制度建设和基础建设有了稳步发展。为认真落实国务院《艾滋病防治条例》、《中国遏制与预防艾滋病行动计划》以及《中国红十字会 2005—2009 年预防控制艾滋病工作规划》，响应联合会艾滋病全球联盟的号召，进一步推动我会艾滋病预防与关爱工作的深入开展，2008 年 3 月召开了全国会议，正式启动中国红十字会艾滋病全球行动同盟，力争到 2010 年全国红十字会防艾工作翻一番；我会对《中国红十字会 2005—2009 年预防控制艾滋病工作规划》开展了中期评估，根据评估的结果，制定和通过了《中国红十字会预防控制艾滋病工作规划补充实施计划（2008—2010）》，并下发个地红会，进一步指导新形势下的红会艾防工作；联合国艾办共同下发了红总字［2009］

4 号《关于进一步加强合作深入开展艾滋病防治工作的通知》，鼓励和支持各级红十字会深入开展艾滋病防治工作（这个文件体现了国家对红会艾滋病工作的支持和信任，我们应该好好利用这个文件）。

技术能力得到很大提高。2008 年，总会组建了由国艾办、国际联合会、业界专家、地方分会代表等 9 位专家组成的技术专家组，为我会的防艾工作提供强有力地技术支持和保障；完成了针对大学生、吸毒人员、男男同性恋、娱乐场所从业人员、外来务工人员、感染者等目标人群的同伴教育培训和工具包的编写和制作工作，这套教材的开发下了很大的功夫，也是我们艾滋病工作的一个基础工具，针对性和实用性强，这套教材在全国也是首例，受到了国艾办、国际组织和其他部门的高度评价并借鉴；与中央电视台合拍了《中国红十字会艾滋病预防与关爱工作专集》，在世界艾滋病日播出的一系列节目中有该宣传片的一部分镜头，系统地介绍了我会的预防艾滋病工作，并突出了最佳实践，非常有助于指导地方开展工作；我们还收集整理了各个项目中优秀的宣传品设计，制作成可印刷的电子文档，编辑成光盘，作为中国红十字会防艾系列宣传品，推荐给各地红十字会在宣传工作中根据实际需求选择使用；同伴教育力量稳步提高，各地共举办 6218 期不同人群的同伴教育班。

各地预防宣传和关爱工作的规模和质量都有大幅度提高。现在有 27 个省在推动艾滋病防控工作，而不是原来的几个艾滋病高发省份；工作已经从过去的单一的大众宣传发展成以目标人群为中心，以目标人群需求为导向，以目标人群志愿者为核心力量，让感染者充分参与，将防艾工作重点放在宣传和关爱，针对大学生、吸毒人员、女性性工作者、男男同性恋、监管场所劳教人员等的同伴教育工作取得了很好的效果；鼓励目标人群自助互助，建立目标人群组织网络，2008 年我会与 60 个草根组织建立了合作机制。

在总结成绩的同时，我们也要清醒地看到工作出现的问题：

一、各级红会对开展艾滋病防控工作的必要性认识和重视不足。红会开展艾滋病防控工作具有重要意义，一是国家发展的需要，现在国家艾滋病的形式非常严峻，艾滋病感染者全民比例不高但总量大，并且呈现持续增长的趋势。中国农业人口与流动人口多，人口素质偏低，关于艾滋病的知识相对匮乏，一些地区医疗保障条件有限，如果不重视这项工作，对国家和民族将是一个严重的危害。而红十字会作为国家的助手，有责任有义务开展这项工作；二是符合红会的宗旨，保护人的生命，健康和尊严；三是作为联合会的成员，我们应该积极响应联合会的参与艾滋病防治工作的倡导与号召。

（各省红会要进一步加强对领导干部的倡导和培训，消除歧视和偏见，端正态度，认识到开展防艾工作是从红十字会的宗旨出发，符合七项基本原则，是我们职责范围内的工作，而不是额外的负担，更不是硬性摊派的任务。）

二、艾滋病预防控制工作只有盆景，没有花园。我们虽然在 27 个省在开展工作，但是各地发展不平衡，很多地方规模小，目标人群、受益人数还都很有限；虽然许多地方的经验精彩实用，但是规模与红十字会承担的社会责任以及大量的人道需求相比还显得微不足道，就好像是一个个精致的“盆景”，没有大面积的开花结果，更谈不上花园。要使所有县都覆盖到还有漫长的距离。

三、资金面临严重困难。制约我们工作发展的关键瓶颈是资金短缺，各省的项目基本上依赖于总会的资金支持。而各地红会其他业务工作任务繁重，人手严重不足，主观上制约了防艾工作的扩展；客观上政府对救助队伍的支持不够，我们从其他渠道很难获得资金。红会的工作开展空间和潜力都很大，但是目前国际红会对中国红会的期望值越来越高，这就使得中国从国际上争取资金越来越困难，像艾滋病防控这样的发展型项目就尤为困难，导致许多工作刚刚打开局面就被迫搁浅。

下面我想说一下今后工作的设想。

总会要做好以下三个工作：（一）加强筹资，整合资源，筹集更多的资金，支持各省工作。加强和政府的沟通和配合，争取更多的支持；（二）修炼内功，做好做大做强的准备，我们要审视自己的规章制度是否规范，公信力是否很强，财务是否透明。机会总是有的，关键是我们自己要准备好。（三）加强对各省的指导帮助，尽可能地提供人力、物力和技术上的支持。

各省红会应该做好以下工作：（一）希望各省重视这项工作，将艾滋病工作常态化；（二）想方设法动员一切力量，自主筹资，争取当地政府、企业的支持，不完全依赖总会的资金；（三）在现有条件下加大工作力度，按照工作规范去开展每项工作，找准切入点，抓好本地区的试点工作，在条件允许情况下再全面铺开；（四）具体工作的实施不要单打独斗，要和基层组织发展、宣传工作、志愿服务等结合起来，提高认识，将艾滋病工作综合开展。总会在开展一些农村健康教育项目中有意识地将预防艾滋病的知识整合进去，现在一些卫生救护的培训教材中也增加了防艾的知识，建议各地在开展各项业务培训的同时，适时增加防艾的内容，综合发展。

在全国来说，我们的工作都是一流的，我们的优势在于红会能够与许多草根组织建立良好的关系，这是工作人员付出了巨大的努力后争取到的。我们应该充分利用这种优势，用城市包围农村的方法来一步步拓展工作覆盖面。

这次很高兴有机会在新疆这个美丽的地方开会，希望各省把会开好，献计献策，同时感谢新疆自治区政府，新疆红会，新疆生产建设兵团的大力支持，预祝大家在会议期间身体健康，生活愉快，谢谢大家！

三

总 会 篇

中国红十字会组织结构图

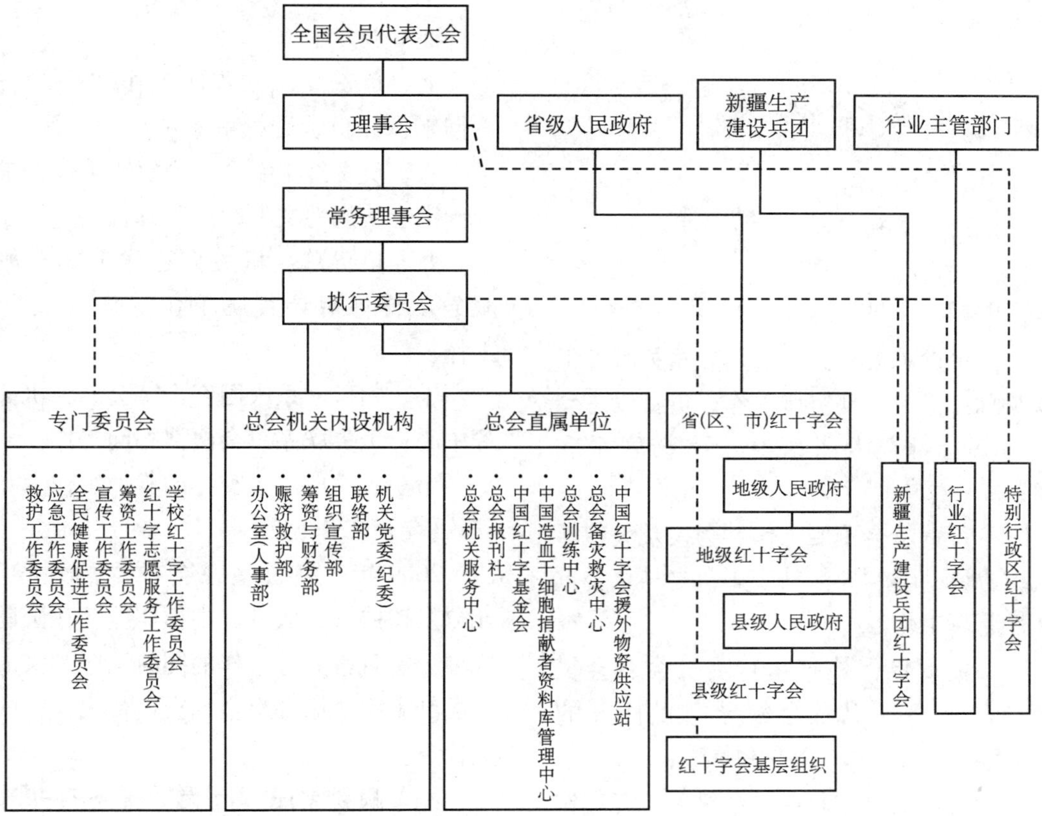

注：图中实线表示领导关系；虚线表示业务指导关系。

中国红十字会总会机关及直属单位

总会机关

办 公 室

【职责】

一、负责总会机关和会领导相关服务工作以及总会机关内部协调工作；负责以总会名义与其他部门及省级红十字会联系和沟通；

二、负责总会重要工作、会议及大型活动组织协调，会领导活动安排，参与总会重要文件起草工作。

三、负责督促检查执行委员会、会长办公会决定事项以及会领导布置任务的落实。

四、负责汇总、起草总会机关年度工作计划和总结，拟订有关规章制度并督促检查落实。

五、负责总会机关文电处理、秘书事务、印信管理、机要保密、安全保卫、档案管理、来信来访、信息综合、值班工作和计算机网络硬件建设。

六、负责总会机关人事工作，指导直属单位人事工作。负责总会机关干部教育培训工作；负责与人力资源社会保障部联合表彰红十字会系统先进集体和先进工作者的协调和组织实施工作；负责中国红十字会工作者荣誉证章颁发工作。

七、负责立法、普法工作和法律法规贯彻工作；负责维权事务和法律政策咨询。

八、负责红十字会理论研究工作；参与红十字会法规性文件起草和修订。

九、负责总会机关离退休干部管理和服务工作，指导直属单位退休人员管理工作。

十、归口联系中国红十字会总会机关服务中心；负责联系总会法律顾问工作。

十一、完成领导交办的其他工作。

【年度工作】

2009 年，办公室在会领导的领导下，充分发挥协调、服务、中枢职能，在圆满完成办公室日常业务工作的同时，顺利完成了中国红十字会第九次全国会员代表大会的有关任务。

一、顺利完成“九大”筹备召开等相关工作

（一）“九大”相关会务工作。负责组织召开了 1 次九大主要文件征求专家意见座谈会及 4 次征求地方红十字会意见座谈会；与中办、各部委和相关单位协调做好“九大”开幕式的各项准备工作及九大期间各次会议主席台文件的印制发放工作。“九大”之后组织召开了总会机关及直属单位正副职领导工作务虚会，就贯彻落实“九大”会议精神，做好工作进行探讨。

（二）“九大”相关表彰工作。拟定“表彰全国红十字会系统先进集体和先进工作者”实施方案、表彰通知和表彰决定，在九大会议上与人力资源和社会保障部联合表彰了10位先进工作者和31个先进集体；拟定《中国红十字会荣誉证章颁发办法》，并经中国红十字会第八届理事会第六次会议通过；审核登记4380人分别获金银铜奖。

（三）“九大”相关人事工作。配合中组部完成九大换届领导人事考核和资料整理工作。

（四）“九大”相关文件工作。完成了中国红十字会第八届理事会工作报告、中国红十字会会长讲话、预备会讲话等文件的起草工作，并参与部分秘书组工作。会后负责起草向国务院的报告，汇报“九大”有关情况，并负责对“九大”分组讨论情况进行汇总。完成了中国红十字会法律法规汇编、中国红十字会领导讲话选编、中国红十字会政策文件选编、不懈的追求——蓬勃发展的中国红十字事业等“九大”材料的印制发放工作。

此外，负责收集“九大”相关所有定稿文件，完成中国红十字会第九次全国会员代表大会文件汇编的印制工作，并发往全国各级红十字会，供学习参考使用。

二、认真履行办公室各项职责

（一）综合服务工作

做好执委会、会长办公会等会议的组织安排工作，定期汇总完成会领导工作安排，做好总会机关工作人员值班安排工作，做好大事记收集整理工作。目前，已经将2006—2008年的大事记补充完整，承担总会简报编发工作。

协助档案数字化公司对档案室2001年至2005年近10万页文书档案、库存605张照片、716盘录像带、71盘录音带、17张光盘档案进行了数字化扫描，对522件实物档案进行了拍照、重新编号整理，建立数据库，对2006—2007年近6万页文书档案进行了整理；协助参加博鳌展览展品及物品的征集工作。

完成信息资源库软件系统开发和验收工作，扫描历史书籍246本，入库文件共8240个。协助完成备灾救灾软件开发和维护工作。协助完成组织建设管理软件需求调研工作，软件开发正在进行中。

完成2008年度中国红十字会总会计算机网络建设项目绩效考评自评报告工作。完成网络硬件系统，数据库、杀毒软件病毒库升级维护工作，保障网络设备和应用系统正常运行。

组织承办了由中国红十字会担任组长单位的中央国家机关档案工作第十五协作组调研活动。登记机要文件近千份，送阅会内运转文件5000人次。

（二）人事行政工作

配合中组部较好地完成了我会领导班子成员和直属单位领导班子年度考核试点工作；完成机关及直属单位领导班子年度考核、民主测评工作，评选推荐18位同志获年度考核优秀等次。

拟定“开展在汶川地震抗震救灾和参与奥运工作中先进集体和个人”工作实施方案和表彰决定，评选出总会及直属单位4个集体三等功和5位个人三等功；评选出10个集体嘉奖，和50位个人嘉奖。

拟定并落实机关内设机构调整方案，拟定职责和编制调整；拟定总会干部竞争上岗实施方案，并较好地完成了工作任务。其中2位晋升副局级、3位副部级、3位处级和3位非领导职数的干部。确定了31位同志的新岗位。

组织新录用机关工作人员进行面试工作，录用了5名干部。2009年调进1名处级干部，晋升1位副主任科员、3位主任科员；完成2009年军转干部计划，为直属单位推荐接受了2名军转干部。

向国务院军转办推荐1名副处长参加中央单位模范军队转业干部推荐评选，并获得“中央单位模范军队转业干部”荣誉称号。

（三）政策法规工作

完成中国红十字会第八届理事会第五次会议的文件起草及部分会务工作，并完成了中国红十字会第八届理事会第五次会议文件汇编的印制发放工作。

为有效宣传红十字标志使用办法，完成了神圣的红十字——红十字标志维权专题片的摄制工作，并制作了800张光盘，在中国红十字会第九次全国会员代表大会上向与会代表发放。

联系中央政策研究室政治研究局谢义亚研究员开展新中国成立60年来中国红十字事业发展课题研究。赴黑龙江省进行调研，召开多次座谈会，目前，课题报告已经基本完成。

负责全国人大代表、全国政协委员的建议和提案的接收、分发、督办工作，2009年共接到代表建议9份，委员提案6份，分别涉及北京999紧急救援中心、募捐接受平台、备灾救灾中心建设等问题。目前，已全部办理完毕。

负责彭珮云会长著《不懈的追求——神圣的红十字》一书的出版事宜，联系确定社会科学出版社出版，并多次协调新闻出版总署申请该书立项。目前，该书的立项、编辑、出版情况进展顺利。

完成了中宣部、司法部、全国普法办开展的“五五”普法先进集体、先进工作者、先进个人的推荐、报名工作，并获得相关表彰。

（四）老干部工作

在落实离退休干部政治待遇方面，把阅文制度、参加重大会议制度、政治理论学习制度、情况通报制度等落到实处。全年共组织政治学习6次，情况通报会2次，举办座谈会1次，举办为期两天的政治理论学习班1期，听辅导报告3次。

加强离退休干部党支部建设，认真抓好党员的学习实践活动，通过举办党员干部学习班、座谈会、发放学习材料、观看辅导讲座、播放大型记录片《峥嵘岁月》、《失衡的秤》等；使广大党员干部全面了解和把握中央的战略举措、奋斗目标和实施步骤，把思想和行动统一到中央的精神上来。还完成了老干部支部改选工作。

坚持走访慰问老干部。慰问离退休老部长和老部长遗孀及原会领导；看望慰问生病住院的老同志，给他们送去了慰问金和慰问品。坚持对卧床不起、行动不便、生病住院、异地安置的老同志进行走访慰问。对15位建国前参加革命工作的老党员、老干部进行走访慰问。全年共走访慰问老同志达70余人次。

承担了老干部医药费单据的收集、汇总、报批、报销、通知领取和汇出等系列工作。据统计，全年共收到老干部送来的医药费单据200多份，核定金额约30万元。协同机关服务中心为36位离退休人员安排了健康检查。

组织老干部春游、秋游及健康疗养活动，共有70余人次老同志参加。

（高崇华）

综 合 处

【职责】

一、负责机关内设机构和人员编制的管理工作

二、负责机关部门领导及以下人员的考核、录用、任免、调配、奖惩、培训、工资、福利、出国政审以及人事档案管理。负责离退休干部工资调整。

三、负责机关聘用人员劳动关系及工作补贴的审核工作。

四、承办总会援疆和扶贫干部的呈报、保险福利及待遇的审核工作。

五、负责承办与人力资源社会保障部联合评选表彰红十字会系统先进集体和先进工作者工作。负责承办中国红十字会工作者荣誉证章颁发工作。

六、承办直属单位领导班子及成员的考核，领导班子成员的任免、调动、工资审核、退休手续及档案保管。负责直属单位处级干部任免备案。

七、负责直属单位机构编制工作和工资总额审定。指导直属单位人事管理工作。

八、完成领导交办的其他工作。

人 事 处

【职责】

一、承办机关参照公务员管理工作。

二、承办机关内设机构设置和人员编制的具体事宜。

三、负责机关部门领导及以下人员的考核、录用、任免、调配、奖惩、培训、工资、福利、出国政审以及人事档案的事务管理。

四、负责机关聘用人员（包括外聘、返聘和志愿者）的人事关系及工作补贴的审核工作。

五、承办总会援疆和扶贫干部的呈报以及援疆和扶贫干部在工作期间应享受的保险和福利待遇的审核工作。

六、承办直属单位机构编制工作，负责处级以上干部的考核、任免、调动、工资审核以及档案管理。指导直属单位人事工资政策及人事监督管理工作。

七、负责与人事部联系，承办联合评选表彰全国红十字系统先进集体和先进工作者的具体工作。

八、完成领导交办的其他工作。

政策法规处

【职责】

一、负责红十字会立法、普法和维权工作。对国家有关公益事业法律法规提出修改意见，开展法律政策咨询。

二、研究国家相关法律法规和方针政策对红十字事业发展的影响。

三、负责红十字会理论研究工作；研究国际红十字运动发展史，中国红十字会历史及发展方向；承担带有综合性、前瞻性、重大问题的课题研究。

四、参与全国会员代表大会、理事会和工作会议等重要会议主要文件的起草工作。

五、配合全国人大、政协等有关部门制

定并实施红十字会执法检查考察（或调研）计划。

六、参与拟订红十字会法规和政策性文件。

七、协调和落实中国红十字理论研究会的工作。负责联系总会法律顾问有关事宜。

八、完成领导交办的其他工作。

财务与资产管理处

【职责】

一、负责编制总会机关的预决算；按照财政部核定的预算，统筹安排、使用各项资金，保证总会机关正常运转的资金需要。

二、负责总会捐赠资金、预算外资金和其他资金的管理工作。

三、对总会国有资产进行会计核算的监督，对总会委托机关服务中心负责的国有资产管理工作进行指导的监督。

四、定期编报财务报告，如实反映财务收支状况，分析财务活动，参与财务决策。

五、对单位的财务活动进行控制、监督，防止国有资产流失。

六、对直属单位的财务活动进行指导和监督。

七、对总会核拨地方红十字会的专项资金的使用进行指导和监督，配合审计部门进行审计和检查。

八、承办上级主管部门布置的任务。

九、完成领导交办的其他工作。

离退休干部处

【职责】

一、贯彻落实党中央国务院有关离退休干部的方针、政策。

二、负责组织机关离退休干部的政治学习、传达文件、通报重要情况，参加相关会议；协助直属机关党委安排离退休干部党支部的活动，做好离退休干部政治思想工作。

三、定期走访、慰问机关离退休干部，了解情况并及时向上级反映离退休干部的意见和要求，合理解决离退休干部提出的实际问题。检查指导直属单位退休人员管理工作。

四、协同筹资与财务部机关财务处计划使用机关离退休干部经费。

五、组织机关离退休干部的健康休养，开展适合老年人特点的文体活动。

六、配合机关服务中心做好机关离退休干部的住房、用车、健康体检等工作。

七、做好机关离退休干部逝世后的缮后工作。

八、协助做好机关离退休干部医疗保障工作。

九、完成领导交办的其他工作。

赈济救护部

【职责】

一、指导全国红十字会系统开展备灾救灾、应急卫生救护、人道救助等工作，负责拟定完善相关政策、制度和发展战略、发展规划。

二、负责全国红十字会系统备灾救灾、

应急卫生救护、人道救助等业务培训、考核评估、信息收集等工作。

三、负责拟订总会筹集款物开展的备灾救灾、应急卫生救护、人道救助等工作的具体计划，并指导实施、监督和检查。

四、统筹总会应急救援队伍、备灾救灾设施的建设和管理，负责针对突发公共事件的应急救助和救护工作。负责总会应急工作办公室的日常工作。

五、参与无偿献血、造血干细胞捐献、遗体（器官、组织）捐献的宣传推动及管理工作；协助政府开展艾滋病预防和控制工作；负责冠名红十字医疗机构的人道服务工作指导和相关管理。

六、组织推荐南丁格尔奖章获得者人选，并组织颁奖活动。

七、负责与国家有关部门或机构的业务沟通协调工作；会同总会联络部开展相关的国际交流与合作。

八、负责统筹、协调、指导和实施境内外资金支持的项目工作。

九、归口联系中国造血干细胞捐献者资料库管理中心、中国红十字会总会训练中心、援外物资供应站、备灾救灾中心。

十、完成领导交办的其他工作。

【年度工作】

一、继续做好汶川地震灾后重建工作

在全国各级红十字会特别是灾区红十字会的努力下，红十字会系统援助汶川地震灾区灾后恢复重建工作取得阶段性成果，相当一部分重建项目已经完工，其余在建项目正在稳步推进。据不完全统计，截至2009年11月底，全国红十字系统在汶川地震受灾地区已经确定灾后重建项目资金120多亿元人民币，援建项目包括民房9.5万余户、学校1000多所、卫生院1200多个、卫生站及部分康复中心、福利院等近3000个。总会决定在2010年春节前，把总会接收的社会捐赠资金用于重建项目的情况向社会公告，接受社会监督。

二、努力完善红十字备灾救灾中心（仓库）网络体系

截至目前，全国共建立六个区域性、20多个省级、100多个地市级备灾救灾中心（仓库），总会的备灾救灾中心也正在紧张建设之中，并将于2010年全部完工，这对于完善红十字备灾救灾仓库网络体系、充分发挥红十字会在应急救援工作中的作用至关重要。总会、省级红十字会，有条件的地市级红十字会要着力加强应急救援队伍建设，完善应急救援装备、提高应急救援能力，加强应急救援演练。

三、推进救护培训工作

救护培训作为中国红十字会的传统优势项目和《中国红十字事业2010－2014年发展规划》提出的“红十字救护行动”的重要举措，在总结交通运输、铁路、旅游等行业开展红十字救护培训的经验基础上，2009年重点推动了煤矿、建筑等高危行业的救护培训工作。

灾害管理处

【职责】

一、负责红十字会系统备灾救灾工作政策、规章、文件的研究、起草、修改工作，并指导贯彻实施。

二、负责红十字会系统应对自然灾害等重大突发公共事件应急反应能力建设；根据应急预案的要求，指导、协调各级分会开展针对自然灾害救助等重大公共事件的处置工作。

三、负责总会备灾救灾工作计划的拟订、实施、监督、管理。

四、负责拟订总会救灾物资的分配计划和海关罚没物资的协调管理。协助办理境外捐助物资进口的有关手续。配合接受对灾害救助相关工作的审计、检查和监督。

五、负责红十字会系统备灾救灾信息和网络的规划与管理。

六、按照分级负责的原则，负责红十字会救灾备灾人员的业务管理培训工作。

七、负责指导、协调备灾救灾中心的管理工作。

八、负责红十字会系统备灾救灾工作的考核、评审工作。

九、承担总会应急工作办公室的日常工作。

十、完成领导交办的其他工作。

健康服务处

【职责】

一、负责拟定全国红十字系统健康服务工作相关政策、规章、制度等，并指导贯彻实施。

二、指导全国红十字系统在城乡社区开展卫生知识宣传普及、健康促进以及大病救助等人道服务工作。

三、负责总会健康服务项目的监督落实工作。

四、指导、推动全国红十字系统开展遗体、器官、组织捐献工作。

五、负责健康服务相关领域的干部培训及志愿者队伍建设和管理。

六、会同有关部门参加与本处工作职责相关的国际交流活动并实施相关合作项目。

七、协调和落实健康促进工作委员会相关工作。联系中国造血干细胞捐献者资料库管理中心。

八、完成领导交办的其他工作。

救 护 处

【职责】

一、负责研究、拟定红十字会系统卫生救护等方面工作的政策性文件，并指导实施。

二、对红十字会系统卫生救护等方面业务工作进行培训、考核、评审，负责收集整理有关信息。

三、普及卫生救护知识，推动和指导现场的、群众的、初级的卫生救护培训工作。在重大自然灾害和突发事件的救护救助活动中，组织、动员广大红十字会员、救护员和群众进行现场自救互救。

四、依法参与无偿献血事业的宣传与推动；和政府有关部门组织表彰活动。

五、按照红十字国际委员会的要求，遴选南丁格尔奖章候选人，并组织颁奖活动。

六、协助政府积极开展预防和控制艾滋病宣传教育工作。

七、负责红十字（会）医疗机构的审核、命名工作。

八、参与同人道主义相关的卫生、保健、救护项目，推动遗体（器官）捐献工作。

九、归口联系中国造血干细胞捐献者资料库和总会训练中心的有关业务工作。

十、完成领导交办的其他工作。

项目办公室

【职责】

一、负责统筹、协调、指导和实施总会

开展的境外资金支持的多边和双边发展项目；

二、负责制定项目管理的相关政策和规章制度；

三、负责项目的协商与谈判，承担对外、对内的联系工作；

四、负责监督检查项目的执行情况，组织项目的评估工作、调查研究、经验总结与推广工作，开展项目管理的培训工作和交流活动；

五、参与项目的筹资工作，负责收集项目管理信息；

六、完成会领导交办的其他工作。

筹资与财务部

【职责】

一、负责拟订全国红十字会系统筹资战略、规章制度和总会筹资计划，指导地方各级红十字会的筹资工作。

二、负责总会筹资工作及国内捐赠项目的洽商、谈判、协议的签署及部分项目的实施。

三、配合联络部开展筹资业务国际交流与合作。

四、统筹管理总会机关各类资金和资产。负责总会日常财务与资产的会计核算和监督工作；对总会直属单位财务工作及总会核拨地方各级红十字会的款物使用进行指导和监督。

五、依据国家有关法律法规和财务规章制度及国际红十字运动的相关规则，对总会机关重大财务事项实行事前审核、事中检查、事后追踪问效。

六、负责拟订红十字事业经费和总会财务、资产管理制度，监督检查总会机关和直属单位执行有关法律法规和财务制度的情况。

七、归口联系中国红十字基金会。

八、完成领导交办的其他工作。

【年度工作】

2009 年，在总会党组和执委会的领导下，筹资与财务部正式组建后，深入贯彻落实科学发展观，求真务实、扎实工作、廉洁自律，较好地完成了年度各项工作任务。

一、创造性地开展汶川地震恢复重建相关工作

筹资与财务部党支部在总会机关党委的指导下，严格按照《中国红十字会总会党组深入学习实践科学发展观整改落实方案》，切实做好整改落实方案的实施工作，尤其是创造性地开展了汶川地震恢复重建相关工作。

1. 对应、公示灾后恢复重建项目。开创性地编印了《汶川地震灾后恢复重建捐赠项目名录》第一、二、三期（一期对应资金总量近 13 亿元，各类项目约 2000 个，二、三期对应资金总量 7.3 亿元，各类项目 1700 个；对应捐赠企业约 2200 个）。第一期已经印制完成，发放给捐赠人和媒体，并在总会外网公布，受到社会公众和捐赠人的好评，提升了我会的社会公信力。

2. 组织捐赠企业和新闻媒体开展“灾区博爱行”活动。“5・12”汶川地震纪念日之前，组织具有代表性的捐赠企业和新闻记者，前往四川灾区考察中国红十字会灾后恢复重建工作，让捐赠人全面了解重建项目的流程、进展、资金使用等情况，出版了“灾区博爱行”专刊，受到捐赠人和社会各界的赞誉。

3. 协调、沟通、组织各类捐赠企业在灾区的奠基、竣工仪式。其中，安排彭珮云会长出席了绵阳国家电网博爱新村竣工仪式，安排江亦曼常务副会长、苏菊香副会长出席了LG玉堂博爱中学竣工仪式。

4. 参与汶川地震重建项目督导组工作，深入灾区指导和规范捐赠资金的使用。

二、制定规范性文件，加强制度建设

1. 制定《中国红十字会募捐和接受捐赠工作管理办法》。为了规范红十字系统的募捐和受赠行为，及时向捐赠人反馈捐赠款物使用情况，加强受赠款物的管理和使用，在深入调研，广泛征求总会机关各部门和地方分会意见的基础上，起草了《中国红十字会募捐和接受捐赠工作管理办法》。该办法已由八届六次理事会通过实施。

2. 制定《中国红十字会总会项目基金管理暂行办法》。为了动员企业等社会力量向红十字事业捐赠，为项目基金设立、管理、资助等建立依据，起草了《中国红十字会总会项目基金管理暂行办法》。目前，起草工作已完成，待执委会审议讨论。

三、加强筹资与财务能力建设

1. 举办了筹资与财务工作培训班，对筹资和财务工作进行了比较系统的研讨，既有理论，又有实践经验；既有案例分析，又有市场分析；既对法律政策进行了解析，又对相关文件和制度进行了研究，信息量丰富，受到各地方分会培训人员的一致好评。还举办了汶川地震重建项目财务培训班、中国红十字会心理救援研讨会及培训班，与训练中心联合开展了市县级红十字会领导干部和财务人员培训班。

2. 与美国印第安纳大学签署了合作备忘录，在筹资理论研究、筹资技能培训、数据分析等方面确立了长期合作关系，共同探讨中国红十字会的筹资理论和行为，引进国际非营利组织在筹资方面的新理念和新模式，将按年度开展合作，逐步完成研究成果。

四、顺利完成了“九大”相关工作

1. 编纂、设计、制作了“中国红十字会2004—2009年成就展”，充分展示了五年来中国红十字会所取得的辉煌业绩，图文并茂，生动活泼，受到普遍好评。撰写了“九大”人民日报评论员文章。

2. 完成了“九大”会议的经费筹备和会务工作。

五、募捐和接受捐赠工作成效明显

在全球金融危机，筹资形势严峻的情况下，总会募捐和接受捐赠工作取得了比较优异的成绩，年内总会接受捐赠总量接近7亿元人民币，明显高于常年水平。

进一步完善筹资渠道。对“10699993”公益短信捐款平台进行了调整，委托新的SP服务商管理短信平台，运营状况良好。在国家整合电信行业的情况下，积极配合，顺利完成了与电信运营商平台对接、签署协议等工作。

以李连杰壹基金、李春平博爱基金、招商证券博爱基金为代表的基金筹资方式更加趋于成熟，管理更加规范。目前，总会各类基金筹款累计总量已近2.4亿元。

心灵阳光工程稳步发展。2009年召开了“中国红十字会2009年灾害心理救援工作研讨及培训会”。出版了《灾后心理危机干预》等培训教材。在2个省市建立心理关爱中心共40个；举办了5期“灾后心理危机干预培训班”，共培训志愿者近400人；举办8期教师培训会，培训了789人；

在14所大学开设心理选修课，选修学生达2692人；在8个省市举办36场校园讲座，听众达20880人；举办2场亲子教育培训会，培训了2000人。筹款300多万元，执行项目资金近200万元。

六、积极争取财政经费支持

1. 2009年，筹资与财务部抓住温家宝总理关注白血病儿童救助问题，通过财政部向国务院申请到1亿元的彩票公益金（2009年5000万元，2010年5000万元），注入中国红十字基金会小天使基金，用于白血病儿童的救助。同时，着力开展彩票公益金“十二五”计划的立项申报工作。

2. 2009年是总会的换届年，是完成中国红十字会2004至2009五年规划的最后一年，年度工作任务繁重，经费保障压力加大。在中央财政连续两年压缩经费、部门经费零增长的情况下，积极争取经费支持。2009年，总会财政拨款总额达到1.12亿元，其中新增彩票公益金5000万元，台湾莫拉克台风救助专款700万元，“九大”会议费270万元。2009年，总会财政拨款比2008年增加3951.58万元，增长16%，为完成总会全年工作提供了经费保障。

七、预决算编制及执行情况好于上年

按照财政部要求完成了2008年度决算工作。

2009年，执行财政预算经费2.3亿元。为提高部门经费预算的执行能力，每月5日前向总会各部门提供分部门、分项目年度经费计划执行信息，提高预算管理水平。认真做好会计核算工作，为领导的决策和有关部门的监督、管理提供了大量准确、完整、及时、有效的财务信息。

完成2010年预算的编制工作，在中央财政2010年预算零增长的情况下，财政部核定我会的2010年预算“一下”控制数比2009年预算增长4%。

八、加强财务监管，提高财务公开透明度

为加大总会财务的公开透明度，继续聘请社会中介机构开展项目的绩效考评和项目审计工作。对2008年彩票公益金项目、2009年计算机网络建设、“碘砷麻”综合管理等项目进行了绩效考评。同时，汶川地震捐赠项目、彩票公益金“十一五”计划项目、全球基金疟疾项目、挪威红十字会捐赠项目、心灵阳光工程、李连杰壹基金项目等接受了国家审计署或社会审计机构的审计。绩效考评、审计报告的有关信息均已向捐赠人和出资人进行了反馈，并通过中国红十字会理事会、总会网站进行了公开披露。全年接受了中央单位“小金库”治理检查组、国家审计署、政府有关部门及社会审计、考评机构等10余个专项检查、审计、考评。对于检查、审计考评发现的问题，及时落实整改。

积极开展清理总会借贷款工作。收回北京众城广澳投资有限公司国债投资285万元，完成了全部本金清收工作。完成总会账龄在10年以上、借款单位已解体，催还工作无法落实的9笔共计405万元逾期借贷款的技术认定工作，为下一步的核销处理提供了法律支持。

（查慧勤）

筹　资　处

【职责】

一、负责拟定红十字会系统筹资战略、规章制度和总会筹资计划，指导地方红十字会的筹资工作。

二、负责总会重要救助任务的筹资工作；负责策划及组织实施大型募捐活动，协同业务部门开展相关筹资活动。

三、负责建立国内合作筹资项目库，拟订国内筹资项目计划书。负责国内筹资及合作项目的洽商、谈判、合作协议的签署及部分项目的实施。会同相关部门收集、整理并向捐赠者反馈捐赠相关信息资料。

四、配合联络部开展与红十字国际组织、各国红十字会（红新月会）及台湾红十字组织、香港、澳门红十字会的筹资业务交流与培训。

五、协调和落实筹资工作委员会的相关工作。联系中国红十字基金会。

六、完成领导交办的其他工作。

机关财务处

【职责】

一、负责总会机关财务与资产管理工作。拟订总会机关财务、会计及国有资产管理的规章制度并组织实行，保障总会机关正常运转的资金需要。对总会直属单位的财务与资产管理工作进行指导和监督。

二、负责总会机关日常会计核算和财务监督工作，负责编制机关经费预算、决算和财务报告，配合财政、审计部门的审计、监督及检查工作。

三、负责总会固定资产和政府采购的财务管理工作，对总会委托机关服务中心负责的国有资产管理工作进行指导和监督。

四、承办上级主管部门布置的任务。

五、完成领导交办的其他工作。

事业财务处

【职责】

一、负责拟订红十字事业经费管理的规章制度并组织实行。

二、负责总会会费收入、接受国内外捐赠、红十字基金及其他资金的会计核算、财务监督和财务报告工作，配合审计部门和机构的审计、监督及检查工作。

三、参与合作项目的财务管理，配合项目主管部门和单位开展项目工作。对总会核拨地方红十字会的专项资金管理使用进行财务培训、指导和监督。

四、汇总编制总会年度财务收支情况报告。

五、承办上级主管部门布置的任务

六、完成领导交办的其他工作。

组织宣传部

【职责】

一、负责中国红十字会组织建设。负责拟订组织建设相关政策、规定和工作规划、计划；推动理顺管理体制工作和红十字会基层组织建设工作；指导行业红十字会的组织发展；负责会员队伍建设和红十字会系统专兼职干部培训工作。

二、负责志愿者队伍建设和管理服务工作。指导并组织地方各级红十字会开展志愿者培训工作。

三、负责中国红十字青少年工作。发展青少年会员，在各级各类学校开展红十字青少年工作；组织开展青少年夏（冬）令营工作。

四、配合办公室做好评选表彰全国红十字系统先进集体和先进工作者的相关工作。

五、负责中国红十字会宣传工作。负责拟定中国红十字会宣传战略、规划和计划；指导地方各级红十字会宣传工作。

六、负责中国红十字会重大宣传活动、新闻报道、品牌推广工作；负责推动建立新闻发布制度；负责信息收集和分析工作。

七、负责与国家有关部门或机构的业务沟通协调工作；配合联络部开展对外宣传工作及相关的国际交流与合作；负责红十字运动基本知识和国际人道法的传播工作。

八、归口联系中国红十字会总会报刊社、网络信息中心。

九、完成领导交办的其他工作。

【年度工作】

2009年，组织宣传部正式成立。全年，组织宣传参与筹备“九大”，加强组织建设、志愿服务和青少年工作，构建大宣传格局，较好地完成了年度各项工作任务。

一、学习实践科学发展观，加强规范化建设

（一）加强党支部制度建设。制作《党员手册》印发每位党员，制定支部8项制度和年度规划。

（二）坚持部务会和干部大会制度，发挥处长和干部聪明才智。

（三）率先垂范推动工作。博爱周和“九大”筹备中，党员干部率先加班加点。

二、突出重点、敢打硬仗，创造性地完成各项工作

（一）以筹备“九大”为重点，高效优质地完成组织工作和有关文件起草任务。

1. 坚持高标准完成“九大”相关文件起草工作。起草完成发展规划、章程、会员管理办法和会费管理办法修改及说明，新任会长和常务副会长在九届一次理事会上的讲话，“九大”选举办法和九届一次会议选举办法，九届理事候选人组成方案和“九大”代表分配方案及理事、代表资格审查报告，8个主持词、19个决议案、致彭会长和离任理事及名誉副会长的感谢信等主要文件，与办公室共同完成了“九大”工作报告。

2. 团结协作地完成“九大”选举工作。设计2类选票，制作选举箱，推荐总监票人和监票人，组织培训19名礼仪计票人员，保证选举工作有序高效进行。

3. 承担2010年全国工作会议相关文件起草工作。负责《规划》任务分解，制定《加强理顺管理体制工作指导意见》和《我会干部教育培训规划》，与办公室共同完成华会长讲话起草工作。

4. 完成红十字会在民政部门登记问题的调研，与办公室共同与民政部进行沟通，我会获得社团主管资质。

（二）以成功组织“09红十字博爱周”、九大宣传和“公益广告宣传月”等活动为标志，一个以特色活动、媒体合作、公益广告和红十字精神传播为主要框架的红十字大宣传格局不断完善，红十字品牌形象迅速提升。全年媒体共刊登报道8万多篇，广告捐赠价值3千多万元。据环球慈善杂志9月调查，红十字会社会知晓率已达80%。

1. 成功策划和组织“09博爱周”系列活动，组织了新闻发布会、“四川依然美丽”公益广告行动、第三届红十字公益广告宣传月和全国开通12114短信宣传平台等活动。

2. 重点做好“九大”宣传报道工作。《人民日报》刊发评论员文章和专版，央视新闻联播等媒体刊发报道3万多条。配合汶川地震一周年，建国60年和国际红十字运动150年等重点工作开展宣传，《人民日报》发专刊2次，央视新闻联播16次播发我会消息。

3. “人道力量——中国红十字会抗震救灾系列宣传”活动先后在北京、太原、四川和日内瓦国际联合会总部举办国内外图片巡回展，首发“人道力量”画册，制作并在央视等播出三集记录片《人道力量》。

4. 成立传播基金，探索解决制约宣传工作的人财物等瓶颈问题。与电视台、报刊和白马、德高等著名广告公司合作，形成了电视、报刊、广播、网络、手机、地铁、公交、楼宇、户外等广告媒体的立体组合。

5. 与环球慈善杂志联合，在华东60个城市开展“中国爱心城市发现之旅”活动。与影视制作公司先后合作拍摄公益电影《妙蒙的日子》、《哈利逊在中国》，启动第二届冰雪嘉年华爱心行动。

6. 主办“第21届国际科学与和平周大会”，推荐了中华慈善奖和十大公益之星的红十字系统候选人，陈光标等人物和项目均获得20%以上的各类奖项，名列公益机构前茅。

7. 着手起草《总会应急宣传暂行办法》，与总会报刊社共同举办新闻传播培训班暨应急宣传工作座谈会。

8. 与联络部共同筹备红十字世博项目。展馆已交馆，设计已通过世博局审定，总会红十字世博项目筹备领导小组已成立。

（三）加强志愿服务工作，深化青少年工作。人道法传播正式进入我国学校课程，红十字志愿者人数已达170万人。

1. 启动全国统一使用志愿者证、胸卡及编号工作，完成志愿服务五星级徽章，编辑出版《志愿服务培训手册》，与香港红十字会联合举办了志愿服务培训班。

2. 围绕建国60年和上海世博会等大型活动，与中央文明办等联合开展“迎国庆讲文明树新风”和“迎世博讲文明树新风”两项志愿服务活动，启动了“红十字与世博同行”志愿服务活动。与筹财部共同做好巴蜀力量基金秘书处工作，完成该基金16个项目款物拨付任务。

3. 在天津和佳木斯举办了全国红十字青少年夏令营和探索人道法夏令营，确定山东胜利拓展学校试行建立首个中国红十字青少年活动基地。

4. 探索国际人道法课程在天津14所中学全面开课，标志着人道法传播实现了项目本地化。召开探索人道法工作会议，与国际委员会签署合作协议，并与其联合举办了红十字征文比赛。

（王世涛）

组织建设处

【职责】

一、负责拟订全国红十字组织建设规划、计划，研究和指导各级红十字会的组织建设，推动理顺管理体制工作。

二、推动红十字会基层组织和会员队伍建设。

三、负责红十字会专（兼）职干部培训工作。

四、负责全国会员代表大会、理事会、

常务理事会和工作会议筹备的相关工作。

五、负责中国红十字会常务理事、理事及名誉理事、博爱大使的联系和服务工作。

六、配合办公室做好评选表彰全国红十字系统先进集体和先进工作者的相关工作。

七、负责指导、检查《中国红十字会会费管理办法》的执行情况。

八、完成领导交办的其他工作。

宣　传　处

【职责】

一、负责拟订全国红十字系统的宣传战略和年度宣传工作计划，指导地方以及行业红十字会的宣传工作。

二、负责中国红十字事业的宣传、品牌宣传和总会宣传品的开发制作。

三、负责推动红十字会新闻信息发布制度的建立、完善和实施。

四、负责总会中心工作和重大活动的宣传、报道，协同业务部门开展专项宣传活动。负责建立新闻资料档案。

五、配合联络部做好对外宣传工作。

六、协调和落实红十字宣传工作委员会的相关工作。联系中国红十字会总会报刊社、网络信息中心。

七、完成领导交办的其他工作。

青少年与志愿服务处

【职责】

一、负责拟订红十字青少年和志愿服务工作规划、计划；研究并指导各级红十字会红十字青少年、志愿服务工作的开展。

二、推动并指导学校红十字组织、红十字青少年会员队伍、红十字志愿者队伍的建设；定期对红十字青少年、红十字志愿服务工作绩效进行考核、评估和表彰。

三、统筹、协调红十字志愿服务工作，具体指导、协调、推动全国红十字青少年志愿服务总队队伍建设和相关工作开展。

四、组织全国各类学校开展有益于红十字青少年身心健康的活动；负责在青少年中传播红十字运动基本知识项目的推广工作；承办和协办国内、国际及海峡两岸红十字青少年夏（冬）令营；指导并组织各级红十字会开展志愿者培训，开展红十字志愿服务活动。

五、负责推广落实红十字国际组织、各国红十字会（红新月会）、台湾红十字组织、香港、澳门红十字会有关红十字青少年与志愿者的活动和项目；负责与国内外相关组织进行红十字青少年与志愿服务项目合作与交流。

六、协调和落实学校红十字工作委员会、红十字志愿服务工作委员会的工作。

七、完成领导交办的其他工作。

联　络　部

【职责】

一、负责与红十字国际组织（包括红十字国际委员会、红十字会与红新月会国际联合会）、各国红十字会（红新月会）以及其他国际组织的交流与合作；负责与台湾红十字组织、香港、澳门红十字会的交流与合作；参加国际红十字运动的法定会议和活动。

二、负责拟订总会外事工作相关规定和计划、总结；负责总会机关及直属单位的外事工作及台港澳事务，指导和协调省级红十字会的对外交流与合作。

三、配合总会机关相关业务部室，引进国（境）外援助和技术，开展交流与合作，协助落实相关工作。

四、具体执行外交部授予我会的外事审批权以及相关的管理工作。

五、协助政府开展民间外交和对外及台港澳地区的交往，执行政府指定或委派的人道主义工作，具体实施对外人道救援工作。

六、负责涉及国外和台港澳地区的查人转信工作。

七、负责中国国际人道法国家委员会秘书处工作。

八、负责外事工作调研和有关信息的搜集、分析及报告工作。

九、完成会领导交办的其他工作。

【年度工作】

2009年，联络部在总会党组和执委会的领导下，认真学习并落实中央外事工作会议的精神，依照中国红十字会《中国红十字事业2004—2009年发展规划》和联络部2009年工作计划，以务实创新的精神，继续深化开展中国红十字会与红十字国际组织、各国红会以及台港澳地区红十字组织和其他国际团体组织的多边和双边的合作与交流工作；围绕总会中心任务，协助落实中国红十字会重点业务工作；指导各省、市、自治区分会的对外交往工作并为之服务；同时，配合国家外交需要，发挥红十字民间外交作用，积极完成政府交办的其他重要工作。

全年联络部共组织出国、境访问、参加国际会议和培训36批241人次，（其中国际交流30批105人次；台港澳交流6批136人次），接待了来自27个国家和地区的来访、参加在华国际会议和培训团组和个人共69批772人次（其中多边、双边交流60批454人次；台港澳交流9批318人次）。

一、主要工作情况概述

（一）积极参加国际红十字运动的重要会议和各项工作，彰显中国红十字会在红十字运动中的作用和影响

11月底，中国红十字会常务副会长王伟和副会长郝琳娜率代表团参加在肯尼亚召开的第17届国际联合会大会和红十字与红新月代表会议。5月和9月，前常务副会长江亦曼先后率团赴法国和瑞士参加国际联合会领导委员会会议，以及在约旦举行的捐款国红会合作论坛年会。中国红十字会在上述会议上，积极参与有关红十字运动重要工作的磋商和决策。在多次讨论和起草《2020战略》这一指导国际联合会在今后十年工作方向的重要战略文件的过程中，中国红十字会都进行了认真的研究并提出了修改意见，为其最后通过做出了贡献。在酝酿和改选国际联合会主席、副主席和领委会的过程中，中国红十字会认真分析竞选形势，并及时与外交部沟通征询意见，制定出后来证明是较为正确和准确的投选预案，取得较好的效果。在国际会议上，中国红十字会代表团广泛和主动与两个国际组织的主要领导人和其他重要或与中国红十字会有关的国家红会代表团进行接触和会谈。

4月下旬，配合中国红十字会国际交流中心（海南博鳌）的落成，中国红十字会邀请由国际联合会主办的东亚地区合作会议在博鳌举行。会议重点讨论了东亚地区的人道主义事务、中国四川汶川地震重建工作和艾滋病预防、社区备灾、红十字能力建设等问题。来自东亚地区的中国、日本、韩国、朝鲜、蒙古5国红十字会和10多个友好国

家红十字会的近40名代表参加了会议。

中国红十字会积极响应并参与纪念红十字运动诞生150周年的活动，除派出代表参加有关国际纪念活动外，还与红十字国际委员会联合在北京举办了有政府部门、军队和院校学术团体等参加的纪念《日内瓦公约》签署60周年的国际研讨会，并在北京、上海、苏州和青岛等地成功举办了相关宣传摄影展，配合红十字国际委员会重新印制《索尔费里诺回忆录》一书并分发至全体分会。

中国红十字会代表还多次参加国际联合会和国际委员会组织的各种地区性会议、专业研讨会和培训班。

2009年里，中国红十字会与两个国际组织的东亚地区代表团联系与合作密切，坚持了会、部领导与代表团主要领导和业务代表的定期会商制度，交流情况，及时沟通，解决问题。

（二）重要出访和接待工作

遵循国家要求继续压缩出访规模和经费的要求，联络部及时调整全年的出访计划。在出国费用减少的情况下，保证了出席重要的国际会议、会领导的重要出访和必要的业务交流。除参加上述国际会议外，会领导分别率团对下列国家进行了工作访问：美国、德国、丹麦、日本等。此外，联络部还结合各业务部室的工作情况，组织安排中国红十字会代表赴国外参加会议、培训、青少年活动等，并协助多个分会和直属单位联系办理国际交流考察。2009年，联络部还配合总会训练中心申请由国家外国专家局审批的境外培训项目。截至年底，已有三批30多名地方分会人员分别赴比利时、瑞士和美国接受培训，为今后中国红十字会拓宽对外交流渠道进行了有益的尝试和探索。下半年，在会领导的指导下，联络部积极与国际联合会协商并达成协议，接受中国红十字会6名青年干部出国培训。目前已经基本落实，2名干部已经在国外接受培训。

与此同时，我会先后接待了加拿大、朝鲜、塞浦路斯、斯里兰卡、利比里亚、罗马尼亚、丹麦、挪威、蒙古等国家红会的领导人和代表团的访问。

（三）继续做好国际和台港澳地区援助汶川地震灾后重建工作

2009年是中国红十字会援助汶川地震灾后重建工作的关键一年，也是联络部负责协调和落实境外援助重建工作的关键一年。面对来自境外多边和双边的援助项目及来自台湾、香港和澳门红十字会总额高达人民币26亿元的援助，难度之大，压力和责任之重可想而知。在会领导的支持和各部门、地方分会的协助下，联络部较好地完成了任务。

为更好地协调来自国际联合会和各国红会的援助项目，联络部专门成立了境外资金项目管理小组，负责所有国际和台港澳援助项目。经过艰苦细致的工作，共与8个国家红十字会和台港澳分会签署了合作协议，所涉项目共有824个（已签署协议的有747个），援助资金共计人民币10.8534亿元（已签署协议项目资金为9.947亿元）。目前，大部分项目已经启动，部分已经完工。

国际联合会在四川绵竹市的项目虽在2月份签署了协议，但因地方政府的因素多次反复，数次面临因联合会和捐款方将要中止项目的局面。为维护灾民的根本利益和国家及中国红十字会的国际声誉，中国红十字会前任和现任领导及有关部室人员多次做双方面的工作，调和矛盾，并向国务院领导报告有关情况求得支持，寻求双方均能接受解决方案。目前，项目在新一轮反复后重新启动，可望在年底前实施并完成。

（四）积极承担国际人道法国家委员会秘书处工作

继去年5月国际人道法国家委员会正式成立并开始工作后，联络部继续按照该委员会章程认真履行秘书处的工作。全年共召集两次由全体成员单位参加的工作组会议，并在8月组织举办了国家委员会第二次全体会议。为了进一步推动国际人道法在我国的执行和落实，联络部人员还两次应邀参加全国人大外事委员会召集的就我国加入若干国际人道法条约的议案协商会议，并根据调研情况提出了有关建议。

（五）开展国际人道法传播工作

按照总会与红十字国际委员会签订的第四个合作计划，联络部分别在杭州、长沙和呼和浩特举办了一次全国性传播工作研讨会和2期区域性骨干培训班，共有110多名省级传播骨干和学员参加会议和培训。11月，总会和澳大利亚红十字会合作在拉萨市首次举办了“国际红十字与红新月运动基本知识培训班”，23名来自西藏自治区7个地市的红十字会专职干部、志愿者和西藏红十字会全体工作人员参加了此次培训班。应地方红十字会要求，中国红十字会2009年再一次印制了2000册《国际红十字与红新月运动基本知识传播手册》，分发各地分会使用。同时，还争取国际委员会的资助，分别拨款5.5万元支持甘肃省和江西省红十字会的传播工作。

按照合作计划，2009年总会和国际委员会对十年（1999—2008年）来的传播工作进行了评估，通过调查问卷、实地评估和小组会议等形式，收集了32个省级红十字会的传播工作情况。评估形成的报告和建议将对今后中国红十字会开展传播工作和进一步加强与国际委员会的合作起到积极作用。

（六）落实中国红十字会的承诺，开展“重建家庭联系”项目

为进一步落实中国红十字会在第30届国际大会上关于开展“重建家庭联系”工作的承诺，在红十字国际委员会的协助下，联络部重新调整部内查人转信工作，聘请专人负责处理所有涉及国际及台港澳的重建家庭联系个案。截至12月初，2009年共处理80宗查人转信请求，其中64件涉及台港澳地区。本年度共结案27件。下半年会同红十字国际委员会地区寻人代表考察了四川、南京、上海红十字会，对分会的重建家庭联系工作进行了指导。12月中旬，在重庆举办了第二期重建家庭联系地区培训班。至此分会重建家庭联系能力建设培训将覆盖全国。

（七）配合国家外交工作，积极拓宽援外渠道

根据中央领导的指示精神和国务院办公厅协调会议的决定，近年来，联络部在会领导的指导下积极争取拓宽援外渠道。2009年，经过与商务部援外司多次磋商和沟通，原则上争取到通过商务部渠道对发展中国家红会实施非紧急援助项目，每年计划援助款为650万元。对蒙古、朝鲜红十字会援助总价值各20多万美元物资项目正在实施过程中，与科特迪瓦红会的援助项目也在沟通之中。

7月，在商务部的支持下，由联络部联系指导，训练中心承办了第4期面向发展中国家红会的“国家红十字会（红新月会）能力建设研修班”，邀请了来自6个发展中国家红会的11名代表来华进行学

习，并考察了山东省红十字会工作。自2007年12月第一次举办该研修班以来，来自亚太、非洲和拉美地区近30个国家红会和政府的近80名学员来华到中国红十字会接受了培训。

（八）上海世博会红十字运动馆项目

本年度完成了展馆展示方案，并获世博局批准，并于9月接收完成建筑的馆舍。经财政部批准，以招标方式确定了展馆展示工程服务供应商和展馆运营管理服务供应商。12月正式启动布展施工工程。根据世博局要求，完成了相关法定手续。包括主体登记、红十字网上世博会和红十字与世博组合标志的申请、荣誉日活动等及其场地的申请及确认。这项工作是在会领导牵头下，由联络部和组宣部配合共同完成的。

（九）进一步加强与台湾红十字组织和香港、澳门特区分会的交往与合作

经过长期的酝酿和准备，中国红十字会会长彭珮云于3月份成功访问台湾红十字组织，并签署了“海峡两岸红十字组织合作备忘录”。这是中国红十字会历史上首次会长赴台访问，也是海峡两岸交往的重要事件，意义重大。

8月，“莫拉克”台风袭击台湾，损失惨重。中国红十字会在第一时间向台湾红十字组织表示慰问并紧急捐款2185万元，后又支援救灾背包1000个。主要会领导亲自带队赴台考察灾情，商讨援助计划。总会募集大陆民间捐款1.8亿元，目前正在与台湾红十字组织磋商重建计划。

在总会重建办公室的指导下，继续做好台湾红十字组织、香港和澳门特区红十字会援助汶川地震灾后重建工作。

组织和协助与台港澳的业务交流活动。7月，在北京和河北省承德市主办了“海峡两岸红十字青少年夏令营”，来自两岸的60多名红十字青少年参加了活动；同月在澳门举办了“京津沪渝台港澳红十字青少年联欢夏令营”；8月组织大陆15名大学生赴台参加了“海峡两岸红十字大学生夏令营”；9月，组织由各省区市红十字会工作人员97人组成的代表团赴澳门参加“庆澳门红十字会回归中国红十字会10周年及全国红十字会急救培训及灾后重建工作研讨会”；11月，协助我会造血干细胞资料库组团赴台交流访问。同时，中国红十字会接待来自台港澳地区的红十字组织领导人、访问团组和个人多起。

中国红十字会与台湾红十字组织依据“金门协议”双方参与遣返见证工作。2009年，共见证遣返大陆私渡人员4批235人，遣返回台刑事犯和刑事嫌疑人33人。

（十）举办全国外事工作会议

7月底，总会在内蒙古自治区满洲里市召开了国际和台港澳工作会议，这是继2000年后由联络部负责主办的第二次全国性外事工作会议。会议期间，常务副会长江亦曼做了工作报告，外交部、中联部和国台办的有关领导就有关国际形势和台海局势、外交政策方针等分别做了报告和介绍。与会者结合中国红十字会外事工作实际情况，总结交流了经验和体会，研究和探讨了新形势下中国红十字会外事工作面临的机遇、挑战及发展方向，并就重新修订两个外事工作文件进行讨论。

（十一）完成政府委托的任务和其他工作

2009年，联络部继续承担由外交部等政府部门委托中国红十字会管理的一些特殊

工作，如日本遗留孤儿中国养父母的抚养费发放及花冈和平友好基金的代管工作；原美军战俘和遗孀联络及外侨的生活管理和辅助工作等。8 月，联络部与花冈和平友好基金管理委员会合作，组织原劳工幸存者和家属 75 人赴日本参加“死难中国人遗骨挖掘 60 周年祭奠活动”。

此外，联络部继续承担中国红十字会出访团组的申请和审批手续工作，办理护照、台港澳通行证、出访签证、证明并负责保管总会人员的出国境证件。全年共办理护照 16 本，签证 34 批 212 人次。

二、部内建设

2009 年，在总会党组和机关党委的统一部署和组织下，联络部全体工作人员认真参加了总会机关党委组织的各项学习活动，特别是对科学发展观的学习。党支部针对部内实际情况和特点，积极开展思想教育活动，组织全体人员参加多种形式的学习考察活动和党课教育。针对部内新进年轻人较多的情况，党支部特别重视做好关心帮助年轻同志的工作，要求党员领导干部和老同志在平时工作生活中以身作则，言传身教。

在日常外事工作中，部内人员能够严格遵守外事纪律，做好保密工作。在参加外事活动中，注意遵守财政部、外交部的规定，认真做好预算和决算。在保证工作需要的前提下，本着少花钱、多办事的原则，注意勤俭节约，精打细算，取得显著成效。此外，联络部坚持了每周一次的部务会，及时传达上级的要求和指示，布置工作。会上大家互相交流工作情况，提出建议，同时对出现的问题及时指出并解决，促进了部里工作的协调和改进，从而也创造出并保持一个宽松和良好工作氛围。

（王小华）

多边合作处

【职责】

一、开展对红十字国际组织的调研，掌握国际红十字运动的最新动态，提出有关意见和建议。

二、负责我会参加红十字运动、红十字国际组织有关会议及其他国际会议的准备工作。

三、开展国际人道法研究，负责国际红十字运动基本知识及人道法的传播工作。

四、负责协调总会（包括各业务部室和直属单位）、地方分会与红十字国际组织（包括总部及地区办事处）及其他相关国际组织的联系、交流与合作。负责我会与红十字国际组织的信件翻译、处理工作。负责我会与红十字国际组织人员交往时的接待与出访安排工作。

五、负责涉及国（境）外的查人转信工作；与红十字国际委员会合作，在发生灾害或紧急状态时协调开展重建家庭联系工作。

六、负责中国国际人道法国家委员会秘书处具体工作。

七、完成领导交办的其他工作。

双边合作处

【职责】

一、负责开展我会与各国红十字会（红新月会）及其它团体、组织的双边交流与合作。

二、负责我会与各国红十字会人员的交

往，做好接待与出访的准备、联络和落实。

三、开展对各国红十字会（红新月会）及相关团体的调研工作。

四、负责实施我会对外援助工作。

五、负责指导、协调地方分会和总会直属单位与其他国家红十字会（红新月会）及相关组织开展双边交流与合作。协助总会机关相关业务部室开展对外业务交流活动。

六、负责外交部等政府部门交办的有关工作及代管外侨工作。

七、完成领导交办的其他工作。

台港澳事务处

【职责】

一、按照《中华人民共和国香港特别行政区基本法》、《中华人民共和国澳门特别行政区基本法》和红十字运动“统一性”原则以及国家的有关政策，负责红十字会工作范围内的台港澳事务。

二、负责总会、各省级分会与台湾红十字组织、香港、澳门红十字会及有关团体的联系、交流与合作。

三、负责统筹和协调地方分会的台港澳事务，并进行政策性指导。

四、承办总会赴台港澳的审批手续。

五、完成政府有关部门交办的任务。协助政府处理海峡两岸突发事件。联系见证海峡两岸遣返工作。

六、开展对台工作调研，提出相关意见和建议。

七、完成领导交办的其他工作。

直属机关党委

【职责】

直属机关党委在中央国家机关工委领导和总会党组指导下开展工作。其职责是：

一、宣传和执行党的路线、方针、政策，宣传和执行党中央、上级组织和本组织的决议，充分发挥党员的先锋模范作用，团结、组织党内外的干部和群众，努力完成本单位所担负的任务。

二、组织党员认真学习马克思列宁主义、毛泽东思想、邓小平理论和“三个代表”重要思想，学习科学发展观，学习党的路线、方针、政策和决议，学习党的基本知识，学习科学、文化、法律和业务知识。

三、对党员进行教育、管理、监督和服务，提高党员素质，增强党性，严格党的组织生活，开展批评和自我批评，维护和执行党的纪律，监督党员切实履行义务，保障党员的权利不受侵犯。加强和改进流动党员管理。

四、密切联系群众，经常了解群众对党员、党的工作的批评和意见，维护群众的正当权利和利益，做好群众的思想政治工作。

五、充分发挥党员和群众的积极性创造性，发现、培养和推荐他们中间的优秀人才，鼓励和支持他们在改革开放和社会主义现代化建设中贡献自己的聪明才智。

六、对要求入党的积极分子进行教育和培养，做好经常性的发展党员工作。

七、领导总会机关纪委开展工作，全面履行“保护、惩处、监督、教育”职能，对党员进行监督，严格执行党的纪律，加强党风廉政建设。

八、监督党员干部和其他任何工作人员

严格遵守国法政纪，严格遵守国家的财政经济法规和人事制度，不得侵占国家、集体和群众的利益。

九、教育党员和群众自觉抵制不良倾向，坚决同各种违法犯罪行为作斗争。

十、领导直属单位党的工作。代管机关监察审计室。

十一、领导机关和直属单位工会、共青团、妇委会工作，支持他们依照各自的章程独立负责地开展工作。领导机关和直属单位的统战工作。

十二、完成上级党组织和会领导交办的其他工作。

【年度工作】

2009 年，总会直属机关党委在中央国家机关工委和总会党组的领导下，以加强党的执政能力建设和先进性建设为主线，以深化学习实践科学发展观为重点，围绕中心、服务大局，努力在思想、组织、作风、制度和反腐倡廉建设上取得新成效，不断开创总会党建工作新局面，为落实红十字事业发展规划和完成总会中心工作，提供思想、政治、组织和作风保证，促进了全年工作任务的圆满完成。

2009 年 7 月 10 日，中央国家机关工委副书记、纪委书记杜学芳，纪委副书记文建国等一行 5 人到中国红十字会总会调研巡视党建纪检工作。杜书记对中国红十字会总会机关党的建设给予充分肯定。她认为中国红十字会党建及纪检工作有五方面特色：一是总会党组对党建和纪检工作高度重视，充分发挥党组抓党建的龙头作用，层层落实党建工作责任制；二是坚持把加强干部队伍建设放在突出位置，通过扶贫、援疆、突发事件和紧急救助工作等锻炼干部，使其开阔视野、磨练意志、积累经验、增长才干；三是机关党的工作围绕中心，突出重点，形成了自己的品牌；四是基层党支部工作活跃，开展了形式多样、富有成效的党建活动，取得了实效；五是机关党建工作坚持以人为本，进一步创新了思想政治工作内容和形式，增强了思想政治工作的针对性和实效性，起到了凝聚人心、增强合力的作用，党建工作开创了新局面。

一、以巩固和扩大学习科学发展观成果为重点，进一步发挥理论武装在统一思想、指导实践、推动工作中的重要作用，解放思想，改进作风，增强执行力

（一）继续推进深入学习实践科学发展观活动。贯彻落实中央要求，做好学习实践活动整改落实后续工作。采取有效督促检查措施，确保各项整改措施落到实处。组织开展了学习实践活动“回头看”，努力使学习实践活动取得实效。

（二）不断完善和创新理论武装工作格局

1. 抓好机关理论学习，推动党员干部理论武装。在工作中机关党委把全面贯彻全国党建工作会议精神及十七届四中全会精神作为首要任务。坚持以党组中心组为“龙头”，以党员领导干部为重点，注重青年干部培养的理论学习格局基础上不断完善和创新。为贯彻落实中央印发的《关于进一步加强和改进党委（党组）中心组学习的意见》，总会党组重新修订了党组中心组学习制度。并根据要求，结合红十字会工作实际，认真制订学习计划，努力在工作中形成新思路，采取新举措，开创新局面，发挥了学习“龙头”及“言传身教”的作用。

2. 加强对领导干部的世情、国情、民情、党情的教育。在工作中机关党委把全面贯彻全国党建工作会议精神及十七届四中全会精神作为首要任务。11 月 11 日、12 日，召开了主题为“团结奋斗、锐意进取，以改革创新的精神，推进中国特色红十字事业科学发展”的党组理论学习中心组（扩大）务虚会。会上大家分别结合学习党的十七届四中全会精神及“九大”精神，就中国红十字会的定位、五年规划的落实、加强红十字会能力建设及提高红十字会的社会公信力等问题进行了深入探讨，并交流了学习体会。

调查研究，了解和掌握情况是一切工作的基础和前提。总会党组成员带头深入基层，了解实际，形成了一批有价值的调研成果，为党组决策奠定了坚实的基础。由郭长江副会长、梁少华副主任撰写的《赴河南督促市级红会管理体制情况报告》获工委优秀调研成果奖；总会直属机关党委也多次组织总会及直属单位党员领导干部参加工委举办的各种报告会。

3. 高度重视党员领导干部及青年干部教育。“两会”召开后，总会立即召开大会，传达学习“两会”精神。会上，十一届全国人大代表、时任中国红十字会党组书记、常务副会长江亦曼传达了十一届全国人大二次会议精神；十一届全国政协委员、中国红十字会副会长郭长江介绍了全国政协十一届二次会议情况，畅谈了参会的感受和收获。总会党组还有针对性地选派年轻干部到基层一线去经受磨练，加强实践锻炼。总会党组于 2003 年起已先后选派 5 人赴山西省贫困县——浑源县开展扶贫工作，其中 4 人已圆满完成了扶贫任务，赢得了当地干部群众的认可。从汶川地震至今，总会和直属单位共有 61 位同志赴一线工作过，其中 45 岁以下青年近 30 名，通过锻炼进一步提高了他们应对复杂局面的能力。2009 年总会还选派了 2 名年轻干部到国外进行专业培训。

4. 毫不松懈地抓好稳定工作。坚持节假日值班和零报告制度，保证了总会机关安定和谐的氛围。

二、紧紧围绕中心任务开展工作，把党的组织优势转化为推动工作的强大动力

一是抓好灾后重建督导工作。汶川地震重建项目的落实，是总会 2009 年的首要任务。机关党委与纪委按照总会的工作安排，重点加强了灾后重建项目的督导工作，总会机关党委抽调人员与相关业务部门及总会特邀监察员组成 4 个督导小组，于 7—8 月先后赴川、甘、陕三省，对重建项目的进展、资金管理、工程建设质量等情况进行了督导检查。

二是积极参与“九大”相关工作。根据总会党组安排，机关党委参与了“九大”期间的宣传工作。虽然宣传组来自三个部门、两个直属单位，但大家同心协力，各负其责，互相补台，圆满地完成了会议期间的新闻报道、布置展板、组织参观等任务。

三、切实加强基层组织建设，提高基层党组织的凝聚力、战斗力

（一）加强基层党组织建设，充分发挥战斗堡垒作用。一是圆满完成了机关及直属单位各党支部集中换届任务，进一步加强了机关党支部班子建设；二是加大对各基层党组织落实党内制度情况的督促和检查，重点督促落实“三会一课”制度、民主生活会制度、报告工作制度等；三是以创建学习型党支部为载体，着力提高基层党支部的学习能力、教育能力、创新能力、服务能力，不断强化学习功能，激发组织活力。为加强党支部建设，规范党员管理和教育，全面及时地了解和掌握党员的思想动态，进一步提高党员的政治素质，增强党支部的战斗力和凝聚力，组织宣传部党支部为每位党员制作了《中国红十字会总会组织宣传部党员手册》。为规范党员管理和教育，提升党员思想政治素质起到很好的推动作用；为进一步提升员工能力，推动学习型组织建设，基金会党支部通过设立员工培训奖励基金、开展拓展培训、制定员工能力建设专项培训计划等，进一步加强了员工之间的了解与沟通，提高了员工素质，2009 年 6 月已组织了 7 次专题讲座，共培训 416 人次；联络部党支部扎实开展创建学习型党支部活动，在创建活动中，支部书记带头学习，为使学习取得实效，支部创建了学习角，并配备了一定数量的书刊，为创建活动提供了良好氛围。

（二）强化党员队伍的教育和管理工作。做好党员发展工作，按照“坚持标准，保证质量，改善结构，慎重发展”的十六字方针，全年新发展党员 4 名，预备党员转正 6 名。在庆祝新中国成立 60 周年之际，总会直属机关党委举行了新党员宣誓仪式，10 名新入党的同志在党旗下庄严宣誓，仪式后，总会直属机关党委副书记龚怡怡，为大家了一堂生动的党课。各党支部也积极响应机关党委号召，结合实际开展了形式多样的主题党日活动。

（三）努力做好党员领导干部专题民主生活会的服务和管理工作。按照中共中央组织部的文件要求，代总会党组在党员群众中广泛征求了意见建议，并向党组进行了反馈。同时指导和要求各党支部坚持民主生活会的规范性，充分发挥党员的主体地位，对党员领导干部监督和检查。对本支部的工作提出积极改进的建议。从实际效果看，达到了加强沟通、增进理解、化解矛盾、形成合力的作用。

（四）扎实细致地完成经常性党务管理工作。全年共计接转组织关系 20 人次。党员信息数据统计库建库工作也在筹备之中。

四、抓作风建设，促进机关党风廉政建设

一是抓学习，增强反腐倡廉和廉洁自律意识。组织学习贯彻中央纪委十七届三中、四中全会、中央国家机关党的二十三次工作会议暨第二十一次纪检工作会议精神，组织观看警示教育片，不断提高党员干部拒腐防变的意识和能力。

二是注重预防、完善相关机制，从制度上防腐倡廉。2009 年，总会及直属单位结合实际，从加强制度建设入手，先后制定了《中国红十字会募捐和接受捐赠工作管理办法》、《中国红基会大病救助管理办法》、《中国红基会定点医院管理办法》、《物资采购工作管理办法》等，为开展工作提供了制度保证。

三是做好清理规范评比达标表彰活动的相关工作。自开展清理规范评比达标表彰活动以来，在总会党组的指导下，按照中央办公厅文件和中纪委实施方案的要求，与机关各部门及直属单位进行了沟通，按时完成了清理规范工作自查自纠、活动审查、上报清理规范工作情况报告等各个阶段的工作，结合红十字会实际向联席会议办公室提出了清理规范工作的建议并得到采纳。

四是认真做好信访举报和案件查处工作。全年共接待处理来访来信 17 件（人）次，总会党组高度重视信访举报工作，根据信件反映的内容和干部管理权限，及时做出了处理。

五、不断推进机关文化建设和精神文明建设

机关文化建设和精神文明建设是机关党的工作的重要抓手，对于促进机关干部职工提高自身素质、保持身心健康，对于营造机关和谐氛围、形成凝聚力和向心力具有重要作用。

（一）以庆祝新中国成立60周年为契机，因地制宜开展了各具特色、生动活泼的庆祝活动，把机关文化建设和精神文明建设不断引向深入。

一是积极组织干部、职工参加“歌唱祖国”大型歌会。9月11日，中国红十字会组织20名干部、职工参加了“歌唱祖国”——中央国家机关工委职工庆祝新中国成立60周年大型歌会，党组副书记、副会长郭长江出席并参加了单位领导的合唱。在历时两个多月的排练中，机关党委围绕人员、时间等方面问题积极协调，妥善安排，参演干部、职工克服来自工作、家庭等多方面的困难，始终以饱满的热情和良好的状态投入排练，为确保此项活动取得圆满成功做出了积极努力。

二是举办了迎国庆知识竞赛。党组书记、常务副会长王伟，党组副书记、副会长郭长江，党组成员、副会长兼秘书长王海京出席

三是各党支部根据自身情况开展了丰富多彩的活动。办公室党支部和机关服务中心党支部赴昌平区，共同开展了“迎七一党的生日系列活动”，通过讲党课、座谈讲座、知识抢答等活动，使全体党员、干部对目前面临的热点难点问题有了更深入透彻的认识和理解，增强了党员的党性意识；赈济救护部党支部赴天津开展了以“反腐倡廉”为主题的主题党日活动；筹资与财务部党支部赴辽宁锦州开展了主题实践活动。活动期间，通过参观辽沈战役纪念馆、召开座谈会、慰问弱势人群等形式，使党员接受了一次很好的爱国主义和共产主义信仰教育；组宣部党支部开展了征文活动；报刊社党支部召开了学习座谈会；造血干细胞库管理中心党支部赴平北抗日战争纪念馆开展了“缅怀先烈、牢记历史”主题党日活动；训练中心党支部开展了“我与祖国共奋进，我与中心同发展”系列活动，通过赴河北省保定市白洋淀地区参观、“寻找老北京的足迹”、举办职工趣味运动会等活动，把迎接建国六十周年的热烈氛围推向了高潮。

四是国庆来临之际，党组书记、常务副会长江亦曼，党组成员、副会长郭长江、苏菊香，秘书长王海京在机关党委、办公室等相关部门人员的陪同下，先后看望了15位离退休老党员、老干部。

五是选派2名同志参加在天安门广场举行的国庆阅兵群众游行。根据中央国家机关工委的统一部署，我会选派了梁金霞、贾鑫2名同志参加了群众游行。在历时100多天的训练中，面对训练任务强度大、要求高，集结时间通常在凌晨，训练时间大多在半夜进行的情况，两名同志发扬艰苦奋斗、顽强拼搏的精神，以饱满的热情和良好的状态接受了党和全国人民的检阅，圆满完成了受阅任务。

（二）积极开展精神文明创建活动。直属机关党委以建设和谐机关为主题，以丰富多彩的活动为载体，着力建设和谐文化，取得了明显成效。我会已连续三年被评为首都文明单位；连续3年被评为中央国家文明单位。一是深入开展“创建和谐机关、争做人民满意的公务员”活动。把创建活动作

为机关党建围绕中心、服务大局的重要载体，提高了党员干部服务基层、服务群众的能力。二是认真做好推优评选工作。经总会机关党委推荐，总会被评为全国扶残助残先进集体；中国红十字会北京拔萃双语学校被团中央列为团中央青年见习基地。蔡文男、范欣荣获工委颁发的创建文明机关、争做人民满意公务员活动先进个人，造血干细胞库获先进集体。

（三）面向青年，共青团工作不断推出新举措。一年来，在总会团委人员少的情况下，在做好日常的青年摸底统计、评选优团优干、推荐团员青年攻读公共管理硕士等工作的同时，开展了形式多样的活动：一是广大团员青年，尤其是团干部积极参与了总会学习实践活动；二是组织团员青年学习十七届四中全会精神；三是参与国庆60周年群众游行工作，总会团委被中央国家机关工委组织部和团工委评为群众游行活动优秀组织单位；四是与计生委团委联合举办了第六届主题为“你在他乡还好吗”流动人口咨询服务活动；五是承办了一期育儿大讲堂活动，请有关专家讲授婴幼儿睡眠等知识；六是配合机关党委举办了迎国庆知识竞赛；七是配合项目办组织总会机关及直属单位的团员青年登上列车开展纪念“世界艾滋病日”宣传活动。

（四）开展丰富多彩的文化体育活动，机关文化建设不断提升。切实加强党对群众工作的领导，充分发挥群团组织在机关文化建设中的重要作用。组织好每年一度的春节联欢会。联欢会节目精彩纷呈，台上台下互动，营造了欢乐祥和的节日氛围；组织总会及直属单位职工开展登山活动及乒乓球比赛；组队参加了北新桥街道中央国家机关东四片保龄球比赛、“三八”、“八一”期间分别举办活动，受到广大职工的欢迎。各直属单位也结合各自实际组织职工开展了丰富多彩的活动，增强了集体的凝聚力。

（龚怡怡）

监察审计室

【职责】

监察审计室在总会领导的领导下开展工作，其职责是：

监察方面

一、负责总会机关行政监察工作，领导直属单位行政监察业务工作。

二、贯彻执行国家有关规定，监督检查总会机关工作人员、直属单位领导班子成员执行国家政策和法律、法规及总会党组颁发的决议和命令情况。

三、负责调查处理总会机关、直属单位工作人员违反国家政策、法律法规、政纪的行为，提出处理意见和处分建议。

四、受理总会机关、直属单位工作人员的申诉，受理个人或单位对总会机关、直属单位工作人员违纪行为的检举、控告；做好违纪、违法方面来信、来访的处理工作。

五、协助直属机关党委抓好反腐败和廉政建设工作。

六、完成上级交办的其他工作。

审计方面

一、依照国家法律、法规和政策以及总会规章制度，独立开展内部审计监督工作，对直属单位财务收支及相关经济活动进行内部审计监督；针对存在问题，提出改进管理、完善内部制度的建议和纠正、处理违反财经法规行为的意见。

二、经授权，对直属单位领导班子进行任期财务审计；对直属单位主要负责人进行经济责任审计和离任审计。

三、办理审计机关、上级内部审计机构交办的审计事项。

四、完成上级交办的其他工作。

总会直属单位

总会机关服务中心

【年度工作】

2009年，机关服务中心在总会党组和执委会的领导下，在机关各部门的支持、配合下，紧紧围绕中心工作，本着为领导、为机关、为群众服务的原则，切实履行服务中心的各项职责，较好地完成了全年各项服务保障工作及总会交办的各项任务。

一、加强学习，提高全员政治素质

中心以邓小平理论和“三个代表”重要思想为指导，认真研究探讨贯彻落实科学发展观的有效措施，不断提高广大干部职工政治理论素养和综合素质，进一步加强和改进作风建设，为进一步做好服务工作提供政治保障。

（一）增强党性观念，提高服务意识。为强化党员干部的宗旨观念和服务意识，组织全体党员和干部观看了中国测绘研究院院士刘先林事迹报告会光盘，学习航空发动机之父吴大观先进事迹，通过学习，使大家对全心全意为人民服务的根本宗旨和做好后勤保障工作有了更深刻的理解。在建党88周年之际，党支部与总会办公室支部联合开展了“迎七一党的生日系列活动”。以讲党课和党史知识抢答形式，组织全体党员干部共同重温党的历史，加深了党员干部对党建知识的进一步了解，增强了党员的党性意识和服务意识。

（二）加强党风廉政建设，增强支部战斗堡垒作用。党风廉政建设工作是机关服务中心完成各项服务工作的重要保证。中心党支部积极组织党员干部认真学习十七届四中全会精神和廉洁自律有关规定，从点滴培养办事公道、为人正直、踏实肯干、令行禁止、廉洁奉公的工作作风。中心党支部换届后，为加强组织建设，对支部委员进行了重新分工，健全工作制度，认真贯彻民主集中制，召开党员民主生活会。通过谈心和开展批评与自我批评，增强了党员干部之间的交流、沟通，提高了党支部的凝聚力，在完成各项工作任务重发挥了党支部战斗堡垒作用。

中心新的班子上任后，要求全体人员树立依法办事、服务大局、注重效益的观念，发扬对工作精益求精和全心全意为人民服务精神，并要求班子成员要以身作则，团结一致，清正廉明，把服务中心建设成和谐团结的集体。努力实现“领导放心、群众满意”的工作目标。

为提高工作效率和计划性，坚持集体领导和重大事情集体决策的原则。每周召开处室领导例会，商议上周完成工作情况和下周工作重点，并形成制度，使部门领导充分了解服务中心每周的工作任务，掌握工作重点和工作动态，对中心工作的规范化管理、提高工作效率起到了积极的促进作用。

二、加强干部队伍建设，建立健全规章制度

为进一步优化管理岗位干部结构，促进

服务中心事业发展，提高管理干部的素质和能力，根据《党政领导干部交流工作规定》和《党政领导干部选拔任用工作条例》，中心通过述职、测评等程序对各处室负责人及干部进行轮岗和调整，聘任副处长1人，正科级管理人员3人、副科级管理人员3人。通过干部轮岗，达到鼓励干部干一行、爱一行、钻一行、精一行，一岗多专，一岗多能的目的，也为加强队伍建设，建立健全选拔用人机制，提高工作效率，优化干部成长环境提供了重要保障。

制度建设是抓好落实和做好管理工作的依据。中心的服务保障工作是管钱管物，政策性强，涉及面广，完善、健全机关后勤规章制度，用制度管人，按制度办事至关重要。为此，2009年下半年中心全面修订了《机关服务中心管理制度汇编》，制定和完善了《中国红十字会总会机关服务中心灾害救助服务保障应急预案》、《中国红十字会总会防控甲型H1N1流感措施》、《中国红十字会总会机关服务中心公章使用管理规定》、《中国红十字会总会机关服务中心值班管理办法》等规章制度。使各项工作有章可循。

三、认真履行职责，做好本职工作

中心各部门，紧紧围绕总会中心工作，认真履行职责，团结协作，较好地完成了本职工作，确保各项工作的正常有序进行。

（一）认真做好日常性工作

1. 在公文处理上，坚持从严、从精、及时、实效的原则，严把时效关、公文体制格式关、文字关和校核关，力求达到传达信息准确、格式规范、准确及时。全年拟写请示、通知、公函、报告等各类公文60余件，接收内部公文127件，外部文件113件，机要文件交换1万余件，领用办公用品、礼品等700余次。

2. 为预防甲流传播，做好防控工作，申请发放抗甲流防护药具，并对办公区域进行定期消毒。组织机关干部和服务中心人员接种甲型流感疫苗，有效的预防了甲流的传播。

3. 积极响应北京市献血办号召，组织动员机关和直属单位职工献血，报名36人，献血16人，献血量达3200毫升。

4. 配合东城区计生办开展计划生育知识宣传、生育服务保障等工作，有计划地发放各类计生药具。

（二）人事劳资工作

1. 按中编办和组织机构代码中心要求，完成中心法人证书、组织机构代码、工会法人证书的年检工作；

2. 完成中心职工社保、医保及住房公积金2009年度工资基数核定；

3. 完成2009年度中心人员住房补贴、职工职务调整、工资变动等核定工作。

4. 按《劳动合同法》规定招录聘用人员，并签订聘用合同。

（三）职工健康保障工作

1. 分两次组织机关和中心在职及离退休人员进行年度体检，参加人数为135人；

2. 审核总会、服务中心及管理中心在职及离退休人员医药报销单据约470余件；

3. 完成中心社会保险各项目的年度工资核定、人员增减、费用缴交核算和医保个人账户管理及医保统筹等相关工作。

（四）完成文印工作。2009年中心内部机构调整，文印室由办公室兼管，在人员少，“九大”文印量、工作量大幅增加的情况下，办公室克服困难，圆满完成文件印制工作。至11月，印制文件资料约17万张，打印、编印各种公文和会议材料约260多份，向各地红十字会及有关单位寄发简报约3200件次，上挂内网文件383件。文印收入共计14万余元，支出人员工资、耗材等6万余元，年创收8万余元，比去年增加6万余元。

四、加强财务管理，严格执行各项财务制度

认真领会掌握财务政策，严格执行预算不挤占、不挪用的规定，保证专款专用。

（一）认真完成代管机关的各项经费

1. 按照东城地税要求，统计2006—2008年中心的房屋出租情况，据此配合税务缴纳土地使用税；

2. 完成2008年的财务决算工作和2009的财务预算工作；核定2009年07月—2010年06月住房公积金缴存额度；

3. 由于2009年新增公车补贴报销以及老干部医药费报销增多，备用金需求量急剧增长。年提取备用金104万元，比上年同期增长48.5%；

4. 签发各类票据等约15000张，编制会计凭证约4000张。

（二）加强财务监督与管理

1. 2009年财务先后接受三次审计。即：审计署关于“彩票公益金”项目的延伸审计、“小金库”检查小组的审计和“金瑞会计师事务所对中心2006—2008三年来经济活动的审计。审计期间，财务人员积极给予配合，提供相关数据和凭证，使审计工作得以顺利的进行；

2. 完成职工2008—2009年上半年职务补贴；

3. 规范整理会计档案。装订2009年会计档案96卷；

4. 严格审核各项经济业务报销单据，做好会计核算工作，及时记账、结账，做到账账相符、账表相符。按月、季、年度及时上报会计报表及有关统计报表；

5. 加大财务基础工作建设，细化财务报账流程。从粘贴票据、装订凭证等最基础的工作抓起，每月进行自查、自检工作，逐步完善财务管理体系；

6. 定期编制上报专项经费决算表，为领导提供相关政策及财务信息；

7. 配合工会开展工作，按月提取工会经费，实行独立核算；

8. 准确计算各项税金，及时、足额缴纳税款。

（三）经费使用情况

1. 代管经费收支情况

（1）总会拨入机关经费总计264.5万元；

（2）报销机关医药费55.1万元；

（3）代管售房款账户核算。其中：售房收入127.6万元；公共维修基金81.2万元。

2. 中心收支情况

（1）各项收入361.9万元。

（2）各项支出439万元。

五、认真搞好后勤服务，切实做到保障有力

服务中心承担着总会资产管理、房产管理、行政管理；办公用品、礼品购置及车队管理等工作职责，涉及面广，政策性强，工作繁杂，工作延续性强。2009年3月，机关服务中心人员进行轮岗后，面对大量的问题和具体工作，中心全体人员克服困难，齐心协力，很快投入工作。

（一）固定资产管理工作

1. 为加强固定资产管理，开展了固定资产清查跟踪登记工作，并对库房多年积存的资产及总会因部门、人员调整更换的资产进行了清理登记。同时按要求对固定资产统计软件进行了更换，做好固定资产账目管理并按照财政部和国管局有关要求对总会资产进行核定填报。采购配置了铁皮柜、办公桌椅等，满足管理工作需求。

2. 加强办公用品、礼品管理，确保办公用品及时采购到位、发放到位。

（二）房管工作有条不紊

1. 积极与国管局沟通，汇报说明我会办公用房困难情况，希望协助解决办公用房拥挤问题

2. 53号院办公楼的设备设施已有5年未清理维护，为保障正常办公，对空调和高低压配电进行了清理和维护。应基金会和干细胞库两单位安装门禁要求，参照政府采购有关规定，由使用方和专家对施工单位进行评定，并制定施工方案进行施工。

3. 调解南河沿3号院总会职工房屋装修纠纷问题。分管主任带领服务处人员，多次到现场调解，最终解决纠纷问题。

4. 积极向国管局申领住房补贴，经过努力共领取房补25万元。

5. 完成领导办公室装修工作，并及时配备办公家具、设备和用品。

（三）积极推动节能减排工作

一是开展节能减排知识宣传活动，增强干部职工节能减排意识。在绿色出行日和能源紧缺体验日活动中，组织机关全体人员参与活动，会领导带头签名发放环保购物袋。二是在保障夏季供冷、冬季供暖的同时，严格控制温度，借节日关闭热水炉、关闭一部电梯、撤销办公室电暖气、杜绝长明灯等，减少能源消耗。

（四）消防、人防和防汛安全工作

1. 为积极落实消防安全工作有关规定，做好防火宣传工作，防患于未然，对办公场所和地下空间进行了检查，及时排除隐患。同时要求各直属单位做好防火工作。中央国家机关人防办对我会地下空间安全责任制和目标管理进行了检查和考核，被评为达标单位。

2. 夏季汛期来临时，中心及时做好防汛准备工作，配备了必要的防汛、防护物资。

六、严格执行政府采购法规，做好救灾物资采购招投标工作

（一）根据2009年政府集中采购文件精神，结合总会物资采购的实际情况，按照国家相关法律法规和资金来源情况采取不同的采购方式，制定修改采购项目招标文件。将招标工作委托中央国家机关政府采购中心办理，规范采购行为。在采购活动中，邀请机关党委对采购活动进行全程监督，确保政府采购公开、公平。

（二）主动与业务部门进行工作沟通，组织召开了2009年救灾备灾物资采购工作座谈会，听取了总会业务部门对物资采购工作的的意见及建议。

（三）执行的主要项目

1. 日本红十字会援助四川灾区洗衣机采购项目。在市场调研的基础上，对五家供货商发出投标邀请，三家企业按期投标，经过专家评审，海尔电器有限公司北京分公司中标，完成了采购金额729.5万元。

2. 2007—2008年公益金余款救护培训项目。多次与业务部门和中央政府采购中心

沟通与交流，确定采购形式，完成采购任务。该项目采购金额2645.25余万元。

3. 完成巴蜀力量基金援助四川盐亭县肿瘤医院医疗设备采购项目，采购金额86.43万元；

4. 完成总会2009年第二批“送温暖”物资采购项目。采购金额170万元。

5. 完成彩票公益金物资采购任务，采购金额7631.18万。

七、认真做好车辆安全管理，完成用车服务任务

车队全体人员在思想上高度重视行车安全，自觉遵守交通法规，确保2009年行驶19万公里无事故。在保证行车安全基础上，完成了总会领导的日常公务用车和老领导生活用车任务及“送温暖”、“五八”博爱周、“李连杰壹基金”、“九大”会议、外事活动、调研、公务来往接送、机要、采购、走访老干部等公务用车的服务工作。根据节能减排要求，充燃油消耗比上年降低5%。

车队共出车3872趟次，行驶19万多公里，执行公务用车结算办法账面收入3.5万元，结算未到账31万余元。司机工作时间外超时1610小时，加班141天。较好的完成了总会交给的各项用车任务。

【历史沿革】

中国红十字会总会机关服务中心（对外称“机关服务局”）的前身是中国红十字会总会行政处。根据国家关于中央国家机关后勤体制改革的政策文件和总会机关机构改革方案，中心于1999年9月9日正式成立。几年来，在总会党组和执委会的正确领导和关怀下，在机关各部门的大力支持下，机关服务中心紧紧围绕总会党组中心工作任务，结合中心实际，加大改革力度，严格履行各项职能，较好地完成了总会机关的后勤保障工作。2004年，1月，开始筹备申报“红十字扶贫开发服务中心”注册工作。11月，经民政部批准成立了“红十字扶贫开发服务中心”。4月，2004年彩票公益金项目“送温暖”活动物资采购以公开招标方式进行。4月22日在中国招标投标网、中国政府采购网、《中国财经报》上发布了采购公告。5月，①配合总会完成了“中国红十字会建会100周年庆典”活动的后勤保障工作。②2004年彩票公益金项目救灾棉服、棉被采购以公开招标方式进行。5月27日在中国招标投标网、中国政府采购网、《中国财经报》上发布采购公告。③国务院机关事务管理局分配总会15套经济适用住房，这是房改后首次配售经济适用住房，服务中心组建了配售领导小组，将房源和相关政策等张榜，同时按照国管局住房配售要求制定了《新海苑、广泉小区经济适用住房配售办法》，整个配售过程坚持公开、公平、透明、合理的原则。6月，2004年彩票公益金项目救灾帐篷采购以公开招标方式进行。6月11日在中国招标投标网、中国政府采购网、《中国财经报》上发布了采购公告。7月，2004年彩票公益金项目救灾饮用水、环境消毒剂采购以公开招标方式进行。7月15日在中国招标投标网、中国政府采购网、《中国财经报》上发布了采购公告。8月，①根据中编办《关于印发〈中国红十字会总会机构改革方案〉的通知》、《国务院办公厅转发国务院机关事务管理局、中央机构编制委员会办公室关于深化国务院各部门机关后勤体制改革意见的通知》和总会《关于组建中国红十字会总会机关服务中心并启用印章的通知》等文件精神，经总会党组批准，机关服务中心主要职责、内设机构和人员编制方案得到确定。②2004 年彩票公益金项目救灾粮食采购采用邀请式招标方式进行。10 月，①顺利完成中国红十字会第八次全国代表大会的后勤保障工作。②对干面胡同 43 号院进行了房屋修缮及环境改造。11 月，①2005 年彩票公益金项目“送温暖”活动物资采购以公开招标方式进行。11 月 9 日在中国招标投标网、中国政府采购网、《中国财经报》上发布了采购公告。②2004 年彩票公益金救护师资项目的招贴画及宣传折页采用公开招标方式进行采购。11 月 25 日在中国招标投标网、中国政府采购网、《中国财经报》上发布了采购公告。12 月，中国造血干细胞捐献者资料库电脑网络系统技改（硬件部分）采购以公开招标方式进行。12 月 22 日在中国招标投标网、中国政府采购网、《中国财经报》上发布了采购公告。

2005 年，在“为印度洋海啸受灾国捐款”活动中，紧急采购救援物资共计 4067.43 万元。《机关服务中心管理制度汇编》出台并实施。

2006 年共完成 5 个项目，采购总额为 12544501.52 元。增加固定资产额度 686957 元。发放职工购房补贴 1860497 元。

【组织机构】

中国红十字会总会机关服务中心内设四个处级部门。

（一）办公室

负责机关服务中心工作的综合协调、会议组织、文电处理、秘书事务、安全、保密、档案管理等工作；负责机关服务中心人事（含退休人员）工作、财务和机关有关经费、总会机关住房公积金及住房补贴的管理；负责总会机关医疗保健、计划生育、爱国卫生、绿化、人民防空、献血等社会事务工作的管理。

（二）服务处

负责总会机关后勤服务和职工有关福利工作；负责总会机关车辆、通讯、办公用品、设备、设施及外事礼品和会议室等的管理工作；负责在京召开的全国会员代表大会等全国性会议的后勤保障工作；负责总会机关机要文件交换、信件投递、报刊收发工作；负责总会和直属单位基建项目的申请、立项工作；负责总会机关委托的房地产及其他固定资产的管理；负责总会机关和直属单位职工经济适用房的申报及管理工作；负责机关所属的房屋修缮等工作。

（三）经营处

负责救灾（备灾）物资采购招投标工作，履行《中国红十字会总会救灾物资采购管理办法》的职责；负责境内外捐赠物资的接收、转运和援外物资的采购、转运工作；负责兴办符合红十字会宗旨的经济实体；负责策划开发服务创收项目，管理所属经营创收单位等工作。

（四）文印室

负责机关各部室文件的打字、编排和印制；负责总会召开的全国性会议，举办的各类培训等文件及资料的印制；负责联系办理总会机关印刷品及出版物（除总会一报一刊）的印制。

（傅　刚）

中国红十字会总会报刊社

【年度工作】

2009年，是紧张忙碌的一年，也是收获颇丰的一年。在总会党组和执委会的领导下，在总会各部门和各级红十字会的大力支持下，报刊社领导班子带领全体干部职工以不断开拓进取的精神，以求真务实的态度，积极稳妥地推进各项工作，努力拓展报刊社生存和发展的空间，取得了较好的社会效益和经济效益。

一、围绕总会中心工作，积极发挥舆论宣传作用

为了更好地肩负起宣传的重任，《中国红十字报》在2008年增加出版期数，由周报改为周二刊的基础上，2009年又改为彩色印刷。以新的面貌出现的《中国红十字报》紧紧围绕总会中心工作，积极发挥舆论宣传作用，及时传播来自系统上下的最新鲜、最有价值的信息，及时报道来自基层的新典型、新经验，并突出“思想性、服务性、实用性、可读性”的特点，使其成为各级红十字会开展工作的参谋和助手。

2009年，中国红十字会的中心工作是“全面完成‘八大’五年规划确定的各项任务，制定未来五年的发展规划，开好‘九大’”。

围绕这个中心，报刊社在年初即制定了宣传报道计划，一是抓好典型报道，为基层红十字会提供可学、可借鉴的经验，提供富有启发性的新办法、新思路。今年以来，《中国红十字报》先后推出了山东省济宁市红十字会建立四级联动组织网络的经验，四川成都市红十字会探索新筹资模式的经验；四川内江市红十字会创建红十字品牌的经验；四川省德阳市红十字会加强灾后重建项目督导的经验；青岛市理顺县级红十字会管理体制的经验等等，通过经验介绍、典型引路的方式进一步推动红十字会的各项工作。

二是继续抓好“志愿服务、基层组织建设”两项重要工作的报道。为推动红十字志愿服务和基层组织建设，总会将2007年定为志愿服务年，将2008年定为基层组织建设年，在此推动下，志愿服务和基层组织建设工作有了一定的起色。但是由于过去基础太弱，红十字志愿服务仍没有形成规模，有特点、有特色的志愿服务仍在探索中；基层组织仍不健全，基层组织建设仍有许多难题需要解决。所以，2009年以来，虽然志愿服务年、基层组织建设年过去了，但是报刊社对这两项重点工作的关注仍然持续着，《中国红十字报》在继续报道各级红十字会创造的新经验的同时，对工作中存在的难点、疑点问题有针对性地组织理论探讨，为基层开展工作提供新的思路。

三是全面回顾和总结“八大”以来的工作，《中国红十字报》先后推出了“八大回眸”系列报道13篇。报刊社还派记者参加了由总会和宋庆龄基金会共同组织的“中国爱心城市发现之旅”新闻采风活动，对基层红十字会5年来的工作成就进行展示。

四是全力以赴做好“九大”会议报道。10月27日至29日，中国红十字会第九次全国会员代表大会在北京隆重举行。《中国红十字报》作为全国红十字系统唯一面向国内外公开发行的新闻媒体，承担了大会的主要报道任务。社领导团结带领以报纸编辑部为主的报道组，提前准备，周密策划，精心组织，分工协作，团结奋战，丰富报道内容，创新报道形式，及时、准确、圆满地完成了报道任务，得到总会领导和代表们的充分肯定。

据统计，会议期间出版的《“九大”特刊》，共出报4期，合计16个版面。其中，消息性稿件7篇，“代表访谈”专访代表32人，综合性专题、专访4个版面，图片新闻19幅，合计总发稿量11万余字。

为了体现“及时准确，隆重热烈”的既定原则，为大会营造热烈、欢乐的气氛，报刊社在资金有限的条件下努力挖潜，加大资金投入，将周二刊临时改为日报，将原来的单面彩色印刷改为全彩印刷。

在此次报道中，《中国红十字报》创下了连续4天出版“日报”的新纪录、发稿数量的新纪录、报道内容的丰富性和报道形式多样化的新记录，圆满完成了报道任务。

二、以5个纪念日为契机，在提高红十字社会影响力上做文章

对于国际红十字运动来说，2009年有4个重大纪念日：红十字运动150周年、红十字会与红新月会国际联合会成立90周年、《日内瓦公约》签订60周年和中国红十字会成立105周年。5月12日还是汶川地震一周年的日子。报刊社将这5个纪念日列为全年的报道重点，并围绕这些重大历史事件策划和组织了多个大的系列报道。

为纪念中国红十字会建会105周年，《中国红十字报》开辟了红十字运动“百年回眸”专栏。通过对中国红十字运动发展过程中一些具有重大影响的历史事件的回顾，展现了中国红十字运动风雨坎坷的发展历程。

为了纪念索尔菲利诺战役150周年、红十字会与红新月会国际联合会成立90周年以及日内瓦公约签署60周年，《中国红十字报》与红十字国际委员会东亚地区办事处合作，开设了《图说百年史》栏目，通过再现国际红十字运动发展过程中一个个重大历史事件的瞬间影像，重温红十字运动百余年来波澜壮阔的历史。

报刊社还和江苏省红十字会合作在全国范围内开展了“百年红会二十件重大历史事件评选”活动。经过读者投票，专家审定，“百年红会二十件重大历史事件”评选结果在“五八博爱周”期间揭晓。

“百年回眸”、“图说百年史”以及“百年红会重大历史事件评选”活动，分别以不同的方式，从不同的角度，对国际红十字运动的发展历程、中国红十字会百年发展史，进行了集中、系统的梳理与回顾，既是一次面向社会的关于红十字历史及相关知识的通俗性、普及性介绍，也是一次对红十字精神和使命的较大规模的宣传。

在汶川特大地震一周年的日子。为了集中反映一年来中国红十字会在灾区开展的灾后恢复重建工作，报刊社专门派出记者重返灾区，跟踪报道中国红十字会在灾区的恢复重建工作和灾区红十字人一年来的心路历程。在5月12日这天，《中国红十字报》编辑出版了“5·12”纪念特刊，纪念特刊从各个不同的角度，生动、具体地展现了地震一年后灾区人民的生活状况、在灾区一线工作的红十字人的精神面貌。报刊社还派记者在地震一周年的日子跟随捐赠企业到灾区考察灾后重建项目，以捐赠方的视角集中报道了红十字会灾后重建项目的建设情况。

三、着力培育《博爱》杂志品牌知名度；保质保量完成好《中国红十字年鉴》

等出版物的编辑出版工作

继续坚持《博爱》杂志“关注民生、记录情感、在亲情、友情、爱情、人际之情的讲述中凸显世道人心，弘扬博爱精神”的定位。经过几年的努力，《博爱》杂志已经初步形成真挚感人、沉稳大气、雅俗共赏的风格，并得到读者的喜爱。

2009年以来，为了进一步贴近市场，贴近读者，《博爱》杂志在保持原有风格的基础上，又调整和陆续推出了一些新的栏目，并加强了与读者的互动。2009年，《博爱》杂志发表的一些文章受到了其他媒体的关注。有多篇文章或被《读者》杂志转载或被中央电视台等电视媒体制作成专题播出。

年鉴编辑部继续承担总会《中国红十字年鉴》、《中国红十会年报》的编辑出版工作，2009年又开始承担总会汶川抗震救灾志编写任务。

四、拓宽思路，更新观念，逐步实现三个转变

在竞争激烈的报刊市场，行业媒体的发展面临着前所未有的考验。要变被动为主动，在竞争中求发展，就必须更新观念，大胆探索，寻找新的发展路径。2009年以来，报刊社在三个方面进行了尝试：

一是从行业指导型媒体逐步向行业服务型媒体转变。由于机关报刊的特殊性质，过去，《中国红十字报》和《博爱》杂志的定位过多地强调“指导性”而忽略“服务性”。随着总会向“服务型”机关的逐步转变以及市场对报刊的需求，近几年来，报刊社开始了从行业指导性媒体逐步向行业服务性媒体转变的尝试，在强化服务意识的同时，注意整合行业资源、社会资源、品牌资源，不断拓宽发展之路。

一是为总会服务。“汶川”地震一周年时，《中国红十字报》编辑出版了“5·12”纪念特刊，通过捐赠方代表对灾区重建项目的考察实录，向社会公示了红十字会保质保量完成灾区重建项目的情况，以此方式为提高红十字会的社会公信力服务。

二是为基层红十字会服务。除了继续与一些红十字会合作办地方专版外，《中国红十字报》还为一些红十字会提供特殊服务。如对上海浦东区红十字会设立的“东方华润新心启航”红十字爱心项目的宣传推介。2010年世博会期间，报刊社还将推出各级红十字会对外合作项目宣传推介手册。

三是为有需求的社会各界服务。无偿献血事业近年来得到了大力发展，据不完全统计，全国无偿献血志愿者达到了3000多万人。但是如此庞大的一支志愿者队伍却缺少联系与交流的平台。根据一些地方血液中心和血站的建议，报刊社在2009年新创办了一份面向无偿献血志愿者的报纸——《无偿献血志愿者专刊》，每两个月出版一期，目前单期发行量达到了一万份。

四是由单一的纸媒向多媒体运营转变。年初，报刊社建起了自己独立的官方网站，实现了由单一纸媒向多媒体运营的转变。网站的建立，使《中国红十字报》和《博爱》杂志有了数字报和电子刊，不但弥补了《中国红十字报》周二刊、《博爱》杂志月刊时效性不强的缺憾，使新闻的传输迅捷起来，而且增加了与读者的互动。2009年上半年，报刊社在开展“百年红会二十件重大历史事件评选”活动时就充分利用了网络优势，在网上进行投票。最近正在进一步整合纸媒和网络媒体的资源，在提高网络点击率的同时，充分发挥网站新媒体的作用。

五是由发行当家向多种经营并进转变。从经营的角度来讲，新闻是媒体的第一次开发，广告是媒体的第二次开发，而衍生品和多种经营则是媒体的第三次开发。自2005年以来，报刊社一直在探索发行+广告+项目+活动四轮驱动的经营模式，充分利用公益媒体这个优势不断开发衍生产品，走多元化的发展之路。

一是借势发展，这个势就是红十字事业蓬勃发展之势。2009年，报刊社借召开“九大”趁势而上，一是用高质量的报道和办特刊等方式提高读者对一报一刊的关注度，扩大一报一刊的影响力。二是主动策划、组织编写了汇集“八大”以来中国红十字会工作成果的“九大会刊”。

六是借力发展，这个力是社会之力。2009年，为配合世界献血者日的宣传，报刊社与系统外合作，出版和发行了无偿献血招贴画和无偿献血宣传人像板。同时，还与红十字基金会、造血干细胞库管理中心、训练中心、扶贫中心建立了长期的合作关系，并取得了双赢的效果。

七是借机发展。红十字事业的蓬勃发展给报刊社创造了许多发展的机会。2009年报刊社抓住了“五八”博爱周、纪念“5·12”地震一周年的机会，策划和组织了“全国青少年防灾避险知识竞赛”，发行试卷60万份，既提升了报刊社的形象，也获得了较好的经济效益。

正是因为拓宽思路，不断进行新的探索，2009年，在金融危机和报刊市场竞争异常激烈的环境下，报刊社仍圆满完成了年初制定的经营目标，并实现了三个新的突破：一是消灭一报一刊发行空白县实现了新的突破。二是中国红十字博爱理事会的发展工作有了新的突破，并带动了广告收入。三是项目和活动的创收获得了新的突破，2009年，项目和活动取得的经济效益在总收入中的比重第一次占到近50%。与此同时，职工的收入和福利待遇也有了一定的提高。

【历史沿革】

中国红十字会总会主管主办的《中国红十字报》、《博爱》期刊、《中国红十字会年报》、《中国红十字年鉴》，由中国红十字会总会报刊社编辑出版，报刊社属中国红十字会总会京内直属单位。

自改革开放中国红十字会恢复国内工作以来，《中国红十字》期刊（后改名《博爱》）复刊于1980年，《中国红十字报》创刊于1986年，熊世琦为总会宣传部部长兼总编辑。1988年8月26日，全国红十字报刊通讯发行工作座谈会在江西庐山召开。1990年8月9日至15日，《中国红十字报》、《中国红十字》期刊通讯员业务讲习班在湖南张家界举行。

1991年9月13日至15日，中国红十字报刊工作会议在辽宁沈阳召开，颁发了报刊工作先进集体、优秀特约记者、特约通讯员及好新闻奖。在此之前，刘峰、武星户等先后调入中国红十字会总会报刊社，接替熊世琦等人的报刊社领导工作。

1992年9月18日至21日，中国红十字报刊工作会议在广东广州召开，颁发了报刊工作先进集体、优秀特约记者、特约通讯员及好新闻奖。同年10月，中国红十字会总会以红办字（1992）第143号文件规定：“报刊社具有独立法人地位，享有民事权利和承担民事义务，实行事业单位企业管理，自主经营，独立核算，自负盈亏。”“报刊社实行社委会领导下的总编辑（兼社长）负责制和副社长、副总编辑的分工负责制。”“报刊社享有劳动用工权和人事管理权，社内实行全员聘任制。”

1993年1月1日，经中国红十字会总会报刊社申办，中国红十字会总会报卫生部批准，中国红十字会总会报刊社由全额拨款事业单位改制为自收自支事业单位，1994年1月1日起，报刊社设立会计、出纳，财务独立核算。同时，中共中国红十字会总会党组聘任刘峰为社长兼总编辑（法定代表人），武星户为副总编辑。同年4月6日至9日，中国红十字报刊社第一届特约记者工作会议在浙江温州召开，颁发了报刊工作先进集体、优秀特约记者、特约通讯员及好新闻奖。与此同时，根据中发〔1993〕7号文件和中编委会议精神，中编办批复总会机构改革方案确定中国红十字会总会报刊社自收自支事业编制40名。按照党管干部的原则和总会规定，报刊社副处级以上干部由中共中国红十字会总会党组管理并聘用，其他人员由报刊社自行管理并聘用。

1994年4月6日至8日，中国红十字会总会报刊社第二届特约记者工作会议在广西召开。同年10月21日至25日，中国红十字报刊工作会议在四川召开，颁发了报刊工作先进集体、优秀特约记者、特约通讯员及好新闻奖。

1995年3月25日，中央机构编制委员会办公室以中编办字〔1995〕52号文件发出《关于印发〈中国红十字会总会机构改革方案〉的通知》中指出：“《中国红十字会总会机构改革方案》经中央机构编制委员会办公室审核，并报国务院领导批准，现予印发。”《中国红十字会总会机构改革方案》在“事业单位和编制”中指出：“中国红十字会总会报刊社自收自支事业编制40名。”同年10月6日至8日，中国红十字报刊工作会议在天津召开，颁发了报刊工作先进集体、优秀特约记者、特约通讯员及好新闻奖。

1996年7月1日，中共中国红十字会总会党组聘任武星户为代社长兼总编辑（法定代表人）。同年9月23日至27日，中国红十字会宣传论坛暨报刊工作会议在新疆召开，颁发了报刊工作先进集体、优秀特约记者、特约通讯员及好新闻奖。

1997年3月20日至23日，中国红十字会总会报刊社第三届特约记者工作会议在北京召开。同年9月27日至30日，中国红十字报刊工作会议在江西吉安召开，颁发了报刊工作先进集体、优秀特约记者、特约通讯员及好新闻奖。

1998年5月8日，中共中国红十字会总会党组以“红会党字［1999］第6号”文件通知：聘任李兰颂为副社长兼总编辑（法定代表人）。同年3月2日至5日，中国红十字会总会报刊社第四届特约记者工作会议在海南召开；10月8日至11日，中国红十字会宣传论坛暨报刊工作会议在山西召开，颁发了报刊工作先进集体、优秀特约记者、特约通讯员及好新闻奖。

1999年6月14日，中共中国红十字会总会党组以“红党字［1999］第003号”文件通知：聘任李兰颂为副社长兼总编辑（法定代表人），武星户为副总编辑。同年9月8日至10日，中国红十字会总会报刊工作会议在上海召开，颁发了报刊工作先进集体、优秀特约记者、特约通讯员及好新闻奖。

2000年以前，《中国红十字报》、《博爱》期刊由卫生部主管、总会主办；2000年起，经中国红十字会总会报刊社向国家新闻出版署申办，《中国红十字报》、《博爱》期刊由中国红十字会总会主管主办。

2000年9月21日至23日，中国红十字会总会报刊工作会议在浙江宁波召开，颁发了报刊工作先进集体、优秀特约记者、特约通讯员及好新闻奖。同年10月8日，中共中国红十字会总会党组批复中国红十字会总会报刊社《关于机构设置和岗位职责的试行方案》(另有9个配套文件)。其中，《关于机构设置和岗位职责的试行方案》的内容是：中国红十字会总会报刊社为正处级单位，下设科级业务部门1室4部：1. 办公室（人事、财务、文档、稿酬、通联、后勤），主任、副主任各1人（科级或中级），主管若干（副科级或中级），负责专项事务；2. 出版部（照排、审读、摄影、网络、值班、机动），主任、副主任各1人（主任编辑或副编审），主管若干（中级或副科级），负责专项事务；3. 报纸编辑部（采访、编辑、组稿、跟版、校对、清样），主任1人（主任编辑或副编审）；4. 期刊编辑部（采访、编辑、组稿、跟版、校对、清样），主任1人（副编审或主任编辑）；5. 经理部（发行、广告、印刷、纸张、设备、经营），主任、副主任各1人（科级或中级），主管若干（副科级或中级），负责专项事务。

2001年7月27日，中国红十字会总会报刊社经申办获得国家事业单位登记管理局颁发的“事证第110000000649号”《中华人民共和国事业单位法人证书》。其中，名称：中国红十字会总会报刊社；宗旨和业务范围：出版红十字报刊，宣传红十字工作《中国红十字报》出版《博爱》期刊出版广告业务新闻业务研究相关业务培训与印刷发行；住所：北京市东城区干面胡同43号；法定代表人：李兰颂；经费来源：事业收入；开办资金：人民币44万元（实为报刊社当年自有资金）；举办单位：中国红十字会总会。同年9月5日至7日，中国红十字会总会报刊工作会议在吉林召开，颁发了报刊工作先进集体、优秀特约记者、特约通讯员及好新闻奖。12月30日，中共中国红十字会总会党组以“红党字［2001］16号”文件通知：聘任唐晓音为社长（法定代表人），李兰颂为副社长兼总编辑，肖星为副社长，武星户为副总编辑。

2002年5月24日至26日，中国红十字会总会报刊社新闻业务培训班在云南保山腾冲举行。同年5月27日，中国红十字会总会报刊社出台了以职工全员聘任制为原则主体的系列管理办法，主要有《报刊社岗位职责及效益工资分配暂行办法》（内含《说明》、《办公室岗位职责及效益工资分配》、《报刊编辑出版岗位职责及效益工资分配》、《综合开发岗位职责及效益工资分配》部分）。9月24日至26日，中国红十字会总会报刊工作会议在广西桂林召开，颁发了报刊工作先进集体、优秀特约记者、特约通讯员及好新闻奖。当年起，由中国红十字会总会报刊社承办的总会项目“中国红十字会英文通讯”复刊出版。同年12月间，中国红十字会总会报刊社组织福建省、湖北省、成都市、苏州市红十字会以中国红十字会宣传工作者代表团名义访问日本、韩国。

2003年4月15日至18日、22日至25日中国红十字会总会报刊社先后举办了2期全国红十字青少年工作论坛，来自各地的代表大多为中小学校的校长和教师，代表们在论坛中交流了各自红十字青少年工作的经验和体会。8月19日至21日，中国红十字会总会报刊工作会议在内蒙古呼伦贝尔召开，颁发了报刊工作先进集体、优秀特约记者、特约通讯员及好新闻奖。同年12月间，中国红十字会总会报刊社组织福建省红十字会代表团访问法国、德国等国。年内，由中国红十字会总会报刊社承办的红十字会与红新月会国际联合会项目《红十字宣传指南》一书编辑出版（五洲传播出版社）。

2004年5月31日至6月4日，中国红十字会总会报刊社新闻业务培训班在北戴河举行。同年8月间，中国红十字会总会报刊社组织浙江省红十字会代表团访问澳大利亚、新西兰。9月21日至23日，中国红十字会总会报刊工作会议在贵州遵义召开，颁发了报刊工作先进集体、优秀特约通讯员及好新闻奖。在此前后，中国红十字会总会报刊社受红十字国际委员会委托组织翻译出版了《国际人道法问答》中文版；报刊社受红十字会与红新月会国际联合会委托组织翻译出版了《2004年度世界灾害报告》。

（一）《中国红十字报》：

《中国红十字报》创刊于1986年，现报头为赵朴初题写。

1986年10月5日，《中国红十字报》第1期即试刊号编辑出版，为4开4版月报，赵朴初、钱信忠、黄树则、谭云鹤题词祝贺。

1986年12月5日，由中共中央宣传部批准，《中国红十字报》第3期即创刊号编辑出版，为4开4版月报，向国内外公开发行。

1991年1月5日，即第56期起，《中国红十字报》扩为4开4版半月报。5月5日，即第64期起，《中国红十字报》扩为对开4版半月报。当年，中国中央人民广播电台黄金时段报摘节目多次摘播《中国红十字报》刊登的消息和通讯。

1992年1月3日，即第80期起，《中国红十字报》扩为对开4版周报，杨成武、陈丕显、马文瑞题词祝贺。

1992年11月27日，即第126期起，《中国红十字报》首次试办“月末版”，至1993年下旬止。

1994年4月1日，即第194期，《中国红十字报》举办了《中华人民共和国红十字会法》知识竞赛活动，当期报纸（含试卷版）发行93.5万份，11月15，举行了颁奖仪式。

1997年度，中国红十字会总会报刊社举办了“达纳康杯”无偿献血知识竞赛，共销售有考卷的《中国红十字报》96万份，在北京人民大会堂召开的总结表彰大会上，全国政协副主席、中国红十字会会长钱正英向优胜奖和组织奖获得者颁奖。

1998年9月11日，即第422期起，《中国红十字报》每逢重大活动与纪念日均出版对开1版和4版的彩色报纸，至2002年1月止。第422期《中国红十字报》彩色报纸的启动资金为中央电视台文艺中心影视部部分编导、大连市广播电视局部分领导、中央电视台首播电视剧当年获奖的单位代表以及全体个人的捐款。

2000年3月24日是《中国红十字报》第500期出版日。3月26日是中国中央电视台《正大综艺》第500期播出日，双方就国际性共同特点联袂举办庆典，出版了彩色印刷的《中国红十字报》第500期专号，录制播出了“正大综艺”第500期专辑，发行了明信片。全国人大常委会副委员长、中国红十字会会长彭珮云题词：“办好中国红十字报为建设有中国特色红十字事业服务”；中国红十字会常务副会长王立忠致贺词：“讴歌和平发展主题高扬人道博爱理念祝贺《中国红十字报》出版第500期”。

2003年，《中国红十字报》每逢月末周五加至为对开8版，其中，后4版为彩色印刷的月末版加版，只在北京地区免费发放，至2003年12月止。从本年度开始，中国红十字会总会报刊社与红十字会与红新月会国际联合会驻东亚地区代表团在《中国红十字报》第一版上不定期开办了《亚太通讯》和《焦点报道》专栏，收到很好的传播效果。

2004年1月30日，即第697期起，《中国红十字报》每逢月末周五为4开8版的月末版，至2004年12月止。同年9月8日，中共中国红十字会总会党组聘任吴苾雯为社长兼总编辑（法定代表人），李兰颂为副总编辑。

2005年1月7日，即第746期起，《中国红十字报》全年一版、四版套红。

（二）《博爱》期刊：

《博爱》期刊创刊于1913年，刊名为孙文题字（选自孙文为广东省中山县的题词）。

1913年5月1日，《中国红十字总会杂志》第一号即创刊号诞生，该刊载有“武昌黎副总统致南京孙大总统电：‘鄂省自起义以来。血战数十日。尸骸枕藉。无算伤残。幸赖中国红十字会。设立临时医院。救治被伤兵士。并施掩埋。兹查该会已由日本赤十字社社长松方侯爵。特派法学博士有贺长雄来沪。’”该刊还载有“日本赤十字社社长电”：‘一千九百十二年正月十二号瑞士日来弗东京赤十字社社长松方侯爵转。’另据权威资料证实：“1912年11月13日，常议会公议，每月出画报一册，以为劝捐张本，每期约需洋200元。”刊有“总会名誉会长、部分正副会长照片”，署名“第一号中华民国二年三月上旬中国红十字会编辑部”。有编辑部就有媒体，“每月出画报一册”的时间比《中国红十字总会杂志》还要早。

1921年10月10日，《红会月刊》第一期编辑出版。

1946年，由《会务通讯》和《救护通讯》合并的《中国红十字》月刊编辑出版。

1950年9月30日，《新中国红十字》期刊出版创刊号。

1956年4月，《新中国红十字》期刊更名为《中国红十字》期刊复刊。

1958年，中国红十字会总会组训部和宣传部与中央爱国卫生工作委员会办公室合署办公，《中国红十字》期刊与《讲卫生》月刊合并为《爱国卫生》期刊。

1980年7月20日，《中国红十字》期刊复刊，为月刊，小16开，内文32页。

1992年1月15日，即总第212期起，《中国红十字》期刊由月刊改为双月刊，小16开，内文64页。

1993年1月15日，即总第218期起，《中国红十字》期刊更名为《博爱》，双月刊，小16开，内文64页。

1995年1月15日，即总第230期起，《博爱》为双月刊，并改为大16开，内文64页。刊名为孙文题字。

1998年12月《博爱（增刊红十字会法版)》编辑出版（启动资金为北京市红十字会订阅4000册的费用)。

1999年4月,《博爱》期刊入选中国期刊协会、中国出版对外贸易总公司在美国洛杉矶举办的中国期刊展览会。为了展示中国改革开放以来期刊发展的成就，开拓中国出版物在美国的发行市场，扩大中国文化在美国的影响，中国期刊协会、中国出版对外贸易总公司于1999年4月在美国洛杉矶举办了中国期刊展览会。经权威部门和出版专家的严格筛选与一致认定,《博爱》期刊按照中国期刊协会征集函的要求寄出样刊后，接到通知并得到获准：以现代汉语传播人道主义、国际红十字运动和开创中国特色红十字事业新局面的最大平面媒体的独特面貌及世纪风采，与国内部分优秀期刊齐登国际期刊市场及期刊展览的大雅之堂。同年12月《博爱（增刊红十字基金版)》编辑出版(启动资金为中国红十字基金会订阅5000册的费用)。

2000年、2001年两年的时间里，中国中央人民广播电台黄金时段直播节目——《星空无限》和《娱乐新干线》均把当期出版发行的《博爱》期刊作为奖品用于颇有收听率的竞猜活动，中央人民广播电台每次将获奖者名单和地址传真给中国红十字会总会报刊社，再由《博爱》期刊编辑部采取邮寄的办法将奖品颁发给获奖听众（包括世界各地收听华语区域)，使《博爱》期刊在更为广阔的范围内得以发行，扩大传播了中国红十字的人道主张。2001年4月《博爱（增刊修订本红十字会法版)》编辑出版。

2003年1月15日，即总第278期起，《博爱》期刊由双月刊改为月刊，大16开，内文64页，当年月平均整订户发行量为3.83万份。

（三）《中国红十字会年报》:

《中国红十字会年报》创刊于1986年。

《中国红十字会年报》为中国红十字会年度工作的集纳总成。自改革开放中国红十字会恢复工作以来，每年一册，文图并茂，已经跨越了近20年，连续编辑出版了近20期，对推动中国特色红十字事业的蓬勃发展，起到了真实记录、整体反映和广泛宣传的作用。由于文字是汉、英对照的,《中国红十字会年报》还作为对外宣传品用于对外交流以及台港澳事务交往活动中。当前，中央提出坚持以人为本思想、树立落实科学发展观、构建社会主义和谐社会等一系列指导方针，中国红十字会作为在政府人道领域的助手，进一步加强了对热爱和平、珍视和睦、促进和谐重大意义和工作进程的宣传。集纳年度工作亮点的《中国红十字会年报》起到了这一宣传作用。

《中国红十字会年报》是中国红十字会总会对外宣传的常设项目之一。主要内容为：1. 中国红十字会名誉会长、会长、常务副会长、副会长、秘书长介绍；2. 中国红十字会组织机构图；3. 中国红十字会全国会员代表大会、常务理事会及其理事会、年度工作会议情况；4. 依法兴会、组织建设、筹资与宣传、红十字青少年、传播红十字运动知识、赈济救护、社区服务、无偿献血、预防控制艾滋病与遗体捐献、造血干细胞捐献者资料库建设、台港澳事务、国际交往、总会年度接受捐赠资金及彩票公益金收支情况报告等；5. 各省、自治区、直辖市、新疆生产建设兵团红十字会，铁路、商业红十字会年度工作情况反映等。

（四）《中国红十字年鉴》：

《中国红十字年鉴》创刊于2005年（《中国红十字年鉴·2004/2005创刊号》）。

《中国红十字年鉴》是中国红十字会一部大型的重要文献汇编。它既是综合反映开创中国特色红十字事业新局面的百科书，也是全面反映中国红十字会百年历程的编年史，属公开出版物，每年一部。

《中国红十字年鉴》由中国红十字会领导、总会各部门及直属单位主要负责人、省级红十字会常务副会长或专职副会长、行业红十字会负责人组成编辑委员会，负责领导、组织协调和审稿工作。编委会下设有编辑部，编辑部负责按计划开展编辑、出版等项工作。

《中国红十字年鉴》的编辑出版，不但能真实记录、整体反映各个历史阶段中国红十字事业的发展情况，而且作为宣传品它还可以起到向社会传播和宣传红十字精神，动员民众参与红十字事业的重要作用。同时，它还可以用于对外交流以及与台港澳的交往活动中。

《中国红十字年鉴》是中国红十字会总会对外宣传的常设项目之一。《中国红十字年鉴·2004/2005创刊号》编辑体例和主要内容为：纵览篇（百年会史概述、百年会史编年、新中国成立以来中国红十字会第一届至第八届全国会员代表大会工作报告）；文献篇（中共中央、全国人大、国务院、全国政协领导的讲话、致信、题词，法律、法规，重要文件，中国红十字事业2005—2009年发展规划）；纪事篇（大事记、重大活动及会议）；专业篇（部分专业会议介绍，大型项目课题论证）；总会篇（名誉会长、副会长，会长、常务副会长、副会长、秘书长名单，中国红十字会会长、常务副会长在2004年、2005年中国红十字会工作会议上的讲话，总会机关：办公室、赈济救护部、事业发展部、联络部、直属机关党委，直属单位：机关服务中心、报刊社、中国红十字基金会、中国造血干细胞捐献者资料库管理中心、训练中心、上海援外物资供应站）；分会篇（全国各省、自治区、直辖市红十字会，铁路系统、商业系统红十字会，新疆生产建设兵团红十字会，香港、澳门特别行政区红十字会）；人名篇（百年会史名录，人物志、人名录）；研究篇（理论与实践、调查与研究，先进经验）；数据篇（人、财、物数据资料，募集捐赠款物数据资料）；资讯篇（公共词条与篇目，总会及省、自治区、直辖市、特别行政区分会联络方式）。

2005年起，《中国红十字报》、《博爱》期刊确定新的定位。报纸定位于：立足系统，面向国内外，具有权威性的大报。期刊定位于：面向大众，生活情感类杂志，其宗旨为“关注民生，纪录情感，在亲情、友情、爱情、人际之情的讲述中凸显世道人心，弘扬博爱精神”。《中国红十字报》、《博爱》期刊在印度洋海啸救援的宣传报道活动中，发挥了积极作用。2005年，中国红十字年鉴编辑部成立。承接了《中国红十字年鉴》、《中国红十字会年报》、《中国的南丁格尔（南丁格尔奖获得者报告文学集）》等项目。

2006年，《中国红十字报》、《博爱》期刊强化服务总会，服务基层的功能，在基层组织建设，抗灾救灾和灾后重建等方面做了大量报道。5月，报刊社与红十字国际委员会东亚地区代表处联合举办了新闻业务培训班，来自全国各级红十字会的200多名宣传干部参加了培训。

2007年，《中国红十字报》由周一刊改为周二刊，扩大了报道面，充实了宣传内容。《博爱》期刊推出了“家教档案”、“动感人生”、“老照片”等新的栏目，使期刊内容更为丰富。《中国红十字年鉴》增加了计划单列市、省会城市、直辖市城区的词条，扩大了息信的收集范围。

2008年，在汶川特大地震后的两个多月时间里，《中国红十字报》刊发抗震救灾为主的版面70余个，其中地方红会专版13个。此间共刊发抗震救灾消息、通讯、特写、评论、短讯等各类体载稿件750余篇，以及大量图片、图表。《博爱》期刊也对中国红十字会和志愿者参与抗震救灾行动进行了全方位报道。总会第一批赴灾区指导救灾工作的李兰颂和赴灾区进行新闻报道的刘玉海获总会抗震救灾先进个人称号。7月下旬，《中国红十字报》辟专栏，对红十字会参与的奥运工作进行报道。前后共刊发稿件70篇。总会授予报刊社参与北京奥运会特别贡献奖，授予吕进福参与北京奥运会先进个人称号。在办好《中国红十字年鉴》和《中国红十字会年报》的基础上，开始进行《中国红十字会汶川特大地震抗震救灾志》的编辑工作。

【组织机构】

1995年3月25日，中央机构编制委员会办公室以（中编办字〔1995〕52号）文件通知中国红十字会总会，同意印发《中国红十字会总会机构改革方案》，该方案“事业单位和编制”中指出：“中国红十字会总会报刊社自收自支事业编制40名。”

2001年7月27日，由中国红十字会总会报刊社向国家事业单位登记管理局申办，被确定为事业单位法人；宗旨和业务范围是：出版红十字报刊，宣传红十字工作；经费来源：事业收入；开办资金：人民币44万元。

2004年9月8日，中共中国红十字会总会党组聘任吴苾雯为社长兼总编辑（法定代表人），李兰颂为副总编辑。

自2005年1月，中国红十字会总会报刊社实行全员聘任制；经中国红十字会总会批准组建了新一届社务委员会，成员为：吴苾雯、李兰颂、孙惠玲、张建平。报刊社设立1室7部：

办公室（主任：李兰颂，兼）；负责本社人事、财务、文档、印信、后勤、外联及安保等工作。

报纸编辑部（主任：孙惠玲）；负责《中国红十字报》的编辑出版工作。

期刊编辑部（主任：张建平）；负责《博爱》期刊的编辑出版工作。

年鉴编辑部（主任：傅虹，副主任：冯志国）；负责《中国红十字年鉴》、《中国红十字会年报》及新增新闻出版项目的编纂出版等工作。

发行部（副主任：白琳）；负责本社出版物的发行工作。

广告部（副主任：傅学煜）；负责《中国红十字报》、《博爱》期刊广告业务的承揽、审核及客户服务等工作。

项目活动部（副主任：郑勇）；负责经营项目及活动的策划、组织、实施等工作。

传媒营销部（主管：肖星）；负责中国红十字会网站的采编事宜、中国红十字会《英文通讯》编辑出版等工作。

【大型项目】

一、《中国红十字年鉴》，2005年2月，中国红十字会总会报刊社成立中国红十字年鉴编辑部，设编辑部主任、副主任各1人，并经中国红十字会执行委员会批准成立中国红十字年鉴编辑委员会。年内编纂出版了《中国红十字年鉴·2004/2005创刊号》，为中国红十字会自1904年成立101年以来的第一部大型文献汇编，既是中国红十字会百年历程的编年史、也是开创中国红十字事业新局面的大事记，还是从事人道领域社会救助的专兼职工作者们必备的百科书。《中国红十字年鉴·2004/2005创刊号》，填补了中国红十字会一直没有年鉴的空白，该项目已被纳入“十一五”计划，确保了社会效益和经济效益相统一。

二、《中国红十字会年报·2004》，每年一期，大16开，以图片为主，全彩色印制，汉英语对照，多用于外宣。

三、《中国的南丁格尔》专题报告文学及长篇通讯集；全书传主为我国43位第29届至40届南丁格尔奖获者。

四、编辑出版了《中国红十字报·印度洋海啸救援专版》、《印度洋海啸大救援·中国红十字在行动》的画册及VCD光盘。

五、《中国红十字会英文通讯》每两个月一期，继续发行至各驻华使领馆、红十字国际委员会、红十字会与红新月会国际联合会、70多个国家和地区的红十字会与红新月会。

六、协办第一、二届中国造血干细胞捐献者优秀新闻作品评选活动。该项目由西安扬森公司出资、中国造血干细胞捐献者资料库管理中心（中华骨髓库）承办、中国红十字会总会报刊社协办（负责该活动的评奖、颁奖仪式及会务等工作）。

（吴苾雯　李兰颂　傅　虹　冯志国）

中国红十字基金会

【年度工作】

2009年上半年，在总会党组和理事会的领导下，中国红十字基金会各项工作稳步开展，截至6月30日，接受捐款5120万元，资助支出1.04亿元；灾后重建工作扎实推进，项目实施进展顺利，督察工作全面开展；小天使基金在争取政府支持上获得重大突破，财政部已批复同意从国家彩票公益金中拨款5000万元资助白血病儿童；及时坦诚应对小天使基金资助款截留案件，成立社会监督委员会，切实加强社会监督工作；召开专项基金管理工作会，加强和完善专项基金管理工作；能力建设培训工作稳步开展。

一、沉着应对危机，筹资和资助工作稳步开展

2009年上半年是中国红十字基金会面临巨大压力和挑战的半年，一方面由于全球金融危机的影响，一些合作伙伴经营压力加大，捐赠热情衰减，筹资困难加大；另一方面，出现了小天使基金资助款被不法分子截留案件，案件的调查、受助患儿的回访及应对媒体和社会的质询，耗费了很大精力。在总会的支持和郭长江理事长的领导下，由于应对策略得当，处理及时有效，化解了这场危机，对机构筹款工作没有造成大的影响，上半年的筹款工作基本实现预定目标，保持了机构筹款的稳步发展。截至2009年6月30日，共接受捐赠5120万元，其中捐款

4477.14万元，占捐赠总额的87.44%，捐物642.86万元，占捐赠总额的12.56%，完成全年1亿元筹资任务的50%，实现了时间过半任务过半。与常规年份的2007年同期比较，同比增长45.83%。

骨干公益项目“红十字天使计划”继续保持良好的发展势头，上半年共接受捐赠2951.42万元，新立项援建博爱卫生院、站396所，举办乡村医生培训班2期，新培训乡村医生200名；大病救助工作有新的起色，天使阳光基金、奔跑天使基金、嫣然天使基金、仁爱基金等专项基金的筹款和资助工作取得新的进展。上半年共救助白血病、先心病、唇腭裂、失聪、肢残、重症肌无力等重症患者1237人，资助贫困肿瘤患者治疗2406人次。

争取政府出资支持“小天使基金”工作取得突破进展。年初，我们抓住温家宝总理关心河北白血病患儿李瑞并引发媒体广泛关注白血病患儿救助问题的契机，迅速作出反应，积极参与救助；在2009年3月召开的“两会”上，郭长江理事长主动接受媒体采访，呼吁社会关注儿童的大病救助问题；同时积极争取人大代表和政协委员就大病救助问题进行提案。“两会”结束后，起草了申请国家彩票公益金的《项目报告书》，通过总会筹财部转报给财政部，经过积极努力，终获财政部批复，同意安排5000万元彩票公益金用于救助贫困白血病儿童。目前，正在制定具体的管理办法和实施方案。小天使基金获得国家彩票公益金的支持，是在总会支持下主动争取政府购买公共服务的成果，也是中国慈善组织争取政府资金支持的有益尝试。

博爱助学计划上半年继续有效推进，共接受捐赠855.43万元，新援建博爱学校4所，配赠红十字书库298个，培训乡村教师100名，体育关爱基金、嘉实守护天使基金、凤凰基金等新基金的设立为博爱助学计划增添了新的内容和救助实力。

二、以加强监管为重点，灾后重建项目进展顺利

截至2009年6月30日，中国红十字基金会累计援建灾后重建项目2070个（其中上半年安排项目641个），累计向地震灾区拨付资助款物7.22亿元（其中上半年拨付0.73亿元）。援建博爱学校181所，博爱卫生院163所，卫生站1005所，资助133个新村的7931户民房恢复重建，配赠红十字书库512套，救助地震灾区孤残儿童44人。

在抓紧安排灾后重建项目的同时，重点加强了灾后重建项目的督察监管工作，抽调各部门工作人员组建了6个督察小组，编印了《中国红基会5·12灾后重建工作完全手册》，于4月至6月先后赴川甘陕3省、11个市州，走访了31个县区，实地抽查了131个援建项目。督察组通过听汇报、看现场、查档案资料、走访村民群众等多种方式，检查基金会拨付资金的管理、下拨和使用情况，实地察看援建项目的选址、工程进度和建筑质量，初步掌握了基金会援建项目的管理和进展情况。通过督察督办，提高了地方红十字会的管理意识和风险意识，也指导了地方重建工作的开展。

目前，中国红十字基金会资助的重建项目进展顺利，项目开工率达100%，已有超过30%的项目竣工投入使用。

三、主动出击，切实加强专项基金管理和社会监督工作

2009年4月下旬，邯郸市一名白血病

患儿家长来基金会查询资助情况，虽然他的孩子已被小天使基金资助，但他却并没有收到资助款。这一情况引起秘书处高度重视，迅即成立了调查组，对上述情况进行调查，并借此对小天使基金资助的所有患儿进行电话回访。

就在基金会紧张调查此案的时候，获悉《南方都市报》也正在对此案进行采访。于是主动约见该报记者，坦诚告知事实真相和初步调查情况，5月20日，基金会在机构网站主动发布了《郑重声明》，公布了马书军涉嫌截留资助款的情况和基金会采取的措施。随后，又主动接受《新京报》、《京华时报》等媒体的采访，坦诚客观地向社会披露了马书军案件的全部情况。

6月2日，郭长江主持召开理事长办公会，专题研究并提出了《中国红基会关于加强管理和监督的五项措施》，这些措施包括：改进和完善小天使基金及其它大病救助基金的管理规则，发展省级定点医院，进一步规范志愿者的管理，成立社会监督委员会、招聘监督巡视员，开发现代化的管理信息系统、提升机构的管理水平等。这些积极主动的回应措施经媒体广泛报道后，得到了社会的理解和积极评价，将负面影响减到最小。

为进一步完善专项基金管理制度和监督机制，杜绝管理漏洞，基金会相继召开了专项基金管理工作会议，成立了社会监督委员会和监督办公室。6月16日召开的专项基金管理工作会，总结了近年来专项基金所取得的成绩，也指出了目前管理中存在的问题。会议提出要在进一步发展专项基金的同时，进一步加强专项基金的规范管理，逐步做到专项基金管理“十有”：有基金管委会和管委会议事规则；有基金管理规则；有基金形象代言人；有基金宣传册；有基金宣传片；有基金公益广告；有基金网页；有基金资助项目结案报告；有基金年度财务审计报告；有基金资助项目评估报告。

7月2日，经过紧张的酝酿和筹备，中国红十字基金会社会监督委员会正式成立。监督委由25名来自政府有关部门、监察、审计、法律、媒体、学界、捐赠人、非营利组织的代表组成。人民日报社原副总编辑周瑞金出任主任委员，民政部社会福利与慈善事业促进司司长王振耀、南都公益基金会副理事长兼秘书长徐永光等出任副主任委员。监督委还向社会公开招聘了13名监督巡视员。第一次会议审议了《中国红基会社会监督委员会章程》、《中国红基会社会监督巡视员管理办法》和《监督委办公室2009年下半年监督巡视工作计划》，通过了监督委办公室主任、副主任人选。经过培训，13名监督巡视员将开展项目的监督巡视工作。

四、整合公益传播，品牌影响力继续提升

坚持与媒体、企业、明星的合作，整合公益传播，是中国红十字基金会不断提升机构品牌影响力的重要途径。上半年，进一步加强与媒体的合作，通过与北京电视台、重庆电视台、旅游卫视、中国新闻周刊、家庭杂志等媒体的项目合作，保持了机构宣传势头和品牌影响力的提升。机构召开新闻发布会及举办相关宣传活动共69场，新闻报道1500余篇，网站点击率在公益机构网站中继续保持领先。上半年重点开展了以下活动：

一是以汶川地震一周年为契机，与重庆卫视共同推出了“大爱无疆”特别节目，通过重庆电视台 12 小时的直播节目，展现了中国红十字基金会参与汶川地震救助工作主要项目，彭珮云会长与受助灾区儿童见面、李亚鹏护送资助的灾区少年返校、明星代表参加明星博爱学校开工典礼、震区受助儿童多米诺骨牌展示等活动都产生了良好的社会影响。

二是联合北京电视台连续推出志愿者真情耀中华节目。该节目结合了慈善、公益和明星、志愿者等多重元素，以“好人有好报”为主题，倡导全社会去关注和帮助身处困境的“好人”们。节目如实记录志愿者帮助好人、实现他们的愿望、改变他们生活的全过程。每期节目都会有一位明星志愿者加盟，成龙、谭晶、陶红、陈好、杨童舒、曹曦文等十多位明星参与志愿服务或节目的录制工作。随着节目不断改版，收视率不断提高，中国红十字基金的影响力也随节目不断提升。

三是与中国新闻周刊联合举办的第四届中国·企业社会责任国际论坛及“最具责任感企业”评选活动影响力进一步扩大，全国政协副主席李金华以及江亦曼常务副会长等 7 位部委领导出席论坛并致辞，彭珮云会长连续三届为获奖企业颁奖，该论坛和“最具责任感企业”评奖已经成为中国企业社会责任领域有影响力的论坛和奖项。

四是与山东、河南、安徽等省多家地方电视台、电台、报纸、网站合作，举办“爱心接力中国行”、“博爱在齐鲁”临沂演唱会等活动，将筹资与资助、宣传结合起来，扩大了专项基金的救助实力和社会影响力。

五是与家庭期刊集团共同创立和谐家庭公益基金，资助贫困家庭并开展有利于和谐家庭建设的各项活动。成功举办了四川震区重组家庭集体婚礼，来自四川灾区的 15 对震后重组家庭的新人在彭珮云、江亦曼等领导的见证下喜结连理，揭开新生活的序幕。同时启动了“爱心家庭 1 + 1 公益行动”，该行动旨在动员更多的爱心家庭持续关注和支持四川震区重组家庭，这是汶川地震一周年后，最富有人性关怀的灾后重建项目之一，得到媒体的广泛传播。

五、开展能力建设培训，加强人才队伍建设和培养

人才是事业成功之本。中国红十字基金的创新和发展，离不开优秀人才。按照二届六次理事会的决议，正式设立了人才培训奖励基金，机构能力建设系列讲座已经正式开讲。北京大学金锦萍教授、清华大学王名教授先后就专项公益基金的管理研究、中国社会组织的发展和现状进行了专题讲座；汤声闻常务副理事长就国际红十字运动和中国红十字运动的历史及现状作了专题讲座。整个能力建设课程共安排 15 讲。

同时，还与杨澜的阳光文化基金会合作，发起设立中国红十字基金阳光文化基金，共同筹集资金，资助中国公益组织的高端管理人员和红十字系统管理人员进行专业学习和培训，促进中国公益组织的能力建设和整体发展。

六、下属实体项目建设工作有了新的进展

上半年，事业发展中心实体项目建设工作稳步开展。扬州、密云两处曜阳国际老年公寓主体工程均已基本完成，扬州曜阳国际老年公寓已进入了营运前的各项准备工作，2009 年 10 月可以正式营运。无锡，苏州等地老年公寓建设前期筹备工作也已启动。同时开展了面向全国招聘高级管理人才和公寓管理员工队伍的培训工作。适应公寓正式营运和老人入住后的服务需要，基本完成了由医疗专家、武警医院、社会志愿者为主体，满足老人服务之需的管理团队的组建工作。

两所学校的教学和管理水平稳步提升，各项工作都取得了可喜的成绩，拔萃学校各类统考、会考成绩有较大提升，在朝阳区的教育质量评估中位次提升幅度较大，并顺利实现了校长工作的平稳交接；扬州世明双语学校实现了由“民办”学校向“名流”学校的转变，中考成绩取得了新的突破。两校在生源质量上实现了从过去招生缺源到2009年择优录取的跨越。

由事业发展中心具体承办，还与武警部队卫生部签订了合作协议，在全国武警所辖各医院以联合推广肿瘤消融技术为重点，开展救治肿瘤患者的公益行动。

【历史沿革】

中国红十字基金会于1996年12月成立。简称：中国红基会。英文译名为“Chinese Red Cross Foundation”，英文缩写为：CRCF。

该基金会属于公募基金会。面向公众募捐的地域范围是：国内外。其原始基金数额为人民币800万元，来源于企业和有关人士的捐赠。

2005年4月，启动实施了“天狮助学计划”，天津天狮集团捐款1000万元，其中500万元在西部20个省（区、市）援建20所天狮博爱小学，另500万元专项用于扶持少数民族地区的教育项目。6月，为帮助遭受特大洪灾的黑龙江省宁安市沙兰镇中心小学异地重建募集捐款120多万元。6月，中国红十字基金会首倡设立了我国第一个救助贫困白血病儿童的专项基金——“小天使基金”。7月，为帮助改善贫困地区农村的医疗卫生条件，中国红十字基金会启动推出了“红十字天使计划”大型公益项目。

2006年，中国红基会计接受海内外捐赠款物8605.24万元，累计资助支出5958.56万元。其中“红十字天使计划”资助支出2814.2万元，向新农合试点县转赠医疗物资1320.87万元，“博爱助学计划”资助支出3144.36万元，定向资助民族教育项目和职业技术教育项目2600多万元。

2007年，中国红基会累计接受海内外捐赠16483万元。全年资助支出9872万元。其中“红十字天使计划”资助支出8344万元，向医疗机构和新农合试点县转赠医疗设备、药品价值2900万元，“博爱助学计划”资助支出1528万元。2007年，中国红基会先后设立了资助健走活动的“行者基金”，资助失聪儿童的“天使回声基金”，资助盲人培训的“光明天使基金”，救助下肢残疾儿童的“奔跑天使基金”，资助城市农民工的“农民工援助基金”；设立了企业冠名的“合生元母婴救助基金”、“纳思达天使爱心基金”、“丁家宜爱心基金”、上汽通用五菱博爱基金、三全博爱助学基金、广州丰田助学基金、“肯德基餐饮健康基金”、“NPP公益创投基金”等，调动了社会参与公益事业的积极性。

2008年，中国红基会累计接受海内外捐款15.37亿元，其中，接受地震捐赠款物13.92亿元，“红十字天使计划”接受捐赠1.04亿元，“博爱助学计划”接受捐赠3695万元。2008年资助支出7.32亿元，其中“红十字天使计划”资助支出6270万元，“博爱助学计划”资助支出2658万元。中国红基会从地震捐款中安排资金2000万元，面向社会公开招标“5·12灾后重建项目”。邀请社会有关方面资深人士组成评审委员会，经过三批严格评审，15个民间公益组织申报的16个灾后重建项目中标，共资助1719万元。中国红基会被中国红十字会总会授予抗震救灾工作“最佳组织奖”，项目合作部和副秘书长刘选国被总会记三等功，胡星奇等十多位员工也被授予抗震救灾先进个人。以奥运为契机，联合奥体明星合作开展公益活动。2008年，又有杨童舒、孙悦、成龙、陈宝国、孙红雷、周杰伦、陈好、蒋勤勤、佟大为、陈红、哈辉、王宝强、赵琳、汤灿、吴京、刘飞儿、仲满、胡彦斌、弦子等一批文体明星加盟红基会的公益项目，成为“爱心天使”和推广大使，有的还担任专项基金的管理职务。

【组织机构】

该基金会的登记管理机关是民政部，业务主管单位是中国红十字会总会。中国红十字基金会第二届理事会由9名理事组成，他们是：王立忠、郭长江、汤声闻、江丹、王汝鹏、张峻、陈明仁、吴苾雯、龚怡怡。理事长王立忠，副理事长郭长江、汤声闻、江丹，秘书长王汝鹏，副秘书长张峻。

该基金会的内设机构有办公室、宣传部、项目合作部、财务部。

理事会是该基金会的决策机构。行使下列职权：制定和修改章程，决定机构的使命、战略和目标；选举和罢免理事长、副理事长、秘书长；决定重大业务活动计划，包括资金的募集、管理和使用计划；决定机构资产运作的原则、策略、途径和重大投资事项，对资产安全负责；审查机构年度财务报告；制定机构政策和重要管理制度；决定设立办事机构、分支机构、代表机构；决定由秘书长提名的副秘书长和各部门主要负责人的聘任；听取、审议秘书长工作报告，检查秘书长的工作，给予秘书长工作支持并评估其绩效；决定基金会的分立、合并或终止；决定其他重大事项。

理事会每年至少召开两次会议。理事会会议由理事长负责召集和主持。理事每届任期五年，任期届满，连选可以连任。

该基金会的理事长、法人代表为郭长江。

【大型项目】

该基金会于1996年12月成立以来，得到了党和政府的大力支持和社会各界的踊跃捐助，累计接受海内外捐赠6378.92万元，救助支出4057.9万元，其他支出995万元。先后组织开展了“'97复明行动”、“顺顺千万元救助行动”、“预防贫血工程”、“捐建博爱医院”等医疗卫生领域的大型公益活动；资助拨款225万元，在扬州创建了“扬州世明双语学校”，在北京创建了“北京拔萃双语学校”；同时，还在扬州、杭州、北京、上海等地创建老年公寓、老年乐园、老年康复中心等老年性社会服务事业，产生了良好的社会影响。2005年4月，相继启动实施了“天狮助学计划”、“红十字天使计划”等大型公益项目。2006年，与京华时报社联合发起了“京华天使行动”，与中央电视台联合开展了“情系太行山，建设新农村”活动，携手李亚鹏、王菲成立了“嫣然天使基金”。

【主要特色】

中国红十字基金会的宗旨是：贯彻执行《中华人民共和国红十字会法》，弘扬人道、博爱、奉献的红十字精神，关注和保护人的生命和健康，为红十字事业筹集资金和物资，对最易受损害的人群进行人道主义救助。

基金会依据国家有关法律、法规，并根据《中华人民共和国红十字会法》和《中国红十字基金会章程》，开展公益活动，其业务范围包括：呼吁社会各界积极参与红十字救死扶伤、扶危济困、敬老助残、助人为乐等人道主义救助活动，为社会公益事业做贡献；开展与国际友好团体、个人及港、澳、台同胞和海外侨胞的友好往来和相互合作；根据需要，依法在有关国家和地区设立分支机构或代表机构，不断拓展海外业务和项目合作；弘扬中华民族爱老敬老的传统美德，通过各种有效形式，积极兴办老年福利事业，倡导社会新风，促进社会文明；积极促进和创办群众医疗救护事业，救死扶伤，改善易受损害人群的境况；支持和兴办具有红十字特色的教育事业，为贫困学生就学提供和创造机会；开展适合自身特点的其他社会救助活动；通过各种直接和间接形式，积极向社会募捐款物，增加基金来源；采取多种合法有效的方式，实现基金的保值增值。

（刘选国）

中国造血干细胞捐献者资料库管理中心

【年度工作】

2009 年，中国造血干细胞捐献者资料库管理中心在总会党组的领导下，以科学发展观统领全局，在抓好入库数量的同时，更加注重提高数据质量，各项工作都有新进展。

一、扩容骨髓库，为海内外患者服务

1. 截至 2009 年 12 月底，超额完成入库 13 万人份数据计划，实际完成 15.6 万人份，库容总量达 111 万多人份；为临床提供检索配型服务 4000 多人次；全年有 344 位志愿者捐献了造血干细胞，其中，向国（境）外提供 15 例。截至目前，共为临床提供检索配型服务 2 万多人次，捐献总数 1461 例，其中，向国（境）外提供 66 例。

2. 开展高分辨分型数据入库试点工作。3 月，印发了《中华骨髓库高分辨分型数据入库标准》，要求各实验室全年上报数据任务中须有 25% 为高分辨数据，同时明确了高分质控办法。11 月，要求各实验室递交《2009 年 HLA 高分辨数据入库试点工作自评报告》。12 月 17 日，召开了“高分数据入库试点工作评估工作组会”。由蔡剑平研究员任组长的评估小组经过查看原始数据等方式，认为较好完成了 25% 高分数据入库试点工作，华大实验室完成 20140 份高分数据入库。至此，已有 5 万多份高分数据入库。

3. 志愿服务总队组织编印了《中华骨髓库志愿服务手册》。为规范志愿服务行为提供了统一要求，为培训志愿者提供了良好教材。此外，根据西藏分库请求，总库管理中心委托志愿服务总队公开招募 1 名赴藏志愿者。经综合考虑，决定选派河南分库志愿者吴珊赴藏工作 3 个月。吴珊在藏期间，协助成立了西藏红十字会无偿献血和捐献造血干细胞志愿服务队，推动了西藏分库工作的发展。

二、通过会议、培训等形式，加强管理与技术交流

1. 3 月 18—20 日，在天津召开了中华骨髓库2009年工作会议。会议修订和完善了“检索配型服务工作操作程序”，将全部工作程序完成时间从90天缩短到60天，加快了为临床服务进程。同时，会议讨论通过了“2009年技术工作要求”。

2.5月17日，在北京召开了“脐带血库合作检索查询会”。会议讨论并规范了检索平台。

3.5月19—21日，在北京召开了“中华骨髓库第二届年会”。各省分库、实验室、移植/采集医院、脐血库的230多位代表参会。其中18位海外一流专家、学者应邀参会。本届年会共收到70多篇论文。其中，任汉云主任所做的《中华骨髓库721无关供者造血干细胞移植临床资料分析》报告受到与会者好评。会上，北京市红十字会造血干细胞捐献志愿者之家等10个志愿服务组织被授予“十佳志愿服务组织”荣誉称号，王永利等100名志愿者被授予“百名优秀志愿者”荣誉称号。

4.8月13—14日，在大连召开了部分分库负责人工作研讨会。此次会议主要研讨如何提高服务质量、加强和落实各项服务工作程序等，同时修订了分库目标考评办法。

5.9月3—4日，在北京召开了移植/采集工作研讨会，找出大陆与台湾以及境外骨髓库之间的差距，希望通过研讨会加强总库、分库、高分实验室与移植/采集医院的沟通，高效、快捷地为患者服务。

6.9月22—25日，在郑州召开了中华骨髓库HLA数据导入工作研讨会。与会代表积极参与讨论，并与试剂公司、网络公司代表就完善数据导入工作进行了沟通。会议重申了HLA高分辨数据标准和2009年数据导入格式，为完成数据入库工作提供了技术保障。

7.11月23—27日，在广州市召开了第八期电脑网络培训班。每年一次的网络培训班为中华骨髓库网络及数据库建设与运营，为数据资料管理与利用提供了有利保障。

三、加强数据质量管理，提高库容使用率

1.在提高数据质量上，管理中心不仅对入库的HLA数据严格把关，把志愿者的个人资料和日常联系工作也纳入议事日程。为提高有效库容率，2月，在全国各分库抽样进行了入库志愿者的问卷调查。31个分库按照总库管理中心统一要求，以2008年底入库量的5%进行志愿者回访，共回访了46931人，有33407人反馈信息，反馈率为71%。其中，29631人继续同意捐献，同意率为63%；有的地方还建立了与志愿者日常联系的短信平台。这些都为入库数据质量的提高，数据的动态更新，为降低流失率、反悔率起到了积极作用。

2.在提高库容使用率上，管理中心积极尝试HLA高分辨数据入库的试点及高分辨检索程序的开发工作，努力缩短检索周期；尝试同城供患有限选择，努力缩短再动员时限；听取移植、采集医院意见、建议，加强沟通；尝试HLA不完全匹配供者的提供，改进后的检索配型策略为在库中无法找到适配供者的患者提供了错配检索、脐带血检索等功能，增加了患者的配型几率；与6家脐带血库联网检索，为临床患者提供更多的造血干细胞来源地选择；提高造血干细胞采集标准，与卫生部合作修订《非血缘造血干细胞采集技术管理规范》。

四、加强实验室、样品库管理

1.5月，中华骨髓库样品库在北京中关

村生命科学园区揭牌。时任中国红十字会会长彭珮云为样品库揭牌。这是中华骨髓库联手清华大学生物芯片北京国家工程研究中心、海尔集团共同建立的规范、科学的样品保存体系。解决了血液样品长期分散在各地，保存质量、保存条件、保存方式难于统一、规范的问题。截至 2009 年 12 月底，样品库累计库存血样 90 多万人份。

2. 9 月 20 日，在五家高分辨分型实验室协议到期后，在各实验室与管理中心合作良好，沟通顺畅，检测速度较快，一年内未出现高分检测错误。其他实验室没有提出申请的前提下，结合目前工作状况，管理中心与上述五家实验室续签一年协议。

3. 11 月 10 日，质量控制实验室完成了对全年新增入库数据 2% 的抽检工作，全年共计抽检样本 3242 份（其中包括 400 份高分样本），错误率为 0.18%；完成了“HLA 分型质量控制标本鉴定”，8 个低分标准样品和 1 个高分标准样品的检测鉴定工作全国 31 家实验室无一出现错误。此外，向 1 家高分辨检测实验室发放 8 个高分标准样品的检测也未出现错误。

五、完善“中国造血干细胞捐献者资料库管理信息系统”

1. 开发“数据导入程序”，最大限度地降低了数据录入错误，为保证完成数据入库任务提供了技术保证。

2. 开发并使用了“高分数据检索程序”，有效地缩短了工作流程，提高了工作效率。同时，电脑网络系统也在不断调整、优化供者服务工作流程。

3. “脐带血库检索程序”和“样品库管理信息系统”已完成开发，并投入使用。

六、加强专家委员会及脐血库协调管理

1. 充分发挥专家委员会作用。在遇有重大问题、重大决策时听取专家意见、建议。在科研课题的制定、检索程序的改进、质控工作的改进、HLA 高分数据入库试点工作的开展、加入世界骨髓库、检索配型标准的制定等工作中，专家们都发挥了积极作用。2009 年管理中心先后于 2 月 20 日、4 月 29 日和 9 月 18 日组织召开了三次专家工作组会议，形成了一些决议和方案。12 月 19 日，在京召开了“中华骨髓库 2009 年专家委员会会议”。郝林娜副会长、苏菊香顾问、陆道培院士等出席会议。会议对涉及骨髓库发展的一些重大问题进行了深入研讨，并取得共识。

2. 1 月、5 月，分别与四川省脐血库和广东省脐血库签订了合作协议，标志着中华骨髓库新业务的扩大。至此，已与上海、广州、北京、天津、四川和广东省（市）脐血库签订了合作协议。目前，通过管理中心可为患者提供检索查询服务的各脐带血库公共库容量为 3 万多人份。

七、加强宣传工作

1. 2008 年 8 月 27 日上午，中华骨髓库数据突破 100 万人份。9 月，精心策划、组织召开了“中华骨髓库百万志愿者数据入库暨博爱基金启动仪式”。全国人大常委会副委员长韩启德，世界骨髓库主席特意发来贺信。时任中国红十字会会长彭珮云，卫生部部长陈竺为“百万入库”题词。张怀西名誉副会长在百万新闻通报会上为第 100 万位志愿者、中国南方航空公司北京分公司的空中乘务员安婧颁发了荣誉证书。100 万数据入库是一个标志性数字，标志着中华骨髓库所走过的光辉历程和即将跨入一个新的发展时期。

2. 组织开展了“你的六一，我的爱心”公益活动。此次活动共募集节日礼物400多件，募集资金10万元，实现了200多位患儿的心愿，收到良好的社会反响。组织开展的“中华骨髓库公益广告语征集活动”共收到1200余条作品。经过网络媒体公众投票和综合评定，评出35条分获一、二、三等奖和5个优秀组织奖。

3. 全年在地铁发布公益广告3期，在王府井地下通道发布灯箱广告1期。全年出版《中华骨髓库通讯》12期，制作宣传橱窗12期，设计制作了2010年台历和一批宣传海报、宣传单页、科普知识光盘、宣传手册等。

八、加强对外交流与合作

中华骨髓库秉承建设一个福及全球华人的一流骨髓库的理念，加强与世界各国骨髓库的交流与合作，同时向世界展示中华骨髓库的成果。11月，12月，管理中心分别组团访问了台湾慈济骨髓库和美国、加拿大骨髓库，进行了业务交流，就相关技术与合作问题进行了沟通，并达成共识。

九、其他工作

1. 财务工作。2009年资金收入总额为8696万元，其中：财政拨款8414万元，接收捐款223万元，其他收入59万元；资金支出总额为8573万元，其中：财政拨款支出8404万元，捐款支出127万元，其他支出42万元。此外，完成财政部票据中心对中华骨髓库的票据检查工作。目前管理中心财务状况正常，资金运转良好。

2. 考评工作。6月至7月管理中心接受了国家彩票公益金考评组对干细胞库项目2008年彩票公益金的绩效考评工作。最终考评结果为优秀。

3. 文秘工作。全年上收文110件，下收文12件，内收文260件，发文（函）60件；整理主任办公会会议纪要12期；整理2008年档案70多卷；完成了009年1—10月大事记的收集整理工作。

【历史沿革】

中国造血干细胞捐献者资料库，简称“中华骨髓库”，前身是1992年经卫生部批准建立的“中国非血缘关系骨髓移植供者资料检索库”。2001年，在政府有关部门的支持和指导下，中国红十字会总会重新启动了建设资料库的工作。2001年4月23日，由中国红十字会等20多家单位参加的中国造血干细胞捐献者资料库工作委员会在北京成立并召开第一次会议。中国红十字会会长彭珮云任主任。2001年5月，中国红十字会总会在人民大会堂举行情况通报会，宣布重新启动中国造血干细胞捐献者资料库工作。同年12月，中央机构编制委员会办公室批准成立中国造血干细胞捐献者资料库管理中心，统一管理和规范开展招募志愿者的宣传、组织、动员、HLA（白细胞抗原）分型等活动，为患者提供检索配型、造血干细胞采集以及移植治疗相关服务。

2003年至2005年，中国造血干细胞捐献者资料库的建设得到了国家彩票公益金的支持。截至2005年12月底，全国建立了30个省级分库、25个HLA定点组织配型实验室和1个质量控制实验室；可用于为患者检索服务的HLA分型资料35.6万多人份；与国内外80多家医院建立了业务联系，共提供检索服务9000多人次，3000多位患者配型成功，380多位志愿捐献者为患者捐献了造血干细胞。资料库已初步显现在临床使用上的意义。资料库的建设还产生了良好的国际影响，已为来自美国、加拿大、新加坡、英国、法国、德国、澳大利亚、挪威、日本等国家和台湾、香港、澳门地区的患者提供了检索查询服务300多人次，为美国、新加坡及香港、台湾地区的提供造血干细胞9例。

2007年，中国造血干细胞捐献者资料库完成入库14万人份数据，使总库库容达到72万人份，实现造血干细胞捐献240例。2008年，中国造血干细胞捐献者资料库完成入库14万人份数据，完成移植270例。

四川汶川大地震发生后，中心主任洪俊岭受总会指派，赴四川成都任总会前方抗震救灾指挥部总指挥。刘静湖、邹庆波、靳伟民、张雷和扬帆先后到灾区参与抗震救灾和灾后重建工作。

【组织机构】

（一）国家管理中心

按照卫生部和中国红十字会总会《关于加强中国造血干细胞捐献者资料库及分库建设的通知》要求，建设和管理资料库；HLA分型资料数据管理；境内外检索查询和采集、捐献造血干细胞相关服务等。

（二）专家委员会

专家委员会由国内知名的HLA和造血干细胞移植及法律、社会伦理等专家组成。中国工程院院士陆道培任主任委员，下设HLA和造血干细胞移植专家工作组。在国家管理中心的领导下研究解决有关技术问题，对资料库的建设和发展提出技术指导意见。

（三）分库

到2005年12月底，中国造血干细胞捐献者资料库有30个省级分库。担负着宣传征集适龄健康公民报名加入资料库；组织采集志愿者血样；开展相关咨询服务；检索服务；志愿者再动员；组织开展采集造血干细胞相关服务等工作。

（四）HLA组织配型实验室

到2005年底，中国造血干细胞捐献者资料库有25个定点HLA组织配型实验室，主要进行志愿者的HLA检测和数据上传工作。

（五）高分辨实验室

负责中国造血干细胞捐献者资料库总库、省级分库提供造血干细胞前的HLA血样的高分辨工作。由国家管理中心与高分辨实验室签订合作协议，合作期限为一年，目前有北京、苏州、深圳三个高分实验室。

（六）质控实验室

质量控制实验室受国家管理中心和国家血液检定机构委托开展对各HLA组织配型实验室的标准样本鉴定和入库数据抽检。

（七）采集、移植医院

目前，经省级卫生行政部门批准，在国家管理中心备案的造血干细胞移植医院有80多家，按照卫生部颁发《非血缘造血干细胞移植技术管理规范》、《非血缘造血干细胞采集技术管理规范》和国家管理中心发布的《造血干细胞采集、移植医院技术服务标准》开展工作。

【大型项目】

中国造血干细胞捐献者资料库管理中心得到了国家彩票公益金1.78亿元人民币的支持（于2003至2005年使用）。国家彩票公益金成为中国造血干细胞捐献者资料库建设的主要资金来源。

2002年10月27日，中国红十字会总会与强生公司支持中国造血干细胞捐献者资料库建设的合作项目在人民大会堂举行签约仪式。全国人大常委会副委员长、中国红十字会会长彭珮云，美国强生公司董事长兼首席执行官威廉·韦尔登出席签字仪式并为该项目揭牌。双方签署合作协议书。该合作项目为期三年，三年合作中，强生公司将出资830万元人民币，用于组织、动员强生在华员工捐献造血干细胞并捐款支付该公司员工的检测费；捐款支付资料库15000人份50%的检测费；连续举办三届“强生杯捐献造血干细胞，拯救生命”好新闻作品评选活动。

2004年3月29日，在人民大会堂中国红十字会与中国平安保险公司举行捐赠保险仪式。为2003年1月1日至2006年12月31日期间，中国造血干细胞捐献者资料库中的所有造血干细胞捐献者，无偿提供为期一年的每人总保额35万元的意外伤害及重大疾病保险。中国红十字会会长彭珮云向中国平安保险（集团）股份有限公司颁发感谢状，向马明哲董事长颁发“中国造血干细胞捐献者资料库爱心大使”聘书。

2002年，中国红十字会总会与民建中央签署合作项目，由民建企业界11家会员单位共同筹集资金成立“中华骨髓博爱基金项目”，用于中国造血干细胞捐献者资料库的建设。

为推动中国红十字事业的发展，充分调动一切社会积极力量，使更多的人关注、支持、参与中国造血干细胞捐献者资料库的建设，自2000年起，中国造血干细胞捐献者资料库就聘请国内外知名人士作为资料库的爱心大使。截至2004年底，李宁、姜昆、黄格选、康辉、顾俊、倪萍、廖昌永、周源源、温兆伦、马艳丽、孙楠、曾媛、林依轮、程前、李咏、马伊琍、扬阳等知名人士成为中国造血干细胞捐献者资料库及各省级分库的“爱心大使”。2006年9月他们都身体力行地参与了中国造血干细胞捐献者资料库的宣传活动。

2003年9月9日，中国造血干细胞捐献者资料库与中国电信合作开通了信息热线电话16895999。为社会各界人士开辟了一条方便、快捷的服务渠道。

2005年1月31日，首届“捐献骨髓拯救生命”优秀新闻作品颁奖会在京召开，引起强烈的社会反响，对造血干细胞知识的宣传普及起到了积极的推动作用。11月，中国红十字会总会与强生公司签署补充捐款协议，2006年继续出资200万元人民币，支持中国造血干细胞捐献者资料库建设项目。

2007年，我国31个省份都建立起了中华骨髓库的分库，实现了全国建库的目标。

【主要特色】

中国造血干细胞捐献者资料库管理中心是隶属中国红十字会总会领导的独立的法人公益事业单位。依托省红十字会建立了30个省级分库，其业务工作由国家管理中心领导。此项目成为中国红十字会的品牌工程。

组织机构从国家管理中心到地方省级分库、专家委员会、实验室、移植医院、采集中心，层级分明，通力合作，网络遍及全国各地。

2003年至2005年，中国造血干细胞捐献者资料库的建设得到了国家彩票公益金1.78亿元的支持。2006～2010年国家彩票公益金继续出资4亿元，支持资料库的建设。中国造血干细胞捐献者资料库自建立以来就以服务全球华人、造福人类为己任，从无到有、从小到大，克服各种困难，迅速发展，填补了世界骨髓库缺少华人样本和配型的一大空白。为推动人类社会平等、和谐发展做出了重大贡献。

（查秀英）

中国红十字会总会训练中心

（中国红十字会宾馆）

【年度工作】

2009年，中国红十字会总会训练中心做了以下工作：

2009年，训练中心总收入实现1050万元，同比增长16%，历史上第一次收入超千万元，新增固定资产342万元。总会下达国家彩票公益金项目救护师资班的培训任务圆满完成，共培训40期1840名学员；完成近百家单位9687人次的应急救护培训，人数和收入同比分别增长2.5倍和3.8倍；培训地方红十字会干部共7期，1123人次，同比增加40%；首次承办国家外专局批准的红十字会干部出国培训班，共举办3期31人，圆满完成国家商务部援外培训任务1期，涉及亚洲和非洲15个国家28名学员；宾馆接待宾客2.9万人次以上，同比增长21%，出租客房1.45万间天，客房出租率60%，同比增长7.5%，宾馆总收入451万元。

一、正确分析形势，制订科学合理的工作思路

训练中心和宾馆都是经营性质比较强的单位，容易受外部条件的影响。2009年上半年正是世界金融危机最严重、中国受影响最大的时期。外国来华人员锐减，各级机关、企事业单位大幅压缩行政开支，减少各项费用支出，直接影响了中心的培训和宾馆业务；2008年奥运会前后，北京新建改建了大量宾馆，北京市旅游局长说，奥运会后北京新增宾馆资源需十五年才能消化完，宾馆业竞争激烈，房价较低，旺季期间宾馆客人入住大幅减少；2009年由于“彩票班”减少，宾馆直接减少收入110万。困难面前，中心没有停止发展的脚步，而是充分发挥中国红十字会的影响力，依靠总会的大力支持，充分调动各部门和全体员工的积极性和创造性，在多次研讨的基础上，制定了“发挥优势、打牢发展基础、大力营销稳定宾馆业务，努力开发新项目、拓展业务范围和壮大培训事业”的全年工作思路，事实证明这一思路是正确的。

二、面向长远，打牢发展基础

中心领导班子重点抓了四个方面工作：第一，为了发展不惜投入，要回报必须先投入。2009年，中心在维修改造方面投入12万元，新增固定资产约342万元，其中自有资产购置113万，总会调拨169万，接受捐赠60万。2009年较大的维修改造项目有热水锅炉更新、空调更新维修、电机更新、窗户维修等十几项。此外，2009年中心在新项目上的投资约有100余万，这些投入换来了近300万元的收入和以后更大的收益。第二，完善各项规章制度，用制度管人。根据需要，主任办公会研究制定了12项规章制度，包括人力资源管理、财务管理、后勤管理、安全管理等各个领域，实行一年效果较好。第三，制定经营考核办法，完善激励约束机制。在2008年对业务部门考核试行成功的基础上，2009年制定了各部门的考核办法以及实施细则。办法明确各部门的经营指标（工作要求），包括收入、可控费用、服务质量、培训质量要求，明确了奖罚比例等。办法有奖励、有约束，体现了“干多干少不一样，干好干坏不一样，多劳多得，少劳少得”的原则。办法实施以来，各部门有压力更有动力，救护培训部在圆满完成彩票公益金项目的同时，发挥优势又完成了27期1301人11.6万元的社会救护员培训工作，国际业务部在保证培训质量的前提下，精打细算，节约开支，做到了培训质量和效益双丰收。第四，培训与引进相结合，提高员工队伍整体素质。2009年，首先抓了部分原有员工的学习培训，对客房和前台服务人员中心采取有针对性的半脱产方式全面培训，传授服务技能，培训后经考核，对综合素质突出、具备专长的人大胆放到重要岗位使用。针对部分紧缺人才，中心面向全国公开择优招聘。此外，2009年派出十几人次参加了中直和北京市多种内容的培训班。经过一年来的努力，老员工有了新进步，新员工进入了角色，中心员工队伍的整体素质有了明显提高。

三、开发新项目，努力拓展业务范围

2009年重点抓了三个方面：一是明确工作摆位，全员抓。开发新项目，改变单一的经营范围是发展的关键所在。2009年以来，中心组织大量的人力、物力和财力投入到新项目、新业务中，各个部门人员都直接或间接参与其中；二是明确部门任务，制定激励机制。在考核办法制定时，对各业务部门明确必须完成新项目的开发数量和质量，多优则奖，少差则罚。该办法有效地促使各业务部门不但要注重完成年度收入指标，还要注重发展后劲，效果明显，各部门都有较大收获；三是利用各种人际关系，想尽办法开发新项目。全中心从主任到普通员工，大家充分利用各种资源，主动出击，不辞劳苦，不讲价钱，不计报酬多。正是因为有了全体人员的共同努力和无私奉献，2009年中心新项目新业务开发成果丰硕，全年签订较大的新项目新业务合同（协议）16份，如“训练中心中海油分中心项目”，“飞利浦公司赞助60万元培训设备项目”，“美国心脏复苏学会培训项目”，“国家外专局审批出国培训项目”，“创立红叶基金与搭建红十字服务联盟融资平台项目”等。此外，与国际联合会、国家有关部委和部分基金会、大型企业的合作项目正在洽谈中，有望近期签订协议。上述项目有着良好的前景，将会带来明显的经济效益和社会效益。

中心还圆满完成了中国红十字（博鳌）国际交流中心和“博爱无疆——中国红十字历史文化展”的筹建任务。在2008年前期工作的基础上，2009年先后抽调了20余人的精干力量组成筹建处，克服时间紧、资金不足等困难，完成了展览招标、物资采购、典礼仪式和会务等工作。经过近4个月的艰苦努力，捐赠单位投资2500万，总会和训练中心投资450万，终于建成了占地近100亩，建筑面积2500平方米，主体三层的中国红十字（博鳌）国际交流中心，并投入试运营。交流中心于4月23日举行了隆重的落成典礼，原中国红十字会长彭珮云等第八届会领导、各省红十字会领导、国际红十字组织以及十几个国家的红会官员参加，并给予高度评价。红十字国际联合会东亚办事处主任卡尔说：“这是我看到的世界各国红十字展览中最好的展览之一。”在下半年的试运行中，先后接待了公安部消防局的全国培训班、海南省红十字会会议以及旅游团队等十几次较大的会议、培训和参观活动。

四、多措并举，培训主业初步形成

多年来，训练中心主要依托宾馆生存，发展空间小，抗风险能力弱。近几年来，彩票培训和干部培训业务的不断发展，带来了实实在在的利益和良好的影响。中心采取各种措施，加大工作力度，让培训尽快成为训练中心的主业已经形成共识。在此前提下，领导班子确定了投入向培训倾斜，人才向培训集中，工作上处理好培训与宾馆的关系的原则。目前，中心7个部门有4个是专门的培训部门，并为这4个部门配备了较强的力量，添置了较充足的办公用品，在经费和政策上适当照顾。一年来，各项培训业务快速发展成长，培训收入占总收入的比重由2008年的28.5%提高到2009年的57%，而且培训的品牌效应也初步显现。

1、彩票公益金救护师资培训圆满完成全年任务。这是训练中心一项比较成熟的培训项目，实施5年来，锻炼了一支应急救护培训的师资队伍和管理人才，积累了比较丰富的经验。但随着“十一五”项目渐近尾声，出现了期数减少、部分班招生难等问题。针对这些问题，年初领导班子研究制定了确保圆满完成40期任务，保证办班质量，部分班易地与地方红十字会联办等有针对性的对策。分别在山东济南市、宁夏银川市举办了4期师资班。9月，在苏州市承办了总会2009年彩票公益金培训项目研讨会，取得成功。此外，中心还应邀派出人员赴广东、海南进行示范教学和培训指导，推动了当地卫生救护培训工作的开展。

2、大力拓展社会培训市场。2009年以来，社会培训即面向全社会各行各业的，自主开发的应急救护培训打开了局面，奠定了基础，取得初步成效。2008年四川汶川大地震引起全社会对应急救护知识的重视。奥运会前，政府推动使北京市的应急救护培训工作在短时间内需求大增，2009年的社会培训市场开发困难加大。困难面前中心领导班子带领社会培训部、救护培训部、事业开发部等部门人员，坚定信心，大力开发社会培训市场不动摇，与媒体建立密切关系，宣传开路，从政府部门、企业、基金会多方筹集资金，采用推介式培训、联合培训及收费培训和项目合作等多种培训方式，逐步打开了市场。首次利用基金会资金支持，首次建立训练中心分中心（分部），首次设立了救护培训的专项基金——红叶基金，首次接受60万元的企业大额设备捐赠等。先后与公安部消防局、新华社、北大、商务部等大单位联合开展培训。2009年社会培训人数和收入较2008年大幅增长，中心的培训受到了学员及所在单位的好评。

3、红十字会基层干部培训成效显著。按照总会的要求，2009年加大了对红十字会基层干部培训的力度。首先，设置和充实干部业务培训部，选派责任心强、对红十字会情况和业务熟悉的人员从事这项工作，对他们大胆任用，放手工作，及时总结指导，及时解决问题。一年来，他们用出色的业绩回报了领导的信任；其次，抓重点环节。中心着力从课程设置、师资管理和教务管理三个方面入手。比如针对基层红十字会工作需要和工作重点、难点设置课程，根据全年培训计划建立师资库，按要求选教师，而不是有什么教师上什么课；再次，处理好经济效益与培训质量的关系。中心是自收自支单位，需要有经济效益，但要永远把培训质量放在首位，在保证质量的前提下，做到微利，其他培训也是按照这一原则进行的，2009年7期干部班，学员总体满意率为95%。

4、精心做好涉外培训。2009年2月，中心成立了专门负责涉外培训的国际业务部，选调和招聘了3名同志负责该项业务。中心组织相关人员进行涉外知识的培训，做到应知应会；抓管理和服务，制定相关的管理制度，热心细致地为学员提供较好的教学、食宿、交通、考察服务。2009年4期涉外培训得到了国家商务部、外专局和来自15个国家的28名学员及省市红十字会的好评。4期班合计收入200多万元。由于国家外专局审批的出国培训是初次举办，实施过程中发现了一些问题，中心进行了认真总结。

五、千方百计渡难关，宾馆主要指标好于预期

中心领导班子主要采取了以下措施：第一，成立销售部，增加2名专职销售人员；第二，建立中心主任主持的营销工作定期分析会制度；第三，采用多种方式大力促销，包括红十字会系统营销、会议营销、网络订房、旅行社营销，灵活调整房价，增加协议单位，加大宣传力度等；第四，努力提高服务质量。培训服务员，改善设备设施（如房间增加冰箱，更换空调和床上用品，增加服务项目），免费上网，延时退房等；第五，节能降耗。

2009年宾馆面临的严峻形势多年少有，在此艰难情况下，中心领导班子和接待部的全体人员共同努力，成效明显，尽管宾馆总收入低于2008年，但2009年的接待人数，出租房间数及客房出租率仍高于2008年，并且实现了盈利，上述成果来之不易。

六、行政管理、财务和后勤保障工作有力有序，员工收入有所增加

2009年的行政管理、财务和后勤工作做到了“高速高效运转，保障服务有力，成效较为满意”。为切实保障职工权益，中心挤出10万余元为在编员工及退休员工缴纳了补充医疗保险，发放了11.7万元采暖费。为解决员工收入较低问题，发放了人均1270元的工作补贴。为调动员工积极性，体现多劳多得，主任办公会制定了绩效考核办法。

后勤工作点多面广，保运转、保安全工作事关重大。中心领导班子要求明确，指导有力，后勤部全体员工克服人手紧张，设备设施老化等困难，保障了全年特别是重大活动期间的正常高效运转，全年未发生安全问题。此外，节能降耗、降低采购费用方面成效突出。

【历史沿革】

中国红十字会总会训练中心与中国红十字会宾馆为一个单位，两个牌子。于1986年由德国、日本等6个国家红十字会组织捐资建成，是以承担亚太地区红十字卫生救护培训任务，接待国际、国内卫生组织在京召开各项大型会议的工作为主、从事社会性的对外经营为辅的服务机构。

1993年，根据中央国家机关宾馆招待所分等定级标准，国务院机关事务管理局为中国红十字会宾馆颁发了一级宾馆招待所资格证。

2002年，国务院机关事务管理局和国家发展改革委员会对当年需要重新核定登记和首次定级的50家宾馆招待所进行了等级评定。经评定，中国红十字会宾馆再次被评为国家一级宾馆招待所。

1984 年 6 月 13 日，在北京市东城区干面胡同 53 号举行了中国红十字会总会训练中心（宾馆）奠基典礼，参加仪式的各方面代表共有 170 余人，中国红十字会常务副会长谭云鹤指出，训练中心（宾馆）的建成，将对中国红十字会的工作和与各国红十字会组织之间的交流合作发挥积极的作用。

1986 年 9 月 15 日，举行了中国红十字会总会训练中心（宾馆）的竣工典礼。国家领导人宋任穷、赵朴初，北京市副市长陈昊苏，红十字国际委员会主席德拉玛他及日本、联邦德国、瑞典、芬兰、美国红十字会的代表等应邀参加了竣工典礼。

1986 年 10 月 11 日，中国红十字会总会训练中心（宾馆）接待了全国红十字会理事会代表。

1987 年 5 月 11 日，中国红十字会主办的《国际人道主义法》讲习班在训练中心（宾馆）举办，全国政协副主席雷洁琼及外交部国际司、解放军总政治部的代表出席了开幕式。红十字国际委员会总务部主任莫里勇，国际委员会亚太办事处纽考姆，红十字会与红新月会国际联合会亚太部主任西瓦拉特南，美国红十字会副主席杰拉尔逊，美国红十字会外事委员会主席舒沃兹等出席。

1987 年 8 月 1 日起，中国红十字会总会训练中心（宾馆）正式实行承包责任制。

1987 年 9 月 8 日，受卫生部委托，中国红十字会总会训练中心（宾馆）承办世界卫生组织亚太地区学术交流会。

1992 年起，中国红十字会总会训练中心成为自收自支单位。

1996 年，中国红十字会总会训练中心接待了来访的泰国公主。

1996 年，中国红十字会总会训练中心承办了省红十字会秘书长培训班。

1996 年，中国红十字会总会训练中心接待了国际红十字夏令营营员。

1998 年，中国红十字会总会训练中心承办了红十字会法颁布五周年庆典。

1998 年，中国红十字会总会训练中心承办了抗洪赈灾表彰大会。

2001 年 7 月，中国红十字会总会训练中心接待了参加第三十八届南丁格尔奖颁奖典礼的代表、日本花冈劳工会议代表、韩国访问团。

2001 年 8 月，中国红十字会总会训练中心接待了香港会议代表。

2001 年 9 月 15 日，中国红十字会总会训练中心（宾馆）举行了 15 周年店庆活动。

2003 年，中国红十字会第七届理事会第四次会议在中国红十字会总会训练中心举行。

2003 年，抗击“非典”献爱心——纪念“五八”世界红十字日，红十字行动新闻发布会在中国红十字会总会训练中心举行。

2003 年，中国红十字会总会训练中心接待了参加第 39 届南丁格尔奖颁奖典礼的代表。

2004 年 2 月 10 日，中国红十字会总会机关从中国红十字会总会训练中心（宾馆）搬迁至北新桥新址办公。

8 月初，中国红十字会总会训练中心暂停营业，全面装修。

11 月 26 日，在择优、竞争、双向选择的原则下，中国红十字会总会训练中心进行了机构改革，其中 6 名工人被聘任为科级干部，12 名职工办理了内退手续。

12 月底，中国红十字会总会训练中心装修完成。

2005 年 3 月，根据总会文件精神，中国红十字会总会训练中心定为副局级单位。4－12 月，训练中心举办 3 期救护师资提高班，36 期师资培训班，共培训 1236 人。

2006 年，训练中心为 35 个单位开展救护知识技能培训，受训 1900 余人。全年接待各类会议 91 个。

【组织机构】

（一）中心历届领导

阳照，男，1985 年 10 月兼任中国红十字会总会训练中心主任（正处级）。

袁天义，男，1985 年 12 月至 1986 年 9 月，兼任中国红十字会总会训练中心副主任；1986 年 9 月，任中国红十字会总会训练中心主任（正处级）。

杨象乔，男，1986 年 7 月任中国红十字会总会训练中心副主任（副处级）。

张瑾，男，1986 年 9 月任中国红十字会总会训练中心副主任（副处级）。

陈明仁，男，1988 年至 1991 年 3 月，2001 年 11 月至 2004 年 4 月，任中国红十字会总会训练中心主任（正处级）。

王兴阶，男，1991 年 3 月至 2001 年 11 月，任中国红十字会总会训练中心主任（正处级）。

赵铁，男，1991 年任中国红十字会总会训练中心副主任（副处级）。

李艳，女，1993 年 3 月任中国红十字会总会训练中心副主任（副处级）。

冯瑞珍，男，2001 年 3 月 21 日任中国红十字会总会训练中心副主任（副处级）；2001 年 12 月，担任中国红十字会总会训练中心副主任（主持工作，副处级）；2005 年 3 月 25 日，任中国红十字会总会训练中心副主任兼宾馆经理（正处级）。

杨会新，男，2005 年 3 月 25 日任总会训练中心主任（副司局级）。

唐晓音，女，2005 年 3 月 25 日任总会训练中心副主任（副司局级）。

陈明仁，男，2006 年 11 月 16 日兼任训练中心主任（副司局级）。

鲁京城，男，2006 年 11 月 16 日任训练中心副主任（副司局级）。

（二）内部编制

1983 年 6 月 14 日，国家卫生部发文，同意成立中国红十字会总会训练中心，下设训练教学科、行政管理科，总编制 38 名。

1986 年 3 月 28 日，卫生部批准中国红十字会总会训练中心人员编制 60 名。

1988 年 3 月 9 日，中国红十字会总会训练中心组织机构内设 5 个科室，分别为：中心办公室、财务科、设备科、餐饮科、接待科。

1992 年 6 月 3 日，国家卫生部发文，根据中编办批复，批准中国红十字会总会训练中心事业编制 97 名。

2005 年 10 月 9 日，根据中国红十字会总会文件，总会训练中心内设 4 个处级部门，分别为：办公室、培训部、接待部、餐饮部。人员编制为 97 名。

【主要特色】

中国红十字会总会训练中心是隶属中国红十字会总会的独立法人公益事业单位，也是红十字会系统唯一的全国性培训基地。

救护培训：卫生救护是红十字运动的起源，宣传及普及卫生救护和防病知识，开展人道主义卫生救护活动，进行初级卫生救护培训及健康教育，组织群众参加现场救护，是红十字会的一项重要职责。作为唯一的全国性培训基地，训练中心积极将开展卫生救护培训同传播人道主义精神、发展和壮大红十字组织及职业培训、精神文明建设结合起来。通过举办救护培训，扩大红十字会的影响，提高红十字会的声誉。

近年来，训练中心开展了一系列培训工作，越来越多的群众在接受培训的同时了解了红十字会。经过不懈的努力，为红十字救护工作的普及奠定了良好的基础。

2005年4月，中国红十字会总会向训练中心下达了“十五”计划2004～2005年彩票公益金救护培训项目指标。彩票公益金救护培训项目的执行，进一步推动了训练中心的工作，使培训质量有了明显的提高。

接待服务：经过装修改造的中国红十字会总会培训中心大楼，现有客房66套，其中：标准间57个、豪华套间4个、商务间5个，可同时接纳120人入住；大小会议室3个，多功能厅1个；餐厅内除大厅外，有豪华包间1个，中包间3个，可同时接待120人用餐。可承接国际、国内各种会议、培训，为总会及直属单位、各省分会提供服务，同时对外开放，接待中外来宾入住。

（王　辉）

中国红十字会援外物资供应站

【年度工作】

2009年，经过全站干部职工的共同努力，实现了年初确定的工作目标：实现创收同比上年增长13%；圆满完成了总会交付的外援物资接受转运和救灾物资应急设备的仓储任务，保持了连续六年无重大事故的新纪录；继续加强基础建设，奠定了新的发展基础。

一、继续处理遗留问题，努力减轻历史包袱

1. 通过司法途径，废除遗留合同的经营制约。桂林路红枫酒家4年前与本站签订合同时，租金很低，合同上还有续租仅上浮5%租金的不合理条款。本站提起诉讼，收回主权，目前一审已经判定本站胜诉。

2. 通过思想工作，妥善处理退休征地工的补贴诉求。2009年5月以来，单位已退休的征地工，以待遇低为由，多次集体来找单位，要求增加补贴。经有关部门深入调查研究，主要领导集中两天时间，逐一谈话协商，通报调查情况，释讲现行政策，做深入细致的思想政治工作，终于在双方退让的前提下，妥善处理了这一棘手问题。

3. 通过筹措达成谅解，履约偿还历史欠款。为了支持供应站的振兴与发展，单位最大的债权人已经全额免除了借款利息。但2008年由于支付法院判决的赔偿款，该笔欠款须在近两年内还清。顶着巨额的还款压力，本站削减了基建项目，勤俭节约，聚少成多，终于在年底前完成了预定的还款任务。

二、继续做好物资业务，努力实现安全节支

1. 靠攻关免除高额税费，成功接转菲律宾的外援物资。遵照总会的要求，2009年初，本站继续承担菲律宾外援物资的接转任务。但由于对方报关单数量种类存在很大差别等原因，该批货物长期滞港，港务公司、海关等部门先后开出了巨额罚单。本站承办人员顶着压力，展开了系列攻关活动，执着的真情深深感动了对方，赢得了对方的理解，全额免除了巨额税费，受到了总会主管部门的表扬。

2. 科学调配人力物力，强化库房安保管理。“汶川”地震以后，本站仓储的救援物资、应急设备大幅增加，数量之多、价值之高前所未有。为了确保这些物资的安全，从2009年初开始，本站调配骨干力量，增加了库存管理的人力、财力。坚持实行了24小时不间断轮流值班，各种设备、围墙等安全隐患，提前维修加固，及时改善了夜间照明设备。各项支出，累计全年总投入达46万多元，占全站总支出的四分之一以上。

3. 及时晾晒易潮物资，高投入改善保管条件。受沪杭高速公路扩建的影响，2009年5月15日和7月30日，部分仓库雨水倒灌。在库房潮湿度严重超标的情况下，本站一方面投资购买除湿设备，加大除湿力度；另一方面下决心对容易吸潮的上万件睡袋实行翻库、晾晒。全站总动员，全员参加劳动，充分利用现有的场地条件，各部门轮流实行劳动大循环。重新定做了包装纸箱，购买了防霉除臭剂，全部更换了新垫板，用水泥块加高了堆放离地的透气空间。整整一万件睡袋，一箱箱，拆开包装，上架晾晒；晒干了收回，重新加上防霉除臭剂装袋，重新装箱密封，重新码放，劳动量十分浩大。经过近20天的艰苦劳动，胜利完成了本次晾晒任务。累计核算，各项费用总投入，平均每件13.7元，合计13.7万元。

三、继续加强队伍建设，努力提高职工素质

1. 加强党支部建设，积极做好入党积极分子培养工作。经上级党委同意，2009年初，本站健全了党支部委员会，形成了党的领导核心。

2. 筹备成立工会组织，建设凝聚人心的职工之家。2009年初，根据党支部的提议并经请示上级党委主管部门同意，本站决定成立工会组织，得到广大干部职工的积极响应。3月9日，全体职工推选工会委员候选人，经无记名海选，再经第二轮差额选举，有三人被大家推选为工会委员候选人。3月13日下午，本站召开了工会成立大会，市合作交流工委工会主席曹整国宣布了本站工会成立的正式批复，首任工会主席王俊明作了工作报告，系统工会授予本站“抗震救灾重建家园工人先锋号”称号。

3. 举办干部培训班，有计划地开展素质培训工作。5月25至26日，本站举办了第一次干部职工培训班，收到了较好的效果。12月14日，本站又举办了第二次干部培训班，紧紧围绕“责任与使命”的主题，由主要领导进行专题讲座，全体与会者围绕主题畅谈体会，进一步明确了责任与使命，坚定了信心。

4. 开展读书活动，2009年下半年以来，本站开展了以党员和入党积极分子为骨干的读书活动，首批配选了《责任胜于能力》、《沉思录》、《英语临时急需一句话》三本书，要求大家在精读的基础上，组织学习交流，促进了学习氛围的形成。同时，单位主动派员参加地震灾后重建工作，派员参加系统组织的传统教育活动，派员参加总会组织的出访、培训和各种会议学习等。

四、继续从硬件建设入手，努力推进发展战略

1. 变“危机”为“商机”。2009年以来，为了迎接世博会，市政方面加快了虹桥交通枢纽建设的步伐，不断加大了对周边环境的整治力度。本站作为红线内的临界地区，成为私搭滥建的治理重点，消防部门开具了巨额罚单，有关部门多次登门要求加速整改。危机中，本站毅然选择了配合市政同步改建的策略。力争尽快改变面貌，以配套建设，特事特办的方式，为枢纽建设增光添彩，受到了市政方面的欢迎。

2. 变“被动”为“主动”，借势开展政策咨询。虹桥枢纽的配套改造，有哪些特殊政策，自有土地如何尽快改建。本站借势向有关部门开展了系列咨询活动。因为枢纽建设全力保证的原因，相关部门接待慎重，答复积极，为本站提出了很多合理化建议。

3. 变“顺开”为“倒开”，在上级的支持下开展攻关。7 月 3 日，总会党组专门听取了供应站工作汇报，对本站的拟建项目进行了专题研究，并予以正式批准。7 月 17 日，总会以“红总函（2009）54 号”文件，正式致函上海市政府，提请支持我会在沪的项目建设。上海市政府主管领导对此高度重视，在签批有关部门予以支持的同时，以市政府统一批文的形式，一次性直接分发相关部门，大大促进了承办进度。相关部门纷纷了解情况。规划国土局和闵行区的承办人员，还专门进行了现场考察。根据有关部门的要求，本站分别向发改委、规划国土局进行了项目报告。两个部门经初步研究，一致认为项目符合市政府对虹桥交通枢纽的整体规划，待落实投资计划后，即可正式审批立项。至此，第一阶段自上而下的成功运作，大大提高了工作效率。

【历史沿革】

中国红十字会援外物资供应站，成立于 1991 年 7 月，是中国红十字会总会在上海成立的全国第一家赈灾仓库。其主要职能是：为人道主义救助提供援外物资供应服务，并承担援外物资的采购与供应、包装与保管、储运与发放以及相关救灾供应服务。

1985 年以来，中国红十字会总会委托上海市红十字会向坦桑尼亚、埃塞俄比亚、罗马尼亚、安齐拉等 40 多个国家和地区筹集、发运了价值近 1000 万元人民币的药品、医疗器械、食品、棉毯等救灾物资。此外，还办理了国外、港、台地区向我国捐赠的约 100 万元人民币的大米、药品、医疗设备、救灾车等接收、储存、转运等工作。上海市红十字会在办理救灾物资任务时，得到了上海县城乡建设发展总公司的支持，为红十字会救灾物资的储备、包装、运输等提供了良好的工作条件，并在海关、商检、保险、报关等联系提供了方便，缩短了救灾物资的发运时间，圆满完成了援外物资的调运任务。

1990 年，为适应不断增加的援外救灾和国内救灾任务的需要，使救灾物资工作管理进一步规范化，上海市红十字会向中国红十字会总会提出了建立救灾物资供应站的请示。请示提出：在原上海县城乡建设发展总公司的基础上，由中国红十字会总会、上海市红十字会、上海县城乡建设发展总公司联合在上海创建救灾物资供应站。总会在多次专题调查研究的基础上，于 1991 年 3 月 23 日下达了《关于成立救灾物资供应站的批复》，同意成立救灾物资供应站的请示。批复中明确：“供应站名称定为中国红十字会援外物资供应站，该站为隶属于中国红十字会总会的事业单位，实行企业化管理，经济上实行独立核算、自负盈亏。”总会委托上海红十字会负责供应站的日常管理和财务监督，并指派总会国际联络部副部长何竟兼任该站副站长，以协调有关事宜。总会拨款5万元以资支持。供应站在筹建工作中得到了中国红十字会总会领导的支持。

中国红十字会援外物资供应站于1991年7月4日成立，在上海登记注册，组建了领导班子。总会任命原上海县城乡建设发展总公司总经理赵晨兼任站长及法人代表，并主持工作，上海市红十字会副秘书长潘鹤琴兼副站长，总会国际联络部副部长何竞兼任副站长。为此，时任中国红十字会秘书长韩长林、上海市卫生局局长王道民、上海市政府外事办副主任李舜善等20余个部门的领导参加了揭牌仪式，同时向新闻界宣布了中国红十字会第一个援外物资供应站在上海正式成立，从而掀开了援外任务的新篇章。

1992年1月，经总会同意供应站申请征用了上海闵行区沪青平路206弄8号（虹桥机场南大门口岸）10亩土地，总会先后投入资金580万元人民币。供应站按照“一业为主、多种经营”、“以站养站”的方针开展创业工作。

1997年12月，在供应站建设救灾仓库过程中由于缺少资金，主动同上海闵浩实业有限公司合作，联合成立了上海五方航运物资储运有限公司。闽浩公司投资500万元人民币，持有55%的股权，供应站以409万元的资产投入，持有45%的股权。

1997年11月，供应站建造完成了6036平方仓库、办公楼的基础设施建设（包括两栋四层框架式5096平方米的救灾备灾仓库），为红十字事业的发展奠定了基础。1992年8月，经总会批复，供应站在上海注册成立了“中国红康房地产公司”，后改名称为“红康实业总公司”并投资150万元人民币。

1993年2月，总会将赵晨正式调入供应站工作，改变了供应站三家联合模式。

1993年1月15日总会下达了《关于理顺中国红十字会援外物资供应站的管理关系的通知》，供应站成为总会直属的事业单位；总会下达了《关于中国红十字会援外物资供应站人员编制的批复》；总会批复再次确定供应站是隶属于总会的事业单位，主要职权是接收、储运国内外的赈灾物资，并承办仓储、转运等任务。

2002年清理整顿：由于供应站的成立是总会批准的，还须由国家机构编制审批，因此，无法作为事业法人单位进行注册登记。2002年9月10日，总会以向中央机构编制委员会递交了《关于加强对援外物资供应站管理的情况报告》，申请补办供应站编制。

2002年8月21日，中央机构编制委员会以《关于中国红十字会援外物资供应站机构编制的批复》，“经研究同意设立中国红十字会援外物资供应站，核定经费自理事业编制15名。”

2002年10月，总会与上海闵浩实业有限公司签订了股权转让协议书，总会以320万元的资金收购了上海闵浩公司在五方公司55%的全部股份，五方公司成为总会的全资公司。

2002年12月30日，总会党组下发《关于杨喜兰等三同志聘任的通知》，正式聘任事业发展部副部长杨喜兰兼任中国红十字会援外物资供应站站长和法人代表；王惠芳任中国红十字会援外物资供应站第一副站长；王伟任中国红十字会援外物资供应站副站长。

2003年8月，供应站完成了国家事业单位法人注册登记工作，从而供应站正式列为事业法人单位，使供应站的发展逐步走上了规范化的轨道。

2003年11月，供应站完成了与闵浩公司在五方公司的股权交割程序。

2005年，供应站强化救灾物资管理，投入18万元改造、修整仓库，保证救灾物资完好和安全，可出租面积达6000平方米。全年营业收入达260万元。

2006年，供应站抓好管理，使300多万元的备灾救灾物资保管完好。全年房产出租总收入325万元。

2007年，供应站完成了年初制定的350万元的经济创收指标，全年租赁收入达351万元。

2008年，供应站实现创收422万。

（沪站）

四

研 究 篇

工 作 研 究

中国红十字会会长彭珮云在山东省调研红十字会工作

2009 年 7 月 24 日

2009 年 7 月 6—8 日，中国红十字会会长彭珮云在山东调研红十字会工作。山东省副省长、省红十字会会长王随莲，省红十字会常务副会长曹怀杰等陪同调研。

调研期间，彭珮云先后听取了省红十字会及济南、青岛、淄博、枣庄、济宁、滨州六市红十字会和济南市市中区、青岛市即墨市、枣庄市山亭区、济宁市邹城市、滨州市滨城区、淄博市临淄区六个县（区）红十字会的工作汇报，并与省、市、县（区）红十字会负责人座谈。在座谈中，彭珮云指出，近年来，山东省红十字会各项工作都有新的进展，在印度洋海啸、南方冰冻雪灾、汶川特大地震等灾害救援，社区服务、志愿服务、红十字青少年、宣传、筹资以及服务奥运和全运会的工作中都取得了成绩，得到了各级党委、政府的肯定和社会各界的好评。特别是去年抗震救灾期间，全省红十字会系统共接受社会各界捐赠款物 6. 28 亿元，在全国省级红十字会中居于前列。青岛市红十字会培育的“微尘”公益品牌产生了很好的社会影响。

在座谈中，彭珮云了解到近年来山东省理顺红十字会管理体制的工作有了很大进展，全省 17 个市红十字会全部理顺了管理体制，有 70 个县级红十字会理顺了管理体制，占全省县级红十字会总数的 50%。基层红十字组织建设也加强了。滨州市红十字会在党委、政府的大力支持下，采取政府推动、试点引路、具体指导等措施，很快就理顺了市县两级红十字会管理体制，现在绝大多数县红十字会运转良好，并将红十字组织延伸到学校、街道、社区、村镇。彭珮云说，应当充分肯定山东省红十字会理顺市、县红十字会管理体制取得的成绩和滨州等地的经验。事实证明，只有理顺了市一级红十字会的管理体制，才能推进县一级红十字会理顺管理体制；县一级红十字会理顺了管理体制，才能真正把红十字会的工作落实到基层、落实到农村。红十字会是为最易受损害群体服务的。我国最易受损害群体大部分在农村，因此，红十字会的工作也应该深入农村。这也是我们希望理顺县级红十字会管理体制的理由。彭珮云说，山东省红十字会较早关注到农村红十字会工作。济宁、青岛等市积极探索红十字会参与“新农合”、开展医疗救助的路子，取得了成功的经验，促进了农村红十字会工作。我们要以参与“新农合”、开展医疗救助等工作为切入点，加强农村红十字会工作，切实为困难群众服务。希望你们积极推动还没有理顺管理体制的县级红十字会加快理顺的步伐。对于已经理顺管理体制的市、县红十字会，要帮助他们巩固成果，加强对新进入红十字会干部的培训，使他们学会怎样做好红十字会工作，真正发挥红十字会应起的作用。

彭珮云还针对大家普遍反映目前红十字会系统干部编制较少的问题，以及汶川地震灾后重建工作，积极探索拓宽筹资工作的渠道等发表了重要意见。

2009 年海峡两岸红十字大学生夏令营活动总结

2009 年 9 月 22 日

应台湾红十字组织的邀请，经国台办批准，以总会联络部副部长任浩为团长的大陆红十字大学生代表团 18 人（其中 14 名红十字青少年、4 名工作人员），于 2009 年 8 月 14 - 21 日经香港赴台湾参加 2009 年海峡两岸红十字大学生夏令营活动。

一、组织情况

自 1997 年起，海峡两岸红十字夏令营活动由两岸红十字组织轮流举办，截至今年已成功地举办了 18 次。此次夏令营活动共有营员 14 名，分别来自北京、天津、山东、广东、福建和宁夏回族自治区。

为确保整个活动的顺利进行，总会研究制定了详细的活动方案，并与台湾方面进行了充分的沟通。赴台前，总会随团工作人员召开了专门会议，强调了组织纪律及注意事项，并对活动将会涉及到的相关工作进行了具体分工。8 月 8 日，“莫拉克”台风侵袭台湾，给当地带来了重大的人员伤亡和财产损失。总会及时与台湾方面联系，询问活动方案是否有变动，但是台湾方面对此次交流活动十分重视，表示活动将如期进行。在整个交流活动中，我们感到台湾红十字组织对此次活动做了充分的准备，精心设计从高雄至台北的活动路线外，在日程的安排上也下足了功夫。整个行程安排注重方便营员们的交流与沟通，活动办的丰富多彩，学习与娱乐兼顾。

二、活动情况

夏令营开始前，全体营员在广州集合并集训了一天。总会工作人员向营员们介绍了中国红十字会的历史沿革和我会的对台工作，并重点强调了台湾的历史、有关政策、外事纪律、礼仪及保密等注意事项。针对大陆营员多为独生子女的情况，赴台教育中还特别要求同学们要在活动中相互关爱，相互学习，把新时期大陆红十字青少年的最佳精神风貌展现出来。

按照日程计划，8 月 4 日早上营员们首先乘大巴进入香港，参加 14 - 17 日由香港红十字会举办的两岸四地大学生与人道工作交流活动。此活动也是这次海峡两岸红十字大学生夏令营的主要内容之一。在香港红十字会的精心安排下，在位于新界的香港教育学院，来自大陆、香港、澳门和台湾的营员们齐聚一起，共同交流和探讨自身对人道理念的认识与理解。本次人道工作交流活动采取了互动的教育模式，深受学生们的喜爱。两岸四地的营员们被分为六个组，分别参与到不同类型的人道课题的体验中。最特别的是“人道午餐”这个项目，参与者通过抽签决定扮演不同类型的残障人士，并由各自同伴配合以帮助进食。这一别出心裁的环节使得营员们真正设身处地的体会到，在身处异境的环境下接受人道援助的真实感觉。人道课题的讲授交流之余，香港红十字会还通过急救比赛、探访社区老人以及与菲佣交流等项目为大家提供了实地开展人道服务的机会。在组织者与参与者的共同努力下，大家度过了充实的 4 天。

17 日一早，大陆营员与台湾营员一起搭乘飞机离开香港，于下午二时抵达高雄国际机场。经过在香港共同渡过的时光，两岸营员彼此间已经非常熟悉。在未来四天的行程中，他们将和自己的伙伴继续相互照顾，共同学习，探讨“人道”理念。

“莫拉克”台风虽然给台湾当地带来了巨大的灾难，但是台湾组织方依然尽全力保证此次交流活动的正常进行。为了使本次活动更具意义，我们一下飞机，便来到位于高雄县区的灾民收容中心，协助当地工作人员发放慰问金。高雄县此次受灾最为严重，仅登记入名册的灾民就有两千七百余名，还有一部分尚未登记。由于灾情惨重，台湾红十字组织决定首次以“人”为单位发放救助金——每人一次发放 5000 元新台币。尽管要救助的灾民较多，但台湾红十字组织对灾民的安置工作做得非常细致妥善。高雄县的四处灾民收容中心顺贤宫、紫竹寺、大林教会和禅净中心是几个主要的灾民收容点。在这里，台湾红十字组织同步发放救灾慰问金，现场秩序井然。我们的全体营员刚一到站，便立刻跟随台湾红十字组织工作人员投入到紧张的服务之中。一部分营员协助登记姓名、填写身份证等基本资料，而另一部分，则负责将慰问金发放到灾民手中。当台湾的灾民们激动地从大陆营员手中接过慰问金时，不少灾民落下泪来，海峡两岸亲如一家的情谊得到完美体现。尽管我们到达驻地的时间比原计划要晚，大家都感到饥饿与疲惫，但每个人的脸上呈现出的是完成任务的满足与喜悦。（活动期间，我会有关领导向台湾红十字组织同仁了解了救灾的工作情况，特别了解灾区的主要需求。这期间，我们也了解到湖南、福建等省红十字会已与台湾红十字组织取得联系，表示将对台救灾工作予以支持。同时，我们也将我会对“莫拉克”风灾的捐款情况转达给台湾红十字同仁。）

第二天，我们前往了第二个目的地——位于台东县的高雄高商职业高中，并与该校“红十字服务队”进行了心得交流。该校的红十字志愿者精心制作并播放了宣传影片，片中一幕幕红十字服务队勇于奉献的场景感染了在场的每一位营员。

紧张而又充实的服务活动进行之余，我们也领略到了宝岛台湾引人入画的湖光山色。幽静的溪头森林公园，山清水秀的日月潭，无一不留下了大家的欢声笑语。

位于信义计划区中心的台北 101 大厦是同学们在台湾的最后一站。参观过后，同学们在拥有“世界第一高楼”之称的台北 101 大厦前合影留念。

晚上，全体营员在下榻的台北国军英雄馆举行了惜别晚宴暨晚会。晚会上，营员们一起精心设计，共同表演了很多有趣的节目。台湾营员的诙谐与幽默、大陆营员的优美舞姿和欢快的歌声，都给对方留下了深刻的印象。

相聚总是短暂的。21 日上午在宾馆门前，台湾营员和大陆的伙伴们告别，同学们拉着彼此的手久久不愿松开。依依惜别之情，让在场的工作人员们也不禁潸然泪下。与来时一样，大家经过香港回到了广州。至此，夏令营圆满结束了。

三、体会及建议

（一）虽然两岸夏令营活动已经举办了18 次，但组织方每次都力求创新。这次夏令营台湾方面安排了很多和红十字会工作相关的活动内容，让两岸的青少年更加直观地认识和感受了红十字运动的精髓与理念。我会在广州集训时，除了进行赴台教育的一般内容，也特别安排了红十字会的历史及相关工作的介绍。在台活动期间，特别安排了前往灾民安置点进行志愿服务，让两岸营员学习并体验了红十字会开展的救灾工作，见证了红十字会对困难群体的关怀与照顾，亲身感受了红十字会“人道、博爱、奉献”的精神。

（二）台湾红十字组织的志愿服务工作值得学习和借鉴。台湾红十字组织的口号是“人道、博爱、志愿服务”，特别强调“志愿服务”理念。在夏令营活动的几天里，我们虽然没有机会近距离地去直接了解他们的各项工作，但还是感受到他们的“志愿服务”无处不在。在夏令营活动中，我们受到沿途各支会的热情接待。我们了解到，每个支会的正式工作人员是非常少的，有的只有一两名人员，而他们的大量工作都是靠志愿者来做。出面来接待我们的也都是志愿者，这些志愿者的专业素养及工作能力都很强，完全有能力独立地开展工作，完成“上级”交给的任务。我们认为，这与台湾红十字组织在学校就开始培养红十字青少年志愿服务是分不开的。

（三）每年一次的红十字青少年活动开阔了营员们的视野，增加了知识，陶冶了情操，传播了友谊和爱心的种子。活动中，大陆营员不仅被宝岛美丽怡人的自然风光所吸引，也被台湾同胞对大陆的热情所感动。双方在交流中，没有语言、文化、思维方式上的差异，相见如故，很自然地融为一体，分不清谁是大陆营员，谁是台湾营员，处处体现出骨肉同胞的亲情。活动中，普遍存在一个有趣的现象：到了睡觉时间，大家都舍不得睡觉，总是不顾白天旅途的疲劳继续聊天、玩游戏，为的是想把握住更多的时间相处。活动结束时，大家一致认为这次活动的最大收获是认识了更多的两岸四地的伙伴们。大家从开始时的彼此陌生不认识，经过活动过程中的朝夕相处，到活动结束后的熟识、分别时的泪水，这些无一不在每个营员心中留下了美好的记忆和留念。

这次夏令营活动总的来说是非常成功的，从这么多年来夏令营活动的开展来看，这项活动确实有助于双方营员的相互了解，并加强两岸大学生青少年彼此之间的默契与认同感。希望海峡两岸红十字组织在保证该项活动成功延续的基础上，增进交往，为促进两岸的早日统一做出更多积极的努力。

经 验 借 鉴

中国红十字会代表团访问美国红十字会情况报告

2009 年 5 月 26 日

应美国红十字会邀请，2009 年 3 月 22 日——3 月 28 日由中国红十字会党组书记、常务副会长江亦曼率领中国红十字会代表团访问了美国红十字会。代表团先后赴华盛顿、纽约和旧金山，访问了美国红十字会总会、纽约大区分会和湾区分会，与美国商业圆桌会高层官员、纽约和旧金山的华人社团、华界知名人士会晤，参观访问了旧金山硅谷思科总部，并接受了媒体的采访。中国红十字会总会联络部和赈济救护部、中国红十字基金会、四川、甘肃、陕西省红十字会的负责同志随团赴美进行了访问。

一、访问基本情况

（一）感谢之旅

2008 年 5 · 12 中国汶川特大地震发生后，美国红十字会积极调动美国国内资源，为抗震救灾工作募集了约 5 千万美元捐款，积极响应红十字会与红新月会国际联合会为我国地震发出的国际呼吁，是为其捐款额度最大的国家红会之一。因此，与美国红十字会及其分会主要负责人、有影响的企业、知名人士见面，报告我会和联合会的救援工作，表达对我支持的感谢，成为本次访问最主要的议题和目的之一。

代表团在华盛顿访问期间，在美国红十字会总会受到了美国红十字会主席邦妮 · 麦克尔威恩 - 亨特和会长兼首席执行官盖尔?麦戈文等总会主要领导热烈欢迎和亲切会见。代表团还会见了美国红十字会总会全体工作人员并介绍我会救灾工作情况。此外邦妮主席还热情地邀请代表团一行到她家中做客并宴请中国红十字会代表团。商业圆桌会议是由美国主要企业执行长组成的会员组织，旨在推进和发展商业公共政策。该组织在地震发生后不久就与美国红十字会、美国国际开发署共同牵头召集“美国应对中国地震”圆桌会议，组织政府和企业高层代表团访问地震灾区并在其后为抗震救灾募捐作出了大量贡献，代表团行程中安排了对商业圆桌会的访问，与其高层领导和成员企业代表进行了会见。为推动美国政府对美国红十字会援助我抗震救灾工作的理解和支持，江会长等代表团成员还应邀会见了美国国会代表，向其介绍我会抗震救灾工作和两会合作情况。代表团访问的纽约和旧金山都是美国华裔人口相对集中的城市，美国红十字会在两地的分会都为美国红十字会抗震募捐做出了卓越的贡献，特别是处在旧金山的湾区分会捐款总额占美国红十字会抗震捐款总额的 1/4 左右，因此代表团在两地访问期间，都拜访了当地分会，并与当地商界和华社领袖会晤。处于湾区的硅谷地区汇聚了多家高科技企业，在抗震救灾募捐中，不少企业体现了高度的企业社会责任感，纷纷慷慨解囊，使硅谷地区捐款额达到了湾区分会募捐总额的3/4。代表团访问的思科集团不仅多年来一直支持美国红十字会工作，而且是抗震救灾募捐中向美国红十字会捐款最多的企业。该公司不仅通过红十字会渠道开展震后援助，而且组织员工志愿开展了"思蜀援川"专项行动，支持灾区教育与卫生设施重建。代表团与该集团副总裁等代表进行了交流会谈，还参观了该公司研发的应急远程指挥车，并利用该公司最先进的网真技术，与远在数千公里的凤凰城红十字会官员、当地华人华侨和部分硅谷其他企业代表进行了视频同步交流。

在三地与各团体、组织的会见中，代表团利用预先准备好的视频短片和多媒体材料介绍了地震灾情和我会开展的工作情况。江会长还代表我会向商业圆桌会、美国红十字会大纽约地区和湾区分会、思科集团等组织颁发了感谢状，并赠送体现我会紧急救灾阶段工作的《人道力量》画册。江会长在不同场合一再表示，5·12地震发生后，美国政府、人民、旅美华人华侨和美国商界对中国地震灾区给予了极大的关心和帮助，中国红十字会有责任把中国人民的感激之情真实地传递给美国社会各界。美国各界代表纷纷表示，美国各界对地震灾害带来的伤害感同身受，在巨大的灾难面前，我们看到了伟大的中国人民强大的凝聚力和巨大的爱心，感受到中国政府、人民和包括红十字会在内的社会各界开展的卓有成效的工作。地震重建工作任重道远，美国各界愿意在力所能及的范围内为中国人民从事的这一伟大事业贡献力量。

（二）友谊之旅

代表团在访问过程中不仅要向美国红十字会的主要捐赠人表达感激之情，更要展现我会的工作成绩和工作热情，赢得美国各界的理解、信任和友谊，增强他们对我会抗震救灾工作以及整体实力的信心，使红十字会成为联系美国国内社会资源和国内易受损人群需求的桥梁和纽带。

在对美国红十字会总会、商业圆桌会、纽约、旧金山红十字会分会、硅谷的访问中，都安排有问答交流和媒体采访环节。我会代表广泛地接触了美国民众、商界、侨界和媒体代表，积极客观地介绍我国特别是我会开展抗震救灾工作已经取得的瞩目成绩，详细介绍了灾区恢复重建工作的总体计划及我会的工作重点领域，并对美国各界人士关心的问题一一进行了回应。一名美国红十字会的工作人员在会后找到江会长说："感谢您从中国带来的第一手情况，看到中国灾民的遭遇我禁不住热泪盈眶；但看到中国红十字会开展的杰出的工作，我感觉深受鼓舞，并为我们在中国有这样的合作伙伴由衷地感到骄傲！"由于中美两国国情不同，地域差异很大，文化传统迥然不同，信息沟通也不尽全面，因此面对我国如此大规模的行动美国人在许多细节上难免会产生不解甚至误读，通过这样互动交流的方式，代表团对许多误解成功地进行了澄清。美方有人询问这次地震给我会带来什么样的教训，江会长从灾前准备、救灾能力、志愿者管理和保留等角度阐述了我会能力的不足，同时对解决方法进行了深入的剖析。这样坦诚、睿智、客观的态度赢得了与会人员的一致认可。

代表团会见的美国各界代表对我会的工

作给予了高度评价，美国红十字会主席邦妮·麦克尔威恩－亨特在会见代表团时热情称赞中国红十字会在国际国内自然灾害人道主义救援以及保护人的生命和健康等诸多方面所做出的努力和突出贡献。美国红十字会会长兼首席执行官盖尔？麦戈文表示，在巨大的灾难面前，我们对中国红十字会成功开展的工作深感钦佩。进行有效的重建工作的确是一件艰巨的任务，相信中国红十字会能够在大灾面前出色地完成这项复杂而艰巨的任务。美国红十字会的分会、商业圆桌会、思科公司和旅美华人社团等相关组织代表也认为通过此次访问对中国红十字会的工作能力和人道宗旨有了更切身的了解，增强了对我会顺利开展灾后重建项目的信心。《世界日报》等美国主要华人媒体和 CCTV、凤凰卫视等我媒体在美记者站都对访问进行了积极正面的报道。

（三）合作之旅

中美两国红十字会有着很长的友好交往历史，并且在很多领域有着广泛的交流与合作，相互的支持和帮助正在日益加深。近三十年来，中美两国红十字会交往密切，高层交往日益增多。美国红十字会曾多次在我国发生自然灾害或突发事件时向中国红十字会提供人道支持和帮助，并且在救灾备灾、改水改厕、禽流感预防、乡村卫生等方面开展了切实的项目合作，为改善中国贫困地区人民生活质量，增强我会分会工作能力起到了积极作用。

2003 年我会会长彭珮云率团访美时与美国时任会长玛蒂伊文斯签署了两会交流合作协议，为两会合作进一步发展奠定了良好的基础。该协议于 2006 年已到期，两会合作近年来也更加广泛深入，因此我会利用此次访问的机会适时提出与美方签署新的五年合作协议，利用这一契机夯实两会友好合作的法律基础。

我会这一建议得到了美方的积极回应，经过两会国际事务部门协调和相关部门咨询协商，对原有备忘录的内容进行了修订和扩充。3 月 23 日代表团访问美国红十字会总会时江亦曼常务副会长和美国红十字会会长兼首席执行官盖尔·麦戈文举行了备忘录签署仪式。备忘录中阐明了两会在领导和技术层面加大沟通交流的意愿，而且确定了应急与灾难管理、社区卫生、艾滋病、能力建设、红十字青少年、急救和分会关系等工作为两会合作的重点领域，并明确表明应以最大限度地利用机会发展两会合作以提升各自能力。备忘录对合作的形式也作出了具体的规定。

二、体会和建议

（一）访问达到了双赢的效果

美国红十字会为援助我汶川地震在国内募集了 5，000 万美元的捐款，其中 1，000 万美元通过联合会用于支持我会的紧急救助工作，并计划将余款也纳入联合会呼吁支持重建工作，未与我会开展双边合作项目。目前，汶川地震已经过去 11 个月，美红十字会面临国内企业和民众捐赠人的巨大压力，因此此次邀请我会访问很大程度上是借我会名义为美国红十字会开展公关工作；而我会通过此次访问，既向关心我国灾区情况的美国民众、捐赠企业和社团（特别是爱国侨社）代表通报了灾情和救援及重建进展，也通过现身说法进一步使他们了解到我会开展抗震救灾工作的热情和实力，体现我会救助工作的透明度和公信力；同时我会通过此次访问，促成了中美两国红十字会新一轮合作备忘录的签署，并就一系列双边合作的具体思路进行了沟通，为巩固和拓展今后两会间实质性合作奠定了坚实的基础。因此，此次访问的圆满成功，使双方都实现了各自目标，达到了双赢的预想效果。

（二）中美两国红十字会合作前景广阔

美国企业界在美国乃至国际事务中的影响举足轻重。此次代表团通过拜访商业圆桌会和思科公司总部，既了解到了美国商界的技术、财力资源的雄厚，也同其代表进行了友好的磋商。在今后的工作中，我会可以有计划有步骤地通过美国红十字会与美国企业界进行沟通，争取美国企业特别是其在华分支机构对我会工作的支持与合作。

美国红十字会经过多年的发展，具有雄厚实力，得到政府和公众普遍认可，并被纳入国家应急体系。虽然此次由于时间关系没有对美国红十字会的业务工作进行考察，但在两会合作备忘录中，明确表明了两会开展定期领导交流并推动业务层面交流的意愿。访问过程中，我会与美方主管国际事务的戴维·麦兹副会长也就分会交流的具体方式进行了探讨，戴维表示，美国红十字会只有少数分会具备国际交流的能力和愿望，美国总会将考虑调动这些分会的积极性与中国红十字会分会建立交流机制。

美国红十字会现任会长盖尔·麦戈文和主管国际事务的高级副会长戴维·麦兹虽加入红十字会时间不长，但思路比较开阔。在华盛顿总会的会谈中，美方对江会长提出的两会可在卫生、青少年、灾害管理等方面开展合作的意见都给予了积极回应。此外，我会是美国目前少数在海外设有常驻代表的国家红会之一，美红会驻华代表袁明熙先生在华工作多年，对我友好，并主导了一系列合作项目。这些都是两会开展合作的有利条件。同时也应注意到，美国红十字会的援助重点并不在我国，其国际行动多年来形成了比较固定的模式和领域，我国整体实力的长足进展和国际经济形势都可能影响到美国民众为我捐款的热情。在这些综合因素的影响下，两会合作前景也不可能都一帆风顺，必须在充分认识其难度的前提下积极努力，以我会的工作实力和效果争取美国红十字会对我更大的支持。

（三）两会合作中应充分调动华人社团的爱国热情

此次访问，特别是在纽约和旧金山的活动中，代表团得到了多家华人社团和媒体的欢迎和采访。华人社团为抗震救灾积极捐款，一些知名华裔媒体如全美最大的华语报纸《世界日报》和旗下有数十家公司的多元文化传播集团不仅对访问进行了积极正面的报道，而且企业本身也向美国红十字会为5·12地震进行了数量可观的捐赠。华社代表纷纷表示，祖国发生的灾害令他们感同身受，他们非常希望借助自己在美国的影响和能力为灾区人民做些实事，但由于条件所限一般只能以捐款的形式表达心意，切实的工作需要我会这样的社会团体来开展。华裔人口在美数量较多，其中一些杰出代表在美主流社会也颇具影响力，因此我会在与美国红十字会未来的合作中可以考虑调动华社的资源和能力，通过红十字会纽带将海外华人与国内易受损人群联系起来。

总之，此次访问取得了圆满成功，得到了美国红十字会、企业界和以华社为代表的美国公众的热烈欢迎，美国多家媒体对访问进行了报道。此次感谢之旅、友谊之旅、合作之旅得到了我驻美使馆及驻纽约、旧金山领馆的大力支持与配合，使馆谢锋公使、驻旧金山总领事高占生及其他使领馆官员分别参加了在美三地的活动。

中国红十字会代表团访问德国、丹麦红十字会情况报告

2009 年 9 月 22 日

应德国、丹麦红十字会邀请，2009 年 7 月 12 日至 21 日，苏菊香副会长率中国红十字会代表团一行五人对德国红十字会和丹麦红十字会进行了访问，重点考察两国红十字会的应急管理经验，了解其在灾害应急工作中的主要做法，加强交流合作，推进我会灾害应急工作特别是 ERU 工作的开展。

一、德国红十字会情况

代表团一行先后拜访了德国红十字会总部、参观德国红十字会后勤中心、访问奥格斯堡红十字会。

1. 德国红十字会总部

在德国红十字会总部，代表团同德国红十字会国际合作与灾害管理部、国际合作部部、灾害管理部、灾害管理部应急反应工作组及负责中国事务的负责人等进行了会谈和交流。苏菊香副会长转达了彭佩云会长、江亦曼常务副会长的问候，感谢德国红十字会在中国汶川地震中给予的慷慨援助及提供野战医院发挥的作用，并希望通过这次考察进一步加深两会的了解，学到德方在灾害管理方面的先进经验，促进今后进一步开展合作。王平部长向德国红十字会的工作人员介绍了中国红十字会开展备灾救灾工作和汶川地震救灾的有关情况。代表团还就今年 9 月份拟在上海举办的灾害应急演练的有关事宜进行了进一步的沟通和交流。

德国红十字会由 19 个区域分会和德国红十字护理协会联合会组成，有 528 个地区分会和 5075 个基层分会。现有 8 万全职工作人员，2 万余名护士、460 万会员。会员代表大会为德国红十字会的最高机构，每年召开一次。会员代表大会选举产生的领导委员会。管理层由有一定社会影响的志愿者担任，而日常工作由收取酬劳的秘书长和工作人员完成。德国红十字会在国内开展的主要活动有灾害救助、紧急救护、急救培训、血液服务、健康促进、社会服务等。德国红十字会还在亚洲、拉丁美洲、东欧、中东等地区开展灾害管理、卫生健康、改水改厕、生计等国际合作项目。

德国红十字会对灾害实行分级管理。由于德国重大灾害很少，德国红十字会总会的灾害救助侧重于国外重大灾害的救援救助，分会负责区域内或邻近区域内灾害的救援救助。德国红十字会重视救灾志愿者的发展和参与，拥有 40 万名经过系统培训的专业志愿者，是红十字灾害紧急救援工作的中坚力量。

德国红十字会具有强大的急救医疗服务网络。该会拥有 1400 个急救中心或站点和 4600 台急救车，负责全国 52% 的急救服务，是全世界最大的非政府急救组织。技术熟练的志愿者负责全国 35% 的水上救援和 90% 的山地救援。德国红十字会每年对 120 万人进行救护培训，占全国 65% 的份额。该会还有 350 万名献血者，负责 80% 的血液供应服务，有 53 家医院、拥有 11000 张病床。

德国红十字会具有强大的筹资能力。该会总部的年度预算约为 7 千万欧元，全国的

红十字会的年度预算约为 7 亿欧元。资金筹措的主渠道是会员会费、政府资助、企业/公众捐赠、社会保险、二手店等。其中，近 430 万付费会员通过每月支付至少 5 欧元会费的形式支持红十字会开展工作。

2. 德国红十字会后勤中心

代表团一行参观了德国红十字会总会后勤中心（即 DRU/ERU 仓库）。该后勤中心坐落于柏林舍纳菲尔德机场内，紧邻海关，占地 1764 平方米。后勤中心存储的物资十分齐全，包括 ERU/DRU（由联合会调派的应急反应组统称为 ERU，即 Emergency Response Units；德国红十字会通过双边途径调配的称为 DRU，即 Disaster Response Units）的各类组件（救灾、医疗、通讯）、车辆等。不易长期仓储的临时性物资，如药物、食品等是由供货商根据同德国红十字会的合作协议及需求，在 24 小时内送至后勤中心。所有组件按要求包装好后可直接运至仓库外的停机坪等待发运。

德国红十字会的 DRU、ERU，凭借训练有素的专职人员和志愿者，完善到位的组件模式，在国际救援中发挥了积极作用。灾害发生时，他们派出代表或与联合会现场评估，根据评估结果，可在 36－72 小时内进行组合并运送到受灾国家，同时派遣专业医疗和工程人员参加救援。其 DRU/ERU 组件按功能可分为水卫生组件、基本医疗组件、野战医院组件、大本营组件等。该后勤中心管理规范、制度健全、设备先进且摆放有序，给代表团留下了深刻印象。

3. 奥格斯堡分会

代表团还访问了德国巴伐利亚州的奥格斯堡行政区红十字会。巴伐利亚州红十字会名誉会长、奥格斯堡行政区长官及议员、科尼西斯布隆市市长和奥格斯堡行政区红十字会的会长热情地接待了代表团一行。代表团听取了巴伐利亚州红十字会以及奥格斯堡行政区红十字会工作介绍，参观了二手衣店、急救站和位于当地警校内的红十字会 DRU/ERU 仓库等。

二手店是当地十字会的一个可观的收入来源，主要靠志愿者对所接受的二手衣物收集、分类、经营等日常工作，当地民众可以通过购买二手物品的形式来支持红十字事业。

代表团所参观的红十字急救站设备精良，人员精干。在急救站工作的人员大部分是志愿者，站内 70% 的工作都是由通过急救培训获得资质的志愿者完成。急救站内的急救车辆配备先进，有生命体征监测仪、除颤仪等先进的医疗仪器。

代表团还参观了奥格斯堡红十字会设在当地警校内的 DRU/ERU 仓库。仓库内存放着净水装置、餐车、基础卫生组件等灾害救援设备。奥格斯堡分会有两名具有专业工程背景的志愿者参与了 2008 年中德野战医院的工作，代表团对他们给予四川灾区和灾区人民的帮助表示了感谢。

最后，代表团还有幸观摩了奥格斯堡分会举办的大型水上救援演练活动。演练中，志愿者驾驶水上救生艇，红十字急救站派出急救车，当地红十字会还调用了空军的直升机，救援设备先进、齐全，集海陆空为一体。奥格斯堡分会在应急救援中的组织协调能力及训练有素的志愿者的表现给代表团留下了深刻的印象。

二、访问丹麦红十字会情况

代表团一行先后访问了丹麦红十字会总会和哥本哈根红十字分会，参观丹麦红十字会备灾仓库。丹麦红十字会副会长热情地接待了代表团成员。

1. 丹麦红十字会总会

在丹麦红十字会总会，代表团一行与丹麦红十字会负责灾害管理、国际合作、宣传筹资工作的同仁进行了工作会谈。他们向代表团详细介绍了丹麦红十字会的基本情况、灾害管理体系和运作方式。

丹麦红十字会成立于 1876 年，现有 252 个地方分会，近 700 名员工，12 万名会员（含 2.2 万名志愿者）。丹麦青少年红十字会是独立于丹麦红十字会总会开展青少年和儿童工作的组织。会员代表大会为丹麦红十字会的最高机构，每年召开一次。中央委员会由会员代表大会选举产生，每月开会一次，负责目标和决策的制定。日常工作由收取酬劳的秘书长和工作人员完成。丹麦红十字会在国内开展的主要工作有针对志愿者和公众的救护培训工作、开办二手商店、社会服务等。

丹麦红十字会具有较强的国际救援能力，主要通过参与国际联合会 ERU 的方式参与国外重大灾害的救援工作。丹麦红十字会有 350 人的人力资源库，灾害发生后，可迅速抽调这些高素质、多专业背景、有红十字会培训经历的志愿者及工作人员参加救援工作。该会目前已在非洲、中东、南亚等地建立了项目办公室，与地区内的国家红十字会合作开展灾害救助、健康卫生等方面的合作项目，加强当地红十字会的工作能力。汶川地震紧急救援阶段，该会向中国红十字会提供了 22289 瑞郎（约为 133700 人民币）的现金援助，捐赠了价值 100 万美元的大本营 ERU，发挥了重要作用。

丹麦红十字会资金筹措的渠道有会员会费、政府资助、企业/公众捐赠、上门募捐、二手店等。其中上门募捐是指每年 10 月，丹麦红十字会志愿者会挨家敲门进行募捐，每年通过这种方式筹措的资金约为 500 万美元。丹麦红十字会现有 191 家二手商店，由 4800 名志愿者负责日常经营，每年有 270 万欧元的收入。政府也为红十字会提供资金支持，主要用于开展难民救助工作。

代表团一行还与联合会心理支持中心负责人 Nana，就心理救援方面的合作进行了交流和探讨。联合会心理支持中心成立于 1993 年，办公地点设在丹麦红十字会，为联合会组成部分。

2. 哥本哈根红十字会

哥本哈根红十字会现有 6 名工作人员（除哥本哈根红十字会，丹麦基层分会没有工作人员，均为志愿者）、1200 名积极志愿者、2 个收容站、2 个妇女庇护中心。除救护培训外，其主要工作为孤寡老人、家庭暴力受害者、无家可归者、移民、难民等弱势群体提供综合的社会服务工作。这些社会服务工作几乎全由志愿者负责完成。

代表团还访问了哥本哈根红十字会开办的二手商店。据了解，歌本哈根红十字会现有 10 家二手商店，二手商店的收入是该会重要的筹资渠道。二手商店的货物来自于普通市民捐赠，志愿者负责二手商店的日常经营和维护，商品折价卖给顾客，筹集款项用于红十字事业。由于多数衣物的质量很好，且价格低廉，光顾二手商店的并不都是生活困难的人，也有衣着考究的中老年人，甚至衣着时尚的女孩。

3. 丹麦红十字会备灾仓库

丹麦红十字会的后勤中心，即 ERU 仓库，位于临近哥本哈根机场的一仓库内。该后勤中心曾经在去年参与了四川灾区大本营的搭建和运作的安德森先生，向代表团详细介绍了该中心的有关情况以及大本营在四川参与震后救援的情况。

三、收获和体会

（一）与德国红十字会达成合作意向

1. 中德野战医院完成紧急救援任务后，德国红十字会要求对其设备进行清点、整理，并帮助中国红十字会建立应急救援机制。在此次考察中，代表团与德国红十字会达成初步意向，德国红十字会将在 9 月上旬派曾经参与 2008 年中德野战医院工作的 2 名专家到上海对医院的设备进行清点、协助搭建等工作，并将以此为契机，进一步探讨在今后如何与我会进行应急工作方面的合作。

2. 德国红十字会提出希望在 1999 年中德两国红十字合作备忘录的基础上，重新签订新的谅解备忘录。在原有的合作范围上开展更广泛的合作，该谅解备忘录希望在今年年底签订。

（二）学习借鉴国外先进管理经验，建立中国特色的灾害反应队伍

通过考察发现，我会与德国和丹麦红十字会在灾害应急队伍建设、技术装备、资金支持、理念模式等方面还存在很大的差距。我们体会到德国和丹麦红十字会在灾害应急管理方面的成功，在于自身强大的资金筹措能力、红十字在国家救援体系中的地位、本国已较为成熟的公民社会和政府部门的大力支持。

另外，由于国情存在较大差异，德国和丹麦两国红十字会与我会开展灾害应急管理工作的模式和重点也不尽相同。棉被、棉衣、帐篷、大米等已不作为德国、丹麦两国红十字会常规的救援储备物资，一旦自然灾害发生，红十字会主要提供餐车、卫生饮水、环境卫生、现场医疗急救等服务，很少直接发放大米、棉被、帐篷等救灾物资。ERU 救援模式将是我会应急救援工作中努力的方向。

汶川地震期间，国外 ERU 将设备留给了我会，同时我会一些工作人员也通过参与 ERU 工作学习到了先进的救援方式和救援理念。建议我会充分利用这个契机，有计划地与联合会和有关国家红十字会加强交流和合作，不断加强应急队伍和应急体系的建设，提高应急救援能力。

（三）更新观念加强能力建设

1. 大力加强志愿者培训

在德国和丹麦，经过红十字会专业培训的积极志愿者在灾害救援、急救服务、社会服务、筹资宣传等日常工作中发挥着重要作用，一些负责决策的领委会成员也有志愿者。2008 年汶川地震灾后救援，德国红十字会、丹麦红十字会外派人员中的专业技术人员，都是志愿者。而我国红十字会的工作开展主要还靠专职人员，而专职人员又受编制、资金等方面的限制，专职人员的缺乏已经成为红十字会事业发展的瓶颈。目前，我国并不缺乏热心公益事业、愿意参加志愿服务的公民。红十字会是一社会团体，只有为志愿者创造一个爱心服务平台，动员志愿者等社会力量参与红十字会事业，红十字事业才能得到深入、可持续的发展。红十字会的志愿者的管理与其追求数量的上升，不如注重志愿者质量的提高。

另外，德国红十字会和丹麦红十字会会员包括志愿者，实行会员分类管理。付费会员通过缴纳会费支持红十字事业；志愿者接

受红十字会的专业培训，通过参与日常工作支持红十字事业，也是会员。而献血者不算会员。这一分类管理办法也值得我会研究。

2. 注重加强基层组织建设

考察发现，德国红十字会的各类资源分布形成一个“正三角”结构，基层组织有很强的实力，他们每年向总会上缴一定比例的会员会费和实体收入。而我国红十字会资源分布“倒三角”现象明显。红十字事业要深入发展，加强基层组织建设是非常重要的。

3. 创新筹资方式，拓宽筹资渠道

筹集人道救助资金是开展人道救助工作的物资条件。经历过2008年的冰冻雨雪灾害和汶川地震大规模的捐赠及席卷全球的金融危机，红十字会传统的筹资方式和理念面临着严峻挑战，必须创新筹资方式，拓宽筹资渠道。德国红十字会和丹麦红十字会的二手商店给了我们很大的启示。二手商店一举多得：为捐赠者提供了奉献爱心的平台，为顾客特别是经济条件较差者提供廉价物品，以物尽其用，同时也为红十字事业募集了资金。目前，国内虽然我会也有博爱商店、超市，但都存在可持续发展的问题。二手商店模式有很大潜力可挖掘。建议学习、借鉴这一筹资模式，更好地为红十字事业的发展服务。

中国红十字会代表团访问日本红十字会情况报告

2009 年 12 月 23 日

根据中日两国红十字会六年交流合作协议，应日本红十字会邀请，王海京副会长率中国红十字会代表团一行六人于2009年11月5日至10日对日本红十字会进行了工作访问。访日期间，我会代表团重点考察了日本红十字会在会费收缴和资金募集方面的宣传和志愿活动以及与企业的合作关系。代表团先后访问了日本红十字会总会、兵库县分会，拜访了日本经济团体联合会和佳能公司总部。日本红十字会会长近卫忠辉会见了代表团一行。

一、基本情况

（一）日本红十字会总会

在日本红十字会总会，王海京副会长对日本红十字会在汶川地震救助中给予我会的支持表示了感谢。代表团就会费收缴和资金募集方面的宣传和志愿活动以及与企业的合作关系等问题，与日本同仁展开了深入交流和探讨。

1877年，日本成立博爱社，1887年更名为日本红十字会。1952年，日本颁布了《日本红十字会法》。日本红十字会现有1129万名个人会员，17万个法人会员，2079888个志愿者和志愿服务队，11755所加盟学校，2747747名青少年会员。发展会员和开展红十字青少年活动的同时，日本红十字会开展了急救法、水上安全法、雪上安全法、幼儿安全法和健康生活援助讲习普及活动，2008年度听讲者有643545人。日本红十字会拥有92家医院，65家血液中心，299台移动采血车。2008年度，献血者达514万人。在社会福利事业方面，日本红十字会兴办了28家儿童福利设施（乳儿院、保育所、儿童养护设施、残障儿童设施、重度智障儿童设施）、残疾人援助设施、老人福利设施。日本红十字会有培养专业护理人员的传统，拥有29所护理类学校，每年招生2395人。在国际活动方面，日本红十字会积极开展国际救援，向13个国家派遣项目官员93人次，国际救助金达82亿1900万日元。2009年度，日本红十字会总会预算为132亿1000万日元，分会预算为233亿1000万日元；医疗设施预算为8585亿7000万日元，血液事业预算为1535亿1000万日元，社会福利设施预算为116亿6000万日元。

《日本红十字会法》规定"日本红十字会由会员组成"，会员为理解红十字事业宗旨，每年缴纳会费500日元以上，参加和支持红十字运动的人士。会费收入是日本红十字会最主要的经费来源。会费统一缴纳至总会后，总会再根据会员所属区域，将会费返还给各地分会，然后分会将所得总额的15%交总会使用。最近几年，日本红十字会拓宽了会费募集渠道，通过银行转帐、互联网、便利店及信用卡支付等方式募集会费，取得了较好的效果。同时，广泛动员志愿者发展会员，依靠基层街道（社区）组织募集会费。志愿服务队每年设定募集目标金额，提出活动方针，分送会费募集材料和传单，挨家挨户走访，解释会员的含义和会费的使用途径。日本红十字会还通过走访企业，发展法人会员，并寻求与企业建立合作关系。例如，与零售业、运输业企业就救灾合作签署合作协议。在灾害发生后，这些企业保证为红十字会提供充足的救灾物资和运输服务。

为了使工作人员正确理解红十字会，更浅显易懂地说明红十字会的使命、组织、事业，使更多的人参与红十字运动，日本红十字会开展了"更多十字交叉计划"宣传强化活动。通过编制使命宣言、组织口号，修订设计宣传手册，统一基本设计，规范标识使用，构建组织认知度。日本红十字会制作了新的标识，统一名片、信封，统一部分网页标题。重新构建了网站，迅速更新、更正信息，使参与者和支持者易于获取信息。强化与媒体的合作，举办媒体研讨会，充实和强化了宣传资料，继续利用名人作为宣传特使，宣传红十字会。

其间，代表团参观了日本红十字会举办的印度洋海啸救援展览，还拜访了日本经济团体联合会和佳能公司，对他们在汶川地震救助中，给予我会的捐助表示感谢，并表达了合作的愿望，探讨了将来合作的可能。

（二）兵库县分会

代表团访问了日本红十字会兵库县分会。兵库县知事井户敏三接见了代表团一行。代表团听取了兵库县分会工作介绍以及资金募集的说明，参观了淡路市阪神地震纪念馆，与淡路市红十字志愿服务队进行了资金募集等方面的工作交流。

日本红十字会兵库县分会及其所属的兵库县红十字血液中心及神户红十字会医院是兵库县从事灾害救援活动的中心设施，在兵库县发生灾难时，与兵库县自身的灾害医疗救助中心机构——兵库县灾害医疗中心联手，进行迅速有效的医疗援助。平时，作为地方政府医疗机构，主要工作为，致力于推进地区医疗、志愿者活动、进行灾害救护的研修与训练，及全县内医疗机构输血用的血液供应和保障，充分发挥了其设施各项功能。在灾害救援方面，兵库县分会拥有19支救护队，3个ERU，并在灾害救援中，提供专门的心理支持。平时，针对各类型灾害，与其他分会联合开展救援演习，加强分会间的协调配合。

兵库县分会每年都开展发展会员的活动，为募捐制作宣传品。其宣传工作主题明确，主要围绕发展会员和募集会费开展，使会员有归属感，宣传会员制度的规定和成为会员的意义，使会员了解红十字会的工作和活动。2008 年度，兵库县分会有个人会员 396095 名，法人会员 4279 个。募集会费 510844000 日元，其中，个人会员缴纳 440418000 日元，法人会员缴纳 70426000 日元。兵库县分会在向会员寄发宣传品的同时，还通过直接邮寄的方式，向他们募集会费和捐款。每年一般寄发 3 次。印刷和邮寄的成本约为 400 多万日元，效果好的时候，能募集到 6000 万日元左右的会费和捐款。

在淡路市，代表团与红十字志愿服务队进行了面对面的交流。淡路市红十字志愿服务队主要开展发展会员、募集会费、防灾训练、社会福利建设等方面的活动。2008 年度，志愿服务队的会费募集目标是 3850000 日元，最终募集到 7134214 日元，目标完成率高达 185.3%，比 2007 年度增长了 5.4%。

二、体会和建议

（一）加强会费收缴工作

日本红十字会是少有的主要依靠会费作为收入来源的国家红会。会费收缴工作力度很大，有悠久的历史传统和成熟的组织体系。会费收入类似于我国的非定向捐款。资金使用上，红十字会有很大的自主性，可以根据组织发展和受助人的需要合理安排，对于组织发展和红十字会工作的开展非常有利。

《中华人民共和国红十字会法》第 20 条明确规定了会费是红十字会的经费来源。在做好向公众、企业和政府筹资的同时，我们还应当充分重视会费收缴工作。在会员发展较好的地区，会费收入甚至可以成为红十字会收入的主要来源。加强会费收缴，要做好以下几个方面的工作：

1. 做好会员的登记、管理和服务。这是会费收缴的组织基础。应强调会员的精准统计和信息完备，定期向会员提供红十字会工作和活动信息。

2. 要把会费收缴与志愿服务队建设结合起来。红十字会专职人员有限，许多工作都必须依靠志愿者完成。日本红十字会的会费收缴很大程度上是依靠志愿服务队来完成。可以建立专业的收缴会费的志愿服务队，也可以赋予一般志愿服务队收缴会费的职责。

3. 要把会费收缴与宣传结合起来。日本红十字会以宣传为先导，扩大公众对红十字会的认知，也向会员及时地提供了红十字会的工作和活动信息，反馈了会费使用的方向。

4. 要积极拓展会费缴纳的渠道。通过银行、邮局、互联网等多样化的方式，为会员提供会费缴纳的便利。

（二）加强服务意识

日本红十字会的工作中始终强调对会员和捐赠人的服务。他们通过媒体公开财务信息；通过互联网、调查问卷，调查捐款人等社会公众对红十字会工作的满意度；举办展览反馈印度洋海啸捐款使用情况；在宣传折页中印制方便捐款的单据。正是这种良好的服务，提升了红十字会的公信力，使得会员和捐款人有归属感，愿意持续地向红十字会提供支持。

我国公益领域的竞争日趋激烈。要在激烈地竞争中生存和发展，就必须保证服务质量。我们应当强化服务意识，尽可能地为会员、捐款人、志愿者、受益人等利益相关者提供良好的服务。

（三）加强志愿者队伍建设

经过日本红十字会专业培训的志愿者在灾害救援、急救服务、社会服务、筹资宣传等日常工作中发挥着重要作用。我国红十字会的工作开展主要还靠专职人员，而专职人员又受编制、资金等方面的限制，专职人员的缺乏已经成为红十字会事业发展的瓶颈。目前，我国并不缺乏热心公益事业、愿意参加志愿服务的公民。红十字会是一社会团体，只有为志愿者创造一个爱心服务平台，动员志愿者等社会力量参与红十字会事业，红十字事业才能得到深入、可持续的发展。

（四）加强救援能力建设

通过考察发现，我会与日本红十字会在灾害应急队伍建设、技术装备、资金支持、理念模式等方面还存在很大的差距。日本是自然灾害频发的国家。在应对地震、台风等自然灾害的过程中，日本红十字会对阪神地震等灾害救援进行了反思，积累了丰富的经验。

在提供棉被、棉衣、帐篷、大米等救援物资的同时，日本红十字会还建立起了卫生饮水、环境卫生、现场医疗急救、心理支持等服务。ERU 救援模式应是我会应急救援工作中努力的方向。

五

人名篇

中国红十字会历届领导人

名　　单

1904 年～1910 年

1904 年 3 月 10 日，上海万国红十字会支会成立。一周后定名为上海万国红十字会，实行董事会制，由中、西董事联合组成。

董 事 会：45 人

主　　席：英工部局值年总董培恩。

中方董事：10 人，以沈敦和为首。

西方董事：35 人，以李提摩太为首。

董事会下设执行董事 7 人。其中：中方董事 2 人（后为 3 人），以沈敦和为首。

西方董事 5 人，以英刑司威金生为首。

1905 年 9 月 5 日，日俄两国最终签订了《朴茨茅斯条约》，战争结束。此时上海万国红十字会已完成自己的使命。

1905 年 11 月上旬，突然有招商局抄示外务部致北洋大臣电，谓海参崴发生乱事，华民住处被焚，饬即派轮前往救护云云。上海万国红十字会当即与招商局商派海定号轮船，由牛庄折赴烟台，装足药片食物，前往救济。故万国红十字会得仍继续存在约 2 年之久。

吕海寰、盛宣怀光绪三十三年（1907 年 7 月 21 日）向清廷请旨试办中国红十字会的奏折名为《沥陈创办红十字会情形并请立案奖励折》。1908 年 5 月核定照准“著徐世昌查明具奏该部知道钦此”，上海万国红十字会结束解散。清政府就此开始运作创办中国红十字会之事。红十字会事务由吕海寰、盛宣怀等大臣监临。（见本年鉴研究篇）

1910 年～1911 年

1910 年 1 月，商约大臣吕海寰与前电政大臣吴重熹又上《酌拟中国红十字会试办章程请旨立案折》会奏试办中国红十字会，并酌拟试办章程 6 条附呈。试办章程六条中的第二条是“从前万国红十字会，由中西董会议刊刻中西合璧图记，钤用信守。现创设中国红十字会，拟请旨饬部铸造中国红十字会关防一颗，须由会长执掌印用，以照凭信。”

1910 年 2 月 27 日，军咨处向清廷上《详核红十字会原奏敬陈管见折》：“宣统二年正月十八日（2 月 27 日）奉谕旨，吕海寰等奏，酌拟中国红十字会试办章程，请立案一折，着派盛宣怀充红十字会长，余依议。该衙门知道钦此，由军机处抄交到处，自应钦遵办理。……再此折系军咨处主稿，会同外务部筹办，海军事务处、陆军部办理，合并声明谨奏。宣统二年四月十二日奉旨依议钦此。”大清红十字会正式成立。

会长：盛宣怀（1910年2月—1911年10月）

总董：沈敦和

1911年～1912年

辛亥革命事起，清政府将大清红十字会改名为中国红十字会。1911年11月13日，发上谕任命前外务部尚书吕海寰担任中国红十字会会长。10月30日，召开统一大会，总会设于北京，总办事处设于上海。会长驻总会，副会长及常议会驻总办事处。

会　长：吕海寰（清政府委派）

总　董：沈敦和、福开森（清政府委派）

理事长：沈敦和

理　事：江绍墀（公推）

1912年～1913年

1912年9月大总统委任吕海寰、沈敦和为中国红十字会正副会长。10月，第二次常议会决议：正副大总统为红十字会名誉总裁。

名誉总裁：袁世凯

名誉副总裁：黎元洪

会　　长：吕海寰

副 会 长：沈敦和

常议会会长：沈敦和（兼）

理 事 长：江绍墀

1913年～1922年

1913年9月29日召开中国红十字会第一次会员代表大会选举出领导人，由大总统任命。

名誉总裁：袁世凯

徐世昌（1918年公推）

名誉副总裁：黎元洪

会　长：吕海寰（1920年9月辞职，公推为名誉会长）

汪大燮（1920年9月民国政府任命）

副会长：沈敦和（1919年辞职，1920年7月过世）

蔡廷干（1919年～1922年）

蔡耀堂（驻京副会长1922年8月～）

杨晟（驻沪副会长1922年8月～）

常议会会长：沈敦和（兼）

杨晟（1920年7月常议会公推）

常议员：朱佩珍、施则敬等34人

理事长：江绍墀（1914年辞职）

赵鸿藻（1914年～1918年）

朱煜（1918年～1919年）

吴宝义（1919年1～5月）

唐元湛（1919年5月～1921年11月）

庄录（1921年11月～）

秘书长：冯恩崑

1922年～1924年

1922年6月召开第二次会员代表大会，选举出的会领导由总统任命。

会　长：汪大燮
副会长：蔡廷干、杨晟
议　长：王震
副议长：盛炳记

1924 年～1928 年

1924 年常议会推选会长、副会长，由政府任命。

会　长：颜惠庆
副会长：蔡廷干（驻京副会长）
杨晟（驻沪副会长）

1928 年～1933 年

会　长：颜惠庆
副会长：王正廷（1928 年 8 月）
虞和德（1928 年 8 月）

1931 年内政部、外交部拟定了管理红十字会法规，转呈立法院审核。

1933 年～1938 年

1933 年国民政府将中国红十字会改名为中华民国红十字会。

1934 年召开第一次理事联席会议，公推领导人。

名誉会长：蒋中正
名誉副会长：黄绍竑、吴铁成、颜惠庆、虞和德（洽卿）
会　长：王正廷（国民政府任命）
副会长：史量才、刘鸿生
（史量才被刺后，杜月笙继任）
秘书长：曹云祥
庞京周（1937 年继任）
常务理事：林康候、闻兰亭、王一亭、王晓籁、关炯之
常务监事：黄涵之、钱新之、陆伯明

1938 年～1943 年

1938 年行政院增聘调整红十字会领导人。

名誉会长：蒋中正
名誉副会长：孔祥熙、宋子文、黄绍竑、吴铁成、颜惠庆、虞和德（洽卿）
会　长：王正廷
副会长：杜月笙、刘鸿生
常务理事：王晓籁、林康候、闻兰亭、王一亭、关炯之、钱新之、陆伯明
常务监事：黄涵之
秘书长：潘小萼

1943 年～1946 年

国民政府国防委员会通过改组由军事委员会对红十字会施以管制，制定了《战时监督红十字会暂行办法》，红十字会领导人仍由行政院聘任。

名誉会长：蒋中正
名誉副会长：宋美龄、戴季陶、孔祥

熙、宋子文、吴铁成、王正廷、虞和德（洽卿）

会　长：蒋梦麟

副会长：杜月笙、刘鸿生

常务理事：戴季陶、商震、翁文灏、王晓籁、宋子文

常务监事：钱新之、张伯苓、宋汉章

理　事：虞和德、杜月笙、刘鸿生、刘瑞恒、蒋梦麟、朱恒壁、康心之、缪加铭、杭力武、戚寿南

监　事：陈仪、王世杰、邵力子、许世英、屈文六、周诒春、穆籍初、丁文渊、汤飞凡

秘书长：胡兰生

1946 年～1949 年

国民政府颁布《复原期间管理中华民国红十字会办法》，改组红十字会，会长、副会长、理事、秘书长由行政院聘任。

名誉会长：蒋中正

李宗仁（1948 年增聘）

名誉副会长：宋美龄、戴季陶、孔祥熙、宋子文、吴铁成、王正廷

会　长：蒋梦麟

副会长：杜月笙、刘鸿生

常务理事：蒋梦麟、蒋廷、金宝善、马超俊、吴有训、关颂声、徐国懋

理　事：杜月笙、刘鸿生、谷正纲、杭力武、王云五、王晓籁、刘瑞恒、钱大钧、张蔼真、徐寄庼

秘书长：胡兰生

副秘书长：曾大钧、汤蠡舟

新中国成立后改组红十字会

1949 年新中国建立前夕，蒋梦麟等带领红十字会总会机关大部分人员跟随国民党政府去台湾。刘鸿生、胡兰生等领导人和部分工作人员留在大陆。1950 年中央人民政府对中华民国红十字会进行协商改组，改名为中国红十字会，改组会议由卫生部副部长苏井观、中国人民救济总会秘书长伍云甫、中国红十字会总会原秘书长胡兰生担任主席团主席。选出的中国红十字会第一届理事均由周恩来总理签署聘任书予以聘任。

1950 年 8 月～1961 年 10 月

（第一届）

会　长：李德全

副会长：彭泽民、熊瑾玎、刘鸿生、胡兰生

党组书记：伍云甫

秘书长：胡兰生（兼）

副秘书长：林士笑、倪斐君

1961 年 10 月～1979 年 2 月

（第二届）

1961 年 10 月 23～27 日，中国红十字

会召开代表会议，选举产生第二届领导人，经国务院批准。

会　长：李德全

副会长：伍云甫、赵朴初、熊瑾玎

党组书记：伍云甫

秘书长：彭炎

副秘书长：倪斐君

1965 年中国红十字会进行改选，产生第二届新的领导人，党中央中发 193 号文件批复。

会　长：钱信忠

副会长：伍云甫、刘清扬、熊瑾玎

赵朴初、彭炎、孟谦

党组书记：伍云甫

秘书长：彭炎（兼）

副秘书长：倪斐君、王敏

1979 年 2 月 ~1985 年 5 月

（第三届）

1979 年中国红十字会进行改选，选举产生第三届领导人。中共中央组织部批准。

会　长：钱信忠

副会长：杨纯、王仪、王敏、顾锦心、沈其震、赵朴初、彭炎、熊天荆、龚普生、孟谦、王肇元、邓启修、魏龙镶、刘鹏飞

党组书记：杨纯

秘书长：王敏（兼）

副秘书长：吴日承

1985 年 5 月 ~1990 年 2 月

（第四届）

1985 年 5 月 31 日 ~6 月 1 日，中国红十字会召开第四次全国代表大会，选举产生第四届领导人。

名誉会长：朱学范、赵朴初、钱信忠

会　长：崔月犁

副会长：谭云鹤、章明、沈辰、何理良、蔡壬癸

党组书记：谭云鹤

秘书长：蔡壬癸（兼）

副秘书长：范雨田、曲折

1990 年 2 月 ~1994 年 4 月

（第五届）

1990 年 2 月 15—17 日，中国红十字会召开第五次全国会员代表大会，选举产生第五届领导人：

名誉会长：朱学范、赵朴初、钱信忠、崔月犁

顾　问：谭云鹤

会　长：陈敏章

副会长：顾英奇（常务）、张德江、邹时炎

郝长元 1990 年 2 月 ~1992 年 2 月

胥昌忠 1992 年 2 月 ~1994 年 4 月

吴常康 1992 年 2 月 ~1993 年 1 月

孙柏秋

党组书记：顾英奇

秘书长：韩长林1990年2月~1992年2月

吴常康（兼）1992年2月~1993年1月

曲折1993年1月—1994年4月

副秘书长：曲折1990年2月~1993年1月

1994年4月~1999年10月

（第六届）

1993年10月31日，第八届全国人民代表大会常委会第四次会议通过《中华人民共和国红十字会法》，国家主席江泽民颁布第14号主席令施行。

1994年4月23~25日，中国红十字会召开第六次全国会员代表大会，改选产生第六届领导人：

名誉会长：江泽民

名誉副会长：赵朴初、王光英、李沛瑶、钱信忠、崔月犁、陈敏章

会　长：钱正英

副会长：顾英奇（常务）、范宝俊、杨崇春

林炎志1994年4月~1997年4月

柳斌1997年4月~1999年10月

彭玉1997年4月~1999年10月

王立忠1998年3月~1999年10月（专职）

孙柏秋（专职）、曲折（专职）

党组书记：顾英奇

秘书长：李长明1994年4月~1999年3月

孙爱明1999年4月~1999年10月

1999年10月~2004年10月

（第七届）

1999年10月11~13日，中国红十字会第七次全国会员代表大会改选产生第七届领导人：

名誉会长：江泽民

名誉副会长：王光英、何鲁丽、赵朴初、钱正英、钱信忠、张文康

会　长：彭珮云

副会长：王立忠（常务）、孙爱明（专职）

党组书记：王立忠

秘书长：苏菊香

副秘书长：汤声闻

1999年12月29日，中央机构编制委员会以中编办批准中国红十字会总会“由卫生部代管改由国务院领导联系”。理顺了总会的管理体制。

2001年10月10日中央机构编制委员会办公室关于印发《中国红十字会总会机关主要职责、内设机构和人员编制方案》的通知（中央编办发〔2001〕34号），确定总会机关内设4个机构和机关党委，编制60名。

2004年10月~2009年10

（第八届）

中国红十字会第八次全国会员代表大会

于2004年10月27～29日在北京人民大会堂召开，选举出新一届领导人。

名誉会长：胡锦涛

名誉副会长：司马仪·艾买提、何鲁丽（女）、韩启德、傅铁山、黄孟复、张怀西

会　长：彭珮云（女）

常务副会长：江亦曼（女）

副会长：朱庆生、姜力（女）、赵沁平、肖捷、沈国放、苏菊香（女，专职）、郭长江（专职）

党组书记：江亦曼（女）

秘书长：郭长江（兼）

顾　问：王立忠、孙爱明、汤声闻

2009年10月～

（第九届）

中国红十字会第九次全国会员代表大会于2009年10月27～29日在北京召开，选举出新一届领导人。

名誉会长：胡锦涛

名誉副会长：韩启德、桑国卫、黄孟复、张榕明（女）、李金华

会　长：华建敏

常务副会长：王伟

副会长：何亚非、朱之鑫、陈小娅（女）、窦玉沛、王军、马晓伟、郭长江（专职）、郝林娜（女 蒙古族 专职）、王海京（专职）

党组书记：王伟

秘书长：王海京（兼）

人　物　志

国际人道服务荣誉奖

获 奖 名 单

1988年12月，姜健获美国红十字会“国际人道服务荣誉奖”。

1992年6月，张振坤获美国红十字会“国际人道服务荣誉奖”。

南丁格尔奖章

南丁格尔与南丁格尔奖章

费劳伦斯·南丁格尔（1820年5月12日～1910年8月13日）生于意大利中部的

历史名城佛罗伦萨，后来随家迁居英国。幼年时就怀有一颗仁慈而美好的心灵。她鄙弃养尊处优和无聊的社交生活，不顾父母的反对，毅然于1850年离家去普鲁士学习护理，接受短期的医护训练。1853年受聘担任伦敦患病妇女护理会的监督职。

1854年到1856年间的克里米亚战争中，英国战地医院管理不善。条件极差，又没有护士护理伤病员，士兵死亡率高达50%多。南丁格尔得此消息后，即率领38名护士抵达前线，在四所战地医院里进行服务。当时前线药品缺乏，水源不足，卫生极差，但她毫不气馁，竭力排除种种困难，为伤病员解决必需用品和食品，组织士兵家属协同工作，增加他们的营养，从而使战地医院面貌改观。在短短的半年时间里，就使伤病员的死亡率下降到2.2%，她的功绩顿时传播四海。

南丁格尔在克里米亚战地为伤病员所做的忘我奉献，激励了后来不久成立的红十字会的成员。他们主张的人道宗旨，已生动而具体地体现于南丁格尔的战地活动实践中。因此，在她生前，国际红十字会在1907年的伦敦大会上就设立南丁格尔奖章，作为鼓励各国护士的国际最高荣誉奖。1912年，即南丁格尔死后第二年，在华盛顿举行的第九届红十字国际大会上正式确定颁发南丁格尔奖章，基金由各国红十字会认捐。具体颁发任务委托给在日内瓦的红十字国际委员会。

按照奖章条例，南丁格尔奖章系奖励“毕业护士和志愿助手，他们是红十字会或红十字会附属医护单位的积极分子或定期支持者。他们在战时或平时，以特别的勇气和献身精神为伤病员服务，因而建立了优异功绩”。在从事积极救助而牺牲的上述人员，亦可在“死后”追赠南丁格尔奖章。

南丁格尔奖章，在正常情况下，每两年颁发一次，每次最多颁发50枚奖章。至今为止，我国共有38名优秀护理工作者荣获此奖。

按照章程规定，受奖人名单公布后，要在当年举行隆重的授奖仪式，由国家元首或该国红十字会会长亲自颁发奖章，广泛进行宣传，鼓舞广大护理人员。

中国第二十九届至第四十二届南丁格尔奖章获得者

名　单

第二十九届（1983年）

王琇瑛　女，1908年生，原中华护理学会副理事长

第三十届（1985年）

司堃范　女，1930年生，原北京市红十字朝阳医院外科护士长

梁季华　女，1916年生，原广州市红十字医院护理部主任

杨必纯　女，1940年生，四川省泸州市红十字医院护理部副主任

第三十一届（1987年）

史美黎　女，1936年生，上海市红十字医院胸外科护士长

陈路得　女，1914年生，原天津医学院附属医院顾问

张云清　女，1925年生，辽宁省肿瘤医院副主任护师

第三十二届（1989 年）

林菊英　女，1920 年生，原中华护理学会理事长

周娴君　女，1931 年生，湖南省湘西自治区人民医院副院长

孙秀兰　女，1942 年生，河北省唐山市红十字儿童急救中心护士长

陆玉珍　女，1934 年生，上海市遵义医院护理部主任

第三十三届（1991 年）

吴静芳　女，1926 年生，河南省商丘地区医院护理部主任

第三十四届（1993 年）

李桂美　女，1937 年生，青岛市传染病医院护士长

张水华　女，1933 年生，宁夏医学院附属医院护理部主任

张瑾瑜　女，1926 年生，福建省肿瘤医院护理部主任

第三十五届（1995 年）

孙静霞　女，1914 年生，江苏省常州市第一人民医院护理部顾问

邹瑞芳　女，1930 年生，浙江省湖州市第一人民医院护理部主任

第三十六届（1997 年）

汪赛进　女，1923 年生，安徽省护理学会荣誉理事长

关小瑛　女，1928 年生，原天津市护理学会理事长

陆　冰　女，1932 年生，上海市第六人民医院护理部主任

孔芙蓉　女，1936 年生，河南省护理学会副理事长

黎秀芳　女，1917 年生，解放军兰州军区总医院专家组成员

第三十七届（1999 年）

曾熙媛　女，1933 年生，原中华护理学会理事长

王桂英　女，1920 年生，原天津市护理学会理事长

秦力君　女，1943 年生，原解放军总医院护理部主任

第三十八届（2001 年）

吴景华　女，1932 年生，宁夏回族自治区护理学会副理事长

王雅屏　女，1945 年生，北京市红十字会急诊抢救中心副院长

李秋洁　女，1949 年生，哈尔滨医科大学附属二院护理部主任

第三十九届（2003 年）

叶　欣　女，1956 年生，广东省中医院二沙岛分院急诊科护士长

钟华荪　女，1947 年生，广东省护理学会副理事长、省人民医院护理部主任

李淑君　女，1963 年生，解放军第二炮兵总医院口腔科护士长

姜云燕　女，1976 年生，解放军喀喇昆仑模范医疗站护士长

苏雅香　女，1945 年生，贵州省护理学会理事长

巴桑邓珠　男，1951 年生，四川省甘孜州人民医院副院长

章金媛　女，1929 年生，江西省南昌市第一人民医院原护理部主任

梅玉文　女，1939 年生，天津市护理学会名誉理事长

李　琦　女，1942 年生，上海第二人民医院原护士长

陈　东　女，1944 年生，北京佑安医院护理部主任

第四十届（2005 年）

陈　征　女，1947 年生，北京地坛医院社会服务部主任

万　琪　女，1965 年生，解放军西藏军区总医院护理部主任

王亚丽　女，1955 年生，甘肃省定西市人民医院护理部主任

刘振华　女，1955 年生，山东省济南市皮肤病防治院麻风病房住院部主任

冯玉娟　女，1952 年生，香港医院管理局九龙西联网护理总经理、广华医院及东华三院黄大仙医院护理部经理

第四十一届（2007 年）

泽仁娜姆，1968 年生，青海省同仁慢性病防治院主管护师

陈海花，1969 年生，北京军区总医院消化科护士

丁淑贞，1951 年生，大连医科大学附属第一医院护理部主任

聂淑娟，1947 年生，新疆医科大学第一附属医院主任护师

罗少霞，1950 年生，澳门镜湖医院护理部主任

第 42 届（2009 年）

刘淑媛，首都医科大学附属北京安贞医院心血管外科重症监护室护士长

张桂英，吉林省神经精神病医院精神科护士长

潘美儿，浙江省皮肤病防治研究所住院部护士长

杨　秋，四川省都江堰市向峨乡公立卫生院护士

鲜继淑，第三军医大学第一附属医院神经外科护士长

王文珍，海军总医院护理部总护士长

全国民族团结进步模范

中国红十字基金会赴西藏志愿医疗队被国家民委授予民族团结进步模范称号

1998 年 10 月 14 日，中华人民共和国国家民族事务委员会以民委（政）字〔1998〕322 号文件作出《关于授予中共中央办公厅赴青海省玉树藏族自治州帮扶组等单位和张继政等同志民族团结进步模范称号的决定》。决定指出：为贯彻党的十五大精神，加强社会主义精神文明建设，进一步巩固和发展平等、团结、互助的社会主义民族关系，促进民族团结进步事业不断发展，国家民委决定对中央、国务院有关部委、直属机构，各民主党派、人民团体，解放军、武警部队在促进民族团结进步事业和发展民族经济文化方面做出突出贡献的单位和个人进行表彰，授予中共中央办公厅赴青海省玉树藏族自治州帮扶组、中国红十字基金会赴西藏志愿医疗队等 133 个单位和张继政、李兰颂等 120 位同志民族团结进步模范称号。

决定强调：希望荣获民族团结进步模范称号的单位和个人，戒骄戒躁，再接再厉，不断取得新成绩。希望全国各族人民以民族团结进步模范为榜样，为维护祖国统一，增进民族团结，促进各民族共同繁荣做出更大贡献。

附录：民族团结进步模范集体、模范个人名单

民族团结进步模范集体、模范个人名单

中国红十字会总会

中国红十字基金会赴西藏志愿医疗队

李兰颂　男　汉族　中国红十字基金会副秘书长

刘　平　男　汉族　哈尔滨医科大学第一临床医学院眼科副主任医师

周　军　男　汉族　北京市同仁医院眼科主治医师

冯永明　男　汉族　光明集团股份有限公司总裁

（摘自于《人民日报》
1999 年 1 月 16 日第 8 版）

全国红十字会系统先进集体和先进工作者

人力资源和社会保障部中国红十字会总会关于表彰全国红十字会系统先进集体和先进工作者的决定

（2009 年）

附：1. 全国红十字会系统先进集体名单

2. 全国红十字会系统先进工作者名单

（内容见本卷《文献篇》）

全国社区红十字服务示范市(区)

中国红十字会总会、民政部关于命名“全国社区红十字服务示范市（区)”的决定

（红总字〔2008〕108 号
2008 年 12 月 23 日）

自 2008 年 3 月中国红十字会总会发出《关于开展第三批全国社区红十字服务示范市、区申报评审工作的通知》后，全国各级红十字会结合当地实际，开展了形式多样、富有成效的“红十字关爱进社区”及社区红十字服务示范市（区）创建活动，受到各级政府的支持和广大群众的赞誉，取得了很好的实效。经各申报省级红十字会推荐，全国社区红十字服务示范市（区）评审委员会审核及实地考核、评审和公示，中国红十字会总会和民政部决定，授予江苏省南京市等 3 个市、40 个区（市）全国社区红十字服务示范市（区）称号。

希望被命名的市（区）珍惜荣誉，再接再厉，开拓创新。所在省（区、市）红十字会要认真总结经验，不断提高创建水平，扩大创建规模，推进社区红十字服务工作深入开展。各级红十字会要向被命名的示范市（区）学习，广泛、深入、扎实地开展社区红十字服务工作，使社区红十字服务工作在推进社区建设中发挥政府助手作用。要认真贯彻落实胡锦涛总书记“关于着力把最广大人民的利益作为贯彻落实科学发展观的根本出发点和落脚点，努力兴办人民群

众希望办的实事好事”的要求，为构建社会主义和谐社会做出更大贡献。

全国社区红十字服务示范市（区）名单

全国社区红十字服务示范市（3个）

江苏省南京市

山东省滨州市、淄博市

全国社区红十字服务示范区、市（40个）

北京市：石景山区、大兴区、怀柔区、平谷区、丰台区

天津市：塘沽区、大港区、南开区、北辰区、河北区

山西省：长治市城区

内蒙古自治区：包头市青山区

辽宁省：沈阳市东陵区、于洪区；辽阳市太子河区、弓长岭区

黑龙江省：哈尔滨市南岗区、佳木斯市东风区

上海市：金山区、松江区、闸北区、普陀区

江苏省：南京市鼓楼区、六合区；苏州市太仓市、张家港市；南通市崇川区；盐城市盐都区

安徽省：宿州市埇桥区

福建省：厦门市同安区

山东省：滨州市滨城区、经济开发区；淄博市周村区、淄川区、临淄区、博山区、张店区

河南省：郑州市二七区

湖北省：武汉市武昌区；荆州市沙市区

人　名　录

无偿献血奖

（2004～2006年）

无偿献血奉献奖金奖获奖名单

北京：董高进　于保东　于盈申　王　晶
张桂华　颜　蓉　张　领　吴　疆
郝　伦　王　鑫　赵陟昊　姜迅生
魏志远　张振方　杜世强　刘　毅
李煜洁

河北：苏　辉　周保平　李瑞兵　王振雨
周建立　郭风才　王利兴　沈　芸
陈胜利　燕　苓　魏海燕　崔　刚
董承红　周海江　吴国恒　汪立国
赵树江　贾增林　陈国军　张占平
张春生　隋小玉　张晓琛　于景军
王嘉强　段连军　张瑞娟　高森方
颜士锦　张丽英　陈新有　靖　耕
李书集　武　杰　于国仁　杨海青

杨　龙　李　媛　韩胜利　孟令春
吕文英　周海江　王江杰　李雪松
贾勇统　汪　洁　王海刚　樊云涛
李文平　张晓静　李志宏　王　威
山西：李毅新　杨春庆　陈旺明　宋晓红
李　鑫　郭跃峰　郭丽平　闫锦明
刘　丽　白玉洁　张　瑛　元文平
张　权　弓　力　黄　韶　项占有
王鸣星　徐相贵　张怀玉　周　勇
戴　玫　李　铁　吕子光　曹　军
贾小军　孙亚杰　杨红滨　郭玉海
田国繁　田　河　杨润梅　杜　文
吴宝珠　吴建军　冯安华　冯有山
闫世英　李炎斌　林玉山　吕子瑜
刘　俊　芦利冬　罗建华　秦秉俊
宋建军　郭明芳　李国华　邱晋晓
杨金生　皇甫建青　朱　军　寇增贵
王文权　原先根　高跃武　李潞刚
潘保平　任　鹏　谭　飞　张军民
周新堂　刘胜利　谢宗恩　周振利
曹　伟　郭立安　李双喜　万有全
王红霞　武振宇　李秀琴　刘贵成
崔建兵　李兰英　田　雷　杨聪伶
张四锁　朱红旗　白建生　陈　亮
郭丑喜　李志坚　唐小东　杨志钢
郑海龙
内蒙古：隋春雷　郑海东　赵有军　章　珏
伊　黎　任永亮　石海鹏　宋书奎
李美玲　程小强　穆祥箴　何民生
刘　慧　郑义昌　斯　琴　宋鹤天
王贵林　魏永智
辽宁：曹有林　张景文　滕贵彬　刘凤余
邵德平　方连喜　李霁钧　潘春红
张振辉　李殿森　王子江　秦　毅
张玉涛　李世路　倪振民　隋　滨
汪顺庆　伊树燕　杜以安　马月姝
李德君　邓爱民　徐爱沈　焦　震
刘作刚　卢淑玲　常　晶　孙志军
于桂芝　宫玉艳　关长海　夏良沈
赵连鹏　崔玉林　姜　影　曲嘉川
陈永海　陈勇哲　楚云利　丛培华
杜旭虹　胡海岩　梁　志　刘春雨
刘志刚　孙跃双　王宝才　袁　泉
侯书玲　宋　玮　王　晶　张成鸿
杨大伦　赵秉言　朱建平　董婉金
黄德山　王　明　徐俊强　赵焕杰
徐英俊　杨立凤　尹会胜　张　扬
吉林：于　雷　张明利
黑龙江：徐金源　牛　涛　姜大明　胡范忠
闫玉霞　孙玉华　刘秀菊　冯彦明
赵希伟　王东先　王吉嵩　时树军
姚文彬　李树明　于勇强　方向贵
栗佰严　刘春生　薛　红　张丽娜
邹丽虹　王淑波　安仲雷　董兆才
候亚光　金宏曼　罗玉华　王　巍
李晓克　石文达　张国顺　郭乐强
邵忠华　石　鑫　王崇文　李淑芹
毕廷龙　丁肇锋　刘桂梅　刘克敏
王殿文　邢秋军　安之文　王民权
杨国辉　刘继哲　刘　明　武和平
关庆一　刘凤英　孙洪义　王晓莹
徐江滨　张灵波　张　伟　赵桂荣
赵云飞　李忠法　苏　刚　田海滨
上海：李惠强　屠雄辉　汪大同　陈泽人
刘孟君　钱妙祥　许　凌　杜　敏
叶　敏　陆志刚　田礼虎　龚晓平
龚晓庆　陈志华　乐宝菊　孙德民
毛善峰　王爱莲　邵　颢　汪国良
宋育华　陈　科　洪军英　刘润辉
王彦凯　贾春雷　顾建平　张扣发

武处芳　吴　健

江苏：刘　洁　苏贵荣　杜志成　杜文童
刘景喜　杜金环　张德勒　左连军
武　勇　徐胜军　曹　宁　杨士贤
尹元强　曾庆林　华　刚　周广生
陈淑生　杨立传　杨杭州　胡耀星
李强华　孔令营　王　浩　文电民
马　涛　刘志辉　张北阳　张船扣
徐家诗　张宏良　戴振中　范钰城
龚范兰　沈昕方　田　颖　包锋林
陈　茜　夏育林　许宏巍　张国联
笪哲明　方淑前　黄毅辛　刘春华
赵艳秋　卢　磊　支　强　陈美琴
丁立民　何德华　王玉斌　邹　雷
陈国华　王成侠　朱亚东　梁　虎
刘　峰　刘锦银　徐梅萍　闵知行
张洪基　赵立建　赵瑶池　汤文祥
徐秀青　章　伟　钱佩英　窦　城
甘纹勇　宋顺钱　周金元　奚　伟
王国丰　姚群芳　张　燕　朱兴和
胡康进　陆建清　马多多　苗良海
任文飞　宋德银　王　飞　姚　明
尤裕良　陈云超　徐建华　陈余春
邓　杰　孙　锋　孙进娥　殷东林
徐正新　张小林　赵　兵　黄庆军
李万成　凌庆梅　刘　梅　倪念东
潘定龙　沈锡华　孙　旭　王　昌
卫万山　杨辉杰　张本军　赵　良
顾众宏　郭宏彬　王品海　王　涛
戴维海　赵银军　陈飞飞　马　明
曹国荣　黄干玺　蒋岳新　解　惠
康瑞玲　李卫华　吕洪义　马正东
宋敏亚　王友权　魏　杰　武丽君
伍兴文　甄雅君　叶梅芳　张　东
张国标　郑玉喜　周宏兵　朱广庆
董　方　邵志强　周　凯　严志坚
周盛楠　王正军　李成亮　李　杰
刘　捷　沈海英　袁伟庆　曹红举
曹　健　陈荷娣　陈　强　冯法林
葛仁军　顾正结　韩胜刚　郝武成
侯乾忠　黄　华　贾超琴　蒋惠源
李平友　李志勇　刘彩宁　刘　辉
罗锡华　邵建荣　陶立新　肖建锋
周菲菲　周　伟　喻　景　袁钰伟
张　文　赵　俊　赵庆宴　周革海
朱　满　朱文波　陈茂胜　顾石城
夏友强　杨虔鸣　瞿琴芬　陈昌龙
丁　军　黄翔宁　雷　彬　刘　渝
潘文龙　王承祖　徐　俊　徐杏男
杨文江　袁春台　张　晖　周　昊
鲍　磊　程锡珍　李正刚　卢海荣
陆洪良　邵燕红　沈　毅　石　红
孙秀菊　张宝华　张忙大　周　巍
蔡登旭　陈久荣　单　华　杜素真
高　林　杭凌琳　刘保伟　吕清同
吕晓晨　马有金　赵爱国　赵崇泰
庞遵明　裴海宁　秦　运　孙　岚
田　颖　王安庆　吴昌明　吴雯新
肖莲英　袁桂香　姚　刚　张金龙
张　庆　张晓丰

浙江：焦　明　郁惠根　胡永福　孙金凤
吴利坤　周建平　俞玉珍　曹杏梅
陈金雅　舒小月　许国先　俞江海
舒　宏　胡勇林　曹迷照　丁吾花
毛全勇　莫爱金　沈卫芬　徐水金
张杏仙　朱荷梅　曹根梅　丁荷根
王金林　王玉凤　严明琴　朱大卫
诸友英　曹金仙　曹月明　董杏仙
兰金娣　张兰勤　张婵娟　王毅勇
殷建华　罗玉梅　王玉莲　徐彩珠

曹树琴 曹小文 邓淑仙 黄利美
卢国强 孙雪珍 谭水琴 汪素珍
许水龙 郁芬香 茅永源 徐水英
华金飞 毛文彪 汤幼娟 汪春仙
王良才 吴小萍 谢清保 熊观花
徐联有 徐永华 郑雅琴 周水琴
吴海珍 喻云 黄天正 卢世芳
沈桂芬 孙志刚 田钟毅 王立云
张宇位 李水花 齐鸣 徐海娟
许满娟 方佩珠 王和平 戴桂花
李根发 倪鹏富 钱国钿 沈彩花
肖寒 严爱琴 袁茂富 袁启波
缪正方 叶欢英 鲍军明 葛福中
任之牛 宋联娟 王尧凤 王珍国
徐水娟 郑世明 陈协堂 祝建荣
蔡爱凤 陈国君 柯妙仙 林军
汪林羞 夏秀仓 姜保文 池全能
戴红光 彭波 徐满国 许菊仙
曾敏 丁学钧 蔡金华 徐斌钢
雍顺平 陈福财 林峰 舒妹月
王建增 吴凤妹 项红英 徐峰
姚新荣 应召锋 周明忠 鲍伟明
邵幸铭 项会力 张国琴 何金凤
黄全奎 金怀英 李朝新 俞利云
褚诗均 周兰保 吴兆云 黄伟英
蒋珠珍 李兆龙 邱金全 杨启云
张国平 郑霆 冯闯 张炬炜
舒信康 陶辉平 蔡佳宁 韩辉
李美华 莫国民 王守云 杨建秀
姚芬金 叶孝洪 陆如琴 宣秋成
张高波 朱玉前 瞿亚先 施国海
王军民 周志云 陈贤德 范兆富
胡舟林 李世锋 马彩莲 阮国夫
阮国庆 杨伟杰 应安国 詹琼
章祥兴 黄华 刘毅 章宏恩

方雄 余妙法 周颖 钱叶民
沈小琴 夏福全 张政 陈柳
葛维兆 胡林英 林旭中 陆彩英
汪林波 王守军 许秀云 周江华
金浩 章利英 黄富来 牟文杰
水江明 万杰 王建华 应建明
章梁君 陈清积 陈寅德 储勇伟
戴凤香 董春生 葛祥清 顾雅明
李江奎 罗国祥 沈旭明 史忠良
王菊珍 王龙英 魏红涛 许永华
袁继业 朱香菜 邱建国 项超
张月红 朱理宏 王伟 许金豪
朱理华 蔡军明 葛琳 季诚跃
庞利顺 王一兵 吴非 张坤
郑献勇 蔡振光 陈笑颜 范玉莲
黄俊杰 马素贞 阮清泉 唐玉新
杨永元 毕伟东 胡碧彩 姜建国
黎杭长 林志军 马力峰 饶王进
查荣宝 陈文华 励红良 林界杭
俞开兴 水力冰 王勇 柴怡中
陈桂珍 何敏坚 洪国卫 胡国平
刘幼鸿 盛向前 王建民 王美丽
王逸平 王忠华 徐辉 徐蓓
曹福娟 胡淑燕 黄捷 江圣丰
康广隶 柯尊梅 李飞 凌观桂
尚敬朝 宋冰冰 王为波 武玲芳
应良潮 周国茂 蔡勇平 牛凤煌
邵柏清 王刚 张志华 胡旭康
蒋卫江 练士军 陆积厚 母绪滨
王建军 杨智慧 何冲 申屠慷抗
金勇 钱启汶 翁波 谢刚龙
徐小波 张炯 周元芳 朱军
陈利娟 范伟伦 方纪红 黄孝明
刘振阳 骆建华 毛和定 王建仁
应亚科 张南 周岳夫 朱金良

朱松波　缪桂花　臧武源　严　浩
张　斌　包翼鹏　蔡美强　程礼斌
胡金凤　林晓锋　鹿渊淞　梅　杰
王伟忠　巫天祥　吴　奇　应　芳
曹卫平　郭　峻　金黛华　吴益华
许朝渊　于　刚　张鹏臻　周正雷
余成沛　何贤江　金菊芬　李荣辉
沈　伟　孙　力　王　波　王春刚
魏　泳　吴爱宝　熊劲松　许建塘
叶晓恩　余坚伟　郑乎红　周刚强
程　波　杜华贵　罗益翔　盛　丽
吴昕良　颜香云　杨仁志　周建惠
裘小祥　崔　涛　陈金伟　池一平
姜　云　李峰琴　卢　涛　马伟水
尚意东　史光辉　孙国华　孙　勇
孙　瑜　屠建国　王贵兰　王若飞
王小海　吴文生　徐景华　曾　建
章立新　陈俊华　葛清华　古　龙
江云杰　钱　森　施长林　施红霞
徐　华　徐　健　严雅云　杨芬芳
叶后柏　叶康友　张　洋　陈宪云
陈　志　单国龙　丁洪汇　董宇翔
冯克吟　韩爱萍　金　建　金敏华
倪仲塈　牛野青　邱新军　任　超
邵靖菁　史文姣　王　朋　王为群
徐雪梅　杨亚祥　姚金伟　余海军
俞　玮　张丽花　张绍杰　郑国武
周苏萍　诸文通　裘国伟
安徽：周文武　刘鹏飞　张秀强　王淑军
陈　峰　苗利萍　左　颖　李守明
孙保庆　乔　敏　李绍林　周文龙
冯新民　刘　卫　庾金宁　洪　文
赵新义　刘淑梅　王学峰　杨光伟
杨　剑　胡　军　刘爱珍　杨　毅
赵四方　张　龙　杜丽娟　李淑珍

刘　明　邵菡萍　孙杨琼　汪苏宁
杨　永　姚铁鹰　陶如琪　赵孝华
鹿洪标　孙培先　姚鹏飞　朱颖杰
福建：蔡长吉　蔡觉灵　蔡伟泉
蔡　翔　蔡勇才　陈安全　陈白烨
陈　芬　陈河宽　陈建乎　陈金文
陈金治　陈利伟　陈立新　陈士法
陈体建　陈伟海　陈卫东　陈卫国
陈文化　陈训忠　陈宇光　陈玉坤
陈跃凉　陈月红　陈振辉　陈志军
陈智勇　鄢晨枫　陈国健　戴　黎
邓俊秋　董　建　范立范　范志洪
方锡康　傅兴燕　高江华　高永华
高　原　高　逵　管纳威　管庆贤
郭大伟　郭建军　郭万军　郭永建
何毕克　何　辉　何卫国　何小敏
胡敬灿　胡裕峰　胡志平　黄登良
黄宏伟　黄佳斌　黄　健　黄秋花
黄雪良　黄　岑　姜　泳　江金明
江连钦　焦瑞平　康　永　柯继锋
李朝民　李成国　李海军　李海鹰
李鸿荣　李惠洋　李庆全　梁志松
梁宗保　林彩玲　林鼎建　林国平
林宏洲　林　辉　林汇集　林建清
林　军　林良风　林门峰　林　荣
林瑞班　林汤颖　林　霞　林学良
林艺辉　林振伟　刘　飞　刘文福
楼基根　陆嘉鑫　吕宏华　罗　光
邬厚国　罗庆藩　罗　翔　马金亚
欧木贵　钱叶胜　邱七秀　邵晓飞
施海龙　施英伟　宋　旃　谭志弘
唐小平　唐云兰　涂贵招　王　成
王承俤　王　今　王敬贤　王连彬
王清妙　王守亮　王余杰　王玉生
王志刚　吴国帝　吴华峰　吴佳色

吴剑杰　吴金生　吴里久　吴　敏
吴齐卡　吴梓鹭　伍华忠　谢　广
谢怀泽　谢黎芳　谢　庆　谢永源
辛　林　修德平　徐惠玉　许跃展
许　殳　薛国荣　颜金思　杨长华
杨　帆　杨福全　姚　磊　叶贵清
叶树辉　余铭兴　余乃军　袁光能
曾光焕　曾庆延　曾永裕　章晓明
张　琇　张博群　张昌贵　张道雷
张嘉龙　张龙梅　张秋菊　张群民
张松喜　张贤德　张　翔　张新刚
张永军　张忠义　张轲渝　郑从刚
郑进龙　郑同芬　郑燕斌　郑志强
钟天龙　钟志坚　朱黎记　朱刘基
庄　明　卓伟烽　邹明富

江西：荪洪亮　范　琪　江亦萍　黄家文
赵　鸣　谢　琦　高晓妹　李志华
陶郭沙　陈洪模　张益强　蒋顺锋
梁金花　周峻良　万旭东　熊禄茂
徐建民　罗　敏　陈立新　何　锋
梅　勇　陈　雯　陈一峰　徐世军
赵　南　吴建华　万文斌　尹　东
李　炎　周振光　邓鑫斌　万　俊
饶新华　肖小龙　杨乐平　李　维
李小贞　刘　民　张小刚　李　华
陈立新　肖　菲

山东：马居成　张　玲　毛安春　陈立新
赵广安　柴中启　丛新民　王元利
张　辉　杨俊明　陈雪峰　兰天翔
张洪波　安悌传　金　磊　胡　光
董洪亮　袁庆利　赵双福　耿立忠
刘文春　赵云磊　李圣田　恼　毅
陈记海　胡　臣　赵　杰　聂玉环
范建福　李庆军　林庆华　王希伟
刘　伟　赵风喜　陈　君　乔　勇
孙　斌　刘丰春　臧丕正　张敬宽
张　雷　陈刚本　于　涛　郭传昌
申言福　王宝盛　孙德锋　张政伟
崔玉森　董　楠　丛志钢　孙　林
杨剑蕾　李　强　孙忠茂　张守民
李春峰　马克家　王红伟　孙　波
张晓霞　马玉广　乔玉祥　辛兆祥
黄正春　李玉东　王　滨　张　辉
刘国能　刘湘声　任家旺　朱少春
刘春国　张小波　迟明钰　崔　颖
李华云　田国强　王加峰　田　华
于见光　贾　利　刘育新　腾　琦
王安水　薛章芹　张家伟　王继锋
杨　勇　尹丽娟　王克朋　翟玉谓
陈　洁　储　霞　关赠岳　李宝森
刘　杰　吕华城　任德良　宋洪杰
宋立洪　孙维持　王兴安　张　文
陈合业　陈玩良　郭　涛　李大平
史民安　安维烈　董爱华　刘　强
齐庆伦　王新生　赵　林　周　阳
解增德　李　明　谭京全　吴育南
徐家亮　杨春富　张文中　宗立锋
陈跃进　荆　杭　李福德　李新浩
刘正良　吕则安　马宝义　苗长路
万荣杰　王法江　王永忠　于亦福
张海波　田　婕　刘宝华　刘建明
王　卫　张树国　崔永明　董文盛
李积柏　刘　扬　孙　震　王玲玲
王永亮　张一杰　赵振勇　钟爱国
李树平　陈宝祥　金孟民　李春晓
李世荣　刘志军　孟昭西　邱杰龙
王　青　王兴堂　于　龙　杜锡军
高长平　宋吉营　宋　健　万克菊
秦戈凯　唐宏亮　王思如　王振尧
杨卫宁　耿俊佑　宿传伦　王元宇

徐卫明　周元江　庄　彦　仇兆强
黄崇珉　鞠　飞　温永东　徐国庆
白咸朋　仇　勇　房　珂　耿玉民
郭明发　郭占宁　韩友祥　何富昌
黑　林　刘勇胜　娄振华　罗　莉
牛家会　沙继民　孙传生　唐德华
唐继明　王嘉利　王立民　王书强
王祥来　王　勇　王元军　吴　勇
肖　辉　谢小刚　许文龙　张德海
张洪雨　赵长华　周述惠　孔福生
刘来清　曲永平　王久生　王延春
张国强　亓　永　白化奇　程茂胜
初克政　邓金怀　丁　乐　姜　宁
梁玉媛　刘鲁晨　刘现波　牛辉生
孙　冬　王景明　吴殿勇　许国峰
杨绪征　周　涛　吕富有　吕守才
吕文静　秦之德　王信举　于　刚
张广星　张秀铮　陈　波　方衍华
冯元刚　付贞赞　高　峰　高效刚
侯兆国　焦　傲　李崇波　李雪滢
门晶勇　乔爱华　王宝军　王　辉
王庆湖　王祥松　王　晖　杨继保
杨同友　张春新　张　帆　张兆刚
杨莲新　董　毅　贾晓铭　王　伟
徐家红　周　波　葛茂营　叶海力
白　梦　薄玉芳　崔道元　董建成
范中芳　郭长松　华　喆　金　波
李善军　刘殿祥　刘金峰　鲁守金
邱　坤　曲翠娥　时向平　王魁厚
王韶华　王岩家　张西雪　朱　卿
毕彬初　曹淑峰　李秀梅　刘在翔
陆宏玉　麻　骏　马　奎　宋文民
虞景江　张　辉　张志刚　赵春山
高　辉　关振民　韩华兰　郝香荣
何耀武　胡　倩　姜秀萍　金传峰
李　旺　梁爱玲　刘大鹏　刘京兰
刘美玲　马朝晖　邱承建　荣绍林
宋　华　孙建光　田　莹　王汝刚
王夕强　王玉琢　王志安　吴宝峰
吴德勇　吴佳勇　徐高喜　许　峰
杨广运　张成忠　张桂英　张明友
张义伟　张　云　赵庆勇　郑国新
钟苏杭　滕彦付　崔　涛　戴　军
翟广蓁　樊晓光　高　泉　李洪华
刘　才　苗宝海　牟国强　彭世怡
邱一殊　王　辉　于正宗　张　嵘
赵有才　边治国　陈风军　樊心鹏
冯庚臣　高考辰　纪家栋　蒋文杰
李文海　刘强军　吕建国　马　青
马志安　宋忠垒　孙序亮　魏兆升
薛建东　曹　萌　常　杰　邓小钒
丁庆平　杜　军　范伟冬　冯建国
郭森林　黄　玮　李　刚　李会笃
李林桥　李志超　梁遵祥　秦卫平
曲义寿　石海滨　唐建华　王国强
王前卫　王学明　魏洪雷　于同勇
张景炜　张　起　张淑军　曹林军
常利国　陈付超　陈　浩　陈永刚
代召元　杜俊青　范　涛　范祥安
丰鉴萍　冯德健　付新民　高龙虎
公维军　郭斯孝　郭文雅　韩建超
侯秋云　胡永行　黄　峰　贾　鹏
孔祥鲲　李爱国　李桂峰　李金明
李旭衍　李兆山　刘文利　刘锡亮
刘孝江　刘玉富　吕　飞　饶胜西
沈爱国　孙兆法　王聚友　王聚云
王　路　王　尧　王耀忠　吴长落
吴雪鹏　杨　博　尹德琳　于　斌
苑广安　张　干　张光平　张吉海
张　杰　张立辉　张淑莲　张　霞

张元峰 张振鹏 赵保兴 赵渤亮
郑化理 周宪林 周秀峰 闫国胜
胥鲁芳 白长太 董 魁 杜建村
高庆亭 胡燕青 胡以山 姜世俊
李锡铭 李小磊 刘春华 鲁召欣
马 波 石志勇 王 鹏 王先民
杨柏泉 尹炳真 张红峰 张贤勤
张玉莲 张泽华 张志传 郑爱舜
郑祥俊 亓梅章 陈 青 付新华
高永萍 巩 伟 郭坤嵛 侯孝廉
李宝忠 李洪波 李杰祖 李进华
刘 彩 刘业生 刘毓杰 马海涛
彭加智 石爱平 司春荣 孙乃杰
王宏涛 王立勋 王 霞 王玉萍
王 鑫 吴长平 武万军 邢汉武
徐 颖 尹超林 张传军 张法军
张永祥 张照龙 赵军城 赵仁同
曹绪风 崔建忠 崔民玉 杜新国
冯 嶂 冯 锴 宫本田 郝 峰
季 辉 姜海展 姜 英 李文龙
李志明 刘成信 刘广东 刘敏敏
刘 伟 刘玉芹 苗海滨 宁华鲁
欧 坚 曲云云 任启杰 宋海涛
孙良坤 田召恒 王继军 王卫东
王晓峰 吴 磊 武兴连 肖淑香
辛 良 徐家艳 许 婧 原志滨
张 放 张瑞红 张伟庆 张西明
张学双 赵 鹏 柏亮星 薄其海
鲍芳芳 常吉柱 陈 新 程荣杰
崔洪飞 崔新磊 董大鹏 段圣鹏
樊启超 范立安 房信民 葛春波
耿怀家 郭连华 郭 震 韩秀芳
侯培强 华 峰 怀云峰 季永刚
姜亦斌 蒋建生 金海燕 鞠培杰
李 波 李广平 李国安 李洪朋

李建党 李鹏飞 李庆国 李昕新
李学贤 李振国 刘长斌 刘萌萌
刘业成 刘 斐 路文玲 吕学燕
吕宜华 马成清 马大勇 毛翠菊
曲 宁 曲学海 任守弟 任玉春
石杰玉 史 艺 史玉娟 司国栋
宋晓明 苏有斌 孙百胜 孙启贵
孙 蓉 孙云鹏 孙宗青 田月娥
田智东 万德国 王保安 王丰泉
王海燕 王洪进 王甲如 王建兴
王树海 王廷辅 王文山 王毅民
王义忠 王志永 魏清金 卫盛辉
温玉成 吴卫红 吴众前 夏春强
邢利国 徐贵浩 徐洪涛 杨海永
杨潍绪 杨增亮 姚加龙 于世照
于文波 曾国华 张大喜 张洪福
张家文 张建军 张军俊 张开善
张乐阳 张文典 赵海涛 赵京涛
赵 蓬 赵三星 朱春艳 迟明珍
河南：安秀红 暴海飞 暴元平 蔡会峰
曹 猛 陈 波 陈 刚 陈金营
陈 亮 陈 玲 陈庆焦 程高峰
程买生 仇晓光 崔海洲 崔俊虎
崔明亮 崔秋玲 崔万钦 代金平
刁宗平 丁占良 董保庆 董秀芳
董 勇 杜海姣 杜贺春 杜新华
段西霞 段照杰 范 岩 范艳慧
房河新 费彩学 冯光伟 符正午
付 防 高海江 高建林 高俊红
高腊梅 高明辉 高荣珍 高战伟
高憬远 耿庆祝 勾振强 顾金萍
贵士旺 郭德顺 郭登献 郭福民
郭会娟 郭 克 郭兰军 郭燕松
郭永庆 郭晔尔 韩爱平 韩 超
韩奇峰 韩钦田 何松芹 贺新爱

贺永海　候汴宁　胡南修　胡顺平
户江涛　花文平　华明远　黄俊芳
吉俊彦　季红武　贾春英　贾素平
贾岩松　姜　文　焦　莉　金宏霞
靳以海　康干奇　来宏端　来俊超
李　栋　李恭全　李国洪　李合义
李红卫　张利强　李　建　李建会
李进有　李尽立　李　晶　李留杰
李　敏　李庆元　李秋铃　李顺芳
李卫国　李文民　李喜平　李晓锋
李　燕　李月明　李昭军　李忠义
李　楠　林建洛　刘成勇　刘春鹏
刘春平　刘德君　刘峰斌　刘福和
刘华民　刘怀修　刘　坚　刘建豪
刘　娜　刘　泉　刘文胜　刘晓东
刘小军　刘有灿　刘志彬　刘志松
刘中苏　娄德生　陆亚军　吕俊解
吕武庆　罗立安　马世垒　马守利
毛恒亮　倪香珍　倪忠兰　牛　虎
庞红亮　彭爱风　彭建国　祁　超
乔红军　秦保雷　任怀印　任绍计
任志强　商伯友　尚冬梅　尚培民
申清格　中文耀　申祯赞　沈学礼
石风保　史惠云　史金顺　史硬只
水爱峡　宋保林　宋合生　宋立东
宋林朋　宋相平　宋　洋　宋玉洛
宋作勤　苏聚通　苏立菲　孙炳雯
孙建州　孙聚才　孙　俊　孙礼华
孙玲莉　孙胜涛　孙向阳　田丙申
田晓峰　万秀兰　王爱民　王保清
王丙臣　王朝阳　王德恒　王登攀
王改红　王海斌　王海玲　王汉广
王　红　王红军　王建华　王建立
王金成　王军峰　王君卫　王　凯
王兰彩　王利军　王　林　王青敏
王荣斌　王如意　王文杰　王新华
王　炎　王永磊　王志刚　王志华
王猷谋　魏定中　魏守忠　魏新平
吴　丹　吴淑玲　吴顺明　吴永学
吴致民　武建恩　项秀梅　肖雪云
邢朝辉　徐　刚　徐如风　许　宁
薛　迪　薛世奇　燕海平　燕连生
杨红军　杨建华　杨建辉　杨孟洲
杨群安　杨如林　杨新刚　杨艳峰
杨泽予　杨志伟　杨　楠　杨　锴
姚会军　姚兴强　叶秀香　尹　路
于迎虎　袁惠奇　袁　新　原守顺
张爱玲　张成新　张根明　张　红
张化珍　张会军　张继东　张　军
张　凯　张攀峰　张庆英　张蕊君
张文义　张晓辉　张小红　张新江
张新雨　张秀芹　张雪刚　张艳霞
张燕林　张　翼　张营森　张玉超
张玉红　张玉芹　张玉柱　张跃乐
张志敏　赵红梅　赵红卫　赵家良
赵天海　赵文峰　赵文君　赵锡成
赵小军　郑安洛　周国英　周书军
周玉林　朱建伟　朱　萠　朱秋菊
朱维情　朱　勇　祝怀勇　祝建亭
宗定戌　蔺鹏飞　闫生民　闫召辉
窦忠新　褚开元　王传江　任全利
和存波　李良锋　朱命彬　白宝箴
湖北：李洪洲　刘清镇　万道勇　明彩堂
应新建　杜红兵　曾宪毅　李翠萍
许　强　耿广会　刘　源　张　琳
杨　巍　胡永忠　李梦涛　宋　丽
楚镜清　郭珍玲　沈国胜　汤　岩
张宏全　朱双艳　张志刚　汪　波
杨大钦　蔡金东　陈朝伟　李　伟
张　超　胡占纯　李卓洋　刘魁武

陈永建 范 超 李金秀 汪 娥
陈 宁 杨天志 杨忠海 李 钢
程永生 郝 伟 胡行建 彭建中
熊爱民 杨汉冲 杨汉卿 杨 梅
涂智刚 蔡崇祥 高小峰 吕洋波
万玉华 成勇奇 胡建国 李彦平
刘 超 裴晓君 杨志胜 张德厚
张 磊 高 佳 潘新德 张小燕
李春生 吕 云 董 波 杜恩平
徐曙光 于 骅 张 辉 陈世明
景 雷 史叶伟 舒群峰 谢 超
许国志 杨玥华 于晓军 曾寅旭
张金海 钟新华 王书群 徐 明
陈文博 刘 杰 朱建明 李居有
陈 辉 康根林 柯 剑 舒春明
孙 立 王学珍 杨帮浩 张光华
李 骥 陈 胜 范珞珈 郭峰伟
刘小宏 熊学利 陈艳丽 陈国华
陈 浩 陈 凯 崔辉辉 但堂平
郝将一 胡大平 胡 敏 李东祥
李 军 梁永强 廖智忠 刘 防
刘艳萍 吕卫国 秦 静 屈建萍
田 欢 田剑清 王 莉 肖仁祥
徐 勇 张 密 张 燃 张燕涛
赵国平 周光明

湖南：周古可 侯 鉴 刘震斌 余周忠
陈建兵 史开志 何志亮 肖力杨
易正强 蒋鹏程 蔡金平 唐海波
罗新辉 程 灿 侯经鸣 戴 明
蔡 凯 邓纪芳 郑九林

广东：白刚林 白 宇 白战胜 贝月春
毕文波 别春丽 布康胜 蔡高辉
蔡 辉 蔡任军 蔡 毅 蔡玉音
曹 东 曹锦荣 曹俊乎 曹 雷
曹祥福 曹亚非 曹志丹 查杰鹏
查小钢 陈 河 陈 诚 陈登峰
陈典勇 陈东华 陈关中 陈冠升
陈国仁 陈国山 陈海明 陈海文
陈洪俊 陈红兵 陈华光 陈辉雄
陈家良 陈剑光 陈涧英 陈建刚
陈建国 陈建平 陈建强 陈江伟
陈金城 陈劲松 陈 俊 陈俊安
陈林宁 陈六琼 陈茂洲 陈美强
陈美玉 陈 民 陈明照 陈其祥
陈启兵 陈 强 陈钦雄 陈荣枢
陈尚豪 陈韶明 陈 生 陈士冈
陈寿华 陈树华 陈 帅 陈双全
陈伟录 陈卫民 陈文荣 陈武军
陈锡聪 陈晓红 陈小青 陈小全
陈 旭 陈绪明 陈 岩 陈 义
陈永光 陈永洪 陈永庆 陈宇群
陈育强 陈元志 陈云辉 陈运红
陈泽纯 陈展辉 陈知本 陈志海
陈志强 陈志强 陈志荣 陈钟烽
陈 琪 陈焱恪 陈銮清 成 犇
成 洁 成 毅 成志明 程继平
程金根 程黎明 程淑华 池永强
崔国卫 崔顺群 崔喜峰 崔砚宾
代国忠 代育林 单 莹 党建诨
邓 斌 邓大航 邓宏云 邓华生
邓建敏 邓金平 邓黎明 邓秋洪
邓卫东 邓文满 邓文英 邓旭庆
邓元章 邓兆健 邓志伟 邓灼明
刁舍星 刁宗耀 丁 达 丁大庆
丁时全 丁旭明 丁元刚 董留刚
杜前强 杜永华 段绍奎 樊小忠
范德智 范福军 范考良 范少华
范卫东 范新明 范宣平 范选晶
范银波 方英奋 方永亮 房锦洲
封秀群 冯 海 冯海丰 冯奇志

冯庆华　冯锐坚　冯太富　冯卫忠
冯亚军　冯耀明　冯正昆　冯志刚
冯志辉　冯忠明　冯忠尊　扶伟香
符权林　符周广　傅中海　付光明
付建立　付小卫　付业军　付　毅
付增平　甘锦波　高殿云　高夺印
高洪军　高家琪　高建军　高　敏
高　强　高素云　高　文　高　新
高秀环　高　扬　高拥军　高　原
高正荣　高志坚　高志坚　葛　峰
葛桂荣　耿金帅　龚建平　龚金炉
龚照坚　苟志宽　顾正飞　关坚强
关杰棠　关乃昌　官永亮　管翠萍
桂建军　郭东明　郭冬毛　郭建军
郭茂春　郭清健　郭瑞峰　郭树兵
郭永川　郭　勇　郭正文　韩　诚
韩　康　韩四喜　韩　伟　韩玉满
韩作勋　郝光丽　郝海泉　何宝兴
何　兵　何炳强　何成添　何道敬
何　东　何钢松　何浩平　何　华
何惠钗　何家新　何锦针　何朗生
何年广　何　强　何瑞辉　何少好
何思成　何显铭　何县州　何晓辉
何旭基　何耀基　何毅仁　何有坤
何雨春　何赞斌　何兆棠　何智辉
何助钦　贺红军　贺继清　衡明洪
洪　霞　洪正昌　侯宏璋　侯凯洪
侯永洪　胡　波　胡井祥　胡　雷
胡文锋　胡小国　胡小志　胡中球
胡仲兴　胡淦林　花仁柱　黄伯平
黄成铁　黄道贤　黄铬强　黄根清
黄冠华　黄国栩　黄海勇　黄汉波
黄慧敏　黄惠明　黄嘉荣　黄健章
黄金玲　黄　骏　黄　凯　黄奎生
黄立志　黄林飞　黄林虎　黄留青
黄茂磊　黄　萍　黄　平　黄庆虹
黄庆棠　黄日号　黄日科　黄锐棠
黄善海　黄盛盛　黄维俊　黄伟雄
黄文彬　黄小平　黄秀金　黄秀垣
黄　阳　黄耀荣　黄　屹　黄　毅
黄泳红　黄永安　黄　余　黄玉玺
黄育敏　黄云飞　黄哲红　黄哲文
黄子文　黄宗廷　霍德福　霍利新
霍志辉　纪家祥　纪玉良　贾明哲
贾　鸣　坚永录　简海军　皇　甫
张　毅　姜健生　姜　乔　姜瑞坤
姜旭波　江从群　蒋德斌　蒋国民
蒋　华　蒋烈溪　瞿　军　蒋仁刚
蒋延席　焦洛阳　焦庆洲　金　桂
鞠　勇　康　琴　康跃彬　孔楚雄
孔凡兵　孔粤龙　寇大恩　赖嘉河
赖建立　赖小华　蓝欲晓　蓝志昂
雷洪旭　雷化冰　雷金生　雷伟业
黎炽坚　黎东晓　黎家彬　黎建流
黎建流　黎强均　黎运多　黎志明
李　沣　李阿荡　李本学　李炳光
李春华　李从森　李端英　李　飞
李　峰　李福东　李福明　李根长
李桂英　李海澄　李海涛　李海燕
李　浩　李浩鑫　李　宏　李　华
李　华　李华兴　李慧文　李　佳
李加联　李加特　李饯生　李建宁
李　杰　李杰祥　李金贵　李金铨
李敬驹　李九清　李　军　李　磊
李良峰　李良军　李林书　李　民
李敏英　李　霓　李平丰　李青松
李　庆　李庆勇　李秋霞　李权林
李社修　李士强　李仕双　李首军
李顺成　李　文　李文鑫　李武彪
李晓光　李晓华　李晓辉　李晓辉

李小军 李辛亮 李兴友 李亚唐
李永锋 李 优 李裕谦 李 渊
李远青 李云锋 李振礼 李 正
李志洪 李志明 李志新 李中尧
李忠伟 李卓华 李谕彰 李曦龙
力为民 梁 宾 梁春宇 梁桂华
梁国胜 梁何任 梁 红 梁红兵
梁惠强 梁玲珍 梁 铭 梁瑞珍
梁 扇 梁 盛 梁为民 梁向东
梁秀锋 梁燕姐 梁志伟 廖冠昌
廖建锋 廖寿均 廖 威 廖宇华
廖志坚 廖志立 林 波 林创松
林德雄 林桂强 林恒山 林建钦
林金明 林君慰 林绿华 林南滨
林全兴 林韶宁 林少杰 林伟斌
林雄才 林秀峰 林振灶 林忠宝
林宗敏 林 铮 刘宝南 刘彩虹
刘纯雨 刘大庆 刘 丹 刘道合
刘德波 刘放斌 刘 芬 刘辅才
刘赴平 刘光豪 刘国青 刘国文
刘海龙 刘航庆 刘 衡 刘恒华
刘洪云 刘宏波 刘惠荣 刘建江
刘建新 刘建忠 刘锦雄 刘景宇
刘景运 刘 军 刘军平 刘君胜
刘 俊 刘 科 刘满良 刘敏教
刘明雄 刘明勇 刘念锋 刘奇峰
刘全红 刘荣辉 刘绍才 刘帅兵
刘双龙 刘 涛 刘 特 刘 伟
刘文华 刘晓航 刘晓明 刘小妹
刘小明 刘新城 刘秀娜 刘 阳
刘耀明 刘英斌 刘永丰 刘永生
刘玉龙 刘 月 刘运明 刘志刚
刘志伟 刘智勇 刘中华 刘忠谊
刘 剢 龙 俊 龙 潜 龙永雄
龙治军 卢焕容 卢杰煌 卢敏强

卢圣允 卢世科 卢嗣海 卢四兵
卢伟乐 卢旭兴 卢谷强 卢振国
鲁晓明 鲁 璐 鹿 政 陆典瑞
陆海兵 陆考林 陆 庆 陆润棠
吕青洪 吕庆伦 吕世洋 吕晓军
罗安松 罗 斌 罗关平 罗剑武
罗建生 罗 杰 罗景耀 罗俊峰
罗世平 罗伟锋 罗伟坚 罗武军
罗耀中 罗元兵 罗云飞 罗增炎
罗志红 罗中泽 罗紫香 骆韶雄
马传龙 马栋华 马剑峰 马克友
马美富 马 勇 麦桂生 麦华生
麦棉欣 麦妙屏 麦柱辉 毛 丁
毛贵云 毛敬华 蒙正洪 孟国华
孟 琳 孟佑斌 莫红金 莫 剑
莫日福 莫万英 莫为全 莫 希
莫旭恩 牟 辉 牟元萍 穆 强
内阁易 倪绍华 倪志恩 农业敏
欧 浩 欧维钢 欧永祥 欧玉平
潘 斌 潘朝兴 潘春阳 潘桂桃
潘海辉 潘家权 潘金焕 潘明亮
潘伟洪 潘卫方 庞锡章 彭国明
彭洪伟 彭 健 彭俊祥 彭兴平
彭忠礼 皮 杰 蒲俊杰 戚 刚
齐红利 齐鹏程 钱文伟 墻家友
乔 彬 乔 磊 卿上胜 丘 峰
邱端豹 邱光迎 邱鸿文 邱华柱
邱 活 邱家标 邱建辉 邱礼福
邱敏儿 邱钦宗 邱学民 邱永基
区国亮 曲庆有 屈泽年 屈志昱
任 均 任亚光 任战方 阮 刚
阮天任 阮 怡 尚长林 尚光星
邵秉权 邵开平 申嘉伟 申兰同
申 榕 沈丹亚 沈国海 沈 奎
沈晓理 沈 阳 沈远铭 盛道顺

师青泉　施达章　施志政　石付得
石　雷　石雄伟　斯国新　司中华
宋国强　宋庆洪　宋　四　宋小华
宋远飞　苏柏龙　苏水德　苏勇恒
苏兆伟　隋大庆　孙凡强　孙红雯
孙记生　孙　江　孙明基　孙文勇
孙效国　谭碧婵　谭健强　谭其路
谭文福　谭永凤　唐超凡　唐成炜
唐建华　唐秋莹　唐天有　唐小雄
唐英君　陶爱国　田朝宇　田来用
田振兴　铁　军　汪　峰　汪国清
汪家安　汪　勇　王　彪　王　彬
王　彬　王彬朗　王　斌　王　滨
王长书　王　诚　王大刚　王定华
王　东　王东月　王冬和　王　枫
王国民　王　虎　王家庆　王　剑
王剑洲　王建防　王建华　王　晶
王景阳　王　军　王可乐　王坤震
王乐峰　王利武　王　力　王梦武
王民志　王　敏　王　平　王　平
王庆兰　王群娣　王汝松　王　锐
王少凯　王水平　王松雷　王铁虎
王　未　王锡刚　王希军　王现松
王小兵　王小东　王小军　王小平
王新峰　王　一　王　毅　王永乾
王宇林　王育德　王　跃　王粤晖
王允刚　王运文　王占伟　王志豪
王志杰　王中荣　王子刚　韦贵福
韦国泰　韦　琳　韦巧红　韦永好
韦　勇　韦忠桥　唯之松　魏楚平
魏笑霞　温国盛　温荣略　翁东华
翁立葵　吴百成　吴　宝　吴长江
吴春明　吴逢早　吴国荣　吴　洪
吴华康　吴金好　吴　军　吴开风
吴　康　吴立超　吴立佗　吴妙妍

吴　明　吴南平　吴萍珍　吴其敏
吴世福　吴双飞　吴　涛　吴鑫奎
吴　韦　吴　林　吴伟东　吴晓燕
吴新耀　吴学飞　吴学军　吴学英
吴艳芳　吴英才　吴有健　吴宇坚
吴振飞　吴政贵　武新钢　武兴奇
伍骏聪　伍丽冬　伍益源　伍自建
席登奎　窦德品　鲜　明　相剑龙
项树辉　向凯斌　向延潮　肖　兵
肖大高　肖剑承　肖　平　肖伟光
肖永云　肖作勇　谢格龙　谢　虎
谢华瑞　谢锦德　谢　军　谢树标
谢文强　谢文涛　谢英钰　谢远平
谢志强　谢宗斌　辛均平　邢震洪
熊海军　熊利滨　徐廷军　徐新华
徐邦德　徐保法　徐　斌　徐传彬
徐冯林　徐光奎　徐　辉　徐清云
徐寿青　徐松顺　徐金山　徐　军
徐立华　徐鸣林　徐新保　徐新华
徐远刚　徐志坚　徐志文　徐王禹铭
许帮德　许保法　许大华　许国辉
许金丰　许均甫　许丽珍　许立军
许世彬　许世宏　许统勋　许伟杰
许兴恒　许　雄　许耀添　许远兴
许佐雄　薛根龙　薛金海　薛永奎
薛长城　严化海　严建荣　严　俊
严仕海　严正锋　严于辉　颜　维
燕　龙　杨安勤　杨北虎　杨碧生
杨传辉　杨方华　杨　刚　杨　光
杨光德　杨远根　杨正飞　杨海明
杨　华　杨华明　杨　剑　杨建平
杨　洁　杨锦电　杨晓兵　杨旭平
杨玉华　杨锦片　杨劲文　杨　军
杨俊琳　杨坤林　杨南龙　杨鹏程
杨日有　杨守顺　杨享贵　杨书科

杨曙光　杨伟春　杨文俊　杨志国
杨志民　杨志强　杨忠侨　杨足新
杨　皎　阳　春　阳福初　姚　峰
姚杰强　姚　鸥　姚晓明　姚　星
姚耀辉　叶志雄　叶致均　叶发荣
叶国敏　叶金福　叶巧妍　叶松生
叶文兴　覃铭军　覃喜光　覃　宇
覃祖鸣　易国文　易启明　殷　建
尹　非　尹浩文　尹伟贤　尹之骁
游干东　覃少峡　覃文雄　游丽珍
游渊光　于宝祥　于　晴　余丰明
余国根　余晋林　余　静　余　俊
余　霖　余侨生　余叶伦　袁德成
袁文标　袁　亚　袁亚志　袁志宁
袁柱文　原　君　岳　云　曾达海
曾凡红　曾桂萍　曾检来　曾建东
曾　科　曾　南　曾勤生　曾庆锋
曾　琼　曾思红　曾晓明　曾阳波
曾永辉　曾志明　曾智勇　张　斌
张兵华　张炳东　张伯喜　张彩兴
张长恒　张长军　张春兰　张春雷
张高斌　张国林　张国正　张洪波
张　华　张　辉　张慧军　张　吉
张嘉鸿　张建兵　张建发　张建军
张建军　张　静　张　久　张　军
张军华　张克喜　张　莉　张　凌
张铭新　张　强　张　权　张士伟
张书伟　张水根　张天玉　张万红
张　伟　张伟强　张卫兵　张文惠
张文兴　张伍喜　张晓俊　张晓蓉
张秀珍　张　旭　张旭东　张绪平
张学平　张雪松　张言权　张　艳
张诣华　张应彪　张应球　张应行
张永财　张永超　张　勇　张玉贵
张云和　张云鹏　张运佳　张泽建
张兆峰　张直光　张志峰　张　瑜
赵晨军　赵冬根　赵　峰　赵公民
赵汉奎　赵加次　赵江江　赵　靖
赵　琳　赵　明　赵如海　赵　涛
赵文凯　赵小丽　赵亚静　赵　云
赵志进　赵志强　赵智坤　赵梓然
甄兆伟　郑　冰　郑春雨　郑　刚
郑宏让　郑意仪　郑荣林　郑韶忠
郑　伟　郑伟贤　郑伟元　郑晓龙
郑艺波　郑钟坚　钟春光　钟建军
钟敬军　钟乃鑫　钟启丽　钟秋映
钟荣敬　钟诗河　钟文兵　钟显彪
钟　艳　钟耀龙　钟勇奇　钟育根
仲晓松　周呈凤　周春生　周东山
周贵成　周海彤　周　辉　周积福
周坚伟　周健洛　周建华　周建华
周建平　周军平　周　垒　周　林
周敏惠　周娜金　周勤龙　周少玲
周仕奕　周双枫　周　涛　周文华
周向昭　周新军　周永生　周玉东
周灼荣　周遵兴　朱冬良　朱桂贤
朱加恒　朱建军　朱建明　朱建文
朱立勇　朱明华　朱　胜　朱　伟
朱小见　朱星华　朱远辉　朱振东
朱振飞　朱志云　朱卓里　邹军令
邹文科　邹志兵　邹志伟　邹宗兴
左迅海　仝兆雨　冼雷锋　邝发文
邝汉乃　邝忠林　邬冠星　鄢晓虹
岑渭樵　岑有健　闫海波　闫士学
闵　冀　李　华　刘金宗　高巨广
谢静音　蔡　坚　戴瑞军　邹美翠
张海河　邓晓辉　黎伟东　杨　毅
殷　中　傅裕茂　黄小彬　傅晓平
邓丽兰　叶毅伟　罗海棠　刘春刚
汤穗雄　李建华　孙学亮　张　明

谢任坚　刘远雄　周少刚　张直光
吴　岩　李电才　李　石　黄贤勇
查小钢　杜佩依　冯永权　范启松
葛保军　何　盈　张金义　周伟雄
钟守宾　陈　虎　傅光明　王新祥
杨　涛　老小娟　袁　志

广西：廖先锋　高　戈　卢振军　孙左军
李　杰　贺晓静　陈月娇　黄　凯
谢永秀　张　朔　谢定新　唐剑波
江　泳　王端楚　赵天能　李国坤
白景刚　蒙东旅　羊建明　范志刚
张平阳　杨　凡　曾　川　唐祖耀
夏国庆　李鸿文　刘　健，席宏刚
唐爱武　严　华　邹同祥　赵　斌
张有奇　马赵峰　阳光明　唐永忠
钟　麟　徐世彪　黄志明　陈　强
薛　晓　梁　全　钟振威　梁　波
吴　全　李一模　黄继军　李垂兴
张九金　王付春　李　荣　张建松
谢光耀　廖益路　李文初　梁　健
陆　钢

海南：张毅明　张焕春　郭晓冬　吴　旭
李永军　潘　江　黄　琳　王仁广
曲洪光　杨景新　许　民　王泽谦
吴立均　章在峰　余　波　甘克武
崔明章　杨　帆　喻晓峰　张卫东
徐日平　黄　雄　杜厚嘉　苏大忠
盛　民　温联川　文曼阳　邱贵明
魏　铭　汤世海　梁　春　李建斌
白贵平　邱宏锐　林　平　王保雄

四川：屈兴光　黄良荣　朱世开　何榆林
李郁仁　吕志强　任如安　孙　毅
沈　涵

贵州：吴桂英

云南：唐洪霞　李白海　宋开宇　姜惠明

陕西：崔　刚　范　云　付俊民　胡宝明
赖凌华　李　晶　李同森　李永安
李云飞　潘素芳　荣汶平　汪卫东
王福生　王　辉　王社强　徐春宝
薛哲锋　张文显　张　旭　郑　杰
祝军武　汶平

宁夏：刘代斌

新疆：杨梅娟　王　军　谢成德　乌买尔艾米尔　骆绪胜　于海涛　董兆琴

部队：朱建军

无偿献血促进奖获奖名单

北京航空航天大学
北京市王府井地区建设管理办公室
北京市地铁运营有限公司
北京和睦家妇婴医疗保健中心
北京电视台新闻中心
北京澎湃动力广告有限公司
天津日报
天津电视台
中国移动通信集团天津有限公司
共青团河北省委青年志愿者指导中心
河北科技师范学院
承德市城市管理局（河北）
衡水市广播电视局（河北）
健康生活报社（山西）
大同市花园大饭店（山西）
临汾霍侯一级路征费管理处（山西）
运城市今日国际商城（山西）
内蒙古大学
内蒙古河套大学
包头市广播电视局（内蒙古）
日本三菱商事（株）大连事务所（辽宁）

沈阳市和平区太原街街道办事处（辽宁）
沈阳市沈河区中街地区规划建设管理委员会（辽宁）
大连电视台（辽宁）
大商集团本溪商业大厦有限公司（辽宁）
葫芦岛市宏运商厦（辽宁）
齐齐哈尔市公安局（黑龙江）
中国北车集团齐齐哈尔铁路车辆（集团）
有限责任公哈尔滨市城市管理局（黑龙江）
黑龙江省工商银行
上海市闵行区七宝镇人民政府
上海市闵行区虹桥镇人民政府
上海市闵行区梅陇镇人民政府
南京江宁区红十字会（江苏）
苏州大学（江苏）
中国矿业大学资源学院980青年志愿者协会（江苏）
无锡日报报业集团（江苏）
西湖之声电台（浙江）
宁波嘉和公交广告公司（浙江）
宁波市报业集团（浙江）
巨化集团公司（浙江）
浙江省广电集团
浙江水利水电专科学校
合肥市公安局交通警察支队（安徽）
芜湖南京新百大厦有限公司（安徽）
马鞍山市无偿献血志愿者协会（安徽）
池州师范专科学校（安徽）
漳州灿坤实业有限公司（福建）
厦门集美大学（福建）
厦门市无偿献血者协会（福建）
福州晚报（福建）
华映光电股份有限公司（福建）
江西洪都航空集团
新余市广播电视局（江西）
南昌大学抚州医学分院（江西）
中国电信吉安分公司（江西）
临沂市南坊建设指挥部（山东）
菏泽市广播电视局（台）（山东）
济南市西市场街道办事处（山东）
烟台市财政局（山东）
河南省卫生厅
郑州市郑州矿区（河南）
安阳工学院团委（河南）
许昌电视台（河南）
河南省黄淮学院
武汉统一企业食品有限公司（湖北）
中国电信集团湖北电信公司（湖北）
武汉万达商业广场（湖北）
武汉华商科技有限公司（湖北）
健康必读杂志社（湖南）
长沙晚报（湖南）
湘潭大学（湖南）
湖南涟源钢铁集团有限公司
完美（中国）日用品有限公司（广东）
佛山市台商投资企业协会（广东）
忠毅（清远）电子塑胶五金有限公司（广东）
中山市红十字会无偿献血志愿工作者服务队（广东）
深圳大学理学院义工协会（广东）
广西中医学院
梧州市新华电池股份有限公司（广西）
桂林日报社（广西）
海南日报报业集团
海南特区报
武陵都市报（重庆）
四川农业大学
宜宾市五粮液集团有限公司（四川）

西昌学院（四川）

成都传媒集团（四川）

成都市志愿者无偿献血宣传服务队（四川）

英特尔产品（成都）有限公司

黔南民族师范学院（贵州）

昆明理工大学红十字会（云南）

云南大学

昆明电视台（云南）

云南新龙门实业有限公司

西安南风日化有限责任公司（陕西）

咸阳彩虹股份有限公司（陕西）

渭南市日报社（陕西）

中国联通汉中分公司（陕西）

商洛市丹凤县商鞅邑城收费站（陕西）

兰州晚报社（甘肃）

嘉峪关市财政局（甘肃）

白银市电视台（甘肃）

石嘴山市工商行政管理局（宁夏）

固原市电视台

宁夏医学院（宁夏）

共青团吴忠市委员会（宁夏）

解放军报社

中央电视台驻总后记者站（个人19个）

濮存昕（北京市人民艺术剧院）

杨　澜（阳光文化基金会）

陈　蓓（北京市西城区政府）

牛健存（沧州晚报新闻中心）

李毅新（山西宝利出租汽车公司）

张亚志（大庆石油学院）

王金霞（南通日报社）

刘忠虎（杭州电视台）

霍　淼（合肥电视台）

王长达（福建三明日报社）

叶军蓉（赣州市交警支队）

李连文（莱芜市莱城区杨庄镇陈徐村）

刘茂林（济宁综合行政执法局）

张春华（商丘市京九晚报）

陈伟南（香港潮属社团总会）

张　淼（人民日报甘肃记者站）

王洪斌（银川市怡香源餐厅）

董江红（乌鲁木齐市中医医院）

袁世银（平安人寿乌鲁木齐分公司）

无偿献血先进省市奖获奖名单

先进省：河南省

先进市：天　津（1个）：塘沽区

河　北（5个）：石家庄市、秦皇岛市、邯郸市、承德市、衡水市

山　西（9个）：太原市、大同市、阳泉市、长治市、晋城市、忻州市、晋中市、临汾市、运城市

内蒙古（1个）：乌海市

辽　宁（6个）：沈阳市、大连市、鞍山市、抚顺市、盘锦市、葫芦岛市

黑龙江（8个）：哈尔滨市、鸡西市、双鸭山市、大庆市、伊春市、佳木斯市、七台河市、绥化市

上　海（1个）：闵行区

江　苏（1个）：徐州市

浙　江（5个）：杭州市、宁波市、衢州市、绍兴市、丽水市

安　徽（3个）：阜阳市、宿州市、亳州市

福　建（2个）：福州市、厦门市

山　东（14个）：济南市、青岛市、淄

博市、东营市、烟台市、潍坊市、泰安市、威海市、莱芜市、临沂市、德州市、聊城市、滨州市、菏泽市

河　南（17个）：郑州市、开封市、洛阳市、平顶山市、安阳市、鹤壁市、新乡市、焦作市、濮阳市、许昌市、漯河市、三门峡市、南阳市、商丘市、信阳市、周口市、驻马店市

湖　北（2个）：襄樊市、荆门市

湖　南（2个）：郴州市、娄底市

广　东（6个）：深圳市、珠海市、佛山市、阳江市、东莞市、中山市

广　西（3个）：南宁市、桂林市、玉林市

海　南（2个）：海口市、三亚市

四　川（1个）：成都市

贵　州（1个）：六盘水市

陕　西（1个）：铜川市

甘　肃（2个）：兰州市、嘉峪关市

宁　夏（2个）：银川市、吴忠市

新　疆（5个）：石河子市、阿克苏地区、库尔勒市、塔城地区、阿勒泰地区

无偿献血先进部队奖获奖名单

辽宁省军区
66393部队
北京卫戍区
青海省军区
71521部队
福建省军区
广东省军区
77200部队
海军司令部
95829部队
96251部队
61195部队
总参军训和兵种部
南京政治学院
总后司令部管理保障局
第四军医大学
装甲兵工程学院
武警浙江省总队

造血干细胞捐献

捐献者名录

编号	分库	捐献者	性别	年龄	民族	地址	职业	采集日期
1	上海	孙　伟	男	26	汉	上海	职员	96.08.12
2	上海	徐　慧	女	26	汉	上海	职员	00.06.04
3	上海	恽　楠	女	23	汉	上海	职员	00.09.07

4	上海	童馨宣	女	22	汉	上海	职员	01.03.03
5	上海	孙永跃	男	41	汉	上海	个体	01.05.15
6	上海	陈　东	男	27	汉	上海	警察	01.04.20
7	上海	唐　铮	女	25	汉	上海	职员	01.07.17
8	广东	潘庆伟	男	31	汉	深圳	个体	01.08.27
9	上海	裔　力	男	25	汉	上海	工人	01.12.27
10	广东	黄　慧	女	29	汉	深圳	职员	02.01.08
11	广东	王明民	男	37	汉	深圳	职员	02.04.23
12	上海	郑君华	女	32	汉	上海	医生	02.04.24
13	上海	徐敏辰	男	38	汉	上海	职员	02.06.19
14	上海	孙晓蕾	女	20	汉	上海	学生	02.06.14
15	上海	于井子	女	28	汉	上海	护士	02.07.02
16	广东	陶立春	男	30	汉	深圳	职员	02.07.23
17	上海	王正跃	男	29	汉	上海	职员	02.07.25
18	上海	朱　刚	男	23	汉	上海	职员	02.08.08
19	广东	吴秀梅	女	28	汉	深圳	职员	02.08.15
20	广东	陈长华	男	29	汉	深圳	工人	02.08.19
21	上海	方正平	男	22	汉	上海	学生	02.08.21
22	广东	兰春华	女	27	汉	深圳	职员	02.09.09
23	广东	贺红军	男	22	汉	深圳	职员	02.09.26
24	广东	黄　凯	男	38	汉	深圳	医生	02.10.15
25	广东	孙卫东	男	34	汉	上海	干部	02.10.30
26	上海	刘　敏	女	42	汉	上海	职员	02.10.31
27	上海	郭　寅	女	28	汉	上海	法官	02.11.16
28	广东	刘海英	男	33	汉	深圳	工程师	02.11.16
29	广东	刘　慧	女	22	汉	深圳	职员	02.11.26
30	广东	庞　满	男	32	汉	深圳	职员	02.12.04
31	上海	陈卫杰	男	32	汉	医生	上海	02.12.24
32	上海	陈　礼	男	25	汉	职员	上海	02.12.25
33	广东	程方荣	男	29	汉	职员	深圳	03.01.10
34	广东	何宇生	男	28	汉	个体	深圳	03.03.07
35	上海	朱　莎	女	29	汉	律师	上海	03.04.21
36	上海	林　栋	男	25	汉	教师	上海	03.04.30
37	广东	何　博	男	26	汉	工程	深圳	03.05.21
38	广东	陈锦花	女	21	汉	职员	深圳	03.07.14

39	广东	黄国利	男	32	汉	职员	深圳	03.07.16
40	上海	丁晓彬	男	24	汉	职员	上海	03.07.16
41	上海	王　云	男	46	汉	工人	上海	03.07.24
42	上海	黄　亮	男	21	汉	学生	上海	03.07.26
43	江苏	耿　森	男	29	汉	个体	徐州	03.07.30
44	江苏	周建青	男	33	汉	工人	苏州	03.08.03
45	上海	李　煜	男	32	汉	职员	上海	03.08.09
46	湖南	陈　欣	男	23	汉	湖南	学生	03.08.11
47	云南	胡玉高	男	32	汉	云南	职员	03.08.12
48	上海	苏　煜	男	32	汉	上海	职员	03.08.19
49	辽宁	蒋贵宝	男	36	汉	辽宁	工人	03.08.27
50	辽宁	刁爱军	男	30	汉	辽宁	工人	03.09.03
51	海南	张青青	女	22	汉	四川	学生	03.09.09
52	辽宁	张德柱	男	24	汉	辽宁	工人	03.09.12
53	广东	周建刚	男	27	汉	深圳	干部	03.09.23
54	河南	刘新伟	男	30	汉	河南	教师	03.09.24
55	河南	宋东方	男	26	汉	河南	工人	03.09.24
56	江苏	顾双林	男	37	汉	江苏	工人	03.09.26
57	上海	顾　荣	男	41	汉	上海	工程师	03.10.09
58	广东	莫经山	男	33	汉	深圳	经理	03.10.13
59	河南	陈秋红	女	37	汉	河南	农民	03.10.16
60	辽宁	国彩霞	女	44	汉	辽宁	工人	03.10.19
61	广东	李　婧	女	23	汉	深圳	护士	03.10.20
62	江苏	周国东	男	34	汉	江苏	职员	03.10.25
63	江苏	戚熙娟	女	33	汉	江苏	职员	03.10.27
64	江苏	王淮宾	男	45	汉	江苏	工程师	03.11.05
65	广东	乔　贝	男	29	汉	深圳	工人	03.11.13
66	河南	朱晓民	男	28	汉	河南	个体	04.11.04
67	山东	吕　陟	男	27	汉	山东	医生	03.11.19
68	浙江	章　焱	男	28	汉	杭州	职员	03.11.20
69	广东	钱梅娟	女	23	汉	深圳	职员	03.11.25
70	重庆	滕华国	男	22	汉	甘肃	学生	04.04.26
71	江苏	周　萍	女	22	汉	江苏	护士	03.11.28
72	江苏	吴智燕	女	22	汉	江苏	办事员	03.11.30
73	上海	毛　玫	女	35	汉	上海	教师	03.11.30

74	河南	靳志伟	男	30	汉	河南	职员	03.12.07
75	江苏	杨荣康	男	38	汉	江苏	职员	03.12.07
76	上海	邓诗峰	男	38	汉	上海	工程师	03.12.11
77	北京	孟晓晔	女	25	汉	北京	职员	03.11.19
78	陕西	马建军	男	24	汉	陕西	农民	03.12.25
79	北京	杨　曦	男	27	汉	北京	主持人	03.12.04
80	天津	商海涛	男	37	汉	天津	干部	03.12.27
81	上海	杨　钢	男	31	汉	上海	医生	03.12.30
82	江苏	吴燕云	女	39	汉	江苏	职员	04.01.07
83	北京	王锦鹏	男	25	汉	山东	军人	04.01.08
84	天津	曾　欣	女	22	汉	陕西	学生	04.01.12
85	四川	李雪峰	男	22	汉	四川	个体	04.01.18
86	北京	徐光勋	男	30	汉	北京	职员	04.02.12
87	山东	谢振华	女	22	汉	山东	护士	04.02.23
88	陕西	向　东	男	22	汉	陕西	学生	04.02.06
89	江苏	胡万里	男	25	汉	江苏	职员	04.03.20
90	河南	张　申	女	24	汉	河南	学生	04.3.15
91	北京	方　岱	男	28	汉	河南	职员	04.4.1
92	河南	程保星	男	30	汉	郑州	工程师	04.4.8
93	辽宁	高福新	男	22	汉	本溪	职员	04.4.9
94	江苏	刘晓寅	男	30	汉	常州	会计	04.3.31
95	湖南	昌桂华	男	29	汉	岳阳	农民	04.4.1
96	福建	刘忠坚	男	36	汉	福建	职员	04.4.14
97	河南	陈旭光	男	27	汉	河南	个体	04.4.11
98	广东	王　玲	女	26	汉	深圳	职员	04.3.11
99	广东	刘云龙	男	29	汉	深圳	医生	04.3.16
100	北京	吕建华	男	32	汉	北京	医生	04.4.15
101	上海	朱　斌	男	40	汉	上海	干部	04.2.29
102	上海	张　群	男	28	汉	上海	职员	04.3.5
103	上海	桂　明	男	25	汉	上海	干部	04.3.9
104	上海	何亦乐	男	36	汉	上海	干部	04.3.29
105	陕西	杨　梅	女	23	汉	陕西	职员	04.4.5
106	广东	李海军	男	32	汉	深圳	工程师	04.4.8
107	上海	刁伟枫	男	21	汉	上海	学生	04.4.14
108	上海	孙　晖	男	24	汉	上海	警察	04.4.15

109	江苏	徐文华	女	36	汉	常州	护士	04.4.16
110	四川	蒋雪梅	女	23	汉	成都	学生	04.4.19
111	上海	王晓蓓	女	35	汉	上海	职员	04.4.19
112	上海	倪继祖	男	27	汉	上海	学生	04.4.19
113	广东	刘洪涛	男	22	汉	深圳	职员	04.4.22
114	上海	沈琼钰	女	29	汉	上海	职员	04.4.22
115	北京	敬　叶	男	29	汉	北京	职员	04.4.26
116	天津	黄煜惠	女	21	汉	广西	学生	04.4.27
117	广东	叶光宇	男	24	汉	深圳	个体	04.4.28
118	湖南	石桂娇	女	41	汉	湖南	农民	04.5.2
119	辽宁	张　君	男	41	汉	辽宁	教员	04.5.17
120	吉林	李万红	男	25	汉	吉林	学生	04.5.24
121	山东	王安正	男	29	汉	山东	会计	04.5.25
122	江苏	闻　波	男	23	汉	江苏	职员	04.6.3
123	北京	任　炜	男	24	汉	北京	学生	04.6.21
124	山东	丁　霖	男	30	汉	山东	医生	04.6.24
125	重庆	吴　渝	女	21	汉	重庆	学生	04.6.28
126	广东	孙红梅	女	36	汉	深圳	业务员	04.6.7
127	江苏	陈　琳	男	35	汉	江苏	医生	04.6.29
128	天津	韩鼐政	男	20	汉	天津	学生	04.7.6
129	广东	常　春	男	40	汉	深圳	教师	04.5.17
130	江苏	徐治初	男	27	汉	江苏	教师	04.5.25
131	广东	张桂硕	男	35	汉	深圳	工人	04.7.7
132	湖南	陈　杰	男	24	汉	湖南	工人	04.6.19
133	广东	崔秀荣	男	31	汉	深圳	职员	04.7.12
134	北京	潘　莹	女	23	汉	北京	学生	04.8.5
135	上海	包明杰	男	23	汉	上海	职员	04.7.19
136	上海	甘丽萍	女	30	汉	上海	公务员	04.7.22
137	山东	李福银	男	35	汉	山东	工程师	04.8.2
138	湖南	李　权	男	21	瑶	湖南	学生	04.7.27
139	广东	康艺泓	男	32	汉	深圳	工程师	04.7.28
140	山东	李　梅	女	36	汉	山东	护士	04.8.6
141	海南	黄　斌	男	23	汉	河南	军人	04.8.4
142	吉林	夏静红	女	31	汉	吉林	工人	04.8.9
143	上海	吴　昆	男	37	汉	上海	工人	04.8.10

144	陕西	席巧玲	女	30	汉	陕西	农民	04.8.12
145	重庆	徐　青	女	22	汉	重庆	个体	04.8.20
146	浙江	汪建银	女	28	汉	浙江	个体	04.8.26
147	辽宁	杨新宽	男	25	汉	新疆	学生	04.9.16
148	辽宁	杨金涛	男	33	汉	辽宁	职员	04.9.12
149	福建	张良建	男	19	汉	福建	学生	04.9.9
150	辽宁	王　超	男	28	汉	辽宁	干部	04.9.23
151	北京	张歆悦	女	21	汉	河南	职员	04.9.16
152	重庆	李元军	男	20	汉	重庆	学生	04.9.7
153	江苏	孙　娅	女	39	汉	江苏	技师	04.9.10
154	北京	傅俊军	男	25	汉	北京	经理	04.9.20
155	陕西	郑伟星	男	22	汉	陕西	工人	04.9.15
156	广东	王　蜜	女	21	汉	深圳	职员	04.9.16
157	江苏	柳　静	女	40	汉	江苏	医生	04.9.16
158	海南	林受海	男	27	汉	海南	个体	04.9.21
159	河南	李永靖	男	36	汉	河南	医生	04.9.23
160	吉林	高　蓓	女	24	汉	吉林	职员	04.9.23
161	陕西	郑风梅	女	45	汉	陕西	工人	04.9.23
162	陕西	田黎明	男	23	汉	陕西	个体	04.10.12
163	山东	郑　强	男	25	汉	山东	医生	04.10.13
164	山东	王　恺	男	21	汉	山东	学生	04.10.19
165	江苏	刘传荣	女	40	汉	江苏	江苏	04.10.14
166	河南	王艳玲	女	44	汉	河南	无业	04.10.18
167	河南	周　济	男	20	汉	河南	学生	04.10.21
168	江苏	王春来	男	39	汉	江苏	医生	04.10.21
169	江苏	王凤莲	女	42	汉	江苏	干部	04.10.21
170	上海	顾海荣	男	30	汉	上海	干部	04.10.21
171	福建	徐志瑜	男	23	汉	福建	职员	04.10.21
172	福建	王兴莲	女	23	汉	福建	职员	04.10.26
173	四川	戢　琨	男	33	汉	四川	工人	04.11.1
174	辽宁	徐永利	男	24	汉	辽宁	医生	04.11.8
175	上海	王　兰	女	24	汉	上海	职员	04.11.2
176	北京	王海峰	女	32	汉	内蒙	医生	04.11.10
177	江苏	葛永德	男	40	汉	江苏	工人	04.11.14
178	北京	张晓龙	男	26	汉	北京	职员	04.11.16

179	上海	李　瑾	女	38	汉	上海	职员	04. 11. 11
180	广东	王冠颖	男	20	汉	深圳	学生	04. 11. 17
181	河北	周　伟	男	22	汉	河北	学生	04. 11. 25
182	重庆	束钊刚	男	22	汉	重庆	学生	04. 11. 24
183	海南	罗建勇	男	21	汉	海南	学生	04. 11. 25
184	湖南	姚斌洛	男	24	汉	湖南	工人	04. 11. 22
185	陕西	张联莹	男	24	汉	陕西	职员	04. 12. 1
186	陕西	周红军	男	20	汉	陕西	学生	04. 11. 23
187	江苏	杨　波	男	27	汉	江苏	干部	04. 11. 25
188	江苏	曹　伟	男	24	汉	江苏	学生	04. 12. 2
189	上海	范忠良	男	23	汉	上海	职员	04. 11. 25
190	海南	戴　谦	男	32	汉	海南	职员	04. 12. 07
191	江苏	沈海华	男	34	汉	江苏	药剂师	04. 12. 8
192	陕西	王　峰	男	22	汉	陕西	个体	04. 12. 09
193	广东	姜　蕾	男	24	汉	深圳	职员	04. 12. 11
194	天津	邓　鹏	男	20	汉	天津	学生	04. 12. 16
195	浙江	刘凌云	女	20	汉	浙江	学生	04. 12. 20
196	重庆	韩　露	女	28	汉	重庆	护士	04. 12. 30
197	黑龙江	孙新远	男	21	汉	黑龙江	学生	04. 12. 27
198	江苏	刘吉明	男	21	汉	江苏	工人	04. 12. 27
199	湖南	何　桃	女	39	汉	湖南	农民	05. 01. 11
200	陕西	马　超	男	23	回	陕西	学生	04. 12. 27
201	湖南	路　敏	女	22	汉	湖南	学生	05. 1. 08
202	北京	刘　怡	女	26	汉	北京	医生	05. 1. 10
203	上海	张　凯	男	21	汉	上海	学生	05. 1. 05
204	广东	苑　军	男	24	汉	深圳	职员	05. 1. 10
205	河南	王冬敏	男	29	汉	河南	下岗	05. 1. 8
206	江苏	朱　娟	女	31	汉	江苏	护士	05. 01. 11
207	辽宁	张　文	男	31	汉	辽宁	职员	05. 1. 13
208	吉林	贺　琥	男	20	汉	吉林	学生	05. 01. 18
209	上海	高　燕	女	22	汉	上海	护士	05. 01. 13
210	江苏	陈余春	男	37	汉	江苏	农民	05. 1. 24
211	北京	李　华	男	26	汉	北京	职员	05. 1. 27
212	上海	李晓燕	女	21	汉	上海	职员	05. 1. 31
213	福建	江良秀	女	19	汉	福建	职员	05. 2. 03

214	河北	王锡慧	男	35	汉	河北	职员	05. 2. 03
215	江苏	袁敏怡	女	25	汉	重庆	职员	05. 2. 04
216	重庆	易　娟	女	21	汉	重庆	学生	05. 2. 03
217	上海	陈　莉	女	19	汉	上海	学生	05. 2. 21
218	上海	瞿玉龙	男	45	汉	上海	职员	05. 2. 24
219	上海	汪　雷	男	35	汉	上海	警察	05. 2. 27
220	上海	刘　俊	男	25	汉	上海	警察	05. 03. 07
221	上海	石勤明	男	36	汉	上海	教师	05. 03. 09
222	辽宁	洪书新	女	35	汉	辽宁	护士	05. 03. 20
223	辽宁	郝希茹	女	31	汉	辽宁	无业	05. 03. 21
224	陕西	张　咏	男	37	汉	陕西	职员	05. 03. 10
225	陕西	郭万年	男	25	汉	陕西	无业	05. 03. 10
226	上海	周　瑾	女	33	汉	上海	职员	05. 03. 15
227	湖南	许文湘	男	38	汉	湖南	医生	05. 03. 14
228	湖南	江焕文	男	47	汉	湖南	无业	05. 03. 23
229	黑龙江	徐莲森	男	44	汉	黑龙江	工人	05. 04. 04
230	江苏	王　经	女	32	汉	江苏	职员	05. 04. 05
231	湖南	郭自得	男	21	汉	湖南	学生	05. 04. 05
232	湖南	邓　霞	女	25	汉	湖南	职员	05. 04. 11
233	陕西	王吉春	男	22	回	陕西	学生	05. 04. 13
234	湖南	李海波	男	22	汉	湖南	学生	05. 04. 18
235	广东	赵三湖	女	24	汉	湖南	职员	05. 04. 13
236	北京	高德群	男	32	汉	辽宁	职员	05. 04. 14
237	北京	赵　冬	男	28	汉	北京	职员	05. 04. 19
238	北京	张　东	男	23	汉	北京	学生	05. 04. 20
239	重庆	董红丽	男	23	汉	山东	学生	05. 04. 21
240	湖南	李喜芝	女	40	汉	湖南	农民	05. 04. 21
241	湖南	王　玲	女	39	汉	湖南	农民	05. 04. 25
242	上海	杨逸波	男	28	汉	上海	警察	05. 04. 14
243	江苏	方　伟	男	30	汉	江苏	职员	05. 04. 18
244	江苏	荣中祥	男	26	汉	江苏	医生	05. 04. 18
245	海南	韦吉辉	男	24	汉	海南	军人	05. 04. 20
246	天津	李松英	女	30	汉	天津	学生	05. 04. 26
247	内蒙古	杨庆文	男	34	汉	内蒙古	警察	05. 04. 29
248	广东	黄红卫	男	39	汉	深圳	工人	05. 05. 11

249	重庆	毛尚红	男	39	汉	重庆	员工	05.05.17
250	贵州	白学友	男	21	汉	贵州	学生	05.05.23
251	黑龙江	来元英	男	43	汉	黑龙江	工人	05.05.24
252	上海	郑 希	男	28	汉	上海	职员	05.05.23
253	天津	张洪香	女	21	汉	天津	学生	05.05.26
254	四川	胡 勇	男	28	汉	四川	职员	05.05.31
255	河南	冯新玲	女	33	汉	河南	医生	05.05.17
256	黑龙江	邢 洋	男	22	汉	黑龙江	自由职业	05.06.09
257	上海	贾赵懿	男	23	汉	上海	职员	05.05.30
258	重庆	李智强	男	21	汉	重庆	学生	05.06.02
259	湖南	洪仕良	男	21	汉	湖南	学生	05.06.07
260	海南	张 伟	男	21	汉	海南	战士	05.06.07
261	陕西	韩记江	男	19	汉	陕西	学生	05.06.02
262	湖南	黄 美	女	22	汉	湖南	职员	05.06.09
263	广东	赵 博	男	24	汉	深圳	职员	05.06.13
264	上海	丁 杰	男	19	汉	上海	学生	05.06.21
265	河南	邹超平	男	32	汉	河南	工人	05.06.28
266	浙江	洪 佳	女	22	汉	浙江	学生	05.07.14
267	上海	余启超	男	27	汉	上海	职员	05.06.28
268	河北	崔彩云	女	22	汉	河北	学生	05.07.13
269	上海	梁 灏	男	33	汉	工人	上海	05.07.10
270	江苏	孙 磊	男	24	汉	学生	江苏	05.07.13
271	北京	张 翯	女	27	汉	北京	学生	05.07.18
272	湖北	周 伟	男	24	汉	湖北	职员	05.07.18
273	山东	鄢 丽	女	27	汉	山东	护士	05.07.19
274	湖北	钟碧波	男	24	汉	湖北	军人	05.07.24
275	辽宁	张德民	男	33	汉	辽宁	工人	05.07.26
276	陕西	张 翔	男	28	汉	陕西	职员	05.07.26
277	陕西	郭经永	男	36	汉	陕西	职员	05.07.27
278	河南	王慧艳	女	27	汉	河南	职员	05.07.26
279	北京	董 维	女	20	汉	北京	学生	05.07.28
280	福建	林田斌	男	30	汉	福建	工人	05.07.28
281	北京	陆 秋	女	23	汉	北京	学生	05.08.01
282	上海	王立冬	男	22	汉	上海	警察	05.07.28
283	北京	胡塔光	男	24	汉	北京	职员	05.08.03

284	黑龙江	杨振岭	男	22	汉	黑龙江	学生	05.08.11
285	河南	雷　振	男	25	汉	河南	干部	05.08.10
286	云南	普利忠	男	44	汉	云南	职员	05.08.08
287	江苏	陈小伟	男	27	汉	江苏	医师	05.08.15
288	北京	涂　彬	男	23	汉	北京	学生	05.08.22
289	海南	王延良	男	25	汉	海南	军人	05.08.22
290	辽宁	陈小利	女	22	汉	辽宁	学生	05.08.23
291	江苏	陶卫文	男	37	汉	江苏	工人	05.08.17
292	广东	陈荷芬	女	37	汉	深圳	职员	05.08.18
293	北京	刘建祥	男	37	汉	北京	职员	05.08.25
294	北京	罗龙锦	男	23	汉	北京	学生	05.08.25
295	云南	李晓丽	女	24	汉	云南	职员	05.08.29
296	北京	薛艳华	女	26	汉	北京	职员	05.09.01
297	陕西	程　程	女	20	汉	陕西	学生	05.09.01
298	河南	李俊伟	男	31	汉	河南	个体	05.09.05
299	江苏	闾蓟敏	女	30	汉	江苏	教员	05.09.05
300	山东	任　鹏	男	25	汉	山东	工人	05.09.08
301	上海	宋　赞	男	28	汉	上海	警察	05.09.12
302	辽宁	陈金朝	男	22	汉	辽宁	职员	05.09.14
303	山西	王有军	男	27	汉	山西	个体	05.09.15
304	北京	田水利	男	25	汉	北京	工程师	05.09.22
305	北京	刘立波	男	28	汉	北京	职员	05.09.24
306	江苏	王建文	男	39	汉	江苏	工人	05.09.27
307	四川	刘　斌	男	23	汉	四川	职员	05.09.28
308	辽宁	孙大勇	男	24	汉	辽宁	学生	05.09.27
309	四川	詹　敏	女	25	汉	四川	职员	05.09.28
310	江苏	万顷波	女	28	汉	江苏	医生	05.09.26
311	上海	汪　洋	女	20	汉	上海	学生	05.09.29
312	湖南	曾　涛	男	27	汉	湖南	个体	05.10.11
313	河南	杨　震	男	31	回	河南	个体	05.10.13
314	河北	李庆玉	男	23	汉	河北	学生	05.10.13
315	山东	朱茂伟	男	25	汉	山东	财会	05.10.14
316	浙江	汪　霖	男	28	汉	浙江	医生	05.10.17
317	上海	凌维维	女	36	汉	上海	职员	05.10.17
318	辽宁	姜　海	男	21	汉	辽宁	学生	05.10.17

319	陕西	户晓洁	男	26	汉	陕西	待业	05. 10. 17
320	陕西	李智斌	男	21	汉	陕西	学生	05. 09. 27
321	山东	邱英娜	女	30	汉	山东	护士	05. 10. 18
322	上海	贺霞萍	女	29	汉	上海	职员	05. 10. 19
323	四川	郑　婕	女	23	汉	四川	护士	05. 10. 19
324	陕西	魏俊涛	男	23	汉	陕西	职员	05. 10. 24
325	陕西	张　健	男	21	汉	陕西	军人	05. 10. 20
326	广西	赵柳林	男	26	汉	广西	教师	05. 10. 26
327	海南	陈晓红	女	31	汉	海南	会计	05. 10. 26
328	上海	孙冬萍	女	34	汉	上海	待业	05. 10. 27
329	江苏	高　琴	女	38	汉	江苏	教员	05. 11. 01
330	陕西	岳　青	男	21	汉	陕西	学生	05. 11. 05
331	河南	史中应	男	42	汉	河南	医生	05. 11. 14
332	湖南	白帮治	男	49	汉	湖南	农民	05. 11. 11
333	湖南	周靖之	男	31	汉	湖南	自由职业	05. 11. 12
334	上海	袁　喆	男	20	汉	上海	学生	05. 11. 09
335	陕西	侯小龙	男	20	汉	陕西	士兵	05. 11. 15
336	陕西	郑　倩	女	33	汉	陕西	职员	05. 11. 17
337	四川	徐　峰	女	27	汉	四川	个体	05. 11. 16
338	湖南	王　勇	男	22	汉	湖南	学生	05. 11. 17
339	山东	郭庆广	男	23	汉	山东	职员	05. 11. 15
340	辽宁	刘　杰	男	37	汉	辽宁	教员	05. 11. 18
341	广西	梁世寿	男	30	壮	广西	职员	05. 11. 18
342	江苏	蔡冬生	男	32	汉	江苏	医生	05. 11. 22
343	天津	赵伟光	男	20	汉	天津	学生	05. 11. 22
344	吉林	孙延丰	男	23	汉	吉林	学生	05. 11. 22
345	辽宁	刘建民	男	41	汉	辽宁	工人	05. 11. 27
346	北京	冯志刚	男	35	汉	北京	经理	05. 11. 28
347	湖南	徐玉皇	男	43	汉	湖南	无业	05. 11. 29
348	山东	徐鸿春	男	24	汉	山东	职员	05. 11. 30
349	重庆	石小莉	女	20	汉	重庆	学生	05. 11. 30
350	湖南	王必元	男	33	汉	湖南	农民	05. 12. 01
351	河南	王　伟	男	28	汉	河南	干部	05. 11. 28
352	福建	周春雨	男	39	汉	福建	教员	05. 12. 06
353	陕西	解江军	男	25	汉	陕西	个体	05. 12. 08

354	北京	汪　伟	女	22	汉	北京	学生	05.12.06
355	北京	李　喆	男	26	汉	北京	学生	05.12.14
356	北京	林夏武	男	22	汉	北京	学生	05.12.15
357	河北	崔树明	男	35	汉	河北	职员	05.12.15
358	浙江	张英华	男	25	汉	浙江	工人	05.12.15
359	湖南	刘志江	男	30	汉	湖南	学生	05.12.21
360	河北	韦艳清	女	33	汉	河北	职员	05.12.20
361	江苏	吴　正	男	25	汉	江苏	教员	05.12.22
362	上海	陈文渊	男	23	汉	上海	职员	05.12.26
363	北京	周　宇	男	24	汉	北京	学生	05.12.27
364	河南	赵国志	男	24	汉	河南	工人	05.12.27
365	北京	李五一	男	37	汉	北京	职员	05.12.29
366	黑龙江	赵　鑫	男	20	汉	黑龙江	军人	05.12.29
367	陕西	焦江云	男	25	汉	陕西	工程师	05.12.30
368	江苏	林　华	男	43	汉	江苏	经理	05.12.29
369	上海	沈伟军	男	21	汉	上海	学生	06.01.03
370	海南	邢海波	男	30	汉	海南	经理	06.01.04
371	天津	梁　斌	男	25	汉	天津	学生	06.01.09
372	陕西	翟宏伟	男	37	汉	陕西	职员	06.01.09
373	河南	姚如涛	男	32	汉	河南	干部	06.01.10
374	江苏	蒋　震	男	27	汉	江苏	职员	06.01.11
375	陕西	辛晶晶	女	21	汉	陕西	学生	06.01.15
376	福建	陈志伟	男	23	汉	福建	职员	06.01.19
377	北京	张星星	男	22	汉	北京	学生	06.01.20
378	上海	付兴亮	男	22	汉	上海	学生	06.01.25
379	山东	闫进军	男	36	汉	山东	化验员	06.02.13
380	江苏	朱海峰	男	26	汉	江苏	医生	06.02.21
381	河南	陶云广	男	34	汉	河南	工人	06.02.21
382	广西	李焕思	男	30	汉	广西	保安	06.02.22
383	山西	胡国锋	男	22	汉	山西	工人	06.02.22
384	广东	韩　炜	男	35	汉	上海	职员	06.02.23
385	上海	杨文强	男	35	汉	上海	职员	06.02.20
386	云南	汤　龙	男	25	汉	云南	教师	06.02.27
387	上海	董佳宁	男	23	汉	上海	学生	06.02.27
388	江苏	吴宏瑜	男	34	汉	江苏	记者	06.02.28

389	重庆	洪　辉	男	22	汉	重庆	学生	06.03.03
390	河南	秦现昌	男	29	汉	河南	司机	06.03.06
391	河南	杨智勇	男	32	汉	河南	私企	06.03.08
392	江苏	丁怡中	男	28	汉	江苏	职员	06.03.09
393	天津	李晓琳	男	26	汉	天津	职员	06.03.13
394	湖南	曾　洁	女	21	汉	湖南	职员	06.03.15
395	湖南	王永林	男	29	汉	湖南	武警	06.03.15
396	湖南	钦培校	男	23	汉	湖南	医师	06.03.16
397	辽宁	贾志刚	男	37	汉	辽宁	职员	06.03.22
398	广东	卢功善	男	29	汉	广东	职员	06.03.27
399	广东	李再兴	男	22	汉	广东	职员	06.03.28
400	上海	曲海菁	女	30	汉	上海	护士	06.03.30
401	山东	王甜甜	女	21	汉	山东	学生	06.03.30
402	上海	朱小蓓	女	28	汉	上海	护士	06.03.28
403	北京	张德强	男	26	汉	北京	学生	06.03.30
404	北京	吕　冉	男	25	汉	北京	公务员	06.04.03
405	江苏	高海涛	男	31	汉	江苏	学生	06.04.03
406	江苏	王晓洁	女	25	汉	江苏	护士	06.04.03
407	湖北	高　杰	男	23	汉	湖北	学生	06.04.04
408	福建	张少艺	女	27	汉	福建	教员	06.03.28
409	广西	黄焕生	男	23	汉	广西	学生	06.04.03
410	湖南	贾晓彦	女	21	汉	湖南	学生	06.04.06
411	陕西	高　明	男	24	汉	陕西	学生	06.04.05
412	广东	徐海峰	男	29	汉	广东	职员	06.04.10
413	陕西	陈　刚	男	37	汉	陕西	工人	06.04.12
414	黑龙江	刘建明	男	22	汉	黑龙江	学生	06.04.17
415	黑龙江	叶光达	男	27	汉	黑龙江	工人	06.04.18
416	广东	张春秀	男	28	汉	广东	职员	06.04.18
417	福建	侯　涛	男	23	汉	福建	学生	06.04.19
418	上海	杨晨筠	男	23	汉	上海	学生	06.04.19
419	云南	湛程文	男	23	汉	云南	学生	06.04.20
420	山西	冀青良	男	23	汉	山西	职员	06.04.24
421	北京	汪　涛	男	27	汉	北京	职员	06.04.24
422	广东	左燕菊	女	22	汉	广东	无业	06.04.27
423	上海	马　宁	男	33	汉	上海	研究生	06.04.26

424	广东	沈忠臣	男	29	汉	广东	军人	06.05.09
425	福建	张木林	男	23	汉	福建	职员	06.05.11
426	江西	邓椿敏	男	27	汉	江西	个体	06.05.16
427	北京	李　枫	男	37	汉	北京	个体	06.05.17
428	上海	李卓阳	男	25	汉	上海	工程师	06.05.11
429	陕西	周晓方	男	31	汉	陕西	干部	06.05.18
430	湖南	曾繁贵	男	31	汉	湖南	职员	06.05.18
431	广东	刘　湘	男	24	汉	广东	学生	06.05.21
432	湖北	王胜明	男	25	汉	湖北	职员	06.05.22
433	江苏	熊毅雯	女	29	汉	江苏	工人	06.05.22
434	江苏	王迎春	男	26	汉	江苏	居民	06.05.23
435	湖北	冯耀东	男	25	汉	湖北	医生	06.05.24
436	广西	覃晓东	男	26	汉	广西	无业	06.05.29
437	北京	祁　博	男	24	汉	北京	职员	06.06.02
438	湖南	曹木兰	女	37	汉	湖南	农民	06.06.05
439	湖南	汤　宁	男	24	汉	湖南	学生	06.06.05
440	湖南	梁爱军	男	21	汉	湖南	职员	06.06.05
441	河南	刘　辉	男	29	汉	河南	技术员	06.06.05
442	河南	张彦方	男	33	汉	河南	医生	06.06.06
443	河南	祁　勇	男	36	汉	河南	职员	06.06.08
444	江苏	陈梦溪	男	25	汉	江苏	教师	06.06.05
445	江苏	袁雪峰	男	28	汉	江苏	医生	06.06.06
446	湖南	张严和	女	22	白	湖南	学生	06.06.07
447	陕西	段志刚	男	22	汉	陕西	学生	06.06.08
448	陕西	孙　静	女	24	汉	陕西	职员	06.05.29
449	河南	王文君	女	38	汉	河南	干部	06.06.16
450	黑龙江	闫善义	男	32	汉	黑龙江	电工	06.06.19
451	上海	别尔得别克	男	24	哈萨克	上海	学生	06.06.19
452	广东	骆重轩	女	24	汉	广东	学生	06.06.19
453	广东	戴希里	男	29	汉	广东	工程师	06.06.19
454	广东	覃广萍	男	27	汉	广东	医师	06.06.19
455	江苏	陈　军	男	28	汉	江苏	个体	06.06.20
456	四川	彭　庄	男	22	汉	四川	军人	06.06.20
457	辽宁	薄剑波	男	25	汉	辽宁	学生	06.06.21
458	河南	李小强	男	38	汉	河南	教师	06.06.26

459	河南	白喜明	男	33	汉	河南	电工	06. 06. 28
460	河北	张兴隆	男	22	汉	河北	职员	06. 06. 28
461	重庆	龙桂林	男	22	汉	重庆	学生	06. 07. 03
462	四川	赵　弟	男	21	汉	四川	学生	06. 07. 04
463	河南	刘　翔	男	28	汉	河南	职员	06. 07. 04
464	江苏	朱雪林	男	39	汉	江苏	辅警	06. 07. 05
465	湖南	唐正蛟	男	23	汉	湖南	学生	06. 07. 05
466	上海	王少军	男	22	汉	上海	学生	06. 07. 04
467	山西	刘晓军	男	22	汉	山西	技术员	06. 07. 03
468	陕西	牛　勇	男	25	汉	陕西	职员	06. 07. 01
469	广东	蔡国红	男	38	汉	广东	工人	06. 07. 11
470	重庆	张铨开	男	22	汉	重庆	学生	06. 07. 12
471	江苏	沈　园	男	32	汉	江苏	职员	06. 07. 12
472	上海	张佳汇	女	23	汉	上海	学生	06. 07. 11
473	上海	陆春锋	男	27	汉	上海	职员	06. 07. 13
474	辽宁	刘　允	男	29	汉	辽宁	工人	06. 07. 24
475	江苏	刘　虎	男	32	汉	江苏	职员	06. 07. 24
476	福建	邵加立	男	22	汉	福建	医生	06. 07. 24
477	河南	张建伟	男	36	汉	河南	个体	06. 07. 27
478	广东	姚　钢	男	32	汉	广东	职员	06. 07. 24
479	上海	沈　波	男	31	汉	上海	职员	06. 07. 27
480	天津	王国良	男	34	回	天津	待业	06. 07. 31
481	湖南	周军和	男	39	汉	湖南	公务员	06. 08. 02
482	湖南	刘战领	男	22	汉	湖南	学生	06. 08. 02
483	湖南	邓　为	男	31	汉	湖南	工人	06. 08. 03
484	山西	弓得箭	男	23	汉	山西	待业	06. 08. 07
485	江苏	杨俊霞	女	31	汉	江苏	护士	06. 08. 08
486	北京	杨　莹	女	31	汉	北京	职员	06. 08. 14
487	山西	白　东	男	29	汉	山西	个体	06. 08. 14
488	辽宁	蔡丽华	女	22	汉	辽宁	学生	06. 08. 06
489	上海	宋卫华	男	34	汉	上海	工人	06. 08. 07
490	河南	于利冬	男	26	汉	河南	职员	06. 08. 08
491	贵州	伏怀耀	男	27	汉	贵州	技术员	06. 08. 15
492	山西	冯丽君	女	24	汉	山西	检验士	06. 08. 14
493	河南	王传庆	男	35	汉	河南	工人	06. 08. 15

494	重庆	张　兵	男	23	汉	重庆	学生	06.08.17
495	重庆	王　业	男	36	汉	重庆	工人	06.08.21
496	广西	杨记光	男	29	汉	广西	工人	06.08.21
497	江苏	潘文忠	男	32	汉	江苏	工人	06.08.22
498	黑龙江	范元良	男	24	汉	黑龙江	工人	06.08.22
499	湖南	朱峰纬	男	20	汉	湖南	职员	06.08.23
500	山西	王　阔	男	22	汉	山西	无业	06.08.22
501	河南	李红宇	女	34	汉	河南	职员	06.08.28
502	吉林	刘永亮	男	21	汉	吉林	职员	06.08.29
503	上海	马小燕	女	21	汉	上海	护士	06.09.05
504	重庆	林艺兰	女	23	汉	重庆	学生	06.09.04
505	湖南	伍中久	男	27	汉	湖南	医生	06.09.05
506	浙江	沈　愈	男	36	汉	浙江	职员	06.09.06
507	广东	陈福平	男	21	汉	广东	医师	06.09.06
508	广东	万祥虹	男	32	汉	广东	工人	06.09.07
509	上海	朱英华	男	27	汉	上海	医生	06.09.07
510	北京	胡　豫	女	32	汉	北京	个体	06.09.11
511	甘肃	张雯娟	女	23	汉	甘肃	学生	06.09.12
512	上海	潘逸峰	男	21	汉	上海	学生	06.09.12
513	江苏	朱兰勇	男	29	汉	江苏	医师	06.09.13
514	北京	刘　幸	男	20	土家	北京	学生	06.09.19
515	重庆	向时云	男	42	土家	重庆	公务员	06.09.13
516	重庆	涂　军	男	49	汉	重庆	职员	06.09.14
517	北京	莫畏难	男	21	汉	北京	学生	06.09.15
518	浙江	丁　毅	男	26	汉	浙江	职员	06.09.14
519	湖南	肖　寒	男	29	汉	湖南	职员	06.09.17
520	广东	李　安	男	29	汉	广东	会计	06.09.18
521	广西	许　健	男	21	壮	广西	干部	06.09.18
522	广东	肖忠江	男	24	汉	广东	职员	06.09.19
523	四川	简传兵	男	35	汉	四川	个体	06.09.19
524	湖南	唐三军	男	33	汉	湖南	工人	06.09.18
525	广西	韦廷礼	男	24	壮	广西	职员	06.09.20
526	黑龙江	张明国	男	31	汉	黑龙江	厨师	06.09.24
527	北京	李永昌	男	32	汉	北京	公务员	06.09.25
528	辽宁	李景林	男	34	汉	辽宁	职员	06.09.27

529	河南	王玉玲	女	40	汉	河南	会计	06.09.27
530	河南	刘东兴	男	33	汉	河南	个体	06.09.28
531	北京	徐 亮	男	25	汉	北京	军人	06.09.29
532	云南	曾裕玲	女	42	汉	云南	职员	06.09.27
533	广东	宋运湘	男	24	汉	广东	工人	06.10.17
534	辽宁	王 进	男	21	汉	学生	辽宁	06.10.12
535	天津	赵立梅	女	32	汉	医生	天津	06.10.12
536	吉林	李云峰	男	24	汉	吉林	干部	06.10.14
537	上海	葛 菁	女	22	汉	上海	学生	06.10.17
538	湖南	方世俊	男	26	汉	湖南	警察	06.10.18
539	湖南	郝晴晴	男	22	汉	湖南	学生	06.10.18
540	上海	刘 斌	男	29	汉	上海	职员	06.10.19
541	江苏	王学文	男	29	汉	江苏	教员	06.10.19
542	浙江	王 成	男	23	汉	浙江	军人	06.10.19
543	江苏	沈 骏	男	32	汉	江苏	医师	06.10.24
544	广东	叶 卫	男	37	汉	广东	职员	06.10.25
545	山东	周淑玉	女	43	汉	山东	无业	06.10.25
546	陕西	殷朝磊	男	22	汉	陕西	职员	06.10.25
547	云南	李 康	男	29	汉	云南	医生	06.10.25
548	河南	路 亮	男	31	汉	河南	职员	06.10.28
549	陕西	李 磊	男	24	汉	陕西	职员	06.09.28
550	湖北	冯小坚	女	21	汉	湖北	学生	06.10.30
551	福建	郑明华	男	36	汉	福建	工人	06.11.06
552	广东	孙 波	男	22	汉	广东	学生	06.11.09
553	北京	林 雄	男	25	汉	北京	军人	06.11.13
554	广东	谢先华	男	33	汉	广东	职员	06.11.13
555	广东	陈 虎	男	25	汉	广东	职员	06.11.07
556	河南	张学军	男	36	汉	河南	医生	06.11.13
557	湖南	梁 箫	男	23	汉	湖南	职员	06.11.16
558	辽宁	徐英军	男	37	汉	辽宁	工人	06.11.20
559	江苏	李 东	男	37	汉	江苏	工人	06.11.22
560	河南	赵永军	男	34	汉	河南	个体	06.11.16
561	江西	汪 堃	男	38	汉	江西	职员	06.11.20
562	上海	徐 晋	男	22	汉	上海	职员	06.11.23
563	北京	蒋林锋	男	24	汉	北京	职员	06.11.27

564	江苏	徐　萍	女	43	汉	江苏	助产士	06.11.29
565	河北	郭清华	女	40	汉	河北	职员	06.11.30
566	陕西	左进伟	男	23	汉	陕西	职员	06.12.01
567	山东	党金松	男	31	汉	山东	工人	06.12.02
568	河南	羊　晶	女	29	汉	河南	教师	06.12.04
569	河北	李欣欣	女	22	汉	河北	学生	06.12.05
570	河南	赵俊有	男	26	汉	河南	个体	06.12.06
571	黑龙江	李　任	男	25	汉	黑龙江	工人	06.12.13
572	天津	刘　畅	男	22	汉	天津	学生	06.12.15
573	浙江	周振春	男	26	汉	浙江	教师	06.12.16
574	江苏	孙海扬	女	36	汉	江苏	教师	06.12.19
575	湖南	夏卫民	女	38	汉	湖南	农民	06.12.18
576	上海	施雯婷	女	24	汉	上海	职员	06.12.25
577	江苏	魏　勇	男	30	汉	江苏	警察	06.12.25
578	河北	宋永斌	男	28	汉	河北	工人	06.12.25
579	辽宁	刘月暄	女	24	汉	辽宁	医生	06.12.26
580	广东	翁志芳	男	27	汉	广东	职员	06.12.26
581	江苏	高　磊	男	23	汉	江苏	军人	06.12.27
582	广东	张嘉杰	男	23	汉	广东	工人	06.12.28
583	山东	刘　宇	男	26	汉	山东	医生	06.12.29

卷　二

六

分会篇

省、自治区、直辖市红十字会

北京市红十字会

【年度工作】

2009年，是首都红十字事业发展史上具有里程碑意义的一年。隆重召开了北京市红十字会第九次会员代表大会，明确了今后五年的奋斗目标和主要任务，首都红十字事业的发展站在一个新的历史起点上。

2009年，是首都红十字事业发展再创佳绩的一年。以改善民生、促进和谐为目标，圆满完成了市政府所承办的实事项目，全年各项工作任务指标顺利实现，五大体系建设的奋斗目标取得了积极的进展。

600万份《家庭急救手册》正式编印出版，免费发放到市民家庭；继续加大应急救护培训力度，全市接受红十字会普及培训人数达到129.26万人；“999”救援队、蓝天救援队、邵家坡康复救援队等一批志愿服务组织成为红十字应急组织；成功举办了“北京市红十字会地震灾害应急救援演练”；在本市公共交通设施上安装红十字急救箱821个。

在防灾应急体系、赈济救助体系、志愿服务体系、文化传播体系、组织创新体系五大体系建设上，都取得了良好的工作业绩。彭珮云同志在北京市第九次会员代表大会上强调：“北京市红十字工作处于全国红十字系统的前列，已经成为构建社会主义和谐社会一支不可或缺的重要力量。”华建敏同志在调研北京市红十字工作时指出：“五年内，有2/3的省、区、市红十字会达到北京市红十字会的水平，中国红十字事业将会迎来一个大的发展”。北京市红十字会一定不负重托，不辱使命，为首都红十字事业的发展做出贡献。

【历史沿革】

1928年10月29日，在危难和动乱的年代，中国红十字会北平分会诞生了。建国前的北平红十字会，以“恤兵博爱”为宗旨，开展了战地救护、难民救济、筹募基金等工作。

1950年12月28日，中国红十字会北平分会正式改组为北京市红十字会，走上了改组后的新生阶段。1949年至1958年，在“兴办医疗实体；参加抗美援朝、组织志愿手术队和医防服务队赴朝进行防疫、医疗和战地救护；开展募捐；建立组织、发展会员；参加爱国卫生运动，组织卫生救护训练；同时，在红十字青少年、血源管理、外事往来，接受捐赠”等方面做了很多工作。1959年到1978年，经历了与卫生教育所合署办公、“文化革命十年动乱”、党的十一届三中全会拨乱反正等时期，红十字会的工作也走过了停止和重新恢复的过程。1980年召开的北京市红十字会第四次会员代表大会，选出了以常务副市长白介夫为会长的新的领导机构，北京市红十字会开始了红十字工作新的探索和实践，并总结出“救死扶伤、扶危济困、敬老助残、助人为乐”的十六字工作方针，协助政府完成了一系列特殊任务。1993 年 10 月《中华人民共和国红十字会法》、1996 年 1 月《中华人民共和国红十字标志使用办法》、1994 年 10 月《北京市实施〈中华人民共和国红十字会法〉办法》的颁布、实施，使红十字事业走上了法制化建设的轨道。1997 年 1 月 21 日，北京市红十字会第七次会员代表大会召开，大会聘请市委、市政府的主要领导尉健行和贾庆林担任名誉会长，提出了“努力开创有中国特色的红十字事业”的奋斗目标；明确了“为首都两个文明建设做出更大贡献”的工作要求。在市委、市政府的关怀下，北京市红十字会于 1991 年与市卫生局脱离挂靠关系，1996 年成立了党组，2002 年被批准为正局级单位，2003 年 4 月机关领导班子进行调整，主要领导更换后，理顺了机关机构设置，理顺了人员编制，理顺了机关和直属事业单位的关系。市委市政府关于“独立设制、建立党组、提高规格”等一系列政策的有力支持；人道主义“四项工程”：救灾救助、自救互救、红十字青少年、社区服务工程的不断实践；组织建设、宣传传播、兴办实体、对外交流的不断规范，使北京市红十字会的工作有了大幅度的发展。2004 年 6 月 1 日，北京市红十字会第八次会员代表大会召开前，在北京市委书记办公会上，市委领导专门听取了北京市红十字会代表大会的筹备工作汇报，并批准了会议方案，指示要把大会开成高品位、高规格的大会，这在北京市红十字会的发展史上是首次，充分体现了市委、市政府对红十字事业的关心和重视。6 月 8 日，北京市红十字会第八次会员代表大会在京西宾馆召开。来自基层红十字组织的会员代表，市委、市政府有关部、委、办、局和社会团体、企业界、志愿工作者的代表以及社会知名人士等 266 人参加了大会。中共中央政治局委员、北京市委书记刘淇，中国红十字会会长彭珮云，市委副书记、市长王岐山等领导出席了会议。刘淇、彭珮云发表了重要讲话。大会全面总结了北京市红十字会第七届理事会的工作，制定了 2004—2008 年发展规划，选举产生了由 95 名理事组成的新一届理事会，聘请市委书记刘淇、市长王岐山为北京市红十字会名誉会长，副市长孙安民当选为会长，李雪奴当选为常务副会长，韩陆、张进存当选为副会长，根据会长提名决定刘燕君为秘书长。

【组织机构】

截至 2005 年底，北京市红十字会有基层组织 1481 个，会员 86.7 万人（其中青少年会员 33.9 万人），占本市常住人口的 6.31%，志愿工作者 7.1 万人。全市 18 个区县均建立了红十字会，97.7% 的街道、83.7% 的乡镇和 51% 的各类学校也建立了红十字会组织。成立了学校、厂矿系统、旅游系统和志愿工作者委员会。北京市红十字下辖医疗服务中心、卫生救护培训中心、宣传教育中心、紧急救援中心（999）、中国造血干细胞资料库北京管理中心、备灾救灾服务中心和少儿住院医疗互助金管理办公室等 7 个直属事业单位。

北京市红十字会历次会员代表大会一览表

届次	日期	代表	理事	常务 常务	理事 副会长	会长	名誉 会长
第一次	1950.12.28	30 人	16 人	5 人		严镜清	
第二次	1955.6.23	239 人	17 人	5 人		严镜清	
第三次	1962.6.21	63 人	20 人	5 人		严镜清	
第四次	1980.4.18	120 人	22 人	5 人		白介夫	严镜清
第五次	1985.11.29	204 人 特邀 8 人	56 人	10 人		白介夫	严镜清
第六次	1991.11.29	211 人	86 人	4 人	张熙增	何鲁丽	白介夫 严镜清
第七次	1997.1.21	249 人	87 人	8 人	张熙增 李雪奴	林文漪 刘敬民	尉健行 贾庆林
第八次	2004.6.8	266 人	95 人	13 人	李雪奴	孙安民	刘淇 王岐山

北京市红十字会组织机构一览表

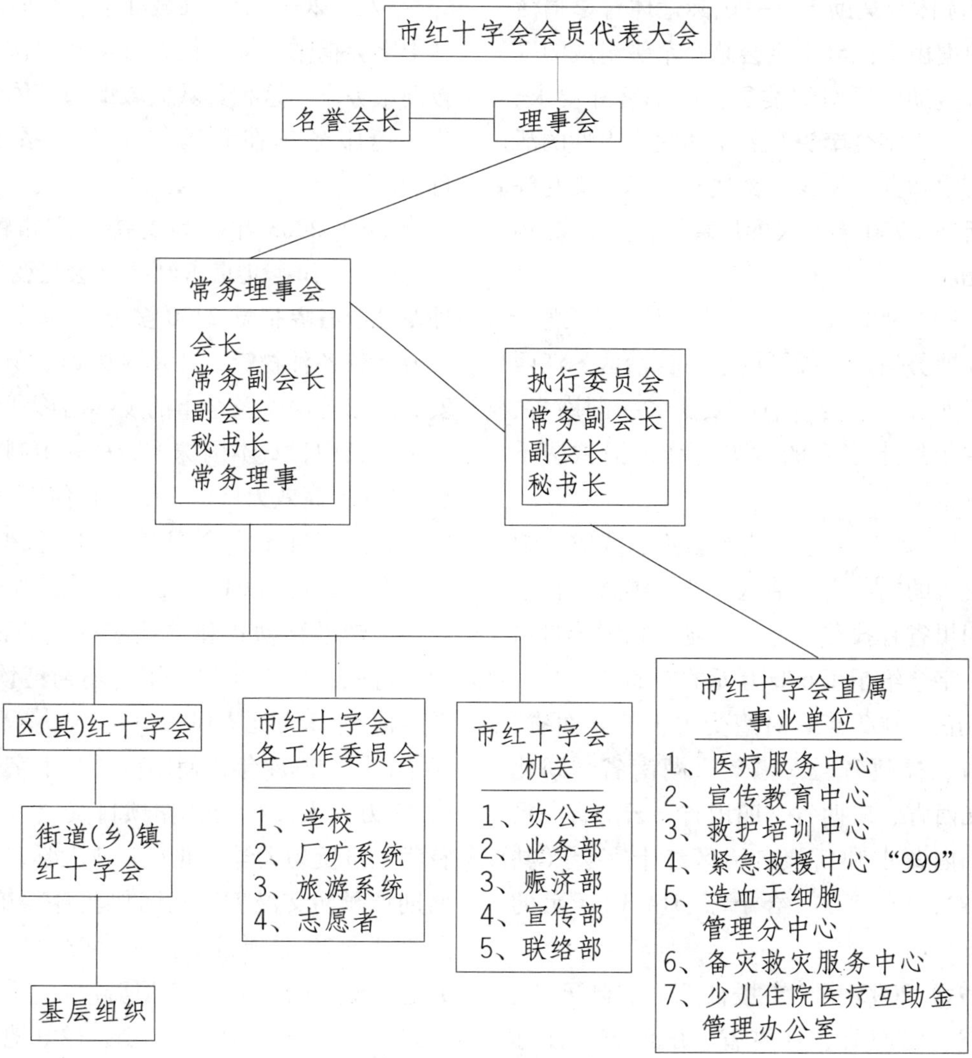

【大型项目】

（一）1984 年，非洲 36 个国家遭受旱灾。中国红十字会发出了《关于为非洲灾民开展社会募捐的通知》，北京市红十字会仅半个月就募集了 110 多万元，支援非洲灾民。

（二）1988 年，中国红十字会总会、外交部、国家教委、广播电影电视部、国家体委向国务院写了《关于参加 1988 年国际体育援助计划活动的请示》，国务院批复同意。从 4 月至 9 月，北京市红十字会开展了“88 国际体育援助”——国际性体育募捐活动。根据由中国红十字会总会牵头组成的国际体育援助中国组织委员会的部署和要求，北京市红十字会牵头开展了两次全市性的活动。其中举办了义诊、义演、义卖、义赛等募捐活动，200 多万人参加募捐，共募集 70 多万元。

（三）1998 年，为“三江流域”遭受水灾开展募捐，支援了内蒙古自治区、江西省、黑龙江省、吉林省、安徽省、湖南省、湖北省等红十字会的救灾工作，捐款达千万元。

（四）2001 年，对遭受雪灾、凌灾、地震等灾害的内蒙古自治区、新疆维吾尔自治区、四川省甘孜藏族地区、延边朝鲜族自治州红十字会给予了 670 万元的援助。

（五）2002 年，对遭受灾害的陕西省、贵州省、福建省、安徽省、湖南省、湖北省、江西省、广西省、四川省、云南省、重庆市、内蒙古和新疆自治区红十字会（共 13 个省、市、区）给予了 514.1 万元的援助。

（六）2003 年，支援江西省、陕西省、山东省、河南省、甘肃省、山西省、江苏省、安徽省、湖南省、湖北省、浙江省、贵州省、四川省、云南省、黑龙江省、重庆市和广西壮族自治区、内蒙古自治区、新疆维吾尔自治区红十字会（共 19 个省、市、区）救灾工作，共 770.7 万元。

（七）2004 年，支援吉林省、云南省、四川省、湖南省、贵州省、河南省、内蒙古自治区、重庆市（8 个省、市、区）红十字会的救灾工作，共计 99.7 万元。按照捐赠者意愿，定向支援新疆维吾尔自治区红十字会医疗器械，价值 87000 元人民币。

（八）2002 年，汉城红十字会向北京市红十字会捐赠一辆价值 6 万美元的移动救灾救助服务车，这种集救灾救助为一体的现代化快捷服务车在我国红十字会系统尚属首辆。

（九）2003 年，为支持北京市的抗击“非典”工作，北京市红十字会接受了国内外及社会各界捐款 2700 多万元和价值 5000 多万元的各种物资，并及时送到小汤山、佑安、地坛等医院及全市的发热门诊和弱势群体中。其中，日本国株式会社丸山制作所捐赠了 80 台高效灭菌消毒机，价值 20 万元人民币；广西红十字会捐赠了 60 吨白糖和 2 吨多白果，价值 21 万元人民币；福州市红十字会转赠移动式和壁挂式空气消毒机 60 台、过氧乙酸 5 吨和口罩、葡萄糖饮品等，总价值 49.3 万元人民币。

（十）2004 年，使用荷兰红十字会援助的 22 万元人民币的合作项目资金，先后在首都经济贸易大学、北京工业大学，举办了两期“预防艾滋病青年同伴教育”培训班，共培训了 20 名项目主持人，400 名宣传员，并通过他们的传播，使两所高校的千余名学生接受了预防艾滋病的知识，较好地掌握了自我防护的方法和技巧。

【主要特色】

（一）救灾救助工作

1. 救灾：自1995年以来，市红十字会依法开展募捐，共筹集款物价值人民币1.5亿元，既支援了内蒙、新疆、江西等25个省、自治区的救灾工作，还对北京市发生的灾害和困难群众进行了救助。

2003年4月，面对突如其来的“非典”疫情，全市各级红十字会组织，积极投入抗击“非典”斗争，在慰问医务人员，接受、分发救助物资，稳定群众情绪和发放“关怀非典受难者基金”方面，协助政府做了大量的工作。

2. 救助：关爱农村老党员。自1999年起，北京市红十字会与市委组织部连续四年共同开展了为农村建国前入党的近万名老党员免费送医送药和体检活动。共集资200多万元，组织了9支医疗队，出动医务人员500多人次，到达113个乡镇，对近万人（次）的老党员进行了义诊和慰问。

博爱复明。1999年2月，北京市红十字会开展了为北京市家庭困难、无力支付手术费用的白内障患者提供免费复明手术活动，被市政府列为为市民所办实事之一。通过市、区、街（乡）红十字会推荐、审核、确定手术救助对象，由北京市红十字会光明眼科诊所负责手术。几年来，共筹资300多万元，出动流动检查车到18个区县义诊近百次，为各类眼疾患者义诊、检查人数达3500余人次，筛选出适合做白内障手术者960人，使近800名贫困的白内障患者重见光明。“复明工程”得到了国外红十字会和志愿工作者的支持。美国著名眼科专家伊丽莎白·旺博士和里查德·达密安诺医生，新西兰红十字会东西分会志愿者玛丽·简·赫里斯顿医生，先后来北京市红十字会光明眼科诊所帮助工作。

在继续做好对国内外救灾救助的同时，为加强对本市困难人群和突发意外伤害事故中造成的困难群体的救助力度，为提高红十字会的救助实力和应急能力，北京市红十字会实施了赈济工作的“七个一”配套工程。（建立一支队伍：备灾救灾服务中心，一个备灾仓库，一个捐赠接受站，一套募捐工作规章制度，一个捐赠激励机制，一个网上捐赠，一个捐赠救助工作网络）。2003年底，市编办批准成立了北京市红十字会备灾救灾服务中心（正处级事业单位。全额拨款事业编制12人）。建立了备灾仓库并充实了救灾物资；“北京市红十字会募捐接收站”在社区挂牌运行，方便群众捐赠物品；严格募捐工作规章制度、实施捐赠激励机制，使奉献爱心的企业和个人积极性得到发扬和延续；网上捐赠的开通，拓展了募捐工作渠道；市、区（县）、街（乡）募捐救助工作网络的建立，为红十字会实施救灾救助工作，提供了组织保障。

1995年—2004年北京市红十字会接受社会捐赠款、物情况统计

单位：万元

年份	1995	1996	1997	1998	1999	2000	2001	2002	2003	2004	2005	总和
款	251.56		180.84	1322.66	63.33	31.7	1882.2	1031.62	2127.07	670	4451.62	12012.6
物				1635.78	38.25	152.57	345.67	750.85	2602.39	584.84	325.05	6435.4

（二）救护工作

北京市红十字会紧急救援中心（“999”）是经市编办正式批准的北京市红十字会的下属事业单位；“999”是经信息产业部特别批准给中国红十字会总会用于救灾、救助、救护的特殊服务专用电话号码，北京地区率先使用。2001年9月19日开通运行以来，本着以人为本、以病人为中心的宗旨，从近、从速、从优转送病人的基本原则，“999”已形成了以“紧急救援中心”为主，4个分中心、6个急救大站、45个急救分站的急救系统。制定了24小时紧急突发事件上报制度，并与“110”、“119”建立了紧急救援联动机制。共出动20万车次，救治了20余万病人，为北京市民增加了一条绿色生命通道。

“999”按照红十字会“协助政府开展人道领域救助工作”的要求，积极参与了北京地区近年来重大事故的救援工作。特别是在北京发生蓝极速网吧火灾、密云特大踩踏伤亡事故的救援和抗击“非典”斗争中做出了积极贡献。

（三）志愿捐献遗体工作

1999年，按照北京市政府的要求，“北京市志愿捐献遗体工作管理办公室”成立，设在北京市红十字会。北京市红十字会与市教委、市卫生局、市民政局、市公安局、市司法局等联合制定了《北京市志愿捐献遗体暂行办法》，并分别在协和医科大学、北京大学医学部、首都医科大学建立了三个遗体接受站。截至2004年，报名登记自愿捐献遗体者7739人，其中3298人办理了公证，累计实现遗愿者419人。为了弘扬志愿捐献遗体者无私奉献的精神，2004年，在市民政局的大力支持下，捐献遗体者纪念碑——“生命”，在北京市常青园骨灰林基地落成。

（四）造血干细胞移植工作

2001年4月，中国造血干细胞捐献者资料库重新启动。要求北京市红十字会建立“中国造血干细胞捐献者资料库北京分库”。本着充分利用社会资源、减少机构重叠的原则，北京市红十字会与北京市卫生局协商后，明确了北京市红十字血液中心承担“北京分库”血样的组织分型工作。6月份，北京市红十字会向市编办提出“关于成立北京造血干细胞捐献者资料库服务中心的请示”，11月，市编办批准市红十字会成立北京造血干细胞捐献者资料库服务中心，为相当于正处级的全额拨款事业单位、编制10名。截至2005年，在造血干细胞捐献者资料库北京管理中心报名登记的志愿者血样已有38051人份，其中已完成检测HLA分型数据27017人份；有21位志愿者成功捐献了造血干细胞，为白血病患者送去了重生的福音。

（五）“博爱在京城”募捐救助系列活动

北京市红十字会推出了“博爱助困、博爱助学、博爱助残、博爱助老”系列救助活动，制定了“56130救助计划”。即，帮助50000名困难家庭的儿童加入中小学生、婴幼儿住院医疗互助金，每人50元；救助3000个困难家庭，每户500元，资助3000名困难学生的年度学费，每人400元；帮助100个生活困难的白内障患者免费实施复明手术，每人2000元；帮助30个困难的孤寡老人入住颐年养老院，每人每年6000元。全年共向社会募集善款1898.53万元，完成了“56130”救助计划。救助了因自然灾害及突发事件造成的困难人群，使用了983万元的募捐款，切实加大了对本市困难人群的救助力度。

（六）“北京市中小学生、婴幼儿住院医疗互助金”工作

北京市中小学生、婴幼儿住院医疗互助金（简称互助金），是由农工民主党北京市委员会和北京市政协部分委员连续多年提案，经市政府批准由市红十字会和市教委、市卫生局联合开展的一项以互助共济为原则的公益性事业，于2004年9月正式启动。凡0—18岁有北京市户籍的孩子（包括已患病的孩子），每人每年交纳50元人民币，最高可累计享受到8万元的住院医疗费用保障。

此项工作，得到了市委、市政府和区县政府的大力支持。市委宣传部批示各新闻媒体加大了宣传力度；市编办批准成立了“北京市少儿住院医疗互助金管理办公室”；市财政局拨付启动经费，协调银行为各区县建立了集团账户。社会各界纷纷奉献爱心，为贫困家庭的少儿加入互助金捐款。为使互助金工作成为“阳光工程”，把这件利民的好事做实、实事做好，市红十字会成立了由市人大代表、市政协委员、市政府职能部门代表和加入互助金的学生家长代表等组成的“互助金工作监督委员会”，全程监督互助金工作。

（王万里）

东城区红十字会

【简介】

东城区红十字会创建于1952年2月，其前身是东单区红十字支会、东四区红十字支会。1958年5月随着两个行政区域合并，同时更名为东城区红十字会。区红十字会当时的主要工作是在人民群众中宣传普及卫生防病知识，组织现场救护训练，参加爱国卫生运动。1963年2月，东城区红十字会召开第一次会员代表大会，选举产生第一届理事会，健全了领导机构。至1966年底，全区319个居委会均建立了红十字会组织，建立红十字卫生站310个，部分驻区企事业单位、学校建立了红十字会。1966年12月至1979年8月，东城区红十字会停止工作。1979年9月在上级红十字会的关怀下，东城区红十字会重新恢复工作。至1982年东城区全面恢复基层红十字组织，发展会员16000余人。

全区10个街道红十字会与普教系统100%的社区和100%的中小学校建立了红十字会组织。共有基层组织361个，会员60184人。

西城区红十字会

【简介】

成立于1953年的北京市西城区红十字会，历任会长均由西城区政府副区长（区革委会副主任）担任。七届理事会第一次聘请了时任区委书记和区长担任名誉会长。2004年11月，区红十字会理顺管理体制。机关编制10人，处级领导1正1副，内设办公室、业务部两个科室。2005年2月和7月，经上级党组织批准先后成立了机关党支部和党组。8月成立少儿住院医疗互助金管理办公室（相当正科级全额拨款事业单位，核定编制4人）。

西城区红十字会下设学校工作委员会和7个街道红十字会。区属84所中小学、职技校设有红十字会组织，有151个社区红十字小组，9支红十字救援队，376家驻区会员单位、201家团体会员单位，会员总数96849人（其中红十字青少年会员32561人），红十字志愿者9053人，街道社区、学校建会率达100%。

崇文区红十字会

【简介】

崇文区红十字会成立于1953年，当时挂靠区卫生局，为从事人道主义工作的社会救助团体，事业编制。2004年底，按照中国红十字会总会的要求，崇文区红十字会理顺了管理体制，机构独立设置，级别升为正处级，编制增加到8人。2005年12月22日，崇文区红十字会召开第七次会员代表大会，选举产生了新一届理事会，区委书记李晓光、区长牛青山为名誉会长，副区长刘玉芳为会长，贾红梅任常务副会长，吴国强任秘书长。全区7个街道、区直机关、教育、卫生系统都建立了红十字组织，基层红十字组织达34个，会员30795人（其中红十字学校10所，青少年会员7893人）。

宣武区红十字会

【简介】

宣武区红十字会建于1953年，“文革”期间工作停顿，1978年恢复工作。按行政区域划分，区红十字会下设8个街道红十字会及红十字会学校工作委员会。现有基层组织147个，其中机关、企事业单位82个，中小学校、职高65个。红十字会员40692人，其中成人会员31911人，青少年会员8781人。

宣武区红十字会紧紧围绕“保护人的生命和健康，发扬人道主义精神，促进和平进步事业”的宗旨，本着解放思想、实事求是、创造性开展工作的原则，努力实施和完善人道主义博爱系列工程，进一步拓宽了人道主义救助工作的领域，使全区红十字会工作更加贴近社会、贴近生活、贴近群众。

2004年9月，根据市编办（京编办事［2004］81号）文件批复，宣武区红十字会机关被列为区政府直接联系的独立设置的群众团体机构，机构规格为正处级，编制5名。2005年6月，根据宣武区编办（宣编［2005］22号）文件批复，增加区红十字会编制2名，总编数为7名，设置办公室、业务科2个内设机构。

2004年11月，中国红十字会总会对宣武区“争创《全国社区红十字服务示范区》工作”进行评审验收。2005年2月，宣武区荣获中国红十字会总会、民政部授予的“全国社区红十字服务示范区”称号。

朝阳区红十字会

【简介】

朝阳区红十字会建立于1957年11月，当时名称为东郊区红十字会，挂靠在朝阳区卫生局。1958年随着区政府更名改为朝阳区红十字会。朝阳区红十字会机关正式编制8人，到2005年6月红十字会领导及科室人员全部到位。8月成立了区红十字会机关党支部，建立了各项规章制度。全区22个街道、20个地区（乡）全部建立了红十字会，210 所学校建立了红十字会组织，成立了朝阳区红十字学校工作委员会，共有团体会员单位 418 个，个人会员 60000 余名。

海淀区红十字会

【简介】

1958 年 10 月，海淀区红十字会成立，同年，区红十字会在海淀、四季青、清河等 10 个乡、镇建立基层红十字会组织，发展会员 3000 人。1979 年，海淀区红十字会恢复工作。2005 年 5 月，经区委、区政府批准，区红十字会调整为区政府直接联系的独立设置的正处级群众团体机构。全区有 22 个街道、2 个地区办事处和 5 个镇建立了红十字会，共有社区红十字会员小组 558 个，红十字会员总数 22 万人。全区小学、中学及职高共计 169 所，全部建立了红十字会，青少年会员 4.6 万人。有志愿工作者 1 万余人。有红十字工作委员会 1 个（海淀区红十字学校工作委员会）。区红十字会机关内设办公室和业务部，机关人员编制 8 名，下设海淀区少儿住院医疗互助金管理办公室直属事业单位。

丰台区红十字会

【简介】

丰台区红十字会 1984 年 12 月 24 日建会，挂靠区卫生局。2005 年 10 月 26 日，区红十字会正式独立为由区政府直接领导和联系的正处级单位。内设一部一室，编制 7 人。

石景山区红十字会

【简介】

根据北京市机构编制委员会办公室《关于理顺区县红十字会机关管理体制有关问题的通知》和北京市红十字会《关于做好理顺区县红十字会管理体制工作的指导意见》，2004 年 12 月 31 日石景山区机构编制办公室发文石编发出《关于调整石景山区红十字会机关管理体制的通知》，红十字会理顺为区政府直接联系的独立设置的群众团体机构，机构规格调整为正处级，核定机关编制 8 名，其中处级领导职数为 1 正 2 副。全区 9 个街道办事处、教工委均建立了红十字会组织。全区 56 所中小学校、职业学校中有 48 所学校建立了红十字会组织。全区现有红十字会基层组织 200 余个，成人会员 8200 余人、青少年会员 6700 余人、红十字志愿工作者 9000 余人。

天津市红十字会

【年度工作】

2009 年，天津市红十字会有红十字会基层组织有 1965 个，红十字会员 539198 人。全年接收募捐款物 2288 万元。全市红十字会系统为汶川特大地震灾区灾后重建项目捐款 21354 万元。为台湾“莫拉克”台风灾区和南方水灾、北方雪灾及地震灾区灾后重建捐款 1112 万元。支援新疆、云南、陕西、内蒙、黑龙江、河北六省、区救灾物资 295 万元。在“红十字博爱送万家”活动中筹集款物 848 万余元，有 23674 困难户受益。为万余名孤、残发放救助款物 670 万余元。还募集了 186 万余元款物慰问了 13985 名老人。举办的“助困抚恤班”资助了 150 名特困生。市红十字会开展项目活动共投入资金 91 万元。全年培训卫生救护师资 139 人、救护员 47810 名，普及防病知识 41800 人次。2009 年登记志愿捐献遗体 82 人，有九人实现捐献。全年完成造血干细胞血样采集 4538 人份，实现捐献的有 14 人。

【历史沿革】

天津市红十字会从 1911 年 11 月 10 日诞生之日到今天，已经走过了 94 年的风雨历程。天津是我国较早建立红十字会组织的地方之一。90 多年来，经历了两个截然不同的社会制度。在新中国建立前的近 40 年中，天津市红十字会是以“恤兵博爱”为宗旨的慈善团体。当时，红十字会工作人员和一些为红十字事业而献身的志士仁人冒着枪林弹雨活跃于战区，救护伤兵和平民百姓，或奔走于灾区赈济灾民，是在极其艰难的社会条件下履行人道主义使命的。建国后，在周恩来总理的亲切关怀下，中国红十字会总会得以改组，作为地方组织的天津市红十字会于 1953 年 3 月也获得了新生。从那时起到 20 世纪 60 年代中期，天津市红十字会在中共天津市委和天津市人民政府的领导和关怀下，走上了一条健康发展之路。当时，红十字会基层组织遍及全市城乡各行各业，红十字会会员（包括红十字青少年会员）已逾百万。市红十字会作为政府的助手，在保护人的生命和健康及开展民间外交方面发挥了积极的作用。“文革”期间，天津市红十字会组织和工作被迫停顿长达 10 余年之久。直到 20 世纪 70 年代末期，在中共十一届三中全会召开以后，经过拨乱反正，才重新得到恢复。

1978 年 7 月，天津市红十字会组织机构和工作恢复以后，立即着手加强组织建设。恢复后的天津市红十字会首届理事会会议于 1978 年 9 月 10 日召开（因红十字会工作停顿 10 余年，无法召开代表大会，为此恢复后的首届理事会代行了第三次会员代表大会的职权）。经过充分的酝酿和讨论，理事会一致选举白桦为天津市红十字会会长，并组成常务理事会。理事会决定：从天津市的实际出发，大力开展宣传工作，利用三年时间，把全市红十字会基层组织恢复起来，红十字会工作要做到“组织落实、人员落实、制度落实、活动落实”四个落实。

1992 年 9 月 18 日至 19 日，天津市红十字会第四次会员代表大会召开。参加此次会员代表大会的代表共 168 人，其中正式代表 155 人，列席代表 13 人。参加此次会员代表大会的代表们经过认真讨论，一致通过了关于第三届理事会工作报告的决议、关于《天津市红十字会组织通则》的决议、关于《天津市红十字会五年工作规划要点》（1991 ~ 1995 年）的决议。同时，经过代表充分酝酿和讨论，选举产生了新一届领导机构——第四届理事会。

在四届一次理事会上，一致通过并聘请钱其璈为天津市红十字会名誉会长。选举曲学申为天津市红十字会会长。

1993 年 10 月《中华人民共和国红十字会法》和 1996 年 1 月《中华人民共和国红十字标志使用办法》的颁布实施，使红十字事业走上了法制化建设的轨道。1998 年 11 月 24 日，天津市红十字会第五次会员代表大会召开，来自全市各有关部门、各单位和基层红十字会组织的 168 名代表参加大会。大会选举出68名理事组成新一届理事会。聘请俞海潮担任名誉会长，提出实施“四项工程”：百老百小博爱社会工程、保护生命工程、人道救援工程、青少年思想道德教育工程，充分发挥红十字会在精神文明建设中的作用。

2004年，天津市红十字会系统为“救灾救助基金”募集资金270余万元。在“红十字博爱送万家”活动中，全市各级红十字会共筹措资金120万元，救助了3200个困难群众家庭。市红十字会与海关合作，争取到罚没侵权物资价值65万元，用于救助困难学生。一年来，全市共筹集博爱助学金337万元，资助困难学生3759人。2004年，市红十字会还举办五期师资培训班，培训师资160人。与市体育局联合在全市170多个游泳场所培训救生员829人。一年来，全市共培训机动车驾驶员4万余人次。在“健康教育进社区”活动中，市红十字会发放《健康教育手册》13万份、防治“非典”宣传光盘32000张，开通了“天津市红十字会健康教育网站”，为18万群众免费查体，向2万余户家庭赠送了药品和卫生包。市红十字会与加拿大国际发展署共同捐资兴建了3个红十字农村防病培训指导中心，举办了33期乡医培训班，发放宣传材料20万份，发放消毒药品1500箱，使万余户农民受益。全市红十字会系统还开展了纪念中国红十字会成立100周年系列宣传纪念活动。完成了《闪光的红十字》电视专题节目的制作和播出，在市级以上新闻媒体刊登新闻报道205篇。市红十字会与市教委联合召开了红十字青少年工作会议，制订并颁发了《2004年至2010年天津市学校红十字会工作规划》。至2004年底，全市18个区、县全部成立了学校红十字工作委员会。天津市全年新创建市级红十字标准校26所。市红十字会组织红十字青少年参加了奥地利红十字青少年夏令营友好交流活动。2004年，全市累计有5700人完成造血干细胞的血样采集，经HLA分型入库资料累计达4700人份，有34位志愿者与患者HLA初配型基因相合，7人成功捐献了造血干细胞。

天津市红十字会历次代表大会

第一届

1951年3月30日召开，代表29人，理事30人，常务理事6人，会长李允恪，副会长宋罗歧（兼）等。

第二届

1958年3月10日召开，1884人，理事28人，常务理事6人，会长李振亚（兼），副会长吴士法等。

第三届

1978年9月10日召开，理事32人，常务理事7人，名誉会长钱其璈，会长白桦（兼）等，副会长赵芸一（兼）等。

第四届

1992年9月18日召开，代表168人，理事72人，常务理事3人，名誉会长钱其璈、庄公惠，会长曲学申、赵辉，副会长康健等。

第五届

1998年11月24日召开，代表168人，理事68人，常务理事7人，名誉会长俞海潮、张俊芳，会长赵辉，副会长王建华、吴炳岳、韩军、黄广祥。

【组织机构】

天津市红十字会现有基层组织2918个，

会员40余万，志愿者单位896个，志愿工作者39646人，拥有覆盖全市18个区、县和教育、铁路、武警三个行业的红十字会组织网络系统。同时，在教育系统建立了红十字会学校工作委员会，18个区、县也分别建立了区、县红十字会学校工作委员会。

天津市红十字会机关设有办公室（联络部）、赈济部、救护部、事业发展部。下辖直属事业单位中国造血干细胞捐献者资料库天津市分库管理中心。

根据《中华人民共和国红十字会法》和中国红十字会总会《理顺管理体制座谈会纪要》精神，2004年8月28日，天津市红十字会向市编委提交了《关于我市区县红十字会机构依法独立设置的再请示》。2005年1月18日，市机构编制委员会下发了《关于区县红十字会机关机构设置和人员编制有关问题的通知》。目前，天津市18个区、县红十字会机关理顺管理体制工作正在顺利进行。

【大型项目】

（一）1998年向遭受自然灾害的省、市、自治区进行的援助：

1. 1998年1至2月，向河北省张家口地震灾区募捐款物3690203元；发往西藏自治区那曲雪灾区现金、物资价值为256850元。

2. 8月11日至10月9日，为“三江流域”水灾开展募捐，共接收社会各界捐赠款物总值443万元，衣物15632件，分别发往湖南、湖北、内蒙古、黑龙江等灾区。

（二）2001年，紧急救助内蒙古自治区、新疆维吾尔自治区受灾地区，共募集款物总值达1330161余元，并募集了20余万件棉被、棉大衣、皮衣等物品，分4批运往灾区。

（三）2002年向遭受自然灾害的省、市、自治区进行援助：

1. 向内蒙古自治区通辽市、甘肃省定西县、广西壮族自治区贺州市和重庆市接龙镇各拨付救助款10万元，用于建设红十字小学。

2. 为福建省建宁县全溪乡卫生院建立放射科。

（四）2003年积极为遭受自然灾害的兄弟省市捐款捐物：

1. 2月，向新疆维吾尔自治区伽师地震灾区捐款10万元，帮助修建一所小学。

2. 7月为淮河等洪涝灾害地区募捐款物71万余元，购置帐篷、棉被、棉大衣、毛毯、药品等物资支援安徽、湖南、陕西三省灾区。

（五）2004年支援了6个省、市救灾工作：

1. 筹措价值80万余元的生活必需物资，支援内蒙古自治区锡林郭勒盟地震灾区和河南省、湖北省、四川省、云南省昆明市、黑龙江省佳木斯市的水灾灾区和贫困地区

2. 筹措价值800余万元的8万套“元亨强心卡”赠送给14个省、市红十字会。

【主要特色】

（一）开展“红十字博爱助学”募捐活动

为了使政府对特困生的救助增加一条重要的民间筹资渠道，同时也充分发挥学校红十字会的救助职能，使红十字会成为学校助困工作的主要承担者，2004年5月，经市领导批准，天津市红十字会与市委教卫工委、市教委、天津日报报业集团联合发起了

"红十字博爱助学"募捐活动，并设立了市、区、县学校三级"红十字博爱助学金"。制定并下发了《关于开展红十字博爱助学募捐活动的通知》、《天津市红十字博爱助学金管理使用暂行办法》、《天津市红十字校园募捐箱管理办法》等文件。募捐活动开展以来，得到社会各界的热烈响应。市教卫系统向"市红十字博爱助学金"捐赠了102.0098万元；平安保险公司天津分公司、北海粮油工业（天津）有限公司、天津市公安系统青年文明号干警、各区、县、各大中专院校以及社会上的爱心人士也纷纷捐款。截至2004年底，天津市红十字会共接收捐款169.3万元。南开大学广告策划中心捐赠了价值10万元的首批80个校园募捐箱，设立在部分学校校园内。

红十字博爱助学活动已成为红十字会服务党和政府工作大局、服务学生的一个"品牌"活动，凸显了红十字会在校园助困工作中的独特作用，天津市红十字会决定将其作为"品牌"年年进行下去。2005年，为了搞好这项活动，市红十字会在春节长假时间，与天津电视台、市残联联合举办并播出了《我们同行》大型电视公益会，中国红十字会会长彭珮云专程到会发表了热情洋溢的讲话。

（二）红十字青少年活动

天津市认真贯彻落实中国红十字会总会和国家教育部下发的《关于进一步推进学校红十字会工作的意见》及《学校红十字会工作规则》，注重发挥红十字会在学校全面推进素质教育中的重要载体作用，使红十字青少年工作成为学校整体工作的一个重要组成部分，在壮大组织、规范建设、丰富活动、创新方式上进行了积极探索，从而扩大了红十字会的影响力和号召力。自1997年开始，市红十字会与市教委联合在全市大中小学开展了创建红十字标准校活动，加强和规范了对学校红十字会工作的管理，建立健全了学校红十字会组织和管理机制，成立了天津市学校红十字会工作委员会，18个区、县也都建立了区、县学校红十字会工作委员会。红十字标准校普遍建立了四项工作制度，即：学校红十字会理事会议制度、红十字青少年活动制度、会费收缴使用管理制度、年终评比表彰制度。目前，全市20所大学全部建立了红十字会，绝大多数中小学校也已建立红十字会，中专校三分之二已建立红十字会，全市共发展红十字青少年会员19万人。经过7年的努力，截至目前，全市共创建市级红十字标准校226所，区级标准校640所。

2001年，在巩固红十字标准校工作的基础上，天津市红十字会开展了创建"红十字示范校"活动。经市红十字会、市教委严格评审验收，全市共有10所学校被命名为"红十字示范校"。

自2000年起，天津市红十字会与市委教卫工委、市教委、市民政局联合发起了天津市大中小学红十字青少年敬老奉献服务基地建设活动。全市394所学校与320所养老机构签订了敬老奉献志愿服务协议，实现了让全市所有养老院都享有红十字青少年志愿服务的工作目标。在创建红十字青少年敬老奉献服务基地活动中，全市有10所养老院和与之对口服务的11所学校被评为红十字敬老奉献示范基地和示范学校。

（三）构筑红十字会农村防病健康培训指导网络

为全面提高乡村卫生人员在疫情预防和

控制方面的能力、应急反应能力及参与长期疫病控制方面的能力，加拿大国际发展署和天津市红十字会共同捐赠39万元人民币和9万余元物资，在天津市武清、东丽、津南区建立了红十字会防病培训指导中心。红十字防病培训指导中心的主要功能是协助当地政府以及卫生部门组织乡村级卫生人员培训，免费发放消毒药品，对公共场所定期消毒，组织卫生宣传员深入农户宣传讲解防病知识，做到送药送卫生健康下乡，为农民群众服务。各培训中心均健全了培训制度，坚持邀请医学专家每月授课一次。培训对象以乡、街、村干部，乡村医生、校医、厂医、院内医务人员等为主，通过他们带动或推动单位、村队、社区卫生宣教工作的开展。培训内容涉及各种传染病的预防、消毒、隔离指导，多发病、常见病、慢性病的防治，群众性卫生急救技术普及和艾滋病知识预防工作。乡医有针对性地向群众宣讲通俗易懂的防病保健知识，深入生活困难、行动不便的群众家中讲解药品使用常识，提高他们预防疾病的能力，培养良好的卫生习惯。在抗击“非典”和禽流感的工作中，红十字防病培训指导中心在第一时间向400个行政村发放了20万份宣传材料，设立了30个红十字宣传栏。为加强辖区内的消毒工作，减少传染病的发生机率，三个区为各行政村配发喷雾器，并标有“红十字防病消毒专用”字样，乡医定期对公共场所进行消毒。红十字防病培训指导中心积极发挥红十字救助职能开展救助工作，每逢年节，红十字会工作人员都为特困家庭送去慰问金以及米、面、油等慰问品，免费为敬老院老人体检，建立健康档案，为困难群众在防控疾病方面提供力所能及的帮助。

（四）开发性扶贫工程

为帮助贫困农民摆脱困境，天津市红十字会从1996年开始摸索出一条新路，经与香港环球之友有限公司天津办事处积极联系，着手引进资金开展开发性扶贫工程。

1998年11月20日，经市红十字会积极努力协调，香港环球之友有限公司天津办事处与蓟县杨津庄乡政府正式签订协议，首次实施开发性扶贫工程，即：由香港环球之友有限公司为韩庄村提供697000元人民币，用于建造41座温室蔬菜大棚。其中40座大棚用于扶贫，每个大棚由一户贫困农民承包，共计40户；一个大棚用作蔬菜品种试验。此次扶贫资金分6年偿还本金，待资金收回后，再用于新的扶贫项目。

韩庄村贫困户承包蔬菜大棚后，在定期来津的美国和中方专家的指导下辛勤耕种，于1999年春节喜获丰收。他们将收获的西红柿、黄瓜等卖出，得到了第一笔收入。截至2001年5月，韩庄村承包大棚的贫困户均已摆脱困境，并开始逐年偿还扶贫本金。

天津市红十字会在全面总结经验的基础上，于2000年末至2001年初，由市红十字会领导带队相继考察了天津市部分区、县较贫困的地区，并选定在汉沽区后沽乡宝田村进行开发性扶贫试点工作。

这次市、区两级红十字会共同出资4万元，建造5个以种植葡萄为主的温室大棚，由5个有劳动能力的贫困户承包种植，乡政府具体进行指导。同时，每个承包户每年拿出一定收入款项帮助一户无劳动能力的贫困户共同脱贫。如该扶贫点试验成功，天津市红十字会将在此基础上进一步探讨开发性扶贫的可行性，争取扶贫工程有更大的发展。

（五）癌症康复委员会工作

1993年12月10日，天津市红十字志愿工作者协会癌症康复委员会成立，这是全国首家由红十字会组建的癌症康复组织。

自从河北区红十字癌症康复俱乐部于1992年10月24日成立以来，一年之间发展会员350多名。为满足全市癌症患者的需求，市红十字会成立了全市性的癌症康复组织，分别在各、区县建立癌症康复俱乐部，下设50多个活动站。截至2000年底，已有2300多名癌症患者加入了这个组织。他们坚持常年开展体育和气功锻炼，通过群体抗癌，科学抗癌，使大部分癌症患者增强了抗癌克癌的勇气，并笑对人生，延续生命。

癌症康复会经常组织会员开展各项活动，如举办康复知识讲座、文体活动，开展抗癌明星、克癌勇士评选活动，组织宣讲团到肿瘤医院为身患癌症的患者现身说法，到监狱开展帮教活动等。他们还专门成立了“生命之爱艺术团”，为社会各界举行义演，迄今已演出上百场。市红十字癌症康复会还举办了“生命之爱”艺术展，该市一批著名书画家将自已创作的艺术作品捐赠给癌症康复会。在展出的224件作品中，有百余幅作品出自癌症患者之手。

（六）建立遗体捐献者纪念园

2004年5月19日，由天津市红十字会、天津医科大学、天津元宝山庄陵园有限公司共同创建的天津市遗体捐献者纪念园在蓟县元宝山庄陵园落成。遗体捐献者纪念园坐落于天津市目前唯一的山地绿色生态陵园——元宝山庄陵园中的“归于自然”景观处。纪念园由天津市红十字会、天津医科大学、天津元宝山庄陵园有限公司三方合作共同建设，天津元宝山庄陵园有限公司无偿提供了500多平方米的建设用地和全部建设资金，总值1173.7万元。纪念园设计方案采取向社会公开征集的方式，园内的长25米、高4米的纪念碑为标志性建筑，并在以“奉献”为主题的纪念碑上镌刻209名已经实现愿望的遗体捐献者的名字。在他们当中，有著名的科学家、离休干部，也有普通的知识分子、工人、农民。纪念园周围以绿色植物和鲜花为陪衬，整个纪念园设计理念突出文化品位、观赏价值和艺术特点，该纪念园是我国目前规模最大的遗体捐献者纪念园。截至目前，天津市已有120多人领取了捐献遗体登记表。

（七）建立助困抚恤班

1997年6月12日，天津市红十字会建立了“助困抚恤班”，这是对特困生进行长期资助的一种探索形式。“助困抚恤班”建立后，分期分批接纳了社会上需要帮助的、有特殊困难的中小学生。凡经市红十字会批准的抚恤班成员，由市红十字会确定抚养人（抚养人都是志愿为困难中小学生提供长期资助的单位或各界人士），抚养人每月为抚恤班成员提供固定的救助金（每月50元~150元不等），救助金额根据被救助者家庭的实际困难情况而定。

截至目前，市红十字会建立的“助困抚恤班”已先后接纳了224名特困中小学生，有6个单位和百余名资助人提供了资助，每年资助款额已达25万余元。被救助的学生中，已有100余名高中毕业考上大学。由王本强连续多年资助的特困生盛保善在2000年的高考中，以664分的好成绩考上了清华大学。

（宋强）

河西区红十字会

【简介】

河西区红十字会成立于1957年，是正处级单位，行政编制4人，现有专职干部4位。全区基层组织90个，其中包括街道红十字会13个，中、小学校红十字会53个，医疗团体会员单位18个，企业红十字会6个。全区会员总数2.6万人，红十字志愿工作者近2万人。

和平区红十字会

【简介】

和平区红十字会成立于1956年7月，现有基层组织78个，会员18069人，红十字志愿工作者2530人。2005年8月，区红十字会正式独立设置，为正处级编制机构。

红桥区红十字会

【简介】

红桥区红十字会始建于1958年7月4日，“文革”期间停止工作，1979年恢复工作。1984年8月3日起，区红十字会与红桥区政府献血办公室合署办公，2005年12月，区红十字会实现机构独立设置，定编7人，下设综合办公室、事业发展部和血源组织部。现有基层组织21个，会员9853人。1979年恢复工作以来，先后有多位区委、区人大、区政府领导任区红十字会会长。

河北区红十字会

【简介】

河北区红十字会建于1957年，区会现有办公用房建筑面积200平方米。河北区红十字会在区委、区政府重视下，依法理顺了管理体制，规格为区属局级。河北区红十字会连续8年获市红十字会目标管理优秀达标单位。

南开区红十字会

【简介】

南开区红十字会建于1956年6月。1960年改由区领导，“文化大革命”期间工作停顿。1980年4月恢复工作，2006年2月南开区红十字会独立工作，编制人员5人，为处级单位。现有基层组织12个，红十字会员2.19万元，红十字志愿者1200人。

河东区红十字会

【简介】

河东区红十字会目前有基层组织86个，其中团体会员单位22个，全区红十字会员25780名，红十字志愿工作者876名。

河北省红十字会

【年度工作】

2009年，在河北省红十字会坚持围绕中心工作、服务大局方针，发挥自身优势，认真履行法定职责，大力弘扬“人道、博爱、奉献”精神，在备灾救灾、募捐筹资、社会救助、救护培训、志愿捐献造血干细胞及合作项目等方面取得了一定成效。

一、备灾救灾及社会救助实力进一步增强

一是大力开展灾害救助。2009 年，石家庄市和张家口、承德市部分地区遭受了不同程度的自然灾害，其中石家庄市遭遇了 50 年不遇的暴雪灾害。省和受灾市红十字会积极筹措资金并争取总会支持，全力为灾区群众解决实际困难，共计发放慰问物品总价值 389.73 万元。其中，总会下拨慰问物资价值 60 万元，省红十字会筹集物资价值 159.13 万元，石家庄、张家口、承德三个市红十字会总计募集物资价值 170.6 万元。二是深入开展送温暖活动。2009 年，全省各级红十字会开展送温暖活动 146 次，发放慰问物资价值 732.37 万元，慰问困难群众 2250 户。三是继续做好先心病救助工作。自 2006 年开展农村特困先心病患儿救助项目以来，已为 3000 多名先心病患儿实施了免费手术，支出救助款 6000 多万元（包括定点医院减免的 3000 多万元），其中 2009 年实施手术 1899 名，支出救助款约 3800 万元。四是积极推进建立博爱超市。截至目前，全省累计建立博爱超市 18 个，省红十字会为各市 6 个新建博爱超市下拨经费 30 万元，累计下拨款物 331.35 万元，有力地支持了博爱超市和红十字社区建设。

二、卫生救护培训工作深入开展

2009 年，全省累计培训驾驶员 29.22 万人，深入社区、学校普及培训 90 多万人次。选拔优秀人员参加总会举办的彩票公益金卫生救护师资培训班，全省累计培训师资 1200 余人。在第一个“5·12”国家防灾减灾日，按照总会要求，组织开展了应急救护演练活动，通过广泛开展社会宣传，增强了公众的自救互救意识。9 月 12 日“世界急救日”，开展了以“急救为人道”为主题的应急救护演练活动，组织全省 15 支应急救援队在黄壁庄水库进行了实地演练，进一步加强了红十字应急救援队伍建设，提高了红十字会应急快速反应能力和现场救护水平。

三、造血干细胞库工作健康运行

2009 年度，中华骨髓库向河北省下达了 8000 人份志愿者资料入库任务。本会认真组织，各市红十字会积极动员，全面落实，超额完成了上级下达的年度任务目标，省骨髓库造血干细胞志愿捐献者资料库容达到 70218 人，实施造血干细胞捐献 16 例，总计捐献 66 例。其中，石家庄市白血病患儿刘磊接受台湾同胞捐献造血干细胞并移植成功。

四、合作项目与外事工作不断拓展

香港红十字会援建本省第三周期农村社区备灾项目，自 2008 年 12 月至今，完成 9 个项目村的改水工程和 7 个项目村的村民备灾能力培训任务，共投入项目资金 429.9 万元。2009 年实施的中国红十字会舒肤佳健康长城工程项目，利用项目资金 108 万元，为 11 个设区市援建博爱卫生站 10 所，修建小学生洗手池和健康教育宣传栏 15 个。另外，2009 年省红十字会承建中国红十字基金会援建的博爱卫生院（站）8 个，目前，主体工程已完工，共投入项目资金 51.5 万元；援建邯郸市 15 个博爱卫生站，援助资金 35 万元。红十字奥丝蓝带助学帮困活动连续两年资助农村贫困女童 25 人（每人每年 500 元），收到救助实效。外事工作，在吉林省延边州接待了韩国庆尚北道红十字会安允植会长一行来访，双方共同协商并签署了新一轮友好交流协议，实现了中韩两省道红十字会友好关系的进一步拓展。

五、红十字志愿者队伍不断壮大

全省累计发展会员单位2244家，红十字会员总数38.76万人。全省红十字志愿者总数突破10万人。省、市红十字会积极组建志愿者工作委员会，组织志愿者开展形式多样的社会公益活动。在国庆六十周年之际，省红十字会组织10支志愿服务队、1000多名志愿者开展了“迎国庆、讲文明、树新风”志愿服务活动。

六、筹资与宣传工作取得进展

2009年的“博爱一日捐”活动，全省共接收捐款1160余万元，其中省红十字会募捐112.65万，募捐超百万的市依次为邯郸、廊坊、沧州、唐山、张家口市。另外，2009年全省各级红十字会为台湾莫拉克台风灾害募捐92.82万元。

新闻宣传方面，在全球金融危机、募捐形势十分不利的情况下，本会借助媒体优势，积极策划，认真组织，半个月时间为石家庄市白血病患儿刘磊募捐38万元。实现了本省首例台湾同胞捐献造血干细胞成功移植。各市红十字会新闻宣传意识明显提高，邯郸、石家庄、沧州等市红十字会在总会报刊及省级媒体的发稿量逐年递增，各市红十字会网站建设明显加强。另外，积极开展国际人道法传播工作，全年举办各种人道法传播培训班56次，培训23770人次。

【历史沿革】

河北省红十字会始建于1956年11月，挂靠省卫生厅，“文革”期间被撤销。1985年恢复建制，1996年省编委核定事业编制8名。2000年11月，省红十字会独立建制，由挂靠省卫生厅管理改由省政府领导联系，干部归属省委组织部管理，事业经费由省财政全额拨款。2002年2月，省编委批准了省红十字会的“三定”方案。2002年8月，省委组织部和省人事厅批准省红十字会机关干部参照国家公务员管理。省红十字会2004年4月建立了党组，6月，召开了河北省红十字会第三次会员代表大会，大会聘请省长季允石为名誉会长，选举副省长孙士彬为会长，张淑琴为专职副会长，会长提名李小学为秘书长。

【组织机构】

省红十字会机关内设一室四部：办公室、业务工作部、人事部、组织与青少年部、卫生救护部。机关人员编制12人，其中专职副会长（副厅级）1名，秘书长1名，处级干部6名，干事2名，工勤人员2名。机关现有办公用房700平方米左右。2003年，成立河北省造血干细胞捐献者资料库管理中心，定编4人，为处级全额拨款事业单位。

全省11个地级市和173个县（市、区）均建立了红十字会组织。截至2005年底，全省11个设区市全部理顺管理体制，围场县等6个县红十字会实现了独立建制，其他县（市）仍隶属同级卫生行政部门管理。全省各级红十字会共有专职工作人员80名，基层红十字会组织1844个，全省有红十字会会员32.72万人，志愿者7.39万人。

【大型项目】

2004至2005年香港社区备灾项目是河北省红十字会独立后引进的第一个境外合作项目，选定承德围场县两个村为项目试点村，引进项目资金66万元。项目历时一年，圆满完成各项任务目标。通过项目的实施，有效地扩大了红十字会的社会影响力和公信度，锻炼了各级红十字会的项目执行和管理能力，为项目工作的进一步扩展奠定了良好的基础。2005年11月，总会项目阶段总结会议在承德市召开。总会领导、香港红十字会同仁以及兄弟省市代表对河北省的项目工作给予了高度评价。第一周期项目的成功实施，带来项目的滚动。第二周期香港红十字会援助资金180多万元，是第一周期的三倍。项目扩展到承德围场和沧州孟村两县的8个贫困村，继续实施改水工程，强化村民备灾救灾能力。

【主要特色】

成立省红十字会新闻中心，策划实施了一系列影响较大的社会宣传活动，为红十字事业发展营造了良好的社会氛围，受到总会和省领导的充分肯定。

（刘慧君）

石家庄市红十字会

【简介】

石家庄市红十字会于1986年恢复建会，挂靠石家庄市医学会，1996年经市编办批准，由石家庄市卫生局代管，2005年12月，经市编办批准，石家庄市红十字会由“市卫生局代管”改由“市政府领导联系”，规格由原来的科级调整为副县级，设会长1名（兼），专职副会长1名（副县级），科级职数2名，内设办公室，业务工作部两个机构，事业编制5名，工勤人员编制1名，人员参照公务员制度管理。

保定市红十字会

【简介】

保定红十字会成立于1928年，抗日战争后期活动终止。1956年恢复工作，“文革”期间机构撤销，1987年恢复建立。2004年10月，经市编委批准机构独立设置，编制4人。目前，全市有基层红十字组织5269个，会员46.7万人，志愿工作者6.1万人。

沧州市红十字会

【简介】

沧州市红十字会始建于1927年，解放战争和“文革”期间两次停办，1987年恢复成立。2006年初，市红十字会理顺管理体制，由市卫生局代管改由市政府领导联系。

承德市红十字会

【简介】

承德市红十字会始建于1962年，“文化大革命”期间停止工作，1979年恢复工作，机构挂靠市卫生局。2002年6月，经市编委批准机构独立设置，定编4人，内设办公室、业务部。

邯郸市红十字会

【简介】

邯郸市红十字会始建于1957年，“文革”期间停止工作，1989年恢复工作靠在市卫生局，2004年理顺管理体制。

衡水市红十字会

【简介】

衡水市红十字会建于1989年4月，2005年9月机构独立设置，由市卫生局代和改由市政府领导联系。全市11个县（市、区）均建立了红十字会组织，团体会位35家，会员3625人，乡镇红十字会22个，村级农村红十字会会员小组101个。

廊坊市红十字会

【简介】

廊坊市红十字会成立于1988年3月，挂靠市卫生行政部门。2005年10月机构独立设置，由市卫生局代管改由市政府领导联系，编制5人。

秦皇岛市红十字会

【简介】

秦皇岛市红十字会成立于1957年，“文革”期间停止工作，1984年恢复工作。2004年10月，市编委批准市红十字会机构独立设置，由市卫生局代管改由市政府领导联系，机构规格为副处级，编制6名，参照公务员管理。

唐山市红十字会

【简介】

唐山市红十字会1988年5月恢复建制，挂靠市卫生局。2005年5月，市编委批准市红十字会机构独立设置，由市政府领导联系，规格为副县级，编制5名。全市各县（市）区和唐钢、开滦煤矿等工厂企业均建立了红十字会组织，全市共有专（兼）职红十字会干部102人，团体会员单位105家，会员21万人，志愿者5000多人。

邢台市红十字会

【简介】

邢台市红十字会于1986年5月恢复成立，下辖21个县（市）区红十字会，其中有团体会员单位165家，会员10258人。

邢台市红十字会机构独立设置以来，主要开展了备灾救灾、卫生救护培训和社会救助等工作。其中，2005年印度洋海啸募集善款65.13万元，2007年“博爱一日捐”募集善款172.58万元，社会募捐工作取得历史性突破。近两年共救助农村先心病、白病、肾病综合征患儿260余人，2007年，培训机机动车驾驶员1.7万人。

张家口市红十字会

【简介】

张家口市红十字会始建于1986年。2004年11月，市编委下文理顺了市红十会管理体制，由挂靠市卫生局改为市政府导联系，机构规格为副处级，事业经费由财政全额拨款。市红十字会机关内设综合部、业务部。

张家口市红十字会机构独立设置后，遵循国际红十字会运动7项基本原则和《中华人民共和国红十字会法》，以保护人的命和健康、发扬人道主义精神、促进和平步事业为宗旨，积极协助政府开展人道领救助工作。主要包括：依法开展募捐，备救灾，对困难群体及贫困学生进行救助，展群众性卫生救护培训，开展无偿献血和捐献造血干细胞的宣传、动员、组织工作，开展健康教育宣传及国际人道法和国际红十会运动知识的传播工作。

山西省红十字会

【年度工作】

2009年，山西省红十字会，深入贯彻落实科学发展观，坚持依法办会、依法治会，协助党和政府在开展人道领域的救助、救济、救援等方面做了大量的工作，为构建和谐山西发挥了积极作用。

一、理顺管理体制工作取得新突破

为推动全省各级红十字会组织建设工作，2月中旬，全国人大常委会原副委员长、中国红十字会会长彭珮云先后深入本省长治、晋城、太原等地考察红十字会工作，省红十字会也专门对运城等7个市13个县（市、区）的管理体制情况进行了调研，截至2009年12月，119个县（市、区）级中有45个理顺了管理体制。

6月，山西省眼科医院举行了“山西红十字眼科医院”命名挂牌仪式。

二、积极开展人道领域救灾救助工作

2009年，全省各级红十字会积极开展“博爱一日捐”活动，共募集资金1267.4万元，其中省红十字会募集资金317.8万元，为台湾莫拉克台风募集善款30万元。全省各级红十字会通过“红十字博爱送万家”活动，为11500个困难家庭提供了价值480余万元的慰问物资，5万多人受益。全省红十字会为88名贫困先心病患者实施了救治手术，实施白内障复明手术526例，为176名唇腭裂患者实施了手术，对116名因大病致困的省直单位职工给予了救助，对临汾市传染病医院“绿色港湾”的艾滋病人进行了慰问，捐助救治费20万元。积极参与“新农合”大病救助工作，6个“新农合”试点县共筹措医疗救助金47.62万元，为327名参合患病的特困农民提供了二次救助，报销医药费32.9万元，援建了10所“红十字博爱卫生（院）站”，有3名志愿捐献角膜者实现了捐献角膜的遗愿，并圆满完成宋庆龄基金会通过本会对“非典”去世人员子女的年度救助工作。

山西省红十字会被省劳动竞赛委员会授予“山西省五一劳动奖状”。

三、加大红十字运动基本知识宣传和传播力度

2009年，省红十字会利用“五八”世界红十字日、红十字会法颁布纪念日、世界急救日、世界艾滋病宣传日等机会，广泛宣传和传播红十字运动基本知识，进一步弘扬了红十字“人道、博爱、奉献”的精神。全年在电视、报纸、网站等媒体报道红十字会消息、信息2500条（次）。编印了《山西红十字通讯》6期、《健康生活报》“红十字专版”12期；制作了“五八”彩色宣传折页、“博爱一日捐”宣传资料等宣传品30000余份，收到了较好的宣传效果。

四、扩大志愿服务队伍，广泛开展救护培训工作

加强对全省红十字志愿服务工作的规范化管理，对6000余名红十字志愿者进行登记注册，实施电子化管理。组建了5支社区红十字志愿者救援服务队，并对志愿服务队的红十字志愿者进行了培训和急救演练。

全省各级红十字会在民航、煤矿、铁路、运管等系统及社区、学校积极开展救护培训工作，普及灾害应急、自救互救、逃生避险知识，全年共举办了3期救护师资培训班，培训师资138人次，培训急救员14000余人次，普及救护知识达11.8万人次。省红十字会备灾救护中心受到省直机关劳动竞赛委员会的表彰。

五、推进无偿献血及捐献造血干细胞工作

2009年春节前夕，向2.4万名造血干细胞志愿捐献者邮寄了“爱心感谢卡”，对山西省造血干细胞分库的7000多名志愿捐献者进行了回访。

2009年，山西省分库全年新增志愿捐献者资料5000人份，有8名志愿者成功捐献了造血干细胞，累计有35名志愿者捐献了造血干细胞。山西省分库获得省妇联授予的“全省巾帼文明岗”荣誉称号。

六、加强友好交往与合作

2009年，省红十字会人员随中国红十字会总会团组赴澳门参加了“庆祝澳门回归十周年”活动，完成了本省红十字会系统第14批赴日研修生的选派工作，组团赴日本交流访问。

在加强对外友好交流的同时，本会先后完成了总会与美国红十字会在大同县、与挪威红十字会在武乡县开展的改水、改厕援建项目。

七、红十字青少年工作逐步迈上制度化、规范化轨道

成功举办了2009年山西省红十字青少年夏令营活动，组织青少年参加了“全国红十字青少年防灾避险知识竞赛”，忻州师范学院红十字会等获“全国红十字青少年防灾避险知识竞赛”最佳组织奖，在山西大学、中北大学等9所高校设置红十字会公益宣传栏200余个。

【历史沿革】

1911年11月13日山西河东（运城）红十字会成立，会长赵维祥。1957年，经山西省人民政府批准，成立山西省红十字会。“文革”期间停止活动。1984年10月，省红十字会恢复工作后，在省委、省人大、省政府、省政协的关心、支持下，有了长足的发展。2004年11月10日，山西省红十字会第五次会员代表大会召开。大会全面总结了山西省红十字会第四届理事会的工作，制定了2005年至2009年发展规划，选举产生了由109名理事组成的新一届理事会，聘请山西省省长张宝顺担任省红十字会名誉会长，副省长王昕再次当选为省红十字会会长。

【组织机构】

山西省各级红十字会加强组织建设，完善工作机制，目前，全省11个市及119个县（市、区）全部建立红十字会，发展基层组织2016个，会员总数达31万余人。其中有11个市和98个县（市、区）红十字会解决了“三列”（机构、人员、经费）问题；1416所大专院校、1000多所中小学校成立了红十字组织，发展青少年会员6万多人。

山西省红十字会机关设有办公室、赈济部，下辖中国造血干细胞捐献者资料库山西省分库管理中心、山西省红十字会备灾救灾护中心两个直属事业单位。

根据《中华人民共和国红十字会法》、

《山西省红十字会条例》和中国红十字会总会《理顺管理体制座谈会纪要》精神，山西省编委于2004年7月28日下发了《关于省红十字会调整体制的通知》，明确了省红十字会由省卫生厅代管改为由省政府领导联系，副厅级建制，独立设置党组，依法理顺了省红十字会的管理体制。2005年5月，山西省编办下发了《关于调整各市红十字会管理体制的通知》，明确规定：各市红十字会由市卫生局代管改由市政府领导联系；设会长1名，由市政府分管领导兼任，设专职副会长1名，为副处级。截至2005年底，太原、大同、临汾、运城、长治、晋城、阳泉、吕梁、晋中、忻州、朔州等11个市的编办下发了理顺红十字会管理体制文件。太原、大同、临汾三市红十字会已经按照要求理顺管理体制，较好地解决了人员、机构、经费和办公场所等问题。

山西省（地）市级红十字会有：太原市红十字会、大同市红十字会、临汾市红十字会、运城市红十字会、长治市红十字会、晋城市红十字会、阳泉市红十字会、吕梁市红十字会、晋中市红十字会、忻州市红十字会、朔州市红十字会。

山西省红十字会历届代表大会

第一届

“文革”前召开，代表40人，理事18人，常务理事6人，会长王中青，秘书长闫海燕。

第二届

1984年10月召开，代表90人，理事39人，常务理事6人，会长赵军，秘书长徐彤斐。

第三届

1990年4月29日召开，代表125人，理事74人，常务理事12人，名誉会长赵军、吴达才、杨明葆，会长俞益生，常务副会长孙建成，秘书长任明亮。

第四届

1996年11月23日召开，代表132人，理事89人，常务理事31人，名誉会长胡富国，会长王昕，常务副会长赵震寰，秘书长冯晋生。

第五届

2004年11月10日召开，代表169人，理事109人，常务理事19人，名誉会长张宝顺，会长王昕，专职副会长冯晋生，秘书长白冰。

【大型项目】

（一）1995年

3月，山西省红十字会组团一行七人访问日本赤十字社琦玉县支部，签订了琦玉县支部从1995—1999年为山西省红十字会每年无偿培养6名研修生的第一个五年协议。

10月，山西省红十字会、省教育委员会联合召开“我心中的红十字”绘画、征文颁奖大会，省红十字会出资近1万元表彰受奖者。全省共有573所学校的23718名少年儿童参赛。经专家评审，分别评选出绘画、征文一等奖10名、二等奖15名、三等奖20名及组织奖17个。

11月24日，山西省红十字会、“黄河”电视台对外部、“健康之声”电台、太原日报社和三株太原营销有限公司及省城14家医院联合开展“救灾捐赠献爱心日”赈济活动，共募集捐款4.8万元，购置救灾物资发往浑源、应县、保德、阳曲、娄烦等18个受灾县，受益群众约3万余人。

12月，由山西省红十字会筹资3万元与省电视台、省红十字医院（山西医学院第二附属医院）等单位联合摄制的电视剧《我八岁》（上、下集）摄制完毕，这是山西省红十字会第一部以真人真事为题材的电视剧。

12月24日，山西省首家企业——忻州温泉度假村派立高（山西）房地产有限公司的40多名员工报名登记捐献骨髓，并向白血病患儿梁跃杰捐款3000元；5月，霍州市红十字会、市关心下一代工作委员会、市教育委员会等单位联合开展救助白血病患儿梁跃杰的活动，共募集捐款1.5万余元。

（二）1996年

2月，山西省红十字会筹措资金，分别给大同市和太原市红十字会拨救灾款2万元和1万元。

1996年入夏以来，山西省气候异常，各种自然灾害频繁发生，部分地区遭受严重洪涝灾害。10月7—8日，红十字会与红新月会国际联合会救灾代表让·库班先生对重灾区进行两天的灾情考察，并携带国际联合会和中国红十字会总会首批救援面粉9990斤，向灾民进行发放。

10月，山西省红十字会在省城南文化宫隆重举行救灾物资发放仪式。红十字会与红新月会国际联合会向山西省捐赠30万元的面粉、60多万元的治疗和消杀药品，总价值近百万元。这是山西省红十字会历年来接受国内外捐助救灾款物最多的一次。发放仪式结束后，救灾物资分别运往晋中、晋城、运城、吕梁、临汾、长治、忻州、太原等8个地（市）的9个重灾县。

（三）1997年

5月7日，在全国第七个助残日来临之际，山西省红十字会、省残疾人联合会和省残疾人福利基金会联合开展向灾区残疾人特困户慰问捐助活动。捐助的救济物资有棉被、粮食、仔猪和仔羊共价值人民币近5万元，受益乡镇15个，受益残疾人特困户350户。

4月，山西省交通征费稽查局下发《关于红十字会专用救灾指挥车和救护车免征养路费有关事项的通知》。仅此一项，山西省红十字会系统节省经费近60万元。

（四）1998年

山西省红十字会为东北松花江流域和长江流域灾区开展募捐活动，支援灾区款物500余万元。

5月8日，山西省红十字会在太原举行成立“山西省红十字眼库”新闻发布会；山西省红十字会向大同市红十字会拨款3万元，用于灾害救助。

（五）1999年

山西省计委拨款160余万元，建造山西省红十字会备灾救灾仓库。

山西省红十字会为救助本省干旱、地震及洪涝灾区，筹募200余万元的粮食、药品、棉被、衣服等物资，使灾区10余万人口得到及时救助。

7月26日，续签2000—2004年日方每年给山西省红十字会无偿培养6名研修生的第二个五年协议。

11月30日至12月1日，山西省红十字会、省卫生厅在太原联合举办红十字知识与现场救护技能竞赛活动，共有地市组（A组）和省直组（B组）16个单位的64人参加竞赛。

（六）2000年

2月18日，红十字会与红新月会国际

联合会、中国红十字会总会向大同市灾区发放价值38万余元的赈灾物资；为救助山西省干旱、洪涝灾区，全省各级红十字会组织筹集人民币74.59万元、物资249.08万元，出动红十字医疗队66次，救助13万余人。

4月26—28日，在山西省红十字会的积极争取下，美国视博恩公司援外医疗队一行10人赴大同市县进行了为期3天的免费送医送药活动，为1059名群众义诊，免费发放3.1万元的药品。

临汾市地区红十字会配合香港“健康快车”行动开展医疗服务，免费为1000余名白内障患者进行复明手术；9月15日，晋中市红十字会、市残疾人联合会联合开展“助残献爱心”巡回医疗活动。

（七）2001年

山西省红十字会募集款物128.9万元，救助本省灾区64425人，并向新疆灾区支援捐款2万元。4月，红十字会与红新月会国际联合会派专职审计人员，对2000年度国际联合会拨给山西省大同市地震灾区36.58万元救灾专款使用情况进行审计，结果表明，符合各项审计要求。

9月21—25日，山西省红十字会在太原举办首期预防艾滋病青年同伴教育培训班，积极实施“山西省艾滋病预防控制青少年干预计划”，并在太原、大同、临汾、晋中、阳泉、长治等地的大专院校举办青年同伴教育培训班。

（八）2002年

山西省红十字会向遭受特大暴雨袭击的陕西、重庆、河南灾区及本省灾区援助款物30余万元。

7月27日，长治市红十字会与卫生部门联合开展了“健康快车”白内障复明行动。此次行动历时3个月，免费实施复明手术1148例。

山西省红十字会与太原市红十字会联合开展向下岗职工义诊献爱心活动，捐赠药品等物资5.75万元。

5月8日，山西省红十字会在省城30个服务窗口首批设置红十字募捐箱。

6月10日，忻州师范学院向山西造血干细胞捐献者资料库捐善款25万元及500人份造血干细胞血样；11月，忻州师范学院再次捐善款5万元及100人份造血干细胞血样；11月23日，山西中医学院1000余名师生捐献造血干细胞血样。

12月19日，中国红十字会总会、山西省红十字会在侯马市区娱乐服务场所开展预防艾滋病传播干预项目启动。

（九）2003年

积极协助政府及有关部门做好抗击“非典”的工作，山西省各级红十字会共接收捐赠款物9387.86万元，其中仅省红十字会就接收社会捐赠款物7475.66万元（捐赠款为2370.46万元，捐赠物资为5105.2万元），并及时将款物分发到全省防治“非典”最前沿的医疗机构、疾病控制中心等单位。

8月，在中国红十字会总会的统一安排下，山西省红十字会向全省“非典”康复者患者及病逝者家庭家属发放了香港工商界设立的“关怀非典受难者基金”107.8万元，并协助北京市红十字会发放了1.4万元“非典”救助基金。

受宋庆龄基金会的委托，山西省红十字会向全省因非典去世人员子女发放教育费资助1.4万元。

山西省红十字会向运城、大同、阳泉、

长治等受灾市援助 138 万余元的救灾物资。

6 月，澳门特别行政区红十字会捐助 15 万元人民币，援建山西省第一所红十字博爱学校——浑源县上韩村澳门红十字会博爱小学。

4 月，山西省红十字会向新疆灾区捐款物 10 万余元。

10 月 30 日，忻州师范学院向山西造血干细胞捐献者资料库捐善款 5 万元及 400 人份造血干细胞血样。

（十）2004 年

山西省红十字会向全省 11 个市的受灾户和城镇低保户、贫困户发放 40 万元救助物资 250 吨、价值 50 万余元救助面粉及 50 万元慰问物资，受助群众 8333 户，受益群众 35000 人；2 月，山西省红十字会向全省 11 个市的 110 个乡镇卫生院捐赠价值 32 万余元的消毒器（锅）。

日本琦玉县支部与山西省红十字会签订了 2005 年至 2007 年每年为山西省无偿培养 6 名研修生的第三个合作协议。

9 月，山西省红十字会向内蒙古、四川灾区支援 3040 余万元救灾物资。

12 月 30 日，山西省红十字会与太原海关就没收的侵权货物用于社会公益事业举行了合作协议签字仪式。

【主要特色】

2001 年，山西省红十字会制定了《山西省红十字会 2001—2005 年法制教育规划》，启动了全省红十字系统“四五”普法工作；山西省红十字会举办了首期预防艾滋病青年同伴教育培训班，积极实施“山西省艾滋病预防控制青少年干预计划”，并在太原、大同、阳泉、临汾、晋中、长治等地的高校举办同伴教育培训班。

2004 年，太原市红十字会与太原康明眼科医院共同发起了“康明眼病救助基金——健康光明红十字行动”，救助贫困地区白内障患者 400 名，奖励高校品学兼优的近视眼患者 520 名，共筹资 110 万元。

（侯晓俊）

太原市红十字会

【简介】

太原市红十字会始建于 1937 年。新中国成立以后，中国红十字会太原分会于 1951 年重新成立并开展工作，“文革”期间中断。1986 年 5 月 7 日，太原市红十字会恢复组建。市红十字会 2005 年 6 月理顺管理体制。机关内设办公室、组织宣传部、赈灾救护部。人员编制为 9 人，参照公务员管理。太原市的 10 个县（区、市）均建立了红十字会，全市有红十字基层组织 460 个，会员 18 万人，志愿者 2000 余人，团体会员单位 30 家，冠名医疗机构 6 个。

长治市红十字会

【简介】

长治市红十字会建立于 1964 年，1986 年恢复组建，多年来一直由市卫生局代管。1999 年 3 月，经市编委同意确立编制、机构，为科级，单位编制 3 人。2005 年 9 月，市红十字会理顺管理体制，由市卫生局代管改由市政府领导联系，定编 8 人。2006 年 12 月，配备了专职副会长。长治市 13 个县（市、区）和一个开发区均建立了红十字会，有 9 个县（区、市）红十字会有机构、人员、编制。全市共有红十字会员万余名，基层红十字239个，红十字会专（兼）职人员40余人。

大同市红十字会

【简介】

大同市红十字会始建于1956年，1966年停止工作，1985年12月恢复组建，2005年11月理顺管理体制。大同市红十字会有专职干部10人，团体会员单位67家，志愿工作者2000余人，所属挂靠单位8家，成人会员25245人，青少年会员177183人，社区红十字会卫生站60所，社区红十字会服务站有人员122人。

晋城市红十字会

【简介】

晋城市红十字会成立于1986年1月，有编制5名，专职干部6名。晋城市所有的县（市、区）均已建立红十字会，且全部理顺了管理体制，共有专兼职干部43名。全市有基层红十字会组织843个，会员15余万人，青少年会员2万余人。有红十字会急救中心7个，红十字急救站31个，红十字老年病医院1所。

临汾市红十字会

【简介】

临汾市红十字会1987年5月恢复建立。2005年6月，市红十字会理顺管理体制，为市政府直属单位。全市17个县（市、区）均成立了红十字会，有基层组织130个，专兼职工作人员58人，红十字会会员1.3万人，志愿工作者3000余人。

朔州市红十字会

【简介】

朔州市红十字会1990年成立。

忻州市红十字会

【简介】

忻州市红十字会成立于1987年6月1日，2006年底理顺管理体制。

运城市红十字会

【简介】

运城市红十字会1988年成立。

内蒙古自治区红十字会

【年度工作】

2009年，全区各级红十字会依法履行人道救助职能，致力于改善最易受损害群体的生活境况。全年募集款物1.2亿元；投入5327万元开展救灾救助工作，受益人群达46.85万人，为保护人民的生命和健康，改善困难群众的生产生活条件，推动自治区经济社会发展做出了应有的贡献。

一、深入开展学习实践科学发展观活动

2008年10月至2009年3月，按照自治区党委的统一部署，自治区红十字会深入开展了以“奉行人道、科学发展、无私奉献、促进和谐”为主题的学习实践科学发展观活动，圆满完成了 3 个阶段、11 个环节的任务，取得了良好效果。在此基础上，认真组织开展了学习实践活动“回头看”活动，切实落实好整改方案提出的各项措施。

二、建立了“博爱一日捐”工作长效机制

2009 年是全区开展“博爱一日捐”募捐活动的第四年。自治区党委、政府对这项公益活动高度重视，4 月 27 日，自治区党委办公厅、政府办公厅连续第四年联合召开了全区“博爱一日捐”活动动员大会。自治区党委副书记、自治区常务副主席任亚平作动员讲话，宝音德力格尔会长通报了 2008 年度“博爱一日捐”工作情况。自治区红十字会还分别与自治区直属机关工委、教育厅、工商联联合下发文件，就自治区直属机关企事业单位、高等院校、非公经济企业的募捐工作进行了动员部署。各盟市红十字会也积极争取当地党委、政府的支持，全力组织开展募捐工作。

在各级党委、政府的支持和推动下，在社会各界的广泛参与下，全区各级红十字会共募集救灾救助款物 1.2 亿元，其中募集“博爱一日捐”善款 1.06 亿元，救灾救助实力得到了切实加强。

为了进一步加强捐赠款物的管理，增强红十字会的社会公信力，本会协调自治区审计厅对自治区红十字会本级及盟市、旗县区红十字会 2008 年度接收捐赠款物收支情况进行了审计。审计结果表明，各盟市红十字会接受捐赠款物的流程合规，手续完备，款物分配符合有关规定。

三、大力开展备灾救灾工作

1. 积极开展区内自然灾害救援工作。2009 年，全区有 10 个盟市相继发生雪灾、火灾、洪涝、风雹、旱灾等自然灾害。自治区红十字会及时下发通知，积极指导盟市开展救灾工作，并根据应急预案救灾响应向呼伦贝尔市、赤峰市下拨救灾款 42 万元。先后 6 次向总会上报灾情，争取到价值 88.22 万元的救灾物资。各级红十字会全年投入救灾款物达 623.58 万元，救助受灾群众 72092 人。

2. 援助汶川地震灾区灾后重建工作进展顺利。按照自治区党委、政府的部署和中国红十字会总会的规划，本会分别与四川、甘肃、陕西三省区签订了援建灾后重建项目协议，全面启动了灾后重建项目工作，总援助金额达到 2.6 亿元。先后派出三支由红十字会专职干部、捐赠单位代表和新闻媒体记者组成的重建项目考察组，赴川陕甘三省考察了解重建项目进展情况。目前，三地重建项目进展顺利，2010 年底前将全部竣工并交付使用。

3. 为台湾“莫拉克”台风灾区开展募捐。8 月 8 日，台风“莫拉克”袭击台湾，造成台湾人民生命和财产重大损失。自治区红十字会第一时间向台湾灾区捐款 10 万元，并开展了专项募捐活动，共募集善款 80 多万元，通过中国红十字会总会转交台湾红十字组织，帮助灾区同胞抗灾自救，重建家园。

4. 组织开展防灾减灾日宣传活动。2009 年 5 月 12 日是国家首个防灾减灾日。自治区和呼和浩特市红十字会在呼和浩特新华广场开展了大型纪念宣传活动，现场进行救护技能、心肺复苏操作等防灾减灾应急技能演练。呼伦贝尔市、乌海市、通辽市等盟市建立了红十字应急救援队，举行了模拟救援演练、知识竞赛等活动，宣传普及防灾减灾知识，提高了公众的防灾减灾意识。

四、广泛开展形式多样的社会救助工作

2009年，全区各级红十字会共投入救助款物4746.77万元，救助困难群众39.65万人，为改善困难群众生活境况，维护社会稳定做出了积极贡献。

1.2009年元月，继续组织开展了以“博爱一日捐、温暖千万家”为主题的送温暖活动。共投入款物1578.9万元，救助了74903户受灾群众、下岗失业困难职工和返乡农民工，229934人次受益。

2. 开展了迎国庆60周年系列救助慰问活动。“七一”期间，投入款物147.33万元，慰问了4018位贫困老党员、老干部；“八一”期间，投入救助款物170.01万元，慰问了8072名老革命军人和烈士遗属；“十一”期间，投入救助款物123.89万元，慰问先进模范人物4744人。

3. 开展了“博爱一日捐，助你上大学”资助贫困大学生活动。各级红十字会共投入善款902.6万元，资助贫困大学生7403人。其中自治区红十字会本级投入善款82万元，资助贫困大学生820人。

4. 开展了大病贫困患者救助活动。共投入善款911.76万元，救助大病贫困患者31696人。5月8日，自治区红十字会建立了“贫困少年儿童大病医疗救助基金”，并向首府地区13名白血病、先天性心脏病贫困患儿发放了首批救助金。自治区红十字会继续在内蒙古第三医院和朝聚眼科医院开展了救助大病住院贫困患者活动，共救助贫困患者44人，发放救助金36740元。

5. “新农合”试点工作取得新成效。投入救助资金29.25万元、药品和救助物资74万元，支持列入总会第三批“新农合”试点的3个旗县红十字会开展医疗救助工作，救助贫困大病患者572人，救助一般患者19024人，帮助2010人参加了“新农合”医疗保险，取得了较好的社会效益。

6. 改水改厕等外援项目进展顺利。由挪威红十字会援助在乌兰察布市察右中旗广益隆、黄羊城2个镇实施的改水改厕项目已全部竣工，共完成改水304户、改厕311户，受益人数1168人，解决了群众生活饮水困难和如厕不便的问题，促进了农民群众的卫生与健康，成为红十字会参与社会主义新农村牧区建设的良好开端；加拿大红十字会援助扶贫复明项目投入资金30万元，在乌兰察布市实施扶贫复明手术220例，直接受益者220人，间接受益者524人；华电国际电力股份有限公司支持自治区40万元，在锡林郭勒盟开展复明扶贫项目，为200名贫困白内障患者实施复明手术，计划于12月开始实施，2010年6月底前完成；中国红十字基金会援助自治区博爱卫生站9个、博爱新村1个、红十字书屋1个，共投入建设资金86万元。目前，有8个博爱卫生站和1个博爱新村已经竣工并投入使用，15248人从中受益。

五、深入开展卫生救护培训工作

2009年，全区各级红十字会在矿山、交通、电力、建筑等高危行业继续开展卫生救护培训工作的同时，积极在党政机关干部、社区群众、学生等人群中开展初级卫生救护培训。截至2009年11月底，累计培训卫生救护师资2218人，红十字急救员151411人，接受卫生救护和防病知识普及的人数达27.35万人。在9月12日世界急救日期间，各级红十字会在城市社区、农村牧区、工厂、部队、学校举行了初级救护技能比武大会、应急救援演练、急救技能现场展示，举办救护知识培训班和讲座，传播救护知识。在12月1日第22个世界艾滋病日期间，与铁路、交通、运输部门合作，在火车站、汽车站及各种公共交通工具和流动人口较多的地方，开展了艾滋病预防知识普及活动，组织志愿者深入学校、社区开展了预防艾滋病宣传活动。

六、大力推动造血干细胞捐献、遗体捐献与无偿献血工作

2009年，自治区编办批准成立了中华骨髓库内蒙古分库，核定增加编制2人。在各级红十字会的宣传动员下，造血干细胞捐献志愿者者队伍不断壮大，除锡林郭勒盟和阿拉善盟因邮寄时限达不到要求而无法开展工作外，其余10个盟市都开展了血样采集工作。全年共采集血样5359份，入库可供患者检索配型数据4206人份，超额完成了采集任务。全年接受初筛228例、再动员103例、高分辨37例、体检10例，实现捐献5例。

根据中国红十字会有关人体器官捐献试点工作精神，呼和浩特市、呼伦贝尔市、包头市等地区探索和尝试遗体和器官捐献工作，积极开展宣传、咨询、接受登记等工作。呼和浩特市政府制定了《呼和浩特市遗体捐献管理办法》，遗体捐献工作迈入法制化轨道。呼伦贝尔市、包头市红十字会与卫生部门合作建立了器官接收点。目前，全区登记遗体捐献志愿者有190人，实现器官（组织）捐献9例，其中呼和浩特6例、包头2例、呼伦贝尔1例。各级红十字会积极参与推动无偿献血工作。6月14日世界献血者日期间，各级红十字会与卫生部门合作开展了形式多样的纪念活动。自治区红十字会与平安人寿保险公司内蒙古分公司在呼和浩特市新华广场共同举办了“点滴关爱，一生平安”爱心献血大型公益活动，取得了良好的社会效果。

六、创新宣传形式和载体，扩大红十字会社会影响

一年来，各地利用救灾救助工作和大型活动机会，大张旗鼓地开展宣传工作，充分发挥了宣传的先导作用。自治区红十字会5月11日与四川省大邑县政府共同举办了以“发扬抗震救灾精神，共创美好未来”为主题的纪念汶川地震一周年活动，自治区政府副主席刘新乐和社会各界群众200余人参加了活动，产生了较大的社会反响。自治区红十字会还举行了2009年新闻界新春招待会，邀请新闻宣传部门领导和知名记者、志愿者研讨红十字会宣传工作。乌兰察布市委宣传部、红十字会联合下发文件，就进一步加强全市红十字事业宣传工作做出部署。各级红十字会积极创新宣传形式，采取与新闻单位合办专题栏目、在公交站电子屏幕、出租车显示屏、广场大屏幕等新媒体发布公益广告、公布救灾救助情况等，传播红十字信息。全年全区各级红十字会在各类报刊杂志登载宣传红十字会工作的文章1263篇，通过电台、电视台播发红十字会工作的新闻2195条，在提高红十字会的知名度，争取社会各界支持方面发挥了重要的作用。

七、大力加强组织建设，构建红十字会工作网络

基层组织建设是一项关系到红十字事业发展的基础性、长远性工作。2009年，全区各级红十字会继续推行基层组织“四进”活动，取得明显成效。截至11月底，全区红十字基层组织达到4961个，比上年增加

1795个；团体会员单位6683家，比上年增加889家；会员1369557人，比上年增加近30万人，其中成人会员336459人，青少年会员1033098人；各类红十字志愿者19097人。自治区红十字会加大了学校红十字会工作力度，指导内蒙古医学院等学校发展会员，开展丰富多采的红十字特色活动。选派青少年会员参加了在天津举行的全国红十字青少年交流活动，组织全区红十字青少年参加了纪念汶川地震一周年“全国红十字青少年防灾避险知识竞赛”活动，以及“全国青少年红十字知识网络竞赛”、“道路汽车与少年儿童生命关怀系列活动”，乌兰察布市、兴安盟红十字会获奖。自治区红十字会还与自治区教育厅联合开展了全区红十字示范校评审活动，对20所红十字会工作突出的大中小学校进行了表彰。

八、加强合作与交流，积极引进项目和资金

2009年，在中国红十字会总会的支持下，本会先后争取到挪威红十字会援助改水改厕项目、加拿大红十字会援助复明扶贫项目、华电国际复明项目、中国红十字基金会援助博爱卫生院、博爱新村项目等多个项目，项目资金达277万元。

7月上旬，宝音德力格尔会长应邀率领自治区红十字会代表团对蒙古国红十字会进行了为期7天的友好访问，并与蒙古国红十字会就签署友好合作协议达成了一致意见。本会还承办了中国红十字会台港澳工作会议和红十字国际委员会国际人道法传播工作师资培训班，接待了江苏、四川等省区市红十字会考察团，增进了同国际红十字组织和兄弟省区市红十字会，香港、澳门特别行政区红十字会的交流与合作。

【历史沿革】

1919年至1920年间，在内蒙古赤峰县，由当时的赤峰电报局局长陈君甫、高等学校校长阎希圣、当过省议员的乔俊杰、秀才卢洪恩、永生利染坊的司帐先生金洪才、股东马德山、掌柜李永祥7人自动发起倡议，组织了赤峰红十字会。因为红十字会属于社会上的一种慈善团体，发展会员是严格遵守自己的宗旨，得到了各方面的拥护，会员人数很快增加到了100多人。会员们共同推举乔俊杰为会长、阎希圣为副会长。正副会长选出后，即将会员名册和会员缴纳的会费一并送交了中国红十字会总会。总会批准后，颁发了一枚木质钤记，上写“中国红十字会赤峰县分会钤记”，并同时发给了总会章程、分会简章及其它有关文件、书刊等。1919年（民国八年）旧历五月初五凌晨，第一次直奉战争波及赤峰，当时赤峰红十字会刚刚成立，仓促间临时组织了一个救护队。救护队分为担架队和掩埋队，对在战场上死亡者就地雇人掩埋，对伤员则雇用民众用簸罗、门板绑成担架送到赤峰红十字分会，救治伤员30名。红十字会奉行战地救护、扶危济困的宗旨深得民心，得到了当地社会各界的拥护，会员很快发展到400多人，其它一些地区也不同程度地开展了红十字会活动。

全国解放以后，自治区党委和政府对我区的红十字事业给予了高度重视，1956年正式批准成立了自治区红十字会。自治区政府副主席哈丰阿任会长，卫生厅胡尔钦毕力格厅长任副会长，下设办公室、组训组、宣传组等办事机构。1961年至1986年内蒙古自治区红十字会因文革及其它原因停止了活动。1987年5月停止活动20多年的自治区红十字会，经自治区人民政府批准正式恢复了工作，5 月 20 日召开了内蒙古自治区红十字会恢复大会。从此，自治区红十字事业随着我国改革开放，建设具有中国特色的社会主义的巨大浪潮进入了一个崭新的发展阶段。

1990 年 6 月 6 日至 6 月 9 日，内蒙古自治区红十字会召开了第一次全区会员代表大会，参加会议的代表共计 99 人。聘请自治区政府主席孔飞、人大副主任徐令妊、政协副主席乌兰、内蒙医学院教授陈锵为自治区红十字会一届理事会名誉会长，选举名誉理事 5 名，理事 53 名，常务理事 18 名，选举云曙碧为自治区红十字会一届理事会会长，刘广理、胡良发、杨曼、王孔运为副会长。云曙碧会长作了题为“艰苦奋斗积极进取努力开创我区红十字事业新局面”的报告，指出今后红十字会工作要坚持群众路线、组织建设应稳步发展、加强卫生救护工作、积极努力做好社会福利工作、做好红十字青少年工作、充分发挥离退休人员在红十字会工作中的作用、进一步加强宣传工作的思路，为自治区红十字事业的发展明确了目标。

1996 年 4 月自治区红十字会召开了一届四次理事会议，聘请自治区党委副书记政府主席乌力吉担任名誉会长，自治区人大常委会副主任刘震乙、自治区政府副主席宝音德力格尔、自治区政协副主席农工民主党自治区主委兰乾福、自治区政协副主席自治区佛教协会会长乌兰、自治区政协副主席杨紫珍、内蒙古医学院教授陈锵担任名誉副会长，并增补了部分理事。会议选举李淑莲任自治区红十字会副会长，增选自治区政府副秘书长安扶、自治区卫生厅副厅长刘树涛、自治区教育厅副厅长占布拉、自治区民政厅副厅长冯品英担任副会长。

2004 年 11 月 8—9 日，内蒙古自治区红十字会胜利召开了第二次全区会员代表大会，中国红十字会会长、原全国人大常委会副委员长彭珮云、副会长兼秘书长郭长江、事业发展部部长蓝军；自治区党委书记、人大常委会主任储波，自治区党委副书记、政府主席杨晶，自治区党委副书记、纪检委书记巴特尔，自治区党委常委、秘书长任亚平，自治区党委常委、组织部长陈朋山，自治区人大常委会副主任尤仁、宝音德力格尔、陈瑞清、哈斯巴根，自治区政府副主席乌兰，自治区政协副主席奇英成等自治区领导出席了大会，大会全面总结了“一大”以来 15 年一届理事会所做的工作，制定了 2005 ~ 2009 年的发展规划，选举产生了宝音德力格尔等 20 名第二届常务理事，桂忠等 74 名理事，聘请了自治区政府主席杨晶、自治区红十字会原会长云曙碧担任自治区红十字会名誉会长，自治区人大常委会副主任宝音德力格尔当选为二届理事会会长，聘请自治区政府副主席乌兰、自治区政协副主席奇英成为名誉副会长，桂忠当选为专职副会长兼秘书长，盖文山、乌兰、郝勇、何瑞芝、云宗元、阿斯林、斯琴高娃、贾拉森 8 人为兼职副会长。2005 年 4 月 14 日，自治区红十字会召开了二届二次理事会议，会议选举陈华任常务理事、秘书长。由于盖文山副会长分管工作调整，由自治区政府办公厅副主任杨玺继任理事、常务理事、副会长。

内蒙古自治区红十字会历次代表大会

初期（1956 年 ~ 1960 年）：会长哈

丰阿。

恢复工作期间（1987 年 5 月 ~1990 年 5 月）：代表 44 人，理事 10 人，名誉会长云曙碧。

第一届

1990 年 6 月 6 日召开，代表 99 人，理事 53 人，常务理事 18 人，名誉会长孔飞、许令妊、乌兰、陈锵，会长云曙碧。

第二届

2004 年 11 月 8 日召开，代表 158 人，理事 74 人，常务理事 20，名誉会长杨晶、云曙碧，宝音德力格尔，专职副会长桂忠。

【组织机构】

内蒙古自治区红十字会现有基层组织 2474 个，累计发展会员 82 万人，志愿工作者 5707 多人。全区 12 个盟市和 101 个旗县都建立了红十字会组织。有 307 个企业、1023 个事业单位、500 个乡镇、120 个街道建立了红十字会组织，在 479 所小学、356 所中学、10 所大学中建立了红十字会。在自治区教育系统建立了学校红十字工作委员会。

1995 年 5 月 8 日，内蒙古自治区红十字会从卫生厅独立出来，理顺了管理体制，单位规格为正厅级，机关设有办公室、业务处、组宣部三个处级单位，下设一个备灾救灾培训中心。2001 年机构改革时，撤掉了组宣部，人员编制也由原来的 14 人减为 13 人。自治区红十字会理顺管理体制后，所辖 12 个盟市及部分旗县（市区）相继理顺了管理体制。截至 2006 年 8 月，全区 12 个盟市及满洲里市、二连浩特市两个计划单列市红十字会全部理顺了管理体制，单位规格为正处级，编制 5 ~ 12 人不等。全区 101 个旗县（市区）已有 94 个旗县级红十字会理顺了管理体制，机构规格为正科级，编制 3 ~ 12 人不等。12 个盟市红十字会是：呼和浩特市、包头市、乌海市、赤峰市、通辽市、鄂尔多斯市、呼伦贝尔市、巴彦淖尔市、乌兰察布市、兴安盟、锡林郭勒盟、阿拉善盟红十字会，两个计划单列市红十字会是：满洲里市、二连浩特市红十字会。

【主要特色】

一、开展了“红十字博爱送万家”活动

为了更好地弘扬人道、博爱、奉献的红十字会精神，按照中国红十字会总会的统一部署，自治区红十字会从 1999 年开始在每年的元旦、春节期间都开展了“红十字博爱送万家”活动。为贫困灾区和边远农牧区群众送去粮食、衣物等生活必需品。

二、援助开展了卫生小项目

1. 援建卫生院医疗小项目：1999—2004 年由加拿大红十字会援助内蒙古自治区红十字会 12 万加元，在乌兰察布市凉城县、鄂尔多斯市伊金霍洛旗伊金霍洛苏木开展了卫生项目的援建工作。

2. 复明扶贫行动：2001 年至 2006 年由加拿大红十字会每年援助 9 万加元，在乌兰察布市、鄂尔多斯市、包头市、呼和浩特市、阿拉善盟、锡林郭勒盟、巴彦淖尔市开展了复明扶贫项目。该项目旨在帮助贫困白内障患者复明，术后能够从事生产劳动，走出生活困境，弘扬红十字人道主义精神，扩大红十字会的影响力。

3. 开展了艾滋病同伴教育活动：2002 年开始，由加拿大红十字会每年援助 1 万加元，开展的艾滋病同伴教育项目，旨在通过同伴教育增强预防艾滋病的公众意识，防止青年人发生易感染艾滋病的危险行为，控制艾滋病在内蒙古地区的蔓延。

三、造血干细胞捐献

2004 年经中国红十字会总会批准，内蒙古自治区红十字会成立了中国造血干细胞捐献者资料库内蒙古分库，三年来全区共采集造血干细胞 874 份，累计采集血样近 5000 份，进行供者再动员 6 例。

四、扶贫助学

扶贫助学工作一直是自治区红十字会救助领域中的主要内容之一，特别是从 2005 年开始，自治区红十字会响应自治区党委、政府的号召，与内蒙古电视台经济生活频道《都市全接触》栏目合作开展扶贫助学活动，先后投入扶贫助学款物 65.6 万元，救助了大、中、小学生共计 1104 人。2005 年在“博爱一日捐”募捐款中拿出部分善款在全区资助 1000 名贫困大学生。

（胡志行）

呼和浩特市红十字会

【简介】

呼和浩特市红十字会于 1958 年成立，“文革”开始后撤销，直至 1987 年 9 月恢复工作，对内称呼为呼和浩特市卫生局红十字会办公室，对外称呼为呼和浩特市红十字会，编制为 3 人，后增编到 5 人。1995 年红十字会办公室提格为准处级，编制 10 人，仍由卫生局代管。2000 年 12 月 26 日，市编委同意呼市红十字会办公室机构单独设置，直接由市政府联系领导。2002 年机构改革时，市委、政府对呼和浩特市红十字会在机构、人员、经费等方面给予了极大的支持，不仅保留了原有编制，而且核定处级干部 2 名，1 正 1 副，内设 2 个科室，即办公室和业务科，核定科级职数 4 人，两正两副。于 2004 年市委批复参照公务员管理，并成立了党组。2005 年，市政府为市红十字会增编 2 人，增加了组宣科，增加科级职数 1 名。现机关在职人员 13 人，副处级 1 人、科级 4 人。

呼伦贝尔市红十字会

【简介】

1988 年，呼伦贝尔（盟）市红十字会恢复工作。1995 年，（盟）市红十会机构独立设置，与血站合署办公。2001 年，市红十字会机关理顺管理体制，为独立的正处级单位，现在参照公务员管理的事业编制 8 名，工勤编制 2 名，实有人员 11 人。

赤峰市红十字会

【简介】

1919 年至 1920 年，由陈君南等 7 人自动发起，成立了赤峰市红十字会。1989 年，从卫生局分离并独立建制。1992 年 3 月召开了第一次会员代表大会。2005 年底，全市 12 个旗（县、区）红十字会全部理顺了管理体制。

包头市红十字会

【简介】

包头市红十字会成立于 1957 年，由于历史原因 1960 年停止工作。1990 年复会，组织机构由卫生行政部门代管。2003 年，市红十字会由卫生行政部门代管改由市政府管理，核定机构规格为正县级，内设办公室、业务科，全额事业编制8人。2004年列为参照公务员管理单位。

巴彦淖尔市红十字会

【简介】

巴彦淖尔市红十字会成立于1987年9月。1998年7月，市红十字会理顺管理体制，人员参照公务员管理，机关内设办公室、业务部，有编制7名。1996年，全市7个旗（县、区）红十字会相继理顺管理体制。市、旗（县、区）红十字会共有专职干部43名，基层红十字会组织194个，会员71571人，志愿工作者39人，红十字医疗机构12家，急救队10支。

锡林郭勒盟红十字会

【简介】

锡林郭勒盟红十字会成立于1997年，全盟有12个旗（县、市）红十字会和1个管委会。机关内设办公室、业务科两个职能部门，有编制8名。全盟有专职红十字会干部58人。

乌海市红十字会

【简介】

乌海市红十字会2004年6月理顺管理体制，有编制6名。全市有红十字会团体会员单位22家，会员223人，志愿工作者55人。

兴安盟红十字会

【简介】

兴安盟红十字会于1989年10月恢复成立，1999年，盟红十字会理顺管理体制，有事业编制4名，工勤编制3名。机关内设办公室、赈济部、宣传与筹资部三个部门。全盟6个旗（县、市）

鄂尔多斯市红十字会

【简介】

鄂尔多斯市红十字会于1988年恢复工作。1998年，市红十字会理顺管理体制。全市8个旗（区）红十字会全部理顺了管理体制。全市红十字会有编制41名，团体会员单位91家，基层组织175个，会员22874人，志愿工作者272人。

阿拉善盟红十字会

【简介】

阿拉善盟红十字会成立于1987年。2002年，盟红十字会理顺管理体制，人员参照公务员管理，有编制4名。机关内设办公室、宣传赈灾科。2006年，盟红十字会增加副处级职数1名。2007年4月，盟红十字会党组成立。

通辽市红十字会

【简介】

通辽市红十字会1987年恢复工作，8个旗、县（市、区）红十字会也相继成立。

1997 年，市红十字会理顺管理体制，规格为副处级事业单位，人员参照公务员管理。2001 年，内蒙古自治区红十字会通辽备灾救灾中心成立，隶属通辽市红十字会。2002 年，通辽市各旗、县（市、区）红十字会相继理顺管理体制。全市有红十字会工作人员 65 人，基层会员单位 592 家，会员 24 万人。

乌兰察布市红十字会

【简介】

乌兰察布市红十字会 1997 年理顺管理体制，有编制 6 名，参照公务员管理。2007 年，市编委又为市红十字会增加 3 名编制。全市 11 个旗、县（市、区）红十字会全部理顺了管理体制，机构规格均为正科级，编制在 3—5 名。

辽宁省红十字会

【年度工作】

2009 年，辽宁省红十字会做了以下工作：

一、积极推进理顺县级体制工作

2009 年是辽宁省理顺县级管理体制的“突破年”，全省各级红十字会采取领导包点、政策倾斜、调研考察、现场工作会等措施推动县级红十字会理顺管理体制工作。截至年底，全省已有 60% 的县级红十字会理顺管理体制，比上年增加 18 个县（市区）。

志愿服务工作有了进一步发展，组建了医疗、企业、高校、新闻宣传等志愿者队伍，开展有社会影响力、受群众欢迎的志愿服务活动。

省红十字会联合省教育厅在全省开展了第二批红十字博爱助学活动，资助了辽宁大学等 6 所高校的 240 名贫困学生，各高校成立了红十字志愿服务队，扩大了红十字会志愿服务的影响力。

二、传统业务与特色工作同时发展

省红十字会下发了《关于做好 2009 年自然灾害救助工作的通知》，做好应对可能发生的自然灾害的各项准备工作，全省各级红十字会成立红十字应急救援队伍近 100 支，有救援队成员 1253 人，全年组织演练 45 次。省红十字会对全省红十字会救灾、救助物资及援建项目执行情况进行了检查，对存在问题提出整改意见。对投入四川地震灾后重建募捐款物使用情况进行落实，与省援建办、省财政厅、四川安县受援办等部门进行沟通，落实援建医院及学校事宜，做好冠名、标识、立碑等方面的协调工作。

2009 年夏天全省普遍遭遇干旱，省红十字会及时向灾区发放了 70 万元粮食、衣物、水桶等救灾物资。在支援兄弟省市救助自然灾害方面，辽宁省先后支援了新疆克州、四川安县、河北等省市开展救灾工作。

省红十字会全年筹措近 300 万元资金，继续开展红十字博爱送万家系列活动。本次活动全省共募集款物折合人民币 610 多万元，共有 5 万余人受益。

省及各市红十字会“救助贫困家庭先天性心脏病儿童”项目，共救助患病儿童 254 人，救助金额 368.5 万元；“临终人道关爱项目”为贫困晚期癌症患者免费提供止痛药物及人道关爱服务，全年已救助贫困晚期癌症患者 300 余人，救助金额 60 万元；“救助贫困家庭少儿白血病项目”为 70 名贫困白血病患儿发放了70万元的救助款；“辅助行动器材服务项目”以免费和有偿两种形式为需要帮助的人提供了服务。

三、拓宽渠道，加强救护培训工作

省红十字会会同省政府应急管理办公室联合下发了《辽宁省应急避险培训工作实施方案》，要求各级政府应急办将应急避险、自救互救培训工作纳入应急管理体系。省红十字会编写出版了《救护员手册》，成立了志愿者救护服务总队，救护队有志愿者200余名，各级红十字会志愿者救护队达105支。目前，省、市红十字会救护工作有专人负责、有急救队伍、有师资骨干、有管理档案和评估体系。全省共培训急救员10131人，举办公益讲座840余次，受益人数达254976人。普及率为全省总人口数的0.87%。

省干细胞管理服务工作把捐献造血干细胞与无偿献血相结合，严把质量关，积极做好志愿者的初筛、动员回访等工作，制定了《辽宁省造血干细胞采集规程》。全年完成7500人份血样采集和数据传输任务，完成初筛885例，比上年增加205例，再动员265例，比上年增加173例，先后14人成功捐献了造血干细胞。截至目前，全省造血干细胞捐献者资料累计入库72452人份，成功移植56例。作为全国人体器官捐献工作首批试点单位之一，省红十字会研究制定了人体器官捐献工作计划，全省14个市都成立了人体器官捐献志愿者登记站。

四、开展社会化大宣传，积极开展交流与合作

为纪念“五八”世界红十字日，省红十字会策划开展了以“携手人道、防灾避险、生命安康”为主题的博爱周宣传活动。在启动仪式现场进行了救护表演并向社会发放了立式急救箱；联合省消防局举办了应急避险演习等活动，引起社会广泛关注。

省红十字会注重密切联系新闻媒体，逐步建立长效合作机制，在“五八博爱周”、“红十字博爱送万家”等活动中，与省内各大新闻媒体紧密配合，大力宣传红十字会工作。全省各级新闻媒体报道本会活动情况100余次。《中国红十字报》刊登辽宁稿件79篇，其中刊发省红十字会稿件41篇。

2月，省红十字青少年代表团对日本赤十字社神奈川县支部进行了友好访问。8月，日本神奈川县红十字青少年代表团对辽宁省进行了友好访问。双方就红十字工作、红十字青少年工作等进行了深入交流。

继续实施艾滋病预防宣传项目，在大学生、男男性接触人群、娱乐场所从业人员等目标人群中，举办艾滋病预防青年同伴教育主持人培训班7期，主持人复训班4期；举办艾滋病预防同伴教育培训班206期，举办各市红十字会专职干部参加的预防艾滋病能力建设培训班1期；开展大型宣传活动12次；男男性接触人群和娱乐场所从业人员的外展培训765次。累计1201期（次）活动。省红十字会接受第九届亚太地区国际艾滋病大会邀请，并在大会上介绍了开展艾滋病项目情况。

五、加强学习型机关建设

省红十字会2009年对全省红十字系统专职干部进行了培训。邀请了总会和省内著名专家教授讲课，培训内容丰富、针对性强，受训人员反映良好。

省红十字会巩固学习实践科学发展观活动成果，坚持组织理论学习、业务学习及现代技术知识的学习，组织参观考察、开展文体活动、演讲比赛等，优化了工作环境，促进了职工的身心健康。省红十字会和部分市红十字会机关搬入新址办公，办公条件得到明显改善。

【历史沿革】

1904年2月8日，日俄战争在辽宁旅顺爆发，东北人民灾难惨重。上海海关沈敦和与施子英二人恻然悯之，发起成立了“东三省红十字普济善会”。1904年3月10日，上海万国红十字会召开第一次中西董事会，决定在要冲之地牛庄（今营口）设立分会，在牛庄借爱尔兰会华医院为分会总医院。8月，设立辽阳分会，同时设医院和难民栖留所。之后，辽宁省奉天省城、新民屯、沟帮子等成立分会。日俄战争期间，在辽宁境内的红十字分会为群众做了大量救援、救护、救助方面的工作。据不完全统计，红十字会对受难人民进行医疗救护达2.6万人；资助遣返回籍者达8.5万人；战后受到赈济的灾民达3.3万余人。1929年2月5日，奉天省正式改称辽宁省。7月，中国红十字会辽宁分会成立。办公地址在沈阳民富街西157号。

新中国成立后，辽宁省红十字会于1957年2月19日在沈阳成立。由卫生、民政、公安等有关单位领导29人组成辽宁省红十字会执行委员会。

辽宁省红十字会成立时，全国正开展“除四害、讲卫生、消灭疾病”的群众卫生运动。各地红十字会都把主要力量投入爱国卫生运动中。1958年，辽宁省红十字会及时部署动员组织会员参加爱国卫生运动，促进了卫生运动的发展。1962年，针对台湾当局在美帝国主义支持下，妄图窜犯大陆进行军事冒险的形势，红十字会立即行动，大力开展群众性国防卫生救护训练。训练内容应包括卫生救护基础知识和防空、防毒、防疫（细菌），防原子等简易知识，力争做到在遇有紧急情况时，能担负起军民伤病人员的投寻、搬运和医务人员未到现场前的初级救护，疫区、毒区的消毒，以及在医务人员指导下执行其他的卫生勤务。“文革”期间，辽宁省红十字会遭到全面破坏，红十字会工作被迫停止。粉碎“四人帮”以后，1980年3月26日，辽宁省红十字会恢复工作，当年4月9日，辽宁省红十字会召开第三次会员代表大会，选举产生了以辽宁省人大常委会副主任王堃驰为会长的新的领导机构。辽宁省红十字会自1980年恢复工作以来，协助政府在备灾救灾、扶贫济困、对外交往等方面做了大量卓有成效的工作。2000年12月26日，辽宁省红十字会办事机构从省卫生厅划出，独立设置。辽宁省红十字会第六次会员代表大会于2001年11月21日在沈阳市召开，会上选举出了新一届理事会，聘请辽宁省省长薄熙来担任省红十字会名誉会长，陈素芝、徐廷生、张毓茂为名誉副会长。选举辽宁省副省长刘克田为省红十字会会长，刘琳娜当选为辽宁省红十字会常务副会长，杨笑为秘书长。在2004年3月召开的辽宁省红十字会六届二次理事会上，改选滕卫平为省红十字会会长。

辽宁省红十字会历次代表大会

第一届

1957年2月召开，理事29人，会长车向忱，副会长王木。

第二届

1962年9月召开，理事21人，会长王

梓木，副会长韩蓬台。

第三届

1980年4月召开，理事24人，会长王堃骋，副会长邓禹。

第四届

1988年12月召开，理事61人，会长王文元，副会长李希舜。

第五届

1996年10月召开，理事60人，会长张榕明，副会长李仁。

第六届

2001年11月召开，理事60人，会长刘克田，副会长刘琳娜。

第六届二次

2004年3月召开，理事60人，会长滕卫平，副会长刘琳娜。

【组织机构】

辽宁省红十字会现有会员179.8492万人，志愿工作者6.1万人，全省100个县区建立了红十字会，同时，在高等院校、职业学校、中小学校建立了学校红十字工作委员会。

辽宁省红十字会机关设有办公室、赈济救护部、组织宣传部，下辖备灾中心、培训中心（中国造血干细胞捐献者资料库辽宁分库）等2个事业单位。至2004年底，全省已有14个市理顺了市级红十字会管理体制（沈阳、大连、鞍山、抚顺、本溪、丹东、锦州、营口、阜新、辽阳、铁岭、朝阳、盘锦、葫芦岛），21个县理顺了县级红十字会管理体制。

【大型项目】

（一）省内救灾工作

1. 1994年7月中旬至8月中旬，辽宁省所辖14个市的大部分地区遭受了大或特大洪水和台风袭击，灾情十分严重。省红十字会会同卫生厅共向灾区派出医疗队68支，防疫队34支，发放药品22万元，发放消杀药20余万元，总救助人数达68627人次。

2. 1995年，辽宁省发生有记载以来最大的一次洪涝灾害，全省经济损失344.2亿元。省、市各级卫生部门及红十字会共组建医疗队239个，向灾区派出医疗队565队次，运送价值44万元的药品及消毒杀菌药品。

3. 1999年11月14日和24日，辽宁地区连降两场大雪和暴雪，辽南东部山区气温急剧下降，省红十字会购买了价值5万元的棉被1000条送到灾区。

4. 1999年11月29日，海城市、岫岩县发生5.6级地震，造成6000多间房屋损毁，直接经济损失达2300多万元。地震发生后，省红十字会迅速做出反应，组织了15支医疗队和预防小分队，并积极上报灾情，得到中国红十字会总会和红十字会与红新月会国际联合会救助的60余万元。

（二）向遭受灾省、自治区进行援助

1. 1991年7至8月份，我国南方部分地区发生特大洪涝灾害，辽宁省红十字会共募集人民币160万元，衣物约110万件，支援了南方灾区的重建工作。

2. 1994年，辽宁省红十字会向南方灾区捐款71295元，捐衣物2000件。

3. 1996年青海省发生雪灾，辽宁省各级红十字会举行开展为青海雪灾募捐衣物及生活用品活动。共募捐衣物及生活用品100余万件。

4. 1996年张家口地震，辽宁省红十字会向地震灾区捐赠人民币1万元。

5. 1998年全国大部分地区发生洪涝灾

害，辽宁省红十字会在全省红十字会系统开展募捐活动，为灾区募集的款物折合人民币730万元。

6. 1999年台湾发生地震，辽宁省红十字会通过中国红十字会总会向台湾红十字组织捐款5万元人民币。

7. 2003年，新疆维吾尔自治区喀什地区发生强烈地震，辽宁省红十字会向灾区捐款30万元，用于灾后重建工作。

【主要特色】

（一）开展“红十字博爱送万家”活动

2001年至今，每年的元旦、春节期间，辽宁省红十字会按照中国红十字会总会的整体部署，根据中共辽宁省委、省政府的要求，连续开展了“红十字博爱送万家”活动。

2001年1月，辽宁省红十字会工作人员赴葫芦岛、锦州、朝阳、阜新四市开展“红十字博爱送万家”活动，为遭受严重旱灾的群众送去价值40万元的棉被、棉大衣等物品。

2002年1月，辽宁省红十字会把“红十字博爱送万家”活动与省政府扶贫帮困和经常性社会救助活动结合起来，先后到抚顺市清原县、本溪市南芬区和辽阳市走访慰问贫困户和受灾户，并为他们送去了价值6万元的药品、2000斤粮食和部分棉衣、棉被等物品。

2003年，辽宁省红十字会结合本省实际，在辽阳市举行了中国红十字会2003年“红十字博爱送万家”活动辽宁省启动仪式，现场对部分城市低保户进行了救助，并走访了部分贫困户。此次活动共筹集了价值50万元的物资，受益群众达2500户。通过救助活动，把党和政府的关怀，把红十字人道、博爱、奉献的红十字精神送到千家万户。

（二）救助日本孤儿及中国养父母

日本侵华战争时所留下的日本遗孤，战后大多流落在中国东北，被中国养父母所收养。日本塔卡拉俱乐部中有许多日本遗孤，中日建交后返日，他们为报答中国养父母的养育之恩，向中国红十字会捐款，建立为其养父母服务的保健中心。1991年1月，辽宁省设立医疗保健中心，总建筑面积2500平方米。中心建立后，省红十字会及该中心帮助日孤在日寻亲和到辽宁探亲访友，并在每年春节前带着慰问品对辽宁地区的部分日本遗孤及其养父母进行慰问。

（三）积极开展“三下乡”活动

辽宁省红十字会从2001年起，参加中共辽宁省委、省政府组织的“科技、文化、卫生”下乡活动。当时，省红十字会刚刚独设置就以积极的态度主动参与了此项活动，并把它当成密切党和群众的联系，为振兴辽宁老工业基地做贡献的政治任务来完成。每年年初，省红十字会都将“三下乡”工作列入全年工作计划之中，把省红十字会筹集的药品、衣物等送到贫困群众手中。其中，2002年底，为彰武县送去价值5万元药品；2003年底，为康平县送去价值3万元药品及衣物。2004年，辽宁省红十字会被评为辽宁省“三下乡”先进集体。

（四）成立辽宁博爱特殊儿童养护中心

2002年5月，由辽宁省红十字会牵头，成立了辽宁首家博爱特殊儿童养护中心，定性为社会福利机构，专门为患孤独症的儿童提供训练、康复服务。通过训练，指导孤独症儿童及其家长改善儿童现状，提高儿童适应社会能力及语言交往能力，力争使儿童尽早适应集体生活。两年来，共接收近百名特殊儿童，使多名孩子重返校园，过上和正常人一样的生活。逢年过节，省红十字还组织热心公益事业的社会各界献爱心，送去慰问品，并通过新闻媒体给予宣传报道，让全社会关注弱势群体。患儿家长和政府有关部门称赞红十字会为民做了一件好事。原中国红十字会总会副秘书长汤声闻曾经视察该中心，并对其工作给予充分肯定，认为这是红十字会工作的一个品牌，应当很好地坚持下去。

（杨海云）

沈阳市红十字会

【简介】

沈阳市红十字会于2003年6月完成了机构改革，理顺了管理体制。确定市红十字会为副局级群团组织，人员编制12人。同时改善了办公环境，扩大了办公场所，建立和完善了各项管理制度。全市红十字会基层组织共计826个，新增41个，会员总数121万人，新增会员6万人。

大连市红十字会

【简介】

大连市红十字会成立于1957年9月3日，编制为7人，设专职副会长1人，办公室主任1人，工作人员5人，挂靠在卫生局。1981年10月恢复工作，设编4人，其中行政编2人，事业编2人，为处级建制。2002年5月28日，在市政府和编委的关怀和支持下，大连市红十字会理顺了管理体制，由过去的一个处级科室提格为副局级单位，设专职副会长1人、秘书长1人，下设一室两部，编制数为16人。

1983年，11个县（市）区也相继成立了红十字会组织。到2005年，大连市红十字会所属县级红十字会组织11个，基层团体会员单位754个，会员18.2万人。其中成年会员6.9万人，青少年会员11.2万人。

鞍山市红十字会

【简介】

鞍山市红十字会1957年5月成立，2004年2月理顺管理体制。

抚顺市红十字会

【简介】

抚顺市红十字会成立于1958年，2004年11月理顺管理体制。

本溪市红十字会

【简介】

本溪市红十字会1957年6月成立，2003年7月理顺管理体制。

丹东市红十字会

【简介】

丹东市红十字会2005年1月10日理顺管理体制。全市7个县（市、区）均成立了红十字会，全市红十字会有专兼职工作人员470人，基层红十字会组织84个，会员35380人。

锦州市红十字会

【简介】

锦州市红十字会成立于1965年10月8日，“文革”停止工作，1985年5月18日恢复工作。

营口市红十字会

【简介】

营口市红十字会成立于1904年，是中国红十字会内的第一分会。现在编制4名。全市有红十字会会员12万人，全市55个社区、29个乡镇、71个村建立了红十字会基层组织。

阜新市红十字会

【简介】

阜新市红十字会成立于1964年，2005年，市红十字会理顺管理体制。

辽阳市红十字会

【简介】

辽阳市红十字会成立于1904年。2002年，辽阳市红十字会从卫生系统分离出来，2006年，全市7个县（市、区）红十字会均理顺管理体制。机关内设办公室和赈救援部，有工作人员6名。

铁岭市红十字会

【简介】

铁岭市红十字会成立于1990年，有编制3名。

朝阳市红十字会

【简介】

朝阳市红十字会办公室1989年12月成立，2005年，市红十字会理顺管理体制，人员参照公务员管理，规格为正县级单位。

葫芦岛市红十字会

【简介】

葫芦岛市红十字会成立于1990年10月，2004年，市红十字会理顺管理体制，机关下设办公室和赈济部，编制为5名，规格为副县级单位。

盘锦市红十字会

【简介】

盘锦市红十字会是从事人道主义工作的社会救助团体，由市政府领导联系。其主要职责是：

一、宣传、贯彻落实《中华人民共和国红十字会法》和《中华人民共和国红十字标志使用办法》，指导全市各级红十字会依法开展工作。

二、宣传国际红十字运动知识和国际人道主义法；依照国际红十字会组织的有关原则和规定开展工作。

三、开展备灾救灾工作。依法组织社会捐助，经省红十字会向中国红十字会总会并通过总会向国际红十字组织发出救援呼吁，接受国际援助并监督其使用；管理备灾救灾款物及设施；在自然灾害和突发事件中，参与组织对伤病人员和其他受害者进行救助工作。

四、宣传、普及卫生防病知识，开展群众性初级卫生救护和特殊行业救护培训；负责造血干细胞捐献者登记入库工作和人体器官移植、遗体捐献工作，开展预防艾滋病工作，参与和推动无偿献血工作。

五、开展红十字青少年活动；组织会员、志愿工作者开展社会服务活动；协助政府开展人道主义救助工作。

六、开展与国际红十字组织和各国红十字会的友好合作与交流；负责与台湾红十字组织的交往和其它涉台工作。

七、完成同级人民政府交办的工作。

吉林省红十字会

【年度工作】

2009 年，吉林省红十字会在开展“红十字博爱送万家”活动中为受灾群众及生活困难家庭筹措了价值 100 万元的棉衣、棉被、大米等救助物资。参与对口援建四川黑水灾区工作，调拨援建资金 1.6 亿元，建设民房 4979 户、饮水工程 100 处、学校 2 所、卫生院 1 所。全年培训救护师资和初级救护员 3 000 余人，发展红十字志愿者 2000 余名，救助贫困学生 1000 余人。改水改厕项目获外方援助 170 万元，援建博爱卫生院二所，开展造血干细胞志愿者招募活动五次，全年救助 54 名白血病患儿。吉林省红十字会第六次会员代表大会召开，吉林省省长韩长赋受聘担任省红十字会名誉会长，吉林省委常委、副省长马俊清当选为吉林省红十字会会长。吉林省红十字会被国家人力资源和社会保障部、中国红十字会总会授予“全国红十字会系统先进集体”荣誉称号，吉林省神经精神病医院精神科护士长张桂英成为第 42 届南丁格尔奖章获奖者。

【历史沿革】

吉林省红十字会创建于 1919 年，其前身是东三省红十字普济善会，至 1924 年共建立哈尔滨分会、长春分会、延吉分会等 11 个分会。在旧中国危难和动乱的年代，吉林省红十字会以“恤兵救灾”为宗旨，开展战地救护、难民救济、筹募基金等工作，力所能及地做了一些善事。“九一八”事变后，东北沦陷，各地分会事业停顿。1938 年，伪满洲国成立赤十字社（即康德红十字会），并在各地设立支部和办事处。日本战败投降后，中国红十字会全面接管了伪赤十字社的产业，1946 年吉林省红十字会复以长春分会名义重新开展工作。

1958 年 8 月 8 日，吉林省红十字会正式成立。根据“边发展、边组织、边训练、边巩固”的方针，积极发展组织和开展群众性卫生救护训练，当年就发展会员 45155 人，并在 26 个市、州、县建立了红十字会。在政府的领导下，吉林省红十字会办理并协助 4 批 236 名日侨回国。1958 至 1966 年间，吉林省红十字会在发展会员、建立组织、参加爱国卫生运动、组织卫生救护训练，以及在红十字青少年、血源管理、外事往来、接受捐赠等方面做了很多工作，出现了可喜的局面。1966 年后，吉林省红十字会工作中断，机构撤销。中共十一届三中全会后，吉林省红十字会的工作得以重新恢复，1980 年 3 月，国务院 48 号文件批准外交部、卫生部、中国红十字会总会《关于恢复东北三省和省会市红十字会的请示》。吉林省政府于 1980 年 4 月 7 日以吉政发（1980）3 号文件批准恢复吉林省红十字会和长春市红十字会，工作暂由吉林省卫生厅兼做。同年 5 月，吉林省红十字会接待了日本厚生省大臣率领的“日本在东北地区死亡者家属友好访华团”。1986 年，吉林省编委批给吉林省红十字会行政编制 2 名，1988 年又增加 2 名。在改革开放的新形势下，红十字会开始了人道主义工作的探索和实践，以“人道、博爱、奉献”为宗旨，协助政府完成了一系列特殊工作，在中国红十字会总会的直接指导下，在中共吉林省委和省政府领导下，在社会各界的支持关心下，在全体红十字会员和志愿工作者的共同努力下，吉林省红十字会各项工作都有了较大发展，逐步发展成为扶危济困、弘扬社会主义精神文明和国际人道主义精神的一支重要社会力量。1993 年 10 月，《中华人民共和国红十字会法》和 1996 年 1 月《中华人民共和国红十字标志使用办法》的颁布实施，使红十字事业走上了法制化建设的轨道。1997 年 8 月，吉林省红十字会理顺了管理体制，开始以社会团体的身份独立自主地开展工作。理顺体制后的吉林省红十字会工作有了快速发展，广泛开展人道主义救援和服务工作，努力为群众办实事、办好事，在备灾救灾、卫生救护、无偿献血、艾滋病防治、造血干细胞捐献者资料库建设、对外交流等方面取得了较大的进展，为促进吉林省经济和社会发展，维护社会稳定做出了积极贡献。

2003 年 7 月 7 日，吉林省红十字会第五次会员代表大会召开。中共吉林省委书记王云坤、中国红十字会常务副会长王立忠、吉林省副省长李斌等出席了会议。大会全面总结了吉林省红十字会第四届理事会以来的工作，提出了“与时俱进，开拓创新，扎实推进红十字事业的发展”的工作目标，明确了“为吉林省两个文明建设做出更大贡献”的工作要求，制定了以后五年的发展规划。选举产生了由 51 名理事组成的新一届理事会。大会聘请中共吉林省委书记王云坤为省红十字会名誉会长，吉林省副省长李斌当选为省红十字会会长，吉林省政协副主席孙耀廷当选为省红十字会常务副会长。

吉林省红十字会历次代表大会

第一届

1962 年 3 月 9 日召开，代表 301 人，理事 85 人，会长徐寿轩。

第二届

1984 年 8 月 20 日召开，代表 89 人，理事 25 人，常务理事 6 人，会长刘云沼。

第三届

1989 年 6 月 23 日召开，代表 160 人，理事 43 人，常务理事 15 人，名誉会长刘云沼，会长刘希林。

第四届

1996 年 3 月 19 日召开，代表 155 人，理事 59 人，常务理事 8 人，名誉会长张德江，会长张岳琦。

第五届

2003 年 7 月 7 日召开，代表 139 人，理事 51 人，常务理事 15 人，名誉会长王云坤，会长李斌，常务副会长孙耀廷。

【组织机构】

吉林省红十字会现有基层组织3957个，会员80万人（其中青少年会员34万人），志愿工作者15万人。全省9个市（州）、60个县（市、区）均建立了红十字会组织。同时，在各级各类学校、厂矿系统、卫生系统、旅游系统分别建立了红十字会工作委员会。目前，吉林省红十字会机关设有综合处、业务处。省红十字会还直接管理中国造血干细胞捐献者资料库吉林分库。

根据《中华人民共和国红十字会法》和中国红十字会总会《理顺管理体制座谈会纪要》精神，1996年，中共吉林省委召开常委会，专门研究省红十字会机构设置问题并形成决议：吉林省红十字会依法单独设置，实行机构、经费、编制单列，以社会团体法人资格独立自主地开展工作。1997年8月，吉林省人事厅、省编委正式下发“三定方案”，明确吉林省红十字会为副厅级建制，设职能处室2个，人员编制11名，财政全额拨款。至2002年10月，全省9个市（州）红十字会机关已全部理顺了管理体制，专职副会长和秘书长配备到位。这9个市（州）红十字会是：长春市红十字会、吉林市红十字会、四平市红十字会、延边朝鲜族自治州红十字会、松原市红十字会、辽源市红十字会、通化市红十字会、白山市红十字会、白城市红十字会。全省60个县（市、区）中40个县（市、区）理顺了管理体制，理顺市县级红十字会管理体制的工作均走在全国的前列。

【大型项目】

（一）1998年，为嫩江松花江特大水灾开展募捐，共募集救灾资金和物资价值5000多万元，有力地支援了受灾地区的重建工作。

（二）2000年，援助西部地区贫困家庭10万元人民币。

（三）2001年1月，向内蒙古自治区遭受雪灾和凌灾地区援助人民币60余万元。

（四）2003年，全省红十字会系统共募集款物折合人民币5千万元，有力地支持了全省“非典”防治工作。

（五）2003年至2005年，荷兰红十字会援助20万欧元，与吉林省红十字会共同开展艾滋病预防青年同伴教育项目。

（六）2004年，为加强对艾滋病病人的救助工作，吉林省红十字会为吉林市艾滋病患者送去救助款240万元。

（七）2004年至2005年，挪威红十字会援助50万元人民币，与吉林省红十字会合作开展改水改厕的项目。

（八）2005年，以“爱心献社会、真情暖人心”为主题，吉林省红十字会在全省范围内组织开展募捐活动，共募集善款700余万元，为扎实开展各项人道主义救助工作奠定了坚实的基础。

【主要特色】

（一）推出“伸出友爱手、关爱你我他”活动

为配合国家提出的振兴东北老工业基地战略，充分发挥红十字会的职能和作用，2005年，吉林省红十字会在全省范围内组织开展了以“爱心献社会，真情暖人心”为主题的救助活动，广泛争取社会各方面资金和物资捐赠，用于救助生活特困的下岗职工家庭。目前，已帮助9800余户下岗职工家庭解决了部分生活难题，为吉林老工业基地的振兴发展做出了积极贡献。各地红十字会还开展开展救灾、扶贫和助学活动500余

次，累计发放各种救济款物1000多万元，受益总人数近30万人次，红十字会的工作受到社会各方面的关注和好评。

（二）积极探索会费收缴新途径

吉林省各级红十字会高度重视会费收缴工作，积极发展热心人道主义事业的团体会员单位，广泛吸收和组织社会各界群众参加红十字会，努力增加会费收入。延边朝鲜族自治州红十字会通过开展动员全民参加红十字会并缴纳会费活动，在全州形成了人人了解红十字会、关心支持红十字会、积极参与红十字会工作的良好社会氛围，在会费收缴工作方面探索出一条新路子。他们向群众宣传红十字会所做的实事、好事，把交纳会费形成制度，使每一名会员都能自觉交纳会费。延边朝鲜族自治州红十字会自1995年开展全民收缴会费以来，全州累计收缴会费300多万元，每年都能足额完成会费收缴任务。

（三）红十字青少年活动丰富多彩

目前，吉林省共有红十字青少年会员34万人，占全体红十字会员总数的42%。红十字青少年工作蓬勃发展，有力地配合了学校的素质教育工作。各地红十字会会同教育部门，积极开展符合学生自身特点、丰富多彩、有益身心的活动。辽源市红十字青少年工作开展的有声有色，广大中小学生掀起了一场向生活不良生活习惯宣战的运动，大力倡导健康文明的生活方式，为美化校园环境创建“文明卫生城”做出了突出贡献。东丰县实验小学把红十字会工作融入到教学活动中，形成了自己的特色，建立了学校红十字宣传阵地，“红十字在我心中”主题班队会和“红十字手抄报”发展成为该市红十字工作的特色品牌。

（四）“红十字助学”发展成为特色工作

吉林省红十字会坚持开展红十字博爱助学活动，会同各级教育行政部门和学校对贫困学生情况进行调查摸底，不断加大救助工作力度，并逐步建立起长效机制，让助学活动真正成为求真务实的爱心工程。近年来，吉林省红十字会组织的救助特困家庭大学新生活动，共救助吉林大学、长春税务学院、延边大学等学校特困学生3000多人次，累计发放助学金280多万元。延边州红十字会的“救助贫困大学生”工作已在当地形成了广泛的社会影响，每年为新考上大学的特困家庭学生发放救助款，红十字会组织开展的助学活动受到社会各界的一致好评。

（姚玉海）

长春市红十字会

【简介】

长春市红十字会位于南关区近埠街4—2号三楼（一层），办公面积301平方米。现有人员7人，（其中临时工3人）。市红十字会还负责对4县（市）6区：农安县、榆树市、德惠市、九台市、朝阳区、南关区、宽城区、二道区、双阳区红会工作的业务指导。

长春市所有县（市）区红十字会全部实现了有编制、有专职人员、有办公地点，能独立开展工作。德惠市、双阳区、农安县红十字会不但办公条件明显提高，还有了备灾仓库。

吉林市红十字会

【简介】

吉林市红十字会成立于1962年，1985年恢复工作，2002年，市红十字会理顺管理体制。市红十字会有编制7名。9个区、县（市）均成立了红十字会，有基层组织117个，会员10万余人。

四平市红十字会

【简介】

四平市红十字会成立于1986年1月17日，1997年11月11日市红十字会理顺管理体制。机关有编制5名，全市有红十字会员107117人，其中青少年会员80519人，志愿工作者20人。

延边朝鲜族自治州红十字会

【简介】

延边朝鲜族自治州红十字会成立于1957年4月。1998年7月理顺管理体制，有编制8名。机关内设办公室、业务处、直属备灾救灾中。全州有红十字会专职干部45人，基层红十字会组织1550个，会员36.2万人，志愿工作者1.7万人。

通化市红十字会

【简介】

通化市红十字会1987年恢复建制，其后理顺管理体制，人员参照公务员管理。有编制4名，全市有团体会员单位30家，成人会员6500人，青少年会员3400人，志愿工作者40人。

白山市红十字会

【简介】

白山市红十字会成立于1987年10月。2002年1月理顺管理体制，有编制3名。全市6个县、区成立了红十字会，有基层红十字会组织20多个，会员1万多人，志愿工作者400多人

辽源市红十字会

【简介】

辽源市红十字会成立于1987年4月28日。全市有红十字基层组织152个，会员80742人，其中青少年会员58785人，志愿工作者314人，理事单位128家。全市红十字会有专职干部14人，兼职干部224人。

松原市红十字会

【简介】

松原市红十字会办公室于1993年4月筹建，隶属市卫生局。1998年，市红十字会理顺管理体制，有编制4名。全市有团体会员单位112家，成人会员31000人，青少年会员2000人，志愿工作者100人。

白城市红十字会

【简介】

白城市红十字会成立于1993年。1998年12月，市红十字会理顺了管理体制，规

格为副处级单位，有编制7人。全市有红十字团体会员单位55家，会员3万余人，志愿工作者80人。

黑龙江省红十字会

【年度工作】

一、组织建设工作取得突破性进展

2009年10月，根据《黑龙江省机构编制委员会关于成立大庆市红十字会的通知》精神，大庆市红十字会办公室更名为大庆市红十字会，列入群团序列。至此，全省13个市（地）级红十字会机构全部理顺。与此同时，省红十字会机关内设机构也由原来的办公室和综合业务处，调整为办公室、赈济救护部和组织宣传部，调整后的各部室责任更加明确，对推动全省红十字事业的发展将起到积极地推动作用。

二、做好四川震区灾后重建工作

按照省委、省政府关于对口支援四川省剑阁县恢复重建工作的具体要求和总会灾后重建项目的通知精神，省红十字会投入资金3890万元，对纳入省政府对口援建项目整体规划中的15所乡（镇）卫生院及6所学校独立自主地开展援建工作，并已于2009年8月建成投入使用，剩余募捐款项将按照省政府对口支援剑阁县重建领导小组的统一安排用于援建乡镇学校、卫生院等公益项目。全部援建项目将于2010年8月底前完成。

三、继续加强红十字“品牌”救助项目建设

红十字博爱送万家活动。2009年，全省各级红十字会累积下拨救助慰问款物793.2万元，使5万余人次贫困人口受益。

复明工程。2009年，全省累计投入122.25万元，为492名白内障适应症患者实施了白内障复明手术，取得了良好效果。

艾滋病预防宣传项目。截至2009年，省红十字会已在省内5个城市独立或合作建立了感染者组织，开展了形式多样的活动；在各类人群中开展同伴教育163期；与上海、北京、大连等地预防艾滋病工作人员、主持人、感染者进行了了交流、互访。省红十字会艾滋病干预宣传工作得到了目标人群的认可，在本省预防艾滋病工作中已经成为一支不可或缺的力量，发挥着重要作用。

红十字博爱卫生院（站）援建项目。截至2009年，由中国红十字基金会援建本省伊春、佳木斯、黑河、牡丹江、绥化等地的红十字博爱卫生站已全部竣工，并部分投入使用。

四、救护培训工作稳中求发展

2009年，全省累计培训救护师资138人，救护员24890人，救护防病知识普及人数达303476人次，均比上年有所提高，特别是救护员培训人数比上年翻了一番。

五、宣传与青少年工作

一年来，全省红十字宣传和青少年工作取得了丰硕成果：洪涛和朱晓平撰写的《用爱的钥匙打开紧闭的心门》获2008—2009年度中国红十字会总会报刊宣传工作优秀新闻作品一等奖；孙代君撰写的《滑子菇：贫困农户的希望火种》、胡晓慧和张玉欣撰写的《三年“旧貌”换“新颜”》获优秀新闻作品二等奖；密山市获2008—2009年度中国红十字会总会报刊宣传工作先进集体表扬奖。《黑龙江红会抗震救灾写真》获首届罗氏——中国红十字网络宣传奖二等奖；《黑河市红十字会基层组织建设年结硕果》获三等奖。在纪念汶川地震一周年富视杯·全国红十字青少年防灾避险知识竞赛中黑河市一人获三等奖；哈尔滨市红十字会和爱辉区红十字会获得最佳组织奖。省红十字会组织参与了总会举办的“全国青少年红十字知识网络竞赛”，本省有4名青少年在竞赛中获优秀奖。省红十字会获组织奖第三名。

六、遗体和眼角膜捐献工作步入法制轨道

2009年，全省遗体捐献登记人数累计达628例。由省红十字会参与起草的《黑龙江省遗体和眼角膜捐献条例》于2009年12月17日经省十一届人大常委会十四次会议通过，2010年3月1日起实施。该条例的实施，标志着全省遗体和眼角膜捐献工作步入法制轨道，对推动该项工作在本省的发展起到积极作用。

【历史沿革】

据史料记载黑龙江省区域的红十字会始建于1918年。新中国成立后，黑龙江省红十字会成立于1955年，“文革”中工作被中断，1980年正式恢复，机构与省卫生厅合署办公，核定编制4人，1987年增编为7人。同年省编委为全省行政区划县以上（不含哈尔滨市）核定编制169人。1991年，黑龙江省当时的14个地市68个县全部成立了红十字会组织。

历届黑龙江省红十字会名誉会长、专职副会长：

1955年至1966年，会长：于天放、杜光预。

1986年至1991年，会长：李瑞、靖伯文、黄枫。

1991年至1993年，会长：戴谟安。

1993年至1998年，名誉会长：黄枫、戴谟安，会长：周铁农。

1998年至2002年，会长：王佐书，专职副会长：王振川。

2002年至2005年，会长：程幼东，专职副会长：王振川。

【组织机构】

截至2005年底，黑龙江省有红十字会员663389人，其中青少年会员396358人，基层组织3669个，团体会员单位1815个。2005年3月省红十字会协调政府及有关部门，转发了国务院办公厅下发的《关于进一步加强红十字会工作意见》的通知。进一步加大了各级政府及有关部门对红十字会的支持力度。一是加大了理顺管理体制的力度。2005年，黑龙江省又有齐齐哈尔市、塔河县红十字会完成了机构理顺工作。二是各级政府把红十字会工作摆上位置。在哈尔滨市委、市政府的重视、支持下，为市红十字会选派了1名工作能力强、有责任心的正局级领导干部担任市红十字会的党组书记、专职副会长。同时还为道里区、道外区、呼兰区、木兰县配备了专职干部；佳木斯市红十字会聘请市委书记郭晓华、市长李海涛为名誉会长。市红十字会在市委、市政府的重视、支持下，3年迈出三大步，在2005年迈进了“省级文明单位”的行列，并在中国红十字会总会召开的“机构理顺”、“志愿者队伍建设”、“农村工作会议”几个不同的会议上分别进行了经验介绍；大兴安岭地区红十字会于5月24日召开了第一次会员代表大会。目前，全省13个市（地）已有佳木斯、绥化、七台河、鹤岗、大兴安岭、伊春、牡丹江、哈尔滨、鸡西、双鸭山、齐齐哈尔、黑河12个市（地）、65个县（市）汤源、萝北、同江、望奎、桦川、扶远、富锦、桦南、勃力、塔河、嫩江11个县（市）实现了机构理顺。

【大型项目】

（一）积极做好荷兰预防艾滋病预防宣传项目。2005年3月，省红十字会接受了荷兰红十字会援助黑龙江省为期三年的预防艾滋病宣传项目，项目资金约300万元。一年来，利用资金约86万元。省红十字会先后举办了大学生同伴教育培训班7期、监狱犯人预防艾滋病知识培训班5期、同性恋培训班3期、主持人培训班1期。一是确定了在青年大学生、男性同性恋、监狱犯人、艾滋病感染者和普通人群中开展艾滋病项目活动；二是承办和参加了6次总会、荷兰红十字会亚太地区项目办及中国东北地区项目办举办的培训和1次以观察员身份参加的核心主持人培训；三是开展了基线调查。针对4个目标人群，历时3个月，完成了1700多份问卷调查和分析工作；四是深入农村慰问感染者。为了达到消除歧视，体现红十字会人道关爱救助的目的，省红十字会驱车上千公里先后3次到北安建设农场，对艾滋病村感染者送去关爱。还会同七台河市红十字会调查了解当地艾滋病感染者情况，并对32名感染者进行了走访慰问，赠送了慰问品，每个人发放慰问金500元。制作各类宣传单（手册）10万余份，制作各类宣传品2万余件，投资15万余元。与此同时，还在哈尔滨市繁华地段制作了大幅灯箱广告。在黑龙江省日报刊发了公益广告。

（二）香港特别行政区红十字会援助黑龙江省无偿献血项目。由香港特别行政区红十字会援助的无偿献血项目，在哈尔滨和绥化两市经过一年多的认真实施，收到了很好的效果。哈尔滨市红十字会按照项目计划，在全市开展的无偿献血宣传取得了显著成绩，受到香港特别行政区红十字会的高度评价，并得到了该会增加三分之一资助金额的支持；绥化市红十字会按照项目要求，先后在少数民族地区和农村开展无偿献血宣传，收到了很好的效果。5月份，中国红十字会总会和香港特别行政区红十字会检查两市该项目的进展情况，给予了充分肯定。

【主要特色】

“红十字博爱送万家”活动再掀高潮。按照中国红十字会总会的总体部署，黑龙江省红十字会先后在齐齐哈尔、佳木斯、黑河、大兴安岭、双鸭山等少数民族民族地区开展了“红十字博爱送万家”活动。哈尔滨、牡丹江、伊春、鸡西等地也结合当地实际开展了“红十字博爱送万家”活动。据统计，全省共计筹集款物总计37.86万元。救助2332户，受益人数达12360人。佳木斯市郊区红十字会积极与黑龙江省合江林管局开展经济贸易合作，由郊区红十字会筹集资金1.2万元，合江林管局包技术、包销售，在四丰乡四合山村开展了1村10户的栽培滑子菇项目，收到很好的效益。初步预算每户收益3000元。他们的做法为探索农村人道救助工作的新模式闯出了一条新路。

“复明工程”又为百人带来了光明。“百名复明工程”于2004年启动。两年来，已为黑龙江省贫困地区具备白内障手术适应症且家庭无力支付手术费用的200名白内障患者做了免费复明手术，复明率为100%。“百名复明工程”的实施，不仅为200名白内障患者带来了光明，更让红十字会这个人道主义品牌深深的闪亮在百姓的心中。

打造红十字品牌，把宣传、动员贯穿于造血干细胞工作的全过程。2005年黑龙江造血干细胞分库圆满完成本年度9507份干细胞志愿者的HLA检测录入、上传任务，并超额1007份。其中，再动员50人，初配相合76人，高分辨31人，体检10人，实现捐献6人，为临床提供检索10人。

对此，《黑龙江晨报》等十余家媒体宣传报道58篇。在黑龙江电视台、哈尔滨电视台连续报道31次。电台广播5次，杂志发表7篇。全省13件新闻作品参加了中华骨髓库的第二届好新闻评选，其中新闻夜航节目“血缘”荣获影视作品特等奖、《黑龙江日报》荣获文字二等奖、《哈尔滨日报》荣获图片二等奖、《生活报》荣获图片三等奖，黑龙江分库荣获优秀组织奖。第一例、第五例捐献者孙新远、杨振岭分别被哈尔滨电视台评为2004年、2005年度十大感动人物，杨振岭还被评为黑龙江省十佳大学生。与此同时，黑龙江分库开展大型宣传活动7次，散发宣传单3万余份，回答咨询热线电话4000余次。

（朱晓平）

哈尔滨市红十字会

【简介】

哈尔滨市红十字会成立于1954年。1980年恢复机构以来，以处级单位建制在市卫生局领导下开展工作。2004年2月，经市编委批准哈尔滨市红十字会由市政府领导联系，机构规格为副局级，内设两个室：办公室和综合业务室。核定处级领导职数3名，编制12人。同年7月，中共哈尔滨市委批准成立市红十字会党组。2005年7月20日，市委组织部任命迟克捷为市红十字会副会长（正局级）、党组书记。

大庆市红十字会

【简介】

大庆市红十字会成立于1987年7月11日。隶属市卫生局，正科级事业编，有编制3名，经费实行财政全额供给。

大兴安岭地区红十字会

【简介】

大兴安岭地区红十字会成立于1987年。200年6月理顺管理体制，规格为副处级单位，由原来地区卫生局代管改为由地区行署领导直接联系。

鹤岗市红十字会

【简介】

鹤岗市红十字会建立于1956年7月。1986年恢复工作。1994年，市红十字会理顺管理体制。全市8个区、县红十字会中，有两个了理顺管理体制。全市有会员10万人。

黑河市红十字会

【简介】

黑河市红十字会1998年成立。

鸡西市红十字会

【简介】

鸡西市红十字会1985年恢复工作。

佳木斯市红十字会

【简介】

佳木斯市红十字会成立于1957年。市红十字会及所辖6县（市）4区红十字会均已理顺管理体制。全市有基层组织1240个，会员207641人。

牡丹江市红十字会

【简介】

牡丹江市红十字会成立于1932年。1985年恢复工作。机关内设办公室和综合业务部，有工作人员8人。

七台河市红十字会

【简介】

七台河市红十字会成立于1987年。2002年3月，市红十字会理顺管理体制，规格为正处级单位，编制5名。机关内设综合科和业务科。七台河市建立了三所红十字会卫生社区服务站、一所红十字会医院，命名了两所红十字会医院。

齐齐哈尔市红十字会

【简介】

齐齐哈尔市红十字会建立于1956年，1987年恢复工作。

双鸭山市红十字会

【简介】

双鸭山市红十字会建立于1985年4月。2006年6月，市红十字会理顺管理体制，由原市卫生局代管改为市领导联系，有编制6名。所辖4县4区均成立了红十字会。

绥化市红十字会

【简介】

绥化地区红十字会1990年10月7日恢复工作。1999年，绥化撤地建市，红十字会更名为绥化市红十字会。2004年6月17日，市红十字会独立开展工作。

伊春市红十字会

【简介】

伊春市红十字会建立于1958年。1985年11月29日恢复工作，隶属市卫生局。1986年，红十字会办公室独立办公，有专职干部3名，规格为科级。2003年5月23日，市红十字会理顺管理体制，工作由市政府领导联系，规格为正处级单位，有编制4名。

上海市红十字会

【年度工作】

2009年，上海市红十字会贯彻落实科学发展观，围绕四个确保，认真履行各项职责，全面完成了七届理事会确定的2009年度各项任务，发挥了红十字会作为政府在人道救助领域的助手作用。

一、坚持依法办会，不断推进组织建设工作

召开第八次会员代表大会胜利。7月14日，上海市红十字会第八次会员代表大会成功召开。中共中央政治局委员、市委书记俞正声，中国红十字会会长彭珮云，市长、市红十字会名誉会长韩正，市人大常委会主任刘云耕，市政协主席冯国勤，市委副书记殷一璀，副市长沈晓明等领导出席开幕式。大会选举产生了新一届理事会，选举上海市副市长沈晓明为上海市红十字会第八届理事会会长。继续聘请韩正市长为上海市红十字会名誉会长，聘请七届理事会会长谢丽娟为上海市红十字会顾问。大会审议通过了题为《以科学发展观为统领、努力开创上海市红十字事业新局面》的工作报告及《上海市红十字事业2009—2013发展规划纲要》。

组织建设稳步发展。2009年，长宁、静安及新组建的浦东新区红十字会全面理顺了管理体制。至此，全市18个区（县）中有17个完成了建制单列。基层组织建设方面，市、区（县）红十字会继续推进社区红十字会建设，11个区的26个街（镇）通过了2009年度上海市红十字示范社区评审。有16个区的50所中小学校通过了红十字工作达标学校的验收，成为第六批上海市红十字会工作达标学校；卢湾区教师进修学院附属中山学校通过创建成为“上海市红十字学校”。市红十字会还进一步完善了冠名红十字医院的管理模式，实行统一标准、分级指导、协议管理。瑞金医院卢湾分院、徐汇区中心医院、嘉定区中心医院及嘉定区妇幼保健院通过评审，成为冠名的红十字医疗机构。目前，全市冠名红十字医疗机构达到72家。

队伍能力建设工作有序开展。2009年，为了进一步提高红十字会专兼职工作人员的工作能力和素养，市、区（县）红十字会重视举办各类培训班。市红十字会先后对市、区（县）红十字会近30名信息员进行了岗位培训；对本市19支区（县）级群众性红十字救护队的110名骨干人员开展了现场初级急救技能复训；组织市、区（县）红十字会工作者100余人参加了由中国红十字会总会在沪举办的“灾害心理救援培训项目培训班”。市、区（县）红十字会还分别举办了红十字运动基本知识传播培训班，先后培训4千余人。本会还定期召开区（县）红十字工作例会，半年一次组织市区两级红十字会的负责人和部门负责人等参加上海市红十字会的中心组学习，组织对中国红十字会第九次全国会员代表大会精神的学习讨论，使上海市红十字会系统干部的知识结构和能力素质得到提高。市红十字会先后开展了4期“红十字达标学校领导培训班”，对61所申报学校的红十字会领导进行了系统培训，加强了学校领导对红十字工作的理解和重视。区（县）红十字会也通过各种形式，开展了对基层红十字工作者的培训，使上海市红十字会系统干部的知识结构和能力素质得到了提高。

二、积极做好“参与世博、服务世博”工作

积极参与迎世博600天行动，市红十字会成立了服务世博领导小组，并被纳入上海市世博会筹办工作领导小组卫生组成员单位和城市志愿服务站建设管理工作综合协调小组成员单位，直接参与“健康世博”建设和城市志愿服务站（点）的协调管理工作。

在市世博会筹办工作领导小组志愿者组的支持下，红十字现场初级急救培训被纳入世博培训体系，上海市红十字会承担对世博园区工作人员、服务外包人员及志愿者开展急救培训。负责编写了《上海世博会园区志愿者读本》中红十字现场初级急救培训章节的相关内容，启动了对2200多名世博园区工作人员、2100多名园区服务外包人员、6000多名园区管理岗位志愿者和6000多名城市服务站点骨干志愿者的现场初级急救培训工作。

在市领导的关心支持下，还直接参与世博核心园区5个红十字诊所的建设，在上海市卫生保障系统医疗急救点的基本功能上进行适当的补充和延伸，帮助专业医护人员提供辅助性、公益性服务，协助政府共同推进健康世博建设。

三、开拓进取，提升“三救”实力

1. 认真做好对地震灾区的各项援建工作。2009年，市红十字会继续在中国红十字会总会和上海市援助都江堰灾后重建指挥部的指导下，积极做好援建都江堰灾后重建项目工作。至2009年底，上海市红十字会对口援建都江堰项目共33个，投入资金9.35亿元，其中11所学校、1个市精神卫生中心及14所乡镇卫生院项目已竣工并正式交付使用。其间，本会组织了70余人的考察团先后分两批赴都江堰参加了学校项目和乡镇医疗卫生项目的竣工仪式，并进行实地考察。为解决都江堰市红十字会缺少救灾用车的实际困难，市红十字会联系马自达（中国）企业管理有限公司捐赠了一辆救灾工作用车，并会同都江堰指挥部为都江堰地区贫困白内障患者捐赠了10万元专项帮困资金。

此外，上海市红十字会于2008年援助陕西、甘肃两省地震灾区3100余万元的灾后重建项目18个。目前，已有3所学校、10个卫生院竣工。2009年还协调企业定向捐款，援建了安徽、湖北两省2所博爱卫生院及云南省普洱市“沪中发博爱小学”和江西省1所博爱小学。

2. 继续开展对其他灾区群众的救助工作。2009年下半年，台湾地区遭受“莫拉克”台风侵袭后，上海市红十字会第一时间向台湾地区捐赠100万元人民币，中央电视台在第一时间进行了报道。各区（县）红十字会做出了积极响应，及时组织发动社会各界和广大市民为灾区人民捐款，在市慈善基金会和市台协的支持下，截至12月底，全市各级红十字会共募集捐款人民币5006万余元，并及时通过中国红十字会总会转赠台湾。本会还配合市政府帮助“友城”救灾，向日本大阪府、大阪市，菲律宾大马尼拉紧急捐赠了价值40万元防病物资。此外，本会还向新疆、青海省红十字会发送抗雪救灾款等共计人民币40万元，向自然灾害较严重的新疆、贵州、青海、甘肃、吉林等省（区）红十字会发送救灾物资2539箱，折合人民币1021万元。

市红十字会以及青浦、黄浦、金山、奉贤、闸北等区红十字会，先后向本市遭受火灾的173户居民累计发放救助款198600元。

3. 备灾救灾能力得到提升。为了进一步增强对突发事件的应对能力，本会加强了应急救援的机制、体制及能力建设，制定了《2009年上海市红十字会应急管理工作计划》，市应急办将此计划纳入本年度上海市应急整体工作方案之中。同时，本会依托上海市红十字医院成立了红十字紧急救援队，规范了上海市红十字备灾救灾中心的物资管理，制定了《上海市红十字会救灾物资储备目录》，进一步提高了备灾赈灾效能。市应急办亦将本会纳入了上海市应急工作的整体工作方案之中。

在汶川地震一周年之际，全市各级红十字会积极参与了首届“5·12”防灾减灾日区（县）举办的各类主题活动，组织社区救护队进行了备灾救灾演练。

4. 继续做好现场初级急救培训工作。在市财政局、市重大办等单位的支持下，上海市红十字会申请将现场初级急救培训再次纳入2009年市政府实事工程的报告被批准。一年来，根据市政府要求，全市各级红十字会努力提升项目管理能力，全面提高救护培训质量，进一步整合社会资源，全市240个救护培训基地、培训站的能力和制度进行了提升、完善，加大了质量监控力度，对19个区（县）的培训工作进行了评估考核，开展了多种形式的教研和培训督导工作。全年培训救护员35685名、普及人员356316名，圆满完成本年度群众性现场初级急救培训任务，累计完成率分别达到121.93%、106.15%。

各级红十字会高度重视现场初级急救培训的长效机制建设，目前，全市各区（县）、街镇共建有群众性救护队251支，部分居委和楼宇也成立了救护小组。据统计，经过培训的消防官兵、铁路列车员、市民在意外事件、突发疾病现场，运用自救互救技能先后对100余名伤病者实施了现场初级急救，为他们得到及时救治赢得了时间。

5. 救护培训工作在学校不断普及展开。市、区（县）、高校等各级红十字会积极在学生中推广和普及现场初级急救与自救互救知识。2009年，新培训学校中从事现场初级急救与灾害逃生技能教育的师资67名；对全市10000余名中小学校班主任进行了现场初级急救培训；结合军训，对22所高校的32571名大学生普及了现场初级急救知识技能；在市教委支持下，成立了“上海市红十字青少年现场初级急救东方绿舟培训基地”；会同市教委、市民防办、市消防局、市地震局、市交警总队等单位联合开展了“2009年上海市中小学师生识险避险和自救互救技能展示活动”；并以“红十字与世博同行”为主题，举办了2009年度上海市高校红十字现场初级急救比赛，有54支大学生和教工队伍参赛。

6. 艾滋病预防与反歧视宣传工作有序开展。随着艾滋病的社会威胁日益加剧，本会在高校重点开展了艾滋病预防与反歧视宣传工作。全年举办了2期高校预防艾滋病同伴教育主持人培训班，培训了88名同伴教育主持人；举办320期同伴教育普及班，培训了7500余人。在“世界艾滋病日”，通过制作及发放以“预防艾滋病与反歧视”为主题的宣传品、开展“红丝带寄语”万人行动、“生命的力量”——2009上海市青少年预防艾滋病宣传大型主题文艺演出等一系列宣传活动，在青少年中积极倡导“捍卫生命、尊重生命、关爱生命”的理念。各区（县）也以各种形式开展了预防艾滋病和反对歧视活动。

此外，市红十字会“爱心关怀小组”还积极协助政府做好血友病感染HIV患者的安抚与帮困工作。

7. 开展“千万人帮万家”等帮困活动。

"千万人帮万家"活动是上海市红十字会系统的一项传统帮困送温暖活动。2009年，市、区（县）两级红十字会在原有帮困对象（特困家庭中的肿瘤病人、精神病人、麻风病致残者、因病致贫特困老人以及遭受意外灾害造成特大经济损失的困难人群等）的基础上，将人道关怀覆盖至因病致贫的艾滋病患者，共向全市2.3万人次（户）困难人群发放了1300余万元的帮困款物。

本会还分别与市委统战部、韩企衣恋时装（上海）有限公司、龙华寺、上海市福利彩票发行中心、SMG电视新闻中心、市残疾人联合会等单位先后开展了造血干细胞移植助医项目、"爱心行动"节目、人工耳蜗复聪项目、为党外知识分子帮困送温暖、慰问麻风病住院患者及癌症患者等帮困活动，共计救助565名困难对象，救助金额330.49万元。

各区（县）红十字会也深入开展了辖区内的帮困工作，组织募捐，建立专项帮困基金，向困难家庭送去了红十字会的关爱。有的区（县）红十字会还积极协助政府处理了"三鹿奶粉事件"的善后赔付工作，充分发挥了政府人道领域的助手作用。

8. 进一步推动红十字社区服务工作。为进一步提升红十字服务站的作用，市红十字会携手台湾曹仲植基金会共同为3077所红十字服务站各增配了1辆轮椅车，并在全市147座公园内设立了红十字服务站。各区（县）红十字会也结合所在辖区实际情况，加强了对红十字服务站的硬件配置。

在市民政局的支持下，针对社区困难"失智老人"的状况，市、区（县）红十字会启动了"社区困难失智老人关怀服务项目"。市红十字会举办了两期项目管理工作培训班，共培训了90名项目负责人。2009年上半年，在普陀区部分街镇先行试点取得成功的基础上，年底已在全市34个街镇开展推广性试点工作，为2010年在全市层面上全面展开做好了准备。

此外，上海市红十字会还高度重视困难老人问题，在积极协助做好红十字老年护理院工作、优化老年护理质量的同时，继续倡导居家介护理念，并继续在黄浦区举办了2期社区老年介护培训班，6个街道的61名护理人员参加了培训，加强了师资队伍建设，改进教材，完善教学方式，积极为2010年在面上展开做好了准备。

9. 不断扩大少儿住院互助基金受益人群。进一步扩大少儿住院互助基金受益覆盖面，使更多少年儿童享受少儿住院互助基金的保障。2008学年，少儿住院互助基金将本市引进人才B类居住证的少儿、纳入民办教育的农民工子弟学校在册学生、中途迁入本市或者办妥引进人才的适龄少儿均纳入了基金的覆盖范围，参加少儿住院互助基金的人数较2007学年增加了1.49%。

本学年，少儿住院互助基金共为8.53余万人次患病少儿支付医疗费用1.08亿余元，其中为患白血病、恶性肿瘤、再障、血友病和肾移植前透析与肾移植后抗排异的3900余名患儿支付医疗费用1272万元。圆满完成居保（少儿学生住院）相关工作，共为8.54万余人次患病少儿支付医疗费用1.15亿余元。

10. 继续开展重建家庭联系工作。帮助失散的家庭成员重新建立家庭联系是红十字会所特有的一项传统业务。2009年，本会共接待寻亲者108人次，由大陆发往台湾寻亲件49例，查到4例；受理台胞来沪寻亲

2例；受理其他地区寻人件9例，查到2例，处理各类信件16件。

四、依托大型活动，推动志愿服务

1. 造血干细胞捐献工作。2009年，全市各级红十字会积极拓展了造血干细胞捐献工作的覆盖面。本会与驻沪部队首次联合开展了造血干细胞捐献志愿者征募活动，近百名官兵热情参与；与团市委在松江大学城开展了“为了生命的希望工程”——上海青年造血干细胞捐献志愿者行动2009年集中活动周活动，来自东华大学、华东政法大学、上海外国语大学等七所高校的1000余名青年报名成为造血干细胞捐献志愿者。2009年又增设上海市红十字医院（上海交通大学附属第一人民医院）为中国造血干细胞捐献者资料库上海市分库“造血干细胞采集中心”，并举行了揭牌仪式暨医务工作者团体血检活动。

各区（县）红十字会也积极开展了造血干细胞捐献的宣传动员工作。截至2009年底，全市全年共征募造血干细胞捐献志愿者10513人，提供临床移植24例（其中1例为上海首例向台湾地区捐赠造血干细胞）；历年累计入库资料97021人份，累计移植154例。上海市红十字造血干细胞捐献志愿者俱乐部在册会员人数达500余名。

2. 遗体捐献工作。2009年3月1日是上海市第六个遗体捐献纪念日，各级红十字会分别开展了形式多样的纪念活动，向遗体捐献者表达崇高的敬意。纪念日当天，举办了以“这一刻，我们心中充满敬意”为主题的纪念活动，共有700多位市民及学生代表参加。2009年，全市遗体（角膜）捐献登记1446人，实现捐献443人。

此外，我会会同市卫生局共同承办了由卫生部和中国红十字会总会联合召开的“全国人体器官捐献工作会议”，会议明确了上海为首批试点开展人体器官捐献工作的城市之一；会后，本会积极开展各项工作，并召开了伦理学家、法学家参加的座谈会。在市人大与上海市卫生局的支持下，已将《遗体捐献条例》列入2010年上海市人大常委会法规修改调研计划。

3. 无偿献血工作。为纪念第六个“世界献血者日”，市红十字会与市卫生局、中国人民解放军驻沪部队献血管理委员会联合主办了“第六个世界献血者日庆典暨2006—2007年度上海市无偿献血表彰大会”，对2006—2007年度上海市无偿献血白玉兰奖、上海市无偿献血纪念奖、上海市无偿献血促进奖获奖者予以了表彰。参与市文明办、市卫生局等单位联合举办的“爱心齐聚、精彩世博”活动，宣传、弘扬献血者无私奉献的精神。

2009年，本会发起并与市卫生局、市血液管理办公室、市血液中心等联合举办了“‘城市让生活更美好，爱心让生命更璀璨’——造血干细胞捐献志愿者成分献血爱心行动”，以及“国际志愿者日联谊活动”。启动并推进“造血干细胞捐献志愿者成分献血征募项目”，在巩固红十字会与造血干细胞志愿者之间纽带的同时，缓解了临床单采血小板供应紧张的局面，为白血病患者送去了福音。截至目前，已通过短信、信件、电话等形式向13700余名造血干细胞捐献志愿者进行了宣传和意见征询，有1800余人表达了参加成分献血的意愿，其中400余人已完成了成分献血的捐献。

4. 完善志愿者队伍建设。为实现对志愿者队伍的有效管理，2009年，本会对

《上海市红十字志愿服务管理办法（暂行）》进行了修订，进一步明确了志愿者的权利和义务等。

随着红十字志愿服务者队伍的日益壮大，本会对上海市红十字志愿服务总队的结构进行了调整，对市级红十字志愿服务队伍进行了梳理、整合，组建了医疗、新闻、翻译、南丁格尔志愿护理服务队等12支具有红十字特色的志愿服务队伍，并与各区（县）红十字志愿服务队、高校志愿服务队一起开展了一系列志愿服务行动。包括“慧眼看世界——盲人学电脑”、“快乐英语——精障人士英语班”、“携手同行，共享阳光——走进阳光宝宝家庭（关爱自闭症儿童）”、慰问麻风后遗症患者和住院老年病人等，为弱势群体送去了红十字会的关爱。

五、广泛宣传，弘扬人道精神

1. 成功举办“五八”世界红十字日纪念活动。为纪念第62个世界红十字日，全市各级红十字会开展了形式多样、丰富多彩的纪念活动。5月8日，本会在卢湾区举行了“五八世界红十字日暨亨利·杜南铜像、‘博爱广场’落成仪式”，缅怀人道主义先驱，弘扬“人道、博爱、奉献”的红十字精神。该铜像为国内首座亨利·杜南大型铜像，上海市副市长唐登杰、红十字国际委员会东亚地区办事处副主任安东·卡门、时任上海市红十字会会长谢丽娟等出席活动并为铜像揭幕。此外，本会还协助红十字国际委员会东亚地区办事处举办了“‘从索尔费里诺到关塔那摩’索尔费里诺战争150年珍藏图片展”，红十字国际委员会东亚地区办事处主任蒂埃尔·梅拉、中国红十字会副会长郭长江、市红十字会会长等出席了开幕式。图片展共吸引了约8500余名观众参观，现场发放宣传资料近万份。

2. 举办“世界急救日”活动。2009年9月11日，本会在上海东方艺术中心举行了中国红十字会主办、上海市红十字会承办的以“救护为人道，健康迎世博”为主题的世界急救日活动。这是我会连续第四年举办“世界急救日”大型活动。中国红十字会副会长苏菊香，上海市副市长、市红十字会会长沈晓明，顾问谢丽娟等领导出席了活动。活动以舞蹈、诗朗诵、小品、急救技能比赛等形式，再现了上海市红十字系统开展群众性卫生救护培训工作的成果，并呼吁广大群众提高救护意识和自救互救能力，总会领导对于此次活动给予了肯定。

3. 信息传播工作扎实推进。2009年，上海市红十字会依托报刊、网络和电视媒体等平台，进一步推进红十字信息与文化的传播。各大主流媒体到发新闻报道400余篇次；《上海红十字》报的发行量比2008年增加了近万份，达到了11余万份，荣获总会报刊社颁布的“杰出贡献奖”；为了扩大红十字会的影响，创刊发行了《上海红十字增刊》。同时，本会还与《哈哈画报》杂志社合作，在哈哈画报开设了红十字专栏；制作并发放纪念第一届防灾减灾日宣传海报14000份；在全市近250幢居民楼内的2000部电梯中张贴了红十字迎世博专题宣传画。

在充分调研的基础上，上海市红十字会网站完善了栏目建设，新开通了“网上互动”栏目，接受市民咨询近350条次，网站全年发布信息近1000篇次，年访问量近9万人次。本会还与上海电视台外语频道合作设立了“关爱生命、关注未来”红十字栏目；与IPTV健康频道联合定期播出红十字专题节目；并完成了“爱心，让城市更美好”宣传片及红十字专题邮册、台历、世博专用纪念品等大量宣传品的制作。

4. 普法宣传有序开展。2009 年，市、区（县）红十字会继续开展红十字会法与红十字运动基本知识的传播工作，先后培训高校红十字知识传播师资 56 名；对红十字会会员、红十字志愿工作者、红十字医疗机构职工、红十字青少年等 20 余万人开展了普及培训；认真完成本市红十字系统“五五”普法工作，培训人数达 10 万人次。积极推进探索国际人道法（EHL）项目在上海的试点工作，举办了 2 期师资培训班，共培训探索人道法师资 30 名，在红十字国际委员会东亚地区办事处及中国红十字会总会的支持下，完成了上海探索人道法本地化讲义的编写工作。

六、拓宽视野，促进交流交往工作

2009 年，市红十字会继续加强同国外部分友好国家（地区）红十字会及国内兄弟省市红十字会的交流交往工作，增进友谊与了解。举办了“2009‘上海·釜山·汉堡’红十字青少年夏令营”，来自釜山、汉堡及本市的 80 余名大学生红十字会员参加了活动。截至 2009 年底，本会共组团 3 批 8 人赴比利时、俄罗斯和澳门等国家和地区参访、培训；接待了红十字国际委员会、红十字会与红新月会国际联合会、德国、韩国、日本等国和台湾地区等 10 个参访团，共 61 人，并做好来自江苏、甘肃、新疆、山东淄博、四川广元等省、市红十字会人员的来访接待工作。

【历史沿革】

1911 年 8 月，中国红十字会沪城分会成立，1920 年改称为中国红十字会上海市分会。当时的主要工作内容是战地救护、灾害救济、难民收容遣返等。解放后上海市分会在防病治病、支援抗美援朝、救灾救济、红十字青少年、普及防病救护知识、遣送在华日侨及家属回国等方面做了大量卓有成效的工作。

1951 年 7 月，上海市红十字分会改组，刘鸿生任会长。1962 年 9 月，上海市红十字分会召开代表会议，正式改名为上海市红十字会，金仲华任会长。1966 年“文化大革命”发生，上海市各级红十字会组织解散。1978 年 4 月，国务院决定上海市为第一批恢复红十字会工作的城市之一。同年 9 月，上海市红十字会经过调整，杨恺任会长。1981 年至 1985 年 10 月，白备伍、王希孟相继担任会长。1985 年 12 月，上海市红十字会召开第四次会员代表大会，王希孟连任会长。1990 年 12 月，上海市红十字会召开第五次会员代表大会，谢丽娟任会长，邵浩奇任常务副会长。1996 年 6 月，上海市红十字会召开第六次会员代表大会，聘请徐匡迪为名誉会长，谢丽娟连任会长，袁惠章任常务副会长。2001 年 2 月，中共上海市委批准上海市红十字会由上海市卫生局代管改为上海市领导联系，作为局级单位进行管理。2002 年 6 月，中共上海市委批准建立上海市红十字会党组和党组纪检组，熊仿杰任党组副书记、纪检组组长。2003 年 8 月 19 日，上海市红十字会第七次会员代表大会召开，大会选举产生了由 113 名理事组成的新一届理事会，聘请市长韩正为上海市红十字会名誉会长，谢丽娟连任会长，熊仿杰任常务副会长。上海市红十字会开展的救灾、社会服务、募捐帮困、宣传、无偿献血、遗体捐献、造血干细胞捐献者资料库建设、查人转信、国内国际友好交往、红十字青少年、中小学生与婴幼儿住院医疗互助基金、组织建设等工作取得了一定的成效，为支持上海的经济建设，倡导树立良好的社会风尚，为建设社会主义精神文明，保障社会的安定团结做出了积极的贡献。

2004 年，上海市市、区两级红十字会共募捐款 5609 万元，物资价值 3406 余万元。在“上海市红十字会庆百年博爱行”活动中，全市百余家企事业单位捐献款物 600 余万元。宝钢集团支持捐资 2000 万元人民币建立了助老帮困博爱基金。市红十字会与龙华古寺签订了每年 30 万元共计 10 年 300 万元的捐助协议，对崇明百名孤儿实施帮困助学。与百盛集团签订了每年 20 万元共计五年 100 万元的捐助协议，对本市贫困大学生进行助学帮困。“千万人帮千家”活动中，对本市 2 万户特困家庭的帮困款物合计人民币 1000 万元。在开展的救灾工作中，上海市红十字会向 8 个受灾省市发放救灾款物 13 批共计人民币 2671 万元。向山西省捐赠衣被 5 车皮。对本市嘉定、青浦、闵行、长宁、普陀、浦东等地区 36 户遭受雷暴雨灾害的家庭共计救助 4.06 万元。为湖南省、安徽省援建博爱小学 3 所，总额 125 万元，建筑面积 4200 平方米，帮助 1700 名灾区学生重返校园。向沪闵博爱小学学生提供帮困助学款 15.4 万元、向师生捐衣物价值 15 万元，向宁夏博爱学校捐赠物资价值 2 万元。向云南省援助救济物资价值 15 万元；向河南省紧急援助价值 10 万元的消毒用品用于艾滋病特困人群的关爱；并完成市政府交办关怀艾滋病患者的特殊任务。截至 2005 年 2 月 3 日，上海市红十字会共接收印度洋海啸捐款 4597.93 万元。上海市红十字青年医疗专家赴湖北开展医疗援助活动，累计义诊人数 300 多名，义诊手术 19 台。向肿瘤特困患者捐赠价值 40 万元的药品。努力提高红十字社区服务质量，规范社区服务工作标准。在上海市工商联合会光彩计划的大力支持下募集人民币 250 万元，配备了 500 所红十字卫生站所需设备。举办各类培训班，共培训街道、居委、卫生站等红十字会兼职工作人员共计 860 人次，并在 19 个区县成立了由社区工作者组成的 20 支近 300 人左右的群众性红十字救护队。静安、徐汇、南汇、嘉定 4 个区通过了中国红十字会总会及民政部进行的全国社区红十字服务示范区评审，受到中国红十字会总会和民政部的表彰。2005 年，中国造血干细胞捐献者资料库上海分库全年造血干细胞资料库入库 10508 人（累计 45371 人），全年有 16 人实施了移植（累计移植 46 人）。全年发放宣传资料 10 万余份，开展宣传咨询活动 50 余次，开设知识讲座 32 场。全市三个血检点全年开放血检，改变了过去每季度 4 次的方式，使得志愿者参加造血干细胞资料库的血检更为方便。上海市 2005 年遗体捐献登记 1526 人，与去年同比提高 30.2 个百分点。全年实现遗体捐献的有 332 人。累计登记 20686 人，实现 3132 人。与福寿园联合举办“纪念中国红十字会百年诞辰——上海市红十字遗体捐献者纪念碑万人共祭月”活动，4 万余名市民参加了此次活动，对本市遗体捐献者及家属发放 1 万余份慰问信及纪念封，全年开展培训近 50 万人。组织参加香港红十字会主办的“两岸红十字 100 周年精英荟萃——急救及灾难应变比赛”，获得团体优异奖，个人最佳队员金奖。开办首届中日合作老年介护师资培训班，编印

《中日合作老年介护师资培训论文集》，促进了老年介护理念和技术的推广。积极倡议全市市民无偿献血，共有3单位，42个人荣获全国先进表彰。全年共发展青少年会员6万余名。举办了“八省市（地区）红十字青少年夏令营”活动。在南汇、卢湾区开展青少年普及现场初级急救和逃生知识、技能的培训试点工作，共培训97000多名学生。组织高校红十字志愿者队伍，开展了与荷兰红十字会合作项目：艾滋病同伴教育主持人培训班。先后开展同伴教育44期，共培训880人。少儿住院基金在2003学年共为70225人次患儿支付医疗费用5413余万元。开展了多种形式的中国红十字会100周年诞辰宣传纪念活动。“四五”普法培训人数7万余人，印发普法读本3万本，普法画册2万册；红十字知识传播培训4000余人，传播人数3.7万余人。全年在各报刊、电台、电视台刊登播放有关红十字会活动新闻专题报道500余篇（次），并举办了区、县通讯员培训班。上海市红十字会获总会报刊工作一等奖。上海市机构编制委员会以沪(2004) 161号文件形式，发出《关于理顺区县红十字会管理体制有关问题的通知》。举办区、县红十字会专职干部培训班，提高了红十字工作者的工作能力。先后组团赴德国汉堡和韩国釜山红十字会进行访问，并邀请汉堡红十字会来沪授课交流；与日本长崎县红十字会签署红十字青少年交流项目；与日本冈山社会福利法人旭川庄联合举办老年护理培训师资班，增进中日友谊、促进了老年介护工作的交流与发展；组织部分区县红十字会赴香港红十字会学习考察红十字组织建设、志愿服务、筹集资金、红十字学校等工作。全年组织出访9批69人次，接受来访9批38人次。全年接到来信来访共105人次，发出寻人表20份；受理寻人表9份，查到6份。发往港澳及国际寻人表12份，查到2份；受理港澳及国际寻人标15份，查到9份。传递红十字通信6封，处理涉台私渡案1宗。

【组织机构】

上海市红十字会现有红十字会员666897人，团体会员1124个，志愿工作者2.8万余人，红十字医疗卫生机构63所，红十字基层组织3120个。市红十字会设有10个工作委员会，分别为：造血干细胞捐献工作委员会、遗体捐献工作委员会、培训工作委员会、理论研究和知识传播工作委员会、赈济工作委员会、医疗卫生工作委员会、社区工作委员会、中小学及中专职技校工作委员会、高校工作委员会、中小学生及婴幼儿住院医疗互助基金管理委员会。

上海市红十字会机关设有综合办公室、信息传播部、赈济救护部、青少年工作部、志愿服务部，下辖上海市红十字备灾救灾中心、上海市红十字培训交流中心2个直属事业单位。全市19个区、县红十字会是：黄浦区红十字会、卢湾区红十字会、静安区红十字会、徐汇区红十字会、长宁区红十字会、浦东新区红十字会、普陀区红十字会、杨浦区红十字会、闸北区红十字会、虹口区红十字会、宝山区红十字会、闵行区红十字会、松江区红十字会、嘉定区红十字会、青浦区红十字会、金山区红十字会、奉贤区红十字会、南汇区红十字会、崇明县红十字会。

在中国红十字会总会领导的关心和中共上海市委、市政府领导的高度重视下，上海市机构编制委员会发出《关于理顺区县红十字会管理体制有关问题的通知》，上海市的区、县红十字会由卫生局代管改由区、县政府领导联系，为处级单位，全市区、县红十字机关管理体制正逐步理顺中。

【大型项目】

（一）1998年

1. 为江西、湖南、湖北、内蒙古等省（区）水灾地区援建31个项目，其中县卫生防疫站6所，县卫生院13所，小学9所，中学2所，备灾救援中心1所，总价值1179.5万元，总建筑面积36702平方米。

2. 向湖南、湖北、江西、黑龙江、安徽、福建省受灾地区援助救灾物资价值3536.62万元。

（二）1999年

1. 为台湾地震灾区募集捐款455万元；

2. 向江西、湖南、湖北、内蒙古等省（区）灾区捐赠价值40万元的小药箱；

3. 向吉林省延边雪灾地区捐赠10万元，购买食物；

4. 向江西、安徽、湖南省灾区捐赠救灾物资、药品、衣服价值280.92万元。

（三）2000年

1. 为云南省安县地震灾区捐赠救灾物资价值15万元；

2. 为湖北、江西、湖南省灾区捐款227万元，援建多所卫生院、学校；

3. 为湖南省灾区助学帮困捐款5万元，捐赠物品价值14.8万元。

（四）2001年

向江西、内蒙古、湖南、宁夏等省（区）捐赠御寒衣被8500包。

（五）2002年

向全国9个省（区）的20个受灾地区发送救灾物资价值1334.67万元。

（六）2003年

1. 支援新疆维吾尔自治区地震灾区救灾款30万元，物资价值230万元；援建博爱小学1所，捐款199万元。

2. 援助甘肃省地震灾区救灾款10万元。

3. 支援山西省抗击“非典”捐款300万元。

4. 支援安徽省水灾地区救灾款30万元，物资价值241.37万元。

5. 支援湖南、江苏、山东省水灾地区救灾物资价值311.46万元。

6. 支援陕西省渭南水灾地区救灾物资价值52.34万元。

7. 援建江西省博爱楼1幢，金额30万元。

（七）2004年

1. 援助云南省德宏州泥石流灾区救灾物资价值42万元；

2. 援助湖南、安徽、贵州等8个受灾省、市救灾款物价值2671万元；

3. 慰问浙江省龙卷风灾区款物价值30万元；

4. 援助河南省红十字会价值10万元消毒用品，用于开展艾滋病特困人群关爱工作。

5. 为湖南省张家界和安徽省六安市援建博爱小学3所，总面积4200平方米，价值120万元。

6. 向安徽省沪闵博爱小学捐赠款物价值30万元，帮助该校学生添置一年文教用品。

7. 向宁夏回族自治区同心县窖山乡博爱小学捐赠棉衣价值2万元。

【主要特色】

1. 上海市中小学生、婴幼儿住院医疗互助基金。1996年成立的上海市中小学生、婴幼儿住院医疗互助基金成为上海市18岁以下的少年儿童提供了医疗保障。该基金自成立以来，上海市红十字会、市教委、市卫生局专门成立管理委员会，以红十字组织网络为依托，制定了合理的支付政策、科学的管理措施、严格的监督机制。到2004年8月底，共为55.8万人（次）患病少年儿童支付4.1亿元医疗费用，被群众誉为“生命绿卡”。

2. “千万人帮万家”活动。自1999年起开展的“千万人帮千家”（后改为“千万人帮万家”）活动，以肿瘤病患者、精神病特困患者、麻风病致残者、因病致贫特困老人和遭受意外灾害特困家庭为重点帮困对象，6年来，共为8652多万人次提供帮困款物3492.36万元，为维护社会稳定发挥了积极的作用。

3. 造血干细胞捐献者资料库建设。中国造血干细胞捐献者资料库上海分库自1997年成立以来，得到了上海广大市民的积极响应。现已拥有捐献志愿者5.1万人，是全国目前最大的造血干细胞捐献者资料分库。该分库共为1880人提供了检索，并成功实施移植手术62例。

4. 遗体捐献工作。2001年正式实施的《上海市遗体捐献条例》，是全国第一部有关遗体捐献的地方性法规。2002年3月上海市遗体捐献者纪念碑（全国首座）在青浦福寿园落成。目前，上海累计报名登记自愿捐献遗体者有20761人，实现遗愿者达3230人，为上海的医科教学提供了支持，并弘扬了移风易俗的新风尚。

5. 中日合作老年介护师资培训班。2004年与日本冈山社会福利法人旭川庄联合开办首届中日合作老年介护师资培训班，目前共开展培训班2期，共41名学员结业，学员获得由上海市红十字会、日本旭川庄联合颁发的结业证书、获上海市卫生局颁发的《继续教育应用培训证书》学分10分。上海市红十字会编印《中日合作老年介护师资培训论文集》。该项目获日本国际协力机构（JICA）资助5100万日元，制定了中日双方三年合作培训计划。该培训班促进了老年人护理的理念及技术的推广及应用。

（陈萍）

黄浦区红十字会

【简介】

黄浦区红十字会由原黄浦区、南市区“撤二建一”而成。2006年2月定为正处级单位，行政编制4名。黄浦区红十字会现有地区、教育、卫生系统和企业单位各级红十字会组织250个，会员4万余名。

卢湾区红十字会

【简介】

卢湾区红十字会于1994年4月与卢湾区爱国卫生运动委员会分离，独立办公。2006年1月起正式机构单列，依法独立办会。有红十字会会员17944名，红十字团体会员单位12个，红十字志愿者队伍16支，志愿工作者229名，已建立社区红十字卫生站58个，占全区居委会总数的78%。

静安区红十字会

【简介】

静安区红十字会于 1978 年恢复红十字会工作。2005 年底，静安区红十字会理顺了管理体制，为处级单位。全区有红十字会员 23451 人，团体会员 31 个，志愿工作者 438 人，红十字卫生站 79 个，红十字老年护理医院 1 所。全区各街道均依法建立了红十字组织。

徐汇区红十字会

【简介】

徐汇区红十字会成立于 1958 年，目前有基层组织 452 个，红十字会员 28031 名。

长宁区红十字会

【简介】

长宁区红十字会成立于 1958 年。2005 年，长宁区红十字会机构按处级单位进行管理。全区有红十字志愿服务队 206 支，红十字志愿工作者 2000 余人，基层组织 108 个，会员 28739 人。

浦东新区红十字会

【简介】

上海市浦东新区红十字会成立于 1995 年 2 月。有基层组织 953 个，团体会员单位 21 家，区级志愿工作者队伍 8 支，社区红十字志愿服务者 3500 多名，红十字救灾救护队 24 支。

普陀区红十字会

【简介】

2005 年 9 月，普陀区红十字会单列建制，成为直接隶属于区人民政府领导联系的正处级人民团体单位。全区有基层组织 60 多家，会员 2 万余人。

杨浦区红十字会

【简介】

1956 年，杨浦区就开展了红十字卫生站试点以及发展会员和培训卫生员的工作。1960 年，杨浦区红十字会成立。全区现有红十字会员 22292 人，团体会员单位 22 家，红十字志愿者队伍 12 支，志愿工作者 1511 人，红十字群众性救护队 12 支，红十字卫生站 117 个，冠名红十字医疗机构 4 家，冠名红十字学校 1 所。

闸北区红十字会

【简介】

闸北区红十字会 2005 年 10 月机构独立设置，配备三名工作人员，并有独立的办公场所。

虹口区红十字会

【简介】

虹口区红十字会现有团体会员单位 23 个，110 家单位成立红十字会。现有成人会员 4670 人，红十字青少年会员 11084 人。2009 年，广中路街道又被命名为上海市红十字示范社区。全年共有226人成为造血干细胞捐献志愿者。有89人登记遗体捐献、2人登记角膜捐献、26人实现遗体捐献。

江苏省红十字会

【年度工作】

2009年，江苏省红十字会做了以工作：

一、理顺管理体制工作

4月30日，江苏省编委下发了《关于理顺县（市、区）红十字会管理体制的通知》，为贯彻落实通知精神，省红十字会积极配合省人大教科文卫委员会、省编制委员会深入基层进行调研，督导各级党委、政府依法支持红十字会工作。至2009年底，全省已有73个县（市、区）红十字会基本理顺管理体制，占总数的68.8%。

二、红十字宣传与筹资工作

与省委宣传部联合召开了“红十字宣传工作座谈会”，下发了《关于进一步加强全省红十字事业宣传工作的通知》；与省新闻工作者协会共同举办了江苏省首届“博爱杯”红十字好新闻评选活动。同时，利用重要纪念日开展宣传纪念活动。通过大力宣传，2009年全省红十字会共筹集款物33050.205万元，其中省红十字会本级筹集款物12270.1万元。

三、救灾工作

至2009年底，除在紧急救援阶段拨发支援灾区资金2.08亿元外，全省红十字会系统已将价值3.94亿元的支援抗震救灾物资全部拨发地震灾区，在灾后恢复重建阶段已拨发和即将落实的支援灾区重建项目资金达8.78亿元，总计支援抗震救灾款物14.8亿元。为切实做好四川地震灾后重建工作，12月10日至12日，吴瑞林会长带领机关人员前往四川德阳、绵竹进行了实地考察。在台湾遭受“莫拉克”风灾后，全省红十字会共募集善款4239万元，为台湾灾区紧急救援和恢复重建发挥了积极作用。

四、社会救助工作

省红十字会启动“春暖博爱救助行动”，救助了苏北五市1000名贫困孤儿，慰问了700多名贫困老党员，援建了200所村级卫生站，改善了40所贫困地区医院医疗设备状况，救助了100名0—16周岁贫困家庭白血病患儿，援建了贫困地区15所特殊学校和博爱小学。同时，省红十字会连续14年开展了“博爱送万家”慰问活动。

五、卫生救护培训工作

与省人事厅联合印发了《关于在省级机关工作人员中开展现场救护知识与技能培训的通知》，在16家省级机关培训公务人员869名。举办了1期救护师资培训班；举办了4期中国红十字会彩票公益金项目江苏省救护师资培训班，培训和复训近200名救护师资。据统计，全年全省红十字会共培训救护员806998人，普及防病知识1360065人次。

六、造血干细胞捐献者资料库建设

在徐州彭城广场召开了造血干细胞捐献者联谊会，加强了与志愿者的联系，促进了捐献知识的传播。举办了专职干部及移植医院协调员培训班和协作组会议，推动了省内造血干细胞移植水平，提高了病人的移植成功率和生存率。全省全年共检测入库资料10000多人份，再动员475人，实现造血干细胞捐献24人（其中一例捐往香港，一例捐往台湾），累计入库资料有近8万人份，实现捐献 136 人。

七、红十字青少年和志愿服务工作

省红十字会在 6 所高校举办了 12 期红十字运动基本知识和国际人道法传播讲座，培训传播骨干 200 余名，并以高校传播骨干为主举办普及培训 60 期，培训红十字青少年 2000 多名。编写了《江苏省红十字会志愿者工作手册》，细化和明确了红十字志愿服务工作的内容和标准，规范了志愿者发证、注册登记、服务记载和升级等程序。

八、防艾宣传教育与无偿献血工作

省红十字会与省政府艾防办、省卫生厅联合举办了“第 22 个世界艾滋病日广场宣传活动”，营造遏制艾滋病的社会氛围。争取省财政厅、卫生厅资金支持，在徐州、昆山等 5 市和南京 6 所高校开展防艾宣教活动，举办了 1 期预防艾滋病青年同伴教育主持人培训班，培训了 20 名防艾青年志愿者。与省委宣传部、省卫生厅、省教育厅、团省委联合印发了《关于进一步做好无偿献血宣传工作的通知》，启动了仙林大学城无偿献血屋。

九、交流工作

省红十字会先后接待了红十字国际委员会地区寻人代表团、德国巴符州社会养老事业考察团、日本红十字会石川县分会代表团等。组团出访了瑞典、挪威等国红十字会，增进了友谊与合作。省红十字会还与日本红十字会石川县分会签署了开展两省县红十字青少年互访与交流协议书，商定 2010 至 2014 年期间，每年开展一次青少年互访与交流活动。认真做好寻人服务工作，接待寻人咨询 110 人次，受理寻人个案 66 宗，查找成功 9 宗。

十、能力建设与理论研究工作

省红十字会分别举办了一期省辖市红十字会领导干部培训班和全省红十字会专职干部及传播骨干培训班，提高了各级干部推进依法建会、依法履职的能力。与苏州大学社会学院合作建立了江苏省红十字运动研究基地，与红十字国际委员会东亚办事处、中国红十字会总会报刊社、苏州市红十字会联合举办了“红十字运动与慈善文化”国际学术研讨会，编纂了《江苏红十字运动研究》系列丛书，创办了《红十字》季刊，为开展红十字运动理论研究、工作探讨搭建了展示和交流的平台。

【历史沿革】

江苏省境内建立红十字会组织并开展活动已近 100 年的历史。中国红十字会早期的一些重要活动多发生在江苏。1911 年的辛亥革命、1913 年二次革命的癸丑之役、20 年代初的苏北水旱灾害、1932 年的“一·二八”淞沪抗战、1937 年日军侵华的南京沦陷等重大事件中，南京、江阴、常熟、武进、淮阴、吴江等地的红十字会都做了大量的赈济、救护及因战争、灾荒罹难者的善后处理工作。现存于南京灵谷寺公园、南通狼山等地碑记及侵华日军南京大屠杀纪念馆内的史料，均详实记载了红十字会的善举史实。新中国成立后，在抗美援朝、整治淮河、爱国卫生运动、民兵三防训练等工作中，江苏各地红十字会均开展了许多活动。

江苏省红十字会成立于 1956 年，经历了与卫生厅合署办公、“文化革命的十年动乱”、中共十一届三中全会后拨乱反正等阶段，红十字会的工作从停止到恢复。1981 年 9 月 18 日，中共江苏省委根据国务院国发〔1978〕63 号文件精神，批准恢复江苏省红十字会，经协商产生由28名理事组成的江苏省红十字会第三届理事会，盛立任会长。江苏省红十字会机关设办公室、组训部、宣传部。当时提出的主要任务是恢复、建立地市、县红十字会组织，并配合当地政府开展“五讲四美三热爱”、救护培训、扶危济困、红十字青少年，援非募捐和国际交流等活动。1993年10月31日，《中华人民共和国红十字会法》颁布实施，使红十字事业走上了法制化建设的轨道。江苏省人民政府印发了“关于进一步贯彻实施《中华人民共和国红十字会法》的通知”，提出努力为红十字会依法履行职责创造条件。1994年6月22日，江苏省红十字会第六次会员代表大会召开，大会聘请中共江苏省委书记陈焕友担任名誉会长，提出了“坚定不移地贯彻《中华人民共和国红十字会法》，认真贯彻《中国红十字会90年代工作纲要》和《北京宣言》，加强组织机构和干部队伍建设，加强调查研究并努力做好各项业务工作”的主要任务。全省各级红十字会创建了“博爱系列工程”（救援、生命、爱心工程），在社会上产生了积极的影响，展现了人道救助团体的新形象，同时弘扬了红十字精神，促进了社会主义道德建设。1996年1月29日，《中华人民共和国红十字标志使用办法》的颁布实施，体现了国家对红十字事业的高度重视和支持，为红十字标志的正确使用提供了法律保证。省人民政府办公厅印发了“关于进一步贯彻实施《中华人民共和国红十字标志使用办法》的通知”，要求各地、各部门依照规定对红十字标志使用情况进行一次全面清理，限期改正，切实纠正误用、滥用现象。2002年6月，江苏省人民政府批转“关于进一步加强红十字工作的意见”，对红十字会开展社区服务、学校红十字工作、造血干细胞捐献者资料库建设、理顺管理体制、对外交流合作等提出了明确的要求。2002年7月21日，江苏省红十字会第七次会员代表大会召开，时任中共江苏省委书记的回良玉（现任中共中央政治局委员、国务院副总理）、省长季允石、省人大常委会主任陈焕友、省政协主席曹克明和中国红十字会常务副会长王立忠等出席了大会，全国人大常委会副委员长彭珮云亲笔为大会题词。大会全面总结了江苏省红十字会第六届理事会的工作，制定了2003至2007年发展规划，选举产生了由81名理事组成的新一届理事会（后又增补2名副会长、13名理事），聘请省委书记回良玉、省人大常委会主任陈焕友为江苏省红十字会名誉会长，2004年3月，又聘请现任省委书记李源潮为名誉会长，吴锡军经选举连任会长，刘洪祺、周加才当选为常务副会长，李一宁、周和平、赵顺盘、赵庆佚、周珉、姜映梅、侯学元、黄晓平、张肖敏、杨炤明、丛建国、许仲梓、陈尧、郭兴华、黄峻、刘沈林为副会长，根据会长提名决定张立明为秘书长（2003年12月任专职副会长、党组书记），徐强为副秘书长。

【组织机构】

目前，江苏全省13个省辖市106个县（市、区）建立了红十字会，现有红十字会基层组织8000多个，会员250多万人（其中青少年会员210万人），占江苏省常住人口的4%，志愿工作者3万多名。

江苏省红十字会机关设有办公室、赈济救护部、事业发展部。下辖备灾救灾中心、台湾事务服务部、江苏省造血干细胞捐献者资料库管理中心等3个直属事业单位。

根据《中华人民共和国红十字会法》和中国红十字会总会关于理顺管理体制的有关文件精神，2002年1月，江苏省机构编制委员会行文《关于理顺省红十字会管理体制的批复》，同意将江苏省红十字会由省卫生厅代管改由省政府领导联系，其机关党的工作由省级机关工委领导，干部按省委组织部有关规定进行管理，经费由省财政单列。2003年12月，中共江苏省委决定成立省红十字会党组。在各级党委、政府的关心、重视和支持下，截至2005年12月，无锡、盐城、淮安、徐州、镇江、南京、苏州、泰州、宿迁、常州、连云港等11个省辖市和金坛、溧阳、句容、云龙、盐都等8个县（市、区）先后理顺了红十字会管理体制。

江苏省红十字会历次代表大会

第一届

1956年11月7日召开，代表99人，理事33人，常务理事11人，会长盛立。

第二届

1961年11月28日召开，代表62人，理事42人，常务理事8人，会长盛立。

第三届

1981年9月18日召开，理事28人，常务理事4人，会长盛立。

第四届

1985年7月2日召开，代表170人，理事53人，常务理事10人，名誉会长陈邃衡、盛立，会长杨泳沂，常务副会长盛天任。

第五届

1990年7月12日召开，代表216人，理事63人，常务理事13人，名誉会长李执中、陈邃衡、盛立，会长吴锡军，常务副会长盛天任。

第六届

1994年6月22日召开，代表218人，理事60人，常务理事13人，名誉会长陈焕友，会长吴锡军，常务副会长陈萍。

第七届

2002年7月21日召开，代表214人，理事81人，常务理事19人，名誉会长回良玉、李源潮、陈焕友，会长吴锡军，常务副会长刘洪祺、周加才，专职副会长张立明（2004年补选）

【大型项目】

（一）1998年抗洪救灾

1998年，河北张北地区发生地震灾害，西藏、青海部分地区发生特大雪灾；入夏以后，长江、松花江和嫩江又发生特大洪涝灾害。江苏各地红十字会开展了大规模的募捐活动，全力以赴投入救灾工作。全省红十字会募得救灾款物4020万元，为帮助受灾群众克服困难，支援遭受灾害的外省、自治区、市等红十字会共455.62万元人民币（其中：湖南省29.61万元、湖北省142.99万元、江西省47.89万元、安徽省15.2万元、广东省24.75万元、福建省26.68万元、张家口市47.39万元、西藏自治区106.11万元、吉林省5万元、内蒙古自治区5万元、黑龙江省5万元）。

各市红十字会直接支援外省灾区的：

1. 苏州市红十字会1092万元。

2. 南通市红十字会98万元（其中：江西省九江市50万元、湖北省石首市重建小学和妇幼保健站20万元、江西省上饶地区重建小学28万元）。

3. 无锡市红十字会 40.2 万元（其中：四川省云阳县 40 万元、湖北省红十字会 2000 元）。

（二）1999 年，台湾地区发生地震，江苏省各地红十字会对地震中受难同胞表示深切的同情和关注，并在全省开展了募捐活动，共募集 78.317538 万元人民币、200 美元、700 台币，分三次通过中国红十字会总会转交台湾地区灾民。

（三）2001 年初，内蒙古自治区、新疆维吾尔自治区遭受特大暴风雪的袭击，江苏省红十字会立即伸出援助之手，支援内蒙古自治区红十字会 14 万元人民币，新疆维吾尔自治区红十字会 12 万元人民币。

（四）2003 年抗击“非典”、抗洪救灾募捐和支援新疆灾区

1. 2003 年，“非典”肆虐祖国大地，江苏各地红十字会根据上级部署，全力以赴迎战“非典”，为保护人的生命和健康做出了贡献。在抗击“非典”中，全省红十字会系统共募集款物 4502.961711 万元（其中捐款 3434.924311 万元），并及时用于抗非一线。

2. 2003 年夏，江苏境内淮河流域和里下河地区发生特大洪涝灾害，江苏省红十字会及时派员深入灾区，考察救灾，同时呼吁社会捐款捐物，全省红十字会系统共募集款物 2136.495718 万元，接收总会拨发款物 531.45995 万元，并及时送往抗洪一线。

3. 2003 年 2 月，新疆维吾尔自治区发生地震灾害，江苏省红十字会及时向新疆地震灾区支援了价值 15 万元的 100 顶帐篷，省和各地红十字会开展社会募捐筹款 50 多万元，棉衣服装近 2 万件。

（五）2004 年庆百年办十件实事

为纪念中国红十字会百年诞辰，江苏省红十字会筹集资金 570 多万元，为群众办了十件实事：

1. 支持新型合作医疗：资助宿迁市宿城区 3310 位困难农民参加新型合作医疗，帮助解决看病难的问题。

2. 慰问建国前生活困难老党员：为表达对建国前老党员的崇高敬意，在中国共产党建党 83 周年前夕，慰问了革命老区响水、滨海、阜宁三县农村建国前入党、生活较困难的 1000 名老党员，包括送医送药、义诊体检、发放慰问金及慰问品等。

3. 慰问特困教师：在教师节期间，慰问了灌云县农村 100 名特困教师，向每位教师发了慰问信和慰问金。

4. 慰问特困孤寡老人：重阳节慰问了南京市秦淮区社区红十字工作站中 67 名特困孤寡老人，给老人发放了慰问金，同时购置 40 辆轮椅赠给社区，方便老人出行。

5. 扶贫养羊项目：为帮助更多的农民脱贫，省红十字会争取到爱德基金会 50 万元的帮助，在睢宁县邱集镇扶助 500 个贫困农户养羊，并以滚动形式发展，现已收到明显效果。

6. 筹建博爱小学：省红十字会争取到香港友人的支持，资助响水县红十字会 50 万元建立 1 所博爱小学。该校能容纳 300 多名孤儿学习和生活，目前学校正在建设中。省红十字会将连续 5 年支持该校运转，每年资助 20 万元，共计 100 万元。

7. 改厕项目：为改善农民的生活环境，改变农民生活习惯，帮助邳州、射阳、宿城三县（区）近 300 家农户建立了家庭卫生厕所，很受农民欢迎。

8. 资助孤儿学习和生活：帮助泗阳县200名孤儿完成学业。

9. 资助少儿白血病患者：筹集善款50万元，救助31名困难白血病患儿。

10. 博爱送温暖：年底开展了红十字博爱送温暖活动，将筹集来的170多万元款物送到苏北贫困地区和受灾地区群众手中，帮助部分贫困群众过一个祥和的春节。

（六）实施救助部分白血病患者免费治疗计划

2000年1月，旅美华侨杨健良博士回国发展，他用自己在一家大型医药企业做顾问的报酬，向江苏省红十字会捐赠了价值450万元人民币的3万支隆化诺干扰素，为30名白血病患者免费治疗，3年后这些患者均有不同程度的好转。

（七）救助城镇下岗职工和教师中的部分重病患者

2003年，江苏省红十字会与先声药业有限公司、扬子晚报社合作建立了100万元的“先声医疗救助金”，救助城镇下岗职工和教师中76名重病患者。

（八）农村改厕试点

为改善农民的生活习惯，在2004年改厕试点的基础上，在扬州、泰州、淮安市选择600户农家进行改厕，江苏省红十字会给予每户补贴200元。

（九）援建博爱小学

江苏省红十字会争取到香港苏浙同乡会150万元人民币和省财政厅、省教育厅配套的100万元人民币，援建响水县博爱小学，将分散当地的300多名孤儿集中起来学习、生活，改善他们的学习、成长环境。

【主要特色】

（一）红十字备灾救助基金

1995年，江苏省红十字会经报江苏省人民政府同意，在全省范围内开展了“红十字备灾救助基金”募捐活动。江苏省人民政府召开常务会议专门听取了省红十字会关于建立备灾救助基金的汇报，研究开展备灾救助基金募捐活动的意见，会后发了会议纪要。接着召开了江苏省红十字备灾救助基金募捐组委会成立暨募捐动员会议，省委、省人大、省政府、省政协主要领导带头捐款，众多单位和个人纷纷响应。为规范基金的管理，经报省财政厅及省人民银行同意，江苏省红十字会制定了《江苏省红十字备灾救助基金募集、表彰、管理办法（试行)》，并成立了由省财政厅、省人民银行分行、省监察厅及个协等部门、团体代表组成的基金管理委员会，对基金进行管理监督。十年来，全省共募集备灾救助基金4000多万元。随着红十字会社会救助面的拓展，同时也为便于向社会各界进行募捐，2005年6月，“江苏省红十字备灾救助基金”更名为“江苏省红十字人道救助基金”。

（二）设立公路沿线“红十字救护点”

为体现红十字会“保护人的生命和健康”的宗旨，自1992年起，江苏省红十字会在交通、公安部门的支持和配合下，以国道和省道沿线的乡（镇）卫生院或村卫生室为依托，先后投入200余万元建立了500多个红十字救护点。1995年，江苏省红十字会和省公安厅、交通厅联合下发了《关于在公路沿线设置红十字救护点标志牌的通知》，对公路沿线标志牌的统一规范设置和保护等作了明确的规定，并得到省交通厅的资助45万元，制作、埋设了全省统一的红十字救护点标志牌。各市红十字会制定了《红十字救护点的管理办法》进行规范管理，组织救护点的医务人员进行现场急救知识和技能的培训。各红十字救护点在交通事故现场伤员抢救、减少人员伤残和死亡方面发挥了积极作用，深受广大群众和机动车驾驶人员的欢迎。

（三）南京市捐献遗体者纪念林

“南京市红十字会捐献遗体志愿者之友”（以下简称“志友”）发起于1995年。“志友”组织积极倡导死后无偿捐献遗体供医学教学和科学研究用，提倡“三不、两献、一育”，即死后不开追悼会、不接花圈挽联、不用骨灰盒建墓土葬；献遗体供解剖，献器官供移植；骨灰用于植树育林。至2004年底，共有3164人登记捐献遗体，年龄最大的96岁，最小的18岁，已实现生前愿望捐出遗体者355人。1999年，南京市红十字会在栖霞山红景园建立了“南京市捐献遗体者纪念林”，作为捐献遗体志愿者亲属悼念和爱国主义教育基地，以弘扬捐献遗体志愿者的无私奉献精神。

（四）宿豫区“母亲工程”（孤儿红恤班）

1992年，宿迁市宿豫区红十字会动员爱心人士捐款和受益孤儿毕业后回报社会捐款，资助孤儿上学。10多年来，共资助150名孤儿学生，考上大专院校的有76人（4名研究生，其中1人考上博士生留学加拿大），已毕业和走上工作岗位的有70多人。这项活动给孤儿送去了关爱和温暖，社会反响较好。

（五）邳州市“希望之家”

1993年，邳州市红十字会通过中国爱德基金会从挪威引进资金，创办了目前我国唯一的集康复训练、文化教育、支具制作生产为一体的肢残康复机构“希望之家”，实行中心训练和社区康复相结合的全方位服务。据统计，“希望之家”从1993年至今，已为428名儿麻患者免费做了关节矫形手术，为92名腰椎严重侧弯的患儿在解放军第88医院及359医院做了矫正术，为456名下肢瘫痪的儿童制作穿戴支具2528套次，为96人反复制作穿戴背架266个，为重症瘫痪不易行走的儿麻患者提供各式轮椅252辆。“希望之家”还积极向国家和省残疾人运动协会推荐运动员，有8人入选国家轮椅乒乓球队一队，有10人入选国家乒乓球二队。在各项国际比赛中，他们共获得金牌13枚、银牌5枚、铜牌14枚。在2004年雅典残奥会上，轮椅乒乓球运动员顾改获女子组团体冠军称号。

（六）“博爱”超市

2005年5月8日，江苏省红十字会和南京市红十字会合办的“博爱超市”正式对外开放，救助对象为南京市部分特困或因意外伤害陷入困境的群众。6月27日，江苏省红十字会“网上博爱超市”正式开通。“网上博爱超市”具有便捷、直观、信息量大、更新快等优势。红十字会在网上公布求助者情况，使有爱心和奉献精神的单位和个人能便捷直观地了解信息，有意向地实施捐助。“网上博爱超市”主要面向苏北经济欠发达地区的部分特别困难或因意外伤害陷入困境的群众。救助内容分为“博爱救灾、博爱助困、博爱助学、博爱助医”四个方面，捐助者既可以直接援助到个人，也可以项目援助的形式支持某些单位和集体。捐款在网上直接捐赠，捐物可通过红十字会进行。求助的单位或个人通过当地红十字会审核后报省红十字会，并以滚动形式在“网上博爱超市”公布。灾情和突发事件需紧急救助的信息在第一时间登出。

（七）无锡、盐城市红十字会建立募捐工作长效机制

无锡、盐城市红十字会分别开展了“关爱生命、人道万人捐”和“扶贫济困、博爱万人捐”活动。无锡市红十字会自2002年开展“万人捐”活动以来，市民参与逐年递增，“关爱生命、人道万人捐”已成为无锡市文明创建工作中的特色品牌。活动提出的“一元不少，十元不多，爱心无限”的劝募口号，贴近百姓，家喻户晓。广大红十字会会员以交一次特殊会费的形式率先捐款，学校红十字青少年以“少吃一支冰棍、捐出一元钱”来奉献爱心。四年来，共募集爱心善款1788.14万元，发放人道救助金168.83万元，援助其他城市灾区款物达620万元。盐城市红十字会自2005年5月8日开始实施“万人捐”活动，今后每年开展一次。活动倡议：广大干部职工自觉自愿，踊跃捐款，社区市民积极响应，参与捐款。爱心捐款主要用于四个方面人群的慰问救助，一是农村中遭受自然灾害且生活困难的灾民；二是城市下岗职工、低保对象中的特困人员；三是白血病人以及重大病患者；四是孤儿、麻风病人和残疾人。

（八）每年开展“红十字博爱送万家”活动

为让苏北贫困地区或遭受自然灾害的群众能过上一个温暖祥和的春节，江苏省红十字会自1998年1月开始，已连续8年开展了红十字送温暖活动，共筹集近2000万元的款物送往贫困地区。红十字送温暖活动已被列入江苏省“三下乡”活动内容之一。同时，该活动也得到了江苏省军区的大力支持，每年都无偿支援运输车辆。

（九）中国造血干细胞捐献者资料库江苏省分库发展迅速

2002年10月30日，中国造血干细胞捐献者资料库江苏省分库（又称江苏省造血干细胞捐献者资料库）正式启动。江苏分库建设得到了中共江苏省委、省人民政府和各有关部门、社会各界的关心支持，在江苏省人民政府批转省红十字会《关于进一步加强全省红十字会工作的意见》、《江苏省实施〈中华人民共和国红十字会法〉办法》和省委宣传部、省红十字会联合下发的《关于加强全省红十字会宣传工作的通知》等文件中都明确指出：建设造血干细胞捐献者资料库是造福人类健康事业，体现人道主义精神的重要举措。省财政厅于2002至2005年先后拨经费1500万元，2004年12月，江苏省编委批准成立江苏省造血干细胞捐献者资料库管理中心。在中国造血干细胞捐献者资料库管理中心的指导下，成立了江苏省分库工作委员会、管理中心和2个组织配型实验室，建立了网络系统，在全省开展了宣传、动员、报名、登记、采样、分型检测工作都取得了较好的成绩。2003、2004、2005年江苏省分库分别荣获中国造血干细胞捐献者资料库管理中心“数据入库工作先进集体”、“捐献骨髓、拯救生命”优秀新闻作品评选最佳组织奖和“优良成绩奖”。截至2005年12月底，江苏省分库共采集血样标本529000余人份，入库资料33000余人份，有1153名志愿者与330名白血病患者HLA初次配型相合，有42名志愿者实现了捐髓救人的愿望。

（十）宣传工作有声有色

江苏省红十字会多年来注重宣传工作，在内容、形式、手段上创新。一是争取中共江苏省委宣传部的支持，在全国率先由省红十字会与省委宣传部共同下发了《关于加强全省红十字会宣传工作的通知》；二是借助新闻媒体记者和编辑的力量，建立红十字新闻工作志愿者小组，充分发挥他们的作用。据不完全统计，近几年，省级以上新闻媒体每年为省红十字会发布新闻近400条（篇），真正做到重大活动“报纸有文、电视有影、电台有声”，被红十字会与红新月会国际联合会前主席海贝格称为“天才的创造”；三是近几年订阅《中国红十字报》、《博爱》杂志数一直在全国各省（市、区）红十字会前列，同时认真做好《江苏红十字》的编辑发行工作。不断开发社会宣传阵地资源，在公交车身、站台、福利彩票点、超市便民袋上设置红十字公益广告，其中在13个省辖市城区设置了大型户外宣传红十字会和捐献造血干细胞的公益广告牌，广告公司只收制作费。此外，江苏省红十字会组织创作发行了四首红十字歌曲（红十字颂歌、红十字工作者之歌、红十字志愿者之歌、红十字青少年之歌）录音带、VCD光盘和电视专题片等宣传品，每年的“五八”世界红十字日都举行多种形式的纪念活动。还举办了义演、义赛、义捐等多种形式的宣传活动，用富有感召力的宣传去赢得方方面面的理解和支持，增强红十字会的实力和活力，争取有利于红十字事业发展的机遇，扩大了红十字会的社会影响力。

（十一）征选“爱心大使”铸造红十字形象

为纪念中国红十字会成立100周年，弘扬“人道、博爱、奉献”的红十字精神，提升红十字会的社会形象，争取更多的人理解和支持红十字会人道救助事业。江苏省红十字会与省精神文明建设指导委员会办公室、扬子晚报社共同举办了面向社会公开征选江苏省红十字会“爱心大使”的活动。根据群众投票推荐，产生了8名“爱心大使”，其中有企业家、书画家、国家一级演员、获得过世界冠军的运动员、著名节目主持人等。通过推荐评选，在社会上产生了强烈反响。新华社总社闻讯后，专门派出记者采访，认为江苏省红十字会此次在全国范围内征选“爱心大使”活动，意义很大，全国首创。

（十二）支援西部大开发

江苏省红十字会和苏州、盐城、南通等地红十字会帮助四川、广西、陕西、湖北、江西等省（区）建起8所“红十字博爱小学”。苏州市红十字会和四川省内江市红十字会签约缔结了友好关系，在市、县对口支援、互通信息、培训人员等方面进行友好合作，援建内江市红十字会网站建设，加大对内江市贫困学生的助学力度，加强两地红十字青少年工作和医疗卫生领域间的合作。苏州市吴中区红十字会以一个家庭认抚一个孤儿的形式资助内江资中县49名孤儿。昆山市红十字会每学期向内江市隆昌县捐款助学。张家港市红十字会帮助内江市威远县红十字会建立了医疗门诊部。

（严晓明）

南京市红十字会

【简介】

南京市红十字会成立于1913年7月22

日。南京市红十字会现有区（县）级红十字会13个、基层红十字会组织600余个，会员7万余人。有31个公路沿线红十字救护点和27个红十字冠名单位。有红十字志愿工作者活动站和红十字新闻工作者志愿服务委员会、捐献遗体志愿者之友、癌友康复协会、肾病患者之友等50余个志愿服务群体。。南京市红十字会还成立了“红十字备灾救助基金”、“红十字旺旺博爱医疗基金”、“每日观察红十字博爱基金”、“三胞集团红十字事业生存与发展研究基金”和“红十字文华·轩逸救助金”，兴办了“南京市红十字会老年康复医院”、“南京国际（SOS）紧急救援诊所”等实体。

苏州市红十字会

【简介】

苏州市红十字会始建于1911年，2004年5月理顺管理体制。下辖11个县（市）、区级红十字会，有基层组织727个，会员15.75万人，注册志原者近3万人。

无锡市红十字会

【简介】

无锡市红十字会成立于1924年8月10日，当时称“中国红十字会无锡县分会”。1982年，市红十字会恢复工作。1983年9月，正式更名为“无锡市红十字会”。全市二市（县）七区都成立了红十字会，有基层红十字组织384个，团体会员单位169家，会员33.8万人，社区红十字会志愿服务站195个，志愿工作者7620人，还有人道募捐救助、卫生救护、学校红十字会和红十字志愿工作者4个工作委员会。

常州市红十字会

【简介】

常州市红十字会成立于1921年。2006年，市红十字会理顺了管理体制。

镇江市红十字会

【简介】

镇江市红十字会成立于1911年。

扬州市红十字会

【简介】

扬州市红十字会成立于1913年。1957年恢复建会。1984年建立地级扬州市红十字会。2006年，市红十字会理顺管理体制。有编制5名，机关内设事业发展部、赈济救护部，下设备灾救灾与救护培训中心。全市共有基层红十字会组织292个，会员215296人，团体会员单位215个，红十字志愿者5717人。

泰州市红十字会

【简介】

泰州市红十字会成立于1997年10月17日。2007年，市红十字会理顺管理体制。泰州市红十字会下辖6个市（区）红十字会。

南通市红十字会

【简介】

南通市红十字会成立于1927年2月。

徐州市红十字会

【简介】

徐州市红十字会成立于1913年，1957年重建，2002年，市红十字会理顺管理体制。全市有县（市）红十字会13个，基层红十字组织672个，红十字冠名单位7家，团体会员单位17家，会员37.7万。2007年3月，徐州市红十字会党组建立。

淮安市红十字会

【简介】

淮安市红十字会成立于1983年。2002年，市红十字会理顺管理体制。2006年9月，市红十字会备灾救灾仓库和救护培训中心正式建立。

盐城市红十字会

【简介】

盐城市红十字会成立于1915年。1985年恢复工作。有1市9县和1个开发区红十字会，基层红十字组织896个，会员78.6万人。

连云港市红十字会

【简介】

连云港市红十字会成立于1957年5月。1982年恢复工作。2005年5月，市红十字会理顺了管理体制。全市有红十字基层组织273个，团体会员单位151家，志愿工作者4768人，会员22万余人。

宿迁市红十字会

【简介】

宿迁市红十字会成立于1996年10月。2005年10月，市红十字会理顺管理体制，规格为画处级单位，有编制4名。所辖三县两区红十字会有专职干部15人。

浙江省红十字会

【年度工作】

2009年，浙江省红十字会组织队伍建设进一步得到加强。全省11个设区市红十字会已全部理顺管理体制，59个县（市、区）红十字会基本理顺管理体制，全省基层组织增加到2682个，团体会员单位增加到3219家，会员队伍壮大到149.38万人(其中青少年会员110.4万人)，志愿者发展到3.2万多人，同比分别增长10—20%以上。

2009年，浙江省红十字会筹资募捐和救灾救护救助工作不断拓展，全省共募集款物9027.62万元（现金6267.63万，物资2759.99万)，同比增长7%左右。全省各级红十字会共投入使用救灾救助款物19963.12万元，受助困难群众37.53万人次，人均受益531.9元。汶川地震灾后重建工作有序开展，在甘肃、陕西、云南、重庆等4省市确定20个援建项目。继续在全省范围内开展“红十字博爱送万家”活动，投入慰问款物1000余万元。全年实现造血干细胞捐献15例。全省社区红十字公益服务站点增加到545个，同比增长40.8%。全省各级红十字会在交通、电力、消防等高危行业和一些高危人群中培训现场救护员10.57万人，同比增长24.31%。

2009年，浙江省红十字会宣传传播工作取得了新成效。继续在全省范围内开展“红十字博爱周”和“公益广告宣传月”活动。“红十字博爱周”活动被总会评为“创新奖”。与总会、湖南省红十字会联合拍摄了以爱心名媛俱乐部为故事原型创作的公益电影《妙濛的日子》，进一步宣传红十字精神。继续加强与新闻媒体的合作，全省各级红十字会被各大报刊媒体上报道各类文章1495篇，播出电视新闻935条次。

【历史沿革】

浙江省于1924年建立红十字会组织。新中国建立后，省红十字会从小范围的社会救助，扩大到民间外事活动和群众性卫生救护工作。

1964年6月24日至26日浙江省红十字会在杭州召开了第一次会员代表大会，选举产生了第一届理事会，李兰炎当选为会长。“文革”期间红十字会停止活动。1984年，经浙江省人民政府批准，省红十字会重新恢复机构，产生了第二届理事会，李德葆任会长。1990年产生了第三届理事会，厉裔华任会长。

1993年10月《中华人民共和国红十字会法》和1996年1月《中华人民共和国红十字标志使用办法》及1997年9月《浙江省实施〈中华人民共和国红十字会法〉办法》的颁布实施，使浙江省红十字事业的发展走上了法制化建设的道路。

2000年1月，浙江省红十字会第四次会员代表大会召开，选举产生了以浙江省副省长鲁松庭为会长的第四届理事会。

2004年4月，中共浙江省委决定建立浙江省红十字会党组，并任命张国强为党组书记（正厅级）。

2005年10月，浙江省红十字会召开第五次会员代表大会，选举产生了新一届理事会，通过了《浙江省红十字事业2005～2009年发展规划》。大会决定聘请省委书记、省人大常委会主任习近平，省委副书记、省长吕祖善为名誉会长，决定聘请省人大常委会副主任徐志纯、省政协副主席徐鸿道为名誉副会长。省人大常委会副主任鲁松庭为会长，张国强当选为常务副会长，马林云等6名同志当选为副会长。

【组织机构】

目前，浙江省、市、县三级红十字会组织网络体系基本形成，全省有11个省辖市、88个县（市、区）建立了红十字会组织，全省有县以下基层组织1982个、团体会员单位2462个；全省红十字会员76.9万名（其中青少年会员38.7万名）；红十字志愿者近万人。

浙江省红十字会于2002年1月理顺管理体制，明确由省卫生厅代管改为由省政府领导联系，列行政编制10名，内设办公室，定处级职数4名。2005年省编委下发文件，为省红十字会增设赈济救护处，增加行政编制2名，增加1名处级职数。省红十字会下辖一个事业单位——浙江省红十字会备灾救灾中心，该中心与中国红十字会杭州备灾救灾中心为两块牌子一套班子，现有事业编制15名，实际工作人员9人。

截至2005年底，浙江省理顺管理体制的还有杭州市、宁波市、温州市等3个设区市红十字会和瑞安市等5个县（市、区）红十字会，其他市、县（市、区）红十字会基本上挂靠在卫生局。

【大型项目】

（一）红十字博爱送万家

自2000年以来，浙江省红十字会连续7年开展“红十字博爱送万家”活动，共发放了总计价值2000多万元的救助款物，在社会上产生了良好的影响，受到群众的广泛赞誉。

（二）中国造血干细胞资料库浙江分库建设

中国造血干细胞资料库浙江分库于2001年建成，截止2005年底，已有7000余名捐献者的配型资料入库。2003年，省农行杭州营业部的章淼成为浙江省为白血病患者捐献造血干细胞的第一人，一举改变了我省干细胞移植一贯依靠台湾慈济骨髓库提供骨髓源的惯例。2003年以来，浙江分库共有6位志愿者捐献了造血干细胞。这几位志愿者都在我省产生了良好的社会影响，获得了各种荣誉。2004年6月，我省第一例捐献者章淼荣获浙江省首届“十大慈善之星”；2006年1月，我省第一位女大学生捐献者刘芸当选为“浙江骄傲——2005年度最具影响力人物”，是全省10位当选者中最年轻的一位；2006年1月，全省第二例捐献者汪建银被评为“2005年度杭州十大爱心使者”。尤为值得一提的是，2005年10月，富阳医生汪霖向美籍华裔女孩小凯丽捐献干细胞，成为浙江首例跨国捐献干细胞的志愿者。

【主要特色】

（一）五个工作委员会

2005年11月，浙江省红十字会成立了宣传与筹资工作委员会、救护培训工作委员会、志愿者工作委员会、学校工作委员会等4个专门工作委员会；调整浙江省红十字会医疗卫生工作委员会（始成立于2000年7月）组成人员；原浙江省红十字会高等院校工作委员会（始成立于2000年10月）纳入学校工作委员会。自此，形成了5个工作委员会相互协同工作的格局。

（二）积极探索人道救助的新路子

积极开展人道领域的救助活动，致力于改善最易受损群体的生活境况，一直是浙江省红十字会工作的着力点。省红十字会把深入山区、海岛和社区开展人道救助服务列为重要工作之一。

一些市、县红十字会积极探索人道救助的新路子、新举措，深入贫困山区、海岛、特困家庭开展服务，与他们帮扶结对，开展对弱势群体的救助活动，帮助他们解决生活中的困难。温岭市红十字会整体推进农村社区服务工作，探索出红十字救助和农村社区服务相结合的社区红十字服务新模式，2005年3月，该市荣膺全国社区红十字服务示范市；舟山成立海岛红十字巡回医疗队，深入渔村、农村和偏远小岛免费为群众提供医疗服务。2005年3月以来，医疗队巡回各个小岛，为当地群众免费健康体检、医疗服务近8000人次，免费发放药品价值约8万余元；滨江区长河街道天官社区红十字卫生站收治10余名精神障碍特殊群众，给予他们无微不至的人道关怀，深受当地政府和群众好评。此外，湖州碧浪苑社区卫生服务站，大力开展爱心服务项目，社会效益和经济效益双丰收。

（王剑波、张孚传）

杭州市红十字会

【简介】

杭州市于1924年成立红十字组织。1978年以后，杭州市红十字会工作得到迅速恢复。2003年1月，杭州市红十字会理顺管理体制，建立了党组。全市有基层红十字会组织1380个，会员37.79万余人，其中团体会员578个。已有178个乡镇、街道成立了红十字会组织。

宁波市红十字会

【简介】

宁波市红十字会成立于1932年3月27日，当时全称为“中国红十字会宁波分会”。1985年恢复工作。2005年3月，宁波市红十字会理顺管理体制。全市有红十字会员16.6万名；基层红十字组织726个；团体会员单位515个。

温州市红十字会

【简介】

温州市红十字会成立于1951年。1987年恢复工作。2004年12月，市红十字会理顺管理体制。

湖州市红十字会

【简介】

湖州市红十字会成立于1986年。2006年8月理顺管理体制。

嘉兴市红十字会

【简介】

嘉兴市红十字会始建于1952年。1985年4月恢复工作。

绍兴市红十字会

【简介】

绍兴市红十字会复建于1985年。2007年6月理顺管理体制。

金华市红十字会

【简介】

金华市红十字会创建于1957年，1959年停止活动，1988年恢复工作。2007年1月理顺管理体制。

衢州市红十字会

【简介】

衢州市红十字会成立于1987年，2006年11月理顺管理体制。

舟山市红十字会

【简介】

舟山市红十字会成立于1957年10月，“文革”期间停止活动。1988年7月恢复工作。2006年8月理顺管理体制。

台州市红十字会

【简介】

台州市红十字会1988年成立。

丽水市红十字会

【简介】

丽水市红十字会成立于1988年。2006年4月理顺管理体制。

安徽省红十字会

【年度工作】

2009年，安徽省红十字会做了以下工作：

一、积极开展灾害救助和应急救护工作

8月，强台风“莫拉克”重创台湾，50年不遇的水灾使台湾同胞的生命和财产遭受了巨大损失。本会按照省委、省政府领导的要求开展了对台湾受灾地区的募捐救助工作，通过新闻媒体向社会发出募捐呼吁，积极动员企业捐款。8月26日，省红十字会联合省台办、省国资委、省工商联、省交通广播电台在合肥举办了“两岸一家亲·皖台传真情”大型集中捐赠活动，70多家爱心企业和数百名市民纷纷赶到现场捐款，共募集善款635万元。全省各级红十字会也积极开展募捐活动，募集资金近百万元。募捐活动结束后，本会将募集的款物通过中国红十字会总会发往台湾灾区，向台湾同胞表达了安徽人民对灾区群众的关爱之情。

省内自然灾害救助能力得到提高。2009年夏天，本省宿州、滁州、宣城部分地区遭受台风、冰雹灾害，工农业生产损失严重。省红十字会了解灾情后，积极争取总会支持，并在第一时间向灾区调拨了价值160多万元的救灾物资。受灾地区红十字会在当地积极开展募捐活动，救助受灾群众。为进一步增强救助实力，省红十字会募集了157万元项目款，援助金寨、桐城、绩溪、霍山等县建设学校、卫生院和留守儿童之家；募集了价值250万元的医疗设备，改善宣城、合肥、六安等基层医院的基本医疗条件，接收合肥海关价值780多万元的罚没物资，救助了舒城、太和等地区的贫困群众。

灾后重建项目进展顺利。根据2008年度确定的雪灾和汶川地震灾后援建重点，全省各级红十字会积极开展灾后重建工作。截至12月底，中国红十字会总会、挪威红十字会，香港、澳门、北京、上海红十字会和省红十字会援建本省灾区总额2100多万元的民房、卫生院（站）、学校、备灾减灾设备已基本竣工并投入使用。为四川地震灾区募集的近3亿元款物已全部用于灾后重建工作，通过省援建办将地震募集款物中的2.59亿元用于松潘县13个援建项目，其中9523万元用于教育设施建设，4452万元用于援建松潘县人民医院，6219万元建设松潘县社会福利院和敬老院，5623万元用于12087户农牧民住房维修与1859户重建，

2364 万元用于水利工程建设。10 月中旬，为深入了解灾后援建项目进展情况，本会组织部分捐赠企业代表前往松潘县实地考察了学校、民房等援建项目，考察团对项目质量和工程进展给予肯定。黄山、安庆等市红十字会也组织部分代表前往四川地震灾区查看了援建项目进展情况。

在积极推进灾后重建项目建设的同时，切实配合做好各项审计检查工作。2009 年，本会顺利通过了国际联合会对 2007 年水灾援助物资和项目的验收和审计；香港、澳门红十字会对 2008 年雪灾援建项目的检查；省审计厅对本会关于汶川地震募捐款的管理使用情况的审查；省财政厅对本会非税收入管理情况及“小金库”专项治理工作的检查等。各市（县）级红十字会也接受了同级审计部门审计，没有出现违纪违规事件。

防灾减灾工作扎实开展。为加强红十字灾害应急体系建设，建立健全救灾网络，本会按照省政府要求，制定了《安徽省红十字会自然灾害等突发事件应急预案》。“5·12”防灾减灾日期间，全省各地红十字会开展了防灾减灾知识宣传活动。滁州、巢湖、六安、宣城、黄山、五河等市县结合挪威红十字会、香港红十字会雪灾援建项目，分别举办了社区防灾减灾知识培训班，共培训社区居民约 1 万人。在合肥等 3 个市分别举办了 3 期应急能力建设培训班，对 200 名红十字会工作人员及各灾后重建项目点负责人进行了培训，进一步提高了基层红十字会专（兼）职工作人员的执行能力和灾害救助水平。

“两节”送温暖活动卓有成效。2009 年元旦、春节期间，省红十字会配合省领导到 17 个地市开展了“红十字博爱送万家”活动，为困难群众送去 2000 个慰问箱和价值 40 万元的慰问物资。安庆、铜陵、六安、滁州、淮南等市红十字会也积极开展了“红十字博爱送万家”活动。省暨合肥市红十字会会同安利安徽分公司开展了“冬日暖阳”活动，为在合肥读书的四川灾区儿童送去新春礼物。宿州市、马鞍山市红十字会为受艾滋病影响的儿童、聋哑学生、麻风病后遗症患者送去了慰问品，让他们感受到了节日温暖和社会关爱。

应急救护工作良性发展。2009 年，省红十字会为开展救护培训积极争取政策支持，分别与省安全生产监督管理局、煤矿安全监察管理局、旅游局和教育厅联合下发文件，各市红十字会认真落实、积极沟通、加强协作，并制定了具体的救护培训方案和措施。“9·12”世界急救日当天，省暨合肥市红十字会、安徽交通广播联合举办了以“急救为人道”为主题的大型广场公益宣传活动，组织 100 名志愿者为广大群众现场演示急救技能，提供急救知识咨询。全省共有 8 个市红十字会举办了主题宣传活动，参与人数超过 1 万人次，社会反响热烈。通过宣传和普及，增强了市民应急救护的意识，提高了自救互救能力。为适应社会各方需求，本会进一步拓宽行业培训，分别在教育、公安、武警、旅游、煤矿、电力等部门行业和外资企业中开展了救护培训工作。全年共培训急救员 101421 人，救护师资 190 人，普及宣传自救互救知识 242390 人次，应急救护培训工作呈良性发展。

二、深入开展“博爱在江淮”系列公益活动

2009 年“博爱在江淮”公益活动重点开展了对少儿先天性心脏病的救助。本会确定省立新安医院、安医二附院作为先心病救助的定点医院，分别开展了“爱心救助活动”、“爱心救助走进三县活动”和“心健康·梦飞扬心脏病医疗救助行动”；承办了中国红十字基金会开展的“天使阳光·爱心接力中国行”救助贫困先心病患儿活动。目前，全省共救治贫困先心病患儿600多人，救助减免医疗费用300多万元。此举不仅为众多贫困先心病患儿实施了根治手术，缓解了困难群众“看病难、看病贵”的问题，而且丰富了“博爱在江淮”公益活动的内容，提升了项目品牌的知名度。

2009年，本会继续加强与有关企业的合作，共同开展博爱在江淮公益活动。联合安徽电视台举办了“博爱在江淮·普瑞光明行”高考助学活动，募集资金120万元，资助100名优秀贫困高考生圆梦大学，并为1000名大学贫困新生减免了近视矫正医药费。联合安利安徽分公司举办了“博爱在江淮·慈善晚会”，募集善款30万元，举办“博爱在江淮·慈善答谢会”，为在2009年度支持安徽红十字事业的14家最具爱心企业和10个最佳合作伙伴单位授牌。

此外，本会还承办了“中国爱心城市发现之旅”大型公益采访活动成果汇报会，采访团一行先后对黄山、铜陵、芜湖、合肥四市的感动故事和人物进行了采访报道，其中本省“博爱在江淮”公益项目受到国内多家知名媒体的好评。配合中国红十字基金会开展了“温暖中国”中超足球义赛和美国篮球巨星慈善嘉年华活动，为本省12位贫困癌症患者募集了医疗救助资金。

宿州、黄山等市红十字会充分利用博爱在江淮募捐政策和品牌影响，在当地开展了博爱在江淮·关爱大病特困家庭、关爱留守儿童、汶川地震周年爱心回访、心系台湾赈灾义演等活动，共募集款物价值115万余元。

“博爱在江淮”公益品牌项目成功运作三年来，筹集资金近7000万元，在助学、助医、助贫、赈灾等领域对困难群众实施了救助。经过三年的不懈努力，该项目已被打造为具有一定社会影响力和良好口碑的公益品牌，2009年被评为安徽省“最具影响力慈善项目”，受到省委、省政府的肯定。

三、全面加强组织建设

组织建设取得重大进展。上半年，省编办下发了“省红十字会三定方案”，增加了内设机构和编制。10月，经省委批准，成立了省红十字会党组，对全省红十字会管理体制理顺工作起到了推动作用，进一步增强了省红十字会的组织能力建设、干部队伍建设、党风廉政建设。六安市、宣城市、淮南市、砀山县、灵璧县红十字会相继理顺了管理体制，为当地红十字事业的发展提供了有力的组织保障。省红十字会卫生职业学校与安徽三联学院合作办学，学校办学条件得以改善，招生生源扩大，教育质量不断提高。到2009年底，全省共有红十字基层组织887个，冠名红十字医疗机构110个，红十字会员41万多名，其中青少年会员23万余名，基层组织建设得到进一步巩固发展。

2009年，省红十字会在中国红十字会第九次全国会员代表大会上荣获“全国红十字会系统先进集体”光荣称号，宿州市红十字会获“全国三八红旗集体”光荣称号，淮南市红十字会基层组织洞山街道新村社区获“全国和谐示范社区”、“全国综合减灾示范社区”荣誉称号。

志愿服务体系初步形成。为进一步推动

本省志愿服务工作再上新台阶，省红十字会成立了安徽省红十字志愿服务指导委员会，并重点组建了应急救援、应急救护、医疗救援、无偿献血、造血干细胞捐献、艾滋病预防、生命接力、新闻宣传等8支志愿服务队和5个志愿服务基地，开展了一系列以人道关怀为核心的志愿服务活动。截至2009年底，本省17个市均拥有红十字志愿服务队，宿州、亳州、淮南等市还建立了红十字志愿服务工作委员会，全省志愿者人数达74709人，本省志愿服务工作正在朝着科学化、规范化方向发展，志愿服务的长效机制正在逐步形成。

干部队伍建设和对外交流工作得到加强。为切实加强红十字会干部队伍建设，提高干部的思想政治水平和业务工作能力，本会不断创新学习内容和培训方式，坚持自学与培训相结合、理论培训与实践锻炼相结合的原则，积极组织各级红十字会工作人员参加总会举办的各种培训班和省内组织的各种讲座活动，组织赴美国、加拿大、比利时等国学习考察和交流。通过这些不同方式的培训，干部职工的专业化水平和综合能力得以提高。

四、不断拓展红十字生命关怀工作

超额完成造血干细胞年度捐献任务。2009年，中华骨髓库安徽分库在各工作站的协助下，顺利完成了总会分配给安徽分库的3000例造血干细胞年度采样、送检入库任务，全年实现捐献7例，累计成功捐献10例。目前，分库总样本数已达1.1万人份，提前一年实现省红十字会七大提出的五年规划的目标。根据总库管理中心的统一部署，本省组织志愿者开展了造血干细胞入库资料抽样回访活动，回访率高达80%，造血干细胞入库资料信息更加完善，分库各项工作逐步实现网络化、规范化管理。

遗体（器官）捐献工作稳步推进。2009年，本省遗体（器官）捐献工作平稳向前推进，各接收站自身建设和管理不断加强，服务质量不断改善，服务范围进一步扩大。目前，登记人数已达140人次，全年实现遗体捐献24人。本省第一个眼角膜库在合肥普瑞眼科医院建立，已有5人实现角膜捐献。5月，与新安晚报、安医大遗体接受站、合肥大蜀山文化陵园联合举办了“生命论坛”活动，被总会授予网络宣传三等奖。

无偿献血工作成绩突出。“五八”红十字博爱周和世界献血者日期间，全省各级红十字会积极开展宣传普及献血知识的活动，进一步激发了市民的献血热情。7月15日，省红十字会与完美公司合肥分公司共同举行了“百城千店万人献血活动”，数千名完美公司职工和合肥市民积极参加、踊跃献血，此次活动共采集血量达到152000毫升，是2009年夏天采集的最大一批血量，有效的缓解了合肥市血库的供血压力。目前，全省全年实现无偿献血335705人次。

预防艾滋病国际交流与合作得到加强。与荷兰红十字会签订艾滋病预防与关爱项目，计划从2010年至2012年在省及8个市开展项目工作，针对青年学生、外来务工人员、公众、社区居民及红十字会项目工作人员等不同群体开展不同方式的艾滋病预防宣传教育，并对艾滋病病毒携带者和艾滋病病人提供支持与关爱。

【历史沿革】

安徽省红十字会始建于1956年。建会初期，安徽省红十字会在中国红十字会总会的直接指导下，主要开展以除害防病为主的群众性爱国卫生运动，参与防病治病，在群众中普及卫生防病知识，发展基层组织和会员队伍，在城镇社区中开展互助互救等工作。

“文革”时期，安徽省红十字会工作被迫中断。

1984年，安徽省红十字会恢复工作，管理体制挂靠于省卫生厅，办事机构设在省卫生厅内，办公室和省卫生厅医政处合署办公，人员编制5人，工作经费由财政单列。安徽省人民政府副省长杨纪珂、杜宜谨、蒋作君先后担任过安徽省红十字会会长。

安徽省红十字会恢复后，主要工作是：积极参与备灾救灾工作，对自然灾害和突发事件中的伤病员和受害者进行救护、救助；普及卫生救护和防病知识，进行初级卫生救护培训；参与输血献血工作，推动公民无偿献血；开展各类人道主义服务和红十字青少年活动；参与国际人道救援和开展民间外交；宣传国际红十字运动的基本原则；完成人民政府委托事宜。

1991年底，在抗击华东百年未遇的特大洪涝灾害的情况下，全省16个地市、68个县全部成立了红十字会组织。

1993年，在安徽省政府、省卫生厅的关心支持下，省红十字会办公室有了单独的办公场所，结束了长达近10年的合署办公的窘境。

1994年，安徽省红十字会召开了首次会员代表大会，选举了以副省长杜宜谨为会长的第五届理事会，聘请省委书记卢荣景、省长傅锡寿为安徽省红十字会名誉会长。2001年9月，召开了第二次会员代表大会，140多名代表出席大会。大会聘请省委书记王太华、省长许仲林为安徽省红十字会名誉会长。选举产生了以副省长蒋作君为会长的第六届理事会，理事53人、常务理事11人。

1996年，安徽省编委下文将安徽省红十字会办事机构的人员编制由原来的5人增至12人。1998年，省编委批准安徽省红十字会增设赈济部。至此，安徽省红十字会办事机构扩展为一室一部。

1998年，《安徽省实施〈中华人民共和国红十字会法〉办法》的颁布施行，标志着安徽省红十字事业在法制化建设方面迈出了重要的一步。

2000年8月，经安徽省编委批准，安徽省红十字会由原来挂靠省卫生厅改为由省政府领导联系，并配备一名副厅级专职副会长，财政单列，党的关系由省直工委管理，干部人事关系由省政府办公厅管理，至此，安徽省红十字会机构实现单独设置，理顺管理体制工作基本完成。2004年会机关工作人员参照公务员管理。

2004年6月，安徽省政府办公厅出台《关于进一步加强红十字会工作的意见》。9月，以全国人大常委会委员、中国工程院院士王永炎为组长，全国人大常委会委员任茂东等8人组成的全国人大教科文卫委员会执法调研组，在安徽省进行了《中华人民共和国红十字会法》执法调研。2004年，安徽宿州、六安等地遭受了严重的自然灾害。省红十字会先后向宿州、六安、黄山、宣城4个市下拨了价值86万元的粮食、药品和衣被。8月，中国红十字会常务副会长王立忠一行到安徽省受灾地区慰问灾民，在宿州、六安两市发放了价值30万元的救灾粮食。安徽省红十字会得到上海红十字会、香港特别行政区红十字会和北京市红十字会灾后重建款共245万元，援建了学校9所、卫生院3所、敬老院1个。安徽省红十字会举办了5期中国红十字会彩票公益金救护师资培训班，共培训救护师资180名。2月，中国造血干细胞捐献者资料库安徽分库成立。合肥、马鞍山、淮南等地分别举行了安徽省造血干细胞捐献启动仪式，并进行了捐献志愿者血样集中采集活动，共有1500名志愿者报名登记，对600多名志愿者采集了血样。在美留学的白血病患者余健通过网络始终关注我们的活动，并向中国造血干细胞捐献者资料库和安徽分库分别捐赠5000美元。7月9日，安徽省蚌埠市的张桂硕在深圳市成功地捐献了造血干细胞，救治了镇江市的一位白血病儿童，成为安徽省第一例非血缘关系造血干细胞捐献者。2004年，安徽省张黎明等8人获无偿献血金奖、11人获银奖、82人获铜奖；合肥电视台、马钢集团获无偿献血促进奖；阜阳市获无偿献血先进城市奖。经安徽省红十字会、蚌埠市红十字会、蚌埠医学院的共同努力，蚌埠医学院遗体（器官）捐献接收站挂牌成立。安徽省红十字会网站成立。省红十字会两次和白云山制药厂联合开展向市民赠送板蓝根冲剂活动；争取中脉科技有限公司支持15万元，开展造血干细胞捐献宣传活动；和安徽华信药业合作，接受捐赠20万元药品；和上海脑力键生物制品公司合作开展社区健康知识普及和药品捐赠活动，发放保健品35万元；和合肥百盛合作开展“人道救助传递爱心”公益活动，募集善款38万元。5月，安徽省红十字会在黄山召开了东南九省（市）红十字会工作研讨会。欧盟、红十字会与红新月会国际联合会和香港特别行政区红十字会的代表先后到安徽指导工作，对安徽省红十字会的救助物资发放和援建项目建设工作表示满意。美籍华人邱维先生先后两次来安徽省红十字会，代表美国世界中华民族基金会向省红十字会捐赠善款30万元。在为印度洋海啸灾区的募捐活动中，安徽省全省红十字会系统募集善款1026.5万元。

【组织机构】

目前，安徽省、市、县三级红十字会组织体系完备，全省17个地级市，105个县（市、区）已全部建立了红十字会组织，拥有2494个基层组织和70.7万名会员。

安徽省红十字会机关设办公室、赈济部，下属单位有省红十字会备灾救灾中心、省红十字会医院、省红十字会中等卫生职业技术学校、安徽省红十字基金会和999救援中心。

安徽省有17个市级红十字会：合肥市红十字会、阜阳市红十字会、马鞍山市红十字会、蚌埠市红十字会、淮南市红十字会、淮北市红十字会、亳州市红十字会、安庆市红十字会、芜湖市红十字会、铜陵市红十字会、宿州市红十字会、宣城市红十字会、黄山市红十字会、滁州市红十字会、池州市红十字会、巢湖市红十字会、六安市红十字会，其中理顺或相对理顺管理体制的有7个市。

【大型项目】

1985年，安徽省红十字会募捐38万元人民币援助非洲战胜饥荒。

1988年，安徽省红十字会募捐18万元人民币援助大兴安岭森林火灾灾区。

1991年，华东遭受百年不遇特大洪涝灾害，安徽省红十字会组织动员全省各级红十字会积极参与抗洪救灾工作，共接收境内外援助款物总值1.2亿元人民币。洪灾之后，各级红十字会共援建乡镇卫生院65所，村卫生室298个，中小学校舍11所，自来水厂24个，使1000多万灾区群众在衣、食、住、医、教诸方面得得到极大改善。

1993年，大型中英版《91安徽红十字会抗洪救灾画册》正式编印完成，画册分赠中央有关部委、中国红十字会总会、兄弟省市红十字会，红十字会与红新月会国际联合会等以及当年援助安徽省的20多个国家和地区红十字会。

1994年至1995年，安徽省红十字会组织10家医院对合肥市社会福利院16名残疾孤儿进行医疗、护理全免费义治活动。

1996年，安徽省红十字会募集价值50万元的物资援助云南省丽江地震灾区。

1996年，加拿大国家红十字会援助30万瑞士法郎，安徽省财政按1：1配套，建成了中国红十字会安徽省备灾救灾中心，同年7月，省编办批准成立中国红十字会安徽省备灾救灾中心，中心正式启动运行。

1998年7月，安徽省红十字会在黄山举办了中国红十字会海峡两岸红十字青少年夏令营活动，来自台湾、大陆各地的60多位红十字青少年参加了夏令营。

1991年至2000年，安徽省红十字会积极为海峡两岸同胞寻找失散亲人，共受理寻人信函4600余件，为800多名两岸寻亲同胞建立了联系，同时参与处理台胞医疗、遗产、婚姻等各类对台衍生事件300余宗。

2003年4月至5月，安徽省红十字会共募集款物价值1637.43万元，其中现金1160.47万元，物资价值476.96万元，支援各地抗击“非典”。

2003年下半年，安徽省红十字会积极参加淮河流域的抗洪斗争，全省各级红十字会共派出红十字医疗队442个，救治群众80万人次，发放救灾款物价值2001万元，受益人口232万人。

【主要特色】

（一）备灾救灾

安徽省是一个自然灾害频发的省份，为了应对各种灾情，减少灾害给人们带来的痛苦，安徽省红十字会对备灾救灾工作高度重视，常抓不懈。各级红十字会本着无灾备灾，有灾救灾的原则，平时大力开展募捐工作，积极筹备救灾物资，制定和完善科学的灾害紧急救助预案，做到有备无患。在1991、1998、1999、2003年四次特大水灾中；在2003年抗击“非典”的斗争中，安徽省各级红十字会都以反应迅速，救助得力受到各级政府和人民群众的充分肯定。

1991年以来，安徽省红十字会共接受、募集、发放救灾物资价值3亿多元人民币，使1000多万灾民受益，组织红十字会医疗队6000多个，救治病人5000多万人次，援建灾区400多个卫生、教育、供水设施。

（二）兴办实体

1.1988年，安徽省红十字会组织老年志愿工作者先后创建了安徽省红十字会医院、安徽省红十字会中等卫生职业技术学校。

2.1995年，经有关部门批准，安徽省红十字基金会正式成立，成立时拥有资金130万元人民币，目前，已发展到400万元。

（三）卫生救护培训

1.1987年，安徽省部分市红十字会与各政府部门和企业密切配合，开展了对辖区内机动车驾驶员及电力、矿山、旅游等行业职工的卫生救护培训工作。

2. 1997年，安徽省物价局、财政厅下发了《关于核定卫生救护培训收费标准的函》，正式批准红十字会救护培训收费标准。

3. 2002年2月，安徽省红十字会与省教育厅、公安厅等15个厅（局）联合下发《转发中国红十字会总会等15个部（局、会）关于印发〈中国红十字会关于广泛深入开展救护工作的意见〉的通知》，明确提出实行教学计划、教学质量标准、教材、师资培训、培训合格证的"五统一"，从而使安徽省的卫生救护培训工作步入正规化。合肥市红十字会卫生救护工作已地方立法。

（张林瑞、曹芦松、张本该）

合肥市红十字会

【简介】

合肥市红十字会于1957年成立，1985年恢复工作。2005年，合肥市红十字会由挂靠市卫生局改由市政府领导联系，并配名副县级专职副会长。

芜湖市红十字会

【简介】

芜湖市红十字会成立于1912年。1952年被中国红十字会总会列为全国四个重点分会之一。1986年11月，市红十字会组织恢复工作，为正科级单位，有事业编制2名，挂靠在市卫生局。全市红十字会有基层组织19个，团体会员单位92个，成人会员1903名、青少年会员7171名。

铜陵市红十字会

【简介】

铜陵市红十字会成立于1988年6月。现在会员2500人。

池州市红十字会

【简介】

池州地区红十字会成立于1990年10月15日。2001年1月，池州地区红十字会更名为池州市红十字会。现在有会员3896人。

蚌埠市红十字会

【简介】

蚌埠市红十字会建会于20世纪50年代。1986年4月，市政府下文恢复红十字会工作。市红十字会现有编制2名，会员15000余人，其中青少年会员7000人。

亳州市红十字会

【简介】

亳州市红十字会成立于2004年3月，有编制2名。2005年8月，市红十字会第一次会员代表大会召开。大会选举产生了由35名理事组成的第一届理事会，健全了红十字会组织机构。

阜阳市红十字会

【简介】

阜阳市红十字会成立于1980年，挂靠

市卫生局（正科级）。1992 年，市红十字会定编制 2 人。2007 年，设专职副会长一人（副处级）。阜阳市红十字会现有成人会员 5325 名，青少年会员 1033 名。

淮南市红十字会

【简介】

淮南市红十字会（当时淮南未建市，称凤台支会）早在抗日战争期间就开展了战场救护和贫民救助。1951 年重新改组。目前有红十字团体会员单位 170 余个，会员 8 万余人。

淮北市红十字会

【简介】

淮北市红十字会成立于 1989 年 4 月，正县级单位，编制 4 人。淮北市红十字会有团体会员单位 69 个，会员 1 万余人。

宣城市红十字会

【简介】

宣城市红十字会成立于 1991 年 7 月，下辖 7 个县级红十字会。目前有团体会员单位 126 个，成年会员 7757 人，青少年会员 2926 人。

六安市红十字会

【简介】

六安地区红十字会成立于 1989 年 1 月。2000 年，撤地建市时更名为六安市红十字会。全市五县三区均设立了红十字会机构，有团体会员单位 234 家，成人会员 3499 名、青少年会员 1759 名。

黄山市红十字会

【简介】

黄山市红十字会成立于 1989 年 5 月。1992 年，经市编委批准设立市红十字会办公室。2003 年 2 月，市编委下文同意市红十字会依法独立建会。全市三区四县及黄山风景区均已成立红十字会，全市有红十字会会员 9.5 万人，有 54 个乡镇成立了红十字会基层组织，团体会员单位 104 家，冠名红十字（会）的医疗单位 5 个。

滁州市红十字会

【简介】

滁州市红十字会成立于 1991 年，挂靠市卫生局。1999 年，市红十字会理顺管理体制，有事业编制 5 名，人员参照公务员管理。全市 8 个县（市）、区全部成立了红十字会，已配备专职人员 13 人。还成立青少年工作委员会和企业家工作委员会。全市有基层红十字组织 277 个，团体会员单位 303 家，成人会员 20599 人，青少年会员 23232 人。

巢湖市红十字会

【简介】

巢湖市红十字会成立于 1989 年 4 月。1992 年 9 月，地区编委批准设立红十字会办公室，科级建制，挂靠行署卫生局。1995 年 11 月，获批事业编制 2 名。市红十字会有团体会员单位57家，会员6180人。

宿州市红十字会

【简介】

宿州市红十字会成立于1991年。2002年4月，经市编委会批准，实现机构独立设置，为正处级事业单位，机关内设办公室、赈济救护部，有事业编制6名。现有红十字基层组织95个，会员2万人。

安庆市红十字会

【简介】

安庆市红十字会是1946年由安庆部分士绅联络卫生和工商界部分人士共同发起组织的，下设诊所、救护队、消防队。1986年，市红十字会正式恢复工作。

马鞍山市红十字会

【简介】

马鞍山市红十字会成立于1988年。有县级红十字会1个，团体会员单位60家，会员5万余人。

福建省红十字会

【年度工作】

2009年来，全省各级红十字会紧紧围绕推进海峡西岸经济区建设大局，积极进取，依法履行职责，充分发挥政府人道领域助手作用，红十字事业取得新的发展。福州市红十字会被评为全国红十字会系统先进集体，省红十字会被中国红十字会总会评为2009年度“红十字博爱周创新奖”、“宣传组织工作优秀奖”和“罗氏—中国红十字会网络宣传三等奖”。

一、组织体系进一步健全

省红十字会先后召开六届六次常务理事会、六届五次理事会和全省红十字会工作会议，认真部署年度重点工作。大力推进理顺管理体制，全省9个设区市和50个县（市、区）红十字会明确理顺管理体制。积极发展基层组织，壮大会员和志愿者队伍，全省现有红十字会基层组织2442个，会员485620人。

开展争创“红十字模范校”活动，持续推动红十字青少年工作，与爱心企业合作在部分省属高校试点设立“紧急救助系统”，指导创建“红十字博爱超市”，广泛开展红十字运动基本知识传播。大力推进红十字志愿服务，按照“统一组织、分类招募，属地管理、常态实施，注重特色、持续发展”原则，培育打造红十字志愿服务品牌，全省红十字志愿者达75920人，省级组建了7支专业志愿者团队。

二、宣传筹资水平不断提高

进一步加大宣传工作力度，广泛开展形式多样的各类宣传活动，继续与媒体合作联办公益栏目，开展系列宣传和特别救助行动，全省各级红十字会被省级以上媒体报道3365篇（次），省红十字会被中国红十字会总会评为2009年度“宣传组织工作优秀奖”和“罗氏—中国红十字会网络宣传三等奖”。

坚持项目牵引带动，进一步拓展筹资渠道，推出“光明天使基金”、“生命天使基金”和“伊人天使基金”。继续联手媒体开展大型募捐筹款活动，发展壮大红十字公益金，新建了“TV8 红十字公益金”。开通中长全省红十字会“10639639”短信募捐特了号。全省各级红十字会全年共接收和募集爱心款物 2.6 亿元，其中省级 0.6 亿元。

三、灾害人道救助扎实有效

积极开展强台风“莲花”、“莫拉克”等自然灾害救援救助行动，派人深入灾区一线考察灾情，发放救助物资。继续落实对口支援彭州市“5·12”地震灾后恢复重建项目，省红十字会对口援建彭州 26 个项目，竣工 23 个。完成省内“低温冻雨”灾后重建项目 13 个，援建资金 318 万元。争取中国红十字基金会援建 15 个博爱卫生（院）站项目，援建资金 90 万元。争取国际联合会与芬兰红十字会的减灾项目立项，援助资金 160 万元。持续开展“红十字博爱送万家”活动，省级共筹集款物价值 465.11 万元，救助困难群众 1.7 万户近 7 万人。继续实施“红十字系列博爱救助行动”，受益困难群众达 3 万多人次。

四、生命救助与人道关怀工作不断深化

大力推进初级卫生救护培训工作，共举办救护师资培训（复训）班 6 期，培训复训师资 287 人、红十字救护员 1 万多人。加大造血干细胞志愿捐献工作管理和宣传力度，全省采集检测入库造血干细胞志愿捐献者血样 6000 人份，实现捐献造血干细胞移植 8 例。积极推动遗体器官捐献和无偿献血工作，全省有 816 人报名登记志愿捐献遗体，113 人登记志愿捐献器官，14 人实现角膜捐献，32 人实现遗体捐献。充分发挥“福建省红十字会心理援助中心”作用，积极推进红十字心灵阳光工程。积极拓展红十字人道救助服务领域，成立了福建省红十字会灾害心理救援队，组建了“红十字水上安全志愿服务队”。

五、台湾事务服务工作卓有成效

加强与台湾、金门、马祖红十字组织双向交流互访。继续联系联络、交接见证海峡两岸双向遣返作业，共遣返作业 4 批 268 人次。通过“红十字生命救助绿色通道”护送 35 起 38 名患病台胞直航返回台湾。发挥“海峡两岸红十字水上安全救生员训练基地”作用，联合举办了 2 期“红十字水上安全救生员训练班”。积极开展闽台灾害人道救援救助工作，率先为台湾“8·8”水灾捐助 100 万元人民币，联合有关部门举办了援助台湾灾区赈灾晚会，筹集善款 8700 多万元，用于援助台湾水灾灾后重建，并组团赴台湾进行了考察和慰问。

【历史沿革】

福建红十字运动历史悠久。早在 1906 年福州就有红十字组织活动，1911 年厦门就成立了红十字组织。新中国成立后，福州、厦门、南平和莆田仙游等地红十字会先后进行了改组或恢复了机构，漳州、泉州等地也相继成立了红十字会。

1958 年 12 月 8 日，新中国成立后的福建省红十字会第一次会员代表大会召开，选出时任副省长陈绍宽为主席的第一届执行委员会和以吴云鸿为主任的监察委员会，福建省红十字会办事机构设在福建省卫生厅。省红十字会在建立和恢复全省红十字组织、开展防空救护训练和参与爱国卫生运动等方面做了很多工作。

“文革”期间，福建省红十字会机构被撤消，工作处于停顿状态。

党的十一届三中全会后，随着中国红十字会国内工作的恢复，1979 年 11 月，经福建省革命委员会的批准，福建省红十字会第三届理事会成立（随总会届数计算），由时任副省长张格心担任会长，办事机构设在福建省卫生局。1981 年，福建省编制委员会发文核定福建省红十字会办事机构规格为正处级。1994 年，福建省卫生厅发文同意福建省红十字会办公室内设综合部、救护部、台务部，3 个部的机构规格为正科级。在建立健全红十字组织，发展会员，宣传会务知识，开展医疗救护和救护训练、输血献血、救灾扶危、社会福利、红十字青少年和协助政府开展对台事务等方面，做了大量的工作。

1987 年 1 月，福建省红十字会第四次全省会员代表大会召开，选举时任副省长张格心为会长。

截至 1991 年，全省 89 个地（市）、县（市、区）全部建立红十字会。

1993 年 10 月，《中华人民共和国红十字会法》颁布施行，使红十字事业发展得到法律的保障。1995 年 5 月 8 日，福建省红十字会第五次全省会员代表大会召开，依法选举产生新一届理事会，贾庆林、陈明义、贺国强等领导先后出任福建省红十字会名誉会长，时任副省长王良氵专、潘心城先后当选为会长，时任省卫生厅厅长计克良、魏忠义、何明先后担任常务副会长，何钟生担任秘书长。大会制定了五年发展规划。

2001 年 10 月 9 日，福建省委机构编制委员会发出“关于福建省红十字会体制及规格调整的通知”，明确省红十字会办事机构独立设置，规格相当为副厅级，由省卫生厅代管改为省政府领导联系，理顺了省红十字会管理体制。

2004 年 5 月 14 日，经省委批准，黄毅敏任常务副会长。

2004 年 5 月 17 日，经省委批准，成立了中共福建省红十字会党组，黄毅敏为党组书记。

2004 年 6 月 4 日，福建省第十届人民代表大会常务委员会颁布《福建省红十字会条例》，自 2004 年 8 月 1 日正式施行。

2005 年 2 月 28 日，福建省红十字会第六次全省会员代表大会召开。会议选举产生了新一届理事会，聘请省委书记、省人大常委会主任卢展工、省长黄小晶为名誉会长；聘请省委副书记黄瑞霖、省人大常委会副主任黄贤模、省政协副主席潘心城、省卫生厅厅长杨平为名誉副会长；副省长汪毅夫当选为会长，黄毅敏为常务副会长，赖祖胜等 10 人当选为副会长；经会长提名，杨华明担任秘书长，张建林担任副秘书长。大会通过《福建省红十字事业 2005—2009 年发展规划》。

【组织机构】

目前，福建省全省 9 个设区市和 85 个县（市、区）全部建立了红十字会。1997 年，各级红十字会全部实现列编。现有红十字会基层组织 1992 个，会员 35.29 万人（其中青少年会员近 16 万人）；志愿工作管理机构 5 个，志愿工作者 10000 多人。省、9 个设区市和 67 个县（市、区）红十字会成立了学校红十字会工作委员会。福建农林大学、集美大学和福州大学等高校健全了红十字会工作机构并创建了“红十字博爱超市”。

福建省红十字会机关设有办公室、赈济救护部、事业发展与交往联络部和机关党总支。

2001 年，福建省委编委正式批准省红

十字会办事机构独立设置，规格为副厅级，由福建省卫生厅代管改为省政府领导联系，初步理顺了省红十字会管理体制。

2004年5月，经福建省委批准，中共福建省红十字会党组正式成立。

2004年12月31日，福建省委组织部文件明确省红十字会常设办事机构工作人员列入参照国家公务员管理范围，进一步理顺了省红十字会管理体制。

2005年2月，福建省委编委下发了《福建省红十字会机关主要职责、内设机构和人员编制方案》。

2006年1月，福建省委编办下发了《关于理顺市、县（区）红十字会管理体制有关问题的通知》。截至2006年11月，福建省已有福州、厦门、南平、漳州、龙岩5个设区市红十字会理顺了管理体制，其中福州、厦门和龙岩市明确了《红十字会机关职能设置、内设机构和人员编制方案》。县级红十字会中已有16个下文理顺了管理体制。

【大型项目】

1998年，为“三江流域”水灾开展募捐，共募集716.24万元，支援灾区的重建工作。

1998年，福建省红十字会接受新华社香港分社转来的香港同胞捐赠的175万元港币，选择闽北遭受1998年“6·22”特大洪灾的南平市延平区大横镇小仁洲村（经延平区人民政府批准，现已更名为“博爱村”），为该村179户重灾户重建家园，副省长、省红十字会会长潘心城为博爱村题写村名。

1999年，台湾地区发生了“9·21”大地震，福建省红十字会及时向台湾红十字组织发出慰问电，并在政府有关部门的支持下，组建了赴台救援小组，组织优质血浆，建立福州、厦门两个中国红十字会总会台湾地震援助物资临时中转站，随时准备支援台湾地震灾区。并与中华文化联谊会在福州举办了“闽台情、同胞心”——为台湾大地震受灾同胞赈灾义演晚会，共募得捐款人民币1525万多元，充分体现了海峡两岸同胞血浓于水的亲情。

2000年，福建省红十字会圆满完成省委、省政府“救两条生命、还一家幸福”生命救助行动为民办实事项目，募集救助款150万元，为扶持福建省贫困地区25个乡镇卫生院产儿保科建设和补助3000名贫困孕产妇住院分娩提供资金支持。

2001年，福建省红十字会为内蒙古、新疆雪灾开展募捐，共募集110万元，赈济灾区人民。

2002年，福建省红十字会开展“母婴双安”募捐活动，募得捐款30多万元，又为1500名贫困孕产妇住院分娩提供了资金补助。

2004年，福建省红十字会与福建广播影视集团、百胜餐饮（福州有限公司）联合举办“托起生命的希望暨捐献造血干细胞爱心行动”，开展造血干细胞捐献宣传活动。

（郑　颖）

福州市红十字会

【简介】

福州市红十字会创立于1906年，时称“闽侯红十字会”。1943年改称“福州市红十字会”。“文革”期间，工作停顿。1981年恢复工作。目前，全市有红十字基层组织335个，有会员18180多名、志愿工作者4100多名。

厦门市红十字会

【简介】

厦门市红十字会创建于辛亥革命期间，是福建省较早建立地方分会的地区之一。全市现有基层红十字组织298个，会员31.4万名，其中驾驶员行业会员17.8万名。

漳州市红十字会

【简介】

漳州市红十字会成立于1987年6月，2006年理顺了市、县两级红十字会管理体制。

泉州市红十字会

【简介】

泉州市红十字会成立于1952年7月，2006年理顺了管理体制。

三明市红十字会

【简介】

三明市红十字会成立于1985年6月，2006年配备了专职秘书长。

莆田市红十字会

【简介】

莆田市红十字会成立于1987年，2006年理顺管理体制，机构独立设置。

南平市红十字会

【简介】

南平市红十字会成立于1988年5月，2006年市级红十字会理顺管理体制。

龙岩市红十字会

【简介】

龙岩市红十字会成立于1988年3月，2006年理顺管理体制。

宁德市红十字会

【简介】

宁德市红十字会成立于1987年8月，2006年市级红十字会理顺管理体制

江西省红十字会

【年度工作】

2009年，江西省各级红十字会坚持以科学发展观为统领，以“保增长、保民生、保稳定”为主线，以项目建设为抓手，以提高机关效能为重点，全面推动了全省红十字事业的健康发展。

一、筹资工作

2009年，省红十字会积极响应总会号召，为台湾受灾地区募集灾后重建项目款近200万元。联合江西润田饮料有限责任公司开展“纪念‘5·12’百万爱心义卖活动”，为灾区红十字书库项目募集6.88万元。

为省内白内障和唇腭裂患者募集救助款370万元；还联合团省委、省残联开展了“江西省救助唇腭裂儿童微笑行动”，募款8万元为100名唇腭裂儿童实施了修复手术；联合南昌佳美美容医院推出“天亮行动”，为省内100名贫困先天性上睑下垂儿童免费实施矫正手术。

一年来，全省红十字会系统接受捐赠款物2118.7万元，受益群众超过百万人。

二、捐献工作

通过红十字会的积极宣传，在本省遗体捐献理念逐渐深入人心。本会加强对整个捐献过程的管理，包括志愿者资料的登记与保密，遗体捐献工作的衔接与服务，以及医用组织库内部的管理与监督等，确保遗体捐献工作按规范的流程进行。2009年，中国红十字会原会长彭珮云，中国红十字会原常务副会长江亦曼，卫生部副部长黄洁夫及省政协副主席郑小燕考察了江西红十字医用组织库，肯定了江西省红十字医用组织库的运行模式和机制及所取得的成绩。在卫生部、中国红十字会联合召开的全国人体器官捐献工作会议上，本会代表全国红十字会系统就遗体捐献工作作了典型发言，受到与会人员的高度评价。这次会议确定本会为全国十个遗体捐献工作试点之一。一年来，全省遗体捐献登记人数达214例，实现遗体捐献21例。

三、卫生救护培训工作

2009年，本会在完成彩票公益金救护师资培训的基础上，积极拓展新的培训领域，先后与煤炭、边防、铁路、公安、民航、保险、消防、旅游、学校等行业、单位建立了联系，救护培训工作更加深入人心。在省红十字会救护培训中心的努力下，在全省驾校新增机动车教练、南昌市新增出租车司机岗前培训中，增加了救护培训考核课题。全年全省共培训救护师资233名，救护员31962名，开展救护防病知识普及20万余人次。

四、老年介护工作

经日本政府和中国科技部批准，日本国际协力机构无偿援助资金5000万日元，在江西开展三年的老年介护培训项目。7月，本会与日本冈山旭川庄老年介护师资培训项目启动仪式在南昌召开。仪式结束后，来自日本的介护专家和国内的临床专家进行了授课。第一期老年介护培训班培训介护师资20人，普通介护员80人，其中20名师资分两批分别于10月和11月赴日进行为期26天的研修，系统地学习了老年介护知识并参观了日本的福利机构及设施情况。

五、宣传工作

全省围绕“红十字博爱送万家直通车”活动及“五八红十字博爱周”、“世界急救日”、“国际志愿者日”、“世界艾滋病日”等开展主题宣传活动。在“2009红十字博爱周”期间，省红十字会举行了红十字青少年防灾避险知识竞赛、国际红十字运动基本知识传播、“我与红十字”演讲比赛、“百名社区群众急救大竞赛”、“模拟人道法庭”辩论活动、“国际人道法”专题讲座和义诊咨询等活动，荣获中国红十字会总会2009年红十字博爱周活动“创新奖”。省红十字会与省广播电视局、江西日报社联合举办了江西省第二届红十字新闻奖评选活动。本会还举办了 2009 年传播骨干培训班；编辑出版了《红十字运动基本知识简明传播手册》和宣传折页。

六、志愿者队伍建设工作

目前，省红十字会已成立了医疗、地震、供水、心理咨询、高速公路、新闻联动等 10 支“红十字志愿者应急救援队”。此外，还成立了“江西省红十字无偿献血志愿者协会”，“肝友之家”、“华山妈妈俱乐部”、遗体捐献志愿者队伍等红十字志愿服务队，扩大了红十字志愿者队伍。加大志愿者规范管理力度，推广全国统一的红十字志愿者编号、服饰、证、牌，制定下发《江西省红十字志愿者登记号编制实施细则》。2009 年，省红十字会举办了志愿护理服务中心成立十周年庆典。

七、造血干细胞志愿捐献工作

江西省红十字会全年完成中华骨髓库下达的 4000 人份志愿者血样采集及资料上传任务。目前，江西省分库库容量为 16028 人份，已成功实现 15 例造血干细胞捐献。江西省分库连续两年成功捐献人数占分库库容量比例超过万分之四。

【历史沿革】

江西省红十字会是中国红十字会的地方分会。江西境内的地方红十字活动起始于 1912 年，当时主要从事战地救护和为赤贫难胞免费医疗活动。

新中国成立后，党和政府非常重视和关心红十字事业的发展。1956 年 10 月，江西省红十字会成立，副省长欧阳武当选为会长。“文革”期间，红十字会活动停止。1984 年 6 月，经江西省人民政府批准，省红十字会恢复工作，并召开了江西省红十字会第二届理事会，副省长柳斌和陈癸尊先后任会长。1991 年 6 月，江西省红十字会召开了第三次会员代表大会，江西省副省长陈癸尊当选为会长。1993 年，江西副省长黄懋蘅任会长。1995 年 5 月，在江西省红十字会三届三次理事会上，江西省省长舒圣佑受聘任名誉会长。1999 年 8 月 31 日，在江西省红十字会第四次会员代表大会上，江西省副省长胡振鹏当选为会长。2001 年 10 月，中共江西省委办公厅、省政府办公厅下发了理顺江西省红十字会管理体制的“三定”方案。2003 年 6 月，在江西省红十字会四届三次理事会上，选举方娅为专职副会长，省红十字会由省卫生厅代管改由省政府领导联系，成为独立自主开展工作的社会救助团体，江西省红十字会迈入一个新的历史发展时期。2004 年 3 月，经中共江西省委组织部批准，江西省红十字会党组成立，方娅任党组书记，从而完成了省红十字会独立建制工作。2005 年 6 月 6 日，江西省红十字会第五次会员代表大会召开。中共江西省委书记孟建柱，省委副书记王君，省委常委、省委秘书长陈达恒，省人大常委会副主任全文甫，省政府副省长胡振鹏，省政协副主席刘运来出席了大会。中国红十字会常务副会长、总会党组书记江亦曼专程到会祝贺。大会全面总结了江西省红十字会第四届理事会的工作，制定了《江西省红十字事业 2005～2009 年发展规划》，选举产生了由 85 名理事组成的新一届理事会，聘请中共江西省委书记孟建柱、省长黄智权为名誉会长，副省长胡振鹏再次当选为会长，方娅当选为常务副会长。会上，江西省红十字会和省人事厅还联合表彰了省红十字会系统的 11 个先进集体和 13 名先进个人。

【组织机构】

江西省11个设区市和99个县（市、区）全部建立了红十字会，现有红十字会基层组织2624个、会员54.9万人。全省有892所大、中、小学成立了红十字会，有青少年会员34.6万人。江西省红十字会机关设有办公室、组织宣传处、赈灾服务处、中国造血干细胞捐献者资料库江西省管理中心。

【大型项目】

（一）1998年水灾重建项目

1. 香港特别行政区红十字会援助698.67万元，用于灾后重建19所卫生院和3所小学，并为这些卫生院和学校配备了一批设备。

2. 深圳市红十字会援助454万元，重建8所卫生院和2所小学。

3. 上海市红十字会援助385万元，重建8所学校和5所卫生院。

4. 广东省红十字会援助225万元，重建4所卫生院和4所学校。.

5. 中国红十字会总会拨款190万元，援建两座灾民新村和3所卫生院。

（二）1999年水灾国际联合会援助计划

红十字会与红新月会国际联合会通过中国红十字会总会向江西灾区捐赠了价值人民币6796886元的大米、消杀剂、净水剂、棉被、棉大衣，有226个（次）村庄、279873万人次受益。

（三）2002年水灾灾后重建项目

由香港特别行政区红十字会通过中国红十字会总会向江西省2002年水灾灾区捐款人民币175.13万元，重建了11所乡镇卫生院，并为这些卫生院配备了价值人民币97.63万元的医疗设备。

（四）农村社区为本备灾项目

香港特别行政区红十字会拟出资160万元援建的农村社区为本备灾项目，在上饶县、余干县展开，旨在通过红十字会的帮助，提高当地群众备灾救灾意识和能力。

（五）“金圣”社区红十字健康服务项目

南昌卷烟厂捐赠60万元，启动“金圣”社区红十字健康服务项目。在全省创建12个省级红十字服务示范站，项目期为1年，预计40万人次社区群众因此受益。

【主要特色】

1. 理顺管理体制工作实现整体突破。至2004年底，江西省11个设区市全部下达了市红十字会“三定”方案。其中上饶、南昌、宜春、新余、萍乡和赣州、景德镇实现机构独立设置。兴国、九江、进贤、广丰、上饶、余干、婺源及南昌市东湖区、西湖区等9个县（区）理顺了红十字会管理体制。

2. 备灾救灾工作成绩斐然。1989年以来，江西省红十字会共募集各类救灾款物折合人民币1亿余元，用于救助全省的受灾群众和灾后重建工作。援助重建了60所卫生院、24所博爱学校、2个灾民新村、2座市级红十字会备灾中心，总建筑面积91145.76平方米。

3. 持续推进人道关爱行动。2004年6月，江西省广丰籍工程人员在阿富汗遭受恐怖袭击，省红十字会和上饶市红十字会及时为遇难和受伤人员的亲属送去慰问金和慰问品，在社会上引起了较大反响。景德镇市红十字会争取市政府批准了《景德镇市红十字救助基金管理暂行办法》，对灾区、白血病患儿、失火家庭等实施了救助。兴国县红十字会连续多年实施对贫困中小学生救助的“育才助学”工程，先后有338名学生得到资助。

4. 社区服务探索出新模式。2001年，省红十字志愿护理服务中心成立。该中心免费为下岗女工开展再就业技能培训，培训陪护专业保健员；与15所医院共建社区护理服务网络、双向转诊网络；在省科委立项开展《南昌市社区护理服务模式研究》课题；成立“江西省红十字博爱艺术团”开展活动；组织红十字志愿者义务为社区老、弱、病、残人士作护理服务。中心有千余名志愿者，在南昌市建立了39个社区服务网点，提供健康服务4.2万人次，开创了江西省社区红十字服务的新模式。

5. 宣讲红十字会法及传播工作扎实深入。省红十字会以把红十字会法列入“四五”普法规划为契机，开展了形式多样的红十字会法宣讲、国际人道法和红十字运动基本知识传播工作。红十字会法被列入全省副科级以上干部普法考试的内容。“四五”普法期间，江西全省共举办红十字会法宣讲和传播培训班400多期，印发学习材料28万份，有15万人接受了培训，全省普及红十字会法的对象达3000万人次。

6. 清理滥用、误用红十字标志成效明显。江西省各级红十字会联合卫生、工商等部门和新闻单位积极开展清理滥用红十字标志工作，依法规范红十字标志使用，使全省滥用、误用红十字标志的违法现象得到纠正。

（肖　琦）

南昌市红十字会

【简介】

南昌市于1912年成立中国红十字会南昌分会。2005年，市红十字会经市编制委员会批准理顺了管理体制。全市有红十字会基层组织520个，会员7700人。

赣州市红十字会

【简介】

赣州市红十字会（原为赣州地区红十字会）于1987年恢复工作。1999年7月1日，撤地设市后，更名为赣州市红十字会。2006年1月，赣州市红十字会成为由市政府领导联系的独立机构。

吉安市红十字会

【简介】

吉安地区红十字组织始建于1918年，名“万国红十字会吉安分会”。1952年8月改名吉安地区红十字会，“文革”期间停止活动。1986年10月7日恢复工作，2001年，吉安地区撤地改市，改名为吉安市红十字会。

九江市红十字会

【简介】

九江市红十字会诞生于1911年，文革时期撤消，1985年恢复建会。全市14个行政区域都建立了红十字会，有基层红十字会组织415个，会员5万余人。

上饶市红十字会

【简介】

2003 年 11 月，上饶市红十字会理顺了管理体制。规格为正县级单位，有编制 8 名，机关内设办公室和赈灾服务科，工作人员参照公务员管理。近年，广丰、上饶、余干、婺源 4 个县红十字会相继理顺了管理体制。全市有红十字会基层组织 174 个，会员 17148 人，其中红十字青少年 8802 人，志愿工作人员 2149 人。

新余市红十字会

【简介】

新余市红十字会成立于 1983 年。2004 年 10 月，市红十字会理顺了管理体制。2005 年 1 月，市红十字会实现了独立办会。全市有基层红十字会组织和团体会员单位 45 个，会员 14402 人。

鹰潭市红十字会

【简介】

鹰潭红十字会于 1993 年 5 月 14 日经市政府批准恢复，下辖贵溪、余江、月湖、龙虎山景区红十字会，有基层红十字会组织 49 个，会员 2 万余人。

景德镇市红十字会

【简介】

景德镇红十字会成立于 1956 年。

萍乡市红十字会

【简介】

萍乡市红十字会成立于 1957 年。

抚州市红十字会

【简介】

抚州市红十字会成立于 1965 年。

山东省红十字会

【年度工作】

2009 年，山东全省有 70 个县级红十字会理顺了管理体制。已建立红十字基层组织 9952 个，会员 174 万余人，志愿者 21 万余人。

一、宣传工作

2009 年 2 月，山东省红十字会在青岛市召开了全省宣传工作研讨会，从品牌创建、典型推动、合作共赢三个方面进行了深入研讨。组织各市红十字会参加了广东省中山市“慈善万人行”活动。召开了宣传工作会，对全省宣传工作先进单位和个人进行了表彰奖励。在“五八”世界红十字日及“博爱月”宣传活动期间，省红十字会联合齐鲁晚报、山东航空公司、山东中铁国旅公司开展了“关注四川灾区重建”红十字爱心之旅活动。联合广告公司开展了平面广告进校园活动。联合河南电视台在济南举办了“向台湾台风灾区奉献爱心”公益鉴宝活动，收到鉴定费 12.98 万元。与齐鲁台联合开展了“博爱在齐鲁”天下无双大型公益演唱会巡演活动，先后在济宁、青岛、枣庄、潍坊、滨州、临沂、烟台、泰安、威海、聊城等10个市的20多个县区举办了演唱会，开展了募捐救助活动，募集款物1000余万元。童安格、姜育恒、孟庭苇等50多位著名艺人先后参加了演出。红十字运动基本知识传播工作向更加广泛的方向发展，6月，红十字国际委员会与总会对山东省1999—2008年传播工作情况进行调研评估，给予了充分肯定。8月，由民政部、中国红十字会总会、《环球慈善》杂志社共同组织的“中国爱心城市发现之旅”新闻采风团先后对济宁、济南、滨州、青岛市红十字会的公益品牌和有代表性的爱心人士进行集中采访。省红十字会获总会宣传工作“优秀组织奖”、2008—2009年度报刊宣传工作“杰出贡献奖”。2009年5月，省红十字会被中央宣传部、司法部、全国普法办授予“全国‘五五’普法中期先进集体”，副省长、省红十字会会长王随莲对此专门作了批示，要求再接再厉，扎实做好各项工作。

二、救灾救助工作

台湾“莫拉克”台风灾害发生后，全省各级红十字会迅速开展救灾募捐工作，接受各界捐款321.69万元。省红十字会把山东润华药业有限公司捐赠的价值200万元的药品分别援助给甘肃、陕西、云南、贵州等省灾区；对遭受地震、水灾等自然灾害的云南、甘肃、江西、贵州等省提供了价值117.94万元的救灾物资援助；对遭受暴雨、暴雪灾害的烟台、济宁、菏泽、枣庄、临沂、泰安、滨州等市给予了紧急救助，并将总会援助的价值近60万元的饮水、环境消毒剂及棉被等物资拨付受灾地区。“博爱在齐鲁、温暖送万家”活动共筹集发放了900多万元的救助款物，使2.4万特困家庭受益；设立了“山东省红十字大病救助基金”，与省卫生厅联合开展了针对农村大病患者的救助募捐活动，全省募集资金1364万元，救助农村大病患者4016名；与山东省中医药大学第二附属医院、济南圣井中医康复中心联合开展了救治贫困先天性心脏病患儿、贫困银屑病患者活动；与山东省立医院开展了“髋关节发育不全”患儿救治活动。全年援建博爱卫生站（院）18所（处）。

三、救护培训工作

按照“十一五”期间山东省红十字应急体系建设规划要求，着力完善应急机制，不断提高应急反应能力。全省红十字会系统为服务第十一届全运会，组织救护师资培训班7期，培训师资460人，全省举办救护员培训班100余期，培训救护员61018人，为全运会培训赛会志愿者15000余人。省红十字会被全运会志愿者工作部表彰为“第十一届全国运动会志愿服务社会奉献奖”，2人被评为志愿服务先进工作者。在全国率先成立了“青岛市红十字水上救护队”和“烟台市红十字海上救援队”两个专业红十字水上应急救护队。建立了山东省红十字会鲁南应急救援大队、山东大学红十字救护队。

四、社区红十字服务工作

淄博市、滨州市，淄博市淄川区、张店区、博山区、临淄区、周村区和滨州市滨城区、经济开发区被总会和民政部联合授予全国社区红十字服务示范市（区）称号。目前，全省已有济南、青岛、滨州、淄博4个市及16个区被授予全国社区红十字服务示范市（区）。

五、造血干细胞捐献、遗体捐献工作

造血干细胞捐献者资料库山东分库举办了全省岗位培训、捐献者回访月、供患见面会、捐献者联谊会等活动，全省志愿者已达17.5万人，采集血样8万余人份，配型入库资料6.7万人份，已实现捐献72例，其中2009年31例。造血干细胞捐献工作获“山东慈善奖”。投入100多万元，建成山东省暨济南市红十字会遗体捐献纪念碑。目前，已有济南、青岛、济宁、淄博4市建立了“志愿捐献遗体者纪念林（碑）”。山东省被卫生部和总会定为器官捐献工作试点省，制定了《山东省红十字会推动人体器官捐献试点工作实施方案》。与山东省眼科医院合作成立了本省第一个省级组织库“山东省红十字眼库”，共登记角膜捐献报名者30多人次，实现角膜捐献9人，并为30位省内贫困白内障患者实施了免费复明手术。

六、无偿献血与防艾宣传工作

2009年，山东省由红十字会与红新月会国际联合会支持的艾滋病预防与关爱项目圆满完成，将预防艾滋病工作拓展到高危人群，对艾滋病感染者及其家庭、服刑人员、吸毒人群等目标人群进行防艾宣教和行为干预；在世界艾滋病日，与济南铁路局联合在火车站广场、候车室及列车上进行了艾滋病预防宣传活动。省红十字会通过了国际联合会和中国红十字会总会的项目评估，并受到好评。

七、交流与合作

朝鲜、美国红十字会代表团相继来本省交流访问。来自亚非15个国家的“红十字社区服务研修班”学员来本省参观考察。组织第二期红十字青少年交流团赴韩国庆尚南道开展交流活动，并与韩国红十字会庆尚南道分会续签了2010—2012年两省（道）红十字青少年交流协议，建立了稳固的友好合作关系。台湾寻亲查人转信工作，全年共转发寻人信函38例，其中对台寻人33例，国际寻人5例，反馈查寻结果8例；接待日本劳工赔偿查询6人次。

【历史沿革】

1911年农历10月，山东巡抚孙宝琦批准成立山东省红十字会，会址设在济南中西医院内。1912年1月1日，中国红十字会饬文，接收山东省红十字会为中国红十字会分会，命以“中国红十字会山东分会”之名并“刊刻木质关防之图记呈报”，接收刘崇惠为总会会员。山东省红十字会成立后，以“博爱恤兵”和“人道主义”为宗旨，在各地积极建立红十字会组织，创建红十字医院，开展了战地伤员救护、社会救济等工作。抗日战争时期，山东省红十字会组织受到日军破坏，领导成员遭受迫害。抗日战争结束后，山东省红十字会进入复原时期。至1948年底，山东省有青岛、济南、章丘等14个分会。

新中国成立后，山东省红十字会进入新的历史发展时期，地方红十字会组织在中国共产党和政府领导下进行了改组，红十字会工作人员列入国家编制，省红十字会工作人员编制59人。1957年5月22日，成立了山东省红十字会筹备委员会。7月8日，山东省人民委员会同意建立山东省红十字会，同月，召开正式成立大会，组成了以余修（副省长）为主席的33人委员会。山东省红十字会委员会成立后，重点在城市建立组织，发展会员；在农村开展红十字工作试点；在中、小学组织开展青少年活动。1962

年12月，山东省红十字会选出第二届委员会，委员25人，王哲（副省长）任会长。文化大革命时期，红十字会组织陷于瘫痪。1980年，山东省人民政府批准恢复山东省红十字会，省红十字会编制3人，设在省卫生厅内。1980年11月3日，省红十字会召开第三次会员代表大会暨三届理事会一次会议，选举丁方明（副省长）为会长。1984年11月9~10日，山东省红十字会召开第四次会员代表大会，选举马长贵（副省长）为会长，制定了《关于今后五年工作规划和设想》，提出要重点发展红十字会组织，壮大会员队伍，提高会员素质，开展群众性卫生救护培训，发展社会福利事业。1991年1月30日，山东省红十字会第五次会员代表大会在济南召开，省委书记姜春云、省长赵志浩向大会发了贺信，副省长宋法棠当选为会长，向克、张明、胡玉亮、张奇文、吕国恩、孟德宏、张建军、滕昭庆、黄可华、于光铣、于水田、王军挺（专职）、王荣江（专职）当选副会长。1993年10月，《中华人民共和国红十字会法》颁布实施，山东省红十字会进入有法可依的历史新时期。1996年1月，《中华人民共和国红十字标志使用办法》颁布施行后，山东省红十字会与卫生厅联合开展了推行正确使用红十字标志工作，清理、纠正滥用误用红十字标志现象。1996年10月，刘允生任省红十字会副会长。1999年11月，省红十字会五届十次常务理事会增选张心宝为理事、常务理事、副会长。2000年7月，省红十字会五届十三次常务理事会增选副省长邵桂芳为理事、常务理事、会长。2001年12月4日，山东省红十字会第六次会员代表大会召开，会议聘请李春亭（副省长）为名誉会长，董凤基（省人大副主任）、张敏（省政协副主席）、王天瑞（省卫生厅厅长）为名誉副会长；选举邵桂芳（副省长）为会长，张心宝为副会长。2003年7月，省红十字会六届二次理事会议上，邵桂芳因工作变动，辞去会长职务，会议选举副省长王军民为会长，增聘韩寓群（省长）为名誉会长，邵桂芳（省人大副主任）、王道玉（省人大副主任）、何宗贵（省人大原副主任）为名誉副会长。

2004年，山东省各级红十字会紧紧围绕纪念中国红十字会百年华诞的主题，以丰富多彩的形式开展了纪念活动。年内，烟台、东营、日照、菏泽市红十字会理顺了管理体制，使全省理顺管理体制的市级红十字会达到8个。青岛市12个区（市）已有10个理顺了管理体制。济南市政府下发了《关于加强红十字会工作的意见》。2004年，山东省募集救灾款物900多万元，救助灾区群众5.8万余人。山东省首次直接接受澳门特别行政区红十字会捐赠衣物2.5万件，价值人民币63万元。山东省红十字会系统募集资金318万元开展了“温暖送千家，博爱在齐鲁”活动。活动中走访慰问受灾及特困群众，受益群众10.8万人。山东全省共设立红十字募捐箱422个，募集善款10万余元。2004年，山东省红十字会共举办卫生救护培训班310期，培训4万余人。省红十字会在上一年对7个新型合作医疗试点县参加医保的7000名特困农民给予资助的基础上，又对省政府确定的26个试点县参加医保的特困农民给予资助，每县1万元，共26万元，资助2.6万名特困农民参保。济宁市募集资金200多万元，建立了市红十字会农村医疗救助基金；即墨市红十字会募集资金2547万元，先后两次对479户特困家庭进行了救助，发放救助资金172.9万元。济南市建立红十字志愿者基地10个，山东大学等10家单位的4.6万人成为首批红十字志愿工作者。青岛市新建5个红十字会志愿服务基地，志愿者已登记1.1万人。造血干细胞捐献者资料库山东分库在建立青岛等6个工作站后，又建立了泰安、淄博、德州、聊城、日照等5个市级工作站，并对工作站分别给予5万元经费支持。目前，全省有6万余人报名捐献造血干细胞，已采集造血干细胞血样2万份，完成HLA检测配型14541份，为49名患者查寻到72名配型相合的捐献者，实现捐献8人。全省已登记捐献遗体者1000多人，已有74人实现捐献。中国红十字会总会、红十字会与红新月会国际联合会将山东省列为预防艾滋病青年同伴教育项目试点省，举办青年同伴行主持人2期，培训核心主持人20名，开展同伴教育培训400人次。起草了《山东省红十字会青少年工作委员会工作条例》和《成立山东省红十字青少年工作委员会预案》。在"五八"世界红十字日期间，省红十字会组织省直团体会员单位在英雄山广场开展了大型宣传活动，现场有800多名群众参加了红十字运动基本知识问答，共发放宣传资料25400份，接受咨询4500余人，展出展板64个。在世界艾滋病日期间，省红十字会与有关部门联合开展了全省中小学卫生知识竞赛、广场大型预防艾滋病日宣传活动、山东省高校预防艾滋病进校园等大型宣传活动。

山东省红十字会历次代表大会

第一届

1957年7月召开，理事19人，常务理事8人，会长余修，副会长张斟滋等。

第二届

1962年12月召开，常务理事3人，会长王哲，副会长张斟滋等。

第三届

1980年11月召开，理事56人，常务理事12人，会长丁方明，副会长李衡等。

第四届

1984年11月召开，理事85人，常务理事23人，会长马长贵，副会长霍桂清等。

第五届

1991年1月召开，理事94人，常务理事17人，名誉会长林萍、丁方明、马长贵、苏应衡，会长宋法棠，副会长向克等。

第六届

2001年12月4日召开，理事79人，常务理事16人，名誉会长李春亭、韩寓群(2003年7月)，会长邵桂芳、王军民(2003年7年)，副会长张心宝。

注：

第一届副会长：张斟滋、王月村、林萍、华子修。

第二届副会长：张斟滋、高象九、孙鸿泉。

第三届副会长：李衡、张春林、崔凤午、于延浩、王惠卿、孙仲玉、王兆俊、苏应衡、付曾矩。

第四届副会长：霍桂清、向克、李竹堂（专职）、孟德宏（专职）、黎萍、李衡、崔凤午、刘士仪、孙仲玉、于延浩、王毅力、王兆俊、周凤梧、苏应衡、付曾矩。

第五届副会长：向克、张明、胡玉亮、张奇文（1993年12月—1996年10月专职）、吕国恩、孟德宏、张建军、滕昭庆、黄可华、王光铣、于水田、王军挺（专职）、王荣江（专职）、刘允生（1996年10月—1999年10月专职）、张心宝（1999年10月—专职）。

第六届副会长：张心宝。

【组织机构】

山东省红十字会现有基层组织7421个，红十字会会员120.3万人，志愿者61345人。全省17个市和140个县（市、区）都建立了红十字会组织。

2001年6月，省编委发出《关于理顺省红十字会管理体制的通知》，将省红十字会由省卫生厅代管改由省政府领导联系。2005年3月1日，省编委发出《关于省红十字会机关机构编制事项的通知》，山东省红十字会机关下设有办公室、业务部，下辖卫生救护培训中心1个事业单位。

目前，全省已有13个市理顺了管理体制，其中6个市红十字会为正局级规格。理顺管理体制的市红十字会（按理顺时间排序）为：济宁、青岛、济南、枣庄、烟台、东营、日照、菏泽、淄博、威海、临沂、滨州、潍坊。泰安、莱芜、德州、聊城市红十字会尚未理顺管理体制。

【大型项目】

（一）对受灾地区进行援助

近年来，山东省红十字会募集救助款物折合人民币10171.42万元，其中，争取红十字国际组织和总会援助的救助款物折合人民币3062.64万元，受益群众达600多万人次

1.1997年，山东省遭遇了百年不遇的春夏干旱，省红十字会筹集10万元的药品，组织医疗队先后赴3个市、地区的十几个村，医治病人2000余人。

2.2000年，山东省红十字会将价值160万元的衣服发放到德州、聊城等受灾群众手中。

3.2001年6月，德州、临沂、日照等市遭受雹灾，山东省红十字会及时将16万元现金及价值10万元的方便面送到灾区。8月，省红十字筹集17万元的药品，援助东平湖抢险第一线的武警官兵。

4.2003年，菏泽、济宁市遭受严重洪涝灾害，山东省各级红十字会共筹集了115.9万元款物支援灾区。

5.2003年抗击“非典”斗争中，山东省红十字会系统累计接受款物折合人民币3124.4万元，红十字血站向北京援助急救用血10750个单位，约占全国支援北京用血的一半，为全省乃至全国抗击“非典”斗争做出了积极贡献。

6.2004年，全省红十字会募集和争取总会援助救灾款物900多万元，救助灾区群众5.8万人。

（二）对省外灾区进行援助

1.1998年1月，河北张家口发生地震，山东省红十字会募集75万元的款物支援灾区。

2.1998年夏天，长江、松花江、嫩江流域遭受特大洪涝灾害，山东省红十字会募集了价值2000万元的款物支援灾区。

3.2001年初，内蒙古、新疆发生特大雪灾，山东省红十字会募集450万元款物支援灾区，并援助新疆维吾尔自治区昌吉州

30万元建设备灾中心。

4. 2001年2月，四川省甘孜州发生地震，山东省红十字会支援救灾款10万元。

5. 2003年，新疆伽师——巴楚地区发生6.8给强烈地震，山东省红十字会系统支援新疆维吾尔自治区红十字会救灾，募集捐款44695.17万元，物品折款60352元。

【主要特色】

（一）开展“温暖送千家，博爱在齐鲁”救助活动

2001年以来，在每年的元旦、春节期间，山东省红十字会开展了“温暖送千家，博爱在齐鲁”活动，慰问救助特困群众，共筹集近千万元的款物，使40余万户特困家庭受益。

（二）开展为支援特困农民参加新型合作医疗募捐活动

山东省红十字会于2004、2005年对两批新型合作医疗33个试点县资助33万元，资助3.3万名特困农民参加了新型农村合作医疗。济宁市红十字会募集资金200多万元，建立了农村医疗救助基金；即墨市募集2547万元，先后两次对479户特困家庭进行了救助，已发放救助资金172.9万元。省政府积极支持红十字会参与农村新型合作医疗工作，并把省红十字会吸收为省政府新型合作医疗联席会议成员单位。

（三）农村红十字会工作取得新的发展

山东省红十字会在1988年就提出了“农村需要红会，红会需要农村”的口号，并积极开展了建立组织、发展会员、开展活动等各项工作，总会给予了充分肯定并在全国推广。2001年，省红十字会组织力量对全省农村红十字会情况进行了深入调研，形成了调研报告，中国红十字会会长彭珮云给予了高度重视并作了重要批示：“这个调查报告很好，可以了解到许多有用的信息，建议将其压缩成一期简报下发，并强调各地红十字会在工作中均应重视调查研究，以便科学决策，有针对性地开展各项工作，对农村红十字会工作的现状以及应该怎样开展农村红十字会工作就是一个需要认真调查研究的课题。”山东省副省长王军民强调：“彭珮云会长的批示很重要，是对我们省红十字会工作的极大鼓励，建议省红十字会将彭会长批示转发全省，认真学习，抓好落实。把农村红十字会工作作为一项工作重点，围绕农村贫困户参加合作医疗、救灾助困、救助家庭困难辍学儿童等开展好红十字会工作，推广济宁等地的好做法，开创我省红十字会工作的新局面。”2002年，山东省召开了农村红十字会工作座谈会，对开展好农村红十字会工作进行了研究部署，并要求各市都选择和培养一个县作为农村红十字会工作试点和典型。省红十字会还组织专门人员深入济宁、青岛、聊城等市农村基层进行了调研和推动。

（四）遗体捐献工作

《山东省遗体捐献条例》于2003年3月1日颁布施行，明确规定全省县级以上红十字会负责遗体捐献登记等具体工作。省红十字会及时公布了遗体捐献热线，明确专人负责，建立了有关制度，进行了深入宣传。青岛市红十字会建立了“志愿捐献遗体者纪念林”。山东全省现已接受登记捐献遗体者1000多人，有74人实现捐献。

（王永君）

济南市红十字会

【简介】

2003 年 7 月 30 日济南市编委印发《关于理顺济南市红十字会管理体制有关问题的通知》，济南市红十字会由市卫生局管理改由市政府领导联系，列入群众团体机关序列，经费由市财政全额拨款，工作人员参照公务员管理。2006 年，济南市红十字会人员编制增至 14 人。内部机构设办公室和赈灾业务处，下设一个差额预算管理正处级事业单位——济南市红十字会事业发展中心。

青岛市红十字会

【简介】

青岛市红十字会于 2003 年 2 月理顺管理体制，8 月成立党组，独立开展工作。

淄博市红十字会

【简介】

淄博市红十字会成立于 1957 年。2005 年，市红十字会理顺管理体制，由市卫生局代管改为市政府领导联系，设置红十字会机关。

枣庄市红十字会

【简介】

枣庄市红十字会成立于 1984 年 12 月。2003 年，市红十字会理顺管理体制，规格为正处级单位。2004 年，市红十字会建立党组。有编制 8 名。机关内设办公室和业务科。全市有县级红十字会 7 个，基层红十字会组织 125 个，会员 51950 人，志愿者 13429 人，还建立了 3 个红十字志愿者基地。有红十字新闻志愿队、造血干细胞捐献者志愿队、无偿献血志愿者服务队、红十字紧急救援队等 5 个志愿服务群体。

东营市红十字会

【简介】

东营市红十字会于 2005 年理顺管理体制，由卫生局代管改由由市领导联系。机关内设综合科、业务科，有编制 7 名。全市有红十字会员单位 150 个，会员 30000 多人，建立红十字组织 50 多个

烟台市红十字会

【简介】

烟台市红十字会成立于 1920 年。1985 年，市政府批准成立了“烟台市红十字会办公室”，为科级事业单位，由市卫生局领导。2005 年 6 月，市红十字会理顺管理体制，由市政府领导联系。2007 年 10 月，烟台市莱山区红十字会理顺管理体制，为政府领导联系的科级全额拨款事业单位，有编制 6 人。其他 12 个县、市、区红十字会办公室均由卫生局领导。全市有专职工作人员 47 人，其中，8 个县（市区）配备编制共 21 人。全市共有红十字会基层组织 388 个，会员 17.7 万名。

潍坊市红十字会

【简介】

潍坊地区红十字会成立于 1957 年。1983 年潍坊撤区改市，地区红十字会更名为市红十字会。2005 年，市红十字会理顺管理体制并配备了专职干部，共有基层红十字会组织 321 个，会员 11 万人，志愿者 7000 余人。

济宁市红十字会

【简介】

济宁市红十字会成立于 1921 年。理顺县级红十字会管理体制的。全市有基层红十字会组织 3229 个，会员 19 万人，志愿服务工作者 1.9 万人。

泰安市红十字会

【简介】

泰安市红十字会成立于 1983 年 6 月。2005 年 10 月，泰安市红十字会理顺管理体制，规格为正县级单位，配备正县级常务副会长 1 人，科级领导职数 2 名。

威海市红十字会

【简介】

威海市红十字会成立于 1988 年 8 月。2005 年 6 月，市红十字会理顺管理体制，由市卫生局代管改为市政府领导联系。

日照市红十字会

【简介】

日照市红十字会始建于 1987 年 1 月。2004 年 11 月，市红十字会理顺管理体制，由原市卫生局代管改由市政府领导联系。

临沂市红十字会

【简介】

临沂地区红十字会成立于 1982 年 6 月。1995 年，临沂撤地建市，临沂地区红十字会更名为临沂市红十字会。2005 年 10 月，临沂市红十字会理顺了管理体制，由市卫生局代管调整为由市政府领导联系。

德州市红十字会

【简介】

德州地区红十字会成立于 1984 年 12 月 18 日。1995 年撤地改市后，更名为德州市红十字会。2006 年 8 月，市红十字会理顺管理体制，由市卫生局代管改由市政府领导联系。市红十字会机关规格为正县级全额预算管理事业单位，有编制 5 人。全市有红十字团体会员单位 199 个，基层组织 190 个，会员 16689 人。

滨州市红十字会

【简介】

滨州市红十字会成立于 1986 年。2006 年 7 月，市红十字会理顺管理体制。2007 年，全市 8 县、区的红十字会全部理顺了管理体制。

聊城市红十字会

【简介】

聊城市红十字会成立于1986年。2005年，市红十字会理顺管理体制，由市卫生局代管改为市政府领导联系。

菏泽市红十字会

【简介】

菏泽地区红十字会于1985年4月23日。2004年，配备副会长2人（副县级），其中1名副会长兼任秘书长，有编制8名。全市有红十字会基层组织305个，会员23144人。

河南省红十字会

【年度工作】

一年来，全省各级红十字会解放思想、开拓进取，全面学习实践科学发展观，主动争取各级党委、政府以及社会各界对红十字事业的支持，创造性地开展各项工作，取得了显著成绩，为全省经济社会和谐发展做出了积极贡献。

一、救灾工作

汶川地震灾后重建工作取得积极进展。根据河南省援建江油指挥部的统一部署，纳入政府规划23788万元，并安排1807万元定向捐赠资金，全部用于对口支持江油市灾区民房、医院和群众生活设施改建等援建项目。目前，所有援建项目进展顺利、管理严格、款物使用规范，援建工作成效受到了灾区党委政府及各界群众的一致好评。救助台湾“莫拉克”风灾接受捐赠工作成效显著。全省各级红十字会共计接受社会各界为台湾“莫拉克”风灾捐款307.7万元，并于2009年10月全部汇入总会捐赠账户，由总会统一转赠台湾红十字组织。

二、备灾救灾中心项目建设

2009年底，省重点项目建设领导小组研究决定，将中心项目建设纳入全省2010年第一批重点建设项目，省政府与省红十字会签订了重点项目目标管理责任书。全国人大常委会副委员长、中国红十字会会长华建敏就中心项目建设做出重要批示。为落实华建敏会长批示，省委书记卢展工和省长郭庚茂、常务副省长李克、副省长宋璇涛相继做出重要批示，要求继续抓好落实，建好这一项目。至此，中心项目建设取得突破性进展，正式纳入规划建设。

三、组织建设工作

红十字会体制理顺工作持续推进。在省委、省政府的关心支持下，2009年8月，省政府督查室再次向各省辖市政府下发督查通知，就市县红十字会体制理顺工作开展专题督查，省红十字会专门成立了3个调研组分赴各省辖市、县督促协调体制理顺工作。目前，全省18个省辖市、64个县（市、区）级红十字会基本理顺管理体制。

四、救护培训工作

全省各级红十字会进一步加强救护培训工作，2009年，全省红十字会系统共培训救护员5万余名，开展救护防病知识普及，受益人数达46万余人。

五、社会救助工作

“红十字博爱送万家”活动深入人心。

2009 年双节期间，全省红十字会系统共发放救助款物折合人民币 682.7 万元，使近 10 万名困难群众受益。

六、宣传与筹资工作

根据总会统一部署和宋璇涛副省长关于贯彻落实“九大”会议精神的指示要求，省红十字会及时制定并印发了《河南省红十字会学习贯彻中国红十字会“九大”会议精神实施方案》和《中国红十字会第九次全国会员代表大会传达提纲》，认真组织全省各级红十字工作者学习“九大”会议主要文件和领导讲话，确保掌握精神实质，指导工作实践，提升了红十字会的整体实力。“红十字博爱周”宣传活动影响广泛。全省各级红十字会和团体会员单位开展了内容丰富、形式多样的宣传纪念活动，共募集款物价值 405 万余元，发放宣传资料 4 万余份，展出宣传版面 1652 块，新闻媒体报道 492 次，极大增强了红十字会的社会影响力。红十字会宣传阵地建设进一步加强。2009 年，共编印河南红十字信息、简报 116 期，更新河南省红十字会网站信息上千条，信息内容多次被上级部门和新闻媒体采用。《中国红十字报》全年共刊登河南红十字会相关信息近 100 篇，电视、报纸、广播等有关新闻媒体共刊播全省各级红十字会相关信息近 1000 条。无偿献血、预防艾滋病宣传和遗体捐献管理工作全面推进。全年共组织无偿献血 12 万余人次，接受遗体捐献登记 84 人，成功实现遗体捐献 15 人。

七、造血干细胞捐献工作

2009 年，新招募志愿者 7306 人，426 位志愿者与患者初配成功，有 25 位志愿者顺利捐献了造血干细胞。截至年底，全省入库志愿者资料累计达 61449 人份，占全国入库志愿者总人数的 5.51%；实现捐献者 127 人，占全国捐献者总人数的 8.93%。

八、交流与项目建设工作

全年共争取境内外红十字组织援建的各类项目 20 余项，资金 2525 万元，使数十万群众从中受益。其中，加强型能力建设（ICB）项目的有效开展，使全省各级红十字会在规范基层组织建设、提升能力、实施“1 + X”模式等方面进行了积极有益的探索；与香港天邻基金会合作开展的医疗救助项目取得新进展，免除本省贫困患者手术医疗费 248 万余元，捐赠轮椅 1650 辆、价值 66 万元，援助基层医院救助款 16.9 万元，为弱势群体送去了人道主义关爱；香港红十字会和国际联合会备灾项目初显成效，有效解决了本省农村部分群众的迫切需要，特别是在 2009 年初的抗旱保收过程中，备灾项目均发挥了重大作用，及时缓解了当地百姓的燃眉之急。

【历史沿革】

河南省红十字活动始于 1911 年，河南省红十字会成立于 1954 年 9 月，时称中国红十字会河南省办事处，“文革”时期，省红十字会停止了活动。1985 年，河南省红十字会恢复工作。1990 年，河南省全部建立县级以上红十字会，受到中国红十字会总会贺电表彰。1996 年 5 月，河南省人大常委会颁布实施《河南省实施〈中华人民共和国红十字会法〉办法》。2002 年 2 月，河南省编委批准省红十字会机构独立设置。2002 年 8 月，中共河南省委批准配备了省红十字会新的领导班子。河南省的红十字事业进入新的发展时期。

【组织机构】

目前，河南省红十字会由省政府领导联

系，编制 18 人，省红十字会内设办公室、赈济救护部、组织宣传部三个职能部门。全省已建立基层组织 4000 多个，会员 70 余万人。各省辖市、县（市、区）和部分乡镇、行政村建立了红十字组织，初步形成了全省性的红十字组织体系。

【主要特色】

（一）“送温暖助万家”活动

河南省红十字会连续 5 年与中共河南省委宣传部、省精神文明委员会联合发文，以省委驻村工作队为依托，在每年元旦春节期间开展的“送温暖助万家”活动。该活动是河南省红十字会在救助工作中探索出的新模式，它既为贫困群众送去节日的欢乐和温暖，又确保了救助物资真正发放到最需要救助的群众手中，受到困难群众的欢迎。

（二）艾滋病防治与帮扶工作

近年来，河南省红十字会在当地党委、政府的领导下，按照《河南省有关厅局委部（团体）预防控制艾滋病性病工作职责》的分工要求，认真开展了艾滋病防治的有关工作。

根据中共河南省委、省人民政府的安排，河南省红十字会作为省直机关 38 个艾滋病帮扶工作队之一，于 2004 年 2 月进驻艾滋病高发村——驻马店市确山县三里河乡南泉村，开展艾滋病防治帮扶工作。入村以来，集中力量在“六个一”工程建设、救治救助等方面做了大量工作。目前，一条路、一所学校、一所卫生所、一套供水设施、一座文化大院、一个阳光家园（孤儿、孤老院）的“六个一”工程，已经按照预期目标全部保质保量完成并投入使用。同时，河南省红十字会发挥自身优势，筹措了价值 100 余万元的款物开展了救助、助学、义诊、义治等形式多样的救助活动。

（三）“医疗事工”活动

1991 年，河南南部遭受严重洪涝灾害，在众多灾民急需救助之际，香港天邻基金会发起成立了“香港血浓于水赈灾运动河南送暖行动”，援助资金 1000 余万元港币，制作“暖包”数十万个，通过河南省各级红十字会组织直接送到最需要救助的灾民手中。香港天邻基金会还援建了信阳、驻马店两地被洪水冲毁的 7 所乡镇卫生院；在饮用水困难的河南南部山区修建饮用水井 10 多眼，惠及灾民和贫困群众近百万人。1993 年，为改善河南省灾区及贫困地区群众就医困难的情况，香港天邻基金会又发起成立了“香港天邻基金会河南医疗事工委员会”，与河省红十字会共同开展了长达 10 多年的“河南医疗事工”救治救助活动。10 多年来，香港天邻基金会与河南省红十字会合作，在当地政府部门、红十字会、有关医院的支持与配合下，在河南省的许昌、洛阳、安阳、鹤壁、郑州、平顶山、济源、新乡、焦作、驻马店、开封等地区开展了医疗救治救助活动。据统计，香港天邻基金会为开展“河南医疗事工”活动捐资 800 余万元，共组派 800 余人次医护人员到河南省服务。免费为贫困病人义诊 60000 余人次，做手术 2000 台次。为河南省 62 所小学的 11200 名师生进行了牙科普查、治疗，并捐赠图书 30000 余册。“医疗事工”活动向河南省贫困群众提供了实实在在的人道主义救助，受到山区、边远贫困地区困难群众的欢迎。

（路贺民）

郑州市红十字会

【简介】

郑州市红十字会成立于1955年，当时市内各区街道建立红十字会小组或红十字卫生站约250余个。“文革”期间，红十字会停止活动。1986年恢复工作。1988年，郑州市所属12个县（市）、区均建立红十字会组织。

1996年4月，郑州市红十字会解决了机构编制，为隶属市卫生局的事业单位，事业编制5名，规格相当于科级。2003年6月，郑州市编委批准郑州市红十字会机构独立设置，规格为正县级，设会长1名，副会长、秘书长各1名，事业编制10人，市红十字会内设办公室、赈济处。

郑州市所属县（市）、区有基层红十字会组织530个，会员18万余人（其中青少年会员8万余人），市直团体会员单位46个，初步形成全市红十字组织体系。

驻马店市红十字会

【简介】

驻马店市红十字会于2002年理顺管理体制，规格为处级单位，有行政编制6名。市红十字会设有党组。所属10县（区）红十字会中，西平、确山两县红十字会理顺了管理体制，西平县红十字会现有编制5名，专职副会长1名，正科级规格。确山县红十字会编制4名，专职副会长1名（正科级）。

焦作市红十字会

【简介】

焦作市红十字会于1986年恢复工作，2002年1月，市红十字会理顺管理体制，由原来的市卫生局代管改为市政府直接联系。有编制7名。全市有基层红十字会组织800余个，会员14万余人。冠名红十字会的医疗机构有焦作市红十字会中心血站、沁阳市红十字会医院、温县红十字会急救中心等8个红十字（会）医疗机构。沁阳和中站区、马村、温县4个县（市）区红十字会都已经理顺了管理体制。修武、武陟、孟州、解放区4个县（市）区配备了专职副会长。

安阳市红十字会

【简介】

安阳市红十字会2002年理顺管理体制。市红十字会有编制5名。市红十字会所辖（1市4县4区）9个县（市）、区理顺红十字会机构的有8个县（市）、区。理顺机构的8个县（市）、区红十字会均属事业单位，机构规格副科级有6个，股级2个，编制人数最多的10人，最少的2人，在编领导职数均为1名。有独立的办公用房，经费，其中有2个单位配备了工作用车。全市红十字系统专职工作人员编制37人，实际使用编制40人。

濮阳市红十字会

【简介】

濮阳市红十字会成立于1987年。全市有红十字会基层组织122个，会员25580名。2004年，濮阳市编委明确市红十字会为副县级机构，有编制6名。五县一区各有编制3~5名，实际专职干部2~3名。

洛阳市红十字会

【简介】

洛阳市红十字会成立于1911年，“文革”期间工作中断，1985年恢复工作。1988年，经市编制委员会批准为正科级单位，是由市卫生局代管的事业单位，有编制3人（秘书长1人，工作人员2人）。2003年，又增加专职副会长1人。所辖9县（市）6区的红十字会有兼职干部22名。全市有基层红十字会组织83个，团体会员单位52家，大专院校建会1个，中学建会1个，有会员7152人。

平顶山市红十字会

【简介】

平顶山市红十字会有县（市）区红十字会11个，共有编制36名，有基层红十字会组织390个，会员18060人，青少年会员98566人，志愿工作者170人。市红十字会现有编制4名。

南阳市红十字会

【简介】

南阳市红十字会恢复成立于1987年，有编制7名。规格为副处级单位。有汽车2部，办公用房8间，办公设施齐全。市编委已于2004年行文批准机构独立设置。南阳市红十字会所属13个县（市、区）红十字会均由卫生局代管，其中唐河县红十字会为科级事业单位，编制5名，专干2人。

周口市红十字会

【简介】

周口市红十字会现有编制7人，财务独立。所属10县（市、区）中鹿邑、太康、项城、淮阳、沈丘各有编制2~7人，县级红十字会均与卫生局合署办公。全市有基层红十字会组织354个，会员61113人，其中学校红十字会63个，冠名红十字医疗机构2个。

三门峡市红十字会

【简介】

三门峡市红十字会于1987年恢复工作，2007年7月9日，三门峡市人事局批准设立三门峡市红十字会，为卫生局内设机构，目前有专职人员3人。

信阳市红十字会

【简介】

信阳市红十字会由市卫生局代管，有工

作人员 5 人，办公用房 2 间。所属 8 县（区）红十字会均由卫生局代管。

商丘市红十字会

【简介】

商丘市红十字会自 1989 年从卫生局独立出来后，机构独立设置。2006 年 12 月，经市政府批准为副处级，由市政府联系领导，有编制 4 名。所属 10 县（市）区红十字会除民权县外均有编制 1 ~ 6 名。其中永城市红十字会财务独立，有办公场所，有编制 6 名和专职工作人员 12 名。全市有基层红十字组织 267 个，其中学校红十字会 28 个，冠名医疗机构 3 个。

新乡市红十字会

【简介】

2004 年，新乡市委批准市红十字会编制 6 名。人员参照公务员管理。市红十字会所属 4 区 2 市 6 县共 12 个县（市）、区中，原阳县红十字会有 2 个编制，新乡县有独立的办公场所。

漯河市红十字会

【简介】

漯河市红十字会现有市、县、区红十字会团体会员单位 108 个，基层红十字组织 288 个，22 所学校成立了红十字会，有会员 4 万余名。市红十字会现有编制 2 名。

许昌市红十字会

【简介】

许昌市有基层红十字会组织 118 个，团体单位 134 家，红十字会会员 17750 人。许昌市红十字会 1987 年恢复工作，规格为科级单位。

开封市红十字会

【简介】

有事业编制 2 名。全市有红十字会团体会员单位 16 家，冠名红十字医疗机构 4 个。

鹤壁市红十字会

【简介】

鹤壁市市有基层红十字会组织 249 个，会员 1.1 万余名。市红十字会有编制 2 名。

济源市红十字会

【简介】

济源市红十字会为副科级规格的事业单位，有编制 2 名。全市有团体会员单位 24 家，红十字会会员 2820 人。团体会员单位均为医疗机构，包括乡镇卫生院和市直医疗机构。

湖北省红十字会

【年度工作】

2009 年，湖北省红十字会获国家人力

资源和社会保障部与中国红十字会总会联合颁发的“全国红十字系统先进集体”荣誉称号。

一、组织建设工作

全年全省新增加 8 个县级红十字会理顺了管理体制。全省已累计有 34 个县级红十字会理顺了管理体制。655 个乡镇、200 个街道建立了红十字组织，1362 个社区设立了红十字服务站，1763 所学校建立了红十字组织。全省有基层红十字组织 12273 个，志愿工作者 20743 人，成人会员 480112 人，青少年会员 613480 人。

二、筹资与宣传工作

2009 年，全省红十字会系统共募集 7474.10 万元款物，其中省红十字会机关募集款物 3895.10 万元。

2009 年元旦、春节期间，在全省范围内开展了“红十字博爱送万家”活动。共募集款物合计 939.7 万元（其中资金 23.7 万元，物资价值 916 万元）。使 47000 人受益。

5 月份下发了《关于做好 2009 年自然灾害救助工作的通知》。对本省发生暴雨灾害和雪灾的地区派出了 3 个查灾救灾工作组，了解灾情，慰问灾民。全省红十字会共募集救灾物资 996.8 万元，调拨 700 万元救灾物资下发给各受灾地区。

围绕“五八”世界红十字日并结合首个“5·12”国家防灾减灾日，省红十字会与广州军区武汉总医院举行了“红十字与防灾减灾”为主题的大型纪念活动。活动以普及群众性自救互救知识和技能，提高专业救援能力为主题，倡导社会各界发扬红十字的“人道、博爱、奉献”精神。

三、项目援建工作

一是全年新引进项目 47 个，内容涉及图书室、卫生院站、饮水、修路、电网改造等。共引进援助资金 454.5 万元。目前，已完成 23 个项目的建设，正在进行中的项目有 24 个。

二是 2008 年雪灾重建项目。2008 年我会共执行来自总会，香港、澳门红十字会及兄弟省市红十字会的雪灾重建项目 61 个，项目内容涉及水利、卫生院（站）、学校、民房、仓库等，总金额 2000 多万元。目前，已完成 45 个项目，资料未完善、尾款待付项目 10 个，在建项目 2 个，待建项目 4 个。

三是引进援助设备。2009 年，共争取中国红十字扶贫开发中心援助本省心电诊断设备 35 台套，价值 700 万元；北京华亘安邦科技有限公司捐赠 13C 设备 20 台套，价值 980 万元。

四、救护培训工作

5 月 8 日，省红十字会与广州军区武汉总医院联手成立了“湖北省红十字会广州军区武汉总医院紧急救援队”，举行了大型演练，全年全省各级红十字会共培训救护师资 1303 名，救护员 45177 名，救护防病知识普及 433878 人次。成立了救护专家委员会，组建了救护师资库。

五、捐献骨髓、遗体和无偿献血工作

2009 年，全省红十字会共完成了 5400 人份骨髓捐献资料入库任务。72 人志愿捐献遗体，10 人捐献了眼角膜。全年动员 410922 人次无偿献血。

六、红十字青少年和社区服务工作

省红十字会继续开展“红十字模范校”创建活动，联合省教育厅共同推进学校红十字青少年工作。与省民政厅联合推进“红十字服务模范社区（街道）”创建活动。与省卫生厅联合推进“红十字冠名医疗机构模范单位”创建活动。

七、宣传工作

省红十字会围绕重大活动加强宣传。围绕“红十字博爱送万家”活动、“湖北五八世界红十字日暨5·12首个国家防灾减灾日演练”活动、援助台湾风灾募捐等活动开展了宣传工作。设计制作了宣传画、光盘、项目宣传手册、安全教育读本等宣传品发放全省。完成省政府关于《省红十字会汶川特大地震抗震救灾志》的编辑工作。完成省地方志2008年省红十字事业的编辑上报工作。同时完成了中国红十字年鉴资料上报工作。全年各新闻媒体到发红十字会新闻宣传报道100多篇（条）。

《以绵薄之力行大善之举》荣获中国红十字会总会报刊2008—2009年度优秀新作品二等奖。省红十字会报刊宣传工作获优秀奖。《一省级老领导欣然签约捐遗体》获优秀网络新闻作品一等奖。同时积极主动宣传国际人道法和有关红十字运动知识。

【历史沿革】

湖北省红十字会起源于20世纪初，是中国红十字会早期活动地之一。

1911年10月10日，辛亥革命在武昌爆发，11月底，袁世凯率清军攻打汉口。1912年初，当驻汉各国使节尚在清政府与革命党起义力量之间权衡利弊、左右观望之际，武汉市基督教美国圣公会（世界新教三大主流门派之一的“安立甘宗”在中国的称谓）吴德施主教责成教会所辖的武昌文华中学校长余日章等人组成红十字会，余日章与城内一批中外有声望的士绅商贾出面组织红十字会（当时该红十字会未得到中国红十字会的认可），建立临时伤兵医院，救治战斗中负伤的起义军民，掩埋阵亡将士，对战区灾民进行收容赈济服务。“当城内缺粮问题日趋严重时，他又率悬有大幅红十字会会旗的船队往来于武昌汉口之间，将数万吨米运往武昌……”1912年1月，中华民国建立，大清红十字会改名为中国红十字会后，设临时医院于武汉，并组织医疗队在战争中开展力所能及的救护、救助工作。时任在武昌的黎元洪副总统在一份致南京孙中山大总统电文中有这样记载：“南京孙大总统：鄂省自起义以来，血战数十日，尸骸枕藉，无算伤残。幸赖中国红十字会，设立临时医院，救治被伤兵士，并施掩埋……得邀万国红十字会联合公认该会为中华民国正式红十字会……伏恳请准予立案……”等。在《中国红十字会二十年大事纲目》清宣统三年（1911年）中这样记载：“武汉事起，各省响应。宜昌沙市荆州南京宿州正阳等处，相继剧战。本会悉就其地，组织医院医队，会请教会西医，竭诚救护。”另有1912年12月19日武昌徐森玉关于万家庙义塚给红十字总会求助的电文：“喜鹊胡同红十字总会冯伯翁……来鄂襄阳掩埋功不得已禀黎副总统查核允助洋千元安铜旗铁栏种树……”在辛亥首义阳夏战争中，在上海万国红十字会电请下，黎元洪指派陈雨苍改组红十字救护队之后，在汉口药帮巷（福建巷堤外）设会所。1916年6月，中国红十字会汉口分会成立（据夏口县志记载），会长刘子敬，副会长王琴甫，理事长树景权，秘书长王民仆，有会员500多人。1917年湘鄂战争之际，在汉口设临时医院3所等。全省各地也都纷纷有红十字会的分会成立，例如宜昌、襄阳等地，有文字这样记载：民国 7 年（1918 年）中国红十字会宜昌分会成立，借大北门外正街北五省会馆为会址。自建会所中山路，会员 105 人，送诊施药，救护伤员。到 1924 年湖北省各地被中国红十字会认可的分会已有 20 个：武昌分会、汉口分会、潜江分会、通城分会、崇阳分会、宜都分会、沙市分会、襄阳分会、郧县分会、黄冈分会、樊城分会、大冶分会、宜昌分会、鄂城分会、蕲水分会、枣阳分会、蕲春分会、光化分会、当阳筹备处、老河口筹备处。

1937 年，抗日战争全面展开，中国红十字会的战争救护工作也在全国全面展开，在汉口成立了中国红十字会救护总队，下设 10 个医疗大队、50 个医疗中队、100 多个区队，有近 150 支医疗队，医疗救护人员近 4000 人。如：1938 年 5 月 11 日下午 1 时武昌红十字分会临时救护委员会第一次成立会议在武昌红十字分会召开，主席吕道信。医疗队认真贯彻红十字运动基本原则，不论是国民党政府军队，还是共产党领导的八路军、新四军，甚至日本侵略军的伤病人员都一视同仁予以救护。1937 年 6 月，由苏汰余任汉口分会会长。武汉沦陷后，直到 1946 年 4 月恢复汉口分会，常务理事长李荐廷，常务理事兼副会长王民仆、宋如海。设红十字会医院一所，院长朱文俊，1947 年有会员 19438 人。

新中国成立后，1956 年 4 月，由姚克方、卢镱澄、孙冰、毛景芳等人组成湖北省红十字会临时办事机构，孙冰任总干事。11 月 20—22 日在武昌洪山礼堂召开了湖北省红十字会第一次会员代表大会，出席会议代表团 123 人，大会选出 41 人组成执行委员会，姚克方任主席，刘劲、卢镱澄任副主席；7 人组成监察委员会，唐午园任主任委员，熊子民任副主任委员。湖北省红十字会成立后，按照《中国红十字会章程》办事，在省人民政府的领导下，认真贯彻“预防为主”的卫生工作方针，积极开展群众性的卫生宣传、卫生服务和卫生救护培训工作，建立卫生站，大力从事救死扶伤、爱国卫生、群防群治、学校青少年卫生、普及卫生知识、救济贫民及灾民等工作。到 1958 年，红十字会活动已在武汉市、沙市市、宜昌市、襄樊市及麻城、浠水、孝感等市县普遍开展起来，仅武汉市就有会员 30 多万，基层组织 680 个，工厂、学校、都有组织参与，把爱国卫生运动推向高潮。1964 年 11 月上旬，召开湖北省红十字会第二次会员代表大会，姚克方任会长。“文革大革命”中省红十字会被迫停止工作。1978 年武汉市红十字会率先恢复活动，至 1984 年 10 月，武汉市已发展基层组织 677 个，会员 80505 人。1985 年 7 月，湖北省红十字会恢复工作，8 月召开了湖北省红十字会第三次会员代表大会，出席会议代表人 60 人，何界生任会长，金振涛为常务副会长，省红十字会办公室设在省卫生厅内，办公室由兼职秘书长陶再华主持工作。省红十字会自 1985 年恢复工作以来，即致力于各级红十字会的恢复组建工作，全省各地、市、州、县均成立了红十字会。1996 年 5 月 24 日，召开了湖北省红十字会第四次会员代表大会，出席会议代表 56 人，贾志杰为会长，韩南鹏任会长，涂用宏为常务副会长，冯芊为秘书长，下设省红十字会办公室、组训部和宣传部。

自第四次会员代表大会后，湖北省红十字会在湖北省委、省政府和中国红十字会总会的领导和指导下，坚持依法建会、依法兴会，做了大量的卓有成效的工作。

2004 年 9 月 6 日，湖北省红十字会召开了省第五次会员代表大会，回顾总结了“四大”以来湖北省红十字工作所取得的成绩和经验；审议通过了第四届理事会的工作报告、《湖北省红十字会实施〈中国红十字会章程〉细则修改意见》、《湖北省红十字会2005 至2009 年发展规划》；选举产生了新一届理事会并召开了第五届理事会第一次会议，聘请了中共中央政治局委员、中共湖北省委书记俞正声为省红十字会名誉会长，韩南鹏为名誉副会长，副省长蒋大国当选为会长，毛三元为专职副会长，黄利鸣、谢继伦为兼职副会长，根据会长提名冯芊为秘书长。

湖北省红十字会历次会员代表大会

第一届

1956 年11 月20 召开，代表123 人，理事52 人，常务理事11，会长姚克方。

第二届

1964 年 11 月召开，代表41 人，理事25 人，名誉会长姚克方。

第三届

1985 年8 月召开，代表60 人，理事13 人，常务理事8 人，会长何界生，常务副会长金振涛。

第四届

1996 年 5 月 24 日召开，代表 191 人，理事56 人，常务理事20 人，名誉会长贾志杰，会长韩南鹏，常务副会长涂用宏。

第五届

2004 年9 月日6 召开，代表263 人，理事 71 人，常务理事 13 人，名誉会长俞正声，会长蒋大国，常务副会长毛三元。

【组织机构】

截至2004 年底，湖北省红十字会有基层组织4579 个，会员 104.8 万人（其中青少年会员 88.7 万人），占全省人口的1.74%。全省 17 个地（市）、州都建立了红十字会组织，基层组织分布于全省城镇、农村、医院、学校等，这些机构和基层组织是湖北省开展红十字工作的基本力量。湖北省红十字会机关设有办公室、赈济救护部、事业发展部，下辖中国红十字会湖北备灾救灾中心。

根据《中华人民共和国红十字会法》和中国红十字会总会《理顺管理体制座谈会纪要》精神，2001 年5 月15 日，湖北省编委对省红十字会管理体制和机构编制问题给予了批复。省红十字会“由省卫生厅代管”改为“省政府分管领导联系”。2002年，中共湖北省委组织部又进一步明确了省红十字会党组设置和干部管理等若干问题。湖北省部分市、县红十字会也结合实际按政府机构改革方案的要求进行了合理的调整，配有专职干部，保持了相对独立的工作体系。

目前，全省 12 个地级市、3 个省直辖行政单位、1 个林区和 1 个自治州红十字会是：武汉市红十字会、黄石市红十字会、襄樊市红十字会、十堰市红十字会、荆州市红十字会、宜昌市红十字会、荆门市红十字会、鄂州市红十字会、孝感市红十字会、黄冈市红十字会、咸宁市红十字会、随州市红十字会、仙桃市红十字会、天门市红十字会、潜江市红十字会、神农架林区红十字会、恩施土家族苗族自治州红十字会。

【大型项目】

（一）1998年，为救助长江流域特大洪涝灾区，湖北省红十字会共募集救灾款物1.4亿元。

（二）1999年，湖北省红十字会募集善款2012.32万元，为1998洪涝灾区重建了卫生院13个；募集善款253.23万元，重建学校9个；募集善款150万元用于14个水改项目；募集资金330万元建地区备灾仓库4个；援助灾区2000户民房建材591.5万元；援助灾区民房门、窗10万元；为基层医疗机构配备医疗器械、设备63台（套），价值209.79万元。

（三）2003年，湖北全省红十字会系统为防治"非典"募集款物价值708万元；募集价值16万元的款物支持新疆灾区。

【主要特色】

（一）加强备灾基地建设，提高救助能力。为提高湖北省红十字会救灾应急能力，经省红十字会多方呼吁和劝募，共筹集资金330多万元。在当地政府的支持下，筹建了荆州、宜昌、咸宁、黄冈、四个备灾救援中心。目前，全省救灾备灾建设项目总面积达到1万多平方米，全省初步形成了以中国红十字会总会湖北备灾救灾中心为骨干，以四座市级备灾救援中心为支撑的备灾救灾网络，增强了全省红十字会的备灾实力，提高了救助效能。

（二）湖北省红十字会不断加强国际友好交流与合作，在中国红十字会总会的指导与支持下，先后与20多个国家的地区红十字会建立了长期交流的友好关系。

（三）认真处理有关台湾事务。2001年6月23日，受"飞燕"台风影响，"广源轮"货船在台湾安平港沉没，船上23名大陆劳务外派船员全部落海。其中湖北籍船员22名，安徽籍1名，19名船员遇难或失踪，4名生还。在台湾"海基会"与大陆"海协会"暂停交往的情况下，湖北省红十字会通过中国红十字会总会积极与台湾红十字组织取得联系，组织遇难者家属赴台，配合、协助长江航运集团公司处理善后事宜，圆满完成了任务，受到国务院台办、中国红十字会总会、湖北省台办等有关部门领导给予的高度评价。同时也为两岸红十字组织今后处理此类突发事件提供了经验。

（鲍　毅）

武汉市红十字会

【简介】

武汉市红十字会成立于1916年。1979年，武汉市红十字会恢复工作。2002年12月，武汉市委办公厅下发了《中共武汉市委办公厅关于印发〈武汉市红十字会机关机构编制方案〉的通知》，市红十字会内设2个职能部（室），即办公室和业务部。2005年4月，市红十字会，核定副局级领导职数一名。

武汉市13个区都建立了红十字会组织，有专（兼）职干部17名。全市有红十字基层组织2160个，会员46万人。

襄樊市红十字会

【简介】

襄樊市红十字会恢复重建于1986年4月，全市各县（市）区均成立有红十字会机构、配备有专兼（职）工作人员。全市红十字会系统有冠名机构5个，基层组织89个，编制人数15人。2006年4月，襄樊市红十字会理顺管理体制。

荆州市红十字会

【简介】

荆州地区红十字会1986年恢复工作。1994年，荆州地区和沙市市红十字会合并成荆沙市红十字会，后更名荆州市红十字会。全市有红十字基层组织315个，会员10.81万人，其中成人会员6.3万，青少年会员4.51万。1991年，荆州地区红十字会办公室挂靠行署卫生局，定人员编制2人。1997年，办公室定为副县级，由市卫生局代管，行政编制4名，工勤编制1名。2001年，市红十字会内设机构2个（综合科、赈灾科），行政编制4名。2005年，市红十字会改由市政府领导联系，调整后的市红十字会机关机构级别仍为副县级。全市红十字会系统共有编制24名，专职干部16名，兼职干部332名。

十堰市红十字会

【简介】

十堰市红十字会成立于1986年10月，全市5县1市2区和武当山旅游经济特区均已建立红十字会。全市有红十字基层组织198个，会员近8万名。2005年10月，十堰市红十字会理顺了管理体制，各县（市）、区红十字会均配备了专（兼）职干部。

宜昌市红十字会

【简介】

宜昌市红十字会成立于1918年，1986年恢复重建。

孝感市红十字会

【简介】

孝感地区红十字会成立于1986年12月30日。1993年，孝感撤地建市后更名为孝感市红十字会。2007年6月8日，孝感市红十字会理顺了管理体制，由市政府分管领导联系。全市7个县（市）、区均建有红十字会组织。

黄石市红十字会

【简介】

黄石市红十字会原名中国红十字会大冶县分会，始建于1919年。1986年12月26日恢复工作。2006年6月21日，黄石市红十字会理顺管理体制。11月23日，黄石市编办将市红十字会编制由2人调整为3人，编制性质为专项事业编制。

黄冈市红十字会

【简介】

黄冈市红十字会成立于1986年。全市有红十字基层组织412个，会员260600人。

鄂州市红十字会

【简介】

鄂州市红十字会成立于1986年12月27日。全市有红十字会会员近13万人，基层组织128个。

咸宁市红十字会

【简介】

咸宁市红十字会成立于1986年11月，全市有县（市）、区级红十字会6个，乡镇办事处红十字会69个，基层红十字会组织152个，会员33680人，其中青少年会员16053人。2005年，咸宁市红十字会理顺了管理体制。2006年，通山和赤壁两县（市）的编办下发了文件，理顺了县红十会的管理体制。

潜江市红十字会

【简介】

潜江市红十字会成立于1988年3月15日。2007年5月8日，经市编委重新批准为事业编制3人．级别为正科级，机构内设综合科、赈济科，配备专职工作人员3名。潜江市红十字会建立基层组织22个，团体会员单位84家，会员24718人，其中青少年4411人，志愿工作者417人。

随州市红十字会

【简介】

随州市红十字会成立于2001年1月。市红十字会机关下设办公室（副处级），机关有行政编制3名。2006年11月，市红十字会改由市政府领导联系，机构独立设置。

仙桃市红十字会

【简介】

仙桃市红十字会于1987年11月成立，有编制2名。全市有红十字会基层组织85个，会员6万余人，其中青少年会员3.5万。

荆门市红十字会

【简介】

荆门市红十字会成立于1986年11月。2006年8月，市红十字会理顺管理体制，调整为与市政府领导联系，有编制3名。下辖京山、钟祥、沙洋、东宝、掇刀、屈家岭等6个县（市）、区红十字会。

湖南省红十字会

【年度工作】

2009年，湖南省红十字会做了以下工作：

一、备灾救灾工作

备灾应急能力建设。接受总会及香港、澳门红十字会400万元援助，省政府配套400万元，启动建设10个市级红十字会备灾仓库。制定和完善了突发事件应急预案，加强了紧急救援队的能力建设，成为政府防汛指挥部和应急管理成员单位。

灾害救援行动。积极应对4至7月先后

发生的5次洪涝灾害，第一时间收集灾情，上报总会11次、通报香港、澳门红十字会6次，3次派出工作组考察灾情慰问灾民。共发放救灾款物350余万元，组织40多支红十字医疗队开展饮水、环境消毒工作，救治伤病员2万多人次。

“莫拉克”台风救援。各级红十字会全力以赴投入救灾募捐工作，通过媒体大力呼吁，并配合湖南电视台举办了8省市电视台联合赈灾募捐晚会。全省红十字会系统共接受各界捐赠款物总价值3500.64万元（其中救灾款2930.64万元、救灾装备570万元）。省红十字会名誉副会长唐之享率团赴台进行了考察慰问，向台湾红十字组织首批捐赠了价值980万元的救灾款物。

灾后重建项目。援助8000万元对口援建理县人民医院博爱医院项目顺利完成；全面完成2008年冰灾重建项目24个（670户）灾民新村、33所学校、74所卫生院（站）、32个（处）改水工程等，使116多万群众受益。

二、救护培训工作

联合省教育厅、省卫生厅、共青团省委起草了《关于开展在校学生应急避险救护培训工作的意见》，由省政府办公厅向全省转发。选派20人参加了总会复训及师资提高班；举办消防官兵专场救护培训3期，培训150人；对184名救护师资进行了复训；举办了2期校医师资培训。全省2009年共培训师资1541人、初级卫生救护员35764人，普及救护知识42万人次。

三、社会救助工作

社会公益救助活动。2009年，湖南省红十字会共募集社会救助款物360余万元，救助困难群众34.1万人次：筹集款物价值241万元开展了博爱送万家活动；继续开展救助先天性心脏病贫困患儿、专题募捐等活动。

造血干细胞捐献。招募8000人份的入库数据，再动员及初筛856人，高分辨152人，体检34人，成功捐献23例，再次被评为全国优秀造血干细胞分库。已累计上传总库有效入库数据63000人份，完成捐献123例。

艾滋病预防和无偿献血宣传。圆满完成挪威援助湖南衡阳艾滋病预防项目。全省全年普及艾滋病防治知识宣传112万人次，推动无偿献血宣传41万人次。

红十字社区服务。评定了4个省级红十字服务示范点，新建红十字社区公益站点482个。接受中国红十字基金会援助建设了3个社区“红十字书库”。

四、组织建设工作

理顺管理体制和基层组织建设。理顺管理体制有新进展，33个县级红十字会理顺了体制，理顺率达27%。全省现有各级红十字会基层组织5419个、会员216万人。

志愿服务管理。制定了《湖南省红十字志愿服务实施办法（征求意见稿）》，统一了志愿者证书和服装。志愿服务活动日益丰富、规范。联合省委宣传部等部门表彰了一批“杰出金牌志（义）工”和“金牌志（义）工”。

红十字青少年工作。调整了学校红十字工作委员会，指导学校红十字组织和志愿团队开展各类活动，丰富校园生活。规范了红十字冠名医疗机构管理。

五、宣传和交流工作

巩固与新闻媒体的良好合作，组织了11次新闻发布活动，及时在各大媒体发布新闻、消息127次，网络转载上千次，荣获总会网络宣传奖。积极开展“五八”活动、做好报刊订阅工作。着力打造自身宣传阵地，改版了网站，编印了简报、制作了年报、宣传海报、宣传册页等。举办了多层次的人道法传播骨干培训班，配合各项工作传播红十字知识。

全省各级红十字会共组团出访13批（次），接待来访团组24批（次）。郭开朗会长应邀率团对德国黑森州红十字会进行了友好访问，协商紧急救援和老年护理等方面的合作事项。唐之享名誉副会长率团赴台交流，学习水上安全救护培训、社会服务等工作经验。

【历史沿革】

1911年，湖南省在中国红十字会总会指导下共建立了23个地方分会。从1911年到1949年各分会主要从事战地救护伤兵、救灾救济和疫情防疫工作。

1950年，湖南省10个地方分会经总会登记改组，按总会部署组建和训练医疗救护队，支援抗美援朝和新中国社会主义建设。1956年1月，湖南省红十字会首届执行委员会成立。1963年7月10日，湖南省委组织部发出文件，同意由王含馥、刘亚南等19人组成湖南省红十字会执行委员会，湖南省红十字会正式成立。成立后的湖南省红十字会在管理医疗实体、协助遣送日侨归国、开展募捐、发展组织、参加爱国卫生运动、宣传动员献血、开展国防救护训练等方面做了大量工作。1966年6月到1980年，湖南省红十字会工作经历了“文化大革命”停顿和拨乱反正后的逐步恢复阶段。

1981年10月，第一届湖南省红十字会理事会组建，红十字会工作重新恢复，副省长刘亚南任省红十字会会长。1987年，湖南省红十字会办公室恢复，同时恢复了全省性红十字会工作。1990年，全省各市县全部建立了红十字会组织，基层组织发展到2544个。1991年起，全省红十字会工作逐步进入程序化、规范化轨道：按中国红十字会总会要求，全力投入救灾抗灾，开展社会筹资、接受国内外红十字会捐赠，赈济灾民；主要在公路沿线建立红十字救护站；宣传无偿献血；开展红十字青少年活动；筹办红十字事业实体；发展对外联络等。1993年10月，全国人大颁布《中华人民共和国红十字会法》，1996年8月，湖南省人大颁布《湖南省实施〈中华人民共和国红十字会法〉办法》，为红十字会工作提供了法律保障，红十字会工作进入全面发展时期。2000年5月22日，湖南省编委下发《关于理顺湖南省红十字会管理体制的通知》，湖南省红十字会由卫生厅代管改由省政府领导直接联系。2002年9月，湖南省红十字会升格为副厅级机构，内设办公室、赈济服务部、救护培训部。2003年9月，湖南省红十字会第五次会员代表大会召开，会议全面总结了湖南省红十字会四届理事会以来的工作，制定了2003至2007年发展规划，选举产生了省红十字会第五届理事会理事53名，聘请湖南省省长周伯华为省红十字会名誉会长，选举副省长甘霖为会长，侯炳文为常务副会长，刘爱华、姜儒振、欧阳耀祥、余长明、刘家望为兼职副会长，王天民为专职副会长，黄克伟为秘书长。2005年1月，湖南省红十字会五届二次理事会召开，选举、调整了领导班子，彭力夫为副会长，根据会长提名刘迎建为秘书长。2006年2月，湖南省红十字会召开五届二次理事会，选举曾凡国为常务副会长，增选冯波、李良田、何满宗为副会长，增补了7名常务理事，31名理事。聘请省人大常委会副主任唐之享、省政协副主席李贻衡、省人大常委会原常务副主任董志文为名誉副会长。

【组织机构】

湖南省红十字会现有基层组织4700个，会员83.5万人，志愿工作者5200人。全省14个市州、122个县均建立了红十字会组织。

根据湖南省机构编制委员会《关于印发〈湖南省红十字会机构改革方案〉的通知》，湖南省红十字会为独立设置的副厅级机构，机关设有办公室、赈济服务部、救护培训部。2006年增设事业发展部。省红十字会下设省造血干细胞捐献者资料库管理中心、省红十字会备灾培训中心2个直属事业单位。

目前，湖南省14个市州红十字会已有长沙市红十字会、湘潭市红十字会、株洲市红十字会、娄底市红十字会、怀化市红十字会、衡阳市红十字会、永州市红十字会、湘西自治州红十字会、张家界市红十字会、岳阳市红十字会、邵阳市红十字会、郴州市红十字会理顺了管理体制，常务副会长、秘书长均配备到位，还有8个县级红十字会也已理顺了管理体制。

【大型项目】

（一）备灾网络建设

1. 市、县备灾仓库。1994年，湖南省红十字会与香港特别行政区红十字会达成协议，选择长沙市的长沙县、衡阳市的衡南县，怀化市的鹤城区、常德市的武陵区共建备灾网络。香港特别行政区红十字会分别捐赠25万元人民币修建一小型备灾仓库，并配备了必须的交通通讯设备，负责本县（区）的备灾救灾和人员培训工作，同时兼负邻近县（区、市）赈灾物资的储存、转运。1995年，四县备灾仓库建成投入使用，备灾救灾工作组织机构也相继建立，同时规范了备灾救灾程序和应急处理措施，网络试点启动。湖南省红十字会与香港特别行政区红十字会联合举办了2期研讨会，落实了备灾网络试点目标管理责任书，备灾救灾工作逐渐规范。

2. 省备灾培训中心建设。1998年，经过中国红十字会总会、香港特别行政区红十字会、湖南省人民政府、湖南省红十字会多方磋商，《香港特别行政区红十字会支持湖南省红十字会备灾、培训中心协议书》签订，香港特别行政区红十字会援助湖南省红十字会250万元，湖南省人民政府拨配套资金300万元，修建备灾培训中心第1期工程（即大楼主体建设）。备灾中心建筑工程于1999年初正式启动，2000年10月建成并通过验收。该中心建筑面积为3560平方米，包括备灾仓库、培训用教室和培训人员住房。2002年，仓库投入使用。2003年9月，湖南省红十字会备灾培训中心经省编办批准正式成立，编制8名，为全额拨款事业单位。备灾培训中心大楼的建设和机构的成立，为湖南备灾救灾工作在物资储运、备灾培训等方面提供了坚实的基础。

3. 通讯工具的配备。为保障备灾救灾网络的灾害信息渠道畅通，2000年，湖南省红十字会清查各市、县红十字会报灾通讯设施（包括电话和传真）配备情况，要求各市、县红十字会配齐电话、传真，还分发了由香港特别行政区红十字会捐赠的35台传真机。2000年底，全省各市、县红十字会通讯设备齐备，通讯网络畅通。

4. 红十字会干部的备灾培训和应急预案。为提高全省各级红十字会干部的备灾救灾能力，2003年开始，在香港特别行政区红十字会的支持下，湖南省红十字会与香港特别行政区红十字会联合编写出版了25万字的《备灾救灾培训手册》，在各级红十字会层层举办备灾培训班，对全省红十字会系统13000多名备灾骨干进行了系统、深入的备灾培训。湖南省红十字会2005年5月制订了《湖南省红十字会自然灾害应急预案》，为灾害管理救助工作提供了规范性的指导。

5. 丹麦红十字会援助的备灾项目。为提高群众抗灾备灾能力，减轻灾害损失程度，在中国红十字会总会的指导下，湖南省红十字会接受丹麦红十字会73.818万元的援助，在张家界市的永定区、慈利县、桑植县的4个灾害多发村进行社区为本的备灾项目建设。指导村民调查分析该村拥有的资源及实际需要，由各村备灾委员会及村民集体研究制定村备灾减灾计划，逐步实施各项减灾措施。项目的实施惠及4个村的6000余村民。

（二）救灾工作

1991年，湖南遭受了严重的南旱北涝灾害，全省80%以上乡村受灾。全省各级红十字会全力投入抗灾救灾工作，积极开展社会募捐，省红十字会共收到来自台湾、香港、新加坡等地捐款290多万元人民币和1.5万美元，国内捐款5万元；接受各类赈灾物资折合人民币928万元。

1993年洪灾期间，湖南省红十字会共接受国内外红十字会组织和境外社会团体赈灾款47万元人民币，救灾物资折合人民币987万元。

1994年夏，湖南省湘江、资江流域先后发生三次洪涝灾害，湖南省红十字会及时组织救灾，共接受国外、境外大米、药品等赈灾物资22批次，折合人民币2300万元，接受赈灾款990万元。同时，湖南省各地红十字会还自行募集了救灾款34万余元救助灾民。

1995年汛期，洞庭湖区等发生洪涝灾害。湖南省各级红十字会积极抗灾救灾，共派出医疗防疫队1300多支到灾区开展治病、防疫工作。并通过红十字会系统募集救灾款741.37万元、大米825吨（价值227.25万元），向社会各界募得人民币120万元、衣物40万件，均按要求及时发放到了灾区。

1996年，湖南省发生大范围洪涝灾害，省红十字会及时组织救灾、救护工作。湖南省红十字会共接受中国红十字会总会、红十字会与红新月会国际联合会、香港特别行政区红十字会捐赠的救灾物资总价值1406万元人民币，捐赠款200万元，及时发放灾区救济灾民。

1997年，湖南局部地区发生洪灾、风灾和冰雹灾害。省红十字会接受了中国红十字会总会价值356万元的物资、香港特别行政区红十字会30万元购粮款和一批价值20万元的救灾物资，先后发放了三批总价值933多万元的救灾物资。

1998年，湖南省发生特大洪灾。全省各级红十字会积极抗灾救灾，通过各种渠道开展募捐。湖南省红十字会接受了来自红十字会与红新月会国际联合会、欧盟、美国、日本、埃及、德国、澳大利亚、香港等红十字会及上海、北京、深圳市等省、市红十字会、机关、团体、企业和个人的赈灾款物

50多批，价值人民币6320万元，及时按要求发往灾区，并积极争取了灾后重建项目资金。

1999年，湖南省又遭受严重洪灾。中国红十字会总会、红十字会与红新月会国际联合会及香港特别行政区红十字会先后有20余批200多人来湘考察灾情，慰问灾民。省红十字会共接受价值500多万元的救灾款物，加上往年的备灾物资，全年共发放了价值1200多万元的药品、大米、衣被等救灾物资。

2001年，湖南省发生大规模山洪灾害，全省各级红十字会积极投入救灾工作。省红十字会共发放了10批救灾物资，价值人民币280多万元，还接受了省外包括重建项目款捐赠近800万元。

2002年，湖南省再次遭洪水袭击，全省各级红十字会积极投入救灾救护工作。省红十字会接受了中国红十字会总会、红十字会与红新月会国际联合会、香港特别行政区红十字会、澳门特别行政区红十字会捐赠的价值1200余万元救灾款物及上海、北京、广东等省、市红十字会捐赠的价值320万元的救灾款物。全省共发放了价值1100余万元的救灾物资，组织了283支医疗救护队到开展灾区防疫治病工作，义诊人数达21万余人次。

2003年救灾期间，湖南省红十字会通过对外呼吁积极申请援助，共得到红十字会与红新月会国际联合会、中国红十字会总会及香港、澳门、北京、天津等红十字会援助的救灾款物价值948.9408万元。

2004年汛期，湖南省红十字会积极组织抗灾救灾，规范救灾程序，积极募集救灾物资。共接收来自中国红十字会总会、香港、上海、北京、天津等红十字会援助的救灾款物价值572万元，在省内募集款物价值6.3577万元。

2005年夏，湖南省部分地区发生严重洪涝灾害，省红十字会先后6次奔赴灾区勘察灾情和慰问灾民，筹集发放了100多万元的备灾物资；同时，积极向总会、红十字国际联合会和兄弟省市红十字会发出呼吁，寻求援助。全年共募集和接受救灾物资价值800多万元，下发给邵阳、娄底、怀化等11个市州灾情较重的县，协助政府及时解决了灾民生产、生活中的困难。

（三）灾后重建

1998年，湖南遭受了历史上罕见的特大洪灾，国内外红十字会纷纷援助湖南省红十字会展开灾后重建工作。

接受红十字会与红新月会国际联合会、中国红十字会总会转赠的德国戴姆乐·克莱斯公司援建灾民建房捐款750万元，在受灾最严重的常德市安乡县、澧县和益阳市沅江市重建了2500户灾民住房，总建筑面积25万平方米；接受上海市、北京市、广东省红十字会及深圳市红十字会援助的544万元，在常德市安乡县、张家界市慈利县和桑植县及怀化市、岳阳市、长沙市等地重建了10所卫生院和2所学校；接受香港特别行政区红十字会捐款507万元，在张家界、益阳、怀化、岳阳四市的重灾区重建了16所卫生院和3所小学。

2002年，接受上海市红十字会转赠上海王氏老太太捐赠的50万元，重建了张家界市武陵源区索溪“王氏博爱小学”，其中10万元作为王氏扶贫助学基金，帮助该校贫困少年儿童完成小学学习；接受香港特别行政区红十字会捐款200万元，在当地恢复重建卫生院十分困难的郴州、衡阳、永州、湘西等重灾区重建了10所卫生院，并为各卫生院配备了B超、X光机等设备，培训了2至6名医务人员。

2003年，接受香港特别行政区红十字会援助98.328万元，在永顺、麻阳等灾区重建了3所卫生院和3所小学；接受上海市宝山区红十字会资助105万元，在张家界市慈利县重建了高峰中学；接受北京市红十字会援助的30万元，在株洲市芦淞区重建了曲尺博爱卫生院。

2004年，湖南省红十字会接受澳门特别行政区红十字会援助15万元，在张家界市桑植县重建了1所灾区小学。

2005年接受天津天狮集团捐助的20万元援建，在怀化市汝城县修建了一所天狮博爱小学，接受广东中山市阿积仕国际服装有限公司10万元援助，重修了平江县南江镇显高小学。

（四）改水改厕项目

2003开始，在中国红十字会总会的指导下，湖南省红十字会接受欧盟人道主义办公室援助的第2、3、4期改水改厕项目。2003至2005年，共接受欧盟援助项目款1340.2万元人民币（其中，2003年339万元，2004年378.2万元，2005年623万元），在湘西、怀化、邵阳等地的50个受灾的贫困村修建了13100个无臭无菌不用水冲无污染的生态旱厕，并在各项目点配套开展了针对村民的健康教育培训，为其中的9个村修建改水工程，将可饮用的山泉水引入农家，惠及13000多个家庭的5万多农村人口。

2004年，澳门特别行政区红十字会援助48万元，为湘潭市湘潭县和张家界市桑植县的两个村修建改水工程。

（五）卫生救护培训

1989年，全省各级红十字会为落实总会与卫生部、公安部等8个部委联合下发的《关于开展群众性卫生救护训练的通知》精神，共对28603人进行了卫生救护培训，普及卫生救护知识达15.89万人次。

1994年，湖南省红十字会编印了《机动车驾驶员卫生救护训练》一书，全省各级红十字会与交警部门配合，举办了师资培训班241期，驾驶员培训班647期，培训驾驶员等共19764人。

1998至2000年，湖南省各级红十字会积极配合交通、交警部门全面开展卫生救护培训，全省参加培训人员累计达11.08万人次，其中机动车驾驶员8100人。

2003至2005年，开展中国红十字会总会彩票公益金初级卫生救护师资培训项目，共举办20期培训班，培训湖南省内卫生救护师资642人，为在全省范围内开展初级卫生救护培训打下了坚实的基础。

2005年，湖南省红十字会开始联合交警等部门，按照总会新的“四统一”的要求，对驾驶员等进行初级救护培训，已培训40余名合格的初级救护员。初步探索了对企业员工等进行普及培训模式。

（六）公路救护站网络建设

1992年，接受香港特别行政区红十字会援助480万元人民币，进行公路卫生救护网络建设，在全省14个地（州）市的87个县（市）境内的国道和部分省道建立了451个红十字救护站（急救站）。各站都有统一规格的醒目标志，成立了救护领导小组，有专职的经过卫生救护训练的救护员，配备了急救箱、担架和其他必备设施，还建立了救护岗位责任制。1993 年又新建公路红十字救护站 108 个，公路红十字救护网络基本形成，为减轻公路交通事故伤亡发挥了重要作用。

（七）造血干细胞捐献者资料库建设

在国家福利彩票公益金项目的支持下，湖南省造血干细胞捐献者资料库管理中心于 2003 年建立，同时建立了长沙、岳阳两个配型实验室。中心成立后迅速健全了各项管理制度，建立了与各级卫生部门及血液机构的合作关系。通过 80 场次大型宣传、讲座和在媒体的广泛传播，使这一生命工程在社会产生了深远的影响。到 2005 年 12 月，共招募了 3 万余名志愿者，完成 28242 人的造血干细胞分型资料入库任务，共为境内外 322 名血液病患者检索到了 HLA 配型相合的捐献者，已实现捐献移植 20 例，其中 1 例境外移植。

湖南省第一例，同时也是全国数据联网后捐献移植的第一例捐献者陈欣被评为“2003 年湖南十大新闻人物”，农业大学学生路敏成功救助辽宁女孩任爽，醴陵市农民周靖之成功救治了一名新加坡华人，在全国产生强烈反响。2004 年，湖南造血干细胞捐献工作入选 2004 年由湖南公共频道等媒体发起评比的“湖南十大公益事件”，荣获“最具生命关怀奖”。2005 年，湖南分库和长沙 HLA 配型实验室分别获得中国造血干细胞捐献者资料库管理中心的表彰。

（八）“博爱送万家”活动

2003 年，湖南省红十字会筹措了价值 130 万元的物资，由领导带队送到了各地灾民、农村贫困户、城市下岗职工家庭。

2004 年春节，总会拨了 50 余万元物资，由党组书记江一曼带队，到浏阳市的贫困乡村进行慰问。各地红十字会分别组织到麻风村、贫困户、艾滋病感染者家中慰问，送去价值 187 万余元的粮食等慰问物资。

2005 年春节前夕，湖南省红十字会向全省 14 个市州送去价值 109 万元的慰问款物；长沙市、娄底等红十字会纷纷为特困群众送去了大米、棉被、衣服、药品等，全省各级红十字会共筹集款物近 400 多万元，慰问特困人员 8 万多人次。

（九）“曙光行动”

从 2001 年开始，湖南省红十字会与湖南经济电视台、湖南省儿童医院联合开展了“曙光行动”，从多方面呼吁募捐，建立专项救助基金，在省儿童医院为患先天性心脏病的特困儿童免除部分手术费。其中，湖南省红十字会通过各种途径募集了 24.3263 万元，到 2005 年底，共为近 200 名儿童做了手术。

（十）查人转信

1987 年，按照中国红十字会总会的统一部署，湖南省红十字会开始承办台胞台属查人转信和台胞探亲衍生问题。到 1988 年底，全省各级红十字会共转送台胞台属寻人表格和红十字通讯 8200 余份，接待和处理台胞台属来信来访 3900 多件，为台胞找到亲人 819 宗，同时协助处理台胞死亡事件 46 宗，处理台胞台属其他问题 3398 宗。到目前为止，湖南省红十字会共处理表格、信件 16311 人份。

（刘赛华）

长沙市红十字会

【简介】

长沙市红十字会成立于1911年10月，新中国成立后，第一届中国红十字会长沙分会于1951年成立。从2004年1月起，长沙市红十字会实现机构、人员、经费“单列”，由挂靠长沙市卫生局改成市政府领导直接联系。全市有基层红十字会组织680个，红十字会员137712人。

株洲市红十字会

【简介】

株洲市红十字会成立于1957年，2004年10月，机构正式独立设置为正处级机构，全市有基层红十字会组织380个，会员82150名。

湘潭市红十字会

【简介】

湘潭市红十字会成立于1917年。1957年正式建会。1988年，市红十字会恢复工作。2003年，市红十字会定为副县级单位，有编制5名。全市有基层红十字会组织386个，成人会员25238人。

衡阳市红十字会

【简介】

衡阳市红十字会成立于1911年。2006年10月12日，机构正式独立设置，为全额拨款单位，有事业编制4名。全市12个县级红十字会共有专职干部44名，兼职干部4名，基层红十字会组织723个，其中乡（镇）街道红十字会191个，医疗卫生团体会员单位265个，大中小学红十字会148个，厂矿、机关、宗教界红十字会120个。全市有会员12.6万人，救护站50所，红十字（会）医院4所，红十字（会）诊所16所。

邵阳市红十字会

【简介】

邵阳市红十字会成立于1911年10月，当时称为中国红十字会宝庆分会。1955年4月筹建了中国红十字会邵阳市分会。1962年2月，更名为邵阳市红十字会。2004年10月，机构独立设置，有编制4名，由市政府办管理。全市有红十字会基层组织23个，会员78939人。

岳阳市红十字会

【简介】

岳阳市红十字会1988年恢复工作，全市有红十字会会员23710人，基层组织279个，志愿者1005人。

常德市红十字会

【简介】

常德市红十字会有基层红十字会组织541个，会员82120人，其中青少年会员50439人。

张家界市红十字会

【简介】

张家界市红十字会成立于1989年。市红十字会及慈利县、武陵源区红十字会实现了机构独立设置，县以上红十字会专职干部共有16人，基层组织265个，会员97531人，其中青少年会员49630人。

益阳市红十字会

【简介】

益阳市红十字会成立于1989年。

郴州市红十字会

【简介】

郴州市红十字会成立于1988年。2005年机构独立设置，财政单列，规格为副处级单位。全市有红十字会基层组织408个，会员7.8万人，其中青少年会员1.96万人，志愿工作者1500人。

永州市红十字会

【简介】

永州市红十字会前身为零陵地区红十字会。1989年1月正式成立。1996年，零陵地区撤地建市，地区红十字会更名为永州市红十字会。2002年，市红十字会升为副处级单位。全市有红十字会基层组织946个，会员61527人。

怀化市红十字会

【简介】

怀化市红十字会始建于1988年8月。2004年11月，经市编委批准机构独立设置，由市政府办直接管理。全市所辖13个县（市、区）全部建立了红十字会组织，有团体会员单位648个，会员84399人。

娄底市红十字会

【简介】

娄底市红十字会成立于1988年5月，2004年，市红十字会理顺管理体制，规格为正处级单位。机关内设办公室、赈济联络部，有编制6名。

湘西自治州红十字会

【简介】

湘西自治州红十字会成立于1911年，当时称为中国红十字会永顺分会。1988年恢复工作。2001年，州红十字会理顺管理体制，规格为副处级单位。全州有红十字会专职工作人员35人，均参照国家公务员管理。保靖县红十字会已独立为正科级机构，凤凰县红十字会为副科级，机构独立设置，经费财政单列。除吉首市、龙山县外，其他县红十字会均为副科级机构，实现了“三列”。

广东省红十字会

【年度工作】

2009年，广东省各级红十字会共募集救灾款物价值2.42亿元，发放救灾款物共5.46亿元，其中省红十字会募集款物9486.15万元，发放款物2.77亿元（含2008年抗震救灾捐款），统筹抗震救灾定向资金3.54亿元用于参与四川汶川县灾后重建项目20个。省红十字会被人力资源和社会保障部、中国红十字总会授予“全国红十字会系统先进单位”。

一、积极参与汶川县灾后重建

根据省委、省政府要求和统一规划，全省红十字会积极参与汶川县灾后重建工作。去年8月，常务副会长徐火周带领支援汶川灾区灾后重建项目考察团赴汶川县10个乡镇考察，并与各市对口援建工作组和当地政府、红十字会签订了援建项目协议书。到目前，省红十字会已拨付3.54亿元定向捐款到汶川县灾区，用于支援灾区恢复重建。其中，总会下拨的2.5亿元用于援建具有汶川特色的30多个藏羌风貌村和880多套廉租房；统筹本省部分定向捐款1.04多亿元，用于援建汶川县中医院、汶川县妇幼保健院、汶川县疾控中心、汶川县卫生执法监督所、汶川羌医院、乡镇卫生院及中、小学和幼儿园等20个项目。目前，已有12项竣工，5项已完成主体工程，其他在建工程正在进行中。此外，省红十字会协助香港红十字会参与援建汶川县人民医院等县级医疗保健机构、乡镇卫生院等9个建设项目，转拨香港红十字会援建款9332万元。

二、加强应急能力建设，提升快速反应能力

2009年，全省各级红十字会大力加强应急能力建设，利用彩票公益金的支持，加强工作网络、备灾救灾仓库、救援队伍、预案法规数据库等“一网四库”建设，在救助自然灾害和汶川灾后重建中发挥了积极作用。为提高全省红十字会系统专兼职干部的应急能力和整体素质，召开了全省红十字宣传暨应急工作会议，对红十字会救灾专职干部进行了培训、指导，提高了红十字会系统干部应对突发事件的能力。至年底，全省21个地级市红十字会全部完成了应急预案的编制，其中14个市的预案被纳入当地政府的应急预案体系；17个市成立了应急救援队；19个市建设了备灾救灾中心或仓库。

2008年，强台风“天鹅”、“莫拉克”袭击海峡两岸，全省红十字会系统广泛动员，为两岸灾区募集善款1421万元。雷于蓝副省长十分关心台湾受灾民众，第一时间要求省红十字会向台湾灾区拨款100万元。副会长兼秘书长华建赴台考察期间，向屏东和台东县灾区捐款人民币200万元。其余款项由总会或各市红十字会通过正常渠道送往灾区。热带风暴“莲花”“巨爵”袭击梅州等市，造成严重洪涝灾害，省红十字会派救灾工作组赶赴灾区，及时拨出价值242万元的大米、家庭救助包、饮水消毒剂等救灾物资支援当地救灾。7月，云南楚雄姚安地区发生6级地震，省红十字会紧急调拨了价值21万多元的药品，支援云南省红十字会抗震救灾。此外，省红十字会还捐助了价值30万元的物资支援西藏和新疆救灾工作。

省红十字会争取中国红十字基金会的支持，在2008年受灾的韶关、肇庆两市确定援建项目6个（其中乡镇卫生院项目2个、农村博爱卫生站项目3个、乡村小学1所），援建资金116.5万元。

中国红十字会广州备灾救灾中心全年接收总会储备物资5批次，14090箱件；省红十字会储备物资27批次，63520箱件。共发放总会物资10批次，3060箱件；省红十字会物资84批次，26384箱件。制作救灾家庭包12000个，分装、清点、打包物资2000多箱件，积极普及应急救护培训，全年培训应急卫生救护员3254名，有力地支持了备灾救灾工作。

三、推进应急救护培训，扩大培训范围、创新培训方法、提高培训质量

重视骨干培训，提升培训质量。在彩票公益金救护师资培训项目经费支持下，省红十字会2009年共举办了5期应急救护师资培训班，培训救护师资296名。省红十字会与省公安消防总队联合发文，要求各地红十字会、公安消防支队结合当地实际积极开展救护培训工作，21个地级以上市的消防官兵全面接受了应急救护培训。在“5·21”汕头市潮阳区某加工作坊火灾现场，消防官兵应用所学救护知识和技能，现场救护受伤群众收到实效。

内外结合，创新应急救护培训方式。为普及水上安全救生知识，省红十字会与珠海市红十字会于“五八世界红十字日”期间，在珠海市体育中心成立了广东省红十字会水上安全救生培训基地。同时成立了省红十字会水上安全救生志愿服务总队和珠海市红十字会水上安全救生志愿服务大队，举办了两期水上救护培训班。

扩大培训范围、普及救护知识、提高自救互救能力。全省红十字会系统全年共培训应急救护师资1143人；举办应急救护培训班524期，培训应急卫生救护员49316名；举办卫生防病知识讲座228期，普及救护防病知识101.28万人。省红十字会与清新县卫生局、红十字会、人民医院联合举办了一期院前急救知识和技能培训班，60多名基层卫生院及“120”医护人员参加了培训。深圳市成立了红十字救援促进会，积极为2011年大运会培训志愿者提供服务。东莞市红十字会争取市政府支持，提出了各镇区和行业的培训要求，计划用3年时间取得阶段性成效。目前，该市32个镇（街）政府已有29个制定了《实施方案》并召开了动员大会，13个行业主管部门签署了合作意向，为应急救护培训的常态化运作奠定了坚实基础。

四、社会救助扎实有效，帮扶弱势实实在在

巩固传统项目、弘扬红十字精神。组织开展“红十字博爱送万家”活动，是红十字会的传统品牌。2009年元旦春节期间，雷于蓝副省长带领省红十字会人员到梅州兴宁市福兴镇，为该镇10个村的150户困难家庭发放了棉衣、棉被和大米等物品，并走村入户看望了特困家庭，送去慰问品和慰问金。据统计，2009年全省各级红十字会为“博爱送温暖”活动募集和投入款物合计1543万元，受益户数33607户，受益人数128279人。其中，省红十字会自筹资金238万元，制作家庭慰问包6000个，棉衣棉被12000件（床），大米100吨，食用油6000罐；各市红十字会投入款物1302万元。省红十字会与阳江市红十字会组成慰问团，到2008年遭受台风“黑格比”袭击的阳江市海陵岛区闸坡镇开展了送温暖活动。广州市红十字会组织广州、香港、东莞和佛山等地100多名志愿者，赴从化吕田镇、塘田村慰问村民，向低保户发放生活必需品和慰问金。汕头市红十字会联合中国联通汕头分公司和市佛教协会投入18万元，使近千名困难群众受益。惠州市红十字会人员走访了三县三区20多个乡镇，从全市低保户中确定特困户823户进行慰问，把送温暖活动做实做细。云浮市红十字会积极发动企业和会员单位，筹集款物达326万元用于送温暖活动。

重视民生，舒缓民困，开展助医扶贫活动。省红十字会积极开展救助贫困先心病儿童和贫困白内障患者活动。省红十字会在广东省陈绍常慈善基金会大力支持下，接受该基金会捐赠200例手术经费，积极开展“先心病”儿童救治活动，与省中医院珠海医院、大学城医院及广东药学院附属第一医院合作，分别在清远的连州，梅州的兴宁、丰顺，揭阳的惠来，潮州的饶平、潮安，江门的恩平、台山，阳江的阳东、阳春等几十个乡镇筛查贫困先心病儿童307人，全年完成救助先心病患儿187例。汕头市超声仪器研究所有限公司积极支持省红十字会“救心”活动，向省红十字会捐赠价值50多万元的2台心脏彩色B超机，用于开展贫困先心病患儿的筛查工作。

省红十字会接受优利浦斯投资有限公司捐助6.5万元，在韶关始兴县完成贫困白内障患者手术65例。清远市开展的“博爱光明行”活动完成贫困白内障患者手术200例，全省共救助贫困白内障患者手术共265例。

积极帮扶基层医疗卫生机构，增强卫生院实力。省红十字会在广州奇星药业公司等企业支持下，筹措328万多元的药品帮助红十字博爱卫生院，用于帮扶贫疾农民和支持基层卫生机构发展。积极探索有偿扶贫助医项目，为18家乡镇卫生院提供彩色和黑白B超机，为基层卫生院节约110多万元。抓好扶持县级红十字会参与“新农合”试点县工作，2009年救助100多名特困患者。

五、加强能力建设，夯实事业基础

到2009年底，全省21个地级以上市已有19个召开了会员代表大会，完成了换届工作。县（区）级红十字会理顺管理体制工作也有较大发展，按照实事求是、分类指导的原则，积极稳妥地推进县（区）红十字会理顺管理体制。全年有12个县（区）级红十字会理顺管理体制，理顺管理体制的县（区）级红十字会数量达到55个，占全省总数的45.4%（已有编制但人员尚未到位的县级红十字会有11个）。

省人大教科文卫委员会开展了《中华人民共和国红十字会法》和《广东省红十字会条例》执行情况调研，认为省红十字会工作思路清晰，工作措施扎实，工作成绩显著。要求省红十字会继续加大理顺县级红十字会管理体制的力度。省人大教科文卫委员会领导对阳江、湛江、茂名三市的调研，促进了三市理顺县（区）级红十字会管理体制工作，加快了全省红十字系统依法建会、依法治会、依法兴会的步伐。

加强基层组织建设，夯实红十字事业发展基础。截至2009年底，全省共有基层红十字组织2121个，冠名红十字（会）医疗机构38个，团体会员单位2161个，个人会员近70万人，注册志愿者近4万人。伴随经济社会的发展，农村基层红十字组织省新发展，中山市、肇庆市、潮州市红十字开展农村红十字组织的探索，在改善农村卫生条件和扶贫济困等方面做了许多有益的工作。

红十字青少年工作稳步推进。全省共有2000多所学校建立了红十字会，进一步推动了红十字运动的普及，使人道、博爱、奉献的红十字精神在青少年中得以弘扬。全省有计划、有步骤地开展争创“红十字模范校”活动。组织全省红十字青少年参加了总会组织的纪念汶川地震一周年全国红十字青少年防灾避险知识竞赛活动。省红十字会、广州、韶关、珠海、阳江市、番禺区红十字会及天河区四海小学、珠海市南屏中学、第三中学分别获得最佳组织奖。

拓展志愿服务范围，推进社区红十字服务。全省有13个市红十字会成立了红十字志愿者工作委员会或志愿者服务队伍，共有红十字志愿工作者近4万人。中国红十字会总会、香港红十字会和省红十字会联合举办了广东省红十字志愿者骨干交流活动，65名志愿者骨干参加活动并接受相关培训。

全省各级红十字会认真贯彻落实省社区红十字服务工作会议精神，提高认识，加强领导，积极与相关部门沟通、配合，在做好全省试点社区工作的基础上，以点带面。目前，全省共有社区公益服务站（点）398个。深圳市爱满鹏城红十字会正式成立，这是全国首个获得审批的红十字会QQ群体。

积极推动无偿献血、造血干细胞捐献、遗体器官组织捐献及艾滋病预防和关爱工作。省红十字会与省卫生厅联合发文，对2007—2008年度全省无偿献血先进个人、先进单位及先进城市进行了表彰。中国造血干细胞捐献者资料库广东省管理中心全年采集血样8000多人份，HLA分型检测资料入库6750人份，新建了韶关、揭阳两个市级工作站和广东药学院附属第一医院、广州市红十字会医院两个血样采集点。全省有17个地级以上市设立了造血干细胞捐献工作站。至2009年底，全省可用于为患者检索服务的HLA分型资料达38278人份，有25位志愿者捐献了造血干细胞，累计已有120位志愿者捐献了造血干细胞。

遗体和器官捐献工作继续处于全国领先地位。省红十字会成立了遗体器官组织捐献工作小组，负责全省遗体、器官、组织捐献工作的宣传、协调、管理和服务等工作。目前，全省21个地级市红十字会均设立了遗体器官组织捐献工作站。全省共有472人实现了遗体、器官捐献，其中，遗体捐献148例，器官捐献33例，角膜捐献291例。卫生部、中国红十字会总会、中国造血干细胞捐献者资料库联合在深圳市调研人体器官捐献及试点工作，对深圳市红十字会的工作给予肯定。

省红十字会积极向省政府申请彩票公益金项目扶持资金，开展艾滋病预防和关爱工作。省红十字会争取广橡集团的支持，出资12万元支持12月1日世界艾滋病日宣传活动，与省教育厅、团省委联合开展广州地区高校大学生预防艾滋病广告宣传画设计大赛，共收到了20多所高校的500余幅作品，经专家评审，评选出70幅获奖作品参加高校巡回展。2009年世界艾滋病日期间，省红十字会还与广铁集团公司联合开展了艾滋病防治宣传活动，在广东省内二等以上客运车站、旅客列车进行为期3天的艾滋病防治宣传；在广铁集团疾控所派员在乘旅客列车开展现场咨询、发放宣传资料等活动。12月1日上午，省红十字会工作人员、红十字志愿者和车站工作人员在广州、广州东、深圳、肇庆、韶关、东莞东等10个车站同时启动车站大型宣传咨询活动，设立艾滋病防治咨询台，发放宣传单、安全套等。共发放安全套5000个，张贴艾滋病宣传画5000份，发放宣传材料10000套。广州、深圳、珠海、中山、江门、阳江、肇庆、湛江、云浮等市红十字会和广州大学红十字会积极行动起来，在全社会营造出群防群控的艾滋病防治氛围。

六、弘扬红十字精神，加大宣传工作力度

2009年，省红十字会举办了1期国际人道法培训班，全省42名传播工作骨干参加培训；对万安园志愿服务队15名志愿者骨干进行了国际人道法和红十字知识培训。纪念“五八世界红十字日”活动期间，全省红十字会系统共开展活动142项，其中市级红十字会开展活动116项；省内相关媒体新闻报道982条次。

5月8日，省红十字会在广州召开了百例造血干细胞捐献信息通报暨捐献者表彰会，表彰了深圳市血液中心、南方医科大学附属南方医院、广州军区总医院、广东药学院附属第一医院、省第二人民医院和深圳市第二人民医院6个先进集体及102位造血干细胞捐献者。省红十字会在《南方日报》举办了红十字知识竞赛；在增城市万安园内的省红十字纪念园举行了遗体器官捐献者追思暨红十字“爱心大使”丛飞纪念碑落成仪式；举行了国际红十字运动创始人亨利·杜南塑像揭幕暨企业捐赠仪式。

广州市红十字会在8所高校红十字会的协助下，招募了1608名造血干细胞志愿者；编印了《提灯女神光耀羊城》一书共5000册，发放到各医疗单位，弘扬南丁格尔精神。深圳市红十字会成立了遗体捐献接受中心，在市中心人流密集地发放《红十字会法》、《深圳经济特区器官捐献与移植条例》和《深圳市红十字医疗救助专项资金管理办法》等相关宣传资料4000多份，同时举办为贫困先天性心脏病患儿捐款活动，筹得善款10多万元。中山市红十字会与市广播电视台合作拍摄制作了《我们心中都有一个红十字》公益广告，在各个频道滚动播放一年。江门市红十字会在全市开展“一元爱心日”募捐系列活动，全年为贫困家庭和计生家庭先天性心脏病儿童筹集手术费430多万元。阳江市红十字会除在传统媒体刊登、播放红十字公益广告之外，还在市政府中心广场和市人民广场的电子屏幕上播放红十字公益广告和救护培训影像资料。肇庆市红十字会组织市自行车协会的志愿者200人身穿志愿者服装，佩带红十字标识在市区宣传红十字知识，扩大红十字会的影响。揭阳市红十字会与揭阳日报社联合开展了以“感恩奉献，爱我揭阳”为主题的公益征文活动。

七、交流与合作进一步加强

全省红十字系统交流与合作进一步加强。2009年全年组织出访团组13次，其中出访港澳台地区11次；接待国（境）外来访4人6次，港澳台地区来访15人次。香港红十字会分别与江门、河源、云浮等市就如何开展红十字志愿服务、志愿者队伍建设、培训和管理等工作进行了座谈交流，加强了粤港两地志愿者之间的交流与合作。省红十字会派员参加了澳门回归祖国10周年纪念活动。台湾红十字组织水上安全救生志愿者交流团一行18人参加了省红十字会水上安全救生培训基地揭牌仪式，并访问了省红十字会及广州、珠海、韶关市红十字会，双方就开展水上安全救生志愿服务交流与合作进行了广泛的探讨，并达成了共同协议。10月，省红十字会组织志愿者65人赴台湾红十字组织交流访问，参观了台湾红十字组织总部，观摩了水上急流救生训练，与台湾红十字水上安全救生志愿者进行了广泛深入的交流。由副会长邵岩率领的省红十字访问团一行18人访问了台湾，同台湾红十字组织进行了广泛的交流。省红十字会分别接待了美国红十字会代表和卡塔尔红新月会国际项目官员的来访。

【历史沿革】

1904年，在战乱中，红十字组织在广东省应运而生，初名为粤东赤十字社。先后易名为粤东红十字总会中国红十字会番禺分会和广州分会等。这是广东省首个红十字会组织，也是全国成立最早的红十字会组织之一，该会曾为东征、北伐和省港大罢工的军队、工友和难民做过救护工作。1921年北伐前，宋庆龄亲自知会番禺红十字会组织15人组成救护队随军出发，并遵章加入中国红十字会，她亲自担任南海、番禺、顺德分会联合会总裁。孙中山曾为番禺红十字会分会题写“博爱”二字。战时，红十字会的主要任务是向群众施医赠药。

1956年9月15日，广东省红十字会正式成立。省和广州市有关机关团体推选43人组成委员会，广东省副省长陈汝棠为主席。1963年9月16日，广东省副省长李嘉人任会长。1956年至1965年间，广东省共发展红十字会会员18.4万人，其中红十字青少年7.2万人。训练红十字卫生员9.8万人。建立基层红十字会组织及卫生站4753个。这一时期的任务主要是发展红十字会会员，建立基层红十字会组织，开展“卫生卫国”？训练，建立不脱产的卫生站；发动会员积极参加以除“四害”讲卫生为内容的爱国卫生运动；开展卫生宣传、卫生防疫和献血工作。

“文化大革命”期间，广东省各级红十字会组织停止活动。1978年5月26日，广东省革命委员会批准恢复省、广州市红十字会，省红十字会与广州市红十字会合署办公。省革委会副主任李嘉人任会长。1980年，改由广东省副省长梁威林为省红十字会会长。1986年，广东省红十字会与广州市红十字会分开办公。

1987年11月，在广东省红十字会第二次会员代表大会上，选举产生理事会理事36名，梁威林为名誉会长，副省长王屏山为会长。1991年4月，广东省红十字会第三次会员代表大会选举产生理事会理事52名，省政协副主席王屏山为会长。1994年6月，广东省红十字会第四次会员代表大会选举产生理事会理事50名，副省长李兰芳为会长。1996年6月，经广东省红十字会第四届三次理事会审议通过聘请广东省省长卢瑞华、省人大常委会主任朱森林为名誉会长，省人民政府原副省长梁威林、省政协原副主席王屏山为名誉副会长。

至1998年底，广东全省21个市，121个县（市、区）均已成立红十字会，有基层组织4004个，会员560444人。

2004年，广东省红十字会第五次会员代表大会召开。中共中央政治局委员、广东省委书记张德江发了贺信，中国红十字会会长彭珮云为大会题词，中共广东省委副书记、省长黄华华作了书面讲话，中国红十字会常务副会长江亦曼同志出席大会并作了重要讲话。会议全面总结了广东省红十字会第四届理事会的工作；审议并原则通过了《广东省红十字会2005～2009年工作规划纲要》；选举产生了由59名理事组成的新一届理事会和常务理事。省长黄华华为名誉会长，省人大常委会副委员长李兰芳，省政协副主席、省卫生厅厅长姚志彬为名誉副会长。副省长雷于蓝当选为会长，徐火周当选为常务副会长，华建、莫益勇当选为副会长，华建兼秘书长。

2004年11月29日，中共广东省委批准成立广东省红十字会党组，标志着广东省红十字会理顺了管理体制。筹备召开广东省红十字会第五次会员代表大会，形成了《广东省红十字会2005～2009年工作规划纲要》等大会文件。顺利进行了换届工作。《广东省红十字会工作条例》（草案）上报省政府。认真落实《关于开展社区红十字服务工作的通知》，开展“红十字关爱进社区”活动。举办了广州地区高校救护知识、技术选拔赛，选出优胜队南方医科大学红十字代表队代表广东省红十字会赴香港参赛，并获得技术合作金奖和优异奖。开展了形式多样的“办实事、庆百年”活动。在“红十字博爱送万家”活动中筹集慰问物资价值50万元，受益群众2500户。同时，省红十字会下拨保暖毛毯6250床（价值52万元），受益群众达6250户。省红十字会拨款2万元给宋桂镇医院购买药品。向河南省灾区支援了价值5万余元的救灾物资，同时捐赠了15万元重建受灾学校。支援云南省灾区价值30万余元的救灾物资。按彩票公益金救护师资培训项目要求，举办了3期救护师资培训班，为广东省80多所高等院校和省公安厅培训救护师资共115名。在广东电台健康之声频道开设了4期急救知识专家讲座，开办了4期红十字初级急救知识讲座。配合政府开展艾滋病预防工作，派员参加省政府组织的艾滋病预防工作抽查复核工作组，对广州、韶关两市进行艾滋病预防中期评估抽查复核检查。对《广东省〈全国艾滋病防治宣传教育工作指导方案（2004～2008）〉实施意见（代拟稿）征求意见》提出修改意见和工作建议。在“世界献血员日”期间，共有5000多人次参加了无偿献血。

广东省红十字会历次代表大会

第一届

1956年12月28日召开，理事43人，会长陈汝棠、任主席。

第二届

1986年11月召开，理事36人，名誉会长梁威林，会长王屏山。

第三届

1991年4月召开，理事52人，会长王屏山。

第四届

1994年6召开，理事50人，名誉会长卢瑞华，会长李兰芳。

第五届

2004年10召开，理事59人，常务理事13人，名誉会长黄华华，会长雷于蓝，常务副会长徐火周。

注：1963年调整后李嘉人任会长。1978年5月恢复省红十字会，李嘉人任会长。1980年改梁威林为会长

【组织机构】

广东省红十字会现有基层组织1889个，会员535617人（其中青少年会员273112人），全省21个地级市建立了红十字会，100%的县（市、区）成立了红十字会。

广东省红十字会设有办公室、社会赈济部、卫生救护及青少年部。下辖中国红十字会广州备灾救灾中心、中国造血干细胞捐献者资料库广东省分库管理中心。

根据《中华人民共和国红十字会法》，广东省红十字会2004年11月由中共广东省委组织部批准成立党组，徐火周任党组书记，华建、莫益勇为党组成员，独立自主开展工作。

目前，广东省已经完全理顺管理体制的地级市有珠海市、惠州市、肇庆市红十字会。理顺地级市及县（市、区）红十字会管理体制的工作仍在进行之中。

【大型项目】

（一）1998年，广东省红十字会系统向受灾的7个省（区）进行援助，拨出救灾款2915.5万元，支援灾区重建卫生院、学校、灾民新村、水井、备灾救灾仓库等项目67个。

1. 支援湖北省839万元（重建项目19项）。

2. 支援江西省679万元（重建项目17项）。

3. 支援内蒙古自治区602.5万元（重建项目12项）。

4. 支援湖南省275万元（重建项目8项）。

5. 支援四川省200万元（重建项目5项）。

6. 支援黑龙江省175万元（重建项目2项）。

7. 支援河北省125万元（重建项目4项）。

（二）1999年，向受灾的4省（区）进行援助：

1. 救助新疆维吾尔族自治区灾区15万元。

2. 继续1998年救助援建项目拨款给湖北省85万元。

3. 继续1998年救助援建项目拨款给湖南省144万元，另有汕头市援助湖南省灾区卫生院医疗器械价值5.6万元。

（三）2003年，向受灾的5省（区）进行援助：

1. 拨给新疆维吾尔自治区红十字会救灾款100000元。

2. 拨给青海省红十字会救灾款30000元。

3. 拨给甘肃省红十字会各式鞋10000双，价值1000000元；风衣2600件，价值280000元。

4. 拨给上海市红十字会运动鞋1219双，价值37789元。

5. 拨给南京市红十字会运动鞋1000双，价值31000元。

【主要特色】

改革开放以来，广东省经济社会得到迅猛发展，中共广东省委、省人民政府重视红十字会工作，红十字会的影响不断扩大。

（一）深圳：国内首部人体器官捐献移植条例获通过

深圳市三届人大常委会第26次会议于2003年22日表决通过了《深圳经济特区人体器官捐赠移植条例》。这个地方性法规共有五章35条，对规范人体器官捐赠移植行为，保障人体器官捐献者和接受人体器官移植者的合法权益，及时挽救患者生命均有积极作用。

（二）中山：红十字会慈善万人行风雨十八载

中山市红十字会从 1989 年起，连续 18 年开展极富地方民俗文化特色的“慈善万人行”活动，充分调动社会各界的力量，弘扬人道、博爱、奉献精神，开展募捐及宣传活动，共募集善款 2.9 亿元。

该市在每年年底至翌年新春约 3 个月的时间举办“慈善万人行”活动，以其鲜明的红十字人道主义旗帜，以人道、博爱为主题，以广泛的活动范围和参与面及壮观的规模、有声有色的慈善文化活动，在中山大地上产生显著的作用。“慈善万人行”活动与弘扬红十字人道、博爱精神，发展红十字事业相结合；与全民思想道德、文化建设相结合；与多层次的企业文化、行业文化、群众业余文化、民间艺术文化建设相结合，使这项融地方特色、传统文化、民俗文化于一体，既办实事、又树新风的文明之举，成为中山人一年中最重要的节日。它不仅为红十字事业奠定了坚实的基础，还形成了一种文化，传承了优良的民间艺术及民俗文化，产生了启迪爱心、净化心灵、改善人际关系、维系乡情、增强凝聚力的社会作用，从精神文明建设和文化、思想、道德建设的高度，促进了社会文明进步事业的发展。

“慈善万人行”活动的显著作用引起了中国红十字会总会领导和广东省红十字会领导的高度关注，并多次亲临中山市参加“慈善万人行”活动，具体指导工作，组织专家学者到中山市考察、调研，组织各省、市红十字会工作人员到中山市实地参观学习，推介“中山经验”。1995 年，中国红十字会总会领导以“慈善万人行”的专题工作经验材料，在韩国召开的亚太地区红十字与红新月志愿者大会上作了发言，得到了与会 31 个国家（地区）代表的高度赞誉。

（胡卓加）

广州市红十字会

【简介】

广州市红十字会创建于 1904 年，创建人是广州医师马达臣先生。广州市红十字会初名为粤东赤十字社，曾先后取名中国红十字会番禺分会、中国红十字会广州市分会等，新中国成立后改称为广州市红十字会。当年孙中山先生为表彰广州红十字会在辛亥革命时期所作的积极贡献亲笔题词：“博爱”赠送广州红十字会。

1978 年 6 月，广州市红十字会恢复工作。截至 2005 年，广州市红十字会拥有基层组织 1000 多个，会员 21 万多人。广州市红十字会还设有团体会员单位工作委员会、广州市红十字会备灾救济基金、广州市红十字志愿工作者委员会、广州市红十字社会急救医疗专项资金、广州市红十字青少年工作委员会和广州地区高校红十字工作委员会。

深圳市红十字会

【简介】

深圳市红十字会创建于 1983 年。全市有区级红十字会 6 个，基层组织 283 个，会员 23180 人，志愿工作者近 2000 人。深圳市的 60 所小学、42 所中学、3 所职业高中、

1 所大专院校建立了学校红十字会，有青少年会员 11000 人。

珠海市红十字会

【简介】

珠海市红十字会创建于 1988 年，2005 年 3 月理顺管理体制。

汕头市红十字会

【简介】

汕头市红十字会创建于 1920 年。2006 年 1 月理顺管理体制。

佛山市红十字会

【简介】

佛山市红十字会创建于 1929 年。1985 年 6 月，市红十字会工作。

韶关市红十字会

【简介】

韶关市红十字会成立于 1988 年。2006 年 5 月，市红十字会理顺管理体制。

河源市红十字会

【简介】

河源市红十字会成立于 1990 年 9 月。2006 年 5 月，市红十字会理顺管理体制。

梅州市红十字会

【简介】

梅州市红十字会成立于 1987 年 4 月 21 日。2006 年 10 月，市红十字会理顺管理体制。全市有红十字会员单位 235 个，会员 3 万多人，青少年会员 5 万多人。

惠州市红十字会

【简介】

惠州市红十字会成立于 1987 年 4 月 13 日。2001 年 10 月，市红十字会理顺管理体制。

汕尾市红十字会

【简介】

汕尾市红十字会成立于 1990 年 1 月。全市有红十字会专职人员 10 人，团体会员单位 78 家，会员 3 万多人。海丰、陆丰、陆河、城区分别在 1990—1993 年成立了县级红十字会。

东莞市红十字会

【简介】

东莞市红十字会成立于 1991 年 1 月。2006 年 3 月理顺管理体制。

中山市红十字会

【简介】

中山市红十字会成立于 1988 年 9 月 10

日。2005年11月，市红十字会理顺管理体制。

清远市红十字会

【简介】

清远市红十字会成立于1989年7月。

江门市红十字会

【简介】

江门市红十字会建立于1926年。2006年，市红十字会理顺管理体制。市红十字会有工作用房800平方米，备灾救灾中心（仓库）占地120平方米。

阳江市红十字会

【简介】

阳江市红十字会成立于1988年。2006年12月，市红十字会理顺了管理体制。

湛江市红十字会

【简介】

湛江市红十字会成立于1988年8月，1992年底，全市的五个县（市、区）全部建立了红十字会组织。湛江市有红十字会基层组织155个，会员21118人。

茂名市红十字会

【简介】

茂名市红十字会成立于1988年6月。

肇庆市红十字会

【简介】

肇庆市红十字会成立于1984年6月。2005年6月，市红十字会理顺管理体制。

潮州市红十字会

【简介】

潮州市红十字会成立于1988年3月。2007年1月，市红十字会理顺管理体制。

揭阳市红十字会

【简介】

揭阳市红十字会成立于1992年12月10日。2006年11月，市红十字会理顺了管理体制。

云浮市红十字会

【简介】

云浮市红十字会成立于1995年7月12日。2006年11月，市红十字会理顺管理体制。

广西壮族自治区红十字会

【年度工作】

2009年，广西红十字会紧紧围绕“保增长、保民生、保稳定、保持广西良好发展”的中心工作，以关注民生、共建和谐为切入点，锐意进取、开拓创新，依法履行职责，各方面工作取得了新的突破。

一、应急能力进一步提高，应急管理体系更加完善

2009年，广西部分地区发生自然灾害，我会及全区各级红十字会做到第一时间报告灾情、第一时间到达灾区、第一时间开展募捐和救助工作。在救灾工作中不断创新工作思路和工作方式，不断拓宽救灾工作领域，努力实现灾害救援模式的转变，做到备灾与救灾，应急救援与灾后恢复重建，物资救助与医疗、心理救助，灾后救助与普及公众防灾避险知识，提高社区防灾减灾能力相结合。

加强应急救护培训，壮大应急救援队伍。开展高危行业重点人群救护培训，全年按计划为公安、旅游等系统从业人员举办了应急救护培训班，共完成22万红十字救护员的救护培训任务。

二、大宣传格局更加完善，筹资方式更加丰富

2009年，广西红十字会认真总结了2008年宣传筹资工作的经验，提出了整合社会资源，构建大宣传格局、全员筹资、品牌项目专项筹资的工作理念，调动了全会人员宣传筹资的工作热情，紧紧围绕红十字“三救”工作开展宣传筹资，举办了“大爱无边，五八世界红十字日主题晚会”、“同心携手遏制艾滋”公益晚会、“博爱中国情系民生宝铸狂草书法音乐会”等大型晚会，尽管全年无重大灾情，仍筹措救灾款物价值4228万元人民币，其中款1792.14万元，物资价值2435.86万元。

探索项目化、基金式筹资方式，建立可持续的筹资机制。把红十字救灾、救护、救助工作设计成公益项目，以公益营销和社会化运作方式推广。年内，广西红十字会推出了红十字天使计划、红十字圆梦工程、红十字幸福家园三大类运作成熟的博爱品牌，把红十字会历年开展的紧急救灾、社会救助、社区备灾、应急救护、助医助学项目分别纳入其中；建立了红十字救心行动基金、民族助学基金、红丝带爱心基金、致残性骨病救助基金等专项基金，不断拓展红十字社会救助领域，实现红十字品牌和社会爱心资源的有效整合。同时，加强与区内大企业的战略合作关系，与上汽通用五菱汽车股份有限公司、中恒集团、招商银行等知名企业开展了一些中长期合作项目。

三、不断开拓人道救助工作的新领域和新途径

2009年，广西新增加造血干细胞捐献志愿者4214人，截至年底，广西分库入库志愿者人数已达26671人，并有28名志愿者成功捐献了造血干细胞。

继续开展民族助学工作，除援建博爱小学外，通过广西红十字民族教育助学协会募集资金44万多元，全额资助150名贫困的少数民族初中毕业生在南宁一中就读高中；启动援助地震灾区贫困学生行动，全年援助212万元，资助670名四川地震受灾的贫困初中毕业生继续高中学业。

争取上汽通用五菱汽车股份有限公司、广西中恒集团、中国招商证券、中国人寿保险公司和广西烟草局等企事业单位的援助，向贫困地区捐赠了价值100多万元的救护车、价值590多万元的药品、援建7所博爱卫生院（站）和2所博爱学校，帮助贫困地区群众改善医疗卫生及教学条件。

2009年元旦春节期间，本会筹措价值143万元的物资，分别与自治区党委、人大、政协、编办、卫生厅、人事厅、发改委、物价局、广西电视台等单位联合开展“红十字博爱送万家”活动，深入贫困地区慰问困难群众。自治区政府副主席、广西红十字会会长李康亲赴来宾市兴宾区蒙村乡长叨村慰问，为困难群众送去了大米、棉被、毛巾被和食用油等慰问品。同时，还筹措了价值322万元的棉衣、棉被等御寒物资，于2009年1月5日发往四川，慰问地震灾区受灾群众，帮助他们渡过地震之后的第一个寒冬。

广西红十字基金会积极开展社会募捐，年内筹集款物1982.85万元，建立专项救助基金，对全区14岁以下贫困先天性心脏病患儿、贫困的致残性骨病患者及艾滋病患者和感染者进行救助，定向援助本区基层医疗机构以提高诊疗水平。

四、继续扩大国际交往和与港、澳、台的交流与合作

在圆满完成第三期澳大利亚红十字会社区备灾项目后，又争取到后续援助资金75万澳元（折合人民币450万元），继续在本区实施第四期为期3年的备灾项目；接待了德国和越南国家红十字会项目工作代表团来广西考察澳大利亚红十字会在本区援助的社区备灾项目实施情况。自治区副主席、广西红十字会会长李康会见了代表团一行。

圆满完成了香港、澳门红十字会在本区援助的民房、卫生院（站）、饮水工程及备灾仓库等灾后重建项目，并协助香港红十字会对灾后重建项目进行了评估。

在澳门回归祖国十周年之际，应澳门红十字会邀请，自治区红十字会副会长蒋芳英赴澳门参加庆祝活动，并出席澳门红十字会主办的两岸四地红十字备灾救灾研讨会。

2009年，自治区红十字会组派访问团访问了台湾红十字组织，与台湾花莲等地红十字组织就救灾备灾、水上救护、志愿服务、无偿献血等工作进行了广泛的交流。

五、组织建设不断加强

组织建设稳步推进，截至2009年底，广西14个地级市已全部下发了理顺红十字会管理体制的文件，其中11个市配备了专职副会长，9个市级红十字会已完全理顺管理体制，独立自主开展工作，33个县（区）红十字会理顺了管理体制，基层红十字会工作能力日益增强。

着力创建具有红十字特色的志愿服务体系。制定并下发了《广西壮族自治区红十字志愿服务管理办法》，组建了自治区红十字会本级应急救援、社区关怀、宣传筹资等8个志愿者队伍。

【历史沿革】

广西红十字会活动始于1910年。1910年2月，梧州成立了广西第一个红十字会组织即梧州红十字会，1912年，改称中国红十字会梧州分会。到1949年，广西境内已有梧州、桂林、邕宁、柳州、横县、阳朔、桂平、贵县、百色9个红十字会分会，有红十字会医疗救护机构2所。当时红十字会组织主要从事战地救护、为灾民赠医施粥、收养弃婴和孤儿等工作。新中国成立后，中国红十字会的各级组织均进行了改组。1956年，国务院批复中国红十字会总会的编制中，明确广西的分会人员编制共38人，其中省红十字会6人，桂林红十字会10人，南宁红十字会10人，梧州红十字会4人，柳州红十字会5人，北海红十字会3人。1958年，广西省改为广西壮族自治区，开始筹办全自治区统一的广西红十字会。1963

年11月，负责统筹协调、指导、管理全广西红十字会活动的广西壮族自治区红十字会正式成立。1965年，自治区红十字会与南宁市红十字会联合开展国防救护训练（即战伤救护四大技术等模拟训练）试点，训练民兵急救员达4037人，为以后各地普及民兵救护知识和培训救护骨干打下了良好的基础。1966年4月，中国红十字会总会在南宁市召开全国水上救护训练经验交流会，来自全国16个省、自治区、市160多名代表到邕江边与几十万群众观看了南宁市红十字会组织的水上救护综合演习。1967年，受“文化大革命”冲击，全广西红十字会组织被撤销，工作停顿。1978年8月，广西壮族自治区红十字会恢复工作。随后，南宁、柳州等地、市、县红十字会组织机构也相继恢复。1978年4月至1979年6月，广西壮族自治区红十字会协助政府共接待安置越南难民18.89万人，先后接收了国际难民署赠款2473.12万美元，全部用于资助难民的生产、生活、医疗、教育事业。1979年至1990年间，广西壮族自治区红十字会参与了数次战俘交换工作，得到了红十字国际委员会的高度赞扬。

《中华人民共和国红十字会法》颁布实施后，广西壮族自治区红十字会的组织发展迅速。1998年8月，广西壮族自治区红十字会正式从区卫生厅分离出来，实现机构独立设置，2002年落实了三定方案，从此，广西壮族自治区红十字会各项工作步入规范化发展轨道。

在中共广西壮族自治区党委和政府的领导和重视下，在社会各界的大力支持和参与下，广西壮族自治区红十字会认真履行《中华人民共和国红十字会法》和《广西实施〈中华人民共和国红十字会法〉办法》所赋予的职责，在积极配合政府参与自然灾害救助、大力开展群众性初级卫生救护知识培训、社区红十字服务、红十字青少年活动、推动无偿献血工作、关爱艾滋病患者、中国造血干细胞捐献者资料库广西分库建设、引进国际援助项目等方面取得了显著的成绩。

截至2004年12月31日，广西壮族自治区各级红十字会共收到中国红十字会总会、香港特别行政区红十字会及社会各界捐赠款物合计人民币714.43多万元，全区有14个市、66个县（市）的53万人受益。在“红十字博爱送万家”慰问活动中，自治区红十字会筹集了价值近130万元的送温暖物资，发放给城市低保家庭和灾区群众。至2004年12月底，自治区红十字会先后收到了由东兴、凭祥等地方海关转交及总会分配的罚没侵权货物4批次，价值12.13万元。2004年，自治区红十字会举办了5期卫生救护师资培训班，共培训师资168人。开展以“关注妇女、预防艾滋”为主题的宣传活动，全区约60万名群众接受了教育。在全国无偿献血表彰会上，广西壮族自治区有9人获2001至2003年度全国无偿献血奉献奖金奖，25人获银奖，155人获铜奖。桂林电视台、广西师范大学红十字会以及南宁市的苏兆平荣获全国无偿献血促进奖，桂林市荣获全国无偿献血先进省市奖。2004年，中国造血干细胞捐献者资料库广西分库检验并实现入库数据1509人份。9月，自治区红十字会开展了“行动传播人道，爱心拯救生命”专项募捐活动，为广西分库建设筹措资金30多万元，用于广西分库的血样采集和检测工作。自治区红十字会围绕中国红十字会成立100周年庆典活动，制作了《纪念中国红十字会成立100周年》邮折邮封。广西红十字民族教育助学协会成立，开办了一个民族班，资助47名少数民族贫困生读完高中，协会3年共提供人民币资助28.2万元。2004年，广西壮族自治区红十字会与红十字会与红新月会国际联合会合作利用欧盟捐款383.7万元人民币，在6个县（区）建造生态旱厕3750座，并修建了高位落差的饮水项目，解决了当地5000多人的饮水问题。由澳门特别行政区红十字会援助的罗城仫佬族自治县峡山博爱小学教学楼投入使用。在为印度洋海啸灾区募捐活动中，全区共募集善款1122.55多万元。

【组织机构】

1998年8月，广西壮族自治区红十字会正式从区卫生厅分离出来，实现机构独立设置，2002年落实“三定”方案，机关定为副厅级，内设办公室、组织发展部、救助救护部3个处级机构，人员编制16名。中共广西壮族自治区党委书记曹伯纯，原广西壮族自治区人大常委会主任赵富林，原广西壮族自治区人大常委会副主任李振潜担任自治区红十字会名誉会长，广西壮族自治区副主席刘新文担任会长，政协、卫生、民政、财政等单位为副会长单位，驻会有专职副会长2人，秘书长1人。

目前，广西壮族自治区已有桂林、柳州、南宁、防城港等8个市以及8个县的红十字会理顺了管理体制，实现了机构独立设置。全区有县级以上红十字会基层组织133个；高等院校红十字会组织29个；中小学校红十字会组织1172个；乡镇、街道红十字会组织46个。全区有红十字会员近40万人，志愿工作者2.1万人。

【大型项目】

2003年“非典”期间，广西壮族自治区红十字会系统共接受社会各界捐赠的款物价值人民币1289.30万元，并及时进行处理分配，有力地支持和配合了抗击“非典”的斗争。

2004年12月26日，印度洋地区因地震引发海啸灾难后，广西红十字会响应中国红十字会总会号召，开展了大规模的募捐活动。在短短一个多月时间内，共接受社会各界捐款1122万多元。这是广西壮族自治区红十字会历史上规模最大、影响最大、效果最好的一次国际人道主义救援行动。

2005年6月，广西遭受了百年不遇的特大洪涝灾害。广西红十字会在自治区党委、政府的统一部署下，开展了广泛的社会募捐工作，募集款物总价值612万多元，为救助灾民及灾后重建做出了贡献。

【主要特色】

（一）改厕、改水及健康教育项目

2001至2005年，广西壮族自治区红十字会利用国际人道主义办公室援助款1600多万元开展了农村生态旱厕项目、农村健康教育项目、农村防灾备灾项目和艾滋病预防宣教工作等。在全区11个市、31个县建造了19947座粪尿分集式生态旱厕，10个饮水工程，同时在所有的项目村开展了以环境卫生、个人卫生、传染病防治为主要内容的健康教育，并由当地政府配套进行周围环境治理（道路硬化、污水排放、人畜分居），直接受益人数达104374人。项目的实施，为受益村家家户户提供了干净的卫生厕所和安全的卫生饮用水，同时通过参与式的健康教育，促进了农民卫生健康观念的转变和卫生习惯的养成，降低了当地与水及环境卫生相关疾病的发病率，受到了社会各界的广泛好评。

（二）艾滋病预防与宣教

广西壮族自治区红十字会自1996年以来，积极参与中国红十字会总会的艾滋病预防青年同伴教育活动以及国家卫生部国外贷款办、广西艾滋病预防领导小组组织开展的相关艾滋病预防宣教活动。据不完全统计，全区通过红十字会系统培训的同伴教育者（主持人）共11期388名，并在3所大专院校开设了艾滋病、性病、安全性行为健康教育选修课；还先后在边境县（市）、戒毒所等开展了预防宣传工作；有10000多人接受了艾滋病预防知识同伴教育培训，印发宣传资料2万余份。

（黄吉宁）

南宁市红十字会

【简介】

南宁市红十字会1924年10月25日成立，时称中华民国红十字会邕宁分会。1950进行改组后与南宁市人民政府卫生科合署办公，1958年改称南宁市红十字委员会，1964年改称南宁市红十字会。1966年6月至1978年7月，受“文化大革命”冲击工作停顿。1978年8月9日，为配合红十字国际委员会来广西了解被越南当局驱赶回国的难侨情况，中国红十字会总会商请广西恢复南宁市红十字会工作，1979年上半年恢复工作。2002年12月实行机构独立设置，由市政府领导联系，机关设办公室和救助救护部，编制8人。目前，南宁市红十字会有县（区）级以上红十字会基层组织12个，高等院校红十字会组织6个，中小学校红十字会组织个48，乡镇、街道红十字会组织市40个。全市有红十字会员50475人，志愿工作者1122人。

柳州市红十字会

【简介】

广西柳州市红十字会始建于1927年，当时名为中国红十字会柳江分会。中华人民共和国成立后，1952年柳江分会改名为柳州市红十字会。目前有市级团体会员单位17个，会员8189人；县区级团体会员单位57个，会员2804人；中小学校红十字会基层组织41个，青少年会员35954人。

桂林市红十字会

【简介】

桂林市红十字会成立于1917年9月。“文化大革命”期间，工作中断。1978年4月，桂林市红十字会机构和工作得以恢复。1989年12月，桂林地区红十字会成立。1999年3月，桂林地、市红十字会合并，机构独立设置，成为桂林市人民政府直接领导的人道主义社会救助团体。桂林市红十字会有专职人员6人，内设两部一室。所辖5个城区、12个县均成立了地方红十字会机构，有基层红十字组织198个。

玉林市红十字会

【简介】

玉林市红十字会成立于1990年。所辖玉州区、北流市、容县、陆川县、博白县、兴业县6个县（市、区）红十字会，已初步形成了市、县（市、区）红十字会组织网络。

防城港市红十字会

【简介】

防城港市红十字会成立于2001年11月20日。按处级事业单位独立设置，落实了机关“三定方案”。所辖港口区、防城区、上思县、东兴市（县级）在2003年之前先后召开了第一次红十字会会员代表大会，成立了第一届理事会和理事会领导机构，区县（市）红十字会按科级事业单位独立设置。防城港市成为广西第一个理顺市、县两级红十字会管理体制的地级市。

北海市红十字会

【简介】

北海市红十字会成立于1956年。全市有红十字基层组织24个，会员27760人。

河池市红十字会

【简介】

河池市红十字会成立于1991年1月16日。有编制3名。

海南省红十字会

【年度工作】

2009年，海南省红十字会做了以下工作：

一、组织建设工作

至2009年末，全省已有6个市县红十字会理顺管理制体，9个市县建全了红十字会组织，配备了专职干部。全省各级红十字会专职干部由原31人增加到57人。除澄迈、临高和陵水县外，各市县红十字会的工作条件有了较大改善，市县红十字会开展工作的能力明显提高。

二、灾后重建工作

四川灾后重建后续工作顺利开展。根据捐款人的意愿，完成了中国电信四川公司30万元定向援建项目、宝兴县穆坪镇“胜利爱心黄丝带小学”45.23万元人民币定向援建项目，以及什邡市云西镇思安小学6.8万元的援建项目；为宝兴县划拨了4790.11万的援建款，宝兴县人民医院的重建工作正在顺利进行中。

三、救灾与救助工作

受热带气旋影响，本省部分农村遭受水灾，严重影响了灾区群众的生活。本会先后将价值32万元的消毒剂和价值40万元的116吨大米及时送到儋州、临高、昌江、东方等6市县在自然灾害受损的特困群众手中，解决部分灾民的生活困难。

“莫拉克”台风引发台湾水灾后，在省委的领导下，本会与省台办、台联一起及时开展募捐工作，共募集善款120多万元，并由省委副书记于迅将其中的100万元带到台湾灾区，送去了海南人民血浓于水的深情。

“红十字博爱送万家”活动持续开展。2009年元旦、春节和中秋节期间，本会通过各种渠道募集了价值80多万元的救助物资发放到困难群众手里。

天来泉老年健康基金全年救助了16市县192位贫困老人，发放救助款80余万元。

菩提树基金为四川绵阳地震灾区16名大学生按每人每年5000元发放了当年的8万元救助金；该基金还为文昌孤儿学校购买了价值12000元的乐器并发放23500元奖学金。奥斯蓝黛助学金继续资助20名贫困小学女生，每人发放500元的助学金。“红十字救心行动”已救助了5名先天性心脏病患儿，其救助资金主要来源于“我爱海南”少儿救助基金。

四、救护培训工作

大力宣传群众性自救互救知识。配合纪念“五八世界红十字日”和“世界急救日”，全省各级红十字会通过电视台播放卫生救护节目、进社区现场模拟演练、举办救护培训知识竞赛等多种方式广泛开展急救知识宣传。在机关、社区、学校、企事业单位举办培训班、知识讲座数百场，先后为55家省直机关企事业单位约2万人次开展了救护知识讲座。

五、造血干细胞捐献工作

全年实现入库志愿者资料3000多人份，入库总数已达22508多人份，检索配型相合的有542人次，有180位志愿者已采集了高分辨血样，实现捐献5人次，向广东、湖北、上海、北京等省市的血液病患者送去了延续生命的礼物。10月中旬，组织已捐献造血干细胞的志愿者和造血干细胞志愿者服务队的骨干成员到三亚等地学习考察交流。

六、项目建设工作

截至2009年9月底，本会较好地完成了第五轮全球基金疟疾项目中国红十字会第三项目年工作任务，在白沙、昌江两个县免费发放长效药物蚊帐53122顶，覆盖20个乡镇场、228个项目村，使疟区13万贫困人口受益，受到当地政府和群众的好评。

七、防艾宣传工作

在日常开展预防艾滋病宣传工作的基础上，本会积极申报比尔盖茨基金的艾滋病项目，并在儋州市开展了对高危人群的动员检测试点工作。在本会的支持和指导下，儋州市红十字会克服困难、认真组织并进行大量深入细致的宣传动员工作，动员1587名吸毒人员和性工作者接受艾滋病检测，为日后的扩大试点工作取得了宝贵的经验。“12·1”世界艾滋病日，本会与海南医学院联合举办了大型艾滋病关爱活动。

【历史沿革】

海南红十字会建省前在广东省红十字会指导下开展红十字会工作。早在1952年12月，广东省海南人民医院就成立了红十字会，1954年，海口市红十字会成立，两个红十字会均为团体会员，约300人。1981年7月，成立海南省行政区红十字会，会长林树兰（海南行政区公署副主任），秘书长程学（兼），办公室设在卫生局。到1988年，海南红十字会有基层组织20个，会员3000多人。1989年，海南建省后，撤销原海南行政区红十字会，正式成立海南省红十字会。海南省红十字会克服各种困难，积极主动地开展工作，在协助政府安置难民、开展募捐、发展会员、建立组织以及红十字青少年、国际交往、接受捐赠等方面做了很多工作，出现了可喜的局面。1993年10月《中华人民共和国红十字会法》和1996年1月《中华人民共和国红十字使用办法》的颁布施行，使红十字会组织成为国家法定的从事人道主义工作的社会救助团体，从而确立了红十字会的社会地位。2000年3月29日，海南省红十字会召开了第三次全省会员代表大会，选举了副省长王琼瑛为会长，卓英为常务副会长，根据会长提名赵健丽任秘书长。2004 年 12 月 7 日，海南省第四次全省会员代表大会召开，大会全面总结了三届理事会的工作，制定了 2005 至 2009 年发展规划，选举产生了由 61 名理事组成的新一届理事会，聘请中共海南省委书记汪啸风、省长卫留成为名誉会长；海南省人大副主任王琼瑛、省政协副主席王辉丰当选为名誉副会长；赵国卫当选为常务副会长；赵健丽、刘平治、随枝叶、苏远洋当选为副会长，根据会长提名赵健丽兼任秘书长。

2004 年，海南省红十字会在“五八”世界红十字日期间，在《海南日报》、《海口晚报》、《中国红十字报》等报刊报道海南省红十字会开展活动的稿件 50 篇，海南电视台、海口广播电视台播出关于红十字会活动的新闻 161 次，在网上发布新闻 8 条，印发预防艾滋病宣传画 78520 份。全年共募集和发放了赈济款物合计人民币 400540 元，赈济特困家庭 8010 多户。在“红十字博爱送万家”活动中。海南省红十字会发放慰问品价值 30 万元，受益贫困家庭达 1500 户。海南省红十字会全年开展救护知识普及讲座 34 次，参加讲座人数 5754 人。全年救护员培训总数 6578 人，全年师资培训总数 148 人。海南省报名捐献造血干细胞的人数超过 12000 多人，采集检测入库资料超过 8000 人份，已配对成功 60 多例，实现捐献移植 9 例；参加无偿献血达 13532 人次，献血总量达 56666 袋，海南省已实现医疗用血全部来源于公民无偿献血。海南省红十字会在 2004 年的艾滋病预防宣传工作中，举办了宣传活动 58 次，举办青年同伴教育培训班 34 次，参加青年同伴教育培训人数 20060 人；发放宣传品 78520 件，共投入资金 8.215 万元。截至 2004 年底，全省共有 15 名志愿者报名捐献器官、遗体。其中，已通过公证登记生效的有 7 人。

海南省红十字会历次代表大会

第一届

1991 年 8 月 27 日召开，代表 41 人，理事 23 人，常务理事 5 人，常务副会长韦少成，副会长刘通显、陆清、谢峰、黄相基。

第二届

1994 年 9 月 20 日召开，代表 54 人，理事 29 人，常务理事 10 人，会长刘名启、王厚宏、于迅，常务副会长韦少成，副会长陆清、简梁盛、谢峰、蒋金富、周元友、王亚保、叶斌、符国存。

第三届

2000 年 3 月 29 日召开，代表 108 人，理事 57 人，常务理事 9 人，会长王琼瑛，常务副会长卓英。

第四届

2004 年 12 月 7 日召开，代表 92 人，理事 62 人，常务理事 9 人，名誉会长（副会长）汪啸风、卫留成、王琼瑛、王辉丰，会长林方略，常务副会长赵国卫，副会长赵健丽、随枝叶、苏远洋、刘平治。

【组织机构】

海南省红十字会现有基层组织 132 个，会员 11 万人，全省目前共有 365 所学校建立了红十字会，红十字青少年会员达 6 万多名。全省 17 个市、县建立了红十字会。

海南省红十字会机关设有综合办公室、事业发展部、赈济救护部，中国造血干细胞捐献者资料库海南分库。

根据《中华人民共和国红十字会法》

和中国红十字会总会《理顺管理体制座谈会纪要》精神，2001年，海南省红十字会向海南省编委申报《海南省红十字会关于理顺红十字会管理体制的请示》，2001年11月21日，中共海南省委办公厅正式下发了《关于理顺省红十字会管理体制的批复》。海南省红十字会由“省卫生厅代管”改为由省政府领导联系，编制5名（使用事业单位编制），参照公务员管理。2004年10月4日，为了便于省政府协调开展红十字会的工作，省编委经研究决定将省红十字会归属省政府办公厅管理。目前，全省已有6个市县的红十字会基本理顺管理体制，9个市县配有红十字会专职干部。海口、三亚、儋州、澄迈、临高、万宁、文昌、琼海、东方、五指山、屯昌、定安、昌江、乐东、陵水、白沙、保亭、琼中18个市、县成立了红十字会。2001年11月，经中国红十字会总会批准，海南省红十字会建立了“中国造血干细胞捐献者资料库海南分库”。

【大型项目】

1. 1996年，海南省连续遭受多次热带风暴袭击，全省各级红十字会共募集赈灾款物价值86万元，帮助灾区群众渡过难关。

2. 1998年，为“三江流域”洪涝灾害开展募捐活动，共募集款物560万元，支援了灾区的重建工作，同年，在内蒙古自治区兴建博爱村一个。

3. 1998年，为西藏、青海雪灾灾区开展募捐工作，共募集款物30多万元，及时支援了兄弟省区的救灾工作。

4. 2000年，海南省遭遇了百年不遇的特大洪涝灾害，全省共募集款物折合人民币246.8万元。

5. 2004年底，为印度洋海啸灾区募捐1000多万元善款。

【主要特色】

（一）做好难民安置工作

为做好接收安置印支难民的工作，海南省红十字会遵循人道主义宗旨，积极协助和配合政府有关部门做好难民的医疗保障工作。海南省人民医院红十字会、海南医学院附属医院红十字会、海口市人民医院红十字会、海南兴隆红十字医院等单位多次派出医护人员在码头、车站设立难民医疗点，为过往难民提供免费诊疗服务。同时组织红十字医疗队深入难民安置点，为难民义务体检和开展防病治病活动。据不完全统计，近20年来，红十字会共为难民诊治伤病113420人次，收容难民住院治疗18783人次，为难民点培养卫生技术骨干250多名。红十字会还向难民子女免费发放学习文具9360份，价值人民币2万多元。

（二）坚持给麻风病人送温暖

2000年至今，海南省红十字会坚持每年春节前开展为省麻风病医院特困群众送温暖活动，共赠送了价值近10万元的物品和药品。

（三）在旅游点设置募捐箱

为方便社会各界人士捐款奉献爱心，海南省红十字会在省内各旅游景点、机场、码头、公园、宾馆等公共场所放置了红十字募捐箱。

（四）开展预防艾滋病项目

遵照红十字会与红新月会国际联合会和中国红十字会总会对艾滋病预防工作的具体部署，海南省红十字会于1998年在海南省启动了艾滋病预防青年同伴教育项目。从1998年的项目筹备启动开始至今，全省已培训项目核心主持人78名，举办项目普及培训班 120 期，直接受训人员达 3400 人，间接受益者达 5 万多人。培训领域包括学校、酒店、宾馆、政府机关，覆盖面逐渐扩大到全省 13 个市县，邀请加拿大 McGill 大学医学院教授、国际卫生教育专家加德里安博士到海南专门指导省红十字会开展预防艾滋病青年同伴教育项目。加德里安博士已在海口、三亚、儋州、琼海和万宁的 28 所大中专院校举办了 30 多场（次）的预防艾滋病讲学活动，直接听众达 2 万多人。

2001 年 5 月，海南省红十字会在全省举办了“反对歧视艾滋病病毒感染者及病人漫画卡通画大赛”活动。从各单位选送的 60 多件作品中筛选出 8 件优秀作品报送中国红十字会总会参评，其中有 6 件作品被总会选中，代表中国参加了由红十字会与红新月会国际联合会举办的“反对歧视艾滋病病毒感染者及病人的漫画卡通画大赛”。海南省儋州市那大二中高二年级蒲丁欣同学的作品荣获东南亚/东亚地区大赛第一名，海南大学学生周桑的作品被编入这次大赛的优秀作品的画册，为中国红十字会争得了荣誉。海南省红十字会撰写的《关于举办反对歧视艾滋病病毒感染者及病人卡通漫画大赛的报告》被第五届世界艾滋病关怀大会选中，海南省红十字会秘书长赵健丽受大会组委会特邀和资助，于 2001 年赴泰国清迈与世界各地的 1 万多名代表交流“控艾”经验。

（五）开通网站

海南省红十字会使用现代化宣传手段，努力扩大宣传范围，取得良好宣传效果。2000 年，在海南在线的协助下，海南省红十字会率先创建了国内红十字系统第一家省级网站——海南省红十字会网站。通过近几年来的建设完善，网站已设有红十字信息、救灾救助、救护培训、寻人转信、功德榜、志愿服务、在线捐助、留言簿、电子邮件、友情链接等诸多栏目。通过网站可以了解到全省红十字会工作动态、国际红十字运动基本知识、艾滋病预防知识、初级卫生救护知识、寻人转信动态等。网站的开通，扩大了红十字会的社会影响，使更多的群众了解并关心支持红十字事业。网站开通至今，已有数万人次访问，并在赈灾捐助和志愿服务中发挥了作用。

（六）交流合作

2001 年 4 月，在中国红十字会总会的安排下，海南省红十字会会长王琼瑛率团出访德国红十字会巴伐利亚利珀分会。

2001 年，受中国红十字会总会派遣，海南省红十字会秘书长赵健丽赴泰国皇家墨罕德大学卫生学院进修了卫生项目管理技术，其后，还赴国际（马尼拉）危险管理学院研修了突发事件卫生管理技术。

2002 年，为加强琼台两地的交流合作，海南省红十字会邀请台湾高雄市红十字组织代表团于 6 月中旬到海南省进行了以水上卫生救护为主题的工作访问。

2003 年初，应台湾高雄市红十字组织的邀请，海南省红十字会常务副会长卓英率团赴台进行了为期一周的访问交流。与台湾红十字组织各位高层领导会见，并就两岛加强交流合作进行了友好的协商，访问工作取得圆满成功。

（吴敬波）

海口市红十字会

【简介】

海口市红十字会成立于1998年，是中国红十字会的地方组织，是从事人道主义工作的社会救助团体，在中国红十字会和省红十字会的指导下，协助政府独立自主的开展人道主义和社会救助工作，为世界和平和人类进步事业贡献。

海口市红十字会为副处级单位，机关行政编制3名，工作单列由副市长直接领导，主要工作：1. 开展备灾救灾工作；2. 开展和普及群众性的初级卫生救护培训工作；3. 宣传、组织、推动公民无偿献血工作；4. 开展红十字青少年活动；5. 参与社区服务和人道救助活动；6. 宣传《红会法》、国际人道法和国际红十字运动基本原则；7. 开展国际交流活动。

三亚市红十字会

【简介】

三亚市红十字会于1991年10月经三亚市人民政府批准成立，是从事人道主义工作的社会救助团体。海南省红十字会是其业务主管部门。

三亚市红十字会的领导机构设会长1名，由市政府分管卫生的副市长兼任；常务副会长1名，由市卫生局局长兼任；副会长6名，分别由市财政局、教育局、民政局、企业及红十字会的领导兼任。专职工作人员2名，其中秘书长1名，负责日常事务性工作。现有常务理事5名，理事10名，基层组织13个，会员3000余人。

根据《中华人民共和国红十字会法》的有关规定及国内红十字系统的通行做法，三亚市红十字会聘请名誉会长2名，分别由三亚市市委书记、三亚市政府市长担任；聘请名誉副会长2名，分别由三亚市人大常委会副主任、三亚市政协副主席担任。

三亚市红十字会会长：郭保红（副市长）

常务副会长：陈志勇（市卫生局局长）

重庆市红十字会

【年度工作】

2009年，重庆市有20个区县红十字会理顺了管理体制，分别占50%。全市现有基层组织1465个，会员60万人（其中青少年组织10万人），还在交通、教育、卫生系统等成立了12个行业红十字会。重庆市各级红十字会在全市教育、旅游、煤矿、航空、消防、宾馆行业广泛开展初级卫生救护培训工作，效果良好。救灾网络快速发展、救灾能力稳步增强。重庆市红十字会紧紧围绕“生命工程，爱心工程，救援工程”三大工程参与救援工作，协助政府在人道领域开展救助工作，广泛开展社会募捐，建立了良好的社会募捐与救助网络体系，市红十字会有一支过硬的社会募捐志愿者队伍，先后与市工商银行、市农业银行、生命人寿保险等企业建立了战略合作伙伴关系。重庆市红十字会为汶川特大地震灾区募捐2.64亿元，投入灾后重建项目资金达5 620.7万元。重庆市红十字会还被中国红十字会总会、重庆市人民政府评为“抗震救灾先进集体”。

【历史沿革】

1910 年（宣统二年），重庆市宽仁医院院长马嘉礼（美国人）首议筹建重庆红十字会。由商界首领李湛阳出面号召；巨绅魏国平以经营画社筹集资金；廖焕庭、温少鹤、李灝枫、杨沧白等社会名流具体筹备。1911 年（宣统三年）3 月，经大清红十字会核准，大清红十字会重庆分会正式成立。挂牌市区临江门外给孤寺。李灝枫当选为第一届会长。巴县府划拨给孤寺一带（现临江门至一号桥）地产 1600 平方丈为红十字会所有，命名为“红十字街”。1912 年国民政府初立，大清红十字会更名为中国红十字会，重庆分会更名为中国红十字会重庆分会。

民国初期，兵戈内战及自然灾害不断。为筹措活动经费，分会董事李湛阳、魏国平等出面邀请中西各界名流开会发展会员。凡到会者俱为本会会员，纳会金 25 元/人（银元。下同）。并规定常年会员纳会金 5 元/人；特别会员年纳会金在 100 元/人以上。同时呈请巴县府将多种捐税交由红十字会收取，以资补贴。主要税种有机制土货税，年纳金 8000 余元；寮头税，年纳金 7000 余元；“红灯”（抽大烟场所）税，年纳金 20000 元；地契附加税，年纳金 1000 余元；九门屠捐税，年纳金约 7000 元；房地税，年纳金约 1000 元。年收入保持在 40000 元以上。

创建初期，分会活动以各诊所为依托救助灾困贫民为主。于 1917 年始，先后设中医社七所：一社设在药王庙侧轩岐公所；二社设在临江门七星坎；三社设在临江门吉祥寺巷；四社设在两路口同兴堂侧；五社设在南岸龙门浩玄坛庙内；六社设在售珠市勇善堂内；七社设在海棠溪尊德堂内。各所聘请名老中医施治。主方所需药物及经费由本地绅商自由捐助。

1920 年，分会建总医院于临江门外给孤寺（即现重庆市红十字会医院雏形）。聘请德国医师阿思密为院长，年俸 12000 元。分会规定：无论兵民男女贫富皆得治疗。贫者免费，富者按章纳费。特等病室每日纳银 3 元；头等病室每日纳银 2 元；二等病室每日纳银 1 元；三等病室每日纳银半元。此外，在城内九尺坎街道另设西医诊所一家，每周一、四、六诊治男病，日诊治病人 200 名；每周二、五诊女病，日诊病人 200 名。1923 年，分会总医院在通远门外建立分院，专门收治贫民，概不收费。

1923 年，分会购置水龙（消防灭火器材）两套。城内外凡发生火警，分会即派人携带火龙随医护人员前往抢救。1924 年，分会又购置小艇 5 艘，每年夏历 4 月 1 日至 10 月 1 日（洪水期），分驻龙碛子、夫归石、梁沱灌口、铜锣峡险滩；一艘沿长江上下巡逻，随时抢救溺水难民。

1929 年，因经费不足，各中医社、西医诊所及分医院陆续关闭。分会总医院也在 1931 年关闭，分会工作也基本停止。

1931 年 9 月 18 日，日本关东军突然向我国东北发动进攻，制造了震惊中外的“九一八”事变。1932 年初，日军全面侵占我国东三省，大批难民流离失所，流入关内。总会及各分会紧急动员起来，为救助难民筹措款物。

1937 年 11 月，在总会的大力支持和本市热心慈善事业人士的资助下，廖焕廷、温少鹤、黄次咸、马嘉礼发起成立重庆救护委员会。募得经费 87000 余元。1938 年春，救护委员会承接了本市教会团体所办的救护训练班；在陕西街万寿宫开设了贫民诊疗所。并于同年4月在给孤寺成立救护医院：设病床100张。组织了72人的救护担架队，以备空袭时收容抢救受伤军民。7月，救护委员会举办大会征求红十字会员，征得新会员800余人。8月，救护委员会聘请征集医护人员80人，分编4个医疗救护队随军开赴湘、赣战区服务。半年后，4个救护队陆续交归总会救护总队。1938年7月至12月，分会医院、诊所和担架队救治伤患128000余人。

1939年5月3～4日，重庆市区遭日机大轰炸。临江门外红十字街和分会救护医院的房屋设备被炸毁。同年6月，分会宣告恢复工作，并于11月28日召开会员大会：改组了理事会及医院董事会。会长温少鹤。正式启用中华民国红十字会重庆分会名称和印章；承接救护委员会所属医院诊所及其他救护事业；决定在南岸黄桷桠新建分会医院；调整会费标准为：青年会员每年纳金2000元/人（旧币，下同）；普通会员每年纳金5000元/人；特别会员一次性纳金40000元/人；名誉会员一次性纳金200000元/人；团体会员一次性纳金400000元。年内共征得会员45710人；收会费9912600元。救治炸伤者（担架队）1347人；接种痘苗15000余人；其他预防接种5600余人；救治其他伤患28354人。

1940年3月，按当时规范要求修建的分会医院（中型）在南岸黄桷垭落成（现纺织职工疗养院址）。建院经费来自中央赈济委员会、四川省红十字分会及其救护委员会捐赠的13500元（银元。下同）为筹措分会医院所需设备购置经费，分会邀请社会名流发起社会募捐：重庆市市长吴国桢、名画家徐悲鸿、王东培、吴麟若、许士麟、陈之伟、黄君壁、张书旗、潘见平、潘文淑、邓白、谢稚柳等发起国画义展、义卖。共募得资金40000余元。分会医院设备药械得以完备。聘请黄次咸任院长；邝安堃、宋祖安任主治医师。

1940年3月，总会迁来重庆夫子池。4月1日正式办公。并在沙坪坝设立重伤医院，收治空袭时受伤贫民。年底，该院被炸毁。1941年10月，总会又在高滩岩购置土地兴建中华民国红十字会重庆医院。于1943年7月该院落成。1944年2月，中华民国红十字会重庆医院与国民政府中央医院合并。增设病床；附设高级护士职业学校（现中国人民解放军第三军医大学及其附属医院址）。

1946年4月，总会迁回南京。其在重庆市区夫子池的办公用房和诊所以及高滩岩救灾仓库内的物资（美国红十字会捐赠的8卡车药品器械及毛毯）全部赠与重庆分会。5月19日，总会第一届理事会决定：中国红十字会的工作中心由战时救护转变为社会服务。以建设分会、征集会员、筹措基金为工作重点。为促进分会的恢复和重建，总会在上海、汉口、北平、广州、重庆设5个区办事处。由各区办事处分辖数省。重庆区办事处辖四川、西康、贵州、云南、西藏。总会在年内对各分会进行了彻底的清理整顿，重新报批、登记、发证。经过整顿的分会即可在其辖区内发展支会。重庆分会在此次整顿中改选了理事会。黄次咸任分会会长；余养贤任总干事，新征会员44000余人（总会资料）。

1946年，重庆霍乱大流行，死亡甚众。

分会除在南岸黄桷垭医院收治病人外，又在市区中央花园设时疫急救医院一所。常设病床80张，机动病床40张。聘请李紫凝为医务主任；田竹轩、赵琼、徐印坎等9名医师，10名护士。检验师和药品由美国红十字会免费提供。年内免费收治病人1500余人。总会重庆区办事处联合基督教青年会开办了励志儿童医院。免费诊治街头流浪患儿，经费由其理事捐赠。

4月底分会医院迁至江西会馆。7月又迁至市区陕西街。分会工作重点由战时救护转向社会服务。为增强民众防疫知识，分会举办常年防疫训练班宣传卫生防疫常识；组织巡回医疗队深入边远山区进行预防接种；为公共娱乐场所、工厂、学校、监狱进行“消、杀、灭”清除工作。年内共诊治和接种注射218585人次；散发灭鼠药30磅。分会当年工作在总会考核中获甲等，与上海、南京分会同享殊荣。当年底，总会撤消了除上海以外的4个区办事处。重庆区办事处所属的励志儿童医院转交重庆分会。

1949年3月，分会医院与励志儿童医院合并。迁回临江门外红十字街给孤寺旧址。初夏，为防时疫发生，分会组织巡回医防队到贫民区诊治病人，对易感者进行预防接种。共服务3893次。同年9月2日，市区小十字及过街楼一带发生特大火灾（即震惊中外的“9·2”火灾)。分会救护队快速赶往现场，抢救重伤患者270人。并以分会名义将这批伤员分别转送到市内各大公、私医院治疗。此举受到社会各界的极大关注和好评。9月下旬，分会应四川高等法院和重庆地方法院邀请，为其所属监狱及看守所在押犯人义务诊病；并分别在监狱和看守所设义务诊所，定期派医护人员前去诊治病犯。每次诊治均在200人以上，所有药品及诊治费均由分会承担。11月30日，重庆解放。分会立即派医护人员前往渣滓洞、白公馆清理掩埋“11·27”遇难者遗物遗体，并对现场进行消毒处理。

1949年10月1日，中华人民共和国成立。总会从南京迁到上海，与上海区办事处合并。11月30日，重庆解放。重庆分会保留有：临江门医院、夫子池诊所、南岸新生托儿所。

1950年2月，总会在上海召开工作检讨会。各大城市红十字分会负责人应邀莅会。重庆分会会长黄次咸（总会资料记载）参加了此次会议，并被选为赴北京向中央人民政府汇报工作的代表。总会在协商改组并成立新的领导机构之后，对地方分会的改组整顿提到了议事日程。10月，卫生部与救济总会行文各地：要求有关部门协助改组整顿地方红十字会组织。总会专门举办了为期5周的分会干部学习班，重庆分会代理总干事余养贤先生参加了学习。

1951年4月16日，重庆分会协商改组会正式召开。市卫生局局长周洪生、市民政局社会科科长孙立太、分会会长温少鹤（余养贤口述）组成了会议主席团。全市10余个相关部门的负责人和会员代表参加了会议。会上，代理总干事余养贤汇报了分会建会以来的主要活动；修改制订了《重庆红十字分会组织规程》；协商产生了建国后第一届理事会。周洪生任会长，余养贤任总干事（均由总会行文任命）。改组后，分会归市政法委员会领导；经费由市财政和总会划拨；有国家编制内职工25人。

5月，分会在协商改组后，立即着手为抗美援朝募捐。共募得现金1465万元；物资720多件。同时分会在社会上广泛征求外科手术医护人员，筹备赴朝鲜战场救护工作。5月29日，分会派出了第一支赴朝外科手术队。队员13人；队长冉瑞图（市第二人民医院胸外科主任）。1952年2月3日，分会派出第二支赴朝外科手术队，队员10人；队长王安定（西南卫生部直属医院主治医师）。

1952年4月30日，国家政法委员会以政文字第20号文通知：“关于中国红十字会总会的工作，奉总理批示：改归中央卫生部直接指导和联系”。7月9日，中国红十字会总会与卫生部、内务部联合发出通知，要求各地分会与各地政府卫生部门合署办公。重庆分会因成立以来，一直是独立门户，独立自主地在开展活动，改组以后仍然具备独立开展工作的能力，并拥有独立产权的办公场所与服务机构。故未与市卫生局合并。仍然保留了独立核编和财政独立拨款。原有的办公场所与服务机构仍属分会所有，行政管理改归市文化、教育、卫生委员会（余养贤口述）直接指导联系。

1953年初，分会所属夫子池诊疗所合并到分会医院（临江门）。年底，接政府通知：分会医院交市卫生局接管，其“重庆市红十字会医院”的名称不变；分会在南岸的新生托儿所交南岸区政府接管。分会工作转为以爱国卫生宣传和现场急救员培训为主。

年内，分会在市区西南博物馆、市劳动人民文化宫、夫子池红十字阅览室、分会机关及近郊区各大厂矿举办了：“妇幼卫生”、“厂矿卫生”、“爱国卫生”、“新法接生”和“本市爱国卫生成绩展”等大型展出。在市区展出时每天接待参观者均在2000人次以上。在近郊巡回展出半年。接待参观者370多万人次。培训急救员957人；在近郊区创建急救站38个。

年底，重庆分会召开第二次会员代表大会：选举产生了第二届理事会。会长何正清（市卫生局局长）。总干事司明勋（兼职。市医学会党总支书记）。

1957年，重庆红十字会（以下简称市红会）在市中区王家坡、大溪沟街道首次建立街道红十字会。建立会员小组26个；发展会员3346个。在近郊区6个重点中、小学建立了红十字会，发展青少年会员629人。并帮助他们与苏联、波兰、保加利亚等国的学校红十字会建立联系。开展红十字青少年间的通信活动，互赠纪念品。

8月，近郊南泉乡刘家湾挖掘出日本人遗骨121具。分会立即派人协助政府有关部门及时包装妥当，送总会转交日本红十字会。

1961年3月，本市巴县长生桥公社李子林挖出日本人遗体38具。市红十字会立即妥善包装后送总会转交日本红十字会。

年底，市红十字会召开了第三次会员代表大会：选举产生了第三届理事会，会长何正清（市卫生局局长兼职）。

1963年初，市红十字会在沙坪坝区石桥公社试点开展乡村红十字会工作。将红十字会基层组织建到各生产队、组。收效很好。年内即推广到该区其他公社和北碚、南岸、江北4区30多个公社，100多个生产队。总会秘书长倪斐君专程来重庆进行实地考察。高度评价了此项工作对全国农村红十字会组织发展的推动作用。

1966年6月，“文化大革命”开始。红十字会被视为“封、资、修”产物，受到巨大冲击，工作全面停止。

改革开放特别是重庆直辖以来，重庆红十字事业有了长足的发展。1980 年重庆市红十字会恢复工作后，在清理恢复基层红十字组织的同时，先后组织了援非募捐、1987 年开展了台湾同胞大陆寻亲工作、1988 年国际体育援助、1998 年抗洪救灾等重大活动。2000 年，开展了以“伸出你的双手，献上一份爱心”为主题，以 500 名特困人群（即 100 名 80 岁以上高龄的特困老人，100 名生活特别困难的失学儿童，100 名生活特别困难的残疾人，100 名生活特别困难的大学生，100 名生活特别困难的下岗女工）为救助对象的募捐活动。2001 年全面启动了中国造血干细胞捐献者资料库重庆分库的建设工作。2002 年与重庆市总工会联合开展了城市困难群众子女助学工程。20 多年来，重庆市红十字会多方位地开展人道主义领域的服务工作，受理了 5000 多宗国际寻人转信和海峡两岸寻亲红十字通信，使 600 多个分离的家庭或亲人得到了重新团聚，为开展民间外交和沟通海峡两岸关系发挥了较好的桥梁作用。

1993 年《中华人民共和国红十字会法》颁布实施，1996 年《中华人民共和国红十字标志使用办法》颁布实施，2000 年《重庆市实施〈中华人民共和国红十字会法〉办法》颁布实施。2000 年 6 月，重庆市机构编制委员会正式行文理顺重庆市红十字会管理体制，明确由市领导联系。2004 年 7 月，经中共重庆市委批准，中共重庆市红十字会党组正式建立。

2005 年 3 月，召开了重庆市红十字会第二次会员代表大会，中共重庆市委书记黄镇东接见了参会的全体代表。会上，重庆市人事局、重庆市红十字会联合表彰了全市红十字会系统的 10 个先进集体和 20 名先进个人。选举产生了新一届理事会，聘请中共重庆市委书记黄镇东为名誉会长，重庆市人大常委会副主任陈雅棠、重庆市政协副主席窦瑞华为名誉副会长。选举重庆市人民政府副市长谢小军为会长，冉茂民为常务副会长，周清梅为副会长。经会长提名通过了赵幼渝为秘书长。重庆市红十字事业进入了一个快速发展的新时期。

重庆市红十字会历次代表大会

第一届

1950 年 4 月 16 日召开，代表协商产生，会长副会长第一届周洪生，常务副会长余养贤（总干事）总会任命。

第二届

1956 年召开，会长何正清。

第三届

1961 年召开，会长何正清。

第四届

1980 年 8 月召开，会长林琳。

第五届

1985 年 5 月 24 日召开，会长冯克熙。

第六届

1990 年 6 月 7 日召开，会长窦瑞华。

第七届

1994 年 7 月 20 日召开，名誉会长孙同川，会长窦瑞华。

重庆改直辖市后

第一届

2000 年 3 月 20 日召开，代表 120 人，

理事60人，常务理事19人，名誉会长贺国强、包叙定，会长程贻举，常务副会长冉茂民。

第二届

2005年3月23日召开，代表180人，理事60人，常务理事20人，名誉会长黄镇东，会长谢小军，常务副会长冉茂民。

【组织机构】

重庆市红十字会现有基层组织1465个，会员50余万人（其中青少年会员10万人），占重庆市常住人口的1.7%。全市40个区县（自治县、市）都建立有红十字会；机动车驾驶员行业、市教育系统、市卫生系统三个行业建立有红十字会；重庆大学（由原重庆大学、重庆建筑大学合并组建）、西南大学（由原西南师范大学、西南农业大学、四川畜牧兽医学院、中国柑橘研究所合并组建）、重庆医科大学、重庆师范大学等4所大学建立了红十字会；长安机器厂、望江机器厂、川东石油勘探公司等3个大型企业，部分中小学、职业学校、医疗机构建立了红十字会。

重庆市红十字会机关设有办公室、组织宣传外联部、赈济救护部（重庆市红十字会卫生救护培训中心）。

各区县（自治县、市）红十字会名单（40个）：万州区红十字会、涪陵区红十字会、黔江区红十字会、渝中区红十字会、大渡口区红十字会、江北区红十字会、沙坪坝区红十字会、九龙坡区红十字会、南岸区红十字会、北碚区红十字会、万盛区红十字会、渝北区红十字会、巴南区红十字会、长寿区红十字会、双桥区红十字会、江津市红十字会、合川市红十字会、永川市红十字会、綦江县红十字会、潼南县红十字会、铜梁县红十字会、大足县红十字会、荣昌县红十字会、璧山县红十字会、梁平县红十字会、城口县红十字会、南川市红十字会、丰都县红十字会、垫江县红十字会、武隆县红十字会、忠县红十字会、开县红十字会、云阳县红十字会、奉节县红十字会、巫山县红十字会、巫溪县红十字会、石柱土家族自治县红十字会、秀山土家族苗族自治县红十字会、酉阳土家族苗族自治县红十字会、彭水苗族土家族自治县红十字会。

【主要特色】

（一）“5个100”救助活动

2000年，重庆市红十字会开展了以“伸出你的手，献出一份爱”为主题，以“100名80岁以上老人、100名残疾人、100名下岗女工、100名特困大学生、100名失学儿童”为救助对象的大型募捐救助活动。全市各级红十字会齐心协力，克服困难，共募集资金60万元。重庆市红十字会与市教育委员会、重庆市残联、重庆市妇联、重庆市老龄委等单位联合确定了500名救助对象，每人得到1000元的救助资金。

（二）困难群众助学活动

2002年，重庆市红十字会积极响应党中央、国务院关心城市困难群众生产生活的号召，开展了“城市困难群众子女助学”活动。3年来，重庆市红十字会的这项工作得到社会的广泛关注和支持，一直坚持较好，共募集捐款103.69万元，已有3430名困难群众子女获得了救助，受助者涉及到全市的38个区县（自治县、市）。

（三）卫生救护培训

近10年来，重庆市红十字会积极争取市公安、交警、交委、财政和物价等部门的支持和配合，对全市机动车驾驶员进行了卫生救护培训，共培训了50多万人次。

（四）公民志愿捐献遗体

从1997年开始，重庆市红十字会在全市开展了公民志愿无偿捐献遗体工作。7年来，全市共有4000余名志愿者进行了捐献登记，已有375名志愿者实施了捐献意愿。为了鼓励公民的奉献行为，重庆市红十字会在龙台山陵园建立了一座“重庆市公民志愿捐献遗体志士纪念碑”，并在每年的清明节组织志愿捐献遗体者家属开展悼念活动，较好地促进了遗体捐献工作的开展。

（五）查人转信工作

改革开放以来，重庆市红十字会共受理海峡两岸寻亲信件6000余件，其中查有结果的有620件，使亲人得到团聚。

【大型项目】

2000年，重庆市红十字会在主城区三星级以上的宾馆、大型商场和超市、机场、码头、火车站设置红十字募捐箱。随后，各区县（自治县、市）红十字会也在所在地人口密集区域设置红十字募捐箱。

2000年至2004年，重庆市红十字会国际红十字运动基本知识传播员分别多次到重庆大学、西南师范大学、西南农业大学、西南政法大学、重庆医科大学、重庆师范大学、重庆工商大学、重庆邮电学院、重庆交通学院、重庆教育学院、重庆科技学院、四川美术学院、海逸酒店、葛兰素公司、和记黄埔公司、英国驻重庆总领事馆等高等院校、外资企业和外国政府驻渝机构开展国际红十字运动基本知识传播讲座。

2003年，重庆市第一批市级红十字窗口单位正式挂牌。这些窗口单位有：大学、中学、小学、血液机构、城市医疗机构、乡镇卫生站等。

2003年至2005年，重庆市红十字会分别对外国政府驻渝机构官员、大学医院工作人员、部分大学小学学生、公共游泳场所救生人员、小区物业管理人员、街道及居委会工作人员、大型商场及超市营销人员、旅游系统导游、外资宾馆及企业员工、国有大中型煤矿工人、建筑系统安全管理人员、监狱服刑人员等进行卫生急救、防病治病、艾滋病预防等知识及技能培训。

2005年，在重庆市的涪陵区、巴南区、綦江县、垫江县、梁平县、忠县开展了欧洲联盟人道主义援助部援建的社区减灾项目。

2005年9月，在重庆市人民政府主要领导的倡导下，经社团登记部门批准，重庆市白血病儿童救助基金会正式建立。该基金会为公募基金，由重庆市教育委员会、重庆市财政局、重庆市民政局、重庆市卫生局、重庆市红十字会、重庆慈善总会、重庆市总工会、重庆市工商联共同出资组建。受市人民政府委托，重庆市红十字会为该基金会的主管单位。其基金主要用于救助重庆市18周岁以下的白血病儿童。

（徐　帆）

渝中区红十字会

【简介】

渝中区红十字会成立于1963年3月，“文革”期间被迫停止活动。1981年4月经区政府批准恢复活动。2001年9月经渝中区机构编制委员会审定，设机关事业编制2名，并按照《国家公务员暂行条例》参照试行。

大渡口区红十字会

【简介】

大渡口区红十字会设专职副会长1名，秘书长1名，下辖红十字医院一个（大渡口区红十字会医院）、红十字社区服务站一个（大渡口区跃进村街道中医社区红十字服务站），全区有会员332人，自愿工作者1583人。

江北区红十字会

【简介】

江北区红十字会建会于20世纪50年代，一直由区政府直接领导、管理，从建会之初就由一名副区长任红十字会会长，区卫生局局长任副会长。

九龙坡区红十字会

【简介】

九龙坡区红十字会成立于1953年5月，命名为“重庆市第四区红十字会”。1981年9月，红十字会恢复工作。现为两块牌子（区红十字会、区医学会）一套班子，在职职工5人，退休职工3人。

渝北区红十字会

【简介】

渝北区红十字会成立于1989年。2001年，区红十字会机构和编制得到落实。红十字会有团体会员单位有70多家，志愿工作者300多人。

巴南区红十字会

【简介】

巴南区红十字会成立于1988年。全区有红十字会会员14500人，团体会员单位52家，理事单位27个。区红十字会名誉会长由区长担任，会长由分管副区长担任。下设红十字会办公室由区编制办公室确定为正科级单位，有编制2名，每年由财政划拨办公经费。

沙坪坝区红十字会

【简介】

沙坪坝区红十字会成立于50年代初期。区红十字会有基层红十字会组织65个，会员3566人，两个红十字志愿服务队，志愿工作者350名。2001年，区红十字会落实了办事机构。设机关事业编制2名，靠挂区卫生局，由分管副区长任区红十字会会长。

北碚区红十字会

【简介】

北碚区红十字会有基层组织45个，会员5700多名。北碚区红十字会办事机构设在区卫生局内，有红十字会专职干部1名。

南岸区红十字会

【简介】

南岸区红十字会成立于1953年。1983年，南岸区内先后成立9个地区的红十字会，2个乡红十字会、4个小学及1个中学红会。全区有红会会员4315人，其中团体会员3310人，个体会员1005人。

四川省红十字会

【年度工作】

2009年，四川省红十字会设立的4 300余个灾后重建项目，多数已开工。省红十字会还从加强管理、明确分工、落实责任等方面建立起了灾后重建工作机制。四川现已有19个市、州红十字会、66个县（市、区）红十字会理顺了管理体制，专兼职工作人员达到932人。省红十字会联合省台办等九个部门开展了“情系台胞，四川感恩——四川人民救助台湾‘莫拉克’台风募捐活动”，捐款总额达到2 736万元。“呵护蓓蕾行动”已为1 741名贫困先心病患儿实施了手术，累计减免手术和诊疗费用近2 000万元。“同在蓝天下，肢残矫形康复救助工程行动”累计为肢残患者资助手术费300余万元，使120名肢残患者受益。在召开的四川省红十字会第七次会员代表大会上，聘请四川省省委书记、省人大主任刘奇葆，四川省省长蒋巨峰担任省红十字会名誉会长，选举四川省副省长陈文化为省红十字会会长。

【历史沿革】

四川省红十字会的前身——中国红十字成都分会、重庆分会成立于1911年。从1911年创立至今，四川红十字会经历了94年的风雨历程。大体可分为4个时期：创立时期（1911～1949）这一时期，四川红十字会以四川各地分会的形式存在。新生时期（1949年—1965年）1949年10月1日，中华人民共和国成立，四川红十字会步入了新的历史时期。停止时期（1966～1980年）在“文化大革命”这一特殊的历史背景下，红十字运动被当作帝、资、修的产物，横遭批判，四川红十字会机构解散，工作停止。恢复发展时期（1981年至今）。这一时期四川红十字事业得到前所未有的发展，特别是1993年10月《中华人民共和国红十字会法》的颁布实施，结束了中国红十字会无法可依的历史，四川红十字事业进入了蓬勃发展的新时期。

四川红十字会的前身中国红十字会成都分会、重庆分会的设立时间是1911年。1912年（民国元年）10月30日，中国红十字会首次统一大会在上海黄浦滩汇中旅馆五层楼会堂举行。参加大会的四川代表有重庆分会的廖换廷，成都分会的彭少卓、陈凤石、杨国屏。成都分会向统一大会发出祝电，全文如下：“中国红十字会鉴：我国红十字会统一联合，仁风普及，盛德日新。谨祝我民国万岁！红十字会万岁！成都分会贺”（原刊《中国红十字会杂志》第一号）。1920年，总会改定组织分会章程。增设各省分会34处。其中四川增设合江、江津、垫江、罗江、铜梁、中江6处分会。1922年6月25日，中国红十字会第二次会员大会在上海总商会议事厅举行。出席大会的共19省、区143个分会。四川省27个分会的代表出席大会，占出席大会总数的18.9%。

万县分会的代表陈敬之被公推为分会通则的起草员之一。威远分会拟陈临时无息存贷暂行简章十三则。1923年，总会增设各省分会31处。其中在四川增设资中分会、邻水分会。1924年，总会在全国增设分会15处，其中四川3处，即：广安分会、绵竹分会、江北分会。至此，中国红十字会全国分会共有277处，其中四川有47处，为全国之冠。1939年底，总会统计于抗战之初重新颁发图记的分会有254处，到总会迁至重庆后，除少数内地分会外，各地分会因沦陷与总会渐失联系。总会决定发动西南各省之市县，积极组织新的分会并尽量扶植广大的自由区之原有分会，首先从四川开始，继之扩及黔滇诸省。到1945年统计，川黔滇陕豫鄂湘赣浙闽粤桂甘13省共设分会90处，其中四川占33处；设医院32所，四川占8所；设诊疗所29所，四川占15所；设救护队41个，四川占12个。救护伤员、诊治病人37.4823万人次。总会在抗战期间工作概况中称“尤以四川成绩为佳”。（原载1947年《红十字月刊》）1945年8月15日，日本宣布无条件投降，中国八年抗日战争取得了胜利。1945年后，四川红十字会的组织情况如下：1946年设有分会16处，1947年设有分会20处，1948年，设有分会21处。总会自重庆迁回南京后，于1946年5月19日召开了第一届理事会，决定在全国开展征募运动，即征集回援与筹募红十字事业基金。这是抗战胜利后，红十字会复员时期的一项重要工作。四川各地分会积极响应，努力工作，成绩优良。其中有3个分会：重庆、灌县、内江分会；2名个人：梁山县分会理事颜定国、泸县分会张晓岚受到总会嘉奖。

1949年10月1日，中华人民共和国成立，中国红十字会进入新生时期。1950年2月1日，中国红十字总会给尚有联系的64处分会发出通知，定于1950年2月上旬在上海新闸路856号召开红十字工作检讨会，请各分会派代表参加。四川有重庆分会参加。1950年7月，总会根据周恩来总理的指示，迁移北京准备协商改组。同年8月2日召开了新中国成立后的第一次会员代表大会，四川重庆分会代表出席会议。1952年2月起，四川各地分会相继进行整顿改组。1952年4月30日，中央人民政府秘书厅通知：关于中国红十字会的隶属问题，奉总理指示，明确中国红十字会归中央卫生部直接指导和联系。同年7月9日，中国红十字总会、卫生部、内务部联合发出通知，要求各地红十字会与当地卫生部门合署办公。按照以上通知精神，四川各地红十字分会相继与当地卫生部门合署办公，接受当地政府卫生行政部门的指导。四川省卫生厅于1956年5月19日向四川省人民委员会文教办公室上报《关于开展我省红十字会工作的报告》。1957年，中国红十字会总会通知，四川各地红十字分会更名为四川省某市、县红十字会至今。

1964年10月7日，经中共四川省委、省人民委员会同意，四川省红十字会筹备委员会正式成立。主任委员：张秀熟（副省长），副主任委员：周绪德（省卫生厅副厅长）、龚毅（省卫生厅副厅长）、宋永珍（成都市红十字会会长、市卫生局局长）、伍义泽（重庆市红十字会副会长、市卫生局副局长），委员：曹振之（省教育厅副厅长）、孙传学（省民政厅副厅长）、周宏逵（省公安厅副厅长）、冯润庭（省文化局办公室主任）、张崇富（省工会副主席）、戴克宇（省妇联副主席）、陈麦波（省科协秘书长）、楚一行（共青团省委宣传部长）、刘金玉（成都军区后勤卫生部副部长），秘书长：白云山（省卫生厅卫生防疫处副处长），会址设在成都市汪家拐街四川省卫生厅内。1964年，四川省红十字会筹备委员会要求各地恢复红十字会组织活动。1967年4月17日，卫生部与中国红十字会总会发出联合通知，要求红十字会所有会务工作一律暂行停止。四川省卫生厅和省红十字会立即向全省红十字会转发了这一通知。至此，四川省各级红十字会组织被迫撤销，主要领导受到批判，工作人员下放“五七”干校或调离，文档资料被当作“敌伪档案”查抄销毁，会务活动完全停止。

1976年10月，“文化大革命”的十年动乱宣告结束。中国红十字事业进入了恢复发展时期。1981年，中共四川省委发文批准恢复四川省红十字会。1982年1月21日，四川省人民政府川府函（1982）13号文，同意恢复四川省红十字会。1982年11月，四川省红十字会、四川省编委、四川省财政厅、四川省卫生厅（川红会〔1982〕第02号）《关于执行省人民政府〔1982〕13号函的通知》，要求四川各地恢复红十字会的组织机构。1985年12月3日，四川省红十字会召开第一次代表大会。全省有11个市、县、区红十字会的147名代表参加。大会审议通过了《四川省红十字会组织规程》，选举产生了第三届理事会，会长：康振黄，副会长：任长方、卜泰江、王可植、吴景福、胡问安。经康振黄会长提名决定任长方为秘书长；副秘书长：刁振中、冷济荣；聘请张秀熟、刘云波为名誉会长。1985年底，全省有市、县红十字会11个，红十字基层组织1188个，红十字会会员12万余人。

1990年2月15日，中国红十字会第五次全国代表大会在北京召开。在这一时期，四川23个地、市、州也相继恢复成立红十字会，并开展活动，有的还做出了突出的成绩。其中泸州市红十字会会员杨必纯1985年荣获红十字会与红新月会国际联合会颁发的“南丁格尔奖”；绵阳市教委副主任蒋瑞伦被评为1990年全国先进红十字会员和模范志愿工作者，受到中国红十字会总会和国家人事部嘉奖。1992年6月，内江市红十字会理事、内江市第一人民医院护士长张振坤荣获国际人道主义奖（当年全国仅此1名），受到中国红十字会常务副会长顾英奇的接见和颁奖。一部分市、地、州、县解决了人员编制，配备了专职干部，改善了办公条件，四川红十字事业逐步走上正轨。1990年4月12日，四川省红十字会第二次会员代表大会召开，选举产生了第四届理事会，会长：韩邦彦，副会长：殷大奎、任长方、卜泰江、王可植、吴景福、陈麟章。经韩邦彦会长提名决定任长方为秘书长，副秘书长：冷济荣；聘请张秀熟、刘云波、康振黄为名誉会长。1990年，全省建立地、市、州红十字会17个；县（市、区）红十字会96个；基层红十字会2316个；发展会员24万余人。1993年10月31日，《中华人民共和国红十字会法》颁布施行。

1994年7月1日，四川省红十字会第五次会员代表大会召开，大会制定了《四川省〈中国红十字会章程〉实施办法》，选举产生了省红十字会第五届理事会，会长：徐世群，常务副会长：卓凯星，经徐世群会长提名决定李增辉为秘书长；聘请肖秧、康振黄、韩邦彦为名誉会长。1994年，全省有10个县（区）新建立红十字会，有13个县建立筹备组，发展基层红十字会组织63个，新发展会员6万人。全省共计有红十字会基层组织5480个，红十字会会员107万余人，其中青少年会员38万人。重庆市成立了卫生、机动车驾驶员行业红十字会。1995年年初，四川省人民政府副省长、省红十字会会长徐世群主持召开省级有关部门负责人和在蓉常务理事会议。这次会议解决了省红十字会的经费单列和人员编制问题。1996年4月16日，四川省第八届人民代表大会常务委员会第二十次会议，审议通过了《四川省〈中华人民共和国红十字会法〉实施办法》，并公布实施。1997年，全省二分之一以上的市、地、州红十字会和部分县级红十字会较好地解决了“三列”问题。从1997年开始，省红十字会对各市、地、州红十字会的工作实行目标管理。1997年后，四川省红十字会在有步骤、有重点、有计划地抓好机关单位，工矿企业、红十字会组织建设的同时，着重抓了农村基层红十字会和中小学红十字会的组织建设，全省共新建基层红十字会组织355个，发展会员18.638万人。在抓红十字会组织建设的同时，全省各级红十字会对红十字会队伍的思想建设和业务建设做了大量工作，举办了各级各类培训班，学习红十字会法等有关红十字会的业务知识，提高了红十字会干部的思想素质和工作能力，并努力建设一支强有力的红十字干部队伍。

1997年3月14日，重庆市红十字会从四川省红十字会划出，直接接受中国红十字会总会的指导。全省19个市（地、州）、173个县（市、区）建立了红十字会，基层红十字会组织4000多个。1998年5月19日，四川省红十字会召开五届五次理事会，选举四川省人民政府副省长李进为四川省红十字会会长。1998年，已经建会的20个市、地、州红十字会配备专职工作人员的有14个。2001年4月，在四川省委、省政府的重视和支持下，四川省红十字会从省卫生厅划出，成为一级独立法人机构，在组织体制上完成了由卫生行政部门代管到完全独立设置的转变。四川省编制委员会以川编办发文明确了四川省红十字会的管理体制：“四川省红十字会由省卫生厅代管调整为由省政府领导联系，机关党的工作由省直机关工委领导，干部按组织部有关规定管理，机关人员参照国家公务员管理，由省委组织部直接领导，经费由省级财政单列。”2001年10月，全省共有市、州红十字会21个，县（市、区）红十字会179个，基层组织4000余个。省、市（州）、县两级红十字会编制219人。2002年，四川省红十字会在省委、省政府的重视支持下，由中共四川省委组织部批准建立四川省红十字会党组。熊淑仁担任党组书记。

2003年11月19日，四川省红十字会召开第六次会员代表大会，出席大会的会员代表共计135人。中共四川省委书记张学忠、四川省人民政府省长张中伟代表中共四川省委、省政府向大会发来贺信。中共四川省委副书记陶武先出席大会并作重要讲话。中国红十字会总会党组书记江亦曼代表中国红十字会总会出席大会向大会表示热烈祝贺，对红十字事业的发展提出了两点纲领性的意见：一、要用“三个代表”重要思想认识红十字事业；二、要用“三个代表”重要思想统领红十字事业。四川省政协副主席、省红十字会第五届理事会会长李进致开幕辞。四川省人民政府副省长刘晓峰当选为四川省红十字会第六届理事会会长，并在闭幕式上作重要讲话。新当选的四川省红十字会第六届常务副会长张波在闭幕会上作了《开拓创新，不辱使命，努力开创全省红十字事业新局面》的致辞。大会回顾总结了四川省红十字会第五次会员代表大会以来省红十字事业取得的成绩和经验；审议通过了第五届理事会的工作报告；审议通过了《四川省红十字会 2003～2007 年工作规划纲要》；审议通过了《四川省红十字会组织规程》；选举产生了第六届理事会和常务理事会。第六届理事会由 79 人组成；常务理事会由刘晓峰、张波（女）、卓凯星、惠蜀、王宇坤、沈骥、张林、吴琼英（女）、黄国庆、宋向荣、高仁全、汤留生、邱海明、汪凤雄、赵泽道、丁地禄 16 人组成。选举刘晓峰为四川省红十字会第六届理事会会长，张波为常务副会长，卓凯星、惠蜀、王宇坤、沈骥、张林为兼职副会长。选举张波、吴琼英、丁地禄为四川省红十字会第六届理事会执委会成员，张波为执委会主任。经四川省红十字会会长刘晓峰提名，决定吴琼英任四川省红十字会秘书长；聘请张中伟、徐世群、李进为四川省红十字会名誉会长；聘请刘崇理、陈科文、钟道友、熊淑仁为四川省红十字会顾问。

2003 年初，四川省甘孜州人民医院护士巴桑顿珠荣获第三十九届南丁格尔奖章。

2004 年，在中国红十字会总会的正确指导下，在中共四川省委、省政府的高度重视和大力支持下，在社会各界的充分理解、热情参与下，省红十字会全体干部职工开拓创新、努力工作，各项工作取得显著成效，受到省委、省政府主要领导的多次表扬。

（一）备灾救灾

2004 年“九三”川东北突发特大洪灾，受灾面积大，受灾程度深。9 月 3 日灾害发生，9 月 5 日，省红十字会将救灾帐篷送到重灾区。9 月 6 日，省红十字会常务副会长张波带领导救灾小组到灾区，组织赈灾，在短短的 10 天内，省红十字会募捐救灾款物价值 1358 万元，并及时运往灾区。省红十字会高效敏捷的救灾工作，受到中共四川省委领导的书面批示表扬。

2004 年 12 月 26 日，印度洋地震海啸灾难发生后，四川省红十字会在 12 月 29 日向全社会发出呼吁，在报刊公布募捐热线和账号。省红十字会机关取消节假日休息，实行 24 小时值班，并组织了大型的现场募捐宣传活动。短短 16 天，募集资金 310 万元。这是四川省规模最大、社会各界参与最广泛、募集资金最多的一次国际募捐活动。

（二）开展“办百件实事、庆百年华诞”系列纪念活动

1. 在南充、遂宁等边远农村改水改厕，取得显著成效，受益人口 2.3 万人。

2. 为 150 名贫困先心病患儿减费、免费手术治疗。

3. 为 3700 名贫困白内障患者减费、免费，进行了复明手术。

4. 开展近千场社区卫生宣传活动，数千人受益。

5. 编印了《四川红十字》大型工具书。

6. 举行了两场大型“庆百年”文艺晚会。编辑出版《中国红十字会建会 100 周年》画册。

（三）积极争取国际国内合作援助项目

1. 与挪威红十字会合作的“甘孜项目”引进资金 100 万元，被挪威红十字会称为“甘孜模式”，在其他国家推广。

2. 与加拿大红十字会合作开展艾滋病预防与关爱项目。

3. 与亚洲团结协会和加拿大红十字会合作出资 200 万元开展改水改厕项目，改善

农村医疗条件，改善农村人居环境。

4. 中山完美公司援助广安40万元，建设希望小学一所；北京市红十字会援助雅安边远山区灾后民房重建10万元。

（四）救护培训和救助工作

省政府办公厅出台关于加强群众性初级知识救护培训的意见，并召开多家单位参加的联席会议，安排部署，在全省开展群众性初级卫生救护培训。2004年，省红十字会举办国家彩票公益金卫生救护师资培训班14期，培训师资485人。

2005年1月10日，在中国红十字会总会的支持下，四川省红十字会筹集了220万元物资发送到10个市、州。1月14日至18日，中国红十字会常务副会长江亦曼率送温暖小组到四川参加了送温暖活动。

（五）造血干细胞捐献者资料库四川分库建设

2004年，在成都、南充、泸州、自贡、攀枝花、雅安等市组织开展了大型的捐髓宣传和现场采血登记活动。截至2004年12月，造血干细胞捐献者资料库四川分库已检测入库资料10058人份，并与总库链接。现已为三名白血病患者配型成功。

（六）大力宣传、认真贯彻落实“八大”精神

四川省红十字会抓住中国红十字会“八大”这一机遇，在全省大力宣传，认真贯彻落实“八大”精神。11月18日，中共四川省委、省人大、省政府召开专题会议，听取省红十字会汇报“八大”精神和省红十字会工作。会议由中共四川省委书记张学忠主持。四川省委副书记陶武先、副省长刘晓峰等领导参加了会议。张学忠高度赞扬了省红十字会的工作，并表示要解决红十字事业发展中存在的困难和问题，要抓住机遇，克服困难，更加努力工作，以一流的精神状态，做一流的工作，创一流的业绩。

【组织机构】

（一）组织建设情况

1. 全省单设红十字会8个。其中省级红十字会1个，省会城市红十字会1个，市（州）级红十字会6个，县级红十字会5个。

2. 全省挂靠红十字会181个。其中市（州）级红十字会14个，县级红十字会176个。

3. 全省建有基层红十字组织的单位3092个。其中企业175个，事业单位1622个，乡镇458个，街道125个，学校725个。

4. 全省建有志愿者工作管理机构37个。其中市（州）级红十字会7个，县级红十字会32个。

（二）会员发展情况

1. 全省红十字会的编制是406人，现有红十字会的专职工作人员214人。其中省会城市红十字会12人，市（州）级红十字会52人，县级红十字会150人。

2. 截至2003年底，全省共有成人会员217079人，青少年会员259683人。

3. 截至2003年底，全省共有团体会员单位1956个。

【大型项目】

2003年，一场危及人类生命与健康的“非典型肺炎”突然爆发。四川全省红十字会紧急动员起来，投入到这场没有硝烟抗“非典”斗争中。四川全省红十字会在抗击“非典”的斗争中，共接受捐赠款物1100余万元。有力地支援了当地政府的抗“非

典”斗争。

2004年9月3日，川东北达州、南充、巴中、广安等地发生200年未遇的特大洪涝灾害，省红十字会于9月4日启动紧急救灾预案，9月5日开始募集调运救灾物资到灾区。到9月底，省红十字会共募集救灾款物1350多万元运到灾区。从2002年到2004年，四川省红十字会共募集救灾款物4200余万元，救助灾民167余万人。

2001年11月26日，四川省红十字会完成了四川省造血干细胞捐献者资料分库的申报工作，被中国红十字会总会列入全国先期建库的11个省市之列。四川省人民政府省长张中伟、副省长李进对该项工作给予了高度重视和支持。在省财政中解决启动资金50万元。从2003年起每年由省财政下拨50万元作为造血干细胞捐献者资料库四川分库建设的专项资金。同年8月，四川省造血干细胞捐献者资料库HLA配型实验室通过了中国红十字会总会专家组的考核验收，同意四川开展检测工作。

四川省造血干细胞资料库的建设得到社会各界的广泛支持。泰康人寿保险公司免费为配型成功的HLA志愿捐献者提供一年期10万元保险额；中国平安保险公司内江（寿险）支公司和内江电力局向中华（四川）骨髓库捐款1万元人民币。

1985年，非洲36个国家遭受严重旱灾。中国红十字会总会向全国红十字会发出“在全国城市中为非洲灾民开展社会募捐”的号召。四川各地红十字会积极响应，开展了声势浩大的援非募捐活动。

1988年，四川省红十字会积极组织参加“国际体育援助募捐活动”。全省共有1000万人参加了募捐活动，其中有300多位画家，捐赠作品700多幅。

1994年，加拿大红十字会援助项目——中国红十字会成都备灾中心主体工程建成。1996年7月，加拿大红十字会援助项目——中国红十字会成都备灾中心落成。

1997年，四川省19个市、州、150个县发生洪涝灾害，美国心连心组织向四川省红十字会捐赠了价值630万美元的药品。1998年，香港特别行政区红十字会98灾后援建项目，援助宜宾市红十字会18万元，县政府投入42万元，修建屏山新市龙口红十字医院。2002年，香港红十字会向该医院捐赠价值15万元的医疗设备、并提供经费培训三名医务人员。1999年，四川省红十字会接受香港红十字会的捐赠共34.7万元人民币，在全省10个市、地、区修建了14个乡镇卫生院、3所乡村小学。2001年，香港红十字会再次捐赠163万元，用于配置医疗和教学设备。1999年，香港特别行政区红十字会“98灾后重建项目”在内江市启动，当年援助资金33万元人民币，重建资中凉水卫生院并购置医疗设备。

1999年，四川省红十字会通过国际交流与合作，收到法国拉法基公司无偿援赠10万元人民币。同年，省红十字会接受“加拿大国援助小计划”，该计划从1999年开始到2002年由加拿大红十字会每年援助5万元，4年共计21.7931余万元，用于资中县兴隆镇卫生院建设和改水改厕。1999年9月，凉山彝族自治州政府与无国界医生组织（荷兰MSF）达成协议，MSF捐助资金，凉山州红十字会具体协调实施，在昭觉、布拖、西昌三市、县开展“艾滋病性病预防健康教育”项目。

2000年6月12日，中国国际技术智力

合作公司向四川省红十字会捐赠40万元人民币，用于凉山彝族自治州克山病病区的克山病预防项目，这一项目的实施对降低凉山彝族自治州克山病病区克山病的发病率，提高彝族同胞的健康水平起到了积极的推动作用。1999年至2002年，在中国红十字会总会和四川省红十字会的支持下，香港救世军、国际事业服务机构、英国救助儿童会HSF等十余个国际非政府机构和慈善组织对凉山彝族自治州红十字会给予了大力援助。四年共援助资金520余万元，州县财政配套资金300万元，建成中心卫生院一所，新建改造乡卫生院3所，乡村小学校9所，人畜饮用水工程3个，小额信贷养还养项目农户230户，培训近千人次的乡村医生和接生员。

2000年，在总会的支持下，挪威红十字会援助甘孜州炉霍、道孚县红十字会发展项目，连续三年共投入320万元配置交通工具，办公设备，培训骨干，发展基层红十字会组织，开展社会服务，取得了很好的效果，受到挪威国红十字会和中国红十字会总会的肯定。从2003年起，挪威红十字会的援助由2个县增加到4个县（原有炉霍、道孚县，增加康定、甘孜两个县）。经费增加到每年20万美元，时间延至2006年。

2001年到2003年，凉山彝族自治州红十字会与香港救世军及国际专业服务机构合作，在美姑、喜德、布拖等县对乡村医生、农村接生员进行艾滋病、性病防治知识培训，并通过他们在各自所在村寨向村民宣传。

香港、澳门特别行政区红十字会和加拿大、挪威红十字会及项目官员2002年多次到四川考查灾情及对援建项目进行督查。其中，加拿大和挪威红十字会援助四川省贫困地区红十字会的项目资金总额达100万元。在总会的支持下，四川省红十字会对新引进的加拿大红十字会援助项目的实施进行系统化、规范化的管理，在援助方自愿接受并承诺的基础上，签订项目实施协议书，明确双方的责、权、利，有效地保障了项目目标值在规定时间内保质保量实现。

同年，四川省红十字会在对外交流合作中，收到香港盲人辅导会、亚洲防盲基金会、美国心连心国际组织共同捐赠的价值近200万元人民币的“复明八号”眼科手术车。该手术车在四川省红十字医院（四川省人民医院）投入运行，当年就在内江东兴区为78名白内障患者成功手术，受到当地群众的赞扬。截止2003年，该手术车运行一年，部分免费或低价为贫困患者进行手术552例，使患者重见光明。

2003年4月，香港救世军与凉山彝族自治州红十字会合作建立“心语”中心，开展艾滋病、性病咨询服务，开通“心语”电话热线、设有自动语音咨询系统，为咨询者服务。

1997年4月1—2日，中国红十字会六届四次理事会正式提出创建“红十字博爱系列工程”，四川各地红十字会积极响应。自贡市红十字会从1997年开始开展“博爱送万家”活动，到2004年，共计拿出20多万元，购买大米112吨，食油1250斤，棉被410床，棉衣370件，对全市5546户特困户进行救助。

2002年，四川省红十字会在全省推行以“救援、生命、爱心”为主题的红十字博爱工程，2003年4月，成都市红十字会与成都德瑞心血管病医院联合开展“向贫困家庭先心病患儿献爱心”活动，为60多例贫困家庭先心病患儿作了减费和免费手术，为75例患儿全额免除了手术费、医药费，住院费等，减免总额达60多万元。

（刘　强）

成都市红十字会

【简介】

成都市红十字会创建于1912年，前身是中国红十字会成都分会。新中国成立后，成都市红十字会于1962年9月12日成立，由市卫生局代管，与市卫生宣传教育所合署办公。1981年7月，市红十字会恢复工作，定行政编制5名。1998年增编为8人（事业编制）。2001年8月31日，成都市红十字会理顺管理体制，有编制10名。2004年9月，中共成都市红十字会党组成立。

贵州省红十字会

【年度工作】

截至2009年底，全省共有红十字基层组织4712个，会员953125万名（含青少年会员482176万名），志愿工作者37160名。全省已有9个市（州、地）和56个县（市、区）红十字会完全理顺管理体制。

2009年，省红十字会共募集人道救助款物4505.4万多元，创建省级红十字应急救援、卫生救护、人道救助等志愿服务队15支（其中应急救援队9支），新增社区红十字服务站86个，联合省民政厅评审表彰红十字示范县（市、区）4个，初步形成“红十字博爱送万家”、“三位一体初级救护培训”、“‘氟砷麻’项目工作”等一批有影响力的服务品牌，尤其是创意策划、倾力打造的“绿色家园行动”已成为中国红十字系统农村与社区工作的新亮点，并逐渐形成品牌。

一、绿色家园行动

面对“两欠”省情与多灾实情，省红十字会紧紧围绕人道救助使命，积极探索适合省情的救助帮扶新路径，精心策划推出以“营造爱心世界、共建绿色家园”为主题的“绿色家园行动”，通过搭建平台、整合资源、打造品牌，动员和吸引社会各界关注并参与以“灾后重建、生态文明、励业帮扶、助弱济困”为重点的家园建设。一年来，共争取到总会及澳门、广东、山东、宁波、厦门等地红十字会援资3255.4万元。其中：灾后重建方面共募集项目资金675万元，在普定县、平坝县、六枝特区、水城县、贞丰县、毕节市、黔西县、织金县、长顺县、思南县等10个县（市、区）建成12个“红十字绿色家园健康新村”，改善了当地公共基本条件。在思南县、长顺县、玉屏县启动了“红十字绿色家园爱心互助金”，推动当地建立了基层红十字会组织，创新了农村（社区）红十字会运作机制。募集110万元在长顺县3个新村分别启动了1个生态文明健康新村建设和实施励业帮扶项目2个。通过项目与基金的延续和发展，设立专项救助金与服务项目2个，其中：“绿色家园行动助弱解困致残性骨病专项救助金”获社会爱心人士赵迎燕捐赠1000万元，专门用于救助广大贫困骨伤骨病患者；“绿色家园行动助医项目”获悦洋亚洲有限公司捐赠价值1530万元的30台爱克发CR系统医疗设备，援助贵州30个贫困地区医疗机构用于帮助贫困患者开展诊疗。行动还为患有再生障碍性贫血的13岁男孩莫永浪募集了2万元的医疗费。

二、备灾救灾工作

按照国务院和省政府有关应急工作部署，对省、地、县三级红十字会自然灾害等突发公共事件应急预案进行逐一修订，进一步完善了红十字系统灾害信息报告制度、红十字新闻发布制度、红十字志愿者招募制度等各类相关制度。4月21—23日，借助香港红十字会项目援助，在铜仁地区举办了全省红十字会救灾骨干暨社区备灾项目培训班，培训相关师资人员47人。一年来，全省各级红十字会共举办红十字救灾骨干与社区备灾项目培训班160期7645人参加。全面启动省红十字会备灾救助服务中心及仓库项目建设，争取总会项目资金支持，贵阳、安顺、六盘水、黔东南、黔西南、铜仁等6个市（州、地）及兴义、仁怀、德江3个县（市）红十字会备灾仓库项目有的已投入使用、有的正在建设中，全省红十字备灾救灾服务网络初步形成。2009年，全省各级红十字会始终把灾害救援工作作为首要任务，针对贵州4月18日以来持续出现强降雨造成洪涝灾害，通过多种形式向广大企事业单位和社会人士发出赈灾呼吁，得到中国红十字会总会及香港、上海、山东、江苏等兄弟省（市、区）红十字会的支持，共募集各类救灾款物605万元。省红十字会分三个工作组先后多次深入灾区考察灾情和开展慰问，出动40多辆（次）车，把大米、棉被、家庭包、药品、衣服、鞋等生活急需品及时送达赫章、黄平、水城、普安、思南、长顺、威宁、雷山等全省7个市（州、地）的12个重灾县（市、区），累计受益群众达23.3万多人次，受到社会一致好评。抓好相关灾后重建工作，继续落实2008年省内凝冻灾区灾后重建项目，对“红十字健康新村”、“红十字博爱卫生院（站）”、“红十字博爱小学”、“红十字会备灾救灾仓库”等400多个灾后重建项目进行跟踪管理、指导监督，所有项目全部竣工并投入使用。结合灾区需求和捐赠者意愿，抓好汶川地震灾后恢复重建工作，援助重建资金9070.96万元，先后10余次派出工作队赴灾区，落实相关灾后恢复重建项目。截至2009年12月31日，已实施重建项目5398.85万元，其中分9批在四川德阳市及中江县与什邡市、绵阳市及江油县、自贡自流井区、广元市、雅安市和成都成华区、都江堰市援建红十字会爱心福利院14所、红十字博爱新居299户、红十字博爱卫生院（医院）3所、红十字博爱卫生站8个及部分医疗设备及扶孤助学专项救助等，在甘肃平凉静宁县、静宁县援建红十字会博爱小学1所、红十字博爱卫生院1所，在云南省援建博爱小学1所、博爱卫生院1所，在宁夏固原市援建博爱卫生院3所、红十字备灾仓库1个，在陕西咸阳市援建红十字博爱卫生院5所、博爱卫生站20个，其余的3672.11万元援建项目正在商谈并按规定加紧落实。

三、卫生救护培训工作

认真落实全国卫生救护工作会议及总会有关文件精神，主动争取公安、交通、铁路、旅游、安监、民航、消防等相关部门的大力支持，积极向保安、化工、烟草等新的行业拓展，有力推进了以机动车驾驶员为主要对象救护培训工作，通过固定场地教学、组织教学组上门授课，全年全省共有

157042 人参加了初级救护培训并取得“贵州省红十字救护员资格证”，超过全年目标任务（10 万人）的 57%。大力普及初级救护知识，广泛开展“红十字救护知识——进校园、进厂矿、进社区、进农村”等活动，有效扩大了救护知识与技能的普及覆盖面，全年累计受益群众约 8.7 万人。在“五八”博爱周、“5·12”国家首个防灾减灾日期间，精心组织 6 支红十字紧急救援队、约 200 多名救援骨干在贵阳春雷广场举办了现场自救互救演练比赛，近万名群众通过现场观摩学习了地震、交通事故、火灾事故、垮塌事故、水灾洪灾、公共场所踩踏事故等现场自救互救知识与技能。利用国家彩票公益金师资培训项目，举办救护师资培训班 4 期，培训师资 184 人，其中复训师资 92 人。该中心被中国红十字会总会和国家人力资源和社会保障部联合表彰为“全国红十字会系统先进集体”。

四、社会救助工作

全面深化红十字人道关爱行动，在元旦、春节期间，针对灾区、贫困地区、偏远农村地区的贫困户、受灾户、移民搬迁户、五保户等弱势群体，积极筹集救助款物，面向全省启动了“科学发展、情系民生——红十字博爱送万家”活动，深入开展送温暖、献爱心活动，组织全省各级红十字会为广大困难群众送去援助及慰问款物。一年来，以“红十字博爱送万家”、“红十字援助进农家”等形式，共向全省 37 个县的 28700 多户困难群众发放生活物资 526.17 万元、慰问金 10.6 万元。强化社区救助工作，一年来，全省共新建社区红十字服务站 86 个，联合民政部门评审表彰示范市（区）4 个，积极开展“红十字关爱进社区”、“一帮一——红十字博爱助学”等活动，推动实施中国红十字基金会“温暖中国行动”，在省人民医院设立“温暖中国——贫困肿瘤患者救治行动”定点医院培训基地，每年为全省 30 名贫困肿瘤病患者提供免费医疗救治。市红十字会连续五年开展“‘一帮一’红十字博爱助学”活动，共向贵阳市两城区五个社区的 50 名贫困学生提供了 15600 元的助学金和 4698 元的学习用品。

五、组织建设与志愿服务工作

通过加强与省编制部门的沟通协调，加快推进了全省市县两级红十字会时理顺管理体制的工作。全省 9 个市（州、地）红十字会均理顺了管理体制，88 个县级红十字会中已有 56 个县级红十字会理顺了管理体制，占全省县级总数的 64%。2009 年，省红十字会机关新增 1 个内设机构——筹资与财务部，增加编制 5 人；全省新增红十字基层组织 360 个，发展红十字会员 12 万余名。成立了贵州省红十字志愿服务工作委员会，制定出台红十字志愿服务实施办法、冠名红十字（会）医院紧急救援队管理办法，实行志愿者登记注册管理，统一志愿服务标识、证件、服饰等，使全省红十字志愿服务工作进一步规范。全年全省各级红十字会通过签订紧急救援志愿服务合作协议，在应急救援、卫生救护、人道救助、捐献造血干细胞、遗体捐献、宣传无偿献血、宣传预防艾滋病、红十字精神传播、筹资劝募等 9 方面组织志愿服务队 260 支，其中依托省人民医院、省红十字会医院、省红十字会妇女儿童医院等红十字冠名医疗机构、组建省级红十字组志愿者队伍 17 支（包括 9 支紧急救援队），全省新招募红十字志愿者 5150 名。

六、宣传工作

借助全省各级红十字会宣传动员体系，采取印发手册、设置展板、张挂条幅、举办讲座、发送资料等形式，面向公众广泛传播国际红十字运动基本知识、国际人道法及红十字精神理念。“五八”世界红十字日期间，全省红十字会系统围绕“凝聚人道力量、重建美好家园”的活动主题，坚持统一时间、集中力量，上下联动、内外互动，精心策划开展了一系列纪念与宣传活动，初步形成以特色活动、媒体合作、公益推广为主要框架，以传播红十字精神为主要内容的大宣传氛围。活动期间，各级红十字会制作宣传展板65块，宣传标语90幅，发放各类宣传资料100万余份，收到良好的宣传效果。全年省内外主流媒体跟踪报道红十字会活动1044条（次），其中省电视台《新闻联播栏目》播报23条，中央电视台《央视国际——先锋中国》对本会“绿色家园行动”与“氟砷麻”地方病综合防治工作进行了专题报道。利用“12·4”国家法制宣传日，组织红十字志愿者上街发放资料、现场咨询答疑，面向群众宣传红十字会相关法律法规，先后纠正滥用、误用红十字标志行为11起，进一步形成了红十字系统内的“学法、知法、用法”氛围。邀请省警官职业学院法学专家上门讲授法律知识，并选购《中国红十字会法律法规汇编》和《中国红十字会政策文件选编》等专用书籍下发各地，组织约500名专兼职干部进行相关法律法规知识考核，有效推动了全省红十字系统对《中华人民共和国红十字会法》、《贵州省红十字会条例》的宣传、贯彻。3月，组织驻筑8所高校部分师生举办传播骨干培训理1期，培训红十字运动基本知识传播骨干48名。

七、红十字青少年工作

结合学校德育与素质教育，积极推进学校红十字会工作，在广大青少年中大力培育红十字“人道、博爱、奉献”精神。一年来，全省新建各级各类学校红十字会160个，新增红十字青少年会员10万余名，联合省教育厅、省卫生厅、团省委等全省学校红十字工作委员会成员单位，及时评审表彰全省红十字示范校31所。在德高贝登户外广告公司的支持下，实施了“红十字紧急救助系统暨救护培训知识进行校园”项目，为贵州大学等8所高校免费安装急救箱110个；在贵阳市4所中、小学校启动红十字救护知识进校园试点工作，共捐赠安全救护系列图书4000余册。

八、造血干细胞捐献与防艾工作

2009年，省红十字会致力于推动无偿献血、捐献造血干细胞、预防艾滋病宣传等保护人的生命和健康的各项相关工作，中国造血干细胞捐献者资料库贵州省管理中心积极加强自身管理，不断提高对供者和患者的服务能力，深入开展干细胞知识进学校、进工厂、进社区、进农村等宣传活动，有效保证了捐献志愿者的招募数量和质量。全年动员并采集造血干细胞血样资料6580人份，实现初配成功557人，再动员169人，张超、贺俊义、贺波等3位志愿捐献者先后成功捐献了造血干细胞，挽救了3名患者的生命。为挽救中央电视台著名播音员罗京的生命，本会动员志愿捐献者王丽娟赴京捐献造血干细胞，虽因罗京病情恶化、失去生的希望，但这项工作在社会上产生了良好反响。截至2009年底，全省累计入库数据达16216人份，成功捐献造血干细胞11人。

此处，争取英国红十字会项目援助经费50万元，针对贵阳和铜仁地区的青少年、吸毒人员启动实施了艾滋病预防宣传项目，完成青年同伴教育培训班40期共800人。各级红十字会积极参与和推动无偿献血及艾滋病防治宣传工作，广泛组织开展“‘6·14’世界献血者日”、“‘12·1’世界艾滋病日”及献血抗灾系列宣传活动。全年通过争取香港红十字会专项资助，顺利完成在黔东南州、铜仁地区连续4年实施的自愿无偿献血宣传与推动项目，两地年采血数较项目实施前增长300%以上，临床用血均实现100%来自无偿献血目标；在戒毒所开展艾滋病预防宣传培训活动20次，400多名吸毒人直接参与和受益。

【历史沿革】

贵州省红十字会其前身中国红十字会贵阳分会，于1917年5月在贵阳市慈善巷38号成立。理事共9人组成，张彭年、熊静安先后任会长，孟翼卿、乔筱衢先后任理事长；姚廷荣、孟翼卿先后任副会长。内设储计、防灾、救济、慈善及国际等股，有正式会员36人。新中国成立后，1956年10月9日，贵州省人民委员会通知贵阳市人民委员会，同意建立贵阳市红十字会，编制4人，与贵阳市卫生局合署办公。1956年12月29日，贵阳市红十字会成立，选举贺培真、张宝元、秦克夫等37人为常务委员，余捷为秘书长。“文化大革命”期间，红十字会停止工作。

1984年7月，经贵州省编制委员会批准，贵州省红十字会建立，与贵州省卫生厅合署办公。

1986年6月11日，贵州省红十字会第一次全省会员代表大会在贵阳召开，选举理事16人，常务理事7人，贵州省人民政府副省长张玉芹任会长。

1994年7月12—13日，贵州省红十字会第二次全省会员代表大会召开，张玉芹继任会长。1996年下半年以后，因工作变动，龚贤永、马文骏先后当选为会长。

2000年12月29日，贵州省编制委员会下发了《关于理顺贵州省红十字会管理体制的通知》，明确贵州省红十字会由省政府领导联系，机关党的工作由省直工委领导，干部按省委组织部有关规定管理，列入参照试行国家公务员制度，经费单列。

2001年7月26日，省委、省人民政府批准省红十字会为直属省政府领导的副厅级独立机构，事业编制16人，内设办公室、业务一处、业务二处。

2002年10月，重组后的省红十字会顺利完成了机关机构改革。

2003年12月29日，贵州省红十字会第三次全省会员代表大会在贵阳召开。会议聘请中共贵州省委书记钱运录、省委副书记、省长石秀诗为名誉会长，贵州省人大常委会副主任司徒桂美、省政协副主席李嘉琥为名誉副会长，贵州省人民政府副省长刘鸿庥当选为会长，罗治雄当选为常务副会长。

2004年5月28日，贵州省第十届人民代表大会常务委员会第8次会议通过《贵州省红十字会条例》，当日，省十届人大常委会发布颁布施行第二号公告，《条例》自2004年7月1日起施行。

2004年10月29日，中共贵州省委批准成立中共贵州省红十字会党组。罗治雄同志任党组书记。

贵州省红十字会历次代表大会

第一届

1986年6月11日召开，代表30人，理事16人，常务理事7人，名誉会长王振江、袁家玑，会长张玉芹，常务副会长赵松。

第二届

1994年7月13日召开，代表100人，理事41人，常务理事7人，名誉会长刘方仁、陈仕能、吴亦侠、钱运录，会长张玉芹、龚贤永、马文骏，常务副会长赵松。

第三届

2003年12月29日召开，代表195人，理事75人，常务理事21人，名誉会长钱运录、石秀诗，会长刘鸿庥，常务副会长罗治雄。

【组织机构】

贵州省红十字会现有基层组织3141个，会员47.5万人（其中青少年会员18.7万人）。

贵州省红十字会内设办公室、业务一处、业务二处三个职能处室，下辖贵州省红十字会救护培训指导中心、中国造血干细胞捐献者资料库贵州省管理中心、贵州省红十字会备灾救助服务中心3个正县级直属事业单位。

根据《中华人民共和国红十字会法》和中国红十字会总会《理顺管理体制座谈会纪要》精神，2000年12月29日，贵州省编制委员会下发了《关于理顺贵州省红十字会管理体制的通知》，同意将贵州省红十字会改由省政府领导直接联系，机关党的工作由省直工委领导，干部按省委组织部有关规定管理，列入参照试行国家公务员制度，经费单列。2001年7月26日，省委、省人民政府批准省红十字会为直属省政府领导的副厅级独立机构，事业编制16人。目前全省有4个市、州、地红十字会理顺了管理体制，分别为：贵阳市红十字会、安顺市红十字会、六盘水市红十字会、黔西南州红十字会。

【大型项目】

1. 1998年，“三江流域”特大洪涝灾害期间，争取到社会各界捐款捐物共计558.375万元，支援湖北、江西、安徽、黑龙江、吉林等重灾区。

2. 1999年，邀请美国亚洲医疗服务中心医疗队狄波娜·罗等一行5人赴我省平塘县进行为期5天的义诊，共诊治病人120名，赠送价值6万元的药品。

3. 2000年，经美国驻成都领事馆牵线搭桥，美国心心心组织资助我省毕节、遵义、黔东南、黔南的四家医院部分医疗器械、药品和医用材料，折合人民币500余万元。

4. 2002年6月，台湾红十字会李鸣皋先生到我省黔东南考察工作，促成台湾全球人寿公司对都匀市阳和乡光荣村小学123名学生给予每人170元/年的学费资助，并对其中45名特困生另给每人85元/月的生活补助，直至小学毕业。

5. 2002年12月，省红十字会专门筹集价值十多万元的衣物、食品在贵阳市云岩区普陀办事处开展慰问活动，惠及该办事处5个社区的弱势群体619户。

6. 2003年“非典”期间开展“关爱生命、让心靠拢、抗击非典”短信捐赠活动，收到社会各界9.401万元捐款。

7. 2004年，争取到香港红十字会支持，为我省黔东南和铜仁两地提供 60 万元开展“中国红十字总会与香港红十字会无偿献血宣传及推动项目”。

8. 2004 年，宣传和动员沃尔玛公司捐款 20 万元，在贵阳市云岩、南明两城区建立 5 个社区服务站。

9. 2004 年，与国际奥比斯组织建立项目合作关系，通过项目合作，国际奥比斯首期无偿提供 238 万元人民币在我省黔东南自治州建立防盲治盲机构。

【主要特色】

1. 利用“中国红十字会重要历史活动地”的优势，宣传红十字精神

贵州省贵阳市森林公园图云关是中国红十字会百年历程中 4 个重要历史活动地之一，1938 年 10 月，中国红十字会救护总队，由长沙、祁阳迁至贵阳，当时，由波兰、奥地利、美国、捷克等 9 个国家组成的一支国际援华医疗队为了世界和平，为了中国的解放事业，为了纪念打击日本侵略者，自愿来到了生活艰苦的贵阳市图云关红十字会救护总队，他们为我国抗战做出了巨大的贡献，有的甚至献出了宝贵的生命。1943 年，日军在广西使用细菌弹，英国援华队的女医生高田宜（中国名）以自己的身体做试验注射防疫针，不幸中毒，牺牲在此，为了纪念这些国际友人的丰功伟绩及为中国革命事业而以身殉职的英国女医生高田宜，在贵阳市人民政府及广大海内外侨胞、爱国人士的大力倡导和协助下，人们用白色的大理石在绿树环抱的浮翠阁附近建造了“国际援华医疗队纪念碑”和“英国女医生高田宜之墓碑”。贵州省红十字会充分利用这一历史活动地，通过开展庆祝“中国红十字会建会 100 周年”大型庆典、红十字青少年夏令营、新会员集体入会宣誓仪式等丰富多彩的活动，宣传红十字会“人道、博爱、奉献”的精神，取得了较好的社会反响。

2. 初级救护培训成绩突出

开展初级救护培训是红十字会法赋予各级红十字会的重要职责，2003 年，贵州省红十字会联合省卫生厅、省公安厅等 15 家单位共同制定了《关于深入开展群众性现场救护培训工作的意见》，省政府办公厅以“黔府办发［2003］47 号”文件批转全省各地。在实行“统一教学计划、统一教材、统一质量标准、统一考核发证”的基础上，省红十字会还提出统一收费标准的要求，与省物价局、省财政厅等部门协商，规范了我省卫生救护培训的收费标准。同年，成立了救护培训指导中心，对全省的初级救护培训工作进行统筹和安排，组建了“贵州省红十字会救护总队”。省级培训中心在 9 个市（州、地）均建立了救护培训站，逐步形成了省、市（州、地）、县（市、区）三级培训网络，共培训专、兼职救护培训师资 538 人。全省已有交通、电力、消防、教育等 7 个行业和系统的 29 万余人接受了初级救护培训，并通过考核取得了“贵州省红十字救护员”资格证书。同时，全省各级红十字会还在社区、学校、医院、部队等单位或行业举办初级救护知识讲座 600 多次，普及面达 1070 多个社区，学校、机关、企业等有 54000 多人次参加，有效提高了广大群众对自救互救、灾害预防、紧急避险、家居安全等基本常识的认知和了解。

（马艳华）

贵阳市红十字会

【简介】

贵阳市红十字会原挂靠于市卫生局，2002年7月，市红十字会从市卫生行政主管部门脱离出来，改为市政府分管领导直接联系。

云南省红十字会

【年度工作】

2009年，云南省红十字会开展了以下工作：

一、组织建设与理顺管理体制工作

2009年11月24—26日，云南省红十字会在昆明召开第四届理事会第二次会议。云南省政协副主席、省红十字会会长陈勋儒会长出席开幕式并讲话，省政府办公厅副秘书长卫星出席开幕式，省红十字会党组书记、常务副会长杜克琳传达中国红十字会第九次全国会员代表大会精神，并作云南省红十字会四届一次理事会议工作报告。会议审议并通过了关于《更换、增补理事和常务理事的决议》、《关于云南省红十字会四届一次理事会议工作报告的决议》和《关于2008年1月至2009年财务收支情况报告的决议》。来自省人大、省政协教科文卫体委员会和省级有关部门分管领导、省红十字会领导、部分国有大型企业领导、16个州（市）政府分管领导和红十字会常务副会长等理事共95人出席了会议。

为加快推进理顺红十字会管理体制步伐，及时召开了全省红十字会组织建设工作现场会议进行安排部署；云南省红十字会会长陈勋儒、常务副会长杜克琳等领导多次率队深入到大理、楚雄、昭通、丽江、迪庆等州市调研督导；全省各级红十字会积极争取党委、政府支持，全力推动理顺管理体制工作。截至2009年10月底，全省16个州（市）级红十字会全部理顺了管理体制；理顺管理体制的县级红十字会由2008年的43个增加到54个，理顺率达43%，其中45个已独立运行，9个县级红十字会机构独立设置的文件已下发，人员正在落实。昭通市、德宏州实现了县（市、区）红十字会全部理顺管理体制。红河、临沧、曲靖、文山、楚雄等州（市）理顺县级红十字会管理体制的比例也有大幅提高；大理、版纳、迪庆、丽江、普洱等州（市）理顺县级红十字会管理体制工作实现了零的突破。

2009年，全省各级红十字会认真贯彻落实全省红十字会组织建设工作现场会精神，积极在社区、街道、乡村、学校、医院、机关、企事业单位中发展红十字会组织、会员和志愿者，推动了基层组织建设的发展。截至2009年10月底，全省共有基层红十字组织1627个，团体会员1840个，会员40.1万人（成人会员17.5万人、青少年会员22.6万人），志愿工作者22276人，覆盖全省城乡村的红十字会组织网络基本形成。

2009年，云南省红十字会成立了“志愿服务工作委员会”，组建了艾滋病预防与关怀、心理援助、应急救援、新闻宣传、募捐宣传、造血干细胞捐献等6支志愿服务队，各州（市）红十字会也结合实际重点在宣传无偿献血、宣传预防艾滋病、筹资劝募等领域组建了志愿服务队，组织团体会员、志愿者开展了以人道救助为核心的特色活动，初步形成了以红十字会专职干部为主、聘用人员为辅，基层组织、会员和志愿者广泛参与的社会化开放式工作格局。

二、红十字会干部队伍建设

2009年，全省各级红十字会围绕“建设一个好班子、创建一支好队伍、培育一种好风气”的目标，扎实开展了深入学习实践科学发展观活动和“内强素质、外树形象”活动。省红十字会针对州（市）、县（市、区）红十字会理顺管理体制后，干部来源广、成份新，对红十字会的工作不够熟悉，而许多老的工作人员也迫切需要进一步提高自身能力素质的实际，有计划、高质量地举办了全省红十字会系统专职干部全员培训和复训。一年来，先后举办了由省红十字会主要领导和机关部室负责人直接授课的培训班6期，共培训各级干部500余人次，举办了专业领域培训班18期，培训900余人次。通过全员培训、复训，使全省红十字会系统专兼职干部的敬业精神、工作方法和业务素质得到了全面提升。

三、备灾救灾网络体系建设

2009年，通过各级红十字会的不懈努力，云南西双版纳、大理、德宏、迪庆、楚雄等州（市）红十字会的备灾救灾中心建设分别得到了省、州（市）政府和澳门红十字会的投资建设。目前，以省红十字备灾救灾中心为核心、各州（市）备灾救灾中心为依托的红十字应急物资储备运转网络体系基本形成，进一步保证了灾害发生后，红十字会的救灾物资第一时间迅速运抵灾区一线。

四、应急救援能力建设

2009年，云南省红十字会设立了“应急工作委员会”，加大了对州（市）红十字会应急工作的指导力度，结合“5·12”救灾工作的经验，用创新和实战的思路全面修订了《云南省红十字会自然灾害和突发事件应急预案》。着力加强了包括专职干部队伍、专业救援队伍和志愿者队伍在内的红十字应急队伍建设，组建了全国红十字会系统首支与国际接轨的ERT（公共卫生）灾区一线应急救援队，应急救援队由省红十字会专职干部和部分志愿者共40人组成，并争取到英国红十字会捐赠的价值300余万元的ERT应急装备。在省政府的支持下，救援队于2009年5月12日正式成立，在添置部分装备的基础上，组织了多次摸拟实战演练，已具备在灾区独立开展工作的能力。

五、宣传活动

为隆重纪念国际红十字运动诞生150周年、第62个世界红十字日和国家首个“防灾减灾日”，进一步加大对《中华人民共和国红十字会法》、红十字运动基本知识的宣传普及和“云南博爱捐助港”推介及品牌化运作力度，广泛动员和凝聚社会力量，对贫弱人群开展人道救助，云南省红十字会开展了以“凝聚人道力量，重建美好家园”为主题的为期一周的大型宣传、纪念和筹资活动。一是于5月8日在昆明召开了纪念“五·八世界红十字日”暨“云南博爱捐助港”推介大会。大会通报了“云南博爱捐助港”接受捐赠款物情况，举行了红十字志愿者宣誓，组织了医疗卫生、艾滋病防治、造血干细胞捐献、无偿献血、老年公寓、募捐宣传等咨询服务。省人大、省政府、省政协和昆明市政府有关领导以及省红十字会常务理事、名誉理事、部分企业领导出席了纪念大会。二是全省上下联动，开展了系列宣传活动。通过电视和广播电台播出红十字专题节目；在云南日报开辟专版，重点介绍自2003年以来全省红十字会在事业发展、备灾救灾、卫生救护、生命救助、假肢康复、艾滋病预防与关怀、心理援助、造血干细胞捐献者资料库和老年公寓建设等领域所取得的业绩；统一制作了全省红十字会各项工作和典型事迹的宣传展板，配合各项大型宣传活动进行展示；对2003年以来累计向省红十字会捐赠款物价值100000元以上的单位开辟专版进行鸣谢，对部分单位的爱心善举和典型事迹在“五八”活动后由省红十字会联合云南日报进行深度宣传报道；组织制作了红十字运动公益宣传画，分发给各州市红十字会、省直团体会员单位，在城乡社区、街道、学校、机关和企事业单位张贴；配合各项募捐筹资和其它纪念活动，发放宣传资料；在全省学校红十字会中组织开展青少年红十字知识网络竞赛和防灾避险知识竞赛。三是开展募捐宣传和筹资活动。与云南省新闻记者协会合作成立了云南省红十字新闻宣传志愿者服务队，并召开了2009年“云南博爱捐助港”推介活动新闻发布会，向社会发出捐助倡仪；向省级单位、中央驻滇部门、驻滇部队及有良好合作关系的企业发出捐助函；通过中国移动、联通、电信、网通公司发出募捐活动短信；组织高校红十字会、团体会员单位开展博爱捐助港宣传和募捐工作；组织募捐小分队开展街头募捐宣传活动。整个活动反响热烈，宣传效果明显。

2009年，云南省红十字会在成立“云南省红十字会宣传和筹资工作委员会”的基础上，在省编办的支持下，增设了宣传筹资财务部，建立了宣传、筹资和财务三联动的长效工作新机制，增量和优化了管理资源，形成了变被动坐等社会捐赠为主动寻找社会捐赠，并促成长期合作伙伴的工作模式；变“你捐我收”的单一服务为“你捐助扶贫救灾，我宣传你爱心善举”的双赢服务模式；变“财务应对审计”的被动模式为“财务面对社会”的主动模式，加大了动员和款物筹措力度。一年来，云南省红十字会先后与云南南江旅游服务公司、昆明国窖酒业销售有限公司、中国银联云南省分公司等企业签订了长期合作协议，探索了互利共赢的筹资模式。同时，省、州（市）、县（市、区）红十字会上下联动，用活用好“博爱捐助港”平台，开展了丰富多样的人道救助宣传和社会募捐活动，扩大了红十字会的知名度，筹资救助效果明显增强。云南省红十字会“博爱捐助港”在中国红十字会“九大”工作报告中被列为全国红十字系统有影响力的品牌。

2009年，云南省红十字会一是成立了省红十字会新闻宣传志愿服务队，开展了云南省红十字会新闻宣传优秀作品评比活动，调动各类新闻媒体记者的力量宣传红十字事业；二是与云南广播电台交通之声合作，开辟了“红十字宣传栏目”，扩大了红十字人道救助宣传的覆盖面；三是制作了大型红十字公益广告在昆明市公交车、公交站台和街道大型电子显示屏上进行宣传，扩大了红十字会的宣传声势；四是与云南日报社会资讯部达成合作协议，由社会资讯部适时对省红十字会的各项人道救助工作及社会各界的爱心善举进行深度报道。各级红十字会深入学校、社区、农村、企事业单位广泛传播红十字运动基本知识和国际人道法；联合教育、共青团等部门开展“迎国庆讲文明树新风”

红十字志愿服务活动和青少年夏令营、敬老助残和扶危济困等活动。在中国红十字会主办的纪念汶川地震一周年“富视杯·全国青少年防灾避险知识竞赛”活动中，省红十字会等14家单位荣获最佳组织奖。一年来，全省各级红十字会在报刊杂志登载文章12927篇，在电视台播报信息1489条，全年共录入网络信息187条（幅），网站的社会点击率显著增加。通过多渠道、多视角的宣传，提升了红十字会的知晓率，激发了广大民众的慈善意识，推动了募捐工作的开展。

六、卫生救护培训工作

为配合省政府“云震——2010”地震灾害应急救援联合演习，2009年12月4日至6日，云南省红十字会应急救援队能力培训班暨应急救援实战演练在玉溪市举行。此次培训围绕“着眼实战、立足应用，苦练硬功、确保质量”的目标，在如何提高应急救援能力方面进行了大胆探索，培训中既有系统的理论讲授，又有实际操作，还有地震模拟现场的实地演练，整个培训紧凑有序，全面系统。培训班分为理论讲授、实际操作、现场演练三个部分。公共卫生救援队讲授了从ERT救援理念、目标、职责、程序、方法，以及GPS、卫星电话、对讲机的使用、维护，发电机、挖掘机等机电设备维护保养，应急卫生厕所的选址、安装、拆卸、维护，卫生、健康知识宣传，营地建设和管理等。心理援助志愿服务队讲授了社会心理支持及国际联合会心理援助政策，心理急救（PFA）、灾后心理健康（DMH）、认知治疗，心理援助演练方案说明及建设心理援助工作站志愿者小组会议，灾后心理援助，沙盘治疗，搭建心理援助工作站等内容。来自云南省红十字会ERT公共卫生应急救援队、心理援助志愿服务队，以及“云震——2010”云南省红十字会综合协调组、宣传报道组、后期保障组等88人参加了培训和演练。2009年，按照《中国红十字会2006—2010年卫生救护工作规划》提出的目标和要求，云南省红十字会加强了与公安、交通、民航等10多个部门的协调与合作，扩大了卫生救护培训的覆盖面。一是全面启动了全省机动车驾驶员培训学校救护师资培训工作，举办驾校救护师资培训班8期，培训师资480名。二是认真组织红十字系统救护师资培训，全年举办师资培训班5期，培训师资220余名。三是积极开展初级救护员培训。各级红十字会把救护培训作为主体业务来抓，推动了救护培训工作的广泛开展。截至2009年10月底，全省各级红十字会累计培训初级救护员26203人，普及卫生救护和防病知识受众达39.5万人次。曲靖、保山、大理红十字会积极争取政府及相关部门出台政策支持，推动了卫生救护工作的开展，取得了良好的社会效益。

七、参与处置中缅边境突发事件

2009年8月，中缅边境突发事件发生后，云南省红十字会按照省委、省政府的要求，迅速做出反应，3次派出工作组深入边境一线指导工作，并紧急下拨救助经费25万元，大米10吨，争取中国红十字会总会紧急调拨了价值11.79万元救助物资；临沧市红十字会和镇康、耿马、沧源县红十字会迅速行动，组织2000多名红十字志愿者参与了缅甸入境边民的接收、安置、宣传、服务和劝返工作。同时，云南省红十字会还及时制定了《云南省红十字会参与处置中缅边境突发事件应急预案》，保证了各级红十字会参与边境突发事件工作有章可循，很好地发挥了政府在人道领域的助手作用。

八、社会救助工作

2009 年，云南省先后发生了姚安“7·9”6.0 级地震遭、宾川“11·2”5.0 级地震，以及部分州（市）、县（市、区）发生的洪涝、泥石流、低温雨雪冰冻、滑坡等灾害。灾害发生后，全省各级红十字会迅速行动，第一时间上报灾情，第一时间将救灾物资运抵灾区一线，第一时间派出救灾工作组赶赴灾区开展救灾工作，第一时间开展社会募捐。截至 2009 年 9 月，省红十字会共接收定向援助姚安地震灾区的救灾款物价值 134 万多元（其中，资金 53 万多元、物资价值 81 万多元），为姚安抗震救灾做出了积极贡献。宾川“11·2”5.0 级地震发生后，云南省红十字会及时向灾区送去了 49.8 万元的救灾款物（含中国红十字会总会下拨的 19.86 万元物资），帮助受灾群众渡过难关。一年来，全省红十字会系统共募集社会捐赠款物 5179.2 万元（款 2857.7 万元，物资价值 2321.5 万元），其中，省红十字会募集 3528.8 万元（款 1492.8 万元，物资价值 2036 万元），占 68.1%，州（市）、县（市、区）红十字会募集 1650.4 万元（款 1364.9 万元，物资价值 285.5 万元），占 31.9%。各级红十字会累计投入救灾救助款物 4560.44 万元，使 59 万余人受益。

九、灾后重建项目工作

2009 年，全省红十字会在灾区和农村累计投入社会募捐资金 11597.49 万元，共实施备灾减灾和灾后重建项目 364 个，竣工 153 个。其中：博爱卫生院（室）234 所，学校 40 所，民房 1520 户，饮水工程 4 个，通电通路 3 条，备灾中心（仓库）6 个，救助项目 27 个。项目运行规范，质量有保证，受到捐赠者和受助地区群众的一致好评。云南省委、省政府授予省红十字会“全省抗灾救灾先进集体”称号；德宏州红十字会被评为“全国红十字会系统先进集体”，受到国家人力资源和社会保障部、中国红十字会总会的联合表彰。

2009 年，为建立云南省红十字会心理援助中心规范运行的长效机制，省红十字会及时组建了云南省红十字会心理援助中心专家组和专家资源库；依托云南省心理卫生中心、云南省心理学会和云大心理咨询中心组建了 40 人的心理援助志愿服务队，使心理援助工作的开展有了可依托的力量；对姚安“7·5”地震开展了灾后心理评估，从震灾现场经验和理论提升等方面积累了不少有价值的经验，与云南省地震局签订了合作协议，将红十字会心理援助纳入全省地震灾害救援体系。省红十字会开展心理援助工作得到了红十字会与红新月会国际联合会和中国红十字会总会的高度关注，已决定由国际联合会投入专项资金支持，把云南省作为全国红十字心理援助的试点省开展灾后心理援助试点工作。

十、艾滋病预防与关怀工作

2009 年，云南省红十字会重点在昆明、大理、德宏、丽江、迪庆怒江、临沧、红河等州（市）开展了艾防项目工作；组织志愿者深入社区、学校、家庭开展艾滋病防治宣传、培训、咨询、关怀等工作；指导大理开展艾滋病预防目标人群教育，组织目标人群培训 25 期 504 人参加；完成了感染者关怀救助、目标人群同伴教育、娱乐行业从业人员艾滋病防治项目实施前的调研论证工作。“爱咨家”正式注册为民营非企业单位，成为具有法人资格、可独立申请经费和技术等支持的机构。

假肢康复项目工作。2009年，为148名贫困肢残患者安装了153只假肢，并进行了康复服务，该项目已累计为1632名患者安装假肢1690只。

十一、造血干细胞捐献工作

2009年，完成了5000多人份志愿者资料入库任务（累计入库20000人份），5名志愿者成功为患者捐献了造血干细胞（累计捐献23人次），新建州、市工作站1个（累计13个），拓宽了造血干细胞捐献范围。

十二、"红十字博爱送万家"活动

2009年，筹措了315万元的慰问物资，对云南省麻风病患者、畸残者和边远民族地区贫困群众进行了救助，受益群众11000多人。

十三、社区红十字服务工作

2009年，大理市、红河州开远市和曲靖市麒麟区红十字会积极开展了创建"全国社区红十字服务示范市"试点工作，为全省开展社区红十字服务工作探索了方法和路子。

十四、项目与扶贫工作

2009年，认真组织实施疟疾项目工作。2008—2009年度，第五轮全球基金疟疾项目覆盖云南省3个州（市）的5个县（市），投入经费50余万元，发放长效杀虫蚊帐121264顶，防疟疾知识宣传资料15万份，使16万多户家庭受益。

2009年，云南省红十字会为扶贫挂钩点——迪庆州德钦县云岭乡提供了25万余元的款物支持和扶贫指导，启动了博爱卫生室和博爱小学等4个基建项目。云南省红十字会被省委省政府评为"社会扶贫工作先进单位"。

十五、交流与合作工作

2009年，云南省红十字会接待国际国内来访团组13个49人，组织出国考察交流6个团组46人，赴省外学习考察2个团组23人，既学习了国外和国内红十字会的先进工作方法、能力建设和管理理念，又加深了相互间的友谊与联系。通过交流和争取共获得香港、澳门援助项目6个，资金207.8万元人民币；第五轮全球基金疟疾项目53.73万元；省外红十字会援助款物900余万元。外援项目的实施和款物的使用，既对改善本省民生发挥了作用，又宣传和扩大了本省红十字会的影响，并为持久的合作打下了基础。

2009年4月墨西哥爆发甲型H1N1流感期间，通过云南省红十字会出访团，及时向墨西哥红十字会捐赠了6万美元（总会5万、省红十字会1万），用于防控"甲流"工作；2009年8月台湾遭受"莫拉克"台风袭击期间，全省各级红十字会迅速反应，募集了25万元人民币支援受灾同胞，受到了总会的通报表扬。

【历史沿革】

据有关史料记载，云南省红十字会最迟创建于1914年，是中国红十字会较早的几个省级分会之一。新中国成立前，云南省红十字会员工及义工在极其艰难的社会条件下和随时都有可能献出生命的危险环境中，竭力筹募资金，冒着枪林弹雨开展战地救护，奔走于城乡灾区救助灾民，穿行于市井里巷施医赈济穷苦，履行人道主义使命。1925年3月，大理地震，红十字会救护队打着旗帜前往救助，途中民众亦为义举而捐款且沿途护送。抗日战争时期，云南省红十字会募集并接受了大批国际救援款物，救济难民，支援抗战。其间，日机轰炸昆明数十次，红十字救护队均全责救护被炸伤军民。

新中国成立后，作为新改组的中国红十字会的地方组织，云南省红十字会由卫生部门直接领导和联系，以协助人民政府，面向人民大众，宣传并开展防疫、卫生、医药及救济福利事业为主要工作，曾组织“国际医防服务队”赴朝鲜开展战场救护；应老挝政府请求，连续10年组派医疗队赴老挝丰沙里省开展传染病的防治工作。1966年“文化大革命”发生后，云南省红十字会组织瘫痪，工作停顿。1978年12月，中国共产党十一届三中全会召开，标志着我国进入了改革开放的全新历史时期。各条战线拨乱反正，云南省红十字会组织也随之重建并恢复工作，走上了逐步发展壮大的希望之路。1990年3月29日至31日，云南省红十字会第一次全省会员代表大会在昆明召开，会议选出了以副省长陈立英为会长的新的领导机构，讨论了《云南省红十字会1990年工作计划》和《云南省红十字会1990～1994年工作规划提要》，通过了《云南省红十字会关于贯彻〈中国红十字会章程〉的实施细则》。这次代表大会的召开标志着云南省红十字事业的发展进入了一个新的历史阶段。1993年10月《中华人民共和国红十字会法》、1996年1月《中华人民共和国红十字标志使用办法》和1996年7月《云南省红十字会条例》的颁布实施，使红十字事业走上了法制化建设的轨道。1994年9月20日至22日，云南省红十字会第二次全省会员代表大会在昆明召开，会议聘请省长和志强为云南省红十字会名誉会长，选举产生了云南省红十字会第二届理事会及领导集体，云南省副省长陈立英再次当选云南省红十字会会长，大会审议通过了《云南省红十字会1995～1999年工作规划提要》，讨论修订了《云南红十字会关于贯彻〈中国红十字会章程〉的实施细则》。2002年7月23日至24日，云南省红十字会第三次全省会员代表大会在昆明召开，中共云南省委书记白恩培出席开幕式并发表讲话，中国红十字会常务副会长王立忠代表中国红十字会会长彭珮云及中国红十字会总会莅临指导并讲话，大会聘请中共云南省委书记白恩培为云南省红十字会名誉会长，选举产生了云南省红十字会第三届理事会和常务理事会，云南省副省长陈勋儒当选为云南省红十字会会长。大会审议并原则通过了《云南红十字会实施〈中国红十字会章程〉细则》和《云南省红十字会2002～2006年工作规划纲要》。这次大会是一次具有重要意义的大会，是一次承前启后、继往开来、解放思想、振奋精神、与时俱进的大会。

在中共云南省委、省人民政府的大力支持下，在中国红十字会总会的指导下，云南省红十字会系统专兼职工作者、广大红十字会会员和志愿工作者围绕“以项目促发展、以发展树形象”的工作思路，以中国红十字会建会百年和中国红十字会第八次会员代表大会召开为契机，坚持以邓小平理论和“三个代表”重要思想为指导，以开创有云南特点的红十字事业为目标，以发展创新为动力，以依法建会、依法治会、依法兴会为保障，开拓进取，团结奋斗，圆满完成了2004年的各项任务，有些工作取得了突破性的进展。

2004年初，云南省红十字会组织了价

值550余万元的物资发送到16个州、市，开展“红十字博爱送万家”活动，受益群众达4万余人。省红十字会还筹措50万元（当地政府配套50万元），援助陇川县光英村房屋毁于泥石流灾害的50户景颇族群众恢复重建家园。争取云南铭鼎集团捐赠300万元，为富民县赤就乡，兴建铭鼎博爱自来水厂，以解决该乡5000人口饮水难问题。争取西安天网计算机有限公司向云南省贫困地区的19家医院捐赠价值460万元的“天网医院信息管理系统”软件及部分配套硬件。云南省红十字备灾救灾中心全年向省内各灾区调运、发放了400多吨价值870万元的救灾物资。据统计，云南省红十字会2004年共接收和募集救灾扶贫款物价值人民币1946.17万元。2004年，云南省红十字会完成5个班160名省级师资的培训任务，还承办了总会西南片区6期192人的国家级师资培训班。为昆医附一院等举办救护培训共600多人。中国造血干细胞库捐献者资料库云南省分库共完成了3600多人份血样采集和分型检验入库，已为省内22名白血病患者进行了配型，其中13人初配相符，7人进入高分辨检验，3人实现了造血干细胞的捐献。2004年，开展预防艾滋病教育宣传等项目，举办培训班243期，培训8317人。开展云南/香港红十字备灾救灾培训项目，培训省、州、县三级师资共420余人。还完成了6万名中小学生的培训工作。云南省红十字会配合省政协教科文卫体委员会视察组对贯彻实施红十字会法情况进行了视察。

云南省红十字会历次代表大会

第一届

1990年3月29日召开，常务理事9人，会长陈立英，常务副会长舒自尧。

第二届

1994年9月20日召开，常务理事15人，名誉会长和志强，会长陈立英，常务副会长舒自尧。

第三届

2002年7月23日召开，代表800人，理事55人，常务理事11人，名誉会长白恩培，会长陈勋儒，常务副会长詹海峰。

【组织机构】

截至2004年底，云南省红十字会拥有基层组织2340个，会员86.45万人（其中青少年会员20万人），志愿工作者3000人。在高等院校和医疗系统分别建立了红十字工作委员会。

根据《中华人民共和国红十字会法》、中国红十字会总会《理顺管理体制座谈会纪要》精神，1998年云南省红十字会实现机构独立建制，2001年3月成立了中共云南省红十字会党组，2003年3月成立了云南省红十字会机关党委。依据云南省编委2002年10月15日印发的《云南省红十字会机关主要职责、内设机构和人员编制方案》（简称“三定”方案），云南省红十字会实施机关机构改革，内设二室、三部（办公室、机关党委办公室、赈济救护部、事业发展部、联络部），编制24名，在编25人，参照国家公务员管理；省红十字会下辖云南省红十字备灾救灾中心（编制21名）、云南红十字老年公寓（编制15名）、中国造血干细胞捐献者资料库云南省分库（编制7名）3个处级事业单位。目前，有昆明市、丽江市、德宏州、临沧市、怒江州、红河州、曲靖市等7个州市红十字会已经理顺了管理体制，其余9个州市红十字会争取在2005年底理顺体制。云南省各级红十字会现共有人员编制164名（其中34个县有编制共49名），到位112人；兼职干部120余人，聘用人员70余人（含临时工），初步形成了相对完整的云南省红十字会组织网络体系。

【大型项目】

（一）1996年2月3日，丽江地区发生7.0级大地震，云南省红十字会共争取国内外援助6500多万元（其中来自国外及香港、台湾地区的援助占84%），完成1700多吨救助物资的接收和分发任务，共救助灾民110余万人次，并配合卫生部门组派红十字医疗队49支957人，救护伤员28456人。云南省红十字会在此次救灾中，开创了争取外国救援物资运输飞机首次直飞我国的先例；探索并成功实施了红十字会救灾新方法："定点救助"。

（二）1998年救助特大洪灾灾民。据统计，云南省各地红十字会共接收捐赠物款435多万元，250余万元及时发送到受灾严重的湖北、湖南、江西、黑龙江等省灾区；其余用于救助省内重灾区灾民。

（三）2003年，云南省灾害十分频繁，地震灾害尤为严重，大姚县"7·16"、"10·16"地震，昭通地区"11·15"、"11·26"地震。云南省红十字会全年共募捐和筹集救灾、救济款物价值人民币807万元，使12万群众受益。

（四）2004年7月4日，云南省德宏、保山、丽江等地发生特大洪涝泥石流灾害，造成重大人员伤亡和财产损失。中共中央政治局常委、国家副主席曾庆红，中共中央政治局委员、国务院副总理回良玉在视察德宏州盈江县救灾工作时，看望了正在现场开展救助工作的中国红十字会总会及省、州红十字会工作人员，并与大家亲切交谈。曾庆红说，红十字会做了很多工作，你们救灾工作反应很快，及时把救灾物资送抵灾区人民手中，红十字会发挥了非常重要的作用。各级政府要大力支持红十字会工作。希望红十字会的同志们把工作做得更好。云南省红十字会全年共接收和募集救灾款物价值人民币1946.17万元，及时救助灾民。

（五）2005年初，为救援印度洋地震海啸灾区，云南省红十字会共接收社会各界捐款1288万元，并通过中国红十字会总会及时援助了受灾国灾民。

（六）2005年，云南省先后遭受了百年不遇的特大雪灾，25年以来最严重的旱灾，以及会泽、文山地震灾害。灾害发生后，省、州、县红十字会于第一时间展开救助，发动社会募捐。省红十字会救灾工作小组8次深入灾害现场指导救灾。全省各级红十字会共向灾区发放价值1000余万元救灾款物。

（七）受总会委托，成功承办了"2005年海峡两岸红十字青少年会员夏令营"活动。

（八）支援友邻省（市）红十字会救灾工作：1.2003年2月，支援新疆红十字会42万元，用于地震灾区购买救灾物资和恢复重建。2.2005年8月，支援四川省红十字会10万元，用于购买救灾物资和药品。

据不完全统计，近10年来，云南省各级红十字会共募集救灾资金2亿多元，救助灾民和困难人群400余万人次，派出医疗队1100多支，免费救治42万余人次，举办卫生救护培训90余万人次，向70多万青年人传播了预防控制艾滋病的知识和相关技能，与60余个国家和地区红十字会、国际组织进行了友好交往，开展了56个造福于易受损害群体的外援合作项目，新建了12个备灾救灾中心、1座老年公寓，援助建成了23个乡镇卫生院、6所博爱小学、3个灾民新村（西双版纳州景洪市巴飘村、楚雄州武定县以赤叨村、德宏州陇川县光英村共150户）和1个博爱水厂。云南省各级红十字会以实实在在的人道行动，大力弘扬了“人道、博爱、奉献”的红十字精神，促进了云南省“三个文明”建设，受到各级党委、政府和广大人民群众称赞和好评，树立了红十字会的良好形象。

【主要特色】

（一）备灾救灾工作

云南是自然灾害多发省，具有种类多（地震、泥石流、山体滑坡、风雹、雪、凌冻、洪涝、干旱等）、分布广、频率高、危害重的特点，且抗灾能力较弱，每年受灾人口都在2000万人以上，成灾人口1000万人以上，直接经济损失达40亿元以上。自然灾害给人民的生命财产造成严重损失，已成为制约云南经济、社会发展的重要因素。因此，备灾救灾是云南省红十字会工作的重中之重。

1. 灾害救助。近10年来，云南省各级红十字会共接受援助和向社会募集款物价值2.6亿元人民币，救助灾民和困难人群420万人次，救治灾区伤病员年均45万余人次。每次灾害发生，红十字会的人员最早到达现场，救助物资也最早送到灾民手中。灾区党委、政府领导称赞说：“红十字会不仅及时送来了救灾物资，更重要的是稳定了人心，增强了灾区干部群众战胜灾害、重建家园的信心和勇气”。在抓好灾害紧急救助的同时，云南省红十字会还积极争取社会力量支持，参与灾区灾后恢复重建和扶贫工作。先后援助建成了23个乡镇卫生院、6所博爱小学、3个灾民新村（西双版纳州景洪市巴飘村、楚雄州武定县以赤叨村、德宏州陇川县光英村共150户）和1个博爱水厂。

2. 网络建设。云南省红十字会在长期的救灾活动中认识到灾害的突发性及危害性，也认识到提高灾害救助时效性和科学性的重要性和紧迫性。为此，云南省红十字会借助援助加强了备灾救灾的网络建设和能力建设。云南省红十字会争取到奥地利红十字会资助50万美元，云南省政府投资60万美元，于1996年建成了云南省红十字备灾救灾中心，之后又投资160万元建设了配套设施；1998年，云南省红十字会与香港特别行政区红十字会签订了州市备灾救灾网络建设项目协议书，总投资1764万元，其中香港特别行政区红十字会援助30%（529.3万元），地方政府配套投资70%。截至2004年，已建立起昆明、临沧、文山、迪庆、丽江、怒江、曲靖、昭通、思茅、保山、大理、楚雄（牟定）、红河等13个州、市备灾救灾中心，基本上形成了以云南省红十字备灾救灾中心为轴心，各地备灾救灾中心为依托的全省红十字备灾救灾网络体系。

3. 能力建设。在香港特别行政区红十字会的支持和资助下，云南省红十字会举办了多次对全省16个州市及129个县红十字会干部备灾救灾知识技能培训班、计算机知识及信息系统培训班；建成了连接全省各州、市红十字会的计算机信息网络；组织开发了红十字会灾情信息管理、救灾物资资金管理、募捐管理等相关的计算机软件和系统。为帮助基层红十字会干部做好备灾救灾工作，提高灾害多发地区群众的备灾救灾意识，云南省红十字会编印了15万字的《云南/香港红十字会备灾救灾培训教材》、《灾害自救互救培训手册》和《灾害群众自救互救培训挂图》，同时还建立了一支300余人的省、地、县三级培训师资队伍，到2004年底，已完成对灾害多发地区6万名中小学生的培训工作。

（二）艾滋病预防与关怀工作

云南地处湄公河上游，邻近世界最大的毒品生产地“金三角”，深受毒品和艾滋病的危害。自1989年在中缅边境地区的吸毒人群中检测出艾滋病感染者146例以来，截至2004年底，监测累计报告艾滋病感染者28391例，病人1223例，死亡744例，分别位居全国省区同类项的第一、三、二位。全省16个州市均报告有感染者。云南省艾滋病流行的严峻势态，引起了党中央、国务院和中共云南省委、省政府的高度重视，要求全民行动，打一场禁毒和防治艾滋病的人民战争。1994年，云南省红十字会与澳大利亚红十字会合作开展了“艾滋病预防青年同伴教育项目”，建立了“艾滋病预防青年同伴教育模式”，形成了具有云南特色的“参与式”传授知识与生活技能培训并重的教育方法，建立了一支与同伴教育模式相适应的师资队伍300余名和2000人的志愿者队伍。截至2004年底，项目已覆盖9个州、市，在不同群体中举办青年同伴教育培训班1700余期，培训同伴教育宣传员36000多人，向70多万人传播了预防艾滋病知识和技能。青年同伴教育项目的成功，增进了云南省红十字会与澳大利亚红十字会的友谊和信任，而且吸引了包括联合国儿童基金会、艾滋病规划署、澳大利亚国际开发署、英国救助儿童会、港澳救世军等多个政府组织和非政府组织的信息、技术及相当数额的资金支持，使青年同伴教育项目不断拓展为有青年同伴教育、“爱咨家”、“阳光家园”、感染者关怀护理、感染者同伴教育、感染者生产自救互助、高危易感染人群综合干预等7个子项目组合成的“艾滋病预防与关怀项目”。2005年，云南省红十字会就争取社会力量支持，组织HIV感染者开展生产自救进行了大胆探索。此举引起中共云南省委、省政府的高度重视。中共云南省委书记白恩培在报告上做出“思路好，做法也好，我完全支持”的重要批示。《云南日报》委派资深记者对此进行了重点报道。11年来，云南省红十字会开展的艾滋病预防与关怀项目，共争取到资助（资金及实物）1500余万元。云南省红十字会的做法、效果和经验，得到了中国红十字会总会以及国际社会的认可和好评。云南省红十字会先后被评为全国、全省预防控制艾滋病先进集体。青年同伴教育项目曾被联合国艾滋病规划署评选为“最佳执行项目”，在联合国南非第十三届艾滋病大会上推荐，并受到联合国秘书长安南的肯定。2005年6月，云南省红十字会被联合国艾滋病规划署授予“联合国防治艾滋病特殊贡献奖”。

（三）对外交往与合作

云南省红十字会抓住云南旅游资源丰富、建设旅游大省的机遇以及国外人士和组织造访频繁的优势，积极开展民间对外交往，努力争取援助与合作，始终坚持以友谊、诚信促合作，以规范、精品争项目，不断将云南省红十字会对外交往工作打造为“以项目促发展，以发展树形象”的一项特色工作。近10年来，云南省红十字会与60余个国家和地区红十字会、国际组织进行了友好交往，累计共争取到56个外援合作项目，援助金额累计1.2亿元人民币，各级政府配套资金5500多万元。在项目实施过程中，云南省红十字会注重学习和引进国外先进的工作模式和管理理念，坚持规范运作，力求把每一个项目都做成精品，从而形成了取信于援助方，不断争取到新项目的良性发展态势。

假肢康复项目。20世纪70年代末的中越边境自卫反击战，由于战后地雷未排除尽，在给边民造成的伤害中，肢残问题十分突出。经云南省红十字会主动争取和中国红十字会总会的协调，2003年12月，云南省红十字会与红十字国际委员会签订了假肢合作项目协议，并成立了红十字国际委员会——云南省红十字会假肢康复中心。该项目由红十字国际委员会援助240万美元，并提供技术支持，云南省政府配套60万美元，在5年内为全省符合救助条件的肢残人员免费安装假肢。该项目实施以来，已为471名肢残人员安装假腿595条和全套康复服务，受到肢残人员及其家人的欢迎，产生了良好的社会反响。当地广大干部群众称赞说，假肢康复项目使贫困肢残人员从长年需要家人服侍的“累赘”，变成了生活能自理、下田能劳动的自食其力者，项目名副其实地成为“救助一人，造福一家，稳定一方”的民心工程。国家领导人、云南省委、省人大、省政府、省政协的领导多次莅临假肢厂视察指导工作，对该项目给予充分肯定；多个国际组织代表团前来访问参观并给予好评。2004年5月，红十字国际委员会副主席让·德古登先生一行及加拿大红十字会秘书长来里·密尔斯先生一行访问云南省红十字会，认真考察了假肢康复项目。德古登先生高度称赞假肢康复项目“是国际委员会在多个国家开展的假肢矫形项目中的一个成功典范，也是红十字国际委员会与中国合作的一个成功典范”。

（吴佳权、唐友全）

昆明市红十字会

【简介】

昆明市红十字会（万国红十字会昆明分会）成立于1922年。1978年，昆明市红十字会恢复工作。2002年5月，市红十字会由市卫生局代管调整为由市政府领导联系，设置为正县级单位，参照公务员管理，下设置两部一室（赈济救护部、组织宣传部、办公室）。

曲靖市红十字会

【简介】

曲靖市红十字会成立于1988年12月，2005年8月，市红十字会理顺管理体制，规格为正处事业编制。

丽江市红十字会

【简介】

丽江市红十字会成立于1988年，2002年2月，市红十字会理顺管理体制，机构规格为副处级事业编制。

临沧市红十字会

【简介】

临沧市红十字会成立于1989年6月19日。2005年1月，市红十字会理顺管理体制，机构规格为正处级行政编制。

文山壮族苗族自治州红十字会

【简介】

文山壮族苗族自治州红十字会成立于1987年。2006年5月，市红十字会理顺管理体制，机构规格为正处级事业编制。全州8个县有基层红十字组织99个，团体会员148字，会员38419名，其中成人会员10532名、青少年会员27887名。

西双版纳州红十字会

【简介】

西双版纳傣族自治州红十字会成立于1979年11月。2007年7月，市红十字会理顺管理体制，机构规格为正处事业编制。

保山市红十字会

【简介】

保山市红十字会成立于1985年。2007年4月，市红十字会理顺管理体制，机构规格为正处事业编制。2000年月12月28日，香港特别行政区红十字会援建保山市红十字会备灾中心建成，建筑面积600平方米，总投资60万元。保山市红十字会还依托武警保山医院组建成立了“保山市红十字会紧急救援队”。

楚雄州红十字会

【简介】

楚雄州红十字会成立于1988年10月。2006年5月，市红十字会理顺管理体制，机构规格为正处事业编制。

普洱市红十字会

【简介】

普洱市红十字会成立于1986年。2006年2月，市红十字会理顺管理体制，机构规格为副处级事业编制。全市有红十字会基层组织290个，成年会员9946人，青少年会员28076人。

红河州红十字会

【简介】

红河州红十字会成立于1989年9月。2005年8月，市红十字会理顺管理体制，机构规格为正处级事业编制。全州有学校红十字会1个，基层组织2个，团体会员单位163家，成人会员5883名，青少年会员2412名，招募捐献造血干细胞志愿者125名，志愿服务工作者265名。

德宏州红十字会

【简介】

德宏州红十字会成立于1990年6月。2004年6月，市红十字会理顺管理体制，机构规格为副处级事业编制。

昭通市红十字会

【简介】

昭通市红十字会成立于 1916 年。

大理白族自治州红十字会

【简介】

云南省大理白族自治州红十字会成立于 1987 年 4 月 12 日。全州有红十字青少年会员 5 万多人。

怒江州红十字会

【简介】

怒江州红十字会 2005 年 2 月机构独立，副处级事业编制。

玉溪市红十字会

【简介】

玉溪市红十字会成立于 1989 年 4 月 13 日。2006 年 4 月，市红十字会理顺管理体制，机构规格为副处级事业编制。

迪庆州红十字会

【简介】

迪庆州红十字会 2006 年 4 月理顺管理体制，机构规格为副处级行政编制。

迪庆州红十字会会长：农布央宗（副州长）

西藏自治区红十字会

【年度工作】

2009 年，西藏自治区红十字会紧紧围绕中国红十字会总会和自治区党委、政府中心工作，发挥自身优势，创新工作机制，齐心协力、勤奋努力，确保了各项工作任务的圆满完成。

坚持把“123 工程”作为牵动全局的主要工作，狠抓落实。

一、中华骨髓库西藏分库建设

2009 年是中国造血干细胞捐献者资料库西藏分库正式运行的第二年。在国家管理中心、会领导的业务指导和高度重视下，西藏分库严格按照工作规程，操作流程等规章制度和运作程序招募和管理资料，顺利完成了国家管理中心下达的工作任务。首先是加强工作人员和志愿者队伍的培训和管理。全年，本会先后 4 次选派西藏分库工作人员参加了由国家管理中心组织的培训班，与相关单位联系，先后在武警部队、拉萨百货大楼有限公司、西藏职业技术学院等单位开展了 7 场次的知识讲座，举办了 2 期志愿者队伍服务培训班，有效提高了工作人员和志愿者的理论水平和业务素质。7 月 25 日，西藏自治区红十字会无偿献血和捐献造血干细胞志愿者服务队在拉萨成立。9 月份，本会成功召开了第一次志愿者代表大会，讨论通过了志愿者管理办法，修正了事关志愿者自身的权利和义务的相关条款，为志愿者自身权益提供了保障。加强社区宣传、招募工作。着重利用西藏各大报刊、电视、电台进行宣传，发放藏汉两种文字的宣传资料等，就骨髓捐献的基本知识进行了宣传，社会各界对建立骨髓库的意义、基本知识有了更深地认识和了解，减少了人们对骨髓捐献恐惧的心理。特别是国家管理中心组织的内地志愿者吴珊在藏工作三个月期间，在学校，部队，企事业单位等区域举办了多次讲座，为推动捐献骨髓工作起到了积极的作用。截至2009年10月31日，西藏分库共志愿者资料入库522人份，寄往北京博奥实验室496例血样，国家管理中心发送的5次高分辨通知单，为18名患者提供了初筛，实现了第一例造血干细胞移植。全年，志愿者的服务工时数已突破2000多个小时。西藏分库成功完成了全年第200例造血干细胞志愿者的入库工作，第一次完成了全年采样任务。

二、藏医藏药在西藏农牧区的应用

西藏的大骨节病分布广、病情重，也是全国重病区之一，严重影响着全区经济发展和社会进步及人民的身心健康。针对这一情况，本会争取德国尼玛协会项目，在拉萨林周、墨竹工卡县和那曲地区尼玛、班戈县和双湖行政特等5个乡、31个自然村开展了公共卫生、大骨节病防治、用藏医藏药研究和防治布鲁氏杆菌病、举办藏医学术研讨会等活动。2009年项目总投入资金为450万元人民币。公共卫生方面，先后3次在那曲地区检查和治疗3720例病人，在拉萨周边项目区共检查和治疗3740病例，治疗的病症有：胃炎、胆囊炎、高血脂、肾炎、关节炎和普通感冒。用藏医藏药检查和治疗98例患者营养不良或水土引起的新生儿和儿童骨骼疾病。防治大骨节病方面，2009年共下乡31次33天，普查牧民儿童705人，发现大骨节病86例。目前，墨竹工卡县境内的8个自然病区村接受治疗的病人共有256例，完成治疗而停药62例，治愈4例（儿童3例）、明显好转7例、好转43例、无变化8例。为提高病区村民对大骨节病的防范能力，项目办分别在墨竹工卡镇格桑、桑林、克庄、斯索、朋阿村开展了2次有关大骨节病科普知识方面的宣传，发放50多本书籍，参加人数达80多人，提高了病区村民科学掌握大骨节病的防治知识，增强自我保护意识。用藏医藏药研究和防治布鲁氏杆菌病方面，特邀西藏自治区地方病研究所的专家前往项目区帮助普查布鲁氏杆菌病人，通过采集325位村民的血样品，新发现38例，到现在为止接受治疗病人50例，该药品疗效显著。藏医学术研讨会方面，在西藏藏医学院成立20周年之际，西藏自治区红十字会、德国尼玛协会、藏医学院在拉萨共同举办了为期3天的2009年全国藏医学术研讨会，130名藏医专家参加了学术研讨会。学术会主要对糖尿病、性传播疾病、痔疮和乙肝疾病等进行了研讨，肯定了藏医藏药治疗这些疾病的效果。

德国尼玛协会项目还无偿为大骨节病人提供酥油、大米等营养品，改善膳食结构，辅助大骨节病人的治疗；为大骨节病人发放了85台铁皮炉子供暖；投入6万元为村民修建温棚，解决村民们长期吃不到新鲜蔬菜的困难，400多名村民获益；投入6万余元，在那曲地区尼玛县文布乡修建了2个200多平米的垃圾池，解决了村民倒垃圾难、生活环境脏乱差等问题；投入2万元，为尼玛县文布乡村购买了收割机、脱粒机、油轧机等；投资6万元，为班戈县尼玛乡修建了出售牧民特产的商店，给当地牧民出售牲畜提供了商机，帮助他们脱贫致富。

三、免费实施白内障复明手术

2009年，本会与瑞士红十字会项目牵手，投入项目资金5869158元，开展了眼科、预防艾滋病/性病项目、改水和健康教育等卫生项目。在日喀则地区设5个眼科手术点，邀请当地眼科医生共为1291名白内障患者进行了筛选，为516例白内障患者进行了手术；举办了眼科保健初级培训班，乡村医生131名参训；为5163名学生和271名教师进行了视力检查，为793名师生免费提供了近视镜。据统计，到目前为止，自治区红十字会已开展免费的白内障手术10516例。

瑞士红十字会项目还先后2次在日喀则市、樟木镇的588个娱乐场所，对1122名性工作者和881名长途司机（大部分为尼泊尔籍）开展了预防预防艾滋病/性病知识宣传；在学校为80名学生开展了为期2天的青年同伴教育培训；在南木林县和拉孜县为村民修建524间温室，打了4个抽水压井，配备了4台饮水机。

四、推动无偿献血及预防艾滋病

根据中国红十字总会、西藏红十字会与澳大利亚红十字会合作协议，本会于2003年7月开展了《推动无偿献血》项目，2007年把推动无偿献血项目扩展到日喀则地区，同时也增加了预防艾滋病/性病项目。现行项目为第五期，西藏自治区红十字会负责管理实施。2009年项目投入资金为360268元，着重开展了以下工作。推动无偿献血方面：一是加强宣传工作。在五八红十字纪念日、世界献血日、世界预防艾滋病日期间，设计和制作了藏汉两种文字的宣传册，分别在拉萨师范学校、藏医学院、警察学校、西藏大学和卫生学校及日喀则地区开展了无偿献血宣传活动，发放宣传材料5772册。8月、9月和11月份，项目办与瑞士红十字会、日喀则地区红十字会合作，分别在日喀则仁布、南木林、亚东县和樟木镇，针对机关工作人员、教师、农牧民、边境经商人员及娱乐场所从业人员，开展了无偿献血常识宣传活动，受益者达560余人。二是招募工作。5月、6月份，项目办与瑞士红十字会、日喀则地区红十字会合作，在日喀则地区第二中学和职业技术学校进行宣传、培训和招募志愿者活动，并成立学生志愿者队伍。三是培训工作。5月、6月份，项目办与瑞士红十字会、日喀则地区红十字会合作，在日喀则地区中学和职业技术学校的藏西医班、护理班，举办了2期无偿献血和疾病检测与控制等知识的培训班，受训人数为84人。7月、8月和9月份，项目办分别在拉萨办事处所辖32个居委会，针对办事处工作人员、居民、流动人口（民工、娱乐场所从业人员），先后举办了9次预防艾滋病/性病与无偿献血方面知识的培训班，学习人数达550余人。预防艾滋病方面，一是宣传工作。有针对性地开展了一次有关艾滋病常识方面的摸底调查，并根据摸底调查结果，设计和制作了藏、汉两种文字的宣传资料。全年分别在师校、藏医学院、警校、西藏大学、卫校，社区开展了预防艾滋病/性病方面知识的宣传，发放宣传资料3000多册、安全套4800多只。12月1日世界艾滋病日，参加了由自治区卫生厅统一组织、多部门合力的预防艾滋病/性病和其它预防疾病为主的宣传活动，发放宣传资料2000余册、安全套1200余只。二是培训工作。7月份，与日喀则地区红十字会、瑞士红十字会合作举办了一期预防艾滋病师资培训班，拉萨8个办事处工作人员参加了培训，参训培训58人。12月份，澳大利亚红十字会在藏项目负责人来藏期间，项目办工作人员组织民工开展了预防艾滋病与推动无偿献血培训，参训人员为36人，得到了项目负责人的好评。三是合作与交流。项目办与自治区血液中心合作，在师校、西藏大学和警校开展了推动无偿献血宣传和现场献血等活动。志愿者服务队在每月固定时间，与自治区血液中心一起开展无偿献血宣传活动；与拉萨市红十字会、城关区卫生局、拉萨各办事处合作，在拉萨社区开展预防艾滋与推动无偿献血项目工作；与日喀则地区红十字会、瑞士红十字会合作，在拉萨和日喀则地区开展合作项目学习与交流。

五、救灾工作

3月份，日喀则地区谢通门县春哲乡连降多次大雪，形成了20多年不遇的雪灾。本会迅速筹措救灾物资，将价值45000元的救灾物资（7吨大米、10吨麦麸）转交到了春哲乡政府，为灾区安全度过雪灾、早日恢复正常生产生活发挥了积极作用。

5月23日起，那曲地区五县一区遭受了大范围的持续降雪，致使当地群众生产生活受到严重影响。得知灾情后，7月6日上午，全党组书记杨国庆赶赴灾区为灾民运送了3吨大米、25个慰问箱、100双鞋、50件衣服、30床棉被。

7月7日，全党组书记杨国庆率领工作人员与那曲地区卫生局组成救灾工作组，赶赴雪灾最严重的那曲地区双湖特别区，为受灾群众发放了3吨大米、25个慰问箱、100双鞋、50件衣服、30条棉被。

10月份，阿里地区普兰县连降暴雪，牧民和千头牲畜被困。得知灾情后，本会在第一时间与中国红十字会总会取得联系，申请救灾物资，在最短时间内为阿里地区争取到了25万元救灾款购买了大米，并及时将粮食运送到灾区，缓解了被困群众的燃眉之急。

2008年，本会捐助3986233元给陕西省红十字会，用于一所学校教学楼和10所村卫生院的灾后重建。2009年9月份，常务副会长王法顺赴陕西省对重建项目实地考察。目前，本会援建的陕西省千阳县启文小学一栋1750㎡的四层教学楼已经竣工，2010年投入使用。千阳县小寨村、安坡村等10所村卫生室已经建成并投入使用，为陕西省灾区人民的卫生服务发挥了积极作用。

六、社会救助工作

1月5日，杨国庆、王法顺等会领导带领工作人员来到遭受雪灾严重的山南地区措那县和隆子县，为受灾群众送去了价值10万余元的14吨大米和1000条棉被，帮助受灾群众平稳过冬。

1月18日，春节和藏历新年之际，全党组书记杨国庆来到日喀则地区谢通门县春哲乡扶贫点，看望和慰问牧民，送去价值5万余元的大米、棉被、衣物、药品、糖果等的慰问物资。

1月22日，会领导杨国庆、王法顺、次仁旺堆和自治区卫生厅、民政厅、自治区残联等单位负责人陪同自治区副主席、自治区红十字会会长德吉，来到江曲麻风病康复中心，慰问了麻风病康复患者，为康复患者们送去了由自治区红十字会筹集的大米、衣物等价值1万余元的慰问物资。此外，还为拉萨市、阿里普兰县和那曲地区安排了“红十字博爱送万家”活动的慰问物资，由地区红十字会开展慰问活动。同时，慰问了自治区红十字会团体会员单位的贫困户家庭，发放了大米、糖果，棉被、衣物等慰问物资。

7月份，西藏大学暑期“三下乡”社会实践活动期间，为大学生提供了50双鞋和50件衣物，用于慰问50户贫困户。

12月9日上午，在春哲乡开展了“红十字博爱送万家”活动。秘书长次仁旺堆代表自治区红十字会为春哲乡“三老一困”、“五保户”、特困户家庭发放了救助箱、药品等，价值29万余元，受益人数达1254人。还为乡卫生院配备了6张居住床、6对床垫、3张办公桌、5个取暖炉，共计价值32625元。

2009年教师节，会领导杨国庆、王法顺带领工作人员携带120个价值为36000元的慰问箱，慰问了西藏大学120名贫困教师和职工。同时为拉萨中学贫困教师送去了3000元慰问金。

七、救护培训工作

4月11日，本会与武警消防总队联合在西藏大学举办了2009年第一期大学生卫生救护培训班和有关消防知识培训班，共有130多名大学生参加了学习培训，提高了学生们的火灾防范意识和自救互救技能。

5月8日，根据总会要求，为做好2009年红十字博爱周活动，与藏大红十字会共同开展了关于预防甲型H1N1流感及有关防震知识的讨论，共有50名学生参加了讲座。

5月14日，为拉萨火车站举办了卫生救护培训班，共有40名火车站工作人员参加了培训，并对参训人员进行了现场考核，增强了他们的应急救护技能。

9月12日是“世界急救日”，本会在西藏大学举办了卫生救护培训班，共有100名学生参加了学习培训。

9月20日至23日，举办了自治区红十字会阜康医院紧急救援队全体人员紧急救援知识培训班，26名队员接受了相关知识和操作技能的培训。

八、免费唇腭裂手术

2009年是“嫣然天使基金”唇腭裂免费手术的第二年。2009年，阿里和昌都地区红十字会统一组织患者在自治区人民医院接受手术治疗，自治区红十字会购买了牛奶、糌粑、水果等慰问品看望了患者。

9月底，“嫣然天使基金”管委会主任李亚鹏率医疗队到达拉萨，对项目实施一年的情况进行视察。10月1日国庆节期间，李亚鹏率医疗队与自治区红十字会、阿里地区卫生局、阿里地区红十字会的相关人员组成的“天使之旅”活动组，从拉萨前往阿里，克服种种困难，在普兰县雄巴村参加了雄巴村红十字会卫生所落成典礼，李亚鹏代表“嫣然天使基金”向卫生所捐赠了五万元，用于购买药品、医疗、办公等用品。同时，李亚鹏组织医疗队为阿里30名患者实施了唇腭裂修复免费手术，受到了社会各界的高度评价。至年底，“嫣然天使基金”项目已成功手术235例（其中拉萨27例，林芝9例，日喀则29例，那曲46例，昌都60例，阿里44例）。

九、交流与合作

根据自治区外事部门的要求，我会加大了对外援项目的管理力度，继续加强瑞士红十字会、澳大利亚红十字会、德国尼玛协会现有项目的管理，不断拓宽国际国内和省区内项目。

5月至12月10日，在中国红十字总会

的大力支持下，本会向国家食品药品质量监督管理总局、国家质量监督检验检疫总局、自治区人民政府、成都海关、成都药监局、成都商检局、拉萨海关和自治区商检局等相关单位申请办理了由瑞士红十字会在日喀则地区开展白内障复明手术所需药品及小型医疗器械的有关手续。此次进口的 13 种药品及小型医疗器械总价值为 181887.00MB，其中有 8 种药品、5 种小型医疗器械。这批药品于 2009 年 12 月 10 日经成都的委托报关公司空运至本会，所有药品及小型医疗器械在拉萨通过了检验并已运送至日喀则地区使用。

十、宣传工作

充分利用广告栏、报纸、广播、电视等媒体，以宣传促工作，以工作带宣传，不断扩大社会影响。2009 年，会领导接受记者采访 38 次，出简报 27 期，在电视台播放红十字新闻 32 次，各种报刊刊登红十字信息 123 篇，取得了良好的传播效应。

11 月份，在拉萨举办了一次由中国红十字总会和澳大利亚红十字会主办，国际委员会和国际联合会协办，自治区红十字会承办的传播红十字运动基本知识培训班，自治区、各地市红十字会及志愿者代表参加了培训。

“五八”世界红十字日活动周期间，自治区红十字会争取西藏电视台支持，对捐献骨髓等知识进行了为期一周的报道。各地市红十字会积极行动，主动开展宣传、义诊等活动。

12 月 1 日是世界艾滋病日，自治区红十字会、澳大利亚项目办在拉萨市开展了世界艾滋病日宣传活动。工作人员向过往群众发放艾滋病防治基本知识宣传册，向广大市民宣传普及预防艾滋病知识。此次宣传活动共发放宣传资料 1000 份，发放安全套 600 只。

为纪念第七个全国法制宣传日，12 月 4 日上午，西藏自治区红十字会在拉萨市宇拓路开展了法制宣传。

【历史沿革】

西藏自治区红十字会于 1986 年 6 月 26 日在成立。同时，召开了第一次会员代表大会暨第一届理事会，聘请自治区副主席图道多吉为名誉会长，选举自治区副主席吉普·平措次登为会长，自治区卫生厅厅长次仁卓嘎、副厅长阿登为副会长。办事机构设在自治区卫生厅科教外事处，有 2 名兼职工作人员。1990 年 2 月 20 日，自治区机构编制委员会批准自治区红十字会办公室为区级建制，配备工作人员 3 名。1994 年 11 月 8 日，召开了第二次会员代表大会，聘请自治区主席江村罗布为名誉会长，自治区党委副书记丹增、自治区人大副主任朗杰、自治区副主席吉普·平措次登、自治区政协副主席才旦卓玛为名誉副会长，选举自治区卫生厅厅长次仁卓嘎为会长，阿登为常务副会长，土登、加措、李谦为副会长。根据会长提名决定次仁旺堆为秘书长。1996 年 8 月 7 日，自治区机构编制委员会批准自治区红十字会办公室为副处级建制，配专职工作人员 8 名。1998 年 9 月 25 日，召开了第三次会员代表大会，聘请自治区主席列确为名誉会长，自治区党委副书记丹增、自治区副主席拉巴平措、次仁卓嘎为名誉副会长，选举自治区副主席吉普·平措次登为会长，卫生厅厅长土登为常务副会长，阿登、德吉卓嘎、才巴、郭丹、高俊璞为副会长。根据会长提名决定次仁旺堆为秘书长。2001 年 3 月，由自治区副主席次仁卓嘎任会长。2002 年 1 月 16 日，自治区机构编制委员会批准自治区红十字会为副厅级建制，办事机构从自治区卫生厅划出，独立设置，由自治区政府领导联系。2002 年 7 月，自治区人民政府领导班子调整，由自治区副主席崔玉英担任会长。2003 年 8 月，区党委任命杨国庆为副会长。2003 年 11 月，区党委组织部任命王法顺为副会长。

西藏自治区红十字会历次代表大会

第一届

1986 年 6 月 26 日召开，理事 35 人，名誉会长图道多吉，会长吉普·平措次登。

第二届

1994 年 11 月 8 日召开，理事 68 人，名誉会长江村罗布，会长次仁卓嘎，常务副会长阿登。

第三届

1998 年 9 月 25 日召开，理事 93 人，名誉会长列确，会长崔玉英，常务副会长杨国庆。

【组织机构】

西藏自治区红十字会独立设置，为副厅级建制。全区 7 个地市都建立了红十字会，挂靠当地卫生局。在全区 74 个县中，有 13 个县成立了红十字会，西藏大学和拉萨中学也建立了红十字会。全区红十字会员 17600 余名，荣誉会员 54 名、志愿工作者 500 余名。团体会员单位 61 个。

西藏自治区红十字会机关设有办公室、联络部、组织宣传赈济救护部三个处室。

根据《中华人民共和国红十字会法》、《中国红十字会章程》和《关于理顺中国红十字会总会管理体制的通知》精神，2004 年 7 月，西藏自治区红十字会向区编办提交了《西藏自治区地（市）、县红十字会理顺管理体制方案的请示》，待批。目前，各地（市）、县红十字会仍由地（市）卫生局代管（正科级）。

【大型项目】

（一）1987 年 11 月，西藏日喀则地区 8 个县遭受严重雪灾，10 余万群众损失严重，数百名外国游客和登山队员被大雪围困。西藏自治区红十字会组织自治区第一人民医院和日喀则红十字医疗队赶赴灾区参加抢险救护，并组织捐款 10660 元、粮食 617 公斤，帮助群众抗灾。同年，大兴安岭发生火灾，区红十字会捐款 5000 元支援灾区。

（二）1988 年，西藏日喀则地区仁布县发生地震，区红十字会组织捐款 10660 元、粮食 847.5 公斤、各种衣物 422 件，支援地震灾区。

（三）1989 年，西藏那曲地区遭受特大雪灾，区红十字会向全区发出募捐通知，共募集现金 274652 元、粮食 48420.25 公斤、粮票 14565.5 公斤、茶叶 1505.5 公斤、衣物 9240 件，以及火柴、蜡烛、食盐、方便面、罐头、红糖、饼干、防雪盲镜等 22 个品种的物资，支援灾区。

（四）1993 年，尼泊尔发生雪灾，区红十字会捐款 5 万元人民币。

（五）1997 年 11 月至 1998 年 4 月，西藏那曲、阿里、日喀则等 6 地（市）遭受历史上罕见的特大雪灾，区红十字会及时组织医疗队 36 批 216 人次奔赴灾区，并向全国各省市红十字会发出呼吁，募集救灾物资折合人民币 7067735.18 元，其中捐款

3541935.18 元，募捐衣被价值 1425800 元，募捐药品价值 2100000 元。

（六）2004 年，根据中国红十字会总会关于救助 2004 年内地洪涝灾害的要求，区红十字会组织开展了“捐一元善款，为灾民解难”为主题的募捐活动，共募集 33277 元（含食物折款），援助内地洪涝灾区。

（七）2005 年，为印度洋强烈地震和海啸的灾区募捐 3085032.18 元。

（八）2005 年 11 月，发展了拉萨市林周县红十字会

【主要特色】

（一）努力打造“光明”品牌工程

西藏是白内障高发地区，有许多家庭特别是农牧民患白内障患，而又无力支付手术费用造成失明。区红十字会从大力弘扬人道主义、保护人的生命和健康的宗旨出发，从 1995 年开始，积极争取外援和自筹资金，坚持开展“光明工程”，组织医疗队奔赴农村牧区，先后为 1754 余名白内障患者免费实施了复明手术，使他们重见光明，深得当地政府和人民群众的欢迎和好评。

（二）加强“藏医在西藏农村牧区的应用”扶贫系列活动

西藏自治区红十字会积极争取外援，与德国尼玛协会合作，自 2000 年开始，先后在拉萨市林周县、墨竹工卡县和那曲地区班戈县、尼玛县、双湖特区的部分贫困乡村开展“加强藏医在西藏农村牧区的应用”扶贫系列活动。活动内容包括为项目地区群众免费提供藏医医疗服务、培训基层藏医人员、采用藏医疗法防治牲畜疾病、对群众进行藏药材知识和温室技术培训、开展濒危藏药材温室内外种植试验、援建绿色蔬菜大棚、建立小型手工业生产基地并进行手工艺培训等，以提高群众的创收能力和致富水平。

（刘清国）

拉萨市红十字会

【简介】

拉萨市红十字会成立于 1986 年 7 月。市红十字会有行政编制 4 人。全市有团体会员单位 75 家，会员 15000 多名，其中红十字青少年团体会员单位 2 家，青少年会员 3800 名。

陕西省红十字会

【年度工作】

2009 年，陕西省 10 个设区市的红十字会全部理顺了管理体制，54 个县级红十字会理顺了管理体制。陕西省红十字会全年争取到灾后重建资金 19065.94 万元，重建项目涉及陕西省五个市、30 个县灾民房 787 户、卫生院 76 个、学校 31 所、卫生室 362 个，其他项目 20 个。截至目前，灾民住房项目已全部竣工。乡镇卫生院竣工、主体完工 106 个。乡镇学校竣工、主体完工 91 所。村卫生室竣工、主体完工 996 个。其他项目的建设正在按规定和要求有序进展。2009 年陕西省红十字会接收募捐救灾救助物资总价值 1167.84 万元。全年下拨救灾救助物资总价值 1070 万元，涉及五个地市的 25 个县，受益群众达三万多人。

【历史沿革】

红十字运动在陕西开始于 1911 年辛亥

革命时期，新中国成立前，西安市红十字会是陕西省唯一的红十字组织，兴办有西安市红十字会医院等。新中国成立初期，有着悠久历史的西安市红十字会发挥了重要作用，继续承办了西安市红十字会医院，1951年又创办了西安市私立宏惠高级护士学校（现西安市卫生学校），参加了中国红十字会组织的城乡和国际医疗服务队，组派医护人员赴朝鲜参加战场卫生救护，并为根治淮河工程提供医疗服务。1952年为西安市各区培训了急救队，并设立了红十字急救站，遣送了散居在西北五省的500余名日本侨民。1956年为全市613个农业社培训了保健员，配备了卫生箱，并在三桥等高级农业社设立了红十字保健站，解决了一些社、队的医疗、预防和保健问题。还投资数千元在城郊主要街道设立了红十字宣传塔、标语牌等，宣传党的方针、政策和红十字运动。这段时间，西安市红十字会的房产、人力、综合实力以及各项工作在全国都有一定影响，为陕西红十字事业的发展奠定了很好的基础。

1959年11月，陕西省红十字会成立。时任省卫生厅厅长的李经伦当选陕西省红十字会第一任会长。自成立至“文革”前，陕西省各级红十字会工作重点是开展群众性卫生救护知识的培训，其大量工作实际上是各级医疗部门工作的补充。1966年6月“文化大革命”开始后，陕西省各级红十字会被迫停止工作。中共十一届三中全会以后，1980年7月经陕西省人民政府批准（陕政发〔1980〕86号），恢复了陕西省红十字会。在复会后的第一次会员代表大会上，陕西省政协主席谭文煦被选举为省红十字会第二任会长，并在1984年第三次和1988年第四次会员代表大会上继续担任陕西省红十字会会长。1994年8月，陕西省红十字会四届三次理事扩大会议后，根据《陕西省红十字会组织规章》，先后聘请了白清才、程安东省长为名誉会长，先后选举了林季周、姜信真、范肖梅、赵德全、潘连生副省长为省红十字会会长。2000年4月7日，陕西省红十字会第五次会员代表大会召开。大会全面总结了陕西省红十字会第四届理事会的工作，制定了2000至2005年发展规划，选举产生了由56名理事组成的新一届理事会，聘请了中共陕西省委书记李建国、省长程安东担任名誉会长，选举潘连生副省长担任会长，刘爱梅为常务副会长，耿庆义、赵玉哲为副会长，根据会长提名，决定张文来、杜小平先后担任秘书长。

【组织机构】

陕西省红十字会现有基层组织409个，团体会员单位114个，会员3.9万人。全省10个设区市均成立了红十字会，107个县（市、区）中已有88个成立了红十字会。同时高等院校、煤矿、民航、武警、卫生等系统行业红十字会继续稳定发展。

2001年2月，陕西省机构编制委员会下发了《关于理顺省红十字会管理体制的通知》（陕编发〔2001〕08号），明确了陕西省红十字会机构实行单设，列入省委领导下的人民团体机构序列。2002年9月，陕西省委办公厅下发了《陕西省红十字会机关职能配置、内设机构和人员编制的规定》（陕办字〔2002〕71号），规定陕西省红十字会为副厅级建制，定编13人，机关内设办公室、事业发展部、赈济救护部三个部、室。2003年2月，中共陕西省委组织部批复，同意成立陕西省红十字会党组。2003

年6月，中共陕西省委组织部、陕西省人事厅下发了《陕西省红十字会机关参照〈国家公务员暂行条例〉管理的实施办法》。

陕西省红十字会下辖中国红十字会西安备灾救灾中心、中国造血干细胞捐献者资料库陕西管理中心2个直属事业单位，成立了陕西省红十字会健康检查中心。

【大型项目】

1. 1998年，陕西省红十字会为“三江流域”和省内特大水灾开展募捐，共募集救灾款物价值552万元，分别送往省内的陕南和湖北省水灾灾区。

2. 1999年，陕西省红十字会为省内陕南水灾灾区开展募捐，共募集救灾款物总价值391万元，分数批送往陕南灾区。

3. 2000年，陕西省红十字会为省内安康特大水灾灾区开展募捐，共募集救灾款物总价值390万元，分5次送往安康灾区。

4. 2002年，陕西省红十字会为省内特大水灾灾区开展募捐，共募集救灾款物总价值折合人民币1533万元，分8批及时送往灾区。在香港、深圳、北京市红十字会的支持下，投资280万元开展灾后重建工作，包括佛坪县佛坪中学，镇安县柴坪镇、月河乡，柞水县下梁乡，佛坪县岳坝乡，略阳县郭镇乡，宁陕县四亩地镇等6个乡镇卫生院，宁陕县四亩地镇50户灾民的灾后住房建设。

5. 2003年抗击“非典”工作中，陕西省红十字会共募集救助款物总价值125.04万元和名人书画长卷4幅，及时转赠到有关单位和个人。

6. 2003年，陕西省红十字会为省内特大水灾灾区开展募捐，共募集救灾款物总价值1540万元，分11批及时送往灾区。在香港特别行政区红十字会、北京市红十字会的支持下，投资122万元开展灾后重建工作，包括华阴市卫峪乡、华县下庙乡、镇安县红十字医院，石泉县银桥乡、洛南县巡检乡等卫生院的灾后重建。

7. 陕西省红十字会支援新疆维吾尔自治区雪灾灾区2万元，支援内蒙古自治区雪灾灾区2万元，支援青海省红十字会1万元。

【主要特色】

一、引进挪威投资，开展组织发展合作项目

在中国红十字会总会的关心和支持下，经过挪威国家红十字会一系列考察和论证，2003年，陕西省红十字会专职副会长赵玉哲与挪威红十字会项目官员格登·泰斯番共同签署了2003年至2005年3年《挪威红十字会陕西项目备忘录》。根据备忘录，确定宝鸡市以及陈仓区、千阳县，渭南市以及白水县、华阴市为项目市、县。挪威红十字会出资，一是为项目市配备工作用车，为项目市、县装修办公室，配备计算机、摄像机、照相机、办公桌椅及必要的办公设备，改善办公条件；二是举办组织发展、信息传播、现场救护、志愿者招募、灾害救助、社区服务、项目财务管理等培训班，进行能力建设培养。

第一个三年合作项目期间，挪威红十字会共投资340万元人民币，极大地改善了项目市、县的办公条件，通过学习国外红十字会工作的新理念、新思维、新方法，能力建设有了很大提高，该合作项目受到了有关各方的一致好评。

二、开展“红十字博爱自驾游”活动

为纪念“五·八”世界红十字日，使

社会各界人士参与红十字会工作，了解红十字事业，更好地弘扬红十字精神，培养少年儿童互助友爱、热爱祖国的高尚情操，并通过企业冠名的方式，为红十字会筹集救助资金，陕西省红十字会通过自愿报名的方法，利用“五一”长假，组织30个家庭（共约120名成员），由父母带领8周岁以上的子女，自驾私家车，赴陕西省商洛市的部分区县（国家级贫困县），开展红十字扶贫帮困活动。活动主要内容是：在商洛市山区开展登山植树活动，种植“红十字博爱林”；参加活动的每个家庭通过当地红十字会联系，在商南县农村选择一个农户，向他们捐赠学习、生活用品，入住农户家中，体验农村生活，并自愿扶贫帮困“结对子”；请老红军讲革命史和革命烈士的故事；举办篝火晚会等联谊活动；游览当地风景区，并组织丹江漂流活动。

三、“红十字祛痨救助工程”

陕西省商洛市下辖的商州市属国家级贫困县，部分群众温饱问题尚未解决，更为严重的是商州市又是省内结核病高发区。全市有活动性结核病人1.2万人，其中传染源病人5300人，每年又有300例左右的新发病患者。原有的结核病人不能得到及时医治，新的传染源又不断蔓延，形成了因贫无法治病，因病无法脱贫，贫困再贫困的恶性循环，个别有结核病家族史的全家患病、甚至全家死亡。据此，陕西省红十字会和省结核病防治院联合对商州市重症肺结核病人实施扶贫帮困治疗活动。双方决定，一年内收治住院患者50例，省红十字会为每例患者提供800元资助，省结核病院减免检查、住院、治疗费用的30%。另选定20例病人实行家庭督导治疗，省红十字会为每例患者提供500元的治疗药品。该活动命名为“红十字祛痨救助工程”，取得了很好的社会效益。

四、“红十字甘露工程”

榆林市横山县堡山村属革命老区，是一个典型的国家级贫困山区。全村200多户、1000多人，祖祖辈辈无一分水田，人畜饮水要到3华里以外的深沟靠毛驴驮水。该村修建了200亩水平旱台梯田和蓄水池，但苦于资金无法落实，抽水工程无法实现。经考察，陕西省红十字会认为，建立一处抽水站，人畜饮水可彻底解决，旱台梯田的灌溉及群众温饱问题也可望解决。为此，陕西省红十字会资助人民币5万元，为堡山村修建了一处抽水站，命名为“红十字甘露工程”。同时，陕西省红十字会还出资1万元在宝鸡市麟游县修建了“红十字连心桥”，出资8000元在延安市子州县修建了“红十字爱民井”。

（王安永）

西安市红十字会

【简介】

西安市红十字会于1911年10月24日建会。2005年8月，市红十字会理顺管理体制。所属13个区、县红十字会基本理顺管理体制。全市有教育系统红址字一个，社区红址字会14个，有基层组织623个，志愿者队伍六只，会员2.5万人，志愿者5000余人。

会长：李秋实（市委常委、副市长），常务副会长：崔锦绣

宝鸡市红十字会

【简介】

宝鸡市红十字会1984年恢复工作，规格为副处级全额拨款事业单位，有编制5名，人员参照公务员管理，有独立的办公场所，工作经费列入财政预算。

渭南市红十字会

【简介】

渭南市红十字会成立于1988年12月29日。2003年4月，经市编委会批准市红十字会办公室由科级升格为副处级单位。市红十字会有专职干部编制共10名。

甘肃省红十字会

【年度工作】

2009年，甘肃省红十字会把改善民生作为红十字会工作的出发点和落脚点，重点实施好汶川地震灾后恢复重建项目，着力加强自身能力建设，强化应急救助体系建设，为和谐甘肃建设做出了贡献。在2009年10月召开的中国红十字会第九次全国会员代表大会上，省红十字会被人力资源和社会保障部、中国红十字会总会表彰为先进集体。

一、灾后恢复重建工作取得阶段性成果

一是争取了一大批新项目。新签约援建资金43154.96万元，截至009年底，累计落实援建资金84606.05万元。援建了甘肃省地震灾区的13978户村民住房、198所农村学校、207所乡镇卫生院及医院、273个村卫生室、77个村民活动室、3个红十字会备灾中心。二是项目质量过硬、保证进度。截止2009年12月，第一、二期红十字会系统援建项目中，13978户民房项目已全部竣工，其中86%的农户已搬入新居，161所农村学校已竣工98所，179所乡镇卫生院及医院已竣工119所，173个村卫生室已竣工42个，77个村民活动室已竣工24个，3个备灾仓库正在选址和进行前期准备。三是资金管理使用规范透明，市、县红十字会收到拨款后，均严格按照有关经费拨付的原则，分期按比例将项目款拨付至项目主管单位。经督导检查，未发现截流挪用项目资金的现象。

二、应对自然灾害等突发事件的能力有了较大提升

2009年3月13日，省政府办公厅印发了《甘肃省红十字会突发公共事件人道救助应急预案》，提升了全省红十字会应急管理和快速救助能力。在广场、学校开展了全国首个“防灾减灾日”系列宣传活动。开展了为台湾“莫拉克”台风灾区募捐活动，全省共接收捐款74.91万元。进入汛期以来，迅速开展了暴洪灾害救助活动，向受灾群众发放了200余万元的救灾物资。

三、各类救助活动取得实效

一是开展“红十字博爱送万家”活动。总会调拨1044万元物资，全省各级红十字会筹措314万元物资，慰问城乡受灾和生活困难群众15400户，受益人口达61600人。二是向张掖市肃南县、平凉市静宁县、白银市会宁县贫困参合农民发放了“新农合”试点县大病救助金29.95万元。三是开展捐赠救助活动。接收中国红十字基金会，河南省、上海市红十字会，企事业单位和社会各界捐赠药品、轮椅、衣物、洗漱用品、图书等物资和救助金，价值330余万元，救助了陇南、天水、平凉、兰州及白银市会宁县、张掖市肃南县等地的灾区特困群众、“三孤”人员、乡村医生、乡村教师、社区群众、在校学生、“新农合”参合农民等各类人群，还建设“红十字书库”100个。

四、积极推进健康工程

完成2009年彩票公益金救护师资培训项目，初训、复训救护师资138名，培训火电、水电、城市供水、石油、天然气、建筑等多个行业的初级救护员1524名，开展救护知识普及23400余人次。完成了中国红十字基金会援建的敦煌、天水、武威10所博爱卫生室建设及1所侨爱小学、甘南10所侨爱卫生室的挂牌工作。免费实施白内障复明手术530例。在车站广场、街道乡村、长途客车等场所开展了形式多样的艾滋病预防宣传活动。造血干细胞配型成功297名，白银供电公司的郑志威、长庆石油管理局的衡平利实现第五、六例成功捐献。新登记遗体捐献78人，接待捐献咨询750人次，捐献1人。

五、红十字会社会影响进一步扩大

一是全省各级红十字会开展了以“凝聚人道力量，重建美好家园”为主题的“红十字博爱周”活动，省红十字会受到总会通报表扬；二是灾后重建宣传效果卓著。召开3次新闻发布会，中央政府网站先后数十次转载新华社、中新社，以及台湾、泰国等境外媒体报道或转载本省红十字会开展灾后重建工作的新闻。公告灾后重建项目5次，甘肃电视台《今日聚焦》播出新闻专题片6部，在重建项目现场开展宣传工作。三是充分发挥媒体作用。新华社、中新社、甘肃电视台、甘肃日报、甘肃人民广播电台等媒体对省红十字会开展的主要工作共报道千余条次。四是省红十字会网站内容更加丰富，页面更有活力，先后编写工作动态简报24期。举办了全省红十字会系统传播骨干培训班。

六、红十字会自身建设取得新进展

一是重点推动受灾严重的市、县理顺红十字会管理体制。截至2009年底，全省共有12个市州、55个县（区、市）红十字会理顺了管理体制。二是在灾后重建项目实施的学校、卫生院建立了一批基层红十字组织。三是做好红十字青少年、社区和志愿服务工作。受理台湾查人转信4件，查到2件。

七、项目建设

2009年，新签约援建资金43154.96万元，截至年底，累计落实援建资金84606.05万元，援建了甘肃省地震灾区13978户村民住房、198所农村学校、207所乡镇卫生院及医院、273个村卫生室、77个村民活动室、3个红十字会备灾中心。做到项目质量过硬、进度有保证，资金管理使用规范透明。

香港友人汤锦成捐赠27.59万元，在庆阳市镇原县实施白内障复明手术290例。利用加拿大红十字会援助资金，在白银市平川区、靖远县实施白内障复明手术240例，投入资金23.55万元。

2009年，甘肃省红十字会接收中国红十字基金会，河南省、上海市红十字会，企事业单位和社会各界捐赠药品、轮椅、衣物、洗漱用品、图书等物资和救助金，价值330余万元，救助了陇南、天水、平凉、兰州及白银市会宁县、张掖市肃南县等地的灾区特困群众、“三孤”人员、乡村医生、乡村教师、社区群众、在校学生、“新农合”参合农民等各类人群，建设“红十字书库”100个。

【历史沿革】

在1985年甘肃省红十字会正式批准成立以前，甘肃省就开展了红十字活动。1937年，平凉县成立了中国红十字会平凉分会，为因战争和贫困造成的伤病人员及遗弃孤儿开展了大量的人道主义救助工作。1946年、1949年，定西、兰州又分别成立了中国红十字会定西分会和中国红十字会兰州分会。1985年7月6日，经甘肃省人民政府批准，甘肃省红十字会正式成立，开启了甘肃省红十字事业发展的新纪元，甘肃省红十字事业进入了一个新的发展阶段。20年来，甘肃省红十字会在组织建设，赈灾救济、社会救助、普及卫生救护和防病知识、红十字青少年工作、推动无偿献血、传播国际人道法和红十字运动基本知识等方面取得了显著成绩。近几年来，甘肃省红十字会在拓宽人道主义服务领域方面做了大量工作。2001年—2004年，甘肃省红十字会共争取到天津市红十字会和3位香港友人的援助资金150多万元，在定西、天水、白银、庆阳4市新建博爱小学8所，乡镇卫生院1所。

2004年12月27日，甘肃省红十字会第四次会员代表大会召开。甘肃省委书记、省人大大常委会主任苏荣给大会发了贺信。甘肃省委副书记、省长陆浩，中国红十字会常务副会长江亦曼等出席了会议。大会全面总结了甘肃省红十字会第三届理事会的工作，制定了2005年至2009年发展规划，选举产生了由86名理事组成的新一届理事会。大会聘请省委副书记、省长陆浩为甘肃省红十字会名誉会长，省人大常委会副主任石作峰，省政协副主席周宜兴为甘肃省红十字名誉副会长，副省长李膺当选为会长，李玉堂当选为专职副会长，李存文、陆代森、张和平、王幸、李贵富、焦建民当选为副会长，根据会长提名决定陈瑞铭为秘书长。

甘肃省红十字会历次代表大会

第一届

1985年7月6日召开，理事17人，会长李屺阳，专职副会长傅唯一。

第二届

1990年11月13日召开，代表92人，理事44人，常务理事10人，名誉会长马玉海、张学忠、陈剑虹，会长李屺阳，专职副会长洪惠民、梁淑凤。

第三届

1994年6月23日召开，代表141人，理事55人，常务理事12人，名誉会长李屺阳，会长陈绮玲，专职副会长刘克玲、梁世章。

第四届

2004年12月27日召开，代表251人，理事86人，常务理事15人，名誉会长陆浩，会长李膺，专职副会长李玉堂。

【组织机构】

甘肃省红十字会现有基层组织1635个，会员30.13万人（其中青少年会员14.234万人）。全省14个市、州建立了红十字会，86个县（市、区）中有76个已建立了红十字组织，兰州铁路局、武警甘肃总队卫生系统也建立了行业红十字会。

根据《中华人民共和国红十字会法》和中国红十字会总会《理顺管理体制座谈

会纪要》精神，2004 年 12 月，在中共甘肃省委、省政府的重视关心下，省机构编制委员会印发了理顺甘肃省红十字会管理体制的通知，将甘肃省红十字会从省卫生厅划出，由省政府领导直接联系，单独设置，人员编制增加到 12 名，核定副厅级专职副会长 1 名，处级领导职数 5 名，内设办公室、组织宣教处、赈济救护处，为甘肃省红十字事业的发展提供了体制上的保证。

【大型项目】

（一）参与国内、国际间的救灾援助

1. 1998 年，为“三江流域”水灾开展募捐，共筹集款物价值 200 多万元，支援了内蒙古、湖北等灾区。

2. 2004 年底，印度洋地震并引发海啸的灾害发生后，甘肃省红十字会积极响应中国红十字会总会发出的紧急募捐号召，有组织，有计划，紧张、规范、有序地开展为印度洋地震海啸灾区的募捐活动。在这次社会募捐活动中，全省红十字会共计收到集体和个人捐款 1575900. 95 元，创造了甘肃省红十字会建会以来赈灾募捐工作最高记录。

（二）对省内受灾地区的救助

1. 1990 年，甘肃省古浪、景泰、天祝三县交界处发生 6. 2 级地震，直接经济损失 1. 5 亿元，省红十字会紧急开展救助和募捐活动，共筹集现金 13 万元、衣服 83657 件（套），6 万斤粮票，对灾区实施救助。

2. 1995 年，甘肃省永登县发生 5. 2 级地震，省红十字会及兰州、天水、平凉、定西、陇南、庆阳等市红十字会和兰化公司红十字会立即行动，募集衣被、帐篷、药品、食品等送往灾区，救助灾民。

3. 2000 年，甘肃省宕昌县遭受百年不遇的特大洪水、泥石流灾害，景泰县发生 5. 9 级地震，灾情发生后，省红十字会筹集了价值 156 万元的救灾物资运往灾区。

4. 2001 年，甘肃省岷县、礼县等 6 县发生特大暴洪灾害，省红十字会紧急筹集了价值 45 万元的救灾物资对灾区实施救助。

5. 2002 年，甘肃省部分市、县发生严重的冰雹、暴洪等自然灾害，省红十字会通过各种渠道积极开展了募集救灾物资工作，先后为 7 县（区）23 个乡镇的受灾群众提供了总价值 78. 6 万元的生活必需品和救灾物资，受益人口为 15. 7 万人。

6. 2003 年，甘肃省民乐、山丹发生 6. 2 级的地震，省红十字会在中国红十字会总会、红十字会与红新月会国际联合会的支持下，共接受 400 多万元的捐款和物资，并及时发往灾区。

7. 2003 年，“非典”期间，甘肃省红十字会共接受社会各界捐助款物折合人民币 420. 33 万元，所有物资按有关规定及时下发到“防非”工作第一线。

（三）合作项目

1. 1999—2004 年，甘肃省红十字会与加拿大红十字会合作，利用加拿大红十字会援助的 12 万加元和省内配套资金，在定西市、白银市的 6 个乡卫生院开展卫生项目。培训卫生院业务人员及村医 96 人，配备医疗设备 120 件（套），改建农村卫生厕所 364 所。

2. 2001—2003 年，甘肃省红十字会与加拿大红十字会合作，在清水县、徽县、武山县开展白内障复明项目，免费为贫困家庭的白内障患者手术复明 804 例。

3. 2002—2003 年，甘肃省红十字会与加拿大红十字会合作，在兰州、白银、定西、天水 4 市开展艾滋病预防项目，共举办艾滋病预防培训班10期（其中：师资培训班1期，青年同伴教育培训班4期，红十字会骨干培训班1期，戒毒人员培训班4期），共培训348人。

【主要特色】

近几年来，甘肃省红十字会拓宽人道主义服务领域，突出开展了兴教助学活动。

2001—2004年，省红十字会共争取到天津市红十字会和3位香港友人的援助资金150多万元，在定西、天水、白银、庆阳4市新建博爱小学8所，乡卫生院1所。

2001年以来，省红十字会还积极为8所受援乡村中、小学校牵线搭桥，使这部分中、小学校与天津、香港特别行政区的部分学校开展了手拉手助学活动。活动中，天津、香港特别行政区的部分学校捐赠了价值31万元的电脑、打印机、电视机、VCD等教学设备，使边远山区的孩子们增长了见识，培养了他们关心社会、奉献爱心的人道主义精神。

（刘雪峰）

兰州市红十字会

【简介】

兰州市红十字会成立于1958年。“文革”期间停止工作。1986年，兰州市红十字会恢复工作，办事机构挂靠在兰州市卫生局，科级建制。1998年机构改革时，为了加强红十字会工作，市政府批准红十字会办公室升格为副县级建制，事业编制3人。2002年机构调整时，保留红十字会办公室，仍为副县级建制，事业编制3人。2005年，兰州市红十字会理顺了管理体制，红十字会列入“人民团体”序列，副县级建制，有事业编制5人。

嘉峪关市红十字会

【简介】

嘉峪关市红十字会成立于1986年。与嘉峪关市卫生局合署办公。2002年，嘉峪关市政府办公室下文专门增设了市红十字会办公室，并增加事业编制2名。全市有红十字会团体会员单位40家，会员10642人，红十字会医院2家。

白银市红十字会

【简介】

白银市红十字会成立于1988年。为科级建制，挂靠市卫生局，核编4人。2004年6月，市红十字会设专职副会长1名（县级）。2005年9月，市政府配备市红十字会1名正县级专职副会长，2007年3月，市红十字会由挂靠市卫生局改为市政府直属社会团体。全市有红十字会有团体会员单位7家，理事成员单位77家，基层组织85个，会员10028人，其中青少年会员5182人，三县两区及白银公司、银光公司、白银供电公司、靖远煤业公司等大中型企业均成立了红十字会组织。

天水市红十字会

【简介】

天水市红十字会成立于1987年6月。全市有红十字团本会员单位156家，会员3万人。

张掖市红十字会

【简介】

张掖市（原张掖地区）红十字会成立于1988年。工作由卫生局代管。2002年撤地设市后更名为张掖市红十字会。2006年，经市委、市政府批准同意，确定了市红十字会为县级建制，核定了人员编制定编3人。

酒泉市红十字会

【简介】

酒泉市红十字会于1998年成立，挂靠在酒泉市卫生局。机关下设办公室，挂靠在市卫生局医政科。

平凉市红十字会

【简介】

平凉市红十字会创建于1940年，“文革”期间工作中。1989年，市红十字会恢复工作。全市有红十字会基层组织157个，会员18380人。

庆阳市红十字会

【简介】

庆阳市红十字会成立于2006年7月，规格为正县级事业单位，隶属市政府。机会有工作人员6名，其中常务副会长1名，正科级干部1名，科员4名。

定西市红十字会

【简介】

定西市红十字会建会于1989年12月。全市有红十字会基层组织218个，红十字会员2万多人。

陇南市红十字会

【简介】

陇南市红十字会成立于1990年2月。

临夏州红十字会

【简介】

临夏回族自治州红十字会成立于1988年10月。2007年4月，经临夏州编委（临州机编［2007］11号）批准设置临夏回族自治州红十字会，有编制6名。

甘南藏族自治州红十字会

【简介】

甘南藏族自治州红十字会规格为县级机构，独立设置，有编制5名，核定各县（市）红十字会为科级，人员编制各3名。2008年，全州8县（市）已理顺机构的有：舟曲、迭部、卓尼、碌曲、玛曲、夏河县等六县，

青海省红十字会

【年度工作】

2009年，青海省红十字会以关注民生、

保障民生、改善民生为工作重点，以“动员人道力量，改善最易受损害群体境况”为工作的出发点和落脚点，通过组织开展“红十字博爱送万家”、“博爱一日捐”和“红十字博爱月”等为民办实事系列活动，有力地促进了各项工作的开展，为青海的社会经济发展，建设富裕文明和谐新青海做出了应有的贡献。

一、外援项目工作进展顺利，引进项目资金实现新突破

一是积极引进上海能近公益基金会援助的“爱心救助贫困先天性心脏病患儿”项目资金150万元，与省心脑血管病专科医院联合分4批次为省内51名贫困先心病患儿免费实施手术治疗，手术成功率达100%。该项目自2007年实施以来，已为省内91名先天性心脏病患儿免费实施了手术，总投资259万元。

二是争取到瑞士人道慈善组织的“救助贫困家庭疝气患儿康复”项目款60.4万元，先后分两批在青海红十字医院实施了“救助贫困家庭疝气患儿康复”项目，为每例疝气患儿资助手术费900元，累计救助贫困家庭2—14周岁的疝气患儿680名。

三是为了改善本省部分贫困地区的医疗卫生条件，省红十字会积极引进中国红十字基金会资金10万元，为湟源县大华镇莫布拉村、循化县查汗都斯乡赞卜乎村各援建了一所博爱卫生站。

四是积极引进中国红十字基金会“红十字书库”项目，为本省循化县白庄夕昌博爱小学、化隆县塔加中心学校、共和县江西沟乡上社寄校、河南县优干宁镇第一完小、湟源县东峡乡响河尔小学、玉树县三江源小学等6所学校各配备了价值14500元（共计97000元）的书籍、书架等教学用品。

五是在省委领导的支持下，与上海阎宝航社会公益基金会达成“玉树州红十字会安养中心慈善公益合作项目协议”，签订了合作项目意向书，该基金会承诺向青海省捐赠1000万元人民币，在玉树藏族自治州建设一座可容纳百余名藏族老人的安养中心。

六是争取到国家彩票公益金师资救护培训项目，举办了2期初训班和1期复训班，共为全省培训138名卫生救护师资，投入资金24万元。

七是8月10日北京市红十字会、北京海关派人来到青海，在西宁开展了“共铸中国心·博爱在青海”活动，并向青海省红十字会捐赠了价值80万元的救灾救助款物。

其间，会领导陪同北京市红十字会常务副会长韩陆一行分别赴海南州、海北州、循化县、塔尔寺红十字会调研。12日，中共青海省委书记、省人大常委会主任、省红十字会名誉会长强卫会见了北京市红十字会常务副会长韩陆一行，强卫指出：青海是“三江源头”，被誉为江河之源，中华水塔和生态屏障。青海省地处边远、经济欠发达，各族人民的生活相对还不富裕，但在四川汶川强地震发生后，青海省红十字会认真贯彻落实党中央、国务院及省委、省政府和中国红十字会总会关于支援四川省地震灾区抗震救灾工作的重大部署和安排，迅速启动了青海省红十字会应对自然灾害和突发事件预案，依法在全省范围内开展了“支援四川汶川地震灾区抗震救灾工作”的专项募捐活动。青海省红十字会本级共收到全省社会各界捐赠的支援汶川地震救灾款物折合人民币7600余万元，并全部用于四川、陕西、甘肃灾区紧急救灾和灾后重建。青海省红十字会在经济欠发达、经济总量小的西部边远地区能取得这样的成绩来之不易，值得肯定。

二、深入学习实践科学发展观，机关内部建设进一步加强

根据省委、省政府相关要求，以及省直机关工委的总体部署，会党组结合本会工作实际，以科学发展观为指导，以闯出一条西部欠发达地区红十字事业科学发展的成功之路为目标，努力把科学发展观的要求转化为实现青海红十字事业科学发展的思路，促进各项工作措施的全面落实。一是通过深入开展学习实践科学发展观活动，用中国特色社会主义理论武装党员干部的头脑，党员、干部的政治理论水平和业务技能有了整体提高。二是通过深入学习党的十七届四中全会精神，对会机关各级组织和业务部室的工作制度、工作措施进行了修订和完善，巩固和扩大了学习实践科学发展观活动的成果。各级党组织的创造力、凝聚力和战斗力进一步增强。三是通过开展“抓作风建设、促工作落实”、建设“学习型、效率型、服务型”机关等活动，进一步提升了机关工作作风，提高了服务质量和服务水平。四是切实落实思想道德建设，通过深入开展精神文明创建活动和省直机关工委组织的科技、文化、卫生“三下乡”，宣传、帮扶、援助“三到乡镇”等活动，使全体干部职工的思想道德及精神文明建设进一步得到加强。五是认真贯彻落实《干部任用条例》等的相关规定，健全和完善选人用人机制，按照干部“四化”方针和德才兼备原则，修订、完善了干部实绩考核评价制度。

三、紧紧围绕省委、省政府工作目标，组织开展了两次“红十字博爱送万家”活动

一是1月19日，为让贫困及受灾群众过一个欢乐祥和的春节，本会启动了2009年度“红十字博爱送万家”活动。共筹措了价值280余万元的慰问物资，并在之后的近半个月时间里全部发放到全省8个州（地、市）、37个（县、区）7622户、约3万名最需要帮助的贫困群众的手中。二是9月14日至17日，在建国60年大庆和中华民族的传统节日“中秋节”到来之际，本会联合中共青海省直机关工委，分别在民和县、循化县、化隆县、门源县、大通县和西宁市城东区等穆斯林群众聚居地区开展了“送温暖”活动，并将筹措到的价值60余万元的“送温暖”物资发放到贫困穆斯林群众手中。两次送温暖活动，共将总价值340万元的物资分两次发放到全省8个州（地、市）的37个县（区、市），受益群众约4万余人。三是全省各州（地、市）、县红十字会根据省红十字会的统一安排部署，自筹救灾救助款物55万余元，在当地开展了“红十字博爱送万家”活动。海西州红十字会、德令哈市红十字会自筹资金购买了10万元的慰问物资发放到当地贫困群众家中，受益群众达900余户，近3000余人。

四、围绕中心，服务大局，发挥优势，为维护青海社会稳定做贡献

青海是一个多民族聚居的西部省份，是全国少数民族人口比例最高的省份。2009年，青海省红十字会坚持以科学发展观为统领，立足省情特点，坚持把促进民族团结，维护社会稳定作为一项重要的工作纳入总体工作部署，把积极为全省各族群众做好事、办实事作为推进民族团结、促进社会和谐的重要途径，通过开展不同主题的慰问、救助活动，为巩固和发展全省各民族“平等、团结、互助、和谐”的社会主义民族关系，维护青海社会稳定，建设富裕文明和谐新青海做出了贡献。

一是2月7日，本会筹集了价值5万余元的奶粉、面粉、大米等慰问物资，对塔尔寺年老多病的贫困僧人进行了慰问。二是5月26日至6月2日，玉树藏族自治州称多县连续出现强降雪，形成雪灾，给当地藏族牧民群众的生产、生活造成了极大的损失。灾情发生后，本会立即启动了“应对自然灾害等突发事件应急预案”，迅速组成一支由12人组成的红十字救援队赶赴灾区开展救援工作，并将紧急筹措到的价值14万余元的药品等救灾物资及时发放到受灾群众手中。三是9月下旬，根据省委、省政府的整体要求，以穆斯林群众的传统节日“开斋节”即将到来为契机，在西宁市城东区、民和县、循化县、化隆县、门源县、大通县等穆斯林群众聚居地区开展了“送温暖”活动，并将价值62.5万元的面粉等慰问物资发放到贫困穆斯林群众手中，给他们送去了红十字会的关爱。

五、积极开展经常性社会救助工作、救助范围不断扩大

“红十字博爱月”是本会创立并连续开展了5年的品牌工程。世界红十字日期间，一是在“六一”国际儿童节来临之际，本会与省直机关工委联合在海南州贵德县尕让乡中心小学举行了“关爱百名留守儿童”活动，把价值5万余元的运动服、书包、篮球等学习生活用品赠送给100名留守儿童。二是玉树州红十字会、循化县红十字会坚持红十字助学品牌工程，积极开展助学活动，其中，玉树州红十字会共为20名贫困学生发放助学金5万元，循化县红十字会共为13名贫困学生资助1.1万元。三是海北州红十字会不断加大对因病致贫、因病返贫人群和老、弱、病、残等社会弱势群体的救助力度，共发放各类救助物资16.6万余元。四是海西州红十字会倡议州直红十字团体会员单位全体职工向患多发性骨髓瘤的困难职工捐款3.4万余元。五是针对本省部分地区发生雪灾、洪灾、旱灾和地震等自然灾害，影响部分灾区群众生产、生活的实际，协助政府做好民生工作，全省各级红十字会于5月8日至6月8日在全省范围内开展了“2009年博爱一日捐”募捐救助活动，共募集到救灾救助善款233万余元。各州（地、市）红十字会根据省红十字会部署和要求，积极行动、主动募捐，共筹集救灾救助善款93万余元，其中西宁市红十字会募捐款物33万余元、海西州红十字会27万余元、海东地区红十字会22万余元，并通过开展不同主题、针对不同对象的人道救助活动，把救灾救助款物及时发放到了最需要帮助的困难群众手中。

六、经常性社会救助与关爱工作开展扎实有效、有声有色

一是2009年的农历大年初一，本会工作人员按照11年来的惯例，慰问了西宁市儿童福利院的孤残儿童，并给他们送去了食品、玩具等节日礼物。二是2月7日，对塔尔寺的贫困僧人进行了慰问，并为他们捐赠了5万元的奶粉和慰问品。三是3月20日，对湟中县田家寨乡的肾积水贫困患者兰延寿进行了慰问，并为他捐赠治疗费2万元。四是4月20日，本会与关心下一代工作委员会、省残联联合对西宁市城东区柯鲁松氏综合症患儿孙智杰进行了救助，为他捐赠了1万元的善款。五是4月份，省红十字会宣讲组在赴果洛州玛沁县优云乡宣讲中央和省委一号文件期间，向该乡的贫困群众捐赠了价值1万元的抗高原缺氧保健药品。六是6月6日，在赴玉树州调研期间，对玉树州孤儿学校进行了调研慰问，向该校捐赠了价值4万余元的生活学习用品。七是9月30日，赴省第四医院慰问了14岁的结核性脑膜炎、结核型腹膜炎患儿索南巴毛，并为她捐赠了2万元治疗费。

七、中国红十字会及省委、省政府领导高度重视红十字会工作

8月，中国红十字会会长彭珮云和中国红十字会常务副会长江亦曼先后对青海省红十字会工作进行了视察和调研。

彭珮云会长及江亦曼常务副会长通过视察青海省红十字会的“免费救助贫困先天性心脏病患儿”和“救助贫困家庭疝气患儿康复”项目，调研僧人红十字组织——青海·塔尔寺红十字会工作，对青海省红十字会自1998年理顺管理体制以来，在青海这个多民族、多宗教的省份，主动发挥政府人道工作的助手职能，大力开展救灾、救助、救护等工作，主动探索对孤残儿童、麻风病人、监狱服刑人员等特殊群体的关怀和救助，在维护社会稳定、促进民族团结、构建和谐社会方面做出的贡献给予肯定。

省委书记强卫，省长宋秀岩，省人大副主任马福海、刘春耀，副省长骆玉林、高云龙、马顺清，省政协副主席鲍义志等省领导陪同彭珮云会长视察工作，并就青海红十字事业的发展、进一步理顺州、地、市红十字会管理体制等工作与彭珮云会长、江亦曼常务副会长交换了意见。

八、红十字运动基本知识和国际人道法传播力度进一步加强，红十字会的影响力不断提升

为提升红十字会的社会知晓率和影响力，让更多的群众和爱心人士了解红十字会、支持红十字会工作，一年来，本会面向社会、面向群众积极宣传红十字会法及红十字运动的基本知识，积极引导广大群众和各界人士参与到红十字人道救助工作中。2009年，累计在省内外各大报刊、电视、广播、网络等媒体发表新闻262条（次）。一是利用“红十字博爱送万家”、“红十字博爱月”、“博爱一日捐”、世界艾滋病宣传日等有利时机，加强红十字运动基本知识的宣传工作，确保宣传活动扎实有效。二是加大国际人道法传播工作。6月，本会以冠名“青海红十字医院”20周年纪念活动为契机，邀请红十字国际委员会中国办事处翻译专家金迈德先生，在青海红十字医院学术报告厅举办了一期“国际人道法讲座”，来自省直各医疗机构的300余名红十字会员代表参加了讲座。三是加强红十字运动基本知识传播。2009年，本会在举办卫生救护师资培训班和卫生救护员培训期间，积极宣传红十字运动基本知识，并通过培训，使1000余名学员了解了红十字运动的起源、国际人道法、中国红十字事业和青海省红十字事业的发展历程。

全省各级红十字会利用“五八”世界红十字日、“12·1”世界艾滋病日和“12·4”普法宣传日，采取不同形式、开展了红十字运动基本知识及法律、法规的宣传。全省各州（地、市）、县级红十字会共开展宣传活动290次，有5000余人参加，发放各类宣传资料50万余份。

九、卫生救护培训工作的进一步深入

为加强高危行业职工在各种突发事件中的应急处理能力及意外伤害发生时的自救互救能力，根据《青海省人民政府办公厅关于进一步加强红十字会工作的通知》精神，2009年本会和省安全生产监督管理局联合下发了《关于在煤矿、金属和非金属矿山、化工、建筑、交通运输、冶金等高危行业企业从业人员中开展职业安全健康暨卫生救护培训的通知》。一年来，本会先后在省天泰制钠有限责任公司、青海桥头铝业有限责任公司、青海煤业集团等单位开展初级卫生救护知识培训班共18期，900名一线职工参加了培训。同时，为了提高救护师资队伍技术水平和数量，2009年本会先后在全省挑选了60名基层红十字会的专兼职干部和各团体会员单位医院救护师资骨干参加了中国红十字会总会举办的卫生救护培训。

十、造血干细胞志愿捐献工作稳步推进

一是加大了宣传力度。为解除社会各界对捐献造血干细胞的恐惧心理，本会印制宣传资料5万余份，以图文并茂的形式和通俗易懂的语言，把志愿捐献干细胞的科学知识传达给群众。二是规范了采集、邮寄等重点环节的工作。为确保采集血样邮寄工作安全顺畅、及时准确，积极与中华骨髓库、北京博奥公司HLA实验室等相关单位签署了工作协议，并制定了血样采集、邮寄操作程序和管理办法。三是加强了联系，稳定了志愿者队伍。为稳定志愿者队伍，降低入库资料的流失率，本会通过给志愿捐献者邮寄贺年卡、宣传资料，电话问候、了解其工作学习情况等形式，与志愿捐献者保持经常、密切的联系，对消除志愿者的思想顾虑，坚定捐献信心，降低反悔率，避免资料流失起到了积极作用。一年来，本会共电话随访志愿者1000余人。四是捐献率实现新突破。今年8月、12月，我会的志愿者黄润平、邱振雷分别与两名白血病患者HLA配型相合，并分别于8月10日、12月25日在北京市道培医院成功捐献了自己的造血干细胞，成为本省第三、四例造血干细胞成功捐献者。五是连续超额完成年度任务。截至10月，青海省分库共采集入库造血干细胞血样1020份，连续4年完成国家管理中心下达的1000人份入库资料任务。青海省分库自成立以来，库容量已达4131人份，完成初次检索配型再动员159人份，完成高分辨检测49人份，进入体检阶段8人次、成功捐献4例。

十一、组织建设工作

根据中共青海省委《关于省红十字会第七届理事会调整名誉副会长及部分常务理事的批复》精神和《中国红十字会章程》的有关内容，5月13日，青海省红十字会第七届理事会第四次会议在西宁召开。省委常委、省总工会主席穆东升，省人民政府副省长马顺清，省政协副主席、省红十字会名誉副会长鲍义志出席了会议。会议调整了19名常务理事，选举省人民政府副省长马顺清为青海省红十字会会长；聘请省委常委、省总工会主席穆东升，省委常委、省人民政府副省长徐福顺，省人大副主任刘春耀为青海省红十字会名誉副会长。新任会长马顺清要求全省各级红十字会要继续在改善民生、保障民生方面发挥特殊的、不可替代的作用，为改善青海各族贫困群众的生产、生活做出积极贡献。

10月26日—29日，青海省副省长、红十字会会长马顺清，参加了中国红十字会第八届理事会第六次会议和中国红十字会第九届全国会员代表大会。会上，马顺清，尼玛，王绚当选为中国红十字会第九届理事会理事；省红十字会备灾救灾中心荣获人事部、中国红十字会授予的“全国红十字会系统先进集体”光荣称号。

【组织机构】

1998年以前，由于青海省红十字会的机构未独立（挂靠在省卫生厅），在历次大的自然灾害中，失去了许多得到国内外援助的机会。1998年，中共青海省委、省政府依法理顺省红十字会管理体制，批准青海省红十字会为直属省政府领导的独立机构。目前，青海省县级以上按行政区域全部建立了红十字会地方组织，基层组织由1998年的129个发展到现在的750个，增长了5.8倍，会员由3万多人发展到现在的10万余人，增长了3.3倍。青海省红十字会机关内设办公室、宣传救护部、救灾赈济部、联络部和机关党委，人员编制22人，下设“青海省红十字会备灾救灾中心”。

2005年9月27日，中共青海省印发了《关于成立中共青海省红十字会党组的通知》，中共青海省红十字会党组成立。

2005年12月17日“青海省省红十字会第四次全省会员代表大会”在青海会议中心隆重举行。大会选举产生了由97名代表组成的青海省红十字会第七届理事会和26名成员组成的第七届常务理事会；七届一次理事会聘请中共青海省委书记赵乐际为省红十字会名誉会长；聘请中共青海省委副书记刘伟平、省人大副主任宋彭生、省政协副主席鲍义志为省红十字会名誉副会长；选举省人民政府副省长邓本太为省红十字会会长；选举尼玛为省红十字会常务副会长；根据会长提名决定了省红十字会的秘书长和副秘书长。此次会议规模之大、规格之高是青海红十字会事业发展史上前所未有的。截至2005年初，青海省红十字会共发展基层组织750个，会员10万余人，其中红十字青少年39245人。

【大型项目】

（一）1998年7月，我国“三江”流域发生了百年不遇的洪涝灾害，青海省部分地区也发生了不同程度的洪涝、干旱、冰雹等自然灾害。为支援沿江各省（区）及省内的抗灾救灾工作，省红十字会全体工作人员全力以赴投入抗灾救灾工作，共募集救灾款物折合人民币100余万元，创下了省红十字会有史以来的第一个百万元记录。这批救灾款物被及时发往黑龙江、湖南、湖北、内蒙古及省内部分受灾地区。

（二）在中共青海省委、省政府领导和中国红十字会总会的支持下，青海省红十字会与有关国家开展了合作：2000年以来，青海省红十字会积极开展民间外交，寻求国际援助与合作，先后有加拿大、美国和日本等10余个国家红十字会的代表对青海省进行了考察、访问。省红十字会的代表和红十字青少年也先后应邀出访了欧洲9国、日本、泰国、港、澳、台等国家和地区。2000年以来，青海省红十字会先后引进意大利亚洲国际团结协会、加拿大政府、加拿大红十字会以及港、澳地区红十字会和台湾红十字组织的“雪灾紧急救助”、“卫生救护”、“白内障复明扶贫”、“艾滋病预防”、“红十字博爱小学”和加拿大政府国际发展署2005年援助的“艾滋病预防宣传”等外援项目 8 项（次），累计引进外援资金 2000 多万元。2004 年 5 月，青海省红十字会引进澳门特别行政区红十字会援助资金 15 万元人民币，在省内国定贫困县循化撒拉族自治县白庄乡建设了青海省红十字会的第一所红十字博爱小学——夕昌藏族小学。该项目于 7 月初动工，9 月 1 日正式投入使用。该项目的实施，改变了白庄乡夕昌小学 179 名学生的学习环境。青海省红十字会利用“卫生救护”项目资金，在省内国道沿线建立红十字急救站 6 个；利用“白内障复明扶贫”项目资金，使 1000 余名贫困白内障患者重见光明。

（三）自 1998 年以来，每年的农历大年初一和“六一”国际儿童节，青海省红十字会都要前往西宁市儿童福利院慰问生活在那里的孤残儿童及节日期间仍然坚持在工作岗位上的教职员工，并给他们送去饺子、水果、玩具等礼物，使那些生活不能自理、失去父母关爱的孤残儿童能与正常儿童一样享受到了节日的快乐。

（四）青海省红十字会将关注、关爱麻风病人纳入救助工作范畴。从 2003 年起，省红十字会每年都要前往黄南州同仁慢性病防治院，对该院的麻风病患者和长期奋战在麻风病防治一线的医务工作者进行慰问。

（五）对监狱服刑人员实施人道关怀。8 年来，青海省红十字会每年都要前往西宁监狱、西宁女子监狱，通过在服刑人员中传播人道主义观念、传授卫生保健知识等，为监狱服刑人员送去红十字会的人道主义关怀。此项工作对感化服刑人员，激励服刑人员振作精神，加快改造进程起到了积极的作用，得到了中共青海省委、省政府和中国红十字会总会的肯定。

（六）为防止艾滋病在青海省的蔓延，自 2003 年以来，青海省红十字会利用加拿大红十字会援助的“艾滋病预防青年同伴教育”项目，在以上高危人群中举办了“艾滋病青年同伴教育培训班”，并取得了一定的效果，受到了社会各界的一致好评。

西宁市红十字会

【简介】

西宁市红十字会成立于 1984 年。全市有基层红十字会组织 71 个，其中团体会员单位 16 家，会员 9699 名，红十字青少年会员 17447 名。

宁夏回族自治区红十字会

【年度工作】

2009 年，宁夏回族自治区红十字会全年争取援助资金 3543 万元，援助物资价值 504.37 万元，募集社会捐款 93.1 万元，全年共发放救灾救助款物价值 675 万元，受益群众达 198236 人次，按期超额完成了效能目标管理考核实施方案确定的各项任务。

一、贯彻落实中国红十字会“九大”会议精神

自治区红十字会结合宁夏实际，就贯彻落实中国红十字会“九大”会议精神，提出了发展宁夏红十字事业八个新跨越的工作目标：一是组织建设实现新跨越；二是在人道救助项目实施上实现新跨越；三是应急救援行动实现新跨越；四是红十字人道服务工作实现新跨越；五是在筹资机制和渠道上实现新跨越；六是对外交往工作实现新跨越；七是宣传工作实现新跨越；八是在工作作风上实现新跨越。自治区副主席、红十字会会长姚爱兴，自治区红十字会专职副会长兼秘书长刘静，市委常委、常务副市长、银川市红十字会会长梁积裕当选为中国红十字会第九届理事会理事。宁夏石嘴山市红十字会被国家人力资源和社会保障部、中国红十字会总会授予“全国红十字会系统先进集体”荣誉称号；宁夏红十字会刘静等12人荣获中国红十字会工作者荣誉证章。

二、机关效能目标管理考核

宁夏红十字会认真贯彻执行《自治区党委、人大、政协、纪委、高级法院、检察院机关试行效能目标管理考核的通知》精神，认真制定方案，任务分解细化量化到每个部门和人员。宁夏红十字会在自治区党委、政府2009年度机关效能目标管理考核中荣获2009年度全自治区机关效能目标管理考核优秀等次。宁夏红十字会专职副会长刘静被全国妇联评为“全国三八红旗手”。

三、灾后重建和援助项目

本会积极争取灾后恢复重建资金3400万元，对全区受灾地区实施灾后重建并对困难群众进行救助，援建民房1050户，援建红十字博爱卫生院9所、红十字博爱卫生站28所，援建博爱学校4所、71个红十字书库、26所学校洗手设施、3个村活动室及备灾库1个，目前，所有援建资金已经到位，援建开始实施。

四、人道主义救助事业

向台湾遭受“莫拉克”台风灾害地区紧急捐款50万元人民币，支援台湾灾区救灾；圆满完成“2009年博爱送温暖”活动。在中国红十字会总会的支持下，本会共筹集价值235万元救助物资，对全区受汶川地震影响的受灾群众和“新农合”参合县困难群众、城镇下岗职工、城市低保户等进行了救助，受益人数达5万人；配合全区“新农合”建设工作的开展，本会向参合县发放了价值150万元的药品，支持“新农合”工作的开展。全年共募捐社会捐款93.1万元，接收捐赠物资价值504.37万元，发放社会救助物资价值675万元。

五、救护培训和防病知识宣传普及工作

全年共举办彩票公益金救护师资培训班5期，培训师资230人。全区各级红十字会在各行业和系统共培训救护员1882人，救护知识普及受益人数64130人。开展了防病知识宣传、艾滋病预防、甲型H1N1流感等传染性疾病的预防与宣传工作，有20000多人次受益；为了增强全民防灾减灾意识，更好地保护人的生命与健康，从5月8日至15日，举办了主题为“凝聚人道力量，重建美好家园”的防灾减灾宣传周活动；组织红十字应急救援队和志愿者参加了由自治区减灾委组织的应急实战演练；招募100辆出租车组成“爱心接力宣传车队”，悬挂黄丝带，在银川市主要街道进行流动宣传。宁夏红十字会依托红十字冠名医院——宁夏医科大学附属医院成立了“宁夏红十字应急救援队”，参与区内外突发公共事件的应急救援等工作。

六、基层组织建设工作

按照中国红十字会要求，在区、市红十字会的积极努力下，银川市依法一次性理顺了6县（区）红十字会管理体制。在项目的推动下，平罗县、隆德县也理顺了县级红十字会管理体制，组织建设取得了重大突破。目前，全区有基层组织 23 个，团体会员 273 家，会员 37751 人（其中成人会员 20770 人，青少年会员 16981 人）。

七、红十字青少年和志愿服务工作

红十字青少年活动丰富多彩、影响广泛。全年完成资助困难学生 71 人次，资助金额 36200 元；开展校园红十字知识传播和意外伤害现场救护知识普及活动，有 1840 多名学生通过培训成为校园红十字救护骨干，青少年素质教育成效明显；组织青少年参与了“全国红十字青少年防灾避险知识竞赛”，有6000 多人参加了竞赛，其中，六盘山高级中学、吴忠市红十字会获得最佳组织奖，有 2 名同学获得了三等奖，全年新增加青少年会员 2012 人。全年招募志愿者 700 名，其中有 300 人进行了红十字志愿者注册登记。

八、造血干细胞志愿捐献工作

宁夏红十字会在五个市红十字会成立了造血干细胞捐献工作站，全区红十字会连续 4 年提前完成了总会下达的工作任务。2009 年，全区又有 2002 人份造血干细胞捐献资料录入中华骨髓库，入库累计达到 6332 人份，有 3 人成功实现了捐献。

九、交流交往与合作

为了更好地学习国外和兄弟省区红十字会的工作经验，本会选派了两人参加了由中国红十字会总会组织的赴日本、比利时工作访问和应急事件危机管理培训；选派了两个赴澳门参加了庆祝澳门回归十周年及澳门红十字会回归中国红十字会十周年活动；选派了二位宁夏大学学生代表宁夏前往台湾地区参加了 2009 年海峡两岸红十字大学生青少年夏令营活动。为了引进援助资金物资，本会采取走出去请进来方式，组织人员到上海、河南等兄弟省区争取援助资金，邀请兄弟省市红十字会人员来本区考察，开展项目援助合作。

【历史沿革】

1984 年 12 月 15 日，宁夏回族自治区人民政府正式批准成立“宁夏回族自治区红十字会筹备委员会”，自治区政府副主席马腾霭担任筹委会主任，自治区卫生厅副厅长牛琦、民政厅副厅长行程、教育厅副厅长王世福、宁夏医学会会长丁素石、副会长邹伯勋担任副主任。经过筹委会近两年的工作，1986 年 9 月 6 日，宁夏回族自治区人民政府正式批准成立宁夏回族自治区红十字会，并决定召开宁夏回族自治区红十字会第一届会员代表大会。1986 年 9 月 6 日，宁夏回族自治区红十字会第一届会员代表大会召开，全区有 104 名代表出席了会议，大会选举产生了会长马腾霭、副会长牛琦、行程、王世福，秘书长邹伯勋、副秘书长王岐山，选出理事 23 名。大会讨论制定了宁夏回族自治区红十字会 1986 ~ 1990 年工作规划。至此，宁夏红十字会正式成立。新成立的宁夏回族自治区红十字会把发展基层组织、卫生救护、灾害救助作为工作重点。经过不懈努力，各地红十字会基层组织陆续建立并开展工作。到 2005 年，宁夏红十字会共发展基层红会 42 个，会员发展 14650 名，卫生救护、社会救助、敬老助残等项工作开展得有声有色。

2001 年 2 月召开的宁夏红十字会第四次会员代表大会，聘请自治区党委书记毛如柏、自治区主席马启智兼任宁夏回族自治区红十字会名誉会长，大会选举冯炯华为会长，陈守信、马玉章为副会长，根据会长提名决定刘静为秘书长。2001年3月19日，自治区机构编制委员会办公室下文理顺了宁夏回族自治区红十字会管理体制，宁夏红十字会由“自治区卫生厅代管”改由自治区政府领导联系，实行财政经费单列。宁夏红十字会逐步走上了依法建会、依法兴会、依法治会的轨道，各项工作进入快速发展阶段。2004年12月26日，经自治区党委常委会研究，由现任自治区党委书记陈建国兼任宁夏回族自治区红十字会名誉会长。

宁夏回族自治区红十字会历次代表大会

第一届

1986年9月6日召开，会长马霭，副会长牛琦、王世福、行程，秘书长邹伯薰。

第二届

1990年3月召开，会长杨惠云，副会长马成义、牛琦、王世福、行程，秘书长秦小明。

第三届

1994年3月召开，会长刘仲，副会长马成义、徐彦振、马文理、王金巅，秘书长陈学文。

第四届

2001年2月召开，名誉会长毛如柏、陈建国、马启智，会长冯炯华，副会长陈守信、马玉章，秘书长刘静。

【组织机构】

宁夏回族自治区红十字会现有红十字会基层组织211个，其中：成人会员6600人，青少年会员7650人，会员累计总数为14250人，红十字志愿者310人。宁夏回族自治区红十字组织网络已初步形成。同时，为了加强学校红十字会建设，宁夏回族自治区红十字会在银川二中高等院校、职业学校、中小学校、厂矿系统建立了学校红十字会。

宁夏回族自治区红十字会机关设有综合处、业务部。下辖中国造血干细胞捐献者资料库宁夏分库管理中心、备灾救灾中心2个直属事业单位。

根据《中华人民共和国红十字会法》和《宁夏回族自治区实施〈中华人民共和国红十字会法〉办法》，2005年5月，宁夏回族自治区机构编制委员会办公室下发《关于银川市等五个地级市红十字会机构编制有关问题的通知》，银川市、石嘴山市、吴忠市、中卫市、固原市的红十字会机构单独设置，为了有利于加强政府对红十字会工作的领导和协调，红十字会由市政府领导联系。核定领导职数1名为副处级，事业编制3—5名。目前，全区5个地级市红十字会理顺管理体制工作已经全面展开，机构已经组建完成，人员已经配备到位。21个县（市、区）都成立了红十字会组织。宁夏回族自治区地市级红十字会有：银川市红十字会、固原市红十字会、石嘴山市红十字会、吴忠市红十字会、中卫市红十字会。

【大型项目】

（一）积极开展灾害救助工作，有力地支援了受灾地区的重建工作

1986年～1989年的4年间，宁夏红十字会共为灾区发放救灾款物总价值12万多元。

1990年，为宁南山区和部分受灾县援助救灾物资总价值10万元。组织50人参加的医疗队分赴宁南山区开展医务援助活动，时间共两个月。

1991年，发放救灾款物总价值25.6

万元。

1992年，向宁南山区干旱地区发放救灾款3万多元。

1993年，向“5·5”风暴拨救灾款2.87万元；

1994年，向宁夏回族自治区盐池县、彭阳、中卫县发放救灾物资价值10万元

1996年，宁夏回族自治区17个县（市）100个多乡镇遭受冰雹灾害，宁夏红十字会发放救灾物资价值10万元，药品287箱（价值24万元）。

1997年为贫困户发放面粉2500公斤，为青铜峡市翟靖镇救助药品2万元。

1998年我国“三江”地区发生洪涝灾害，宁夏红十字会全力做好赈灾募捐，共募集款物总价值104万多元支援灾区抗洪。

1999年，向盐池、隆德、泾源、中卫、灵武、吴忠市发放救灾物资6.2万元。

2000年，在中国红十字会总会的大力支持下，向宁夏回族自治区遭受旱灾、雹灾和洪水灾害袭击的灾区群众发放救灾物资价值162.8万元。

2001年，全年共向灾区群众发放救灾款物价值120万元。

2002年，宁夏红十字会加大了救灾扶贫力度，在全区开展8次救助活动，共发放救灾物资价值100多万元。

2003年，在防治“非典”斗争中，宁夏回族自治区红十字会共向一线医务工作者捐款物170多万元，有力地支援了抗“非典”斗争。

2004年11月6日，宁夏煤业集团白岌沟煤矿矿井发生意外事故，造成部分矿井停产，部分设施损坏，给白岌沟煤矿正常生产和煤矿职工的生活带来一定的影响，宁夏红十字会得知发生意外事故后，紧急调集价值15万元的救灾物资到白岌沟煤矿慰问了煤矿职工。

2005年6月，宁夏回族自治区固原市彭阳县、隆德县、泾源县遭受龙卷风、冰霜、强降雨袭击灾害给当地群众造成了巨大损失，宁夏红十字会紧急筹集救灾款购置了灾区群众急需的大米、帐篷、棉被等救灾物资对灾区群众进行救助，共发放救灾大米5400斤、帐篷40顶，棉被1300条。

（二）积极开展红十字博爱送温暖活动

2000年到2004年，宁夏红十字会配合中国红十字会总会在宁夏开展了“红十字博爱送温暖”活动，共筹集150多万元，对固原、泾源、海原、盐池县、贺兰县、红寺堡光彩新村、西吉县城郊乡芦子沟村、宁夏煤业集团精煤分公司和宁夏教育系统贫困职工和困难群众进行慰问救助。

【主要特色】

为了推动宁夏回族自治区贫困地区教育事业发展，解决贫困地区学生上学困难问题，自治区红十字会从2000年开始在全区实施“助学兴教工程”，通过项目合作引进资金，在青铜峡市、同心县、中宁县、平罗县、泾原县援建了5所红十字博爱学校，解决了近1000多名贫困家庭孩子上学困难。配合“新农合”工作援建了所红十字村卫生室。自治区红十字会每年对在校的贫困学生进行帮助，使贫困学生在红十字会的帮助下能顺利完成学业。

（刘雁平）

银川市红十字会

【简介】

银川市红十字会于1987年恢复工作。全市有基层红十字组织33个，会员1.2万人。2005年12月，银川市红十字会机构单独设置，银川市红十字会不再挂靠市卫生局，机构单独设置，工作由市政府分管领导直接联系、指导.市红十字会机关编制核定为3名，经费由市财政单独编制预算，纳入会计核算中心监管。

石嘴山市红十字会

【简介】

石嘴山市红十字会成立于1988年7月。2006年3月，市红十字会理顺了管理体制，机构独立设置，有编制3名。市红十字会机关内设综合科（负责机关人事、文秘、档案和境内外捐款物的财务管理等工作）和业务科（负责备灾救灾，制定救灾预案）

中卫市红十字会

【简介】

中卫市红十字会成立于2005年5月，机构独立设置。

固原市红十字会

【简介】

固原地区红十字会成立于1992年，当时是地区卫生局内设科室。2002年7月，更名为固原市红十字会。2006年11月，根据固原市政府文件精神，脱离市卫生局单列，成为市政府直属事业单位。

吴忠市红十字会

【简介】

吴忠市红十字会成立于2002年12月。2005年，市红十字会理顺了管理体制，有专职工作人员4名。

新疆维吾尔自治区红十字会

【年度工作】

2009年，新疆维吾尔自治区红十字会做了以下工作：

2009年，新疆维吾尔自治区红十字会理顺管理体制的县（市、区）级红十字会达78个，全区有会员160 463人，青少年会员195 280人，志愿工作者12 577人。成立了首个志愿救援服务队，并赴四川省北川县圆满完成灾后重建任务。全年争取救助款物1137.4万元。为“75事件”无辜受伤群众捐赠资金100万元和价值100万元药品。落实各类项目资金455万元。“红十字博爱送万家”活动及救助贫困群众发放款物32.4万元。“嫣然天使基金”为110名贫困患者免费进行了手术。举办“爱在天地间”慈善义演晚会，为白血病患儿募集善款22.65万元。争取总会彩票公益金24万元，培训卫生救护师资154人。艾滋病预防和关怀工作争取国内外项目资金303万元，开展了目标人群教育、感染者同伴教育、感染者自我护理、反对歧视等项目。中国造血干细胞捐献者资料库新疆分库争取总库援助资金53万元，采集造血干细胞血样2020人份，并有二人捐献了造血干细胞。

【历史沿革】

1987年2月24日，中国红十字会新疆分会成立，名称为：新疆维吾尔自治区红十字会与红新月会联合会，同时，在乌鲁木齐市召开了第一届理事会，会议产生理事48名，自治区人民政府顾问伊敏诺夫·哈米提当选为会长，热合甫·阿巴斯、张彤、沙地尔·卡地尔、樊广禄当选为副会长，樊广禄兼秘书长，新疆维吾尔自治区红十字会与红新月会联合会与自治区卫生部门合署办公，由自治区卫生厅医政处负责日常工作。

1990年7月，在新疆维吾尔自治区红十字会与红新月会联合会一届三次理事会会议上，选举中共新疆维吾尔自治区党委副书记贾那布尔、自治区政府副主席毛德华为名誉会长，热合甫·阿巴斯为会长，增补龚金牛为副会长。

1993年，《中华人民共和国红十字会法》颁布施行后，红十字会组织在全区的县（市、区）进一步发展，各级红十字会组织按照红十字会法的规定，认真履行职责，指导基层红十字会工作，并积极组织、宣传、动员开展全社会无偿献血活动，积极为各地血站建设争取国际援助项目。

1994年6月，新疆维吾尔自治区红十字会与红新月会联合会召开了第二次会员代表大会，各地参会代表98人，大会选出二届理事62名，并聘请自治区原领导铁木尔·达瓦买提、阿不来提·阿不都热西提、贾那布尔、毛德华为名誉会长，选举自治区政府副主席米吉提·纳斯尔为会长，热合甫·阿巴斯为常务副会长，亚森·吐尔逊、龚金牛、艾拜都拉、张彤、苏丹·张波拉托夫为副会长，肖耀陵为秘书长。

1995年11月，经上级有关部门批准，“新疆维吾尔自治区红十字会与红新月会联合会”正式更名为“新疆维吾尔自治区红十字会”。

1996年9月，新疆维吾尔自治区人民政府办公厅下发文件，印发自治区红十字会机构改革方案。明确自治区红十字会为正厅级，全额财政拨款，增加厅、处级领导职数。

1997年7月，新疆维吾尔自治区红十字会召开了二届三次理事会暨新疆红十字会成立10周年纪念大会。会议增补15名理事，补选王有、古丽布斯坦、吾甫尔·阿西木为副会长。

1998年5月28日，《新疆维吾尔自治区实施〈中华人民共和国红十字会法〉办法》颁布施行，“实施办法”具体地明确了自治区红十字会的宗旨、性质、地位、作用和任务，为自治区红十字事业的发展提供了法律保障。6月，新疆维吾尔自治区红十字会召开了二届四次理事会。会议通过了二届常务理事会及常务理事会下设的执行委员会；聘请了买买提明·扎克尔为名誉副会长；选举阿不都热衣木·阿不都拉、司马义·哈提甫、尼相·依不拉音、哈斯木·托乎提为副会长；钟儒兴为秘书长。9月，中共新疆维吾尔自治区党委组织部发文，批准自治区红十字会机关参照《国家公务员暂行条例管理实施办法》执行。10月，自治区人民政府办公厅发文，批准成立自治区红十字会基金。12月，新疆维吾尔自治区红十字会依法实现了机构独立设置，实现了自治区红十字会的性质由人民卫生救护团体向人道主义社会救助团体的转变及红十字会机构由挂靠政府卫生部门向机构体制单独设置的转变。

1999年7月，新疆维吾尔自治区红十字会召开了第二届五次理事会。会议通过会长米吉提·纳斯尔因工作变动不再担任会长的请求，选举自治区政府副主席买买提明·扎克尔为会长，会议上还更换和增补了部分理事。理事总人数为110人。

2000年3月，新疆维吾尔自治区人民政府下发《关于自治区红十字会管理体制有关问题的会议纪要》，自治区副主席买买提明·扎克尔主持会议。会议决定：（一）各地、州、市及县（市）红十字会要尽快独立设置，按社团机制进行管理。关于自治区红十字会成立党组问题，建议自治区党委组织部研究，并请考虑增加一名党组领导职数；（二）同意救灾备灾和卫生救护培训中心机构设置，列事业编制6名，受自治区红十字会领导，请自治区编委下发文件；（三）同意把救灾赈济部从办公室分离出来单独设置；（四）由自治区红十字会对《关于印发新疆维吾尔自治区红十字会机构改革方案的通知》中确定的职责和任务提出修改方案，报经自治区政府批准后实施。4月，自治区红十字会“艾滋病/性病预防咨询培训中心”成立。5月，自治区编委发文，批准成立“新疆维吾尔自治区红十字会救灾备灾中心”，同时挂“新疆维吾尔自治区红十字会卫生救护培训中心”牌子。该中心为自治区红十字会下属事业单位，列事业编制6名，全额预算管理。

2002年2月，自治区政府办公厅发文，印发自治区红十字会机关主要职责、内设机构和人员编制方案。

2003年9月，自治区编委发文，批准成立“中国造血干细胞捐献者资料库新疆分库”。

2004年9月，中共新疆维吾尔自治区红十字会党组成立。10月12至13日，新疆维吾尔自治区红十字会第三次会员代表大会暨三届一次理事会召开。中共中央政治局委员、新疆维吾尔自治区党委书记王乐泉等自治区领导会见了与会代表，王乐泉作了重要讲话。中国红十字会常务副会长王立忠莅临大会并在开幕式上讲话。大会选举产生了自治区红十字会第三届理事117人、常务理事18人；理事会聘请司马义·铁力瓦尔地（自治区政府主席）为名誉会长，杜秦瑞（自治区人大常委会副主任）、张贵亭（自治区政协副主席）为名誉副会长；选举库热西·买合苏提（自治区政府副主席）为会长，王建共为常务副会长，阿不都热依木·阿不都拉为副会长；钟儒兴为秘书长。

2004年，新疆维吾尔自治区红十字会认真贯彻《中华人民共和国红十字会法》和《新疆维吾尔自治区实施〈中华人民共和国红十字会法〉办法》，坚持依法建会、依法治会、依法兴会方针，依法认真履行红十字会职责，积极开展“四五”普法教育，推进地、县红十字会理顺管理体制，努力创建红十字会救援工程、生命工程和爱心工程。全年下发救灾物资176万元，救助人口29万人次。1月，自治区红十字会在全区启动“红十字博爱送万家活动”，向建设兵团六师102团捐赠救灾物资21万元。2月，自治区红十字会召开了全区红十字会宣传工作会议。5月，自治区红十字会召开了纪念中国红十字会建会100周年暨“双先”表彰大会和全区红十字会工作会议。9月，中共新疆维吾尔自治区党委批准成立新疆维吾尔自治区红十字会党组，党组成员3人，王建共任党组成员、书记（正厅级），阿不都热依木·阿不都拉和钟儒兴任党组成员。10月，新疆维吾尔自治区红十字会第三次会员代表大会召开。11月，调整配备了新疆红十字会机关中层干部。12月，召开了自治区红十字会三届一次常务理事会。

2004年10月12至13日，新疆维吾尔自治区红十字会第三次会员代表大会在乌鲁木齐市召开。中共中央政治局委员、自治区党委书记王乐泉等自治区领导会见了与会代表并合影留念，王乐泉作了重要讲话。中国红十字会常务副会长王立忠莅临大会并在开幕式上讲话。会议审议批准了《关于新疆维吾尔自治区红十字会第二届理事会工作报告的决议》、《关于〈新疆维吾尔自治区红十字会2005—2009年工作规划纲要〉的决议》和《关于〈新疆维吾尔自治区红十字会1994—2004年赈济财务报告〉的决议》；选举产生新一届理事会，理事会理事共117人。

新疆维吾尔自治区红十字会三届一次理事会聘请自治区主席司马义·铁力瓦尔地担任新疆维吾尔自治区红十字会名誉会长。自治区人大副主任杜秦瑞、自治区政协副主席张贵亭担任新疆维吾尔自治区红十字会名誉副会长。选举产生常务理事会，常务理事共18人；选举自治区副主席库热西·买合苏提为会长，王建共为常务副会长，阿不都热依木·阿不都拉为副会长，秘书长钟儒兴由会长提名决定。理事会还通过了《关于新疆维吾尔自治区红十字会执行委员会组成的决议》和《新疆维吾尔自治区红十字会理事会理事职责》。

筹资与宣传 2004年，新疆维吾尔自治区红十字会以“迎百年、办实事”为主题，号召全区红十字会广泛开展各种纪念宣传活动。3月，自治区红十字会召开了宣传工作会议。5月8日世界红十字日，全区各级红十字会组织开展了形式多样的纪念活动，自治区红十字会在《新疆日报》专版刊登了纪念中国红十字会成立100周年文章；制作纪念邮折1000册，纪念信封5000个；5月10日，自治区红十字会召开了纪念中国红十字会建会100周年暨“双先”表彰大会，自治区红十字会与自治区人事厅联合表彰了一批先进集体与个人；与自治区党委宣传部联合下发了《加强红十字会宣传工作的通知》；在布瑞琳广告杂志《风景线》开辟了红十字会宣传专栏；举办13期各类业务培训班，传播红十字运动基本知识，接受培训2000余人，在中国红十字会2004年国际人道法传播评估表彰会上获三等奖；下发《红十字会法规》单行本2000册。

3月，新疆维吾尔自治区人民政府办公厅转发自治区红十字会关于在全区开展为中国造血干细胞捐献者资料库新疆分库募捐活动的意见。6月，自治区直属机关工作委员会下发通知，要求自治区直属机关开展为中国造血干细胞捐献者资料库新疆分库的募捐活动，募集资金58万元。9月，接受广东省中山市完美日用品有限公司向中国造血干细胞捐献者资料库爱心捐款10万元及向自治区红十字会捐赠价值25万元营养保健品。全年，全区红十字会系统为造血干细胞资料库建设募集专项资金113.47万元。

救灾赈济 2004年1月，五家渠市102团八一水库垮坝，自治区红十字会下拨21万元的救灾药品及衣物、帐篷，救助灾民。7月，吐鲁番市发生火灾，自治区红十字会下拨救灾款2万元和价值8万元的药品衣物；为阿勒泰地区哈巴河县、布尔津县发生洪灾地区下拨救灾款24万元及10万元救灾物资。自治区红十字会全年向阿勒泰、吐鲁番等灾区下拨救灾款26万元，救灾物资价值74万元。

卫生救护2004年，自治区红十字会与自治区13个部门联合下发了《关于广泛深入开展救护工作的意见》的通知。分别在乌鲁木齐、昌吉、库车、和田市举办了4期彩票公益金卫生救护师资培训班，培训141人。

社区服务2004年2月，新疆维吾尔自治区红十字会在“红十字博爱送万家”活动中共计慰问困难家庭3750户，发放慰问物资价值75万元。昌吉市被中国红十字会评为全国首批社区红十字服务示范市。

艾滋病预防与控制2004年4月，澳大利亚红十字会选派艾滋病技术顾问常驻新疆维吾尔自治区红十字会，协助其艾滋病/性病预防咨询培训中心开展艾滋病预防项目，培训中心举办了一期艾滋病工作管理培训班。5月，新疆维吾尔自治区红十字会与加拿大基金合作，在米泉市乡村开展预防艾滋病同伴教育项目。6月，新疆维吾尔自治区红十字会完成制定《新疆红十字会预防艾滋病工作三年战略规划》，并以中、英、维三种文字印刷下发。还在全区红十字会系统举办各类预防与关怀培训班100期，培训1798人。通过随访感染者及家人，为他们提供家庭护理、自我护理、降低毒品危害等相关知识和技巧。12月1日世界艾滋病日之前，新疆维吾尔自治区红十字会制作并在新疆卫视播出了“红十字会在行动”专题片。

交流与项目合作2004年4月，新疆维吾尔自治区红十字会应邀派专人赴澳大利亚墨尔本参加第十五届降低毒品危害国际大会。9月，新疆维吾尔自治区红十字会副会长阿不都热依木·阿不都拉随中国红十字会代表团赴德国红十字会、塞尔维亚和黑山红十字会访问。2004年10月25日，吉尔吉斯斯坦红新月会会长伊白莫娃、副会长奥斯莫诺夫一行三人访问新疆维吾尔自治区红十字会，就备灾合作、组织发展交流及国际合作等共同关心的问题进行交流。12月，新疆维吾尔自治区红十字会与香港特别行政区红十字会合作的“普及农牧区群众防灾防病知识、建立红十字会基层备灾机制项目”正式启动。至年底，新疆维吾尔自治区红十字会对巴楚—伽师县地震灾区的重建项目基本完成，加拿大红十字会援助的第二期小项目基本完成。

中国造血干细胞捐献者资料库新疆分库建设2004年2月，经中国造血干细胞捐献者资料库国家管理中心审核确认，新疆分库正式挂牌启动。6月，新疆分库工作委员会成立并召开第一次工作会议。8月，新疆分库与中国平安保险乌鲁木齐分公司联合在乌鲁木齐人民广场举行了“2004年爱心捐血月暨造血干细胞捐献有奖知识问答及采集血样”互动宣传活动，这是新疆首次开展志愿捐献造血干细胞血样采集活动。全年，有528人份造血干细胞捐献者资料检测数据成功输入中国造血干细胞捐献者资料库。

【组织机构】

新疆维吾尔自治区红十字会共有基层组织1500多个，各族红十字会员43万余人(其中青少年会员7万人)，占全区常住人口的2.2%。

新疆维吾尔自治区红十字会机关设有办

公室、事业发展部部、赈济救护部。下辖备灾救灾卫生救护与艾滋病/性病预防咨询培训中心、中国造血干细胞捐献者资料库新疆分库管理中心两个直属事业单位。

根据《中华人民共和国红十字会法》和中国红十字会总会《理顺管理体制座谈会纪要》精神，2000 年 3 月，新疆维吾尔自治区人民政府下发《关于自治区红十字会管理体制有关问题的会议纪要》。目前，全区 14 个地、州、市中已有乌鲁木齐市、昌吉州、吐鲁番地区、哈密地区、博州、阿勒泰地区、阿克苏地区、喀什地区、和田地区、塔城地区、克拉玛依市和伊犁州 12 个地、州、市红十字会依法实现机构独立设置并理顺管理体制。96 个县（市、区）中已有 52 个县级红十字会单独设置。地、州、市红十字会为处级，县（市、区）红十字会为科级，参照公务员管理。

【大型项目】

近年来，新疆维吾尔自治区红十字会积极开展红十字博爱系列社会工程活动。救援工程、生命工程和爱心工程成为和平时期体现红十字会人道主义救助工作的主要内容。

救援工程，是以积极参加国家的救灾减灾和扶贫计划为目标，扩大和加强备灾救灾基地建设，提高救灾能力和实效。新疆是自然灾害的频发地区，每年各类灾害的发生，都会给灾区各族人民的生产、生活和生命财产带来很大损失。为了防患于未然和保证灾民得到及时救助，新疆维吾尔自治区红十字会一直把备灾救灾作为全区红十字会救援工程的龙头工作来抓。目前，全区已建成红十字会备灾救灾仓库 5 座，并在县以上红十字会基本建立了救灾信息网络。多年来，红十字会积极加强备灾救灾工作，及时向中国红十字会总会和社会各界通报灾情，呼吁募捐。不论是 1996 年南疆伽师、皮山等县发生 6 级以上地震及沿天山一带发生的百年不遇的洪灾，还是 1998 年春夏之交，吐鲁番、伊犁、阿勒泰、阿克苏等地区遭受沙尘暴和特大洪水袭击，以及昭苏县发生 6.1 级震灾和巩留县尼勒克县水灾，自治区红十字会都积极关注灾情并参与救灾，在社会募捐活动中，还接受了大量来自国内外的救援款物支援救助了灾区灾民。在 1998 年“三江”流域发生特大洪灾时，新疆维吾尔自治区红十字会向全区红十字系统发出呼吁，为灾区募集了 350 万元的款物；2001 年初春，阿勒泰、塔城、昌吉等地发生特大雪灾时，自治区红十字会接受区内外捐赠的款物近 700 万元支援了灾区；2003 年 2 月 24 日，新疆巴楚—伽师一带发生里氏 6.8 级强烈地震，造成 268 人死亡，4000 多人受伤，经济损失达 13 亿元。自治区红十字会得到灾情的信息后，迅速行动，在第一时间将救灾物资运往灾区救助灾民，并发动全区各级红十字会，设立了救灾募捐热线，公布了赈灾账户，共接收到捐赠款物 2600 余万元，全部用于灾民救助和灾后重建，使 50 万灾区人民受益，同时完成了对灾区 1 所乡卫生院、69 个村卫生室、3 所乡镇小学、2 个备灾救灾仓库的援建任务。在自治区抗震救灾表彰大会上，自治区红十字会被自治区党委和人民政府表彰为“抗震救灾先进集体”。在抗击“非典”期间，自治区红十字会共接受并转赠防“非典”款物价值 102.5 万元。在备灾救灾和社会募捐中，全区各级红十字会都充分发挥了作用。红十字会向灾区人民的无私人道援助，受到全社会的广泛赞誉。

生命工程，是以积极参与国家初级卫生

保健和社区卫生为目标，组织社会力量开展卫生救护培训、医疗、急救、无偿献血及造血干细胞捐献等工作，保护人的生命和健康。新疆维吾尔自治区红十字会坚持在全区进行卫生救护知识宣传和救护技能培训，通过学习止血、包扎、固定、搬运、心肺复苏等技术，使更多的人成为具有救护技能的红十字会救护员，并具备在第一时间对意外事故受害者和突发病人实施院外抢救的能力。十几年来，新疆红十字会举办了10多期卫生救护师资培训班，培训师资300余人次。全区红十字会共培训救护员40余万人次，其中，培训机动车驾驶员30余万人次，其他行业人员10余万人次。还在各地设立红十字医院、救护站、药店、诊所10余所，派出红十字医疗救护队281个，救治人数7.7万人。新疆维吾尔自治区红十字会一直积极参与开展无偿献血的宣传、组织、动员工作。1997年，哈密、巴州、喀什等城市被评为全国无偿献血先进城市，受到表彰。昌吉州、哈密地区等地已实现临床用血百分之百来自血无偿献血。新疆艾滋病的发病率居全国前列，自治区红十字会于2000年4月成立艾滋病/性病预防咨询培训中心，积极参与全区预防艾滋病工作。为普及预防艾滋病知识和提高民众自我防护意识，大力开展“预防艾滋病青年同伴教育项目”，组织青年人参与，在青年人中开展预防艾滋病知识的宣传。项目工作已从乌鲁木齐市扩展到伊犁、哈密、昌吉等地。几年来，自治区红十字会共举办预防艾滋病各类项目培训班500多期，培训青年1万多人，使数百名青年成为宣传预防艾滋病知识的志愿者。

爱心工程，是以积极参与国家建立城乡社会保障体系为目标，发动红十字会会员和社会群体兴办公益事业，为最易受损害群体服务。近几年来，新疆红十字会坚持开展“红十字博爱送万家”、“红十字服务进社区”等活动，共筹集200多万元物资，慰问孤、老、病、残、特困户和下岗职工。各地红十字会积极组织志愿者对孤寡老人、五保户进行长期“三定一包”服务。乌鲁木齐市红十字会成立了抗癌委员会，建立了“抗癌乐园”，使癌患者活有所乐，活有所学，活有所为，增强了战胜癌魔的勇气和信心。在红十字青少年中，每年坚持开展向贫困地区学校捐助“三个一”（一元钱、一件学习用品和一件生活用品）爱心活动。昌吉州已启动建立“红十字会博爱基金”。1999年以来，自治区红十字会坚持在元旦与春节、肉孜节与古尔邦节、国庆节与中秋节，以及世界红十字日期间采取多种形式为社区和广大农牧区贫困群众送温暖献爱心，真正把红十字会的关爱送进千家万户。

（宁英锁）

乌鲁木齐市红十字会

【简介】

乌鲁木齐市红十字会成立于1956年，文革时期停止工作。1985年机构重新恢复，事业单位编制2名，规格为正科级，挂靠市卫生局。1993年批准成立区县红十字会机构，各核定编制1至2名，市红十字会增编至7名。

1998年底，经市编委批准，乌鲁木齐市红十字会机构独立设置。由正科级升格为正处级单位，内设办公室、组织宣传部和救灾赈济部，核定事业编制12名，县级领导职数2人。隶属关系由原来的市卫生局代管，转变为由市政府领导联系，参照公务员管理，经费由市财政全额预算。1999年，乌鲁木齐市红十字会成立了机关党组。2001年初增设了救护培训中心，核定自收自支事业编制5名，2005年6月改为差额拨款。目前，乌鲁木齐市红十字会有2部1室1个中心，编制17人。

乌鲁木齐市红十字会机构独立设置后，各区红十字会机构也相继独立设置，目前全市7个区全部实现机构独立设置，规格为正科级单位，分别接受区委和区政府的直接领导。天山区、新市区、水磨沟区和乌鲁木齐县红十字会各有事业编制3名，沙依巴克区红十字会有事业编制4名，头屯河区、东山区和达坂城区红十字会各定事业编制2名。全市现有基层组织807个，其中包括街道红十字会47个，医疗卫生等团体会员单位158个，180所大、中、小学成立了红十字会。目前，全市共有红十字会员23.8万余人。此外，还成立了乌鲁木齐市红十字会抗癌专业委员会、志愿工作者专业委员会、机动车驾驶员行业分会和4个区级红十字青少年委员会。

阿克苏地区红十字会

【简介】

阿克苏地区红十字会成立于1990年，2003年，地区红十字会理顺了管理体制，规格为县级建制，核定编制5名。地、县两级红十字会已全面理顺管理体制，全地区红十字会系统有专职干部31名，基层组织230个，团体会员单位302家，个人会员73648人，其中青少年会员48609人，志愿工作者1307人。

阿勒泰地区红十字会

【简介】

阿勒泰地区红十字会成立于1991年4月26日。2002年11月，地区红十字会机构独立设置，核事业编制6名，规格为正县级单位。全地区红十字会系统有专职干部28名，基层红十字组织和团体会员单位388个，红十字会员46228人。所属六县一市红十字会已全部理顺管理体制。2007年4月，地区红十字会成立党组，进一步完善了组织机构。

巴音郭楞蒙古自治州红十字会

【简介】

巴音郭楞蒙古自治州红十字会成立于1990年12月。2002年，确定机构为正县级，列事业编制3名。2007年，州红十字会理顺了管理体制，编制增至5名。

博尔塔拉蒙古自治州红十字会

【简介】

博尔塔拉蒙古自治州红十字会成立于1991年。1999年底，自治州红十字会机构独立设置，县级建制，核定编制4人。2006年，自治州州红十字会编制增加到6名，州、县（市）红十字会在原有常务副会长基础上分别配备了副会长。

昌吉回族自治州红十字会

【简介】

昌吉回族自治州红十字会成立于1990年12月18日。1991年，全州8县（市）红十字会相继成立。目前，州、县两级红十字会已全部理顺管理体制，全州拥有红十字基层组织836个、成人会员17.13万名。

哈密地区红十字会

【简介】

哈密地区红十字会成立于1989年。2000年7月，地区红十字会机构独立设置，内设办公室、宣教救护救灾部，有编制10名。全地区有红十字会团体会员单位64家，会员11541人。

和田地区红十字会

【简介】

和田地区红十字会成立于2001年12月26日，机构为副县级，经费独立核算，全额预算管理，有事业编制5名，领导职数2名。目前，地区和七县一市红十字会均依法实现了机构独立设置，共有专职工作人员25人。全地区有团体会员单位545家，会员7337人，还建立了乡（镇）基层红十字会组织24个。

喀什地区红十字会

【简介】

喀什地区红十字会成立于1991年，机构挂靠地区卫生部门。2001年，地区红十字会实理机构独立设置，规格为副县级，内设赈济救护部、组织宣传部、办公室，定编4人。

克拉玛依市红十字会

【简介】

克拉玛依市红十字会成立于1993年。2004年，市红十字会理顺管理体制，有编制4名。

克孜勒苏柯尔克孜自治州红十字会

【简介】

克孜勒苏柯尔克孜自治州红十字会成立于1997年2月。2002年1月，机构定为正县级，有事业编制5名。机关内设办公室，挂靠州卫生局。2007年，州红十字会理顺管理体制并成立党组。3县1市均成立红十字会并核定编制和人员。

塔城地区红十字会

【简介】

塔城地区红十字会于2002年9月实现机构独立设置，副县级建制，核定编制4名。2006年10月成立党支部。目前，各县（市）红十字会基本理顺了管理体制，全地区红十字会系统有专职干部13人，会员7万余人。

吐鲁番地区红十字会

【简介】

吐鲁番地区红十字会1990年成立，内设办公室和赈济救护科。地、县两级红十字会全部理顺管理体制，并建立了市（县）、街道（乡、镇）、社区（村）委会三级红十会组织网络。

伊犁哈萨克自治州红十字会

【简介】

伊犁哈萨克自治州红十字会成立于1988年6月，由州卫生局代管。2005年1月，自治州红十字会实现机构独立设置，机关内设综合部和赈济救护部，归口自治州人民政府联系。州属的10个县（市）均已成立红十字会，其中9个县、市红十字会已实现机构单设。

生产建设兵团红十字会

新疆生产建设兵团红十字会

【年度工作】

2009年，新疆生产建设兵团红十字会做了以下工作：

一、组织建设工作

截至2009年底，新疆生产建设兵团红十字会已有12个师（市）成立了师（市）红十字会并召开了会员代表大会，以专兼职干部为骨干，会员和志愿工作者队伍为基础的兵团红十字会组织建设体系基本形成。2009年7月，兵团红十字会举办了一期干部培训班，来自兵团各师（市）、高等院校的29名红十字会专兼职干部参加了培训。在为期三天的培训中，兵团红十字会工作人员从事业发展、政策法规、组织建设、红十字运动基本知识和国际人道法传播、宣传与筹资、赈济救护工作和财资及项目管理等方面对参加培训的红十字会专兼职干部进行了系统的理论培训。还组织16人次参加了中国红十字会总会举办的各类业务培训班，提高了红十字会专兼职干部的整体工作能力。农三师图木舒克市红十字会被中国人力资源和社会保障部、中国红十字会授予“全国红十字会系统先进集体”荣誉称号。

二、救灾救助工作

2009年2月16日，阿勒泰地区连降大雪，兵团部分团场发生雪灾。持续多日的大雪降温和大风天气造成农十师部分团场交通受阻，房屋倒塌，牧民和牲畜受困。受灾严重的边境团场为181团、185团和186团，最低温度下降到零下36℃，积雪厚达70—90厘米，给团场的农牧业生产造成严重的损失，职工生活受到极大影响。灾害发生后，兵团红十字会第一时间调拨了价值5.365万元的救灾棉衣和棉被用于灾害救助。

2009年11月，根据兵团各师（市）红十字会及时报送的自然灾害情况，兵团红十字会积极争取到价值30万元的救灾大米，发放到6个师中受灾较重的团场和连队，在把兵团党委、兵团红十字会的温暖与关怀送到最需要帮助的人群中去的同时，也将“人道、博爱、奉献”的红十字精神传播到千家万户。

2009年，兵团红十字会将备灾工作作为首要任务常抓不懈，通过及时上报灾情，主动与兄弟省市红十字会交流，争取支持，全年共计募集各类救灾救助款物折合人民币910.56万元。全年接受中国红十字会总会捐赠“红十字博爱送万家”物资2250箱，价值45万元；救灾大米77.745吨，价值30万元；接受总会“7·5”事件救助金10万元；接受农八师石河子市红十字会“7·5”事件募捐款16.76125万元；中国红十字基金会援建连队红十字卫生室项目款15万元；

天津市红十字会捐赠服装332箱，价值481.08万元；广西梧州制药（集团）股份有限公司捐赠药品517箱，价值100万元；北京利祥制药有限公司捐赠药品99箱，价值137.18万元；大连天宇制药有限公司捐赠药品28箱，价值20.03万元。

2009年，兵团红十字会用于救灾救助款物折合人民币402.09万元，共有136个团场和社区、3万余户13.88万人受益。

三、卫生救护培训工作

2009年初，根据中国红十字会总会救护师资培训分配计划，对85名参加卫生救护师资培训的人员进行了统一的计划和安排，分批次组织学员参加了中国红十字会总会举办的救护师资培训。利用项目资金和自筹资金在兵团农五师、农七师、农八师和农十师分别举办了三期救护师资培训班、一期救护师资复训班，培训师资192人。此外，与兵团旅游局合作在导游培训班中培训救护员317人。在兵团警官高等专科学校、石河子大学商学院的1500余名入学新生中进行了初级卫生救护培训和无偿献血知识普及培训。2009年，兵团各级红十字会共普及培训各类人群约54800人次。

四、“红十字博爱送万家”活动

2009元旦和春节期间，兵团红十字会筹集“红十字博爱送万家”物资1500箱，配套8万元购买了面粉等生活物资，对受灾的职工群众、下岗职工、低保家庭、特困残疾人家庭和贫困团场的困难家庭进行了慰问。中国红十字会秘书长王海京率慰问组参加了兵团举办的“红十字博爱送万家”活动。1月18日至20日，王海京秘书长一行在兵团副司令员、兵团红十字会会长宋建业，兵团党委委员、兵团副秘书长刘建波，兵团红十字会常务副会长王国建，副会长赵振岗和当地领导的陪同下，慰问了农四师和建工师四建的部分贫困职工家庭，并向他们赠送了慰问物资和慰问金。

2009年国庆节期间，兵团红十字会筹集了750箱“红十字博爱送万家”物资，并配套资金4万元购买了面粉，分别在农九师和农十师开展了“红十字博爱送万家”活动。9月21日，农十师红十字会组织开展了物资发放仪式，活动在全师9个农牧团场（矿）和2个社区同时开展，共慰问困难职工450余户。9月23日，农九师红十字会举行了物资发放仪式，慰问活动先后在9个团场、4个师直社区开展，慰问困难职工600余户。

2009年，兵团红十字会用于开展“红十字博爱送万家”活动的慰问物资和资金折合人民币54万元，共有114个团场和社区、6818户14041人受益。

五、红十字博爱周宣传活动

2009年“红十字博爱周”期间，兵团红十字会积极组织各级红十字会开展了以红十字运动基本知识与国际人道法传播，防灾避险、无偿献血和捐献造血干细胞、预防艾滋病知识，卫生救护培训为主要内容的形式多样、内容丰富的系列纪念活动。在兵团各大中专院校和各师（市）中、小学开展了以“珍爱生命、共享平安”为主题的红十字青少年防灾避险知识宣传周活动，以及全国红十字青少年防灾避险知识竞赛答题活动，同时开展了以“凝聚人道力量，重建美好家园”为主题的第三届“红十字公益广告推广月”活动。在大力弘扬“人道、博爱、奉献”的红十字精神的同时，进一步提高了广大青少年的防灾避险意识。

兵团红十字会、农六师五家渠市红十字会、兵团中心血站在五家渠市文化广场联合开展了以红十字运动基本知识和人道法传播、卫生救护培训、防灾避险、预防艾滋病和无偿献血等知识为内容的宣传和咨询、义诊活动，并组织120急救中心的工作人员进行了现场急救演练；农二师红十字会与师科技局联合举办了防灾避险知识图片展；农四师红十字会联合师卫生局、民政局、人口计生委、医院、疾控中心等单位，在伊宁市开展了主题宣传活动，还积极配合伊犁州献血办组建了一支由1155名团场机关工作人员、医务人员、教师、连队干部职工组成的团场应急无偿献血志愿者队伍；农八师石河子市红十字会举办了以“凝聚人道力量、建设美好家园”为主题的“世界红十字日”大型纪念宣传活动；建工师红十字会组织师疾控中心、卫生监督所、卡子湾医院联合开展了主题纪念活动。十二师红十字会组织医院和13个基层连队卫生室举行了主题宣传板报比赛；222团红十字会在开展主题纪念活动的同时，还对34名教师进行了卫生救护培训；兵团一中、兵团二中红十字会开展了以“凝聚人道力量，重建美好家园”为主题的纪念活动，并组织了主题升旗仪式，纪念汶川地震一周年，各班级也纷纷以主题班会的形式组织开展了纪念活动；石河子大学红十字会组织医学院、成教学院、护士学校红十字会、科技学院“天使之心”志愿者协会及一附院医疗专家服务团等集中开展了以“凝聚人道力量，重建美好家园”为主题的系列活动，并通过短信、网络等媒体对活动情况进行大力宣传。

活动期间，各级红十字会都通过广播、电视、网络、报刊等媒体对活动情况进行大力宣传和报道，积极扩大宣传面与宣传效果。据统计，“红十字博爱周”期间，参与活动人数约16990人，网络、报刊等新闻报道69篇，电视播放公益广告26次，扩大了“红十字博爱周”活动的社会影响力。兵团红十字会在本次活动中还被中国红十字会总会授予组织奖，受到总会通报表扬。

六、艾滋病预防控制宣传及无偿献血宣传

2009年“世界艾滋病日”，兵团红十字会与兵团卫生局、兵团疾控中心和乌鲁木齐铁路局联合在乌鲁木齐至吐鲁番区间的列车上开展了艾滋病防治知识的宣传和咨询活动。在艾滋病防治知识宣传的同时，工作人员还在乘客中开展了艾滋病防治基本知识的调查。本次活动共向两列列车的工作人员和乘客发放了艾滋病防治知识宣传单近3000张，《外出打工预防艾滋病手册》200册和宣传扑克100余副。

与兵团警官高等专科学校、石河子大学商学院、新疆科技学校、222团和农六师芳草湖农场等单位共同开展了无偿献血宣传活动。活动中兵团红十字会与兵团中心血站共同招募志愿者，组织成立了3支无偿献血志愿工作队，并对志愿者进行了无偿献血知识培训。兵团各师（市）红十字会积极配合有关部门在当地的机关、学校、企事业等单位中开展无偿献血宣传动员活动，全年共27760人次参与无偿献血。

七、红十字连队卫生室项目建设

2009年，实施完成了中国红十字会总会和北京市红十字会2008援建的9所连队红十字卫生室项目并已交付使用。上半年，又与中国红十字基金会合作，争取到援建6所连队红十字卫生室建设项目，首期15万元项目资金已拨付。目前，6 所连队红十字卫生室项目均已开工建设，3 所已完成主体施工。截至目前，由中国红十字会总会、中国红十字基金会、北京市红十字会、澳门特别行政区红十字会援建的兵团连队红十字卫生室已达 21 所，解决了部分连队职工群众就医难问题，深受职工群众赞誉。

八、志愿服务工作

2009 年，组织兵团各级红十字会在国庆期间开展了“迎国庆讲文明树新风”红十字志愿服务活动。与兵团团委、兵团志愿者协会在兵团中心血站联合组织开展了“传承兵团精神、点燃生命之光、兵团志愿者在行动”志愿者捐献造血干细胞采样活动，来自兵团机关和兵团驻乌鲁木齐部分单位的 120 余名志愿者参加了活动。还在“世界红十字日”、“世界艾滋病日”、“世界献血者日”等纪念日组织志愿者开展以应急救援、自救互救、无偿献血、社区服务、红十字青少年等知识宣传为主要内容的志愿服务活动。全年组织 1670 名志愿者参加了各类志愿服务活动，在活动中设立志愿服务站 24 个，成立志愿服务队 35 个，普及救护培训 1150 人，新闻媒体报道 80 篇，电视、广播等宣传 348 次，参与活动总人数 23510 人。

九、红十字青少年工作

2009 年 2 月，为进一步加强祖国大陆与台港澳红十字青少年的交流，传播红十字知识，纪念《1949 日内瓦四公约》60 周年，中国红十字会举办了大陆与台港澳青少年红十字知识网络竞赛。兵团红十字会、兵团教育局和兵团团委联合组织兵团各大中专院校和各师（市）中、小学校参加了大陆与台港澳青少年红十字知识网络竞赛活动。

组织兵团各大中专院校和各师（市）中、小学校 6000 名学生参加了由中国红十字会总会主办、总会报刊社承办的“全国红十字青少年防灾避险知识竞赛”答题活动，兵团红十字会获最佳组织奖。

【历史沿革】

1991 年 3 月，新疆生产建设兵团（以下简称兵团）红十字会成立大会召开，选举产生了第一届理事会，聘请兵团司令员刘双全为名誉会长，兵团副司令员伯塔依·库平当选为会长，产生理事了 29 人、常务理事 10 人。2004 年初，经一届二次理事会会议讨论增补 4 名理事、3 名常务理事。

兵团红十字会第一届理事会在无一名专职工作人员的特殊情况下，依照红十字会宗旨，在救灾、帮困、预防艾滋病、无偿献血等领域开展了大量的工作。

2004 年，兵团红十字会第一届理事会依照《中华人民共和国红十字会法》、《中国红十字会章程》、《国务院办公厅转发中国红十字会总会关于进一步加强红十字会工作意见的通知》精神，在兵团实施机构改革、压缩机关编制的情况下，积极协调、主动工作，使成立已 13 年的兵团红十字会获得了独立工作机构编制，为理顺兵团红十字会管理体制迈出了可喜的一步。

2005 年 1 月，兵团红十字会第二次会员代表大会召开。兵团党委书记、政委陈德敏，兵团副司令员阿勒布斯拜·拉合木，中国红十字会副会长郭长江等出席会议并作了讲话。大会审议并通过了一届理事会《工作报告》、《兵团红十字事业 2005～2009 年发展规划》，传达了中国红十字会第八次会员代表大会精神，依法完成了换届选举，产生了由66名理事组成的新一届理事会。兵团副司令员阿勒布斯拜·拉合木当选为会长，王国建当选为常务副会长，张国昌（专职）、梅新顺、王辉雄当选为副会长，根据会长提名决定张岩为秘书长。

兵团红十字会第二届理事会聘请兵团司令员华士飞为名誉会长。

兵团红十字会历次代表大会

第一届

1991年3月10日召开，代表100人，理事33人，常务理事13人，名誉会长刘双全，会长伯塔依·库平，常务副会长汪艾翔。

第二届

2005年1月26日召开，代表131人，理事66人，常务理事12人。名誉会长华士飞，会长阿勒布斯拜·拉合木，常务副会长王国建。

【组织机构】

兵团红十字会机关设办公室（宣传发展部）、赈济救护部，设专职副厅级领导职数1名、处级领导职数2名。兵团所辖14个师186个团红十字组织机构正在建设和逐步完善中，三师图木舒克红十字会于2005年5月17日召开会员代表大会，选举产生了新一届理事会。2006年相继又有3个师成立了红十字会，值此已有5各师成立了红十字会。

（张　岩）

铁路、商业系统红十字会

中国铁路红十字会

【年度工作】

2009年，中国铁路红十字会做了以下工作：

一、认真开展红十字救护培训工作

按照中国红十字会总会和铁道部共同下发的《关于深入开展救护培训工作的通知》，铁道部劳卫司与运输局共同组织铁路站车工作人员在红十字救护员培训工作。2007年至2009年三年间，铁道部共组织培训班27期，培训站车师资、骨干红十字救护员1870人，各铁路局开展红十字救护员培训已超过15000多人，基本完成了在每个车站、旅客列车服务班组有1—2名红十字救护员的培训目标。这些人员在支援汶川地震抗震救灾中，在服务奥运中，在日常客运运输途中旅客突发疾病、受到创伤等意外事件时，积极给予旅客以应急救助，发挥了很好的作用。仅在互联网2009年8月至2010年1月的新闻中，报道旅客列车工作人员救助怀孕旅客的新闻就有5起，其中3起就是由经过红十字救护培训的列车工作人员帮助接生的。他们不仅救助了旅客生命，也为铁路赢得赞誉，受到社会舆论的广泛好评。为了配合救护培训工作，铁路红十字会组织有关人员编写了《铁路红十字救护员培训教材》，印发40000册供各铁路局使用。

二、做好站车红十字药箱的配备、管理工作

按照铁道部与卫生部、中国红十字会总会联合下发的《旅客列车急救药箱管理办法》，客运、卫生部门共同配合，已在1754对旅客列车上完成红十字药箱的配备工作，在旅客出现伤病需要救助时，发挥了很好的作用。铁路红十字会结合几年来站车运用的实际，组织专家调研，年初，完成了《铁路红十字药箱的配备标准和使用原则》的编制工作，铁道部下发了《关于做好旅客列车红十字药箱配备和管理工作的通知》。通过清理药箱内的医疗处方药物，充实旅客常见病伤应急救助的药械，降低了药箱的配置成本。不仅避免了非常用药品的积压浪费，而且避免了因为使用处方药物不当可能引起的法律纠纷。

三、将红十字工作纳入卫生保障线建设

解决边远、艰苦站区职工看病就医难的问题，要求将站区红十字会建设作为一项重要的措施，从2008年以来，要求各铁路局要在沿线车站、工区职工中培养不脱产的红十字救护员，与工会等部门一起，为站区配备红十字药箱，以便在职工发生小病小伤后，能够就地处置。2009年初，已在站区培训不脱产的红十字救护员3412人，配置各种药箱17912个，发挥了良好的作用。

【历史沿革】

20 世纪 80 年代至 90 年代初期，济南铁路局、兰州铁路局、北京铁路局、上海铁路局、呼和浩特铁路局、乌鲁木齐铁路局、柳州铁路局共七个铁路局先后成立了铁路局红十字会组织。其中兰州、上海铁路局各分局也成立了红十字会组织，并开展了带行业特点的红十字会工作。1992 年，济南铁路局红十字会被中国红十字会评为先进集体，并在中国红十字会六届理事会上介绍了经验。此后，由兰州、济南、呼和浩特、柳州等铁路局红十字会酝酿，要求铁道部成立铁路红十字会，把七个局的红十字会工作统一起来，向当时中国红十字会领导顾英奇反映得到肯定。之后，向当时铁道部卫生保护司司长路文德提出要求。经铁道部卫生保护司请示铁道部副部长傅志寰，同意成立中国铁路红十字会，并指示根据铁路具体情况只在运输系统，即各铁路局建立和开展红十字会工作。铁路红十字会会长由卫生保护司司长路文德担任，副会长由兰州铁路局刘志忠担任，秘书长由铁路部卫生保护司原医政处副处长孙英元担任。铁路红十字会办公室设在铁道部卫生保护司医政处。1994 年，铁道部在兰州铁路局西宁分局召开大会，正式成立中国铁路红十字会。1994 年，筹建了铁路红十字会锦州宣教中心，并陆续开展了红十字宣教和培训铁路列车救护员的工作。以后，又依据铁路客运工作的需要，在铁道部第四工程局黄山疗养院、济南铁路局烟台地区招待所成立了铁路红十字会培训中心，在大连铁路疗养院成立了铁路红十字康复中心。

中国铁路红十字会历次代表会议：

第一次 1994 年，在兰州铁路局西宁分局召开了中国铁路红十字会成立大会。除成立铁路红十字会的铁路局以外，其他铁路局也派代表参加了大会。大会中心议题是建立和发展组织，讨论按铁路特点在客运安全服务、灾害事故急救、宣传教育、救助弱势群体和无偿献血方面开展红十字会工作。

第二次 1998 年，在呼和浩特铁路局召开了由各铁路局和部分铁路分局红十字会负责人参加的会议。按照中国红十字会总会的精神，总结前一段的工作，部署当年的工作。

第三次 1999 年，在西安铁道部临潼疗养院召开了由各铁路局和部分分局红十字会负责人参加的会议。重点是交流经验、发展组织、推动工作。之后，除沈阳，郑州铁路局和广铁集团公司外，都相继建立了铁路红十字会组织。

第四次 2000 年，在烟台铁路红十字会培训中心召开了会议。会议内容为总结上一年度工作，并提出新一年度工作要求，同时还举办了铁路优秀红十字学员夏令营活动。

第五次 2002 年，在柳州铁路局召开了铁路红十字会工作会议，贯彻中国红十字会七届理事会精神，请柳州铁路局副局长、红十字会会长汪书庆介绍开展铁路红十字会工作的经验。广西壮族自治区红十字会秘书长到会祝贺并讲话。中国铁路红十字会提出年度工作的八项要求。

【组织机构】

中国铁路红十字会除兰州铁路局有单设的机构和人员以外，其他铁路局都挂靠在卫生主管部门（医政处，卫生处，医政科）。

中国铁路红十字会会长为路文德，副会长为兰州铁路局原副局长刘志忠（专职），南昌铁路局党委书记高维生为红十字会常务副会长，中国铁路红十字会秘书长由劳卫司医政处处长梁渤洲担任。兰州，柳州和南昌铁路局铁路红十字会组织比较健全，由局领导任红十字会会长，各有关业务处长任理事。其余的铁路局和部分分局红十字会职务由其医政科室人员分管或兼职担任。

【主要特色】

1. 各铁路局红十字会在“五八世界红十字日”和“世界艾滋病日”，利用铁路站车优势，广泛宣传《中华人民共和国红十字会法》和预防滋病知识。多年来，铁路红十字会开展各种宣传活动130多次，在基层站段和列车上放发宣传资料41万多份。昆明铁路局红十字会多年来与云南省红十字会合作，在“世界艾滋病日”组织铁路各医疗和疾病控制单位在昆明站、昆明北站、开远站等采用多种宣传形式，向过往旅客和铁路职工、家属宣传艾滋病预防知识，受到云南省红十字会的好评。从1997年至2002年，该会还与云南省红十字会、澳大利亚红十字会合作，在昆明、开远、南昆线、威舍等地举办20多期艾滋病预防青年同伴教育培训班，约5000余名青年职工、学生接受了艾滋病预防的知识教育。

2. 2002年，中国铁路红十字会宣教服务中心和有关铁路局红十字会配合客运部门共举办9期旅客列车红十字救护员培训班，共培训721名旅客列车红十字救护员。2003年3月，铁道部、卫生部、中国红十字会总会联合下发了关于印发《旅客列车急救药箱管理办法》（暂行）的通知，要求按15部委联合通知的要求力争逐步达到每趟旅客列车有两名经过培训的铁路红十字救护员。2004年，中国铁路红十字会认真贯彻上述文件精神，铁道部劳卫司和运输局共同印发了《铁路自救互救基础》全路统一教材8000册，还与铁道部运输局共同举办了两期铁路客运部门红十字自救互救骨干培训班，有80余人接受了培训。各铁路局举办了多期红十字救护员培训班，培训客运乘务人员1500多人。2005年，由成都铁路局客运部门牵头，两个月举办了六期红十字救护员培训班，培训旅客列车救护员453人，经考试合格发证上岗。中国铁路红十字会宣教服务中心协助柳州局红十字会举办了两期共95人的红十字救护员培训班。哈尔滨铁路局2005年9月培训了100名列车红十字救护员。受培训合格上岗的红十字救护员大都在救治旅客外伤、急诊，甚至接生的初级处理中发挥了良好的作用，受到旅客的赞扬。

3. 各铁路局在灾害和疾病发生时，积极协助救灾物资的运输工作。如上海铁路局和地区红十字会发挥铁路特点，2002年，在上海南站、南浦站、杨浦站、北郊站、无锡站，新龙华站用火车专列协助运输救灾物资174车共10440吨，支援了江西，云南，河北等省的救灾工作，并给予适当的优惠政策。上海市新闻媒体对此进行了报道。在募捐工作中，上海铁路分局的24个基层单位的16425人募集衣被32008件发往灾区。

4. 配合卫生部门组织无偿献血活动。铁路系统参与无偿献血的职工人数逐年增加。据不完全统计，每年参加无偿献血的都超过1万人。上海铁路局有一个职工已累计无偿献血8000毫升，获得上海市红十字会颁发的无偿献血金奖。

全国各铁路局红十字会在救助弱势群

体，开展社区服务和红十字青少年活动方面也做了大量工作。

（铁　红）

中国商业系统红十字会

【年度工作】

2009 年，中国商业系统红十字会在商业系统扩大紧急救护培训覆盖面，加强人道主义宣传。继续与教育部合作，开展“红十字校园安全行动”，以向学生赠送校园意外伤害保险的形式，在学生中开展红十字精神教育，让学生从小就能体会到红十字关怀在身边。在行业内开展紧急救护培训工作。

【历史沿革】

2000 年 11 月 15 日，由中国商业联合会向中国红十字会总会提出申请。12 月 28 日，中国红十字会总会批准成立中国商业系统红十字会。

聘请中国商业联合会会长何济海为名誉会长，中国商业联合会国际部部长王树培任会长，根据会长提名决定周伟为秘书长。

特别行政区红十字会

香港特别行政区红十字会

【年度工作】

2009 年上半年：

一、全力投入救灾工作

2008 年，中国内地和世界各地发生的大型自然灾害接踵而来，香港人纷纷解囊捐助赈灾工作；香港红十字会成为他们希望把捐助化为救助的平台。年初华中地区的大型雪灾尚未结束，便发生了 5 月份的汶川特大地震，香港红十字会几乎倾全会之力，参与这次世纪灾难的救灾行动。地震发生后，香港红十字会迅速派出工作人员及医疗队前往灾区协助当地红十字会开展救灾工作，并动员各部门的力量在香港处理如潮水般踊进的捐款。

在紧急救灾阶段，派出医疗队和派发帐篷、棉被、睡袋、家庭包及方便面等，为超过 21 万名灾民解决基本生活需要。在过渡恢复阶段，向逾 40 万名灾区民众提供协助，派发临时建材、补充医疗和教学设备、兴建过渡幼儿园和卫生院。在重建阶段，为 70 多万名灾民重建民房、医院和卫生设施、学校及教育设施、敬老院、康复及假肢中心等，项目总数 600 多个。

在香港，共收到历史性的逾 13 亿港元捐款、协调了 500 多个团体的募捐活动、查询热线接到了 3 万多个电话、55 万次的网页浏览记录、签发了近 30 万张捐款收据、动员义工超过 1000 人次。会长曾鲍笑薇及主席杨铁梁亦多次亲往灾区考察灾情及项目进度；国家主席胡锦涛在地震一周年时访问了由本会与德阳市残联合办、地震后首个投入运作的康复及假肢中心，并高度赞扬中心的贡献。

四川地震的赈济工作并非本会本年度救灾工作的全部，其他内地及海外的项目仍在同期进行。本会继续跟进 2008 年初内地雪灾的重建项目，计划在 2010 年内可以全部完成；2008 年发生的缅甸风灾价值 1300 万港元的紧急救援及重建项目亦已于 2009 年初落实。本会也支持了菲律宾、巴基斯坦、尼泊尔、阿尔及利亚、卢旺达等地的水灾、地震和武装冲突的救助行动，以及跟进南亚海啸受灾国家的重建工作。在香港，本会九次为台风、水浸和火灾的灾民派发应急物资或提供灾后清理服务。

继续在内地 28 条村落，在孟加拉国国国、印度尼西亚、马尔代夫、尼泊尔和斯里兰卡 80 个农村小区，以及本港荃湾的多个寮屋区进行备灾和防灾教育活动。

2009 年下半年：

二、繁忙的本地服务工作

输血服务方面，共收集了创记录的 21 万多个单位的血液；位于观塘创纪之城五期的新捐血站在 2008 年 9 月启用；骨髓捐赠者和储存脐带血的数量以至成功配对个案亦进一步增加。输血服务中心本年度同时取得ISO9000、ISO14000、ISO15189、cGMP和OHSAS18001多项质量管理认证。

除捐血者外，支持本会服务的重要力量——义工总人数已超过2.4万名，本年度共提供了63.3万小时的服务，跃升为社会福利署2008年全港5个最高服务时数的公众团体之一。拥有最多青少年义工人力资源的青年及义工事务部，借助其在中学广泛会员基础的优势和逐渐增强的大学生参与数量，进一步强化近年积极发展的“校园健康大使”、“健康同伴教育”、“人道教育．生命学堂”和“国际人道服务领袖”等多项健康生活及人道精神倡导计划。

急救活动方面，本年度继续推动多种特定主题的急救教育活动，包括亲子、智障、长者、历奇和自动体外去纤维性颤动法；还组织多次小区急救推广活动，以达到普及急救知识之目的。2008年8月北京奥运期间，本会派出义务医生及急救导师参与了当地红十字会服务站的工作，获得赞扬。

2008—2009年度是香港红十字会雅丽珊郡主学校丰收的一年：7名校友代表香港参与北京残奥运动会的田径、剑击、硬地滚球及马术项目，并勇夺六块奖牌，载誉回港；建筑期历时两年、耗资4700多万元的宿舍重建计划亦在同月落成。另一方面，第18所医院学校于2008年9月在青山医院投入了服务。香港红十字会玛嘉烈戴麟趾学校则大力加强对学生生命教育及人道精神的传播，并且成立了红十字青年团。香港红十字会肯尼迪中心的同学则继续展示其一贯的多元才能，在多项公开比赛和学业成就上取得优异成绩。

在南亚海啸后逐步加强的海外志愿人道工作本年度获得进一步发展。因四川地震需要，本年度共有61名专业义工被安排往内地及海外参与医疗救援、康复及重建工程的任务，已登记的总人数接近200人。本会亦不时安排经验分享会、灾难医学讲座和救援人员培训课程，每次都反应热烈。部份曾参与四川地震救援行动有出色表现的专业义工，在第二届“香港人道年奖”中获奖。

三、努力不懈：提升机构管治水平

本会三年一任的董事会执事人员选举在2008年9月进行，罗荣生在2008年4月出任董事会副主席后再次获选，因此不再兼任输血服务管治委员会主席职务，由委员会原副主席蔡永忠接任。高永文及任锦光当选为新任总监，并分别担任医护服务管理委员会及学校管理委员会主席。董事会对两位领导香港红十字会特殊教育服务及医护服务多年的退任总监李思泌及马罗玉明，致衷心感谢。

此外，本会胡郭秀萍总监在2008年11月获香港董事学会颁发“2008年度杰出董事奖”。

香港红十字会夏悫道总部大厦在2008年10月开始进行为期5个月的大规模内部装修工程，使因运作了45年之久的不少维修问题得以彻底解决；重新间隔使办公室空间严重不足的现象得以缓解。此外，为减轻租金负担，急救及健康护理训练中心亦由上环迁至葵涌。

香港红十字会近年来积极加强服务宣传和筹款工作。2008年的媒体报道达1800多次。本会的网站及香港人道年奖的海报先后获雅虎搜寻器选为慈善机构组别的搜寻人气网站并夺得“苹果创意广告奖2008”四个奖项。赈灾以外的捐款总额达港币4320万元，定期捐款者人数增至接近9500人。2009年3月的卖旗日，本会获破记录的5500名红十字会、个人以至企业义工参与，并筹得港币250万元善款。捐款增加，除填补政府服务拨款的不足外，使本会可以透过年前成立的“服务发展基金”支持多个新服务试验计划的推行，以适应新出现的社会需要和体现本会的人道使命。

年内本会亦提升了人力资源管理的质素。跨部门的中央义工电子数据库在2008年8月启动，让义工的登记、服务记录及跨部门调配更方便准确。在2008年底本会也加强了秘书处和各部门处理行政及财务的人手，并新设立副部门主管的职级，为前线服务工作人员提供更佳的支持。本会亦进行了员工培训需要的顾问研究；而专为经理及副部门主管级别员工而设、为期年半的“行政人员发展课程”，则在2009年初开课，由秘书长及副秘书长亲任导师。

四、2010：准备踏入建会第60个年头

香港红十字会自1950年成立，将进入60岁的新阶段。作为一所人道机构，本会无时不把处于苦难和困境人士的状况和需要放在心上，并在能力范围所及之处，调动人力和资源向他们提供帮助。不过，香港红十字会深明本会的能力有限，没有市民、义工、捐助者、团体和企业的支持、信任和参与，以及本会委员及职员的献身投入，各种救助行动都不能成事。香港红十字会将继续构建此人道救助平台，把香港人的关爱，传送予本地以至世界各地有需要的人士。

五、财务情况（2008年4月1日至2009年3月31日）

全年总收入（不包括赈灾项目及各特定基金）：港币443739230元。

全年总支出（不包括赈灾项目及各特定基金）：港币419437055元。

六、2008年至2009年度服务数字：

职员人数：（于2009年3月）

特殊教育及复康服务：510名。

秘书处及其它部门：189名（输血服务除外）。

七、输血服务

志愿捐血人士：151000人。

收集血液单位：212739单位。

制成血制品：386040单位。

最高个人捐血纪录：425次（累积数字）。

八、医护服务

提供急救训练：19类、895班、10882小时训练时数、18403名学员参加。

提供健康护理训练：14班、2456小时训练时数、242名学员具考试资格。

医院内的院友关怀服务：

1. 家居院友关怀服务：接触162位离院长者、提供了1033次定期家居探访及3321次电话慰问服务。

2. 院友伴送服务（为院友提供路线指引及伴送）：服务时数1264小时，服务人次63200人。

3. 院友关怀活动：提供了1215小时关怀活动，服务人次达14232位院友。

4. 院友图书服务：提供了11595小时服务，借出5973本图书、免费派发87133本杂志、服务人次达116555人。

5. 辅助行动器材租借：5537次租用个案。

九、国际及赈灾服务

四川汶川地震赈灾及重建：投入港币

124876069.53 元。

国内雪灾赈灾及重建：投入港币 70137137.42 元。

南亚海啸重建及发展：投入港币 35273363.60 元。

缅甸风灾赈灾：投入港币 5550861.05 元。

其它赈灾及备灾项目：投入港币 2456270.06 元。

赴海外参与人道工作的专业志愿人士：61 名。

国际福利：136 宗求助个案。

寻人服务：320 宗个案，6200 多次面谈、家访及电话查询。

本地援助物资派发：共为 3356 人提供 1466 个衣物包，719 件毛衣及棉褛，202 条毛毡及棉被。

十、特殊教育及复康服务

3 所特殊学校的学生人数（于 3 月 31 日）：457 人。

医院学校（于 3 月 31 日）：435 人。

顺利宿舍宿生人数（于 3 月 31 日）：38 名。

十一、青年及义工事务

红十字青少年队伍（于 3 月 31 日）：376 队。

红十字青少年人数（于 3 月 31 日）：约 17000 人。

红十字青少年组织的服务项目：组织了 130 个健康教育服务服务计划；为学校、医院及福利机构提供了 10070 多次定期服务；因应社区的要求提供了 2460 余次单次服务活动。

为红十字青少年提供的培训：1010 多个。

红十字成人义工队伍（于 3 月 31 日）：43 队。

红十字成人义工人数（于 3 月 31 日）：超过 1600 人。

红十字成人义工服务时数：42 000 多小时

红十字耆英团（于 3 月 31 日）：24 队。

红十字耆英团团员人数（于 3 月 31 日）：超过 470 人。

红十字耆英团提供的社区服务时数：11500 多小时。

【历史沿革】

（一）20 世纪 50 年代：

1949 年，当时的香港是英国统治下的殖民地。由于中国政局出现了重大变化，大量移民涌入香港。香港人口由 1946 年的 90 万人急剧上升至 1949 年的 200 万人。英国红十字会代表与香港总督商讨在香港成立分会的可能性。当时主要考虑于紧急需要时为移民提供协助与服务，并负责“国际福利工作”。香港红十字会于 1950 年 7 月 12 日成立，成为英国红十字会的分会。工作重点为协助那些在第二次世界大战期间流落亚洲地区的难民返回所属国家，以及提供寻人服务，帮助因战乱与家人失散的人士寻回家属或返回家园。

1950 年 6 月，朝鲜战争爆发，香港红十字会于 1951 年开始负责准备食物、医疗药品等包裹，运送到日本给战俘。1955 年英国红十字会与中国红十字会达成协议，由香港红十字会负责于边境送递包裹予被扣留在中国国境的外籍人士。

香港红十字会捐血服务于 1951 年开始，协助政府为全港志愿捐血人士进行登记。于 1952 年成立捐血服务部，开展志愿捐血的新纪元。

1952年，香港红十字会于东华医院开展“调剂性治疗”，由志愿工作人员协助提供工艺制作班予病童。此发展成为今日的医院学校。

50年代香港资源贫乏，救济和赈灾工作所需的物资主要依靠外国捐助。香港红十字会于1953年开始，把外国捐助的衣物进行分类、贮藏及分派，成为政府备灾及救灾的后勤好帮手。当时更招募志愿工作人员，协助英国红十字会工作人员关怀和照顾在医院的军人及其它住院人士。此服务便发展成现今的院友关怀服务。其中一群妇女志愿工作人员为医院剪裁及制作纱布绷带和棉花球，此发展成现今有不同国籍人士及长者参与的成人义工队。

香港红十字会于1956年开设青少年部，成立第一队青少年团。

（二）20世纪60年代：

1962年，得到国际难民基金及英国红十字会支持，全港第一所为身体伤残，未能在一般学校就读的儿童而开办的雅丽珊郡主儿童安置所及学校得以落成，为60名儿童提供照顾。至今发展成为三所特殊教育学校及一所宿舍：雅丽珊郡主学校（1966年）、甘乃迪中心（1967年）、玛嘉烈戴麟趾学校（1973年）及顺利宿舍（1968年）。学校不单提供课堂教学，更有课外活动、各样综合和功能治疗。严重弱能者，更有个别学习程序和特殊器材协助；课程由教师、职业治疗师、社会工作员及教育心理学家共同设计。

（三）20世纪70年代：

由于60年代期间的社会变化及于四五十年代出生的孩子已长大，香港人在香港这片土地的过客心态渐变为有感情、带动社会团结和排外的取向。香港红十字会于70年代时便发挥着服务先导者及动员社会互助和自助的角色。

1975年，越南政权易手，香港红十字会协助把英国红十字会、国际红十字会及其它国家捐助的药物及救济物品运到越南。同时，越南政局的变化，触发大规模的难民潮。1975年5月，一艘丹麦货轮载着第一批3700多名越南难民来港。香港红十字会及时为他们提供了各类救济品及寻人服务。随着越南难民数量的增加，救济这些难民成为十分迫切的问题。1979年5月，联合国难民事务高级专员邀请香港红十字会接管当时仍属政府羁留中心的“北启德难民营”。直至1987年，当难民服务已不属于紧急救援工作时，难民收容中心的责任才转交予其它福利服务机构。

1976年，香港红十字会配合政府条例开办工业急救课程，以提升并保障工人的生命安全。

香港志愿捐血的华人由1954年的7%增至1970年的35%，显示出捐血教育及推广的成效。

（四）20世纪80年代：

香港红十字会进一步改善及自我提升，各项服务逐渐踏上了轨道，焦点移至被忽略及缺乏关顾的人群，同时也继续扩大志愿工作人员队伍，深化红十字青少年于人道服务的价值观念，关注儿童的精神及行动治疗，鼓励华人志愿捐血。香港红十字会坚定的人道宗旨、为关怀和扶助伤病者和弱势社群的工作方向，并未因为当时香港社会上九七回归所带来的政治考虑而有巨大变化。

（五）20世纪90年代：

香港红十字会开始与中国红十字会展开

紧密接触。1991 年的华东水灾赈灾工作更进一步让香港红十字会了解国内红十字会的体系和工作。1997 年 7 月 1 日，香港红十字会顺利由英国红十字会转移归属于中国红十字会，成为高度自治的中国红十字会分会。香港红十字会的活动空间同时进一步扩大至不单是国内，而及于国际。

1997 年 4 月，政府委托香港红十字会推出了“长者安居广东省续领综合社会保障援助计划”。

通过举办各项赈灾、输血、急救的地区及国际性活动，香港红十字会充分发挥香港及其国际城市的特点，推动及参与国际间的合作和交流，并与世界各地红十字组织紧密合作，为保护生命及减轻人类疾苦而努力。

（六）21 世纪初：

承接 1997 年的地位转变，香港红十字会紧密与国际红十字会联络及合作，通过参与本地、国内及国际间的项目，巩固及确定香港红十字会的服务方向。受全球性经济下滑影响，政府大幅削减对香港红十字会的资助，私人捐助下降。本会的传讯及资源发展部随之成立，正为解决财政困难、维持服务负起艰巨的任务。

作为香港一个重要的人道组织，香港红十字会逐步加强其对内对外的传播角色，包括不断探索如何把人道理念更有效贯彻于各项现有服务内，又于 2003 年开始举行“国际人道法仿真法庭比赛”，由香港的大学法律系学生扩大至 2007 年的 16 所亚太地区的大学法律系学生参与。2007 年更主办香港首个的“香港人道年奖”。

在 2003 年“非典型肺炎”爆发、2004 年底“南亚海啸”及 2008 年四川汶川大地震三项举世关注的事件中，香港红十字会所进行的工作获得市民肯定，反映出公众对香港红十字会的高度信任和所付予的期望。而借助参与红十字与红新月会国际联合会在这两方面的工作，香港红十字会也逐渐成为国际红十字运动活跃的一员。

【组织机构】

香港红十字会成立以来都邀请历届的香港总督/特区行政长官为赞助人。赞助人既是香港政府首长，也是香港红十字会的名誉领导。会长一职一般邀请香港总督/特首的夫人出任。周年大会及顾问团会议均由会长主持。赞助人和会长虽然不参与会务决策，却带动社会各阶层对香港红十字会的支持。

香港红十字会的管理制度依靠志愿人士组成不同的管理委员会，集体领导各个服务部门的工作，并向公众负责。最高委员会是董事会，由主席主持董事会会议。主席以下设有副主席、义务司库、总监均由董事会成员选举产生，任期三年。主席、副主席及义务司库为主席委员会成员，由董事会议决授予处理事项及在紧急而董事会非运作情况下，以董事会之名义及代表董事会行事。

香港红十字会的 5 位总监同时担任有关的服务管理委员会主席，推动辖下的 5 个部门的工作：输血服务、国际及赈灾服务、特殊教育及复康服务、青年及义工事务和医护服务。

董事会之下委任一名专职秘书长，负责在主席及副主席指导下担任香港红十字会的行政管理工作，并根据董事会之政策和方向，策划、联系、执行和发展会内各项服务和计划（输血服务除外）。

顾问团的成员为香港特别行政区政府主要官员和社会知名人士。他们的参与，增加了香港红十字会的公信力，从而使公众更支持红十字会的工作。

【主要特色】

香港红十字会的理想：

我们力求世上人人都能尊重及保护人的生命和尊严，并能自愿地以一视同仁的态度施以援手，改善弱势社群的境况。

香港红十字会的使命：

作为国际红十字运动的一份子，我们积极推动社群，本着人道理念与志愿服务精神，竭力：

保护生命、关怀伤困、维护尊严。

香港红十字会的核心价值

我们坚守红十字运动的基本原则：人道、公正、中立、独立、志愿服务、统一和普遍。

我们重视每一个人，不分服务受惠者或提供者。

我们提供优质服务，并向所有相关人士负责。

【大型项目】

（一）1949 年：

香港总督委派医务卫生署长协助成立英国红十字会香港分会，提供寻人、协助难民及为军部医院提供服务。

（二）1950 年：

1. 月 12 日，英国红十字会正式批准成立香港分会。

2. 立第一队义务妇女工作队，为政府医院提供折制纱布。

（三）1951 年：

教导荔枝角医院精神病人制作工艺品，是医院学校的雏形。

（四）1952 年：

成立捐血服务部，首年志愿捐血人数 483 人。

（五）1953 年：

1. 灾仓库启用。

2. 作第一套中文捐血宣传片，鼓励华人捐血。

3. 发衣物予石硖尾大火灾民。

（六）1954 年：

第一所医院学校在荔枝角医院儿科部开办。

（七）1955 年：

协助运送食物包裹至中国边境，交予中国红十字会转交予被扣留的外籍人士。

（八）1956 年：

嘉诺撒圣方济各书院成立第一队红十字会青少年团。

（九）1959 年：

成立流动眼科医院于郊区提供服务。

（十）1962 年：

1. 殊学校雅丽珊郡主红十字会学校及儿童安置所启用。

2. 济受台风温黛袭港影响的灾民。

3. 乱蔓延，于漆咸道隔离中心分派衣物及提供福利服务。

4. 内难民大量涌港，协助赈济。

（十一）1965 年：

位于夏悫道的香港红十字会总部落成启用。

（十二）1966 年：

在慈云山开办第一所走读伤残儿童学校。

（十三）1967 年：

第二所特殊学校甘乃迪中心启用。

（十四）1968 年：

1. 慈云山开办伤残青少年宿舍。

2. 屿山石壁度假营舍启用。

（十五）1969 年：

1. 为公益金会员机构。

2. 十字青少年在慈云山徙置区展开为期 9 个月的健康卫生运动。

（十六）1973 年：

1. 动捐血车投入服务。

2. 第三所特殊教育学校玛嘉烈戴麟趾红十字会学校启用。

（十七）1975 年：

1. 办成人医疗用具借用服务（辅助行动器材租借服务前身）。

2. 麦货轮“马士基”号载来 3700 多名越南难民，香港红十字会难民服务大为扩展。

（十八）1976 年：

1. 办工业急救训练课程。

2. 建为适合伤残人士使用的石壁度假营舍落成启用。

（十九）1979 年：

1. 扩展寻人服务，协助越南难民。

2. 管北启德难民营，并在营中设立越南难民医疗中心。

（二十）1980 年：

邵逸夫会长率领代表团首次访问中国红十字会。

（二十一）1981 年：

慈云山伤残青年宿舍迁往观塘顺利邨易名“顺利宿舍”。

（二十二）1984 年：

位于京士柏道的输血服务白普理大厦落成启用。

（二十三）1985 年：

“红十字精神”中学视听教材制作完成，分送全港中学。

（二十四）1987 年：

1. 北启德难民营移交予基督教难民服务处管理。

2. 展儿童医疗用具借用服务。

（二十五）1988 年：

“红十字精神”小学视听教材制作完成，分送全港小学。

（二十六）1989 年：

位于湾仔修顿中心的青年及福利事务部港岛总部启用，由英国红十字会青少年活动赞助人威尔斯王妃黛安娜主持开幕。

（二十七）1990 年：

由英国红十字会“海外分会”升格为高度自治的“分会”。

（二十八）1991 年：

1. 中国华东水灾大规模赈灾筹款，共筹得港币 1.44 多亿元。

2. 医院管理局签署管理合约，输血服务中心纳入医院管理局架构。

（二十九）1992 年：

成立第一队有长者参与的制服队伍。

（三十）1994 年：

工业急救训练中心易名“急救训练中心”，由政府卫生署资助经常开支。

（三十一）1995 年：

1. 助社会福利署举办健康护理课程，为安老院保健员提供合资格护理训练。

2. 院图书馆服务易名“关怀病人及图书服务”，由医院管理局资助。

3. 办亚太区首届急救比赛。

（三十二）1996 年：

位于沙田的香港红十字会白普理中心落成。

（三十三）1997 年：

1. 着香港回归中国，香港红十字会由

英国红十字会分会转为中国红十字会内一个享有高度自治的地方分会。

2. 政府委托作为“长者定居广东省续领综援计划”中介机构。

3. 港红十字会网页启用。

（三十四）1998 年：

1. 导香港红十字会 30 年的会长邵逸夫先生及主席郑棟材博士荣休，分别由董赵洪娉女士及杨铁梁先生继任。

2. 香港大学医学院及红十字国际委员会在港合办“大型紧急医疗援助国际培训班”。

3. 血服务中心成立全港首间免费的脐带血库。

4. 葵涌医院（精神科医院）设立全港首间“迷你病人影院”。

（三十五）1999 年：

1. 血服务中心取得 ISO9002 品质管理认证。

2. 次派出一位麻醉师前往非洲肯尼亚协助红十字国际委员会的人道工作。

（三十六）2000 年：

1. 贺香港红十字会成立 50 周年。举行一系列庆祝活动，包括：

＊举办“名人服务庆金禧”筹款活动。

＊为推广急救知识举办“急救动力共闯 2000”。

＊发行香港红十字会 50 周年纪念邮票及九广铁路纪念车票。

＊举行“凝聚爱心能量、共建关怀社群”服务大行动——动员全港市民参与社会服务。

＊出版香港红十字会 50 周年纪念书册。

＊举办国际大型研讨会——以输血服务、青年工作、特殊教育及推广人道精神为题。

＊举行“青年力量 2000”。

（三十七）2001 年：

1. 因应服务发展，把“青年及福利事务部”分拆为“青年及义工事务部”和“医护服务部”。

2. 立全面计算机联网系统。

3. 出一位义务顾问医生前往非洲肯尼亚进行三个月的志愿战地医疗工作。

4. 入“心理支持”服务试验计划。

5. 丽珊郡主红十字会学校学生苏桦伟代表香港参加国际伤残奥委会世界田径锦标赛，打破伤残男子 100 米的世界纪录。

6. 展“艾滋病同伴教育计划”。

（三十八）2002 年：

1. 中国红十字会颁发“特殊贡献奖”。

2. 血服务中心取得 ISO9001 的 2000 年版认证及“2002 年亚洲医疗机构管理奖”。

3. 政府资助开展“假日之友”残疾人士假期日间照顾服务。

4. 青山医院（精神科医院）的第二所“病人迷你影院”投入服务。

5. 与红十字会与红新月会国际联合会及菲律宾红十字会合办“第二届东南及东亚区红十字会急救比赛”。

6. 雅丽珊郡主红十字会学校学生苏桦伟获 2002 年“香港杰出运动员”奖。

（三十九）2003 年：

1. 香港爆发非典型肺炎，全会动员积极进行推广防炎、关怀病者及医护人员、制作“防炎消毒包”予长者及长期病患者等工作。

2. 举办“首届国际人道法模拟法庭”比赛。

3. 一位护士以香港红十字会志愿工作

人员身份到非洲肯尼亚的战地医院工作。

4. 成立传讯及资源发展部，专责为红十字会服务筹募经费。

（四十）2004 年：

1. 为庆祝红十字运动在中国推行 100 周年，主办了“两岸红十字百周年精英荟萃”活动。

2. 为庆祝特殊教育及复康服务的 50 周年，举办了“五十周年国际研讨会”。

3. 举办“第二届国际人道法模拟法庭”比赛，除本港法律系学生外，首次有国内北京、新加坡及菲律宾的法律系学生参与。

4. 进一步推动“心理支持”服务，与机场管理局合作，派出心理支持服务队，参与各航空公司的空难演习。

5. 开展“社区健康教育—五星健康五星家”及“校园健康大使”计划。

6. 玛嘉烈戴麟趾红十字会学校迁往牛池湾新校舍。

7. 实施新人事架构及薪酬制度，并获选为“2004 年度良好人事管理奖”。

（四十一）2005 年：

1. 输血服务引进 ISO14001 环境保护质量管理认证。

2. 南亚海啸救灾工作获破纪录的支持，获香港市民共 6.2 亿多元的港币捐款。在受灾地区的救援及重建工作逐步扩展，于印度尼西亚及斯里兰卡设立救灾办事处。

3. 主办红十字会与红新月会国际联合会于香港召开的“全球海啸救灾工作会议”，有 40 个国家的红十字会代表及国际组织代表出席。

4. 香港特别行政区行政长官曾荫权先生及其夫人曾鲍笑薇女士分别接任本会新的赞助人及会长。

5. 自 9 月 1 日起接手管理“香港骨髓捐赠者数据库”。

6. 首次提名香港护理人员角逐“南丁格尔奖”，冯玉娟女士成为首位香港得奖者。

（四十二）2006 年：

1. 2006 年为红十字青少年金禧纪念，年内举办了一连串庆祝活动，包括 3 月 12 日的“红人五十显关怀”、5 月 7 日的“人道服务在香港”启动礼及 11 月 19 日的“青年力量显关怀”。

2. 在青少年会员人数急速增长的带动下，香港红十字会的会员及义工人数突破 20，000 人

3. “香港骨髓捐赠者资料库”自 2005 年底成立后，于 2006 年度共招募超过 6300 名市民登记志愿捐赠骨髓，并接获 420 名本地及外国病人要求寻找骨髓捐赠者及安排 660 次进一步的血液测试。最后成功为 29 名病人找到骨髓作移植治疗。

4. 2006 年度周年捐血颁奖典礼得奖人数（捐血 25 次及其倍数）再创新高，达 1，905 人。本港捐血纪录保持者亦创下捐血超过 350 次的佳绩。

5. 国际及赈灾服务部主管苏婉娴女士于 10 月 8 日获颁“2006 年十大杰出青年”奖项，以表扬其在人道救援工作的卓越表现及贡献。

（四十三）2007 年：

1. 2007 年为香港红十字会加入中国红十字会 10 周年纪念，香港红十字会安排了一系列的 10 周年主题活动，包括：

* 与中国红十字会总会签订 2007—2009 三年合作计划，主要合作范围包括（1）备灾、（2）急救训练（包括 2008 奥运

的相关培训）及（3）义工发展

＊香港红十字会领导层考察团到云南进行考察

＊首发《香港特别行政区红十字会加入中国红十字会十周年（1997—2007）纪念特刊》

＊举办香港红十字青少年访问团到北京访问，预计约100名青少年会员参加

2. 由香港红十字会与北京市红十字会合编的《2008年北京奥运版急救手册》，于北京进行首发。

3. 通过了新修订的使命宣言及确立了三项贯穿所有香港红十字会服务的核心元素：保护生命、关怀伤困、维护尊严。

4. 输血服务中心于二零零七年自设核酸化验室，引进先进的科技检测血液样本，把艾滋病毒、乙型和丙型肝炎病毒的空窗期分别缩短至10天、35天和22天。

5. 举办全港首个倡导人道精神的奖项——“香港人道年奖2007”，6位来自不同背景的人道工作者获奖。

（四十四）2008年：

1. 为内地雪灾、四川地震和缅甸风灾筹得捐款近港币15亿元，创下本会自建会以来，在单一年度内所收赈灾捐款的最高纪录。

2. 与德阳市残疾人联合会（残联）合作，开设专为汶川特大地震中受伤致残人士提供全面康复服务的“德阳市残联．香港红十字会康复及假肢中心”。

（关曼怡）

澳门特别行政区红十字会

【年度工作】

一、庆祝加入中国红十字会10周年

为了庆祝加入中国红十字会10周年，加强市民对红十字运动及本会服务的认识，举行了一系列庆祝活动，包括：庆祝回归中国红十字会10周年摄影比赛、澳门红十字会回归中国红十字会10周年推广标语创作比赛、红十字T-Shirt设计比赛、两岸四地红十字急救培训及灾后重建工作研讨会、庆祝澳门红十字会加入中国红十字会10周年酒会等。

二、关怀弱势社群

在2009年，H1N1流感在全球流行，澳门也不能幸免，本会的社会服务受到了严峻的考验，然而本会的义工仍然本着服务社会的精神，继续开展了78次为长期病患者、智障人士、长者、单亲家庭等关怀活动，参与活动的义工达712人次。

“非紧急爱心医疗护送”是专门为行动不便的慢性病人而设，护送其往返医院、卫生中心和居所的服务。2009年，救护车及爱心护送专车使用个案为18 875人次。

三、志愿服务工作

义工是红十字运动中的重要支柱，本会志愿服务得到了社会各界的认同。志愿服务包括了急救、小区和医护服务。

2009年，小区服务为院舍儿童及青少年、小区关爱等方面提供了78次服务活动，出队人次为712人次。急救队为政府、机关及社团等举办大型活动提供现场救护服务，2008年共提供了309次紧急救护服务，出

队人次为3503人次，为1062人提供了医疗救护服务。医护义工队则为市民提供健康教育课程，定期为长者进行免费的健康检查。

四、红十字青少年工作

澳门红十字会青少年制服团队，为本澳青少年提供了一系列的培训，使青少年在德、智、体、群、美五方面得到全面的发展。红十字青少年队伍继续扩大并举行了第四团的成团礼，至今已有四团七小队，超过200名团员，同时还加强和增加了各式各样的培训及服务工作。

五、推广急救知识

2009年内举办的急救课程及讲座共218次，参加课程的学员人数达2891人。

在澳门中学开展的急救队员培训是学校的重点工作之一，学校急救小分队的队员每星期除了需要接受急救训练外，亦需参加本会急救服务作为实习课程。而在校内则需肩负推广急救知识的工作，好让队员的日后能承担起“自救救人”、服务社会的责任。

六、备灾赈灾工作

2009年8月8日，台湾遭受台风莫拉克侵袭，本会在得悉灾情后，实时发出募捐呼吁，短时间内得到广大市民、社团和商号的支持，筹得270万元澳门币并实时汇往台湾红十字组织用作紧急赈灾。在澳门热心市民的踊跃捐助下共筹得2100多万元澳门币的善款。

2008年发生的汶川特大地震发生至今已超过一年，本会在灾后被国务院指定承担极重灾区或重灾区的多项援建灾后重建工程，并派驻专职人员在当地监督工程进度及质量。在援建过程中，本会以人道精神为灾民建设各项工程，严格遵守国家规定，在四川省建设部门就建筑工程质量进行“迎国庆建筑工程安全大检查”中，本会在四川省绵阳市安县援建的塔水澳门红十字博爱卫生院、塔水澳门红十字博爱小学两个项目，在安全文明施工、施工监理的评比中均获得优良评级，塔水澳门红十字博爱卫生院目前名列全县已检在建工程的第一名。这是对澳门社会、热心人士参与灾后重建工作的积极投入、努力工作成果的肯定。

【历史沿革】

1920年，红十字运动开始在澳门展开，当时的澳门红十字会隶属于葡萄牙红十字会。

1946年，太平洋战争结束后，大批难民涌入澳门，澳门红十字会为难民提供医疗服务并派发衣服食物等。

1975年，东帝汶发生独立革命，不少难民涌入澳门，澳门红十字会承担起逃避战乱难民的救援工作。

1979年，越南发生难民潮，澳门红十字会协助移居安置行动将难民分配到不同的国家，同时加强了寻人服务，为难民寻找失散的家人，此后正式成为日内瓦中央寻人处的会员之一。

1980年，第一支较具规模的澳门红十字会义工队正式组成，为澳门市民及越南难民提供义务服务。

1987年，葡萄牙红十字会将在澳门运作多年的属会正式命名为“澳门红十字会——葡萄牙红十字会分会”。

1990年，澳门红十字会总部搬到位于西湾的夕阳别墅。

1992年，澳门红十字会急救学校正式成立，并在澳门教育暨青年局注册，成为一所获政府承认的教授急救知识的学校。义务急救队也于同年成立。

1999年，澳门回归祖国，澳门红十字会成为中国红十字会一个享有高度自治的分会。

2000年，澳门特别行政区行政长官何厚铧为新口岸中土大厦三楼的“亨利．杜南”中心主持揭幕礼，中心启用为澳门特别行政区红十字会秘书处办公室。办公室的扩展，令员工有了更舒适的工作环境。

2003年，澳门特别行政区红十字会开展了非紧急医疗爱心护送服务，护送行动不便的病患者往返医疗机构与家居，将位于西湾夕阳别墅的总部改建为爱心护送服务中心。

【组织机构】

根据组织章程规定，澳门特别行政区红十字会会员大会是澳门特别行政区红十字会的最高权力机构。澳门特别行政区红十字会中央委员会在会员大会中选出，代表会员大会在两届大会之间以大会的名义工作，负责全面的工作及政策的制定。监察委员会也在会员大会中选出，负责审查澳门特别行政区红十字会的账目及行政合法性。理事会由中央委员会通过提名选举产生，是主要执行机构，负责管理日常事务。

【大型项目】

（一）捐助受灾地区开展重建工作

1. 备灾救灾是澳门特别行政区红十字会的一项重点工作，响应红十字会与红新月会国际联合会和中国红十字会因应世界各地或中国内地发生的灾害而做出的救灾募捐呼吁，收集善款和物资帮助灾民。

澳门特别行政区红十字会历年来参与的赈灾工作遍及世界各地，主要包括对1996年云南大地震、1998年国内水灾、1999年台湾大地震、2000年科索沃战乱、2002年华东水灾、2003年淮河水灾、2004年国内水灾及2004年印度洋地震海啸、2005年国内水灾等的救助工作。

2. 国内灾害的救援工作

2005年，国内灾害不断，当中尤以广西、福建、湖南、江西、四川、重庆、黑龙江、安徽及内蒙等地的水灾较为严重。另外，江西发生的5.7级地震造成了全省大面积的房屋破坏，澳门红十字会为此进行多个募捐活动，共筹得550多万元善款。

同年7月中，黑龙江省牡丹江地区突降暴雨，使沙兰中心小学遭受洪水袭击，造成严重伤亡。随后，本会派员加入中国红十字会总会组成的灾情考察组前往当地考察灾情，发放物灾及慰问受灾者，并向沙兰博爱小学捐款人民币50万元作为重建资金。而该校已于2005年12月1日正式落成使用。

3. 印度洋地震海啸赈灾工作

2004年底，印度洋地区发生地震海啸后，澳门特别行政区红十字会立即派出人员前往印度尼西亚重灾区亚齐省考察灾情，并及时发动澳门市民捐献，共筹得澳门币411740819元。

2005年1月9日，澳门特别行政区红十字会举行了“人道力量遍濠江”筹款活动，得到澳门广大市民的支持。

（二）设立国际人道法推广活动中心

2000年，由红十字国际委员会和澳门特别行政区红十字会合作设立的“国际人道法推广活动中心”由中国红十字会会长彭珮云、红十字国际委员会东亚地区代表及澳门特别行政区红十字会代表揭幕投入运作。中心的宗旨是协助红十字国际委员会发展国际人道法的传播工作，包括：在澳门及所属地区内广泛地传播红十字运动知识、国际人道法、红十字标志的使用，举办有关人道法的培训班、研讨会和讲座、设立国际人道法文献资料中心等，并以资源共享的途径发展地区性的传播信息网络。

（三）2005 年交流活动

澳门特别行政区红十字会 2003 年成立青少年发展基金。该基金 2005 年获香港上海汇丰银行及澳门工商界知名人士的热心捐助，使澳门特别行政区红十字会在 2005 年开展了一系列的青少年发展活动，活动包括中学急救队成立培训工作、中学生暑期免费急救课程、“2005 年海峡两岸红十字青少年会员夏令营”、制服团队同心同根万里行—伟大建设之旅等活动。

（四）建会 85 周年庆典系列活动

2005 年 7 月，澳门特别行政区红十字会举行了“85 周年会庆暨表彰大会”，向澳门 87 位（个）人士和机构颁授感谢状及红十字会勋章，以感谢他们长期以来对澳门红十字会各项工作的大力支持。

颁发的勋章包括“红十字会慈善勋章”、“红十字会教育勋章”、“红十字国际救援勋章”及“红十字服务勋章”等。

中国红十字会常务副会长江亦曼率领总会代表团抵澳祝贺，中国红十字会会长彭珮云也给澳门特别行政区红十字会发了贺电表示祝贺。

（五）健康检查日

澳门特别行政区红十字会与其它社会服务机构每年合办“健康检查日”，为澳门居住于护老院的长者进行健康检查。澳门特别行政区红十字会还派出义工参与政府举办的“健康城市日”活动。

（六）第四届东亚运动会

第四届东亚运动会于 2005 年 10 月至 11 月间在澳门举行，是澳门特区首次主办如此大型的运动会，实属空前盛举。为了配合是次的运动会，澳门红十字会学校为第四届东亚运动会组委会工作人员举办了六个成人急救课程，共培训了 99 名拥有该等技术的急救员，以确保东亚运活动期间，提供完善的医疗救服务。

（七）红十字会急救比赛

为提升急救队在急救方面的知识及意外现场的应变能力，保持急救服务的素质，本会在 2005 年举行首届的急救比赛。由本会急救义工自行组队参与，内容以“理论测试”及“个案演练”的两方面进行。

【主要特色】

（一）非紧急爱心医疗护送

非紧急爱心医疗护送是专门为行动不便的慢性病人而设立的，护送其往返医院和居所的服务。现已有 2 部中型爱心护送专车及 2 部救护车投入服务。

（二）澳门红十字会学校

澳门红十字会学校成立于 1992 年 9 月，在澳门教育暨青年局正式注册，是获政府承认的一所教授急救知识的学校。学校提供各种急救课程，并为单位举办急救知识讲座，向市民推广正确的急救知识和技巧，以达到救人自救的目的。

（三）急救义工队

澳门红十字会学校培训出一批拥有急救专业知识的人士大部分成为澳门特别行政区红十字会急救义工队队员，为澳门各政府部门及各界团体机构所举办的各种活动提供免费的紧急救护服务。

（四）青少年制服团队

青少年制服团是澳门特别行政区红十字会青少年发展计划重点项目之一，目的是通过一系列的学习和培训，让青少年认识及宣扬红十字理念，鼓励青少年尝试参与多元化的活动，包括急救训练、医疗保健、社会服务、环境保护、体验式学习及国际交流等活动，使他们能在锻炼中成长，日后成为社会栋梁，服务社群。

（五）传播红十字运动及人道法

澳门特别行政区红十字会自 1993 年开始国际人道法的推广工作，1998 年起参与中国红十字会的传播计划，现阶段仍继续承担传播的使命，积极在澳门拓展红十字运动知识和国际人道法的推广教育工作。澳门特别行政区红十字会每年都和红十字会与红新月会联合会或红十字国际委员会联合开办人道法及红十字基本知识的课程，对来自内地和东亚各国的参加者进行培训。

（六）援建博爱小学

2003 年起，在中国红十字会的协调下，澳门特别行政区红十字会在内地为贫困地区援建博爱小学，希望借此使贫困地区及灾区的儿童得到良好的教育环境，此计划得到了许多热心人士的支持。至 2005 年 9 月，首阶段的 20 所红十字博爱小学已陆续建成并投入使用，其余选址将配合大西北开发计划而进行。

（七）行动辅助器租用服务

行动辅助器租用服务是为遇上意外到急症室求诊的病患者提供行动辅助器，包括腋下拐杖、套臂拐杖及轮椅等，让其治疗后离院时即可使用，减轻伤病者及其家人的负担。

（苏祖恩）

七

资 讯 篇

公共词条与篇目

国际红十字运动

日内瓦公约及附加议定书

1949 年 8 月 12 日改善战地武装部队伤者病者境遇之日内瓦公约

（1949 年 8 月 12 日日内瓦第一公约）

（1949 年 8 月 12 日订于日内瓦）

下列签署之各国政府全权代表出席自 1949 年 4 月 21 日至 8 月 12 日在日内瓦举行之外交会议，为修订 1929 年 7 月 27 日在日内瓦订立之改善战地伤病军人境遇公约，议定如下：

第一章　总　　则

第一条　各缔约国承诺在一切情况下尊重本公约并保证本公约之被尊重。

第二条　于平时应予实施之各项规定之外，本公约适用于两个或两个以上缔约国间所发生之一切经过宣战的战争或任何其他武装冲突，即使其中一国不承认有战争状态。

凡在一缔约国的领土一部或全部被占领之场合，即使此项占领未遇武装抵抗，亦适用本公约。

冲突之一方虽非缔约国，其他曾签订本公约之国家于其相互关系上，仍应受本公约之拘束。设若上述非缔约国接受并援用本公约之规定时，则缔约各国对该国之关系，亦应受本公约之拘束。

第三条　在一缔约国之领土内发生非国际性之武装冲突之场合，冲突之各方最低限度应遵守下列规定：

（一）不实际参加战事之人员，包括放下武器之武装部队人员及因病、伤、拘留、或其他原因而失去战斗力之人员在内，在一切情况下应予以人道待遇，不得基于种族、肤色、宗教或信仰、性别、出身或财力或其他类似标准而有所歧视。

因此，对于上述人员，不论何时何地，不得有下列行为：

（甲）对生命与人身施以暴力，特别如各种谋杀、残伤肢体、虐待及酷刑；

（乙）作为人质；

（丙）损害个人尊严，特别如侮辱与降低身份的待遇；

（丁）未经具有文明人类所认为必需之司法保障的正规组织之法庭之宣判，而遽行判罪及执行死刑。

（二）伤者、病者应予收集与照顾。

公正的人道团体，如红十字国际委员会，得向冲突之各方提供服务。

冲突之各方应进而努力，以特别协定之方式，使本公约之其他规定得全部或部分发生效力。

上述规定之适用不影响冲突各方之法律

地位。

第四条 中立国对于在其领土内所收容或拘禁之伤者、病者、医务人员、随军牧师及所发现之死者，应准用本公约之规定。

第五条 本公约应适用于落于敌人手中之被保护人，直至彼等最后遣返为止。

第六条 于第十、十五、二十三、二十八、三十一、三十六、三十七及五十二各条明文规定之协定之外，各缔约国对其认为需另作规定之一切事项得订立特别协定。是项特别协定不得对本公约关于伤者、病者、医务人员或随军牧师所规定之境遇有不利的影响，亦不得限制本公约所赋予彼等之权利。

除在上述或后订之协定中有相反之明文规定，或冲突之一方对彼等采取更优待之措施外，伤者、病者、医务人员及随军牧师，在本公约对其适用期间，应继续享受是项协定之利益。

第七条 在任何情况下，伤者、病者、医务人员及随军牧师不得放弃本公约或上条所述之特别协定——如其订有是项协定——所赋予彼等之权利之一部或全部。

第八条 本公约之适用应与保护国合作并受其监察。保护国之责任为维护冲突各方之利益。为此目的，保护国在其外交或领事人员之外，得自其本国国民或其他中立国国民中指派代表。上述代表应经其执行任务所在国之认可。

冲突各方对于保护国之代表之工作应尽最大可能予以便利。

保护国之代表，在任何情况下，不得逾越本公约所给予之任务。彼等尤须顾及其执行任务所在国之安全上迫切的必要。仅遇有迫切的军事需要时，始能作为一种例外及暂时的措施而限制其活动。

第九条 本公约之规定并不妨碍红十字国际委员会或其他公正的人道组织，在有关冲突各方之同意之条件下，从事保护与救济伤者、病者、医务人员及随军牧师之人道活动。

第十条 各缔约国得随时同意将根据本公约应由保护国负担之任务，委托于具有公允与效能之一切保证之组织。

当伤者、病者，或医务人员及随军牧师，不拘为何原因，不能享受或已停止享受保护国或本条第一款所规定之组织的活动之利益时，则拘留国应请一中立国或此种组织担任依照本公约应由冲突各方指定之保护国所执行之任务。

若保护不能依此布置，则拘留国应在本条之规定之约束下，请求或接受一人道组织，如红十字国际委员会，提供服务，以担任依本公约由保护国执行之人道的任务。

任何中立国或任何组织经有关国家邀请或自愿提供服务而执行任务时，在行为上须对本公约所保护之人员所依附之冲突一方具有责任感，并须充分保证能适当执行其所负之任务，且能公允执行之。

各国间订立特别协定，如其中一国因军事关系，特别是因其领土之大部或全部被占领，以致该国与其他一国或其盟国谈判之自由受限制，即或是暂时的，本公约上列规定不得因该项特别协定而有所减损。

凡本公约中提及保护国，亦适用于本条所指之代替组织。

第十一条 保护国认为于被保护人之利益适宜时，尤其遇冲突各方对于本公约之适用与解释意见有分歧时，应从事斡旋以期解决分歧。

为此目的，各保护国得应一方之请求，

或主动向冲突各方建议，可能在适当选择之中立领土召开代表会议，负责管理伤者、病者之当局代表和医务人员与随军牧师之代表尤须参加。冲突各方对于为此目的而提出之建议负有实行之义务。各保护国得于必要时，提请冲突各方同意，特邀一中立国人员或红十字国际委员会委派之人员参加此项会议。

第二章　伤者与病者

第十二条　受伤或患病之下条所列武装部队人员或其他人员，在一切情况下，应受尊重与保护。

冲突之一方，对于在其权力下之此等人员应予以人道之待遇与照顾，不得基于性别、种族、国籍、宗教、政治意见或其他类似标准而有所歧视。对其生命之任何危害或对其人身之暴行均应严格禁止；尤其不得加以谋杀或消灭，施以酷刑或供生物学的实验；不得故意不给予医疗救助及照顾，亦不得造成使其冒传染病危险之情况。

只有医疗上之紧急理由，可予提前诊治。

对于妇女之待遇应充分顾及其性别。

冲突之一方被迫委弃伤者、病者于敌人时，在军事的考虑许可范围内，应留下一部分医疗人员与器材，以为照顾彼等之助。

第十三条　本公约适用于下列各类之伤者、病者：

（一）冲突之一方之武装部队人员及构成此种武装部队一部之民兵与志愿部队人员；

（二）冲突之一方所属之其他民兵及其他志愿部队人员，包括有组织之抵抗运动人员之在其本国领土内外活动者，即使此项领土已被占领。但须此项民兵或志愿部队，包括有组织之抵抗运动人员，合乎下列条件：

（甲）有一为其部下负责之人统率；

（乙）备有可从远处识别之固定的特殊标志；

（丙）公开携带武器；

（丁）遵守战争法规及惯例进行战斗。

（三）自称效忠于未经拘留国承认之政府或当局之正规武装部队人员；

（四）伴随武装部队而实际并非其成员之人，如军用机上之文职工作人员、战地记者、供应商人、劳动队工人或武装部队福利工作人员，但须彼等已获得其所伴随之武装部队的准许；

（五）冲突各方之商船队之船员，包括船长，驾驶员与见习生，以及民航机上之工作人员，而依国际法之任何其他规定，不能享受更优惠之待遇者；

（六）未占领地之居民，当敌人迫近时，未及组织成为正规部队，而立即自动拿起武器抵抗来侵军队者，但须彼等公开携带武器并尊重战争法规及惯例。

第十四条　在第十二条规定之限制下，交战国的伤者、病者之落于敌人手中者，应为战俘，国际法有关战俘之规定并应适用于彼等。

第十五条　无论何时，特别在每次战斗之后，冲突各方应立即采取一切可能的措施以搜寻并收集伤者、病者，加以保护借免抢劫虐待，而予以适宜之照顾，并搜寻死者而防其被剥劫。

环境许可时，应商定停战或停火或局部办法，以便搬移、交换及运送战场上遗落之受伤者。

冲突各方之间亦得商定局部办法，以便搬移、交换被包围地区之伤者与病者；并使送往该地区之医疗与宗教人员及器材得以通过。

第十六条 冲突各方应尽速登记落于其手中之每一敌方伤者、病者，或死者之任何可以证明其身份之事项。

可能时，此项记录应包括：

（甲）所依附之国；

（乙）军、团、个人番号；

（丙）姓；

（丁）名；

（戊）出生日期；

（己）身份证或身份牌上所表明之任何其他事项；

（庚）被俘或死亡之日期及地点；

（辛）有关伤病之情况或死亡之原因。

上述登记材料应尽速转送 1949 年 8 月 12 日关于战俘待遇之日内瓦公约第一百二十二条所述之情报局，该局应通过保护国及战俘中央事务所转达上述人员所依附之国。

冲突各方应制备死亡证书，并通过前项规定之情报局互送死亡证书或经证实之死亡表；亦应搜集并通过该局转送死者尸体上发现之双身份牌之一半，遗嘱或对于其最近亲属具有重要性之其他文件、金钱及一般具有实质价值或情感价值之物品。此项物品连同未能辨认其所有人之物品，应以密封包裹寄送，并附说明书载明死者身份之详情以及包裹内容之清单。

第十七条 冲突各方应保证在情况许可下将死者分别埋葬或焚化之前，详细检查尸体，如可能时，应经医生检查，以确定死亡，证明身份并便作成报告。双身份牌之一半，或整个身份牌，如其系单身份牌应留于尸体上。

除因卫生上迫切之理由，或出于死者所奉宗教之动机外，尸体不得焚化。如举行焚化，则在死亡证明书或经证实之死亡表上应详注焚化之情况及理由。

冲突各方更应保证死者得到荣誉的安葬，可能时，应按照彼等所属宗教之仪式埋葬之，其坟墓应受尊重，于可能时，按死者之国籍集中一处，妥为维护，并加以标志，俾随时可觅见。因此，冲突各方在战事开始时应即组织正式坟墓登记处，以便事后迁葬，并保证认明尸体，不论坟墓位置如何，及可能运回本国。此项规定应适用于骨灰，骨灰应由坟墓登记处保管、直至依照本国愿望处理时为止。

一俟情况允许，并至迟在战事结束之时，各坟墓登记处应通过第十六条第二项所指之情报局互相交换表册，载明坟墓之确实地点与标志以及有关该处埋葬的死者之详细情形。

第十八条 军事当局得号召居民以慈善精神，自愿在其指导下，收集与照顾伤者、病者。并对于响应此项号召之人予以必要之保护及便利。倘敌方控制或再控制该地区，则对于上述之人亦应予以同样之保护及便利。

军事当局，即令在侵入或占领地区，亦应准许居民或救济团体自动收集与照顾任何国籍之伤者、病者。一般平民应尊重此种伤者、病者；尤不得施以暴行。

任何人不得因看护伤者、病者而被侵扰或定罪。

本条规定并不免除占领国对于伤者、病者给予身体上及精神上照顾之义务。

第三章 医疗队及医疗所

第十九条 医务部门之固定医疗所，及流动医疗队，在任何情况下不得被攻击，而应随时受冲突各方之尊重及保护。倘落于敌方之手，在俘获国自身对于发现在该医疗所及医疗队之伤者、病者未能保证必需之照顾期中，其人员仍应有执行其任务之自由。

负责当局应保证上述医疗所及医疗队尽可能如此设置，以期不致因对军事目标之攻击而危及其安全。

第二十条 1949 年 8 月 12 日改善海上武装部队伤者病者及遇船难者境遇之日内瓦公约所保护之医院船，不得自陆上加以攻击。

第二十一条 医务部门之固定医疗所及流动医疗队应得之保护不得停止，除非此等组织越出其人道任务之外，用以从事有害于敌方之行为。惟如经给予相当警告，并依各个情形，指定合理之时限而警告仍被忽视时，始得停止保护。

第二十二条 下列情形不得认为剥夺第十九条所保证的对于医疗队或医疗所之保护：

（一）医疗所或医疗队之人员配有武器，且因自卫或保护伤者、病者而使用武器；

（二）医疗所或医疗队因无武装勤务员，而由警卫或哨兵或护送卫士保卫；

（三）医疗所或医疗队发现有由伤者、病者身上所解除之小型武器及弹药而尚未缴送主管机关者；

（四）在医疗所或医疗队发现有兽医人员及器材，但并不构成该所或该队不可分之一部；

（五）医疗所或医疗队或其人员扩展其人道的活动及于伤病平民之照顾。

第二十三条 平时各缔约国及战事开始后冲突各方，均得在其领土内，于必要时在占领地内，设立医院地带及处所，加以适当的组织以便保护伤者、病者，及在该地带处所负责组织与管理工作以及照顾集中于该处人们之人员，俾免受战争影响。

在战事开始时，及其进行中，有关各方得缔结协定互相承认其所设立之医院地带及处所。为此目的并得执行本公约所附协定草案之规定，连同其所认为必要之修改。

为便利此等医院地带及处所之设立与承认，保护国及红十字国际委员会当被邀从事斡旋。

第四章 人 员

第二十四条 专门从事寻觅、收集、运送、医治伤者、病者及预防疾病之医务人员，专门从事管理医疗队及医疗所之职员以及随军牧师，在一切情况下应受尊重与保护。

第二十五条 武装部队中曾受特别训练以备于需要时充当医院勤务员、护士、或辅助担架员，从事寻觅、收集、运送或诊疗伤者及病者之人员，如其执行任务时与敌人接触，或落于敌方之手，应同样受尊重与保护。

第二十六条 凡经本国政府正式认可并核准之各国红十字会及其他志愿救济团体之人员，如担任第二十四条所述人员同样之任务，则应与该条所述人员处于同样地位，但此类团体之人员应受军事法规之约束。

每一缔约国应将在其责任下准许从事协助其武装部队的正规医疗工作之各团体之名称，通知其他一方。此项通知，应于平时，或战事开始时，或战事进行中，但无论如何，在实际使用各该名称以前为之。

第二十七条 凡中立国认可之团体，必需经其本国政府之事先同意及有关冲突一方之核准，始得以其医疗人员及医疗队协助该冲突之一方。此项人员及此等医疗队应受该冲突一方之管制。

该中立国应将此项同意通知接受协助国家之敌方。接受此项协助之冲突一方在利用之前，必须通知敌方。

此种协助在任何情况下不得视为对于冲突之干预。

对于第一款所指之人员于离开其所属之中立国前，应发给第四十条所规定之身份证。

第二十八条 第二十四条及二十六各条所指人员之落于敌方手中者，仅在战俘之健康状况精神需要以及人数上均有此要求时，方得留用之。

因上述情形而留用之人员不得视为战俘。但至少应享受 1949 年 8 月 12 日关于战俘待遇之日内瓦公约所规定之利益。上项人员应在拘留国军事法规范围内，并在该国主管部门管辖下，本其职业之道义，继续为战俘，尤其属于其本国武装部队者，执行其医疗及精神任务。此等人员为执行上项任务，应享受下列便利：

（甲）彼等应许其定期访问战俘营外之劳动队或医院中之战俘。拘留国应供给所需之交通工具。

（乙）关于每一战俘营中留用医务人员之职务上活动，由该营最高级医官对该营军事当局负责。为此目的，在战事开始时，冲突各方应就医务人员相当等级之事取得协议，其中包括第二十六条所列团体之医务人员之等级。上述医官及随军牧师有权直接与该营之军事及医务当局接洽有关职务之一切问题，该军事及医务当局应予彼等以有关此项问题之通讯所必需之便利。

（丙）营中留用人员虽应服从内部纪律，但不得令其从事医疗或宗教任务以外之任何工作。

在战事中，冲突各方应制定关于可能时遣返留用人员之办法，并决定遣返之程序。

上述各规定并不解除拘留国对于战俘医疗及精神上之福利所应尽之义务。

第二十九条 第二十五条所指人员落于敌方手中者，应为战俘，但于需要时应令其担任医务工作。

第三十条 非系第二十八条所规定之必需留用人员，一俟归路可通及军情许可，应将其送回其所属之冲突一方。

上述人员在等候回国期间，不应视为战俘，但至少应享受 1949 年 8 月 12 日关于战俘待遇之日内瓦公约所规定之利益。彼等并应在敌方指挥下，继续执行其任务，尤以派其照顾其所同属冲突一方之伤者、病者为宜。

彼等出发时，应携带其所有行李、个人用品、贵重品及工具等。

第三十一条 依第三十条规定，送回人员之选择，应不拘种族、宗教或政治意见之任何考虑，但宜按照其被俘日期之次序及身体健康之状况为之。

自战事开始时起，冲突各方得以特别协

定，按照战俘之人数之比例及战俘营中此等人员之分配，决定留用人员之百分比。

第三十二条 第二十七条所指之人员落于敌方之手者，不得拘留。

除另有协议外，应许其返回本国，如其不可能，则一俟归路可通及军情许可，应准予返回其所服役之冲突一方的领土。

等候释放期间，彼等应在敌方指导下，继续其工作，尤以担任看护其所服役之冲突一方之伤者、病者为宜。

彼等出发时，应携带其行李、个人用品、贵重品、工具、武器，并于可能时，其所有之交通工具。

冲突各方对于在其权力下之此种人员，应予以与本国武装部队相等人员同样之食物、居所、津贴及薪给。在任何情形下，食物之质、量，及种类均应足以维持上述人员之正常健康状况。

第五章 建筑物及器材

第三十三条 武装部队之流动医疗队落于敌方之手者，其器材应留作照顾伤者及病者之用。

武装部队之固定医疗所的建筑物、器材及物资，应仍受战争法规之拘束，但在其为照顾伤者、病者所必需之期间，不得移作别用。惟战地司令遇紧急军事需要时得使用之，但须彼等预订关于在该所疗养之伤者、病者的福利之办法。

本条所指之器材与物资不得故意摧毁。

第三十四条 凡许予本公约的特权之各救济团体，其不动产与动产应视为私有财产。

战争法规及惯例所承认之交战国征用权，仅在紧急需要的场合，并在对伤者、病者之福利已有保证后，始得行使。

第六章 医疗运输

第三十五条 伤者及病者或医疗设备之运输队，应与流动医疗队受同样之尊重及保护。

此项运输队或车辆如落于敌方手中时，应受战争法规之拘束；但以俘获该项运输或车辆之冲突一方在一切情形下，应保证照顾其所载运之伤者、病者为条件。

文职人员及由征用所得之一切运输工具应受国际法一般规则之拘束。

第三十六条 对于医务飞机，即专用以搬移伤者、病者，及运送医务人员及设备之飞机，不得袭击，而在各有关交战国间所特别约定之高度、时间及航线飞行时，应受各交战国之尊重。

此项飞机在其上下及两侧面应显明标以第三十八条所规定之特殊标志，以及其本国国旗。并应备有战事开始时或战事进行中经各交战国间同意之任何其他标志或识别方法。

除另有协议外，在敌人领土或敌人占领地上空之飞行应予禁止。

医务飞机应服从一切降落命令。如被令降落而需要检查时，则经过检查后，该机载其乘员得继续航行。

非自愿降落于敌人领土或敌人占领地时，机内之伤者、病者及飞行人员应为战俘。医务人员应按第二十四条及以下各条待遇之。

第三十七条 冲突各方之医务飞机，在本条第二款规定之拘束下，得在中立国之领土上空飞行，必要时，得在该国领土降落，或用以为停留站。

该项飞机之飞越上述领土，应预先通知各中立国，并服从一切水陆降落之命令。仅在冲突各方与有关中立国特别约定之航线、高度及时间飞行时，始免受袭击。

但中立国对于医疗飞机之飞越其领土或在其领土降落，得规定条件或限制。此项可能的条件与限制对于冲突各方应一律适用。

除中立国与冲突各方另有协议外，凡经地方当局之同意由医务飞机运至中立国领土之伤者、病者，如国际法有此要求，应由中立国以适当方式予以拘留，俾彼等不能再行参加战斗。收容与拘禁之费用应由其所依附之国负担。

第七章 特殊标志

第三十八条 为对瑞士表示敬意，白底红十字之旗样，系将其联邦国旗翻转而形成者，留作武装部队医务部门之标志与特殊记号。

但各国如已采用白底红新月或白底红狮与日以代替红十字之标志者，此等标志亦为本公约规定所承认。

第三十九条 在军事主管当局之指导下，上项标志应标明于旗帜、臂章，及医务部门所使用之一切设备上。

第四十条 第二十四、二十六、二十七各条所指之人员，应在左臂佩带由军事机关发给并盖印而具有特殊标志之防水臂章。

此种人员除应携带第十六条所述之身份牌外，应另携带具有此项特殊标志之特种身份证。此证应有防水之效能，并具有适当的尺寸以便携带于衣袋内。其上应用本国文字，至少载明持用者之姓名、出生日期、等级、番号，并应注明其以何种身份享受本公约之保护。该证应附有本人像片，及其签字或指纹，或二者俱备。该证并应加盖军事当局之钢印。

同一武装部队所使用之身份证应式样一致，并尽可能使各缔约国之武装部队使用类似的式样。冲突各方可参照本公约所附之示范格式。在战事开始时，冲突各方应互相通知其所采用之式样。在可能范围内，身份证至少应制备两份，其中一份存于本国。

在任何情况下对上述人员不得剥夺其符号或身份证，或佩带臂章之权利。如遇遗失时得领取身份证副本或补领符号。

第四十一条 第二十五条所指之人员，仅于执行医疗任务时，应佩带白色臂章，中有小型特别符号；此项臂章由军事当局盖印发给。

此种人员所携带之军事证明文件，应注明其所受之特别训练，其所担任任务之临时性以及佩带臂章之权利。

第四十二条 本公约特殊旗帜之悬挂仅限于依本公约应受尊重之医疗队及医疗所，并须经军事当局同意。

流动医疗队与固定医疗所，均得加悬其所属冲突一方之国旗。

但落于敌方手中之医疗队，除本公约之旗帜外，不得悬挂其他任何旗帜。

冲突各方，于军情许可下，应采取必要之步骤，使标明医疗队所之特殊标志易为敌方海陆空军所辨识，以避免任何敌对行动之可能。

第四十三条 属于中立国之医疗队经获准依照第二十七条所规定之条件协助一交战国者，在该交战国欲利用第四十二条所给予之特许时，除悬挂本公约之旗帜外，应加悬该交战国之国旗。

除受负责军事当局相反的命令之拘束外，此等医疗队得于一切情况下悬挂其本国国旗，即使其落于敌方手中。

第四十四条 除本条下列各款所列情形外，白底红十字标志及“红十字”字样，或“日内瓦十字”字样，不论在平时或战时，只能用以标明或保护本公约及规定类似事项之其他公约所保护之医疗队及医疗所，以及其人员与器材。对于使用第三十八条第二款提及之标志之国家，本规定应适用于该项标志。第二十六条所指之各国红十字会及其他救济团体仅在本款所指范围内有权使用给予本公约之保护之特别标志。

此外，各国红十字会（红新月、红狮与日）在平时依照其本国法律，得使用红十字名义及标志，以从事其他符合国际红十字大会所定之原则之活动。若在战时进行此项活动，则使用该项标志之条件，应足以使该标志不致被认为赋予本公约之保护；此项标志应用比较小的尺寸，并不得置于臂章或屋顶上。

国际红十字组织及其正式委派之人员，不论何时均得使用白底红十字之标志。

作为一种例外措施，本公约之标志，得依照本国内法律并经本国红十字会（红新月、红狮与日）之一的明白许可，于平时得用以辨别用作救护车之车辆及标明专为免费治疗伤者、病者之救护站所在地。

第八章 公约之执行

第四十五条 冲突各方应通过其总司令保证以上条款之详细执行，并依照本公约之一般原则规定预料不到之事件。

第四十六条 对于本公约所保护之伤者、病者、工作人员、建筑物或设备之报复行为，均予禁止。

第四十七条 各缔约国在平时及战时应在各该国尽量广泛传播本公约之约文，尤应在其军事，并如可能时在公民教育计划中，包括本公约之学习，俾本公约之原则为全体人民，尤其武装战斗部队、医务人员及随军牧师所周知。

第四十八条 各缔约国应通过瑞士联邦委员会，在战时则通过保护国，互相通知本公约之正式译文，及其所采用以保证实施本公约之法律与规则。

第九章 滥用及违约之取缔

第四十九条 各缔约国担任制定必要之立法，俾对于本身犯有或令人犯有下条所列之严重破坏本公约之行为之人，处以有效之刑事制裁。

各缔约国有义务搜捕被控为曾犯或曾令人犯此种严重破坏本公约行为之人，并应将此种人，不分国籍，送交各该国法庭。该国亦得于自愿时，并依其立法之规定，将此种人送交另一有关之缔约国审判，但以该缔约国能指出案情显然者为限。

各缔约国应采必要之措施，以制止下条

所列严重破坏本公约之行为以外之一切违反本公约之规定之行为。

在一切情况下，被告人应享有适当的审讯及辩护之保障。此种保障，不得次于1949年8月12日关于战俘待遇之日内瓦公约第一百零五条及其以下各条所规定者。

第五十条 上条所述之严重破坏公约行为，应系对于受本公约保护之人或财产所犯之任何下列行为：故意杀害，酷刑或不人道待遇，包括生物学实验，故意使身体及健康遭受重大痛苦或严重伤害，以及无军事上之必要，而以非法与暴乱之方式，对财产之大规模的破坏与征收。

第五十一条 任何缔约国不得自行推卸，或允许任何其他缔约国推卸，其本身或其他缔约国所负之关于上条所述之破坏公约行为之责任。

第五十二条 经冲突之一方之请求，应依有关各方所决定之方式，进行关于任何被控违犯本公约的行为之调查。

如关于调查程序不能获致协议，则各方应同意选定一公断人，由其决定应遵行之程序。

违约行为一经确定，冲突各方应使之终止，并应迅速加以取缔。

第五十三条 除按本公约有权使用者以外，一切个人、公私团体、商号或公司，不论其使用之目的及采用之日期为何，使用“红十字”或“日内瓦十字”之标志或名称以及其他仿冒之标志或名称，无论何时均应禁止。

因为依采用翻转的联邦国旗而对瑞士表示之敬意，及瑞士国徽与本公约之特殊标志之间可以发生之混淆，任何私人、团体、或商号，不论系作为厂标或商标，或此种厂标商标之一部分，或出于违反商业信义的目的，或在可以伤害瑞士国家情感之情况下，使用瑞士国徽，或仿冒此项国徽标志，无论何时，均应予禁止。

但未参加1929年7月27日日内瓦公约之各缔约国对于早已使用前款规定之各种符号标志者，得限期令其停止使用。此项期限自本公约生效之日起，不得超过三年。但此种使用，在战时，不得视为系受本公约之保护。

本条第一款所规定之禁止事项，亦适用于第三十八条第二款所指之标志及符号，但不影响其过去使用所获得之权利。

第五十四条 各缔约国，若其立法尚未完备，应采取必要之措施，以便随时防止及取缔第五十三条所规定之各种滥用行为。

最后条款

第五十五条 本公约以英文及法文订立。两种文字之约文具有同等效力。

瑞士联邦委员会应准备本公约之俄文及西班牙文之正式译文。

第五十六条 本公约以本日为订立之日期，至1950年2月12日为止，凡参加1949年4月21日日内瓦会议各国，以及未参加该次会议，但系1964年、1906年或1929年救济战地军队伤者病者之日内瓦公约之缔约国，均可签字。

第五十七条 本公约应尽速批准，其批准书应交存于伯尔尼。

每一批准书交存时，应予登记，并由瑞士联邦委员会将该项登记之证明的抄本分送业经签字或通知加入本公约之各国。

第五十八条 本公约在至少两国批准书交存后六个月发生效力。

嗣后，本公约对于每一缔约国自其批准

书交存后六个月发生效力。

第五十九条 在各缔约国间之关系上，本公约代替1864年8月22日、1906年7月6日及1929年7月27日之各公约。

第六十条 本公约自生效之日起，任何未签字本公约之国家均得加入。

第六十一条 本公约之加入应以书面通知瑞士联邦委员会，自加入之通知收到之日起六个月后发生效力。

瑞士联邦委员会应将此项加入通知所有业经签字或加入本公约之国家。

第六十二条 第二条及第三条所载之情况应使在战事开始或占领之前或后，冲突各方所交存之批准书及加入之通知立即生效。瑞士联邦委员会应将其从冲突各方收到之任何批准书或加入之通知，以最迅速方法通告之。

第六十三条 每一缔约国得自由退出本公约。

退约须用书面通知瑞士联邦委员会，并由该委员会转告所有缔约国政府。

退约须于通知瑞士联邦委员会后一年发生效力。但如缔约国于作退约通知时已卷入冲突，则其退约须待至和议成立后，并在有关本公约所保护之人员之释放及遣返之工作完毕后，始能生效。

退约仅对该退约国有效，但并不减轻冲突各方依国际法原则仍应履行之义务，此等原则系产自文明人民间树立之惯例，人道法则与公众良心之要求。

第六十四条 瑞士联邦委员会应将本公约在联合国秘书处登记，并应将其所接获之所有关于本公约之批准、加入及退约通知联合国秘书处。

为此，下列签署人于交存全权证书后，签署本公约，以昭信守。

1949年8月12日以英文法文订于日内瓦。正本应交存于瑞士联邦委员会之档案中。瑞士联邦委员会应将证明之抄本送交每一签字及加入之国家。

附件一

关于医院地带及处所之协定草案

第一条 医院地带应严格保留，以供1949年8月12日改善战地武装部队伤者病者境遇之日内瓦公约第二十三条所指之人及在该地带及处所担任组织、管理及照顾集中于该处的人们之人员之用。

但在该地带内有永久居所之人，仍有权在该地居住。

第二条 在医院地带居住者，无论具有何种资格，不得在该地带内外从事直接与军事行动或战争物资的生产有关之工作。

第三条 设立医院地带之国家应采取一切必要之措置，对于无权居住或进入该地带者，禁止入内。

第四条 医院地带应合于下列条件：

（甲）仅占设立医院地带之国家所统治的领土之一小部分。

（乙）就容纳可能言，应属人口稀少之地区。

（丙）应远离并无军事目标或大工业及大行政机构。

（丁）不应设在可能变成军事要地之区域。

第五条 医院地带应遵守下列义务：

（甲）医院地带所有之交通线及运输工具不得供运输军事人员或物资之用，即使是过境的。

（乙）在任何情形下不得以军事方法防

御之。

第六条 医院地带应在其四周及建筑物上以白底红十字（红新月、红狮与日）为标志。夜间得以适当照明方法为同样之标志。

第七条 平时或战事开始时，各国应将其统治领土内之医院地带列表通知各缔约国。在战事期间所设立之新地带，亦应通知。

一俟敌方接到上述通知，该地带即为正式成立。

但如敌方认为本协定之各条件尚未履行时，得拒绝承认该地带，而将此事立即通知负责该地带之国家，或提出第八条所规定之监督制度作为承认之条件。

第八条 凡已承认敌方设立之一个或数个医院地带的国家，有权要求一个或数个特别委员会代为监督，以确定各该地带是否履行本协定所规定之条件与义务。

为此目的，特别委员会之委员得随时自由进入各地带，并可在各该处长期居住。此项人员应给予执行视察任务之各种便利。

第九条 倘特别委员会发现有与本协定不符之事实，应立即唤起统治该地带之国家的注意，并限定五日内予以纠正。此等委员会应正式通知承认该地带之国家。

倘统治该地带之国家逾限未遵警告办理，则敌方得声明关于上述地带不再受本协定之约束。

第十条 凡设立一个或数个医院地带及处所之国家，及接获有关此项地带处所之通知之敌方，应指派或使中立国代派第八、九两条提及之特别委员会委员。

第十一条 医院地带在任何情况下，不得为攻击之目标。该地带应随时受冲突各方之保护及尊重。

第十二条 如遇领土被占领时，其中医院地带应继续予以尊重，并仍用作医院地带。

此项地带之用途，得由占领国予以变更，但以采取一切措施以保证被收容人之安全为条件。

第十三条 本协定并应适用于各国作医院地带同样用途之处所。

附件二

附属武装部队之医疗及宗教人员之身份证

（略）

注：本公约于1952年7月13日经中华人民共和国中央人民政府授权外交部长周恩来发表声明决定予以承认，又于1956年11月5日经中华人民共和国主席批准，并于1956年12月28日由中华人民共和国政府向瑞士联邦政府交存批准书。中华人民共和国曾对本公约作了一些保留（详见全国人民代表大会常务委员会关于批准本公约的决定）。

附录

全国人民代表大会常务委员会关于批准1949年8月12日改善战地武装部队伤者病者境遇之日内瓦公约的决定

1956年11月5日全国人民代表大会常务委员会第五十次会议通过

1956年11月5日全国人民代表大会常务委员会第五十次会议决定批准1949年8月12日改善战地武装部队伤者病者境遇之日内瓦公约。

全国人民代表大会常务委员会在决定批

准1949年8月12日改善战地武装部队伤者病者境遇之日内瓦公约的同时，决定对该公约第十条作如下保留：

拘留伤者、病者或医务人员及随军牧师的国家请求中立国或人道组织担任应由保护国执行的任务时，除非得到被保护人本国政府的同意，中华人民共和国将不承认此种请求为合法。

1949年8月12日改善海上武装部队伤者病者及遇船难者境遇之日内瓦公约

（1949年8月12日日内瓦第二公约）

下列签署之各国政府全权代表出席自1949年4月21日至8月12日在日内瓦举行之外交会议，为修订1907年10月18日推行1906年日内瓦公约之原则于海战之第十海牙公约，议定如下：

第一章 总 则

第一条 各缔约国承诺在一切情况下尊重本公约并保证本公约之被尊重。

第二条 于平时应予实施之各项规定之外，本公约适用于两个或两个以上缔约国间所发生之一切经过宣战的战争或任何其他武装冲突，即使其中一国不承认有战争状态。

凡在一缔约国的领土一部或全部被占领之场合，即使此项占领未遇武装抵抗，亦适用本公约。

冲突之一方虽非缔约国，其他曾签订本公约之国家于其相互关系上，仍应受本公约之拘束。设若上述非缔约国接受并援用本公约之规定时，则缔约各国对该国之关系，亦应受本公约之拘束。

第三条 在一缔约国之领土内发生非国际性的武装冲突之场合，冲突之各方最低限度应遵守下列规定：

（一）不实际参加战事之人员，包括放下武器之武装部队人员及因病、伤、拘留、或其他原因而失去战斗力之人员在内，在一切情况下，应予以人道待遇，不得基于种族、肤色、宗教或信仰、性别、出身或财力或其他类似标准而有所歧视。

因此，对于上述人员不论何时何地不得有下列行为：

（甲）对生命与人身施以暴力，特别如各种谋杀、残伤肢体、虐待及酷刑；

（乙）作为人质；

（丙）损害个人尊严，特别如侮辱与降低身份的待遇；

（丁）未经具有文明人类所认为必需之司法保障的正规组织之法庭之宣判，而遽行判罪及执行死刑。

（二）伤者、病者及遇船难者应予收集与照顾。

公正的人道团体，如红十字国际委员会，得向冲突之各方提供服务。

冲突之各方应进而努力以特别协定之方式，使本公约之其他规定得全部或部分发生效力。

上述规定之适用不影响冲突各方之法律地位。

第四条 遇有冲突各方之陆海军作战时，本公约之规定仅适用于在舰上之部队。

登陆之部队，应立即受1949年8月12

日改善战地武装部队伤者病者境遇之日内瓦公约的规定之拘束。

第五条 中立国对于在其领土内所收容或拘禁之伤者、病者、遇船难者、医务人员与随军牧师及所发现之死者，应准用本约之规定。

第六条 于第十、十八、三十一、三十八、三十九、四十、四十三及五十三各条明文规定之协定之外，各缔约国对其认为需另作规定之一切事项得订立特别协定。是项特别协定不得对本公约关于伤者、病者、遇船难者、医务人员或随军牧师所规定之境遇有不利的影响，亦不得限制本公约所赋予彼等之权利。

除在上述协定或后订之协定中有相反之明文规定，或冲突之一方对彼等采取更优待之措施外，伤者、病者、遇船难者、医务人员及随军牧师，在本公约对其适用期间，应继续享受是项协定之利益。

第七条 在任何情况下，伤者、病者、遇船难者、医务人员及随军牧师不得放弃本公约或上条所述特别协定——如其订有是项协定——所赋予彼等之权利之一部或全部。

第八条 本公约之适用应与保护国合作并受其监察。保护国之责任为维护冲突各方之利益。为此目的，保护国在其外交或领事人员之外，得自其本国国民或其他中立国国民中指派代表。上述代表应经其执行任务所在国之认可。

冲突各方对于保护国之代表之工作应尽最大可能予以便利。

保护国之代表在任何情况下不得逾越本约所畀予之任务。彼等尤须顾及其执行任务所在国之安全上迫切的必要。仅遇有迫切的军事要求时，始能作为一种例外及暂时的措施而限制其活动。

第九条 本公约之规定并不妨碍红十字国际委员会或其他公正的人道组织，在有关冲突各方之同意之条件下，从事保护与救济伤者、病者、遇船难者、医务人员及随军牧师之人道活动。

第十条 各缔约国得随时同意将根据本公约应由保护国负担之任务，委托于具有公允与效能的一切保证之组织。

当伤者、病者、遇船难者或医务人员及随军牧师，不拘为何原因，不能享受或已停止享受保护国或本条第一款所规定之组织的活动之利益时，则拘留国应请一中立国或此种组织担任依照本公约应由冲突各方指定之保护国所执行之任务。

若保护不能依此布置，则拘留国应在本条之规定之约束下，请求或接受一人道组织，如红十字国际委员会，提供服务，以担任依本公约由保护国执行之人道的任务。

任何中立国或任何组织经有关国家邀请或自愿提供服务而执行任务时，在行为上须对本公约所保护之人员所依附之冲突一方具有责任感，并须充分保证能执行其所负之任务，且能公允执行之。

各国间订立特别协定，如其中一国因军事关系，特别是因其领土之大部或全部被占领，以致该国与其他一国或其盟国谈判之自由受限制，即或是暂时的，本公约上列规定不得因该项特别协定而有所减损。

凡本公约中提及保护国，亦适用于本条所指之代替组织。

第十一条 保护国认为于被保护人之利益适宜时，尤其遇冲突各方对于本公约之适用与解释意见有分歧时，应从事斡旋以期解决分歧。

为此目的，各保护国得因一方之请求，或主动向冲突各方建议，可能在适当选择之中立领土召开代表会议，负责管理伤者、病者、遇船难者之当局代表和医务人员与随军牧师之代表尤须参加。冲突各方对于为此目的而提出之建议负有实行之义务。各保护国得于必要时，提请冲突各方同意，特邀一中立国人员或红十字国际委员会委派之人员参加此项会议。

第二章　伤者病者及遇船难者

第十二条　在海上受伤、患病或遇船难之下条所列武装部队人员或其他人员，在一切情况下，应受尊重与保护，而“船难”一词应了解为系指任何原因之船难，并包括飞机被迫降落海面或被迫自飞机上跳海者在内。

冲突之各方对于在其权力下之此等人员，应予以人道之特遇与照顾，不得基于性别、种族、国籍、宗教、政治意见或其他类似标准而有所歧视。对其生命之任何危害或对其人身之暴行，均应严格禁止；尤其不得加以谋杀和消灭，施以酷刑或供生物学的实验，不得故意不给予医疗救助及照顾，亦不得造成使其冒传染病危险之情况。

只有医疗上之紧急理由始可予提前诊治。

对于妇女之待遇应充分顾及其性别。

第十三条　本公约适用于下列各类之海上伤者、病者及遇船难者：

（一）冲突之一方之武装部队人员及构成此种武装部队一部之民兵与志愿部队人员；

（二）冲突之一方所属之其他民兵及其他志愿部队人员，包括有组织之抵抗运动人员之在其本国领土内外活动者，即使此项领土已被占领；但须此项民兵或志愿部队，包括有组织之抵抗运动人员，合乎下列条件：

（甲）由一为其部下负责之人统率；

（乙）备有可从远处识别之固定的特殊标志；

（丙）公开携带武器；

（丁）遵守战争法规及惯例进行战斗。

（三）自称效忠于未经拘留国承认之政府或当局之正规武装部队人员；

（四）伴随武装部队而实际并非其成员之人，如军用机上之文职工作人员、战地记者、供应商人、劳动队工人或武装部队福利工作人员，但须彼等已获得其所伴随之武装部队的准许；

（五）冲突各方之商船队之船员，包括船长、驾驶员与见习生，以及民航机上之工作人员，而依国际法之任何其他规定不能享受更优惠之待遇者；

（六）未占领地之居民，当敌人迫近时，未及组织成为正规部队，而立即自动拿起武器抵抗来侵军队者，但须彼等公开携带武器并尊重战争法规及惯例。

第十四条　交战国之一切军舰应有权要求交出军用医院船，属于救济团体或私人之医院船，以及商船、游艇或其他船只上之伤者、病者、或遇船难者，不拘国籍，但须伤者与病者处于适合移动之情状，而该军舰具有必要的医治之适当设备。

第十五条　如伤者、病者或遇船难者被收容于中立国军舰或军用飞机上，如国际法有此要求，应保证此等人员不再参加战争行动。

第十六条 在第十二条规定之限制下，交战国之伤者、病者及遇船难者之落于敌方手中者，应为战俘，并对之适用国际法有关战俘之规定。俘获者得按情况决定是否便于扣留送至俘获国之港口、中立国港口、甚或敌国领土内之港口。如属最后一情形，被送回本国之战俘，在战争期间不得服役。

第十七条 如中立国与交战国间无相反之协定，经地方当局之许可，在中立国港口登陆之伤者、病者或遇船难者，遇国际法有此要求时，应由中立国加以看守，务使彼等不能再参加战争行动。

医院收容及拘禁费用应由伤者、病者或遇船难者所依附之国负担。

第十八条 每次战斗之后，冲突各方应立即采取一切可能之措施以搜寻并收集遇船难者、伤者与病者加以保护借免抢劫及虐待，而予以适宜之照顾，并搜寻死者而防其被剥劫。

环境许可时，冲突各方应商定局部办法以便经由海路搬移被包围地区之伤者与病者，并使送往该地区之医疗与宗教人员及器材得以通过。

第十九条 冲突各方应尽速登记落于其手中之每一敌方遇船难者、伤者、病者或死者之任何可以证明其身份之事项。可能时，此项记录应包括：

（甲）所依附之国；

（乙）军、团、个人番号；

（丙）姓；

（丁）名；

（戊）出生日期；

（己）身份证或身份牌上所表明之任何其他事项；

（庚）被俘或死亡之日期及地点；

（辛）有关伤病之情况或死亡之原因。

上述登记材料应尽速转送1949年8月12日关于战俘待遇之日内瓦公约第一百二十二条所述之情报局，该局应通过保护国及战俘中央事务所转达上述人员所依附之国。

冲突各方应制备死亡证书，并通过前项规定之情报局互送死亡证书或经证实之死亡表；亦应搜集并通过该局转送死者尸体上所发现之双身份牌之一半，或整个身份牌如其系单身份牌，遗嘱或对于其最近亲属具有重要性之其他文件、金钱及一般具有实质价值或情感价值之物品。此项物品连同未能辨认其所有人之物品，应以密封包裹寄送，并附说明书载明死者身份之详情以及包裹内容之清单。

第二十条 冲突各方应保证在情况许可下分别海葬死者之前，详细检查尸体，如可能时，经医生检查，以确定死亡，证明身份并便作成报告。如用双身份牌者，则其一半应留在尸体上。

如死者运抵陆上时，则应适用1949年8月12日改善战地武装部队伤者病者境遇之日内瓦公约之规定。

第二十一条 冲突各方得呼吁中立国商船、游艇或其他中立国船只之船长以慈善精神收容与照顾伤者、病者或遇船难者于其船上，并收集死者。

响应此项呼吁之任何种类船只以及自动收集伤者、病者或遇船难者之船只，均应享受特别保护及为执行此项协助之便利。

上述船只绝不得因从事此项运输而受拿捕；但上述船只若有违反中立之行为，除非有相反之诺言，仍得予以拿捕。

第三章 医院船

第二十二条 军用医院船即各国特别并专用以救助、医治并运送伤者、病者及遇船难者而建造或装备之船只，在任何情况下，不得加以攻击或拿捕，而应随时予以尊重与保护，但须于使用前十日，将该船之名称及其说明通知冲突各方。

通知书内必须载明之特征，应包括注册之总吨位，自船首至船尾之长度以及桅杆、烟囱之数目。

第二十三条 岸上建筑物之应受1949年8月12日改善战地武装部队伤者病者境遇之日内瓦公约之保护者，应予以保护，免受海上之炮轰或攻击。

第二十四条 各国红十字会及官方承认之救济团体或私人所使用之医院船，如经其所依附之冲突一方正式委任，并已遵照第二十二条关于通知之规定者，应享受与军用医院船同样之保护并应免予拿捕。

此等船只，必须备有负责当局发给之证明书，载明该船只于装备及出发时已在该当局之管辖下。

第二十五条 各中立国之红十字会及官方承认之救济团体或私人所使用之医院船，如受冲突一方之管辖，经其本国政府之预先同意及该冲突一方之认可，并已遵照第二十二条关于通知之规定者，应享受与军用医院船同样之保护并免予拿捕。

第二十六条 第二十二、二十四及二十五各条提及之保护，适用于任何吨位之医院船及其救生艇，不论其活动地点何在。但为保证最大限度之舒适与安全，冲突各方务须使用总吨位在2000吨以上之医院船，以运送远距离及在公海上之伤者、病者及遇船难者。

第二十七条 在第二十二及二十四各条所规定之同样条件下，国家用或官方承认之救济团体为沿海岸救生用之小型船只，在行动需要之许可范围内，亦应予以尊重及保护。

前项规定应尽可能适用于前述船只在其人道的任务上所专用之海岸固定设备。

第二十八条 若在军舰上发生战斗，则病室应予以尊重，并尽可能予以保全。病室及其设备应受战争法规之限制，在伤者与病者需要期中，不得改作其他用途。但病室落于敌方司令之权力下，而该司令在保证对疗养中之伤者与病者予以适当之照顾后，于紧急军事需要时，得将病室改作他用。

第二十九条 凡泊于陷落敌方手中之港口之任何医院船，应准其离去该港。

第三十条 第二十二、二十四、二十五及二十七各条所述之船只应不拘国籍，对于伤者、病者及遇船难者予以救济与协助。

各缔约国承诺不将此等船只作任何军事用途。

此等船只绝不得妨碍战斗员之行动。

在每次战斗中及战斗后，此等船只行动上所冒危险，自负其责。

第三十一条 冲突各方应有权管制及搜查第二十二、二十四、二十五及二十七各条提及之船只，并得拒绝其协助，命令其离去，指定其航线，控制其无线电及其他通讯工具之使用，如因情况之严重性有此必要时，并得扣留之，其期限自截留之时起，不超过七日。

冲突各方得派员暂时驻在船上，其唯一

任务应为保证根据上款规定所发布之命令均予执行。

冲突各方应尽可能将发给医院船船长之命令以该船长所了解之文字，记录于该船航海日志。

冲突各方得单独或依特别协定，安置中立国视察员在其船上，该员等应检定本公约规定之严格遵行。

第三十二条 第二十二、二十四、二十五及二十七各条所述之船只，就其在中立国港口停泊而言，不列为军舰。

第三十三条 商船之改装为医院船者，在全部战事期间不能移作他用。

第三十四条 医院船及舰上病室应得之保护不得停止，除非此等船室越出其人道任务之外，用以从事有害于敌方之行为。惟如经给予相当警告，并依各个情形指定合理之时限而警告仍被忽视时，始得停止保护。

医院船尤其不得备有或使用密码，为无线电或其他通讯方法之用。

第三十五条 下列情况不得认为剥夺医院船及舰上病室应得之保护：

（一）医院船或病室之船员为维持秩序，自卫或保护伤者、病者而配有武器；

（二）船上有专为便于航行或通讯用之装备；

（三）医院船上或舰上病室内发现有由伤者、病者及遇船难者身上所解除之随身武器及弹药而尚未缴送主管部门者；

（四）医院船及舰上病室或其船员扩展其人道之活动及于伤、病或遇船难之平民之照顾；

（五）运送专为医疗任务之用的设备及人员，而超过正常之需要。

第四章 人 员

第三十六条 医院船上之宗教、医务及医院工作人员以及其船员，应受尊重及保护；不论船上有无伤者及病者，在医院船上服务期间，不得被俘。

第三十七条 凡宗教、医务及医院工作人员被派担任医务上或精神上照顾第十二及十三两条所指之人者，如落于敌方手中，应受尊重及保护；在需要照顾伤者及病者之期间，得继续执行其职务。一俟管辖此项人员之总司令认为可行时，应将其送回。彼等离船时得携带其私人财物。

但如发觉因战俘之医疗上及精神上之需要，须留用若干人员时，则应尽一切可能使其尽早登陆。

留用人员登陆后，即受 1949 年 8 月 12 日改善战地武装部队伤者病者境遇之日内瓦公约规定之拘束。

第五章 医疗运输

第三十八条 为此项目的而租用之船只，应准其运输专为医治武装部队之伤者与病者或防止疾病用之设备，但须将该船航行之事项通知敌国，并经其认可。敌国保留登船检查之权，但不得予以拿捕或截留其所载之设备。

经冲突各方之协议，中立国观察员得驻在该项船只上，以检定所载之设备。为此目的，应准其自由检视此项设备。

第三十九条 医务飞机，即专用以搬移伤者、病者及遇船难者以及运送医务人员与设备之飞机，不得为袭击之目标，而在有关冲突各方所特别约定之高度、时间及航线飞行时，应受冲突各方之尊重。

此项飞机在其上下及两侧面，应显明标以第四十一条所规定之特殊标志，以及其本国国旗，并应备有战事开始时或战事进行中经冲突各方间同意之任何其他标志或识别方法。

除另有协议外，在敌人领土或敌人占领地上空之飞行应予禁止。

医务飞机应服从一切水陆降落之命令。如被令降落而需受检查时，则经过检查后，该机载其乘员得继续飞行。

非自愿降落于敌人领土或敌人占领地之陆上或水面时，伤者、病者及遇船难者以及飞行人员应为战俘。医务人员应按第三十六条及三十七条两条待遇之。

第四十条 冲突各方之医务飞机，在本条第二款规定之拘束下，得在中立国之领土上空飞行，必要时，得在该国领土降落，或用以为停留站。该项飞机之飞越上述领土，应预先通知各中立国，并服从一切水陆降落之命令。仅在冲突各方与有关中立国特别约定之航线、高度及时间飞行时，始免受袭击。

但中立国对于医务飞机之飞越其领土或在其领土降落，得规定条件或限制。此项可能的条件与限制对于冲突各方应一律适用。

除中立国与冲突各方另有协议外，凡经地方当局之同意由医务飞机运至中立国领土之伤者、病者或遇船难者，如国际法有此要求，应由中立国以适当方式予以拘留，俾彼等不能再行参加战斗。医院收容与拘禁之费用应由其所依附之国负担。

第六章 特殊标志

第四十一条 在军事主管当局之指导下，白底红十字之标志应标明于旗帜、臂章及医务部门使用之所有设备上。

但各国如已采用白底红新月或白底红狮与日以代替红十字之标志者，此等标志亦为本公约规定所承认。

第四十二条 第三十六及三十七两条所指之人员，应在左臂佩带由军事机关发给并盖印而具有特殊标志之防水臂章。

此种人员除应携带第十九条所述之身份牌外，应另携带具有此项特殊标志之特种身份证。此证应有防水之效能，并具有适当之尺寸以便携带于衣袋内。其上应用本国文字，至少载明持用者之姓名、出生日期、等级、番号，并应注明其以何种身份享受本公约之保护。该证应附有本人像片，及其签字或指纹，或二者具备。该证并应加盖军事当局之钢印。

同一武装部队所使用之身份证应式样一致，并尽可能使各缔约国之武装部队使用类似的式样。冲突各方可参照本公约所附之示范格式。在战事开始时，冲突各方应互相通知其所采用之式样。在可能范围内，身份证至少应制备两份，其中一份存于本国。

在任何情况下对上述人员不得剥夺其符号或身份证，或佩带臂章之权利。如遇遗失时得领取身份证副本或补领符号。

第四十三条 第二十二、二十四、二十五及二十七各条所指之船只，应特别标志如下：

甲、一切外表应为白色。

乙、在船身之两侧及其平面，应涂漆而显露可能最大之深红十字一个或多个，其位置以自海上及空中最易于望见者为宜。

一切医院船应悬挂本国国旗，如属于中立国者并应悬挂其所受指挥的冲突一方之国旗，以资识别。大桅杆上应在可能高处悬挂白底红十字旗。

医院船之救生艇、海岸救生艇及医务部门所使用之一切小型船只均应漆成白色，并加画鲜明之深红十字，大体应遵照上述医院船识别之方法。

上述船艇，如欲于黑夜及可视度减少之时间保证其应得之保护，则应在其管辖之冲突一方的同意下，采取必要措施，务使其所漆颜色及特殊标志充分显明。

依第三十一条暂时为敌人扣留之医院船，必须将其所服役或其所受指挥之冲突一方的旗帜降下。

海岸救生艇，如其经占领国同意，从被占领之基地继续活动，于离开该基地时，得准其继续悬挂其本国国旗连同白底红十字旗，但须先通知有关冲突各方。

本条有关红十字之一切规定，应一律适用于第四十一条所列之其他标记。

冲突各方应随时设法达成相互的协议，俾使用其所有之最现代化方法，以便利各医院船之辨别。

第四十四条　除其他国际公约或有关冲突各方间另有协定外，第四十三条所指之特殊标志，无论平时或战时，只能用以标明或保护该条提及之船只。

第四十五条　各缔约国，若其立法尚未完备，应采取必要之措施，以便随时防止及取缔第四十三条所规定关于特殊标志之任何滥用行为。

第七章　公约之执行

第四十六条　冲突各方应通过其总司令保证以上条款之详细执行，并依照本公约之一般原则规定预料不到之事件。

第四十七条　对于本公约所保护之伤者、病者、遇船难者、工作人员、船只或设备之报复行为，均予禁止。

第四十八条　各缔约国在平时及战时应在各该国尽量广泛传播本公约之约文，尤应在其军事，并如可能时在公民教育计划中，包括本公约之学习，俾本公约之原则为全体人民，尤其武装战斗部队、医务人员及随军牧师所周知。

第四十九条　各缔约国应通过瑞士联邦委员会，在战时则通过保护国，互相通知本公约之正式译文，及其所采用以保证实施本公约之法律与规则。

第八章　滥用及违约之取缔

第五十条　各缔约国担任制定必要之立法，俾对于本身犯有或令人犯有下条所列之严重破坏本公约之行为之人，处以有效的刑事制裁。

各缔约国有义务搜捕被控为曾犯或曾令人犯此种严重破坏本公约行为之人，并应将此种人，不分国籍，送交各该国法庭。该国亦得于自愿时，并依其立法之规定，将此种人送交另一有关之缔约国审判，但以该缔约国能指出案情显然者为限。

各缔约国应采取必要之措施，以制止下

条所列严重破坏本公约之行为以外之一切违反本公约之规定之行为。

在一切情况下，被告人应享有适当的审讯及辩护之保障。此种保障，不得次于1949年8月12日关于战俘待遇之日内瓦公约第一百零五条及其以下各条所规定者。

第五十一条 上条所述之严重破坏公约行为，应系对于受本公约保护之人或财产所犯之任何下列行为：故意杀害、酷刑或不人道待遇，包括生物学实验，故意使身体及健康遭受重大痛苦或严重伤害，以及无军事上之必要，而以非法与暴乱之方式，对财产之大规模的破坏与征收。

第五十二条 任何缔约国不得自行推卸，或允许任何其他缔约国推卸，其本身或其他缔约国所负之关于上条所述之破坏公约行为之责任。

第五十三条 经冲突之一方请求，应依有关各方所决定之方式，进行关于任何被控违犯本公约的行为之调查。

如关于调查程序不能获致协议，则各方应同意选定一公断人，由其决定应遵行之程序。

违约行为一经确定，冲突各方应使之终止，并应迅速加以取缔。

最后条款

第五十四条 本公约以英文及法文订立。两种文字之约文具有同等效力。

瑞士联邦委员会应准备本公约之俄文及西班牙文之正式译文。

第五十五条 本公约以本日为订立之日期，至1950年2月12日为止，凡参加1949年4月21日日内瓦会议各国，以及未参加该次会议，但系推行1906年日内瓦公约之原则于海战之1907年10月18日第十海牙公约缔约国，或1864年、1906年及1929年关于救济战地军队伤者病者之日内瓦公约之缔约国，均可签字。

第五十六条 本公约应尽速批准，其批准书应交存于伯尔尼。

每一批准书交存时，应予登记，并由瑞士联邦委员会将该项登记之证明的抄本分送业经签字或通知加入本公约之各国。

第五十七条 本公约在至少两国批准书交存后六个月发生效力。

嗣后，本公约对于每一缔约国自其批准书交存后六个月发生效力。

第五十八条 在各缔约国间关系上，本公约代替推行1906年日内瓦公约之原则于海战之1907年10月18日第十海牙公约。

第五十九条 本公约自生效之日起，任何未签字本公约之国家均得加入。

第六十条 本公约之加入应以书面通知瑞士联邦委员会，自加入之通知收到之日起六个月后发生效力。

瑞士联邦委员会应将此项加入通知所有业经签字或加入本公约之国家。

第六十一条 第二条及条三条所载之情况应使在战事开始或占领之前或后，冲突各方所交存之批准书及加入之通知立即生效。瑞士联邦委员会应将其从冲突各方收到之任何批准书或加入之通知，以最迅速方法通告之。

第六十二条 每一缔约国得自由退出本公约。

退约须用书面通知瑞士联邦委员会，并由该委员会转告所有缔约国政府。

退约须于通知瑞士联邦委员会后一年发生效力。但如缔约国于作退约通知时已卷入冲突，则其退约须待至和议成立后，并在有关本公约所保护之人员之释放及遣返之工作完毕后，始能生效。

退约仅对该退约国有效，但并不减轻冲突各方依国际法原则仍应履行之义务，此等原则系产自文明人民间树立之惯例，人道法则与公众良心之要求。

第六十三条 瑞士联邦委员会应将本公约在联合国秘书处登记，并应将其所接获之所有关于本公约之批准、加入及退约通知联合国秘书处。

为此，下列签署人于交存全权证书后，签署本公约，以昭信守。

1949 年 8 月 12 日以英文法文订于日内瓦。正本应交存于瑞士联邦委员会之档案中。瑞士联邦委员会应将证明之抄本送交每一签字及加入之国家。

附件二

附属海上武装部队之医务及宗教人员之身份证（略）

注：本公约于 1952 年 7 月 13 日经中华人民共和国中央人民政府授权外交部长周恩来发表声明决定予以承认，又于 1956 年 11 月 5 日经中华人民共和国主席批准，并于 1956 年 12 月 28 日由中华人民共和国政府向瑞士联邦政府交存批准书。中华人民共和国曾对本公约作了一些保留（详见全国人民代表大会常务委员会关于批准本公约的决定）。

附录

全国人民代表大会常委委员会关于批准 1949 年 8 月 12 日改善海上武装部队伤者病者及遇船难者境遇之日内瓦公约的决定

1956 年 11 月 5 日全国人民代表大会常务委员会第五十次会议通过

1956 年 11 月 5 日全国人民代表大会常务委员会第五十次会议决定批准 1949 年 8 月 12 日改善海上武装部队伤者病者及遇船难者境遇之日内瓦公约。全国人民代表大会常务委员会在决定批准 1949 年 8 月 12 日改善海上武装部队伤者病者及遇船难者境遇之日内瓦公约的同时，决定对该本约第十条作如下保留：

拘留伤者、病者、遇船难者或医务人员及随军牧师的国家请求中立国或人道组织担任应由保护国执行的任务时，除非得到被保护人本国政府的同意，中华人民共和国将不承认此种请求为合法。

1949 年 8 月 12 日关于战俘待遇之日内瓦公约

（1949 年 8 月 12 日日内瓦第三公约）

（1949 年 8 月 12 日订于日内瓦）

下列签署之各国政府全权代表出席自 1949 年 4 月 21 日至 8 月 12 日在日内瓦举行之外交会议，为修订 1929 年 7 月 27 日在日内瓦订立之关于战俘待遇公约，议定如下：

第一部　总　　则

第一条 各缔约国承诺在一切情况下尊重本公约并保证本公约之被尊重。

第二条 于平时应予实施之各项规定之外，本公约适用于两个或两个以上缔约国间所发生之一切经过宣战的战争或任何其他武装冲突，即使其中一国不承认有战争状态。

凡在一缔约国的领土一部或全部被占领之场合，即使此项占领未遇武装抵抗，亦适用本公约。

冲突之一方虽非缔约国，其他曾签订本公约之国家于其相互关系上，仍应受本公约之拘束。设若上述非缔约国接受并援用本公约之规定时，则缔约各国对该国之关系，亦应受本公约之拘束。

第三条 在一缔约国之领土内发生非国际性的武装冲突之场合，冲突之各方最低限度应遵守下列规定：

（一）不实际参加战事之人员，包括放下武器之武装部队人员及因病、伤、拘留、或其他原因而失去战斗力之人员在内，在一切情况下应予以人道待遇，不得基于种族、肤色、宗教或信仰、性别、出身或财力或其他类似标准而有所歧视。

因此，对于上述人员，不论何时何地，不得有下列行为：

（甲）对生命与人身施以暴力，特别如各种谋杀、残伤肢体、虐待及酷刑；

（乙）作为人质；

（丙）损害个人尊严，特别如侮辱与降低身份的待遇；

（丁）未经具有文明人类所认为必需之司法保障的正规组织之法庭之宣判，而遽行判罪及执行死刑。

（二）伤者、病者应予收集与照顾。

公正的人道团体，如红十字国际委员会，得向冲突之各方提供服务。

冲突之各方应进而努力，以特别协议之方式，使本公约之其他规定得全部或部分发生效力。

上述规定之适用不影响冲突各方之法律地位。

第四条 （子）本公约所称之战俘系指落于敌方权力之下列各类人员之一种：

（一）冲突之一方之武装部队人员及构成此种武装部队一部之民兵与志愿部队人员。

（二）冲突之一方所属之其他民兵及其他志愿部队人员，包括有组织之抵抗运动人员之在其本国领土内外活动者，即使此项领土已被占领，但须此项民兵或志愿部队，包括有组织之抵抗运动人员，合乎下列条件：

（甲）有一为其部下负责之人统率；

（乙）备有可从远处识别之固定的特殊标志；

（丙）公开携带武器；

（丁）遵守战争法规及惯例进行战斗。

（三）自称效忠于未经拘留国承认之政府或当局之正规武装部队人员。

（四）伴随武装部队而实际并非其成员之人，如军用机上之文职工作人员、战地记者、供货商人、劳动队工人或武装部队福利工作人员，但须彼等已获得其所伴随之武装部队的准许，该武装部队应为此目的发给彼等以与附件格式相似之身份证。

（五）冲突各方之商船队之船员，包括船长、驾驶员与见习生，以及民航机上之工作人员，而依国际法之任何其他规定不能享受更优惠之待遇者。

（六）未占领地之居民，当敌人迫近时，未及组织成为正规部队，而立即自动拿起武器抵抗来侵军队者，但须彼等公开携带武器并尊重战争法规及惯例。

（丑）下列人员亦应依照本公约以战俘待遇之：

（一）现属于或曾属于被占领国武装部

队之人员，而占领国认为因此种隶属关系有加以拘禁之必要者，即令占领国于该占领区外进行战事时原曾将其释放，特别是曾企图再行参加其原来所属而正在作战之武装部队未获成功，或并未遵从对彼等所发出之拘禁令者。

（二）属于本条所列举各类人员之一种，为中立国或非交战国收容于其领土内，依照国际法应由该国拘禁者，惟不碍及该国之愿对彼等予以更优惠之待遇，但第八、十、十五、三十（第五款）、五十八——六十七、九十二、一百二十六各条除外，且若冲突之各方与有关中立国或非交战国有外交关系存在，则有关保护国之各条亦除外。若有此种外交关系存在时，则此项人员所依附之冲突各方可对彼等执行本公约所规定之保护国之任务，但不碍及该各方依照外交与领事惯例及条约正常执行之任务。

（寅）本条无论如何不得影响本公约第三十三条所规定之医务人员与随军牧师之地位。

第五条　本公约对于第四条所列之人员之适用，应自其落于敌方权力下之时起至最后被释放及遣返时为止。

凡曾从事交战行为而陷落于敌方者，其是否属于第四条所列举各类人员之任何一种发生疑问时，在其地位未经主管法庭决定前，应享受本公约之保护。

第六条　于第十、二十三、二十八、三十三、六十、六十五、六十六、六十七、七十二、七十三、七十五、一百零九、一百一十、一百一十八、一百一十九、一百二十二、及一百三十二各条明文规定之协议之外，各缔约国对其认为需另作规定之一切事项得订立特别协议。是项特别协议不得对本公约关于战俘所规定之境遇有不利的影响，亦不得限制本公约所赋予彼等之权利。

除在上述或后订之协议中有相反之明文规定，或冲突之一方对彼等采取更优待之措施外，战俘在本公约对其适用期间应继续享受是项协议之利益。

第七条　在任何情况下，战俘不得放弃本公约或上条所述之特别协议——如其订有是项协议——所赋予彼等权利之一部或全部。

第八条　本公约之适用应与保护国合作并受其监察。保护国之责任为维护冲突各国之利益。为此目的，保护国在其外交或领事人员之外，得自其本国国民或其他中立国国民中指派代表。上述代表应经其执行任务所在国之认可。

冲突各方对于保护国之代表之工作应尽最大可能予以便利。

保护国之代表在任何情况下不得逾越本公约所畀予之任务。彼等尤须顾及其执行任务所在国之安全上迫切的必要。

第九条　本公约之规定并不妨碍红十字国际委员会或其他公正的人道组织，在有关冲突各方之同意之条件下，从事保护与救济战俘之人道活动。

第十条　各缔约国得随时同意将根据本公约应由保护国负担之任务，委托于具有公允与效能之一切保证之组织。

当战俘，不拘为何原因，不能享受或已停止享受保护国或本条第一款所规定之组织的活动之利益时，则拘留国应请一中立国或此种组织担任依照本公约应由冲突各方指定之保护国所执行之任务。

若保护不能依此布置，则拘留国应在本条之规定之约束下，请求或接受一人道组织，如红十字国际委员会，提供服务，以担任依本公约由保护国执行之人道的任务。

任何中立国或任何组织经有关国家邀请或自愿提供服务而执行任务时，在行为上须对本公约所保护之人员所依附之冲突一方具有责任感，并须充分保证能执行其所负之任务，且能公允执行之。

各国间订立特别协议，如其中一国因军事关系，特别是因其领土之大部或全部被占领，以致该国与其他一国或其盟国谈判之自由受限制，即或是暂时的，本公约上列规定不得因该项特别协议而有所减损。

凡本公约中提及保护国，亦适用于本条所指之代替组织。

第十一条　保护国认为于被保护人之利益适宜时，尤其遇冲突各方对于本公约之适用与解释意见有分歧时，应从事斡旋以期解决分歧。

为此目的，各保护国得应一方之请求，或主动向冲突各方建议，可能在适当选择之中立领土召开代表会议，负责管理战俘之当局代表尤须参加。冲突各方对于为此目的而提出之建议负有实行之义务。各保护国得于必要时，提请冲突各方同意，特邀一中立国人员或红十字国际委员会委派之人员参加此项会议。

第二部　战俘之一般保护

第十二条　战俘系在敌国国家手中，而非在俘获彼等之个人或军事单位之手中。不论个人之责任如何，拘留国对战俘所受之待遇应负责任 。

拘留国仅能将战俘移送至公约之缔约国，并须于拘留国对于接受国实施本公约之意愿与能力认为满意后行之。战俘在此种情形下被移送时，其在接受国看管期间，本公约的实施之责任即由该接受国担承之。

在若该接受国在任何重要方面未能实行本公约之规定，则原移送战俘之国，一经保护国通知，即应采取有效办法以纠正此种情况，或要求将战俘送还。此项要求必须照办。

第十三条　战俘在任何时须受人道之待遇。拘留国任何不法行为或因不法行为可导致其看管中之战俘死亡或严重危害其健康者须予禁止，并当视为严重破坏本公约之行为。尤其不得对战俘加以肢体残伤，或供任何医学或科学试验而非为有关战俘之医疗、治疗或住院诊疗所应有且为其本身利益而施行者。

战俘亦应在任何时受到保护，尤其免致遭受暴行或恫吓及侮辱与公众好奇心的烦扰。

对战俘之报复措施应予禁止。

第十四条　战俘在一切情况下应享受人身及荣誉之尊重。

对于妇女之待遇应充分顾及其性别，并在一切情形下彼等应享受与男子同等之优遇。

战俘应保有被俘时所享受之全部民事能力。除因在俘关系之需要外，拘留国不得限制战俘在该国领土内外行使此种能力所赋予之权利。

第十五条　拘留战俘之国家应免费维持战俘生活及给予其健康状况所需之医药照顾。

第十六条　拘留国对于所有战俘，除因本公约关于其等级及性别之规定以及因健康状况、年龄或职业资格得予以特别待遇外，应同样待遇之，不得基于种族、国籍、宗教信仰、或政治意见、或根据类似标准之任何其他区别而有所歧视。

第三部 在 俘

第一编 在俘之开始

第十七条 每一战俘，当其受讯问时，仅须告以其姓名、等级、出生日期，及军、团、个人番号，如其不能，则提使相当之材料。

如其故意违犯此项规则，则可因此而被限制其原有等级或地位所应得之权利。

冲突之每一方对于在其管辖下有资格成为战俘之人，应为之制备身份证，记载持用者之姓名、等级、军、团、个人番号或相当之材料及出生日期。身份证上并得有持用者之签字或指纹，或二者具有，以及冲突之一方愿列入其武装部队所属人员之其他材料。该证之尺寸应尽可能为6．5×10公分，并应颁发正副两份。此证遇要求时应由战俘出示之，但绝不得自其本人取去。

对战俘不得施以肉体或精神上之酷刑或任何其他胁迫方式藉以自彼等获得任何情报。战俘之拒绝答复者不得加以威胁、侮辱，或使之受任何不快或不利之待遇。

战俘，因身体及精神状态不能言明其身份者，应送交医疗机构。此种战俘之身份应用各种可能方法证明之，但受前款规定之限制。

讯问战俘应以其所了解之语言执行之。

第十八条 凡自用物品除武器、马匹、军事装备及军事文件外，应仍归战俘保有，钢盔、防毒面具及其他为保护个人而发给之物品亦然。衣食所用之物品亦应仍归战俘保有，即使此等物品系军队规定装备之一部分。

无论何时战俘不得无身份证明文件。对于无身份证明文件之战俘，拘留国应发给此种文件。

战俘之等级与国籍之徽章、勋章，以及特别具有个人或情感价值之物品不得自其本人取去。

除依官长之命令，并经将银钱数目及所有者之详情登记在特别账册内并给予详细之收据，收据上清晰记有出具收据者之姓名、等级及单位外，战俘所带之银钱不得被取去。其银钱如系拘留国之货币，或经战俘请求换成该国货币者应按第六十四条之规定存入战俘账目。

拘留国只可由于安全的理由自战俘身上取去贵重物品；当此种物品取去时，应适用关于押收银钱之手续。

此种物品，以及拘留国货币以外之银钱未经原主要求兑换而被取去者，应由拘留国保管之，并应于其在俘终了时原样归还战俘。

第十九条 战俘应在被俘获后尽速撤退至处于远离战斗地带足使其免于危险之地区之战俘营。

惟战俘之因受伤或患病以致撤退之危险反大于停留原处者，始得暂时留于危险地带。

在等候自战斗地带撤退时，不得令战俘冒不必要之危险。

第二十条 战俘之撤退必须经常依人道

方式，并于与拘留国部队换防时相类似之条件下执行之。

拘留国对撤退之战俘应供给足够之食物与饮水以及必需之衣服与医药照顾。拘留国应采取各种适当戒备以保证战俘撤退时之安全，并应尽速编造被撤退之战俘名单。

如战俘撤退时须经过转运营，其停留于转运营之时间务求其短速。

第二编　战俘之拘禁

第一章　总　　则

第二十一条　拘留国得将战俘拘禁。得令战俘不得越出拘留营一定界限，若上述拘留营设有围栅，则不得越出围栅范围。除适用本公约关于刑事与纪律制裁之规定外，不得将战俘禁闭，但遇为保障其健康有必要时，且仅在必需予以禁闭之情况继续存在期中，则为例外。

在战俘所依附之国法律允许下，得将战俘部分或全部依宣誓或诺言释放。此种办法，在有助于改善战俘健康状况之场合，尤应采取。任何战俘不得强令接受宣誓或诺言释放。

战事开始时，冲突之每一方应将准许或禁止其本国国民接受宣誓及诺言释放之法律及规则通知对方。依照此项通知之法律及规则而宣誓或给予诺言之战俘，应以其个人之荣誉保证对于所依附之国及俘获国严守其所宣誓或承诺之条件。在此种情况下，其所依附之国不得要求或接受彼等从事违反其宣誓或诺言之任何服役。

第二十二条　战俘仅能拘禁于陆地上之场所而具有卫生与健康之保证者。除在战俘本身利益所许可之特殊场合外，不得将彼等拘禁于反省院中。

战俘之被拘禁于不合卫生之地区，或其气候对彼等身体有害之处所者，应从速移送至气候较适宜之地区。

拘留国应按战俘之国籍、语言、及习惯，集中于各营或营场，但除经本人同意外，此种战俘不应与同属于其被俘时所服役之武装部队之战俘分开。

第二十三条　无论何时不得将战俘送赴或拘留于战斗地带炮火所及之地，亦不得利用彼等安置于某点或某地区以使该处免受军事攻击。

战俘应备有与当地平民同等之防御空袭或其他战争危险之避难所。除从事于保护其居所免受上述危险之人外，彼等可于警报发出后尽速进入避难所。任何其他保护居民之措施亦应适用于战俘。

拘留国，应通过保护国之媒介，将有关战俘营地理位置一切有用的情报提交有关各国。

在军事考虑许可时，战俘营在白天应标明自高空清晰可见之 PW 或 PG 字母。有关各国亦得商定其他标志方法。惟战俘营始得如此标志之。

第二十四条　永久性之转运营或分发营应按本编所述之同样条件布置之，其中之战俘亦应与其他各营之战俘享受同样待遇。

第二章 战俘之住宿，饮食与衣服

第二十五条 战俘住宿之条件应也与同一区域内拘留国驻扎之部队居住之条件同样优良。上述条件应顾及战俘之习惯与风俗，并绝不得有害其健康。

上述规定尤应适用于战俘之宿舍，如关于总面积与最低限度之立方空间，及一般设备、垫褥、被毯等。

为战俘个人或集体设置之住所，应全无潮湿之患，并应有充足之温度与光线，特别是在黄昏与熄灯之时间内。对于火灾应采取一切预防措施。

任何战俘营，如同时收容男女战俘，应为其分设宿舍。

第二十六条 每日基本口粮在量，质，与种类上应足够保持战俘之健康及防止体重减轻或营养不足。战俘所习惯之饮食亦应顾及。

拘留国应为作工之战俘供给因其从事之劳动所需之额外口粮。

对战俘应供给以充足之饮水。吸烟应被准许。

战俘应尽量参与其膳食之准备，彼等得为此目的在厨房工作。此外，并应给予战俘以自行烹调其自有的额外食品之工具。

为供战俘用膳，应备适当之场所。

饮食上的集体处罚措施应予禁止。

第二十七条 服装、内衣、及鞋袜应由拘留国充分供给战俘，并应顾及拘留战俘地区之气候。拘留国缴获之敌军制服，若与气候相适，应充作战俘服装之用。

拘留国应保证上述衣物之按期更换与修补。此外，作工之战俘，凡因工作性质之需要，应给予适当之服装。

第二十八条 在各战俘营内应设贩卖部，俾战俘得购买食品、肥皂、烟草、及日常用品。其售价不得超过当地市价。

战俘营贩卖部所获得之利润应为战俘之利益而使用；为此目的应设立一项特别基金。战俘代表应有权参与贩卖部及该项基金之管理。

战俘营结束时，特别基金之结余，应交与一国际福利组织，以供与凑集基金之战俘同一国籍之战俘的利益而使用。如遇全数遣返，此项利润，除有关各国间议有相反之办法外，应由拘留国保存。

第三章 卫生与医药照顾

第二十九条 拘留国应负责采取保证战俘营清洁、卫生及防止传染病所必要之卫生措施。

战俘应有，不论昼夜，可以使用之合于卫生规则并经常保持清洁的设备。战俘营之收容女俘者，应另有设备供其使用。

战俘营除应设之浴盆及淋浴外，应供给战俘足够之用水及肥皂以备个人盥洗及洗濯衣物之用；并应为此目的给予彼等以必需之设备、便利、及时间。

第三十条 每一战俘营内应设有适当之医疗所，俾战俘可获得所需之照顾与适当之饮食。必要时对于传染病或精神病患者应另设隔离病房。

战俘之患重病或需要特别医疗，外科手术，或住院治疗者，任何军用或民用医疗机构之能作此项诊疗者均须予以收容，即使彼等将于最近被遣返。在遣返前，对于残废者，尤其对于盲者之照顾及其复元，应予以特别便利。

战俘最好由其所依附之国之医疗人员照顾，如可能时，由其同国籍者照顾。

战俘请求医疗当局检查时，不得予以阻止。拘留当局一经请求，应对已受治疗之战俘发给正式证书，说明其疾病或伤害之性质，及所受治疗之期限及类别。此项证书之副本应送交战俘中央事务所。

医疗费用，包括维持战俘健康需用之器具，尤其假牙及其他假装置，以及眼镜等费用，应由拘留国负担。

第三十一条 战俘之健康检查至少应每月举行一次。检查应包括对每一战俘体重之衡量及记载。其目的应特别为监察战俘之一般健康状况，营养及清洁，并察觉传染病，特别是肺结核、疟疾及性病。为此目的，应采用最有效之方法，如定期集体小型照相透视，以便及早察觉肺结核。

第三十二条 战俘中之医生、外科医生、牙医、护士或医事服务员，虽非其本国武装部队之医疗工作者，拘留国得令彼等为其所依附之国之战俘的利益执行医疗任务。在此种情况下，此项人员应仍视为战俘，但应与拘留国所留用之相当之医务人员享受同样待遇。彼等应免除第四十九条中之任何工作。

第四章 被留用协助战俘之医务人员及随军牧师

第三十三条 拘留国为协助战俘而留用之医务人员及随军牧师不得视为战俘。但彼等至少应享受本公约之利益与保护，并应给予彼等以从事战俘之医疗照顾及宗教工作所必需之一切便利。

彼等应在拘留国军事法规范围内，并在该国主管部门管辖下，按照其职业上之道义，继续为战俘，尤其属于其本国武装部队者，执行其医疗及精神任务。此等人员为执行其医疗及精神任务，应享受下列便利：

（甲）彼等应准定期访问战俘营外之劳动队或医院中之战俘。为此目的，拘留国应供给以所需之交通工具。

（乙）关于各战俘营中留用医务人员之活动一切事项，由该营上级医官对该营军事当局负责。为此目的，在战事开始时，冲突各方应就医务人员相当等级之问题取得协议，其中包括1949年8月12日改善战地武装部队伤者病者境遇之日内瓦公约第二十六条所列团体之医务人员之等级。上述上级医官及随军牧师有权与战俘营之主管当局商洽与其职务有关之一切问题。该当局应予彼等以有关此项问题之通讯所必需之便利。

（丙）彼等在被留用营中虽应服从内部纪律，但不得强迫其作任何医务或宗教以外之工作。

在交战期间，冲突各方关于留用人员之可能遣放应成立协议，并决定遣放之程序。

上述各规定并不解除自医疗及精神的观点上拘留国对于战俘应尽之义务。

第五章　宗教、文化与体育活动

第三十四条　战俘应有履行其宗教义务之完全自由，包括参加其所信仰宗教之仪式，但以遵守军事当局规定之例行的纪律措施为条件。

为举行宗教仪式之用，应供给以适当之场所。

第三十五条　落于敌国手中之随军牧师，其为协助战俘而留下或被留用者，应准依其宗教道义，对战俘执行宗教任务，并在属于同一宗教之战俘中自由执行宗教任务。彼等应分派至属于同一部队，使用同一语言，或遵奉同一宗教之各战俘营或劳动队。彼等应享有访问本营以外之战俘必需之便利，包括第三十三条所提之交通工具。彼等应得与拘留国教会当局及国际宗教组织自由通讯，商讨有关宗教职务事项，但其通讯得受检查。彼等为此目的发出之信件或邮片，应在第七十一条之规定之限额以外。

第三十六条　战俘中之牧师其未经正式委派为其所属部队之随军牧师者，不论其教派为何，得自由对其本教教徒自由执行宗教任务。为此目的，彼等应享受与拘留国留用之随军牧师同样之待遇。彼等不得被强迫从事任何其他工作。

第三十七条　当战俘中并无留用之随军牧师或同一宗教之战俘牧师协助时，应依有关战俘之请求，指派一属于战俘之教派或类似教派之牧师担任此项工作。若此等牧师亦无之，则在宗教信仰观念认为可行时，应指派一合格之非宗教人员担任之。此项人员之指派，须经过拘留国核准，并须取得有关战俘团体之同意，必要时并应经当地同一信仰之宗教当局核准。此种指派之人员应遵守拘留国为维护纪律及军事安全而制定之一切规则。

第三十八条　拘留国应在尊重战俘个人兴趣之条件下，鼓励战俘之文化、教育、及娱乐、运动与游戏活动。并应采取必要措施，供给适当之场所及必需之设备，以保证其实行。

战俘应有作健身活动之机会，包括运动、游戏及户外停留。所有战俘营均应设置为此目的所必需之充足之空场。

第六章　纪　　律

第三十九条　各战俘营应由属于拘留国正规部队之负责军官直接管辖之。此项军官应备有本公约一份；应保证该营职员及警卫均知悉其中条款，并应在其政府指示下，负责本公约之实施。

战俘，除军官外，对拘留国一切军官均须敬礼，并表示其本国部队适用的规则所规定之礼貌。

军官战俘仅须向拘留国军官中等级较本人为高者敬礼；但对战俘营长官，不论其等级为何，必须敬礼。

第四十条　佩带等级及国籍徽章以及勋章均应许可。

第四十一条　各战俘营应以战俘本国文字，将本公约及其附件之条文及第六条所规定之特别协议之内容张贴在人人均能阅读之处。战俘之无法前去阅读此项张贴文件者，如请求发给抄本时，应供给之。

与战俘行为有关之各种规则，命令，通

告及印刷品，应以其所了解之文字发给之。此项规则，命令及印刷品应照上述方式张贴之，并应将抄本交与战俘代表。所有对战俘个别发出之命令亦须使用彼等所了解之文字。

第四十二条 对战俘，尤其对脱逃或企图脱逃之战俘，使用武器，应属最后之手段，并应每次先予以适合于当时情况之警告。

第七章 战俘之等级

第四十三条 战事开始时，冲突各方应互相通知本公约第四条所述员之军衔及等级，以保证等级相当之战俘之待遇平等。嗣后设置之名义及等级亦应同样通知之。

战俘被擢升之等级，而经其所依附之国正式通知者，拘留国应予承认。

第四十四条 军官及与其地位相等之战俘之待遇，应依其等级及年龄而定。

为保证军官营内之勤务，应从同一武装部队中派遣适当数目之其他等级人员，在可能范围内，应择其使用同一语言者，并须顾及军官及相当地位之战俘之等级，此种服务员不应令其从事其他工作。

对于军官之自行管理膳食，应予以一切便利。

第四十五条 军官及与其地位相等之战俘以外之战俘所受待遇应依其等级及年龄而定。

对于战俘之自行管理膳食，应予以一切便利。

第八章 战俘入营后之移送

第四十六条 拘留国于决定移送战俘时，应考虑战俘本身之利益，尤须避免增加其遣返之困难。

战俘之移送应始终依人道办理。其情形不得劣于拘留国部队调动之情形。战俘所习惯之气候状况必须顾及，其移送情形绝不得有害其健康。

拘留国在移送时，应供给战俘以充足之食物及饮水以维持其健康，以及必需之衣服、住宿及医药照顾。拘留国应采取适当之慎重措施，以保证彼等迁移时，尤其在海空运输时之安全，并应在其启程前，编造被移送战俘之全部名单。

第四十七条 患病或受伤之战俘，除因其安全必须移送者外，在旅行有碍其复原期间，不得迁移。

如战区逼近战俘营时，该营中之战俘不得移送，除非其移送能在适当安全情形下实行，或者其继续留在该地所冒之危险大于移送之危险。

第四十八条 在移送时，应向战俘正式通知其行期及新通信地址。此项通知应及时发出，俾彼等得以收拾行李及通知其最近亲属。

彼等应准携带个人物品及所收到之函件与包裹。在移送情形有此必要时得限制其随身携带行李之重量，以每人所能适当负荷者为度，但绝不得超过 25 公斤。

寄到旧战俘营之函件及包裹，应予转递，不得迟延。战俘营长官，于征得战俘代表同意后，应采取一切必要措施，保证运送战俘之公共财物以及因本条第二款之限制不能随身携带之行李。

移送之费用应由拘留国负担。

第三编　战俘之劳动

第四十九条　拘留国得斟酌战俘之年龄，性别，等级及体力，并特别以保持战俘之身心健康为目的，而利用体力合格之战俘之劳动。

战俘中之士级军官应仅令其从事监督工作，其无此项工作者得要求其他适当之工作，而应尽力为之觅得。

若军官或与其地位相等之人要求适当工作，应尽可能为之觅获。但在任何情况下不得强迫彼等工作。

第五十条　于有关战俘营之管理，设备，或保养工作外，战俘仅得强迫其从事下列各类所包括之工作：

（甲）农业；

（乙）与生产或采炼原料有关之工业及制造工业，但冶金，机械与化学工业除外；无军事性质或目的之公共工程及建筑；

（丙）非军事性质或目的之运输与物资管理；

（丁）商业，美术与工艺；

（戊）家庭役务；

（己）无军事性质或目的之公用事业。

遇有违反上列条款情事，战俘应准按第七十八条行使提出申诉之权利。

第五十一条　对战俘须给予适当之工作条件，尤其关于居住、饮食、衣着及设备；此等条件不得劣于拘留国人民从事类似工作所享有者；气候状况亦应顾及。

拘留国在利用战俘劳动时，应保证在战俘工作区域，适当遵行该国保护劳工之立法，尤其关于工人安全之规则。

对于战俘从事之工作，拘留国应与对其本国人民同样给予适合其工作之训练与保护装备。在第五十二条规定之限制下，战俘得令其冒普通工人所冒之通常危险。

劳动条件绝不得因纪律措施而使更为劳苦。

第五十二条　战俘除自愿者外，不得使其从事有害健康或危险性之劳动。

拘留国本国武装部队人员所视为屈辱之劳动，不得派战俘担任之。

扫雷或扫除类似装置，应视为危险性之劳动。

第五十三条　战俘每日劳动时间，包括往返路程之时间，不应过度，绝不得超过拘留国本国普通工人在该区从事同样工作者所许可之时间。

战俘在每日工作之中间，必须给予不少于一小时之休息。若拘留国工人之休息时间较长，则战俘之休息亦应与之相同。每周应另给予连续 24 小时之休息时间，以星期日或其本国所遵行之休息日为宜。此外工作满一年之战俘应给予连续八日之休息，在此期间工资应予照付。

如采用计件工作等类方法时，其工作时间亦不得因而致其过长。

第五十四条　战俘工资应按本公约第六十二条规定订定之。

战俘因工作遭致意外，或在工作期间染病或因工作致病，应予以其情况所需之一切照顾。拘留国对此项战俘并应发给医疗证明书，使其能向其所依附之国提出请求，并应将证明书副本送交第一百二十三条所规定之战俘中央事务所。

第五十五条　战俘是否宜于工作，应定期作健康检查，至少每月一次，以资证明。检查时应特别顾及战俘所须担任工作之性质。

任何战俘若认为其本人不能工作时，应许其往见该营之医务当局。医生或外科医生如认为该战俘不宜工作，得建议免除其工作。

第五十六条　劳动队之组织与管理应与战俘营相类似。

每一劳动队应仍受其战俘营之管辖，在行政上构成该营一部分。军事当局及该营长官，在其政府指导下，应负在劳动队中遵行本公约之责任。

战俘营长官应备有该营所属各劳动队之到新近为止之记录，并应将该记录递交前来视察战俘营之保护国，红十字国际委员会，及其他救济战俘组织之代表。

第五十七条　战俘之为私人工作者，即使该私人为负责看守及保护战俘之人，对于该战俘之待遇不得低于本公约所规定者。拘留国、军事当局及该战俘所属战俘营长官，对于此项战俘之给养、照顾、待遇、及工资之付给，应完全负责。

此项战俘应有与其所属战俘营之俘虏代表保护通讯之权利。

第四编　战俘之经济来源

第五十八条　在战事开始时并在与保护国商定前，拘留国得决定战俘可保有现金或类似款项之最大数目。其超过之数目，确属彼等所有而自彼等取去或扣留者，应连同其自行交存之银钱，悉数记入彼等之账目，未经其同意，不得兑成其他货币。

若战俘经准许在战俘营外以现款购取役务或物品，此种款项应由战俘自行付给，或由该营管理当局付给而记入该战俘之账目。拘留国关于此事得订立必要之规则。

第五十九条　战俘被俘时，依照第十八条而自彼等所取去之现款，如其为拘留国之货币，应照本编第六十四条之规定列入其各别之账目。

其于同时自战俘取去之他国货币兑成拘留国货币者，亦应按拘留国货币数目存入其各别账目。

第六十条　拘留国应对所有战俘按月垫发薪给，其数目应照以下所列折成该国货币。

第一类：中士以下之战俘：八瑞士法郎。

第二类：中士及其他士级军官或相当等级之战俘：十二瑞士法郎。

第三类：上士及少校以下之军官或相当等级之战俘：五十瑞士法郎。

第四类：少校、中校、上校或相当等级之战俘：六十瑞士法郎。

第五类：将官或相当等级之战俘：七十五瑞士法郎。

但相关之冲突各方得以特别协议更改对上列各类战俘垫发薪给之数目。

又若上列第一款所列之数目过高于拘留国武装部队之薪给，或因任何理由致使拘留国极感困难时，则在与战俘所依附之国缔结特别协议更改上列数目前，拘留国：

（甲）应按第一款所列数目继续存入战俘之账目；

（乙）得暂时将垫发薪给中可为战俘自用而支取之数目限制到一合理之数目，但对第一类而言，则此数目，绝不得低于拘留国给予本国武装部队人员之数目。

任何限制之原因当随即通知保护国。

第六十一条 战俘所依附之国寄交战俘之款项，拘留国应予接受，以之分发战俘为补助薪给，惟同一类中之战俘每人所得之数应均相同，且该类中所有该国战俘均应发给，并应依照第六十四条之规定尽早存入其各别账目。此项补助薪给并不解除拘留国在本公约下之任何义务。

第六十二条 拘留当局应直接付给战俘以公平之工资，其工资数额应由该当局规定，但对于每一人全日之工作其数额绝不得低于四分之一瑞士法郎。拘留国应将其所规定之每一人每日工资数额通知战俘，并通过保护国，通知战俘所依附之国。

战俘之被派长期担任与营内管理、设备、保养有关之职务或熟练、半熟练之工作，以及战俘之须为同伴战俘执行精神上或医疗上之任务者，应同样由拘留当局付给工资。

战俘代表及其助理人员之工资应从贩卖部利润之基金中付给，该代表如有顾问亦然。此项工资之标准应由战俘代表规定，并经战俘营长官批准。若无此项基金，则应由拘留当局对此种战俘付给公平之工资。

第六十三条 战俘应准其接受寄交彼等个人或集体之汇款。

下条规定之战俘账目中结存款项，在拘留国规定数目内，战俘得自由支配，拘留国应依其请求付给之。在拘留国认为必要之金融或货币管制之许可限度内，战俘得向国外汇款。在此种场合，战俘寄交受赡养人之汇款应有优先权。

在任何情形下，经战俘所依附之国的同意，战俘得照下列办法向其本国汇款：拘留国应通过保护国向上述国家发出通知，载明有关该战俘之各种必要的事项，汇款之受益人，以及按拘留国货币计算之汇款数额。上述通知应由战俘签署，并由战俘营长官加签。拘留国应自该战俘账目中扣除该款，并将扣除之款存入战俘所依附之国之账目。

拘留国为实施上述各项规定，宜参照本公约附件五之示范规则。

第六十四条 扣留国应为每一战俘开立账目，至少记有下列各项：

（一）应归战俘所有或其收到之垫付薪给、工资，或自其他来源所得之数目；自该战俘取去之拘留国货币数目；自该战俘取去之款项经其本人请求，而兑成拘留国货币之数目。

（二）付给战俘之现款或其他类似形式之款项；经其请求而为其付出之款项；按第六十三条第三款转账之款项。

第六十五条 登入战俘账目之每一项目应由其本人加签或简签，或由俘虏代表代签。

战俘应有随时查看其账目及领取其账目之抄本之相当的便利。保护国代表在视察战俘营时，亦得检查该项账目。

当战俘自一营移送至另一营时，其私人账目应随同移去。若自一拘留国移送至另一拘留国，其所有之钱币而非该拘留国之货币者，亦随之移去，其账上所存之其他钱币，应另发给证书。

有关冲突各方得议定于特定期间通过保护国互相通知战俘账目之数额。

第六十六条 在俘终了时，不论系因被释放或被遣返，拘留国应发给战俘一清单，该项清单经该国授权军官签署，载明该战俘当时结存之款项。拘留国并应通过保护国将各表册送交战俘所依附之政府，此项表册记载因遣返，释放，脱逃，死亡或其他原因而在俘终止之所有战俘之一切关系事项，并表明其结存款项之数目。此项表册每张均应经拘留国授权代表证明。

本条上列任何规定得经冲突之任何两方相互同意改变之。

在俘终了时，战俘所依附之国应负责与战俘结清其在拘留国所存余之款项。

第六十七条　按照第六十条之规定垫付战俘之薪给应视为系代战俘所依附之国付给者。此项垫付之薪给以及按第六十三条第三款及第六十八条由拘留国所付之款项，在战事终止时，应由有关各国协议处理之。

第六十八条　战俘因工作受伤或成为残废，而要求补偿者，应通过保护国向其所依附之国提出。拘留国当依照第五十四条，在一切情形下，给与有关战俘一说明文件，载明其受伤或残废之性质，事件发生之情形及所受之医疗或医院诊治之详情。此项说明文件应由拘留国负责军官签署，其医疗情形由医官证明之。

战俘关于其个人物品，金钱或贵重品之按第十八条由拘留国押收而在其遣返时未经发还，或关于认为因拘留国或其任何人员之过失所致之损失而提出之赔偿要求，应同样向战俘所依附之国提出。但任何此类个人物品而为战俘在俘期间需用者应由拘留国担负补还。拘留国在一切情形下，当发给战俘一说明文件，由负责军官签署，载明关于此项物品、金钱，或贵重品何以未经发还之理由之一切可提供的情报。此项说明文件之抄本应通过第一百二十三条所规定之战俘中央事务所转达战俘所依附之国。

第五编　战俘对外间之关系

第六十九条　战俘一经落入拘留国权力内，拘留国应将其实施本编各项规定之措施立即通告彼等，并通过保护国通知战俘所依附之国。此种措施嗣后如有修改，应同样通知有关各方。

第七十条　战俘一经俘获之后，或在到达战俘营后一星期内，即使其为转运营，又如患病或移送医院或其他战俘营，均应许其直接写邮片分寄其家庭及第一百二十三条规定之战俘中央事务所，将其被俘事实，通信处及健康状态通知其亲属，此项邮片于可能时当与本公约所附之式样相类似。上述邮片应尽速转递，绝不得迟延。

第七十一条　战俘应准其收寄信件及邮片。若拘留国认为必需限制每一战俘所发信件及邮片之数量，其数量应不得少于每月信件二封及邮片四张，第七十条所规定之被俘邮片在外。其格式尽可能与本公约所附式样一致。惟遇保护国确认拘留国因未能觅得足用之合格语文人才以从事必要之检查，而引起之翻译困难，为有关战俘之利益计，须限制通信时，得再加限制。若必须限制寄交战俘之信件，则仅能由战俘所依附之国下令为之，可能出于拘留国之请求。此等信件及邮片必须由拘留国以其所有最迅速方法转递之，不得以纪律理由而缓递或扣留。

战俘之久未得音信者，或不能由普通邮路获得其最近亲属之消息或向彼等寄递消息者，以及离家遥远者，应许其拍发电报，其费用自战俘在拘留国之账目中扣付，或以其所持有之货币支付。遇有紧急情况，彼等亦应同样享受此种办法之利益。

通常战俘通信，应用其本国文字。冲突各方亦得许其使用其他文字通信。

装置战俘邮件之袋，必须妥为封固，清晰标明其内容，并寄交目的地之局所。

第七十二条 战俘应准其接受由邮递或依其他方法寄来之个人包裹，或集体装运物资，尤其内装食物、衣服、医药用品，及应彼等所需之宗教、教育，或娱乐性质之物品，包括书籍、宗教用物、科学设备、试验纸、乐器、运动用品，及供战俘从事研究或文化活动之材料。

此等装运物资并不免除本公约所加诸拘留国之义务。

对于此等装运物资，只能依保护国为战俘本身利益之提议，或依红十字国际委员会或其他协助战俘之组织因运输或交通之特殊困难，专就其装运物资之提议，而加以限制。

寄递个人包裹与集体救济品之条件，必要时应由有关各国特别协议之，此等国家，应使战俘及时收到此项救济物品，绝不得延误。书籍不得装入衣服及食物之包裹内，药品通常应以集体包裹寄递。

第七十三条 有关各国对于集体救济装运物资之接受与分配之条件，如无特别协议，则应适用本公约所附关于集体装运物资之条款与规则。

上述特别协议绝不得限制战俘代表接收寄交战俘之集体救济装运物资，进行分配，或为战俘利益而处置此项物品之权利。

此项协议亦不得限制保护国，红十字国际委员会或其他协助俘虏及负责转送集体装运物资之组织之代表，监督分配此项物品于受物人之权利。

第七十四条 所有寄交战俘之救济装运物资，应豁免进口，海关及其他税捐。

由邮局直接或通过第一百二十二条所规定之情报局及一百二十三条所规定之战俘中央事务所而寄交战俘之信件，救济装运物资，及核准之汇款，或战俘寄出之汇款，在发信国、收信国及转递国应一律免收邮费。

倘寄给战俘之救济装运物资，因过重或其他原因，不能邮寄时，则拘留国应负担在其所管辖境内之运费。参加本公约之其他各国应负担各该国境内之运费。

有关各国间如无特别协议，则与此项装运物资运输有关之费用，除上述豁免之费额外，应由寄件人负担。

各缔约国应尽可能减低战俘拍发电报，或寄交彼等之电报之收费。

第七十五条 若军事行动致有关国家不能履行其义务保证第七十，七十一，七十二及七十七各条所载之装运物资之输送时，则有关之保护国，红十字国际委员会，或其他经冲突各方正式承认之组织，得采取适当方法（火车、汽车、船舶，或飞机等）以保证此等装运物资之运送。为此目的，各缔约国应设法供给此项运输工具，并准其通行，尤须发给必需之通行证。

此种运输工具亦可用以载送：

（一）第一百二十三条所载之战俘情报中央事务所与第一百二十二条所载之各国情报局间交换之信件、表册及报告；

（二）保护国，红十字国际委员会或任何其他协助战俘之组织与其所派之代表间或与冲突各方间交换之有关战俘之通讯与报告。

此项规定绝不影响任何冲突一方自愿布置其他运输工具之权利；亦不妨碍在彼此同意条件下，对该项运输工具发给通行证。

若无特别协议，使用此项运输工具之费用应由受益人所依附之冲突各方比例负担之。

第七十六条 对于战俘来往信件之检查，应尽速办理。邮件仅得由发信国及收信国检查，每一国仅能检查一次。

对于寄交战俘之装运物资之检查，不得在致使内装之物品受损坏之情形下执行，除手抄或印刷品外，检验应在收件人或其所正式委托之同伴战俘面前执行。个人或集体之装运物资，不得以检查困难为借口而延迟交付于战俘。

任何冲突一方，为军事或政治理由，对于通信之禁止应仅属暂时性，其期间务求其短。

第七十七条 拘留国对于通过保护国或第一百二十三条所规定之战俘中央事务所而送交战俘或自彼等寄发之证件、文书、尤其委托书或遗嘱之转递，应给予一切便利。

在一切情形下，拘留国对于为战俘准备及执行此类文件，应予以便利；尤其应准许彼等咨询律师，并采取一切为证实彼等之签署所必要之措施。

第六编 战俘与当局之关系

第一章 战俘关于在俘情况之申诉

第七十八条 战俘有权向管辖之军事当局提出其关于彼等在俘情况之请求。

彼等并有无限制之权利通过其代表，或如其认为必要时，直接向保护国之代表请求注意彼等关于在俘情况有所申诉之处。

此项请求与申诉不得加以限制，或认为构成第七十一条所指之通信限额之一部分，并须立即传递。即使认为此项请求与申诉并无根据，亦不得因此加以处罚。

战俘代表得向保护国代表致送关于战俘营情况及战俘的需要之定期报告。

第二章 战俘代表

第七十九条 凡有战俘之处，除该处有军官外，每六个月，并遇缺额时，由战俘以秘密投票方式自由选举战俘代表，以便在军事当局，保护国，红十字国际委员会及其他协助彼等之组织之前代表彼等。此等战俘代表得连选连任。

在军官或与其地位相等人员之战俘营或混合战俘营内，战俘中之上级军官应认为该营之战俘代表。在军官战俘营内，该代表应由军官推举之顾问一人或多人协助。在混合战俘营内，其助理人员应自非军官之战俘中选择之，并应由战俘自行选举。

在战俘劳动营内应驻有同一国籍之军官战俘，以便执行应由战俘负责之营内管理任务。此等军官得被选举为本条第一款所规定之战俘代表。在此种场合，战俘代表之助理人员，应自非军官之战俘中推举。

各当选代表须经拘留国批准后，始有权执行任务。拘留国于拒绝批准同伴战俘所选举之战俘时，须将拒绝之理由通知保护国。

在一切场合，战俘代表必须与其所代表之战俘具有同一之国籍、语言及习惯。因此，按国籍、语言或习惯而分配于一战俘营内各别部分之战俘，每一部分应按照前数款之规定，有其自己的战俘代表。

第八十条 战俘代表应增进战俘之物质，精神，及文化福利。

于本公约其他规定赋予战俘代表之特别任务之外，若战俘决定自行组织互助制度时，此项组织尤当属于战俘代表之任务范围。

战俘代表不得因其任务关系而使之对于战俘所为之任何过犯负责任。

第八十一条 战俘代表不得令其担任其他工作，假使因此将使其任务的完成更为困难。

战俘代表得自战俘中指派其所需之助理人员。彼等应获有一切物质上之便利，尤其为完成其任务所需之某种之行动自由（视察劳动队，接受供应品等）。

战俘代表应准视察拘留战俘之场所。每一战俘均应有自由咨询其战俘代表之权利。

对于战俘代表并应予以与拘留当局、保护国、红十字国际委员会及其代表、混合医务委员会，及与协助战俘之团体等邮电通讯之一切便利。劳动队之战俘代表应享受与主要战俘营之战俘代表同样之通讯便利。此项通讯不得加以限制，并不得认为构成第七十一条所指限额之一部分。

战俘代表之被移送者，应许其有相当时间以便将进行中之事务告知其后任。

遇免职时，应将免职之理由通知保护国。

第三章 刑事及纪律制裁

一、总则

第八十二条 战俘应受拘留国武装部队现行法律、规则，及命令之拘束；拘留国对于战俘任何违犯此项法律、规则或命令之行为，得采取司法或纪律上之措施。但不许有与本章之规定相反之程序或处罚。

若拘留国任何法律、规则、或命令规定战俘所犯之行为应受处罚，而同样行为如为拘留国武装部队人员所犯则不受处罚，则该项行为应仅受纪律性的处罚。

第八十三条 拘留国在决定对于战俘被控之过犯之处理程序究应属司法性或纪律性时，应保证主管当局尽量从宽，而尽可能采取纪律性而非司法性之措施。

第八十四条 战俘应只由军事法庭审判，除非按照拘留国现行法律明文之规定，普通法庭得审讯该拘留国武装部队人员，如其犯有战俘被控之特种过犯。

战俘在任何情况下不得由不能保证一般认为必要的独立与公正之任何法庭审判，尤其法庭之诉讼程序之不能给予被告以第一百零五条所规定之辩护权利及方法者。

第八十五条 战俘之因被俘前所犯之行为而依据拘留国法律被诉追者，即令已定罪，应仍享有本公约之利益。

第八十六条 战俘不得因同一行为或同一罪名而受一次以上之处罚。

第八十七条 拘留国军事当局及法庭对于战俘判处刑罚不得超出对其本国武装部队人员犯同一行为所规定之刑罚。

判处刑罚时，拘留国法庭或当局应尽量顾及以下事实，即被告，因非拘留国人民，不受对该国效忠义务之拘束，且系因不在其本人意志支配下之环境关系落于拘留国权力下。上述法庭或当局应得自由减轻对战俘被控之罪行所定之刑罚，因此并无必须援用规定的最低刑罚之义务。

因个人行为而予集体处罚、体刑、监禁

于无日光之场所，以及任何形式之酷刑或残暴，应予一律禁止。

拘留国不得剥夺战俘原有之等级，或禁止其佩带徽章。

第八十八条 军官、士级军官及兵士而为战俘者，在受纪律性或司法性处罚时，其所受之待遇不得苛于拘留国本国武装部队中相当等级之人员因同样处罚所受之待遇。

对女战俘所给予或判处之刑罚或在其受刑罚时所予之待遇不得较苛于拘留国武装部队之女性人员因类似过犯所受之刑罚或待遇。

对女战俘所给予或判处之刑罚或在其受刑罚时所予之待遇绝不得较苛于拘留国武装部队男性人员因类似过犯所受之刑罚或待遇。

凡受过纪律性或司法性处罚之战俘，其待遇不得异于其他战俘。

二、纪律制裁

第八十九条 适用于战俘之纪律性处罚如下：

（一）罚款不得超过战俘按照第六十及六十二两条之规定所应能获得的不超过30日期间之垫发薪给与工资之百分之五十。

（二）停止其超过本公约规定的待遇之特权。

（三）每日不超过两小时之疲劳服役。

（四）禁闭。

第（三）项所列之处罚不得适用于军官。

纪律性处罚绝不得非人道，残暴，或危害战俘健康。

第九十条 每次处罚之时期绝不得超过30日。等候违反纪律行为的审讯或纪律处罚的宣判之禁闭时期，应自战俘所判处罚之日期中减去之。

即使战俘在被判处罚时，同时犯有数种行为，亦不论其所犯行为有无关联，上项规定之30日之最高限期不得超过。

纪律性处罚的宣判及其执行之相隔时期，不得超过一个月。

战俘再度被判纪律性处罚时，如其前后两次处罚中之一次之时期为十日或十日以上，则该两次处罚之执行，其间至少须隔三日。

第九十一条 战俘脱逃应认为完成，如：

（一）彼已参加其所依附之国或其盟国之武装部队；

（二）彼已离开拘留国或其盟国所控制之领土；

（三）彼已逃登悬有其所依附之国或其盟国的国旗之船只，而该船在拘留国领水内，但不为其所控制。

凡在本条意义下完成脱逃之战俘而又重被俘获者，不得为其前次之脱逃而受任何处罚。

第九十二条 战俘企图脱逃而未能在第九十一条之意义下完成脱逃以前而重被俘获时，对于该行为应只受纪律性处罚，纵属累犯。

凡重被俘获之战俘，应立即送交主管军事当局。

不论第八十八条第四款之规定如何，因脱逃未完成而被处罚之战俘得受特别监视。此种监视不得影响其健康，须于战俘营中行之，并须不剥夺本公约赋予彼等之任何保障。

第九十三条 战俘因在脱逃或企图脱逃中所为之过犯受司法审判时，其脱逃或企图脱逃，纵属累犯行为，不得成为加重处罚之情由。

按第八十三条所述之原则，战俘纯为便利脱逃所为之过犯而未对于生命或肢体施暴行者，如侵害公物，非为利己意图之盗窃，制作或使用伪造文件，穿著平民衣服，应仅受纪律性处罚。

凡协助或唆使脱逃或企图脱逃之战俘应仅因此受纪律性处罚。

第九十四条 脱逃之战俘，若被重俘，应按第一百二十二条所规定之方式通知其所依附之国，如其脱逃曾经通知。

第九十五条 战俘被控违犯纪律，在候审期间不得予以禁闭，除非拘留国武装部队人员犯被控有类似过犯时亦受禁闭，或为战俘营之秩序与纪律计须如此办理。

战俘因违犯纪律等候处理之禁闭期间，应尽量减短，并不得超过14日。

本章第九十七、九十八两条之规定应适用于违犯纪律等候处理而受禁闭之战俘。

第九十六条 构成违犯纪律之行为应立即调查之。

在不妨碍法庭及上级军事当局之权限范围内，纪律性处罚仅能由以战俘长官之地位具有纪律权之军官或代替该长官之负责军官或其所委付以纪律权之军官命令之。

此项权力绝不得委托战俘或由战俘行使之。

在纪律判决宣布前，应将关于其所被控之过犯之确切案情通知被告人，并予以解释其行为及辩护之机会。尤应许其召唤证人，并于必要时，使用合格之译员。判决应向被告战俘及战俘代表宣布之。

纪律性处罚之纪录应由战俘营长官保存之，并得由保护国代表检查。

第九十七条 战俘绝不得移送于反省机关（监所、反省院、已决犯监狱）受纪律性处罚。

执行纪律性处罚之处所应合于第二十五条所规定之卫生条件。受纪律性处罚之战俘，应使其能依照第二十九条自行保持清洁。

军官或相当地位人员不得与士级军官或士兵同住一处。

受纪律性处罚之女战俘之禁闭地方应与男战俘分开，并应由妇女直接监管。

第九十八条 作为纪律性处罚而受禁闭之战俘，应继续享受本公约规定之利益，但因其被禁闭之事实，致不能适用者除外。第七十八及一百二十六两条所规定之利益决不得剥夺之。

被判纪律性处罚之战俘不得剥夺其所属等级应有之特权。

被判纪律性处罚之战俘应许其运动及在露天地方停留，每日至少二小时。

战俘请求时，应许其参加每日之健康检查。彼等应获得其健康情况所需之照顾，并应于必要时，移送战俘营之疗养所或医院。

彼等应准阅读及书写并收发信件。寄给彼等之包裹及汇款得予扣留，直致其处罚满期为止；在此期间，此等物款应交与战俘代表保管，战俘代表当将包裹中易于腐坏之物品交与疗养所。

三、司法程序

第九十九条 战俘之行为，在其犯此行为时，非为当时有效之拘留国法律或国际法所禁止者，不得因此而受审判或处刑。

对战俘不得加以精神或身体上之胁迫，使之对其所被控之行为自认有罪。

战俘在未有提出辩护之机会及合格之辩

护人或律师之协助前，不得定罪。

第一百条 按拘留国法律得处死刑之罪行应尽速通知战俘及保护国。

嗣后其他罪行非经战俘所依附之国之同意不得以死刑处罚。

对战俘不得判处死刑，除非法庭曾经依照第八十七条第二款被特别提醒注意以下事实，即被告因非拘留国人民，不受对该国效忠义务之拘束，且系因不在其本人意志支配下之环境关系落于拘留国权力下。

第一百零一条 若有战俘被宣判死刑，则应在保护国于其指定之地址接获第一零七条所规定之详细通知后至少满六个月，始得执行。

第一百零二条 对于战俘之判决只有经审判拘留国武装部队人员之同一法院，按照同样程序而宣布，并曾遵照本公约之各项规定者，始属有效。

第一百零三条 关于战俘之司法侦查，应依环境所许从速进行，以便其审判得以尽早开始。战俘在候审期间不得禁闭，除非拘留国武装部队人员犯同一罪行者亦将禁闭，或为国家安全计必须如此办理。在任何情况下此项禁闭时期不得超过三个月。

战俘因候审禁闭之期间，应自其所判处之监禁中减去之，在判处任何刑罚时，此项期间亦应顾及。

本章第九十七及九十八两条之规定适用于禁闭候审之战俘。

第一百零四条 拘留国如决定对某一战俘进行司法程序，应尽速通知保护国，并至少在开审前三周通知之。此三周期限应自该项通知到达保护国事先向拘留国指定之地址之日算起。

上述通知应包括下列情报：

（一）战俘之姓名、等级，所属军、团及个人番号，出生日期，及职业或行业，如其有之。

（二）拘禁或禁闭地点。

（三）战俘被控之某一种或某数种罪名及其适用之法律条文。

（四）承审该案之法庭及开审之日期与地点。

同样通知，应由拘留国发给战俘代表。

在开审时，若无证据提出以证明保护国，战俘及有关之战俘代表至少已在开审前三周接获上述通知，则此项审判不得举行而必须延期。

第一百零五条 战俘有权由其同伴战俘之一人协助，由其自行选定之合格辩护人或律师为之辩护，召唤证人，及在其认为必要时，使用胜任之翻译员。拘留国应于审判前适当时期将此等权利通知战俘。

若战俘并未自行选定辩护人或律师，则保护国应代为觅请，为此目的该国应至少有一周之支配时间。拘留国一经请求，应将有资格出庭辩护人之名单送交该保护国。若战俘或保护国均未选定辩护人或律师，则拘留国应指定一合格之辩护人或律师进行辩护。

为战俘辩护之辩护人或律师，在开审前应至少有两周之支配时间及一切必要之便利，以便为被告人准备辩护。尤其彼得自由往访被告人，并作秘密晤谈。彼得为从事辩护与任何证人（包括战俘在内）商谈。彼得享有上述一切便利，直致上诉或诉愿时期届满为止。

战俘被控之罪名的详情，以及依照拘留国武装部队现行法律通常致送被告人之文件，应以其所了解之文字，在开审前及时通知被告战俘。同样之通知，亦应在同样情形下，致送于为战俘辩护之辩护人或律师。

在审判时，保护国代表应有权到庭旁听，除非为国家安全的利益例外的禁止旁听。在此种场合拘留国应照此通知保护国。

第一百零六条 每一战俘应与拘留国武装部队人员同样对其所受之判决具有上诉与诉愿之权利，以期撤销或变更判决或重行审讯。此项上诉与诉愿权及其期限应全部通知战俘。

第一百零七条 对战俘所宣布之判决应立即摘要通知保护国，并说明其是否有权上诉，以期撤销此项判决或重行审判。此项通知亦应送交有关之战俘代表。若宣布判决时，被告本人不在场，则应以其所了解之文字将此项通知送交该被告战俘。战俘使用或放弃其上诉权之决定，亦应由拘留国立即通知保护国。

又若战俘最后被定罪或初审判决即判处死刑，拘留国应尽速致送一详细通知于保护国，其内容包括：

（一）事实认定及判决之正确措辞；

（二）初步侦查及审判之摘要报告，尤着重起诉及辩护之要点；

（三）如属可行时，执行判决之处所之通知。

上列各项所规定之通知应按拘留国事先获悉之地址，送达保护国。

第一百零八条 在正式定罪后，对战俘所宣判之处刑应在与拘留国武装部队人员犯者服刑之同一场所，并在同样条件下执行之；此项条件，应在一切情形下合乎健康及人道之要求。

被判处刑之女战俘应在分别处所禁闭，并由妇女监管之。

被判处刑之战俘，无论如何，应保有享受本公约第七十八及第一百二十六两条规定之利益。此外，彼等得收发函件，收取救济包裹至少每月一次，作定规的露天运动，获得其健康状况所需之医药照顾，及其所愿有之精神帮助。彼等所受之刑罚应合乎第八十七条第三款之规定。

第四部 在俘之终止

第一编 直接遣返及中立国之收容

第一零九条 除受本条第三款之规定之限制外，冲突各方必须遵照下条第一款之规定，将经过治疗后适于旅行之重伤与重病之战俘，不论其数目或等级如何，遣返其本国。

在战事期间，冲突各方，应依有关中立国之合作，努力商定办法使下条第二款所列之患病及受伤战俘收容于中立国。此外，彼等并得缔结协议，俾将经过长期在俘之健壮战俘直接遣返，或拘禁于中立国。

根据本条第一款之规定有资格被遣返之患病或受伤之战俘，在战事期间不得违反其意志将其遣返。

第一百一十条 以下所列者，应予直接遣返：

（一）不能医治之伤者及病者而其精神与体力似已严重减损者。

（二）根据医生意见不象能在一年内复原之伤者及病者而其病况需要治疗且其精神与体力似已严重减损者。

（三）业已复原之伤者及病者，但其精神与体力似已严重的且永久的减损者。

以下所列者，得收容于中立国：

（一）伤者及病者之可希望于自其受伤之日或患病之日起，一年之内复原，如其在中立国治疗或可有更确定及迅速复原之希望者。

（二）根据医生意见，战俘之身心健康因继续在俘而受严重威胁，如其收容于中立国可免除此种威胁者。

收容于中立国之战俘，为获准遣返所必须满足之条件以及其身份，应由有关各国协议决定之。在一般上，收容于中立国之战俘而属于下列各类者，应予遣返：

（一）健康状况已衰颓至合乎直接遣返之条件者；

（二）虽经治疗而身心健康依然相当损坏者。

若冲突各方未经缔结特别协议，以决定应予直接遣返或收容于中立国之残废及疾病之问题，则此种问题应依照本公约所附之关于直接遣返及中立国收容伤病战俘之示范协议及混合医务委员会规则所定之原则决定之。

第一百一十一条 拘留国，战俘所依附之国，及该两国同意之中立国，应努力订立协议，俾战俘得拘禁于该中立国境内直至战事终了为止。

第一百一十二条 战事开始时，应指派混合医务委员会从事检查伤病战俘，并作关于彼等之适当之决定。此等委员会之指派、任务及工作，应符合本公约所附规则之规定。

但据拘留国医务当局之意见，战俘系显然受重伤或患重病者，得不经医务委员会之检查而予遣返。

第一百一十三条 除拘留国医务当局所指定者外，凡伤病战俘属于下列各类者，应有受前条所规定之混合医务委员会检查之权利：

（一）伤者病者之经在其战俘营执行任务，而属于该战俘之同一国籍，或属于与该战俘所依附之国同盟的冲突一方之国民之医生或外科医生提出者。

（二）伤者病者之由战俘代有提出者。

（三）伤者病者之由其所依附之国或经该国正式承认之协助战俘之组织提出者。

战俘之不属于上述三类之一者，亦可请求混合医务委员会检查，惟仅能在属于上述各类之人之后检查之。

混合医务委员会检查时，自请检查之战俘之同国籍之医生与外科医生，以及该战俘之代表，应许其在场。

第一百一十四条 战俘如遭遇意外，除非自伤，得享有本公约关于遣返及中立国收容之规定之利益。

第一百一十五条 凡判纪律性处罚之战俘而合于遣返或收容于中立国之条件者，不得以其尚未受处罚为借口而予以扣留。

因司法诉追或定罪而被拘留之战俘，被指定遣返或收容于中立国者，如得拘留国之同意，得于诉讼终结前或处罚执行完毕前，享有此项办法之利益。

冲突各方应互相通知其将予拘留至诉讼终了或处罚执行完毕为止之战俘之名单。

第一百一十六条 战俘遣返或送往中立国之费用，应自拘留国边境起，由该战俘等所依附之国负担。

第一百一十七条 被遣返之人员不得使其服军事现役。

第二编　战事结束后战俘之释放与遣返

第一百一十八条 实际战事停止后，战俘应即予释放并遣返，不得迟延。

冲突各方为停战而缔结之协议中，如无关于上述事项之规定，或不能成立此项协议者，各拘留国应即依照前款所定之原则，自行制定并执行遣返计划，不得迟延。

在任一情形下，其所采取之办法应使战俘知悉。

在一切情形之下遣返战俘之费用，应由拘留国与战俘所依附之国公平分摊。分摊应在下列基础上执行之：

（甲）如两国接壤，则战俘所依附之国应负担自拘留国边境起之遣返费用。

（乙）如两国不接壤，则拘留国应负担运送战俘通过其国土，直至边境或达到距战俘所依附之国最近的乘船港口之费用。其余费用应由有关各国商定公平分摊。此项协议之缔结绝不得作为迟延遣返战俘之理由。

第一百一十九条 战俘之遣返应在与本公约第四十六条至四十八条所规定之关于移送战俘相类似之条件下实行之，亦应顾及第一百一十八条及下列各款之规定。

遣返时，根据第十八条押收战俘之任何贵重品及任何未经兑换成拘留国货币之外国货币，应一律交还彼等。如在遣返时，不论因何种理由，未经交还战俘之贵重品及外国货币，则应寄交依第一百二十二条设立之情报局。

战俘应准携带其个人物品及已收到之寄给彼等的任何信件及包裹，此项行李之重量，如遣返情形有此必要时，得以每人所能适当负荷者为度，至少应各准携带 25 公斤。

遣返之战俘之其他个人物品，应由拘留国负责保管，一俟该国与战俘所依附之国订成关于上项物品送还之协议，规定运输条件及费用之偿付后，即行转送战俘。

战俘因刑事上之犯罪，诉追程序正在进行中者，得将其拘留至该项程序终结为止，必要时，至刑罚执行完毕为止。此项规定，对于因刑事上之犯罪业已定罪之战俘亦适用之。

冲突各方应将被扣留至刑事程序终结，或刑罚执行完毕为止之战俘之名单，相互通知。

应依冲突各方间之协议，设立委员会以寻觅散失之战俘，并保证彼等之迅速遣返。

第三编　战俘之死亡

第一百二十条 战俘之遗嘱应依照其本国法律所规定之生效条件而作成，其本国须设法将此方面之条件通知拘留国。依战俘之要求，以及在一切情形下，于其死亡后，其遗嘱应立即送达保护国；其证明之抄本并应送交战俘中央事务所。

依照本公约所附格式之战俘死亡证或由负责军官证明之一切战俘死亡名单，应尽速送交依第一百二十二条设立之战俘情报局。死亡证或证明之名单上应载明第十七条第三款所列之身份事项与死亡日期及地点，死亡原因，埋葬日期及地点，以及为辨认坟墓所必须之一切详情。

在战俘埋葬或焚化前，其身体应经医生检查，以确定其死亡而便于作报告，并于必要时，证明身份。

拘留当局应保证在俘中死亡之战俘，得到荣誉的安葬，可能时，按照彼等所属宗教之仪式埋葬之，其坟墓予以尊重而妥为维护，并加以标志，俾随时可以寻见。如其可能，应将依附同一国之死亡战俘埋葬于同一地方。

死亡之战俘，应埋葬于个别之坟墓中，除非在无法避免之情况下必须采用集体坟墓。遗体仅得因迫切的卫生理由，死者之宗教关系或其本人表明之意愿，方得予以焚化。如举行焚化，则此项事实与理由应载明于死者之死亡证。

为便于随时寻见坟墓，所有关于埋葬与坟墓之详情应在拘留国所设立之坟墓登记处登记。坟墓单及战俘埋葬于公墓及其他地点之详情应转送该战俘等所依附之国。控制此领土之国家，如系本公约之缔约国，应担负照顾此项坟墓及登记嗣后尸体移动之责任。此项规定亦应适用于骨灰，骨灰应由坟墓登记处保管，直到依照其本国之愿望适当处理为止。

第一百二十一条 战俘之死亡或重伤，系由于或疑为由于哨兵，另一战俘或其他任何人所致者，以及原因不明之死亡，应由拘留国立即从事正式调查。

该事件应立即通知保护国。应从证人，尤其从战俘中之证人取得供词，并将包括此项供词之报告，送达保护国。

如上述调查指名一人或多人犯罪，拘留国应采取一切必要之措施对负责人或人们进行诉追。

第五部 战俘情报局及救济团体

第一百二十二条 在冲突发生时，及在一切占领之场合，冲突之每一方应为在其权力下之战俘设立一正式情报局。中立国或非交战国，凡在其领土内收容属于第四条所指之各类之一种之人员者，关于此项人员应采取同样行动。有关国家应保证战俘情报局备有必要之房屋，设备及工作人员以便进行有效的工作。情报局在本公约关于战俘工作之一编规定之条件下，得自由雇用战俘。

在尽可能最短时期内，冲突之每一方应将本条第四、五、六各款所述关于落于其权力下之第四条所列各类敌人之情报通知其情报局。中立国或非交战国关于在其领土内所收容之属于此类之人员，亦应采取同样行动。

情报局应立即以最迅速之方法将此类情报通过保护国以及第一百二十三条所规定之中央事务所，转达有关国家。

此项情报应能尽速通知有关最近亲属。在第十七条之规定之限制下，此项情报应包括情报局所获得之关于每一战俘之姓名、等级、军、团、个人番号、出生日期及地点、所依附之国家、父名、及母亲本名、被通知人之姓名与地址，以及寄交该战俘信件之地址。

情报局应从各有关部门获得关于移送、释放、遣返、脱逃、送入医院、及死亡之情报，并应照上列第三款所述方式将此项情报转送之。

关于患重病或受重伤之战俘之健康状况之情报，亦应按期供给，可能时每周供给之。

情报局并须负责答复一切关于战俘之询问，包括在俘中死亡之战俘在内；如关于所询问之事项，该局未备有情报则应作一切必要之调查以获取之。

情报局之书面通知，应以签字或盖章为凭。

情报局又应负责搜集被遣返或释放、脱逃或死亡之战俘所遗留之一切个人贵重物品，包括除拘留国货币以外之款项，以及于其最近亲属有重要关系之文件，并应将此等贵重物品转送有关国家。此等物品应由情报局以密封包裹寄送，并附说明书，清晰详载关于此项物品所有人之身份事项，及包裹内容之清单。此等战俘之其他个人物品应依有关冲突各方协议之办法转送之。

第一百二十三条 在中立国境内应设立一战俘情报中央事务所。红十字国际委员会认为必要时，应向有关各国建议组织此项事务所。

该事务所之任务在搜集一切自官方或私人方面可能获得关于战俘之情报，并尽速将此项情报转送战俘的本国或其所依附之国。冲突各方应给予该事务所以转送此项情报之一切便利。

各缔约国特别是其人民享受中央事务所服务之利益之国家，对该事务所应予以所需之经济援助。

上述各规定绝不得解释为限制红十字国际委员会或第一百二十五条所规定之救济团体之人道的活动。

第一百二十四条 各国情报局及中央事务所应享受邮政免费，及第七十四条所规定之一切豁免，并应尽可能豁免电报费，或至少大减其费率。

第一百二十五条 在拘留国认为保证其安全或适应其他合理需要所必要之措施之限制下，宗教组织，救济团体，或其他任何协助战俘之组织之代表，应得为其本人及其正式委派之代理人，自拘留国获得一切必要之便利以访问战俘，分发为供宗教、教育或娱乐目的用之任何来源的救济物资，并协助战俘在营内组织其空闲时间。此等团体或组织得在拘留国境内或任何其他国家内组成，或具有国际性质。

拘留国得限制派有代表在其领土内及在其监督下从事活动之团体及组织之数目，但该项限制不得妨碍对全体战俘之适当救济之有效活动。

红十字国际委员会在该方面之特殊地位无论何时均应予以承认及尊重。

为上述目的之救济物资，一经交给战俘，或于交给后短时间内，战俘代表为每批装运物资签署之收据，应即送交运寄此项物资之救济团体或组织。同时负责看管战俘之行政当局亦应为此等装运物资出具收据。

第六部　本公约之执行

第一编　总则

第一百二十六条 保护国之代表，应许其前往战俘所在之一切地方，尤其拘禁、监禁及劳动之地方，并可进入战俘居住之一切场所；彼等亦应准许前赴被移送战俘之出发，经过或到达之地点。彼等又应能亲自或通过译员与战俘，尤其战俘代表会晤，而不须有他人在场。

保护国之代表，应有选择其愿访问地点之充分自由。访问之时间及次数不得加以限制。除因迫切的军事需要之理由，且仅作为一种例外及暂时的措施外，不得禁止此种访问。

必要时，拘留国及该战俘所依附之国得同意允许战俘之同国人参加访问。

红十字国际委员会之代表应享受同样特权。此项代表之指派应取得拘留其所访问之战俘之国家之同意。

第一百二十七条　各缔约国在平时及战时应在各该国尽量广泛传播本公约之约文，尤应在其军事，并如可能时在公民教育计划中，包括本公约之学习，俾本公约之原则为全部武装部队及全体人民所周知。

在战时负战俘事宜任何军事或其他当局必须备有本公约之约文，并须对其各项规定受有特别之教导。

第一百二十八条　各缔约国应通过瑞士联邦委员会，在战时则通过保护国，互相通知本公约之正式译文，及其所采用以保证实施本公约之法律与规则。

第一百二十九条　各缔约国担任制定必要之立法，俾对于本身犯有或令人犯有下条所列之严重破坏本公约之行为之人，处以有效的刑事制裁。

各缔约国有义务搜捕被控为曾犯或曾令人犯此种严重破坏本公约行为之人，并应将此种人，不分国籍，送交各该国法庭。该国亦得于自愿时，并依其立法之规定，将此种人送交另一有关之缔约国审判，但以该缔约国能指出案情显然者为限。

各缔约国应采取必要之措施，以制止下条所列严重破坏本公约之行为以外之一切违反本公约之规定之行为。

在一切情况下，被告人应享有适当的审判及辩护之保障。此种保障，不得次于本公约第一百零五条及其以下各条所规定者。

第一百三十条　上条所述之严重破坏公约行为，应系对于受本公约保护之人或财产所犯之任何下列行为：故意杀害，酷刑或不人道待遇，包括生物学实验，故意使身体及健康遭受重大痛苦或严重伤害，强迫战俘在敌国部队中服务，或故意剥夺战俘依本公约规定应享之公允及合法的审判之权利。

第一百三十一条　任何缔约国不得自行推卸，或允许任何其他缔约国推卸，其本身或其他缔约国所负之关于上条所述之破坏公约行为之责任。

第一百三十二条　经冲突之一方之请求，应依有关各方所决定之方式，进行关于任何被控违犯本公约的行为之调查。

如关于调查程序不能获致协议，则各方应同意选定一公断人，由其决定应遵行之程序。

违约行为一经确定，冲突各方应使之终止，并应迅速加以取缔。

第二编　最后条款

第一百三十三条　本公约以英文及法文订立。两种文字之约文具有同等效力。

瑞士联邦委员会应准备本公约之俄文及西班牙之正式译文。

第一百三十四条　在各缔约国间之关系上，本公约代替 1929 年 7 月 27 日之公约。

第一百三十五条　在受 1899 年 7 月 29 日或 1907 年 10 月 18 日海牙陆战法规与惯例公约之拘束并为本公约之缔约国之各国关系上，本公约应为上述海牙公约所附规则第二编之补充。

第一百三十六条　本公约以本日为订立之日期，至 1950 年 2 月 12 日为止，凡参加 1949 年 4 月 21 日日内瓦会议各国，以及未参加该次会议，但系 1929 年 7 月 27 日公约之缔约国，均可签字。

第一百三十七条　本公约应尽速批准，其批准书应交存于伯尔尼。

每一批准书交存时，应予登记，并由瑞士联邦委员会将该项登记之证明的抄本分送业经签字或通知加入本公约之各国。

第一百三十八条 本公约在至少两国批准书交存后六个月发生效力。

嗣后，本公约对于每一缔约国自其批准书交存后六个月发生效力。

第一百三十九条 本公约自生效之日起，任何未签字本公约之国家均得加入。

第一百四十条 本公约之加入应以书面通知瑞士联邦委员会，自加入之通知收到之日起六个月后发生效力。

瑞士联邦委员会应将此项加入通知所有业经签字或加入本公约之国家。

第一百四十一条 第二条及第三条所载之情况应使在战事开始或占领之前或后，冲突各方所交存之批准书及加入之通知立即生效。瑞士联邦委员会应将其从冲突各方收到之任何批准书或加入之通知，以最迅速方法通告之。

第一百四十二条 每一缔约国得自由退出本公约。

退约须用书面通知瑞士联邦委员会，并由该委员会转告所有缔约国政府。

退约须于通知瑞士联邦委员会后一年发生效力。但如缔约国于作退约通知时已卷入冲突，则其退约须待至和议成立后，并在有关本公约所保护之人员之释放及遣返之工作完毕后，始能生效。

退约仅对该退约国有效，但并不减轻冲突各方依国际法原则仍应履行之义务，此等原则系产自文明人民间树立之惯例，人道法则与公众良心之要求。

第一百四十三条 瑞士联邦委员会应将本公约在联合国秘书处登记，并应将其所接获之所有关于本公约之批准、加入及退约通知联合国秘书处。

为此，下列签署人于交存全权证书后，签署本公约，以昭信守。

1949 年 8 月 12 日以英文法文订于日内瓦。正本应交存于瑞士联邦委员会之档案中。瑞士联邦委员会应将证明之抄本送交每一签字及加入之国家。

附件一

关于直接遣返及中立国收容伤病战俘之示范协议

（见第一百一十条）

一、直接遣返及中立国收容之原则

甲、直接遣返

下列战俘应直接遣返：

（一）凡因创伤而残废之战俘：丧失肢体、瘫痪、关节的或其他残废，其残废至少丧失一手或一足，或相当于丧失一手或一足者。

在不妨碍更宽大解释下，下列病情均应视为相当于丧失一手或一足：

1. 丧失一手或全部手指，或丧失一手之姆指及食指；丧失一足，或一足之全部足趾及跖骨。

2. 关节强硬，骨组织消失，瘢痕性收缩妨碍某一大关节机能，或一手之全部指关节机能者。

3. 长骨成假关节。

4. 因骨折或其他创伤严重妨害机能或荷重能力之畸形。

（二）凡受伤之战俘，其伤势转为慢性，自受伤日起一年内虽经治疗，而似无法恢复者，例如：

1. 心脏中的外物如弹片等，虽经混合医务委员会检查，当时未能查出任何严重病情者。

2. 脑部或肺部中的金属碎片，虽经混合医务委员会检查，当时未能查出任何局部或全身反应者。

3. 骨髓炎，自受伤时起一年中未能预期其恢复，并可引起关节强硬者，或其他相当于丧失一手或一足之损害者。

4. 大关节穿通其化脓性损伤。

5. 颅骨损伤，并有骨组织的损失或错位。

6. 面部损伤或烧伤，并有组织损失及官能损害。

7. 脊髓损伤。

8. 周围神经损伤，其后患相当于丧失一手或一足，且自受伤日起需时一年以上之治疗者，例如：损伤臂丛或腰骶丛，正中神经或坐骨神经，并损伤桡神经及肘神经，或损伤腘外侧神经（腓总神经）及腘内侧神经（胫神经）等。桡神经，肘神经，腘内外侧神经等单独损伤，除因收缩或严重神经营养的妨害外，应不予以遣返。

9. 尿系统损伤，并有功能不全者。

（三）凡患病之战俘其病情转为慢性，自患病日起一年内虽经治疗而似无法恢复者，例如：

1. 任一进行性器官结核，据医生诊断，在中立国治疗不能治愈，或至少不能有大进步者。

2. 渗液性胸膜炎。

3. 认为不能医治之非结核性病原之呼吸器严重病，例如：严重性肺气肿不论有无支气管炎者；慢性气喘；慢性支气管炎在俘时持续一年以上者；支气管扩张病等。

4. 循环系统之严重慢性病，例如：心瓣膜损害及心肌炎；而其在被俘期间曾呈现循环衰竭征状，虽经混合医务委员会检查，当时并未查出任何此种征状者；心包病及血管病（闭塞性血栓性血管炎，大血管动脉瘤）等。

5. 消化器之严重慢性病，例如：胃溃疡或十二指肠溃疡；被俘期间施行胃手术之后患；曾患一年以上并严重影响身体健康之慢性胃炎，肠炎，或结肠炎；肝硬变；慢性胆囊病等。

6. 泌尿器之严重慢性病，例如：肾脏慢性病与不良之后果；肾结核而施行肾截除术者；慢性肾盂炎或慢性膀胱炎；肾盂积水或肾盂积脓；严重慢性妇科病；正常妊娠及产科病而不可能在中立国收容者等。

7. 中枢及周围神经系统之严重慢性病，例如：一切显著之精神病及精神神经病，如：曾经专家证明之严重性癔病、严重性被俘精神神经病等；曾经俘虏营医师证明之任何癫痫；大脑动脉硬化症；持续一年以上之慢性神经炎等。

8. 自主神经系统之严重慢性病，并大大削弱精神或身体健康，显有体重减轻，及体力衰弱。

9. 双目失明，或一目失明，而另一目之视力虽配用矫正眼镜仍不及一者；视力敏度衰退，如经矫正仍不能至少使一目之敏度恢复二分之一者；其他重眼病，例如：青光眼、虹膜炎；脉络膜炎；沙眼等。

10. 听觉病，如一耳全聋，而另一耳距离一米即不能辨明普通谈话者等。

11. 严重性代谢机能病，例如：糖尿病需用胰岛素治疗者等。

12. 内分泌腺之严重病，例如：甲状腺中毒症，甲状腺机能迟钝症，阿狄森氏病，垂体病性恶病质，手足搐搦等。

13. 造血器之严重慢性病。

14. 严重之慢性中毒症，例如：铅中毒，汞中毒，吗啡中毒，古碱柯中毒，醇中毒，气体或放射线中毒等。

15. 运动器慢性病显有官能失调，例如：畸形性关节炎，原发性及继发性进行的慢性多关节炎；风湿症并有严重之临床症候等。

16. 难于治疗之严重慢性皮肤病。

17. 任何恶病瘤。

18. 曾患一年之严重慢性传染性病，例如：疟疾显有器官损害；阿米巴或杆菌痢疾并有严重的病患；三期内脏梅毒难于治疗者；麻疯等。

19. 严重之维生素缺乏病或严重的营养缺乏病。

乙、中立国收容

下列战俘得送往中立国收容：

（一）凡受伤之战俘在俘中不象能恢复，但由中立国收容则或可获痊愈或可获相当好转者。

（二）无论身患任何器官结核之战俘，其在中立国治疗或可获得恢复或至少获得相当好转者，但在被俘前曾被治愈之原发性结核病除外。

（三）凡战俘患呼吸器，循环器，消化器，神经系统，感觉器，泌尿器，皮肤，运动器等病而需要医治者，若在中立国医治较比在俘中医治显然可有更良好结果者。

（四）凡战俘在被俘期间因患非结核性肾脏病，曾经施行肾截除术者；患骨髓炎之在恢复期或潜伏期者，患糖尿病无需施行胰岛素治疗者等。

（五）凡患战争神经病或被俘神经病之战俘。

患被俘神经病之战俘，在中立国收容医治三个月未见治愈或经过那个时期未显然走上完全治愈之途上者，应予遣返。

（六）凡患慢性中毒（气体、金属、膺碱等）之战俘，而在中立国治疗特别有利者。

（七）凡妊娠之女俘，或有婴儿或小孩之女俘。

下列病例均不得送往中立国收容：

（一）一切正式证明之慢性神经病。

（二）一切认为无法医治之器官性或机能性神经病。

（三）除结核病外，一切易于传染之接触传染病。

二、守则

（一）所列之病情一般应尽可能从广义予以解释及适用。因战争或被俘而引起之神经病及精神病病情以及各期结核病，尤应享受此项从宽解释的利益。凡受伤多处之战俘，而无一处伤势足资使其遣返者，亦应本此同一精神予以检查，并适当顾及因受伤多处而引起之精神创伤。

（二）凡具有直接遣返权利之无疑问的病者，截肢，全盲或全聋，开放性肺结核，精神病，恶性瘤等应由战俘营医生或拘留国指定之军医委员会尽速予以检查遣返。

（三）凡于战前已有的而迄未转剧之损伤与疾病，以及不妨碍嗣后军役之战伤，均不得享有直接遣返之权。

（四）本附录之规定应在冲突各国内同样予以解释与适用。各有关国家与当局应予混合医务委员会以一切完成其工作必要的便利。

（五）上述（一）项内所举之实例仅代表与典型病例。凡与上述规定之病例不完全相符合者应根据本公约第一百一十条之规定及本协议所包含之原则之精神判定之。

附件二

混合医务委员会规则（见第一百一十二条）

第一条 本公约第一百一十二条所规定之混合医务委员会应由委员三人组成之，其中二人应系中立国人，第三人由拘留国指派之。中立国委员中之一人应任主席。

第二条 中立国委员二人应经拘留国请求由红十字国际委员会与保护国协议指派之。该二委员得为在其本国或在任何其他中立国，或拘留国之领土内有住所之人。

第三条 中立国委员应经有关冲突各方之认可，冲突各方应将其认可通知红十字国际委员会及保护国。经上述通知后，中立国委员始认为有效派定。

第四条 应指派数目充足之副委员，俾于必要时代替正委员。副委员应与正委员同时指派，或至少应尽速指派。

第五条 红十字国际委员会若因任何理由未能指派中立委员，则应由保护受检查之战俘的利益之国家指派之。

第六条 应尽可能使中立国委员二人中之一人为外科医生，另一人为医生。

第七条 中立国委员对冲突各方应完全独立，冲突各方应给予彼等完成其任务之一切便利。

第八条 红十字国际委员会在指派本规则第二及第四两条规定之人员时，应与拘留国协议决定被指派之人员之服务条件。

第九条 中立国委员经认可后，混合医务委员会应尽速开始工作，无论如何须自认可之日起三个月内开始工作。

第十条 混合医务委员会应检查本公约第一百一十三条所指之一切战俘。该会应建议遣返，否决，或交以后检查，其决定应依多数为之。

第十一条 混合医务委员会对每一案件之决定，应在其视察后一月内通知拘留国，保护国，及红十字国际委员会。混合医务委员会并应将其决定通知每一受检查之战俘并将类似本公约所附示范式样之证件发给其所建议遣返之战俘。

第十二条 拘留国应在接获混合医务委员会之决定之正式通知后三个月内实施其决定。

第十三条 在需要混合医务委员会工作之国家若无中立国之医生，及因其他原因而未能指派在另一国内之中立国医生时，则拘留国应与保护国协议后设立一医务委员会担任与混合医务委员会相同之任务，但应受本规则第一、二、三、四、五及八各条之规定之限制。

第十四条 混合医务委员会应长期执行任务，并应至少每隔六个月视察各战俘营一次。

附件三

关于集体救济物品之规则（见第七十三条）

第一条 战俘代表应准将其所负责之集体救济装运物资分配与其本营所管理之各战俘，包括在医院、监狱或其他服刑处所之战俘。

第二条 集体救济装运物资之分配应按照捐赠人之指示及战俘代表所拟之计划办理。但医药材料之发给宜与上级医官商定进行，该医官遇病人之需要有此要求时，得在医院与疗养所中放弃上项指示。在以上所规定之限度内，分配应始终公平执行之。

第三条 上述战俘代表或其助理人员应准前往战俘营附近之救济物品到达之地点，以便彼等得查验所收到之物品之品质与数量，并对损赠人作详细报告。

第四条 对战俘代表应给予必需之便利以便查验战俘营之各分处及各附属处所是否已依照其指示分配集体救济物品。

第五条 战俘代表应准填写，或令劳动队中之战俘代表或疗养所及医院之上级医官填写，送交捐赠人之关于集体救济物品（分配、需要、数量等）之表格或问题。此项表格或问题填就后应即转送捐赠人，不得迟延。

第六条 为保证在战俘营内对战俘正常分发集体救济物品，及适应因新到战俘而发生之需要起见，应允许战俘代表准备并保持充分之集体救济物品存储量。为此目的，彼等应有适当之库房以供使用；每一库房均应备锁两把，战俘代表保管一锁之钥匙，另一锁之钥匙由战俘营长官保管之。

第七条 若集体装运物资中有衣服，每一战俘应至少保有衣服一整套，若一战俘持有一套以上之衣服，应允许战俘代表得自衣服最多之战俘收回其多余之衣服，或超过一件之特殊物品，如其为供给衣服较少之战俘有此必要。惟内衣、袜、鞋之第二套不得收回，除非此系为救济一无所有之战俘之唯一办法。

第八条 各缔约国，尤其拘留国，应尽可能并在管理居民供应之规则之限制下，准许在其境内采购物品作为集体救济品分配予战俘。各该国对为此项采购所需之款项转移及其他技术或行政性之金融措施应同样给予便利。

第九条 上述规定并不妨碍战俘在到达战俘营前或在移送途中受取集体救济物品之权利，亦不妨碍保护国，红十字国际委员会，或其他协助战俘并负责运送此项物资之团体之代表依其所认为有用之任何其他方法保证将上项物品分配予受物人之可能。

附件四

身份证、被俘邮片、邮片及信、死亡通知示意图

（略）

附件五

关于战俘向其本国汇款之示范规则

（略）

注：本公约于 1952 年 7 月 13 日经中中华人民共和国中央人民政府授权外交部长周恩来发表声明决定予以承认，又于 1956 年 11 月 5 日经中华人民共和国主席批准，并于 1956 年 12 月 28 日由中华人民共和国政府向瑞士联邦政府交存批准书。中华人民共和国曾对本公约作了一些保留（详见全国人民代表大会常务委员会关于批准本公约的决定）。

附录：

全国人民代表大会常务委员会关于批准 1949 年 8 月 12 日关于战俘待遇之日内瓦公约的决定

1956 年 11 月 5 日全国人民代表大会常务委员会第五十次会议通过

1956 年 11 月 5 日全国人民代表大会常务委员会第五十次会议决定批准 1949 年 8 月 12 日关于战俘待遇之日内瓦公约。

全国人民代表大会常务委员会在决定批准 1949 年 8 月 12 日关于战俘待遇之日内瓦

公约的同时，决定对该公约作如下保留：

关于第十条：战俘拘留国请求中立国或人道组织担任应由保护国执行的任务时，除非得到战俘本国政府的同意，中华人民共和国将不承认此种请求为合法。

关于第十二条：在战俘拘留国将战俘移送至本公约的另一缔约国看管期间内，中华人民共和国认为原拘留国并不因此解除对此等战俘适用本公约的责任。

关于第八十五条：关于战俘拘留国根据本国法律，依照纽伦堡和东京国际军事法庭审理战争罪行和违反人道罪行所定的原则予以定罪的战俘的待遇，中华人民共和国不受第八十五条规定的约束。

1949年8月12日关于战时保护平民之日内瓦公约

（1949年8月12日日内瓦第四公约）

（1949年8月12日订于日内瓦）

下列签署之各国政府、全权代表出席自1949年4月21日至8月12日在日内瓦举行之外交会议，为订立关于战时保护平民公约，议定如下：

第一部　总　　则

第一条　各缔约国承诺在一切情况下尊重本公约并保证本公约之被尊重。

第二条　于平时应予实施之各项规定之外，本公约适用于两个或两个以上缔约国间所产生之一切经过宣战的战争或任何其他武装冲突，即使其中一国不承认有战争状态。

凡在一缔约国的领土一部或全部被占领之场合，即使此项占领未遇武装抵抗，亦适用本公约。

冲突之一方虽非缔约国，其他曾签订本公约之国家于其相互关系上，仍应受本公约之拘束。设若上述非缔约国接受并援用本公约之规定时，则缔约各国对该国之关系，亦应受本公约之拘束。

第三条　在一缔约国之领土内发生非国际性的武装冲突之场合，冲突之各方最低限度应遵守下列规定：

（一）不实际参加战事之人员，包括放下武器之武装部队人员及因病、伤、拘留，或其他原因而失去战斗力之人员在内，在一切情况下应予以人道待遇，不得基于种族、肤色、宗教或信仰、性别、出身或财力或其他类似标准而有所歧视。

因此，对于上述人员，不论何时何地，不得有下列行为：

（甲）对生命与人身施以暴力，特别如各种谋杀、残伤肢体、虐待及酷刑；

（乙）作为人质；

（丙）损害个人尊严，特别如侮辱与降低身份的待遇；

（丁）未经具有文明人类所认为必需之司法保障的正规组织之法庭之宣判，而遽行判罪及执行死刑。

（二）伤者、病者应予收集与照顾。

公正的人道团体，如红十字国际委员会，得向冲突之各方提供服务。

冲突之各方应进而努力，以特别协定之方式，使本公约之其他规定得全部或部分发生效力。

上述规定之适用不影响冲突各方之法律

地位。

第四条 在冲突或占领之场合，于一定期间内及依不论何种方式，处于非其本国之冲突之一方或占领国手中之人，即为受本公约保护之人。

不受本公约拘束之国家之人民即不受本公约之保护。凡在交战国领土内之中立国人民及共同作战国人民，在其本国尚有通常外交使节驻在控制彼等之国家时，不得认为被保护人。

惟本公约第二部之各项规定，如第十三条所划定，其适用范围较广。

凡受 1949 年 8 月 12 日改善战地武装部队伤者病者境遇之日内瓦公约，或 1949 年 8 月 12 日改善海上武装部队伤者病者及遇船难者境遇之日内瓦公约，或 1949 年 8 月 12 日关于战俘待遇之日内瓦公约保护之人，不得认为本公约意义内之被保护人。

第五条 凡冲突之一方深信在其领土内之个别被保护人确有危害该国安全之活动之嫌疑，或从事该项活动，而本公约之各项权利与特权若为该个人 行使将有害该国安全时，该个人即不得要求此等权利与特权。

在占领地内个别被保护人如系因间谍或破坏分子，或因确有危害占领国安全之活动嫌疑而被拘留者，在绝对的军事安全有此要求之情况下，其人应即认为丧失在本公约下之通讯权。

惟在每种情形下，此等人仍应受人道待遇，且在受审判时，不应剥夺本公约规定之公平正常的审判之权利。又应斟酌个别情况尽早在合于该国或占领国之安全时给予彼等以被保护人依本公约所享有之全部权利与特权。

第六条 本公约应于第二条所述之任何冲突或占领开始时适用。

在冲突各方之领土内，本公约之适用，于军事行动全面结束时应即停止。

本公约在占领地内之适用，于军事行动全面结束后一年应即停止；惟占领国于占领期间在该国于占领地内行使政府职权之限度内，应受本公约下列各条规定之拘束：第一至十二、二十七、二十九至三十四、四十七、四十九、五十一、五十二、五十三、五十九、六十一至七十七、一百四十三条。

被保护人之释放、遣返、或安置，若在上述各期限以后实现者，则在其实现之期间，彼等仍应继续享受本公约之利益。

第七条 于第十一、十四、十五、十七、三十六、一百零八、一百零九、一百三十二、一百三十三及一百四十九各条明文规定之协定之外，各缔约国对其认为需另作规定之一切事项得订立特别协定。是项特别协定不得对于本公约关于被保护人所规定之境遇有不利的影响，亦不得限制本公约所赋予彼等之权利。

除在上述或后订之协定中有相反之明文规定，或冲突之一方对彼等采取更优待之措施外，被保护人在本公约对其适用期间应继续享受是项协定之利益。

第八条 在任何情况下，被保护人不得放弃本公约或上条所述之特别协定——如其订有是项协定——所赋予彼等权利之一部或全部。

第九条 本公约之适用应与保护国合作并受其监察。保护国之责任为维护冲突各方之利益。为此目的，保护国在其外交或领事人员之外，得自其本国国民或其他中立国国民中指派代表。上述代表应经其执行任务所在国之认可。

冲突各方对于保护国之代表之工作应尽最大可能予以便利。

保护国之代表在任何情况下不得逾越本公约所界予之任务。彼等尤须顾及其执行任务所在国之安全上迫切的必要。

第十条　本公约之规定并不妨碍红十字国际委员会或其他公正的人道组织，在有关冲突各方之同意之条件下，从事保护与救济平民之人道活动。

第十一条　各缔约国得随时同意将根据本公约应由保护国负担之任务，委托于具有公允与效能之一切保证之组织。

当受本公约保护之人，不拘为何原因，不能享受或已停止享受保护国或本条第一款所规定之组织的活动之利益时，则拘留国应请一中立国或此种组织担任依照本公约应由冲突各方指定之保护国所执行之任务。

若保护不能依此布置，则拘留国应在本条之规定之约束下，请求或接受一人道组织，如红十字国际委员会，提供服务，以担任依本公约由保护国执行之人道的任务。

任何中立国或任何组织经有关国家邀请或自愿提供服务而执行任务时，在行为上须对本公约所保护之人员所依附之冲突一方具有责任感，并须充分保证能执行其所负之任务，且能公允执行之。

各国间订立特别协定，如其中一国因军事关系，特别是因其领土之大部或全部被占领，以致该国与其他一国或其盟国谈判之自由受限制，即或是暂时的，本公约上列规定不得因该项特别协定而有所减损。

凡本公约中提及保护国，亦适用于本条所指之代替组织。

凡中立国人民处于占领地或交战国领土内而其本国并无通常外交代表驻在该国时，本条各项规定应对彼等适用。

第十二条　保护国认为于被保护人之利益适宜时，尤其遇冲突各方对于本公约之适用与解释意见有分歧时，应从事斡旋以期解决分歧。

为此目的，各保护国得应一方之请求，或主动向冲突各方建议，可能在适当选择之中立领土召开代表会议，被保护人之负责当局代表尤须参加。冲突各方对于为此目的而提出之建议负有实行之义务。各保护国得于必要时，提请冲突各方同意，特邀一中立国人员或红十字国际委员会委派之人员参加此项会议。

第二部　居民之一般保护以防战争之若干影响

第十三条　本公约第二部之规定，涉及冲突各国之全部人民，尤不得基于种族、国籍、宗教或政治意见而有所歧视，各规定之目的在于减轻战争所致之痛苦。

第十四条　各缔约国在平时，冲突各方在战事开始后，得在其领土内，并于必要时在占领地内，设立医院及安全地带与处所，加以适当的组织，使能保护伤者、病者、老者、15 岁以下儿童、孕妇、及七岁以下儿童之母亲，俾免受战争影响。

在战事开始时及其进行中，有关各方得缔结协定互相承认所设立之地带与处所。各该国得为此目的实施本公约所附协定草案之规定，连同其所认为必要之修改。

为便于医院与安全地带及处所之设立及承认，应请保护国及红十字国际委员会从事斡旋。

第十五条 任何冲突之一方，得直接或通过一中立国或人道组织，向其敌方建议在作战区域内设立中立化地带，保护下列人等免受战争之影响，不加歧视：

（甲）伤、病战斗员或非战斗员；

（乙）不参加战事及虽居住在该地带内而不从事军事性工作之平民。

如有关各国对于拟议之中立化地带之地理位置、管理、食物供给及监督均予同意，应由冲突各方之代表签定一书面协定，该协定应规定该地带之中立化之开始及期限。

第十六条 伤者、病者、弱者以及孕妇应为特别保护与尊重之对象。

在军事的考虑许可时，冲突各方对于寻觅死者、伤者、协助遇船难者及其他冒严重危险之人，及保护彼等免遭抢劫及虐待所采取之各项步骤应予以便利。

第十七条 冲突各方应尽力缔结局部协定以便将被包围地区内之伤者、病者、弱者、老者、幼童及产妇撤出，及使送往该地区之一切宗教之牧师、医务人员、医疗设备得以通过。

第十八条 凡为照顾伤者、病者、弱者及产妇而组织之民用医院，在任何环境下，不得为攻击之目标，而应随时受冲突各方之尊重与保护。

冲突各方之国家，对所有民用医院应发给证书，证明各该医院系民用医院且其所占用之建筑物并未作依第十九条应剥夺其保护之任何用途。

各民用医院均应标以 1949 年 8 月 12 日改善战地武装部队伤者病者境遇之日内瓦公约第三十八条所规定之标志，惟须经各该国认可。

在军事的考虑许可之限度内，冲突各方应采取必要步骤，使标明民用医院之特殊标志能为敌方陆、空及海军清晰望见，以避免任何敌对行动之可能。

鉴于医院临近军事目标不免遭受危险，故建议上述医院之位置应尽量远离该项目标。

第十九条 民用医院应得之保护不得停止，除非此项医院越出其人道任务之外，用以从事有害于敌方之行为。惟如经给予相当警告，并按个别情形规定合理时限而警告仍被忽视时，始得停止保护。

如有武装部队伤病人员在前项医院疗养，或由该项战斗员卸下之小型武器及弹药尚未缴交主管机关之事实，不得视为有害敌方之行动。

第二十条 经常专门从事民用医院工作及管理之人，包括从事搜寻、移送、运输与照顾伤病平民、弱者及产妇之人员，均应受尊重与保护。

上述人员在占领地及军事行动地带内执行任务时，应有证明其地位之身份证，上贴本人像片，并轧有负责当局之钢印，并应有在左臂佩带加盖印章之防水臂章，以资识别。此项臂章应由国家颁发，并须有 1949 年 8 月 12 日改善战地武装部队伤者病者境遇之日内瓦公约第三十八条所规定之标志。

其他从事民用医院工作及管理之人员，若担任此类任务时，应受尊重与保护，并按照本条所规定之条件，佩带臂章。彼等之身份证上应注明其担任之任务。

各医院之管理当局应随时备有上述各项工作人员之最近名单，以供本国或占领国主管当局之用。

第二十一条 凡运送伤病平民、弱者、产妇之陆地运输队，陆地医院列车或海上之特备船只，均应与第十八条所规定之医院受同样之尊重与保护，此项车船，经各该国同意后，应标以改善战地武装部队伤者病者境遇之日内瓦公约第三十八条所规定之特殊标志。

第二十二条 凡专为移送伤病平民、弱者、产妇或运输医务人员、医疗设备之飞机，在有关冲突各方所特别约定之高度、时间、航线飞行时，应不受攻击而予以尊重。

此项飞机得标以1949年8月12日改善战地武装部队伤者病者境遇之日内瓦公约第三十八条所规定之特殊标志。

除非另有协定，飞越敌方领土或敌人占领地均所禁止。

此项飞机应服从降落命令。如被令降落，而需要检查时，则经过检查后，该机载其乘员得继续飞行。

第二十三条 各缔约国对于纯为另一缔约国平民使用之医疗与医院供应品，或宗教礼拜所需物品之一切装运物资，均应许其自由通过，即使该另一缔约国为其敌国。对于供15岁以下儿童、孕妇与产妇使用之主要食物、衣服及滋补剂之装运，亦应同样许其自由通过。

缔约国允许上款所述装运物资之自由通过之义务，以该国深信并无严重理由足以引起下列之恐惧为条件：

（甲）该项装运物资可自其目的地改运他处；

（乙）管制可能无效；

（丙）由于上述各项物资代替当由敌方供给或生产之物品，或使生产此类物品所需之材料，工作或设备得以腾出，而可能予敌方军事努力或经济以确定之利益。

凡允许本条第一款所述装运物资通过之国家，得要求在该项物资分发于受惠人时，应以由保护国就地监督为允许之条件。

上述装运物资应尽速转送，而允许此等物资自由通过之国家应有权规定准许该项通过之技术方面的办法。

第二十四条 冲突各方应采取必要措施，俾十五岁以下儿童因受战争影响成为孤儿或与家庭分离者，不致无人照管，并使彼等之抚养、宗教与教育之进行，在一切情形下均获便利。彼等之教育，应尽可能委托于具有相似的文化传统之人。

冲突各方应便利冲突期间此种儿童收容于中立国，此事应经保护国——如其有保护国——之同意，并有遵守第一款所述原则之适当保证。

冲突各方并应尽力设法使12岁以下儿童均佩带身份牌，或用其他方式，以资识别。

第二十五条 冲突各方之领土内或其占领地内所有人们，应能将纯属个人性质的消息通知其在任何地方之家人，并接获其家人之此类消息。此项通讯应迅速传递，不得有不当之迟延。

如由于环境影响，难于或不可能由普通邮政互递家庭信件时，有关冲突各方应向中立媒介接洽，如第一百四十条所规定之中央事务所，并与之商定如何在可能最好的情况下保证其义务之履行，尤应取得各国红十字（红新月、红狮与日）会之合作。

如冲突各方认为有限制家庭通讯之必要，该项限制只应限于能容任择25字之标准信纸之强制使用，及将寄发此项格式之信件每月限为一份。

第二十六条 冲突各方对于因战争致与家庭离散之人所为之调查，以期在可能时与其家庭重新联系或团聚者，应给予便利。冲突各方尤应鼓励从事此项任务之组织之工作，但须此项组织能为其所接受并遵照其安全规则。

第三部　被保护人之地位与待遇

第一编　对于冲突各方之领土及占领地之共同规定

第二十七条　被保护人之人身、荣誉、家庭权利、宗教信仰与仪式、风俗与习惯，在一切情形下均应予以尊重。无论何时，被保护人均须受人道待遇，并应受保护，特别使其免受一切暴行，或暴行的威胁及侮辱与公众好奇心的烦扰。

妇女应受特别保护以免其荣誉受辱，尤须防止强奸、强迫为娼或任何形式的非礼之侵犯。

冲突各方对在其权力之下被保护人，在不妨有关其健康状况、年龄、性别之各项规定之条件下，应同样待遇之，尤不得基于种族、宗教或政治意见而有所歧视。

但冲突各方对被保护人得采取由于战争而有必要之管制及安全之措施。

第二十八条　对于被保护人不得利用其安置于某点或某地区以使该处免受军事攻击。

第二十九条　在冲突一方对于权力下之被保护人所受该国人员之待遇，该国均应负责，不论此项人员所负之个人责任如何。

第三十条　被保护人应有向保护国、红十字国际委员会、彼等所在国之红十字（红新月、红狮与日）会，或能予以协助之任何组织提出申请之各种便利。

上述各组织应由当局在根据军事或安全的考虑所定之范围内，予以上述目的所需之各种便利。

于第一百四十三条所规定之保护国及红十字国际委员会代表之访问之外，各拘留国或占领国对于以给予被保护人精神协助或物质救济为目的之其他组织的代表之访问被保护人，应 尽量予以便利。

第三十一条　对被保护人不得施以身体上或精神上之强迫，尤其不得借以从彼等或第三者取得情报。

第三十二条　各缔约国特别同意禁止各该国采取任何足以使其手中之被保护人遭受身体痛苦或消灭之措施。此项禁令不仅适用于谋杀、酷刑、体刑、残伤肢体及非为治疗被保护人所必需之医学或科学实验，并适用于文武人员施行之其他任何残酷措施。

第三十三条　被保护人无论男女不得因非本人所犯之行为而受惩罚。集体惩罚及一切恫吓恐怖手段，均所禁止。

禁止掠夺。

禁止对被保护人及其财产采取报复行为。

第三十四条　禁止作为人质。

第二编　在冲突一方领土内之外国人

第三十五条　一切被保护人，在冲突开始时，或冲突进行中，希望离境者，除非其离去有违所在国之国家利益，均应有权离境。此等人之离境申请应按照正常规定之手续予以决定，此项决定并应尽速为之。凡获准离境之人得自行准备必须之旅费并携带相当数量之个人物品。

如上述任何人之离境请求被拒绝时，彼应有权请求拘留国所指定之主管法庭或行政审议机关对此项拒绝从速重新考虑。

除非安全理由所不许或关系人反对，一经保护国代表之请求，应即告以不准离境之理由，并应尽速检送不准离境之人的全体名单。

第三十六条 依上条获准之离境，应在关于安全、卫生、保健及食物方面之妥善条件下实行之。一切有关离境之费用，自拘留国领土内之出境地点起，应由出境人目的地之国家担负；若出境人被收容于中立国，则该项费用应由受益人之本国负担。此项移动之施行细则，必要时，得由有关国家以特别协定决定之。

前项规定不得影响冲突各方间所订关于交换及遣返在敌方手中之人民之特别协定。

第三十七条 凡被保护人在候审期间，或因受有剥夺自由之判决而被禁闭者，在其禁闭期间应受人道待遇。

一经释放，彼等即得依照以上各条请求离境。

第三十八条 除本公约，尤其第二十七及四十一两条所准许之特别办法外，各被保护人之地位，在原则上应继续按照和平时期有关外国人之规章，予以规定。在任何情形下，应予以下列权利：

（一）应能领受送来之个人或集体救济物品；

（二）如其健康情形有此需要，应获得与有关国家之人民同等之医药照顾与住院待遇；

（三）应获准举行其宗教仪式，并接受其本教牧师之精神协助；

（四）如居住于特别冒战争危险之区域时，应与有关国家之人民同样获准迁出该区域；

（五）15 岁以下儿童、孕妇、及七岁以下儿童之母亲，应与有关国家之人民受同等之优惠待遇。

第三十九条 凡被保护人因战事影响而失去其收入之工作者，应予以寻觅有报酬之工作之机会。该项机会应与其所在国家之人民所享受之机会相等，但须受安全考虑及第四十条规定之限制。

冲突一方对被保护人施行管制办法因而使其不能自行维持生活，尤以该人因安全原因不能寻觅在合理条件之下有报酬之工作时，该冲突国应保证维持其本人与受其赡养人之生活。

各被保护人在任何情况下均得接受其本国、保护国，或第三十条所述之救济团体之津贴。

第四十条 被保护人仅得在与其所在之冲突国之人民同样限度内被强迫工作。

如被保护人系属敌国国籍，则只能强迫其担任通常为保证人类食、住、衣、行及健康所必需之工作而与军事行动无直接关系者。

在前两款所述之情形下，被强迫工作之被保护人应与本国工人享受同样工作条件及同样保障之利益，尤其关于工资、工作时间、衣服与设备、事先训练及工作上意外伤害与疾病之赔偿。

上述各项规定如被违反，应允许被保护人按照第三十条行使其申诉之权利。

第四十一条 如被保护人所在之国家认为本公约所述之管制措施不足时，不得采行较第四十二及第四十三两条所定之指定居所或拘禁更为严厉之管制措施。

在适用第三十九条第二款之规定，于按照安置于他处指定居所之决定而须离开其原居所之人之场合时，拘留国应尽可能密切遵循本公约第三部第四编所定之福利标准。

第四十二条 对被保护人之拘禁或安置于指定居所，仅于拘留国之安全有绝对需要时方可施行。

如有人通过保护国之代表，自动请求拘禁，而其处境使其采取此步骤为必要者，则其所在之国家应即予以拘禁。

第四十三条 任何被保护人被拘禁或被安置于指定居所者，有权请拘留国为该项目的所指定之主管法庭或行政审议机关对于该项举措尽速重新考虑。如该项拘禁或安置于指定居所仍予维持时，该法庭或行政审议机关应定期，至少一年两次，对于案情予以审查，以期于环境许可时对于最初决定作有利之修正。

除非有关之被保护人反对，拘留国应尽速将已被拘禁或已被指定居所之被保护人，及从拘禁或指定居所中已予释放之被保护人之姓名通知保护国。本条第一款提及之法庭或行政审议机关之决定，亦应依同样条件之限制尽速通知保护国。

第四十四条 适用本公约内提及之管制措施时，拘留国不得将事实上不受任何政府保护之难民仅依其法律上之敌国国籍而以敌侨待遇之。

第四十五条 被保护人不得移送于非本公约缔约国之国家。

本规定不得构成对于被保护人在战事结束后被遣返或其回到原居住国之障碍。

拘留国只能将被保护人移送至本公约之缔约国，并须于拘留国对于接受国家实施本公约之意愿与能力认为满意后行之。如被保护人在此种情况下被移送时，其在该接受国看管期间，实施本公约之责任即由该接受国担任之。但若该国在任何重要方面未能实行本公约之规定，则原移送国一经保护国通知，即应采取有效措施以纠正此种情况或要求将被保护人送还，此项要求必须照办。

男女被保护人在任何情况下不得移送于因其政治意见或宗教信仰有恐惧迫害之理由之国家。

本条各项规定亦不构成对于根据战事开始前所订之引渡条约，将被控违犯普通刑法之被保护人予以引渡之障碍。

第四十六条 凡对被保护人实行之限制措施，其尚未撤消者，在战事结束后应尽速取消之。

影响彼等财产之限制措施，应按照拘留国之法律，于战事结束后尽速取消之。

第三编 占领地

第四十七条 本公约所赋予在占领地内之被保护人之各项利益，均不得因占领领土之结果引起该地制度或政府之变更，或因被占领地当局与占领国所订立之协定，或因占领国兼并占领地之全部或一部，而在任何情况下或依任何方式加以剥夺。

第四十八条 被保护人之非领土被占领的国家之人民者，得依第三十五条规定之限制，使用其离境权利，关于离境事项之决定，应按照占领国依该条所订之手续为之。

第四十九条 凡自占领地将被保护人个别或集体强制移送及驱逐往占领国之领土或任何其他被占领或未被占领之国家之领土，

不论其动机如何，均所禁止。

但如因居民安全或迫切的军事理由，有此必要，占领国得在一定区域施行全部或部分之撤退。上述撤退不得致使被保护人在占领地境外流离失所，但因物质原因不能避免上述流离失所则为例外。依此被撤退之人，一俟该区域内战事停止，应立即移送回家。

凡实行此种移送或撤退之占领国，应尽最大可行的限度，保证供给适当设备以收容被保护人，该项移动应在卫生、保健、安全及营养之满足的条件下执行，并应保证同一家庭之人不相分离。

一经实行移送或撤退，应立即以其事实通知保护国。

除非因居民安全或迫切的军事理由有此必要，占领国不得将被保护人拘留于特别冒战争危险之区域。

占领国不得将其本国平民之一部分驱逐或移送至其所占领之领土。

第五十条 占领国在国家与地方当局之合作下，对于一切从事照顾及教育儿童团体之正当工作予以便利。

占领国应采取一切必要步骤以便利儿童之辨认及其父母之登记。但该国绝不得改变彼等之个人地位，亦不得使其参加隶属于该国之各种组织。

如当地团体不能适应该目的时，占领国应筹定抚养教育因战争变成孤儿或与父母失散，且不能由其近亲或朋友适当照顾之儿童之办法，倘属可能，应由该项儿童同一国籍、语言及宗教之人士担任该项工作。

依第一百三十六条设立之情报局所属之一特别部门，应负责采行一切必要步骤辨认身份不明之儿童。彼等父母或其他近亲之详细情形，如能获悉时，应予记录。

在被占领前，为惠及15岁以下儿童、孕妇，及七岁以下儿童之母亲所采关于食物、医药照顾及保护之任何优待措施以防战争影响者，占领国不得妨碍其实施。

第五十一条 占领国不得强迫被保护人在其武装或辅助部队服务。以获得志愿应募为目的之压迫及宣传均所不许。

占领国不得强迫被保护人工作，除非彼等已满十八岁，而届此年龄，亦只能派任占领军，公用事业或被占领国居民之衣、食、住、行或保健所需要之工作。被保护人不得强迫其担任任何使彼等有参加军事行动之义务之工作。占领国不得强迫被保护人使用强力方法以保证彼等从事强迫劳动所在地之设备之安全。

上述工作之执行应仅限于被征服役人所在之占领地以内。此种人，应尽可能置于其平常工作之地方。对工人应付以公平工资，其工作应与其体力与智力相当。凡被占领国关于工作条件，尤其关于工资、工作时间、设备、事先训练及工作上意外伤害与疾病之赔偿等保障之现行立法，对于派任本条所述工作之被保护人，应予适用。

在任何情况下，征工不得变为动员工人参加军事或半军事性之组织。

第五十二条 任何契约、协定或规则均不得减损任何工人向保护国代表申请请求该国干涉之权利，不论该工人是否系属志愿，亦不论其所在地点。

在占领地内，一切以造成失业或限制工人工作机会借以引诱工人为占领国工作为目的之措施，均所禁止。

第五十三条 占领国对个别或集体属于私人，或国家，或其他公共机关，或社会或合作组织所有之动产或不动产之任何破坏均所禁止，但为军事行动所绝对必要者则为例外。

第五十四条 占领地之公务人员与法官如为良心原因拒绝执行其职务时，占领国不得改变其地位，或以任何方式施行制裁，或采用任何强迫或歧视措施。

前项禁例不妨碍第五十一条第二款之适用。亦不影响占领国撤换公务人员之权。

第五十五条 占领国在其所有方法之最大限度内，负有保证居民之食物与医疗供应品之义务；如占领地资源不足时，尤应运入必需之食物、医疗物资及其他物品。

占领国不得征用占领地所有之食物、物品或医疗供应品，但为占领军或行政人员使用者除外，并须业已顾及平民之需要，始能征用。占领国应在其他国际公约规定之限制下，设法保证对其所征用之物品付予公平价格。

保护国得随时自由检查占领地内食物及医疗供应品之情形，但因迫切的军事需要而定之暂时限制，不在此限。

第五十六条 占领国在其所有方法之最大限度内，负有依国家与地方当局之合作，保证并维持占领地内之医疗与医院设置与服务，公共保健与卫生之义务，尤须采取并实行扑灭传染病与流行病传播所必要之预防及措施。各类医务人员应许其执行任务。

如占领地内成立新医院而被占领国之主管机关不在该地执行任务，占领国于必要时应对该项医院予以第十八条所规定之承认。在类似情况下，占领国亦应对医院人员与运输车辆予以第二十及二十一两条所规定之承认。

占领国于采用及实施保健与卫生之措施时，应注意占领地居民的道德上及伦理上之感受性。

第五十七条 占领国得征用民用医院，但只能暂时征用，并限于为照顾伤病军事人员之紧急需要场合，且须以在相当期间对病人之照顾与医疗及平民之住院需要，制定适当办法为条件。

民用医院之器材与用品在须供平民需要之期中不得征用。

第五十八条 占领国应允许牧师对其本教教徒予以精神上之协助。

占领国亦应接受宗教所需的书籍与物品之装运物资，并对该项物资在占领地内之分发予以便利。

第五十九条 如占领地全部或部分居民之给养不足时，占领国应同意救济该项居民之计划，并对该项计划使用力所能及之一切方法予以便利。

该项计划，可以由国家或公正人道组织如红十字国际委员会承担之，在该计划中尤应包括食物，医疗品及衣服的装运物资之供给。

各缔约国均应允许该项装运物资之自由通过并保证予以保护。

但缔约国之允许上项装运物资自由通过以运往冲突之敌方所占领之区域者，有权检查该项装运物资，规定其依指定时间与路线通过，并通过保护国，查明该项装运物资系为救济待救之居民之用而非为占领国之利益之用。

第六十条 救济之装运物资在任何情况下，不得解除占领国在第五十五、五十六与五十九各条下之任何责任。占领国无论如何不得将救济之装运物资移作他用，但在紧急需要情形中为占领地居民之利益并征得保护国之同意者，则为例外。

第六十一条 以上各条所述之救济装运物资的分配，应在保护国之合作与监督下进行之。该项任务亦得依占领国与保护国间之协定，委托一中立国，红十字国际委员会或任何其他公正之人道团体办理之。

上项装运物资在占领地内应豁免一切捐、税、或关税，除非此项捐、税为该地经济利益所必需。占领国应便利此等装运物资之迅速分配。

各缔约国应尽力允许此等救济装运物资免费通过以运往占领地。

第六十二条 占领地之被保护人应许其领受送与彼等之个人救济物资，但须受迫切的安全理由之限制。

第六十三条 在占领国因紧急的安全理由所采用之暂时及例外措施之限制下：

（甲）经认可之各国红十字（红新月、红狮与日）会应能按照国际红十字大会所定之红十字原则进行活动。其他救济团体亦应许其在类似条件下继续其人道活动；

（乙）占领国不得要求此等团体为任何足以妨碍上述活动之人事或组织上之变更。

已经存在或将行设立之非军事性质之特别组织，而以维持必要的公用事业，分配救济物品与组织救护借以保证居民生活状况为目的者，上述之原则亦应适用于此等组织之活动及人员。

第六十四条 占领地之刑事法规应继续有效，但遇该项法规构成对占领国安全之威胁或对本公约实行之障碍时，占领国得予以废除或停止。在后者之考虑及保证有效的司法之需要之限制下，占领地之法庭对于上述法规涉及之一切罪行，应继续执行职务。

但占领国得使占领地居民服从该国为执行其在本公约下所负之义务，维持该地有秩序之统治，与保证占领国、占领军、与行政机关之人员及财产，以及其所使用之设置与交通线之安全所必要之规定。

第六十五条 占领国所订之刑法规定，在公布及用居民本国语言使居民周知以前，不得生效。该项刑事法规不得具有追溯力。

第六十六条 遇有违犯根据第六十四条第二款公布之刑法规定之案件，占领国得将被告交付正当组织之非政治的军事法庭，但以该法庭在占领地开庭为条件。上诉法庭最好在占领地开庭。

第六十七条 前项法庭应仅适用在该罪行发生前已经实施并符合一般法律原则，尤其罚罪相当之原则之法律规定。此等法庭对于被告之非占领国人民之事实，应加以考虑。

第六十八条 被保护人犯有纯以损害占领国为目的之罪行，而此项罪行并非企图杀害占领军或行政机关之人员之生命或肢体，亦不构成严重之集体危险，复未严重损害占领军及行政机关之财产或其所使用之设备者，应处以拘禁或单纯监禁，而拘禁或监禁之期间应与所犯罪行相当。且因此等罪行而处之拘禁或监禁，应为剥夺被保护人自由之仅有措施。本公约第六十六条所规定之法庭可自行斟酌将监禁之判决改为同样期限之拘禁。

仅在被保护人犯间谍罪，或严重破坏占领国军事设备之罪行或故意犯罪致一人或多人于死亡之案件中，占领国依第六十四及六十五两条所公布之刑法规定，始得对被保护人处以死刑，但须此种罪行依占领地在占领开始前通行之法律亦受死刑之处罚。

除非法庭特别被提起注意被保护人因非拘留国之人民，不受对该国效忠义务之拘束之事实后，不得将被保护人判处死刑。

凡被保护人犯罪时年龄在 18 岁以下者，在任何情况下不得判处死刑。

第六十九条 无论任何案件中，被保护人因被控犯罪而遭逮捕，等候审判或处罚之时间，应从判处之监禁时间内，予以扣除。

第七十条 占领国不得因被保护人在占领前或占领暂时中断期间之行为或发表之意见，而将其逮捕，诉追或定罪，但破坏战争法律与惯例之行为除外。

凡占领国人民在战事开始前即逃亡于被占领国领土者，不得加以逮捕、诉追、定罪或驱逐出占领地，但其在战事开始后所犯之罪行，或其在战事开始前所犯普通法下之罪行，而依被占领国法律在和平时期应予引渡者除外。

第七十一条 占领国之主管法庭非经合法审判不得宣告判决。

占领国对于其所诉追之被告，应迅速以被告所了解之文字，书面通知其被诉罪名之详情，并应尽速交付审判。占领国应将对被保护人所进行之涉及死刑或二年或二年以上监禁等罪名之诉讼，通知保护国；保护国应能随时获悉该项诉讼之情形。又保护国应有权，于提出请求时，获得上项及占领国对被保护人所提起其他诉讼之详情。

本条第二款所规定对于保护国之通知，应立即出发，且必需在第一次审讯前三个星期到达被保护国。除非在审判开始时，提出证据，证明本条各项规定均已完全遵照，审讯不得进行。该项通知应包括下列各点：

（甲）关于被告之说明；

（乙）居所或拘留处所；

（丙）某一种罪名或某几种罪名之列举（注明控诉所根据之刑法规定）；

（丁）承审该案之法庭名称；

（戊）第一次审讯之日期及地点。

第七十二条 被告有权提出为其辩护所需之证据，尤得请求传唤证人。彼等有权由其自行选定之合格辩护人或律师协助，该辩护人或律师得自由访问被告并有权享受准备辩护词所需之便利。

被告如未自行选定，则保护国得供给辩护人或律师。当被告被控重罪而保护国未执行任务时，占领国在被告同意之条件下，应供给一辩护人或律师。

在初步侦查及审讯期间被告应获有译员之协助，除非被告自由放弃此项协助。被告有权随时反对译员并要求撤换。

第七十三条 被判罪人应有法庭适用之法律所规定之上诉权。对被判罪人应详细通知其上诉或诉愿之权利及行使该项权利之期限。

本编所规定之刑事程序应在可能使用范围以内，适用于上诉。如法庭适用之法律无上诉之规定时，被判罪人应有权向占领国主管当局对事实的认定及判决提出诉愿。

第七十四条 保护国之代表应有权到庭旁听任何被保护人之审判，除非为占领国安全的利益而必须例外的禁止旁听，在此种场合，占领国应通知保护国。审判之日期地点应通知保护国。

涉及死刑或两年或两年以上监禁之任何判决，应连同其有关之根据尽速通知保护国。该通知应引述第七十一条所规定之通知；如为监禁判决时，并应载明服刑地方之名称。上述各项判决以外之记录，应由法庭保存，且应供保护国代表之检查。凡涉及死刑或两年或两年以上监禁的判决之上诉期限，在保护国接到判决通知前，不得开始。

第七十五条 被判死刑者请求赦免或缓刑之权利，绝不得予以剥夺。

从保护国接到确定死刑最后判决的通知或接到拒绝赦免及缓刑之命令的通知之日起，至少六个月期限届满以前，不得执行死刑。

遇有个别案件，其情形严重紧急，对于占领国或其部队安全发生有组织之威胁时，本条所规定之暂停执行死刑六个月之期限得予缩短，但必须将该项缩短情形通知保护国，并须予以相当之时间及机会，以便向主管占领当局提出关于此项死刑判决之意见。

第七十六条 被保护人被控犯罪者应拘留于被占领国内，如经判罪亦应在该国内服刑。如可能，彼等应与其他被拘留者隔离，并应享有足以保持其健康之饮食与卫生条件，至少亦应与被占领国监狱内通行之条件相同。

彼等应受到其健康所需之医药照顾。

彼等亦应有权受到其所需之精神协助。

妇女应禁闭于分开之处所，并应由妇女直接监管之。

未成年人应受之特别待遇应予以适当之注意。

拘留之被保护人应有受保护国及红十字国际委员会代表依照第一百四十三条之规定访问之权。

此项人等应有权领受救济包裹，至少每月一件。

第七十七条 被保护人之在占领地被控犯罪或被法庭判罪者，应在占领终止时，连同有关记录一并移交该解放地区之当局。

第七十八条 如占领国由于迫切的安全理由认为对被保护人需采取安全措施时，至多得置之于指定居所或加以拘禁。

关于此项指定居所或拘禁之决定，应按照占领国依本公约规定所订之正常程序为之。该项程序应包括各有关当事人之上诉权。上诉应迅速判决。如仍维持原判决，应由占领国所设立之主管机关定期复核，可能时每六个月一次。

被保护人经指定住所而须离开其家庭者应享受本公约第三十九条之全部利益。

第四编 被拘禁人待遇规则

第一章 总则

第七十九条 冲突各方，除按照第四十一、四十二、四十三、六十八与七十八各条之规定外，不得拘禁被保护人。

第八十条 被拘禁人应保有其全部民事能力，并应行使与其地位相合之附随的权利。

第八十一条 冲突各方之拘禁被保护人者应负责免费维持其生活，并应予以其健康状况所需之医药照顾。

不得扣除被拘禁人应得之津贴，薪给或债款以偿还上项费用。

如被拘禁人之依附人无适当之维持生活方法或不能谋生时，拘留国应供给其生活。

第八十二条 拘留国应尽可能依照被拘禁人之国籍、语言与习惯安置之。同一国籍之被拘禁人不得仅因其语言不同而隔离之。

在拘禁期间，同一家庭之人，尤其父母子女，应使之居于同一拘禁处所，但因工作或健康关系或因执行本编第九章之规定必须暂时分离时则不在此限。被拘禁人得要求将其未受拘禁而无父母照顾之子女与彼等一同拘禁。

可能时，同一家庭之被拘禁人应使其居于同一住所，予以与其他被拘禁人分开之设备以及适当的家庭生活所需之便利。

第二章　拘禁处

第八十三条　拘留国不得将拘禁处所设立于特别冒战争危险之区域。

拘留国应通过保护国之媒介将有关拘禁处所地理位置之一切有用的情报，提交敌国。

在军事的考虑许可时，拘禁营应用IC两字母标明，该二字母应标于白天可自高空清晰望见之处。但有关各国得商定其他标志方法。除拘禁营外，任何其他地方不得如此标志之。

第八十四条　被拘禁人应与战俘及因其他任何原因而被剥夺自由之人分别安置及管理。

第八十五条　拘留国应采取一切必要及可能之措施，以保证被保护人自拘禁开始时起，即被安置于合于下列条件之房屋或住所：在卫生与保健上具备一切可能保障并给予有效保护，以防严寒酷热与战争影响。在任何情况下，永久拘禁处所不得设于不卫生之区域或气候有害被拘禁人之区域。如被保护人暂时拘禁区域为不卫生区域或其气候有害其健康，应视环境所许尽速将其移往较为适当之拘禁处所。

住所应无潮湿之患，有适当温度及光线，尤其在黄昏与熄灯之间。睡眠地方应充分广敞通风，并应依气候，及被拘禁人之年龄、性别及健康状况，给予充分之垫褥与被毯。

被拘禁人应有不论日夜均可使用之合于卫生规则之设备，并经常保护清洁；应供以充分用水及肥皂以备日常盥洗及洗濯个人衣服之用；应予以为此所需之设备与便利。又应备有淋浴或盆浴。应保留洗涤及清洁所需之时间。

倘必须将非同一家人之被拘禁之妇女与男子安置一处，而为一种例外及暂时措施时，对于被拘禁之妇女必须予以分开睡眠地方及卫生设备供其使用。

第八十六条　被拘禁人不论属于任何教派，拘留国应给以适于举行宗教仪式之场所。

第八十七条　各拘禁处所均应设置贩卖部，但另有其他适当之便利者则为例外。其目的应为使被拘禁人，能以不高于当地市价之价格购买食品及日用品——包括肥皂及烟草——以资增加其个人福利及舒适。

贩卖部所获利润应划归各拘禁处所设立，并为各该处所被拘留人利益而管理之福利基金。第一百零二条规定之被拘禁人委员会有权检查贩卖部及基金之管理。

拘禁处所结束时，福利基金之结余，应转拨与拘禁同一国籍人民之另一拘禁处所之福利基金；或如无此类之拘禁处所，则应转拨与为仍在拘留国看管下之全体被拘禁人之利益而管理之中央福利基金。如有全体释放情形，此项利润，除有关国家间议有相反之协定外，应由拘留国保存。

第八十八条　在一切冒空袭及其他战争危险之拘禁处所内，应设有在数目上与构造上均足保证必要的保护之避难所。在警报时，除留守保护住处免受上述危险之人外，被拘禁人应得自由尽速进入避难所。任何为居民而采取之保护措施，亦应适用于被拘禁人。

拘禁处所应采用一切防火之适当措施。

第三章 食物与衣服

第八十九条 被拘禁人每日口粮在量、质与种类上应足以保持被拘禁人之健康及防止营养不足。被拘禁人所习惯之饮食，亦应顾及。

被拘禁人亦应予以自行烹调其自有之额外食物之工具。

对被拘禁人应供给充分之饮水。应允许吸烟。

从事工作之被拘禁人应领得比照其所任的工作之额外口粮。

对孕妇、乳母及15岁以下儿童，应比照其生理需要给予额外食物。

第九十条 被拘禁人当被看管时，应予以自备必需衣服、鞋袜，及内衣替换，以后如需要时，并可再获得供给之一切便利。如任何被拘禁人未备有依气候所需之充分衣服且亦不能获得衣服者，应由拘留国免费供给之。

拘留国供给被拘禁人之衣服，及在其私有衣服上所加之标志，均不得有侮辱性或使其遭受嘲笑。

工作者应领得适当之工作服装，包括保护衣服，如其工作性质有此必要。

第四章 卫生及医药照顾

第九十一条 各拘禁处所应设有适当之疗养所，由合格医生主持，使被拘禁人可获得其所需之照顾与适当之饮食。对于患传染病或精神病者应另设隔离病房。

凡生产及被拘禁人之患重病者，或需特别治疗、外科手术或住院者，应送任何可予以适当医治之机构，且其所应受到之照顾不得劣于一般居民之所受到者。

被拘禁人自愿时，应得到其本国国籍之医务人员之照顾。

被拘禁人请求医务当局检查时，不得阻止。

拘留国之医务当局，一经请求，应对已受治疗之被拘禁人发给正式证书，说明其疾病或伤害之性质，及所受治疗之时期与性质。此项证书之副本应送交第一百四十条所规定之中央事务所。

各项医疗，包括为保持被拘禁人健康需用器具之供给，尤其是假牙及其他假装置与眼镜，对于被拘禁人应予免费。

第九十二条 被拘禁人之健康检查至少应每月举行一次。其目的应特别为监察被拘禁人之一般健康状况，营养及清洁，并察觉传染病，特别是肺结核、疟疾，及性病。此项检查，尤应包括被拘禁人之体重测量，及至少每年一次之透视检查。

第五章 宗教、文化与体育活动

第九十三条 被拘禁人应有履行其宗教

义务之完全自由，包括参加其所信仰宗教之仪式，但以遵守拘留国当局规定之例行的纪律措施为条件。

凡被拘禁之牧师应许其向本教教徒自由执行宗教任务。为此目的，拘留国应使此类牧师公平分配于用同一语言及属于同一宗教之被拘禁人之各拘禁处所。倘此类牧师为数过少，则拘留国应供给以必要之便利，包括运输工具，以便由一地前往他地，并应允许其访问居住医院之被拘禁人。牧师得自由与拘留国教会当局关于其职务上事项自由通讯，并在可能范围内，与同一信仰之国际宗教组织通讯。该项通信不得视为构成第一百零七条所定限额之一部分，但应受第一百一十二条规定之限制。

如被拘禁人无其本教之牧师之协助，或后者为数过少，则同一信仰之当地宗教机关得与拘留国协议，指派与被拘禁人同一信仰之牧师，或在宗派观点上认为可行时，指派类似的宗教之牧师或合格之非宗教人员。后者应享有其所担任之职务工作之各种便利。此种指派之人员应遵守拘留国为维护纪律及安全而制定之一切规则。

第九十四条 拘留国应鼓励被拘禁人之文化、教育与娱乐活动、运动与游戏，参加与否任其自由。并应采取各种实际措施以保证其实行，尤应供给适当之场所。

对于被拘禁人之继续其学习或研究新科目者应予以一切可能之便利。儿童及青年之教育应予保证，应许其在拘禁处所以内或以外之学校读书。

对被拘禁人应给予体操、运动及室外游戏之机会。为此目的，在一切拘禁处所应留有空场。应为儿童及青年保留特别运动场。

第九十五条 除非被拘禁人自愿，拘留国不得雇其为工人。强迫雇用未被拘禁之被保护人即属破坏本公约第四十与第五十一两条，此项雇用及雇用从事有降低身份或侮辱性质之工作均应绝对禁止。

被拘禁人在工作六星期后得随时离工，惟须于八日前通知。

拘留国得为同被拘禁人雇用被拘禁之医师、牙医及其他医务人员从事其职业上的任务，或雇用被拘禁人担任拘禁处所之管理与保养工作，及分派该项人员担任厨房或其他内务工作，或令其担任有关被拘禁人防御空袭或其他战争危险之保护工作，此等权利，并不因上项规定而受妨碍。但不得令被拘禁人从事医官认为与其体力不适合之工作。

拘留国对于工作条件，医药照顾，工资支付，及保证受雇之被拘禁人获得工作上意外伤害或疾病之赔偿，应负完全责任。此项工作条件及赔偿之标准，应按照该国法规及现行惯例规定之；绝不得低于同一地区同一性质的工作通用之标准。工资应由被拘禁人与拘留国及拘留国以外之雇主——如有此情形——之间以特别协定公平决定之，并应对拘留国免费维持被拘禁人生活，及予以其健康状况所需之医药照顾之义务，加以适当注意。凡被拘禁人被派长期从事本条第三款所述之各类工作者，应由拘留国付以公平之工资。被派是项工作之被拘禁人之工作条件、与工作上意外伤害及疾病赔偿之标准，不得低于同一地区同一性质的工作所适用之条件及标准。

第九十六条 一切劳动队均仍为拘禁处所之一部分并附属于拘禁处所。拘留国主管当局及拘禁处所长官应负责使在劳动队中遵守本公约各项规定。该长官应备有所属劳动队之到新近为止之名单，并应送交前来视察拘禁处所之保护国，红十字国际委员会及其他人道组织之代表。

第六章 个人财产及经济来源

第九十七条 被拘禁人应许其保有个人用品。除按照规定之手续外，不得取去其所持有之钱币、支票、债券等及贵重物品。凡取去之物品应开给详细收据。

款项应登入第九十八条所规定之被拘禁人帐目之内。此种款项不得换成任何其他货币，除非所有人被拘禁地方之现行立法有此规定，或被拘禁人表示同意。

具有个人或情感价值之物品，不得取去。

被拘禁之妇女仅得由妇女搜查。

被拘禁人释放或遣返时，应给还在拘禁期间被取去之物品，钱币或其他贵重物品，其按照第九十八条所立之帐目中之结余款项，亦应以现款付给之，但拘留国按照现行立法予以扣留之物品或款项除外。被拘禁人之财物因此被扣留者，应给予其所有人以详细收据。

凡被拘禁人所有之家庭或身份证明文件，非经开给收据不得取去。无论何时不得使被拘禁人无身份证明文件。若无身份证明文件，拘留国应发给特别证件，在拘禁终止前作为其身份证明文件。

被拘禁人得随身保有一定数目之金钱、现款或购物券，以便其购买物品。

第九十八条 被拘禁人应获得经常津贴，足敷其购买物品，如烟草、盥洗用品等之需。该项津贴得采用记帐或购物券形式。

被拘禁人亦得接受其所隶属国家，保护国，可予以协助之组织，或其家庭之津贴，以及按照拘留国法律自其财产所得之收入。其所隶属国家所给予之津贴数目，对于同属一类之被拘禁人（弱者、病者、孕妇等）均须相等，而该国或拘留国均不得根据本公约第二十七条所禁止之对被拘禁人之歧视标准予以分配。

拘留国对每一被拘禁人应开立经常帐目，以便存入本条所述之各项津贴，及所得工资与所收到之汇款，连同自彼取去而依其被拘禁地之现行立法可以动用之款项。对被拘禁人应按照当地现行立法予以汇款于其家庭及其他依赖以生活之人之一切便利，被拘禁人在拘留国所定之限制内，得自其帐目内支取个人费用所需款项。应随时有查询其帐目或获得其帐目之抄本之相当的便利。如经请求，应以帐目清单送交保护国。被拘禁人被移送他处时，此项帐目清单应一同移送。

第七章 管理及纪律

第九十九条 各拘禁处所均应由一负责官员管理，该官员由拘留国正规武装部队或正规民政机关内选任之。管理拘禁处所之官员必须备有其本国正式文字，或正式文字之一之本公约抄本一份，并应负责实施本公约。管理被拘禁人之职员应教以本公约之规定及所采用以保证本公约实施之行政措施。

本公约及根据本公约所订之特别协定之条文，均应以被拘禁人所了解之文字张贴于拘禁处所内，或由被拘禁人委员会保存之。

各种规则、命令、通告或出版物均应以被拘禁人所了解之文字向其传达，并在拘禁处所内张贴之。

所有对被拘禁人个人所下之命令亦应用其所了解之文字。

第一百条 拘禁处所之纪律制度应与人道之原则相符合，绝不得包括对被拘禁人加以妨碍其健康之体力运用或致其身体上或精神上之牺牲之规则。以刺字或在身体上印成符号或标记为辨别身份之方法，均所禁止。

长时间之站立与点名、罚操、军操与军事演习或减少口粮量尤所禁止。

第一百零一条 被拘禁人有向管制当局提出有关拘禁情况之任何诉愿之权。

被拘禁人亦应有权无限制的通过被拘禁人委员会，或如其认为必要时，直接向保护国代表申述其对于拘留情况有所申诉之处。

该项诉愿与申诉应立予传递，不加更改；即使认为所提申诉并无根据，亦不得因此加以处罚。

被拘禁人委员会得向保护国代表致送关于拘禁处所情形及被拘禁人的需要之定期报告。

第一百零二条 在各拘禁处所内，被拘禁人应每六个月以秘密投票方式自由选举委员会委员，该委员会有权向拘留国、保护国、红十字国际委员会及予以协助之任何其他组织，代表被拘禁人。该委员会委员连选得连任。

凡当选之被拘禁人在拘留当局批准其选举后，应即执行职务。任何拒绝批准或撤职之理由均应通知有关之保护国。

第一百零三条 被拘禁人委员会应促进被拘禁人之物质、精神及文化福利。

于本公约其他规定赋予被拘禁人委员会之特殊任务之外，如被拘禁人特别决定自行组织互助制度时，则此项组织亦当属于该委员会之任务范围。

第一百零四条 被拘禁人委员会委员不应令其担任其他工作，假使因此将使其任务的完成更为困难。

被拘禁人委员会委员得自被拘禁人中指派其所需之助理人员。应给予彼等一切物质上之便利，尤其为完成其任务所需之若干行动自由（如视察劳动队，接受供应品等）。

对被拘禁人委员会委员亦应予以与拘留国当局、保护国、红十字国际委员会与其代表以及其他协助被拘留人之各项组织，邮电通讯之一切便利。劳动队中之该委员会委员应享受与主要的拘禁处所之被拘禁人委员会类似之通讯便利。该项通讯应不受限制，亦不得认为构成第一百零七条所指限额之一部分。

被拘禁人委员会委员之被移送他处者，应予以相当时间，以便将进行中之事务告知其后任。

第八章　与外界之关系

第一百零五条 拘留国一经拘禁被保护人后，应将其执行本章各项规定所采之措施立即通知被拘禁人，其所隶属之国以及其保护国。此类措施嗣后如有更改，拘留国应同样通知有关各方。

第一百零六条 被拘禁人一经被拘禁时，或最迟在其到达拘禁处所后一星期内，或在染病或移送其他拘禁处所或医院之场合，均应使其能直接向其家庭，同时并向第一百四十条所载之中央事务所寄发拘禁邮片，将其被拘禁情形、地址及健康状况告知其亲属；该邮片，如属可能，当与本公约所附之式样相类似。上述邮片应尽速传递，无论如何不得迟延。

第一百零七条 被拘禁人应许其发收信件及邮片。如拘留国认为有限制每人所发信件及邮片数目之必要时，则其数目不得少于每月信二封及邮片四张；该信件与邮片之式样应尽可能依照本公约所附之格式制定。如被拘禁人收信数目必须限制时，则仅能由被拘禁人所隶属之国家予以规定，可能因拘留国请求而行之。该项信件与邮片必须以相当速度递送；不得迟延或为纪律理由而扣留。

凡被拘禁人之久未得音信者，或不能由普通邮路获得其亲属之消息，或向彼等寄递消息者，以及离家遥远者，应许其拍发电报，其费用由彼等以其所持有之货币支付。如认有紧急情况，彼等亦应同样享受此项规定之利益。

通常被拘禁人之信件，应用其本国文字书写。冲突各方亦得许用其他文字通讯。

第一百零八条 凡由邮政或其他方法送交被拘禁人之个人包裹或集体寄运物资，尤其内装食物、衣服、医疗用品、书籍，以及有关彼等所需之宗教、教育或娱乐性质之物品，均应允许彼等接受。此等装运物资并不免除拘留国按照本公约所负之各项义务。

倘因军事需要而须限制此等装运物资之数量时，应将此种情况妥为通知保护国及红十字国际委员会，或其他协助被拘禁人并负责寄运上项物资之组织。

寄运个人包裹与集体物资之条件，必要时，应由有关国家特别协定之，惟该项协定不得迟延被拘禁人之收领救济物品。衣服食品包裹中不得夹有书籍。医疗救济物资通常应以集体

包裹寄送之。

第一百零九条 冲突各方对于集体救济装运物资之接受与分配之条件，如无特别协定，则应适用本公约所附之关于集体救济之规则。

上述特别协定，绝不得限制被拘禁人委员会接收寄交彼等之集体救济装运物资，进行分配，以及为受物人利益而处置该项物品之权。

上述协定亦不得限制保护国，红十字国际委员会，或其他协助被拘禁人并负责转送集体装运物资之组织之代表，监督分发该项物资于受物人之权。

第一百一十条 所有寄交被拘禁人之救济装运物资应豁免进口、海关及其他捐税。

凡自其他国家由邮政寄与被拘禁人之一切物件，包括邮寄之救济包裹及汇款，或彼等经邮局寄出之物件，无论直接寄出或经由第一百三十六条所规定之情报局及第一百四十条所规定之中央情报事务所寄递者，在寄出国、寄达国，及中途经过之国家均应豁免一切邮政费用。因此，一九四七年万国邮政公约及万国邮政联盟所订之协定为拘留于营地或普通监狱之敌国平民而规定之豁免办法，尤应推广适用于本公约所保护之其他被拘禁人。凡未签订上述各协定之国家遇有同样情形亦应豁免各项费用。

凡寄交被拘禁人之救济装运物资因重量或其他原因不能自邮局寄递者，则在拘留国控制之领土内之运费应由拘留国负担。本公约之其他缔约国应负担各该国领土内之运费。

有关运输此类物资之各种费用而为以上各款所未及规定者，应由寄物人负担。

各缔约国对于被拘禁人所收发之电报应尽量减低其报费。

第一百一十一条 如军事行动使有关国

家不能履行其义务以保证第一百零六、一百零七、一百零八及一百一十三各条所规定之邮件与救济物资之运送时，则有关之保护国、红十字国际委员会或冲突各方正式承认之其他组织得采取适当方法（铁路、汽车、船舶或飞机等），以确保上项物资之运送。为此目的，各缔约国应设法供给此类运输工具，并准其通行，尤须发给必需之通行证。

此种运输工具亦可用以载送：

（甲）第一百四十条所述之中央情报事务所与第一百三十六条所述之各国情报局间之来往信件，表册及报告。

（乙）保护国，红十字国际委员会，或其他协助被拘禁人之组织与其所派之代表与冲突各方间来往有关被拘禁人之通讯与报告。

上项规定绝不影响任何冲突一方自愿布置其他运输工具之权利，亦不妨碍在彼此同意条件下，对该项运输工具发给通行证。

凡使用上述运输工具所需之费用，应比照装运物资之重要性由受益人所属之冲突各方分担之。

第一百一十二条 对于被拘禁人来往信件之检查应尽速办理。

对于寄交被拘禁人装运物资之检验，不得在致使其内装物品受损坏之情形下执行。检验应在收件人，或其所正式委托之同被拘禁人之面前执行之。凡被拘禁人之个人或集体之装运物资，不得以检查困难为借口，延迟交付。

冲突各方无论为军事或政治理由对于通讯之禁止，应仅属暂时性，其期限应尽量缩短。

第一百一十三条 拘留国对于通过保护国或第一百四十条所规定之中央事务所或其他必需方法送交被拘禁人或其寄出之遗嘱、委托书、授权书或其他文件之转递，应予以一切合理之便利。

在一切情况下，拘留国对于为被拘禁人依法定格式完成并证实上述文件应予以便利，尤应允许被拘禁人咨询律师。

第一百一十四条 拘留国应给予被拘禁人一切便利，使其能管理其财产，但须与拘禁情形及适用之法律并无不合。为此目的，遇有紧急情形及环境许可时，拘留国得允许被拘禁人离开拘禁处所。

第一百一十五条 遇有被拘禁人在任何法庭中为诉讼当事人之一切场合，拘留国一经其请求，应使法庭知其系在拘留中，并应在法律范围内保证采取一切必要步骤，务使该被拘禁人对于讼案之准备与进行，或法庭判决之执行不致因其拘禁而处于不利之地位。

第一百一十六条 被拘禁人应许其按一定时期，而且尽可能时常接见来访者，尤其近亲。

遇有紧急情形，尤其遇有亲属死亡或重病之场合，应尽可能准被拘禁人归家。

第九章　刑事及纪律制裁

第一百一十七条 在本章规定之限制下，拘留地方之现行法律对于在拘禁中犯法之被拘禁人继续适用。

如普通法律，规则或命令宣布被拘禁人所犯之行为应受处罚，而同一行为如为非被拘禁人所犯，则不受处罚，则对被拘禁人之该项行为，应仅予以纪律处罚。

被拘禁人不得因同一行为或同一罪名受

一次以上之处罚。

第一百一十八条 法庭或当局作判决时，应尽量顾及被告并非拘留国人民之一事实。法庭或当局得自由酌减被拘禁人因所犯罪行应受之刑罚，因此并无必须援用规定最低刑罚之义务。

监禁于不见日光之房屋及各种虐待，无例外地，应予禁止。

凡受纪律或司法判决之被拘禁人，不得受与其他被拘禁人不同之待遇。

凡被拘禁人曾受预防性拘留者，其拘留期间，应自其可能被判之涉及禁闭之纪律或司法惩罚之日期减除之。

对于被拘留人委员会应将对其所代表之被拘禁人之司法诉讼，及其结果通知之。

第一百一十九条 适用于被拘禁人之纪律处罚应如下：

（一）罚款不得超过被拘禁人按照第九十五条规定所应能获得的不超过三十日期间之工资之百分之五十。

（二）停止其所受超过本公约规定待遇之特权。

（三）与保养拘禁处所有关之疲劳服役，每日不超过两小时。

（四）禁闭。

纪律处罚绝不得为非人道的，残暴或危及被拘禁人健康。被拘禁人之年龄、性别及健康状况，应予顾及。

任何一次处罚之期限最多绝不得超过连续 30 日，即使该被拘禁人在被处分时负有数次互相关联或不关联之破坏纪律行为之责任。

第一百二十条 被拘禁人脱逃后复被拘获或企图脱逃者，对其脱逃行为仅能予以纪律处罚，即使系属累犯。

虽有第一百一十八条第三款之规定，但被拘禁人因脱逃或因企图脱逃而受处罚者，得加以特别监视，惟该项监视不得影响彼等健康，且须在拘禁处所内执行，并不得因而取消本公约所给予彼等之保障。

被拘禁人帮助，教唆脱逃或企图脱逃者，仅能因此受纪律处罚。

第一百二十一条 当被拘禁人因脱逃中所犯之罪行而受诉追时，不得因其脱逃或企图脱逃，即使系属累犯，而加重其罪情。

冲突各方应保证主管当局在决定一过犯之处罚应属纪律性或司法性时，持之以宽大，尤其与已成功或未成功的脱逃有关之行为。

第一百二十二条 构成违犯纪律之行为应立即予以调查。本规定尤应适用于脱逃或企图脱逃案件。再被拘捕之被拘禁人应尽速送交主管当局。

被拘禁人因违犯纪律等候处理之禁闭期间，应尽量减短，并不得超过十四日。该项期间应自其任何判处之禁闭中扣除之。

第一百二十四及第一百二十五两条之规定应适用于因违犯纪律等候处理而受禁闭之被拘禁人。

第一百二十三条 在不妨碍法庭及上级当局之权限范围内，纪律性处罚仅能由拘禁处所之长官，或代替该长官之负责官员，或由其委以纪律权之官员之命令行之。

在裁定纪律性处罚前，应将关于其所被控之过犯之确切案情通知被拘禁人，并予以解释其行为及辩护之机会。尤应许其召唤证人，并于必要时，使用合格之译员。判决应在被告及被拘禁人委员会一委员之前宣布之。

纪律性处罚的裁定及其执行之相隔时

期，不得超过一个月。

被拘禁人再度被判纪律性处罚时，如其前后两次处罚中之一次之时期为十日或十日以上，则该两次处罚之执行，其间至少须隔三日。

纪律性处罚之纪录，应由拘禁处所之长官保存，并得由保护国代表检查。

第一百二十四条 被拘禁人绝不得移送于反省机关（监所、反省院、已决犯监狱）受纪律性处罚。

执行纪律性处罚之处所应合于卫生条件；尤须备有充分之被褥。受处罚之被拘禁人应使能保持身体清洁。

受纪律性处罚之被拘禁妇女之禁闭地方应与被拘禁男子分开，并应由妇女直接监管。

第一百二十五条 被判纪律性处罚之被拘禁人，应许其运动及在露天地方停留每日至少二小时。

被拘禁人请求时，应许其参加每日之健康检查。被拘禁人应获得其健康情形所需要之照顾，于必要时，并应将其送往拘禁处所之疗养所或医院。

彼等应准阅读及书写并收发信件。但寄给彼等之包裹及汇款得予扣留，直至其处罚期满为止；在此期间此等物品应暂交被拘禁人委员会保管，该会当将包裹中易于腐坏之物品交与疗养所。

受纪律性处罚之被拘禁人所享有本公约第一百零七及一百四十三两条各项规定之利益不得予以剥夺。

第一百二十六条 第七十一条至第七十六条之规定，应依比照，适用于在拘留国本国领土内，对被拘禁人之诉讼。

第十章 被拘禁人之移送

第一百二十七条 被拘禁人之移送，应始终以人道方法行之。原则上应由铁路或其他交通工具运送，而其运送情形最少须与拘留国军队换防情形相同。如为例外的措施，此项移动必须步行，则除非被拘禁人在适宜之健康状况下，不得执行，且绝不得使其过度疲劳。

拘留国在移送时，对被拘禁人应供给饮水与食物，其量、质与种类应足以维持其健康，并应供给必需之衣服，适当之住处，及必要之医疗照顾。拘留国应采取各种适当之预防措施以保证其在移送期间之安全，并在其启程之前编造移送之被拘禁人全体名单。

伤、病，或体弱之被拘禁人及产妇，如旅程对彼等极为有害时，不得移送，除非彼等之安全，有此迫切移送的要求。

如战区逼近拘禁处所，在该处之被拘禁人不得移送，除非其移送能在适当的安全情形下实行，或被拘禁人如仍居住原地其所冒之危险将更甚于移送 。

拘留国决定移送被拘禁人时，应顾及被拘禁人之利益，尤不得从事任何行动以增加其遣返或遣送回家之困难。

第一百二十八条 在移送时，应向被拘禁人正式通知其行期及新通信地址。此项通知应及时发出，俾彼等得以收拾行李及通知其最近亲属。

彼等应准携带个人物品，及收到之函件包裹。如移送情形有此必要，得限制其携带行李之重量，但无论如何每人不得少于 25 公斤。

寄到彼等旧拘禁处所之函件包裹，应予转递，不得迟延。

拘禁处所长官于征得被拘禁人委员会同意后，应采取一切必要措施，保证运送被拘禁人之公共财物及其因本条第二款所加之限制而不能携带之行李。

第十一章 死 亡

第一百二十九条 被拘禁人之遗嘱应由负责当局收存保管；被拘禁人死亡时，其遗嘱应即交付其生前所指定之人，不得迟延。

被拘禁人之死亡均须由医生证明，并须作成死亡证，载明死亡之原因及其发生情形。

适当登记之正式死亡记录，应按照拘禁处所所在地之现行手续制成，该记录之正式证明抄本应迅速送交保护国及第一百四十条所述之中央事务所。

第一百三十条 拘留国应保证在拘禁期间死亡之被拘禁人，获得荣誉之安葬。可能时按照其所属宗教之仪式埋葬之，并尊重其坟墓，妥为保护，并加以常能辨认之标志。

死亡之被拘禁人应葬于个别之坟墓中；除非在无法避免之情况下必须采用集体坟墓。遗体仅得因迫切的卫生理由，死者之宗教关系或其本人表明之意愿方得予以焚化。如举行焚化，则此项事实与理由应载明于死者之死亡证。骨灰应由拘留国妥为保存，一经死者最近亲属请求，应即尽速交付。

一俟环境许可，并不迟于战争结束时，拘留国应经由第一百三十六条所规定之情报局，将死亡之被拘禁人坟墓清单送交其所属之国家。该清单应载明为辨认死亡之被拘禁人所需要之一切详情，及其坟墓之确实地点。

第一百三十一条 被拘禁人之死亡或重伤，系由于或疑为由于哨兵，其他被拘禁人，或任何其他人所致者，以及原因不明之死亡，拘留国应立即从事正式调查。

该事件应立即通知保护国。一切证人之证明应行收集，并应备有包括该项证明之报告，送交上述保护国。

如上述调查指明一人或多人犯罪，拘留国应采取一切必要之措施，对该负责人一人或多人进行诉追。

第十二章 释放、遣返及收容于中立国

第一百三十二条 一俟必须拘禁之理由不复存在时，拘留国应即将被拘禁人释放。

冲突之各方在战事进行中并应设法缔结协定，规定若干类之被拘禁人，尤其儿童、孕妇、有婴孩与幼童之母亲，伤者、病者及已经长期拘禁者之释放、遣返、送归原居住地或收容于中立国之办法。

第一百三十三条 战事结束后，拘禁应予尽速终止。

对于在冲突一方领土内之被拘禁人刑事程序正在进行中而其所犯行为并非完全限于纪律性处罚范围内者，得予扣留至该项程序结束时止，并于情况需要时，直至刑罚终了时止。对于以前被判剥夺自由的处罚之被拘禁人，本规定亦应适用之。

战事或占领结束后，得依拘留国与有关国家之协定，成立委员会，搜寻散失之被拘禁人。

第一百三十四条 战事或占领结束时，各缔约国应努力设法使被拘禁人归还最后居住地方，或便利彼等之遣返。

第一百三十五条 拘留国应负担将释放之被拘禁人送回至其被拘禁时居住之地方之费用。如被拘禁人系于过境时或在公海上始被拘管者，则该国应负担其完成旅程或返归启程地点之费用。

被拘禁人以前原在拘留国领土内有永久住所，而在释放之时该拘留国不许其继续居住于其领土者，则该国应负担该被拘禁人遣返之费用。但如被拘禁人愿自行归返其本国或因遵从其所隶属国政府命令而返国者，则拘留国不必负担该人离开该国领土出发地点后之旅费。拘留国不负担自请拘禁之被拘禁人之遣返费用。

如被拘禁人依第四十五条而被移送，移送国与接受国应商定上述各项费用之彼此分担部分。

上述规定不碍及冲突各方间所订立关于在敌方手中的本国人民之交换与遣返之特别协定。

第五编 情报局与中央事务所

第一百三十六条 在冲突发生时及一切占领之场合，冲突之每一方应设立一正式情报局，负责接收与传递有关在该国权利下之被保护人之情报。

冲突之每一方，在尽可能最短期内，应将其关于受看管逾两星期，受指定居所限制，或被拘禁之任何被保护人所采取任何措施之情报通知其情报局。又应令该国与此类事务有关之各部门，将关于此项被保护人之各项变动情形之情报，随时迅速供给上述之情报局。例如移送、释放、遣返、脱逃、送入医院、出生、死亡。

第一百三十七条 各国情报局应立即以最迅速之方法将关于被保护人之情报，通过保护国及第一百四十条所规定之中央事务所之媒介，通知被保护人之本国或其原居住国。该局并应答复其所接获有关被保护人之一切查询。

凡有关被保护人之情报，情报局均应转递，除非其转递对本人或其亲属有妨害。纵有此种情形亦不得将该项情报隐匿而不通知中央事务所。该所于接获此项情形之通知后，当采取第一百四十条所载之各种必要之预防办法。

各情报局之一切书面通知应以签名或盖章为凭。

第一百三十八条 国家情报局所接获及传递之情报，应为具有能正确判明被保护人之身份及迅速报知其最近亲属之性质。关于各该人之情报至少应包括其姓、名、出生地点及日期、国籍、最后居所，及特征、其父之名、其母之本名、对于其人所采行动之日期、地点及性质、其收信地址，及被通知人之姓名住址。

关于重病或重伤之被拘禁人之健康情况之情报亦应按期供给，可能时每周一次。

第一百三十九条 各国情报局又应负责搜集第一百三十六条所述之被保护人，尤其已被遣返或释放者，或脱逃或死亡者，所遗留之一切个人贵重物品；各该局应直接，或于必要时经由中央事务所将上述贵重物品送交有关之人。此项物品应由情报局密封包裹寄送，并须附说明书清晰详载关于此项物品所有人之身份事项，及包裹内容之清单。所有此种物品之收到及寄送之详细记录应予保存。

第一百四十条 在中立国境内，应为被保护人，尤其被拘禁人，设立中央情报事务所。红十字国际委员会认为必要时，应向有关各国建议组织与一九四九年八月十二日关于战俘待遇之日内瓦公约第一百二十三条所规定者相同之事务所。

该事务所之任务应为搜集第一百三十六条所列举一类型的，得自官方或私人方面之一切情报，并应尽速将该项消息送达关系人之本国或居住国，惟此种转递对于该项情报涉及之人或其亲属有妨害时则为例外。冲突各方应给予该事务所以传递上项情报之一切相当便利。

各缔约国，特别是其人民享受中央事务所服务之利益之国家，对该事务所应予以所需之经济援助。

上述各规定绝不得解释为限制红十字国际委员会及第一百四十二条所述之救济团体之人道之活动。

第一百四十一条 各国情报局及中央事务所应享受邮政免费，及第一百一十条所规定之豁免，并应尽可能豁免电报费，或至少大减其费率。

第四部 本公约之执行

第一编 总 则

第一百四十二条 在拘留国认为保证其安全或适应其他合理需要所必要之措施之限制下，宗教组织、救济团体，或其他任何协助被保护人之组织之代表，应得为其本人或其正式委派之代理人，自拘留国获得一切必要之便利以访问被保护人，分发为供教育、娱乐或宗教目的用之任何来源之救济物资，或协助彼等在拘留处所内组织其空闲时间。此等团体或组织得在拘留国或任何其他国内组成，或具有国际性质。

拘留国得限制派有代表在其领土内及在其监督下从事活动之团体与组织之数目，但该项限制不得妨碍对于所有被保护人之有效及充分的救济之供应。

红十字国际委员会在该方面之特殊地位，无论何时均应予以承认及随时尊重。

第一百四十三条 保护国之代表应许其前往被保护人所在之一切地方，尤其拘禁、拘留及工作地方。

该代表等可进入被保护人居住之一切处所，并得亲自或经由译员，会见被保护人而无须他人在旁。

除因迫切的军事需要之理由且仅作为一种例外及暂时的措施外，不得禁止此项访问。访问时间之久暂与次数亦不得加以限制。

此项代表等应有选择其愿访问之地点之完全自由。拘留国或占领国、保护国及于必要时，被访问人之本国，得同意被拘禁人之本国人参加此项访问。

红十字国际委员会之代表亦应享有上述各项特权。该代表等之指派须取得管理其执行任务所在地区之国家之同意。

第一百四十四条 各缔约国在平时及战时应在各该国尽量广泛传播本公约之约文，尤应在军事，并如可能时在公民教育计划中，包括本公约之学习，俾本公约之原则为全体居民所周知。

凡在战时担任有关被保护人之责任之任

何民政，军事，警察或其他当局必须备有本公约之约文，并须对其各项规定受有特别之教导。

第一百四十五条 各缔约国应通过瑞士联邦委员会，在战时则通过保护国，互相通知本公约之正式译文，及其所采用以保证实施本公约之各项法律与规则。

第一百四十六条 各缔约国担任制定必要之立法，俾对于本身犯有或令人犯有下条所列之严重破坏本公约之行为之人，予以有效的刑事制裁。

各缔约国有义务搜捕被控为曾犯或曾令人犯此种严重破坏本公约行为之人，并应将此种人，不分国籍，送交各该国法庭。该国亦得于自愿时，并依其立法之规定，将此种人送交另一有关之缔约国审判，但以该缔约国能指出案情显然者为限。

各缔约国应采取必要措施，以制止下条所列严重破坏本公约行为以外之一切违反本公约规定之行为。

在一切情况下，被告人应享有适当的审判及辩护之保障。此种保障，不得次于1949 年 8 月 12 日关于战俘待遇之日内瓦公约第一百零五条及其以下各条所规定者。

第一百四十七条 上述所述之严重破坏公约行为，应系对于受本公约保护之人或财产所犯之任何下列行为：故意杀害，酷刑及不人道待遇，包括生物学实验，故意使身体及健康遭受重大痛苦或严重伤害；将被保护人非法驱逐出境或移送，或非法禁闭，强迫被保护人在敌国军队中服务，或故意剥夺被保护人依本公约规定应享之公允及合法的审讯之权利，以人为质，以及无军事上之必要而以非法与暴乱之方式对财产之大规模的破坏与征收。

第一百四十八条 任何缔约国不得自行推卸，或允许任何其他缔约国推卸，其本身或其他缔约国所负之关于上条所述之破坏公约行为之责任。

第一百四十九条 经冲突一方之请求，应依有关各方所决定之方式，进行关于任何被控违犯本公约行为之调查。

如关于调查程序不能获致协议，则各方应同意选定一公断人，由其决定应遵行之程序。

违约行为一经确定，冲突各方应使之终止，并应迅速加以取缔。

第二编 最后条款

第一百五十条 本公约系以英文法文订立。两种文字之约文具有同等效力。

瑞士联邦委员会应准备本公约之俄文及西班牙文之正式译文。

第一百五十一条 本公约以本日为订立之日期，至 1950 年 2 月 12 日为止，凡参加 1949 年 4 月 21 日日内瓦会议各国，均可签字。

第一百五十二条 本公约应尽速批准，批准书应交存于伯尔尼。

每一批准书交存时，应予登记，并由瑞士联邦委员会将该项登记之证明的抄本分送业经签字或通知加入本公约之各国。

第一百五十三条 本公约在至少两国批准书交存后六个月发生效力。

嗣后，本公约对于每一缔约国自其批准书交存后六个月发生效力。

第一百五十四条 在受 1899 年 7 月 27 日或 1907 年 10 月 18 日海牙陆战法规与惯例公约之拘束并为本公约之缔约国之各国关

系上，本公约应为上述海牙公约所附规则第二编及第三编之补充。

第一百五十五条 本公约自生效之日起，任何未签字本公约之国家均得加入。

第一百五十六条 本公约之加入应以书面通知瑞士联邦委员会，自加入之通知收到之日起六个月后发生效力。

瑞士联邦委员会应将此项加入通知所有业经签署或加入本公约之国家。

第一百五十七条 第二条及第三条所载之情况，应使在战事开始或占领之前或后，冲突各方所交存之批准书及加入通知立即生效。瑞士联邦委员会应将其从冲突各方收到之任何批准书或加入之通知，以最迅速方法通告之。

第一百五十八条 每一缔约国得自由退出本公约。

退约须用书面通知瑞士联邦委员会，并由该委员会转告所有缔约国政府。

退约须于通知瑞士联邦委员会后一年发生效力。但缔约国于作退约通知时已卷入冲突，则其退约须待至和议成立后，并在有关本公约所保护之人员之释放、遣返及安置之工作完毕后，始能生效。

退约仅对该退约国有效，但并不减轻冲突各方依国际法原则仍应履行之义务，此等原则系产自文明人民间树立之惯例，人道法则与公众良心之要求。

第一百五十九条 瑞士联邦委员会应将本公约在联合国秘书处登记，并将其所接获之所有关于本公约之批准、加入及退约通知联合国秘书处。

为此，下列签署人于交存全权证书后，签署本公约，以昭信守。

1949 年 8 月 12 日以英文法文订于日内瓦。正本应交存于瑞士联邦委员会之档案中。瑞士联邦委员会应将证明之抄本送交每一签字及加入之国家。

附件一

关于医院及安全地带与处所协定草案

第一条 医院及安全地带应严格保留为 1949 年 8 月 12 日改善战地武装部队伤者病者境遇之日内瓦公约第二十三条，及 1949 年 8 月 12 日关于战时保护平民之日内瓦公约第十四条所指之人，以及担任组织与管理该地带与处所及照顾集中该地的人们之人员之用。

但在该地带有永久居所之人仍有权在该地居住。

第二条 在医院或安全地带内居住之人，无论以任何资格，不得在该地带内外从事任何与军事行动或战争物资生产有关之工作。

第三条 设立医院及安全地带之国家应采取一切必要措施，对于无权居住或进入该医院与安全地带之人禁止入内。

第四条 医院及安全地带须具备下列条件：

（甲）仅能占设立医院地带之国家所统治的领土之一小部分。

（乙）就容纳可能言，应属人口稀少之地区。

（丙）应远离军事目标，或庞大工业或行政设置，并且本处亦无此项目标。

（丁）不应设在可能变为在作战上具有重要性之地区。

第五条 医院及安全地带应遵守下列义务：

（甲）其交通线与所有之运输工具不得

用以运输军事人员及物资，即使是过境者。

（乙）绝不得以军事方法防御之。

第六条 医院及安全地带应在其建筑物上及其外围放置白底红斜带之标志，以资识别。

专为伤者病者保留之地带，得以白底画有红十字（红新月、红狮与日）之标志标明之。

在夜间得以适当照明方法同样标明之。

第七条 各国在平时或战事开始时，应将其统治之领土内之医院及安全地带列表通知各缔约国。在战事中所设立之新地带亦应通知。

一俟敌方接获上述通知，该地带即为正式成立。

但如敌方认为本协定之条件未经履行，得立即通知该项地带之负责国家拒绝承认，或以成立第八条所规定之管制办法为其承认之条件。

第八条 凡承认其敌国所设立之一个或数个医院及安全地带之国家，应有权要求由一个或几个特别委员会管制之，俾资确定此等地带是否履行本协定所规定之条件与义务。

为此目的，特别委员会委员应随时得自由进入并长期居住于各该地带。对于彼等之视察任务应给予各种便利。

第九条 如特别委员会发现其所认为违反本协定之条款之事实，应立即促起管理该地带之国家注意该项事实，并限定于五日内予以纠正，该委员会应及时通知承认该地带之国家。

如限期已过，而管理该地带之国家并未遵照警告办理，敌方得宣布对于该地带不复受本协定之拘束。

第十条 凡设立一个或数个医院及安全地带之国家，及接获其存在之通知之敌方，应指派，或由保护国或使其他中立国代派合格人员充任第八条及第九条所述之特别委员会委员。

第十一条 医院及安全地带在任何情形下不得为攻击之目标。冲突各方应随时予以保护并尊重。

第十二条 在领土被占领之场合，当地之医院及安全地带应继续受尊重并仍作此用。

但占领国在对于该地带居住之人已采取各种措施保证其安全者，得改变其用途。

第十三条 本协定对用于医院及安全地带同样目的之处所亦适用之。

附件二

关于集体救济物品之规则草案

第一条 被拘禁人委员会应准其将所负责之集体救济物资分配与受该会所在之拘禁处所管理之各被拘禁人，包括在医院、监狱或其他反省机关中之被拘禁人。

第二条 集体救济物资之分配应照捐赠人之指示及被拘禁人委员会所拟之计划办理。但医药材料之发给宜与高级医官商定进行。该医官遇病人之需要有此要求时，得在医院与疗养所中放弃上项指示。在以上所规定之限度内分配应公平执行之。

第三条 被拘禁人委员会委员应准其前往车站，或其他在其拘禁处所附近之救济物品到达地点，俾能查核所收到物品之数量及品质，并对捐赠人作详细报告。

第四条 被拘禁人委员会应给予必需之便利，以便查核拘禁处所各分处及各附属处所是否已依照其指示分配集体救济物品。

第五条 凡送交捐赠人之有关集体救济物资（如分配、需要、数量等）之表格或问题，均应准被拘禁人委员会填写，并准该会促使其在劳动队中之委员或疗养所及医院之高级医官填写。该项表格及问题正式填写完毕后，应即送交捐赠人不得迟延。

第六条 为保证在拘禁处所内对被拘禁人正常分发集体救济物品，及适应因新到被拘禁人而发生之需要起见，应允许被拘禁人委员会准备并保持充分之集体救济物品之存储量。为此目的，该会应有适当之库房以供使用；每一库房均应有锁两把，被拘禁人委员会保管一锁之钥匙，另一锁之钥匙由拘禁处所长官保管之。

第七条 各缔约国，尤其拘留国，应尽可能并在管理居民食物供应之规则之限制下，准许在其境内采购物品，作为集体救济物品分配于被拘禁人。各该国对于为此项采购所需之款项转移，及其他技术性或行政性之金融措施，应同样给予便利。

第八条 上述规定并不妨碍被拘禁人在到达拘禁处所前，或在移送途中受取集体救济物品之权利。亦不妨碍保护国、红十字国际委员会，或其他协助被保护人并负责运送此项物品之人道组织之代表，依其所认为适当之方法以保证将上项物品分配于受物人之可能。

附件

拘禁邮片、信件、通讯邮片示意图（略）

注：本公约于1952年7月13日经中华人民共和国中央人民政府授权外交部长周恩来发表声明决定予以承认，又于1956年11月5日经中华人民共和国主席批准，并于1956年12月28日由中华人民共和国政府向瑞士联邦政府交存批准书。中华人民共和国曾对本公约作了一些保留（详见全国人民代表大会常务委员会关于批准本公约的决定）

附录

全国人民代表大会常务委员会关于批准1949年8月12日关于战时保护平民之日内瓦公约的决定

1956年11月5日全国人民代表大会常务委员会第五十次会议通过

1956年11月5日全国人民代表大会常务委员会第五十次会议决定批准1949年8月12日关于战时保护平民之日内瓦公约。

全国人民代表大会常务委员会在决定批准1949年8月12日关于战时保护平民之日内瓦公约的同时，认为有必要声明：本公约虽不适用于敌占区以外的平民，因而不完全符合人道的要求，但是，认为该公约符合占领区内以及某些其他场合保护平民的利益，因此决定予以批准，并作如下保留：

关于第十一条：拘留被保护人的国家请求中立国或人道组织担任应由保护国执行的任务时，除非得到被保护人本国政府的同意，中华人民共和国将不承认此种请求为合法。

关于第四十五条：在拘留被保护人的国家将被保护人移送至本公约的另一缔约国看管期间内，中华人民共和国认为原拘留国并不因此解除对于此等被保护人适用本公约的责任。

1949年8月12日日内瓦四公约关于保护国际性武装冲突受难者的附加议定书

（第一议定书）

（1977年6月8日订于日内瓦）

序　　文

缔约各方，宣布其愿见和平普及于各国人民之间的热望，回顾到每个国家有义务按照联合国宪章，在其国际关系上不以武力相威胁或使用武力，或以与联合国宗旨不符的任何其他方式，侵害任何国家的主权、领土完整或政治独立，然而认为有必要重申和发展关于保护武装冲突受难者的规定，并补充旨在加强适用这些规定的措施，深信本议定书或1949年8月12日日内瓦四公约的内容均不能解释为使任何侵略行为或任何与联合国宪章不符的武力使用为合法或予以认可，并重申1949年8月12日日内瓦四公约和本议定书的规定必须在一切情况下充分适用于受这些档保护的一切人，不得以武装冲突的性质或起因为依据或以冲突各方所赞助的或据称为各方所致力的目标为依据而加以不利区别，议定如下：

第一部　总　　则

第一条　一般原则和适用范围

一、缔约各方承诺，在一切情况下，尊重本议定书并保证本议定书被尊重。

二、在本议定书或其他国际协议所未包括的情形下，平民和战斗员仍受来源于既定习惯、人道原则和公众良心要求的国际法原则的保护和支配。

三、本议定书补充1949年8月12日关于保护战争受难者的日内瓦四公约，应适用于各公约共同第二条所指的各场合。

四、上款所指的场合，包括各国人民在行使庄严加载联合国宪章和关于各国依联合国宪章建立友好关系及合作的国际法原则宣言的自决权中，对殖民统治和外国占领以及对种族主义政权作战的武装冲突。

第二条　定义

为了本议定书的目的：

一、“第一公约”、“第二公约”、“第三公约”和“第四公约”分别指1949年8月12日改善战地武装部队伤者病者境遇的日内瓦公约；1949年8月12日改善海上武装部队伤者病者及遇船难者境遇的日内瓦公约；1949年8月12日关于战俘待遇的日内瓦公约；1949年8月12日关于战时保护平民的日内瓦公约；“各公约”是指1949年8月12日关于保护战争受难者的日内瓦四公约；

二、“适用于武装冲突的国际法规则”是指冲突各方作为缔约各方订立的国际协议所载的适用于武装冲突的规则和适用于武装冲突的公认国际法原则和规则；

三、“保护国”是指经冲突一方提名和敌方接受并同意行使各公约和本议定书所赋予保护国的职务的中立国家或其他非冲突一方的国家；

四、“代替组织”是指按照第五条代替保护国行事的组织。

第三条　适用的开始和终止

在不妨碍不论何时均可适用的规定的条件下：

一、各公约和本议定书应自本议定书第一条所指的任何场合发生时开始适用；

二、在冲突各方领土内，于军事行动全面结束时，各公约和本议定书应终止适用。

在被占领领土内，则于占领终止时终止适用，但在上述任何一种情况下，嗣后予以最后释放，遣返或安置的人除外。这类人在最后释放、遣返或安置前，应继续享受各公约和本议定书有关规定的利益。

第四条　冲突各方的法律地位

各公约和本议定书的适用，以及这些档所规定的协议的订立，均不应影响冲突各方的法律地位。领土的占领或各公约和本议定书的适用均不应影响有关领土的法律地位。

第五条　保护国及其代替组织的指派

一、冲突各方有义务自该冲突开始发生之时起按照下列各款适用保护国制度，其中除其他事项外，包括保护国的指定和接受，以保证各公约和本议定书的监督和执行。保护国应负保障冲突各方利益的责任。

二、自第一条所指的场合发生之时起，冲突每一方应立即为了适用各公约和本议定书的目的而指定一个保护国，并立即为了同样目的而准许在敌方指定后予以接受的保护国进行活动。

三、如果自第一条所指的场合发生之时起未指定或接受保护国，红十字国际委员会在不妨害任何其他公正的人道主义组织进行同样活动的权利的条件下，应向冲突各方提供斡旋，以便立即指定冲突各方所同意的保护国。为此目的，红十字国际委员会得在其他事项外请每一方提出一项该方认为可以接受的在对敌方关系上作为其保护国行事的至少五个国家的名单，并请每个敌方提出一项该敌方可以接受为前一方的保护国的至少五个国家的名单；这些名单应在收到请求后两周内送交该委员会；该委员会应将各名单加以比较，并寻求在双方名单中均被提名的任何国家的同意。

四、如果尽管有上述规定而未指定保护国，冲突各方应立即接受红十字国际委员会或任何其他提供一切公正和效率保证的组织所提出的建议，由该组织在与各该方妥善磋商后并在考虑磋商的结果下充当代替组织。代替组织行使职责应取得冲突各方的同意。冲突各方应尽力为代替组织按照各公约和本议定书执行其任务的工作提供便利。

五、按照第四条，为了适用各公约和本议定书的目的而指定和接受保护国，不应影响冲突各方和包括被占领领土在内的任何领土的法律地位。

六、冲突各方之间外交关系的维持，或按照关于外交关系的国际法则将一方的利益及其国民的利益委托第三国保护，对于为了适用各公约和本议定书的目的而指定保护国，不构成任何障碍。

七、本议定书嗣后任何提及保护国之处，均包括代替组织在内。

第六条　合格人员

一、缔约各方在平时也应努力在各国红十字会（红新月会、红狮与太阳会）协助下训练合格人员，以便利各公约和本议定书的适用，特别是便利保护国的活动。

二、这类人员的征募和训练，属于国内管辖范围。

三、红十字国际委员会应备有缔约各方所制定并为该目的而送交该委员会的经过训练的人员名单，以供缔约各方使用。

四、关于在本国领土外使用这类人员的条件，应在每个场合下由有关各方之间的特别协议予以规定。

第七条　会议

本议定书保存者在缔约一方或几方请求下和缔约各方多数赞同时，应召开缔约各方会议，审议关于适用各公约和本议定书的一般问题。

第二部　伤者、病者和遇船难者

第一编　一般保护

第八条　术语

为了本议定书的目的：

一、“伤者”和“病者”是指由于创伤、疾病或其他肉体上或精神上失调或失去能力而需要医疗救助或照顾而且不从事任何敌对行为的军人或平民。这些术语还包括产妇、新生婴儿和其他需要立即予以医疗救助或照顾的，如弱者或孕妇，而且不从事任何敌对行为的人：

二、“遇船难者”是指由于遭受不幸或所乘船舶或飞机遭受不幸而在海上或在其他水域内遇险而且不从事任何敌对行为的军人或平民。这类人如果继续不从事任何敌对行为，在被营救期间，直至其依据各公约或本议定书取得另外的身份时为止，应继续视为遇船难者；

三、“医务人员”是指冲突一方专门被派用于第五款所列的目的或被派用以管理医疗队或操纵或管理医务运输工具的人员。这项派用可以是经常性或临时性的。该术语包括：

（一）冲突一方的医务人员，不论是军事或平民医务人员，包括第一和第二公约所述的医务人员以及被派到民防组织的医务人员；

（二）冲突一方所正式承认和核准的各国红十字会（红新月会、红狮与太阳会）和其他国内志愿救济团体的医务人员；

（三）第九条第二款所述的医疗队或医务运输工具的医务人员。

四、“宗教人员”是指专门从事宗教工作并依附于下列各单位的军人或平民，如牧师：

（一）冲突一方的武装部队；

（二）冲突一方的医疗队和医务运输工具；

（三）第九条第二款所述的医疗队或医务运输工具；或

（四）冲突一方的民防组织。

宗教人员依附于上述单位，可以是经常性的或临时性的，而且第十一款所载的有关规定均适用于这类人员。

五、“医疗队”是指为了医务目的，即搜寻、收集、运输、诊断或治疗——包括急救治疗——伤者、病者或遇船难者，或为了防止疾病而组织的军用或平民医疗处所或其他单位。例如，该术语包括医院和其他类似单位、输血中心、预防医务中心和院所、医药库和这类单位的医药储存处。医疗队可以是固定的或流动的，常设性或临时性的；

六、“医务运输”是指对受各公约和本议定书保护的伤者、病者、遇船难者、医务人员、宗教人员、医疗设备或医疗用品的陆上、水上或空中运输；

七、“医务运输工具”是指专门被派用于医务运输，并在冲突一方主管当局控制下的任何军用或平民、常设性或临时性的运输工具；

八、“医务车辆”是指任何陆上医务运输工具；

九、“医务船艇”是指任何水上医务运

输工具；

十、“医务飞机”是指任何空中医务运输工具；

十一、“常任医务人员””、“常设医疗队”和“常设医务运输工具”是指不定期的专门被派用于医务目的的人员、单位和工具。“临时医务人员”、“临时医疗队”和“临时医务运输工具”是指有期限而在整个期限内专门用于医疗目的的人员、单位和工具。除另作规定外，“医务人员”、“医疗队”和“医务运输工具”包括经常和临时两类；

十二、“特殊标志”是指用于保护医疗队和运输工具或医务或宗教人员、设备或用品时的白底红十字（红新月、红狮与太阳）的特殊标志；

十三、“特殊信号”是指本议定书附件一第三章所规定的专门用以识别医疗队或运输工具的任何信号或信息。

第九条　适用范围

一、本部分，其规定以改善伤者、病者和遇船难者境遇为目的，应适用于受第一条所指场合影响的所有伤者、病者和遇船难者，而不加任何以种族、肤色、性别、语言、宗教或信仰、政治或其他意见、民族或社会出身、财富、出生或其他身分或任何其他类似标准为依据的不利区别。

二、第一公约第二十七条和第三十二条的有关规定，应适用于下列国家、团体或组织为了人道主义目的向冲突一方提供的常设医疗队和运输工具（但医院船除外，医院船适用第二公约第二十五条的规定）及人员：

（一）中立国家或其他非该冲突一方的国家；

（二）该国承认和核准的救济团体；

（三）公正的国际人道主义组织。

第十条　保护和照顾

一、所有伤者、病者和遇船难者，不论属于何方，均应受尊重和保护。

二、在任何情况下，上述人员均应受人道待遇，并应在最大实际可能范围内并尽速得到其状况所需的医疗照顾和注意。在这类人之中，不应以医疗以外任何理由为依据而加以任何区别。

第十一条　对人身的保护

一、由于第一条所指的场合而落于敌方权力下或被拘禁、拘留或以其他方式被剥夺自由的人的身心健全，不应受任何无理行为或不作为的危害。因此，迫使本条所述的人接受非为该有关的人的健康状况所要求并与进行医疗程序一方未剥夺自由的国民在类似医疗情况下所适用的公认医疗标准不符的医疗程序，是禁止的。

二、特别禁止对这类人员实行下列各项办法，即使经本人同意，也应禁止：

（一）残伤肢体；

（二）医疗或科学实验；

（三）除依据第一款所规定的条件系属正当的行为外，为移植而取去组织或器官。

三、对第二款第三项所规定的禁例，只有献血以供输血或献皮以供移植的情形除外，但献血或献皮均应自愿，而不加任何胁迫或劝诱，而且，只限于治疗目的，并在与公认医疗标准相符的条件下和在旨在使捐献者和领受者双方共同受益的控制下，才得除外。

四、对于在所依附的一方以外冲突一方权力下的任何人，严重危害其身心健全，并违反第一款和第二款所规定的任何禁例，或不遵守第三款的要求的任何故意行为或不作为，应是严重破坏本议定书的行为。

五、第一款所述的人有权拒绝任何外科手术。遇有拒绝的情形，医务人员应设法取得病人所签字或承认的关于拒绝的书面声明。

六、冲突每一方对于在其负责下献血以供输血或献皮以供移植，均应就每次献血或献皮，保存一份医务记录。此外，冲突每一方均应设法保存一份关于对因第一条所指的场合而被拘禁、拘留或以其他方式被剥夺自由的任何人所进行的所有医疗程序的记录。这类记录应随时提供，以备保护国检查。

第十二条　对医疗队的保护

一、医疗队无论何时均应受尊重和保护，并不应成为攻击的对象。

二、第一款应适用于平民医疗队，但须具备下列条件之一：

（一）属于冲突一方；

（二）为冲突一方主管当局所承认或核准；

（三）按照本议定书第九条第二款或第一公约第二十七条被核准。

三、冲突各方应互相通知固定医疗队的位置。未通知的情况不应免除任何一方遵守第一款的规定的义务。

四、在任何情况下，均不应利用医疗队以掩护军事目标不受攻击。冲突各方应尽可能保证医疗队设在对军事目标的攻击不致危害其安全的地方。

第十三条　对平民医疗队的保护的停止

一、平民医疗队有权享受的保护，除非用于从事人道主义职务以外的害敌行为，不应停止。但保护仅在发出警告，并在任何适宜时定有合理时限，而警告仍无效果后才得停止。

二、下列各项情形不应视为害敌行为：

（一）医疗队人员为了自卫或保卫其照顾下的伤者和病者而备有个人轻武器；

（二）医疗队由警卫、哨卫或护送卫士守护；

（三）医疗队内有取自伤者和病者而尚未送交主管部门的轻兵器和弹药；

（四）武装部队人员或其他战斗员为了医疗原因而留在医疗队内。

第十四条　对征用平民医疗队的限制

一、占领国有义务保护被占领领土内平民居民的医疗需要继续得到满足。

二、因此，平民医疗队、其设备、其器材或其人员的服务，只要为向平民居民提供适当医疗服务和对已经在治疗中任何伤者和病者继续进行医疗照顾所必需，占领国即不应加以征用。

三、在继续遵守第二款所规定的一般规则的条件下，占领国依据下列特殊条件，得征用上述人员和物资：

（一）该人员和物资为占领国武装部队伤病人员或战俘的适当和实时医疗所需要；

（二）仅在这种需要存在时继续征用；

（三）立即作出安排，保证平民居民以及受征用影响的任何治疗中伤者和病者的医疗需要继续得到满足。

第十五条　对平民医务和宗教人员的保护

一、平民医务人员应受尊重和保护。

二、如果需要，在战斗活动使平民医疗服务被扰乱的地区内，对平民医务人员应提供一切可能的援助。

三、在被占领领土内，占领国应向平民医务人员提供各种协助，使其能尽力执行其人道主义职务。除有医疗理由外，占领国不得要求这类人员在执行职务时优先治疗任何人。这类人员不应被迫执行与其人道主义使命不符的任务。

四、平民医务人员应得前往必需其服务的任何地方，但须遵守冲突有关一方认为必要的监督与安全措施。

五、平民宗教人员应受尊重和保护。各公约和本议定书关于保护和识别医务人员的规定，对这类人员应同样适用。

第十六条　对医疗职责的一般保护

一、在任何情况下，不问谁是受益者，任何人不应因进行符合医疗道德的医疗活动而受惩罚。

二、对从事医疗活动的人，不应迫使其从事或进行违反医疗道德规则、或违反其他为伤者和病者的利益而制订的医疗规则、或违反各公约或本议定书的规定的行为或工作，也不应迫使其不从事或进行这类规则和规定所要求的行为或工作。

三、任何从事医疗活动的人，如果认为有关情报将证明为有害于有关病人或其家属，即不应迫使其向属于敌方的任何人，或除自己一方的法律所要求外，向属于自己一方的任何人，提供关于在其照顾下或曾在其照顾下的伤者和病者的情报。但关于传染病的强制通知的规章，则应受尊重。

第十七条　平民居民和救济团体的作用

一、平民居民应尊重伤者、病者和遇船难者，即使该伤者、病者和遇船难者属于敌方，并不应对其从事任何暴力行为。平民居民和救济团体，如各国红十字会（红新月会、红狮与太阳会），即使在其主动下，并即使在被入侵或被占领地区内，均应准其收集和照顾伤者、病者和遇船难者。任何人均不应因这种人道主义行为而受伤害、追诉、判罪或惩罚。

二、冲突各方得呼吁第一款所指的平民居民和救济团体收集和照顾伤者、病者和遇船难者，和搜寻死者并报告其所在地点；冲突各方应对响应其呼吁的平民居民和救济团体给以保护和必要便利。如果敌方取得或重新取得该地区的控制权，该方应在需要保护和便利的时间内给予同样的保护和便利。

第十八条　识别

一、冲突每一方均应努力保证医务和宗教人员及医疗队和运输工具能得到识别。

二、冲突每一方还应努力采取和实行使使用特殊标志和特殊信号的医疗队和运输工具有可能被认出的方法和程序。

三、在被占领领土内或在正在进行战斗或可能进行战斗的地区内，平民医务人员和平民宗教人员应使用特殊标志和证明其身份的身份证，使其可能被认出。

四、经主管当局同意，医疗队和医务运输工具应用特殊标志标明。本议定书第二十二条所指的船艇，应按照第二公约的规定予以标明。

五、除特殊标志外，冲突一方得按本议定书附件一第三章所规定，核准使用特殊信号，以识别医疗队和医务运输工具。作为例外，在该章所包括的特别情形下，医务运输工具得使用特殊信号而不展示特殊标志。

六、本条第一款到第五款的规定的适用受本议定书附件一第一章到第三章的支配。该附件第三章为专门用于医疗队和医务运输工具所指定的信号，除该章所规定外，不应用于识别该章所规定的医疗队和医务运输工具以外的任何其他目的。

七、本条并不核准超出第一公约第四十

四条的规定外在平时更广泛地使用特殊标志。

八、各公约和本议定书关于监督特殊标志的使用和关于防止和取缔其任何滥用的规定，应适用于特殊信号。

第十九条　中立国家和其他非冲突各方的国家

中立国家和其他非冲突各方的国家应对在其领土内收留或拘禁的受本部规定保护的人。或对其所发现的冲突各方的任何死者，适用本议定书的有关规定。

第二十条　对报复的禁止

对本部所保护的人和物体的报复，是禁止的。

第二编　医务运输

第二十一条　医务车辆

医务车辆应受流动医疗队依据各公约和本议定书所受的同样尊重和保护。

第二十二条　医院船和沿岸救护艇

一、各公约关于：

（一）第二公约第二十二条、第二十四条、第二十五条和第二十七条所述的船舶；

（二）其救生艇和小艇；

（三）其人员和船员，和

（四）船上伤者、病者和遇船难者的规定，在这些船舶运载不属于第二公约第十三条所载任何一类的平民伤者、病者和遇船难者的情形下，也应适用。但这类平民不应将其交给非其所属的任何一方或在海上将其拿捕。这类平民如果在其所属以外的冲突一方权力下，应包括在第四公约和本议定书的规定范围内。

二、各公约对第二公约第二十五条所述船舶所提供的保护，应扩展于

（一）中立国家或其他非该冲突一方的国家，或

（二）公正的国际人道主义组织，为了人道主义目的向冲突一方提供的医院船，但在上述任何一种情形下，均须符合该条所列的要求。

三、第二公约第二十七条所述的小艇，即使未发出该条所规定的通知，也应受保护。而关于任何其他足以便利识别和认出这类小艇的有关细节，请冲突各方彼此通知。

第二十三条　其他医务船艇

一、本议定书第二十二条和第二公约第三十八条所指以外的医务船艇，不论在海上或在其他水域内，均应受流动医疗队依据各公约和本议定书所受的同样尊重和保护。由于这种保护只有在这类船艇能被识别和认出的条件下才能有效，因而这类船艇应以特殊标志标明，并尽可能遵从第二公约第四十三条第二款的规定。

二、第一款所指的船艇应仍受战争法规的拘束。任何有可能立即强制执行其命令的水面战舰，得命令这类船艇停航，或命令其驶离，或使其航驶一定航线，而这类船艇应服从每一项这类命令。这类船艇，只要为船上伤者、病者和遇船难者所需，即不得以任何其他方式改变其医务使命。

三、第一款所规定的保护，仅应在第二公约第三十四条和第三十五条所列的条件下停止。明显地拒绝服从按照第二款所发出的命令，应是第二公约第三十四条所规定的害敌行为。

四、冲突一方得尽可能在医务船艇，特别是超过二千总吨的船艇出航前，将其名称、形状、预定出航时间、航线和估计的速

度通知任何敌方，并得提供任何其他便于识别和认出的情报。敌方应表明收到这项情报。

五、第二公约第三十七条的规定应适用于这类船艇上的医务和宗教人员。

六、第二公约的规定应适用于这类船艇上属于第二公约第十三条和本议定书第四十四条所指各类的伤者、病者和遇船难者。对不属于第二公约第十三条所载各类中任何一类的平民伤者、病者和遇船难者平民，如果在海上，不应将其交给非其所属的任何一方，或迫使其离开该船艇；这类平民如果在其所属一方以外的冲突一方权力下，应包括在第四公约和本议定书的规定的范围内。

第二十四条　对医务飞机的保护

在本部规定的拘束下，医务飞机应受尊重和保护。

第二十五条　敌方未控制的地区内医务飞机

在友方部队所实际控制的陆地地区内或其上空，或在敌方所未实际控制的海域内或其上空，对冲突一方医务飞机的尊重和保护，不依赖于与敌方订立的任何协定。但为更安全起见，在这些地区内操纵医务飞机的冲突一方，得按第二十九条所规定，通知敌方，特别是在该飞机飞行进入敌方地对空武器系统射程时，更须通知。

第二十六条　接触或类似地带内医务飞机

一、在友方部队所实际控制的接触地带的一些部分内和其上空，以及在实际控制权未明显确立的地区内或其上空，只有按第二十九条所规定，冲突各方主管军事当局之间事先取得协议，医务飞机才能得到充分有效的保护。在没有这种协议的情形下，医务飞机虽其操纵须自冒风险，但在其已被认出是医务飞机后，仍应受尊重。

二、“接触地带”是指敌对部队的先头部队彼此接触，特别是该部分已直接暴露于地面火力下的任何陆地地区。

第二十七条　敌方控制的地区内医务飞机

一、冲突一方的医务飞机在敌方所实际控制的陆地地区或海域上空飞行时，应继续受保护，但须事先取得该敌方的主管当局对这项飞行的同意。

二、由于航行错误或因影响飞行安全的紧急状态而在未取得第一款所规定的同意或违反该项同意的情形下飞行于敌方所实际控制的地区上空的医务飞机，应尽力使其能被识别，并应将情况通知敌方。一旦这类医务飞机为敌方所认出，该方应尽一切合理努力，立即发出第三十条第一款所指的着陆或降落水面的命令，或采取保障其本身利益的其他措施，并在上述任何一种情形下，应在对该飞机进行攻击前，允许该飞机有遵从命令的时间。

第二十八条　对医务飞机运用的限制

一、禁止冲突各方利用其医务飞机，以图从敌方取得任何军事利益。医务飞机的存在不应被利用，以图使军事目标不受攻击。

二、医务飞机不应被利用，以收集或传送情报数据，并不应携带旨在用于这项目的的任何器材。禁止医务飞机运载任何不包括在第八条第六款的定义内的任何人或货物。飞机运载机上人员的个人物品或目的仅在便利航行、通讯或识别的装备，不应视为属于禁止之列。

三、医务飞机不应携带任何武器，但取自飞机上伤者、病者和遇船难者而尚未送交主管部门的轻兵器及弹药，以及使船上医务人员能自卫和保卫在其照顾下的伤者、病者和遇船难者所需的个人轻武器除外。

四、在进行第二十六条和第二十七条所指的飞行时，医务飞机除与敌方事先达成协议外，不应用以搜寻伤者、病者和遇船难者。

第二十九条　关于医务飞机的通知和协议

一、第二十五条所规定的通知或为取得第二十六条、第二十七条、第二十八条第四款或第三十一条所规定的事先协议而提出的请求，应说明医务飞机的计划数目、其飞行计划和识别方法，并应被理解为含有每次飞行均将遵照第二十八条的规定的意思。

二、收到第二十五条所规定的通知的一方，应立即表明收到该通知。

三、收到为取得第二十六条、第二十七条、第二十八条第四款或第三十一条所规定的事先协议的请求的一方，应尽速通知请求一方：

（一）同意该请求；

（二）拒绝该请求；或

（三）提出对该请求的合理的替代建议。该方还得提议，在所涉时间内禁止或限制在该地区内的其他飞行。提出请求的一方，如果接受替代建议，应将其接受通知他方。

四、各方应采取必要措施，以保证能迅速地发出通知和取得协议。

五、各方还应采取必要措施，迅速向有关军事单位传播任何该通知和协议的内容，并将有关医务飞机所使用的识别方法指示该军事单位。

第三十条　医务飞机的降落和检查

一、对在敌方所实际控制的地区上空或在实际控制权未明显确立的地区上空飞行的医务飞机，得按适当情况命令其着陆或降落水面，以便按照下列各款进行检查。医务飞机应服从任何这类命令。

二、这类飞机，不论因被命令或基于其他原因而着陆或降落水面，仅得因确定第三款和第四款所指的事项而受检查。任何这种检查应立即开始，并应从速进行。检查一方对于伤者和病者，除为检查所需外，不应要求将其移离飞机。该方无论如何应保证伤者和病者的状况不因检查或移离而受不利的影响。

三、如果检查表明该飞机，

（一）是第八条第十款的意义内的医务飞机，

（二）不违反第二十八条所规定的条件，而且

（三）在需要事先协议的情形下，其飞行并非事先没有协议或并不破坏事先协议的规定，该飞机和属于敌方或属于中立国家或其他非冲突一方的其他国家的机上人员，应准其立即继续飞行。

四、如果检查表明飞机，

（一）不是第八条第十款的意义内的医务飞机，或

（二）违反第二十八条所规定的条件；

（三）在需要事先协议的情形下，其飞行并无事先协议或破坏事先协议的规定；

对该飞机得予拿捕。对机上人员应按照各公约和本议定书的有关规定给予待遇。曾被派为常设医务飞机的任何飞机，被拿捕后仅得用为医务飞机。

第三十一条　中立国家或其他非冲突各

方的国家

一、除有事先协议外，医务飞机不应在中立国家或其他非冲突一方的国家的领土上空飞行，或在该领土内降落。但在有事先协议的情形下，医务飞机在其全部飞行中以及在该领土内任何停留期间，则均应受尊重。然而该医务飞机仍应服从着陆或在适当情况下降落水面的任何命令。

二、如果医务飞机由于航行错误或因影响飞行安全的紧急状态而在没有协议或背离协议规定的情形下飞行于中立国家或其他非冲突一方的国家的领土上空，该飞机应尽力发出飞行的通知，并使自己能被识别。一旦这类医务飞机被认出，该国应尽一切合理努力，立即发出第三十条第一款所指的着陆或降落水面的命令，或采取保障其本身的利益的其他措施，并在上述任何一种情形下，应在对该飞机进行攻击前，允许该飞机有遵从命令的时间。

三、如果医务飞机依据协议或在第二款所载的情况下，不论因被命令着陆或降落水面或基于其他原因，而在中立国家或其他非冲突一方的国家的领土内着陆或降落水面，该飞机应受检查，以确定其在事实上是否医务飞机。检查应立即开始，并应从速进行。对属于操纵飞机的一方的伤者和病者，除其移离飞机为检查所需外，检查一方不应要求其移离飞机。检查一方无论如何应保证伤者和病者的状况不因检查或移离而受不利的影响。如果检查表明，该飞机在事实上是医务飞机，则该飞机及其机上人员，除按照适用于武装冲突的国际法规则必须予以拘留外，应准其恢复飞行，并应给予继续飞行的合理便利。如果检查表明，飞机不是医务飞机，对该飞机应予拿捕，机上人员应按照第四款的规定享受待遇。

四、经地方当局同意，在中立国家或其他非冲突一方的国家领土内，并非临时地从医务飞机下来的伤者、病者和遇船难者，除该国和冲突各方之间另有协议外，如果适用于武装冲突的国际法规则有此要求，则应由该国予以拘留，使其不能再从事敌对行动。医院治疗和拘禁的费用应由这类人所属的国家负担。

五、中立国家或其他非冲突各方的国家，应对冲突所有各方同样适用关于医务飞机在其领土上空通过或在其领土内着陆的任何条件和限制。

第三编　失踪和死亡的人

第三十二条　一般原则

在执行本段的规定时，缔约各方、冲突各方和各公约和本议定书所载的国际人道主义组织的活动，主要应受家庭了解其亲属命运的权利的推动。

第三十三条　失踪的人

一、一旦情况许可，并至迟从实际战斗结束时开始，冲突各方应即搜寻经敌方报告为失踪的人。该敌方应发送有关这类人的一切情报，以便利搜寻。

二、为了便利按照上款的规定搜集情报，对于依据各公约和本议定书不受更优惠考虑的人，冲突每一方应：

（一）将第四公约第一百三十八条所规定的关于因敌对行动或占领而被拘留、监禁或以其他方式被囚禁超过两周、或在任何拘留期间死亡的这类人的有关情报记录下来；

（二）在最大可能范围内便利、并于需要时进行搜寻这类人的工作，以及如果这类人由于敌对行动或占领而在其他情况下死亡，将其有关情报记录下来的工作。

三、按照第一款已报告为失踪的人的有关情报以及获得这种情报的请求，应直接或通过保护国或红十字国际委员会中央查访局或各国红十字会（红新月会、红狮与太阳会）发送。在未通过红十字国际委员会及其中央查访局发送情报的情形下，冲突一方也应保证向中央查访局提供该项情报。

四、冲突各方应努力商定关于搜寻、识别和收回战地上死者的工作组的安排，并于适当时，包括关于在敌方控制地区内执行这项任务时由敌方人员伴随工作组的安排。这类工作组在专门履行这项职责时，应受尊重和保护。

第三十四条　死者尸体

一、基于与占领有关的原因死亡或因占领或敌对行动而在拘留中死亡的人的尸体，以及不是基于敌对行动的原因而死亡的所在地国家的国民的人的尸体，均应受尊重，所有这类人的墓地，如果依据各公约和本议定书不受更优惠的考虑，应按照第四公约第一百三十条的规定，受尊重、维护并予以标明。

二、一旦情况及敌对各方之间的关系许可，基于敌对行动的原因而死亡或在占领期间或在拘留中死亡的人的坟墓所在地，或按照情况其尸体的其他安置处所在地的缔约各方，应立即订立协定，以：

（一）便利死者亲属和正式坟墓登记处的代表前往墓地，并对前往墓地一事作出实际的安排；

（二）永久保护和维护该墓地；

（三）便利在本国请求下，或除该国反对外，在最近亲属请求下，送还死者的尸体和个人用品。

三、在未订立第二款第二项或第三项所规定的协议和情形下，如果死者本国不愿自己支付费用以安排这类墓地的维护，墓地所在地的缔约一方得建议将死者尸体送还其本国。如果这项建议未被接受，缔约一方得在提出建议满五年后，并在向死者本国发出适当通知后，采取其本国关于坟墓的法律所规定的安排。

四、本条所指的墓地所在地的缔约一方，仅应在下列条件下准予焚化尸体：

（一）遵照第二款第三项和第三款的规定，或

（二）如果焚化是超越一切的公共需要，包括医疗上和侦讯上的需要，而在这种情形下，缔约该方无论何时均应尊重尸体，并应将其焚化尸体的意图以及关于拟议的重新埋葬地点通知死者本国。

第三部　作战方法和手段，战斗员和战俘的地位

第一编　作战方法和手段

第三十五条　基本原则

一、在任何武装冲突中，冲突各方选择作战方法和手段的权利，不是无限制的。

二、禁止使用属于引起过分伤害和不必要痛苦的性质的武器、投射体和物质及作战方法。

三、禁止使用旨在或可能对自然环境引起广泛、长期而严重损害的作战方法或手段。

第三十六条 新武器

在研究、发展、取得或采用新的武器、作战手段或方法时，缔约一方有义务断定，在某些或所有情况下，该新的武器、作战手段或方法的使用是否为本议定书或适用于该缔约一方的任何其他国际法规则所禁止。

第三十七条 对背信弃义行为的禁止

一、禁止诉诸背信弃义行为以杀死、伤害或俘获敌人。以背弃敌人的信任为目的而诱取敌人的信任，使敌人相信其有权享受或有义务给予适用于武装冲突的国际法规则所规定的保护的行为，应构成背信弃义行为。下列行为是背信弃义行为的事例：

（一）假装有在休战旗下谈判或投降的意图；

（二）假装因伤或因病而无能力；

（三）假装具有平民、非战斗员的身份；和

（四）使用联合国或中立国家或其他非冲突各方的国家的记号、标志或制服而假装享有被保护的地位。

二、战争诈术是不禁止的。这种诈术是指旨在迷惑敌人或诱使敌人作出轻率行为，但不违犯任何适用于武装冲突的国际法规则，而且由于并不诱取敌人在该法所规定的保护方面的信任而不构成背信弃义行为的行为。下列是这种诈术的事例：使用伪装、假目标、假行动和假情报。

第三十八条 公认标志

一、不正当使用红十字、红新月或红狮与太阳的特殊标志或各公约或本议定书所规定的其他标志、记号或信号，是禁止的。在武装冲突中故意滥用国际公认的保护标志、记号或信号，包括休战旗，以及文化财产的保护标志，也是禁止的。

二、除经联合国核准外，使用联合国的特殊标志，是禁止的。

第三十九条 国籍标志

一、在武装冲突中使用中立国家或其他非冲突各方的国家的旗帜、军用标志、徽章或制服，是禁止的。

二、在从事攻击时，或为了掩护、便利、保护或阻碍军事行动，而使用敌方的旗帜或军用标志、徽章或制服，是禁止的。

三、本条或第三十七条第一款第四项的规定，不应影响适用于间谍或在进行海上武装冲突中使用旗帜的现行的公认国际法规则。

第四十条 饶赦

禁止下令杀无赦，禁止以此威胁敌人，或在此基础上进行敌对行动。

第四十一条 对失去战斗力的敌人的保障

一、被认为失去战斗力或按照情况应被承认为失去战斗力的人，不应成为攻击的对象。

二、下列的人是失去战斗力的人：

（一）在敌方权力下的人；

（二）明示投降意图的人；或

（三）因伤或病而失去知觉，或发生其他无能力的情形，因而不能自卫的人；但在上述任何情形下，均须不从事任何敌对行为，并不企图脱逃。

三、有权作为战俘享受保护的人，在不能按第三公约第三部第一编的规定撤退的非常的战斗情况下落于敌方权力下时，应予释放，并应采取一切可能的预防措施保证其安全。

第四十二条 飞机上人员

一、从遇难飞机上跳伞降落的任何人，

在其降落中，均不应成为攻击的对象。

二、从遇难飞机跳伞降落的人，在落在敌方所控制的领土的地面时，除显然表现其从事敌对行为外，在成为攻击的对象前，应有投降的机会。

三、空运部队不受本条的保护。

第二编　战斗员和战俘的地位

第四十三条　武装部队

一、冲突一方的武装部队是由一个为其部下的行为向该方负责的司令部统率下的有组织的武装部队、团体和单位组成，即使该方是以敌方所未承认的政府或当局为代表。该武装部队应受内部纪律制度的约束，该制度除其他外应强制遵守适用于武装冲突的国际法规则。

二、冲突一方的武装部队人员（除第三公约第三十三条的规定所包括的医务人员和随军牧师外）是战斗员，换言之，这类人员有权直接参加敌对行动。

三、无论何时，冲突一方如果将准军事机构或武装执法机构并入其武装部队内，应通知冲突其他各方。

第四十四条　战斗员和战俘

一、第四十三条所规定的任何战斗员，如果落于敌方权力下，均应成为战俘。

二、所有战斗员必须遵守适用于武装冲突的国际法规则，但除第三款和第四款所规定外，对这些规则的违反不应剥夺战斗员作为战斗员的权利，或者，如果落于敌方权力下，成为战俘的权利。

三、为了促进对平民居民的保护不受敌对行动的影响，战斗员在从事攻击或攻击前军事准备行动时，应使自己与平民居民相区别。然而，由于认识到在武装冲突中有一些情况使武装战斗员因敌对行动的性质而不能与平民居民相区别，因而该战斗员应保留其作为战斗员的身份，但在这种情况下，该战斗员须：

（一）在每次军事上交火期间，和

（二）在从事其所参加的发动攻击前的部署时为敌人所看得见的期间；

公开携带武器。符合本款要求的行为，不应视为第三十七条第一款第三项的意义内的背信弃义行为。

四、不符合第三款第二句所列的要求而落于敌方权力下的战斗员，应失去其成为战俘的权利，但其所享受的保护应在各方面与第三公约和本议定书所给予战俘的保护相等。这项保护包括在这类人因其犯有任何罪行而受审判和惩罚的情形下第三公约所给予战俘的同等保护。

五、未从事攻击或攻击前军事准备行动而落于敌方权力下的任何战斗员，不应因其先前活动而失去其成为战斗员和成为战俘的权利。

六、本条不妨害任何人按照第三公约第四条成为战俘的权利。

七、本条无意变动各国关于被派于冲突一方正规并穿制服的武装单位的战斗员穿着制服的公认惯例。

八、除第一公约和第二公约第十三条所载各类人外，本议定书所规定的冲突一方武装部队的所有人员，如果是伤者或病者，或在第二公约的情形下，是在海上或在其他水域内遇船难者，应有权享受这些公约所规定的保护。

第四十五条　对参加敌对行动的人的保护

一、参加敌对行动而落于敌方权力下的

人，如果主张战俘的身份，或表现为有权享有这种身份，或其所依附的一方通知拘留国或保护国代其主张这种身份，应推定为战俘，因而应受第三公约的保护。如果对于任何这类人是否有权享有战俘身份的问题有任何怀疑，这类人在主管法庭决定其身份以前，应继续享有这种身份，因而受第三公约的保护。

二、如果落于敌方权力下的人不被认为战俘，并由该方就敌对行动中所发生的罪行予以审判，这样的人应有权在司法法庭上提出其享有战俘身份的权利主张，并要求对该问题予以裁决。依据适用的程序，如果可能，应在审判罪行前先进行这项裁决。除在例外情形下为了国家安全利益而秘密进行诉讼程序外，保护国代表应有权出席裁决该问题的诉讼程序。在秘密进行的情形下，拘留国应告知保护国。

三、参加敌对行动而无权享有战俘身份而且不能获得按照第四公约享受更优惠待遇的利益的任何人，无论何时，均应有权受本议定书第七十五条的保护。在被占领领土内，任何这类人，除被认为间谍外，尽管有第四公约第五条的规定，也应享受该公约所规定的通讯的权利。

第四十六条　间谍

一、尽管有各公约或本议定书的任何其他规定，在从事间谍行为时落于敌方权力下的冲突一方武装部队的任何人员，不应享受战俘身份的权利，而得予以间谍的待遇。

二、在敌方控制领土内为冲突一方搜集或企图搜集情报的该方武装部队人员，如果在其行事时穿着其武装部队的制服，即不应视为从事间谍行为。

三、冲突一方武装部队的人员，如果是敌方占领领土的居民而在该领土内为其所依附的冲突一方搜集或企图搜集具有军事价值的情报，除其通过虚假行为或故意以秘密方式搜集或企图搜集情报外，即不应视为从事间谍行为。而且，这类居民除在从事间谍行为时被俘外，不应丧失其享有战俘身份的权利，并不得予以间谍的待遇。

四、冲突一方武装部队人员，如果不是敌方占领领土的居民而在该领土内从事间谍行为，除在重返其所属武装部队前被俘外，不应丧失其享有战俘身份的权利，并不得予以间谍的待遇。

第四十七条　外国雇佣兵

一、外国雇佣兵不应享有作为战斗员或成为战俘的权利。

二、外国雇佣兵是具有下列情况的任何人：

（一）在当地或外国特别征募以便在武装冲突中作战；

（二）事实上直接参加敌对行动；

（三）主要以获得私利的愿望为参加敌对行动的动机，并在事实上冲突一方允诺给予远超过对该方武装部队内具有类似等级和职责的战斗员所允诺或付给的物质报偿；

（四）既不是冲突一方的国民，又不是冲突一方所控制的领土的居民；

（五）不是冲突一方武装部队的人员；而且

（六）不是非冲突一方的国家所派遣作为其武装部队人员执行官方职务的人。

第四部 平民居民

第一编 防止敌对行动影响的一般保护

第一章 基本规则和适用范围

第四十八条 基本规则

为了保证对平民居民和民用物体的尊重和保护，冲突各方无论何时均应在平民居民和战斗员之间和在民用物体和军事目标之间加以区别，因此，冲突一方的军事行动仅应以军事目标为对象。

第四十九条 攻击的定义和适用范围

一、“攻击”是指不论在进攻或防御中对敌人的暴力行为。

二、本议定书关于攻击的规定，适用于不论在什么领土内的一切攻击，包括在属于冲突一方但在敌方控制领土内的攻击。

三、本段的规定，适用于可能影响平民居民、平民个人或民用物体的任何陆战、空战或海战。这些规定还适用于从海上或空中对陆地目标的任何攻击，但不影响适用于海上或空中武装冲突的国际法规则。

四、本段的规定是对第四公约、特别是该公约第二部以及对缔约各方有拘束力的其他国际协议关于人道主义保护的规则的补充，也是对有关保护平民和保护陆地上、海上及空中民用物体免受敌对行动影响的其他国际法规则的补充。

第二章 平民和平民居民

第五十条 平民和平民居民的定义

一、平民是指不属于第三公约第四条（子）款第一项、第二项、第三项和第六项及本议定书第四十三条所指各类人中任何一类的人。遇有对任何人是否平民的问题有怀疑时，这样的人应视为平民。

二、平民居民包括所有作为平民的人。

三、在平民居民中存在有不属于平民的定义范围内的人，并不使该平民居民失去其平民的性质。

第五十一条 对平民居民的保护

一、平民居民和平民个人应享受免受军事行动所产生的危险的一般保护。为了实现这项保护，在任何情况下均应遵守对适用的其他国际法规则所附加的下列各项规则。

二、平民居民本身以及平民个人，不应成为攻击的对象。禁止以在平民居民中散布恐怖为主要目的的暴力行为或暴力威胁。

三、平民除直接参加敌对行动并在直接参加敌对行动时外，应享受本编所给予的保护。

四、禁止不分皂白的攻击。不分皂白的攻击是：

（一）不以特定军事目标为对象的攻击；

（二）使用不能以特定军事目标为对象的作战方法或手段；或

（三）使用其效果不能按照本议定书的要求加以限制的作战方法或手段；

而因此，在上述每个情形下，都是属于无区别地打击军事目标和平民或民用物体的性质的。

五、除其他外，下列各类攻击，也应视为不分皂白的攻击：

（一）使用任何将平民或民用物体集中的城镇、乡村或其他地区内许多分散而独立的军事目标视为单一的军事目标的方法或手段进行轰击的攻击；和

（二）可能附带使平民生命受损失、平民受伤害、平民物体受损害、或三种情形均有而且与预期的具体和直接军事利益相比损害过分的攻击。

六、作为报复对平民居民的攻击，是禁止的。

七、平民居民或平民个人的存在或移动不应用于使某些地点或地区免于军事行动，特别是不应用以企图掩护军事目标不受攻击，或掩护、便利或阻碍军事行动。冲突各方不应指使平民居民或平民个人移动，以便企图掩护军事目标不受攻击，或掩护军事行动。

八、对这些禁例的任何违犯，不应解除冲突各方关于平民居民和平民的法律义务，包括第五十七条所规定的采取预防措施的义务。

第三章 民用物体

第五十二条 对民用物体的一般保护

一、民用物体不应成为攻击或报复的对象。民用物体是指所有不是第二款所规定的军事目标的物体。

二、攻击应严格限于军事目标。就物体而言，军事目标只限于由于其性质、位置、目的或用途对军事行动有实际贡献，而且在当时情况下其全部或部分毁坏、缴获或失去效用提供明确的军事利益的物体。

三、对通常用于民用目的的物体，如礼拜场所、房屋或其他住处或学校，是否用于对军事行动作出有效贡献的问题有怀疑时，该物体应推定为未被这样利用。

第五十三条 对文物和礼拜场所的保护

在不妨害1954年5月14日关于发生武装冲突时保护文化财产的海牙公约和其他有关国际文件的规定的条件下，禁止下列行为：

一、从事以构成各国人民文化或精神遗产的历史纪念物、艺术品或礼拜场所为对象的敌对行为；

二、利用这类物体以支持军事努力；

三、使这类物体成为报复的对象。

第五十四条 对平民居民生存所不可缺少的物体的保护

一、作为作战方法使平民陷于饥饿，是禁止的。

二、不论是什么动机，也不论是为了使平民饥饿，使其迁移、还是为了任何其他动机，基于使对平民居民生存所不可缺少的物体，如粮食、生产粮食的农业区、农作物、牲畜、饮水装置和饮水供应和灌溉工程，对平民居民失去供养价值的特定目的，而进行的攻击、毁坏、移动或使其失去效用，都是禁止的。

三、第二款所规定的禁例，不应适用于该款所包括但为敌方所用于下列目的的物体：

（一）仅充其武装部队人员的供养之用；

（二）如果不作为供养之用，则用以直接支持军事行动；但无论如何不应对这些物

体采取行动，以致有可能使平民居民的食物或饮水不足，造成平民居民的饥饿，或迫其迁移。

四、这类物体不应成为报复的对象。

五、由于承认冲突任何一方有保卫其国家领土免遭入侵的重大要求，如果为迫切的军事必要所要求，冲突一方得在其所控制的本国领土内，不完全实行第二款所规定的禁例。

第五十五条　对自然环境的保护

一、在作战中，应注意保护自然环境不受广泛、长期和严重的损害。这种保护包括禁止使用旨在或可能对自然环境造成这种损害从而妨害居民的健康和生存的作战方法或手段。

二、作为报复对自然环境的攻击，是禁止的。

第五十六条　对含有危险力量的工程和装置的保护

一、含有危险力量的工程或装置，如堤坝和核发电站，即使这类物体是军事目标，也不应成为攻击的对象，如果这种攻击可能引起危险力量的释放，从而在平民居民中造成严重的损失。其他在这类工程或装置的位置上或在其附近的军事目标，也不应成为攻击的对象，如果这种攻击可能引起该工程或装置危险力量的释放，从而在平民居民中造成严重的损失。

二、在下列情形下，应停止第一款所规定的免受攻击的特别保护：

（一）对于堤坝，如果该堤坝是用于其通常作用以外的目的和用以使军事行动得到经常、重要和直接支持的，而且如果这种攻击是终止这种支持的唯一可能的方法；

（二）对于核发电站，如果该核发电站是供应电力使军事行动得到经常、重要和直接支持的，而且如果这种攻击是终止这种支持的唯一可能的方法；

（三）对于在这类工程或装置的位置上或在其附近的其他军事目标，如果该军事目标是用以使军事行动得到经常、重要和直接支持的，而且如果这种攻击是终止这种支持的唯一可能的方法。

三、在一切情形下，平民居民和平民个人应有权享受国际法所给予的全部保护，包括第五十七条所规定的预防措施的保护。如果保护停止，并对第一款所载的任何工程、装置或军事目标进行攻击，则应采取一切实际可行的预防措施，以避免危险力量的释放。

四、使第一款所载的任何工程、装置或军事目标成为报复的对象，是禁止的。

五、冲突各方应努力避免将任何军事目标设在第一款所载的工程或装置的附近。然而，为了保卫被保护工程或装置不受攻击的唯一目的而建立的装置，是允许的，而且其本身不应成为攻击的对象，但除对受保护工程或装置的被攻击作出反应所需的防御行动外，这类装置应不用于敌对行动，而且其武装应限于仅能击退对受保护工程或装置的敌对行动的武器。

六、关于含有危险力量的物体，敦促缔约各方和冲突各方彼此另订协议，另外加以保护。

七、为了便利对本条所保护的物体的识别，冲突各方得用本议定书附件一第十六条所规定的同一轴在线一组三个鲜橙色圆形所构成的特殊记号标明。没有这种标记，并不免除冲突任何一方依据本条所承担的义务。

第四章 预防措施

第五十七条 攻击时预防措施

一、在进行军事行动时，应经常注意不损害平民居民、平民和民用物体。

二、对于攻击，应采取下列预防措施：

（一）计划或决定攻击的人应：

1. 尽可能查明将予攻击的目标既非平民也非民用物体，而且不受特殊保护，而是第五十二条的意义内的军事目标，并查明对该目标的攻击不是本议定书的规定所禁止的；

2. 在选择攻击手段和方法时，采取一切可能的预防措施，以期避免，并无论如何，减少平民生命附带受损失、平民受伤害和民用物体受损害；

3. 不决定发动任何可能附带使平民生命受损失、平民受伤害、民用物体受损害、或三种情形均有而且与预期的具体和直接军事利益相比损害过分的攻击；

（二）如果发现目标不是军事目标或是受特殊保护的，或者发现攻击可能附带造成与预期的具体和直接军事利益相比为过分的平民生命受损失、平民受伤害、民用物体受损害，或三种情形均有，该攻击应予取消或停止；

（三）除为情况所不许可外，应就可能影响平民居民的攻击发出有效的事先警告。

三、为了取得同样的军事利益有可能在几个军事目标之间进行选择时，选定的目标应是预计对平民生命和民用物体造成危险最小的目标。

四、在进行海上或空中军事行动时，冲突每一方应按照其依据适用于武装冲突的国际法规则所享受和承担的权利和义务，采取一切合理的预防措施，以避免平民生命受损失和民用物体受损害。

五、本条的任何规定均不得解释为准许对平民居民、平民或民用物体进行任何攻击。

第五十八条 防止攻击影响的预防措施

冲突各方应在最大可能范围内：

一、在不妨害第四公约第四十九条的规定的条件下，努力将其控制下的平民居民、平民个人和民用物体迁离军事目标的附近地方；

二、避免将军事目标设在人口稠密区内或其附近；

三、采取其他必要的预防措施，保护在其控制下的平民居民、平民个人和民用物体不受军事行动所造成的危害。

第五章 受特殊保护的地方和地带

第五十九条 不设防地方

一、禁止冲突各方以任何手段攻击不设防地方。

二、冲突一方的适当当局得将武装部队接触的地带附近或在其内的可以被敌方自由占领的任何居民居住地方宣布为不设防地方。不设防地方应符合下列条件：

（一）所有战斗员以及机动武器和机动军事设备必须已经撤出；

（二）固定军事装置或设施应不用于敌对目的；

（三）当局或居民均不应从事任何敌对

行为；而且

（四）不应从事支持军事行动的任何活动。

三、在该地方内有依据各公约和本议定书受特殊保护的人和为了维持法律和秩序的唯一目的而留下的警察部队的存在，是不违反第二款所规定的条件的。

四、依据第二款作出的宣言应送致敌方，并应尽可能明确地规定和说明不设防地方的界限。接受宣言的冲突一方应表明收到宣言，并除在事实上与第二款所规定的条件不符外，应将该地方视为不设防地方，而在不符合条件的情形下，则应立即将该情形通知作出宣言的一方。即使不符合第二款所规定的条件，该地方应继续享受本议定书的其他规定和适用于武装冲突的其他国际法规则的保护。

五、冲突各方得商定设立不设防地方，即使该地方不符合第二款所规定的条件。协议应尽可能明确地规定和说明不设防地方的界限；于必要时，协议得规定监督的方法。

六、控制这类协议所规定的地方的一方，应尽可能用与他方商定的记号将该地方标明，该记号应展示于明显可见的地方，特别是在其四周和界限上及公路上。

七、一个地方在其不再符合第二款所规定或第五款所指的协议所规定的条件时，失去其作为不设防地方的地位。在这种情况下，该地方应继续享受本议定书的其他规定和适用于武装冲突的其他国际法规则的保护。

第六十条　非军事化地带

一、冲突各方将其军事行动扩展到其依据协议授以非军事化地带地位的地带，而且如果这种扩展是违反该协议的规定的，则这种扩展是禁止的。

二、协议应是明示协议，得用口头或书面，直接或通过保护国或任何公正的人道主义组织订立，并得由相互而一致的声明构成。协议得在平时以及在敌对行动开始后订立，并应尽可能明确地规定和说明非军事化地带的界限，并于必要时，规定监督的方法。

三、这类协议的对象，通常应是符合下列条件的任何地带：

（一）所有战斗员以及机动武器和机动军事装备必须已经撤出；

（二）固定军事装置或设施不应用于敌对目的；

（三）当局或居民均不应从事任何敌对行为；而且

（四）任何与军事努力有关的活动均应已经停止；

冲突各方应商定对第四项所规定的条件的解释，并商定除第四款所载外被准予进入非军事化地带的人。

四、在该地带内有依据各公约和本议定书受特殊保护的人和为了维持法律和秩序的唯一目的而留下的警察部队的存在，是不违反第三款所载的条件的。

五、控制该地带的一方，应尽可能用与他方商定的记号将该地带标明，该记号应展示于明显可见的地方，特别在其四周和界限上及公路上。

六、如果战斗逼近非军事地带，而且如果冲突各方已经达成协议，任何一方均不得为了有关军事行动的目的使用该地带或单方面取消该地带的地位。

七、如果冲突一方对第三款或第六款的规定作出实质的破坏，他方应解除其依据授予该地带非军事地带地位的协议所承担的义务。遇有这种情事，该地带丧失其地位，但应继续享受本议定书的其他规定和适用于武装冲突的其他国际法规则所规定的保护。

第六章 民防

第六十一条 定义和范围

为了本议定书的目的：

一、“民防”是指旨在保护平民居民不受危害，和帮助平民居民克服敌对行动或灾害的直接影响，并提供平民居民生存所需的条件的某些或全部下列人道主义任务的执行。这些任务是：（一）发出警报；（二）疏散；（三）避难所的管理；（四）灯火管制措施的管理；（五）救助；（六）医疗服务，包括急救、和宗教援助；（七）救火；（八）危险地区的查明和标明；（九）清除污染和类似保护措施；（十）提供紧急的住宿和用品；（十一）在灾区内恢复和维持秩序的紧急支助；（十二）紧急修复不可缺少的公用事业；（十三）紧急处理死者；（十四）协助保护生存所必需的物体；（十五）为执行上述任务、包括但不限于计划和组织的补充活动；

二、“民防组织”是指冲突一方主管当局所组织或核准以执行第一款所载的任何任务并被派于和专门用于执行这类任务的机构和其他单位；

三、民防组织的“人员”是指由冲突一方所派专门执行第一款所载任务的人，包括该方主管当局所派专门管理这类组织的人；

四、民防组织的“物资”是指这类组织用以执行第一款所载的任务的设备、用品和运输工具。

第六十二条 一般保护

一、除受本议定书规定的拘束，特别是受本部规定的拘束外，平民民防组织应受尊重和保护，除迫切的军事必要的情形外，这类组织应有权执行其民防任务。

二、第一款的规定也应适用于虽非平民民防组织人员但响应主管当局的呼吁而在其控制下执行民防任务的平民。

三、用于民防目的的建筑物和物资和为平民居民提供的避难所，包括于第五十二条的规定之内。用于民防目的的物体，除其所属的一方外，不得加以毁坏或转移其正当用途。

第六十三条 被占领领土内民防工作

一、在被占领领土内，平民民防组织应从当局得到其执行任务所需的便利。在任何情形下，对这类组织的人员，不应迫使其执行对执行这些任务有干扰的活动。占领国不应以任何可能危害这类组织有效执行其使命的方式变动这些组织的结构或人员。对这些组织，不应要求其对占领国的国民或利益给予优先的地位。

二、占领国不应强迫、强制或诱使平民民防组织以任何有害平民居民的利益的方式执行其任务。

三、占领国得基于安全理由解除民防人员的武装。

四、如果移作他用或加以征用将有害于平民居民，占领国不应将属于民防组织或为民防组织所用的建筑物或物资转移其正当用途或加以征用。

五、在继续遵守第四款的一般规则的条件下，占领国得征用这些建筑物或物资或将其移作他用，但须符合下列的特别条件：

（一）该建筑物或物资为平民居民的其他需要所需；而且

（二）仅在这种需要存在时继续征用或移作他用。

六、占领国不应将供平民居民使用或平民居民所需的避难所移作他用或加以征用。

第六十四条 中立国家或非冲突各方的国家的平民民防组织和国际协调组织

一、第六十二条、第六十三条、第六十五条和第六十六条应适用于经冲突一方同意并在该方控制下在该方领土内执行第六十一条所载民防任务的中立国家或非冲突各方的国家的平民民防组织的人员和物资。这种援助应尽速通知任何有关敌方。在任何情况下，这种活动均不应视为对冲突的干涉。但进行这种活动应适当考虑有关冲突各方的安全利益。

二、接受第一款所指的援助的冲突各方和给予援助的缔约各方，于适宜时，应便利这种民防活动的国际协调工作。在这种情形下，有关国际组织是包括在本章的规定之内的。

三、在被占领领土内，占领国只有在其能依靠自身人力物力或被占领领土的人力物力保证充分执行民防任务的条件下，才得拒绝或限制中立国家或非冲突各方的国家的平民民防组织的活动。

第六十五条 保护的停止

一、平民民防组织、其人员、建筑物、避难所和物资有权享受的保护，除其从事或用以从事正当任务以外的害敌行为外，不应停止。但保护仅在发出并在适宜时定有合理时限的警告而对警告仍不置理后，才得停止。

二、下列行为不应视为害敌行为：

（一）在军事当局指导或控制下执行民防任务；

（二）平民民防人员在执行民防任务时与军事人员合作，或有一些军事人员附属于平民民防组织；

（三）民防任务的执行可能附带地有利于军人受难者，特别是失去战斗力的人。

三、平民民防人员为了维持秩序或自卫的目的而携带个人轻武器，也不应视为害敌行为。但在陆地战斗正在进行或可能进行的地区内，冲突各方应采取适当措施，将这类武器限于手持枪支，如手枪或左轮手枪，以便有助于区别民防人员和战斗员。民防人员虽在这些地区内携带其他个人轻武器，但一旦被认出为民防人员，应即受尊重和保护。

四、按照军事编制建立民防组织，和强迫在民防组织中服务，也不应剥夺这些组织依据本章所享受的保护。

第六十六条 识别

一、冲突每一方应努力保证，其民防组织、其民防组织的人员、建筑物和物资在专门用于执行民防任务时是可以识别的。向平民居民提供的避难所，也应当同样是可以识别的。

二、冲突每一方还应努力采取和实行一些方法和程序，使得有可能认出展示有民防的国际特殊记号的民用避难所以及民防人员、建筑物和物资。

三、在被占领领土内和在战斗正在进行或可能进行的地区内，平民民防人员应当是用民防的国际特殊记号和证明其身份的身份证可以认出的。

四、民防的国际特殊记号，在用以保护民防组织、其人员、建筑物和物资和用于民用避难所时，是橙色底蓝色等边三角形。

五、除特殊记号外，冲突各方得商定使用为民防识别的目的的特殊信号。

六、第一款至第四款的规定的适用，受本议定书附件一第五章的拘束。

七、在平时，第四款所述的记号，经国内主管当局同意，得用于民防识别的目的。

八、缔约各方和冲突各方应采取必要措施，监督民防的特别记号的展示，并防止和取缔该记号的任何滥用。

九、民防医务和宗教人员、医疗队和医务运输工具，也受第十八条的拘束。

第六十七条　被派到民防组织的武装部队人员和军事单位

一、被派到民防组织的武装部队人员和军事单位应受尊重和保护，但：

（一）这类人员和这类单位须永久被派于并专门用于执行第六十一条所载任务中任何任务；

（二）如果已经这样指派，该人员须在冲突期间不执行任何其他军事职责；

（三）这类人员须显著地展示适当地大些的民防的国际特殊记号，以便与武装部队其他人员有明显区别，并须持有本议定书附件一第五章所指的证明其身份的身份证；

（四）这类人员和这类单位须仅配备个人轻武器以维持秩序或自卫。第六十五条第三款的规定也应适用于这种情形；

（五）这类人员须不直接参加敌对行为，并须在其民防任务以外不从事或不被利用以从事害敌行为；

（六）这类人员和这类单位须仅在其所属一方的领土内执行其民防任务。

受上述第一项和第二项所规定的条件的拘束的任何武装部队人员不遵守上述第五项所载的条件，是禁止的。

二、在民防组织内服务的军事人员，如果落入敌方权力下，应成为战俘。在被占领领土内，这类军事人员仅得在有需要的情形下，为了该领土平民居民的利益而用以执行民防任务，但如果该项工作有危险，则以该军事人员自愿执行为限。

三、被派于民防组织的军事单位的建筑物和主要设备和运输工具，应以民防的国际特殊记号明显标明。这项特殊记号，应尽可能适当地大些。

四、永久被派于民防组织并专门担任民防任务的军事单位的物资和建筑物，如果落入敌方手中，应仍受战争法规的拘束。这些物资和建筑物，只要为执行民防任务所需，除在迫切的军事必要情形外，并除对平民居民的需要事先作出充分准备的安排外，不得移作民防任务以外的用途。

第二编　对平民居民的救济

第六十八条　适用范围

本段的规定适用于本议定书所规定的平民居民，并且是第四公约第二十三条、第五十五条、第五十九条、第六十条、第六十一条和第六十二条及其他有关规定的补充。

第六十九条　被占领领土内基本需要

一、除第四公约第五十五条所规定关于食物和医疗用品的义务外，占领国应在其所拥有的手段的最大范围内，并在不加任何不利区别的条件下，还应保证向被占领领土的平民居民，提供其生存所需的衣服、被褥、住宿所和其他用品以及宗教礼拜所必需的物体。

二、为了被占领领土平民居民的利益而

进行的救济行动，受第四公约第五十九条、第六十条、第六十一条、第六十二条、第一百零八条、第一百零九条、第一百一十条和第一百一十一条和本议定书第七十一条的拘束，并应立即实行。

第七十条　救济行动

一、如果除被占领领土外为冲突一方所控制的任何领土的平民居民未充分获得第六十九条所载的用品的供应，属于人道主义和公正性质并在不加任何不利区别的条件下进行的救济行动应予进行，但须受有关各方关于这种行动的协议的拘束。这种救济的提供，不应视为对武装冲突的干涉，或视为不友好行为。在分配救济物资时，对依据第四公约或本议定书应受特权待遇或特殊保护的人，如儿童、孕妇、产妇或婴儿的母亲，应给以优先地位。

二、冲突各方和缔约每一方对按照本编提供的所有救济物资、设备和人员，应准许和便利其迅速和无阻碍地通过，即使这种救助是以敌方平民居民为物件。

三、按照第二款准许救济物资、设备和人员通过的冲突各方和缔约每一方：

（一）应有权制定准许通过的技术安排，包括搜查在内；

（二）得以在保护国的当地监督下进行这种救助的分配为准许的条件；

（三）除在紧急必要情形下为了有关平民居民的利益外，不应以任何方式将救济物资移作原来目的以外的用途，也不应延迟其发送。

四、冲突各方应保护救济物资，并便利其迅速分配。

五、冲突各方和有关的缔约每一方应鼓励和便利对第一款所指的救济行动的有效国际协调工作。

第七十一条　参加救济行动的人员

一、在必要时，救济人员得构成任何救济行动所提供的救助的一部分，特别是为了救济物资的运输和分配；这类人员的参加须经这类人员履行其职责所在地一方的同意。

二、这类人员应受尊重和保护。

三、接收救济物资的每一方，应在实际可行的最大范围内，协助第一款所指的救济人员履行其救济任务。只有在迫切的军事必要的情形下，才能限制救济人员的活动，或暂时限制救济人员的移动。

四、在任何情况下，救济人员均不得超越本议定书所规定关于其任务的条件。特别是，救济人员应考虑履行其职责所在地一方的安全要求。对不尊重这些条件的任何人员，得终止其任务。

第三编　对在冲突一方权力下的人的待遇

第一章　适用范围和对人和物体的保护

第七十二条　适用范围

本编的规定是第四公约，特别是该公约第一部和第三部关于对在冲突一方权力下的平民和民用物体的人道主义保护的规则以及适用于国际武装冲突时保护基本人权的其他国际法规则的补充。

第七十三条　难民和无国籍人

在敌对行动开始前依据有关各方所接受的有关国际文件或依据避难国或居留国国内

法律视为无国籍人或难民的人，在任何情况下，均应是第四公约第一部和第三部的意义内的被保护人，而不加任何不利区别。

第七十四条　离散家庭的重聚

缔约各方和冲突各方应以一切可能方法，便利由于武装冲突而离散的家庭得以重聚，并应特别鼓励按照各公约和本议定书的规定和遵守其各自的安全规章从事这项任务的人道主义组织进行工作。

第七十五条　基本保证

一、在冲突一方权力下而不享受各公约和本议定书所规定的更优惠待遇的利益的人，在其受本议定书第一条所指的场合的影响范围内，在任何情况下，均应受人道的待遇，并至少应享受本条所规定的保护，而不得以种族、肤色、性别、语言、宗教或信仰、政治或其他意见、民族或社会出身、财富、出生或其他身份或任何其他类似标准为依据而加以不利区别。每一方均应尊重所有这类人的人身、荣誉、信念和宗教仪式。

二、下列行为，在任何时候和任何地方，也不论是平民或军人的行为，均应禁止：

（一）对人的生命、健康或身体上或精神上幸福的暴行，特别是：

1. 谋杀；

2. 各种身体上或精神的酷刑；

3. 体刑；和

4. 残伤肢体。

（二）对人身尊严的侵犯，特别是侮辱性和降低身份的待遇，强迫卖淫和任何形式的非礼侵犯；

（三）扣留人质；

（四）集体惩罚；

（五）以任何上述行为相威胁。

三、任何因有关武装冲突的行动被逮捕、拘留或拘禁的人，应立即以其所了解的语言被告知采取这些措施的理由。除因刑事罪行而被逮捕或拘留的情形外，这类人应尽速予以释放，而无论如何，一旦逮捕、拘留或拘禁所依据的情况不复存在，应即予释放。

四、对犯有与武装冲突有关的刑事罪行的人，除公正和正常组成的法院依照包括下列各项在内的公认的正常司法诉讼程序原则判定有罪外，不得判刑和处罚：

（一）诉讼程序应规定使被告立即被告知被控犯罪的细节，并应使被告在审判前和审判期间享有一切必要的辩护权利和手段；

（二）任何人除以个人刑事责任为依据外均不应对其判罪；

（三）任何人，如果其行为或不作为依据其行为或不作为时对其适用的国内法或国际法不构成刑事罪行，不应对其进行控告或判罪；也不应处以较其犯刑事罪行时可判处的刑罚为重的刑罚；如果在犯罪后，法律规定较轻的刑罚，犯罪人应享受该规定的利益；

（四）任何被控犯罪的人，在按照法律证明其有罪前，均推定为无罪；

（五）任何被控犯罪的人，均应享有受审时在场的权利；

（六）任何人均不应被迫证明自己有罪或供认犯罪；

（七）任何被控犯罪的人均应有权讯问或要求讯问原告方面的证人，并在与原告方面证人的同样条件下取得被告方面证人的出庭和被讯问；

（八）任何人均不应因先前依据同样法律和司法程序已宣告无罪或已定罪的终局判

决所涉及的罪名而为同一方所追诉或惩罚；

（九）任何人因犯罪而被追诉，均应有取得公开宣判的权利；和

（十）被定罪的人应在定罪时被告知其司法和其他救济方法以及利用这些救济方法的时限。

五、基于有关武装冲突的原因而自由受限制的妇女，其住处应与男人的住处分开。这类妇女应由妇女直接监视。但在同一家庭的人被拘留或拘禁的情形下，如果可能，应按家庭单位予以安排，安置在同一地方。

六、基于有关武装冲突的原因而被逮捕、拘留或拘禁的人，在其最后释放、遣返或安置前，即使在武装冲突结束后，也应享受本条所规定的保护。

七、为了避免关于对被控犯有战争罪或违害人类罪的人的追诉和审判有任何怀疑，下列各项原则应予适用：

（一）被控犯有这类罪行的人，应按照适用的国际法规则提交追诉和审判；

（二）对不享受各公约或本议定书所规定的更优惠待遇的利益的人，应给予本条所规定的待遇，不论其被控的罪行是否构成严重破坏各公约或本议定书的行为。

八、本条的任何规定，均不得解释为限制或妨碍依据任何适用的国际法规则对第一款所规定的人给予更大保护的任何其他更优惠的规定。

第二章　有利于妇女和儿童的措施

第七十六条　对妇女的保护

一、妇女应是特别尊重的对象，并应受保护，特别是防止强奸、强迫卖淫和任何其他形式的非礼侵犯。

二、基于有关武装冲突的原因而被逮捕、拘留或拘禁的孕妇或抚育儿童的母亲的案情应得到最优先的考虑。

三、冲突各方应在最大可能范围内努力避免对孕妇或抚育儿童的母亲因有关武装冲突的罪行而宣判死刑。对这类妇女，不应执行因该罪行而宣判的死刑。

第七十七条　对儿童的保护

一、儿童应是特别尊重的对象，并应受保护，以防止任何形式的非礼侵犯。冲突各方应向儿童提供其年龄或任何其他原因所需的照顾和援助。

二、冲突各方应采取一切可能措施，使十五岁以下的儿童不直接参加敌对行动，特别是不应征募其参加武装部队。冲突各方在征募十五岁以上但不满十八岁的人时，应尽力给予年岁最高的人以优先的考虑。

三、如果在例外情形下，尽管有第二款的规定，而十五岁以下的儿童直接参加敌对行动，并落于敌方权力下，这类儿童不论是否战俘，均应继续享受本条所给予的保护的利益。

四、如果基于有关武装冲突的原因而被逮捕、拘留或拘禁，除按照第七十五条第五款的规定按家庭单位安排住处外，儿童的住处应与成人住处分开。

五、对于犯罪时不满十八岁的人，不应执行因有关武装冲突的罪行而宣判的死刑。

第七十八条　儿童的撤退

一、除基于儿童健康或医疗的急迫原因而需要临时撤退或被占领领土以外的儿童的安全需要临时撤退外，冲突任何一方不应安排将其本国国民以外的儿童撤往外国。如果

能够找到父母或合法监护人，撤退须得父母或合法监护人的书面同意。如果不能找到这类人，撤退则须得到依据法律或习惯对儿童负主要照顾责任的人的同意。任何这种撤退应由保护国在与有关各方，即安排撤退的一方，接受儿童的一方及国民被撤退的各方协议下予以监督。在所有情形下，冲突所有各方应采取一切可能的预防措施，以避免撤退受危害。

二、在按照第一款发生撤退的任何时候，均应以最大可能的连续性向每个儿童提供教育，包括其父母所希望的宗教和道德教育。

三、为了便利按照本条撤退的儿童返回其家庭和国家的目的，安排撤退的一方的当局，并于适宜时，接受国的当局，应为每个儿童立一卡片，贴有照片，寄给红十字国际委员会的中央查访局。在任何可能时并在其不发生使儿童受害的风险的任何时候，每张卡片均应记载下列各项情报：

（一）儿童的姓；

（二）儿童名字；

（三）儿童性别；

（四）出生地点和日期（如日期不明，填写大约年龄）；

（五）父亲姓名；

（六）母亲姓名和婚前姓名；

（七）儿童近亲；

（八）儿童国籍；

（九）儿童本国语言以及其所讲的任何其他语言；

（十）儿童家庭地址；

（十一）儿童的任何识别号码；

（十二）儿童健康状况；

（十三）儿童血型；

（十四）任何显著特征；

（十五）找到儿童的日期和地点；

（十六）儿童离开其国家的日期和地点；

（十七）儿童宗教，如果有的话；

（十八）儿童目前在接受国的地址；

（十九）如果儿童在返回前死亡，死亡地点和情况以及埋葬地点。

第三章　新闻记者

第七十九条　对新闻记者的保护措施

一、在武装冲突地区担任危险的职业任务的新闻记者，应视为第五十条第一款的意义内的平民。

二、这类新闻记者应依此享受各公约和本议定书所规定的保护，但以其不采取任何对其作为平民的身份有不利影响的行动为限，而且不妨碍派驻武装部队的战地记者取得第三公约第四条（子）款第四项所规定的身份的权利。

三、这类新闻记者得领取与本议定书附件二的示范证件相类似的身份证。该证件应由该新闻记者作为国民所属国家或该新闻记者居留地国家或雇用该新闻记者的新闻宣传工具所在地国家的政府发给，证明其新闻记者的身份。

第五部　各公约和本议定书的执行

第一编　总　　则

第八十条　执行措施

一、缔约各方和冲突各方应立即采取一切必要措施，以履行其依据各公约和本议定书的义务。

二、缔约各方和冲突各方应发出命令和指示，保证各公约和本议定书被遵守，并应监督其执行。

第八十一条　红十字会和其他人道主义组织的活动

一、冲突各方应在其权力内给予红十字国际委员会一切便利，使该委员会有可能执行各公约和本议定书所赋予的人道主义职务，以便保证对冲突受难者的保护和援助；红十字国际委员会还得进行任何有利于这类受难者的其他人道主义活动，但须得有关冲突各方的同意。

二、冲突各方应给予各自的红十字会（红新月会、红狮与太阳会），以按照各公约和本议定书的规定和国际红十字大会所制订的红十字基本原则进行其有利于武装冲突受难者的人道主义活动所需的便利。

三、缔约各方和冲突各方应以一切可能方式，便利红十字会（红新月会、红狮与太阳会）组织和红十字会协会按照各公约和本议定书的规定和国际红十字大会所制订的红十字基本原则所给予冲突受难者的援助。

四、缔约各方和冲突各方应尽一切可能，使各公约和本议定书所指的经冲突各方正式核准并按照各公约和本议定书的规定进行人道主义活动的其他人道主义组织获得第二款和第三款所规定的类似便利。

第八十二条　武装部队中法律顾问

缔约各方无论何时，以及冲突各方在武装冲突时，应保证于必要时有法律顾问，对各公约和本议定书的适用以及就此问题发给武装部队的适当指示，向相当等级的军事司令官提供意见。

第八十三条　传播

一、缔约各方承诺，在平时及在武装冲突时，尽可能广泛地在各自国家内传播各公约和本议定书，特别是将各公约和本议定书的学习包括在其军事教育计划内，并鼓励平民居民对各公约和本议定书进行学习，以便这些档为武装部队和平民居民所周知。

二、在武装冲突时负责适用各公约和本议定书的任何军事或民政当局，应充分熟悉各公约和本议定书的本文。

第八十四条　适用规则

缔约各方应通过保存者，并于适当时通过各保护国，尽速彼此通知本议定书的正式译文以及为了保证其适用而通过的法律规章。

第二编　破坏各公约和本议定书的行为的取缔

第八十五条　破坏本议定书的行为的取缔

一、各公约关于取缔破约行为和严重破约行为的规定，经本编加以补充，应适用于破坏和严重破坏本议定书的行为的取缔。

二、各公约所述的作为严重破约行为的行为，如果是对本议定书第四十四条、第四十五条和第七十三条所保护的在敌方权力下的人，或对受本议定书保护的敌方伤者、病者和遇船难者，或对在敌方控制下并受本议定书保护的医务或宗教人员、医疗队或医务运输工具作出的行为，即是严重破坏本议定书的行为。

三、除第十一条所规定的严重破约行为外，下列行为在违反本议定书有关规定而故意作出，并造成死亡或对身体健康的严重伤害时，应视为严重破坏本议定书的行为：

（一）使平民居民或平民个人成为攻击的对象；

（二）知悉攻击将造成第五十七条第二款第一项第3目所规定的过分的平民生命损失、平民伤害或民用物体损害，却发动使平民居民或民用物体受影响的不分皂白的攻击；

（三）知悉攻击将造成第五十七条第二款第一项第3目所规定的过分的平民生命损失、平民伤害或民用物体损害，却发动对含有危险力量的工程或装置的攻击；

（四）使不设防地方和非军事化地带成为攻击的对象；

（五）知悉为失去战斗力的人而使其成为攻击的对象；

（六）违反第三十七条的规定背信弃义地使用红十字、红新月或红狮与太阳的特殊标志或各公约或本议定书所承认的其他保护记号。

四、除上述各款和各公约所规定的严重破约行为外，下列行为于故意并违反各公约和本议定书作出时，应视为严重破坏本议定书的行为：

（一）占领国违反第四公约第四十九条的规定，将其本国平民居民的一部分迁往其所占领的领土，或将被占领领土的全部或部队居民驱逐或移送到被占领领土内的地方或将其驱逐或移送到被占领领土以外；

（二）对遣返战俘或平民的无理延迟；

（三）以种族岐视为依据侵犯人身尊严的种族隔离和其他不人道和侮辱性办法；

（四）如果没有证据证明敌方违反第五十三条第二款的规定，并在历史纪念物、艺术品和礼拜场所不紧靠军事目标的情形下，使特别安排，例如在主管国际组织范围内的安排所保护的，构成各国人民文化或精神遗产的公认历史纪念物、艺术品或礼拜场所成为攻击的对象，其结果使该历史纪念物、艺术品或礼拜场所遭到广泛的毁坏；

（五）剥夺各公约所保护或本条第二款所指的人受公正和正规审判的权利。

五、在不妨碍各公约和本议定书的适用的条件下，对这些档的严重破坏行为，应视为战争罪。

第八十六条　不作为

一、缔约各方和冲突各方应取缔有作为义务而不作为所引起的严重破坏各公约或本议定书的行为，并采取必要措施制止有作为义务而不作为所引起的任何其他破坏各公约或本议定书的行为。

二、部下破坏各公约或本议定书的事实，并不使其上级免除按照情形所应负的刑事或纪律责任，如果上级知悉或有情报使其能对当时情况作出结论，其部下是正在从事或将要从事这种破约行为，而且如果上级不在其权力内采取一切可能的防止或取缔该破约行为的措施。

第八十七条　司令官的职责

一、缔约各方和冲突各方应要求军事司令官，防止在其统率下的武装部队人员和在其控制下的其他人破坏各公约和本议定书的行为，于必要时制止这种行为并向主管当局报告。

二、为了防止和制止破约行为，缔约各方和冲突各方应要求司令官，按照其负责地位，保证在其统率下的武装部队人员了解其依据各公约和本议定书所应负的义务。

三、缔约各方和冲突各方应要求任何司令官，在了解其部下或在其控制下的其他人将从事或已经从事破坏各公约或本议定书的行为时，采取防止违反各公约或本议定书的必要步骤，并于适当时对各公约或本议定书的违犯者采取纪律或刑事行动。

第八十八条　刑事事项上互助

一、缔约各方应在对严重破坏各公约或本议定书的行为提出刑事诉讼方面，彼此提供最大限度的协助。

二、除受各公约和本议定书第八十五条第一款所确定的权利和义务的拘束外，并在情况许可下，缔约各方应在引渡事项上合作。缔约各方应对被控罪行发生地国家的请求给予适当的考虑。

三、在一切场合下均应适用被请求引渡的缔约一方的法律。但上述各款规定不应影响任何其他对刑事事项上互助的全部或部分问题加以规定或将加以规定的属于双边或多边性质的条约的规定所产生的义务。

第八十九条　合作

在严重违反本公约或本议定书的情形下，缔约各方承诺在与联合国合作下按照联合国宪章采取共同或单方行动。

第九十条　国际实况调查委员会

一、（一）应设立一个国际实况调查委员会（以下简称“调委会”），由15名道德高尚和公认公正的委员组成；

（二）当缔约各方20个以上已经按照第二款同意接受调委会的职权时，保存者应于该时及其后每隔五年召开缔约各该方代表会议，以选举调委会委员。在会议上，代表应进行无记名投票，从缔约每一方提名一人的名单中选出调委会委员；

（三）调委会委员应以个人资格服务，并任职至下一次会议选出新委员为止；

（四）选举时，缔约各方应保证选入调委会的人选均具备所要求的资格，并保证整个调委会实行公平的地区代表制；

（五）遇有缺位时，应由调委会本身推选补缺，而适当考虑上述各项的规定；

（六）保存者应向调委会提供执行其职务所需的行政便利。

二、（一）缔约各方得在签字、批准或加入本议定书时声明，在对接受同样义务的任何缔约他方的关系上，当然承认调委会有本条所授权的调查他方提出的主张的职权，而无须订立特别协定；

（二）上述声明应交存保存者，由保存者将声明副本分送缔约各方；

（三）调委会应具有下列职权：

1. 对被控为从事严重破坏各公约或本议定书规定的行为或其他严重违反各公约或本议定书的行为的任何事实进行调查；

2. 通过调委会的斡旋，促使恢复对各公约和本议定书的尊重的态度；

（四）在其他场合下，调委会仅应在有关他方同意下，进行冲突一方所请求的调查；

（五）在本款上述规定的拘束下，第一公约第五十二条、第二公约第五十三条、第三公约第一百三十二条和第四公约第一百四十九条的规定，应继续适用于任何被控为违反各公约的行为，并应扩展适用于任何被控为违反本议定书的行为。

三、（一）除有关各方另有协议外，所有调查应由调查庭进行，调查庭由按下列方式指派的委员七名组成：

1. 由调委会在与冲突各方磋商后在公平地区代表制基础上指派非冲突任何一方国民的委员五名；

2. 分别由每一方指派的非冲突任何一方国民的特设委员两名；

（二）在收到调查请求时，调委会主席应规定设立调查庭的适当时限。如果在该期限内未指派特设委员，主席应立即根据需要另派委员会委员，以补足调查庭的成员。

四、（一）依据第三款设立的从事调查的调查庭，应请冲突各方协助，并提供证据，调查庭还得设法取得其认为适当的其他证据，并就地对情况进行考察；

（二）所有证据应完全向各方公开，而各方应有权向调委会提出对证据的评论；

（三）每一方均应有权对证据提出异议。

五、（一）调委会应向各方提出调查庭关于事实调查的报告及其认为适当的建议；

（二）如果调查庭不能取得充分证据，对事实作出公正的调查结论，调委会应说明其不能作出的理由；

（三）除经冲突各方向调委会请求外，调委会不应公开提出其调查结果的报告。

六、调委会应自行制定其规则，包括关于调委会主席职位及调查庭庭长职位的规则。这项规则应保证调委会主席的职务无论何时均得行使，并在进行调查时由非冲突一方国民的委员行使。

七、调委会的行政开支由依据第二款作出声明的缔约各方的捐助和自愿的捐助支付。请求调查的冲突一方或几方应预付调查庭开支所需的款项，并应由被控一方或几方偿付调查庭百分之五十以内的费用。如果在调查庭上有反控告的情形，则每方均应预付百分之五十的必需款项。

第九十一条　责任

违反各公约或本议定书规定的冲突一方，按情况所需，应负补偿的责任。该方应对组成其武装部队的人员所从事的一切行为负责。

第六部　最后规定

第九十二条　签字

本议定书应于最后档签字后六个月开放于各公约缔约各方签字，并在 12 个月的期限内仍开放听由签字。

第九十三条　批准

本议定书应尽速批准。批准书应交存各公约保存者瑞士联邦委员会。

第九十四条　加入

本议定书应开放听由未签字于各公约的任何一方加入。加入书应交存保存者。

第九十五条　生效

一、本议定书应于两份批准书或加入书交存后六个月发生效力。

二、对于嗣后批准或加入本议定书的各公约缔约每一方，本议定书应于该方交存其批准书或加入书后六个月发生效力。

第九十六条　本议定书生效时条约关系

一、当各公约缔约各方也是本议定书缔

约各方时，经本议定书补充的各公约应予适用。

二、当冲突一方不受本议定书的拘束时，本议定书缔约各方在其相互关系上应仍受本议定书的拘束。而且，如果不受本议定书拘束的缔约一方接受和适用本议定书的规定，本议定书缔约各方在其对该方的关系上均受本议定书的拘束。

三、代表对缔约一方从事第一条第四款所指类型的武装冲突的人民的当局，得通过向保存者送致单方面声明的方法，承诺对该冲突适用各公约和本议定书。在保存者收到该声明时，该声明对该冲突具有下列效果：

（一）各公约和本议定书对作为冲突一方的该当局立即发生效力；

（二）该当局承担各公约和本议定书缔约一方所承担的同样权利和义务；

（三）各公约和本议定书对冲突各方具有同等的拘束力。

第九十七条　修正

一、缔约任何一方均得对本议定书提出修正案。任何已提出的修正案的文本应送交保存者，保存者应在与缔约各方和红十字国际委员会磋商后，决定应否召开会议，以审议已提出的修正案。

二、保存者应邀请缔约各方以及各公约缔约各方，不论是否本议定书的签字国，参加这项会议。

第九十八条　附件一的修订

一、不迟于本议定书生效后四年，并在其后每次至少间隔四年，红十字国际委员会应就本议定书附件一与缔约各方进行磋商，并得在其认为必要时，建议召开审查附件一的技术专家会议，并对附件一提出其认为适宜的修正案。除在向缔约各方发出召开这项会议的建议六个月内有缔约各方三分之一表示反对外，红十字国际委员会应召开会议，并邀请适当国际组织派遣观察员参加。红十字国际委员会在缔约各方三分之一请求下也应随时召开这项会议。

二、如果在技术专家会议后红十字国际委员会或缔约各方三分之一请求召开会议，保存者应召开缔约各方和各公约缔约各方会议，以审议技术专家会议提出的修正案。

三、在该会议上，附件一的修正案得由出席并投票的缔约各方三分之二通过。

四、保存者应将已通过的任何修正案送交缔约各方和各公约缔约各方。修正案在送交后满一年时应视为已被接受，除非在该期限内缔约各方的三分之二以上发出不接受该修正案的声明。

五、按照第四款视为已被接受的修正案，应在按照该款发出不接受声明以外的缔约所有各方接受后三个月发生效力。任何发出不接受声明的一方得随时撤回该声明，修正案应在撤回后三个月对该方发生效力。

六、保存者应将任何修正案的发生效力、受该修正案拘束的各方、该修正案对每一方发生效力的日期、按照第四款发出的不接受声明和该声明的撤回，通知缔约各方和各公约缔约各方。

第九十九条　退约

一、如果缔约一方退出本议定书，退约应仅在收到退约书后一年发生效力。但如果在一年期满时，退约该方卷入第一条所指的各种场合中一种场合，退约在武装冲突或占领结束前不应发生效力，并无论如何在与受各公约保护的人最后释放、遣返或安置有关的行动终止以前不应发生效力。

二、退约应以书面通知保存者，并由保

存者告知缔约各方。

三、退约仅对退约一方有效。

四、依据第一款的任何退约，不应影响退约该方由于武装冲突而对退约生效前作出的任何行为所承担的义务。

第一百条　通知

保存者应将下列各项通知缔约各方以及各公约缔约各方，不论其是否本议定书的签字国：

一、在本议定书上的签定和依据第九十三条和第九十四条的批准书和加入书的交存；

二、依据第九十五条的本议定书的生效日期；

三、依据第八十四条、第九十条和第九十七条收到的通知和声明；

四、依据第九十六条第三款收到的声明，该声明应以最迅速的方法分送；

五、依据第九十九条的退约。

第一百零一条　登记

一、本议定书在生效后，应按照联合国宪章第一百零二条，由保存者送交联合国秘书处登记公布。

二、保存者还应将其收到的关于本议定书的所有批准、加入和退约，通知联合国秘书处。

第一百零二条　作准文本

本议定书原本，其阿拉伯文、中文、英文、法文、俄文和西班牙文各本同样作准，应交存保存者，保存者应将其经认证无误的副本分送各公约缔约各方。

附件一

识别章程

第一章　身份证

第一条　常任平民医务和宗教人员的身份证

一、议定书第十八条第三款所指的常任医务和宗教人员的身份证应：

（一）具有特殊标志，其大小便于携带于口袋内；

（二）尽可能耐用：

（三）用本国或正式文字书写（或另加他种文字书写）；

（四）载明持用者姓名、出生日期（如果无出生日期，载明发证年龄），以及如果有身份识别号码，载明其身份识别号码；

（五）说明持用者享受各公约和议定书的保护的资格；

（六）贴有持用者的照片，并附有其签字；

（七）盖有主管当局听印章，并附有其签字；

（八）载明身份证颁发的日期和到期日期。

二、身份证在缔约每一方的全部领土内应格式划一，而且冲突各方应尽可能使用同一样式的身份证。冲突各方得参照图1所示的单一文字的示范证件。在敌对行动开始前，冲突各方如果所用的示范身份证与图1所示的不同，应彼此寄送该示范身份证的样本。如果可能，身份证制成两份，一份由颁发当局保存，并由该当局对其所颁发的身份证加以控制。

三、在任何情况下，均不得剥夺常任平民医务和宗教人员的身份证。这类人员如果丢失身份证，应有权补领一份复件。

第二条　临时平民医务和宗教人员的

一、临时平民医务和宗教人员的身份证，应尽可能与本章程第一条所规定的相类似。冲突各方得参照图1（略）所示的示范证件。

二、当情况致使不能向临时平民医务和宗教人员提供与本章程第一条所规定的相类似的身份证时，得向这类人员提供主管当局签字的证件，证明领有证件的人被派担任临时人员的职责，并于可能时，说明派任的期限和这类人员佩带特殊标志的权利。该证件应载明持用者的姓名和出生日期（如果出生日期不详，应载明颁发证件时年龄）、职务，以及如果有身份识别号码，载明其身份识别号码。该证件应附有持用者的签名或指纹，或两者俱备。

第二章　特殊标志

第三条　形状和性质

一、特殊标志（白底红色）应按照情况适当地大些。关于十字、新月与狮与太阳的形状，缔约各方得以图2（略）所示范标志为准。

二、在夜间或在能见度减弱时，记号得加照明或使其发光，记号还得用技术的探测方法能使其被识别的材料制成。

第四条　使用

一、特殊标志应尽可能展示于平面上或在从尽可能多的方向和尽可能远的距离都能见及的旗帜上。

二、除受主管当局指示的拘束外，在战区执行任务的医务和宗教人员，应尽可能穿戴具有特殊标志的帽盔和衣服。

第三章　特殊标志

第五条　形状和性质

一、除受本章程第六条的规定的拘束外，本章所规定和专供医疗队和医务运输工具使用的信号，不应用于任何其他目的。本章所指的所有信号可任意选用。

二、由于没有时间或因其具有的特征而不能用特殊标志标明的临时医务飞机，得使用本章所核准的特殊信号。但，使用目视信号，不论是特殊标志或是第六条所规定的光信号，或两者俱用，并补充以本章程第七条和第八条所指的其他信号，是使医务飞机得到有效的识别和认识的最好方法。

第六条　光信号

一、蓝色闪光的光信号是供医务飞机使用以表明其为医务飞机的信号。任何其他飞机均不得使用这种信号。所建议的蓝色是用下列三边作为三色坐标而得出的：

绿色 Y＝0．065＋0．805

白边 Y＝0．400－X

紫边 X＝0．133－．600Y

所建议的蓝色闪光率是每分钟闪光60下到100下。

二、医务飞机应具备有使光信号从尽可能多的方向都能见及所需的光。

三、在冲突各方没有订立特别协定将蓝色闪光保留用于识别医务车辆和船艇的情形下，不禁止其他车辆或船舶使用这种信号。

第七条　无线电信号

一、无线电信号应是国际电信联盟的世界无线电行政会议所指定和核准的特殊优先信号开始的无线电话或无线电报信息。这种信息应在有关医务运输工具的呼号发出前播送三次。这种信息应于适当的间隔时间内用第三款所规定的频率以英语播送。优先信号应专门限于医疗队和医务运输工具使用。

二、第一款所载的以特殊优先信号开始的无线电信息应传送下列数据：

（一）医务运输工具的呼号；

（二）医务运输工具的位置；

（三）医务运输工具的数量和类型；

（四）拟定的路线；

（五）于适宜时，估计的在途中的时间以及出发和到达的时间；

（六）任何其他情况，如飞行高度、受保护的无线电频率、语言和二级监视雷达波模和电码。

三、为了便利第一款和第二款所指的通讯以及议定书第二十二条、第二十三条、第二十五条、第二十六条、第二十七条、第二十八条、第二十九条、第三十条和第三十一条所指的通讯，缔约各方、冲突各方或冲突一方得按照国际电信公约所附的无线电章程内的频率分配表，共同或单独指定和公布其所选定供这类通讯使用的本国频率。这些频率应按照世界无线电行政会议核准的程序通知国际电信联盟。

第八条　无线电信号

一、经随时修正的 1944 年 12 月 7 日芝加哥国际民用航空公约附件十二所规定的二级监视雷达系统，得用于识别和跟踪医务飞机的航向。保留专用于医务飞机的二级监视雷达的波模和电码，应由缔约各方、冲突各方或冲突一方按照国际民用航空组织所建议的程序共同或单独确定。

二、冲突各方得订立特别协定，为识别医务车辆和医务舰船艇而确定类似的电子系统，以供使用。

第四章　通　　讯

第九条　无线电讯

在应用依据议定书第二十二条、第二十三条、第二十五条、第二十六条、第二十七条、第二十八条、第二十九条、第三十条和第三十一条所进行的程序时，本章程第七条所规定的优先信号得在医疗队和医务运输工具发出适当的无线电讯之前发出。

第十条　国际电码的使用

医疗队医务运输工具还得使用国际电信联盟、国际民用航空组织和政府间海事协商组织所定的电码和信号。这类电码和信号应按照上述各组织所确定的标准、做法和程序使用。

第十一条　其他通讯方法

在不可能有双向无线电讯时，得使用政府间海事协商组织所通过的信号谱或经随时修正的 1944 年 12 月 7 日芝加哥国际民用航空公约的适当附件所规定的信号。

第十二条　飞行计划

本议定书第二十九条所规定的善于飞行计划的协议和通知，应尽可能按照国际民用航空组织的程序制订。

第十三条　对医务飞机进行拦截的信号和程序

如果使用进行拦截的飞机，以查明飞行中的医务飞机是否医务飞机，或按照本议定书第三十条和第三十一条要求其降落，拦截飞机和医务飞机均应遵从经随时修正的 1944 年 12 月 7 日芝加哥国际民用航空公约附件二所规定的标准的目视的和无线电的拦截程序。

第五章　民防

第十四条　身份证

一、本议定书第六十六条第三款所规定的民防人员的身份证，受本章程第一条有关规定的支配。

二、民防人员的身份证得仿照图 3（略）所示范证件。

三、如果准许民防人员携带个人轻武器，上述身份证上应予载明。

第十五条　国际特殊记号

一、本议定书第六十六条第四款所规定的民防人员的国际特殊记号是橙色底蓝色等边三角形。示范记号见图 4（略）。

二、兹建议：

（一）如果蓝色三角形镐镶在旗帜或臂章或外衣上，三角形底用橙色旗帜或臂章或外衣；

（二）三角形的一个垂直向上；

（三）三角形的任何一角都不触及橙色底的边沿。

三、国际特殊记号应按照情况适当地大些。特殊记号应尽图 4（略）橙色底蓝色三角形 可能展示在平面上或在从尽可能多的方向和尽可能远的距离都能见及的旗帜上。除受主管当局批示的拘束外，民防人员应尽可能戴穿具有国际特殊记号的帽盔和衣服。在夜间或在能见度减弱时，记号得加照明或使其发光；记号还得用技术的探测方法所使其被认出的材料制成。

第六章　含有危险力量的工程和装置

第十六条　国际特别记号

一、含有危险力量的工程和装置的国际特别记号，按议定书第五十六条第七款所规定的应是按照下列图 5（略）所示的在同一轴在线一组三个同样大小的鲜橙色圆形，每个圆形之间的距离为一个半径。

二、记号应按照情况适当地大些。如果展示在宽广表面上，记号得按照情况适当地多几个。记号应尽可能展示在平面上或在旗帜上，以便从尽可能多的方向和尽可能远的距离都能见及。

三、在旗帜上，记号的外限和旗帜的附近各边的距离应为一个圆形的半径。该旗帜应是白底长方形。

四、在夜间或在能见度减弱时，记号得加照明或使其发光。记号还得用技术的探测方法能使其被认出的材料制成。

附件

担任危险的职业任务的新闻记者使用的身份证

（略）

1949年8月12日日内瓦四公约关于保护非国际性武装冲突受难者的附加议定书

（第二议定书）

（1977年6月8日订于日内瓦）

序　　文

缔约各方，回顾到庄严载入1949年8月12日日内瓦四公约共同第三条的人道主义原则，构成在非国际性武装冲突的情形下对人的尊重的基础，还回顾到关于人权的国际档提供对人的基本保护，强调有必要保证这类武装冲突的受难者得到更好的保护，回顾到在现行法律所未包括的情形下，人仍受人道原则和公众良心要求的保护，议定如下：

第一部　本议定书的范围

第一条　对事物的适用范围

一、本议定书发展和补充1949年8月12日日内瓦四公约共同第三条而不改变其现有的适用条件，应适用于为1949年8月12日日内瓦四公约关于保护国际性武装冲突受难者的附加议定书（第一议定书）所未包括、而在缔约一方领土内发生的该方武装部队和在负责统率下对该方一部分领土行使控制权，从而使其能进行持久而协调的军事行动并执行本议定书的持不同政见的武装部队或其他有组织的武装集团之间的一切武装冲突。

二、本议定书不应适用于非武装冲突的内部动乱和紧张局势，如暴动、孤立而不时发生的暴力行为和其他类似性质的行为。

第二条　对人的适用范围

一、本议定书应适用于受第一条所规定的武装冲突影响的一切人，而不应以种族、肤色、性别、语文、宗教或信仰、政治或其他意见、民族或社会出身、财富、出生或其他身份或任何其他类似标准为依据加以任何不利区别（以下简称“不利区别”）。

二、在武装冲突结束时，基于有关该冲突的原因而自由被剥夺或自由受限制的一切人，以及在该冲突后基于同样原因而自由被剥夺或自由受限制的一切人，均应享受第五条和第六条的保护，直至自由的剥夺或限制终止之时为止。

第三条　不干涉

一、本议定书的任何规定均不应援引以损害国家的主权，或损害政府用一切合法手段维持或恢复国内法律和秩序或保卫国家统一和领土完整的责任。

二、本议定书的任何规定均不应援引作为无论基于任何理由而直接或间接干涉武装冲突或冲突发生地的缔约一方的内部或外部事务的根据。

第二部　人道待遇

第四条　基本保证

一、一切未直接参加或已停止参加敌对行动的人，不论其自由是否受限制，均有权享受对其人身、荣誉以及信念和宗教仪式的尊重。这类人应在任何情况下受人道待遇，而不加任何不利区别。下令杀无赦，是禁止的。

二、在不妨害上述规定的普遍性的条件下，对第一款所指的人的下列行为是禁止的，并在任何时候和在任何地方均应禁止：

（一）对人的生命、健康和身体上或精神上幸福的暴行，特别是谋杀以及虐待，如酷刑、残伤肢体或任何形式的体罚；

（二）集体惩罚；

（三）扣留人质；

（四）恐怖主义行为；

（五）对人身尊严的侵犯，特别是侮辱性和降低身份的待遇、强奸、强迫卖淫和任何形式的非礼侵犯；

（六）各种形式的奴隶制度和奴隶贩卖；

（七）抢劫；

（八）以从事任何上述行为相威胁。

三、对儿童，应给予其所需的照顾和援助，特别是：

（一）儿童应按照其父母的愿望，或父母不在时，按照负责照顾的人的愿望得到教育，包括宗教和道德教育；

（二）应采取一切适当步骤，以便利暂时离散的家庭重聚；

（三）对未满15岁的儿童不应征募其参加武装部队或集团，也不应准许其参加敌对行动；

（四）如果尽管有第三项的规定，而未满15岁的儿童直接参加敌对行动，并被俘获，这类儿童仍应适用本条所规定的特别保护；

（五）如果有必要，并在可能时，在儿童的父母或依据法律或习惯主要负责照顾的人的同意下，应采取措施，将儿童从进行敌对行动的地区暂时移往国内较安全的地区，并保证由负责其安全和幸福的人伴同。

第五条　自由受限制的人

一、除第四条的规定外，对于基于有关武装冲突的原因而自由被剥夺的人，不论是被拘禁或被拘留，至少应尊重下列的规定：

（一）对伤者和病者，应按照第七条给予待遇；

（二）对本款所指的人，应按照当地平民居民的同样标准供给食物和饮水，并提供健康卫生方面的保障和免受严寒酷热和武装冲突的危害的保护；

（三）对这类人，应准许其接受个人或集体救济；

（四）对这类人，应准许其奉行其宗教，而且，如经请求，并于适宜时，应准许其接受执行宗教职务的人，如牧师，所给予的精神上帮助；

（五）如果使这类人做工，这类人应享有类似当地平民居民所享受的工作条件和保障的利益。

二、负责拘禁或拘留第一款所指的人的当局也应在其力所能及范围内尊重有关这类人的下列规定：

（一）除一家男女的住处安排在一起外，妇女的住处应与男子的住处分开，并应由妇女直接监视；

（二）对这类人，应准许其收发信件和邮片，主管当局如果认为必要，得限制其数目；

（三）拘禁和拘留的地方不应接近战斗地带。第一款所指的人，在其拘禁或拘留的地方特别容易遭受武装冲突所造成的危险时，如果撤退能在充分安全的条件下进行，应予撤退；

（四）这类人应享有身体检查的利益；

（五）这类人的身心健全不应受任何无理行为或不作为的危害。因此，迫使本条所述的人接受非为其健康状况所要求而且与自由的人在类似医疗状况中所适用的公认医疗标准不符的医疗程序，是禁止的。

三、对第一款所不包括但基于有关武装冲突的原因而自由以任何方式受限制的人，应按照第四条和本条第一款第一项、第三项和第四项以及第二款第二项给予人道的待遇。

四、如果决定释放自由被剥夺的人，作出决定的人应采取措施，以保证被释放的人的安全。

第六条　刑事追诉

一、本条适用于对有关武装冲突的刑事罪行的追诉和惩罚。

二、对犯有罪行的人，除遵照具备独立和公正的主要保证的法院定罪宣告外，不应判刑和处罚。特别是：

（一）程序应规定使被告立即被告知其被控犯罪的细节，并应使被告在审判前和审判期间享有一切必要的辩护权利和手段；

（二）对任何人，除以个人刑事责任为依据外，均不应对其判罪；

（三）对任何人，均不应因其在从事行为或不作为时依据法律不构成犯罪的任何行为或不作为而判决有罪；也不应处以重于其犯罪时可适用的刑罚；如果在犯罪后法律规定较轻的刑罚，犯罪人应享受该规定的利益；

（四）任何被控犯罪的人，在按照法律证明其有罪前，均推定为无罪；

（五）任何被控犯罪的人均应享有在受审时在场的权利；

（六）对任何人，均不应迫其提供对自己不利的证据或自认犯罪。

三、对被判罪的人，应在判罪时告知其司法或其他救济方法以及使用这些救济方法的时限。

四、对犯罪时不满 18 岁的人，不应宣判死刑，并对孕妇和幼童的母亲，不应执行死刑。

五、在敌对行动结束时，当权当局对参加武装冲突的人或基于有关武装冲突的原因而自由被剥夺的人，不论被拘禁或被拘留，应给以尽可能最广泛的赦免。

第三部　伤者、病者和遇船难者

第七条　保护和照顾

一、所有伤者、病者和遇船难者，不论曾否参加武装冲突，均应受尊重和保护。

二、在任何情况下，伤者、病者和遇船难者均应受人道待遇，并应在最大实际可能范围内和尽速得到其状况所需的医疗照顾和注意。在这类人之中，不应以医疗以外的任何理由为依据加以任何区别。

第八条　搜寻

在情况许可的任何时候，特别是在战斗后，应立即采取一切可能措施，搜寻和收集伤者、病者和遇船难者，保护其不受抢劫和虐待，保证其有充分的照顾，而且搜寻死者，防止其被剥夺衣物并予以适宜的处理。

第九条　对医务和宗教人员的保护

一、医务和宗教人员应受尊重和保护，并在其履行职责中应得到一切可能帮助。对这类人，不应迫其执行与其人道主义使命不符的任务。

二、除有医疗理由外，不应要求医务人员在履行其职责中给予任何人以优先地位。

第十条　对医疗职责的一般保护

一、在任何情况下，不问谁是受益者，任何人均不应因进行符合医疗职责的医疗活动而受惩罚。

二、对从事医疗活动的人，不应迫其从事或进行违反医疗道德规则、或其他为伤者和病者的利益而制订的规则、或本议定书的行为或工作，也不应迫其不从事这类规则或本议定书所要求的行为。

三、从事医疗活动的人关于其可能取得的有关在其照顾下伤者和病者的情报的职业上义务，除受国内法的限制外，应受尊重。

四、除受国内法的限制外，任何从事医疗活动的人均不得因拒绝提供或未提供关于在其照顾下或曾在其照顾下的伤者和病者的情报而受任何形式的处罚。

第十一条　对医疗队和医务运输工具的保护

一、医疗队和医务运输工具无论何时均应受尊重和保护，并不应成为攻击的对象。

二、医疗队和医务运输工具，除其用于从事人道主义职能以外的敌对行为外，其有权享受的保护不应停止。但仅在发出警告，并在任何适宜时定有合理时限，而警告仍无效果后，保护才得停止。

第十二条　特殊标志

在有关主管当局指导下，医务和宗教人员以及医疗队和医务运输工具应展示白底红十字、红新月或红狮与太阳的特殊标志。在任何情形下，该特殊标志均应受尊重。该特殊标志不应用于不正当的用途。

第四部　平民居民

第十三条　对平民居民的保护

一、平民居民和平民个人应享受免于军事行动所产生的危险的一般保护。为了实现这种保护，在任何情况下均应遵守下列各项规则。

二、平民居民本身以及平民个人，不应成为攻击的对象。禁止以在平民居民中散布恐怖为主要目的的暴力行为或暴力威胁。

三、平民个人除直接参加敌对行为并在参加期间外，应享受本部所给予的保护。

第十四条　对平民居民生存所不可缺少的物体的保护

作为作战方法使平民居民陷于饥饿，是禁止的。因此，为了该目的，对平民居民所不可缺少的物体，如粮食、生产粮食的农业区、农作物、牲畜、饮水装置和供应及灌溉工程，进行攻击、破坏、移动或使其失去效用，都是禁止的。

第十五条　对含有危险力量的工程和装置的保护

含有危险力量的工程或装置，如堤坝和核发电站，如果对之进行攻击可能引起危险力量的释放，从而在平民居民中造成严重的损失，即使这类物体是军事目标，也不应成为攻击的对象。

第十六条　对文物和礼拜场所的保护

在不妨碍 1954 年 5 月 14 日关于发生武装冲突时保护文化财产的海牙公约的规定的条件下，对构成各国人民文化或精神遗产的历史纪念物、艺术品或礼拜场所从事任何敌对行为，以及利用这些物体以支持军事努力，都是禁止的。

第十七条　对强迫平民迁移的禁止

一、除为有关平民的安全或迫切的军事理由所要求外，不应基于有关冲突的理由下令平民居民迁移。如果必须进行迁移，则应采取一切可能的措施，使平民居民能在满意的住宿、卫生、健康、安全和营养的条件下被收留。

二、对平民，不应基于有关冲突的理由而迫其离开其本国领土。

第十八条　救济团体和救济行动

一、在缔约一方领土内的救济团体，如红十字会（红新月会、红狮与太阳会）组织，得提供服务，对武装冲突受难者执行其传统的职务。平民居民即使在其自己主动下，也得提供收集和照顾伤者、病者和遇船难者的服务。

二、如果平民居民由于缺少生存必需品，如粮食和医疗用品，而遭受非常的困难，对该平民居民，应在有关缔约一方同意下，进行专门属于人道主义和公正性质而不加任何不利区别的救济行动。

第五部　最后规定

第十九条　传播

本议定书应尽可能广泛地予以传播。

第二十条　签字

本议定书应于最后档签字后六个月开放听由各公约缔约各方签字，并在12个月期间内继续开放听由签字。

第二十一条　批准

本议定书应尽速批准。批准书应交存各公约保存者瑞士联邦委员会。

第二十二条　加入

本议定书应开放听由未签字于本议定书的各公约任何一方加入。加入书应交存保存者。

第二十三条　生效

一、本议定书应于两份批准书或加入书交存后六个月发生效力。

二、对于嗣后批准或加入本议定书的各公约缔约每一方，本议定书应于该方交存其批准书或加入书后六个月发生效力。

第二十四条　修正

一、缔约任何一方均得对本议定书提出修正案。任何已提出的修正案的文本应送交保存者，保存者应在与缔约各方和红十字国际委员会磋商后，决定应否召开会议，以审议已提出的修正案。

二、保存者应邀请缔约各方以及各公约缔约各方，不论是否本议定书的签字国，参加该会议。

第二十五条　退约

一、如果缔约一方退出本议定书，退约应仅在退约书收到后六个月发生效力。但如果在六个月期满时，退约该方卷入第一条所指的场合，退约在武装冲突结束前不应发生效力。然而，基于有关冲突的原因而自由被剥夺或自由受限制的人，在其最后释放前，应继续享受本议定书的规定的利益。

二、退约应以书面通知保存者，保存者应即告知缔约各方。

第二十六条　通知

保存者应将下列各项通知缔约各方以及各公约缔约各方，不论是否本议定书的签字国：

一、在本议定书上的签字和依据第二十一条和第二十二条的批准书和加入书的交存；

二、依据第二十三条的本议定书的生效日期；

三、依据第二十四条收到的通知和声明。

第二十七条　登记

一、本议定书在生效后，应按照联合国宪章第一百零二条由保存者送交联合国秘书处登记公布。

二、保存者还应将其收到的关于本议定书的所有批准、加入和退约，通知联合国秘书处。

第二十八条　作准文本

本议定书原本，其阿拉伯文、中文、英文、法文、俄文、西班牙文各文本同样作准，应交存保存者，保存者应将其经认证无误的副本分送各公约缔约方。

（资料源于红十字国际委员会）

国际红十字与红新月运动章程及七项基本原则

1986 年 10 月第二十五届红十字国际大会修改并通过

目　　录

序　　言

红十字与红新月国际大会声明：各国红十字会和红新月会、红十字国际委员会和红十字会与红新月会国际联合会合在一起构成了一个世界性的人道主义运动，其任务是防止并减轻无论发生在何处的人类疾苦；保护人的生命和健康；保障人类尊严，尤其是在发生武装冲突和其他紧急情况的时候；为预防疾病、增进健康和社会福利而工作；鼓励志愿服务，鼓励本运动的成员随时做好准备提供帮助，鼓励对那些需要本运动保护和帮助的人持有普遍的同情感。

红十字与红新月国际大会重申，在履行其职责时，本运动恪守其基本原则：

人道：

国际红十字与红新月运动的本意是要不加歧视地救护战地伤员。在国际和国内两方面，努力防止并减轻人们的疾苦，不论这种痛苦发生在什么地方。本运动的宗旨是保护人的生命和健康；保障人类尊严；促进人与人之间的相互了解、友谊和合作，促进持久和平。

公正：

本运动不因国籍、种族、宗教信仰、阶级和政治见解而有所歧视，仅根据需要，努力减轻人们的疾苦，优先救济困难最紧迫的人。

中立：

为了继续得到所有人的信任，本运动在冲突双方之间不采取立场，任何时候也不参与带有政治、种族、宗教或意识形态的争论。

独立：

本运动是独立的。虽然各国红十字会或红新月会是本国政府的人道工作助手并受本国法律的制约，但必须经常保持独立，以便任何时候都能按本运动的原则行事。

志愿服务：

本运动是个志愿救济运动，绝不期望以任何方式得到利益。

统一：

任何一个国家只能有一个红十字会或红新月会。它必须向所有的人开放，必须在全国范围内开展人道主义工作。

普遍：

国际红十字和红新月运动是世界性的。在运动中，所有红会享有同等地位，负有同样责任和义务，相互支援。

国际红十字与红新月运动再次提出：本运动所信奉的箴言“战时行善”和“通过人道获得和平”，共同表达了运动的理想。

国际红十字与红新月运动宣告：通过它的人道主义工作和理想的传播，本运动正在促进持久和平。和平不仅仅是没有战争，而且还是各国和人民之间积极合作。合作应以尊重、自由、独立、国家主权、平等、人权为基础，以公平合理地分配资源，满足人民需求为基础。

第一章　总　　则

第一条　定义

1. 国际红十字与红新月运动（简称“运动”）包括按本章程第四条规定所承认的各国红十字会和红新月会（简称“各国红会”）、红十字国际委员会（简称“国际委员会”）和红十字会与红新月会国际联合会（简称“联合会”）。

2. 本运动的成员除在本章程范围内保持其独立外，任何时候都应依照基本原则行事，为完成共同任务而开展各自的工作，并互相合作。

3. 本运动的成员同1929年7月27日或1949年8月12日签定的日内瓦公约缔约国一道参加红十字与红新月国际大会（简称“国际大会”）。

第二条　日内瓦公约缔约国

1. 日内瓦公约缔约国遵照公约、本章程以及国际大会决议，同本运动的成员合作。

2. 每一缔约国均应敦促在其领土上建立国家红会，并鼓励其发展。

3. 所有国家，特别是已承认了在本国建立的国家红会的国家，应尽可能支持本运动成员工作；本运动的成员也将根据各自的章程，尽可能地支持各国的人道主义活动。

4. 任何时候各国都应尊重本运动的成员信守其基本原则。

5. 本运动的成员对本章程之贯彻应不影响各国之主权，还须对国际人道主义法的各项条款给予应有的尊重。

第二章　本运动的成员

第三条　各国红十字会和红新月会

1. 各国红会系本运动的基本成员和重要力量。它们依据自身的章程和本国立法从事符合本运动的任务和基本原则的人道主义活动。各国红会支持政府当局为满足各自国家人民的需要而开展的人道主义工作。

2. 在国内，各国红会是独立自主的全国性团体，为其志愿工作者和专职人员的活动提供了一个必不可少的组织机构。通过开展有益于社会的教育、卫生和社会福利等方面的活动，各国红会与政府当局在预防疾病、增进健康、减轻人类疾苦等方面合作。

同政府当局一道，各国红会组织紧急救济活动和其他活动，救助日内瓦公约规定的武装冲突受难者、自然灾害的灾民，以及遭受其他灾害需要救助的灾民。

它们传播并帮助政府传播国际人道主义法。在这方面各国红会应积极主动。它们宣传本运动的原则和理想，并协助也在宣传这些原则和理想的政府。它们还与政府合作，确保国际人道主义法得到尊重，保护红十字与红新月标志。

3. 在国际上，各国红会在资源允许的范围内，救助日内瓦公约规定的武装冲突受难者和自然灾害以及其他灾害的灾民。这类救济可以是服务和人员的方式，也可以是物质、经费和道义的方式，并应通过有关国家红会、国际委员会或联合会提供。

只要办得到，各国红会应为需要援助的红会的发展工作做出贡献，以便加强整个运动的力量。

本运动成员间的国际援助，将依照章程第五条和第六条进行协调。接受这种援助的一国红会，需在本国国内进行协调，并应视情况征得国际委员会和联合会的同意。

4. 为了完成这些任务，各国红会招聘、培训和派遣执行任务所需的人员。各国红会应鼓励每个人，特别是青年人参与该会的工作。

5. 根据联合会章程，各国红会有义务支援联合会的工作，如有可能，它们应志愿支援国际委员会的人道主义活动。

第四条　承认各国红会的条件

一个国家的红会如欲得到第五条第2节（2）款的承认，须具备下列条件：

1. 它应建立在一个独立的国家领土上，而且改善战地武装部队伤者病者境遇之日内瓦公约已在该国生效。

2. 是该国唯一的全国性的红十字会或红新月会，并由一个中央机构领导；在与本运动的其他成员交往时，中央机构是唯一有资格代表该会的。

3. 本国合法政府已依照日内瓦公约和国家立法正式承认它为志愿救护团体，担任政府当局的人道主义工作助手。

4. 具有独立的地位，从而得以按照本运动的基本原则进行活动。

5. 采用日内瓦公约规定的红十字或红新月为其名称和标志。

6. 组织机构应能便于履行该会章程所确定的任务，并在乎时就做好准备，一旦发生武装冲突，应能履行公约所规定的法定任务。

7. 该会活动须遍及本国领土。

8. 在吸收志愿工作者和专职工作人员时，不得考虑种族、性别、阶级、宗教和政治见解。

9. 严守本章程，爱护团结本运动各成员的友谊，并与本运动各成员合作。

10. 尊重本运动的基本原则，以国际人道主义法指导其活动。

第五条　红十字国际委员会

1. 国际委员会1863年成立于日内瓦。它得到日内瓦公约和历届红十字国际大会的正式承认，是一个独立的人道主义团体，具有合法地位。委员从瑞士公民中互选产生。

2. 根据该委员会的章程，国际委员会的职责主要是：

(1) 维护并宣传本运动的基本原则，即人道、公正、中立、独立、志愿、统一和普遍；

(2) 承认会约第四条所规定的承认条件的任何新成立或改组的国家红会，并通告其他国家红会；

(3) 承担日内瓦公约所赋予的任务，为忠实执行适用于武装冲突的国际人道主义法而努力，并受理有关违反该法的诉讼；

(4) 作为特别在国际和其他武装冲突以及内乱时进行人道主义工作的中立团体，应始终致力于保护和救助受此类冲突与其直接结果影响的军人和平民中的受难人员；

(5) 确保日内瓦公约规定的中央查人局工作运转正常；

(6) 考虑到战争不可避免，应与各国红会、军民医疗单位以及其他有关当局合作，致力于训练医务人员和准备医疗器械；

(7) 为了解和传播适用于武装冲突的国际人道主义法知识而努力工作，并为发展该法做好准备；

(8) 执行国际大会委托的工作。

3. 国际委员会可以其特殊中立和独立团体以及中间人的身份，对属于其职责范围内的各项人道主义性质的工作采取主动行动，并考虑需要此类团体研究的一切问题。

4. (1) 国际委员会应与各国红会保持密切联系。经取得同意，国际委员会将与各国红会就共同关心的问题进行合作，例如，武装冲突时的准备工作，尊重、发展、批准日内瓦公约，宣传基本原则和国际人道主义法。

(2) 如发生本条第2节 (4) 款提及的并需要协调来自其他国家红会的援助的情况，国际委员会应和该国红会或有关国家合作，根据与联合会缔结的协议协调此类援助。

5. 在本章程范围内，并根据第三、第六和第七条的规定，国际委员会和联合会将就共同关心的问题保持密切联系。

6. 国际委员会亦应同各国政府当局及其认为对其工作有助的任何国家的或国际的机构保持联系。

第六条　红十字会与红新月会国际联合会

1. 红十字会与红新月会国际联合会由各国红十字会与红新月会组成。遵照自己的章程进行活动。享有法人团体应有的一切权利和义务。

2. 联合会是一个独立的人道主义组织，其性质是非政府、非政治、非种族、非教扼的。

3. 联合会的宗旨是经常激励、鼓舞、便利和促进各国红会所从事的各种各样的人道主义活动，目的在于防止并减轻人类疾苦，从而为维护和促进世界和平作出贡献。

4. 为了实现第3节所定的宗旨并以本运动的基本原则和国际大会决议为依据，参照本章程第三、第五和第七各条的规定，联合会在本章程范围内并以其自身章程为依据，特别有以下职责；

(1) 作为各国红会之间联络、协调和学习的常设机构，根据各国红会的要求向它们提供帮助；

(2) 鼓励和促进在所有国家建立和发展独立并获承认的国家红会；

(3) 采用一切可能的方法向所有灾民提供救济；

（4）在灾害救济准备、救济活动的组织及其实施等方面向国家红会提供援助；

（5）根据国际大会通过的《红十字与红新月灾害救济原则与条例》组织、协调和指导国际救济活动；

（6）鼓励和协调各国红会与本国政府机构合作参与旨在保障公共健康和增加社会福利的活动；

（7）鼓励和协调各国红会交流关于对儿童和青年进行人道主义国际理想教育以及发展各国青少年之间的友好关系；

（8）协助国家红会从全体国民中招募会员，并对他们进行运动的基本原则和理想的教育；

（9）根据与国际委员会签定的协议，向武装冲突的受害者提供帮助；

（10）帮助国际委员会促进和发展国际人道主义法，并与其合作，在各国红会中宣传国际人道主义法和基本原则；

（11）在国际上，尤其是处理涉及联合会大会通过的决定和建议等方面的事宜，担任其成员红会的正式代表，并担任成员红会独立完整的监护人和其利益的保护人；

（12）执行国际大会委办的任务；

5. 在每个国家，联合会应通过该国红会或经其同意进行活动，并须遵守该国的法律。

第七条　协作

1. 本运动的各成员应根据各自的章程和本章程第一、第三、第五、第六各条的规定，相互合作。

2. 国际委员会和联合会应在各级保持经常的相互联系，以便根据需要保护和帮助人们的最高利益，协调两机构的工作。

3. 在本章程和各自章程的范围内，国际委员会和联合会应就协调两机构的工作相互达成协议。如由于某种原因而不存在上述协议，第五条第 4 节（2）款和第六条第 4 节（9）款应不再适用；国际委员会和联合会应参照本章程其他规定解决有关两机构各自活动范围的问题。

4. 本运动各成员在各自有关章程范围内，依据共同使命和基本原则的精神，开展地区性的合作。

5. 本运动各成员在保护自身独立和特性的同时，应尽量同活跃在人道主义领域内的其他团体合作，只要这类团体寻求与本运动类似的目的，并准备尊重本运动各成员信守的基本原则。

第三章　法定机构红十字与红新月国际大会

第八条　定义

国际大会是本运动的最高审议机构。本运动各成员的代表与日内瓦公约缔约国代表一道参加大会会议。缔约国履行公约规定的职责，并根据本章程第二条全面支持本运动的工作。代表们一道审查并决定共同感兴趣的人道主义事务和其他有关事务。

第九条　成员

1. 国际大会的成员有各国红会、国际委员会。联合会和日内瓦公约缔约国的代表团。

2. 每个代表将拥有平等的权利，即一票表决权。

3. 一个代表只能属于一个代表团。

4. 一个代表团不得由另一个代表团或另一个代表团的成员代替。

第十条 职能

1. 国际大会完全遵循基本原则，致力于本运动的统一和任务的完成。

2. 国际大会努力尊重和发展国际人道主义法以及其他特别与本运动有关的国际公约。

3. 唯国际大会有权：

（1）修改本章程和《国际红十字与红新月运动议事规则》（简称“议事规则”）；

（2）在其成员要求下，就章程和规则的解释及实施所出现的分歧做出最后决定；

（3）对常设委员会、国际委员会和联合会根据第十八条第2节（2）款向大会提出的问题做出决定。

4. 国际大会按个人身份选举本章程第十六条第1节（1）款规定的常设委员会委员时，应考虑委员的个人资历和平均地域分配的原则。

5. 在本章程以及议事规则的范围内，国际大会恪以决议的形式通过所做出的决定、建议和宣言。

6. 国际大会可根据国际委员会和联合会的章程以及本章程，向两组织指派工作。

7. 国际大会认为需要，经出席大会而又参加表决的三分之二的多数成员同意，制定有关诸如议责和颁发奖章的规定。

8. 根据议事规则，国际大会可在会议期间设立附属机构。

第十一条 程序

1. 除非另作决定，国际大会每4年召开一次。大会应由一个国家红会中央机构或国际委员会或联合会依照上届国际大会或第十八条第1节（1）款规定的常设委员会的委托而召集。对国家红会、国际委员会或联合会在大会期间提出主办下届会议的建议，应予以优先的考虑。

2. 如遇特殊情况，常设委员会可改变国际大会的地点和时间；常设委员会可主动地或根据国际委员会、联合会或至少三分之一的国家红会的建议，采取行动。

3. 国际大会选举大会主席、副主席、秘书长、副秘书长和其他会议官员。

4. 国际大会的所有与会者应遵循基本原则，提交的所有文件须符合这些原则。为了使国际大会的讨论赢得大家的信任，主席和所有当选负责主持会议的官员应确保任何发言人不管在任何时候都不得涉及政治、种族、宗教和意识形态性质的争端。国际大会主席团按议事规则规定，在批准散发文件前也应采用同样标准。

5. 除有权参加国际大会的成员外，第十八条第1节（4）款提到的观察员可参加大会的各种会议，大会另定除外。

6. 国际大会不得修改国际委员会或联合会章程，也不得做出与本章程或国际大会决议相抵触的决议。

7. 国际大会应努力按议事规则规定的全体一致的原则通过决议；如达不到全体一致，将按规则进行投票表决。

8. 除受本章程规定的限制外，国际大会也受其议事规则的约束。国际红十字与红新月运动代表会议。

第十二条 定义

国际红十字与红新月运动代表会议（简称“代表会议”），系本运动各成员的代表集会及讨论有关本运动集体事宜的机构。

第十三条 成员

1. 代表会议成员包括各国红会、国际委员会和联合会的代表团。

2. 每个代表团均有平等的权利，即一

票表决权。

第十四条　职能

1. 代表会议在本章程的范围内，应对国际大会、常设委员会、各国红会、国际委员会或联合会可能提出的有关本运动的所有问题发表意见，或在必要时做出决议。

2. 如在国际大会开幕前举行会议，代表会议应：

（1）向国际大会提出担任第十一条第 3 节所提的职务的人选；

（2）通过国际大会的暂定议程。

3. 在本章程范围内，代表会议以决议形式通过决定、建议或宣言。

4. 尽管有第十条第 7 节的一般规定，代表会议可由出席会议而又参加表决的代表的三分之二多数修改亨利·杜南奖章规则。

5. 代表会议可向国际大会提出任何问题。

6. 代表会议可向本运动任何成员提出问题，要求考虑。

7. 必要时，代表会议可由出席会议而又参加表决的代表三分之二多数通过设立附属机构，指明任务、任期和成员。

8. 对于按本章程专属国际大会权极限以内的任何问题，代表会议不得作最后决定，也不得作出同国际大会决议相抵触的决定，或国际大会已经决定可保留列入下届会议议程的问题的决定。

第十五条　程序

1. 在每届国际大会前，召开代表会议；任何时候如有三分之一的国家红会或国际委员会、联合会或常设委员会要求，代表会议也可召开。原则上，代表会议与每届联合会大会同期召开；代表会议也可主动召开会议。

2. 代表会议选举其主席和副主席。代表会议、联合会大会以及同时召开的国际大会，应由不同的人主持。

3. 代表会议的所有参加者应尊重基本原则，提交代表会议的所有文件亦应遵循这些原则。为了使会议的讨论赢得大家的信任，主席和所有当选负责主持会议的官员应确保任何发言人不管在何时都不得涉及政治、种族、宗教和意识形态性质的争端。

4. 除有资格参加代表会议的成员外，如代表会议没有另作决定，第十八条第 4 节（3）款提到的那些来自即将被承认的国家红会（即在可预见的将来有可能得到承认的国家红会）的观察员，可参加代表会议。

5. 代表会议应努力按议事规则规定的全体一致的原则通过决议，如达不到全体一致，将根据议事规则进行表决。

6. 代表会议应遵循议事规则。在必要时，代表会议可以出席会议而参加表决的成员的三分之二多数对议事规则加以补充，除非国际大会另有决定。

红十字与红新月常设委员会

第十六条　定义

红十字与红新月常设委员会（本章程称“常设委员会”）系两届国际大会期间的大会代表机构，执行第十八条规定的职能。

第十七条　成员

1. 常设委员会由 9 名委员组成，即：

（1）5 名来自不同国家红会的成员，每名成员均由国际大会按第十条第 4 节以个人身份选举产生，任职至下届国际大会闭幕或至下届常设委员会正式成立时为止。

（2）2 名系国际委员会代表，其中 1 名应为国际委员会主席。

(3) 2 名联合会代表，其中 1 名应为联合会主席。

2. 如第 1 节（2）款或（3）款提到的成员不能参加常设委员会某次会议，他可指定一名代理人参加该会议，只要该代理人不是常设委员会的成员。如第 1 节（1）款提及的成员出缺，常设委员会本身可任命上次选举得票最多而未中选的候选人担任成员。只要该候选人不是现任成员的同一国家红会成员，如果表决票数相等，平均地域分配原则将是决定性因素。

3. 常设委员会至少应在下届国际大会开会前一年邀请该届国际大会东道组织的一位代表以咨询人身份参加其会议。

第十八条 职能

1. 常设委员会应为下届国际大会做出以下安排：

（1）选定国际大会地址并确定日期，如果前届大会未就此做出决定或者根据第十一条第 2 节规定由于特殊情况需要；

（2）制定大会日程；

（3）准备大会暂定议程，以便提交代表会议；

（4）全体一致确定第十一条第 5 节提及的观察员名单；

（5）召集大会，争取多数人参加。

2. 在国际大会休会期间，在最后由大会裁定的条件下，常设委员会应解决：

（1）有关本章程和议事规则的解释与实施所引起的意见分歧；

（2）国际委员会或联合会可能向该委员会提出的有关两机构间分歧的问题。

3. 常设委员会应：

（1）促进本运动工作的和谐，并就此在各成员间进行协调；

（2）鼓励并敦促贯彻国际大会的决议；

（3）根据上述目的，审查涉及本运动整体的所有问题。

4. 常设委员会应为下次代表会议做出安排：

（1）选定代表会议的会址和会期；

（2）准备代表会议的暂定议程；

（3）全体一致地确定第十五条第 4 节提到的观察员名单。

5. 常设委员会颁发亨利·杜南奖章。

6. 常设委员会可向代表会议提出任何有关本运动的问题。

7. 常设委员会可一致同意设立必要的专门机构并指定这类机构的成员。

8. 在行使职能时并在国际大会最后裁定条件下，常设委员会应视情况需要采取任何措施，但本章程规定的本运动各个成员的独立性与主动性，应经常得到严格的保证。

第十九条 程序

1. 常设委员会至少每年应召开两次会议。主席可主动地或应委员会 3 名成员的要求，召开非常会议。

2. 常设委员会总部设在日内瓦。由主席选定并经多数成员同意，常设委员会可异地举行会议。

3. 常设委员会应与国际大会同时同地召开。

4. 所有决议均须由出席成员的多数表决通过，除非本章程或议事规则另有规定。

5. 常设委员会应从成员中选举一名主席和一名副主席。

6. 在本章程和议事规则的范围内，常设委员会应制定自己的议事规则。

第四章　最后条款

第二十条　修改

修改本章程和议事规则的任何提案均须列入国际大会的议程，并且至少提前6个月将提案文本交大会所有成员。在听取了国际委员会和联合会的意见后，任何修改均须经出席国际大会而又参加表决的代表的三分之二多数通过。

第二十一条　生效

1. 本章程将取代1952年第十八届国际大会通过的章程。凡与本章程抵触的早期规定应即废止。

2. 本章程将从1986年11月8日生效。

国际红十字运动的起源及发展

红十字国际委员会、红十字会与红新月会国际联合会及186个国家红十字会共同组成国际红十字与红新月运动。红十字国际委员会是运动中历史最为悠久且最负盛誉的组织，是国际红十字与红新月运动的发起者，它也是世界上获得最广泛认可的组织之一。

1859年索尔费利诺战役之后，数千名受伤的法国、奥地利和意大利士兵被留在战场上得不到适当救治。瑞士人亨利·杜南途经此处，组织开展了救护工作，由于他的努力，红十字国际委员会最终于1863年成立。直至19世纪中叶，对于战场伤亡人员，仍然缺乏一个有组织且健全的军队护理体系，也没有任何安全且受保护的机构来收容并治疗战场上的伤者。1859年6月，瑞士商人亨利·杜南去意大利会见法国国王拿破仑三世，希望与其探讨在当时法国占领的阿尔及利亚开展贸易时所遇到的困难。6月24日傍晚，当亨利·杜南途经一个叫索尔弗利诺的小镇时，他目睹了奥地利—撒丁交战的索尔弗利诺战役。仅仅一天之内，竟约有4万名交战双方的战士在战场上战死或受伤。亨利·杜南震惊于战争的可怕后果，受伤战士的痛苦以及几乎完全没有急救和基本护理的现实。他彻底放弃了原先旅行的目的，并数天中完全投入到帮助救治和护理伤者的工作中。他动员当地百姓不带歧视地提供援助，成功取得了前所未有的救济援助规模。回到日内瓦的家中，杜南撰写了一本名为《索尔弗利诺回忆录》的书，并于1862年自行出资出版。他将这本书送到整个欧洲主要的政治和军事领导者手里。书中除了生动描述了他在1859年索尔弗利诺的亲身经历外，他还积极主张组建一个在战时帮助照顾受伤战士的国家志愿救济组织。此外，他还呼吁大力发展国际公约，从而为在战场上受伤的人以及救护人员和战地医院提供保护并保证他们的中立性。

红十字国际委员会自成立以来，一直在世界各地发生的大多数冲突中发挥着人道作用。该组织不断开展工作，劝说各国扩大对战争受难者的法律保护，尽量将伤害降到最低。红十字国际委员会在世界各地努力为受冲突和武装暴力影响的人提供人道援助，并积极推广保护战争受难者的法律。作为一个中立而且独立的组织，其人道职责主要源自1949年通过的《日内瓦公约》。日内瓦公约及其附加议定书是对战争暴行加以限制的最为重要的国际条约。它们保护那些没有参与战斗的人（平民、医务人员、救援人员）

以及那些不能再参与战斗的人（伤、病和遇船难的军人及战俘）。

亨利·杜南撰写的《索尔费利诺回忆录》（1862 年）促成了国际社会在 1864 年通过了首部《日内瓦公约》，该公约制定了保护伤兵和医务人员以及在各国建立救济协会的规定。这些救济协会后来成为人们所熟知的红十字会，同时采用统一标志来识别和保护医疗队。红十字和红新月标志是普遍承认的为武装冲突和自然灾难受害者提供援助的象征（红新月标志在 19 世纪 80 年代才开始使用。2005 年 12 月，在瑞士举办的外交大会上决定创建一个红十字和红新月之外的红水晶标志。目前，国际红十字与红新月运动共使用 3 个标志）。红十字国际委员会负有其开展工作的永久国际职责，这也源于 1949 年通过的《日内瓦公约》（获得全球所有国家的通过）及运动章程。在武装冲突局势中，红十字国际委员会负责协调运动各组成部分（红十字国际委员会、各国红会及国际联合会）开展应对工作。

红十字国际委员会于 1917 年、1944 年和 1963 年三次荣获诺贝尔和平奖。而红十字会的创始人亨利·杜南则于 1901 年荣获首届诺贝尔和平奖。根据日内瓦公约及红十字国际委员会的章程，红十字国际委员会的核心工作包括：监督交战方对日内瓦公约的遵守情况；组织对战场伤员的救护工作；监督战俘待遇并与拘留当局进行保密交涉；协助搜寻武装冲突中的失踪人员（寻人服务）；组织对平民的保护和救护工作；在交战方之间发挥中立调解者的作用。该组织总部设在瑞士日内瓦，目前，共有 1400 多名专业人才和全能型人才在全球各地为红十字国际委员会执行一线任务。在日内瓦总部近 800 名员工的支持和协助下，他们与大约 1.1 万名当地雇员一起开展工作。外籍职员可能来自世界各国，红十字国际委员会为员工提供了平等的发展机会。红十字国际委员会现任主席是雅各布·克伦贝格尔。执行理事会是国际委员会的执行机构，负责该组织的日常管理工作，而代表大会是最高权力机构，负责制定工作原则和总政策并监督国际委员会的全部活动。

国际红十字与红新月运动致力于在武装冲突以及流行病疫情、洪水和地震等紧急局势中预防和减轻人类苦难，保护人的生命和健康，并尊重人的尊严，尤其是在武装冲突和其他紧急局势中。国际红十字与红新月运动是全球最大的人道工作网络。红十字与红新月运动在全球每个国家都积极开展工作并得到了数百万名志愿者的支持。它不是一个单一机构，它的成员包括：红十字国际委员会、红十字会与红新月会国际联合会以及 186 个国家红会，每个组成部分都有各自独立的法律地位并发挥着不同的作用，但都紧密团结在红十字与红新月运动七项基本原则之下。这七项基本原则包括：人道、公正、中立、独立、志愿服务、统一和普遍（红十字国际委员会于 1965 年拟定的七项基本原则，得到了整个红十字与红新月运动的采用）。运动每个组成部分都尽力尊重和维护这些原则。

红十字会与红新月会国际联合会成立于 1919 年，它鼓励、协助并促进各国红会为最脆弱人群开展各类人道活动。该组织主导并协调各国红会为自然灾害和技术灾难受害者、难民和受卫生紧急情况影响的人开展援助活动。其组织机构包括：联合会代表大会（最高权力权构）、领导委员会（大会闭幕期间的决策机构)、秘书处(负责日常工作)。

国家红会是其本国政府在人道工作领域的助手，负责提供包括救灾、卫生和社会项目等一系列服务。在战时，国家红会则会援助平民并为武装部队医疗服务机构提供支持。

要想加入红十字与红新月运动，国家红会必须先得到红十字国际委员会的承认，然后加入红十字会与红新月会国际联合会。红十字与红新月运动章程中列出了获得承认的十项条件，其中包括在其本国立法中承认红会的自治地位、使用公认标志以及坚持七项基本原则等。每个国家只能有一个红会，而且红会必须设在独立主权国家的领土之内。

国际红十字与红新月运动的使命是：防止和减轻人类在任何地方遭受的痛苦；保护生命和健康，并确保对人类的尊重，尤其是在武装冲突和其他紧急情况期间；为预防疾病和促进健康及社会福利而工作；鼓励该运动成员提供志愿服务并随时准备提供帮助，并对需要其保护和帮助的人表示一种普遍的团结精神。在追求其使命的时候，该运动受到其基本原则的指导，这就是七项基本原则。

国际红十字与红新月运动的组织机构包括：红十字与红新月国际大会、代表会议、常设委员会。运动各成员与各国政府定期召开国际大会，这是人道事务领域所独有的。它反映了红十字国际委员会和各国红会的历史和渊源以及国际人道法(尤其是日内瓦公约)的核心重要性。每隔两年，国家红会与国际联合会都会召开联合大会。后来，红十字国际委员会也会加入其中，这就是代表大会。代表大会商讨对运动至关重要的战略性问题。讨论与运动及其工作方式和内部协调相关的各项事务。还讨论运动及其组成部分所关心的各项议题，例如对多样性和不歧视原则的尊重；为受武装冲突、其他形式的暴力事件以及自然灾难影响的个人和群体提供人道援助；国际人道法议题等。每隔四年，运动全体成员与日内瓦公约所有缔约国召开会议，即红十字与红新月国际大会。在其他时候，如需处理运动面临的问题时，也可以召开国际大会。由9人组成的常务委员会负责组织这些会议。常务委员会有5名委员是在国际大会期间通过选举产生的。另外4人是依照职位兼任的委员：红十字国际委员会和国际联合会各占两席，包括这两个组织的主席。红十字与红新月运动在一线与其他非政府组织有很多合作，因此而制定了行为守则，来确保为战争和灾害受难者提供高标准的援助。

(冯志国)

发展中的中国红十字事业

2009年是中国红十字会建会105周年。一百多年来，中国红十字会从无到有，从弱到强，既经历了战争的洗礼、十年文革的磨难，也经历了各种自然灾害的考验。由中国红十字会总会主办的“百年红会二十件重要历史事件”(清末民初共4件，新中国成立后共16件)评选活动旨在纪念中国红十字运动百余年波澜壮阔的历史，更广泛地宣传红十字人道、博爱、奉献的精神，激励更多的人走进红十字队伍并创造新的辉煌。

此次当选的二十件重要历史事件，在中国红十字会历史上或具有深远的社会影响或对中国红十字事业的发展产生过重要的推动作用。

昨天的新闻是今天的历史

“百年红会二十件重要历史事件”

（1904—1949 清末与民国时期共 4 件）

昨天的新闻是今天的历史——无论是从新闻传播学，还是从新闻舆论学，或是从这两个学科共通的视角认真分析，都进一步验证了新闻以事实为生命精准论断的科学性精髓所在；同时表明看似一掠而过甚至昙花一现的一则信息，却也需要，既要符合客观规律，对现实负责，更要经得住历史和时间的检验。2009 年，中国红十字会总会举办“百年红会二十件重要历史事件”评选活动。活动由中国红十字会总会报刊社联合搜狐网站、江苏省红十字会共同承办。结果于当年 5 月 8 日揭晓。1904 年中国红十字会诞生、1919 年中国红十字会成为国际红十字运动正式成员、1993 年《中华人民共和国红十字会法》颁布实施、1994 年起国家主席受聘为中国红十字会名誉会长、2008 年汶川特大地震红十字救援行动、2008 年北京奥运会红十字志愿服务行动等 20 件重大历史事件入选。

2009 年是中国红十字会建会 105 周年。中国红十字会总会举办“百年红会二十件重要历史事件”评选活动，旨在纪念中国红十字运动百余年波澜壮阔的历史，更广泛地宣传红十字人道、博爱、奉献的精神，激励更多的人走进红十字队伍并创造新的辉煌。中国红十字会历史上的这 20 件重要历史事件，对中国红十字会的工作产生重要影响，对中国红十字事业的发展起到重要的推动作用。新闻从业人员尤其编辑人员，无一不应该不知晓仅仅对应了所谓的“新闻五要素”即“5W”（时间、地点、人物、事件、原因），仍然只是新闻真实性的一般记录，尚未捕捉到和挖掘出新闻内在的本质特征。从本次评选的 1904—1949 年中国红十字会重要历史事件看，新闻的力作往往就是历史的拐点、时代的创举，也许还是一种引进与借鉴。

一、1897 年孙中山翻译出版《红十字救伤第一法》

1896 年，孙中山在伦敦结识了伦敦红十字会的柯士宾医生。一书，在他的邀请下，孙中山将柯士宾医生著的《红十字会救伤第一法》译成中文。在书的译序中，孙中山表达了自己对红十字会的理解：“孟子曰：‘恻隐之心，人皆有之。’而济人之术则非人人知之。不知其术而切于救人，则误者恐变恻隐而为残忍矣，而疏者恐因救人而反害人矣。夫人当生死俄顷之际，施救之方，损益否当，间不容发，则其理不可不审求也。此泰西各国通邑大都，所以有赤十字会之设，延聘名师，专为讲授一切救伤拯危之法，使人人通晓，遇事知所措施；救济之功，成效殊溥。近年以来，推广益盛。”

《红十字会救伤第一法》是孙中山唯一的一部译著，向国人介绍了红十字运动，起到启蒙的作用。1904 年 3 月 5 日上海《申报》发表的社论《中国宜入红十字会说》中就提到：“孙文所译亦颇有用。”

孙中山翻译《红十字会救伤第一法》的目的在于宣传红十字会，使民众了解红十字会的救护技术。全书有六章，第一章“论体格并功用”，叙述人体各部分的骨骼、肌肉、各种器官的结构和功能；第二章“论血脉”，讲述血液循环的基本理论及流血、止血的各种方法；第三“论受伤”（上编），叙述割伤、刺伤、破伤、撞伤等出血性受伤及骨骼受伤的急救方法；第四章“论受伤”（下编），叙述毒伤、烧伤、癫兽咬伤等意外受伤的救治方法；第五章“论移伤之法”，讲述将伤者移送医院所应采取的基本技能，有一人独运之法、二人移动之法、抬床移动法、乡间货车移动法等；第六章“论妇人侍病法”，叙述护士护理受伤病人的一般方法，如病床的高度、换衣服、敷热水等。

孙中山的这部《红十字会救伤第一法》译著在中国红十字会的启蒙运动中产生重要影响。孙中山是中国红十字运动的先驱者之一。

二、1904 年中国红十字会诞生

清光绪二十年（1894）甲午海战后，红十字事业的理念和思想开始在中国民众中传播，清光绪三十年（1904）日俄战争爆发，中国东北地区大批难民的涌现催生着中国自己的红十字会。红十字会以中立性作为盾牌，进入日俄交战地区救护被困在里面的中国平民百姓。开始创建的红十字组织是由中国富人和生活在中国的著名西方人构成。这个新的红十字会在政府官员、中国精英分子、西方医务工作者支持下，在中国东北救援了超过 25 万人。清光绪三十年（1904）三月十日，清商约大臣吕海寰、工部左侍郎盛宣怀等人在上海邀请中立的英、美、法、德代表，共同协商成立了“万国红十字会上海支会”，清政府拨白银十万两以作“万国红十字会上海支会”经费。同年五月，清政府签署日内瓦公约。清光绪三十年（1904）七月，国际红十字组织正式承认中国“万国红十字会上海支会”。清光绪三十年（1904）至清光绪三十一年（1905）在中国红十字的历史上是具有里程碑意义至关重要的年份，可惜所存史料不多。

万国红十字会上海支会的诞生，以救难救亡为已任，联合各方，起而自救，我人首倡，各界响应，在国际社会和中国人民树立起人道主义的形象。

1906 年清朝政府签署日内瓦公约，中国正式成为日内瓦公约成员国，1906 年，在旧金山发生的地震和火灾，摧毁了城市，造成了 3000 人死亡。中国红十字会为旧金山捐献了二万两白银。1907 年清政府将“万国红十字会上海支会”改为“大清红十字会”，由吕海寰、盛宣怀担任第一、二任会长。

三、1919 年中国红十字会成为国际红十字运动正式成员

公元 1911 年，“大清红十字会”在辛亥革命成功后又改名“中国红十字会”，但迟至 1912 年中华民国成立后，“中国红十字会”才加入现在的“红十字国际委员会”，成为第 23 个红十字会成员。1919 年 7 月 8 日，中国红十字会加入红十字会与红新月会协会，正式成为国际红十字运动的成员。

四、抗日战争期间中国红十字会参与战地救护和难民救治

1933 年，当日本侵入山海关时，国民政府批准颁布《中华民国红十字会管理条例施行细则》，将“中国红十字会”更名为

“中华民国红十字会”。

随着日军侵略的不断深入和扩大，中国红十字会所担负的赈济任务也更加繁重。根据时局发展的需要，总会于1936年春，延揽各医药团体及公团代表，组织起救护委员会。

1937年，“八一三”淞沪抗战爆发，中国红十字会仓促担负起救护使命，会同上海有关团体成立了“上海市救护委员会”，下设救护队10个，急救队12个，临时救护医院24所。

自1937年8月14日至1938年4月30日，上海救护医院收容伤病兵民共19539人，救护队从前线送伤病兵民共43446人。

南京沦陷后，日本侵略军烧、杀、淫、掠。南京市红十字会分会80多位员工和会员，奋不顾身，对伤员、难民进行救护，掩埋死难者的尸体。两个掩埋队在六个月内共埋葬军民尸体22683具。

到抗战胜利时，川、黔、滇、陕、豫、鄂、湘、赣、浙、闽、粤、桂、甘等省所设分会，共计90处，设有医院32所，诊疗所29所，救护队41个。

1941年—1944年的四届红十字周发展会员42069人。

1938年春，总会为配合长期抗战，于汉口成立中国红十字会救护总队，协助军队治疗伤病，开展战地保健防疫。

1939年3月辗转迁移到贵阳图云关。救护总队部、战时卫生人员训练所及其实习医院，国际援华医疗队等，就在图云关“安家落户”了。救护总队在这里指挥着全国各战区150多个救护队的工作。数千名伤员在这里得到康复，数千名军医和数百名专业卫生员在这里经过培训。上千吨海外捐助的医药卫生器材集中在这里，又从这里被送到全国各地。一部分药品器材从这里送到八路军、新四军的抗日根据地。中国红十字会组建了大批医疗救护队。据1946年1月的统计，共有40个医疗队分布在10个省。

抗日战争开始后，在空前的民族灾难面前，在医疗救护工作中，得到国际红十字组织和友好国家在医药和人力上的大量援助。来自加拿大、美国、奥地利、英国、印度、波兰、保加利亚等国的医务工作者，在中国发挥了很大的作用，有的还献出了宝贵的生命。各国援助的款项和医药器材、救护车辆等，对中国红十字会担负的医疗救护任务起了巨大的作用。1942年至1945年，中国红十字会收入的约6.86亿元（法币），其中90%以上为外援。英国红十字会等所提供的援助主要是款项，美国红十字会主要援助医药器械。

1985年，在纪念反法西斯战争胜利40周年的日子里，中国共产党贵阳市委员会和贵阳市人民政府决定，在图云关建造国际援华医疗队纪念碑，碑上刻有援华医疗队名单。中英文对照的碑文是：“为支援中国抗战，英国伦敦医药援华会组成医疗队，于1939年来贵阳，为中国人民抗击日本侵略者做出贡献。兹刻碑以志不忘。”

坚持以人为本的思想，增强文化软实力作用。中国红十字会总会举办“百年红会二十件重要历史事件”评选活动表明，从新中国成立至文化大革命结束，中国红十字会重大历史事件，突出印证了作为执政党和人民政府的有力助手，中国红十字会的国内工作和国际工作，在党和国家领导人的直接领导下，高举人道主义旗帜，发挥了其他战线、组织以及社会团体所不具备的独特作用。当时的红十字会的工作，由卫生部代管，由外交部指导，在社会救助方面又与民政工作有衔接。而其中，报道中国红十字会工作最多的是《人民日报》（红十字会的重要工作）和《光明日报》（红十字会的每月书单），等等。中国红十字会自身，从创办伊始就有自己的媒体，从未放松过办报编刊，宣传的主旨是大力弘扬人道主义和红十字会人道博爱奉献精神。从另一个方面证明：不仅文学即人学，新闻学也是人学。

（傅　虹）

坚持以人为本，人道主义成为文化软实力

“百年红会二十件重要历史事件”

（1949—2008 新中国成立后共 16 件）

一、1950 年新中国红十字会第一次全国会员代表大会召开

1949 年 10 月 1 日，中华人民共和国宣告成立，历史翻开了新的篇章。中国红十字会总会及许多分会同仁积极要求中央政府接管领导中国红十字会。1949 年 4 月统计，中国红十字会的会员人数为 38 万余人。周恩来指示红十字会总会迁移北京改组，由卫生部和中国人民救济总会共同负责红十字会改组工作。根据周恩来的指示，救济总会与外交部、卫生部等有关部门商议，关于红十字会的事，提出四点意见：

1. 鉴于红十字会特性及历史状况，采取改组而不是接管方式，将旧中国红十字会改为新中国红十字会；

2. 总会搬迁北京，现有总会职工除不愿赴京者外，全部留用；

3. 总会所有资财要妥善保管，不得随意处理；

4. 将北京东城干面胡同 22 号房屋（民国初期设在北京的中国红十字会总会旧址）腾让出来，作为总会迁京后的会址。7 月，中国红十字会总会全部迁到北京，准备协商改组，迎接新生。

1950 年 8 月 2 日，中国红十字会的协商改组会议，也是中华人民共和国成立后第一次全国代表大会在北京开幕。总会原有理事及职工代表九人参加会议。卫生部、外交部、内务部、民族事务委员会、侨务委员会、救济总会、全国总工会、全国妇联、青联、文联、北京市人民政府等均派负责人员出席会议。卫生部副部长苏井观、救济总会秘书长伍云甫、中国红十字会总会秘书长胡兰生等组成主席团，主持会议。

会议经过充分讨论酝酿，通过了新会章，选举产生了第一届理事会，于 8 月 3 日闭幕。会议主席团向政务院报告了改组经过，并报道会议通过的章程和理事会名单。周恩来审阅了报告，亲笔修改了会章，明确规定中国红十字会为全国性人民卫生救护团体。9 月 6 日，政务院行文批准了章程和领导人名单，李德全任会长，彭泽民、熊瑾玎、刘鸿生、胡兰生（兼秘书长）任副会长，林士笑、倪斐君任副秘书长。

这次协商改组会议为中国红十字会开始走上新的航程奠定了基础。

政务院总理办公室 1952 年 4 月 30 日政文齐字第 20 号通知：“关于中国红十字会总会的工作，奉总理指示：改归中央卫生部直接指导和联系。”

红十字会改组以后，重视和加强宣传工作。《新中国红十字》月刊于1950年9月30日创刊发行。这既是本新的刊物，也是早在1914年创刊的《中国红十字杂志》的继承。当时的办刊方针为：根据“预防为主”的卫生工作方针与“动员和组织人民实行自救助人”的救济福利方针，协助各级人民政府，面向人民大众，宣传并推动防疫、卫生、医药及救济福利事业的发展。

中国红十字会总会在协商改组并成立新的领导机构之后，开展地方分会的改组。到1957年，各地共建立分会75个。“分会”改称省、市、县红十字会。省级红十字会逐步建立，总会直接领导分会的体制也在逐步改变为业务工作上的指导。到1964年，在我国大陆，除西藏、青海、宁夏、甘肃、新疆、贵州六省（区）外，普遍建立了省级红十字会，市、县级红十字会达300多个，会员人数达500多万人（其中红十字青少年会员为79万多人。）

二、1952年中国红十字会恢复在国际红十字组织的合法席位

这是新中国成立后，中国在国际组织中恢复的第一个合法席位。为恢复中国红十字会在红十字国际组织中的合法席位，1950年9月5日，中国红十字会总会电告国际红十字会协会，要求恢复中国红十字会的合法席位，并派代表参加10月协会第21届理事会。1950年底，红十字国际委员会主席吕格来华访问。1952年，中国外交部长周恩来代表中华人民共和国政府发表声明，承认1949年有关改善战地伤病者境遇等四个日内瓦公约。同年7月，中国政府和红十字会两个代表团出席在加拿大多伦多召开的第18届国际红十字大会。大会承认中国红十字会是中国惟一合法的全国性红十字会。这是新中国在国际组织中恢复的第一个合法席位。

综上不难看出，在中国共产党和人民政府的正确领导下，坚持以人为本的思想，发挥文化软实力作用，社会问题由社会团体来侧重研究，改组后的中国红十字会，遵循国际红十字运动的基本原则，在紧急情况下和特殊人群中，在国际事务中，迅速提升了新中国的良好声誉，成为人民外交的重要窗口。

在办报中活动，在活动中办报，是众多非时政类报刊扩展其社会影响力、增加报刊发行份额的长期坚持的有效方法。红十字会具有非政府非盈利（NGO）的组织特征，就社会分工而言，红十字会构不成一个专门的行业。所说的红十字会系统，绝大多数人都是会员或志愿者；红十字会专兼职工作者应该是一名合格的社会工作者，红十会中的媒体人更应该如此，坚持数年，必有好处。而其中的媒体人，在办报编刊的同时，必须做到：一方面要会抓新闻，捕捉大量鲜活而感人的人道救助实例，以此传播人道理念；另一方面还要会搞活动，从选题策划、组织实施，到宣传推广、以点带面，召唤更多的人都能够想到和做到“人人帮我，我帮人人”，为建设和谐社会做出应有的贡献。中国红十字会总会举办“百年红会二十件重要历史事件”评选活动表明，改革开放的新时期新阶段，红十字会连年开展了构成重要历史事件的重大社会活动，这些也同时造就了一支红十字会自己培养的新闻采编队伍，他们用报刊网多媒体，记录，传播，集纳，使红十字人和志愿者们的优秀作为、精神风采载入史册。以下的十四件大事就是很好的证明。

三、1983 年王琇瑛成为中国首位南丁格尔奖获得者

1983 年 5 月 12 日，红十字国际委员会公布第二十九次奖章颁发通告，授予中国优秀的护理工作者王琇瑛国际护士最高荣誉奖——南丁格尔奖章。这是新中国护理工作者首次荣获的最高荣誉。

1983 年 7 月 11 日，中国红十字会和中华护理学会在人民大会堂隆重召开南丁格尔奖章颁奖大会。全国政协主席、中华护理学会名誉理事长邓颖超向王琇瑛颁发了南丁格尔奖章和奖状。卫生部部长崔月犁，北京市副市长、红十字会会长白介夫，中国科协主席周培源，中国红十字会会长钱信忠等及北京市红十字会和护理界的代表 500 多人参加大会。王琇瑛几十年来献身于护理教育工作，是我国护理界的老前辈，为我国护理工作的发展做出了重要贡献。这次颁奖大会对推动护理战线上涌现出更多的优秀人物，把我国的护理工作推向一个新的发展水产生了巨大影响。

四、1985 年中国红十字会当选红十字会与红新月会国际联合会执行理事会成员

1985 年 10 月 20—24 日，在日内瓦举行第四届红十字会与红新月会协会国际大会，中国红十字会副会长谭云鹤率领的中国红十字会代表团参加会议。10 月 21 日，会议举行无记名投票，中国红十字会以 104 票（最多票）当选为执行理事。当时当选的还有其他 15 个执行理事国。这一事实表明，中国的国际声望日益提高，随着中国红十字会的国内工作不断恢复和发展，作为执行理事，中国红十字会在以后的国际红十字运动中起到更积极的作用。

从 1985 年起，中国红十字会连续 12 年三次以高票数当选为红十字会与红新月会国际联合会（简称“联合会”）的执行理事会的成员，1989 年至 1993 年期间被推选为联合会副主席，积极参与联合会重大问题的决策工作，发挥建设性作用。1977 年实行理事轮换制，中国红十字会届满卸任理事职位。

五、1990 年海峡两岸红十字组织签署“金门协议”

“金门协议”是 1949 年以来，海峡两岸分别授权的民间团体签订的第一个书面协议。

1990 年 9 月，为了合作打击两岸间的违法犯罪活动，中国红十字会总会与台湾红十字组织在金门举行商谈，就解决违反有关规定进入对方地区的居民和刑事嫌疑犯或刑事犯的遣返问题进行协商，并签订了协议书。这一协议后来被称为“金门协议”。

目前，依照“金门协议”的规定，本着“人道、安全、便利”的原则，祖国大陆红十字会与台湾红十字组织一直保持着联系，实施海峡两岸私渡人员和刑事嫌疑犯或刑事犯的海上双向遣返作业。协议的签订，在海内外产生很大反响，台湾新闻界认为，“这次商谈使两岸关系跳出低谷、初见曙光”，“为 40 年来一大突破”。（《金门协议》内容见中国红十字年鉴·2004/2005 创刊号 271 页）

六、1993 年《中华人民共和国红十字会法》颁布施行

中国红十字会的立法工作，在 1985 年制定的 1986—1990 年五年规划中提出，搜集国内国际的历史和现实资料，做红十字会立法的准备工作。中国红十字会五届理事会和执行委员会把中国红十字会的立法工作提到了重要议事日程。

制定中华人民共和国红十字会法是履行日内瓦公约和适应国际红十字运动发展的需要。中华人民共和国于1956年12月28日加入日内瓦公约，1983年9月2日加入日内瓦公约两项附加议定书。中国红十字会于1985年当选为国际红十字会与红新月会联合会执行理事，1989年成为联合会副主席，是国际红十字组织的重要成员，中国红十字会若不立法，按照日内瓦公约开展活动难以得到法律的确认与保障。国际红十字会在全世界已有150多个成员国，其中绝大多数国家制定了红十字会法。中国红十字会立法已十分必要。

制定中华人民共和国红十字会法，也是国内红十字事业发展的需要。中华人民共和国成立以来，中国红十字会在政府的领导下，虽然有很大发展，取得了显著成绩，但红十字会的性质、任务、地位、作用等尚未以法律形式加以明确，影响到红十字事业的发展，制约着红十字会某些特殊作用的发挥，在国家深化改革，法制建设不断健全，人民群众法制意识不断增强的形势下，红十字会的立法工作已刻不容缓。

为抓紧立法工作，加强政策研究，1990年10月，总会机关成立了政策研究室，具体负责立法工作。1991年6月，《中华人民共和国红十字会法（草案）》及立法说明，经卫生部报国务院法制局。1993年6月11日，国务院第五次常务会议审议并原则通过《中华人民共和国红十字会法（草案）》。1993年10月31日，《中华人民共和国红十字会法》经第八届全国人大常委会第四次会议正式通过，并以中华人民共和国主席第十四号令颁布施行。

《中华人民共和国红十字会法》的颁布施行是划时代的事件。从此，结束了中国没有红十字会法的历史，标志着中国红十字事业进入了新的发展阶段，对中国红十字事业的发展有着深远影响。《中华人民共和国红十字会法》分总则、组织、职责、标志、经费与财产、附则，共六章，二十八条。就中国红十字会的宗旨、性质、任务和红十字标志等做了明确规定。

中国红十字会总会向全国各级红十字会发出《关于认真学习宣传红十字会法的通知》，要求各级红十字会认真组织广大会员学习宣传红十字会法，总结历史经验，联系本地实际，增强法制观念，掌握法律武器，把红十字事业推向前进。1993年11月2日，中国红十字会总会在京举行新闻发布会，介绍制定《中华人民共和国红十字会法》的背景、主要内容及重要意义。

中国红十字会总会将我国立法部门翻译的《中华人民共和国红十字会法》英文本通报红十字国际联合会和红十字国际委员会。

七、1994年起国家主席受聘为中国红十字会名誉会长

1994年4月召开的中国红十字会第六次全国会员代表大会和1999年10月召开的中国红十字会第七次全国会员代表大会聘请国家主席江泽民担任中国红十字会名誉会长。

在国际红十字组织的成员中，许多国家为方便发挥人道组织的作用，树立本国奉行人道主义，尊重人权的形象，其国家元首都担任本国红十字组织的名誉会长、会长或保护人，已成为国际惯例。由国家主席担任中国红十字会的名誉会长，不仅有利于我国红十字事业的发展，还有利于在国际上树立我国的人道主义形象，昭示国际社会，中国十分重视人道、人权事业。

2004年10月召开的中国红十字会第八次全国会员代表大会和2009年10召开的中国红十字会第九次全国会员代表大会，聘请国家主席胡锦涛担任中国红十字会名誉会长。

八、1996年《中华人民共和国红十字标志使用办法》颁布施行

1996年1月29日，国务院总理李鹏、中央军委主席江泽民签署发布中华人民共和国国务院、中华人民共和国军事委员会第194号令，颁布《中华人民共和国红十字标志使用办法》，并自签发之日起实施。

九、香港、澳门红十字会回归祖国

1997年4月，中国红十字会第六届理事会第四次会议召开。会议一致通过有关香港红十字会的三项决议，这三项决议为《中国红十字会第六届理事会第四次会议关于接纳香港红十字会为中国红十字会分会的特别决议》、《中国红十字会第六届理事会第四次会议关于增补郑栋材先生、林胡秀霞、董赵洪娉女士为第六届理事会的特别决议》、《中国红十字会第六届理事会第四次会议关于修改〈中国红十字会章程〉第34条的特别决议》。

香港红十字会成立于1950年，原为英国红十字会的分会。1976年香港立法局通过法例，赋予香港红十字会法人地位，确认香港红十字会为一个可自行管理会务及财政的社会服务团体。

1997年7月1日，中国政府对香港恢复行使主权，中国红十字会与香港红十字会在回归后的相互关系及有关事宜也随之列入议事日程。香港红十字会会长邵逸夫先生致函中国红十字会会长钱正英，正式申请于1997年7月1日起，加入中国红十字会。同时，中国红十字会也接到英国红十字会的正式通报：已批准香港红十字会于1997年6月30日24时脱离英国红十字会。

1997年4月25日，在日内瓦召开的红十字会与红新月会国际联合会执行理事会第三十九次会议上，中国红十字会正式公布：于1997年7月1日起正式接纳香港红十字会为中国红十字会的一个享有高度自治的地方分会的决议。中国红十字会圆满解决香港红十字会的回归问题得到国际联合会、国际委员会及全体与会代表的高度赞扬。

1999年10月10日，中国红十字会第六届理事会第六次会议一致通过《关于接纳澳门红十字会为中国红十字会高度自治分会的特别决议》，1999年12月20日起，澳门红十字会成为中国红十字会的一个享有高度自治权的地方分会。

十、1999年中国红十字会总会独立设置

1999年，中国红十字会总会独立设置，由卫生部代管改由国务院领导联系。1999年12月26日，中共机构编制委员会办公室以中编办字［1999］36号文件理顺了总会的管理体制，即“将中国红十字会总会由‘卫生部代管’改由国务院领导联系”。这是《中华人民共和国红十字会法》颁布施行后的又一重大事件。

十一、建立中国造血干细胞捐献者资料库

中国造血干细胞捐献者资料库亦称“中华骨髓库”，其前身是1992年经卫生部批准建立的“中国非血缘关系骨髓移植供者资料检索库”。中国红十字会总会于1997年向卫生部呈报了《中华骨髓库发展规划》，2000年11月卫生部对中国红十字会总会《关于中国造血干细胞捐献者资料库有关问题的请示》作了批复，同意改为现名。2001年12月中编办批准中国红十字会总会成立中国造血干细胞捐献者资料库管理中心，负责全国造血干细胞捐献者资料库工作管理体系的建设和管理。

中国造血干细胞捐献者资料库管理中心贯彻落实中国红十字会总会和卫生部联合下发的《关于加快中国造血干细胞捐献者资料库及分库建设的通知》、《中国造血干细胞捐献者资料库管理办法（试行）》、《中国造血干细胞捐献者资料库质量控制实验室规则》、《中国造血干细胞捐献者资料库HLA组织配型实验室规则》等一系列规范性的文件，认定中国造血干细胞捐献者资料库质量控制实验室。开展了国际间的工作交流，举办分库的管理人员和网络系统操作人员的培训班。国家财政支持上亿元彩票公益金用于检测费和资料库建设。北京、辽宁、江苏、陕西、深圳等省、市政府十分关注红十字会建立分库的工作，在编制、人员、经费上给予了积极支持。

2009年，中国造血干细胞捐献者资料库在全国共有31家分库，31家HLA组织配型实验室，5个HLA高分辨确认实验室，一个质量控制实验室，先后与国内六家脐血库签订了合作协议。8月，中国造血干细胞捐献者资料库入库志愿者数据突破100万人份。到2009年年底，累计移植造血干细胞数达到1461人。

十二、2004年印度洋海啸红十字国际救援行动

2004年12月26日，印度洋发生海啸。中国红十字会在海啸发生后的第二天，为帮助受灾国开展救援活动而向中国各界发出了紧急募捐呼吁。这一呼吁得到了中国各界的积极响应，募捐活动最终成为中国红十字会有史以来开展的规模最大、募得资金数额最高的一次国际救援活动。

据统计，到2005年5月，中国红十字会已为印度洋海啸救援活动募集救助资金4亿元人民币。

目前，中国红十字会将募得善款中的1.8亿元人民币捐赠给了受灾国及有关国际组织。中国红十字会下一步将会根据受灾国的重建计划，将剩余的善款用于受灾国的灾后重建项目。

十三、“红十字博爱送万家”活动

1999年开始，中国红十字会及各级分会每年都在元旦、春节期间组织开展“红十字博爱送万家”活动。截至2010年底，全国红十字系统共募集价值10亿多元的款物，为530多万户、2100多万贫困人群送去慰问物资。

十四、“红十字天使计划”活动

2005年8月，中国红十字基金会经过深入调查、反复论证和周密策划，推出了具有公益创新意义的“红十字天使计划”。该计划旨在配合党和政府当时正在全国推进的新型农村合作医疗，致力于改善贫困地区农村医疗卫生条件，提高农民健康卫生水平。经过五年多的实施和不断完善，该计划现在已经形成一个完整的项目体系，主要包括三个内容：一是援建乡村博爱卫生院（站），二是免费培训乡村医生，三是对患有重大疾病的贫困儿童和农民提供医疗救助。

截至2010年年底，该计划已累计投入10亿多元善款（其中：日常捐款5.4亿元、政府彩票公益金支持1亿元、汶川地震救灾捐款3.66亿元），在全国援建博爱卫生院（站）2034所，免费培训了2086名乡村医生，为31000多名白血病、先心病、唇腭裂等大病贫困患者提供了医疗救助。据统计和测算，“红十字天使计划”救助范围遍及全国，受益人口达1006.6万人。

十五、2008年汶川特大地震红十字救援行动

在这次抗震救灾中，总会组织了六支医疗救援队和二支心理救援队，为灾区群众提供医疗和心理援助，累计治疗伤病员2.6万余人次，巡诊3000余人次，进行各类手术180余台。

目前，中国红十字会系统共接收汶川特大地震救灾款物199亿元人民币，其中资金160亿元，物资价值39亿元；紧急及过渡安置阶段共投入款物64亿元，重建阶段投入123亿元。另据统计，香港、澳门特别行政区红十字会、台湾红十字组织与红十字会与红新月会国际联合会及有关国家投入汶川地震灾区的救灾款物18亿元人民币。

十六、2008年北京奥运会红十字志愿服务行动

2008年北京奥运会期间，中国红十字会共招募北京奥运会、残奥会红十字社会志愿者五万余人，建立红十字服务站点近1942个。

（傅　虹）

记录传播红十字事业

《中国红十字年鉴·创刊号》是中国红十字会自1904年成立至今100多年以来的第一部大型文献汇编。从编纂《中国红十字年鉴》众多原始资料中得到证实：国际红十字运动的发起和中国红十字会成立之初至今——政府、媒体、企业与发展公益事业是不可分开和相互大有促进的。

第一，发展公益事业，国际红十字运动发起和中国红十字会成立之初至今，媒体配合政府、联络企业在其中起到了不可替代的作用。

2005年7月20日，中共中央总书记、中国国家主席、中国红十字会名誉会长胡锦涛在北京会见红十字国际委员会主席凯伦伯格时指出，红十字国际委员会是世界上最重要的人道主义机构之一，是公认的《日内瓦公约》监护人，在保护战争和武装冲突受害者的生命和尊严方面做了大量工作，取得了举世公认的成绩。中国一贯高度重视人道主义事务。中国政府非常重视中国红十字会的工作。中国红十字会作为政府在人道事务方面的助手，在政府和社会各界的支持下，在国内和国际两个方面开展了卓有成效的人道主义救助活动。

胡总书记的讲话，高度肯定了国际红十字运动及宗旨，表明了中国政府和中国红十字会参与国际人道主义事务的立场和作为。应该说，从国际红十字运动创始人亨利·杜南的人道主义思想和行动来分析，从中国红十字会早在上个世纪初叶就花费巨资创办了画报和月刊的事实来认识，大量例证足以证实：发展公益事业，国际红十字运动的发起和中国红十字会成立之初至今，媒体配合政府、联络企业在其中起到了不可替代的作用。

如果说，国际共产主义运动史是以《共产党宣言》为开端的，那么，可以认为《索尔弗利诺回忆录》则标志着国际红十字运动史的开端。正是由于有了这样一部将人道主义精神奠基并提升为各国遵循的法则以及公约的开山之作，一个五人救护小组在150年间里已经发展为世界上最重要的人道主义机构之一，得到了绝大多数国家政府和民间的尊崇与重视。《索尔弗利诺回忆录》的作者亨利·杜南，显然是一个失败又落魄的商人，当他晚年为了避免因经商不利而败坏红十字运动声誉隐居在一个小旅馆时，竟被新闻记者发现，将其往日的义举和他当时的处境予以披露，由此再次引起世人的广泛关注，亨利·杜南也因此而成为诺贝尔和平奖第一届得主。

1904年3月10日中国红十字会成立。1913年5月1日《中国红十字总会杂志》第一号即创刊号编辑出版，该刊载有“武昌黎副总统致南京孙大总统电：‘鄂省自起义以来。血战数十日。尸骸枕藉。无算伤残。幸赖中国红十字会。设立临时医院。救治被伤兵士。并施掩埋。’”《中国红十字总会杂志》也就是今天的《博爱》期刊，创刊至今已近100年。另据权威史料证实：“1912年11月13日，常议会公议，每月出画报一册，以为劝捐张本，每期约需洋200元。”刊有“总会名誉会长、部分正副会长照片”，署名“第一号中华民国二年三月上旬中国红十字会编辑部”。有编辑部就有出版物，“每月出画报一册”的时间“三月上旬”比“5月1日”《中国红十字总会杂志》第一号还要早几十天。

上述资料可以证实：长期以来，对政府、对民间，对国内和国际，中国红十字会总会主管主办的报刊（《中国红十字报》、《博爱》期刊），是以现代汉语传播以人为本思想，报道人道领域社会救助工作，受众群体最特殊和广大的载体之一。理论与实践都证明，红十字媒体与红十字事业是与生俱来的，红十字报刊是红十字组织的必然所需，红十字组织是红十字报刊的生长根基。

第二，发展公益事业，搭建了政府、媒体、企业等维系大众、回报社会的平台，红十字报刊是红十字组织联系最易受损人群的纽带。

信息时代，数字地球，国际红十字运动的组织与网络遍及世界；利用手机短信的办法开展公益性活动正方兴未艾，手机广播和手机电视的产品广告则由各大媒体广泛发布，作为纸介质的平面媒体将如何应对？可以明确的说，关键在于正确运用马克思主义新闻出版观，在市场经济的条件下，结合新形势和新任务，要全面、真实、准确、公正地处理好人道领域各类信息的集纳与发布，努力为开创中国特色红十字事业新局面服务。从红十字媒体与红十字事业的历史积淀和现实需要上，主要体现在以下两点：

首先，红十字会要有自己独立的话语权以及发言平台。中国红十字会重视报刊工作是建会以来开创并保持的光荣传统，新中国成立后改组中国红十字会以来更是如此。尤其是中共十一届三中全会召开后，恢复国内工作的中国红十字会总会，很快恢复了《中国红十字》（即《博爱》、1980年复刊）期刊的出版，继而又创办了《中国红十字报》（1986年创刊）；改革开放以来召开的历次中国红十字会全国会员代表大会的工作报告和规划纲要中，都高度肯定并直接部署了总会报刊工作；2005 年又创刊了《中国红十字年鉴》。应该指出，在红十字会与红新月会国际联合会成员国中，拥有报刊和年鉴，主办类似的正式定期连续性出版物的并不多见；也可以说，主管主办具有伯尔尼版权公约国际标准刊号、向海内外公开发行的连续性出版物，是中国红十字会在国际红十字运动中的一大创举和亮点。

其次，红十字会与大众传媒的生命力都在于诚信第一。一是必须坚持社会效益第一、社会效益和经济效益相统一，弘扬人道、博爱、奉献精神，其中公示是红十字会开展社会募捐的诚信保证之一（从 2003 年起，国务院规定凡遇紧急公共安全事件募集款物均需在媒体上予以公示。《中国红十字报》出版抗击“非典”募捐专版、印度洋海啸大救援专版都及时向海内外公布了红十字会救援全过程的数字与数据）；二是红十字媒体必须坚持深入实际、深入生活、深入群众，敬读者为友，传递人道精神，做会员之家，播洒人间真情；三是必须坚持在活动中办好报刊、在办报刊中搞好活动，尤其要与主流媒体即国家媒体保持密切关系（1994 年、1997 年先后发起的知识问答，《中国红十字报》的单期发行量均在 90 万份以上；2000 年《中国红十字报》第 500 期出版日和中央电视台《正大综艺》第 500 期播出日恰逢一起，双方联袂举办了庆典）。

总之，办好红十字媒体，大力宣传红十字人道、博爱、奉献精神，使红十字会所从事的人道救助工作具有更广泛的社会基础和影响力，对于推动红十字事业不断向前发展具有重要意义。

（冯志国　傅　虹）

与奥林匹克运动

红十字会与红新月会国际联合会、国际奥林匹克委员会备忘录

国际奥林匹克委员会和红十字会与红新月会国际联合会共同认为，在普遍的基本道德准则的基础上，所有人类均享有在肉体和精神上憧憬和谐发展，享受和平并具有尊严的生活的权力。

国际奥委会和奥林匹克运动的整体目标是通过组织不含有任何歧视的体育活动和宣扬奥林匹克精神教育青年人从而为建设一个和平和更加美好的世界做出贡献。奥林匹克精神包括友谊、团结和公平竞赛的原则。为达到这一整体目标，国际奥委会需要与其他组织合作，并在其能力之内，参与提供救助、促进和平的活动。

国际联合会依照红十字与红新月运动的基本原则鼓舞、协助和促进作为其成员的各国红十字会和红新月会开展旨在改善最易受损人群境遇的人道主义活动。国际联合会促进各国红会之间的合作，以便加强他们能够更有效地开展灾害管理、卫生和社会服务等工作的能力。

国际奥委会和国际联合会决定依据各自的宗旨和原则开展合作以促进国际团结并为可持续的人类发展做出特别贡献。国际奥委会和国际联合会将鼓励国家奥委会和国家红会为达到上述目的而开展的各种活动，特别是在为弱势易损人群提供帮助和志愿服务方

面。为此，双方同意建立联合工作组以便开展和维护在国家范围内的合作伙伴关系。联合工作组每年至少举行一次会议。

除非协议一方以书面形式通知另一方要求中断协议，本协议将长期有效。

本协议以英文和法文两种语言为原本，2003 年 5 月 16 日签署于西班牙马德里市。

红十字会与红新月会国际联合会主席

胡安·马努埃尔·苏亚雷斯·托罗

国际奥林匹克委员会主席

雅克·罗格

中国红十字会总会及省、自治区、直辖市、铁路、商业系统、生产建设兵团、特别行政区分会联络方式

●中国红十字会总会

地址：北京市东城区北新桥三条8号

邮编：100007

电话：010—84025890

电子信箱：redcross@ chineseredcross. org. cn

中国红十字会网址：http：//www. chineseredcross. org. cn

●中国红十字会总会机关服务中心

【联络方式】

地址：北京市东城区北新桥三条8号

邮政编码：100007

电话/传真：010—64023704

电子信箱：redcross@ chineseredcross. org. cn

●中国红十字会总会报刊社

【联络方式】

地址：北京市东城区干面胡同43号

邮政编码：100010

《中国红十字报》编辑部电话/传真：010—65254766

《中国红十字报》编辑部电子信箱：editor@ cnrcpress. com

《博爱》期刊编辑部电话：010—65254012

《博爱》期刊编辑部电子信箱：editor@ cnrcpress. com

中国红十字年鉴编辑部电话/传真：010—65249584

中国红十字年鉴编辑部电子信箱：zhnj2004@ yahoo. com. cn

●中国红十字基金会

【联络方式】

地址：北京市东城区干面胡同53号

邮政编码：100010

电话/传真：010—65124154

电子信箱：crcf@ crcf. org. cn

网址：http：//www. crcf. org. cn

●中国造血干细胞捐献者资料库管理中心

【联络方式】

地址：北京市东城区干面胡同53号

邮政编码：100010

电话：010—65126600

传真：010—65594434

电子信箱：bmb@ redcross. org. cn

网址：http：//www. cmdp. com. cn/ http：//www. bmb. redcross. org. cn/

●中国红十字会总会训练中心

【联络方式】

地址：北京市东城区干面胡同53号

邮政编码：100010

电话：010—65124447（中继线）

电子信箱：dongxiaona2003@ 163. com

●中国红十字会总会备灾救灾中心

【联络方式】

地址：北京市顺义区牛栏山镇昌金路5号

邮政编码：101301

电话：010—64028278

●中国红十字会援外物资供应站

【联络方式】

地址：上海市徐汇区桂林路35号

邮政编码：200235

电话：021—64208182

●北京市红十字会

地址：北京市宣武区太平街19号（陶然亭公园内）

邮编：100050

电话：63558766/63556189（传真）

电子信箱：beijing@ redcross. org. cn

网址：www. bjredcross. org. cn

捐赠电话：83558512/83539946/83536017（传真）

接受捐赠户名：北京市红十字会基金管理办公室

开户行：北京商业银行德外支行

账号：7001201050515—81

●北京市东城区红十字会

地址：北京市东城区美术馆后街12号楼

联系人：范有余

邮政编码：100010

救助热线：010—64033179/64070652

●北京市宣武区红十字会

地址：宣武区广外鸭子桥路29号

联系人：王秀丽

邮政编码：100055

救助热线：010—83975516

●北京市朝阳区红十字会

地址：北京市朝阳区日坛北街33号

联系人：周秀玲

邮政编码：100020

救助热线：010—65094673

传真：010—65094674

●北京市通州区红十字会

地址：北京市通州区北大街124号（农干培训中心C楼5层）

联系人：董淑玲

邮政编码：101101

救助热线：010—60514834

●北京市西城区红十字会

通讯地址：北京市西城区白云观北里6号楼

联系人：王丽青

邮政编码：100045

救助热线：010—63408072/63493205

●天津市红十字会

地址：天津市和平区陕西路16号

邮编：300020

电话：022—27300121

传真：022—27312349

电子信箱：tjredcross@ tjredcross. com

网址：http：//www. tjredcross. com/

捐赠电话：022—27300620/27302132（传真）

接受捐赠户名：天津市红十字募捐站

开户行：工行和平路分理处

账号：0302010209034957907

●河北省红十字会

地址：石家庄市合作路42号

邮编：050051

电话：0311—85989814

传真：0311—87046792

网址：http：//www. hebredcross. org

捐赠电话：0311—85989814/85989812/87046792（传真）

接受捐赠户名：河北省红十字会

开户行：中国银行石家庄泰华支行

账号：00330208091001

●河北省邯郸市红十字会

地址：邯郸市陵园路 77 号邯郸市卫生局转市红十字会

联系人：曹雪梅

邮政编码：056001

救助热线：0310—3013162

传真：0310—3013162

电子信箱：qinging001@ 163. com

●河北省西柏坡救援中心（平山县红十字医院）

地址：河北省平山县建设北大街

联系人：李贵芳

邮政编码：050400

救助热线：0311—82901660

传真：0311—82901660

●山西省红十字会

地址：太原市东华门 23 号

邮政编码：030013

电话：0351—3580815

传真：0351—3580815

电子信箱：：zuotong66@ 163. com

捐赠电话：0351—3580561

接受捐赠户名：山西省红十字会

开户行：中国银行太原市北城支行

账号：40975698092001

●山西省大同市天镇县红十字会

地址：山西省大同市天镇县红十字会

联系人：张如升

邮政编码：038200

救助热线：13935263269

●内蒙古自治区红十字会

地址：内蒙古呼和浩特市赛汗区昭乌达路 352 号石油化工研究院六楼

邮编：010010

电话：0471—4501207/4501206

传真：0471—4908610

电子信箱：：nmgredcross @ nmgredcross. org. cn

网址：http：//www. nmgredcross. org. cn

捐赠电话：0471—4932905/4967401/4957549/3336455

接受捐赠户名：内蒙古自治区红十字会

开户行：中国农业银行呼和浩特市鼓楼支行

账号：5—510101040004334

●内蒙古自治区呼和浩特市红十字会

地址：内蒙古自治区呼和浩特市新华东街 1 号市党政机关办公大楼 940，941 室

联系人：鲁剑钧

邮政编码：010010

救助热线：0471—4606129

传真：0471—4606129

●内蒙古自治区包头市红十字会

地址：内蒙古自治区包头市稀土高新区民族东路 20 号

联系人：丁鹏程

邮政编码：010010

救助热线：0472—5175536

传真：0472—5100229

电子信箱：red@ btredcross. org

●内蒙古自治区包头市昆都仑区红十字会

地址：内蒙古自治区包头市昆都仑区党政大楼 212 房

联系人：王东

邮政编码：014010

救助热线：0472—5305336

传真：0472—5310126

●内蒙古自治区兴安盟红十字会

地址：内蒙古自治区乌兰浩特市新桥西街文化楼

联系人：孙海

邮政编码：137400

救助热线：0482—8319090

传真：0482—8319188

电子信箱：xinganmenghonghui@163.com

●内蒙古自治区宁城县红十字会

地址：内蒙古自治区宁城县物资局四楼

联系人：高玉祥

邮政编码：024200

救助热线：0476—4233748

●内蒙古自治区赤峰市红山区红十字会

地址：内蒙古自治区赤峰市红山区昭乌达路南段路东红山区政府院内

联系人：季占东

邮政编码：024000

救助热线：0476—8351117

传真：0476—8351117

●内蒙古自治区克什克腾旗红十字会

地址：内蒙古自治区赤峰市克什克腾旗经棚镇应昌路公路管理1区原办公楼201

联系人：林少岭

邮政编码：025350

救助热线：0476—5230995

传真：0476—5230995

●内蒙古自治区敖汉旗红十字会

地址：内蒙古自治区赤峰市敖汉旗红十字会

联系人：宋成贺

邮政编码：024300

救助热线：0476—4339516

●内蒙古自治区赤峰市红十字会

地址：内蒙古自治区赤峰市红山区鑫刚大厦四楼西侧

联系人：卞涌馨

邮政编码：024000

救助热线：0476—8337590

传真：0476—8337590，8354964

●内蒙古自治区阿鲁科尔沁旗红十字会

地址：内蒙古自治区赤峰市阿鲁科尔沁旗红十字会

联系人：毛景文

邮政编码：025550

救助热线：0476—7232953

传真：0476—7232953

电子信箱：bx000301@yahu.com.cn

●内蒙古自治区赤峰市巴林右旗红十字会

地址：内蒙古自治区赤峰市巴林右旗红十字会

联系人：陈拉坦敖其尔

邮政编码：025150

救助热线：0476—6216698

传真：0476—6216698

●内蒙古自治区林西县红十字会

地址：内蒙古自治区林西县红十字会

联系人：赵凤海

邮政编码：025250

救助热线：0476—5322234

传真：0476—5322234

电子信箱：lxcybsj066@163.com

●内蒙古自治区赤峰市松山区红十字会

地址：内蒙古自治区赤峰松山大街松山区红十字会

联系人：李雪岩
邮政编码：024005
救助热线：0476—8468244
传真：0476—8466252

●**辽宁省红十字会**

地址：辽宁省沈阳市和平区太原北街2号
邮编：110001
电话：024—23448158
电子信箱：yhy851101@sina.com
捐赠电话：024—23448155/23448158（传真）
接受捐赠户名：辽宁省红十字救助基金
开户行：农行和平广场支行营业厅
账号：182—185001040000460

●**辽宁省辽阳市红十字会**

地址：辽宁省辽阳市民主路38号
联系人：吴素贤
邮政编码：111000
传真：0419—2122495

●**辽宁省大连市红十字会**

地址：辽宁省大连市西岗区西安街3号
联系人：乔善春
邮政编码：116011
救助热线：0411—83708282
传真：0411—83708282
电子信箱：dlredcross@163.com

●**辽宁省大连市普兰店市红十字会**

地址：辽宁省大连市普兰店市孛兰路北段
联系人：刘作广
邮政编码：116200
救助热线：0411—83125237
传真：0411—83112176

●**辽宁省大连市旅顺口区红十字会**

地址：大连市旅顺口区黄河路82号
联系人：李学力
邮政编码：116041
救助热线：0411—86395333
传真：0411—86395231

●**辽宁省大连市庄河市红十字会**

地址：辽宁省大连市庄河市昌盛街
联系人：郭连君
邮政编码：116400
救助热线：0411—89706217
传真：0411—89706196

●**辽宁省大连市瓦房店市红十字会**

地址：辽宁省大连市瓦房店市西长春路西段
联系人：桑喜超
邮政编码：116300
救助热线：0411—85726843
传真：0411—85687213

●**辽宁省大连市金州区红十字会**

地址：辽宁省大连市金州区香水路149号
联系人：赵丹
邮政编码：116100
救助热线：0411—87693208
传真：0411—87695407

●**吉林省红十字会**

地址：吉林省长春市人民大街1486号
邮编：130051
电话：0431—8919277
传真：0431—8919277
电子信箱：jlredcross2000@yahoo.com.cn
网址：www.jlredcross.org.cn
捐赠电话（传真）：0431—8906590
接受捐赠户名：吉林省红十字会
开户行：交行营业部
账号：221000601012015147297

●黑龙江省红十字会

地址：黑龙江省哈尔滨市南岗区十字街33号

邮编：150008

电话：0451—82729867

传真：0451—82713508

电子信箱：zxp_ 1958@ yahoo. com. cn

捐赠电话：0451—82712120

接受捐赠户名：黑龙江省红十字会

开户银行：交通银行哈尔滨分行革新支行

账号：000662010149750020

●上海市红十字会

地址：上海市延安东路34号甲四楼

邮编：200002

电话：021—52121900

传真：021—63237248

捐赠热线：021—63217999

接受捐赠户名：上海市红十字人道救助基金

开户行：上海交通银行静安支行

账号：066687—00149005337

●上海市杨浦区红十字会

地址：上海市榆林路3号楼4楼

联系人：徐晨

邮政编码：200082

救助热线：021—65419450

●上海市徐汇区红十字会

地址：上海市漕溪北路336号902室

联系人：郭萍

邮政编码：200030

救助热线：021—64647403

●上海市黄浦区红十字会

地址：上海市延安东路300号西楼1408室

联系人：钱湘雯

邮政编码：200002

救助热线：021—63380410

●上海市闸北区红十字会

地址：上海市洛川东路151号4楼

联系人：陶福珍

邮政编码：200072

救助热线：021—56338686

●上海市卢湾区红十字会

地址：上海市马当路365号二楼

联系人：许岚

邮政编码：200025

救助热线：021—53060138

●上海市普陀区红十字会

地址：上海市大渡河路1663号2号楼529室

联系人：马毓

邮政编码：200333

救助热线：021—52564588

●上海市虹口区红十字会

地址：上海市海南路15号306室

联系人：杨明华

邮政编码：200080

救助热线：021—63250125

●上海市静安区红十字会

地址：上海市愚园路300号23楼2305室

联系人：于琳

邮政编码：200040

救助热线：021—62521077

●上海市长宁区红十字会

地址：上海市武夷路333号1楼

联系人：陈家洛

邮政编码：200050

救助热线：021—62254202

●上海市闵行区红十字会

地址：上海市莘东路521号北二楼217—219室

联系人：康蓓蕾

邮政编码：200240

救助热线：021—64926562

●上海市宝山区红十字会

地址：上海市樟岭路2号北五楼508室

联系人：冯海林

邮政编码：201900

救助热线：021—66785796

●上海市浦东新区红十字会

地址：上海市德平路289号1107室

联系人：林瑾葆

邮政编码：200136

救助热线：021—50372774

●上海市嘉定区红十字会

地址：上海市南大街272号

联系人：宋培令

邮政编码：201800

救助热线：021—59530302

●上海市金山区红十字会

地址：上海市石化卫二路429号2号楼201-204

联系人：薛美华

邮政编码：201500

救助热线：021—57932132

●上海市青浦区红十字会

地址：上海市青浦区青舟路200号民防综合大楼五楼（区教育局东南侧）501-507室

联系人：张国成

邮政编码：201700

救助热线：021—69735509

●上海市松江区红十字会

地址：上海市中山中路38号

联系人：潘益时

邮政编码：201600

救助热线：021—57718101

●上海市南汇区红十字会

地址：上海市惠南镇卫星东路145号（金汇广场内）

联系人：宋辰

邮政编码：201300

救助热线：021—68006816

●上海市奉贤区红十字会

地址：上海市南桥镇大寺路15号

联系人：陆艳

邮政编码：201300

救助热线：021—67116623

●上海市崇明县红十字会

地址：上海市城城桥镇一江山路616号

联系人：黄萍

邮政编码：202150

救助热线：021—69693647

●江苏省红十字会

地址：江苏省南京市中山北路49号机械大厦12B楼

邮编：210008

电话：025—57713291

传真：025—57713271

电子信箱：njhn2000@yahoo.com.cn

网址：www.jsredcross.org.cn

捐赠电话：025—57717090/57714527/57713898

传真：025—57717090/57713271

接受捐赠户名：江苏省红十字会

开户行：中国光大银行南京分行中山北路支行

账号：077340100304014063

●江苏省南京市红十字会

地址：江苏省南京市北京东路43号—1

联系人：周毅

邮政编码：210008

救助热线：025—83612986

传真：025—83612907

●江苏省无锡市红十字会

地址：江苏省无锡市后西溪19号

联系人：吴选声

邮政编码：214001

救助热线：0510—2707192

传真：0510—2707192

●江苏省常州市红十字会

地址：江苏省常州市红梅南路37号

联系人：孙育林

邮政编码：213003

救助热线：0519—8155025

传真：0519—8155335

●江苏省溧阳市红十字会

地址：江苏省溧阳市南环路18号

联系人：王东育

邮政编码：213300

救助热线：0519—7269371

传真：0519—7269371

●江苏省苏州市红十字会

地址：江苏省苏州市体育场路4号

联系人：郝如一

邮政编码：215006

救助热线：0512—65233429

传真：0512—65233429

电子信箱：rendao@ publicl. sz. js. cn

●江苏省常熟市红十字会

地址：江苏省常熟市环城东路64号

联系人：张伟怡

邮政编码：215500

救助热线：0512—52713169

●江苏省张家港市红十字会

地址：江苏省张家港市东环路3号

联系人：顾一文

邮政编码：215600

救助热线：0512—58987103

传真：0512—58987107

●江苏省太仓市红十字会

地址：江苏省太仓市县府街10号

联系人：黄淑娟

邮政编码：215400

救助热线：0512—53523246

传真：0512—53523246

●江苏省吴江市红十字会

地址：江苏省吴江市笠泽路138号

联系人：吴恒菁

邮政编码：215200

救助热线：0512—63488362

传真：0512—63482313

●江苏省昆山市红十字会

地址：江苏省昆山市同丰西路458号

联系人：刘超英

邮政编码：215300

救助热线：0512—57366380

传真：0512—57366380

●江苏省平江区红十字会

地址：江苏省苏州市皮市街228号—230号

联系人：任芳

邮政编码：215005

救助热线：0512—67273047

传真：0512—67296318

●江苏省苏州市沧浪区红十字会

地址：江苏省苏州市十梓街389号

联系人：宁咏梅
邮政编码：215006
救助热线：0512—65245974

●江苏省苏州市金阊区红十字会

地址：江苏省苏州市广济南路268号
联系人：钟梅
邮政编码：215008
救助热线：0512—65337046
传真：0512—65336728

●江苏省苏州市虎丘区红十字会

地址：江苏省苏州市运河路8号
联系人：徐娟梅
邮政编码：215011
救助热线：0512—68093978
传真：0512—68254358

●江苏省苏州市相城区红十字会

地址：江苏省苏州市相城区行政中心10号楼
联系人：孙秀珍
邮政编码：215131
救助热线：0512—85182662
传真：0512—85182662

●江苏省苏州市吴中区红十字会

地址：江苏省苏州市吴中东路101号
联系人：仰惠娟
邮政编码：215128
救助热线：0512—65271619
传真：0512—65271619

●江苏省盐城市红十字会

地址：江苏省盐城市开放大道79号
联系人：李书万
邮政编码：224002
救助热线：0515—8335632

●江苏省镇江市红十字会

地址：江苏省镇江市将军巷9号
联系人：周以泰
邮政编码：212001
救助热线：0511—5017507
传真：0511—5017507

●江苏省丹阳市红十字会

地址：江苏省丹阳市云阳镇健康路丹阳市卫生局内
联系人：徐子洋
邮政编码：212300
救助热线：0511—6521120
传真：0511—6522253

●江苏省通州市红十字会

地址：江苏省通州市金沙镇建设路93号
联系人：邹宪章
邮政编码：226300
救助热线：0513—6514487/6116355
传真：0513—6514487

●浙江省红十字会

地址：杭州市秋涛北路324号
邮编：310020
电话：0571—86466691
传真：0571—86466692
网址：http://www.zjredcross.org.cn
电子信箱：zfc@zjredcross.org.cn fhp@zjredcross.org.cn
救灾救助热线：0571—86469000
卫生救护培训热线：0571—86457999
造血干细胞捐赠热线：0571—86461999
开户行：中国工商银行杭州市武林支行
银行账号：1202024309014402947
开户名：浙江省红十字会

●浙江省杭州市红十字会

地址：浙江省杭州市孝女路2号
联系人：吴德水

邮政编码：310006

救助热线：0571—87083005

传真：0571—87070879

●浙江省杭州市上城区红十字会

地址：浙江省杭州市上城区华藏寺巷21幢6楼

联系人：方关行

邮政编码：310009

救助热线：0571—87010063

传真：0571—87010063

●浙江省杭州市下城区红十字会

地址：浙江省杭州市下城区竹竿巷8号5楼

联系人：王其伟

邮政编码：310006

救助热线：0571—87067026

传真：0571—87067026

●浙江省杭州市西湖区红十字会

地址：浙江省杭州市西湖区外东山弄32号3楼

联系人：齐红

邮政编码：310013

救助热线：0571—87993799

传真：0571—87993799

●浙江省杭州市拱墅区红十字会

地址：浙江省杭州市拱墅区拱宸桥台州路1号1210室

联系人：李健

邮政编码：310015

救助热线：0571—88259738

传真：0571—88259738

●浙江省杭州市江干区红十字会

地址：浙江省杭州市江干区庆春东路1号北6楼

联系人：张静

邮政编码：310016

救助热线：0571—86974929

传真：0571—86974929

●浙江省杭州市滨江区红十字会

地址：浙江省杭州市滨江区行政中心社发局内

联系人：陈冠英

邮政编码：310051

救助热线：0571—87702089

传真：0571—87702091

●浙江省杭州市萧山区红十字会

地址：浙江省杭州市萧山城厢街道崇化63幢2号

联系人：孙先传

邮政编码：311200

救助热线：0571—82680241

传真：0571—82678800

●浙江省杭州市余杭区红十字会

地址：浙江省杭州市余杭区临平将军殿弄

联系人：朱坤地

邮政编码：311100

救助热线：0571—86238954

传真：0571—86238954

●浙江省杭州市临安市红十字会

地址：浙江省杭州市临安市政府内

联系人：谢壮红

邮政编码：311300

救助热线：0571—63746266

传真：0571—63734290

●浙江省杭州市富阳市红十字会

地址：浙江省杭州市富阳镇桂花路17—4

联系人：吴炽华

邮政编码：311400

救助热线：0571—63317264

传真：0571—63317264

●浙江省杭州市桐庐县红十字会

地址：浙江省杭州市桐庐县桐庐镇劳动路

联系人：黄秀雄

邮政编码：311500

救助热线：0571—64627087

传真：0571—64627087

●浙江省杭州市建德市红十字会

地址：浙江省杭州市建德市新安江镇江滨路1号

联系人：陈伯乐

邮政编码：311600

救助热线：0571—64720075

传真：0571—64720075

●浙江省杭州市淳安县红十字会

地址：浙江省杭州市淳安县千岛湖镇行岗路1号

联系人：余衍贵

邮政编码：311700

救助热线：0571—64825991

传真：0571—64812246

●浙江省瑞安市红十字会

地址：浙江省瑞安市安阳新区市政府大院综合楼314—318室

联系人：周锦文

邮政编码：325200

救助热线：0577—65812900

传真：0577—65828179

电子信箱：rahszh@163.com

●安徽省红十字会

地址：合肥市长江中路221号

邮编：230001

电话：0551—2999168

传真：0551—2601935

网址：http://www.96399.org

电子信箱：anhuirc@sohu.com

救灾救助热线：（0551）96399

造血干细胞捐赠热线：（0551）96399

开户行：中国工商银行合肥市四牌楼支行

银行账号：1302010109008828152

开户名：安徽省红十字会

●安徽省宿州市红十字会

地址：安徽省宿州市淮海路77号

联系人：徐淑敏

邮政编码：234000

救助热线：0557—3022805

传真：0557—3022805

电子信箱：szredcross@163.com

●安徽省马鞍山市红十字会

地址：安徽省马鞍山市佳山路梨苑1号卫生大厦8层

联系人：何少锋

邮政编码：243000

救助热线：0555—2366511

传真：0555—2366518

电子信箱：wsjhhb@hotmail.com

●安徽省当涂县红十字会

地址：安徽省当涂县姑孰镇提署东路177号

联系人：姚卫东

邮政编码：243100

救助热线：0555—6720601

传真：0555—6711256

●安徽省六安市叶集改革发展试验区红十字会

地址：安徽省六安市叶集改革发展试验区卫生局

联系人：台德学
邮政编码：237431
救助热线：0564—6497210
传真：0564—6497210
电子信箱：yshyujn@ mail. la. ah163. net

●安徽省六安市红十字会

地址：安徽省六安市卫生局内
联系人：沈永平
邮政编码：237001
救助热线：0564—3379206
传真：0564—3379206
电子信箱：luho_ 2005@ yahoo. com. cn

●安徽省黄山市红十字会

通讯地址：安徽省黄山市屯溪区北海路174号
联系人：张松
邮政编码：245000
救助热线：0559—2353644
传真：0559—2353644
电子信箱：zhso721@ yahoo. com

●安徽省黄山市黟县红十字会

地址：安徽省黄山市黟县广安路1号
联系人：张华旗
邮政编码：245500
救助热线：0559—5522044
传真：0559—5522187
电子信箱：wsj2004@ yahoo. com. cn

●安徽省黄山市徽州区红十字会

地址：安徽省黄山市徽州区黄山路233号
联系人：王海波
邮政编码：245061
救助热线：0559—3511900
传真：0559—3582093
电子信箱：huizhouhonghui@ 126. com

●安徽省黄山市黄山区红十字会

地址：安徽省黄山市黄山区红十字会办公室
联系人：胡菊萍
邮政编码：245700
救助热线：0559—8530368
传真：0559—8532412

●安徽省芜湖市红十字会

地址：安徽省芜湖市渡春路2号
联系人：曹林
邮政编码：241000
救助热线：0553—3837406
传真：0553—3837406
电子信箱：caolin68@ 163. com

●安徽省芜湖县红十字会

地址：安徽省芜湖县湾址镇芜湖南路延伸段8号
联系人：施斌生
邮政编码：241100
救助热线：0553—8810942
传真：0553—8810947

●安徽省繁昌县红十字会

地址：安徽省繁昌县繁阳镇中心花园6号
联系人：王赋斌
邮政编码：241200
救助热线：0553—7872350
传真：0553—7872350
电子信箱：fcxwsjbgs@ yahoo. com. cn

●安徽省芜湖市镜湖区红十字会

地址：安徽省芜湖市北京东路97号镜湖区政府大楼二楼
联系人：章建中
邮政编码：241000
救助热线：0553—3122059
传真：0553—3122012

●安徽省芜湖市新芜区红十字会

地址：安徽省芜湖市长江路 35 号新芜区政府卫生区内

联系人：王秀芝

邮政编码：241000

救助热线：0553—3878584

传真：0553—3878584

电子信箱：whksy@ kwq. gov. cn

●安徽省芜湖市马塘区红十字会

地址：安徽省芜湖市利民路 418 号（马塘区政府内）

联系人：孙建新

邮政编码：241000

救助热线：0553—4835375

传真：0553—4835375

●安徽省全椒县红十字会

地址：安徽省全椒县外环路卫生局大楼

联系人：张文金

邮政编码：239500

救助热线：0550—5197001

电子信箱：qjredcross@ 163. com

●安徽省明光市红十字会

地址：安徽省明光市红十字会

联系人：张献奎

邮政编码：239400

救助热线：0550—8021454

传真：0550—8021454

●安徽省定远县红十字会

地址：安徽省定远县定城镇曲阳大街北段

联系人：张洪

邮政编码：233200

救助热线：0550—4021317

传真：0550—4021317

●安徽省来安县红十字医院

通讯地址：安徽省来安县第二人民医院

联系人：温月发

邮政编码：239236

救助热线：0550—5960627

传真：0550—5960499

●安徽省凤阳县红十字会

地址：安徽省凤阳县红十字会（府城镇洪武路 26 号）

联系人：顾守斌

邮政编码：233100

救助热线：0550—6711955

传真：0550—6721706

●安徽省天长市红十字会

地址：安徽省天长市卫生局办公楼内

联系人：朱玉刚

邮政编码：239300

救助热线：0550—7042635

传真：0550—7042639

●安徽省滁州市红十字会

地址：安徽省滁州市委大院 048 信箱

联系人：史庆荣

邮政编码：239000

救助热线：0550—3034831

传真：0550—3034831

●安徽省滁州市琅琊区红十字会

地址：安徽省滁州市琅琊路 102 号

联系人：刘文章

邮政编码：239000

救助热线：0550—3012051

传真：0550—3012051

●福建省红十字会

地址：福建省福州市湖前路 58 号

邮政编码：350001

电话：0591 — 87766051/87841854

传真：0591—87835854

电子信箱：fujian@ redcross. org. cn

网址：www. fjredcross. org. cn

捐赠电话：0591 — 87841804

接受捐赠户名：福建省红十字会博爱工程基金

开户行：中国银行福州鼓屏支行

账号：811100486508094001

●福建省厦门市红十字会

地址：福建省厦门市同安路2号天鹭大厦B座

联系人：杨碧英

邮政编码：361003

救助热线：0592—2131572

传真：0592—2102282

电子信箱：xmhsz@ sohu. com

●江西省红十字会

地址：江西省政府大院内西二路10号2楼

邮政编码：330046

电话：0791—86251380

传真：0791—6252815

网址：www. jxredcross. org. cn

电子信箱：jx_ hsz@ sina. com

救助热线：0791—6210586

接受捐赠户名：江西省红十字会

开户行：中国工商银行南昌市省政府大院分理处

帐号：1502206509024926606

●江西省上饶市红十字会

地址：江西省上饶市滨江东路7号（赣印3楼）

联系人：刘春英

邮政编码：334000

救助热线：0793—8239193

传真：0793—8239193

●江西省上饶县红十字会

地址：江西省上饶县红十字会

联系人：林建华

邮政编码：334100

救助热线：0793—8441490

●江西省广丰县红十字会

地址：江西省广丰县红十字会

联系人：蒋丽涛

邮政编码：334600

救助热线：0793—2632566

●江西省玉山县红十字会

地址：江西省玉山县红十字会

联系人：吴柏巨

邮政编码：334700

救助热线：0793—2557314

●江西省横峰县红十字会

地址：江西省横峰县红十字会

联系人：唐智明

邮政编码：334300

救助热线：0793—5785702

●江西省铅山县红十字会

地址：江西省铅山县红十字会

联系人：卢松瑞

邮政编码：334500

救助热线：0793—5329910

●江西省弋阳县红十字会

地址：江西省弋阳县红十字会

联系人：方文生

邮政编码：334400

救助热线：0793—5883150

●江西省德兴市红十字会

地址：江西省德兴市红十字会

联系人：詹赤钢

邮政编码：334200

救助热线：0793—7511802

●江西省鄱阳县红十字会

地址：江西省鄱阳县红十字会

联系人：黄松泉
邮政编码：333100
救助热线：0793—6270325

●江西省余干县红十字会

地址：江西省余干县红十字会
联系人：王旺水
邮政编码：335100
救助热线：0793—3203040

●江西省万年县红十字会

地址：江西省万年县红十字会
联系人：张万春
邮政编码：335500
救助热线：0793—3832619

●江西省婺源县红十字会

地址：江西省婺源县红十字会
联系人：程红亮
邮政编码：333200
救助热线：0793—7351890

●江西省南昌市西湖区红十字会

地址：江西省南昌市西湖区万福寺 18 号（西湖区政府内）
联系人：王敏
邮政编码：330025
救助热线：0791—6597497
传真：0791—6597497
电子信箱：xhqwsj@163.com

●江西省赣州市章贡区红十字会

地址：江西省赣州市阳明路 26 号
联系人：廖琦
邮政编码：341000
救助热线：0797—8296337
传真：0797—8298254

●江西省宜春市红十字会

地址：江西省宜春市红十字会（市政府办公楼 6 楼）
联系人：吴海瑢
邮政编码：336000
救助热线：0795—3286985
传真：0795—3286985
电子信箱：whr0602@yahoo.com.cn

●江西省新余市红十字会

地址：江西省新余市堎上路 218 号
联系人：柳莲英
邮政编码：338000
救助热线：0790—6457001
传真：0790—6423322
电子信箱：hxm5766@sina.com

●江西省南昌市红十字会

地址：江西省南昌市民德路 411 号院内 9 号楼一楼
联系人：李安海
邮政编码：330008
救助热线：0791—6776042
传真：0791—6787359

●江西省萍乡市红十字会

地址：江西省萍乡市芙蓉宾馆 907 室
联系人：杨爱民
邮政编码：337000
救助热线：0799—6879182
传真：0799—6879182

●江西省崇义县红十字会

地址：江西省崇义县城章源大道 1511 号
联系人：郭运君
邮政编码：341300
救助热线：0797—3812459
传真：0797—3820101
电子信箱：cxcycws@126.com

●江西省景德镇市红十字会

地址：江西省景德镇市珠山路原市政府

大院内

联系人：陈琦

邮政编码：333000

救助热线：0798—8223040

传真：0798—8223040

●江西省乐平市红十字会

地址：江西省乐平市卫生局

联系人：吴晓琴

邮政编码：333300

救助热线：0798—6214292

传真：0798—6214287

●江西省南昌市进贤县红十字会

地址：江西省进贤凤凰街 108 号

联系人：胡荣华

邮政编码：331700

救助热线：0791—5665211，2802361

传真：0791—7077055

●江西省赣州市红十字会

地址：江西省赣州市新赣南路 5 号

联系人：张燕萍

邮政编码：341000

救助热线：0797—8239114

传真：0797—8239114

●江西省九江市红十字会

地址：江西省九江市滨湖路 7 号

联系人：金衍荣

邮政编码：332000

救助热线：0792—8227693

传真：0792—8227693

电子信箱：honghui@ jiujiang. gov. cn

●江西省浔阳区红十字会

地址：江西省浔阳区政府院内

联系人：高云霞

邮政编码：332000

救助热线：0792—8115421

●江西省庐山区红十字会

地址：江西省九江市十里大道 1480 号

联系人：钱振华

邮政编码：332000

救助热线：0792—8251369

●江西省九江县红十字会

地址：江西省九江县二中路

联系人：韦红兵

邮政编码：332100

救助热线：0792—6819622

传真：0792—6819622

●江西省庐山红十字会

地址：江西省庐山管理局院内

联系人：张婷

邮政编码：332900

救助热线：0792—8288379

●江西省瑞昌市红十字会

地址：江西省瑞昌市赤乌路 111 号

联系人：刘瑞萍

邮政编码：332200

救助热线：13317921383

●江西省武宁县红十字会

地址：江西省武宁县交通路 175 号

联系人：刘合雄

邮政编码：332300

救助热线：0792—2772801

传真：0792—2772801

●江西省修水县红十字会

地址：江西省修水县凤凰路 29 号

联系人：彭建宁

邮政编码：332400

救助热线：0792—7226479

●江西省永修县红十字会

地址：江西省永修县西二路

联系人：陈龙

邮政编码：330300
救助热线：0792—3223619

●江西省德安县红十字会

地址：江西省德安县东风路 60 号
联系人：熊礼宾
邮政编码：330400
救助热线：0792—4360712

●江西省星子县红十字会

地址：江西省星子县匡庐路 282 号
联系人：熊元星
邮政编码：332800
救助热线：0792—2670836

●江西省都昌县红十字会

地址：江西省都昌县东风大道 130 号
联系人：曹仁元
邮政编码：332600
救助热线：0792—5232766

●江西省彭泽县红十字会

地址：江西省彭泽县龙城大道 830 号
联系人：查义秀
邮政编码：332700
救助热线：0792—5663852

●江西省湖口县红十字会

地址：江西省湖口县三星大道
联系人：沈国华
邮政编码：332500
救助热线：0792—6326710

●江西省共青经济开发区红十字会

地址：江西省共青社会发展局内
联系人：王晓光
邮政编码：332020
救助热线：0792—4357661

●江西省庐山区红十字医院

地址：江西省九江市三里街 114 号
联系人：梅翠霞
邮政编码：332000
救助热线：0792—8580792
传真：0792—8580792
电子信箱：haolonghsjhr@ 126. com

●江西省武宁县红十字会急救中心

地址：江西省武宁县建设路 5 号
联系人：罗会晏
邮政编码：332300
救助热线：0792—999
传真：0792—2767586

●山东省红十字会

地址：山东省济南市青年东路 1 号
邮编：250011
电话：0531—86908197
传真：0531—86917935
电子信箱：shandong@ sdredcross. org
网址：www. sdredcross. org. cn
捐赠电话：0531—86917935
开户行：济南市工商银行历下区分行支行
账号：1602003009008827157

●山东省青岛市红十字会

地址：山东省青岛市隆德路 9 号
联系人：岳立成
邮政编码：266071
救助热线：0532—85976999

●山东省威海市红十字会

地址：山东省威海市青岛北路 28 号
联系人：张萍
邮政编码：264200
救助热线：0631—5300001

●山东省济南市红十字会

地址：山东省济南市经二纬六路 10 号
联系人：刘成海
邮政编码：250021

救助热线：0531—87081598

●山东省济宁市红十字会

地址：山东省济宁市吴泰闸 105 号

联系人：谢龙利

邮政编码：272000

救助热线：0537—3151999

●山东省即墨市红十字会

地址：山东省即墨市振华街 144 号

联系人：杨洪信

邮政编码：266200

救助热线：0532—88519999

传真：0532—88519999

电子信箱：jmredcross@163. com

●青岛经济技术开发区（黄岛区）红十字会

地址：青岛经济技术开发区长江中路 369 号 509 室

联系人：宋森

邮政编码：266555

救助热线：0532—86988663

传真：0532—86988666

●山东省青岛市崂山区红十字会

地址：山东省青岛市苗岭路 15 号

联系人：赵增顺

邮政编码：266061

救助热线：0532—88962951

传真：0532—88962950

●山东省胶南市红十字会

地址：山东省胶南市珠海路 51 号

联系人：王磊

邮政编码：266400

救助热线：0532—86169110

传真：0532—86175390

电子信箱：jnnsnzn@126. com

●山东省莱西市红十字会

地址：山东省莱西市威海东路 19 号

联系人：孙秀凤

邮政编码：266600

救助热线：0532—81879762

传真：0532—88468700

●河南省红十字会

地址：郑州市政七街 32 号

邮编：450003

电话：0371—65955321

传真：0371—65961296

电子信箱：hnredcross 200586@ sina. com

网址：www. henanredcross. org

捐赠电话：0371—65944750/65944729/65961296（传真）

接受捐赠户名：河南省红十字会

开户行：浦东发展银行郑州分行健康路支行

账号：6537604015490000061

●河南省郑州市红十字会

地址：河南省郑州市伊河路 151 号

联系人：王万鹏

邮政编码：450007

救助热线：0371—67170099

传真：0371—67170800

电子信箱：haifang22@126. com

●河南省焦作市红十字会

地址：河南省焦作市解放中路（工业楼）328 号

联系人：陈晓栋

邮政编码：454002

救助热线：0391—3933224

传真：0391—3933224

●河南省安阳市红十字会

地址：河南省安阳市东风路 25 号

联系人：牛茂修

邮政编码：455000

救助热线：0372—5918897

传真：0372—5918890

●湖北省红十字会

地址：武汉市武昌区水果湖洪山则路63号茶港小区写字楼9层

邮编：430071

电话：027—87327551

传真：027—87325268

电子信箱：hbredcroess@yahoo.com.cn

接受捐赠户名：湖北省红十字会

开户行：中国银行刘家湾支行

账号：13044108094001

●湖北省武汉市红十字会

地址：湖北省武汉市江岸区胜利街155号

联系人：刘彤

邮政编码：430014

救助热线：027—82858499

●湖北省黄石市红十字会

地址：湖北省黄石市武汉路203号

联系人：程燕莉

邮政编码：435000

救助热线：0714—6221833

传真：0714—6259440

电子信箱：chyl1963@sina.com

●湖北省石首市红十字会

通讯地址：湖北省石首市文峰路

联系人：赖光平

邮政编码：434400

救助热线：0716—7273437

传真：0716—7277268

●湖北省大冶市红十字会

通讯地址：湖北省大冶市保康巷26号卫生局

联系人：王如意

邮政编码：435100

救助热线：0714—8719105

传真：0714—8730385

电子信箱：wry5819@tom.com

●湖南省红十字会

地址：湖南省长沙市五一大道492号粮油贸易大厦11楼

邮编：410011

电话：0731—82584996

传真：0731—2584928

网址：www.hnredcross.gov.cn

接受捐赠电话：0731—2584968

接受捐赠户名：湖南省红十字会

开户行：长沙市商业银行浏阳河支行

银行账号：9402013160001398

●广东省红十字会

地址：广州市先烈南路17号大院

邮编：510060

电话：020—38854229

传真：020—83825686

电子信箱：gdredcross@gdredcross.org.cn

捐赠专用账号：3602010709000314124

户名：广东省红十字会

开户行：中国工商银行广州市东风东路支行

●广东省广州市红十字会

地址：广东省广州市麓景路狮带岗1号

联系人：刘进兴

邮政编码：510091

救助热线：020—83598400

●广东省深圳市红十字会

地址：深圳市田贝一路21号卫生局内

联系人：陈壮

邮政编码：518020

救助热线：0755—25601682

●广东省深圳市盐田区红十字会

地址：广东省深圳市盐田区行政文化中心515室

联系人：曾晓莲

邮政编码：518081

救助热线：0755—25228515

传真：0755—25228100

电子信箱：ytqwsj0217@21cn.com

●广西壮族自治区红十字会

地址：广西壮族自治区南宁市新竹路20号（广西科学活动中心6楼）

邮编：530022

电话：0771—5860326（传真）、5870362

电子信箱：gxhh888@126.com

网址：www.gxhh.org

接受捐赠户名：广西区红十字会

开户行：南宁市工行桃源支行

账号：2102108009249007743

●广西壮族自治区昭平县红十字会

地址：广西昭平县昭平镇北秀街1号

联系人：潘亮臣

邮政编码：546800

救助热线：0774—6682154

传真：0774—6682154

●广西壮族自治区柳州铁路局红十字会

地址：广西壮族自治区柳州市鹅山路三区一号柳州铁路局红十字会办公室

联系人：朱立健

邮政编码：545007

救助热线：0772—3922521

传真：0772—3920651

●广西壮族自治区岑溪市红十字会

地址：广西壮族自治区梧州岑溪市工农路156号

联系人：唐钊安

邮政编码：543200

救助热线：0774—8232171

传真：0774—8222549

●广西壮族自治区北海市红十字会

地址：广西壮族自治区北海市海城区北部湾西路8号

联系人：黄家智

邮政编码：536000

救助热线：0779—3031332

传真：0779—3031332

●广西壮族自治区平果县红十字会

地址：广西壮族自治区平果县马头镇东街65号

联系人：蓝湖

邮政编码：531400

救助热线：0776—5825931

电子信箱：pghw931@163.com

●广西壮族自治区灵山县中医院

地址：广西壮族自治区钦州市灵山县灵城镇燕山路

联系人：黄荣海

邮政编码：535400

救助热线：0777—6527777

传真：0777—6522689

电子信箱：gxlszyy@163.com

●广西壮族自治区容县红十字会

地址：广西壮族自治区容县容州镇西上街277号

联系人：何烈琪

邮政编码：537500

救助热线：0775—5320557

传真：0775—5322096

●广西壮族自治区南丹县红十字会

地址：广西壮族自治区南丹县民生街县卫生局内

联系人：杨新科

邮政编码：547200

救助热线：0778—7215594

传真：0778—7212800

电子信箱：ndhh594@3126. com

●广西壮族自治区全州县红十字会

地址：广西壮族自治区全州县桂黄中路114 号

联系人：唐忠胤

邮政编码：541500

救助热线：13768030966

传真：0773—4815333

●广西壮族自治区田东县红十字会

地址：广西壮族自治区田东县平马镇朝阳路 2 号

联系人：冯雪梅

邮政编码：531500

救助热线：0776—5222345

传真：0776—5231816

电子信箱：tdrcs@163. com

●广西壮族自治区柳江县红十字会

地址：广西壮族自治区柳江县柳南路县卫生局内

联系人：刘苏克

邮政编码：545100

救助热线：0772—7212279

传真：0772—7217466

●广西壮族自治区桂平市红十字会

地址：广西壮族自治区桂平市桂南中路市卫生局内

联系人：卢旭航

邮政编码：537200

救助热线：0775—3382092

传真：0775—3385223

●海南省红十字会

地址：海口市流芳路 8 号

邮编：571100

电话：0898—65331824

传真：0898—65304627

网址：hainanredcross. org

捐赠电话：0898—65331824/65331817/65366647

接受捐赠户名：海南省红十字会

开户行：市工行国兴大道分理处

账号：2201028629024900508

●重庆市红十字会

地址：重庆市渝中区学田湾正街 69 号

邮编：400015

电话：023—6385990563621893

传真：023—63859905

电子信箱：bgs@cqrc. org

网址：www. cqrc. org（中文实名：重庆市红十字会）

●四川省红十字会

地址：四川省成都市文庙西街 80 号

邮政编码：610041

电话：028—86138841

传真：028—86138841

电子信箱：sichuanredcross@yahoo. com. cn

网址：http://www. sichuanredcross. org. cn

捐赠电话（传真）：028—86153300

银行户名：四川省红十字会

开户行：工商银行滨江支行

账号：4402204009024905774

●贵州省红十字会

地址：贵州省贵阳市中华北路 242 号省政府大院 5 号楼 3 楼

邮编：550004
电话：0851—6857817
传真：0851—6824372
电子信箱：guizhouhsz@ tom. com
网址：www. gzredcross. org
捐赠电话：0851—6831361（传真）
接受捐赠户名：贵州省红十字会
开户行：中国银行贵阳市云岩支行
账号：00742808092

●云南省红十字会

地址：云南省昆明市关上中路85号（政通大厦7楼）
邮编：650200
电话：0871—7195099/7196666
传真：0871—7195088
电子信箱：wjq129@ vip. sina. com
网址：http：//www. ynredcross. com
捐赠电话：0871—7192222、7193333
接受捐赠户名：云南省红十字会
开户行：中国银行云南省分行营业部
账号：01726008092001

●西藏自治区红十字会

地址：西藏自治区拉萨市鲁定南路25号
邮编：850001
电话：0891—6860067
传真：0891—6861825
电子信箱：trc@ publac. ls. xz. cn
捐赠电话：0891—6862530
接受捐赠户名：西藏自治区红十字会
开户行：中国银行西藏自治区分行
账号：00164008092001

●陕西省红十字会

地址：陕西省西安市未央路123号
邮编：710016
电话：029—86512638
传真：029—86512638
电子信箱：shszhway@ shaanxi. gov. cn
网址：http：//www. snredcross. org. cn/
捐赠电话：029—86530614/86515482（传真）
接受捐赠户名：陕西省红十字会
开户行：中行经济技术开发区支行
账号：0104211149026980930001

●甘肃省红十字会

地址：甘肃省兰州市畅家巷57号
邮编：730030
电话：0931—4818202
传真：0931—8813472
电子信箱：gsshszh2005@ 126. com
捐赠电话：0931—88134710931—8735130
接受捐赠户名：甘肃省红十字会
开户行：工商银行兰州金城支行
账号：2703000609024940126

●青海省红十字会

地址：青海省西宁市西大街12号
邮编：810000
电话：0971—8252418
传真：0971—8252292
接受捐赠户名：青海省红十字会
开户行：工商银行西大街支行
账号：0609026445729

●宁夏回族自治区红十字会

地址：宁夏回族自治区银川市解放西街101号
邮编：750001
电话：0951—5048242
传真：0951—5055972
电子信箱：lyp006@ 163. com
网址：www. nxredcross. org. cn

捐赠电话：0951—5046999/5055705/5055972（传真）

接受捐赠户名：宁夏回族自治区红十字会

开户行：银川市商业银行营业部

账号：100010189800000408

●新疆维吾尔自治区红十字会

地址：乌鲁木齐市延安路边123号

邮编：830001

电话：0991—2577879/2567191

传真：0991—2570705/2556420

电子信箱：xjrc123@126.com

捐赠电话：0991—2570705/2577879/2565243（传真）

接受捐赠户名：新疆维吾尔自治区红十字会

开户行：中国银行乌鲁木齐市解放南路支行

账号：3660000850080910001

●新疆生产建设兵团红十字会

地址：新疆乌鲁木齐市光明路15号

邮政编码：830002

电话：0991—2890820

传真：0991—2890820

电子信箱：lly2368526@126.com

捐赠电话：0991—2890820

接受捐赠户名：兵团财务局（兵团红十字会）

开户行：农行兵团分行乌鲁木齐市建设路支行

账号：703101040000073

●中国铁路红十字会

地址：北京市复兴路10号铁道部劳卫司医政处

邮编：100844

电话：010—51842987

传真：010—51841957

电子信箱：liangbochou1945@hotmail.com

●中国商业系统红十字会

地址：北京市复兴门内大街45号

邮政编码：100801

电话：010—66094554

传真：010—66094544

电子信箱：shanghong9@sohu.com

捐赠电话：010—66094501、66094554、66094544（传真）

接受捐赠户名：中国商业系统红十字会

开户行：中国工商银行北京分行长安支行西单分理处

账号：0200013392000033389

●香港特别行政区红十字会

地址：香港夏悫道33号香港红十字会总部

电话：（852）28020021

传真：（852）28027359

电子信箱：info@redcross.org.hk

网址：http://www.redcross.org.hk

●澳门特别行政区红十字会

办事处：澳门新口岸宋玉生广场235至287号中土大厦三楼“亨利·杜南”中心

电话：853—313003

传真：853—313024

电子信箱：secretariat@redcross.org.mo

网址：www.redcross.org.mo

捐款电话：（853）313003/（853）313024（传真）

捐款户名：澳门红十字会

银行：中国银行（澳门支行）

账号：01—01—20787663（澳门币）、01—112—384823（港币）

图书在版编目（CIP）数据

中国红十字年鉴. 2009～2010/《中国红十字年鉴》编辑部主编. －北京：中华工商联合出版社，2011. 12

ISBN 978－7－5158－0122－3

Ⅰ. ①中…　Ⅱ. ①中…　Ⅲ. ①红十字会—中国—2009～2010—年鉴　Ⅳ. ①D632. 1－54

中国版本图书馆 CIP 数据核字（2011）第 245356 号

中国红十字年鉴 · 2009/2010

作　　者：中国红十字年鉴编辑部
责任编辑：吕　莺
特邀编辑：李兰颂　傅　虹　冯志国
责任印制：迈致红
出版发行：中华工商联合出版社有限责任公司
印　　刷：北京海淀五色花印刷厂
版　　次：2011 年 12 月第 1 版
印　　次：2011 年 12 月第 1 次印刷
开　　本：190 毫米×270 毫米　1/16
字　　数：1000 千字
印　　张：50
书　　号：ISBN 978－7－5158－0122－3
定　　价：330. 00 元

服务热线：010—58301130
销售热线：010—58302813
地址邮编：北京市西城区西环广场 A 座
19—20 层，100044
http：//www. chgslcbs. cn
E-mail：cicap1202@ sina. com（营销中心）
E-mail：gslzbs@ sina. com（总编室）